8.-

Ottfried Neubecker

Großes
Wappen-Bilder-Lexikon

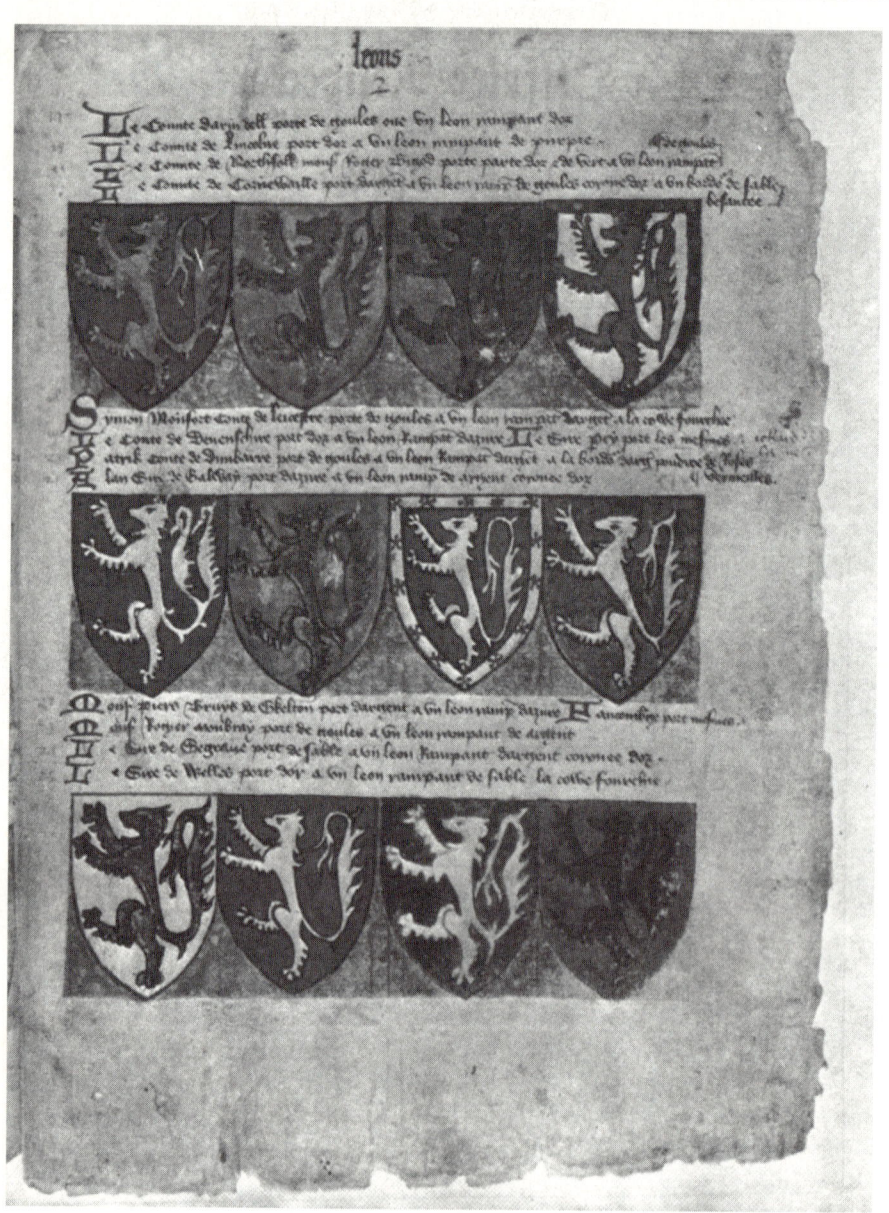

Überschriften zu den ersten vier Schilden:
Le Counte darindell porte de goules oue vn leon rampant dor
Le Counte de Lincolne port dor a vn leon rampant de purpre
Le Counte de Northfolk mons^r Roger & Bigod porte parte dor & de vert a vn leon rampat de gouões
Le Counte de Cornewaille port darget a vn Leon ramp de goules corone dor a vn bordo^{vr} de sable besantee

Thomas Jenyns' Book, um 1410
Eine der 14 Seiten mit Löwenwappen, dabei das des Römischen Königs Richard von Cornwall
Nach dem Exemplar der Königin Margarete von Anjou im Besitz des British Museum Add. 40851

Ottfried Neubecker

Großes Wappen-Bilder-Lexikon

Der bürgerlichen Geschlechter
Deutschlands, Österreichs und der Schweiz

Battenberg

Bibliographische Information der Deutschen Bibliothek
Die Deutsche Bibliothek verzeichnet diese Publikation in der Deutschen
Nationalbibliografie; detaillierte bibliografische Daten sind im Internet
über http://dnb.ddb.de abrufbar.

ISBN 978-3-86646-047-8

Auflage 2009
© 2009 Battenberg Verlag in der
H. Gietl Verlag & Publikationsservice GmbH • Regenstauf
Alle Rechte vorbehalten.
(www.battenberg.de)

VORWORT

Zur Geschichte der Wappenbildersystematisierung

In den letzten dreihundert Jahren wurde eine Vielzahl heraldischer Leitfäden in verschiedenen Ländern und Sprachen verfaßt. In allen steht zu lesen, Wappen seien Erkennungszeichen. Das ist auch richtig. Doch sind in der über achthundertjährigen Wappengeschichte bisher keine Übersichten erschienen, die das Erkennen heraldischer Zeichen tatsächlich erleichtern oder überhaupt erst ermöglichen. Nur in England, wo man dank der ständischen Ordnung eigentlich immer mit heraldischer Denkweise vertraut war, pflegte man bereits in der Blütezeit des Wappenwesens, die etwa bis um 1500 dauerte, den Grundsatz, daß kein Wappen einem anderen verwechselbar ähnlich sein dürfe. Eine solche Kontrolle ist nur mit Hilfe einer Bildregistratur möglich. Auf dem europäischen Kontinent teilte man zwar diese Ansicht, doch sind während des Mittelalters hier keine Bildregister entstanden. Deshalb gibt es in Frankreich unzählige sich gleichende Wappen nicht verwandter Familien; und in Deutschland wurden neugeschaffene zur Unterscheidung mit Figuren und Farbanordnungen geradezu überladen. Vorsichtshalber sicherten sich die Verleiher etwa mit folgendem Vorbehaltsvermerk ab: »Unschedlich doch andern villeicht der gemelten Wappen und cleinetten gleich furtten an iren Wappen und Rechten«.

Die mangelnde Prüfmöglichkeit auf bildlicher oder schriftlicher Grundlage trug mit dazu bei, aus der Wappenkenntnis ein Spezialwissen, ja eine Art Geheimwissenschaft zu machen, zu der nur besondere Kenner Zugang hatten. Daß diese Kennerschaft sich auf die beruflich mit Personenkenntnis ausgerüsteten Herolde konzentrierte, ergab sich sozusagen von selbst; daher heißt auch alles, was mit Wappen zusammenhängt, Heraldik: also Wappenwesen, Wappenkunst, Wappenlehre, in Italien sogar Adelswesen. Die Wappenkenner des europäischen Mittelalters waren zumeist Berufs-Herolde. Soweit wir schriftliche oder bildliche Zeugnisse ihres wappenkundlichen Interesses besitzen, sind diese ständisch orientiert, d. h. sie gliedern ihre Sammlungen zunächst regional und innerhalb der regionalen Gruppen hierarchisch. Auf diese Weise war es immerhin möglich, ohne zu großen Aufwand Wappenähnlichkeiten innerhalb eines gewissen Gebietes zu verhindern, bzw. wie am Niederrhein, das Beizeichenwesen auszubauen. Alles, was darüber hinaus zu beachten gewesen wäre, mußte dem Erinnerungsvermögen überlassen werden. In Portugal ging das so weit, daß das künstlerisch hervorragende »Große Wappenbuch« als Geheimsache galt.

Wer nun eine optisch erfaßbare Kontrollmöglichkeit schaffen will, muß ein Ordnungssystem ersinnen. Das erste englische Figurenregister, das der angestrebten Ordnung halber »Ordinary« genannt werden kann, faßt zwar ganze Gruppen zusammen, aber die Abfolge der Gruppen scheint doch ziemlich zufällig zu sein; jedenfalls sind schon die sogenannten gemeinen Figuren und die Heroldstücke nicht auseinandergehalten. Auch eine alphabetische Ordnung oder eine Berücksichtigung der Quantitäten ist nicht erkennbar. Das erste, nach seinem Vorbesitzer Robert Cooke, dem Clarenceux Herold des Jahres 1576, benannte Ordinary (Abb. S. 6) läßt das ständische Interesse dadurch erkennen, daß jede betroffene Gruppe mit einem als Fahne an der Lanze gemalten rechteckigen Feld für einen Bannerherrn statt eines Wappenschildes beginnt, übrigens eine Methode, die auch die etwa gleichzeitige Wappenrolle von Zürich auf ihren ersten Tafeln für die Territorien anwendet. Sodann schließen die 646 Schilde in nachstehender – bezifferter – Weise an. Es folgen beispielsweise 23 Kreuze, 67 Löwen, 15 Adler usw. Etwa gleichzeitig entstand das sehr bedeutende Cotgrave's Ordinary, von dem es nur noch eine mit 219 Wappenskizzen am Rande illustrierte Kopie aus dem Jahre 1562 gibt. Diese hat damals Hugh Cotgrave of Sermes nach dem ihm von Hugh Fitzwilliam of Sprotborough (in der Grafschaft Lincoln) als Erbstück vorgelegten Original mühsam unter Weglassung dessen, was er nicht entziffern konnte, angefertigt. Sie ist deswegen so wichtig, weil sie Wappenbeschreibungen in einer ausgebildeten Fachsprache zu einem Zeitpunkt bietet, zu dem in Mitteleuropa an eine Terminologie bei weitem nicht zu denken war. Der Inhalt hat zwar große Ähnlichkeit mit Cooke's Ordinary, ist aber dank der sprachlichen Formulierungen genauer gegliedert. So sind die Kreuze etwa in Dornenkreuze, Tatzenkreuze, Ankerkreuze und Lilienkreuze untergliedert, die Löwen in springende und Löwen allgemein, hersehende und schreitende Löwen sowie »mehrere Löwen«.

Etwa 40 Jahre später wurde ein Ordinary auf den ersten Blättern in gleicher Weise angereichert, wie dies auch auf dem Kontinent üblich war, d.h. mit den Wappen fremder Herrscher und einheimischer Prinzen.

In dem Hauptteil dieses Codex, *William Jenyns' Ordinary,* fällt ungeachtet der auf 1611 angestiegenen Zahl der gemalten Wappen das Fehlen der Gruppe »Kreuze« und eine weniger kompromierte Zusammenfassung der Bildgruppen auf. Löwen und Adler eröffnen nunmehr den Reigen und betonen somit ihre Rolle als Könige ihrer Tiergattungen, die Löwen in weitaus größerer Anzahl als die Adler. Die Vielfalt der zu gruppierenden Figuren nimmt zu und erschwert die Klassifizierung.

Die Bilder sind inzwischen angesichts ihrer Menge schon nach Seitenzahlen und nicht mehr nach einzelnen Nummern zu zitieren; etwa: Blatt 4b – 14 Löwen; 14b Adler; oder 15 – 16b Pfähle und Keile. Dieses Ordinary ist nach William Jenyns, Lancaster Herold von 1516 bis 1527, benannt, da sein Wappen zweimal in diesen Codex eingemalt ist. Der jetzige Eigentümer, seit etwa 1880/90 das College of Arms in London, unterscheidet diese Sammlung von dem in

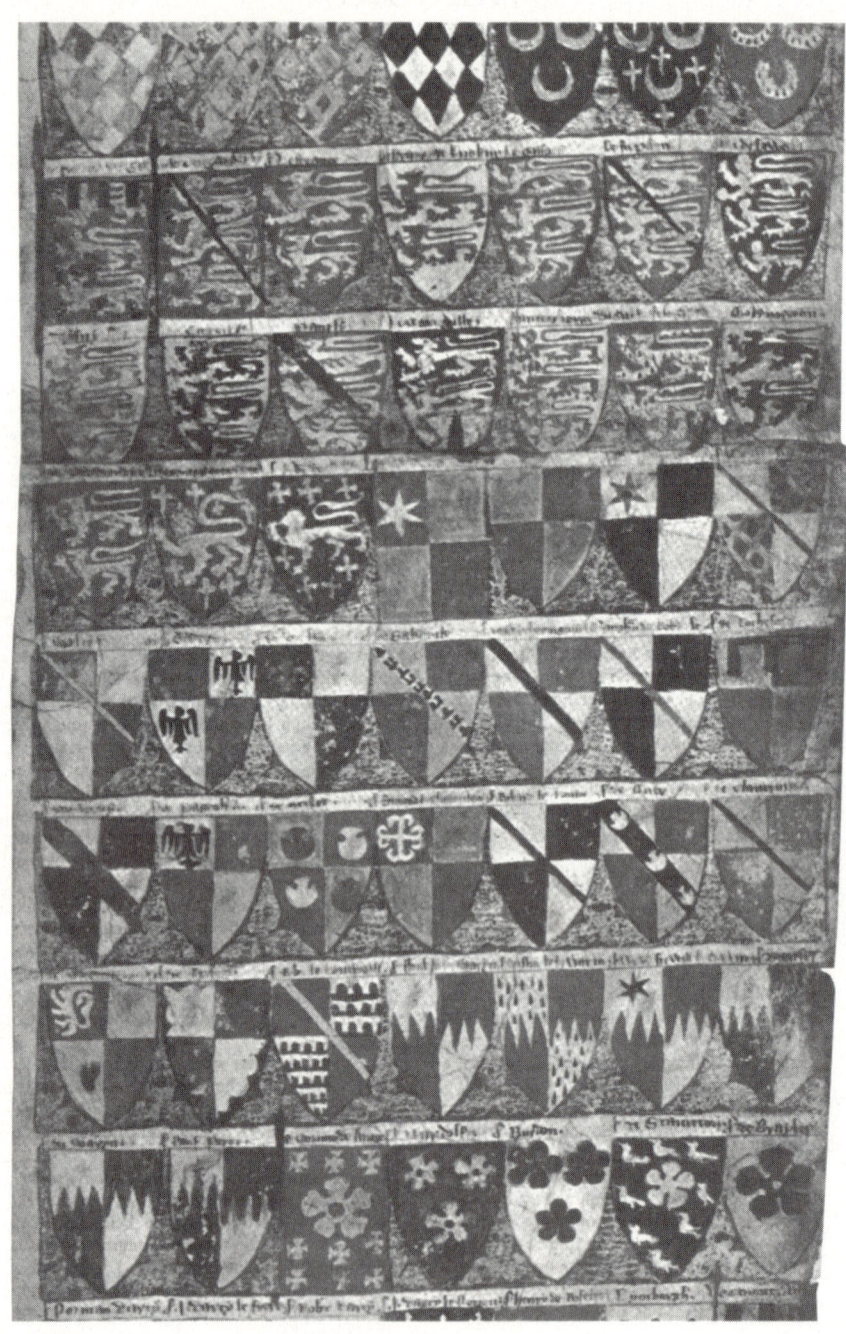

Cooke's Ordinary, um 1340, Schilde Nr. 435–490
Das älteste Wappenbildregister der Welt
Privatbesitz des seinerzeitigen Chefs des englischen Heroldsamts, Sir Anthony Wagner,
Garter King of Arms, heute Clarenceux, King of Arms

der Literatur öfter hiermit verwechselten Thomas Jenyns' Book. Von letzterem gibt es zahlreiche Kopien, die wiederum in zwei Gruppen zerfallen. Die eine wird als Gruppe der Königin Margarete angesehen; die andere als die Fassung des Thomas Jenyns selbst. Königin Margarete aus dem Hause Anjou war die Gemahlin König Heinrichs VI. (1445 – 1482) und leiht dieser Gruppe ihren Namen, weil vorne im Original (British Museum MS. Add. 40851, aus dem Handel erworben 1923) ihr Wappen eingemalt ist.

Thomas Jenyns, ein Edler aus dem Hause oder dem Haushalt des Grafen Henry von Huntingdon, hatte den inzwischen verlorenen Band im Jahre 1578 vom Vorbesitzer, Robert Glover aus Somerset, erhalten. Diese Sammlung bedeutet (in beiden Fassungen) insofern einen Fortschritt, als zu je vier nebeneinanderstehenden Schildchen in vier darübergeschriebenen Zeilen die Beschreibung in französischer Sprache steht (Abb. S. 2), ein weiterer Beleg dafür, daß die französische Sprache die Mutter der heraldischen Terminologien aller Sprachen ist. Ein neues Problem der Anordnung tauchte durch die Methode auf, Wappen durch Quadrierung zu verbinden, da sich die Frage ergab, welches der vier Felder das Leitmotiv liefert. In *Thomas Jenyns' Book,* das um 1410 datiert wird, weist bereits das erste Wappen auf dieses Problem hin: das des Königs von Spanien, das bei den Löwen steht, obwohl darin das Löwenwappen von León erst den 2. und 3. Platz hinter dem Wappen von Kastilien einnimmt.

Weiterhin zeichnet sich ein neuer Ordnungsgedanke ab, indem nach den privilegierten Tieren Löwe und Adler zunächst Heroldsbilder und erst danach gemeine Figuren kommen. Die Ordnung der insgesamt 1208 Schilde sieht so aus:
Seite 5b – 12 Löwen; 12b – 13b hersehende schreitende Löwen (sogen. Leoparden); 14 – 14b Adler; 15 – 19 Schrägbalken; 19b – 21 Schrägbalken; 21b – 22 Zickzackbalken; 22b – 25 einzelne Balken; 25b – 29 mehrere Balken; 29b quergestreift; 30 wellengeteilt; 30b – 31 Feh; 31b – 32 Dornenbalken oder Feuerstähle; 32b – 36 Sparren; 36b – 37 gegittert; 37b – 39 Schildhäupter; 40 – 43b Kreuze; 44 Wassersäcke; 44b – 45b geviert; 45b – 46 Ringe; 46b Rosen; mit Figuren belegte Ringe, Gürtelschnallen, Halbmonde; 47 – 47b Fünfblätter, Rosen, Gürtelschnallen; 48 – 48b Rauten; 48b – 49 Taschenärmel; 49b Keile, Pfähle, Ständer; 50 – 51 Schildchen; 51b – 52 Schach; 52b Kelche, Trompeten; 53 Scheiben; 53b Sterne (Sporenräder); 54 Garben; 54b – 55 Lilien; 55 Keile, Fische; 55b Muscheln, Hasen. Die anschließenden Schilde bis Nr. 1595 sind nicht mehr nach Bildern geordnet, fallen daher für unsere Betrachtung aus.

Der Kontinent hat nichts Gleichwertiges aufzuweisen, obwohl auch hier regional Wappengruppen entstanden. Diese gründeten sich aber auf Vasallenverhältnisse oder gemeinsame Stammväter, sind also ständisch oder genealogisch zu verstehen (Abb. 9).

Mit den englischen Wappenbüchern haben die europäischen nunmehr gemeinsam, daß sie mit den Wappen der abendländischen Fürsten, apokryphen Wappen von Heiligen und Herrschern des Altertums und des fernen Orients beginnen und sich dann dem einheimischen Adel zuwenden. Zu den großen Ausnahmen gehören im Mittelalter Wappenbücher, die unpersönliche Wappen verzeichnen. Hier ist in erster Linie auf Jörg *Rugenn's Wappenbuch* (Universitätsbibliothek Innsbruck MS 545) aus der Zeit um 1492 hinzuweisen. Es bietet von Blatt 231 an eine große Zahl von Stadtwappen, viele davon erstmals in Farben dargestellt, wie z. B. das Wappen von Berlin. Auch Jörg Rugenn bleibt jedoch in den gewohnten Bahnen der regionalen Zusammenfassung.

Den entscheidenden Schritt in Richtung auf eine durchdachte Ordnung hat erst der römische Jesuit Silvester Petra Sancta 1638 mit seinem Werke *Tesserae gentilitiae* getan,[1] indem er in den Kapiteln 19 – 66 folgende Klassifikation[2] vorgenommen hat:
19. Zu den Metallen und Farben kommen zwei Wappenpelzwerke hinzu – 20. Die innere Einteilung des Wappenschildes wird beschrieben – 21. Über die mit dem bloßen Metall oder leuchtender Farbe versehenen Schilde – 22. Über das in zwei Hälften aufgeteilte Schildfeld – 23. Über das in zwei ungleiche Teile aufgeteilte Schildfeld – 24. Über das dreigeteilte Wappenschildfeld – 25. Über das viergeteilte Wappenschildfeld – 26. Über das in mehrere Felder aufgeteilte Wappenschildfeld – 27. Über den Wappenbalken und dessen verschiedenen Gebrauch – 28. Über den Pfosten oder Wappenpfahl – 29. Über die Wappenschärpe (= Schrägbalken) – 30. Über den Schrägstreifen, der von der linken Schildecke zur oberen geführt zu werden pflegt. – 31. Über Wappensparren – 32. Über Wappenwolkenbild – 33. Über die wellenförmigen Geschlechtswappen – 34. Über die gestreiften oder röhrenüberzogenen Geschlechtswappen – 35. Über die gekrümmten und bogenförmigen Wappen – 36. Über die gezahnten Geschlechtswappen – 37. Über Gebrauch der Mauerzinnen in Wappenschilden – 38. Über die dreieckigen Wappenflügel (= Ständer) – 39. Über die Schildchen oder symbolischen Kärtchen (= Schach, Rauten, Wecken) – 40. Über die Wappenschindeln – 41. Über die Wappenspindeln – 42. Über die Byzantinischen Münzen – 43. Über Wappenkuchen – 44. Über Wappenfladen – 45. Über durchkreuzte Geschlechterschildchen – 46. Über Wappenkarfunkel (= Lilienhaspel) – 47. Über Schildmarken oder mit einem Buchstaben oder einem Wort beschriftete Schilde – 48. Über das symbolische Kreuz und über seine verschiedene Gestaltung – 49. Über den Schild-Zehner und über dessen verschiedene Gestaltung (Schrägkreuz) – 50. Über Kreuzchen und deren verschiedenen Gebrauch – 51. Über den Fellüberzug des Schildes – 52. Über das Hermelinfell – 53. Über den Löwen – 54. Andere, teils wilde, teils zahme Lebewesen, werden vorgeführt – 55. Über die Wappenschlangen – 56. Über die Wappenfische – 57. Über den Adler – 58. Über andere symbolische Vögel – 59. Über Sonne, Mond und andere Sterne in Wappen – 60. Über Wappenblumen – 61. Über Wappenbienen[3] – 62. Über Früchte und Bäume in

---

[1] *Tesserae gentilitiae.* A Silvestro Petra Sancta Romano. Societatis Jesu, ex legibus fecialium descriptae, Romae, typis haered. Francisci Corbeletti Superiorum permissu MDCXXXVIII. (Geschlechter-Wappen. Von Silvester Petra Sancta aus den Heroldsgesetzen beschrieben. Rom, Druck Erben des Francesco Corbeletti, mit Erlaubnis der Oberen, 1638, (678 Seiten folio.)
[2] Wiedergabe im lateinischen Urtext bei Gustav Ad. Seyler, *Geschichte der Heraldik* = J. Siebmacher's Großes Wappenbuch. Band A, Nürnberg 1890, Reprint Neustadt a.d. Aisch 1970, S. 588. Wir geben eine wörtliche Übersetzung, die u. a. erkennen läßt, welche drolligen Verrenkungen erforderlich sind, um antike Wörter auf die Heraldik anwendbar zu machen.
[3] Daß die Bienen ein eigenes Kapitel erhielten, dürfte wohl darauf zurückzuführen sein, daß damals ein Papst aus dem Hause Barberini, Urban VIII. (1623 – 1644), regierte. Das Wappen dieses Geschlechts, das eigentlich Tafani da Barberino heißt, zeigt in Blau drei goldene Bienen, ursprünglich Tafani (Pferdebremsen).
[4] Seyler a.a.O. – S. 592. Dazu: O. Neubecker, Die Priorität der Erfindung der heraldischen Schraffuren, in: Der Tappert, Mitteilungen des Wappen – HEROLD.

Wappen – 63. Einige Werkzeuge, die in unserm Wappenwesen vorkommen, werden vorgeführt – 64. Über Wappenbauwerke – 65. Über das Menschenbild und die Darstellung der Teile davon in Wappen – 66. Über Mittelschilde.

Petra Sancta galt als Erfinder der heraldischen Schraffierungen[4]; inzwischen weiß man aber, daß sie sich seit etwa 1600 von den Niederlanden aus verbreitet haben. Das stimmt damit überein, daß Petra Sancta selbst darauf hinweist, wieviel Material zur Sache er gerade in Deutschland und den Niederlanden gefunden habe; in seinem Werk gibt er auch den sogen. »Alten Siebmacher« vielfach als Belegstelle an.

Petra Sancta handelt von Wappen immer nur als Adelsmarken; die Berücksichtigung öffentlicher Wappen kommt auch ihm nur in den Sinn, wenn es um fürstliche Prunkentfaltung geht. Das konnte zu seiner Zeit gar nicht anders sein, denn eine gedruckte Sammlung »bürgerlicher« Wappen gab es damals noch nicht.

Hinweise für die Benutzung

Diese Quellenlage hat sich bis zur Wende zum 20. Jahrhundert nicht gebessert. Nach dem Erscheinen des Armorial général von J. B. Rietstap (†1931) im Jahre 1874 war zwar der bürgerlichen Heraldik, vor allem des Auslandes, ein zusätzliches Parkett neben der adeligen Szene eröffnet, aber die zaghaften Anfänge des »Bürgerlichen Siebmacher« konnten im sogenannten umgedrehten Rietstap noch kaum in Erscheinung treten. Der »umgedrehte« Rietstap, korrekt »Dictionnaire des figures héraldiques« des Belgiers Théodore Comte de Renesse (1894–1903), konnte nicht mehr verarbeiten, als Rietstap, der bis kurz vor seinem Tode Parlamentsstenograph in Den Haag war, geliefert hatte, also etwa 3000 Namen, und zwar mit einer total unsystematischen Anordnung der Stichwörter, die nur mit Hilfe des alphabetischen Registers im siebten Band zu handhaben ist. Um der Wahrheit aber die Ehre zu geben: Die Behandlung innerhalb eines Stichworts der Gruppierung » armes complètes, armes non complètes, armes écartelées« ist von einer so eisernen Logik, daß man einen Namen, den Rietstap meldet, bei Renesse an »seinem« Platz finden müßte, der unter Umständen von den Farben mitbestimmt sein kann. Der Durch-

forschung der deutschen bürgerlichen Heraldik ist damit allerdings nur wenig gedient. Auch die Heranziehung des Computers, an den zu denken naheliegt, ist einstweilen noch Utopie.[5, 6]

Mit der Entstehung des Wappenwesens geht gleichzeitig das Bedürfnis einher, zu einem Wappen auch den Namen des Trägers zu erfahren. Anfänglich war das nicht sonderlich schwierig, da der Kreis der Wappenträger verhältnismäßig beschränkt war. Sobald aber die Sitte, ein Wappen zu führen, auf das Bürgertum übergriff, also schon im späten 13. Jahrhundert, ging die Übersicht verloren; denn die Bürger unterstanden nicht der strengen Aufsicht durch die Herolde. Die seit dem frühen 17. Jahrhundert entstandenen gedruckten Wappensammlungen vermerken zwar bei ihren tabellarischen Übersichten, ob die Familien, deren Wappen dargestellt sind, einer adeligen, einer patrizischen, einer ehrbaren oder einer bürgerlichen Familie gehören, lassen aber die Frage offen, wie man ein Wappen identifizieren kann, dessen Herkunft man nicht kennt.

Wappenpublikationen aus den letzten Jahrzehnten weisen in der Regel auch eine Anordnung oder einen Anhang auf, in dem die Wappen nach ihren Elementen geordnet sind. Eine Übereinkunft über die Methode ist bisher jedoch keineswegs erzielt worden.

Insbesondere fehlt bisher eine Möglichkeit, auf der Basis des gesamten deutschen Sprachgebietes von den Erörterungen zu Taten überzugehen.

Das soll mit diesem Werk geschehen. Hat doch die seit 1854 laufende Reihe der Siebmacherschen Wappenbücher in klarer Erkenntnis der Unterschiedlichkeit zwischen bürgerlicher und adliger Heraldik 1858 den Bürgerwappen einen eigenen Band, die Abteilung »V« – eingeräumt, so daß die damit gezogenen Abgrenzungen den Rahmen abgesteckt haben, der mit einer Bilderordnung ausgefüllt werden kann. Wie nützlich dieses Vorhaben ist, mögen ein paar Beispiele aus der Praxis zeigen.

Familie G. läßt nach dem eventuell auffindbaren »Urwappen« forschen. Enttäuscht durch den für den Fachmann vorauszusehenden Mißerfolg, sendet der Anfrager überraschenderweise die Photographie eines mit einem Wappen gravierten Silberlöffels ein und erwartet nun, daß dieses Wappen sich als das seiner Familie herausstellte. Da es aber im »Bürgerlichen Siebmacher« Abt. 8, Seite 48, Tafel 52 versteckt ist, ließ es sich erst mit Hilfe unserer Sortierarbeit identifizieren. Wie groß war das Erstaunen und auch die Freude des Einsenders, als sich nach weiterer Untersuchung der im »Siebmacher« gegebenen Hinweise herausstellte, daß ein Berliner Träger des Namens Schlicht um 1700 in der Ahnenreihe des Anfragers vorkommt und sich somit an Hand der nunmehr verfolgbaren Genealogie des Löffel als ein antikes Erbstück erwies, das nicht vom Vater auf den Sohn und dann wieder den Sohn, sondern von Mutter zu Tochter und so weiter, also als ein Teil des Hausrates, vererbt worden war.

Das Bayerische Nationalmuseum in München besitzt eine weltberühmte Sammlung geschliffener Gläser und hat im Lauf der Jahre viel Mühe darauf verwandt, die Auftraggeber zu bestimmen. Leider sind erst nach Abschluß des Prachtwerkes über diese Sammlung mit Hilfe der Siebmacher-Sortierarbeit weitere Aufschlüsse gelungen. So ist z. B. das Glas Nr. G 183, Ng 5151 9/12 der Münchener Familie Hoffsess zuzuweisen, zu der 1718 der Dr.jur.theol., geistlicher Rat zu München Franz Andreas gehört (Bürgerl. Siebmacher, Abt. 4, S. 58, Tfl. 67.

Das Kunstgewerbemuseum in Berlin, eine Abteilung der Stiftung Preußischer Kulturbesitz, katalogisiert zur Zeit seine Steinzeugsammlung; zahlreiche Auftraggeber verschiedener Stände konnten mit den konventionellen Hilfs-

---

[5] Der Stand der wissenschaftlichen Bemühungen ist ausführlich dargelegt in dem Sonderheft »Deutsche Wappensammlungen und Wappenrepertorien« mit den vier folgenden Aufsätzen = Blätter für Fränkische Familienkunde, 7. Bd., Heft 8, April 1960:
O. Neubecker, Das Wappenbilderlexikon des HEROLD, Berlin, S. 242–252;
Hr. Dr. Deininger, Die Wappensammlung von Eduard Zimmermann im Stadtarchiv Augsburg, S. 253–259;
K. Stadler, Wappen- und Siegelsammlungen im Bayerischen Hauptstaatsarchiv München, S. 260–265;
L. Rothenfelder, Das Wappenrepertorium des Germanischen National-Museums Nürnberg, S. 265–270;
[6] Dann: J. Arndt, Zur Ordnung der Wappen nach Bildern in historischer und systematischer Betrachtung, in: Herold-Jahrbuch, 1. Bd., Berlin 1972, S. 5–24, bes. S. 12.
Th. Stothers, Identification of Ensigns Armorial by Computer, in: Genealogica et Heraldica, 10. Internat. Kongreß für genealogische und heraldische Wissenschaften, Wien 14.–19. Sept. 1970, Wien 1972, S. 439–444
J. C. Loutsch, L'utilisation d'un ordinateur pour le classement des armoiries connues et de la recherche des armoiries inconnues, in: Colloque international d'héraldique, Muttenz 11.–15. 10. 1978, S. 55–71
Idem, Expériences dans l'identification des armoiries, l.c., p. 72–75.

Vorwort

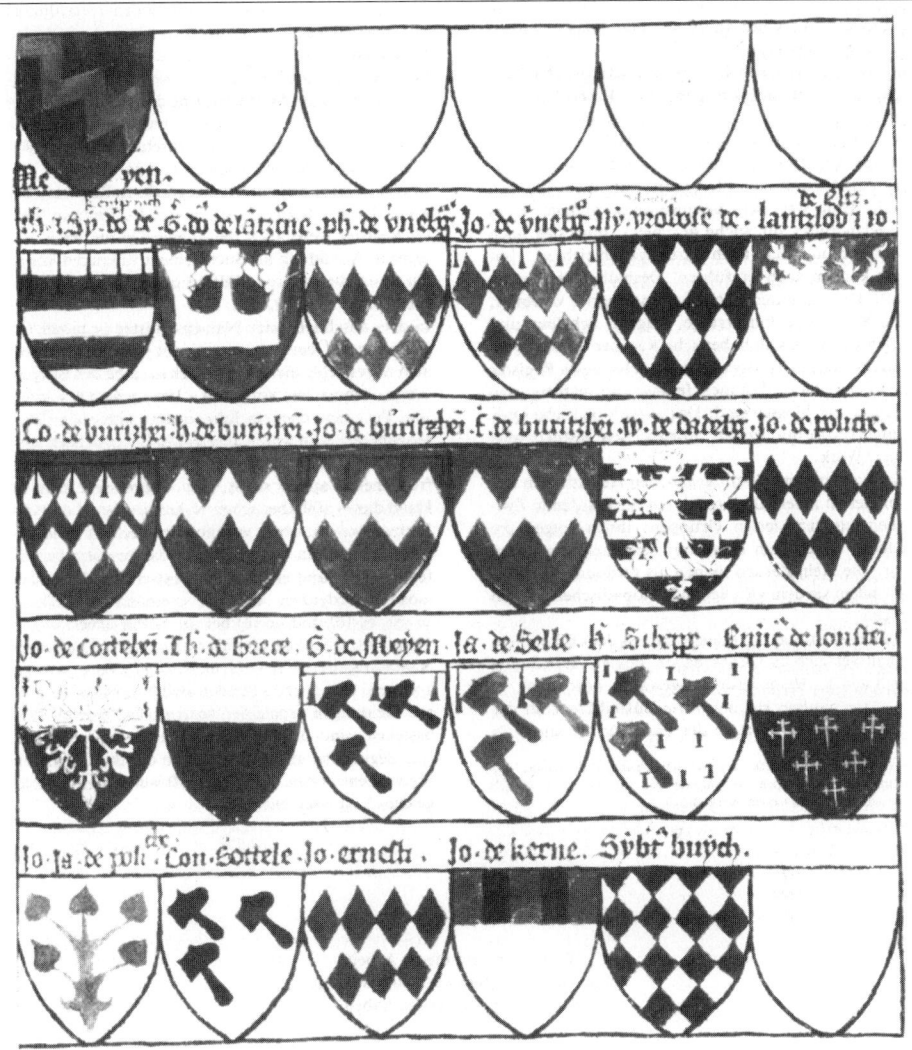

Liste der Burgmannen der Burg des Erzbischofs von Trier zu Mayen
S. 12 (= 6v) des *Balduineums*. Codex im Besitz des Staatsarchivs Koblenz, Bildzeile 2 bis 6
Das erste Wappen ist im Original gänzlich rot übermalt; auf der Photographie scheint ein Zickzackschrägbalken durch.

mitteln aufgeklärt werden. Aber das Wappen mit dem Engelsköpfchen war erst zu identifizieren, als die Siebmacher-Verkartung weit genug fortgeschritten war. Dabei war neben dem Engelskopf im oberen Feld in Betracht zu ziehen, daß die beiden Felder durch einen (leeren) Balken getrennt sind. Nun weiß man, wohin das wertvolle Museumsstück gehört: das Wappen ist nachgewiesen auf dem Porträt des fürstlich sachsen-weimarischen Geheimen Rats und Vizekanzlers Ludwig Heinrich Heidenreich (1660–1724); der »Bürgerliche Siebmacher« Abt. 3, S. 25, Tfl. 28 hat diese Tatsache festgehalten. Die Bilderregistratur, die hier vorgelegt wird, löst das Versteck gänzlich auf (S. 979).

Der »Bürgerliche Siebmacher« enthält immerhin weit über 20 000 Meldungen, so daß er alle »bürgerlichen« regionalen Wappensammlungen quantitativ in den Schatten stellt.

Ob es je dazu kommen kann, die an verschiedenen Stellen gedruckten Veröffentlichungen regionalen Charakters gesammelt aufzuschlüsseln, muß einstweilen allen Computern zum Trotze noch immer als Utopie angesehen werden. Deshalb haben wir uns entschlossen, wenigstens den Bürgerlichen Siebmacher »umzudrehen« und dies grundsätzlich auf enzyklopädischer Grundlage, der ein alphabetisches Register zuhilfekommt.

Diese Hilfe erstreckt sich vor allem auf diejenigen Wappen, die nicht nur ein einzelnes bestimmtes Element aufweisen, also auf alle »Vollwappen« mit Helm und Helmzier. Die deutsche Heraldik, auch die bürgerliche, ist ja durch das mit Helm und Helmzier komplettierte Vollwappen gekennzeichnet. Jedes im Bürgerlichen Siebmacher gemeldete Wappen kommt grundsätzlich nur einmal in Abbildung vor, und dies in unserem Werk nur an seinem ihm enzyklopädisch zuzuordnenden Platz.[7]

Bei Wappen gleichen Inhalts sind alle gleichartigen Schilde ohne Berücksichtigung ihrer Farben so angeordnet, daß die Klassifikation der Reihenfolge des Ordnungsprinzips der des ganzen Werkes folgt. Die Farben wurden entgegen aller Übung deswegen vernachlässigt, weil sie als Suchkriterium nicht tauglich sind, denn wer sich beispielsweise anhand eines Siegelabdrucks zur Suche anschickt, muß sich nach Umrissen und nicht nach Farbangaben richten. Umrisse können auch irreführen. Deshalb sind zweifelhafte Figuren unter einem Sammelbegriff vereinigt, also Reifen und Fingerringe, Kugeln, Scheiben und Reichsapfel. Das alphabetische Register weist alle erkannten Möglichkeitsvarianten nach; dieses Register ist so aufgebaut, daß mehrfeldige und mehrfigurige Wappen erschlossen sind. Das enzyklopädische Ordnungsprinzip durchzieht, alphabetisch gestützt, das ganze Werk.

Die Wappen mit bekanntgegebenen Helmzierden stehen hierbei innerhalb ihrer durch hochlaufende Zwischentexte markierten Gruppen; ihnen folgen die Schilde, denen kein Helm mit Helmzier beigegeben war. Die Helmzierden dienen als Ordnungshilfsmittel, indem sie dem gleichen enzyklopädischen System folgen.

Um das Auffinden zu erleichtern, ist dem Bildteil ein Inhaltsverzeichnis vorgeschaltet, dessen Anordnung auch auf die Helmzierden angewandt worden ist, so daß eine häufige Helmzier wie Büffelhörner an der Stelle erscheint, wo auch der Platz für die Stiere als Helmzier wäre. Zusätzliche Büffelhörner und Flügel (2 Flügel) werden dann nicht als Ordnungskriterien behandelt, wenn sie ein weiteres Element einschließen. Ähnlich wie bei Renesse werden Sterne möglichst unberücksichtigt gelassen; das gilt auch für die Heroldstücke, also z.B. Querstreifungen und dgl., weil »gemeine« Figuren in Gesellschaft von »Heroldstücken« geeignetere Fundkriterien anbieten.

In allen Fällen hilft das feingegliederte Register, das als 2. Band zu beziehen ist, bei der Auffindung. Dieses Register weist auch diejenigen Figuren nach, die nicht in Abbildung als Suchelement fungieren konnten, etwa die unteren Hälften quergeteilter Schilde, z.B. Seite 816–911.

In dem anschließenden Namensregister ist möglichst weitgehende Übereinstimmung mit jenen Namensformen angestrebt, die in der Druckausgabe des Bürgerlichen Siebmacher von 1854–1960 gewählt worden war. Bei einem über ein Jahrhundert währenden Herausgabezeitraum waren allerlei Unstimmigkeiten auszugleichen, auch Lesefehler zu berichten. Wer ein fragliches Wappen sucht, der vergewissere sich an Hand dieses alphabetischen Namensregisters und des Bildnachweises, ob er wirklich den rechten Pfad beschreitet, sodann erst schlage er die aus dem betreffenden Textband ersichtliche Textstelle auf. Hierbei möge er bedenken, daß die sogenannten Umlaute ae (ä), oe (ö) und ue (ü) bei der Sortierarbeit wegen ihrer Undeutlichkeit oft nicht erkannt und folglich im Namensregister S. 1081 ff. nicht eingearbeitet werden konnten. In manchen Bänden sind Nachträge zu älteren Meldungen enthalten; sofern diese nur im Text bestehen, sind die Hinweise im alphabetischen Namensregister so angegeben, als ob die Bildtafeln den Hinweis enthielten. So werden oft wertvolle Nachträge dem Vergessen entrissen.

---

[7] Wenn im Originalwerk, aus welchem Grund auch immer, ausnahmsweise ein Wappen zweimal oder gar öfter publiziert worden ist, erscheint es in unserem Werk ebenso oft.

Wir hoffen, mit dieser Arbeit
G.A. Seylers Lebenswerk eine würdige
Abrundung beschert zu haben

Dezember 1985   Dr. Ottfried Neubecker

Inhalt

HEROLDSBILDER	1–39
Geteilt	1
Balken	1–6
Gespalten	6
Pfahl	6–7
Geviert	7–8
Schach	8–9
Freiviertel	9
Schrägeteilt	9–10
Schrägbalken	10–13
Schräggestreift	14–16
Sparren	16–20
Deichsel	20
Spitze	20–21
Zickzack	21–23
Stufen und Zinnen	23–25
Krücken	25
Rauten	25–28
Schräggitter	29
Ständerung	29
Ornamentschnitte	29–30
Kreuz	30–36
Antoniuskreuz	36–37
Doppelkreuz	37–38
Schrägkreuz	38–39
KOSMOS	40–90
Sonne	40–42
Sonne, Mond und Stern	42–43
Mond	43–49
Mond und Stern	50–59
Stern	59–85
Weltall	85–86
Landschaft	86–90
LEBEWESEN	91–466
Mensch, unbekleidet	91–98
Mohren	98–99
Mann, bekleidet	99–116
in Tätigkeit	112–116
Mann, gerüstet	116–121
Frau	121–125
Kind	125–126
Mehrere menschliche Gestalten	126–127
Mensch und Pferd	127–129
Mensch und andere Vierbeiner	129–130
Mensch und andere Tiere	130
Mensch, oberhalb	130–155
unbekleidet, etwas haltend	130–131
Mohr, oberhalb	131–132
Mann, bekleidet, oberhalb, nichts haltend	132–133
Mann, bekleidet, oberhalb, etwas haltend	133–153
Mann, gerüstet, oberhalb, etwas haltend	153–155
Frau, bekleidet, oberhalb	155–156
Mensch, Rumpf	156–159
Mensch, Kopf	159–163
Mensch, Totenschädel	164–165
Mensch, Knochen	165
Mensch, Gliedmaßen	165–166
Mensch, Drei Köpfe	166–168
Mensch, Auge	168
Mensch, Hand	168–169
Mensch, Arm	169–190
Herz	190–200
Löwe, springend, nichts haltend	200–215
Löwe, schreitend	215–217
Löwe, springend, etwas haltend	217–238
Löwe, oberhalb	238–242
Löwe von vorn	242–243
Mehrere Löwen	243–245
Löwenkopf	245–246
Pferd	247–256
Esel	256
Einhorn	256–265
Panther	266
Bär	266–273
Eber	273–275
Fuchs, Wolf	276–284
Hund	284–293
Hirsch	293–305
Hirschstangen	305–308
Reh	308–309
Schaf, Lamm	309–311
Osterlamm	311–315
Schaf mit Beiwerk	315–316
Widder	316–320
Bock, Steinbock	320–327
Gemse	328–330
Zwei Böcke	331
Bockshörner	331–332
Rind	332–338
Büffelhörner	338
Elefant	338–339
Kamel	339–340
Luchs	340
Hase	340–343
Affe	343
Katze	343–344
Dachs	344
Igel	344
Biber, Fischotter	344–346
Wiesel, Hermelin	345–346
Eichhörnchen	346–347
Maulwurf, Maus, Ratte	347
Gliedmaßen von Vierbeinern	348–349
Vierbeiner und Baum	349–356
Adler	355–358
Vogel, Flügel angelegt, nichts im Schnabel	359–368
Vogel, Flügel angelegt, etwas im Schnabel	368–371
Vogel, Flügel angelegt, mit Beiwerk	371–372
Vogel, etwas im Fuß haltend	372
Vogel, flatternd, nichts haltend	372–376
Vogel, flatternd, nichts im Schnabel, auf etwas stehend	376–377
Vogel, flatternd, etwas im Schnabel	377–379
Vogel, flatternd, etwas in den Krallen haltend	379
Vogel, flatternd, durchschossen	379–380
Schwimmvögel	380–386
Pelikan	386–390
Stelzvögel	390–397

Hahn	397–401
Huhn	401–402
Pfau	402
Phönix	402–403
Eule	403–405
Mehrere Vögel	405–409
Vogelkopf	410–412
Vogelbeine	412–415
Klauflügel	415–416
Flügel	416–419
Federn	420
Ei	420–421
Fisch	421–432
Fledermaus	432–433
Drache, Lindwurm	433
Schildkröte	433
Schlange	433–437
Frosch	437
Krebs	437–439
Schnecke	439
Insekten	439–440
Muschel	440–442
Engel	442–445
Mischwesen (menschliche)	445–449
Mischwesen (Vierbeiner)	449
Pegasus	449–450
Geflügelter Hirsch	450–451
Lukaslöwe	451
Greif	451–463
Mischwesen (Vierbeiner und Fisch)	463–464
Mischwesen (Fisch und Vogel)	464
Weitere Mischwesen	464–465
Zwei Lebewesen	465–466
PFLANZEN	467–608
Laubbaum	467–476
Eiche	476–478
Mehrere Laubbäume	478–480
Laubbaum, begleitet	480–481
Laubbaum, umzäunt	481–484
Laubbaum und Vogel	484–485
Dornbusch	485–486
Tanne	486–488
Palme	488–490
Weide	490
Baumstumpf	490–492
Knorrenaststück	492–494
Baumstumpf mit Trieben	494–495
Aststück	495–497
Knorrenast, Brände	497–500
Aststücke mit Blättern	500–503
Zweig	503–505
Blätterdreipaß	505–506
Eichenaststück	506–510
Eichenblatt	510–511
Eicheln	511–512
Palmwedel	512–513
Blattpflanze	513–516
Blatt	516–519
Stechpalme	519–520
Klee	520–529
Eine Rose, heraldisch	529–534
Zwei Rosen, heraldisch	534–537
Drei Rosen, heraldisch	537–548
Mehrere Rosen, heraldisch	548–550
Lilie, heraldisch	550–568
Natürliche Rose	568–576
Verschiedene Blumen	576–584
Früchte	584–585
Kranz	585–589
Gemüse	589–590
Obstbaumfrüchte	590–593
Stangenpflanzen	593
Wein und Hopfen	593–599
Getreideähren	599–605
Garben	605–607
Rohrkolben	607–608

GERÄTE	609–777
Bauwerk	609–632
Mauer	609–611
Turm	611–614
Burg	614–618
Brücke	618
Haus	619–621
Hausfront	621
Portal	621–622
Häusergruppe	622
Gerüst	623
Zaun	624
Mühle	624–625
Kirche	625–626
Brunnen	626–628
Feuerstelle	628
Säule	628–630
Zelt	630
Bienenkorb	630
Schiff	630–632
Weitere Gegenstände	633–777
Anker	633–640
Armbrust/Bogen	641–642
Beil	642–647
Buch	647–648
Hammer	648–652
Hufeisen	652–656
Kesselhaken	656
Leiter	656–657
Mühleisen	657–659
Mühlrad	659–664
Ornament	664
Schlüssel	664–667
Schwert	667–672
Sensenklinge	673–674
Sense	674–675
Sichel	675–677
Steigbügel	677
Waage	678
Ein Stab, verschiedener Gestalt	678–680
Zwei Stäbe	680–685
Drei Stäbe	685–686
Nagel	686–687
Klammer	687–689
Pfeil	690–700
Speere	700
Streitkolben	701
Wedel (Pinsel)	702
Fackel	702–703
Leuchter (Lampe)	703
Schaufel/Ruder	703–705
Hacke/Haken	705–707
Kelle/Löffel	707–708
Gabel	708
Reibeisen	708
Stempel	708–709
Rechen	709
Dreschflegel	709–710
Seilerhaken	710
Fahne	710–711
Angelhaken	711
Joch	711–712
Bügeleisen	712
Feuerstahl	712
Kette	713
Schloß	713
Schleife/Zopf	713–714
Scheibe, Kugel	714–720
Reifen	721–723
Fingerring	723
Mühlstein	723–724
Reichsapfel	725
Granate	725
Rad	726–728
Pflug	728
Schubkarren	728
Backwerk	728–730
Weberschiffchen	730–731

Inhalt

Spindel	731
Dreieck, Spickel	731–732
Pflugschar	732–736
Winkelmaß	736–737
Schindeln	737
Schildchen	737–739
Würfel	739
Gewichte	739
Pentagramm	739–740
Hexagramm	740
Rahmen	740–741
Ziegel(form)	741
Egge	741–742
Rost	742
Sieb	742
Mobiliar	742–743
Sattel	743
Schachfigur	743
Lilienhaspel u. ä.	743–744
Messer	744–745
Säge	745
Schere	475–747
Zange	747–748
Werkzeug	748
Gefäße (Tonne, Faß)	748–749
Gefäße (Napf)	749
Gefäße (Kessel)	750
Gefäße (Flasche, Kegel)	751
Gefäße (Henkelkanne)	752
Gefäße (Schnabelkanne)	753
Gefäß (zweihenklig)	753–754
Gefäße (Becher)	754–756
Gefäße (Füllhorn)	756
Gefäße (Blumenvase u. ä.)	756–759
Gefäße (dampfend)	759
Rolle	759–760
Kanone	760
Sanduhr	760
Jagdhorn	760–764
Trompete	764
Flöte	764
Trommel	764–765
Glocke	765–766
Schelle	766
Leier, Lyra	767
Harfe	767
Geige, Laute	767–768
Rüstung	768
Oberbekleidung	768
Helm	768–769
Hut	769–771
Andere Kopfbedeckungen	771
Krone	771–773
Fußbekleidung	774–775
Schnalle	775–776
Schärpe, Gürtel	777
Tasche, Sack, Beutel	776–777
Handschuh	777
Brille	777
BUCHSTABEN UND MARKEN	777–815
Buchstaben A–B	777–778
Buchstaben B–H	779–780
Buchstaben H–M	780
Buchstaben M–P	780–781
Buchstaben P–S	781–782
Buchstaben T	783
Buchstaben T–W	783–784
Buchstaben W–Z	784–785
Inschriftzeilen	785–786
Buchstaben, kursive	786–787
Marken	787–815
MEHRFELDIGE SCHILDE	816–1079
Geteilt, oben Heroldsbild	816–820
oben Kosmos	821–831
Geteilt, oben Lebewesen	831–885
oben Mensch	831–842
oben Löwe	842–857
oben Pferd	857–858
oben Einhorn	858
oben Panther	858
oben Bär	858–859
oben Wolf/Fuchs	859
oben Hund	859–860
oben Hirsch	860
oben Lamm	860–861
oben Bock	861
oben Rind	861
oben Hase	861–862
oben Biber u. ä.	862
oben halbes Pferd	862–863
oben halbes Einhorn	863–865
oben halber Panther	865
oben halber Bär	865
oben halber Eber	865
oben halber Wolf	866
oben halber Hund	866
oben halber Hirsch	866–867
oben halber Bock	867–868
oben halbes Rind	868–869
oben Tierköpfe	869
oben Geweih	869
oben Horn	869
oben Pranken	870
oben Fisch	870
oben Schlange	871
oben Krebs	871
oben Muschel	871
oben Insekt	871
oben Drache	871
oben Mischwesen	871
oben Adler	871–876
oben Vogel	876–880
oben Vogelteile	880–881
Geteilt, oben Mischwesen	881–885
oben Engel	881–882
oben Pegasus	882
oben Fischweib	882
oben Greif	882–883
oben halber Greif	883–885
Geteilt, oben Pflanzen	885–897
oben Baum	885–886
oben Baumteile	886–887
oben Klee	887–888
oben Rose	888–891
oben Lilie	891–894
oben Baumzweige	894–895
oben Kranz	895
oben Früchte	895
oben Wein	896
oben Getreide	896
oben Rohrkolben	896–897
Geteilt, oben Geräte	897–911
oben Anker	897
oben Bauwerk	897–898
oben Schiff	898
oben Bienenkorb	898
oben Beil	898–899
oben Bogen	899
oben Hut	899
oben Schuh	899
oben Buch	899
oben Egge	899
oben Gabel	899
oben Gefäß	899–900
oben Glocke	900
oben Hammer	900
oben Helm	900
oben Hobel	900
oben Hufeisen	900
oben Horn	901–902
oben Kanone	902
oben Kegel	902
oben Kolben	902
oben Krone	902–903

oben Messer	903
oben Mühleisen	903
oben Mühlrad	903–904
oben Mühlstein	904
oben Nagel	904
oben Pfeil	904
oben Pflugschar	904–905
oben Pflug	905
oben Rad	905
oben Schere/Zange	905
oben Schildchen	905–906
oben Schwert	906–907
oben Scheibe oder Ring	907
oben Schlüssel	907–908
oben Stab	908
oben Rechen	908
oben Spaten	909
oben Sichel	909
oben Sense	909
oben Waage	909
oben Würfel	909
oben Riegel	909
oben Weberschiffchen	909
oben Winkelmaß	909
oben Werkzeug	910
oben Doppelhaken	910
oben Rahmen	910
oben Buchstabe	910–911
oben Musiknoten	911
Gespalten, rechts Heroldstücke	911–917
rechts Kosmos	917–920
Gespalten, rechts Lebewesen	920–942
rechts Mensch	920–922
rechts Körperteile	922–923
rechts Löwe	924–928
rechts Vierbeiner	928–931
rechts Hirschstange	932
rechts Horn	932
rechts Adler	932
rechts halber Adler	923–938
rechts Vogel	938–939
rechts Flügel	939–940
rechts Vogelbein	940
rechts Feder	940
rechts Fisch	940
rechts Lindwurm	940
rechts Schlange	940–941
rechts Frosch	941
rechts Insekt	941
rechts Mischwesen	941
rechts Greif	941–942
Gespalten, rechts Pflanzen	942–953
rechts Baum	942–944
rechts Baumstamm	944
rechts Eichenteile	944
rechts Zweig	944–945
rechts Blatt	945
rechts Klee	945
rechts Blume	945–946
rechts Früchte	946
rechts halbe Rose	946
rechts eine Rose	946–947
rechts mehrere Rosen	947–949
rechts halbe Lilie	949–950
rechts eine Lilie	950
rechts mehrere Lilien	951
rechts Wein	951–952
rechts Ähren	952–953
rechts Garbe	953
Gespalten, rechts Geräte	953–962
rechts Bauwerk	953
rechts Schiff	954
rechts Kugel	954
rechts Mühlstein	954
rechts Reif	954
rechts Rad	954–955
rechts Tropfen	955
rechts Kolben	955
rechts Spindeln	955
rechts Sanduhr	956
rechts Mühleisen	956
rechts Rolle	956
rechts Würfel	956
rechts Spaten	956
rechts Leier	956
rechts Schildchen	956
rechts Stab	956–957
rechts Leuchter	957
rechts Hammer	957
rechts Beil	957
rechts Hellebarde	958
rechts Hufeisen	958
rechts Sporn	958
rechts Kesselrinken	958
rechts Schere	958
rechts Zirkel	958
rechts Waage	958
rechts Anker	958
rechts Bogen	958
rechts Armbrustschaft	958
rechts Buch	958–959
rechts Gefäß	959–960
rechts Glocke	959
rechts Helm	959
rechts Pfeil	959–960
rechts Pflugschar	960
rechts Schlüssel	960
rechts Schwert	960–961
rechts Sense	961
rechts Sichel	961
rechts Buchstaben	961
rechts Marke	962–963
Schräggeteilt, oben Heroldstück	963
oben Kosmos	963–964
oben Mensch	964–965
oben Löwe	965–968
oben Pferd	968
oben Einhorn	968
oben Luchs	968
oben Bär	968
oben Fuchs	969
oben Hund	969
oben Hirsch	969
oben Hirschstangen	970
oben Lamm	970
oben Bock	970
oben Vogel	970
oben Fisch	971
oben Schlange	971
oben Greif	971
oben Pegasus	971
oben Baum	971
oben Zweig	971–972
oben Blatt	972
oben Wedel	972
oben Rose	972
oben Lilie	972
oben Blumen	973
oben Ähren	973
oben Ornament	973
oben Gerät	973–974
oben Buchstabe	974
oben Marke	974
Balken, leer, oben begleitet von Heroldstück, unten verschieden	974
oben Kreuz	974–975
oben Kosmos	975–976
oben Mensch	977
oben Löwe	977–978
oben Einhorn	978
oben Fuchs	978
oben Hund	978
oben Hirsch	978
oben Hirschstange	979
oben Rind	979
oben Adler	979

Inhalt

oben Vogel	979
oben Fisch	979
oben Engel	979
oben Greif	979
oben Bäume	979
oben Zweige	979
oben Blätter	980
oben Klee	980
oben Rose	980
oben Lilie	980–981
oben Blumen	981
oben Rohrkolben	981
oben Bauwerk	981
oben Gerät	981–982
Balken, belegt und unten begleitet	982
belegt und oben begleitet	983–984
Figuren zwischen Heroldstücken	983
Balken, belegt und begleitet von duplizierten Bildern	983–986
Balken, belegt und ungleichmäßig begleitet	986–989
Pfahl, begleitet	990–991
Schrägbalken, begleitet	991–992
Spitze, belegt	992–1009
unten Heroldstück	992
unten Kreuz	992
unten Kosmos	992–993
unten Mensch	993–994
unten Herz	995
unten Löwe	995–997
unten Vierbeiner	997–999
unten Vögel	999–1001
unten Fisch	1001
unten Fabelwesen	1001
unten Greif	1001
unten Baum	1001–1002
unten Pflanze	1002–1003
unten Rose	1003
unten Lilie	1003–1004
unten Blume	1004
unten Blätter	1004
unten Rübe	1004
unten Frucht	1004
unten Wein	1004
unten Ähren	1005
unten Bauwerk	1005
unten Schiff	1005
unten Gerät	1005–1008
unten Marke	1008–1009
Gestürzte Spitze, oben Kosmos	1009
oben Mensch	1009
oben Vierbeiner	1009
oben Adler	1009
oben Vogel	1009
oben Greif	1009
oben Pflanze	1010
oben Gerät	1010
Deichsel, begleitet	1010
Geteilt und halbgespalten, oben leer	1010–1011
oben Heroldstück	1011
oben Kosmos	1011
oben Mensch	1011
oben Löwe	1011
oben Vierbeiner	1011
oben Adler	1011–1012
oben Vogel	1012
oben Fabelwesen	1012
oben Pflanze	1012
oben Schiff	1012
oben Gerät	1012
links Heroldstück	1012–1013
links Mensch	1013
links Löwe	1013
links Vierbeiner	1013
links Adler	1013
links Greif	1013
links Baum	1013–1014
Halbgeteilt und gespalten	1013–1014
links	1013–1014
Zweige	1014
Garbe	1014
Gerät	1014
Gespalten und halbgeteilt	1014–1017
rechts leer	1014
rechts Heroldstück	1014
rechts Kreuz	1015
rechts Kosmos	1015
rechts Mensch	1015
rechts Löwe	1015
rechts Adler	1015–1016
rechts Vogel	1016
rechts Greif	1016
rechts Pflanzen	1016
rechts Bauwerk	1016
rechts Gerät	1016–1017
rechts Marke	1017
Halbgespalten und geteilt	1017–1020
unten leer	1017
unten Kosmos	1017
unten Heroldstück	1017
unten Kreuz	1017
unten Mensch	1017–1018
unten Löwe	1018
unten Vierbeiner	1018
unten Vogel	1018
unten Baum	1018–1019
unten Zweig	1019
unten Rose	1019
unten Lilie	1019
unten Ähren	1019
unten Bauwerk	1019
unten Schiff	1019
unten Gerät	1019–1020
Balken, verschieden belegt	1020
Balken, Teilungen überdeckend	1020
Pfahl, Teilungen überdeckend	1020
Schrägbalken, leer, begleitet	1020
oben Kosmos	1021
oben Mensch	1021
oben Löwe	1021
oben Vierbeiner	1021–1022
oben Vogel	1022
oben Pflanze	1022–1023
oben Gerät	1023–1024
Schrägbalken, verschieden belegt	1024
Schrägbalken, belegt und begleitet von Heroldstücken	1024–1025
Schrägbalken, belegt, begleitet von Kreuzen	1025
begleitet von Kosmos	1025–1927
begleitet von Mensch	1027
begleitet von Löwen	1027–1028
begleitet von Pferden	1028
begleitet von Vögeln	1028
begleitet von Muscheln	1028
begleitet von Greifen	1028
begleitet von Pflanzen	1028–1029
begleitet von Rosen	1029–1030
begleitet von Lilien	1030
begleitet von Blumen	1030–1031
begleitet von Früchten	1031
begleitet von Getreide	1031
begleitet von Geräten	1031–1032
begleitet oben von Kreuz	1032
begleitet oben von Kosmos	1032–1033
begleitet oben von Mensch	1033
begleitet oben von Vierbeiner	1033
begleitet oben von Vogel	1033
begleitet oben von Schlange	1033
begleitet oben von Greif	1033–1034
begleitet oben von Pflanze	1034
begleitet oben von Gerät	1034
Schrägbalken, Felder überdeckend	1034–1035
Schrägkreuz, belegt	1035
Sparren, leer, begleitet	1035–1936
Sturzsparren	1037
Sparren, belegt und begleitet	1036–1037

Zwei Sparren, begleitet	1037	in 1: Vögel	1062–1064
Sparren, leer, begleitet		in 1: Fische	1064
oben Heroldstücke	1037	in 1: Schlange	1064
oben Kosmos	1037–1039	in 1: Schnecke	1064
oben Lebewesen	1039	in 1: Insekten	1064
oben Pflanzen	1039–1040	in 1: Greif	1065–1066
oben Geräte	1040–1041	in 1: Fabelwesen	1066
oben verschieden begleitet	1041	in 1: Baum	1066
Geviert, 1 u. 4 leer	1041	in 1: Äste	1066
in 1 u. 4: Heroldstück	1041–1045	in 1: Zweige	1067
in 1: Kreuz	1045	in 1: Klee	1067
in 1: Kosmos	1045–1048	in 1: Rose	1067–1068
in 1: Lebewesen, Mensch	1048–1052	in 1: Lilie	1069–1070
in 1: Löwe	1052–1056	in 1: Zweige	1070–1071
in 1: Pferd	1056	in 1: Wurzeln	1071
in 1: Bär	1057	in 1: Früchte	1071
in 1: Fuchs/Wolf	1057	in 1: Wein	1071
in 1: Hund	1057	in 1: Ähren	1071–1072
in 1: Hirsch	1057–1058	in 1: Bauwerk	1072–1073
in 1: Lamm, Schaf, Bock	1058	in 1: Schiff	1073
in 1: Rind	1058	in 1: Gerät	1073–1078
in 1: Pferdeteile	1059	in 1: Buchstabe	1078
in 1: Reiter	1059	in 1: Marke	1078
in 1: Einhorn	1059	Schräggeviert	1078–1079
in 1: Weitere Vierbeiner	1059–1060	Geviert, von Balken überdeckt	1079
in 1: Teile von Vierbeinern	1060	Mehr als vier Felder	1079
in 1: Adler	1060–1062	Nachträge	1080

Geteilt/Balken

Einmal geteilt

Meder  — Lütke  — Fentzel  — Rossberg

Springintgud  — Haugk  — Le Brun  — Friess

Milliges  — Idenstein 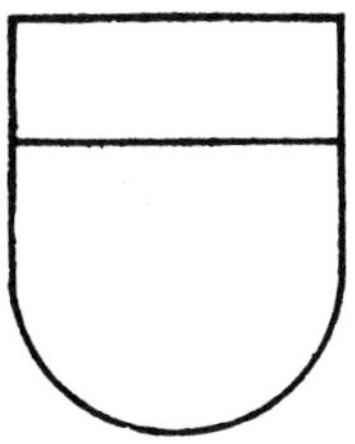 — Steinmeyger  — Nothlieb

Ein Balken oder zweimal geteilt

Willer  — Herr  — Bergkhausen  — Nanne

Balken

Balken

Balken

Born — de Schworen — Markhaus — Brücke

Balken in unterteiltem Grunde

Schoderl — Stinauer — Oldehorst — Olber

Dreimal quergeteilt

Geysmer — Grote — Hefner — Hefinger

Uhlmann — von Aussem — Schweitzer — Sachs

Zwei Balken oder viermal geteilt

Heffner — Blechmann — Bleckmann — Buer

Balken

Pfahl/Geviert

Geviert/Schach

Schach/Schräggestellt

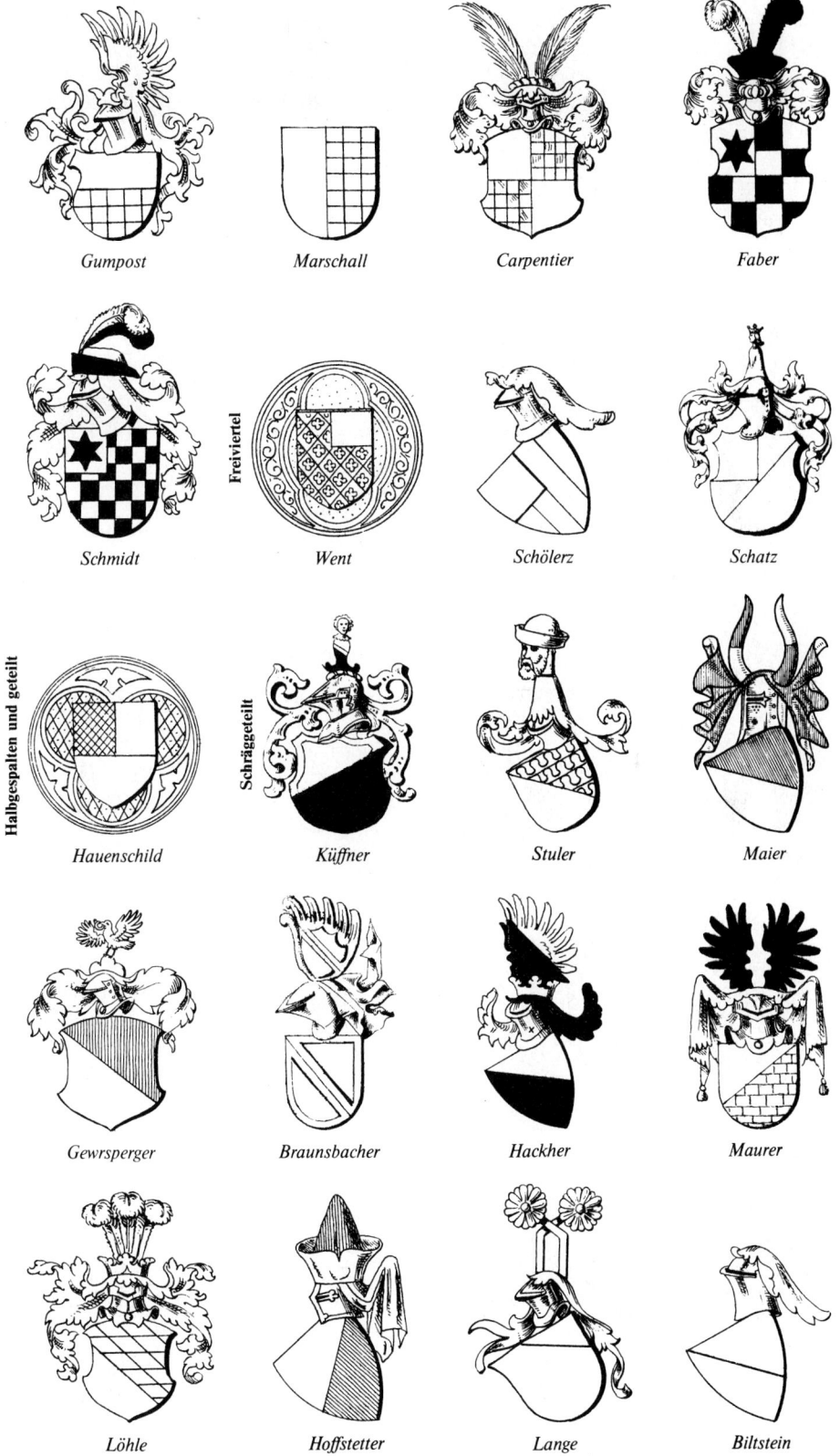

Schrägbalken

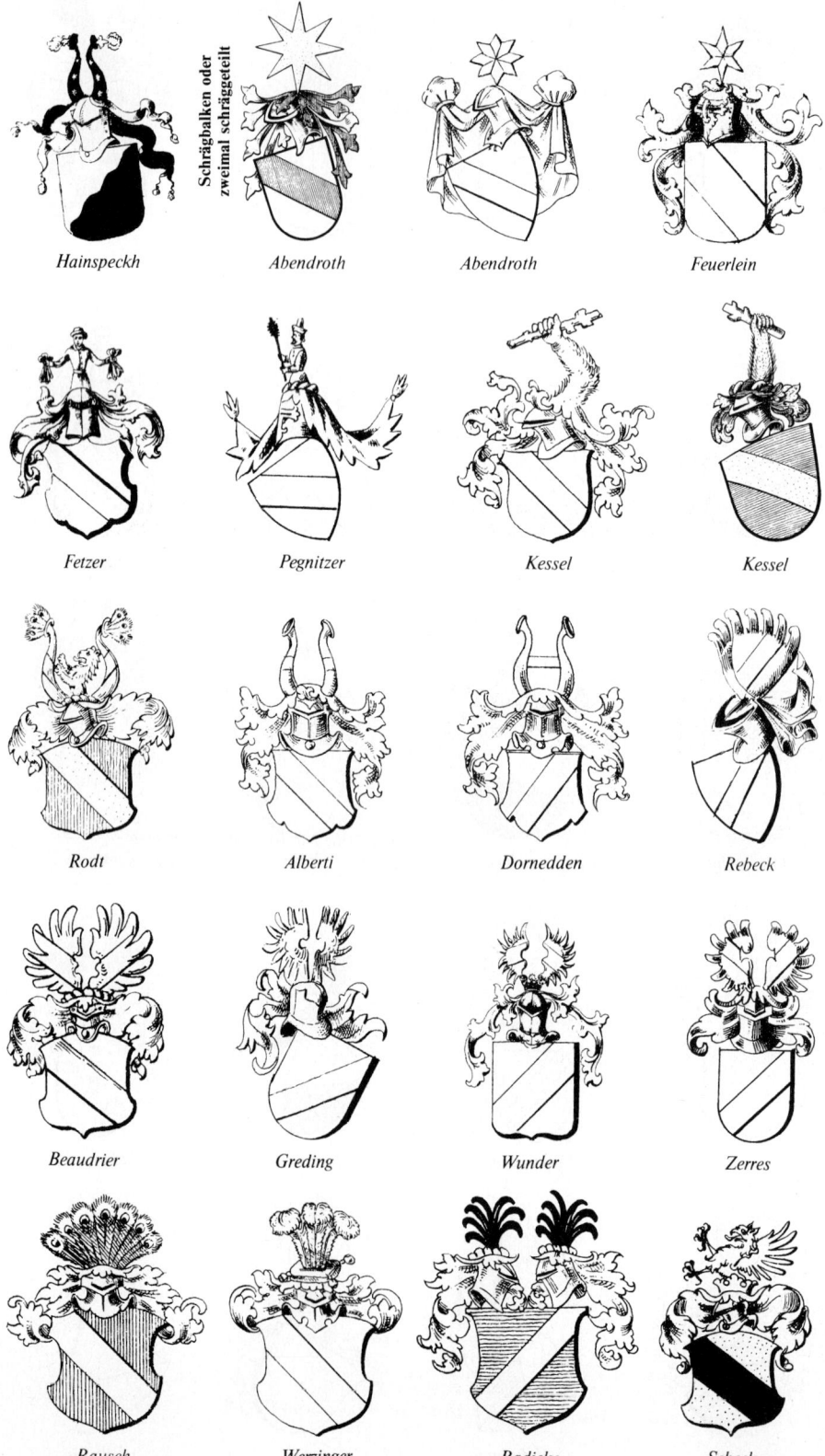

Schrägbalken

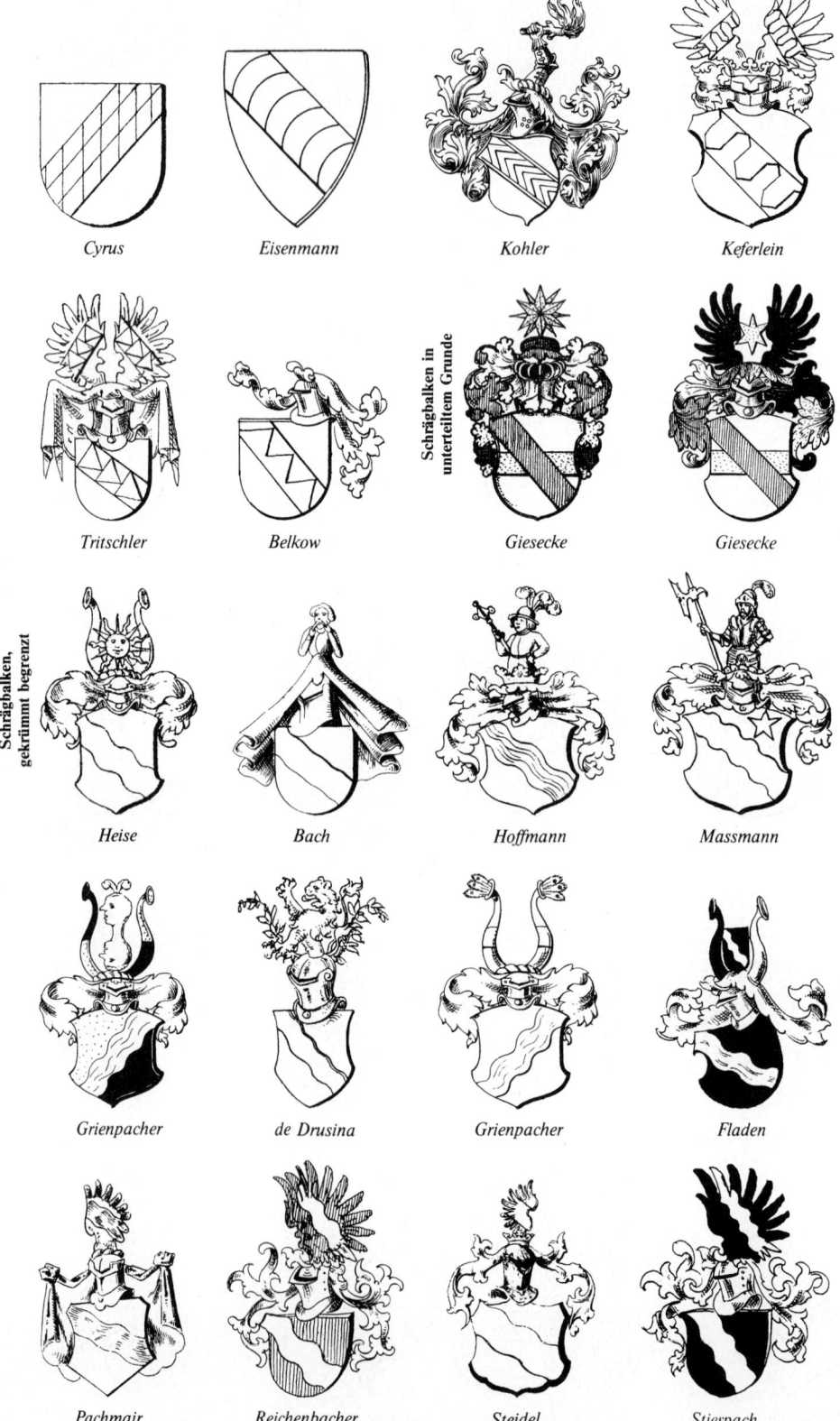

Schrägbalken

Schräggestreift

Schräggestreift zu 4 Plätzen

Kramer · Kramer · Gösswein · Karg

Pfefferbalg · Gösswein · Gösswein · Sternecker

Würdinger · Strasser · Staude · Staude

Schräggeteilt oder -gestreift zu 5 Plätzen

Hofmann · Schiller · Mayr · Busse

Wasser · Maier · Haren · Regnat

Schräggestreift

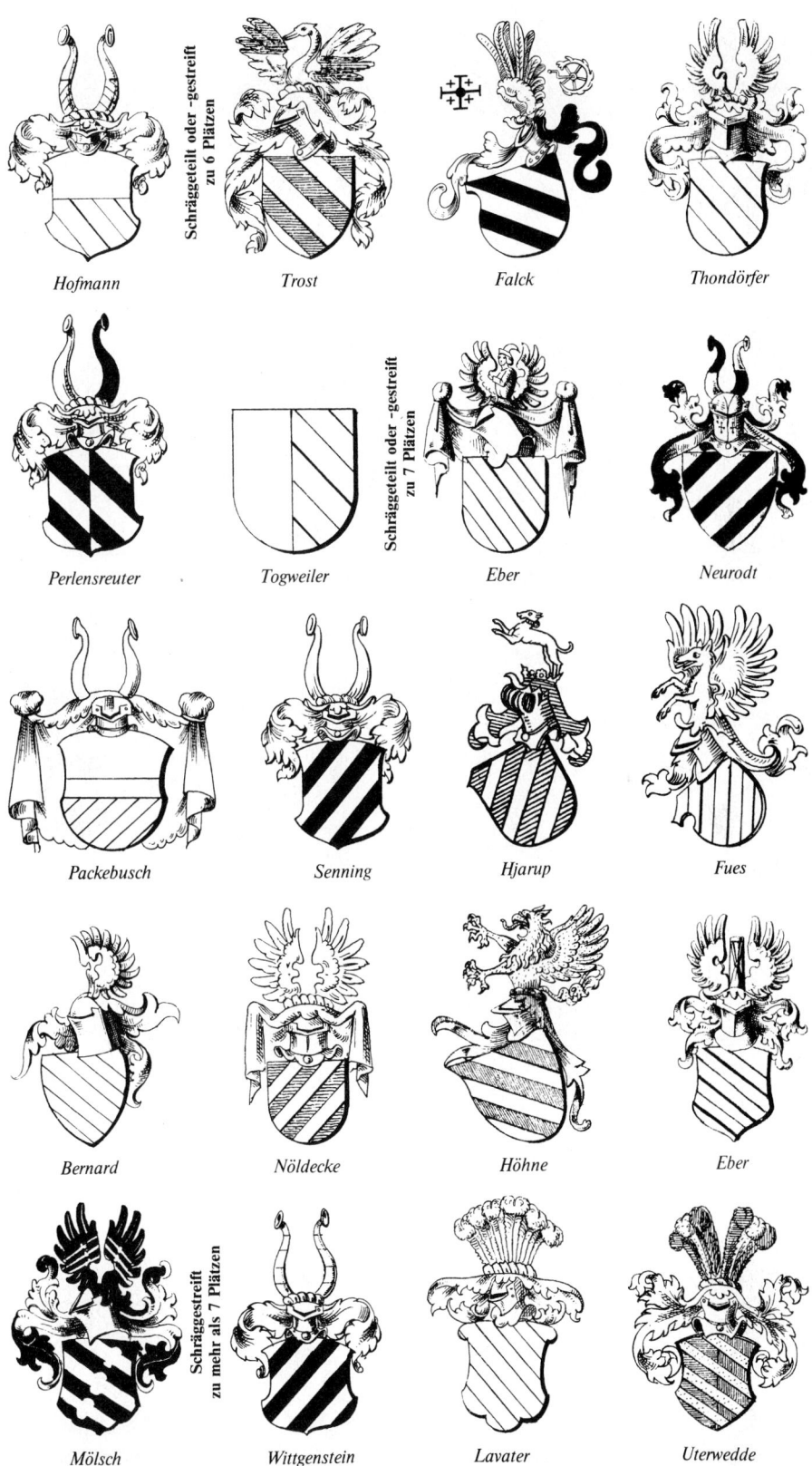

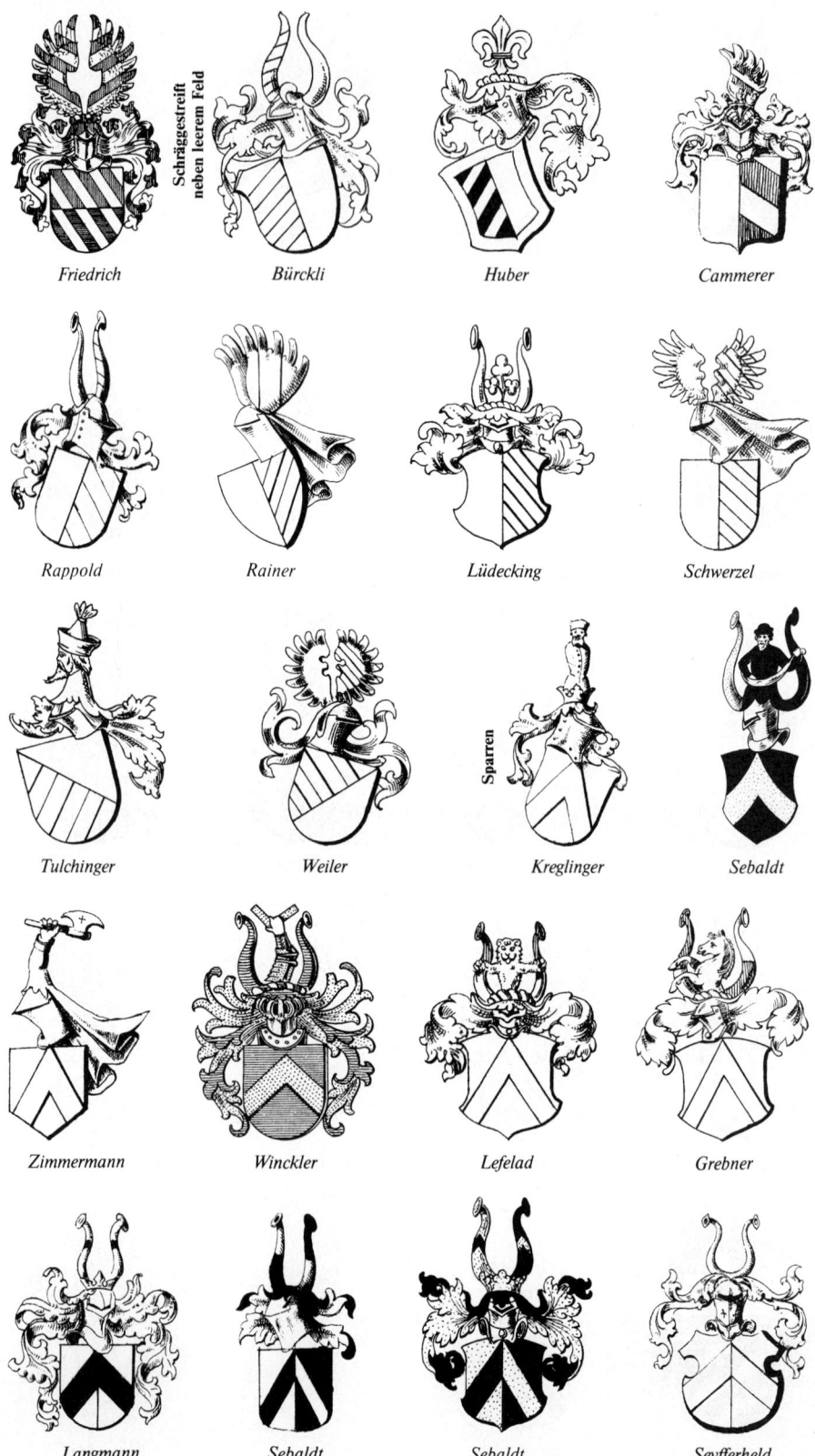

Sparren

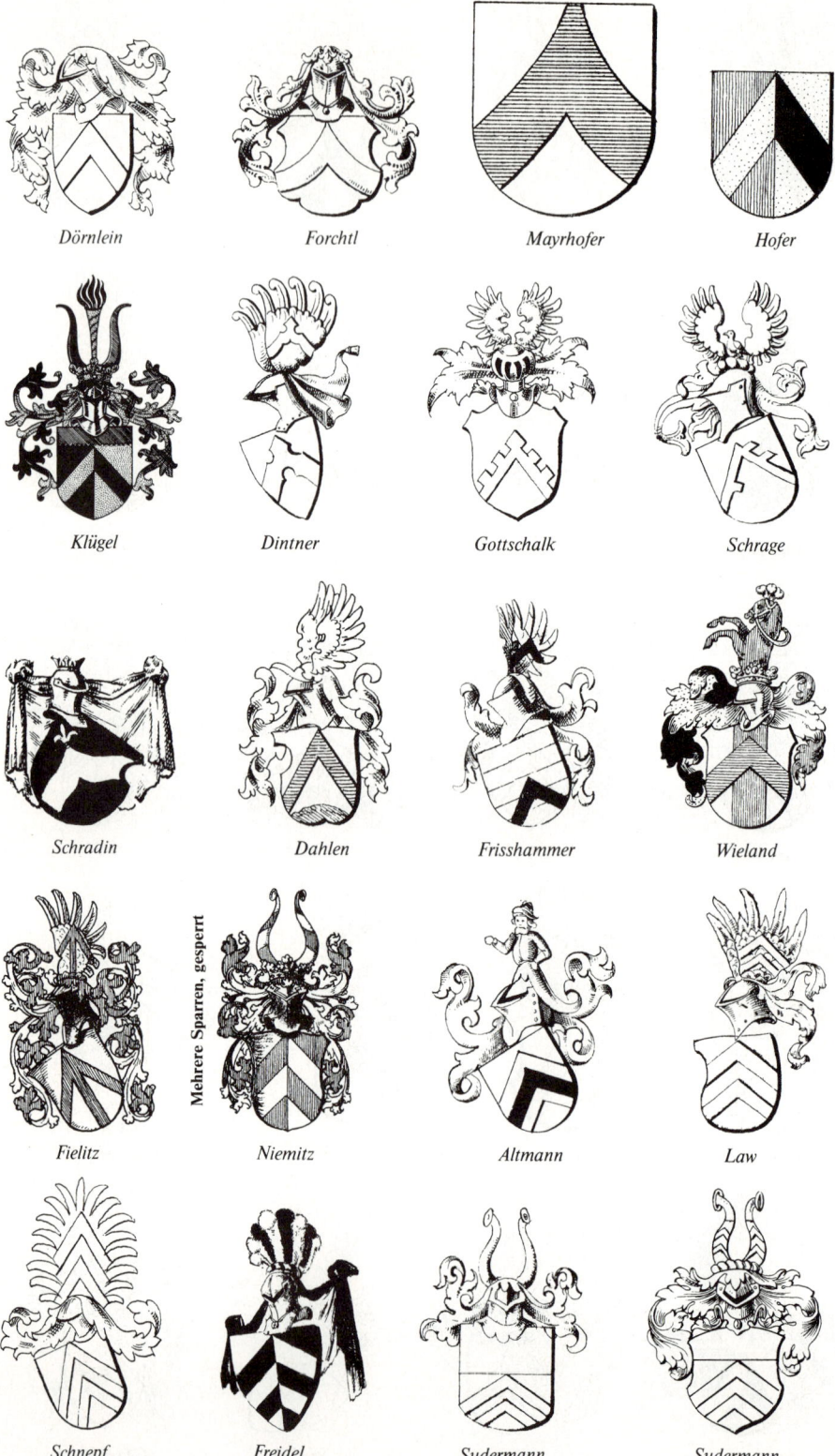

Sparren

Dopheide	Henrici	Ziegler	Wydenmann
Stemmermann	Jännicke	Jägkli	Holzhauser
Oswald	Gysi	Tächer	Winckhler
Erlabeck	Oschwalt	Wintersteiner	Aufleger
Tartara	Hueber	Rübel	Hueber

Spitze

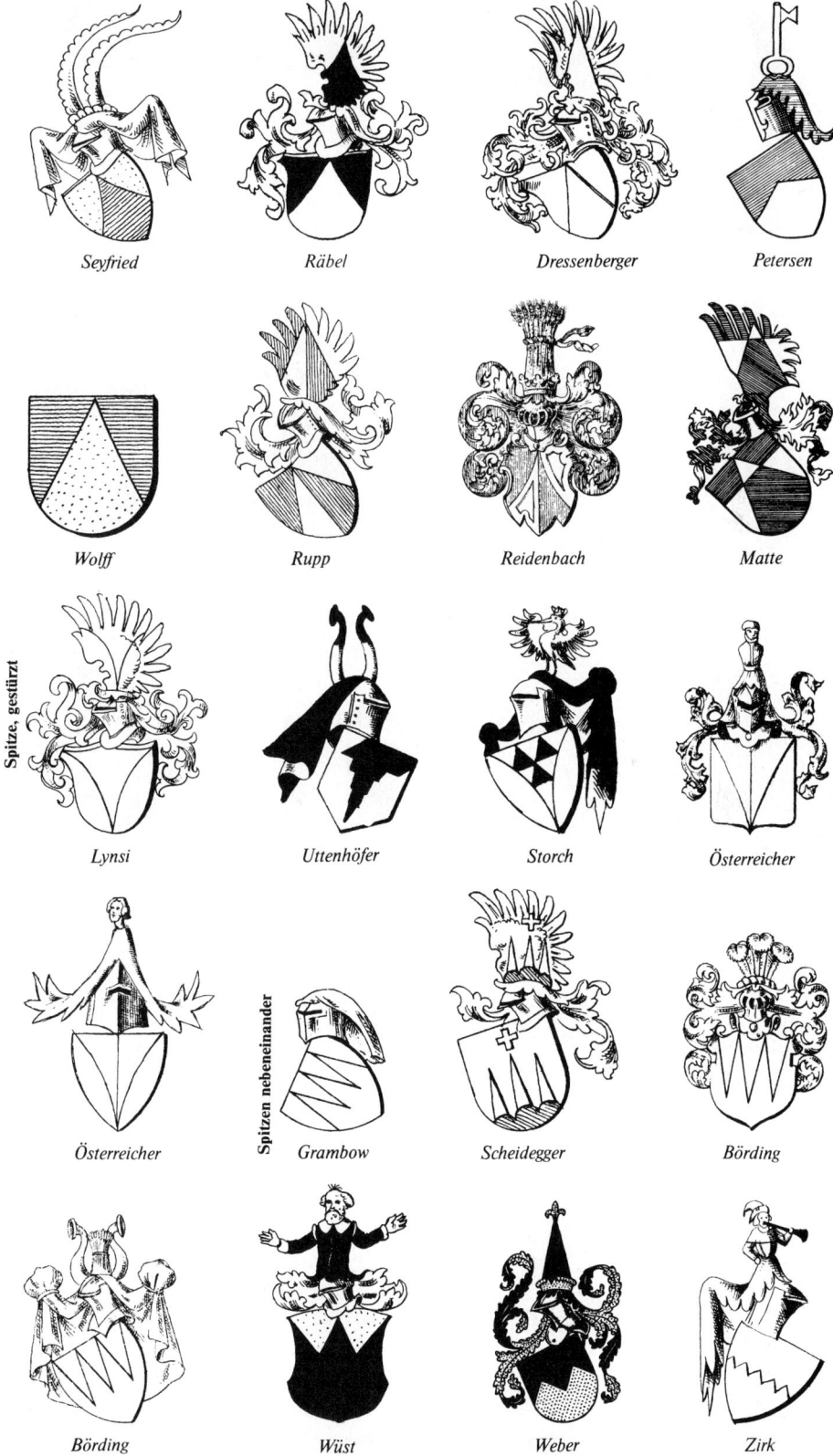

Seyfried — Räbel — Dressenberger — Petersen
Wolff — Rupp — Reidenbach — Matte
Spitze, gestürzt: Lynsi — Uttenhöfer — Storch — Österreicher
Österreicher — Spitzen nebeneinander: Grambow — Scheidegger — Börding
Börding — Wüst — Weber — Zirk

Flammen- und Zinnenschnitte

Zinnen/Krücken/Rauten

Rauten

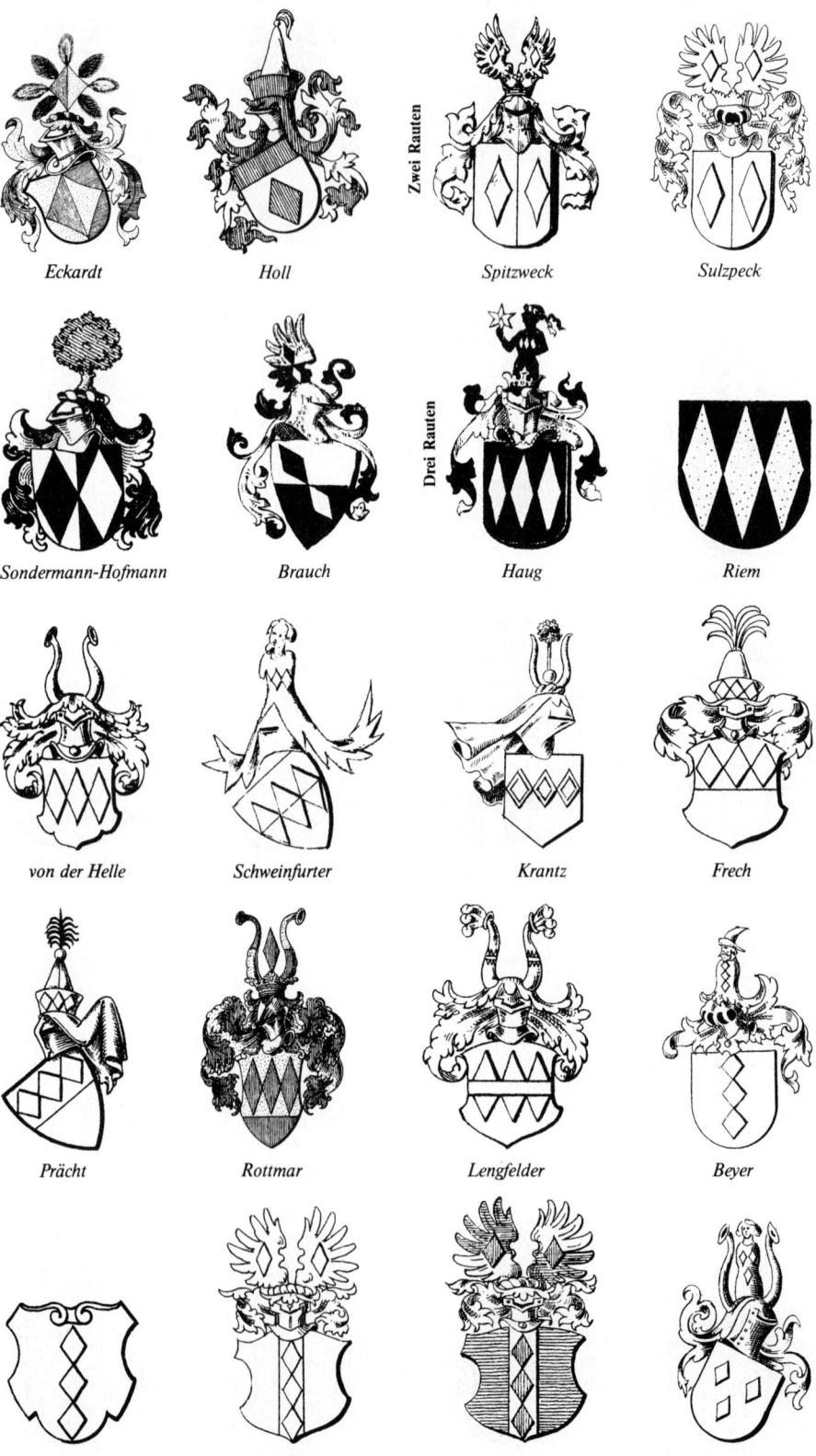

Eckardt	Holl	Spitzweck	Sulzpeck
Sondermann-Hofmann	Brauch	Haug	Riem
von der Helle	Schweinfurter	Krantz	Frech
Prächt	Rottmar	Lengfelder	Beyer
Reumann	Roetenbeccius	Rötenbeck	Ackermann

Zwei Rauten

Drei Rauten

Rauten

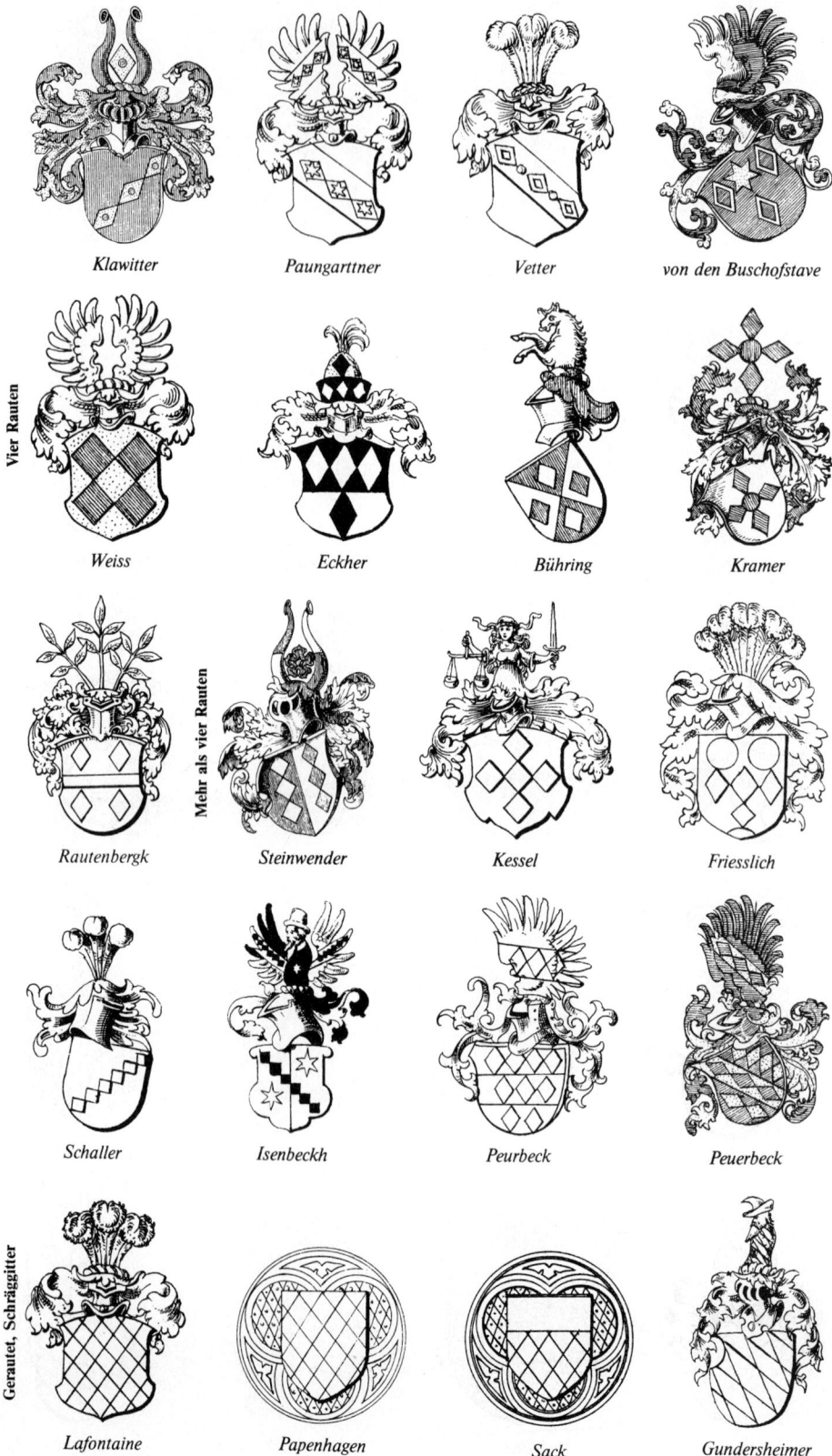

Schräggitter/Ständerung

Kreuz

Kreuz

Kreuz

Kreuz

Wurster Ferber Frick Trutmann

Trutmann Arnoldi Amort Mirus

Ambts Wirsch Bapst gen. Sittard Jörissen

Bex Artopoeus Bruggen von den Driesch

Durchkreuzte Kreuze

Schreiber Kreutzer Beck Camenzind

Krücke/Doppelkreuz

Schrägkreuz 39

Reidenhausen   *Ries*   *Krauss*   *Offenberg*   *von Aue*

Kosmos

Sonne

Sonder	Frey	Dürr	Schantze
Zandt	Ludwiger	Glitzmann	Porsch
Künzel	Mundius	Mülhofer	Schmidt
Boys	Kleinhans	Kleinhaus	Hübschmann

Sonne

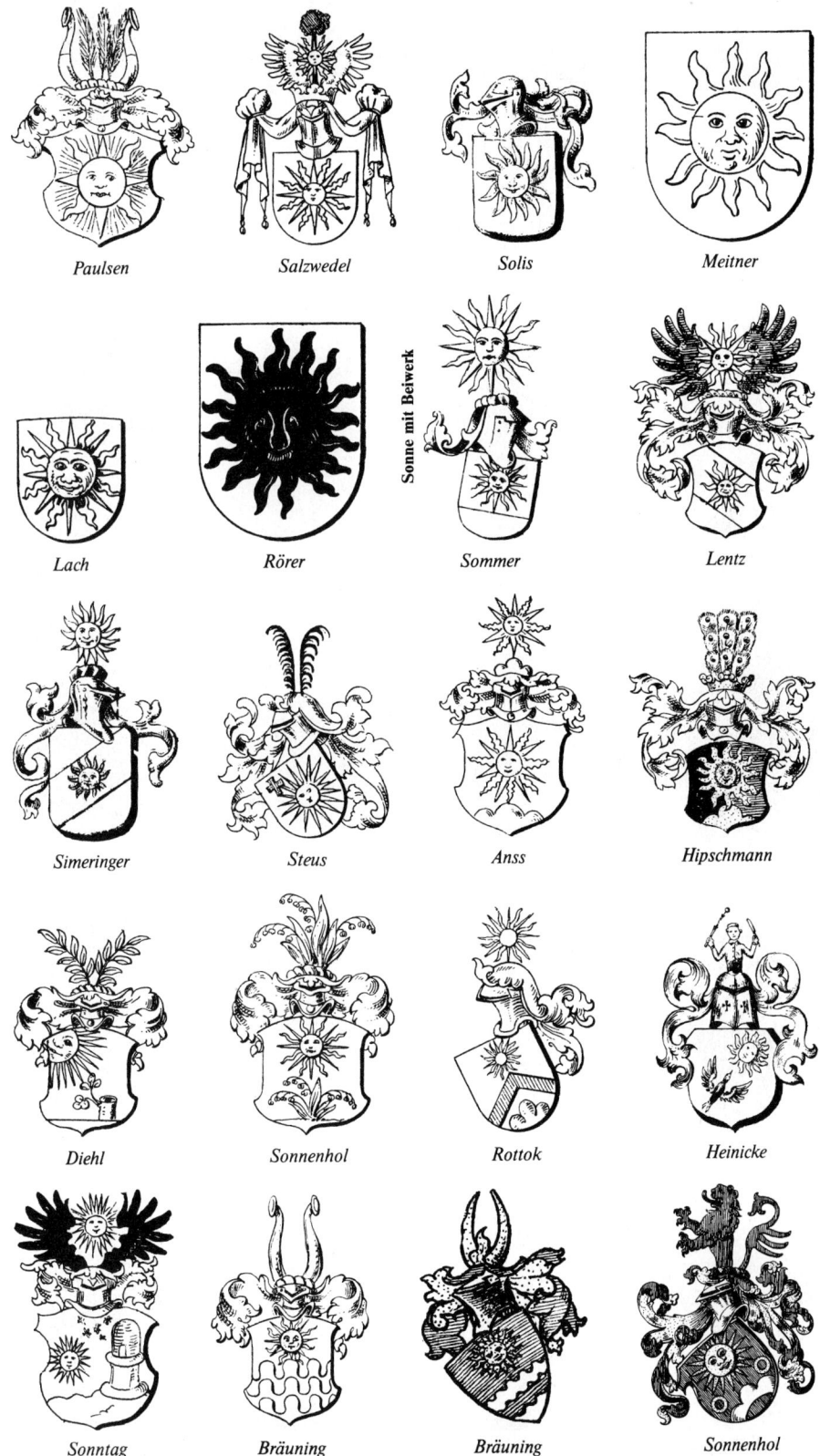

Sonne, Mond und Sterne

Sonne und Sterne, Mond

Mond

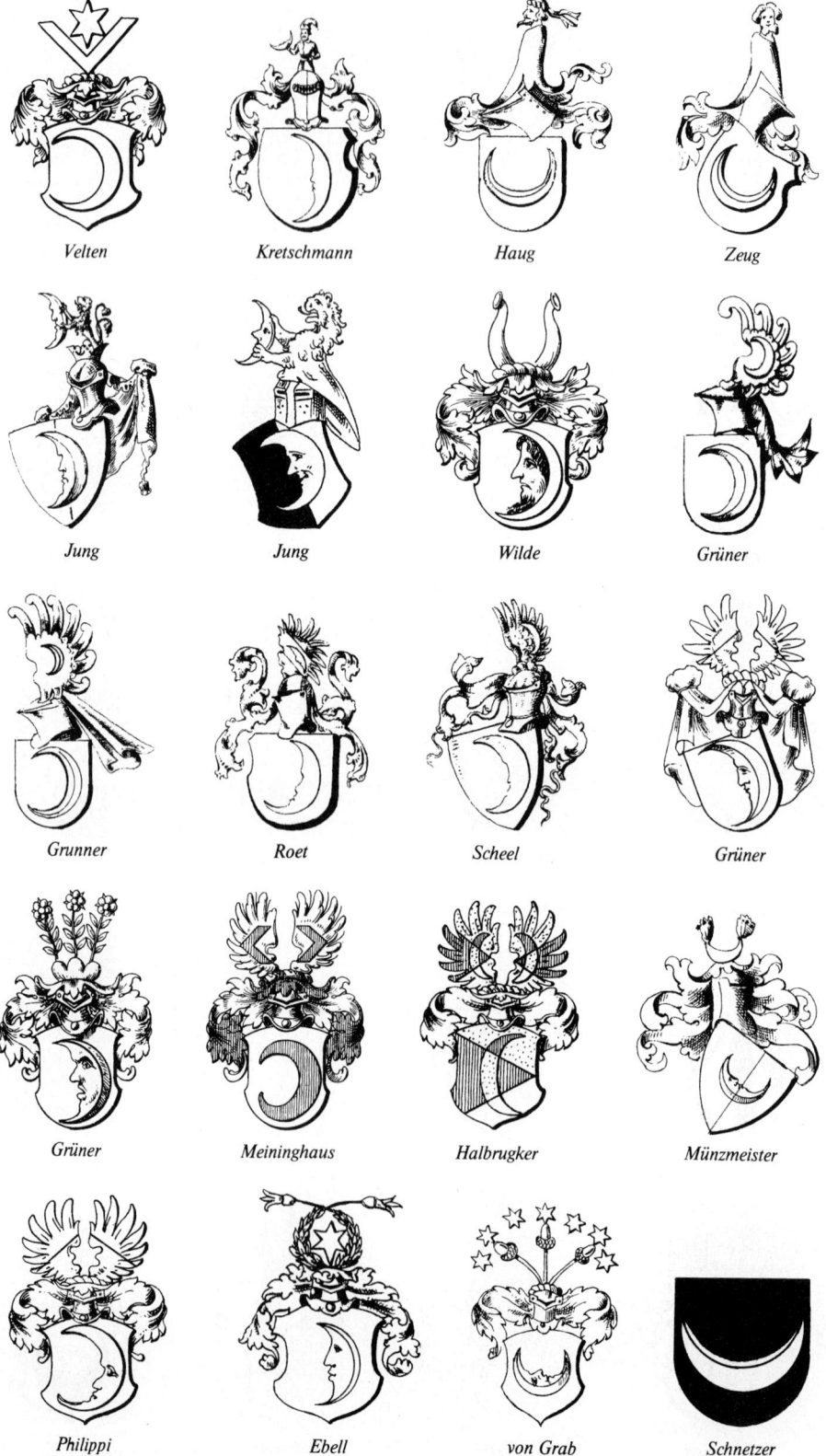

Velten	Kretschmann	Haug	Zeug
Jung	Jung	Wilde	Grüner
Grunner	Roet	Scheel	Grüner
Grüner	Meininghaus	Halbrugker	Münzmeister
Philippi	Ebell	von Grab	Schnetzer

Mond

Mond, begleitet

Wäber	Tober	Paumbgarttner	Kreutzer
von Wyl	Trojanowski	Hungar	Seidel
Neu	Wiser	Schnellmann	Signer
Ulrich	Schwartz	Lindemann	Holman
Salenbach	Ebeling	Riem	Koller

Monde

47

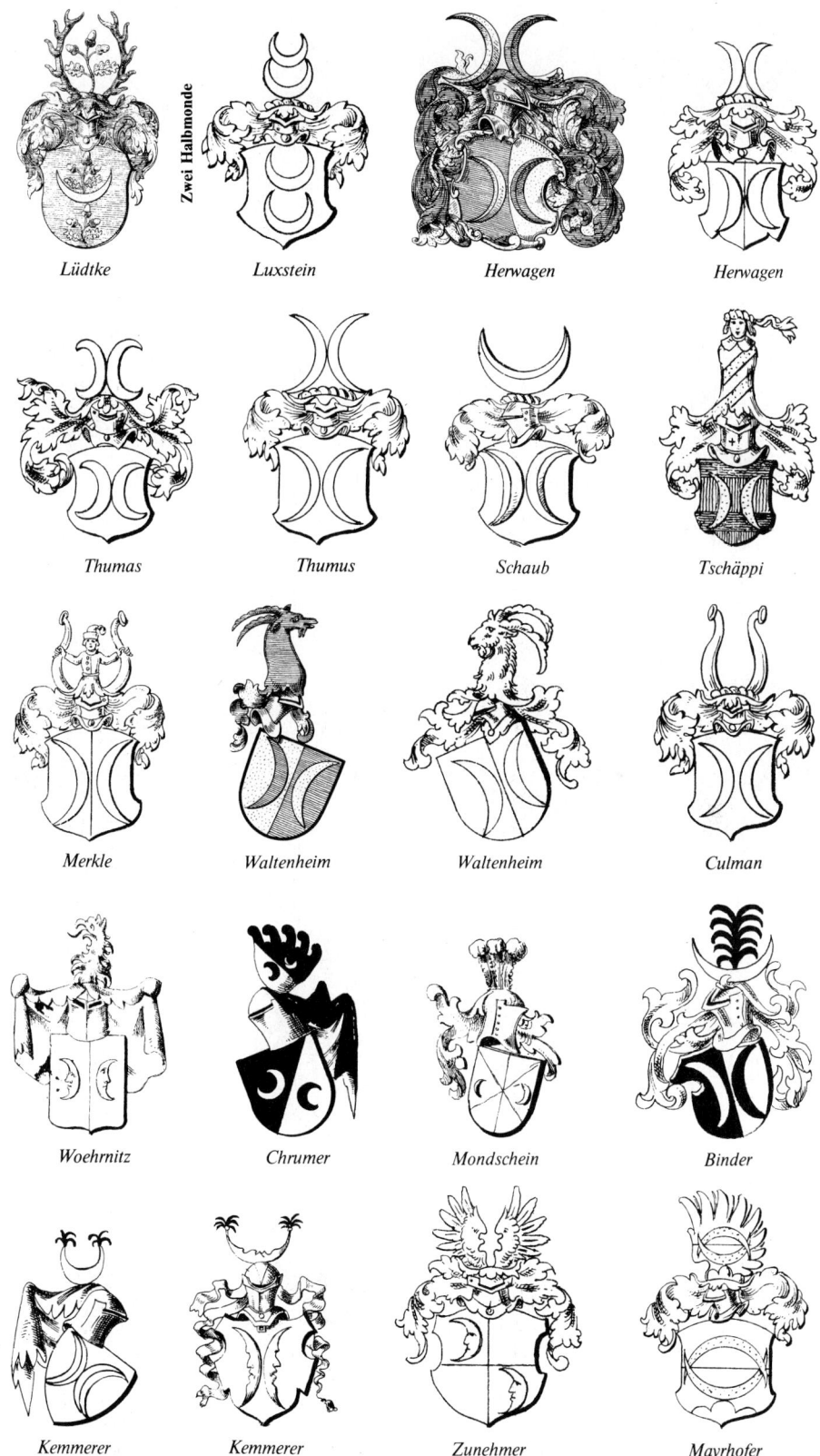

Zwei Halbmonde

Lüdtke — Luxstein — Herwagen — Herwagen
Thumas — Thumus — Schaub — Tschäppi
Merkle — Waltenheim — Waltenheim — Culman
Woehrnitz — Chrumer — Mondschein — Binder
Kemmerer — Kemmerer — Zunehmer — Mayrhofer

Monde

Monde

Virnich — Bethge — Jössel — Josty

Drei Halbmonde mit Beiwerk

Hanstein — Leonhardt — Havemann — Ney

Grossmann — Rudolph — Werlemann — Grossmann

Sattler — Posler — Klein — Reimerdes

Vier und mehr Halbmonde

Halbmond, deformiert

Ruffmann — Oth — Pfenning — Grün

Mond und Sterne

Weber Prentl Schemel Spleiss

Weber Mauch Friday-Wellenkamp Loth

Echaust Laskowski Gläser Hemmi

Bochart Goldschmid Neumann Simon

Tytenkofer Sprüngli Stein Siemers

Mond und Stern, begleitet

Mond und Sterne

Mond und Sterne

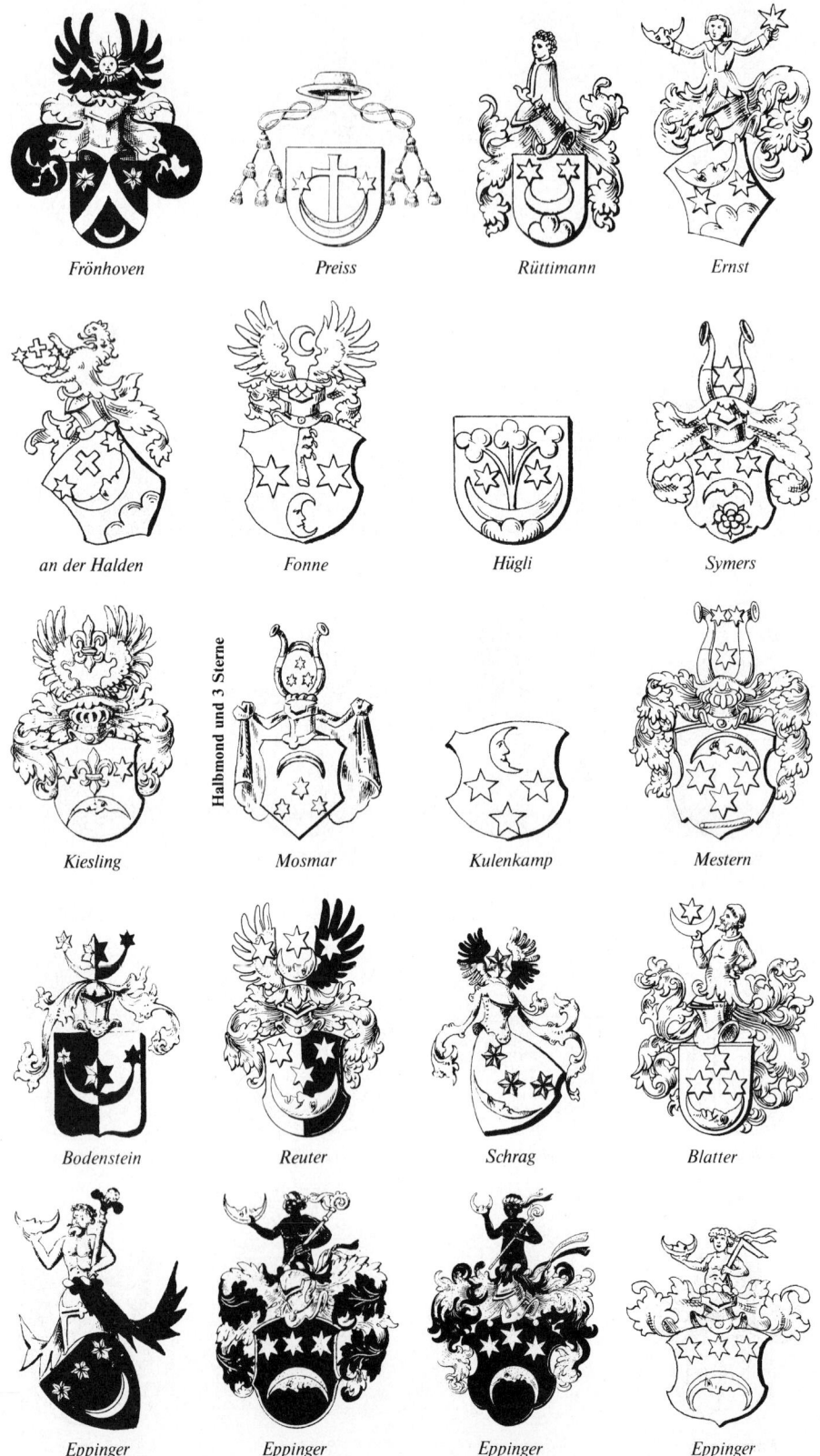

Mond und Sterne

Mond und Sterne

Mond und Sterne

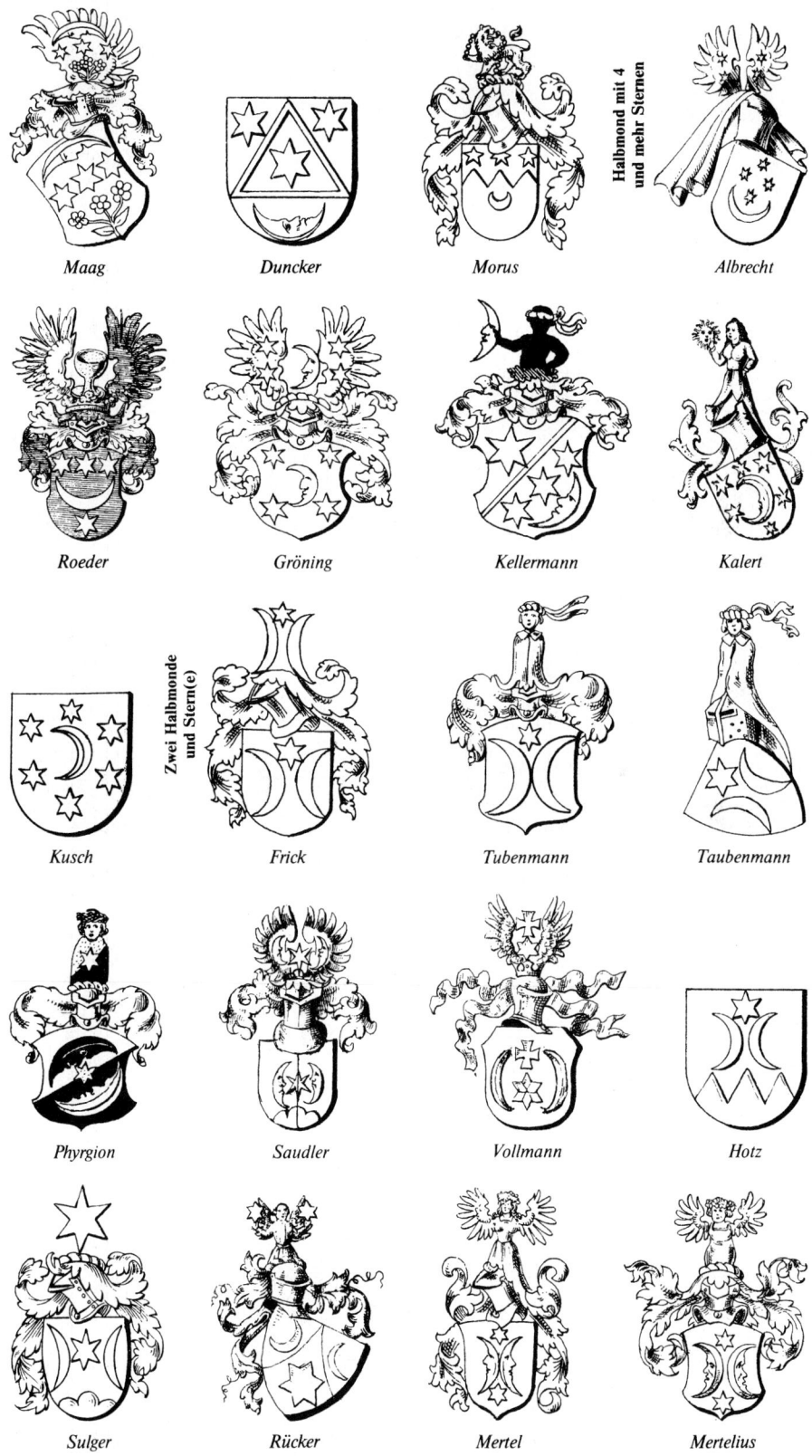

Mond und Sterne

Mond und Sterne/Ein Stern

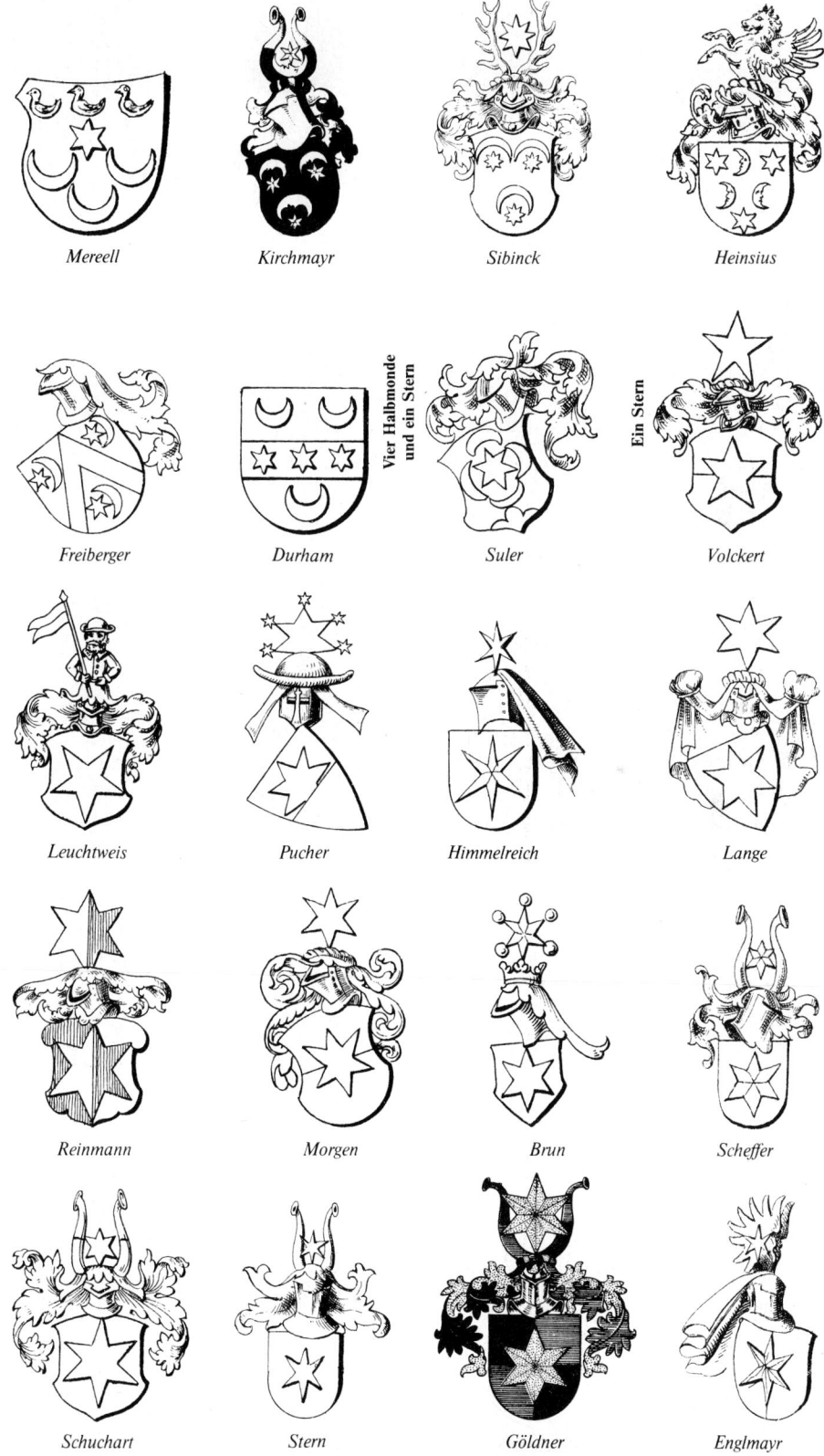

Ein Stern

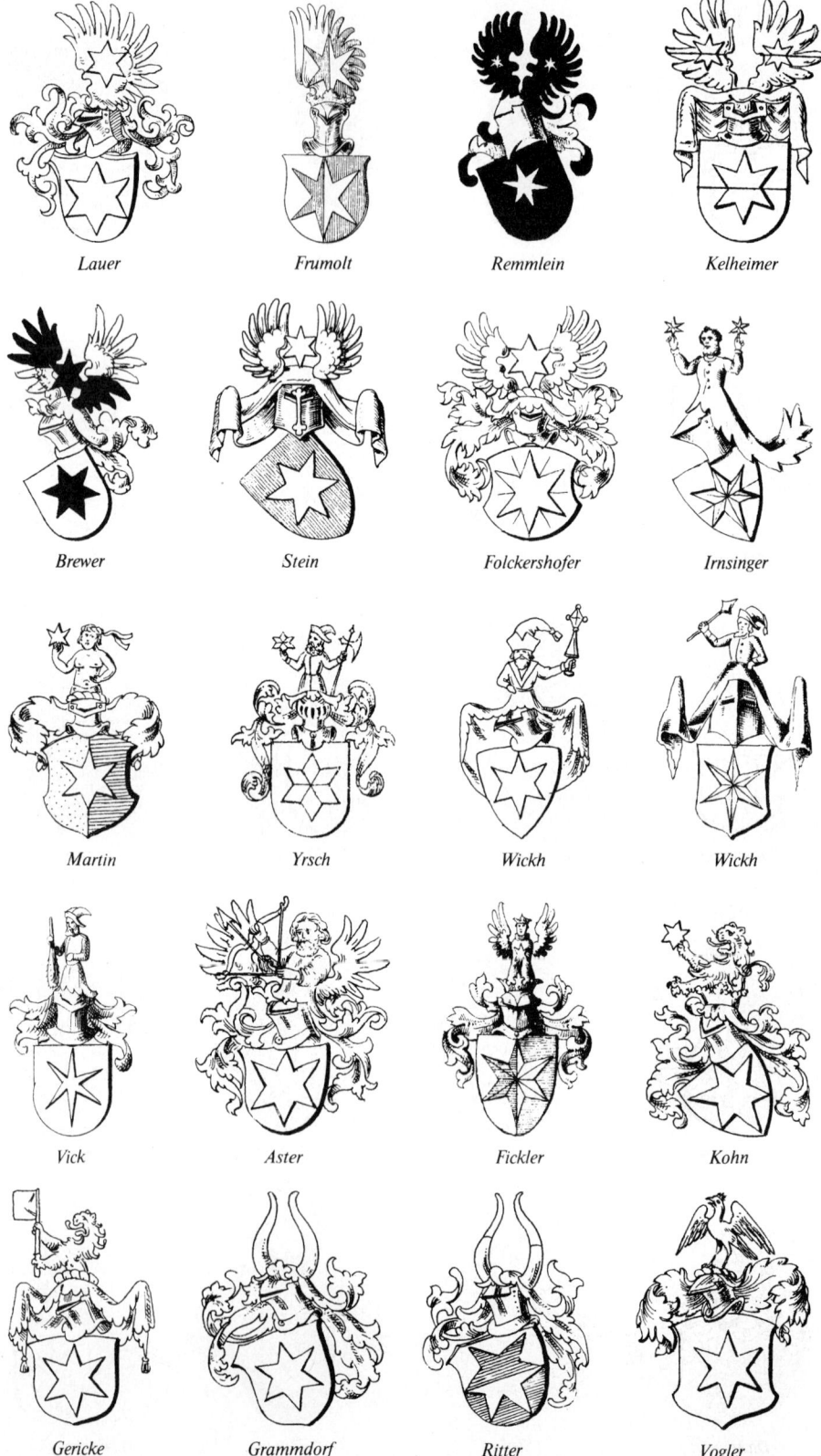

Lauer	Frumolt	Remmlein	Kelheimer
Brewer	Stein	Folckershofer	Irnsinger
Martin	Yrsch	Wickh	Wickh
Vick	Aster	Fickler	Kohn
Gericke	Grammdorf	Ritter	Vogler

Ein Stern

Ein Stern

Ein Stern

Ein Stern

Sterne

Tegen	Heller	Heller	Verhoven
Verhoven	Offerl	Hübner	Fassbind
Fassbind	Böckh	Martens	Huober, Huber
Hübscher	Schröder	Tinne	Ochsenfelder
Hiller	Huber	Koßwig	Rom

Zwei Sterne

Zwei Sterne

Zwei Sterne

Zwei Sterne

Drei Sterne

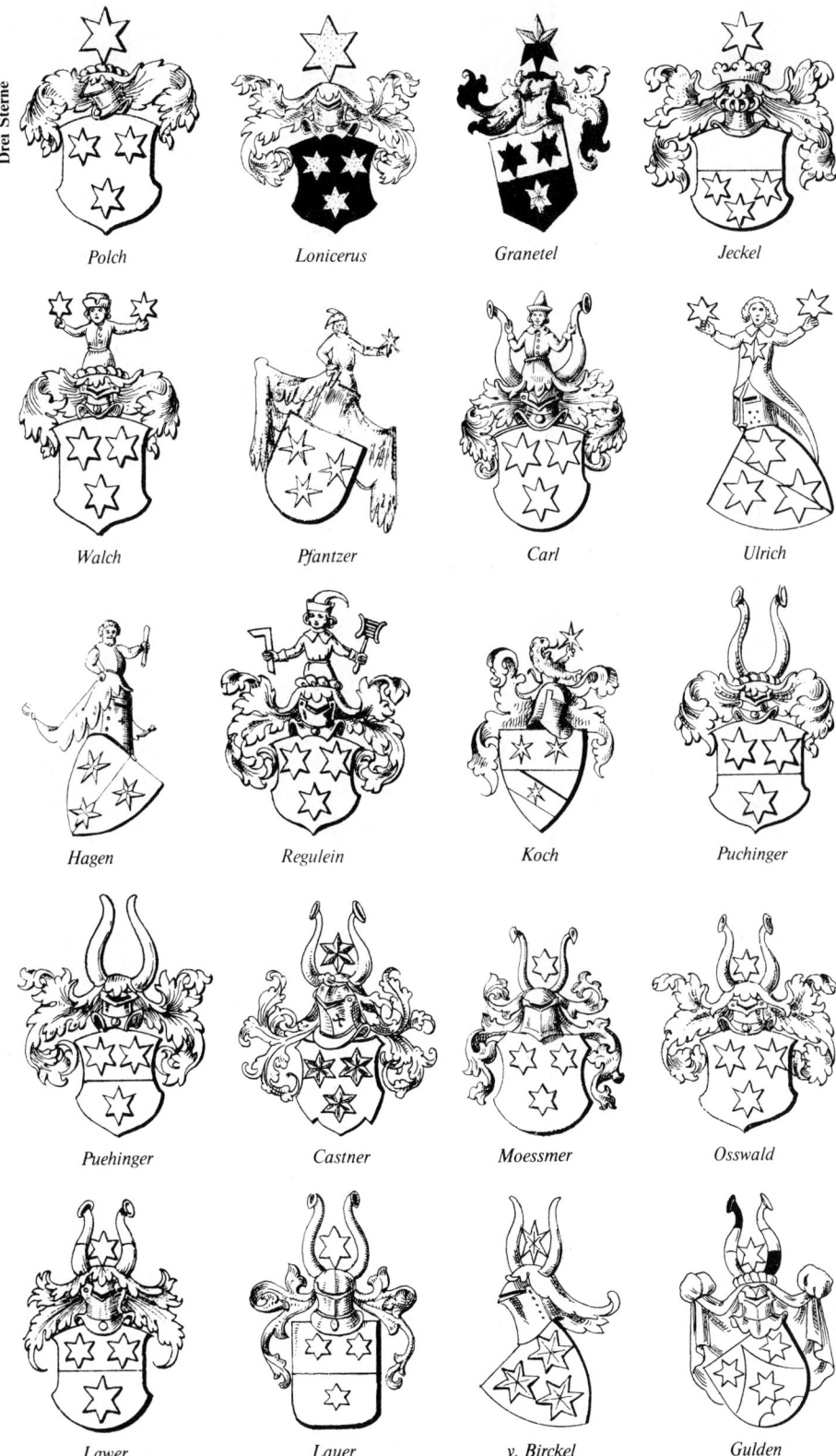

Drei Sterne

Drei Sterne

Leins   *Schelhorn*   *Sautter*   *Grener*

Thielen   *Krel*   *Zetzler*   *Loennies*

Nordbeck   *Merklein*   *Marggraff*   *Gloy*

Schiler   *Wolfhart*   *Bechler*   *Gässler*

Steinau   *Krechter*   *Hellweg*   *Dessler*

Drei Sterne

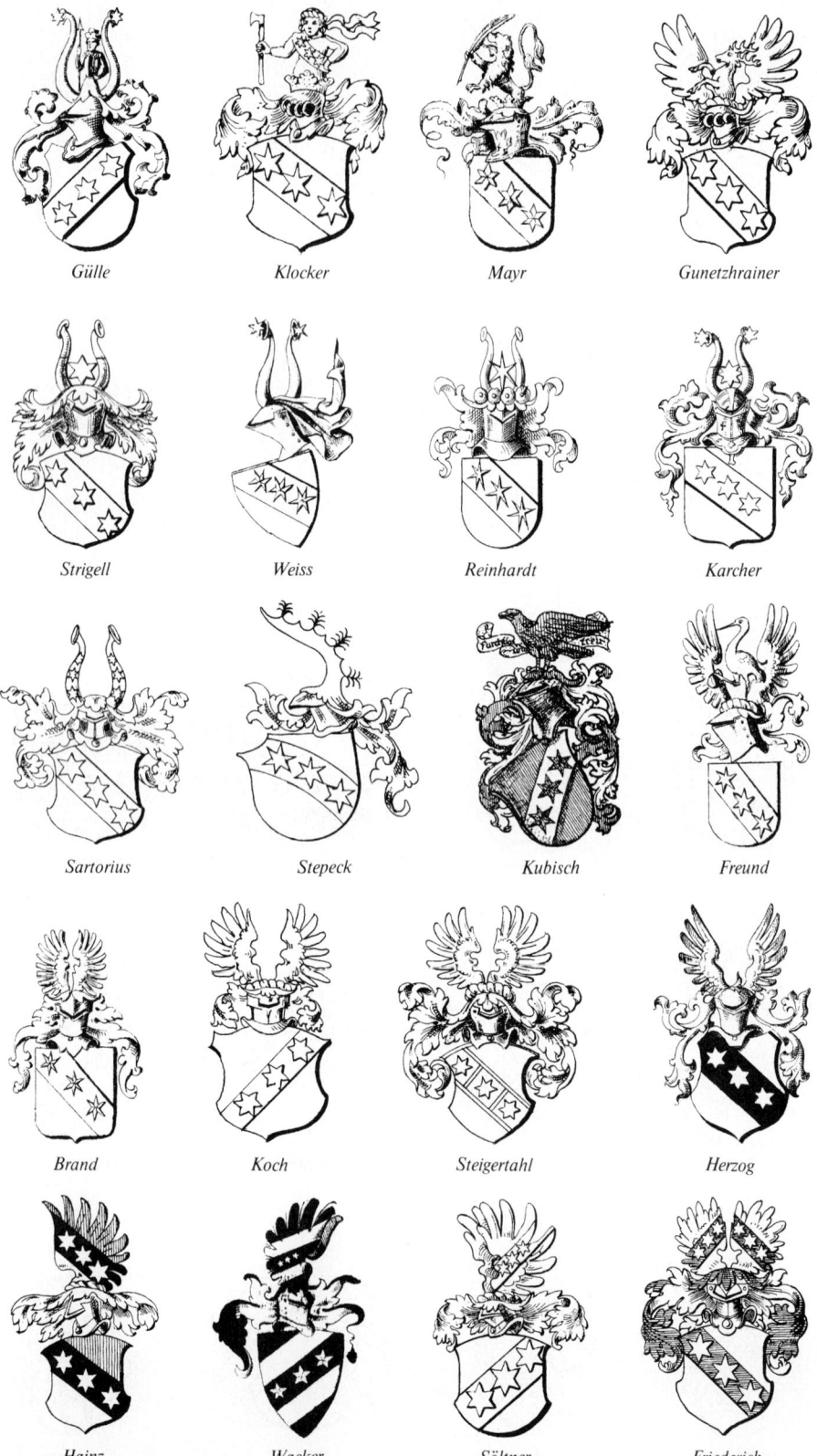

Drei Sterne

Drei Sterne

Drei Sterne

Grundlacher — Nauflezer — Nauffletzer — Harpprecht
Fibus — Hell — Murray — Lienau
Glandorp — Esslinger — Meister — Rebolt
Ott — Winkler — Liebsdorf — Westhof
Oberkamp — Oberkamp — Rausch — Stadler

Drei und vier Sterne

Vier und mehr Sterne

Sechs und mehr Sterne/Weltall

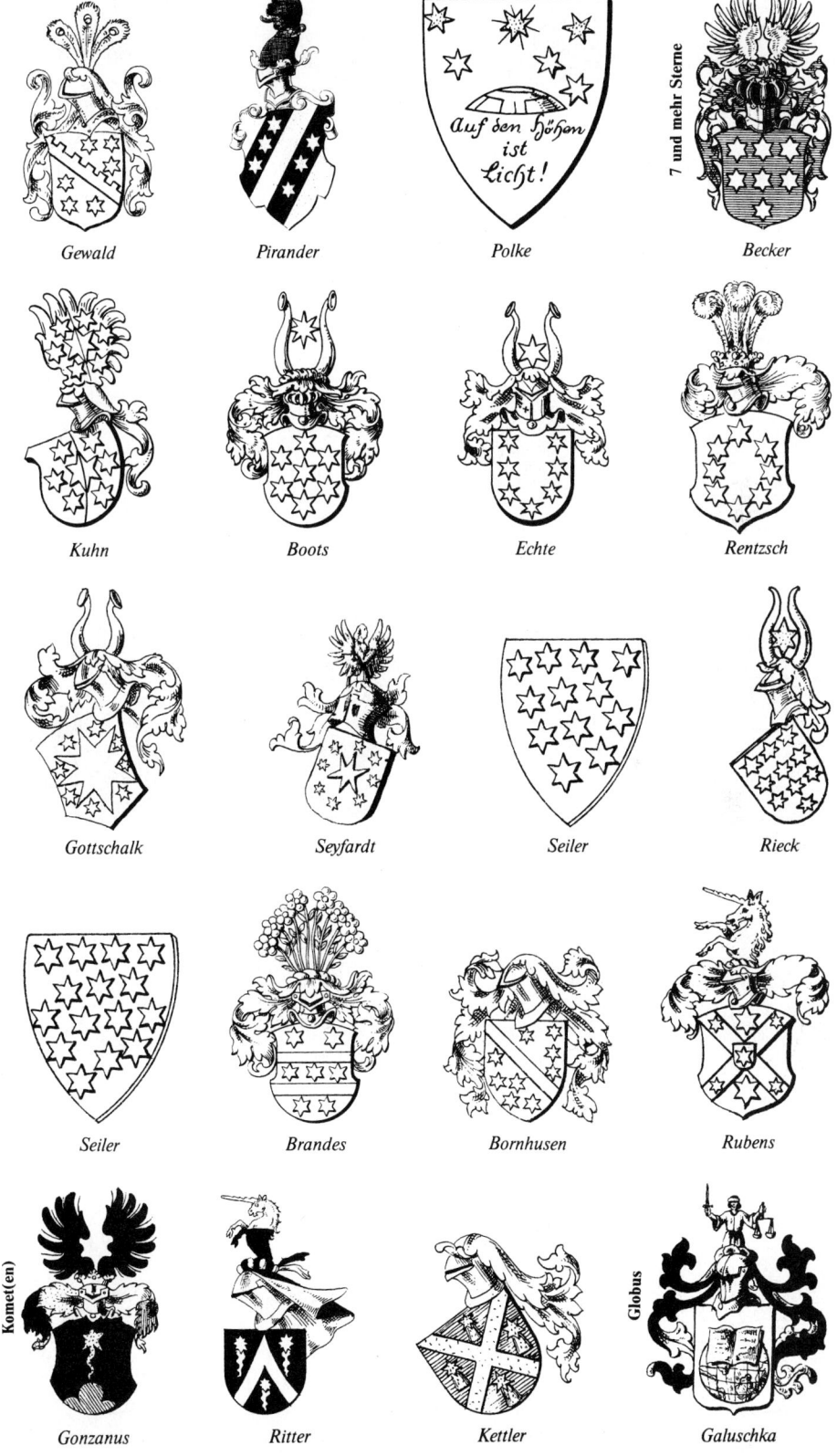

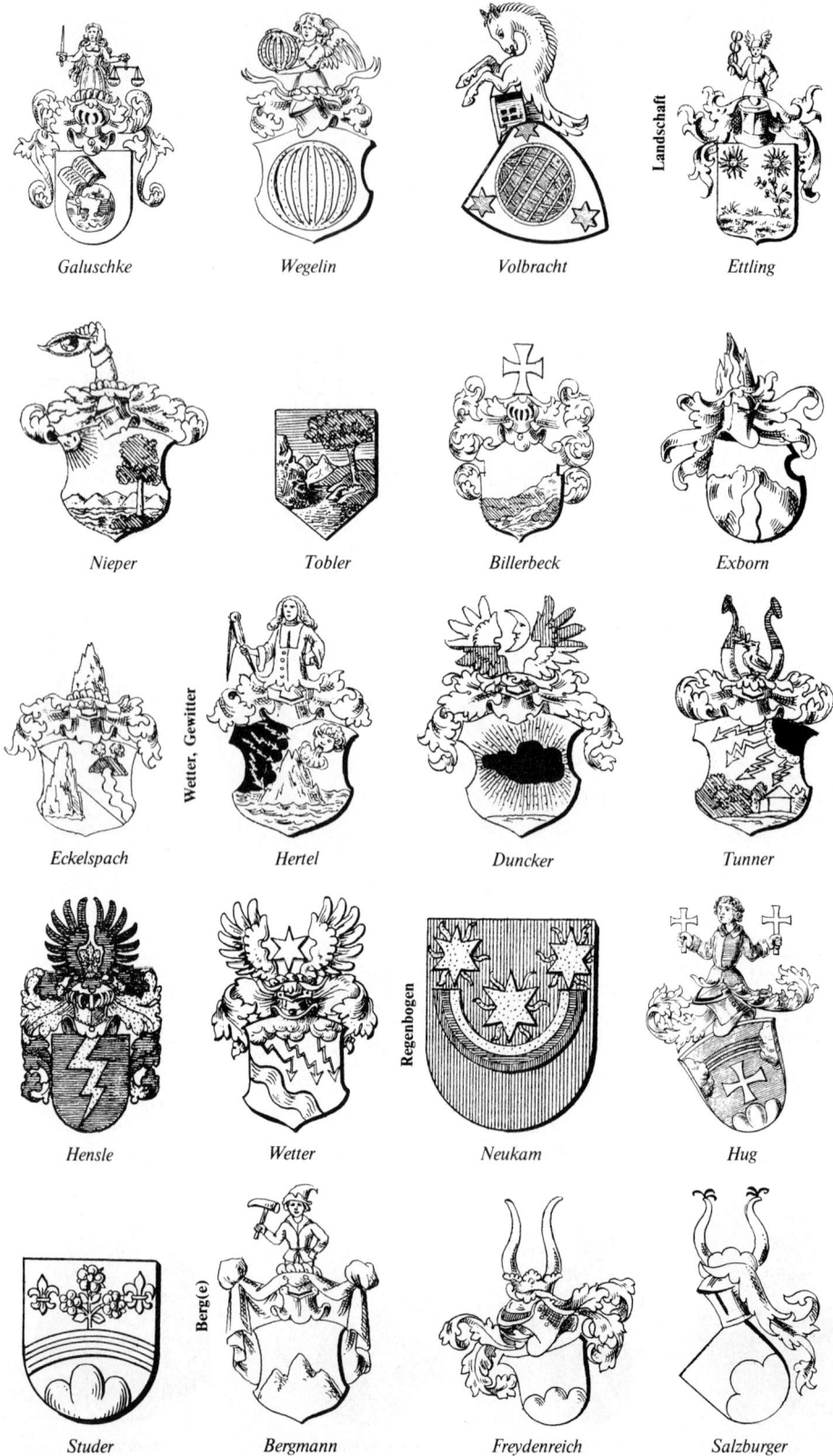

Weltall/Landschaft

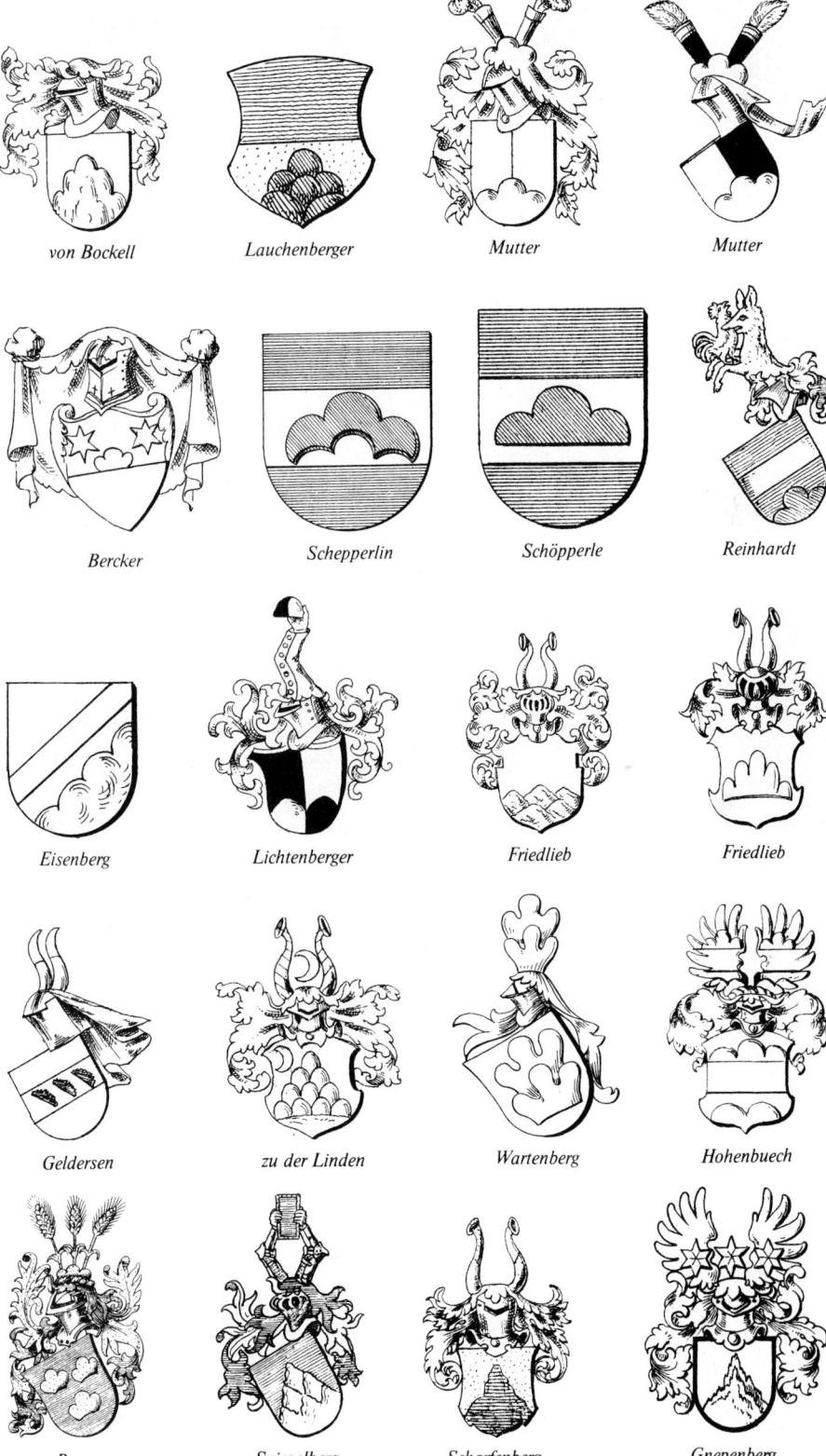

Erde

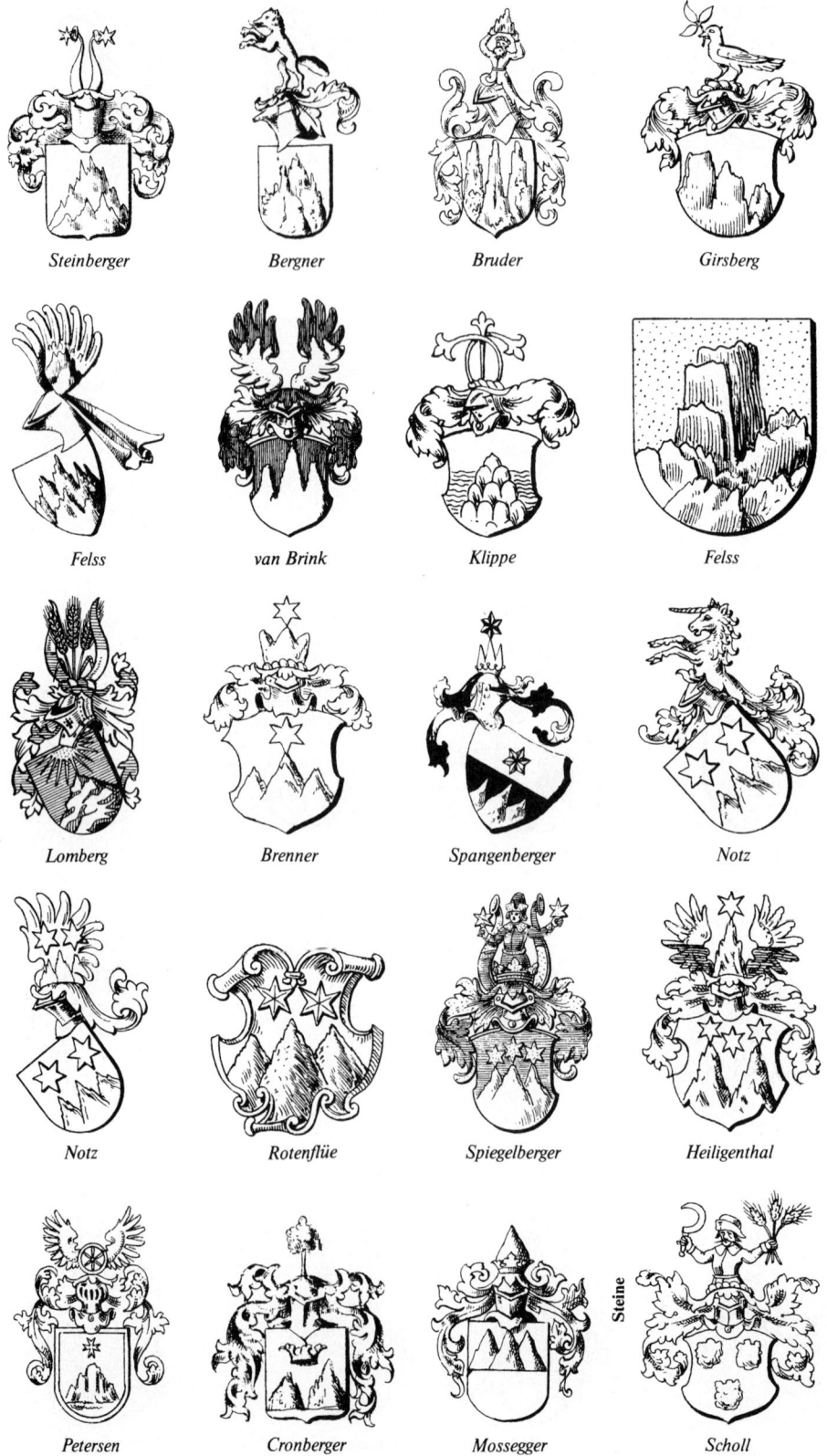

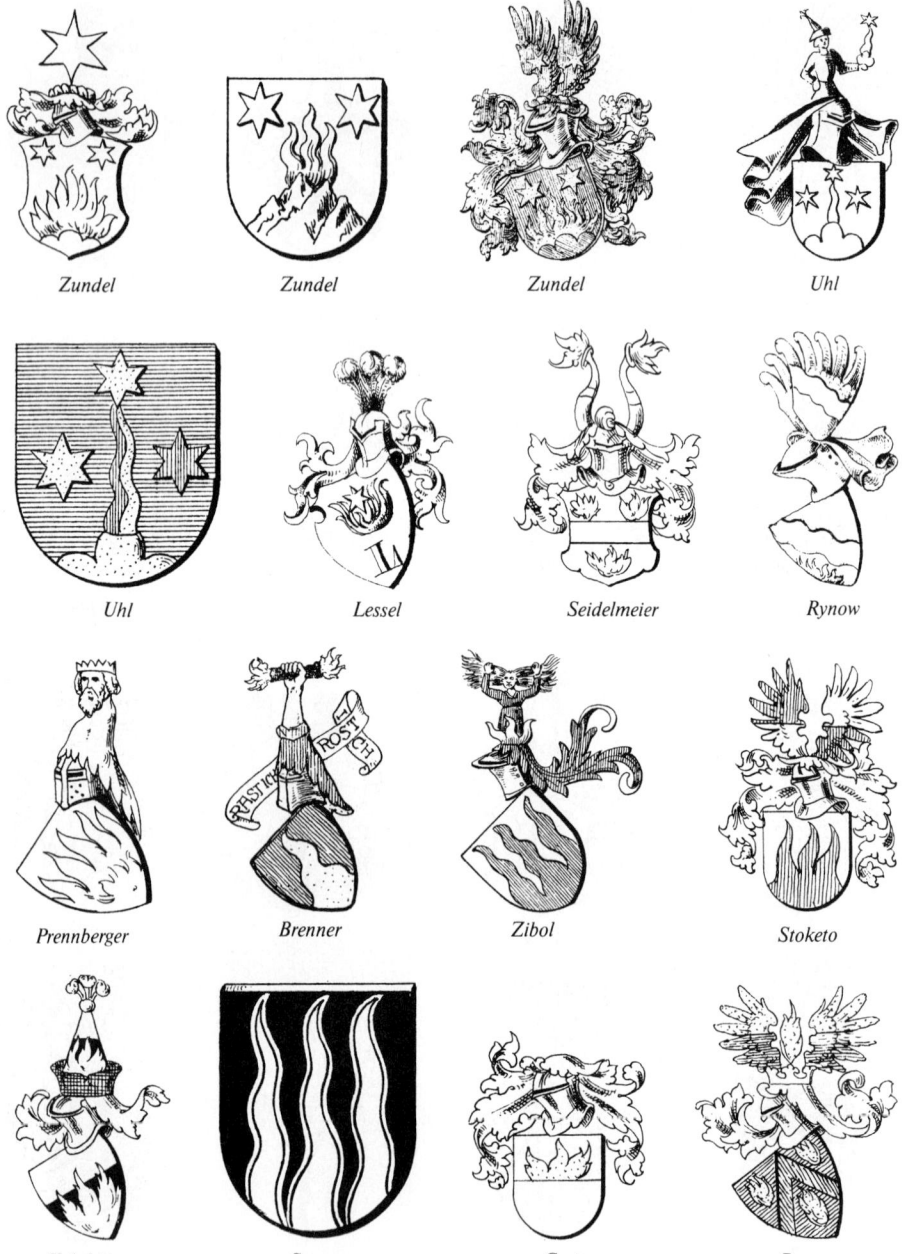

Zundel	Zundel	Zundel	Uhl
Uhl	Lessel	Seidelmeier	Rynow
Prennberger	Brenner	Zibol	Stoketo
Kukchinger	Sasse	Coci	Brun

Mensch

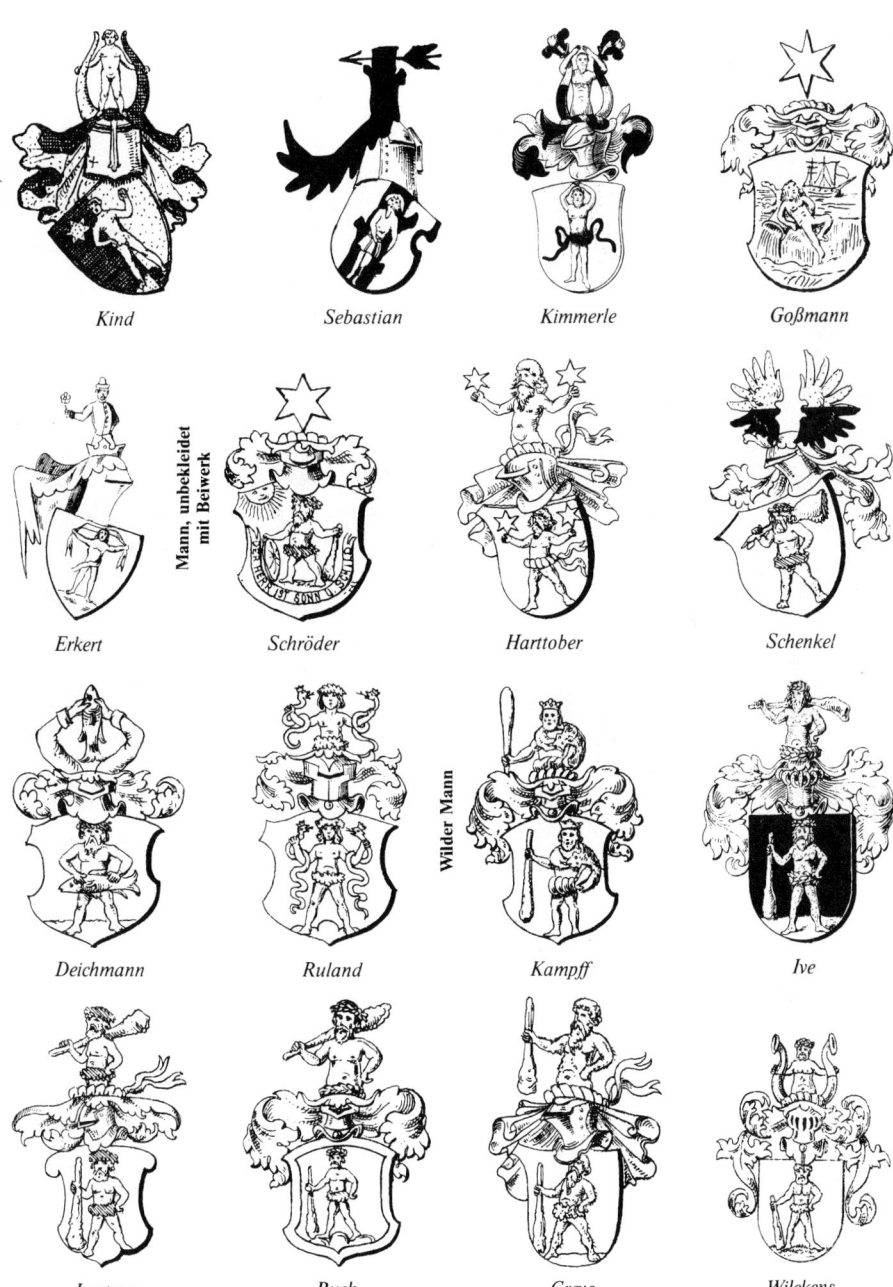

Menschen, Wilde Männer

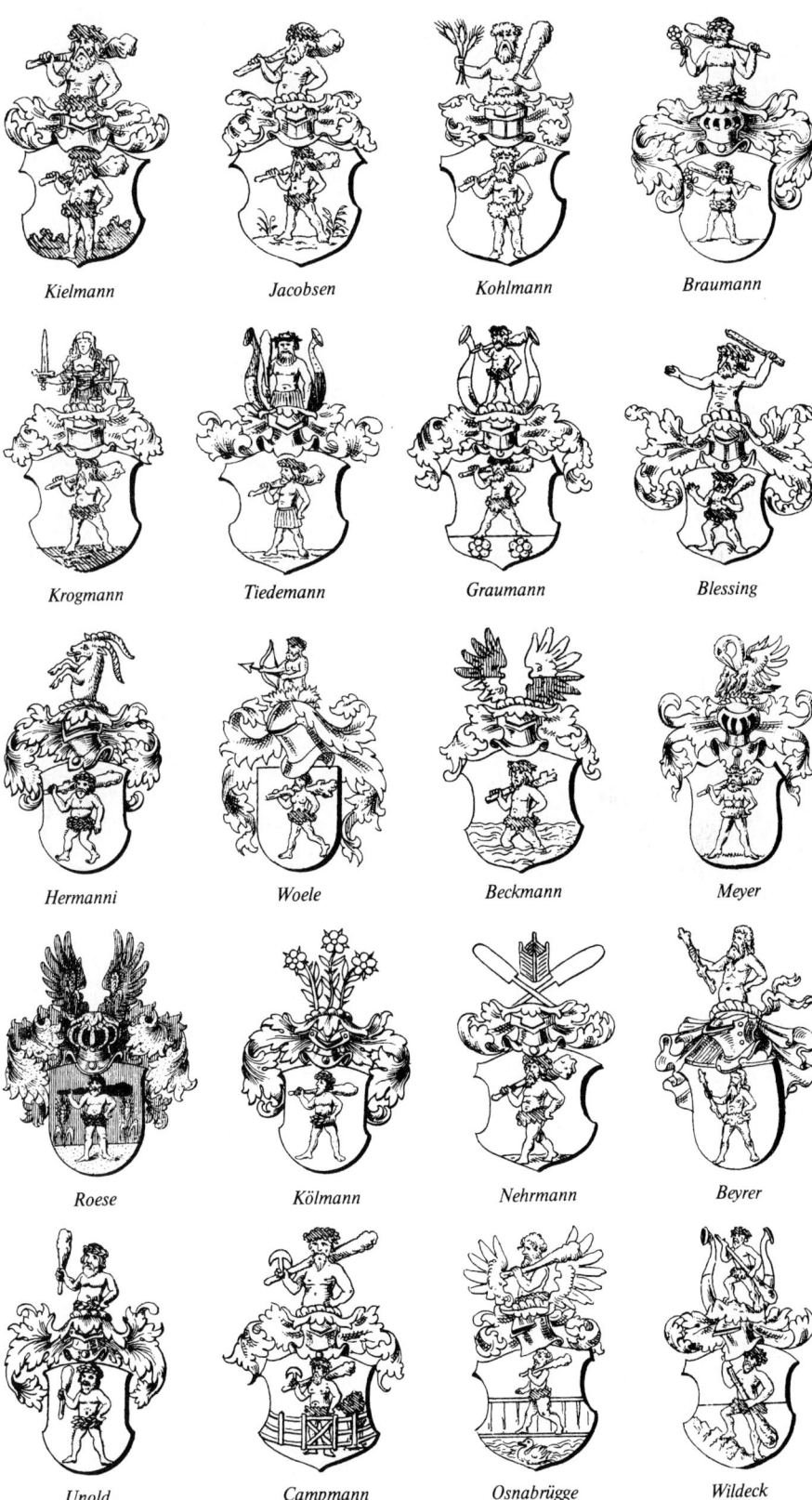

Kielmann — Jacobsen — Kohlmann — Braumann
Krogmann — Tiedemann — Graumann — Blessing
Hermanni — Woele — Beckmann — Meyer
Roese — Kölmann — Nehrmann — Beyrer
Unold — Campmann — Osnabrügge — Wildeck

Menschen, wilde Männer

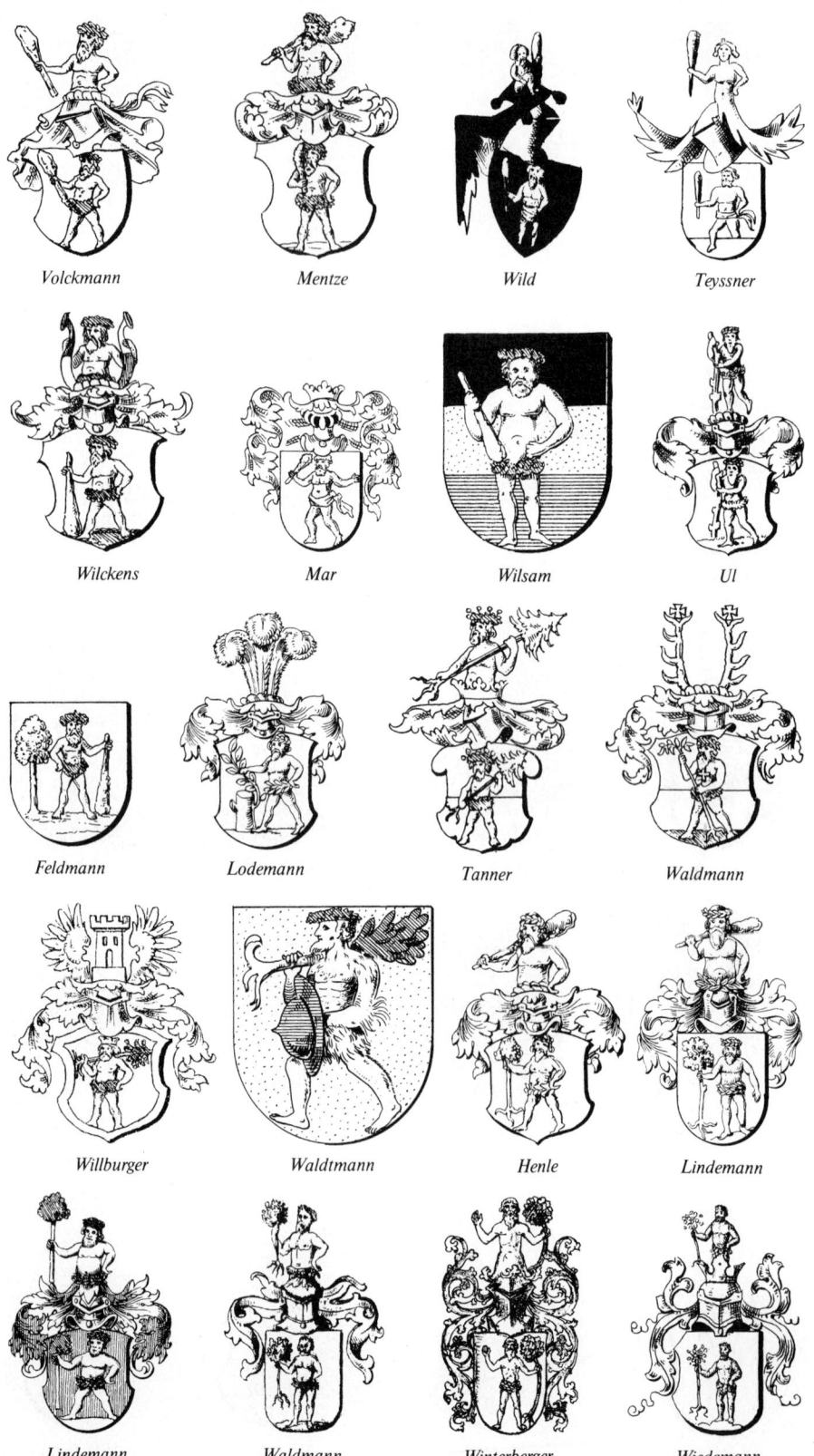

Menschen, wilde Männer

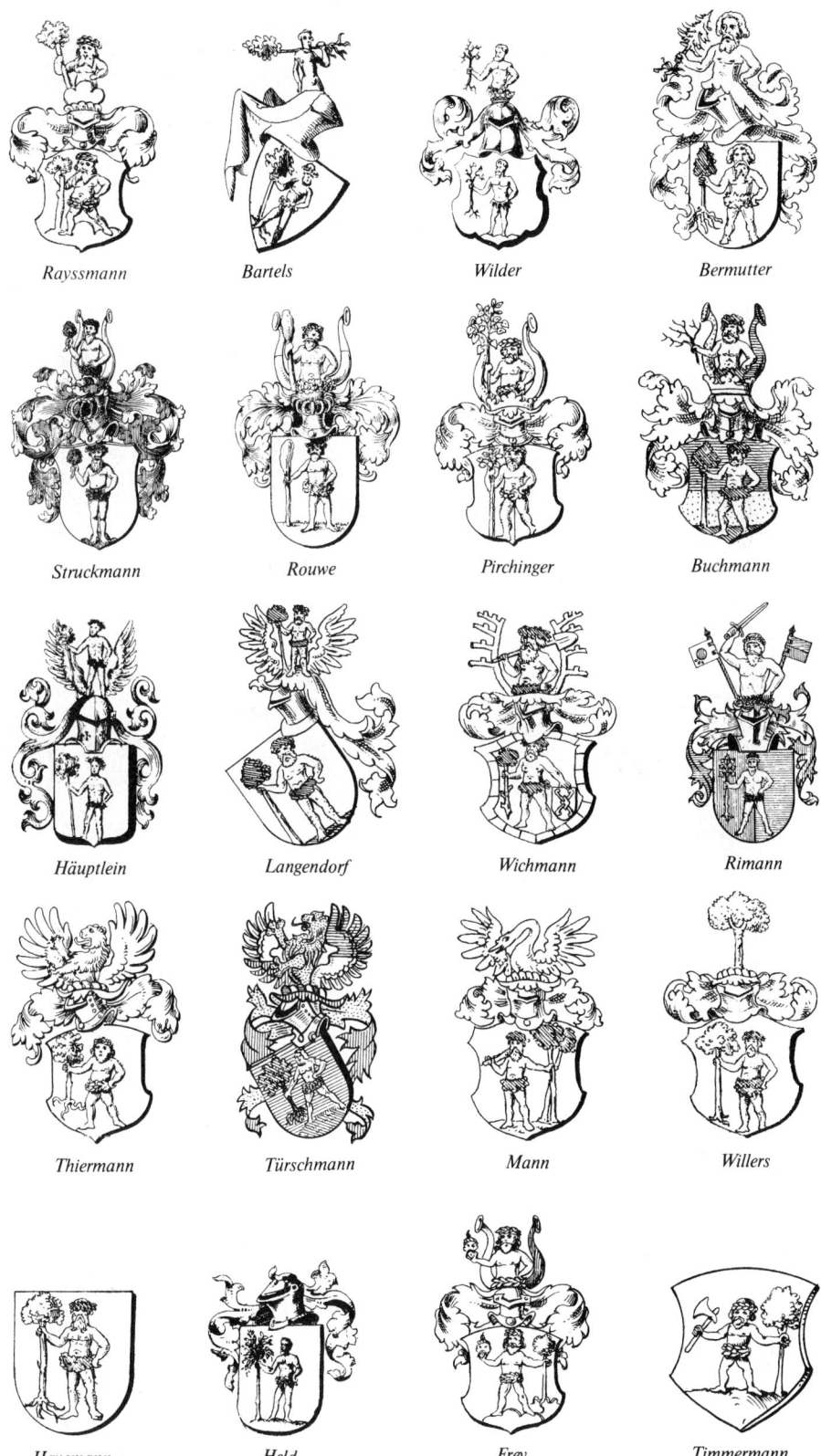

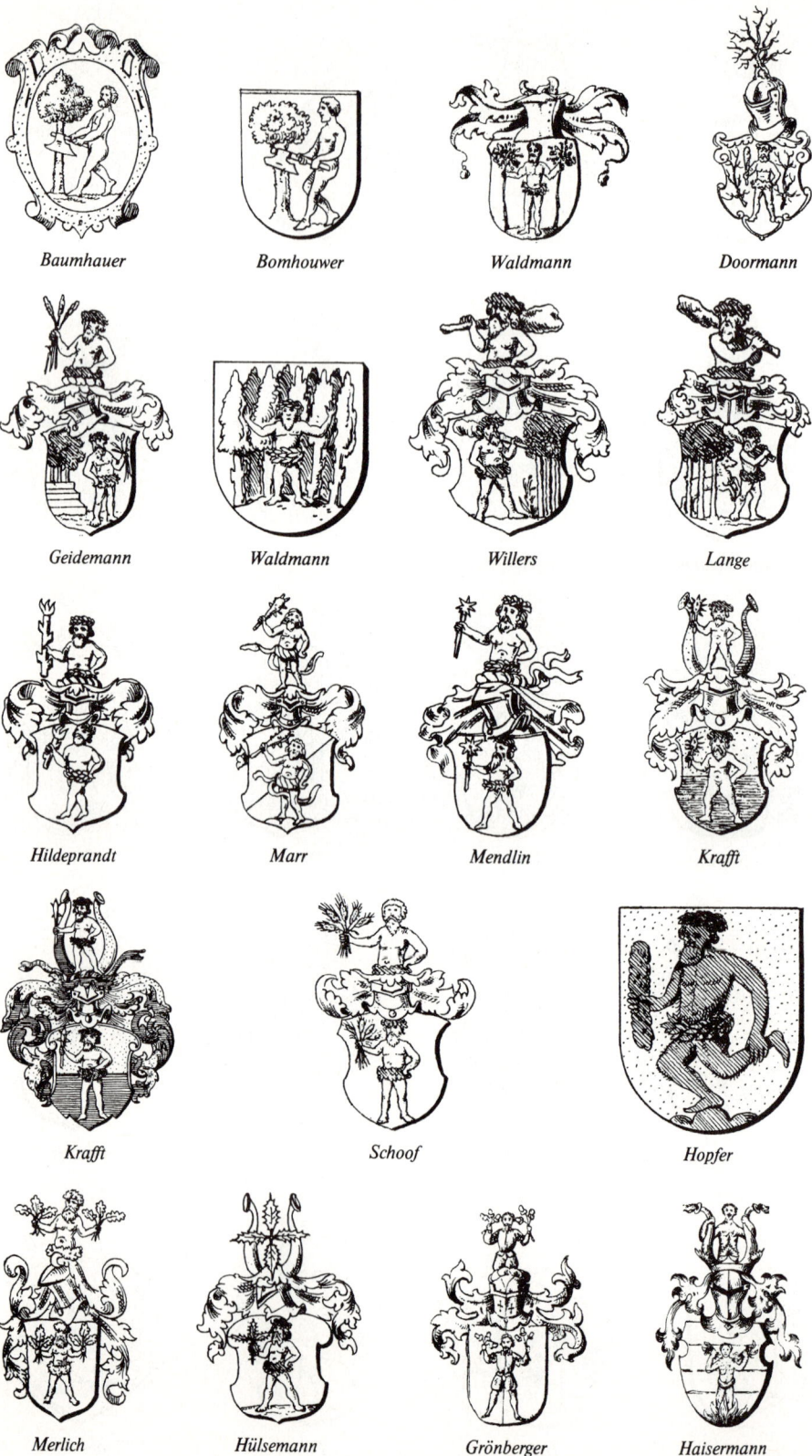

Menschen, Wilde Männer

Menschen, Wilde Männer/Mohren

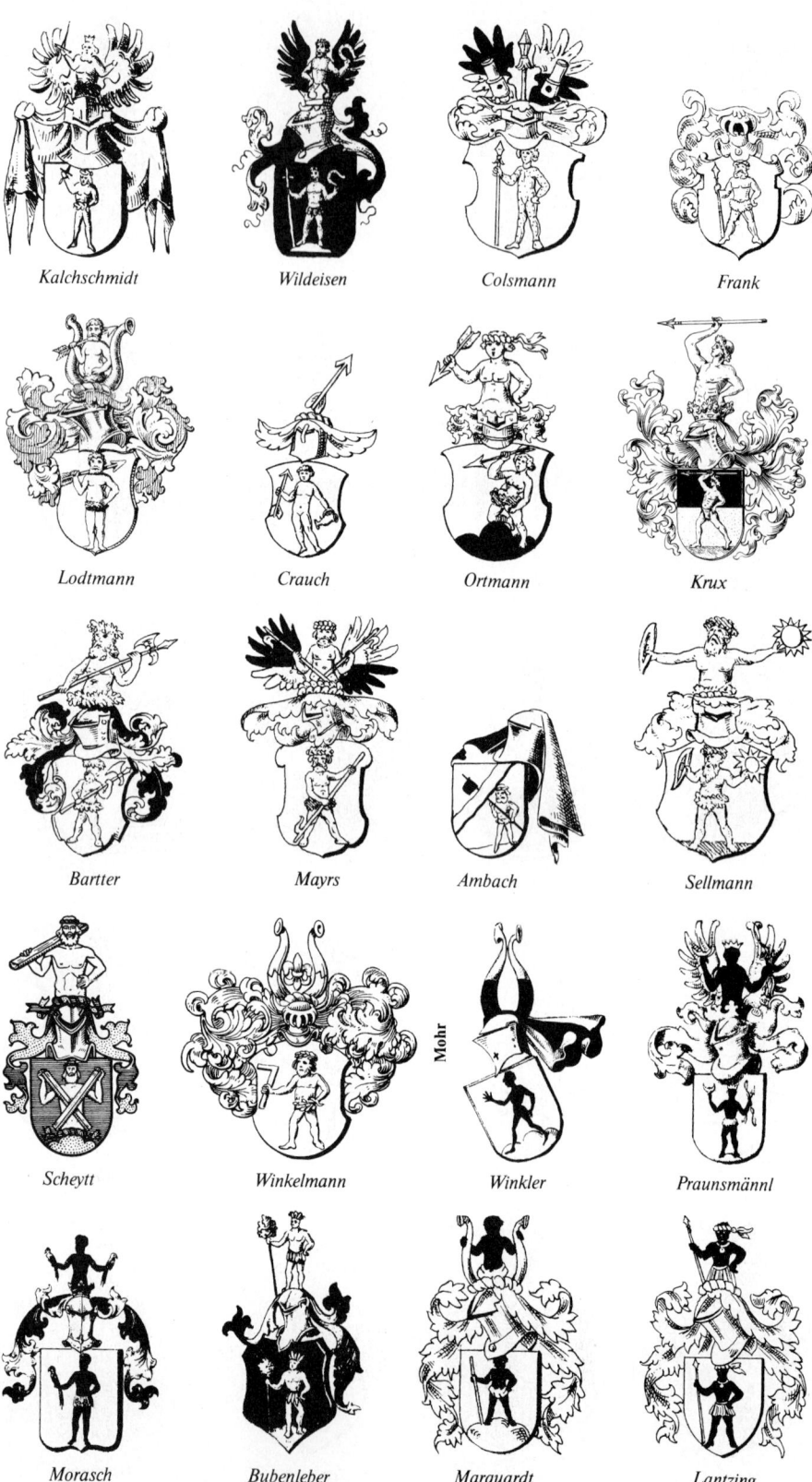

Menschen, Mohren/Männer, bekleidet

Männer, bekleidet

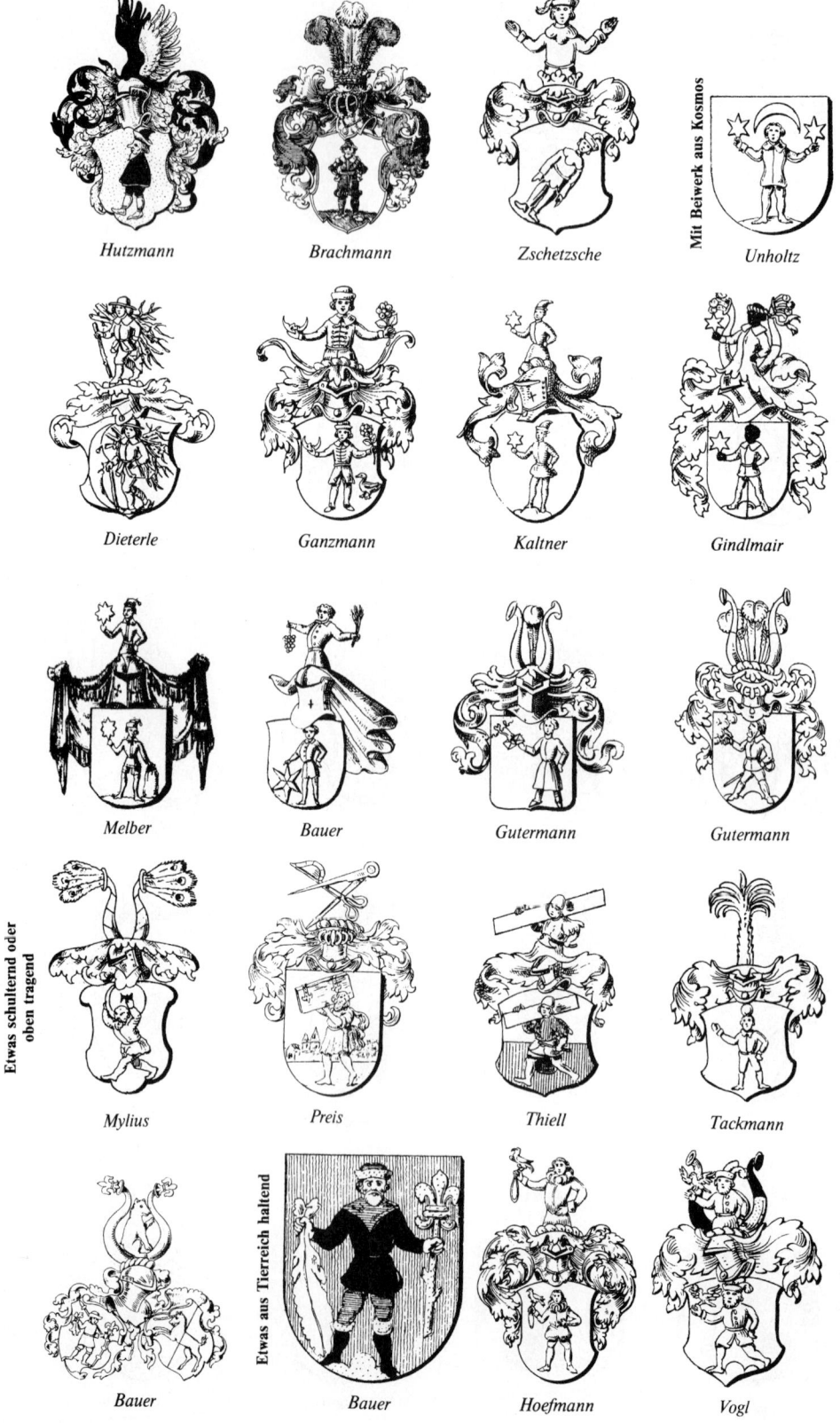

Männer, bekleidet, etwas haltend

Männer, bekleidet, etwas pflanzliches haltend

Hänselmeier	Hornschuch	Hornschuch	Ruthinger
Altmann	Bertzner	Schmautzenberger	Noder
Kaltenhauser	Lemme	Kümmell	Dreher
Pfefferlin	Stetter	Rötinger	Röttinger
Knab	Wallasser	Knab	Daumiller

Männer, bekleidet, etwas pflanzliches haltend 103

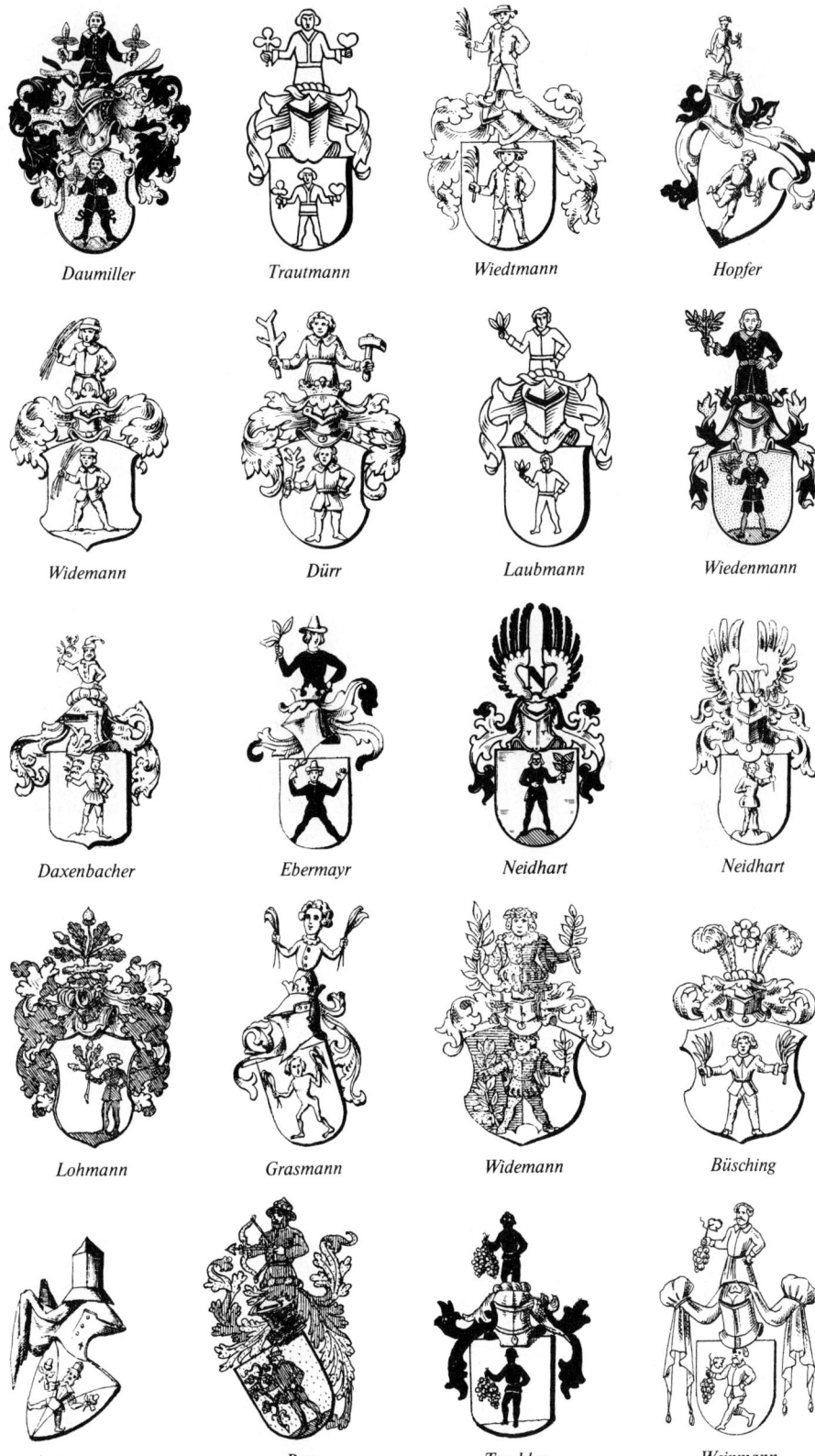

104 Männer, bekleidet, etwas pflanzliches haltend

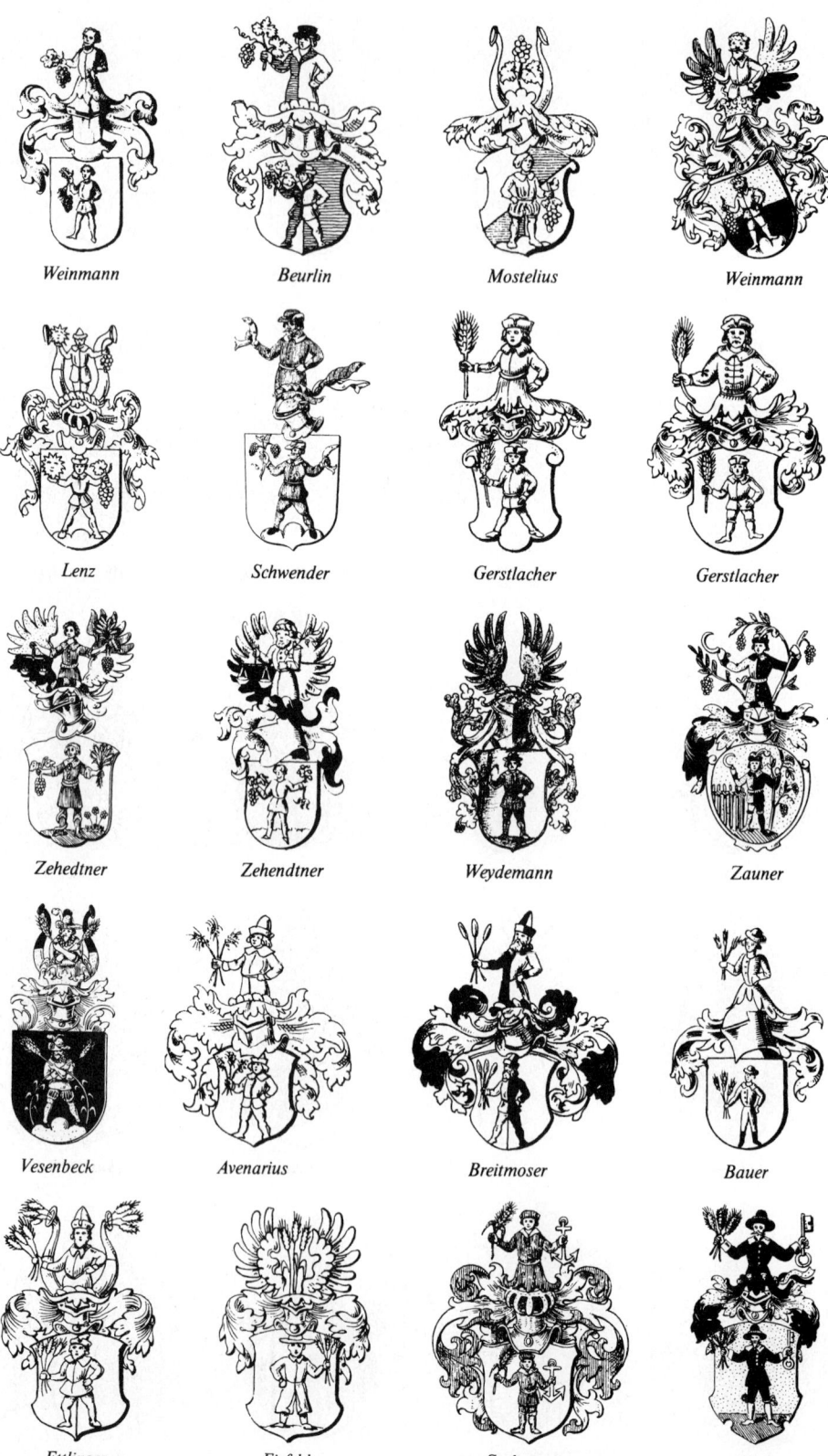

Mann, bekleidet, kleines Objekt haltend 105

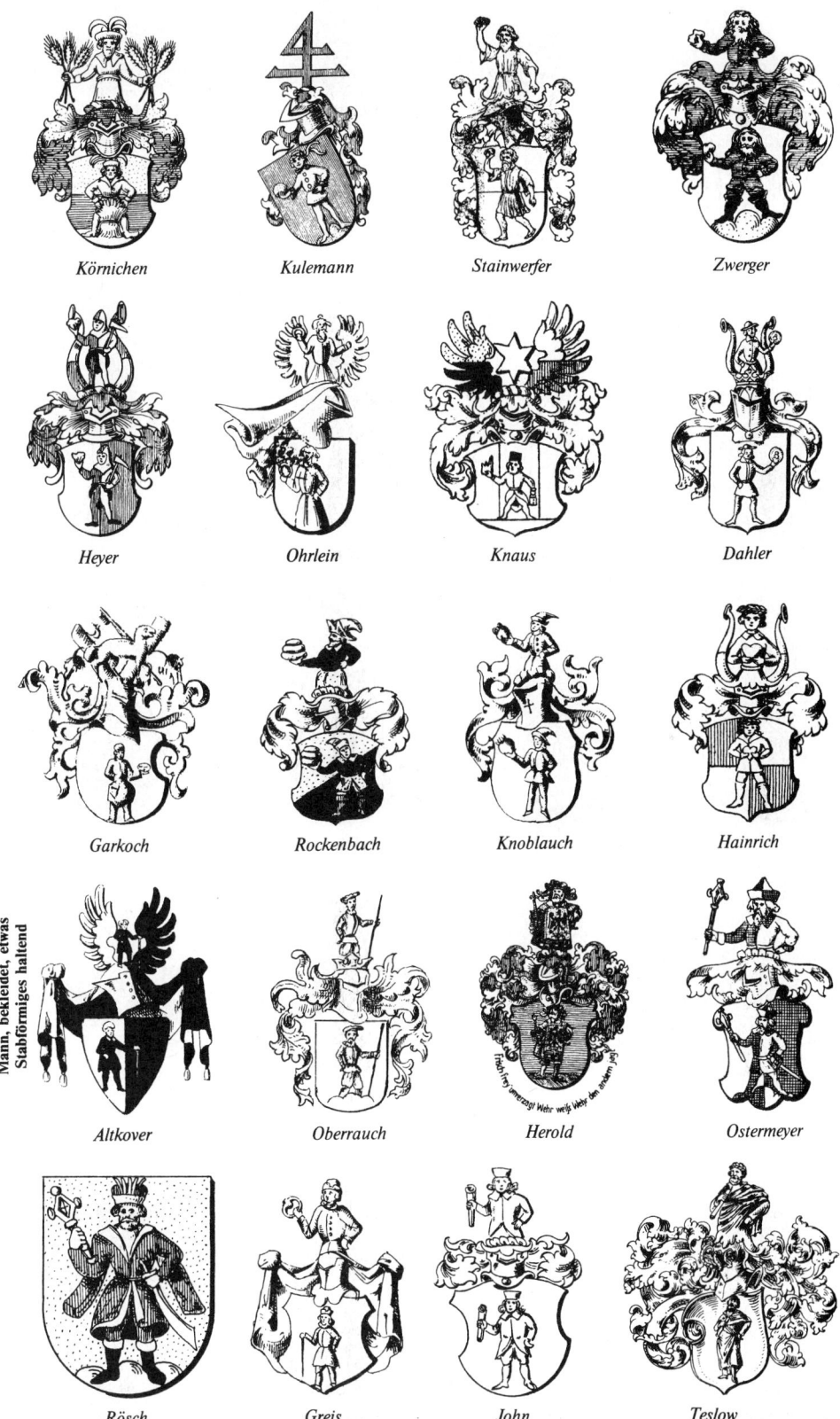

Mann, bekleidet, etwas stabförmiges haltend

Mann, bekleidet, etwas stabförmiges haltend

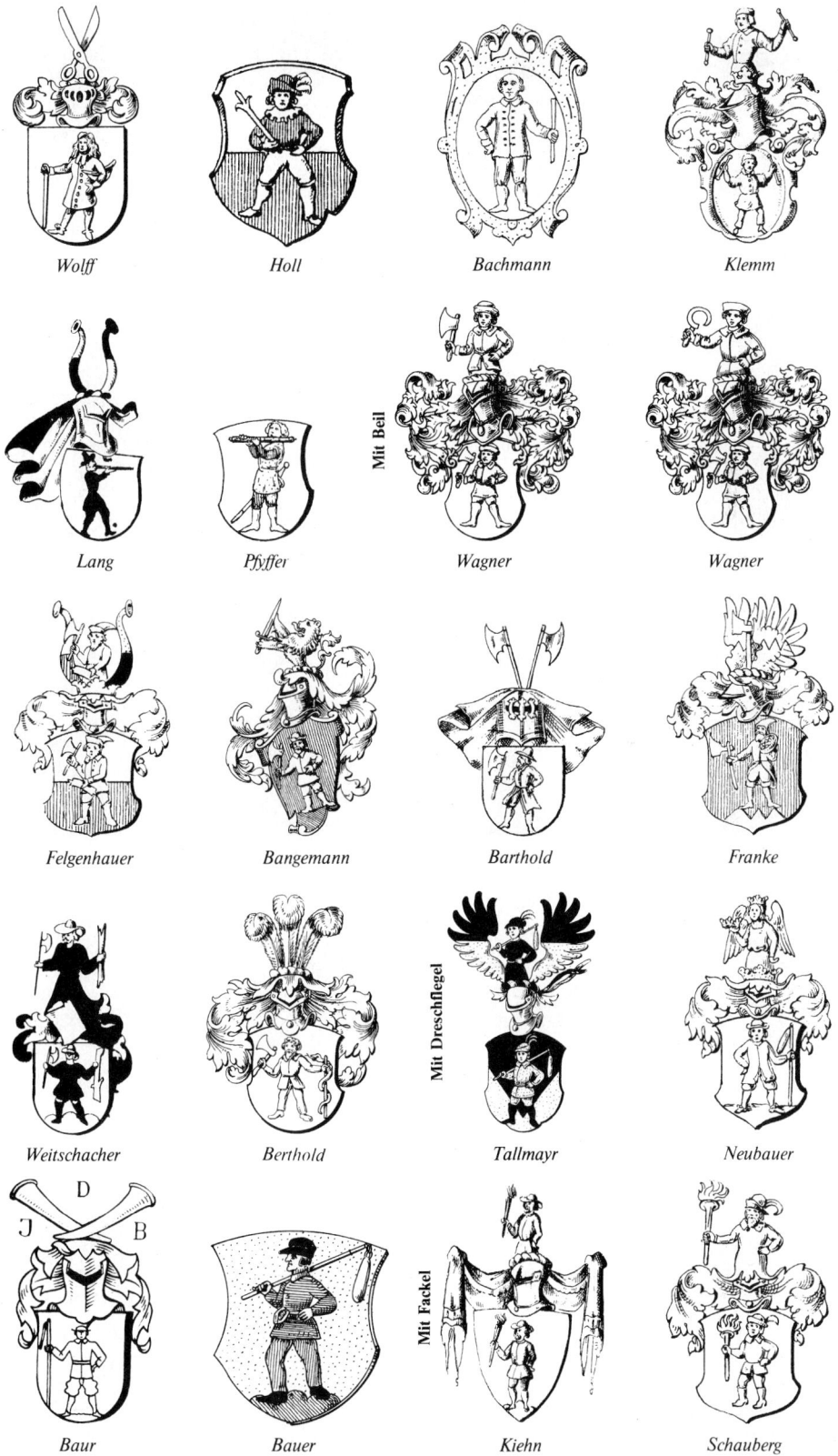

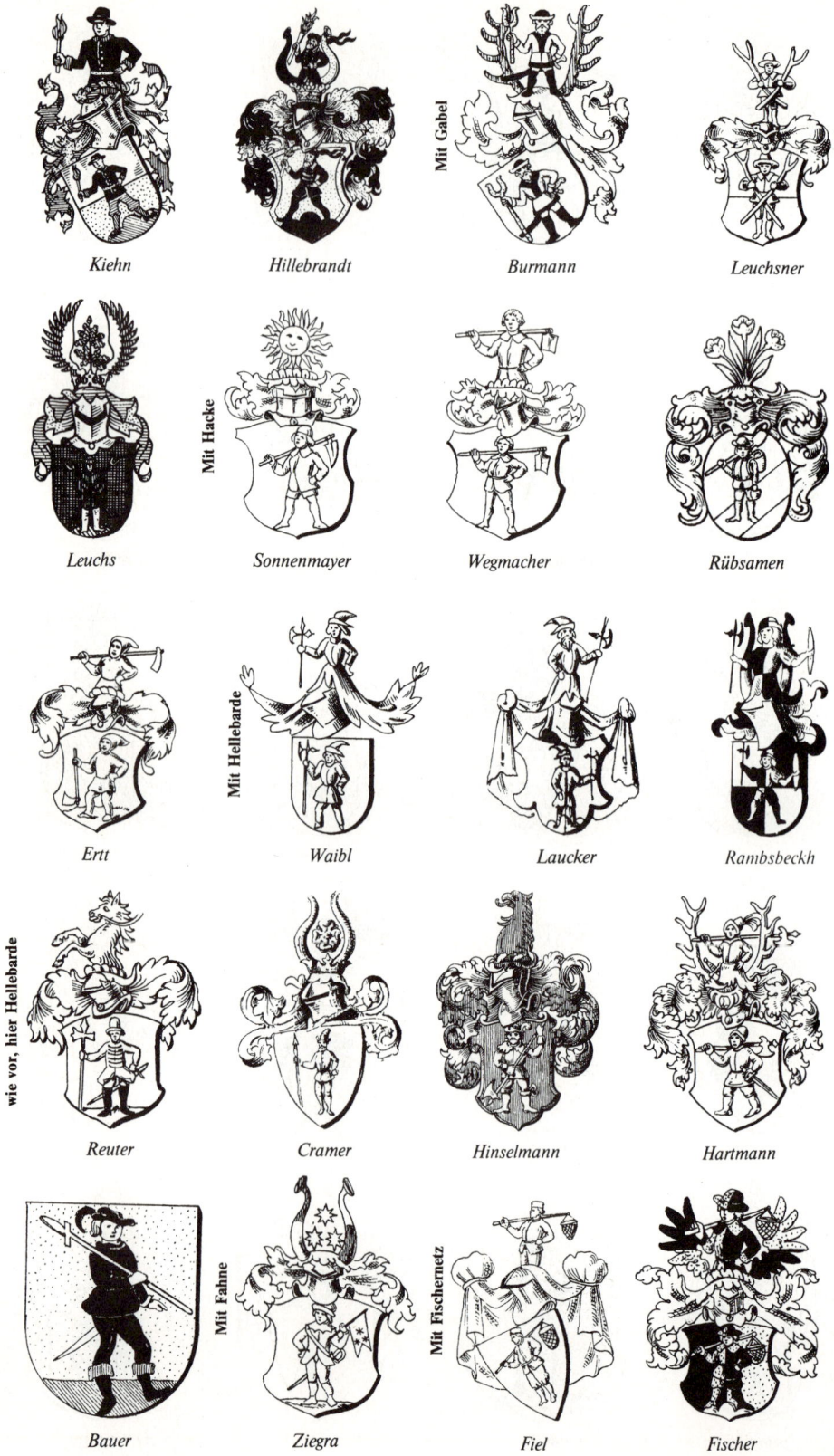

Mann, bekleidet, ein Gerät haltend

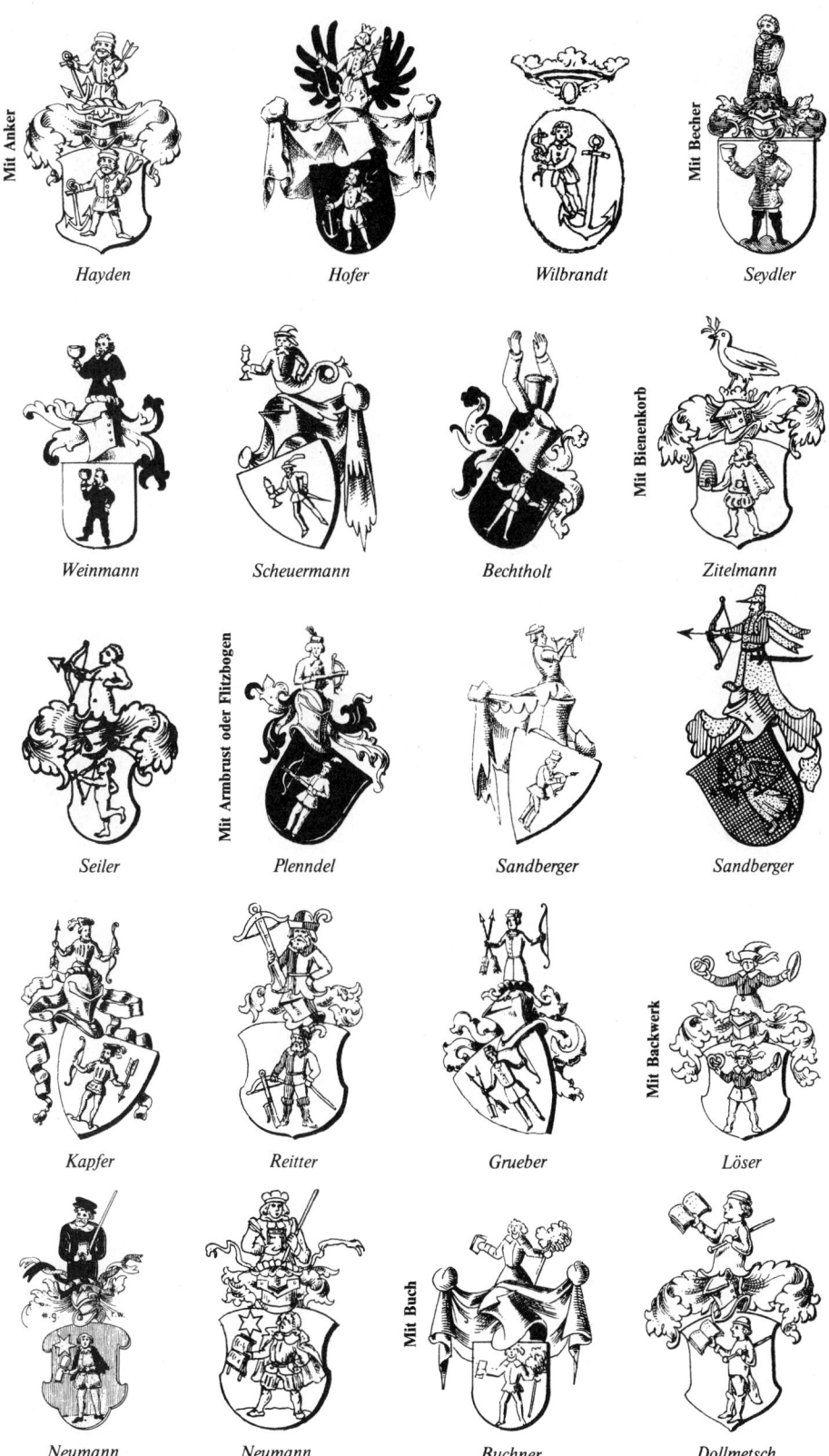

Mann, bekleidet, ein Gerät haltend

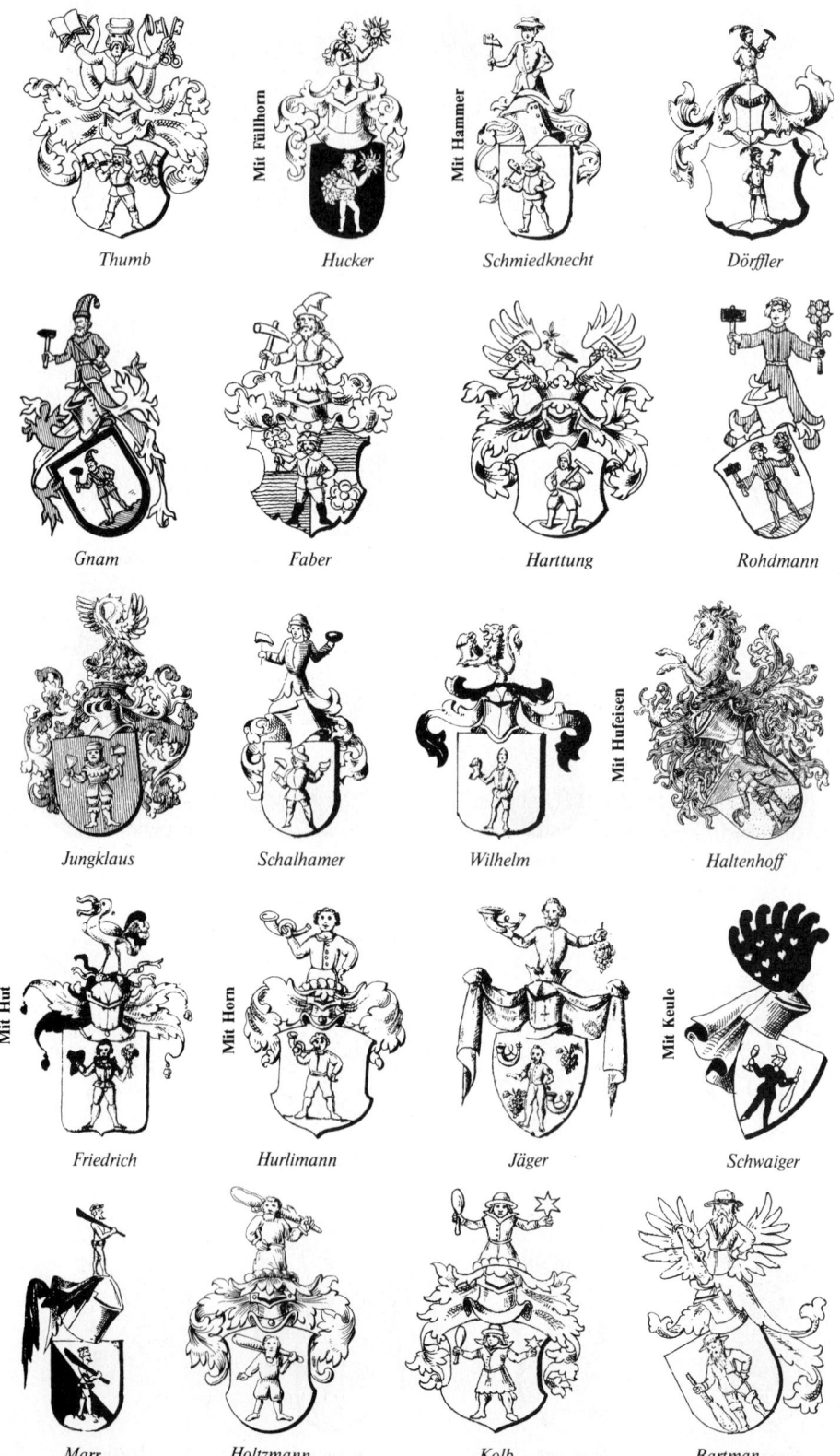

Mann, bekleidet, ein Gerät haltend

Mann, bekleidet, in Tätigkeit 113

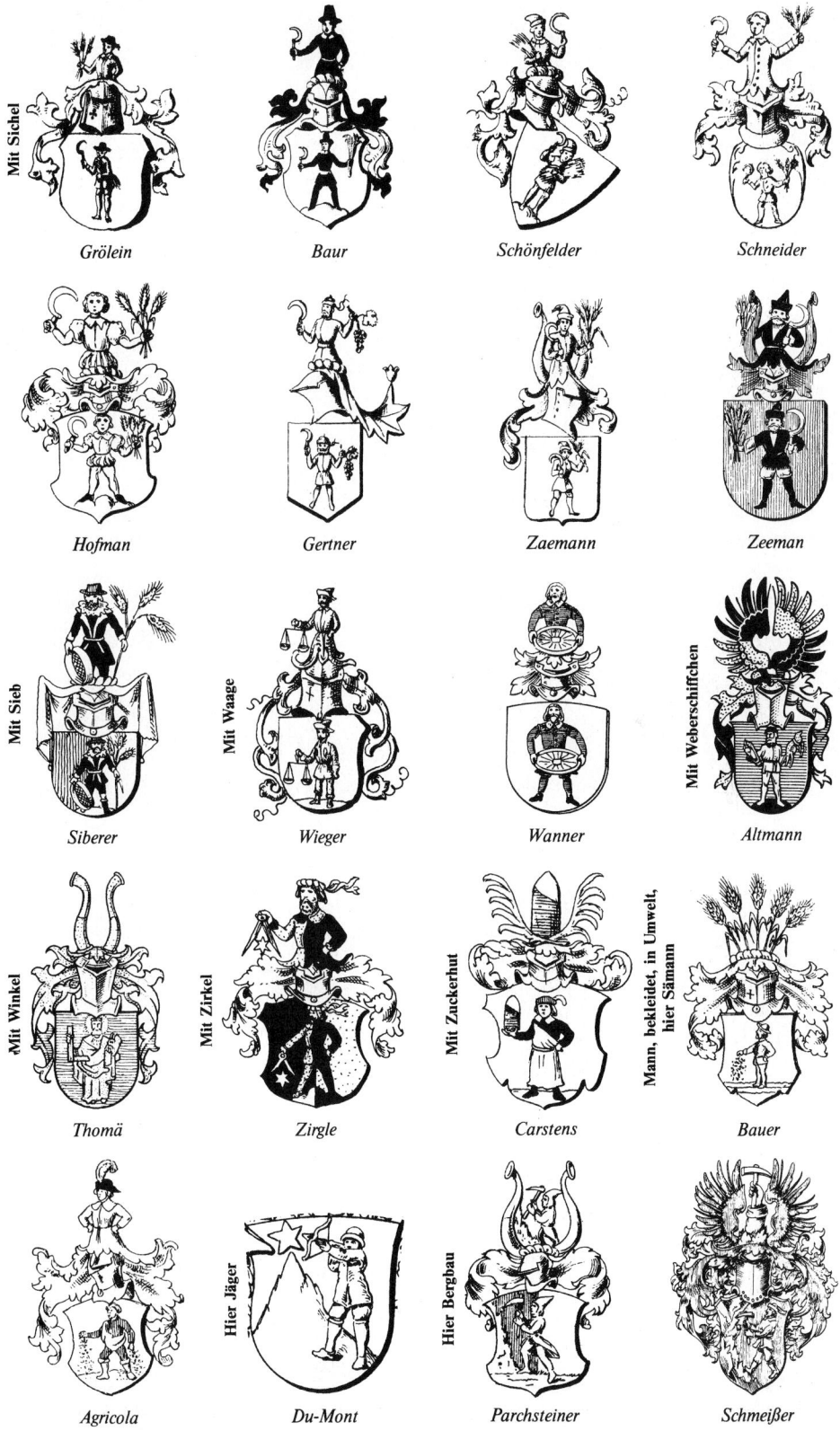

Mann, in Tätigkeit

Mann, in Tätigkeit

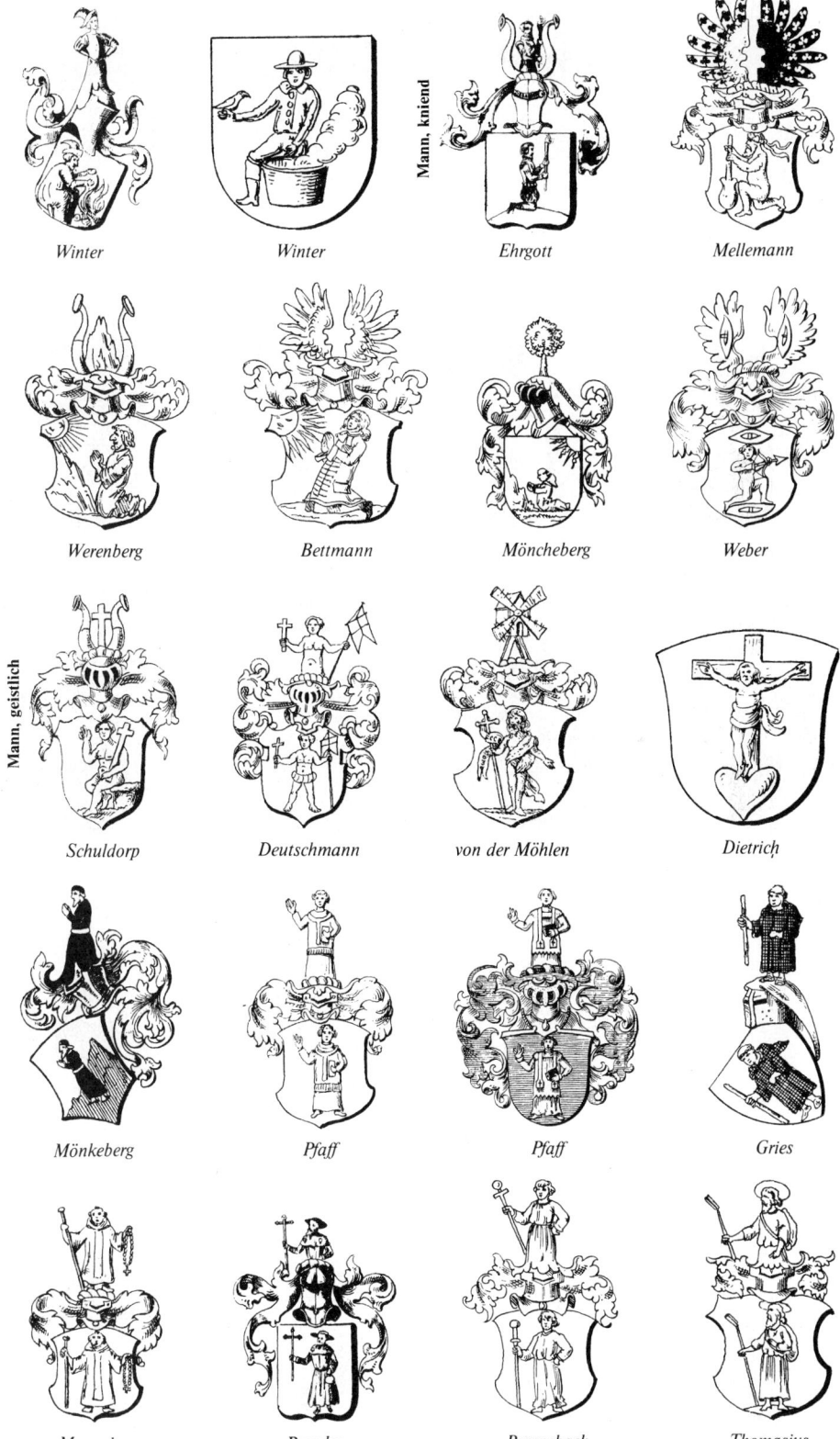

Mann, in Tätigkeit

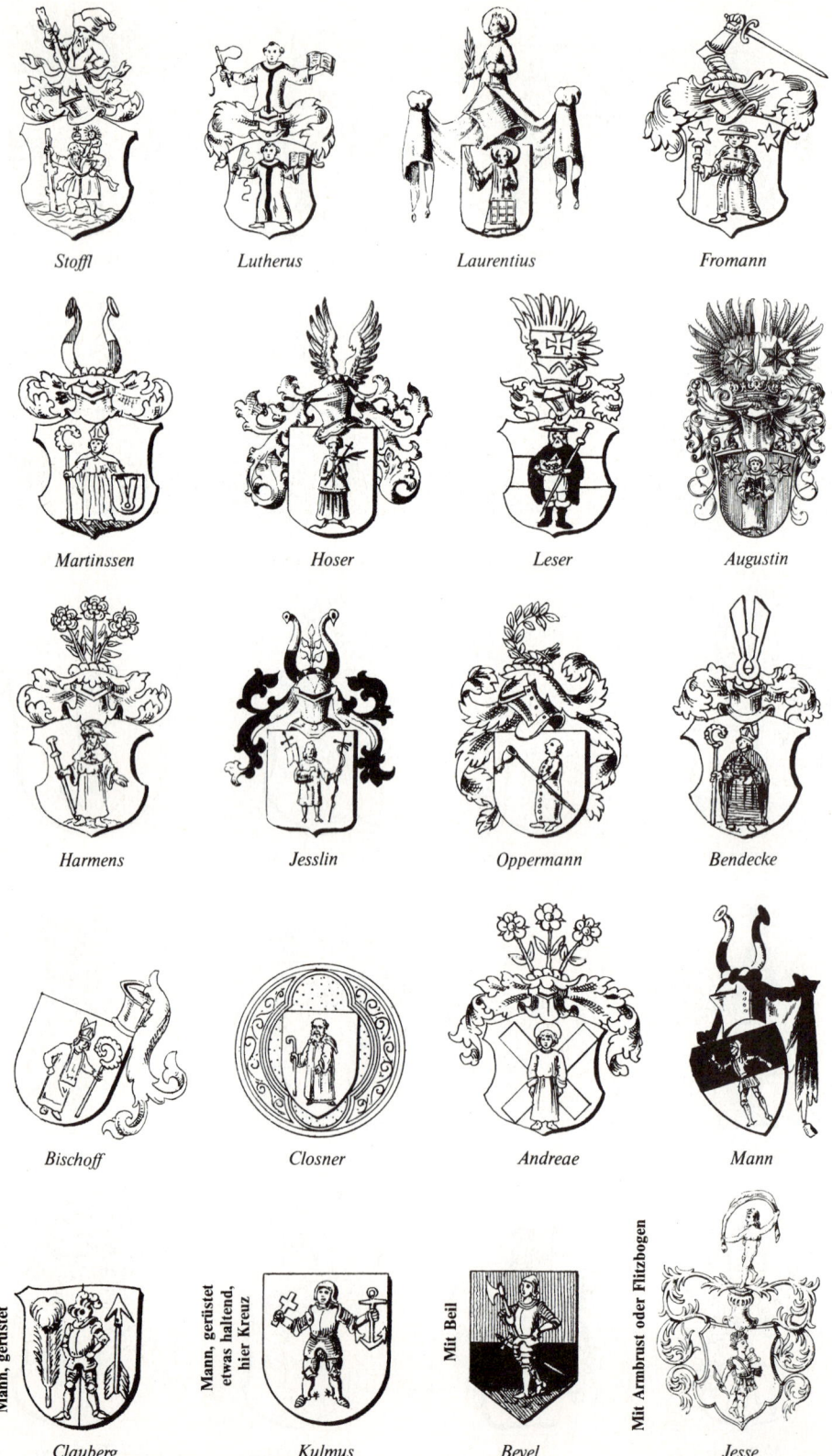

Mann, gerüstet, etwas haltend

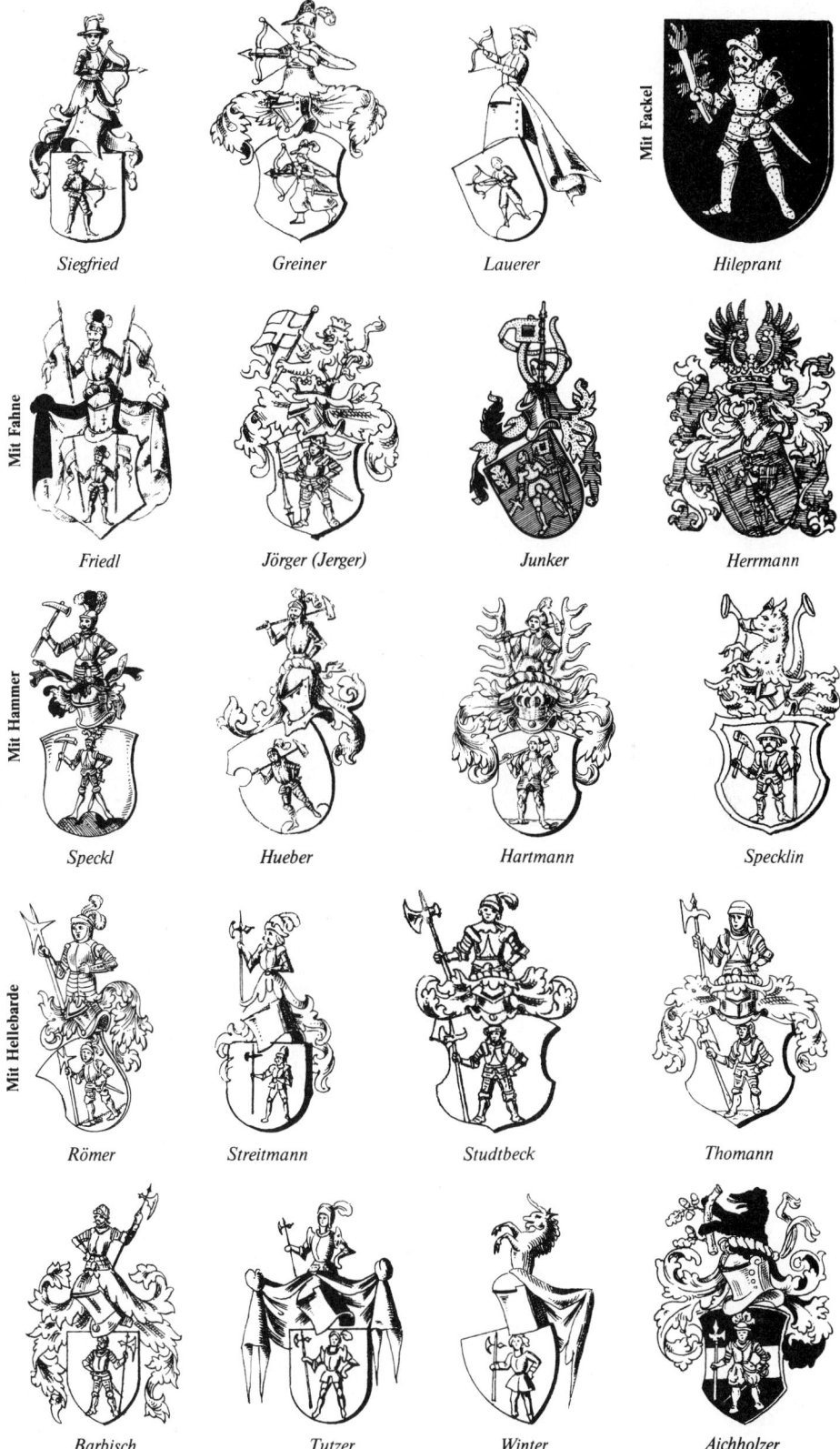

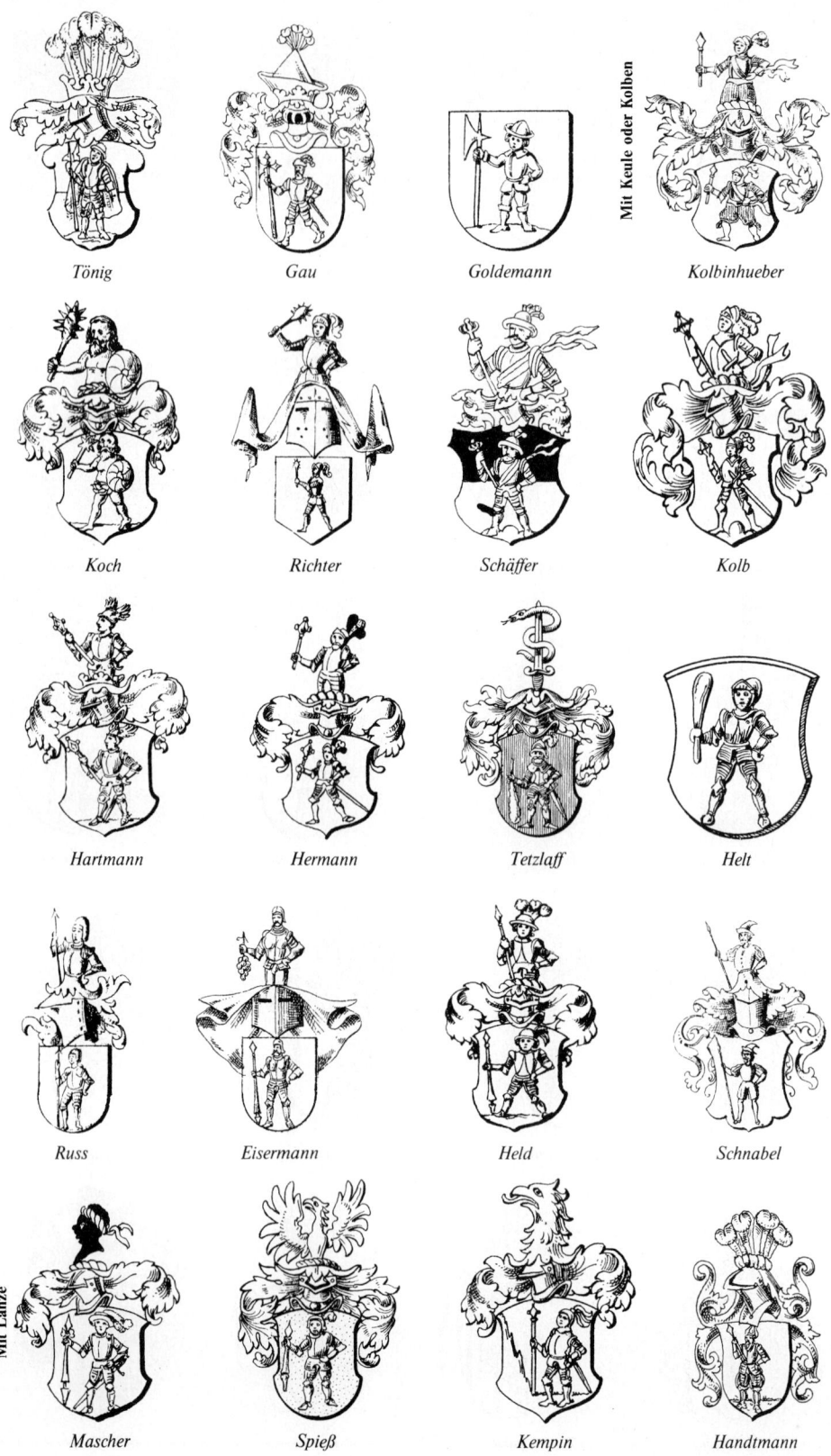

Mann, gerüstet, etwas haltend

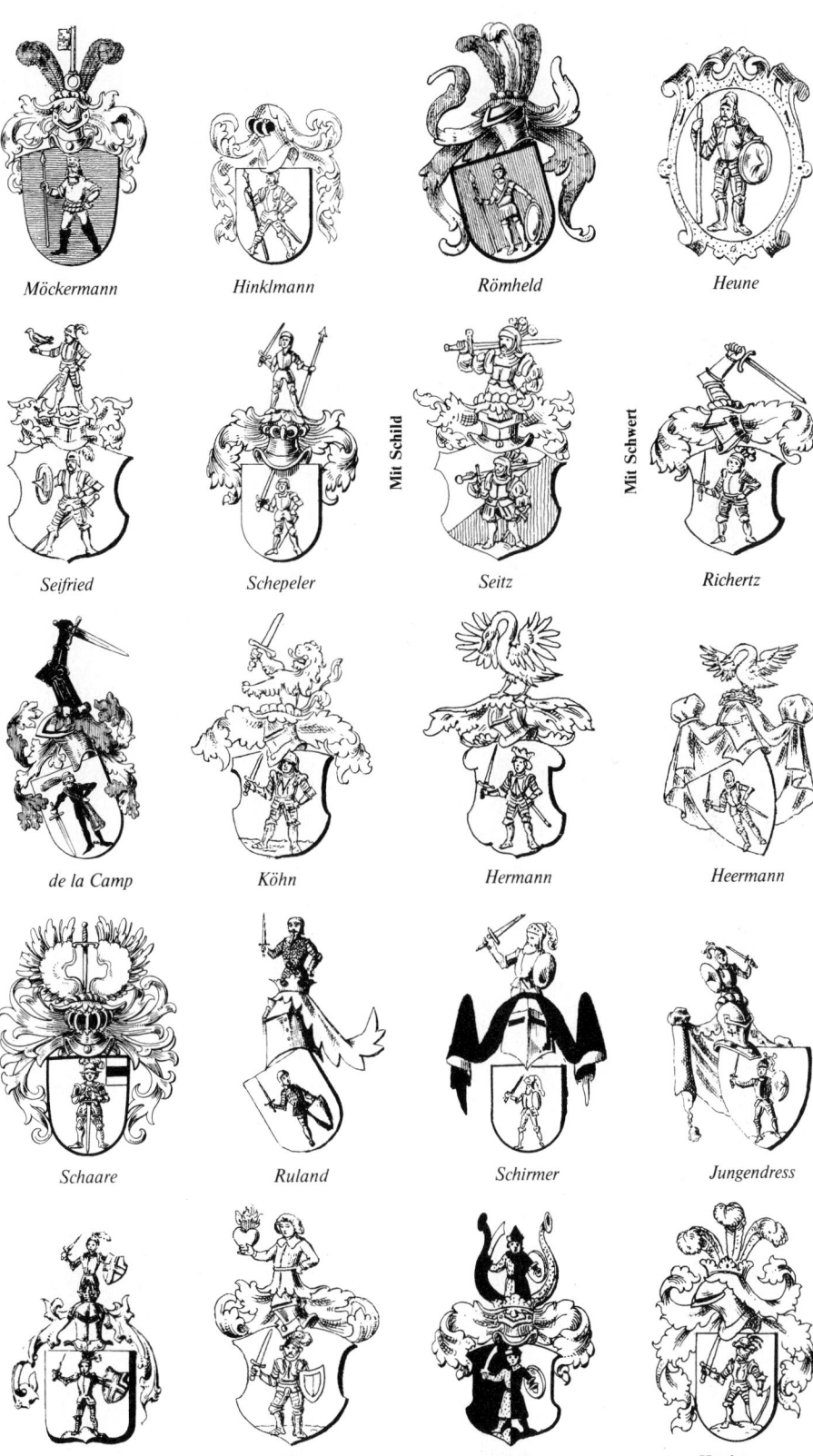

Mann, gerüstet, etwas haltend

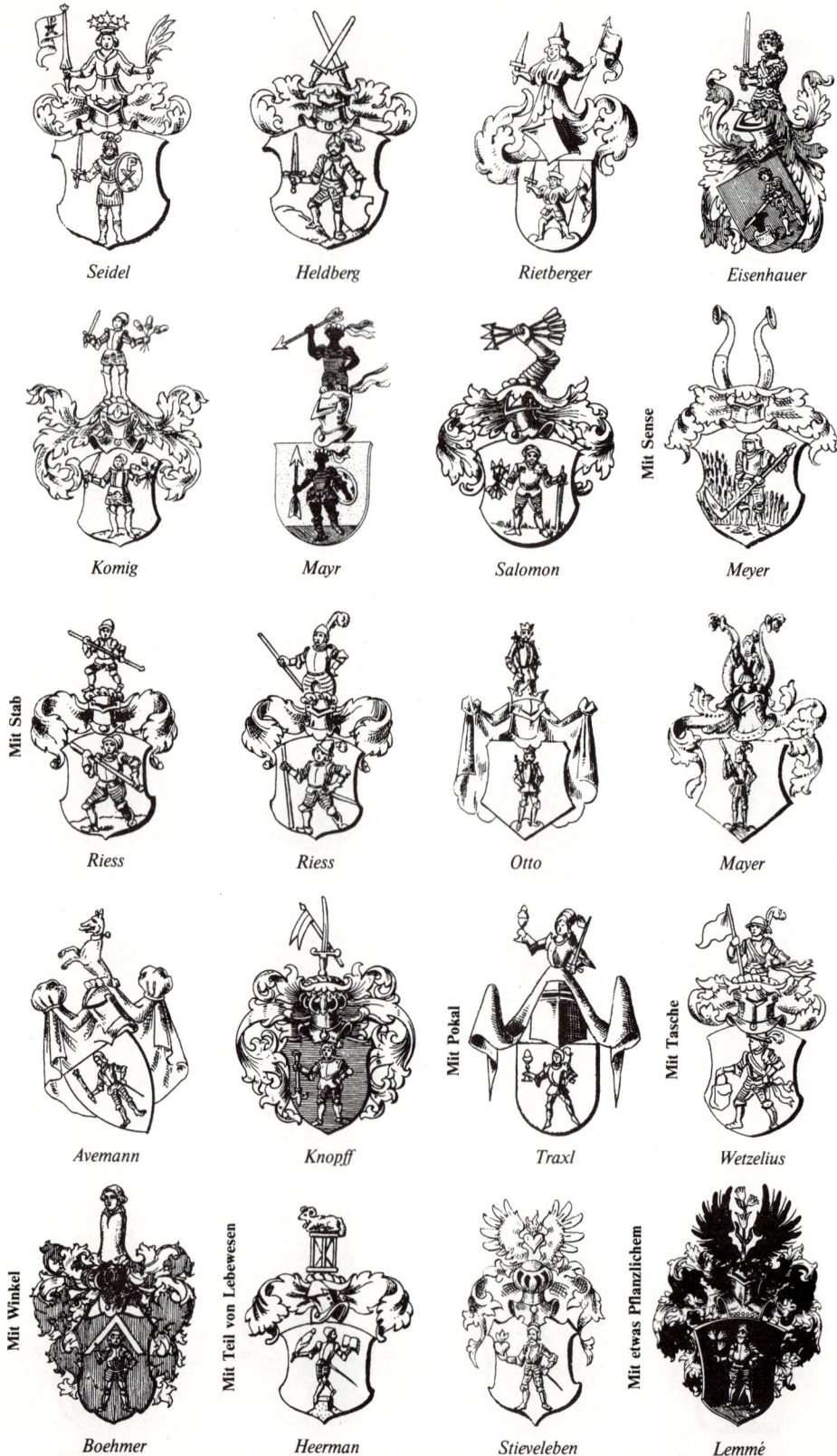

Mann, gerüstet/Frau

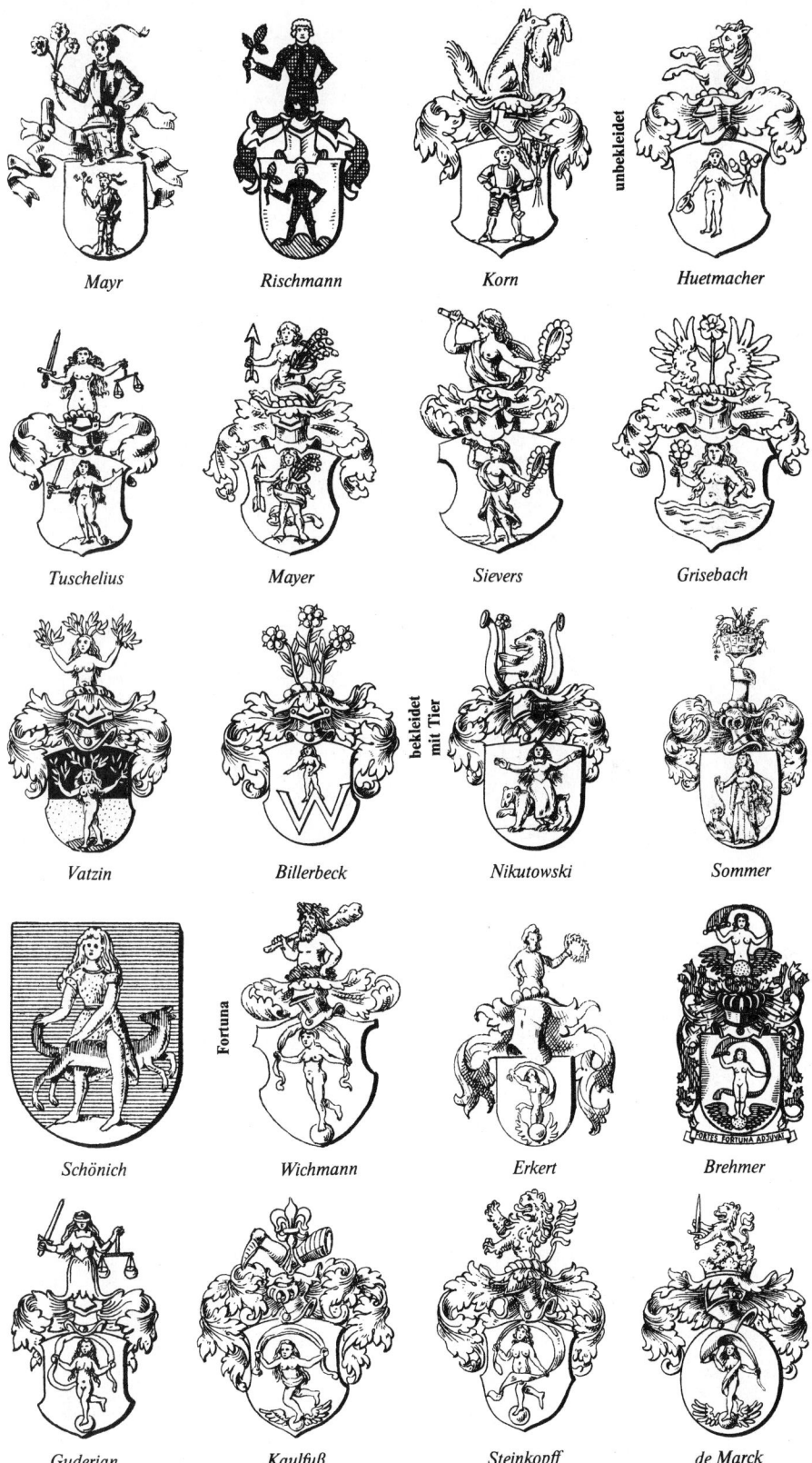

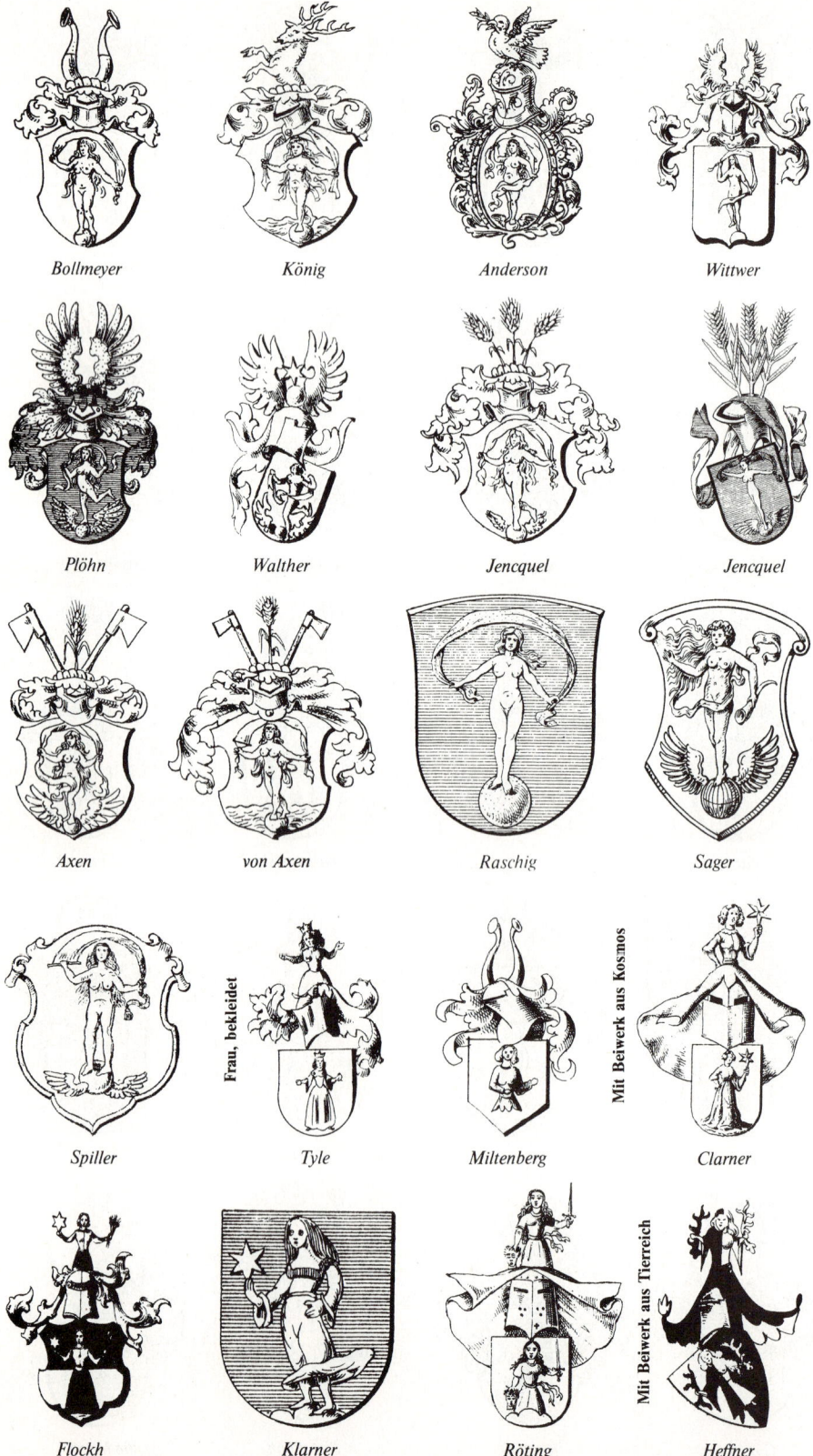

Frau, etwas haltend

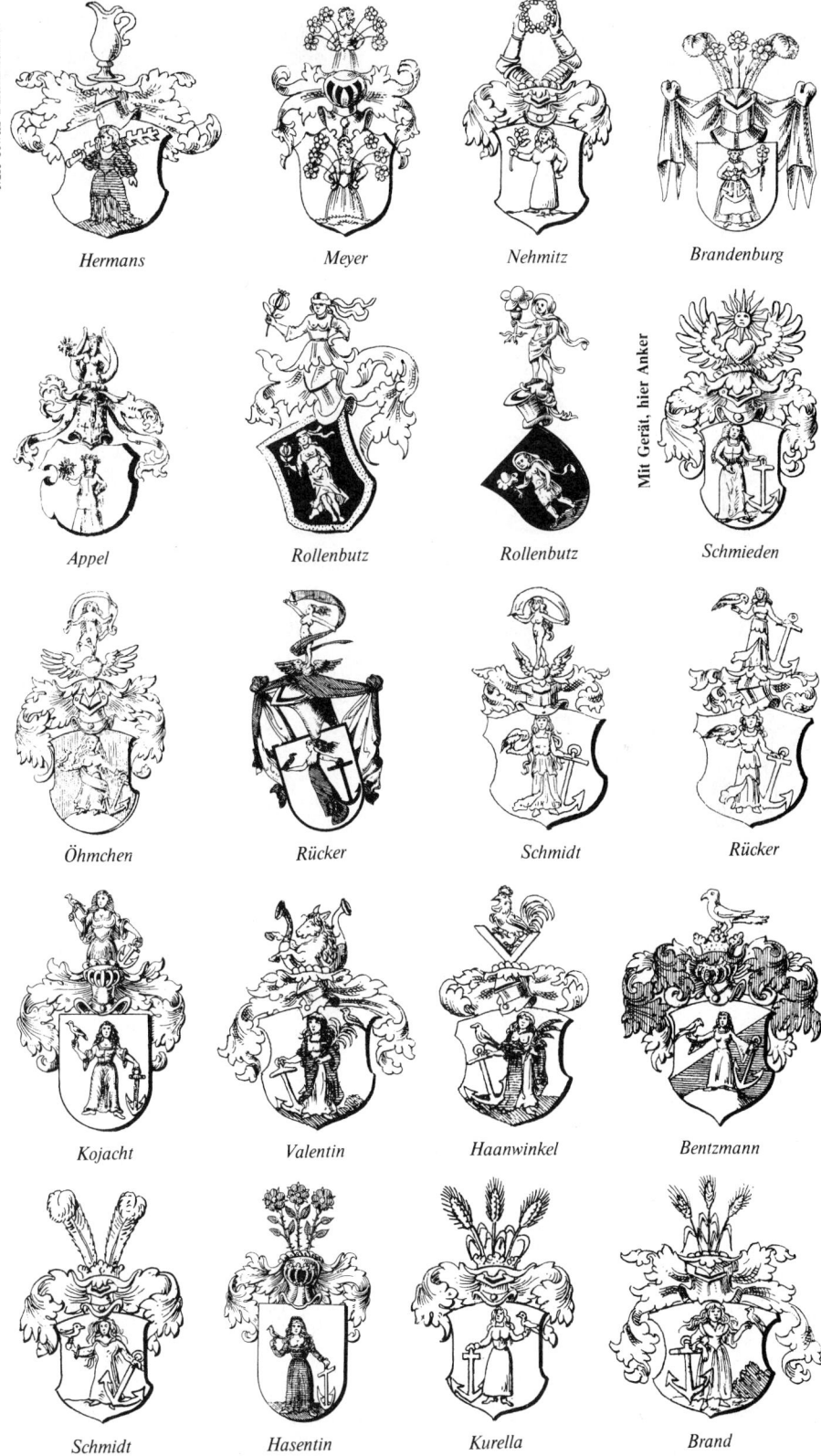

Frau, etwas haltend

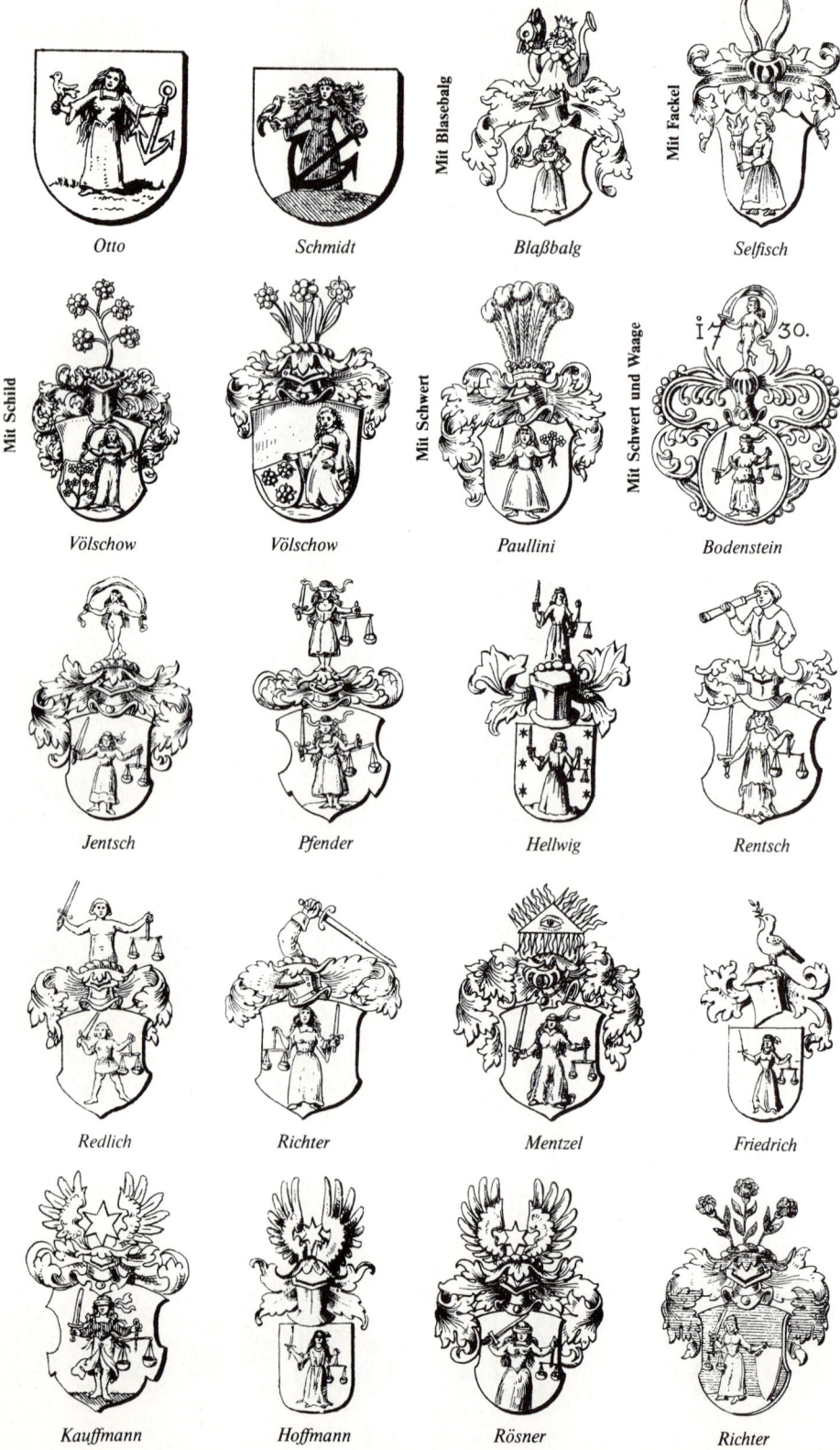

Frau/Kind

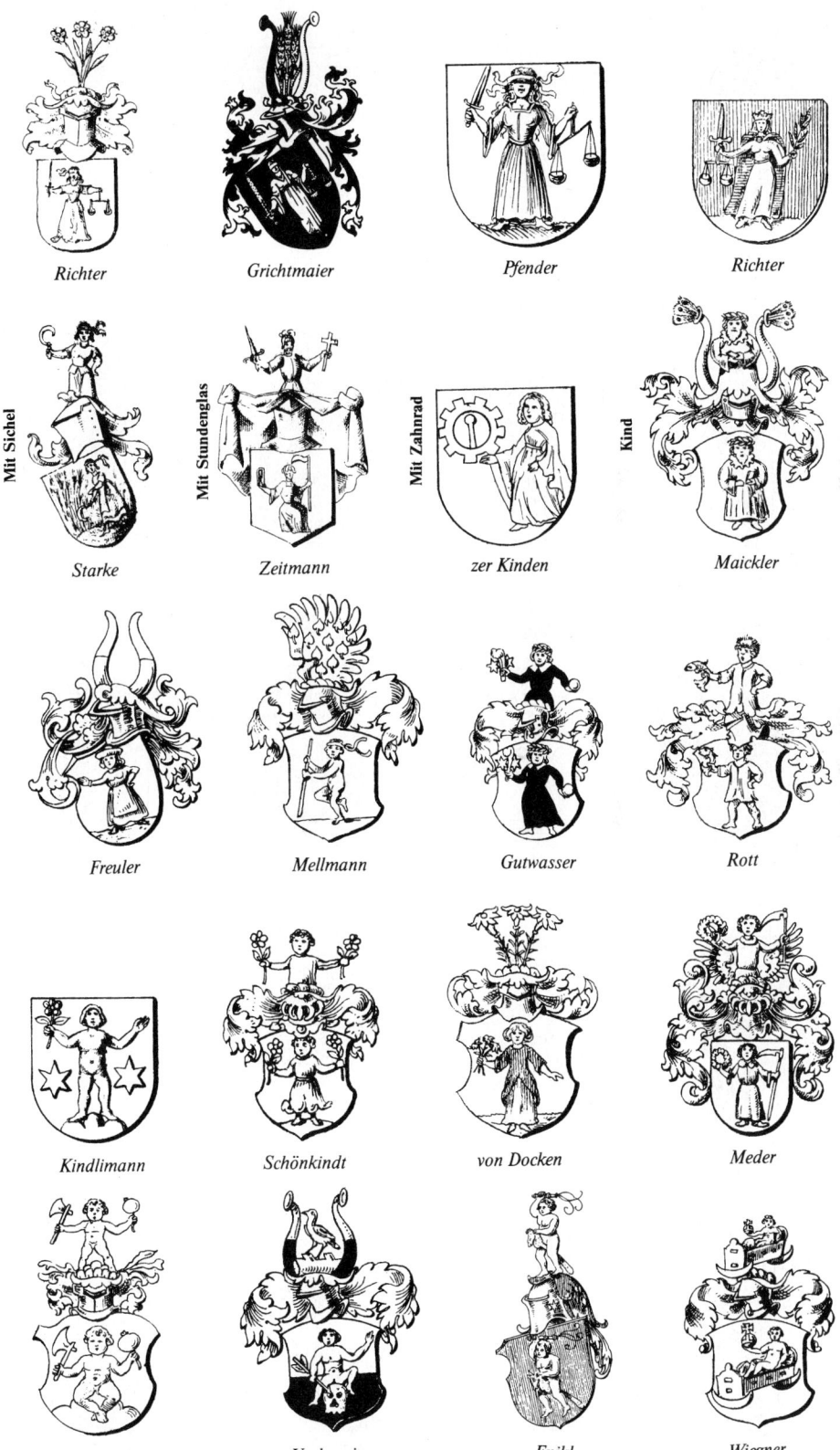

Kind/Zwei menschliche Gestalten

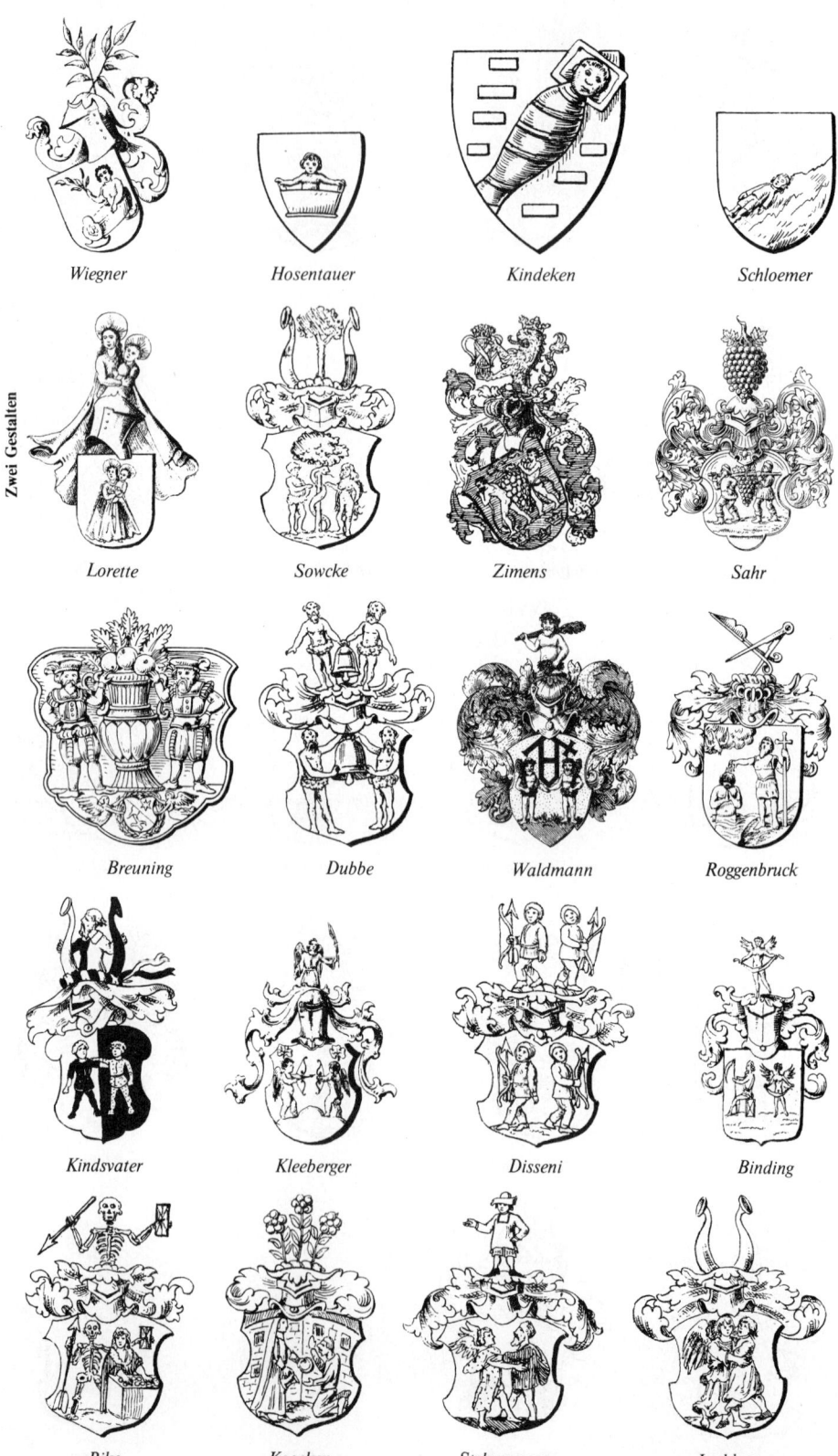

Menschen

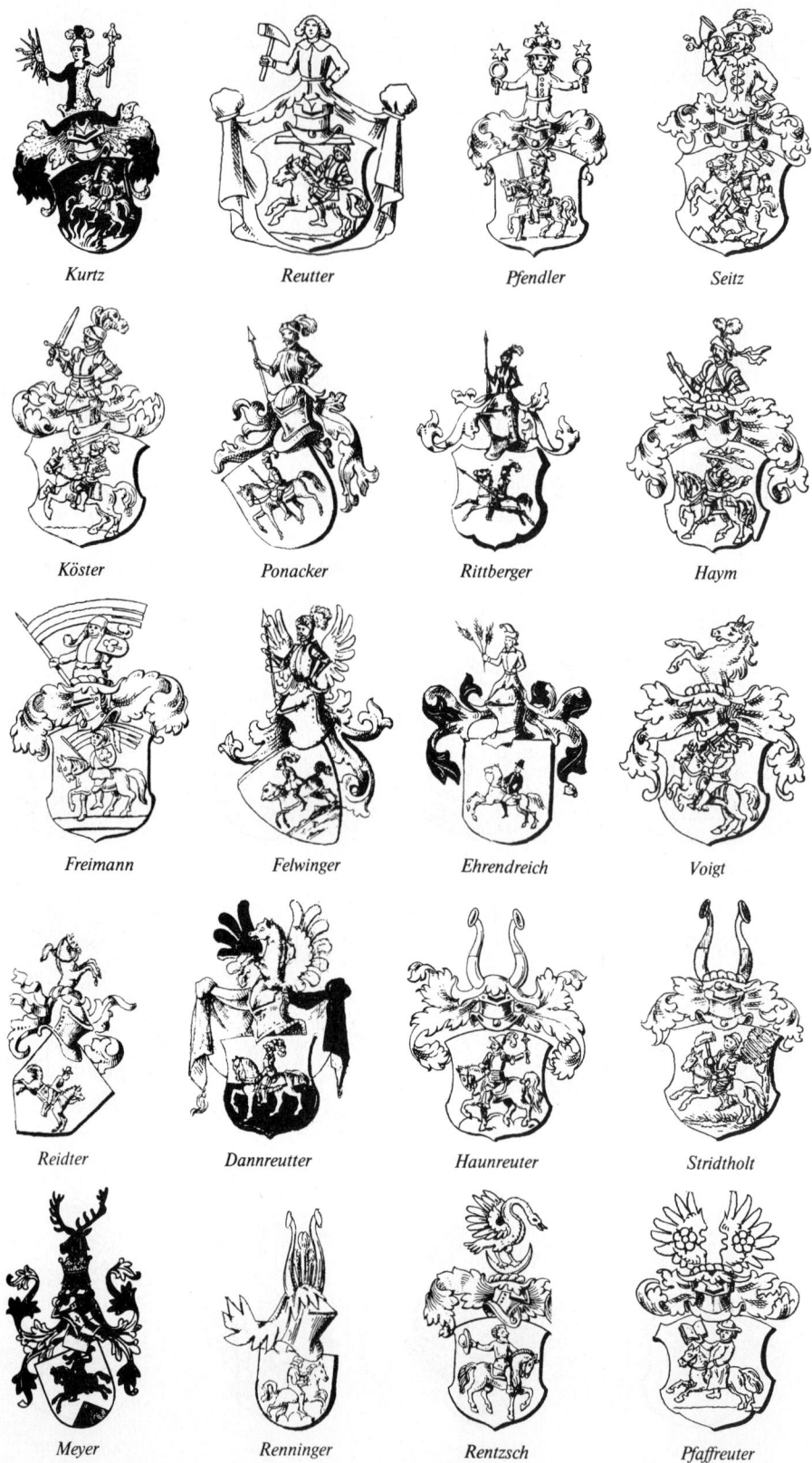

Mensch und Vierbeiner 129

Mensch, oberhalb

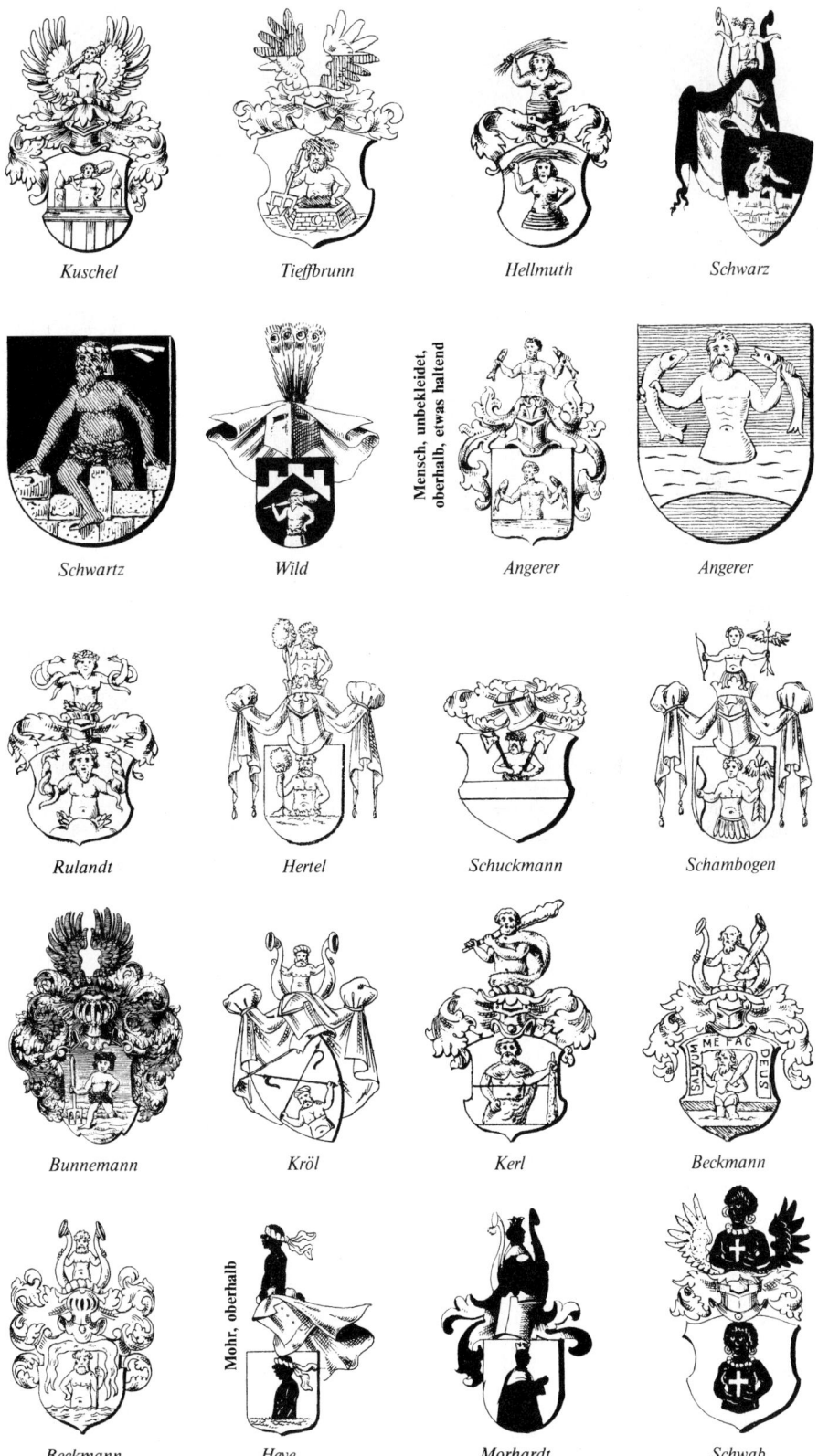

Mohr/Mann, bekleidet, beide oberhalb

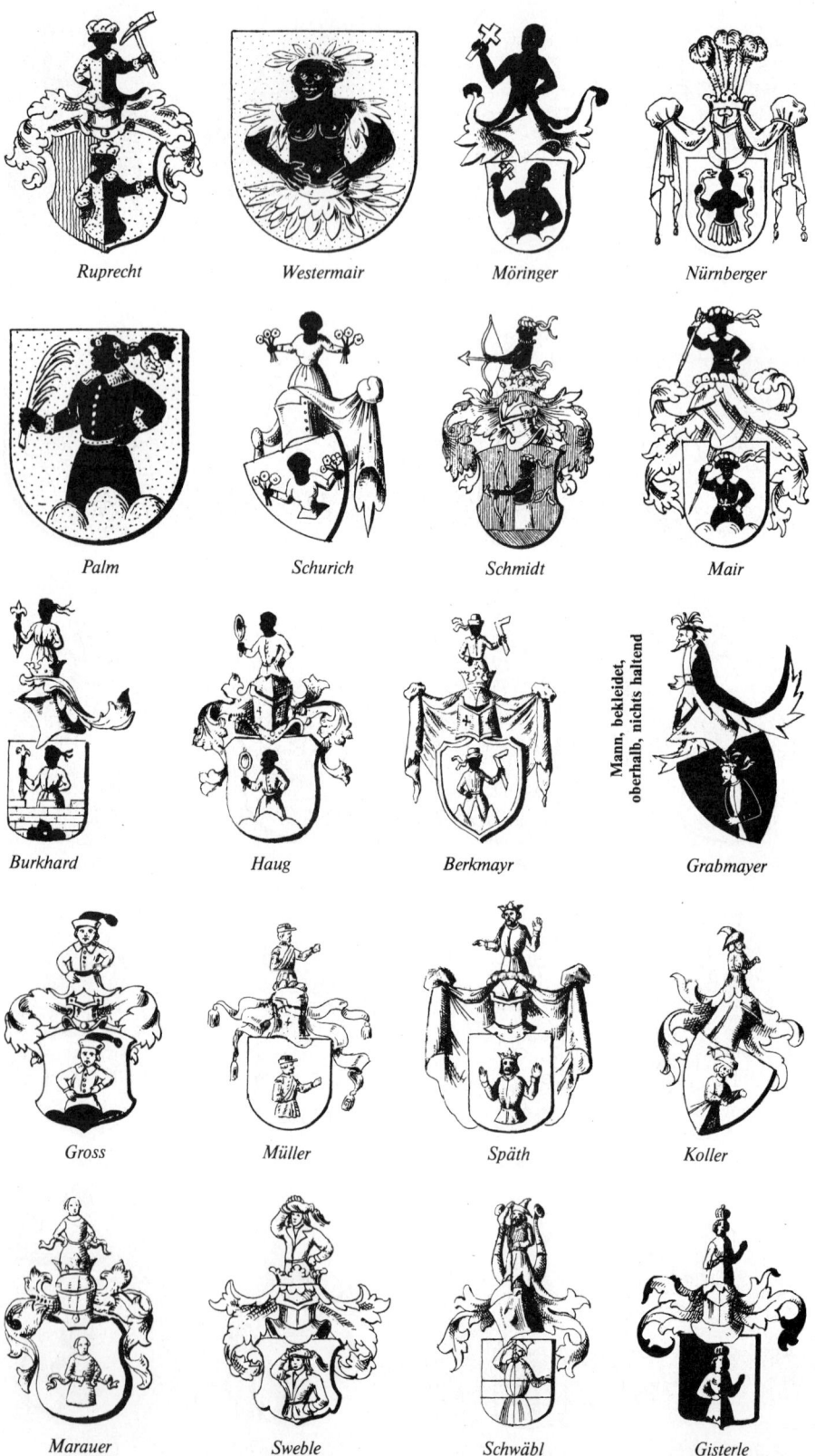

Mann, bekleidet, oberhalb 133

Mann, bekleidet, oberhalb, etwas haltend

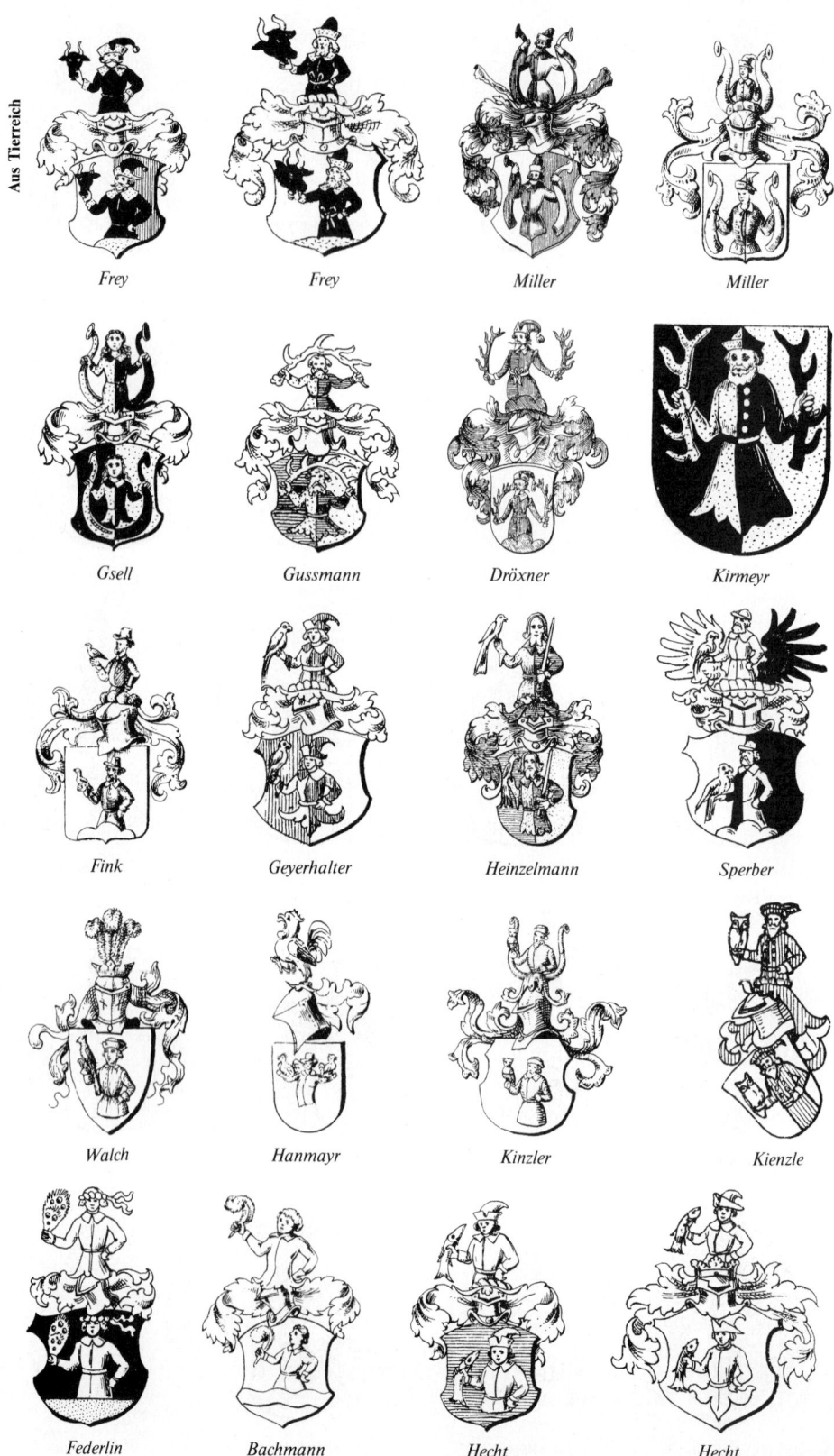

Mann, bekleidet, oberhalb, etwas haltend 135

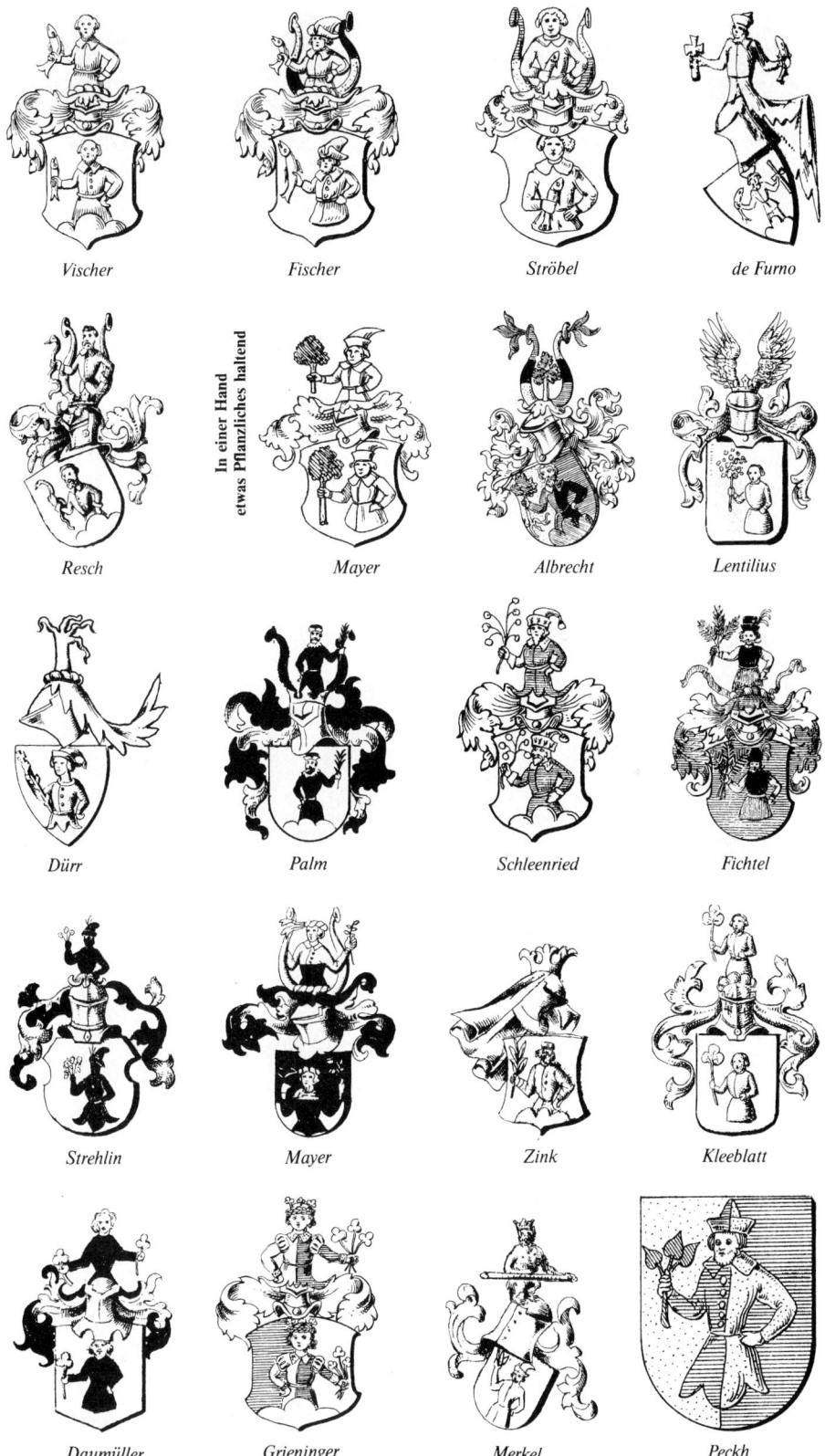

136 Mann, bekleidet, oberhalb, etwas pflanzliches haltend

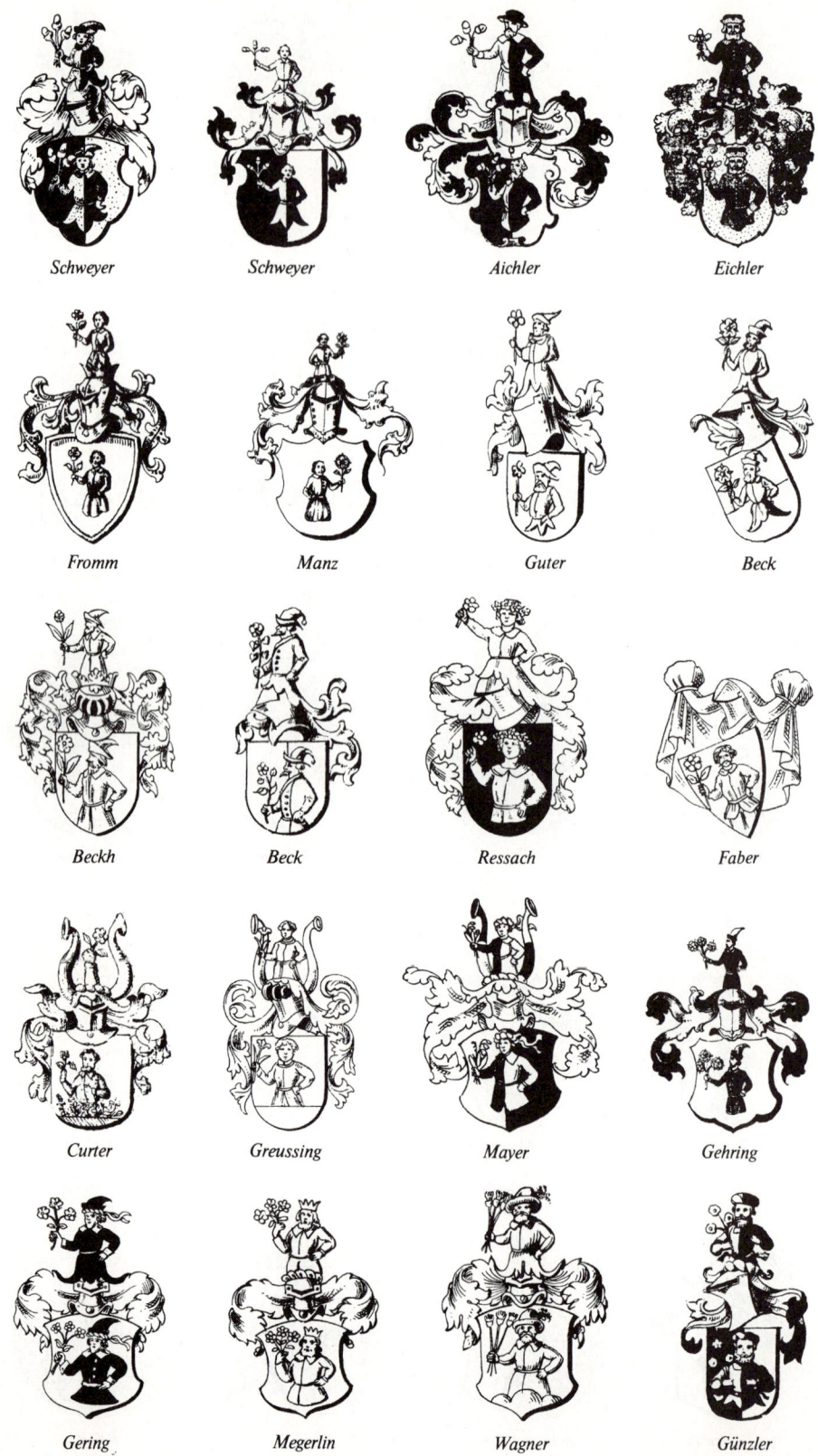

Mann, bekleidet, oberhalb, etwas pflanzliches haltend 137

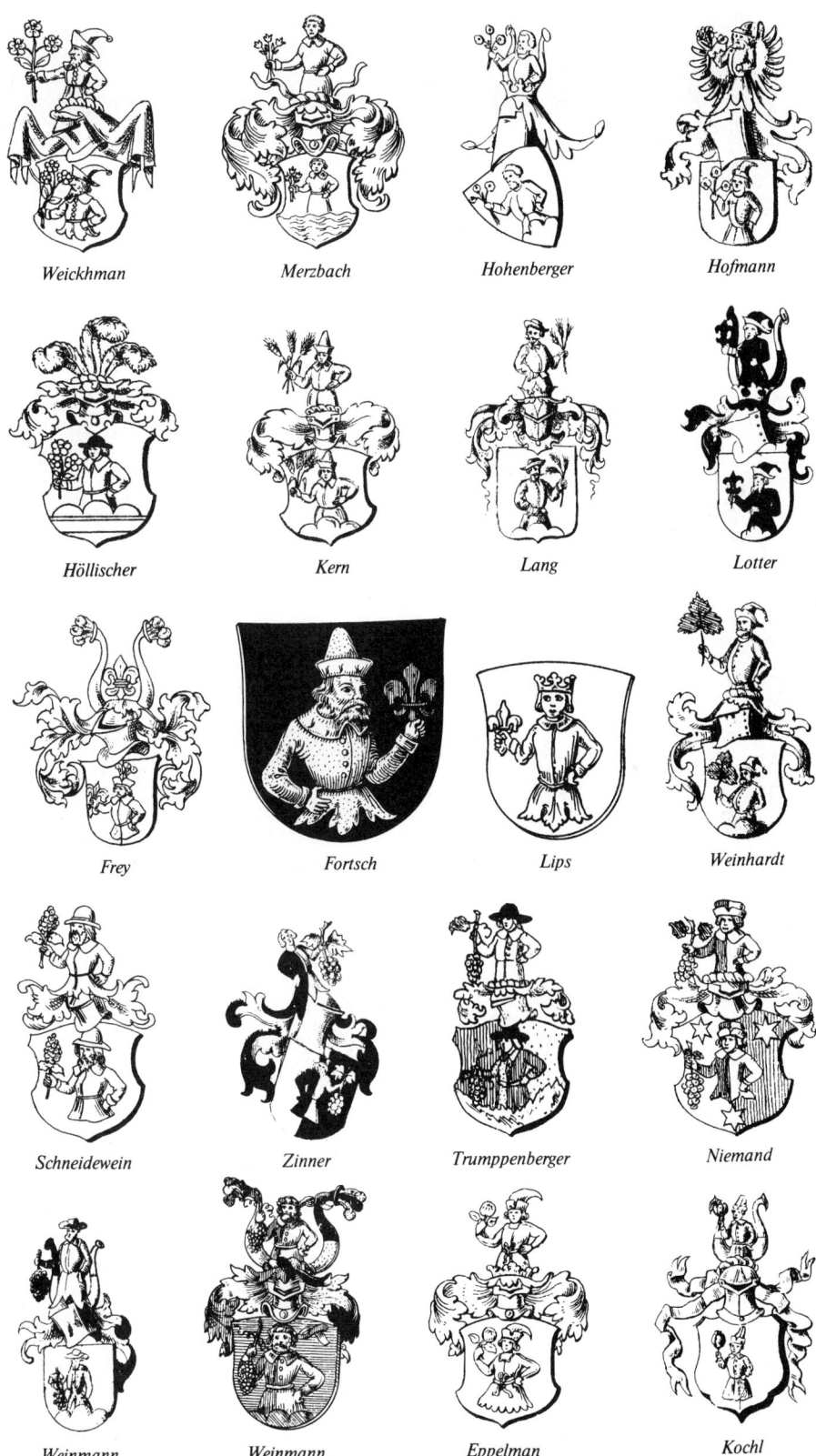

Mann, oberhalb, in beiden Händen etwas pflanzliches haltend

Kochl — *Krell* — *Kiffhaber* — *Dorsch*

Hohenberger — *Kruth* — *Gundlach* — *Widemann*

Blattenhart — *Plattenhart* — *Widenman* — *Kneller*

Weilhammer — *Pröbstl* — *Dötsch* — *Kiefhaber*

Dötsch-Benziger — *Symmerl* — *Preininger* — *Heiglin*

Mann, bekleidet, oberhalb, etwas haltend

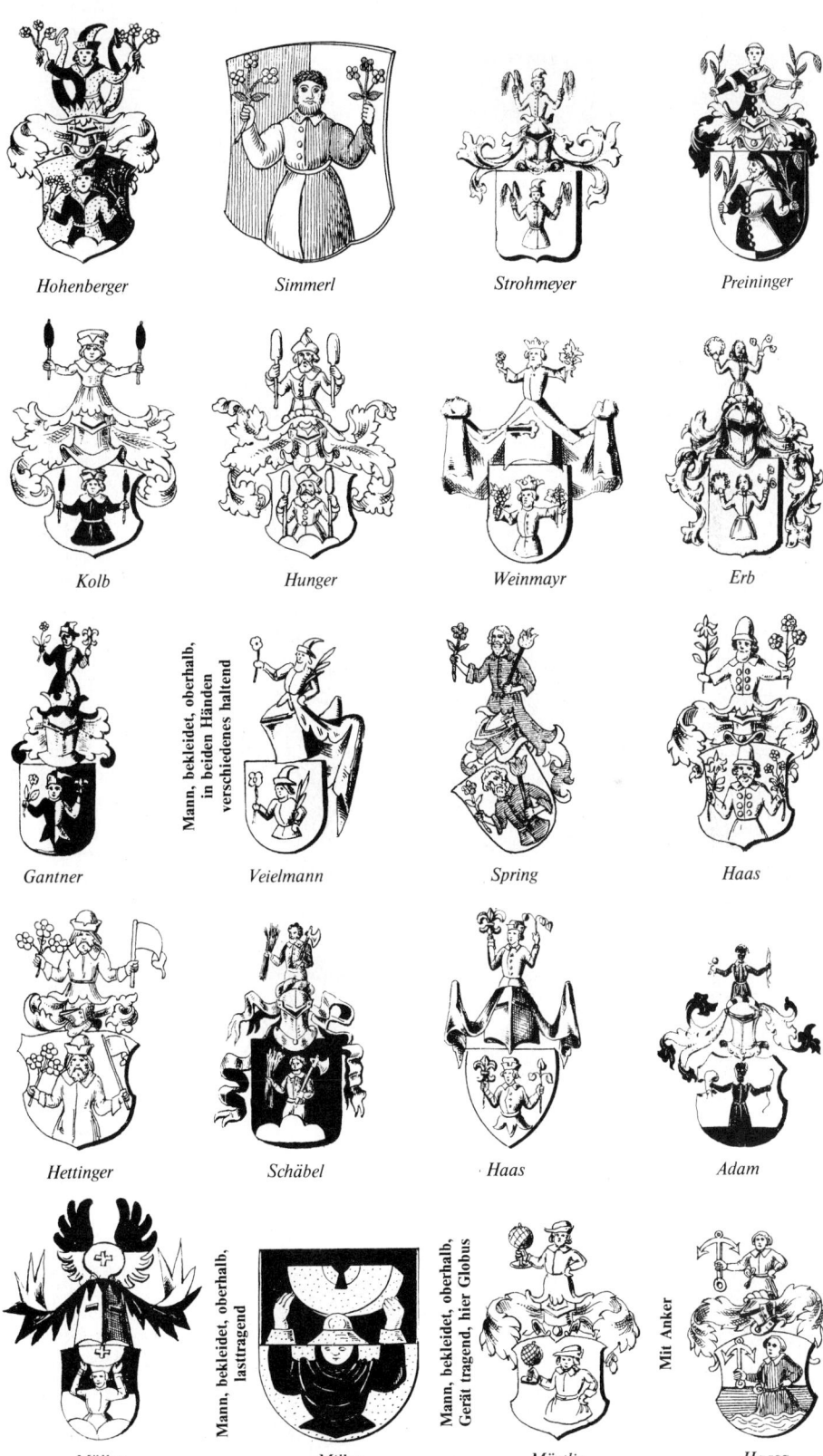

Mann, bekleidet, oberhalb, Gerät haltend

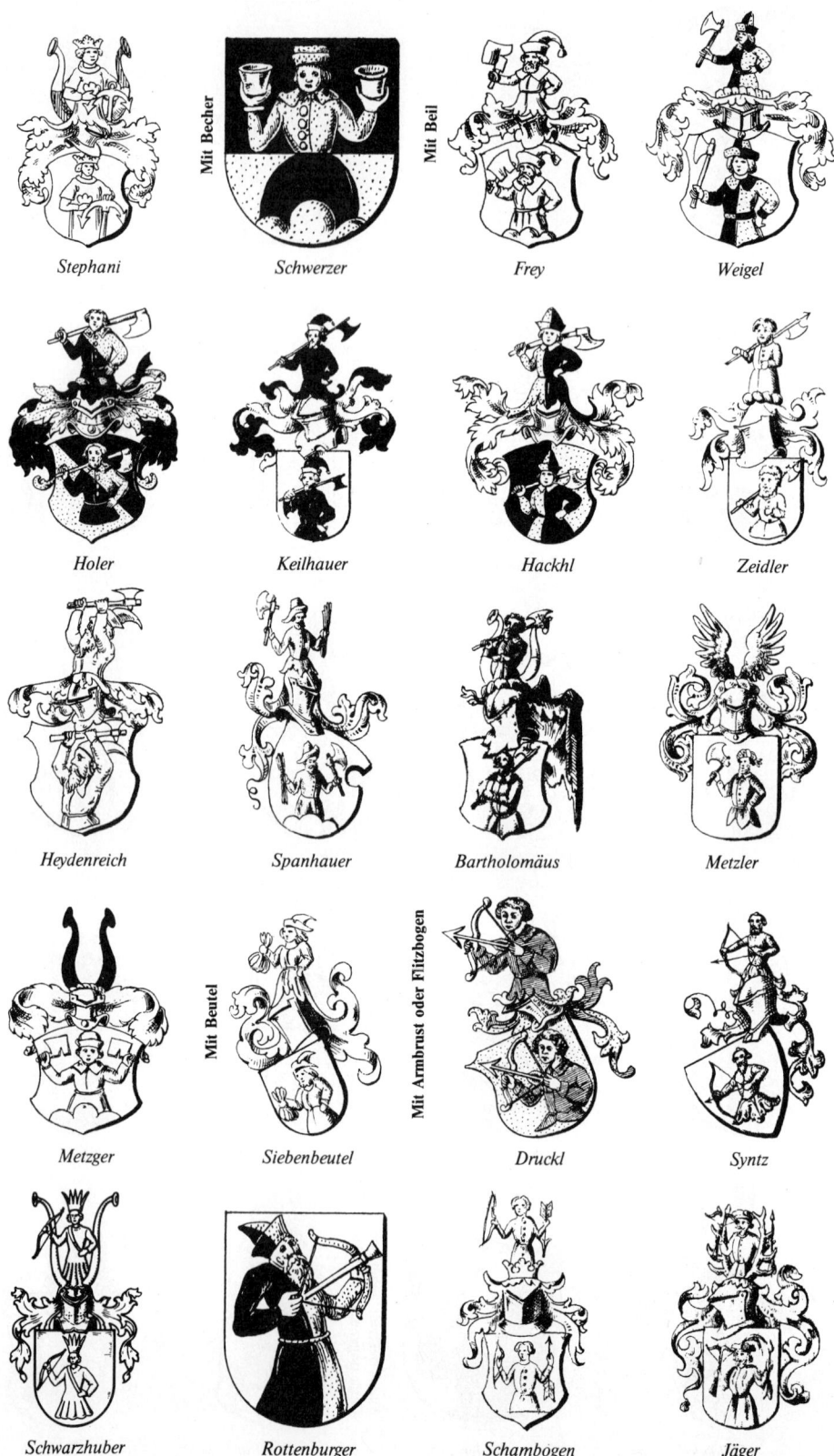

Mann, bekleidet, oberhalb, Gerät haltend 141

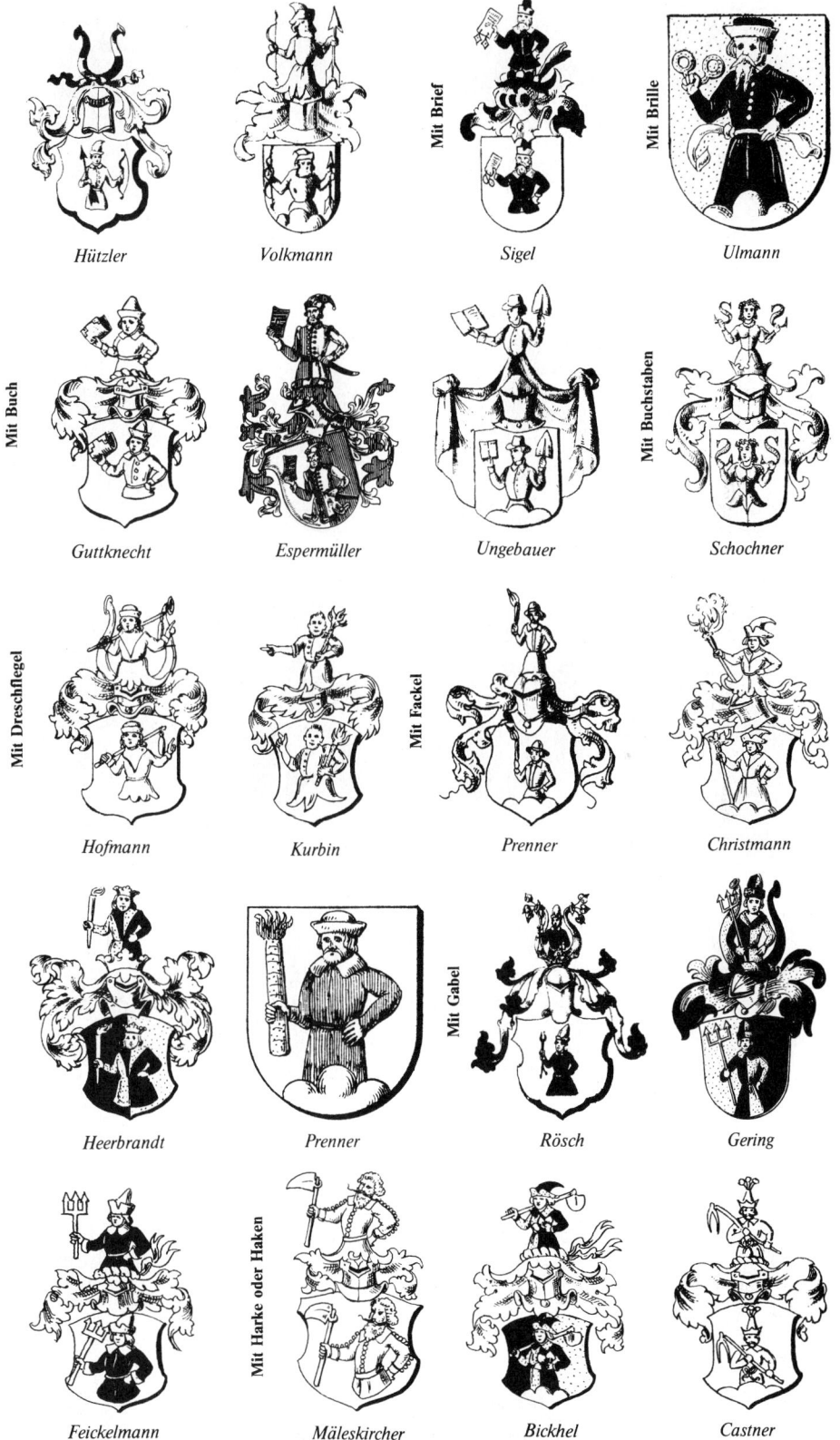

142 Mann, bekleidet, oberhalb, Gerät haltend

Zostitz — Popp — Hanck — Keilhauer
Passavant — Schultzenstein — Starke — Schun
Mit Hammer: Schmidt — Schmid — Schmid — Faber
Hammerschmidt — Ruepprecht — Leibhaimer — Melber
Wisshack — Frieshaimer — Kolvenrott — Herrnschmid

Mann, bekleidet, oberhalb, Gerät haltend 143

Mann, bekleidet, oberhalb, Gerät haltend 145

146 Mann, bekleidet, oberhalb, Gerät haltend

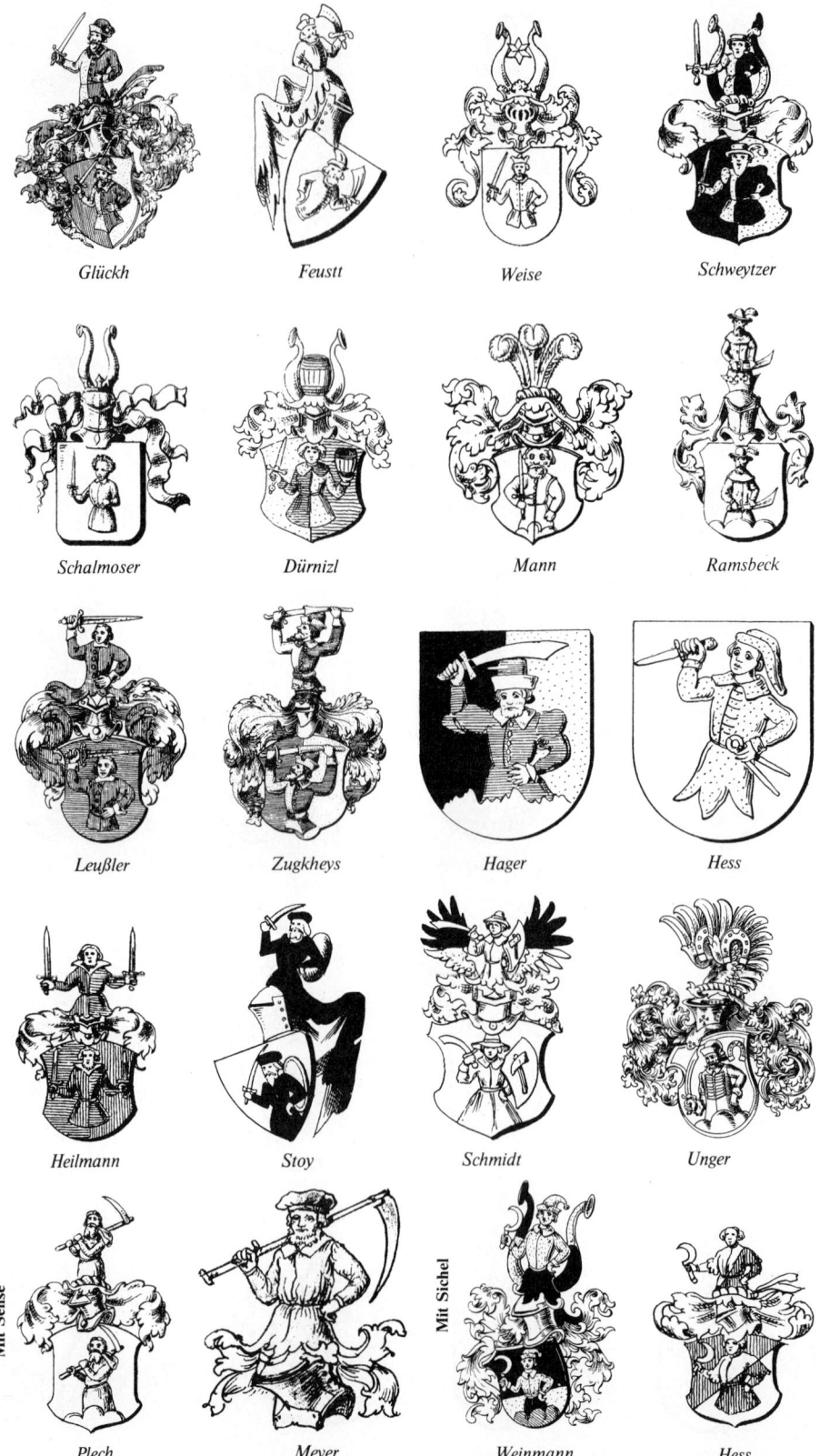

Glückh Feustt Weise Schweytzer

Schalmoser Dürnizl Mann Ramsbeck

Leußler Zugkheys Hager Hess

Heilmann Stoy Schmidt Unger

Mit Sense

Plech Meyer

Mit Sichel

Weinmann Hess

Mann, bekleidet, oberhalb, Gerät haltend

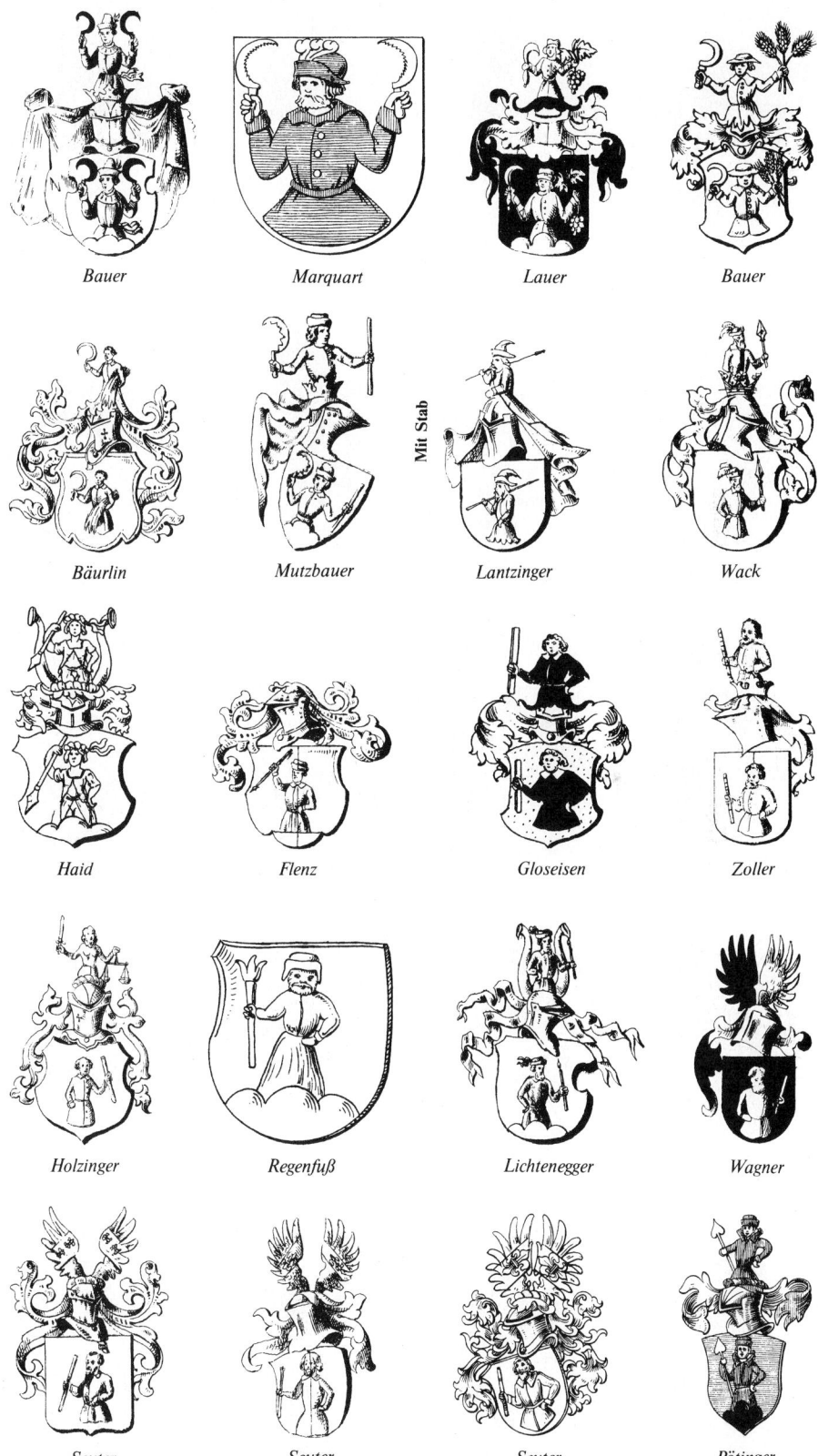

Mann, bekleidet, oberhalb, Gerät haltend

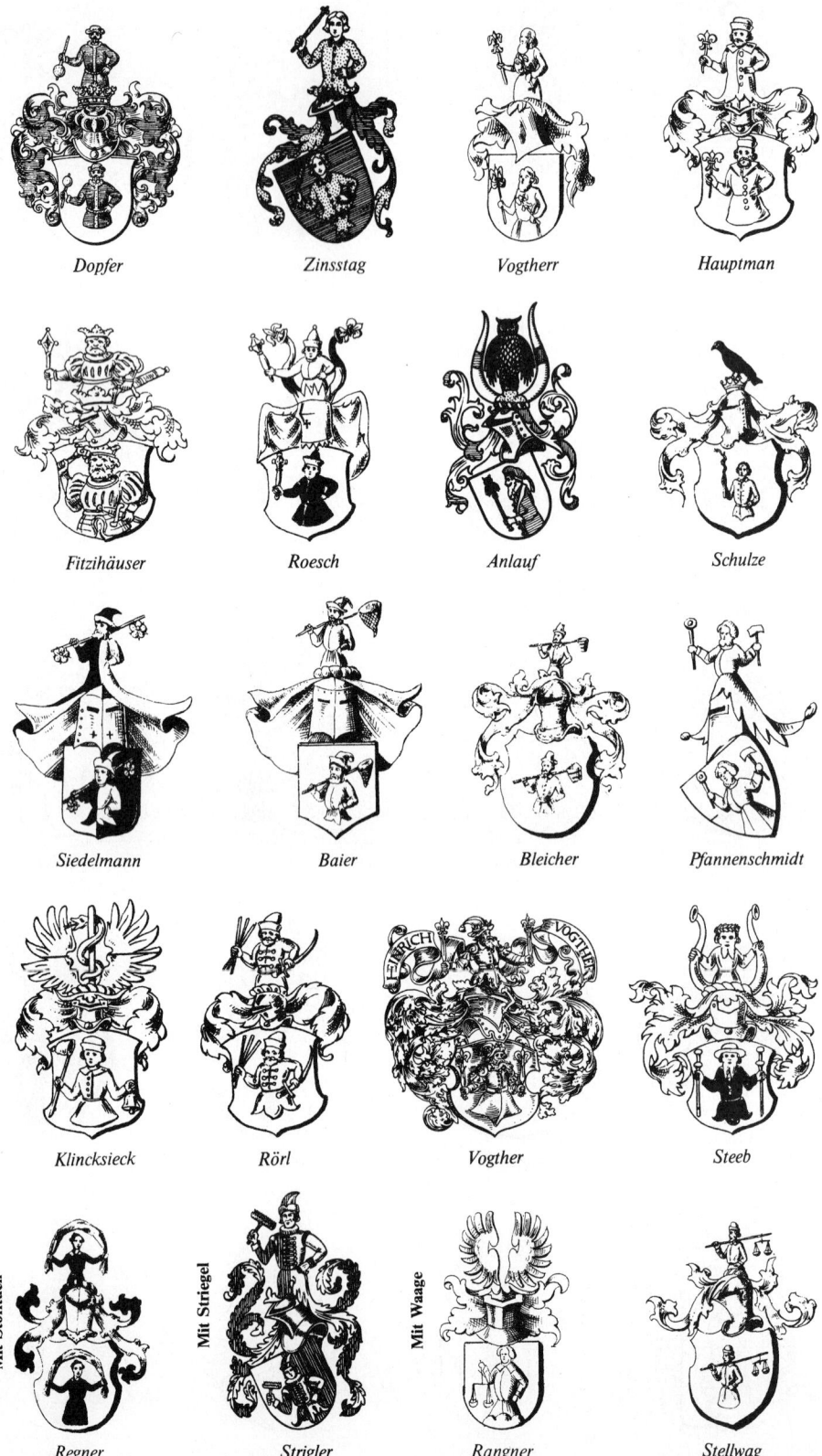

Dopfer	Zinsstag	Vogtherr	Hauptman
Fitzihäuser	Roesch	Anlauf	Schulze
Siedelmann	Baier	Bleicher	Pfannenschmidt
Klincksieck	Rörl	Vogther	Steeb

Mit Stofftuch — Regner
Mit Striegel — Strigler
Mit Waage — Rangner
Stellwag

Mann, bekleidet, oberhalb, Gerät haltend 149

Mann, bekleidet, oberhalb, etwas haltend

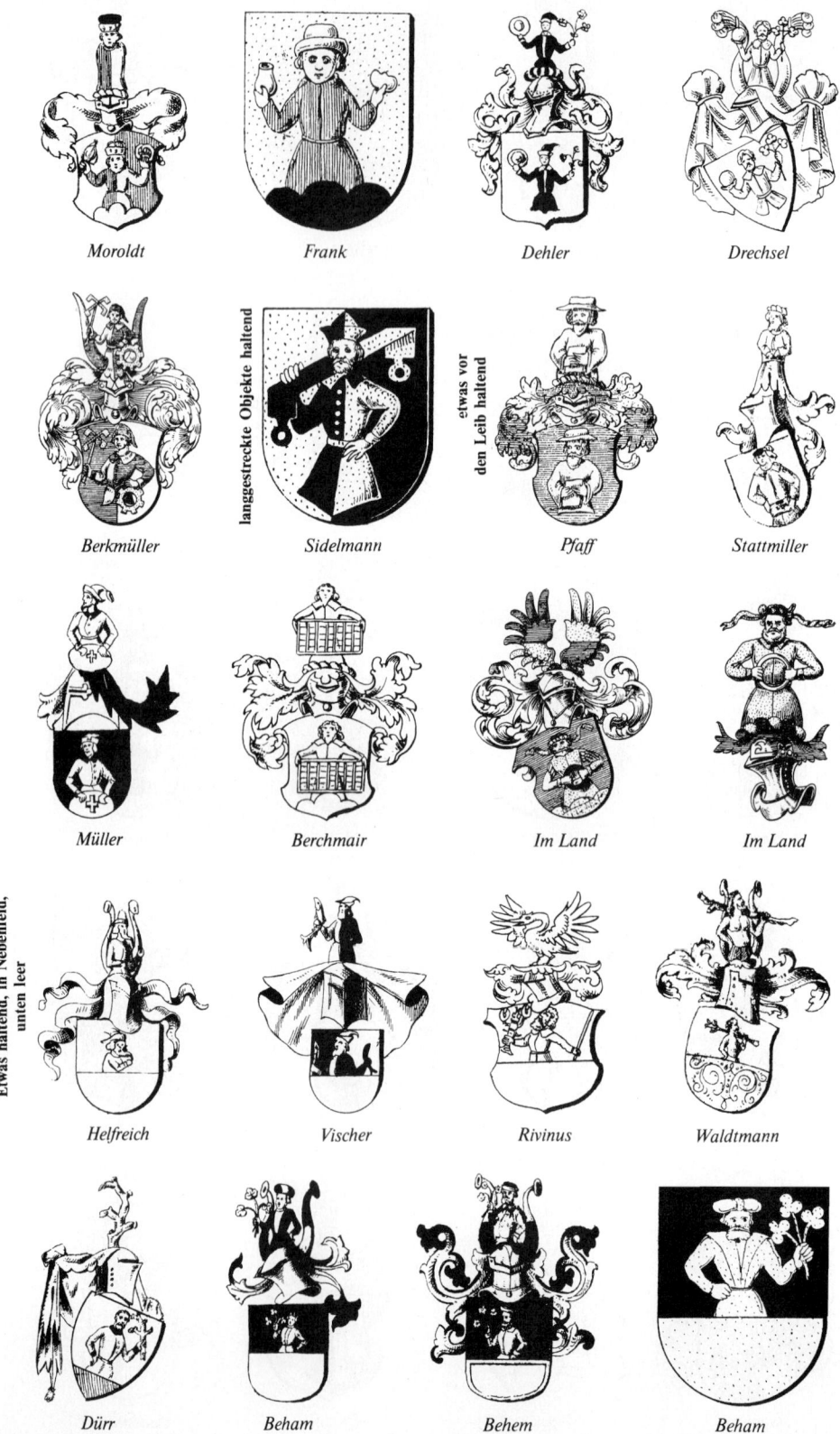

Mann, bekleidet, oberhalb, etwas haltend 151

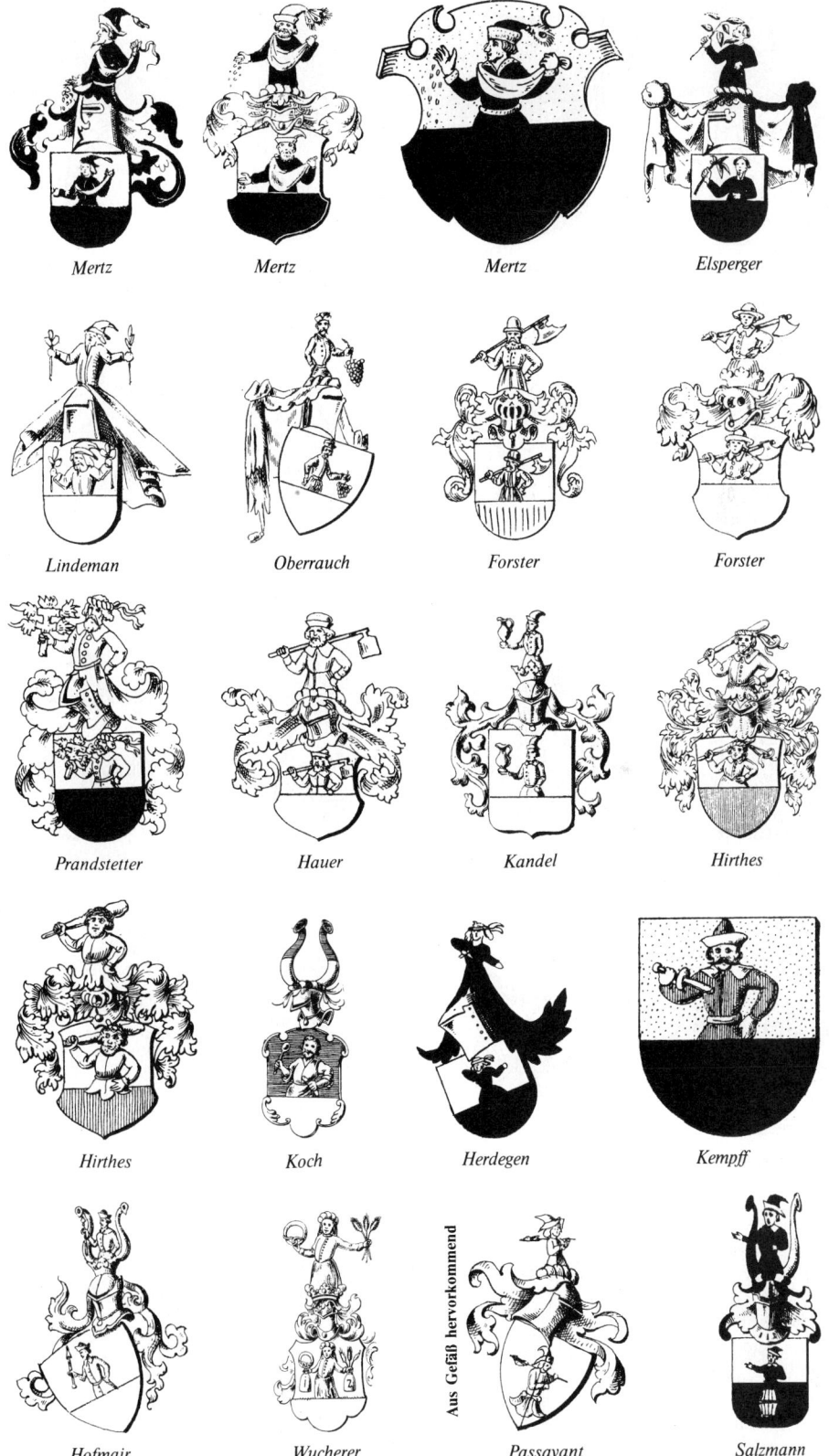

152 Mann, bekleidet, oberhalb, etwas haltend

Bruhns — Salzmann — Potth — Wernle
Bergmann — Hirt — Zeinle — Prugger
Rupp — Volkmanns — Ziegler — Beyschlag
Hammerlin — Gutthaeter — Voyk — Maurer
Unger — Mayr — Textor — Wörlin

Aus Bauwerk hervorkommend

Mann, speziell gekeidet, oberhalb 153

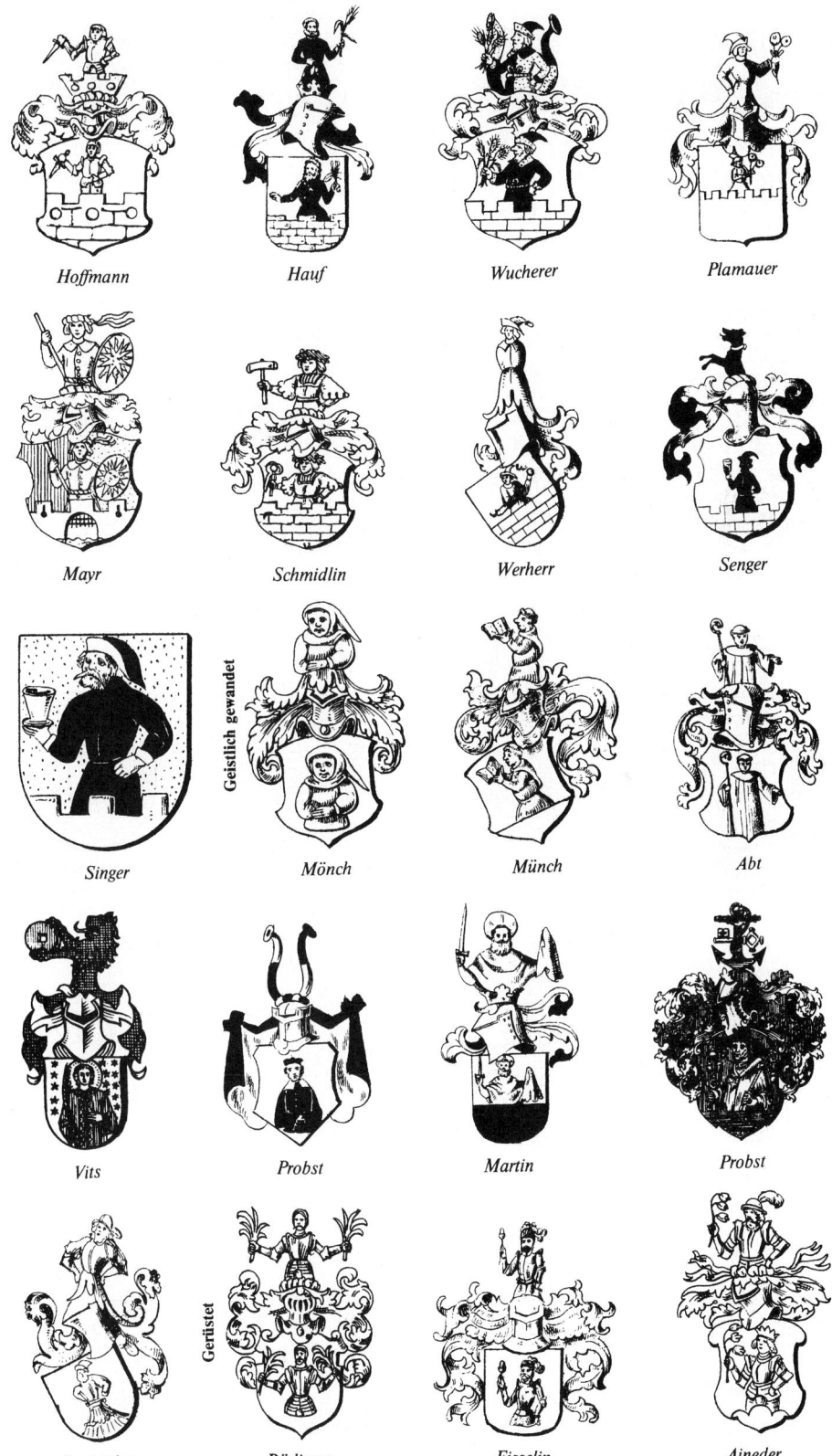

Mann, gerüstet, oberhalb, etwas haltend

Mann, gerüstet, oberhalb, etwas haltend 155

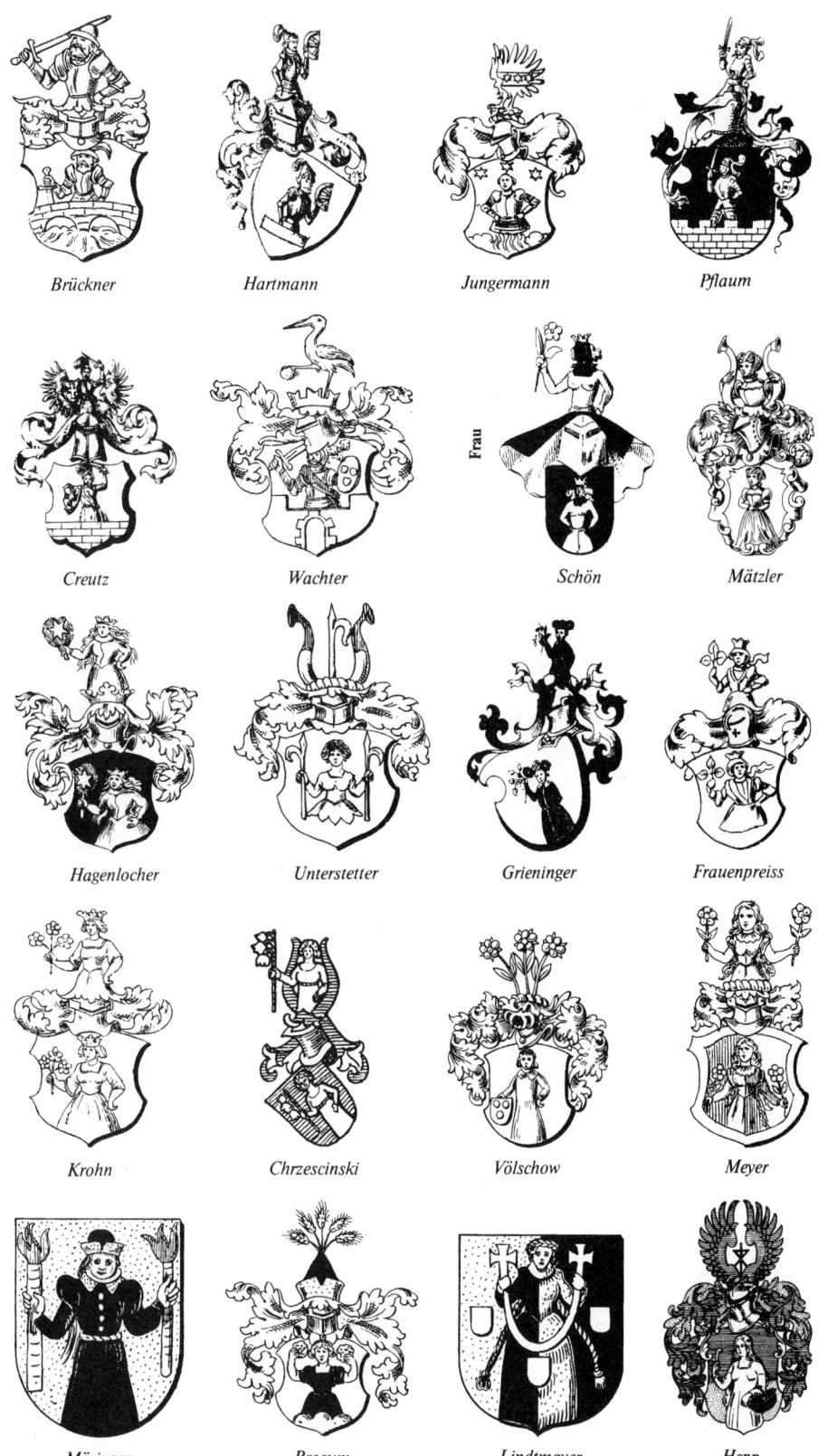

Mensch, Rumpf

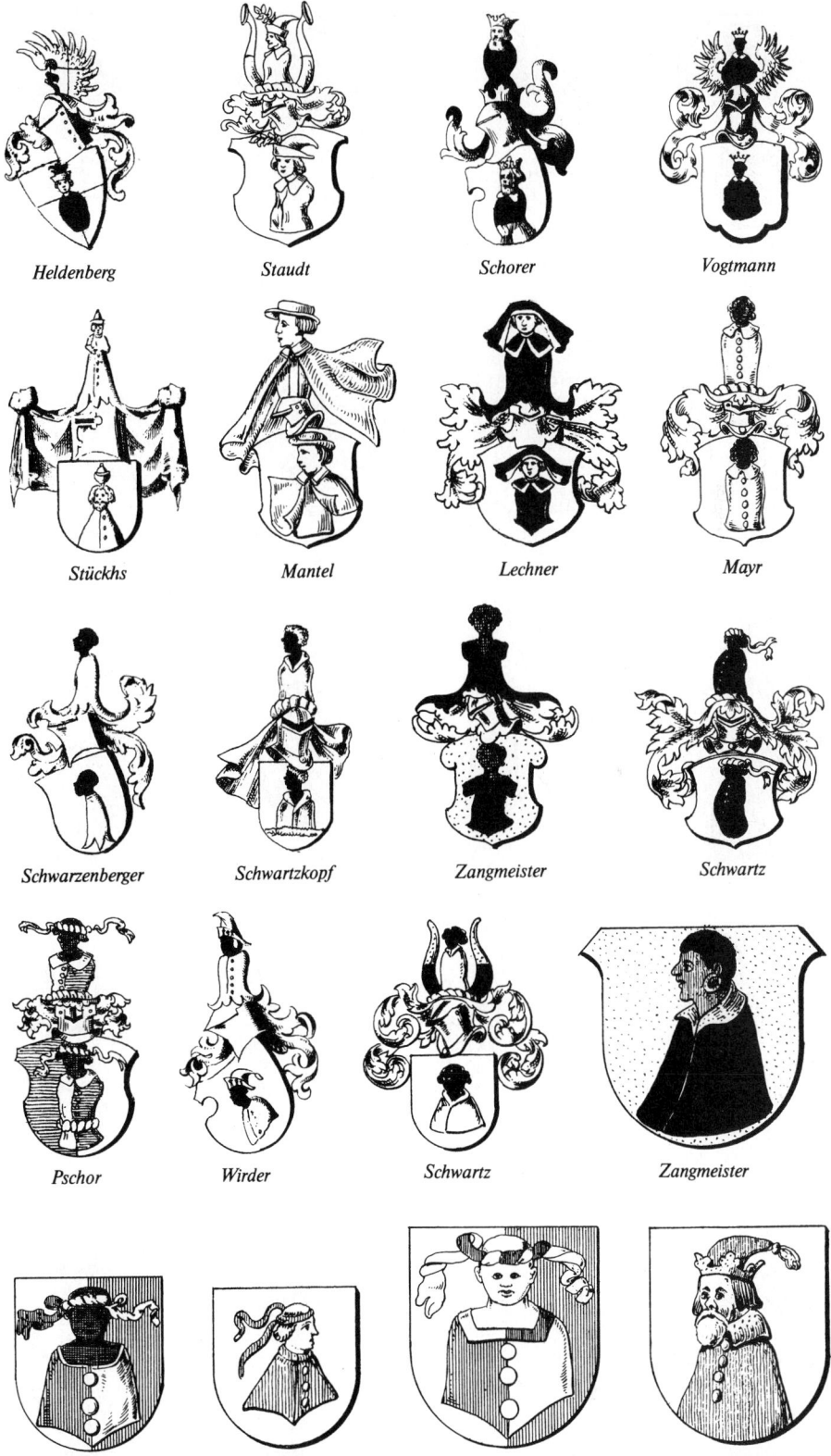

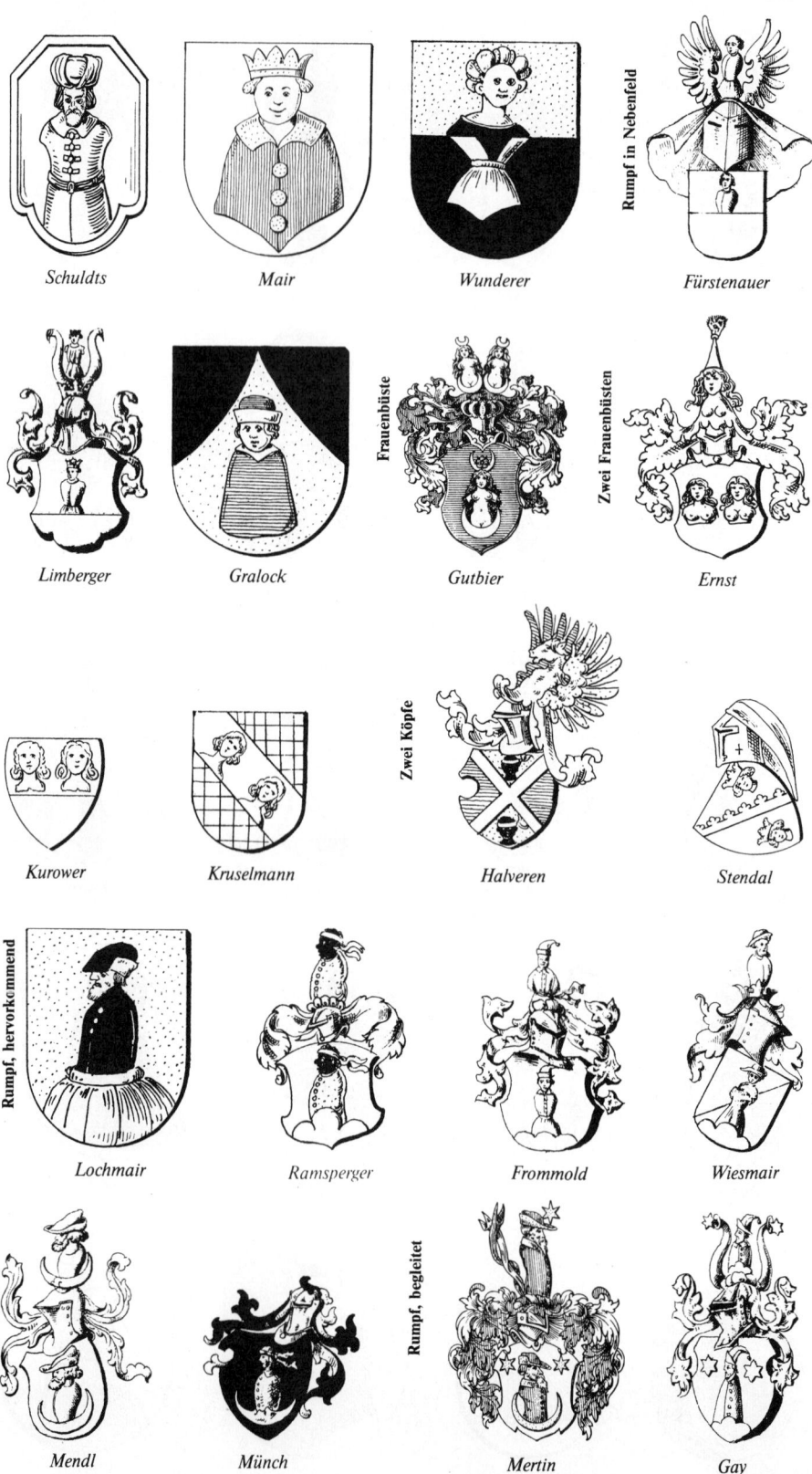

Mensch, Rümpfe, Kopfe

Mensch, Mohrenkopf

Mensch, Kopf

Mensch, Knochen, Gliedmaßen

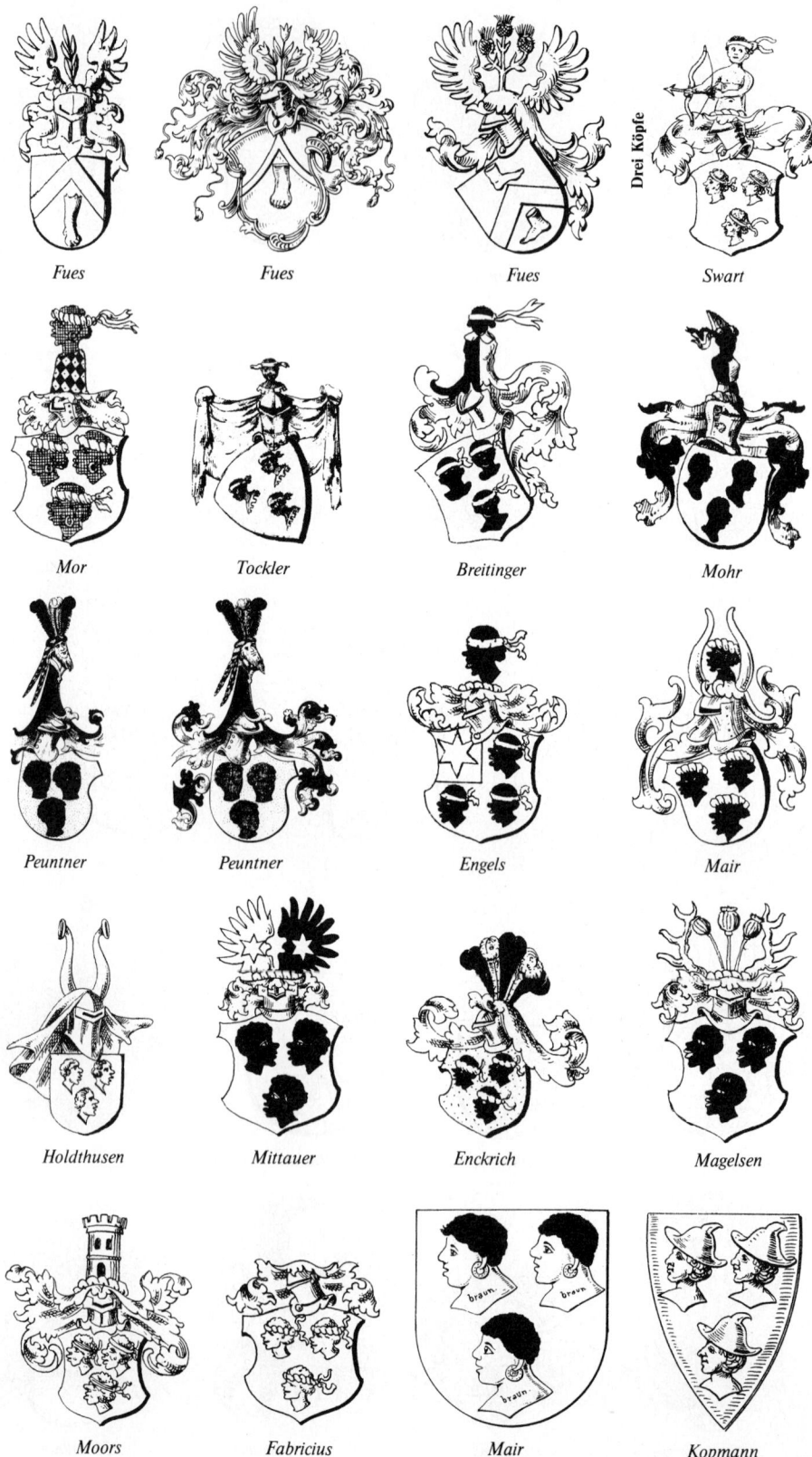

Mensch, Drei Köpfe

Russe — Kruse — Beren — Ernst

Krull — Ameldung — Breitinger — Schmidt

Reiser — Kramer — Schwartz — Hoyer

Höger — Oeri — Lochau — König

Schönbergius — Bartels — Jungkenn — Maurmans

Mensch, Arm, etwas haltend

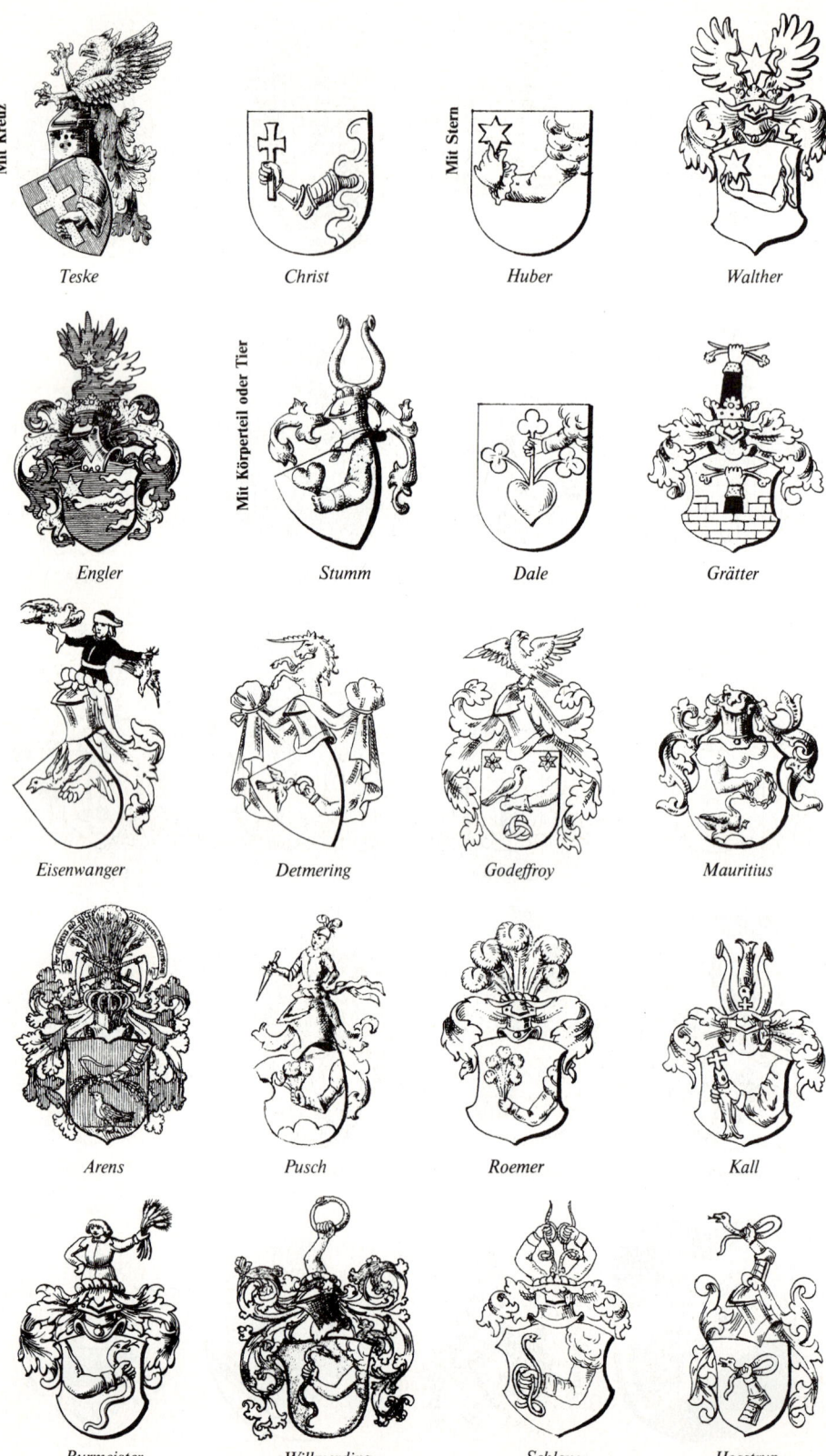

Mit Kreuz

Teske — Christ — Huber — Walther

Mit Stern

Engler — Stumm — Dale — Grätter

Mit Körperteil oder Tier

Eisenwanger — Detmering — Godeffroy — Mauritius

Arens — Pusch — Roemer — Kall

Burmeister — Willmerding — Schloyer — Hosstrup

Mensch, Arm, etwas haltend

Paul · Holste · Holste · Holste

Mit Baum

Holste · Holste · Lindemann · Holderbaum

Lindenberg · Busch · Kummerett · Jessen

Mit etwas Pflanzlichem

Löschenprandt · Entzinger · Weidner · Boecker

Knöller · Armher · Balck · Rittershusius

Mensch, Arm, etwas pflanzliches haltend

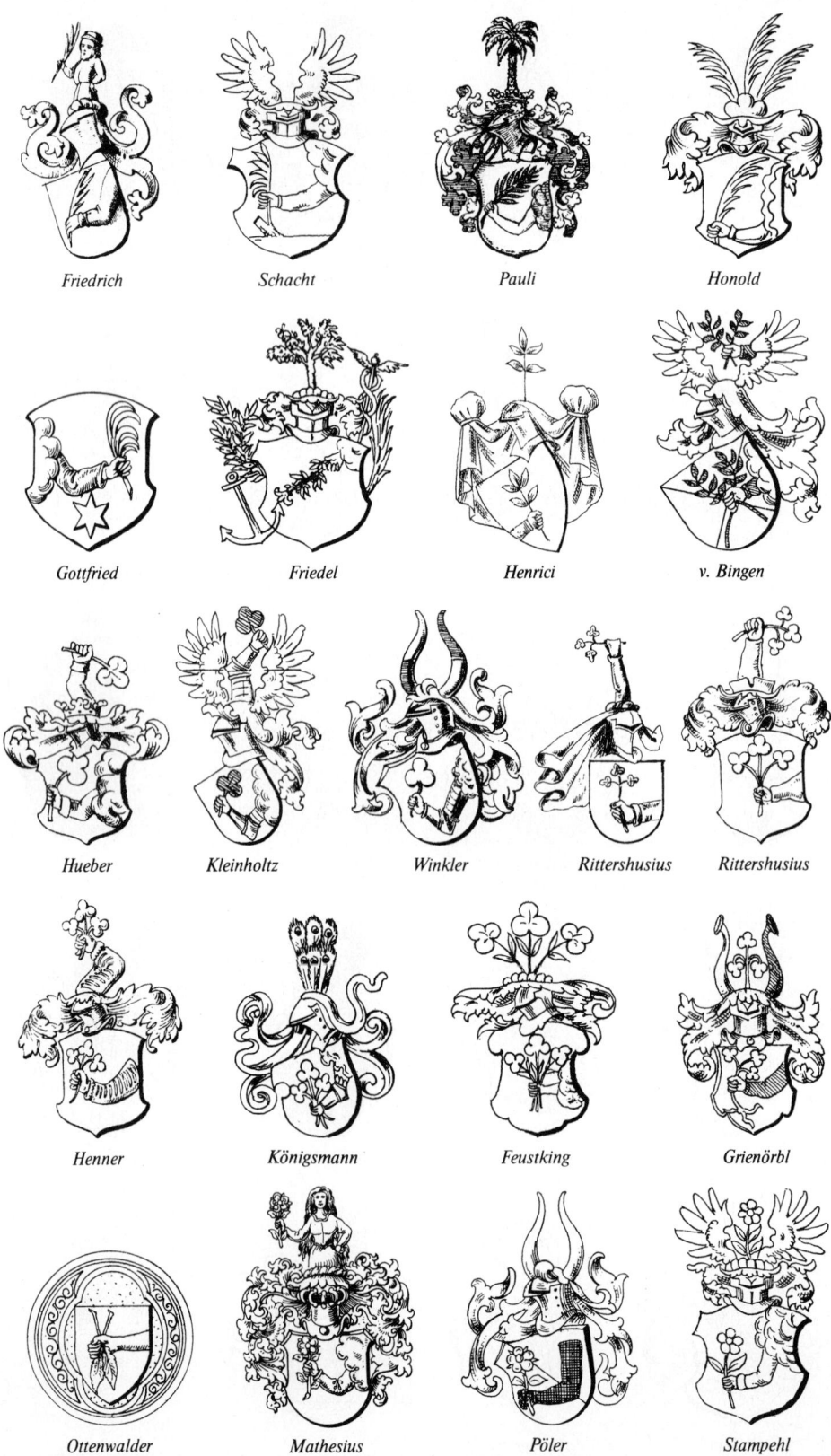

Mensch, Arm, etwas pflanzliches haltend 173

Mensch, Arm, etwas pflanzliches haltend

Barchtfelde	Stampeel	Negelein	Saubert
Perret	Hagen	Lütkemann	Drescher
Gardt	Hempel	Guetkorn	Gerstmann
Held	Niemayer (Neimayer)	Schaiblin	Schäublin
Arnold	Albers	Becker	Wineken

Mensch, Arm, etwas haltend

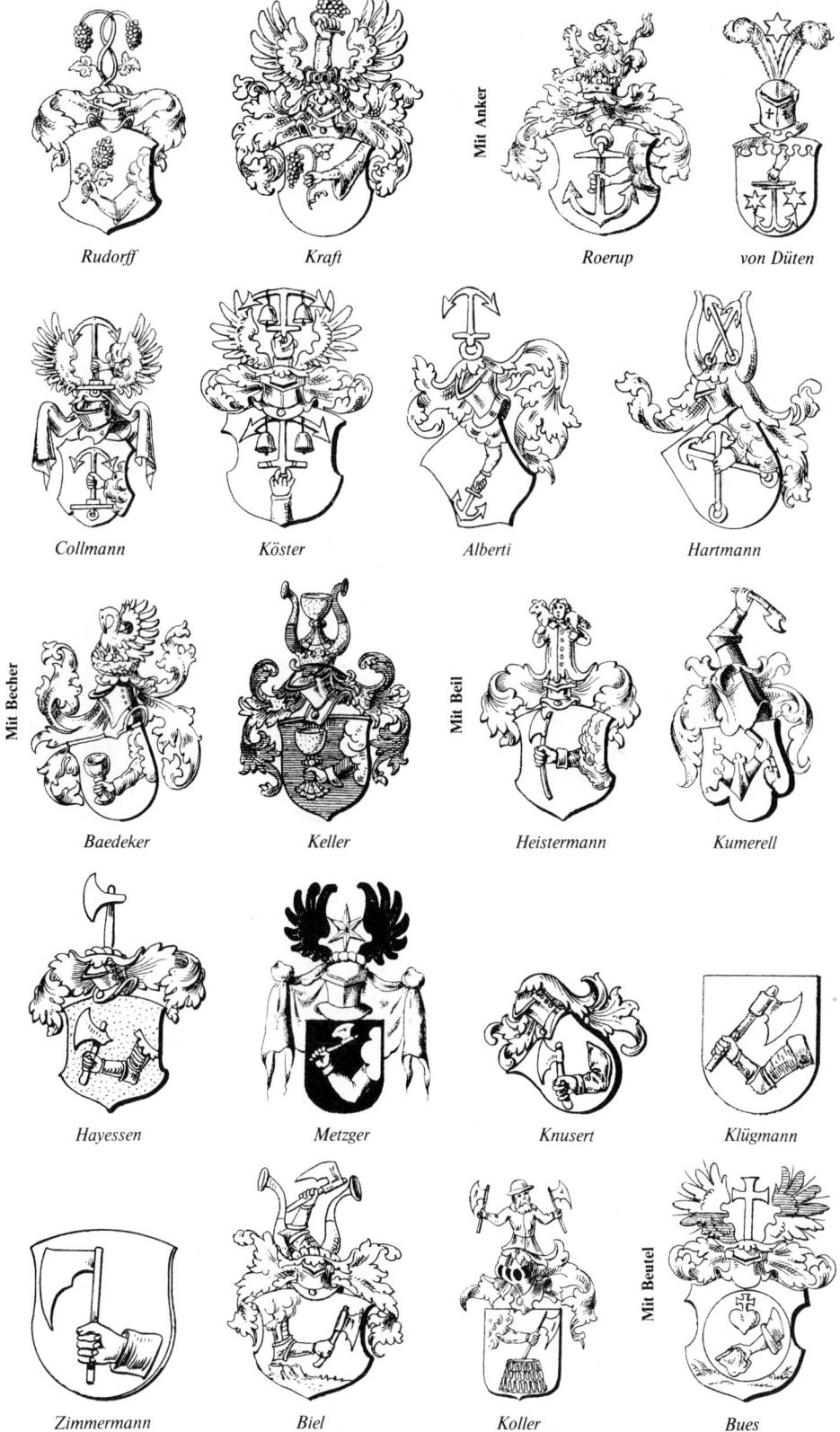

Mensch, Arm, Gerät haltend

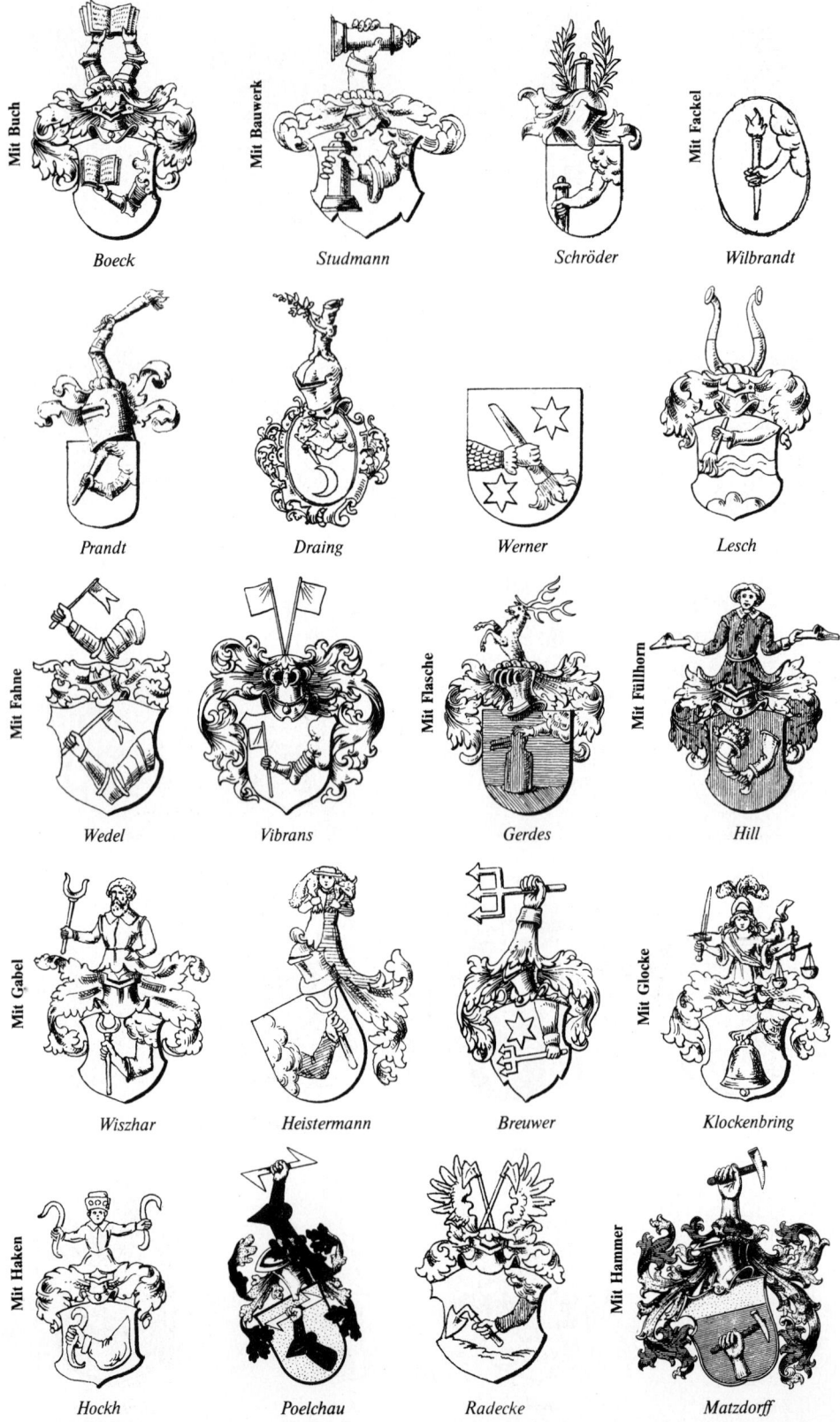

Mensch, Arm, Gerät haltend 177

178 Mensch, Arm, Gerät haltend

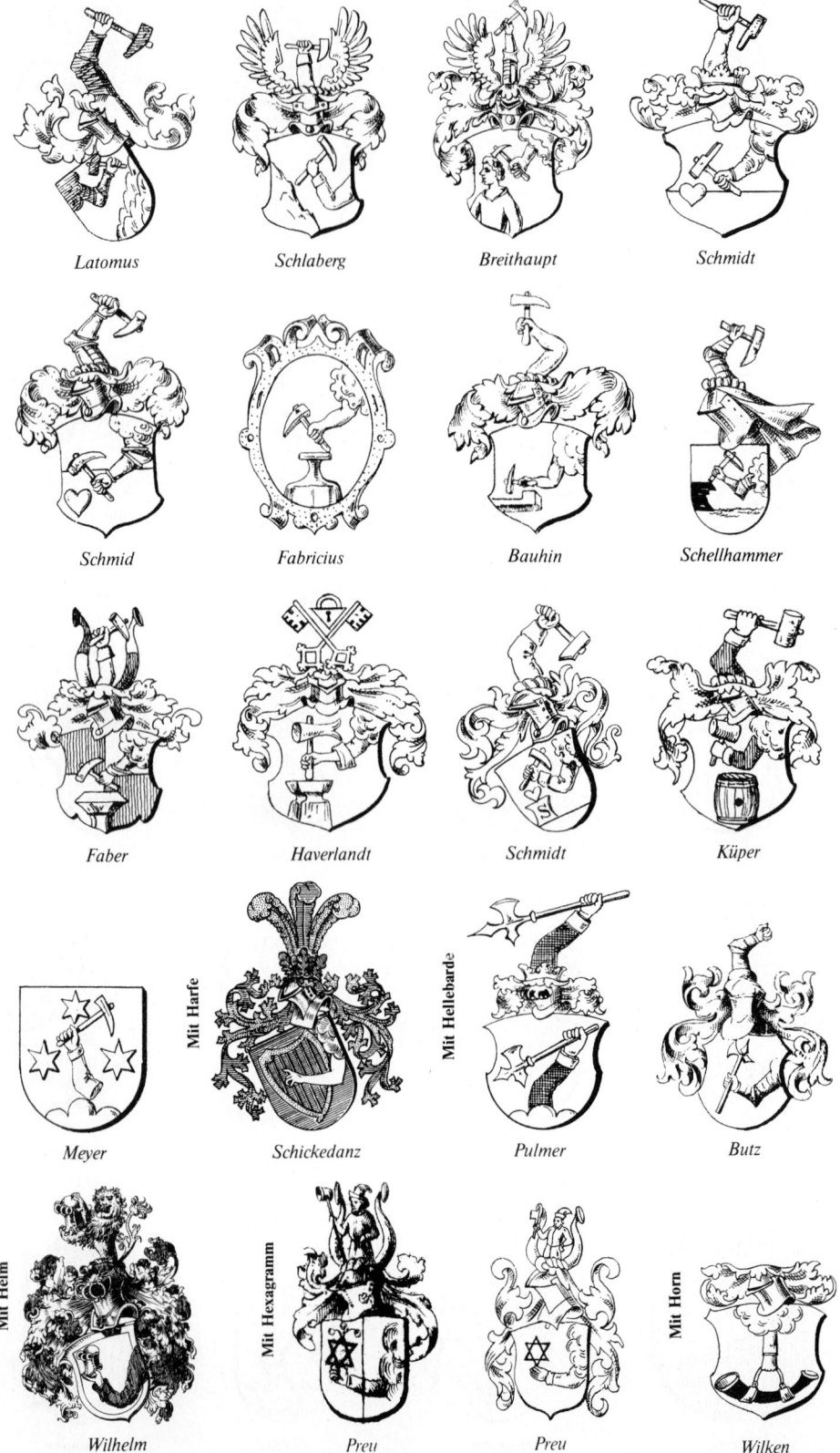

Mensch, Arm, Gerät haltend

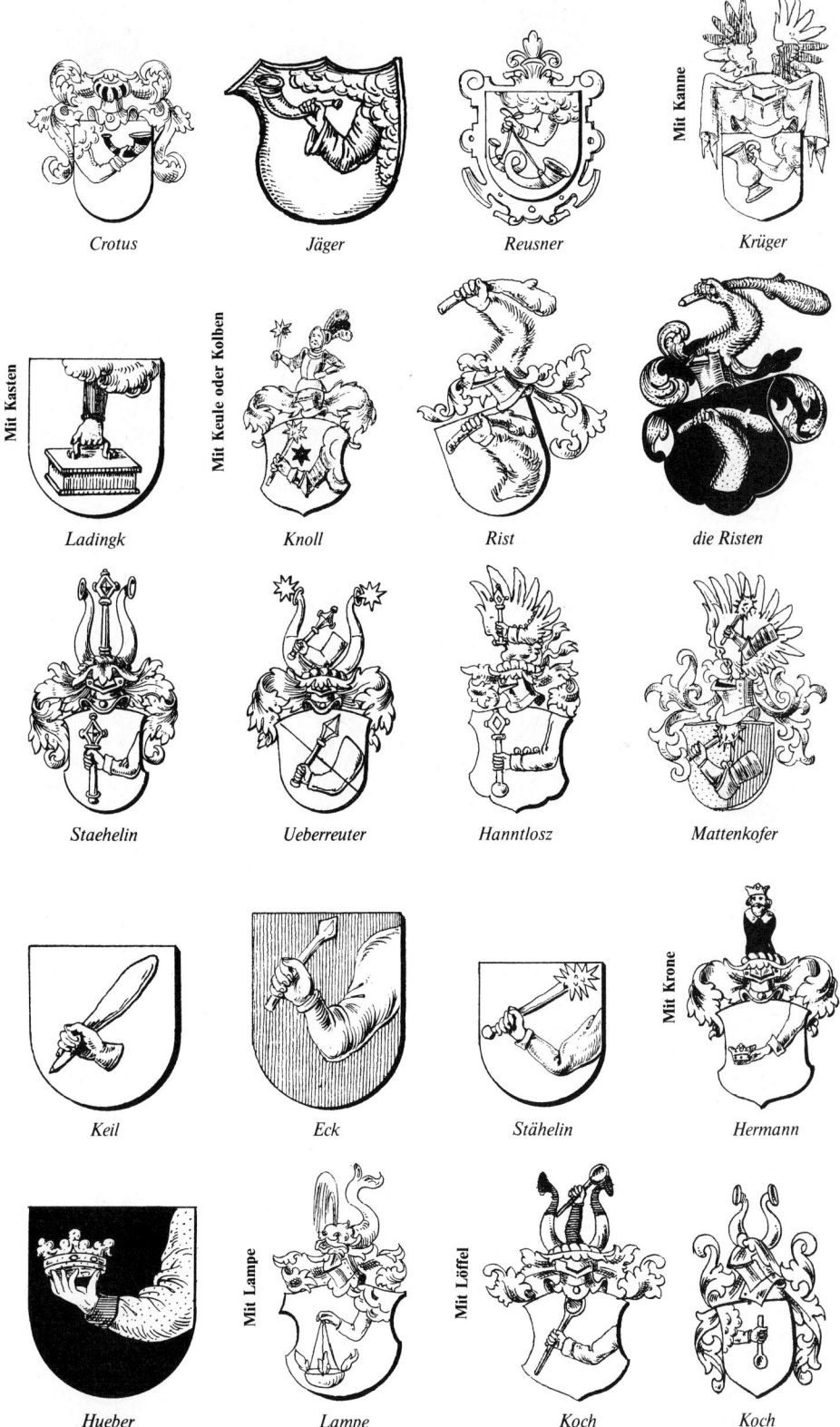

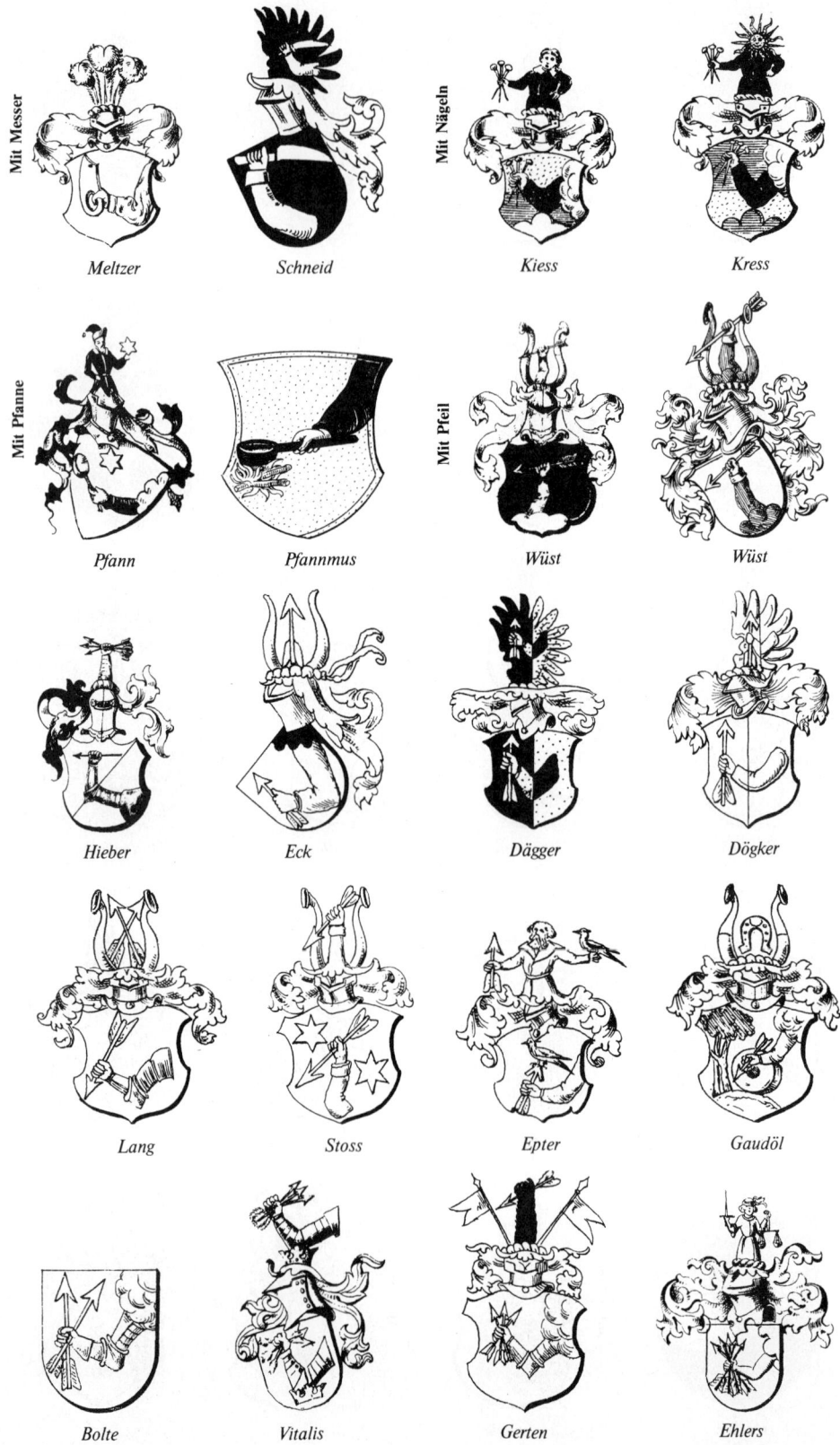

Mensch, Arm, Gerät haltend

Mensch, Arm, Schwert haltend

Mensch, Arm, Gerät haltend

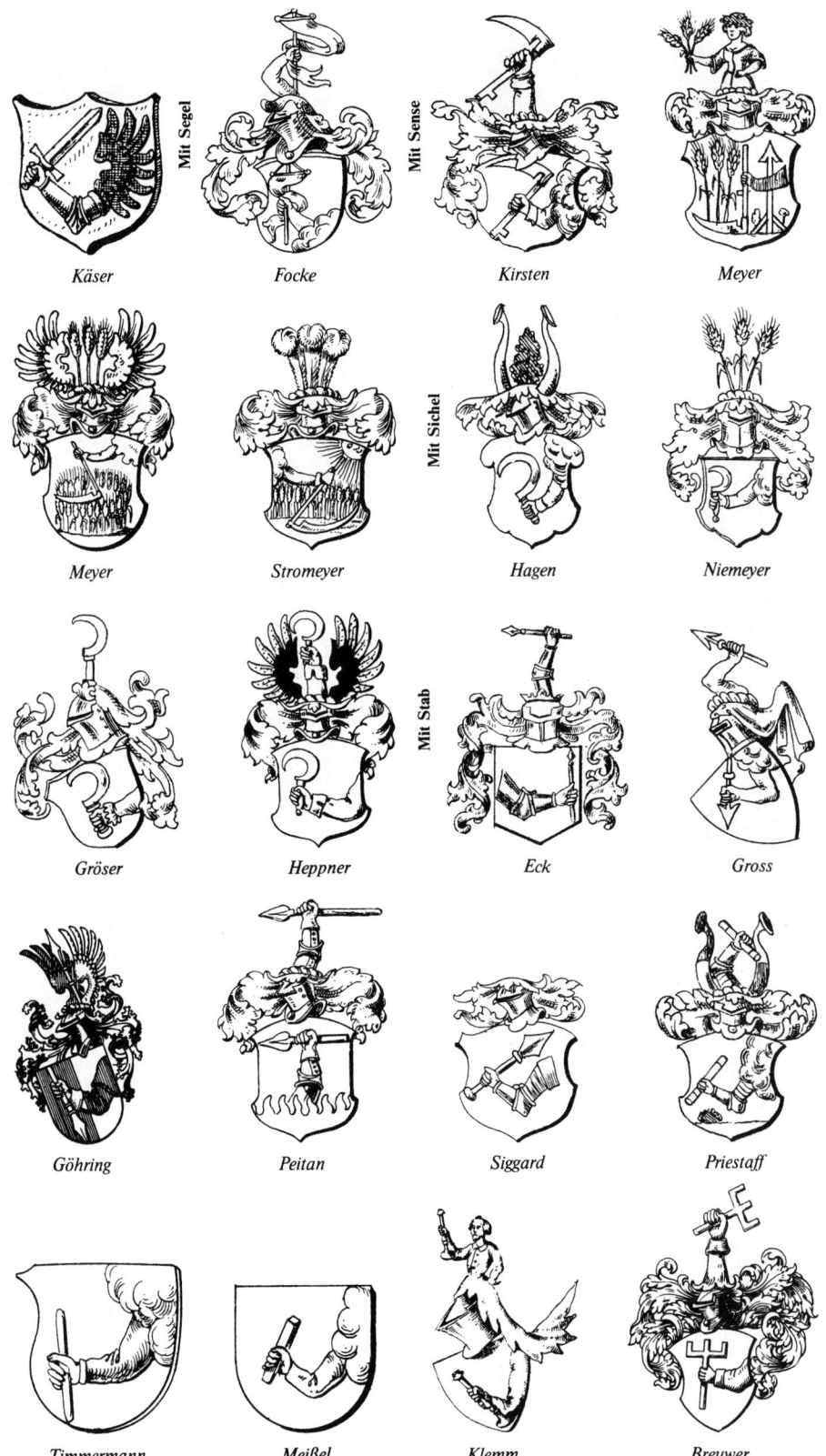

Mensch, Arm, Gerät haltend

Freissem	Hirte	Heisterman	Lemme
Hohenzweig	Rathgeb	Rahtgeb	Abt
Handloss	Heitmann	Menle	Wagener
Montans	Wagner	Frantzki	Frantz
Wegner	Wegner	Wegner	Fademrecht

Mit Waage

Mensch, Arm, Hände

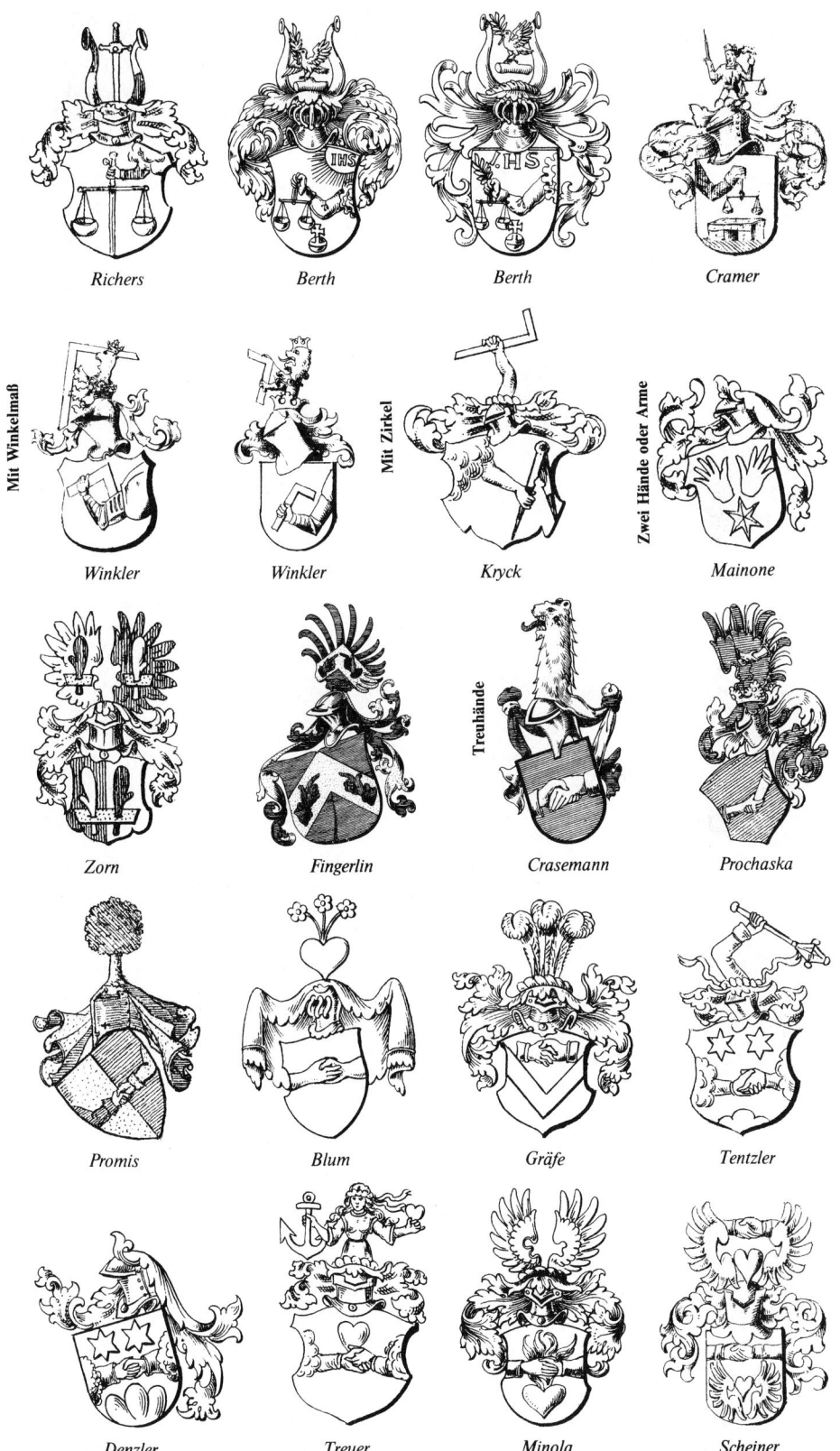

Mensch, zwei Hände oder Arme

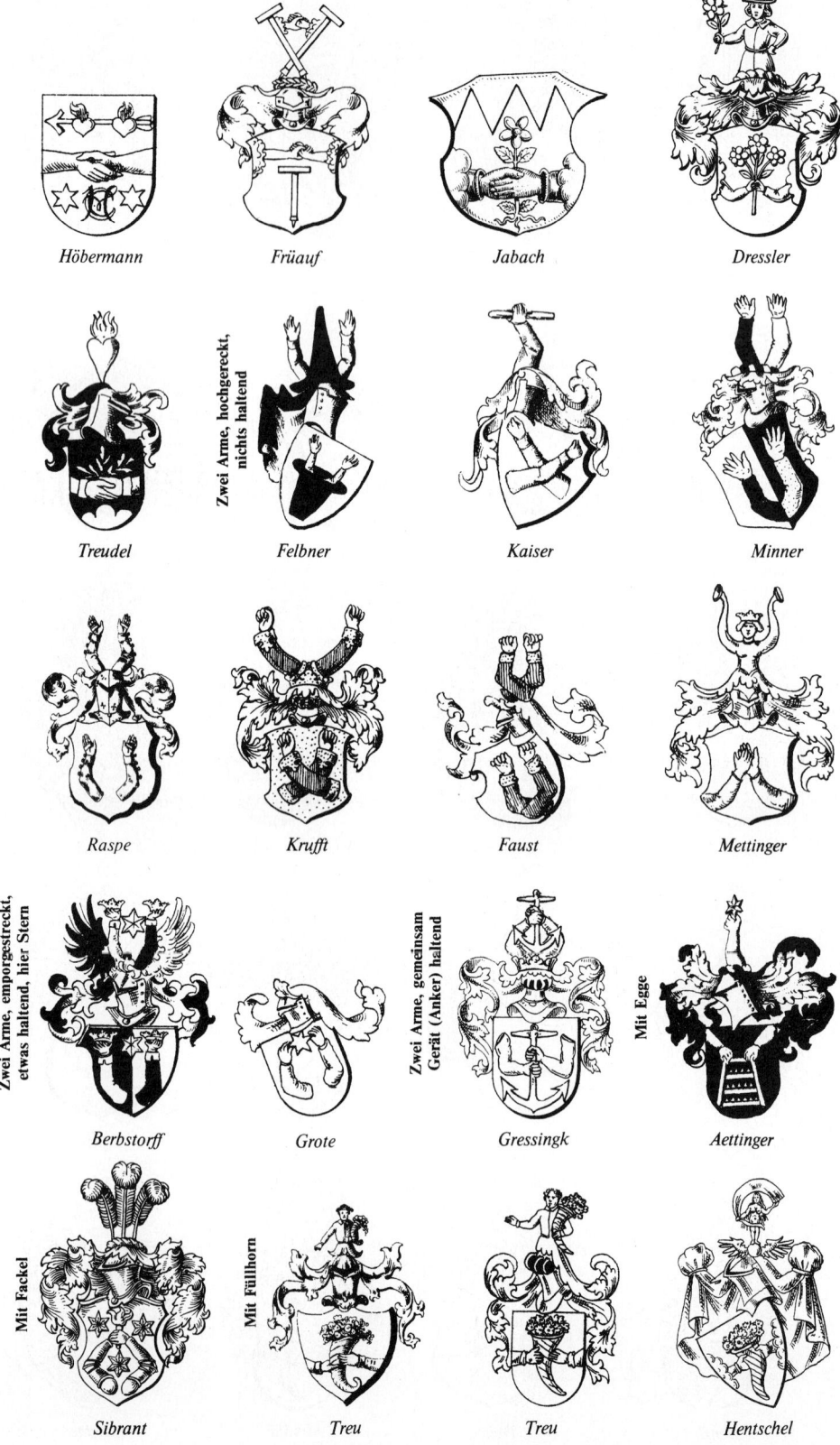

Mensch, zwei Arme, Gerät haltend 189

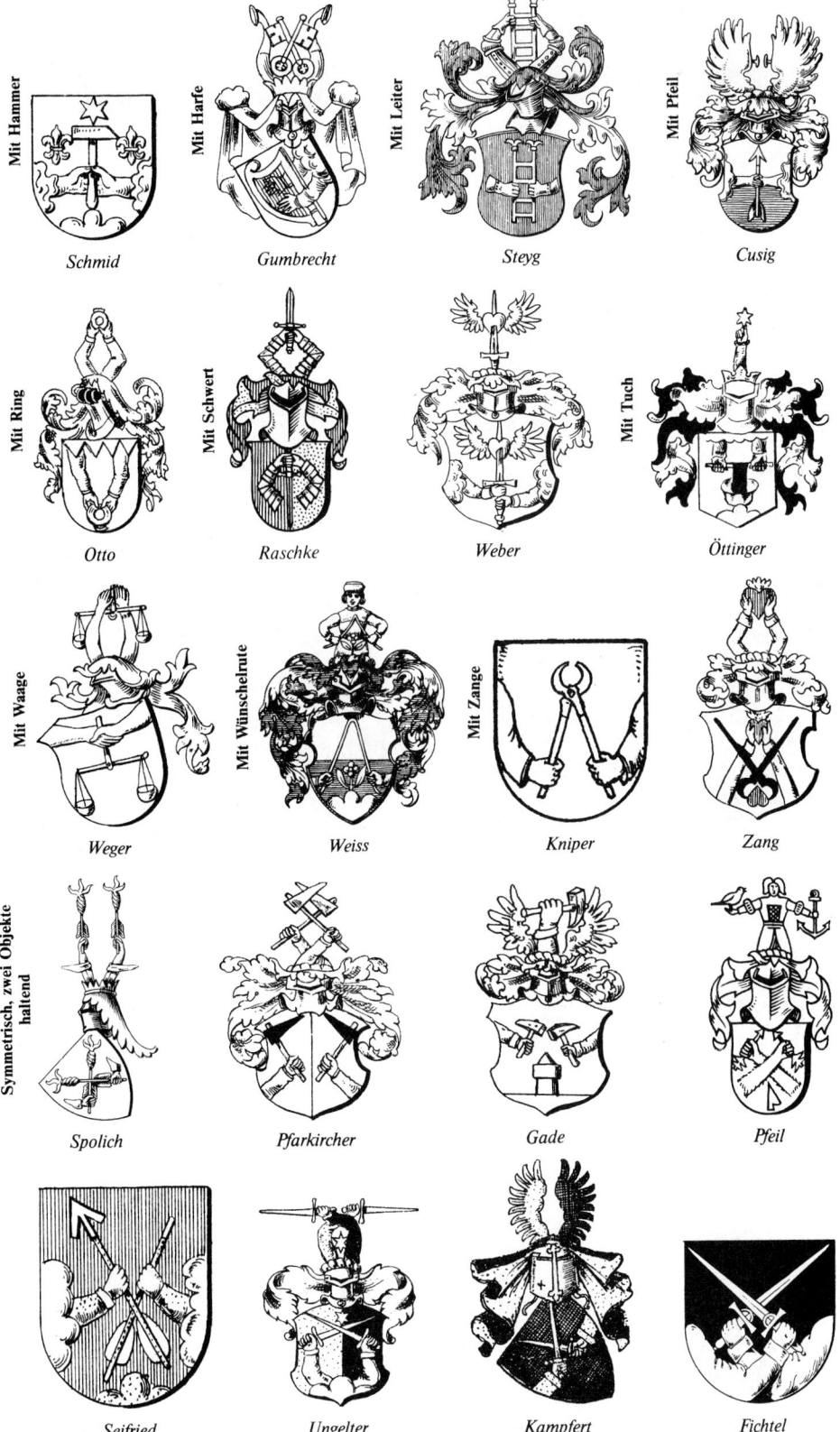

Mensch, Arme, Herz

Mensch, Herz

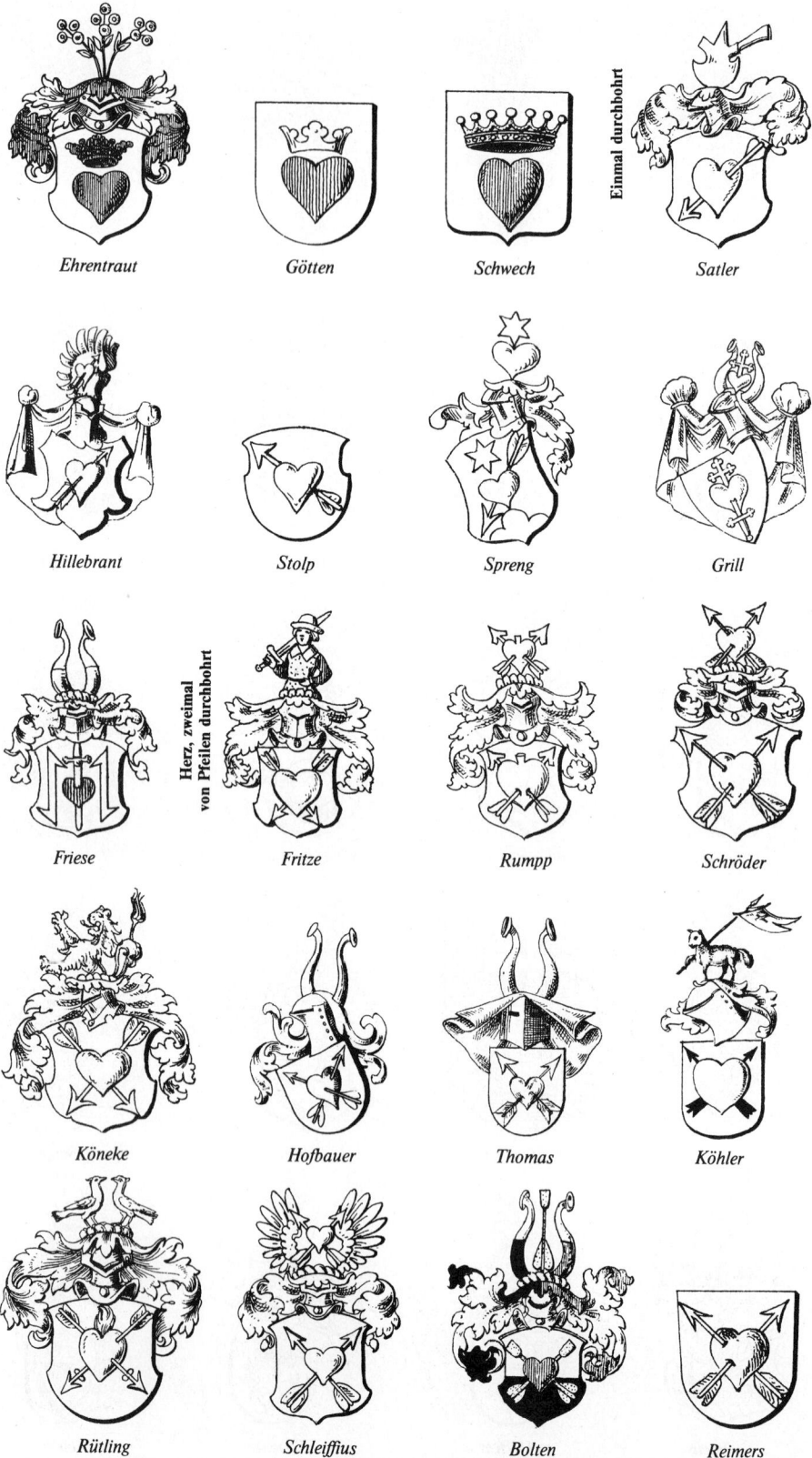

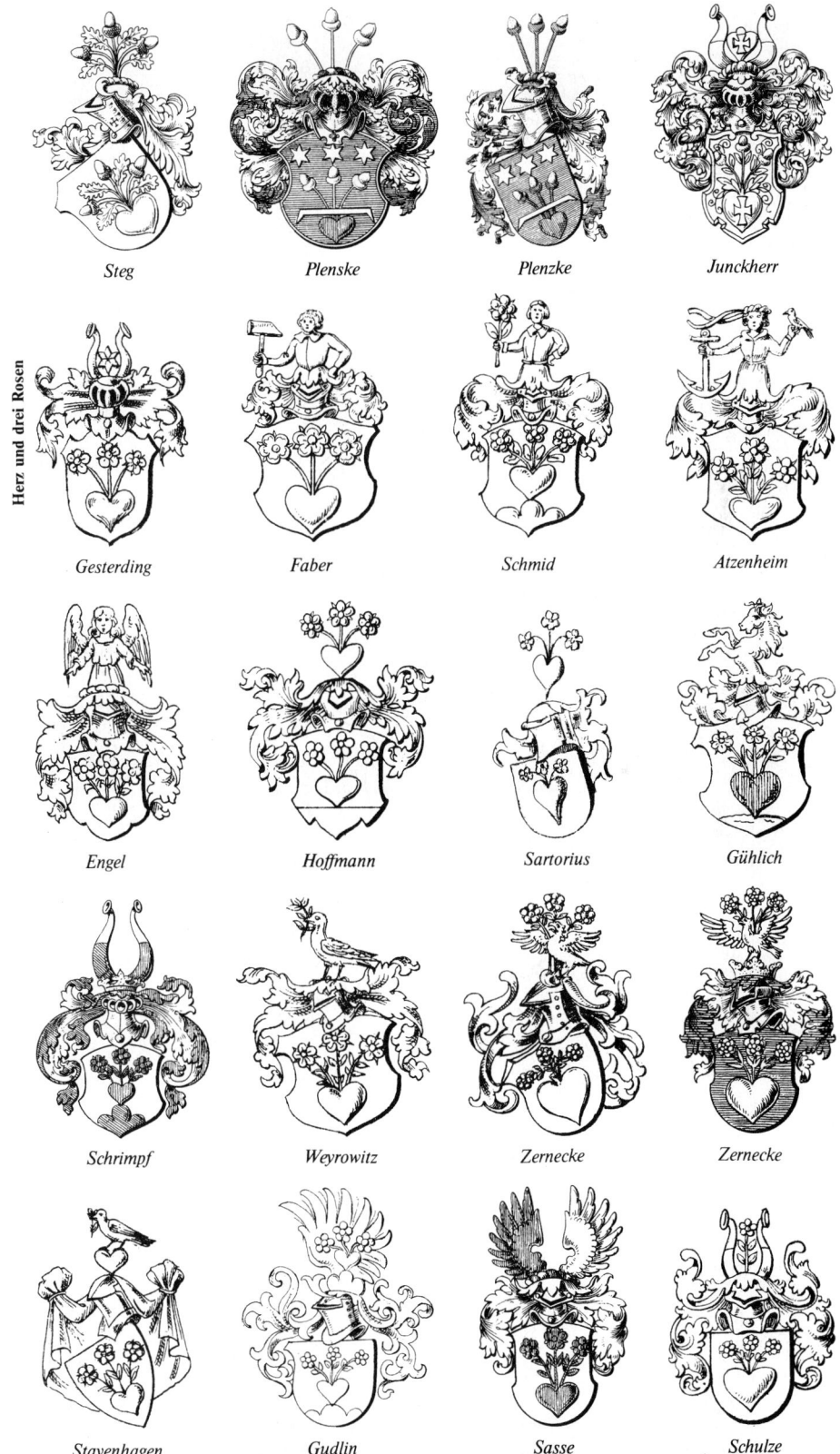

Mensch, Herz, besetzt mit drei Rosen

Mensch, Herz, besetzt mit drei Pflanzenstielen

Mensch, Herz, besetzt mit drei Pflanzenstielen

Mensch, Herzen

Herzen/Löwe, springend

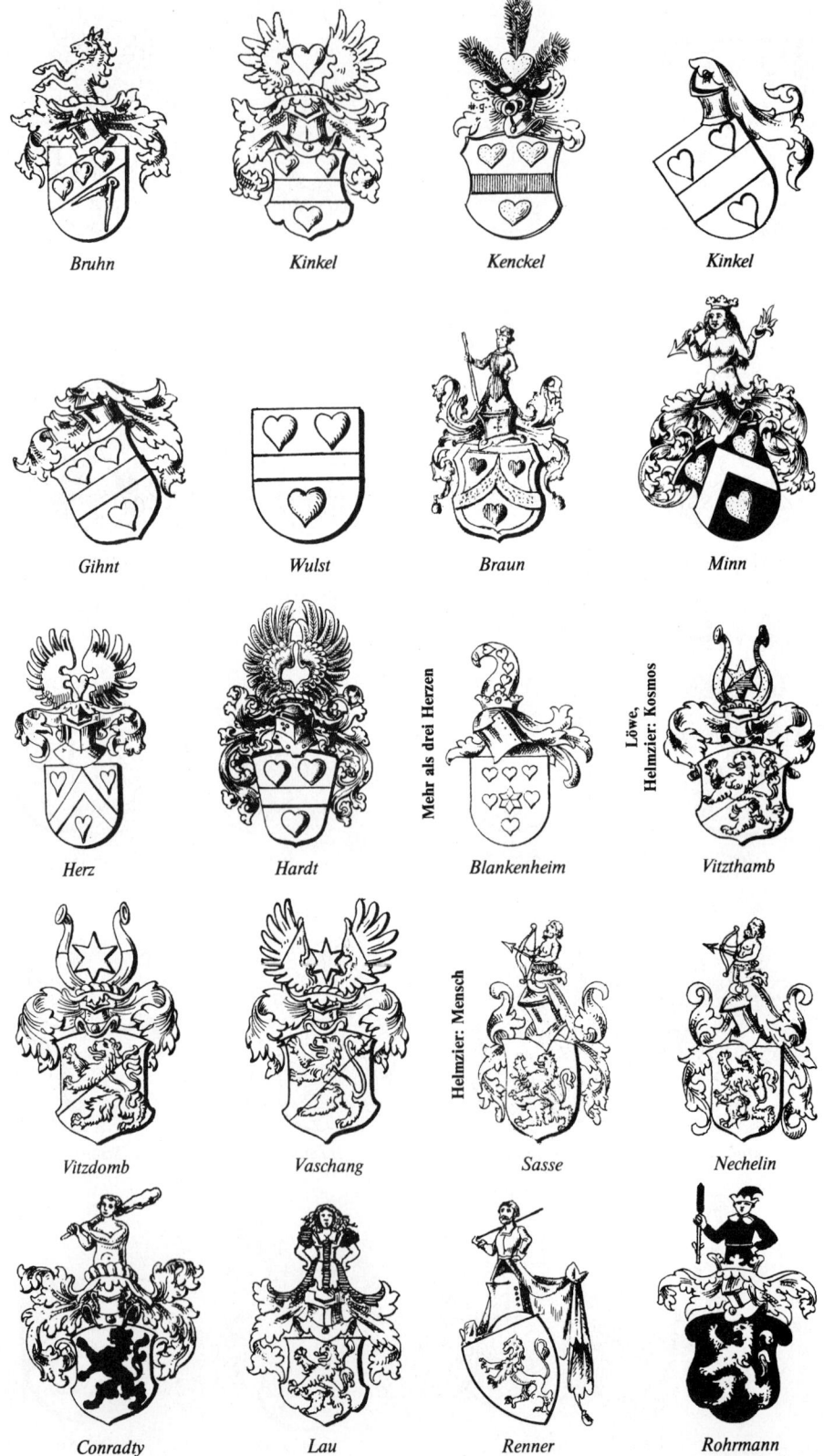

Löwe, springend

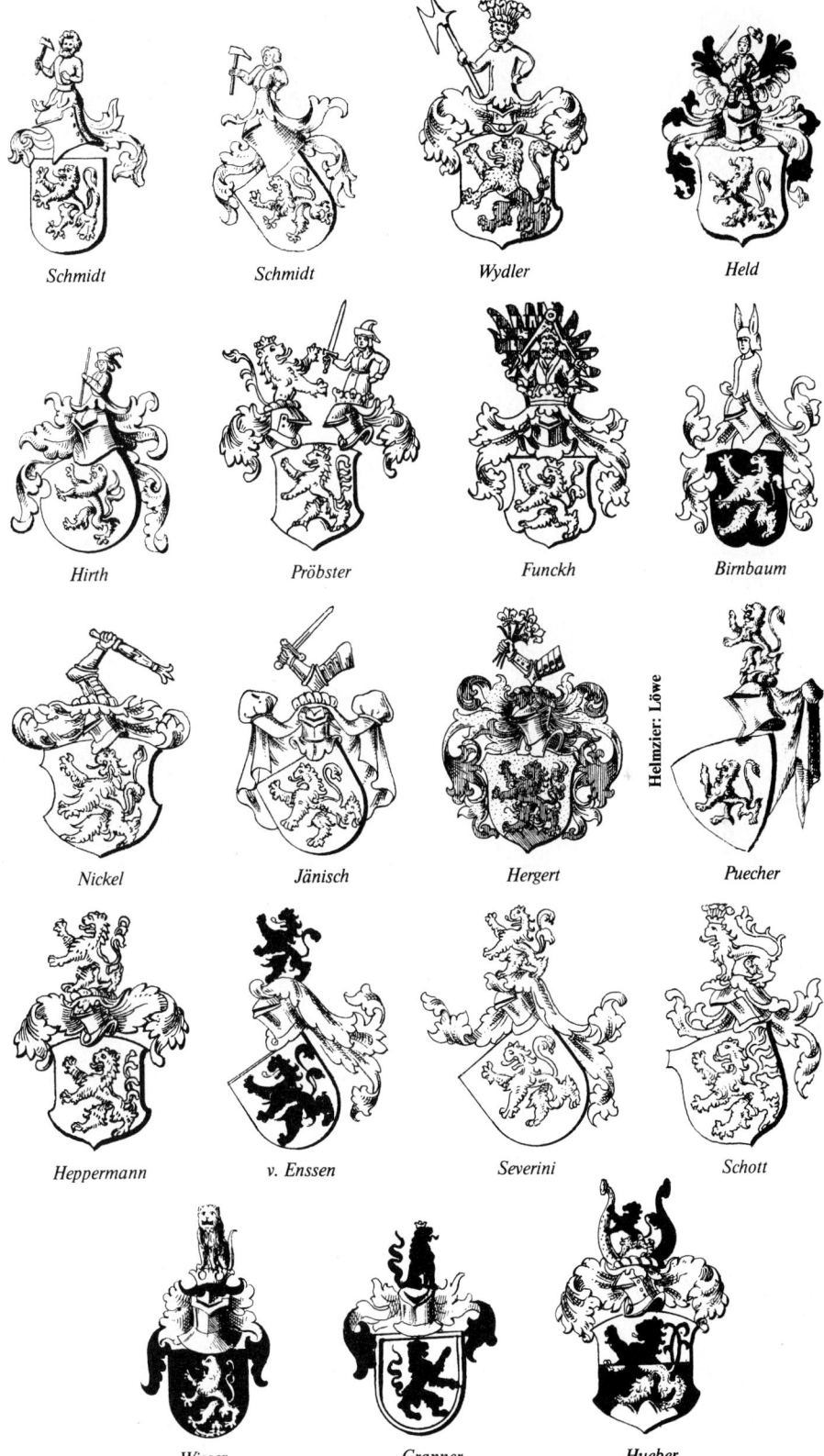

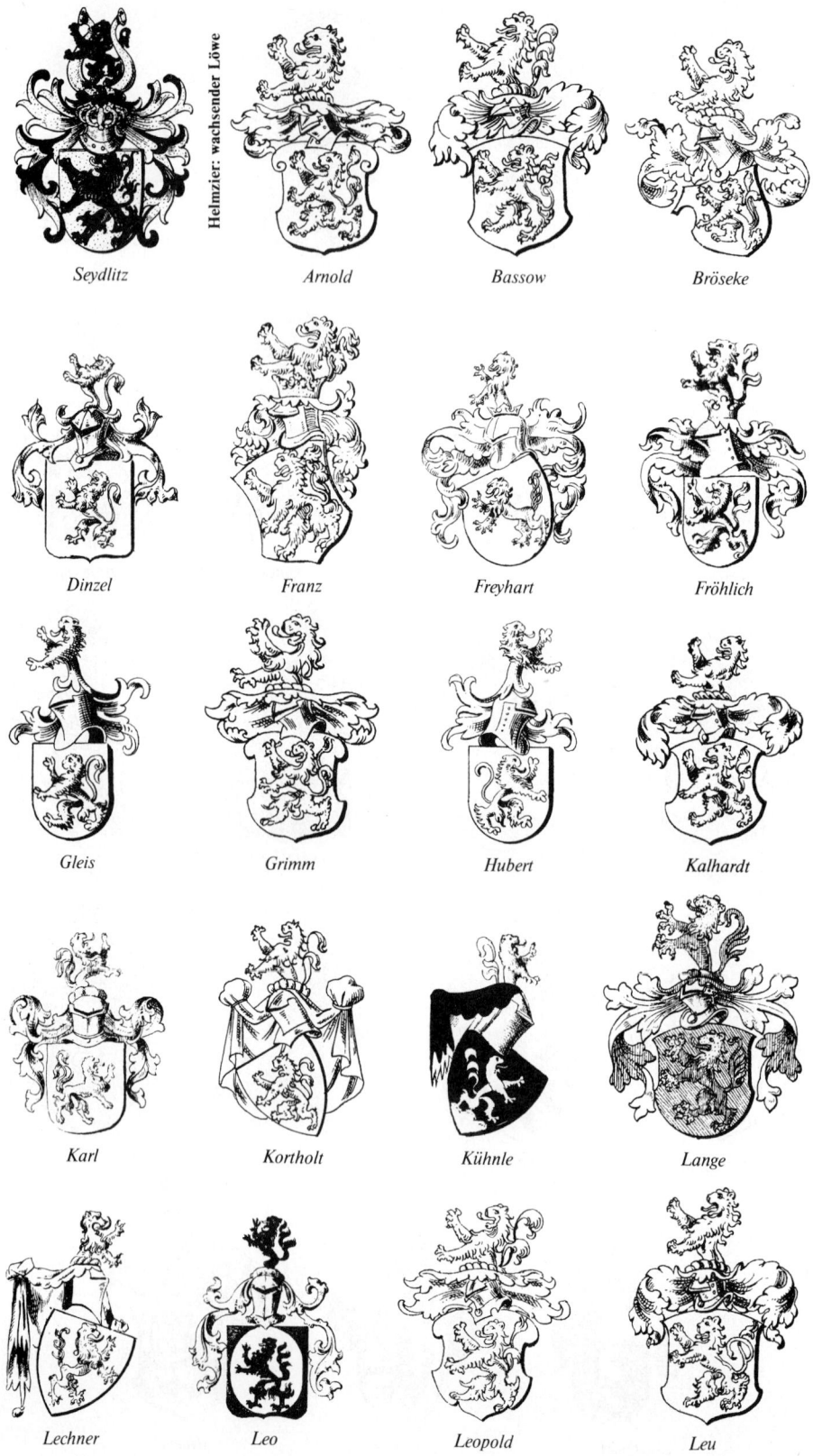

Löwe, springend

Löwe, springend

Wedege	Zettel	Zugenmayr	Funk
Gunzler	Harrer	Lederlein	Vichhauser
Zieringer	Feyrabend	Weinrich	Dresch
Herdigg	Schwartz	Tittel	Vollandt
Pruy	Pegelau	Löuwenberg	Ludwig

Löwe, springend

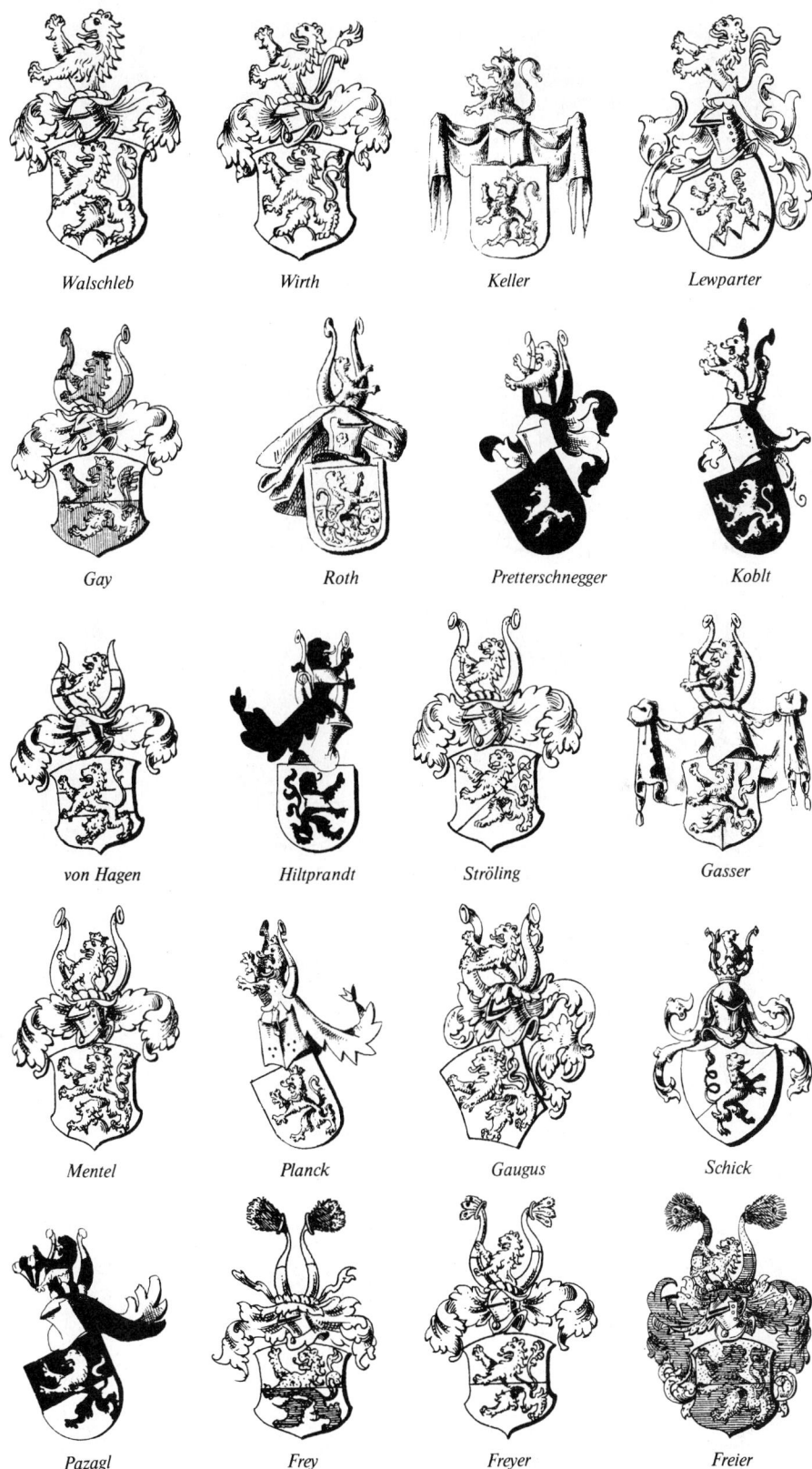

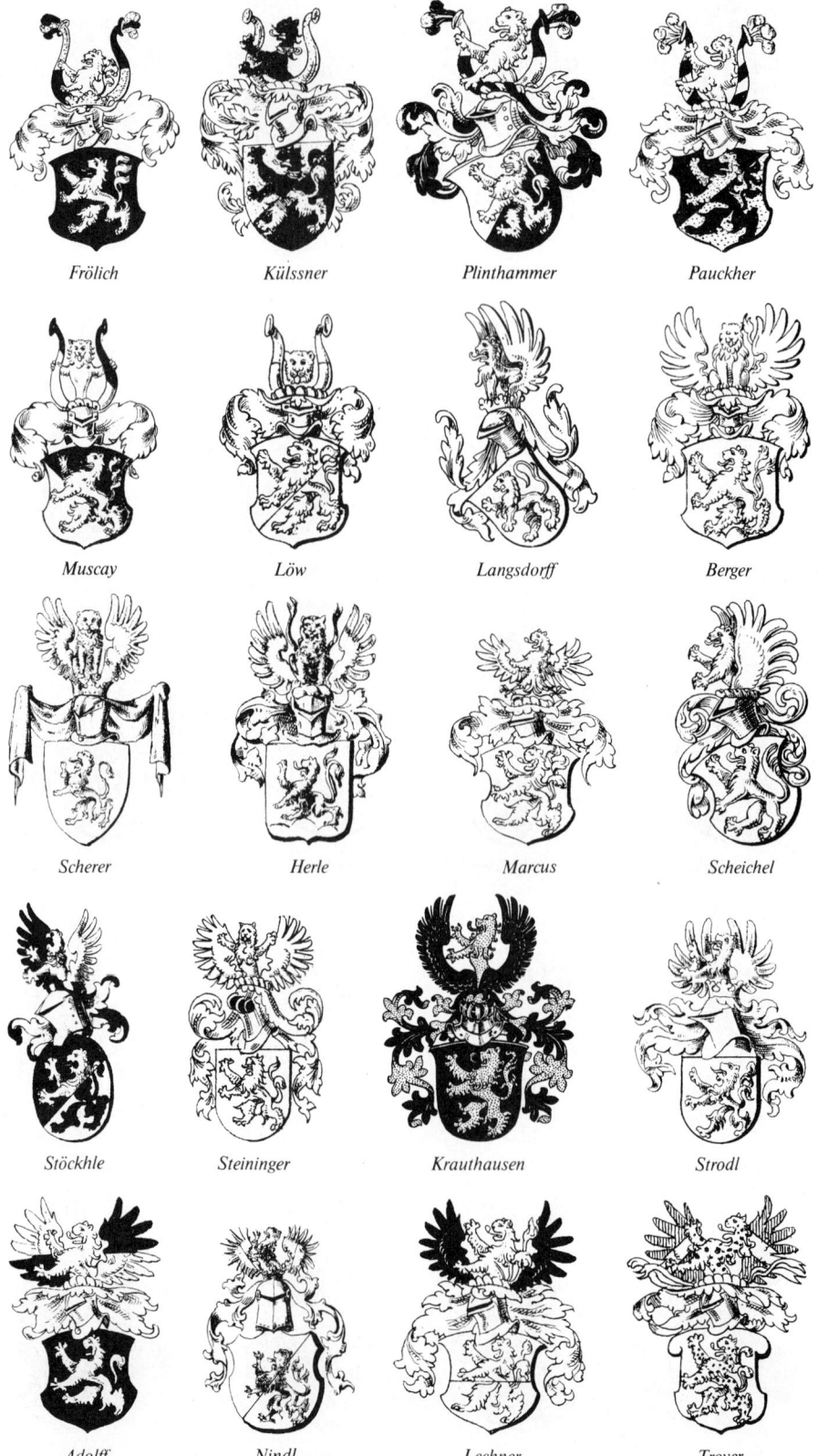

Löwe, springend

Helmzier: aus Fauna (Vierbeiner)

Hoffstetter — Siber — Ziegler — Stoss
Hammer — Schipper — Kreidenweis — Pfister
Schoeneberger — Geiger — Geiger — Jenny
Cober — Schwartzmaier — Leeb — Hain
Callwer — Hartzer — Frey — Leeb

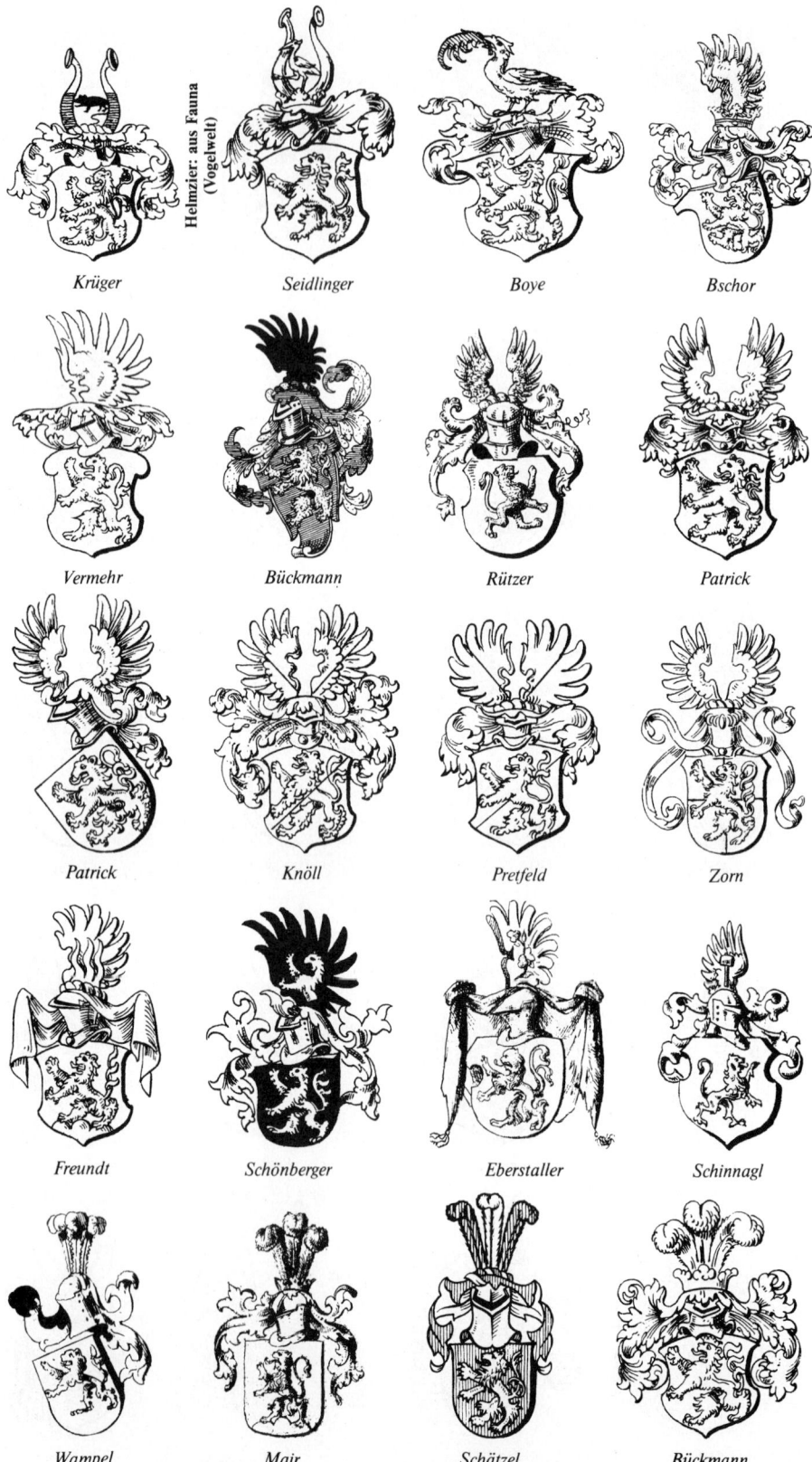

Löwe, springend

Löwe mit Beiwerk

Löwe mit Beiwerk

Löwe mit Beiwerk

Löwe mit Beiwerk/schreitend

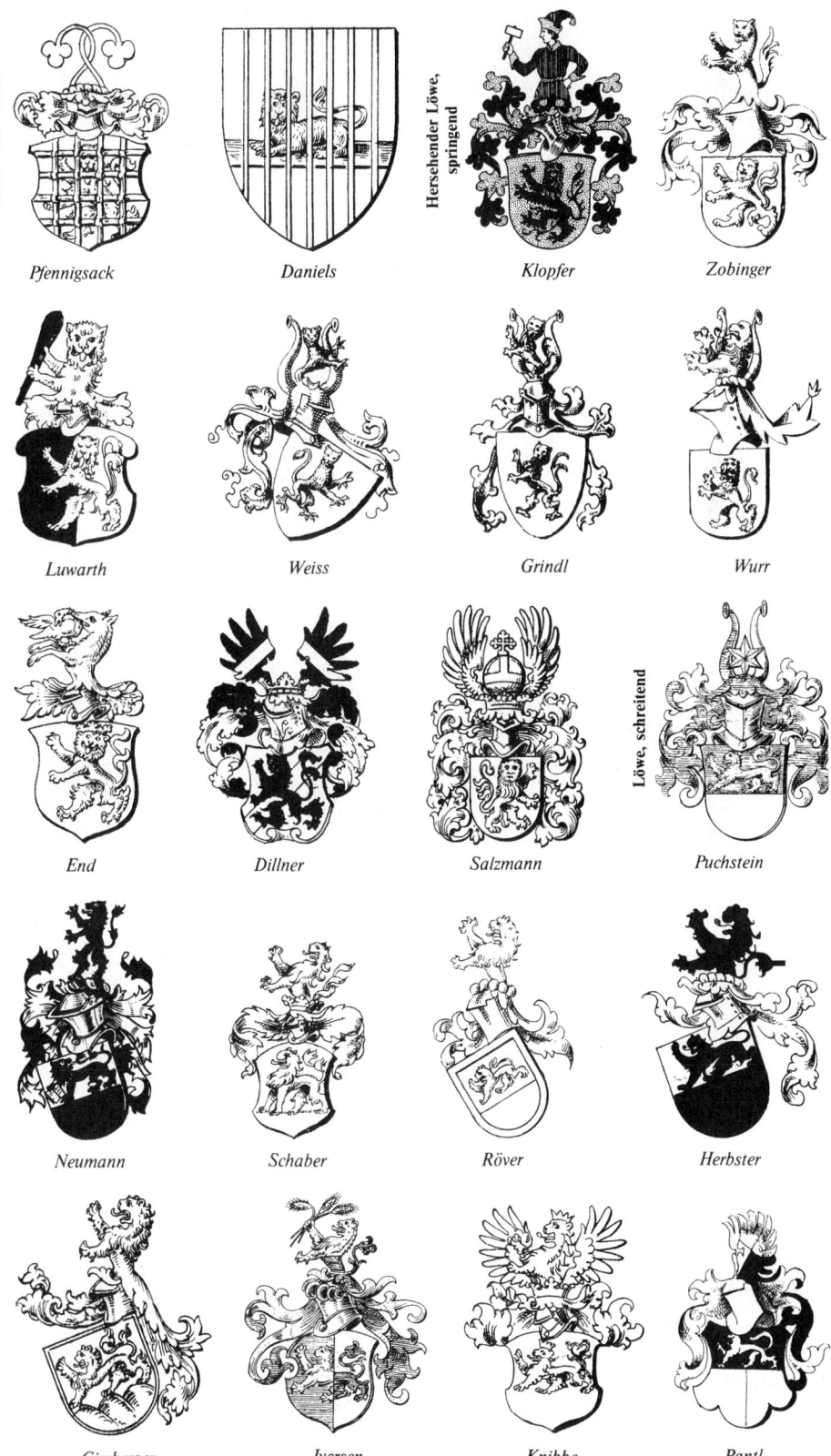

Löwe hinter Gittern

Pfennigsack   *Daniels*   *Klopfer*   *Zobinger*

Hersehender Löwe, springend

Luwarth   *Weiss*   *Grindl*   *Wurr*

End   *Dillner*   *Salzmann*   *Puchstein*

Löwe, schreitend

Neumann   *Schaber*   *Röver*   *Herbster*

Girsberger   *Iversen*   *Knibbe*   *Pantl*

216   Löwe, schreitend

Löwe, springend, etwas haltend

218 Löwe, springend, etwas haltend

Mit Teilen von Lebewesen oder Kleintier

Platner	Koch	Hirzenberger	Stockher
Broll	Spall	Sartorius	Metzger
Mezger	Lemp	Schwäbl	Wierth
Wildvogel	Heidler	Vischer	Vischer
Mark	Esch	Huech	Kretzer

Löwe, springend, etwas haltend

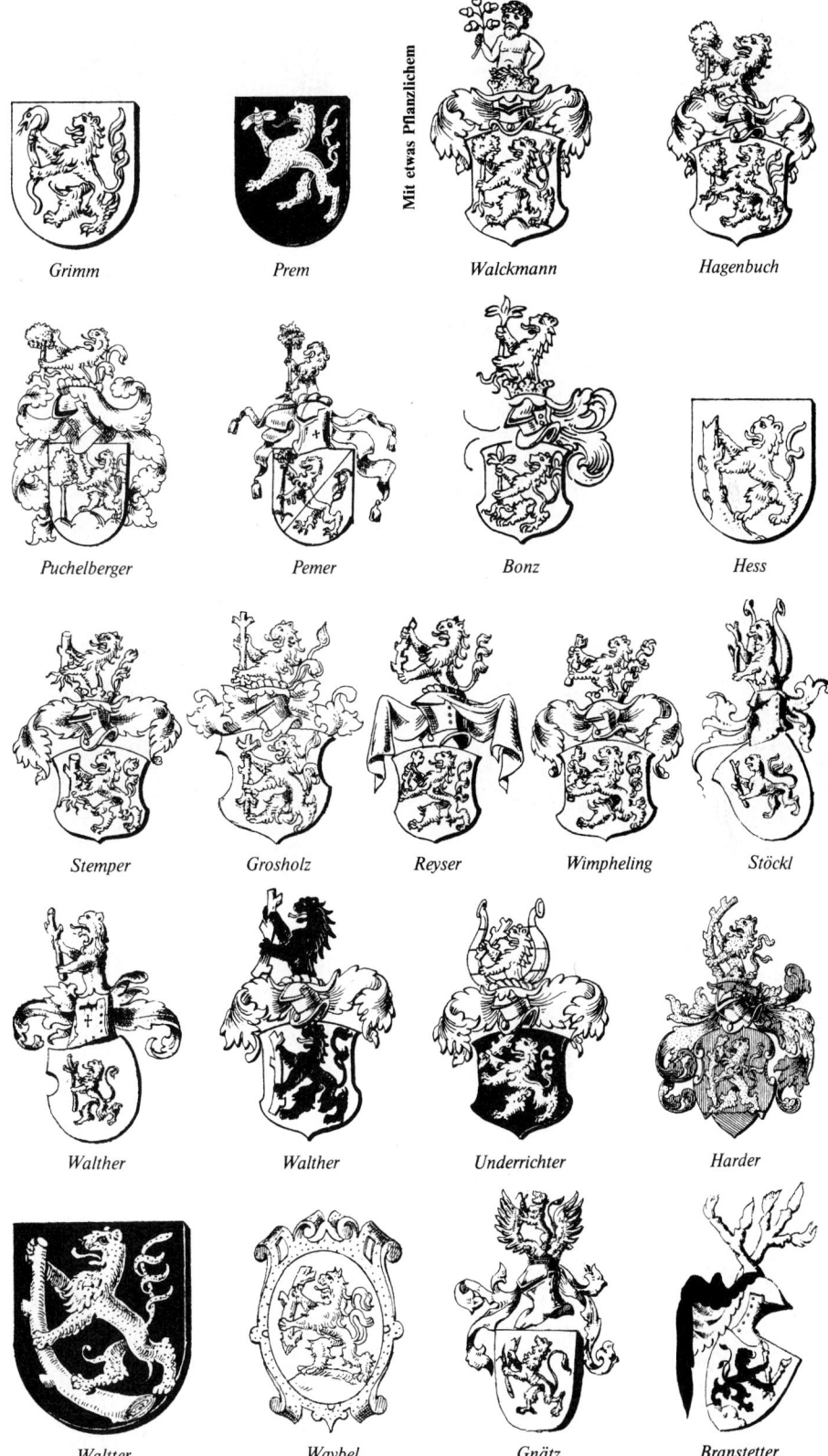

Grimm · Prem · Walckmann · Hagenbuch

Mit etwas Pflanzlichem

Puchelberger · Pemer · Bonz · Hess

Stemper · Grosholz · Reyser · Wimpheling · Stöckl

Walther · Walther · Underrichter · Harder

Waltter · Waybel · Gnätz · Branstetter

Löwe, springend, etwas pflanzliches haltend

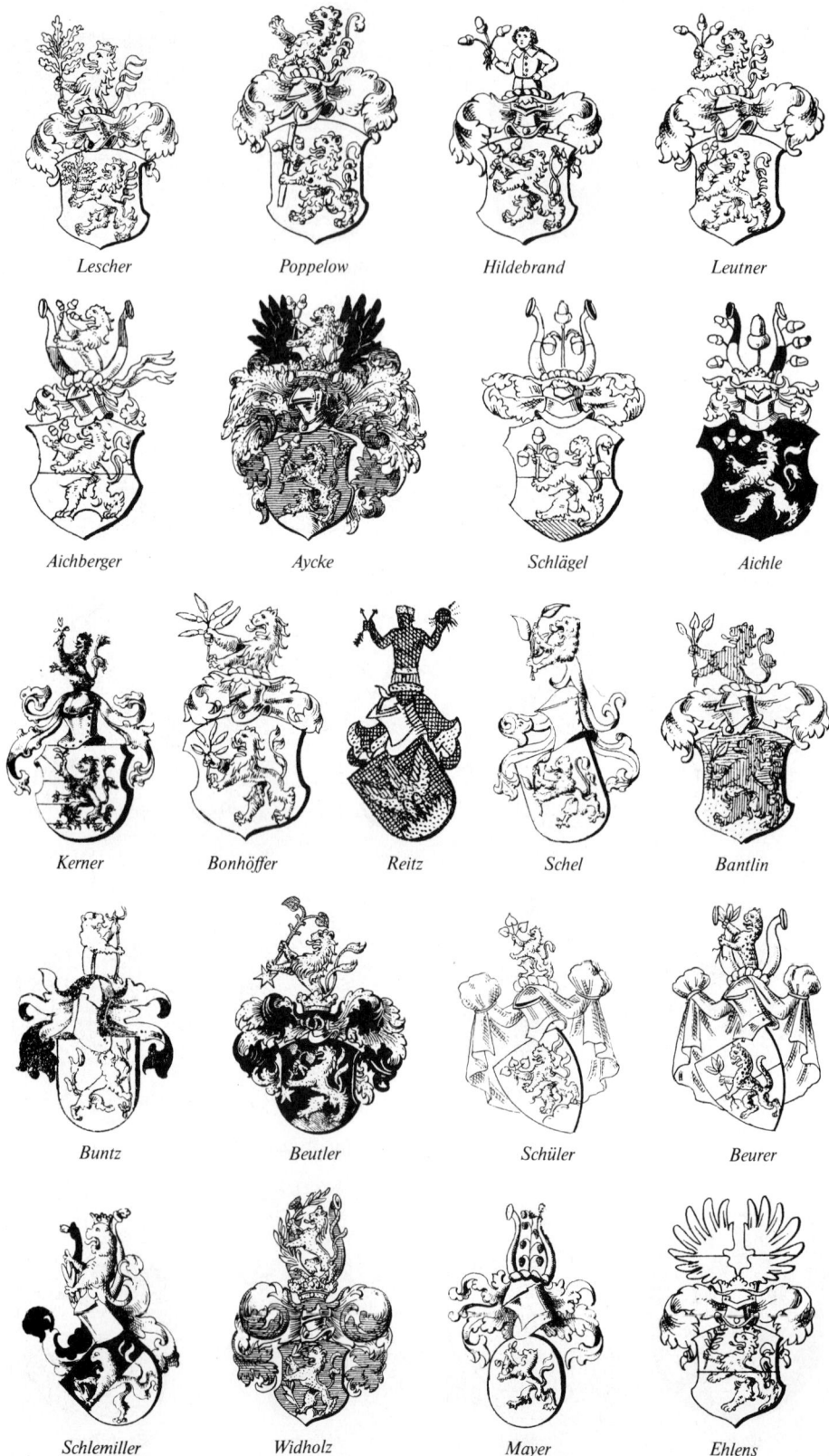

Löwe, springend, etwas pflanzliches haltend 221

Löwe, springend, etwas pflanzliches haltend

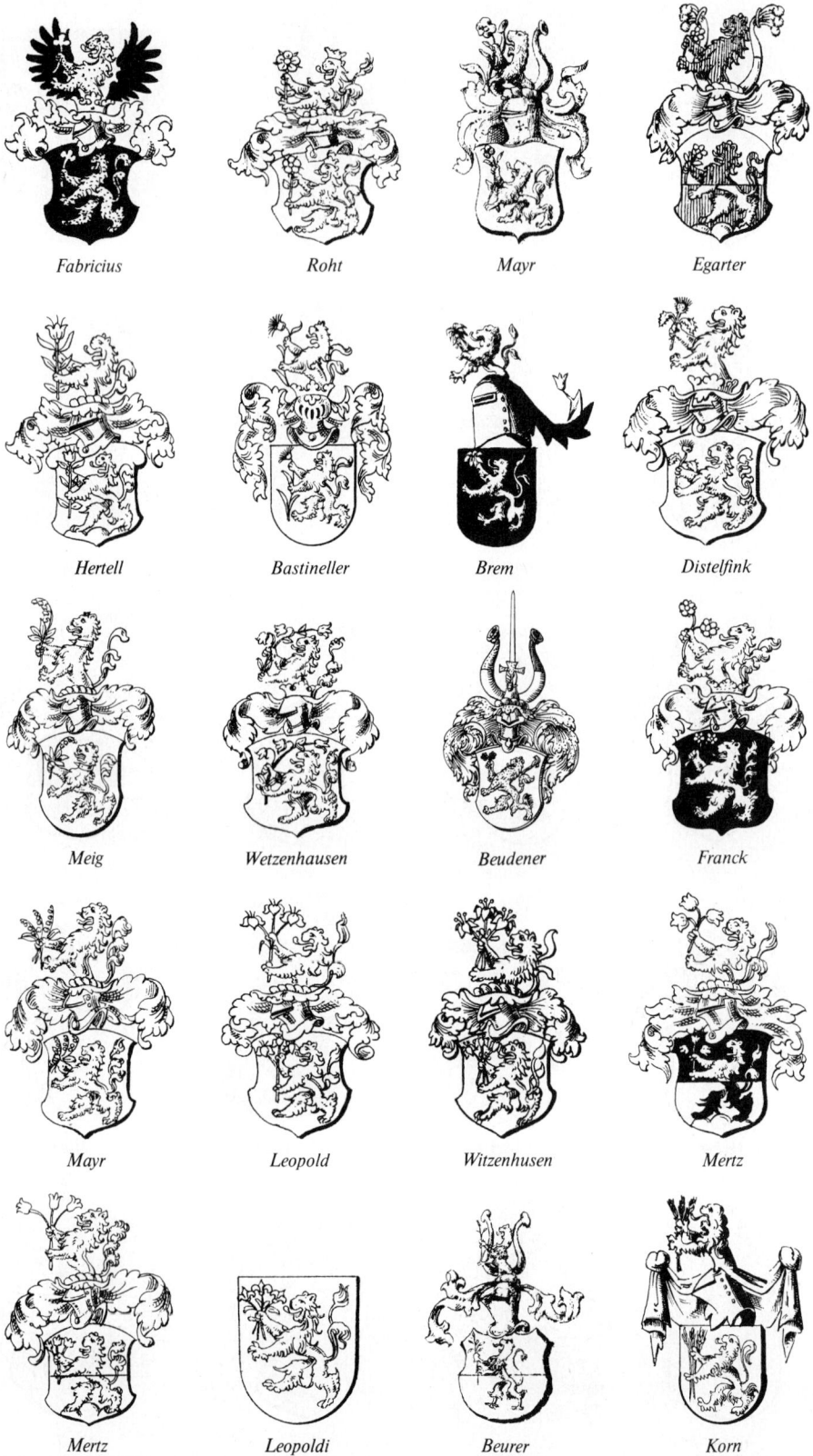

Fabricius — Roht — Mayr — Egarter
Hertell — Bastineller — Brem — Distelfink
Meig — Wetzenhausen — Beudener — Franck
Mayr — Leopold — Witzenhusen — Mertz
Mertz — Leopoldi — Beurer — Korn

Löwe, springend, etwas pflanzliches haltend

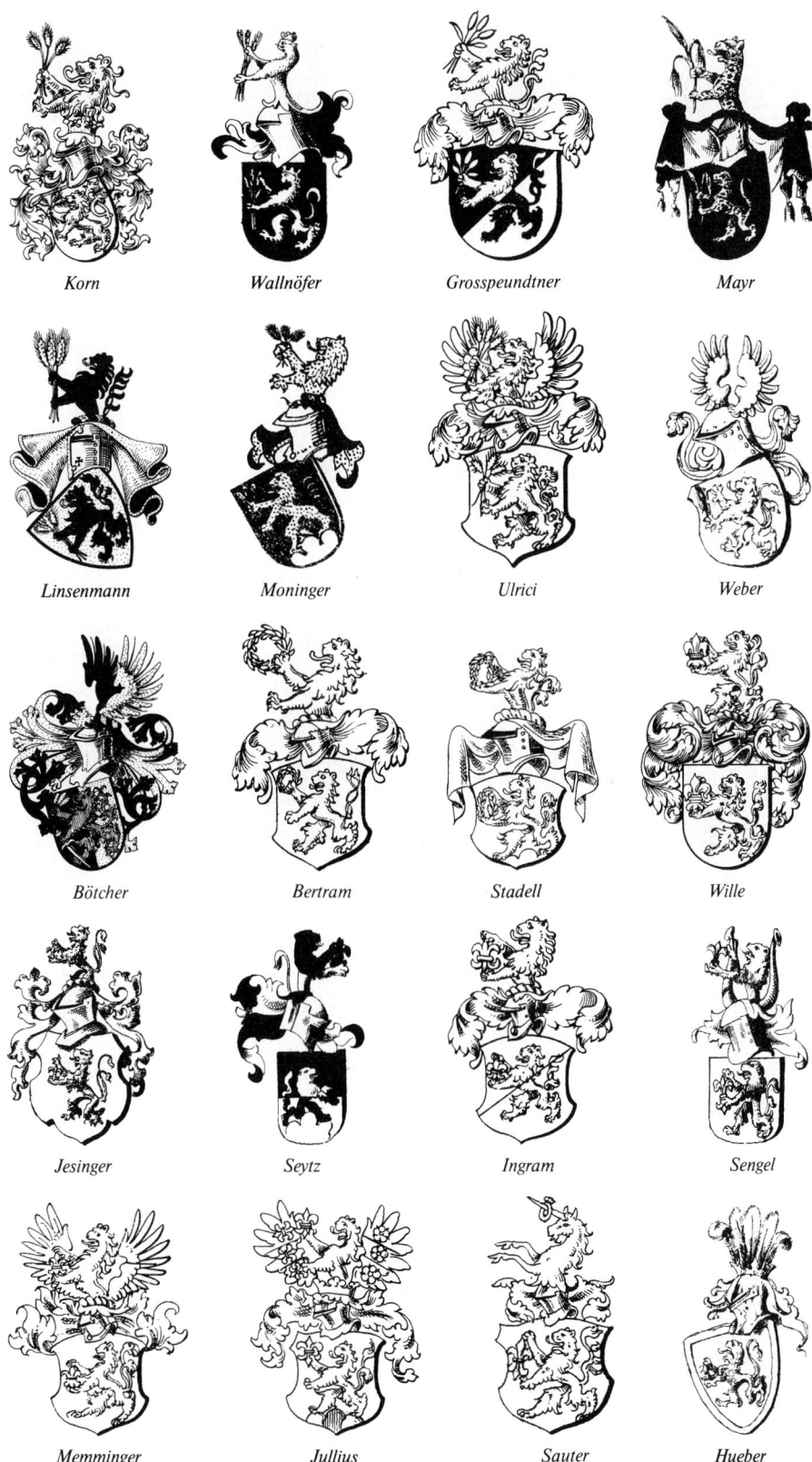

Löwe, springend, etwas haltend

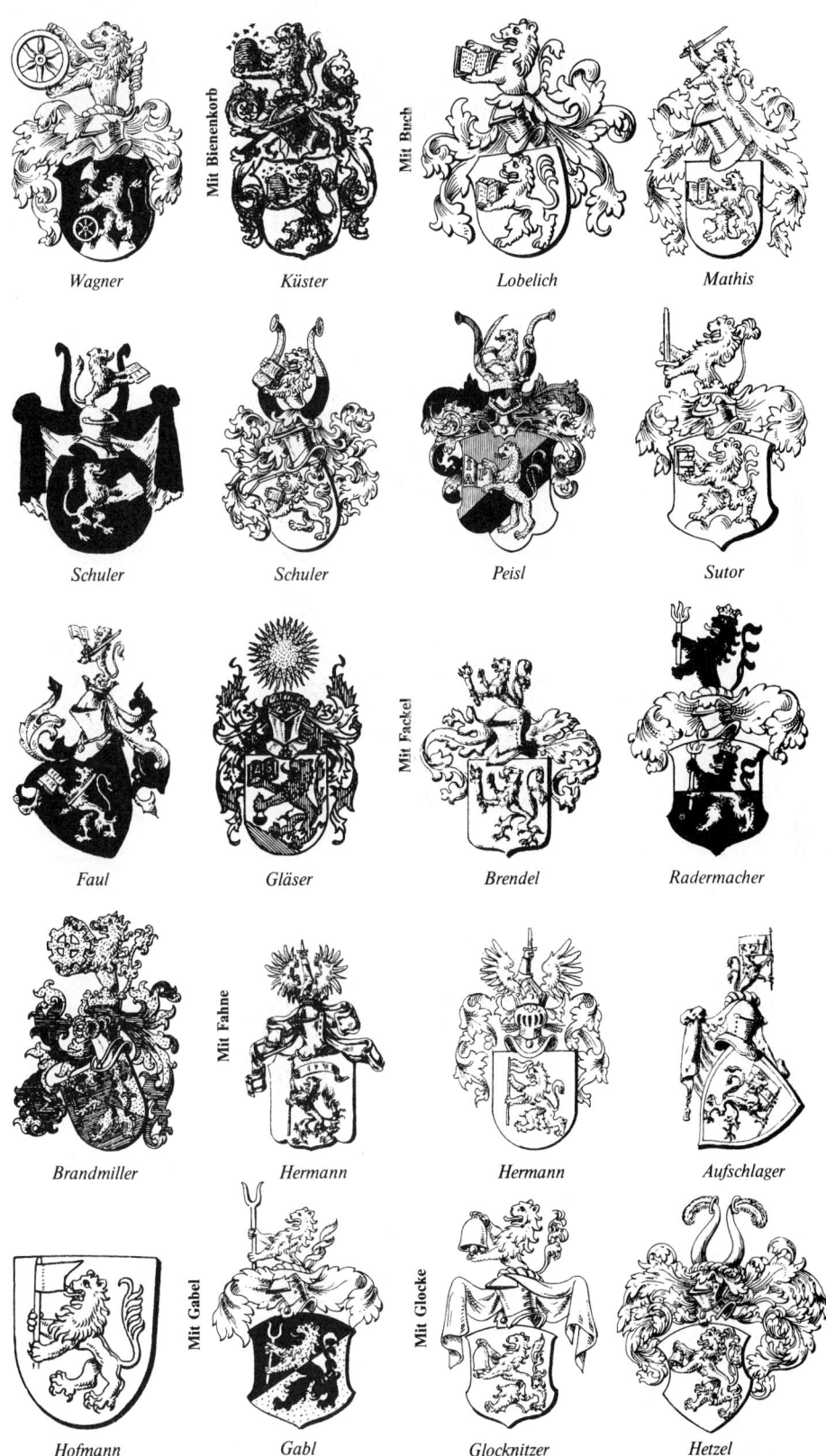

Löwe, springend, Gerät haltend

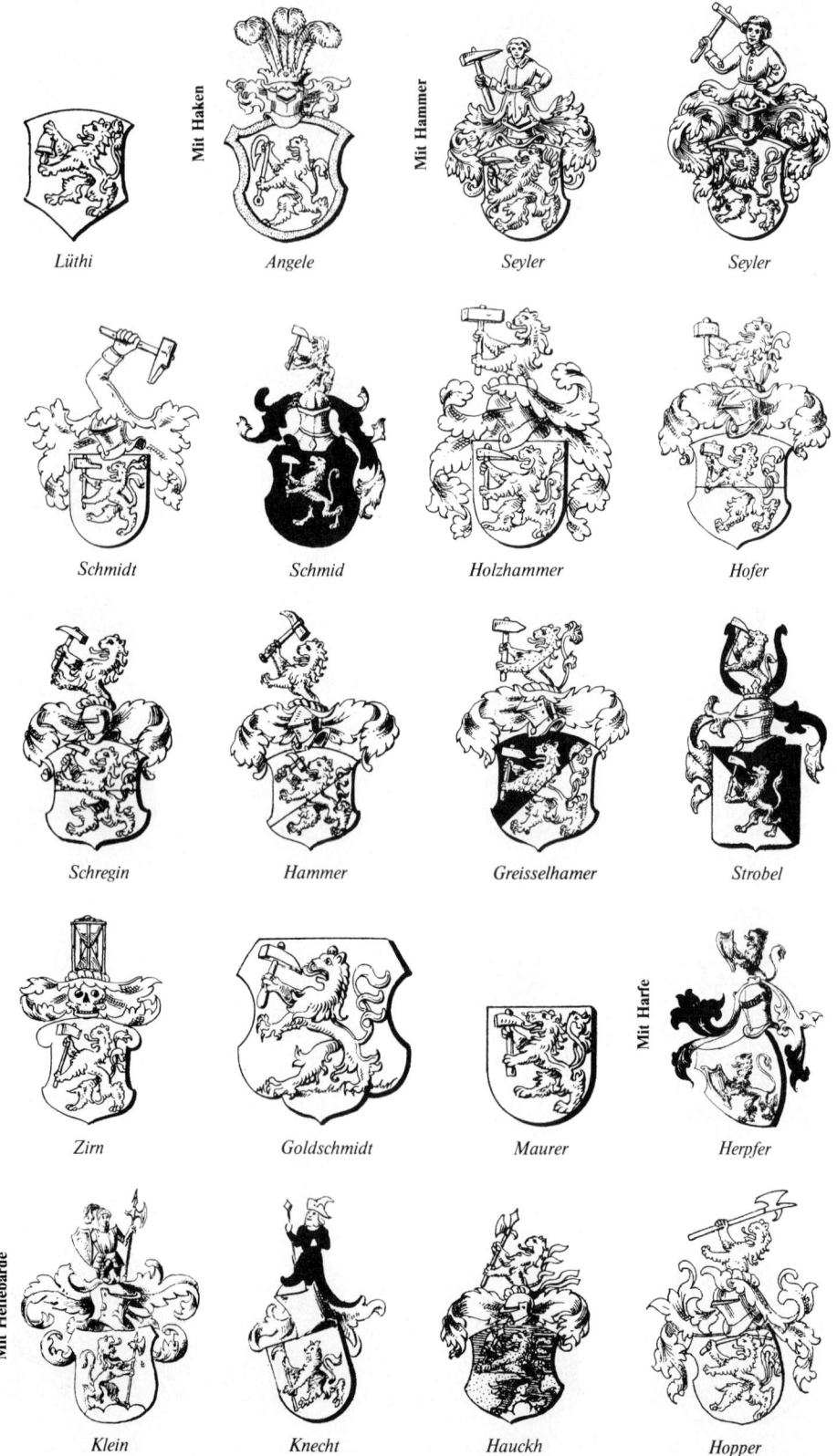

Lüthi — Angele (Mit Haken) — Seyler (Mit Hammer) — Seyler

Schmidt — Schmid — Holzhammer — Hofer

Schregin — Hammer — Greisselhamer — Strobel

Zirn — Goldschmidt — Maurer — Herpfer (Mit Harfe)

Klein (Mit Hellebarde) — Knecht — Hauckh — Hopper

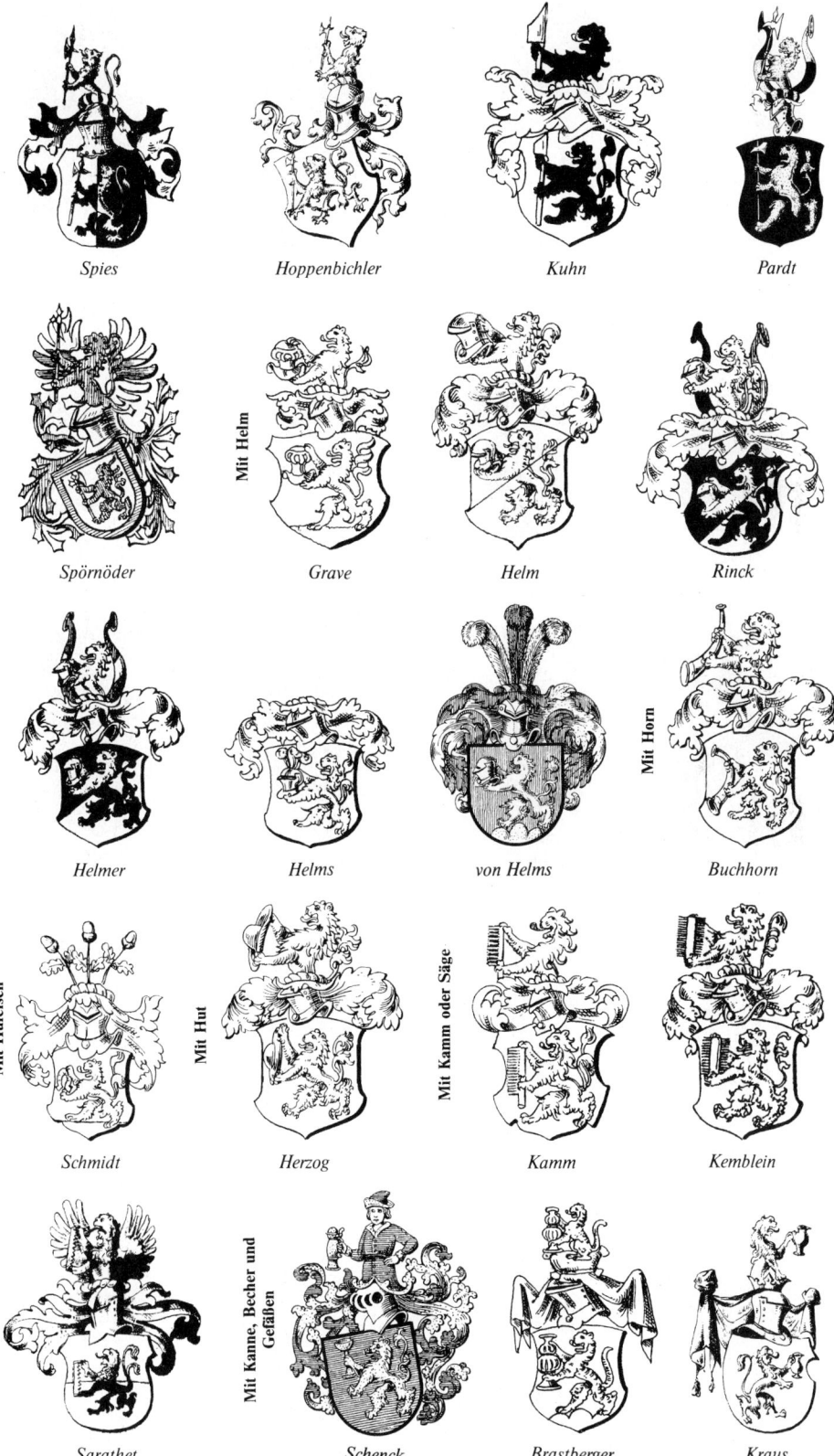

Löwe, springend, Gerät haltend

Löwe, springend, Gerät haltend

Löwe, springend, Gerät haltend

Löwe, springend, Gerät haltend

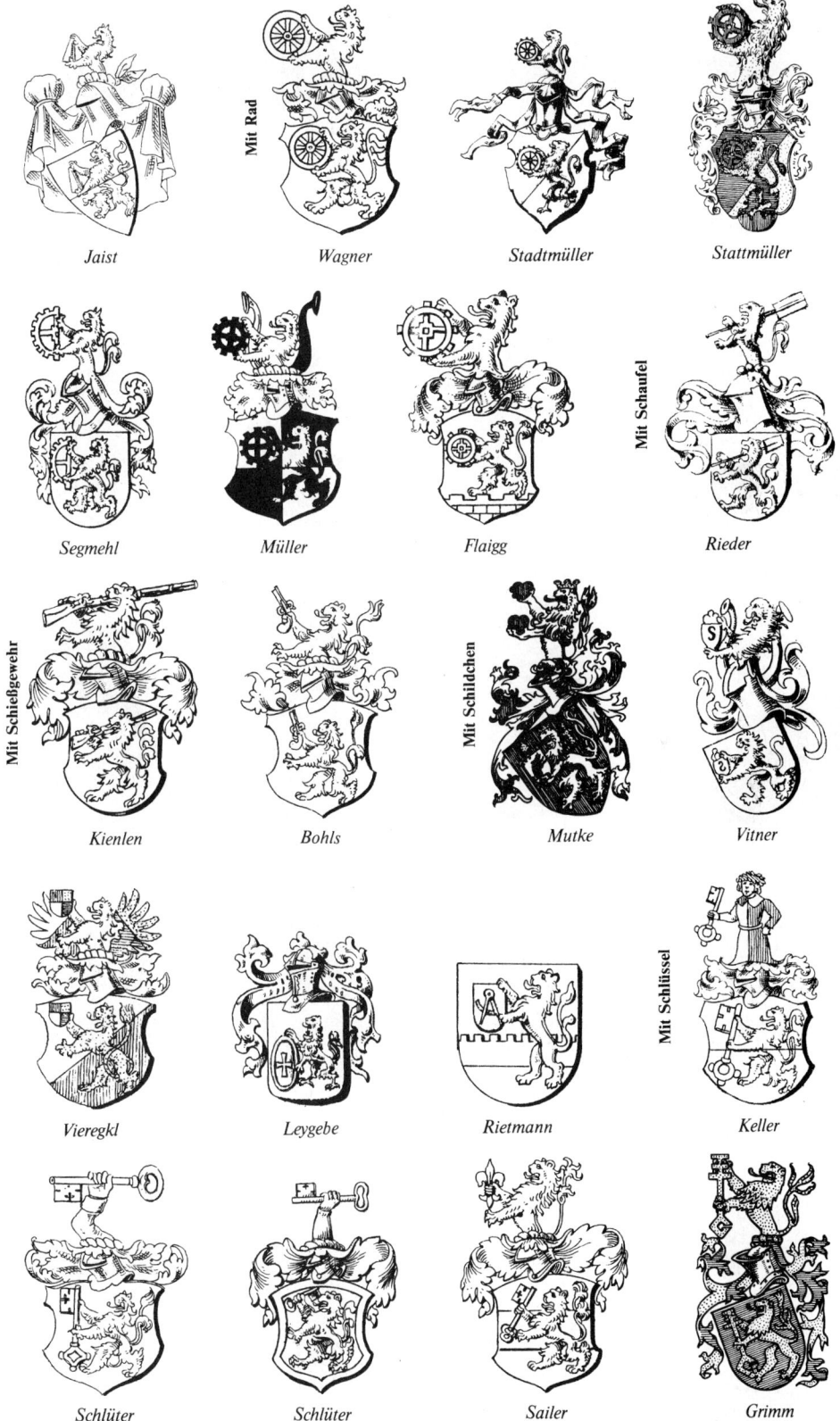

Löwe, springend, Gerät haltend

Löwe, springend, Gerät haltend

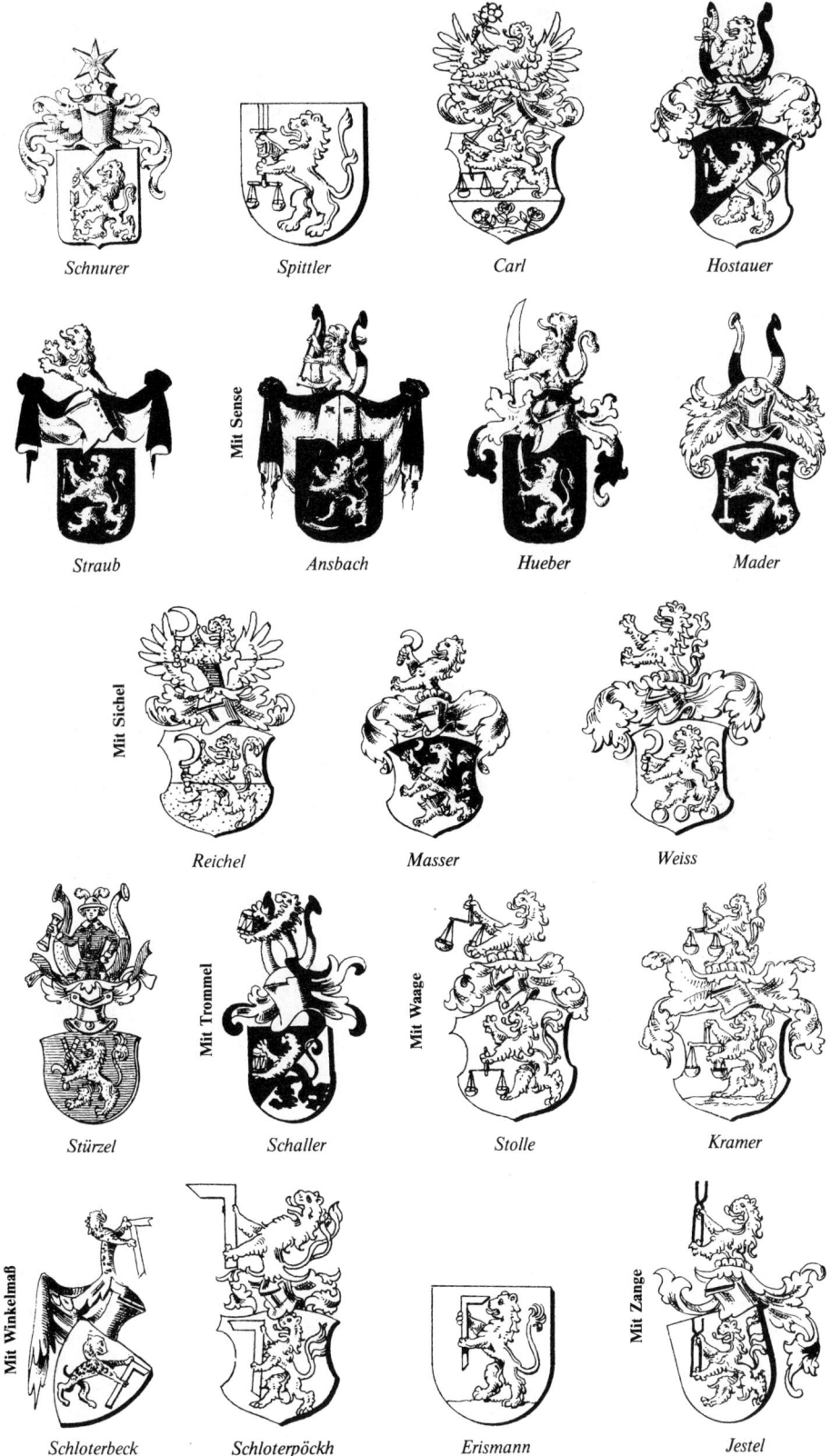

Schnurer — Spittler — Carl — Hostauer
Straub — Mit Sense — Ansbach — Hueber — Mader
Mit Sichel — Reichel — Masser — Weiss
Stürzel — Mit Trommel — Schaller — Mit Waage — Stolle — Kramer
Mit Winkelmaß — Schloterbeck — Schloterpöckh — Erismann — Mit Zange — Jestel

Löwe, springend, Gerät haltend

Löwe, springend, Gerät haltend

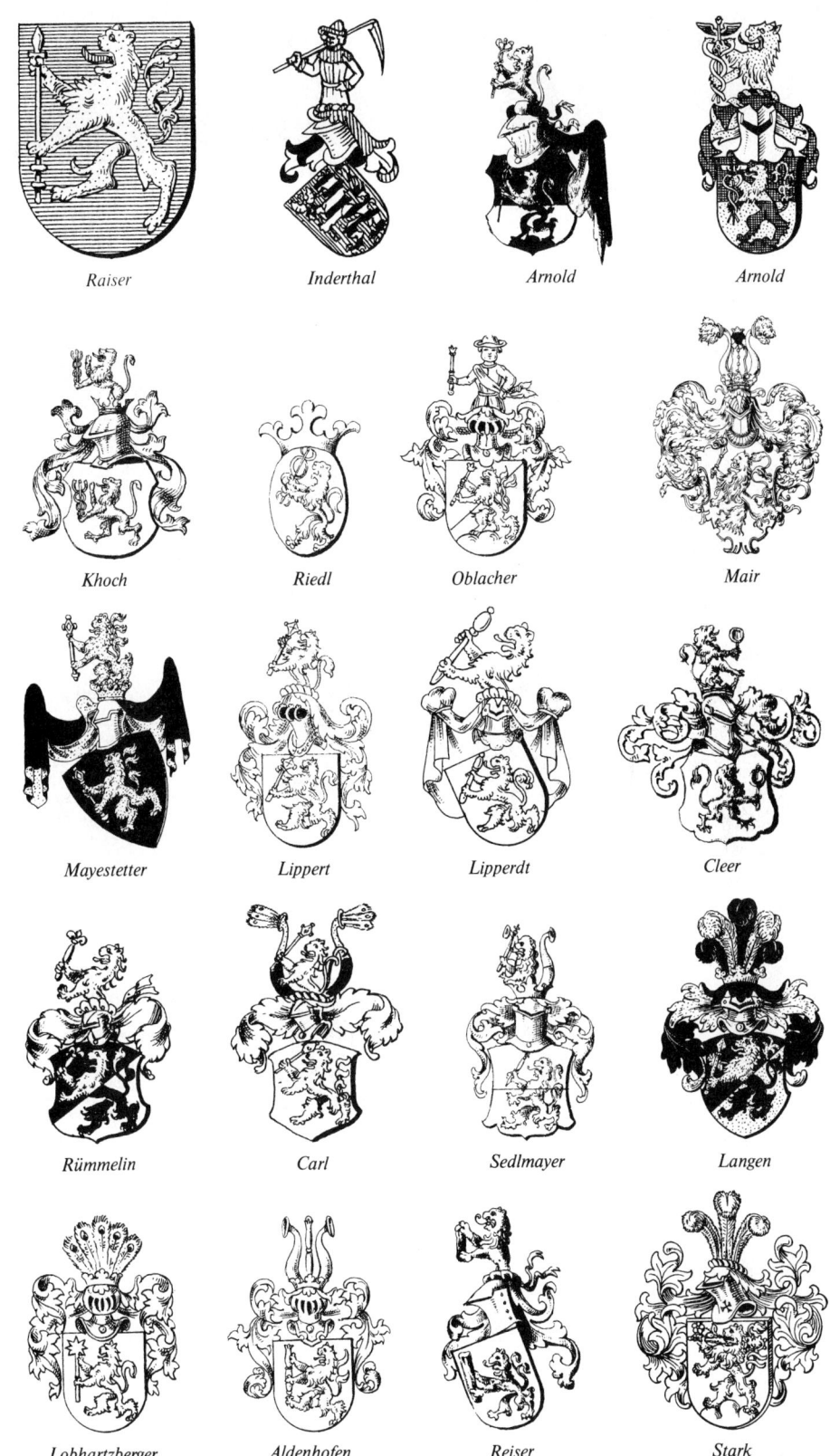

Löwe, springend, Gerät haltend

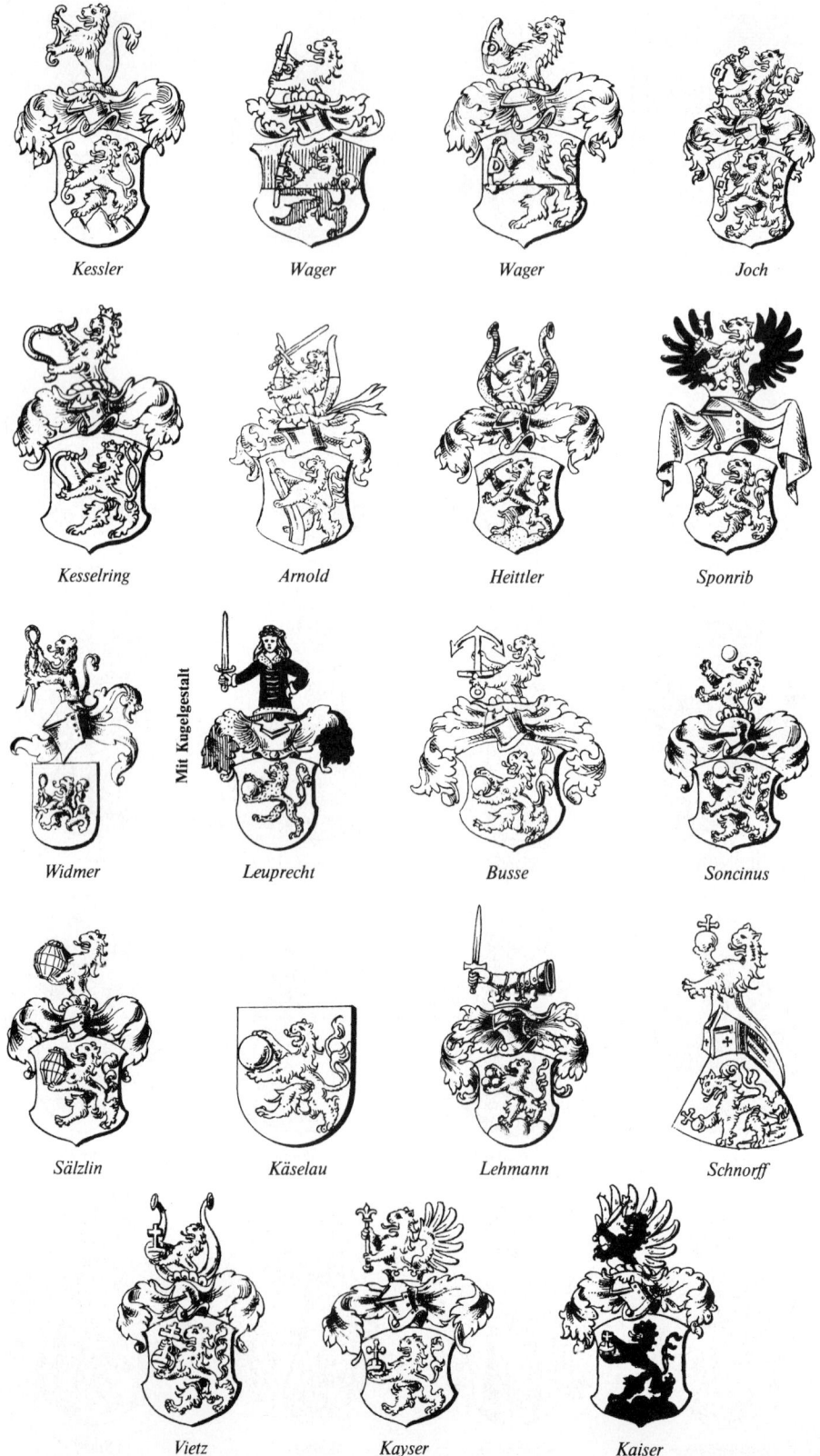

Löwe, springend, Gerät haltend

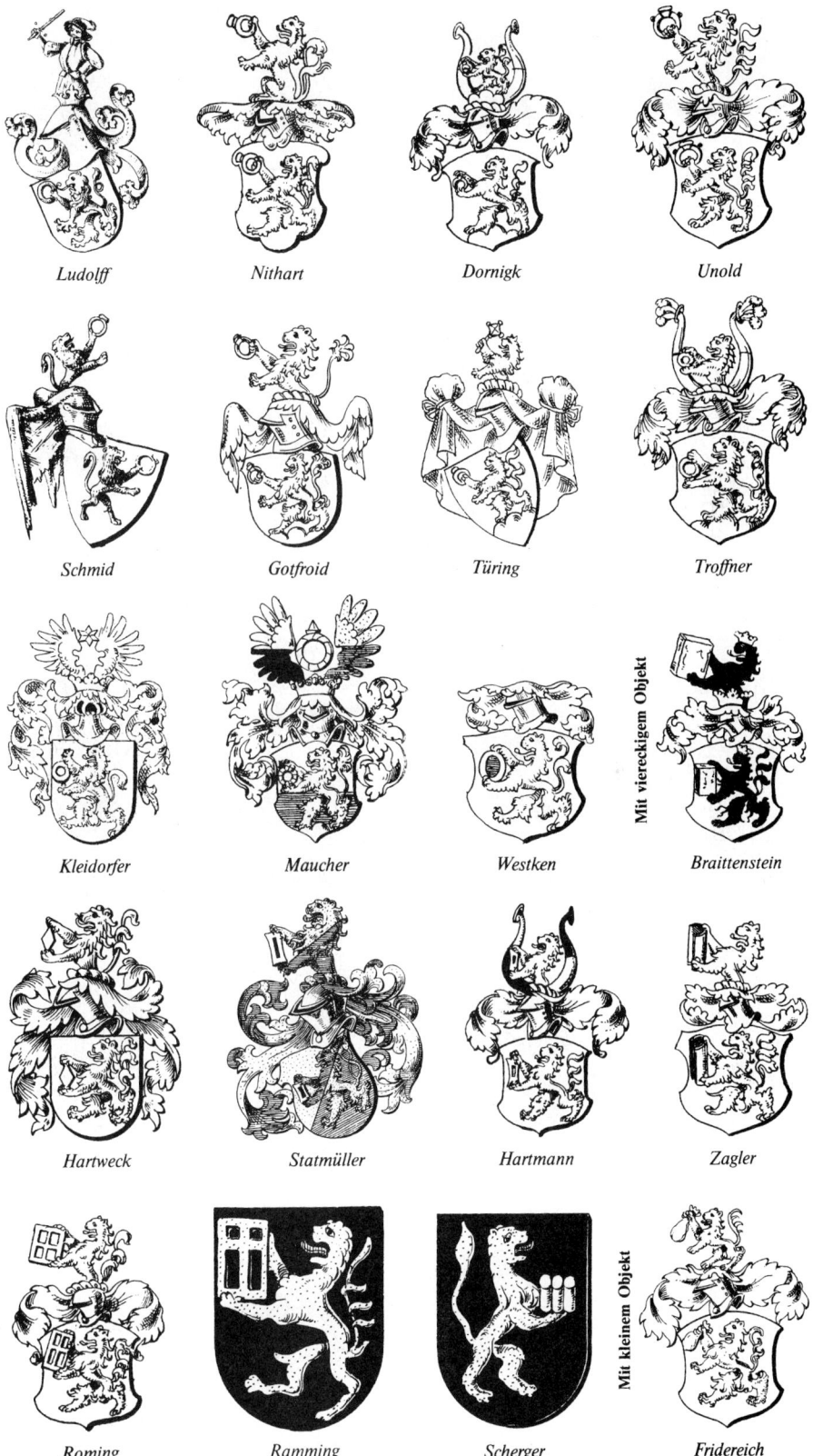

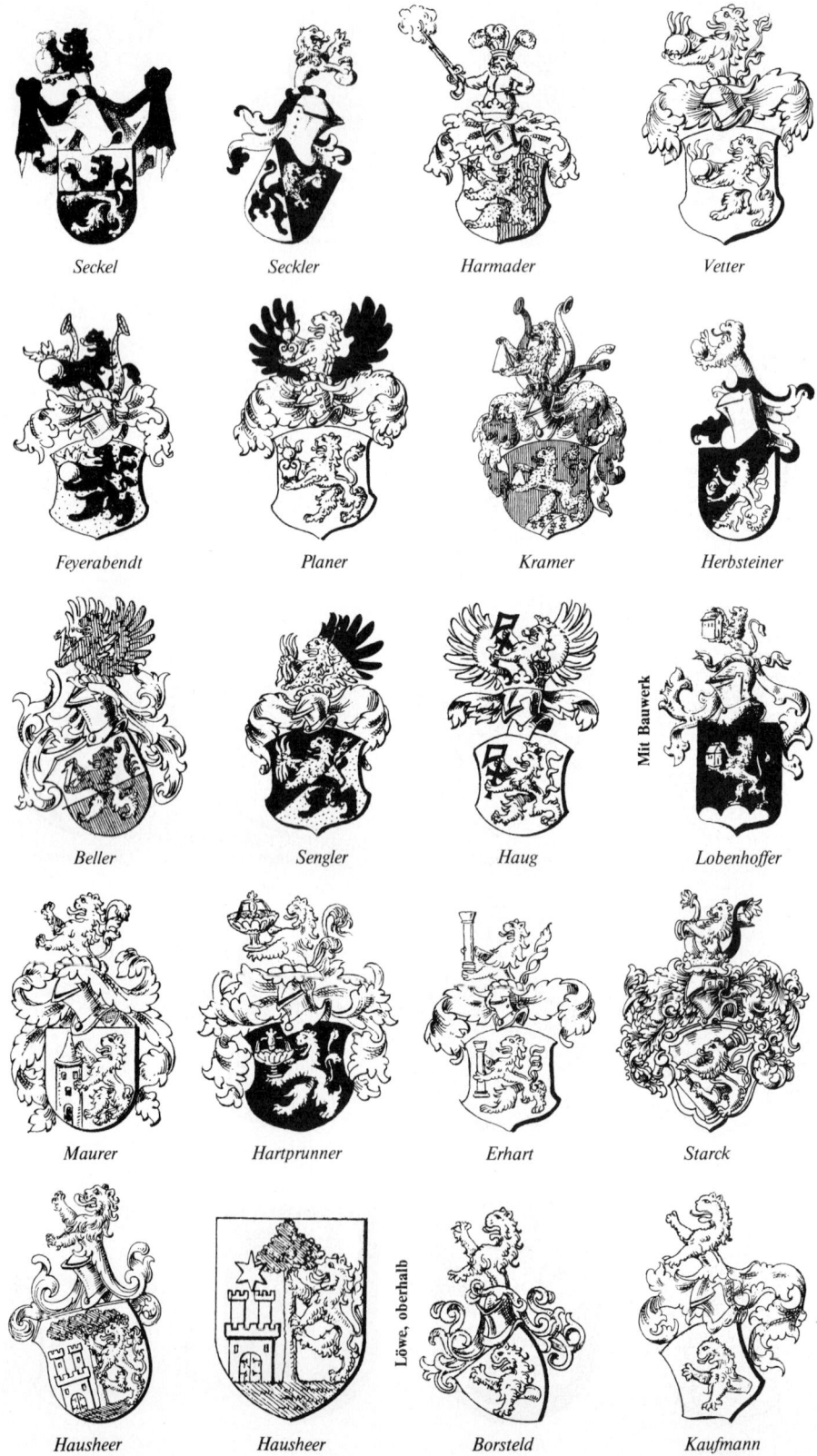

Löwe oberhalb

Löwe oberhalb, etwas haltend 241

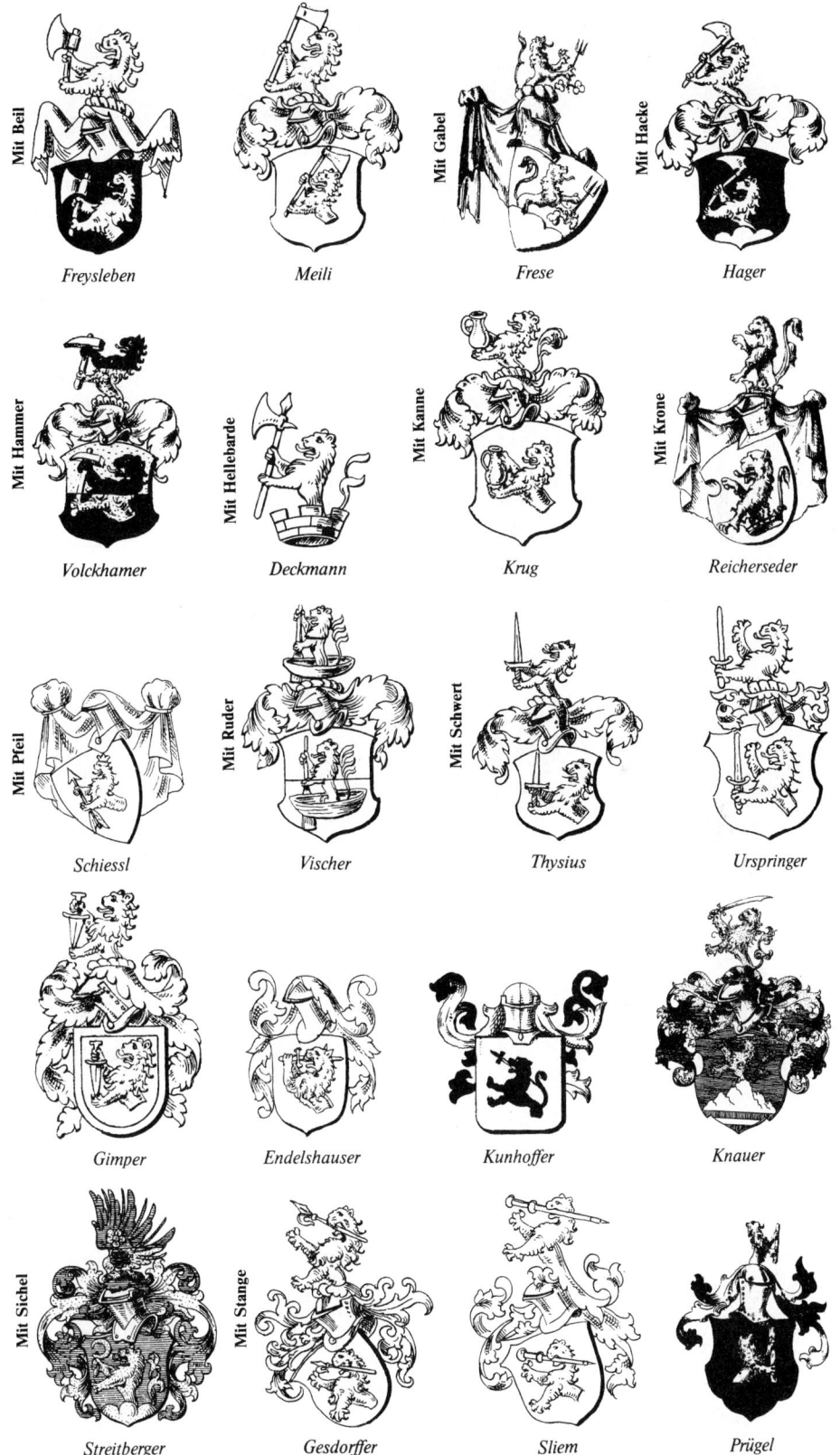

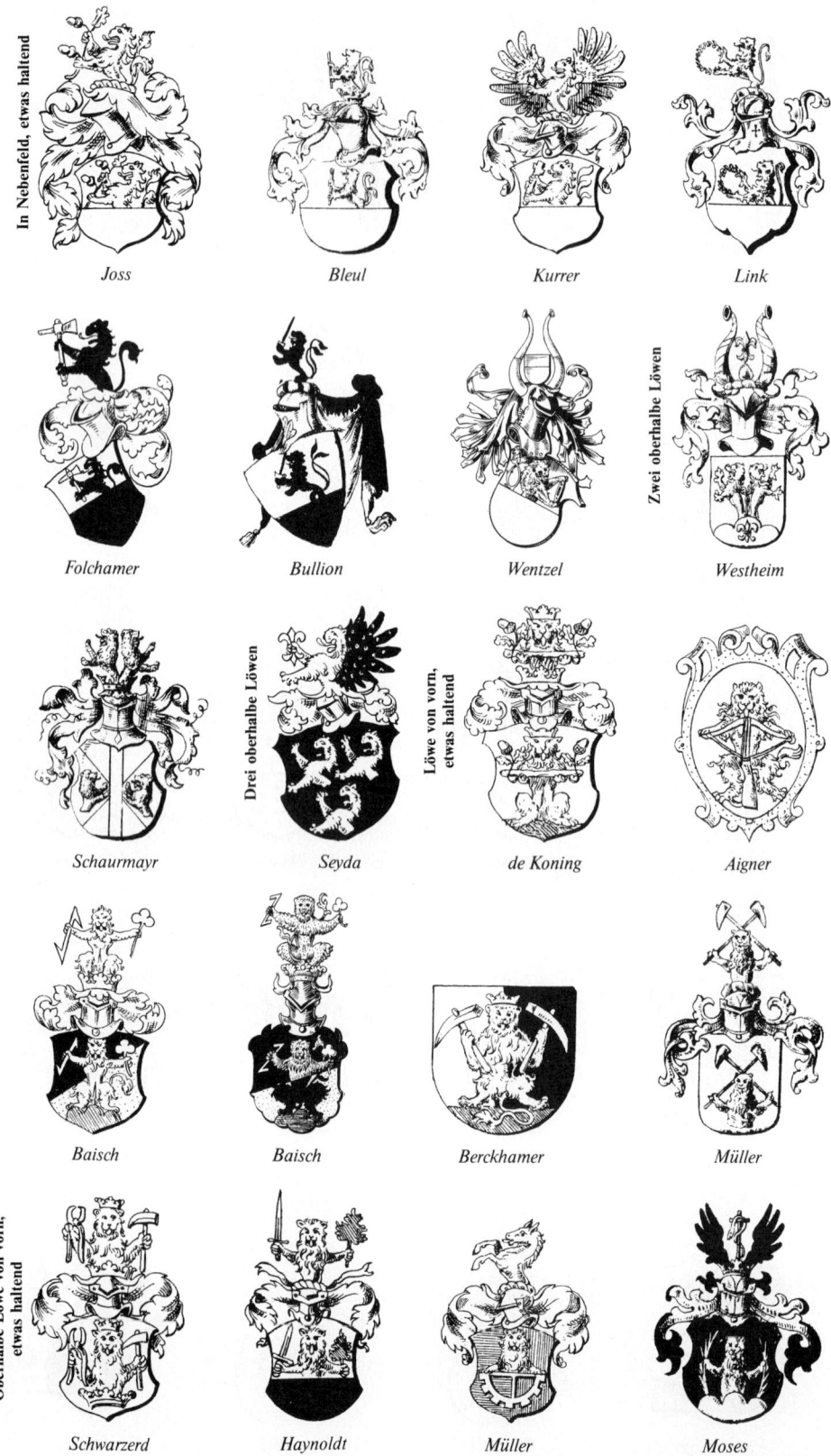

Zwei Löwen

Zwei Löwen

Mehrere Löwen

Löwenköpfe, Löwenmasken

Löwenmasken/Pferd 247

Pferd, springend

Möhner — Laber — Vollmar — Rossteuscher
Rössing — Schönlein — Rösch — Roessler
Helmzier Pferd
Koler — Schöckh — Hayl — Bläsy
Blum — Brück — Caball — Diller
Freudenberg — Glöckler — Heinckhell — Ingram

Pferd, springend

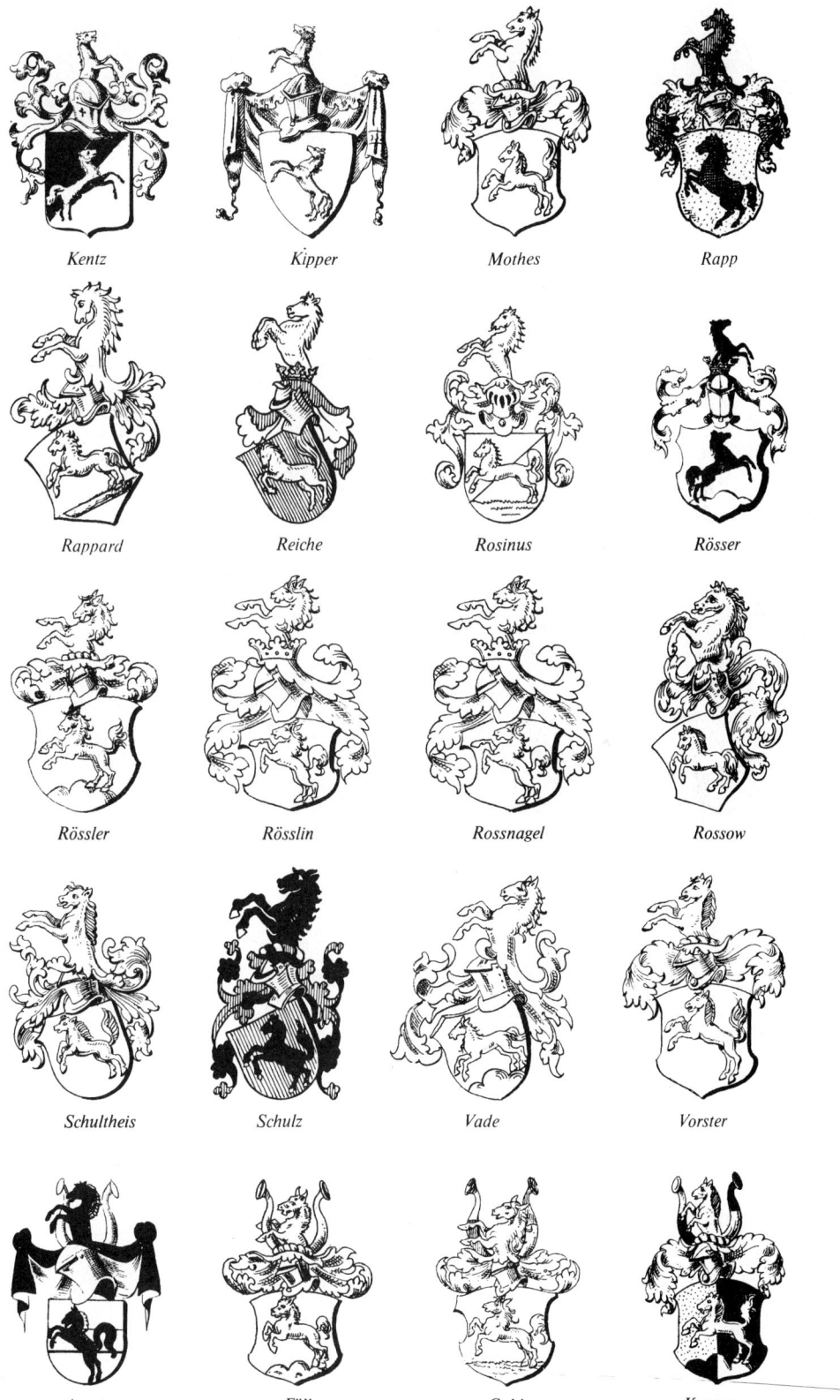

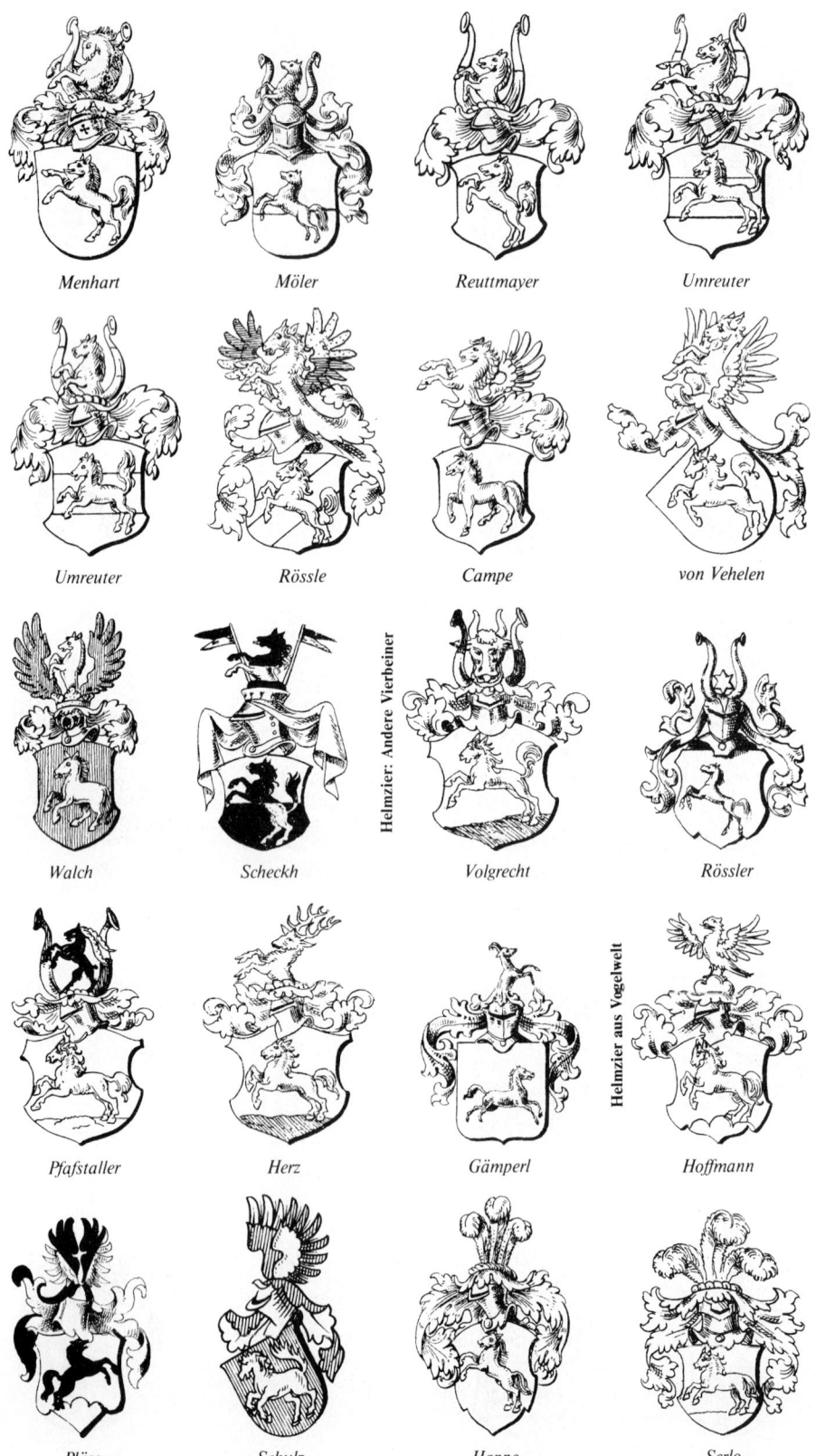

Pferd, springend

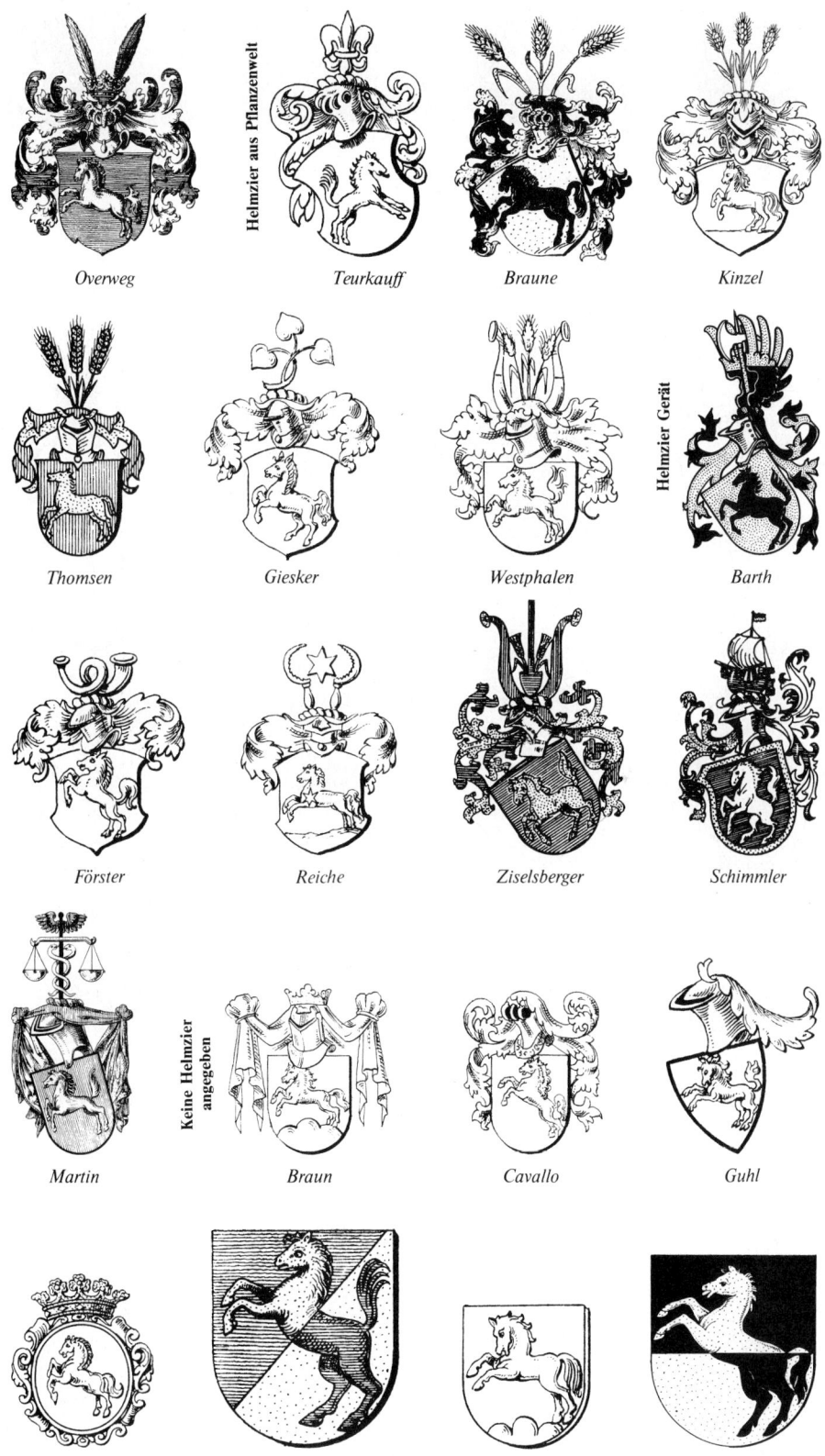

Pferd, springend

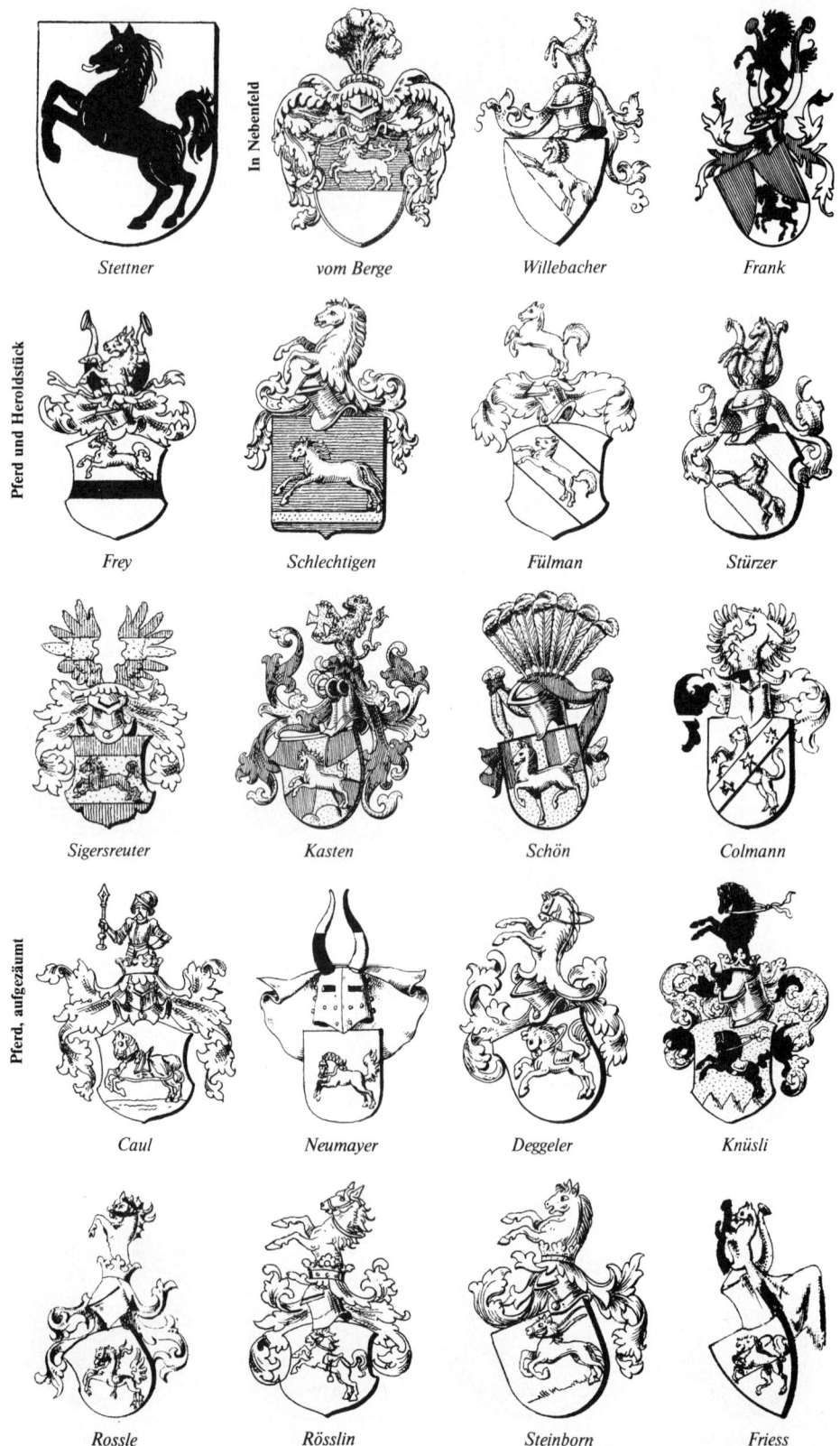

Stettner — vom Berge (In Nebenfeld) — Willebacher — Frank

Pferd und Heroldstück: Frey — Schlechtigen — Fülman — Stürzer

Sigersreuter — Kasten — Schön — Colmann

Pferd, aufgezäumt: Caul — Neumayer — Deggeler — Knüsli

Rossle — Rösslin — Steinborn — Friess

Pferd, springend

Fries — Küentzler — Neumair — Neumair
Höfl — Höfl — Starosse — Sindersberger *Mit Beiwerk aus Kosmos*
Ötterich — Dingerdissen — Gülcher — Westphal
Kerenstock *Mit Beiwerk aus Pflanzenreich* — Graff — Homann — Oppermann
Oppermann — Rösch — Dahinden *Mit Bauwerk* — Drenbeck

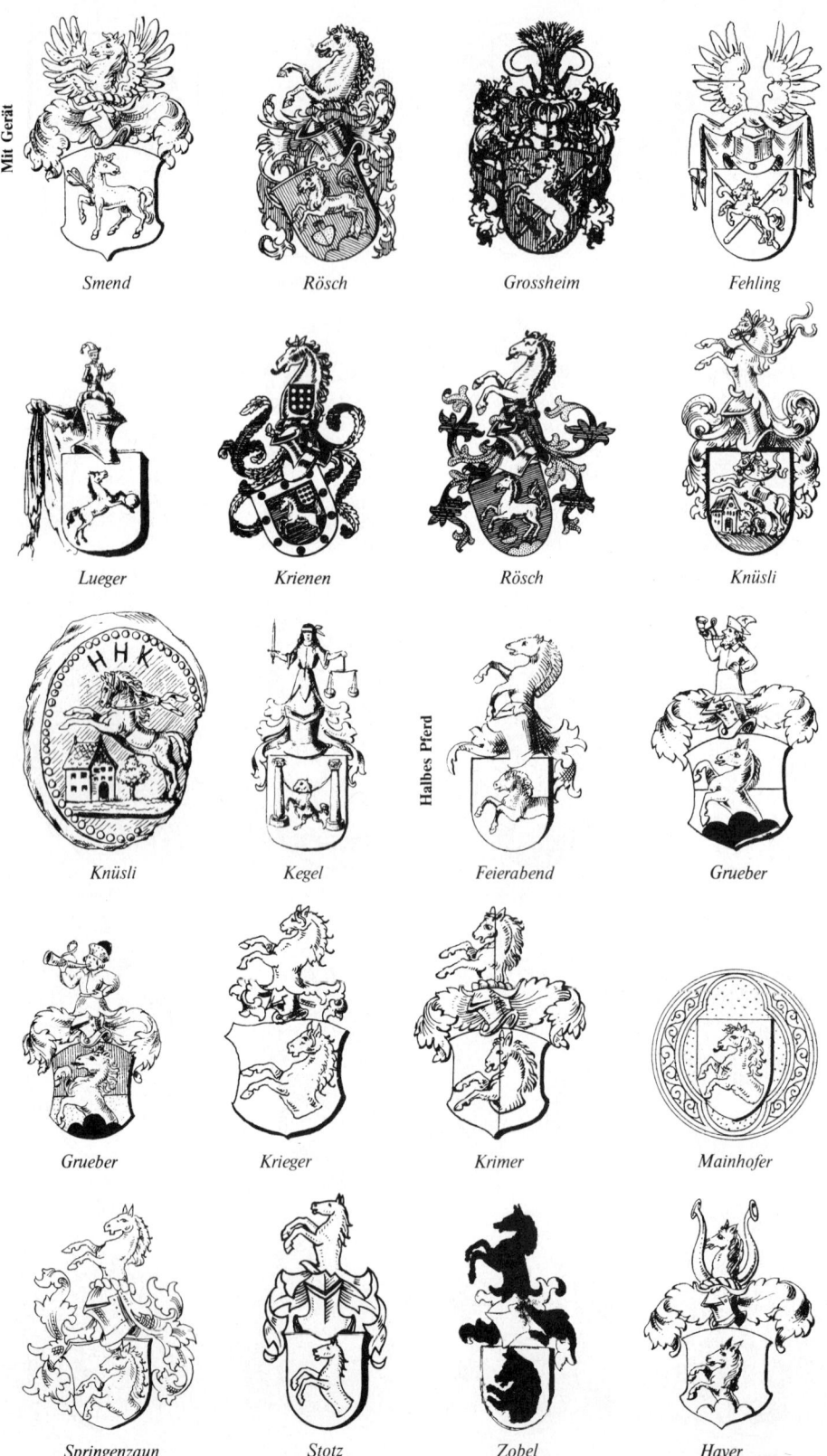

Pferdeköpfe/Esel/Einhorn

Einhorn

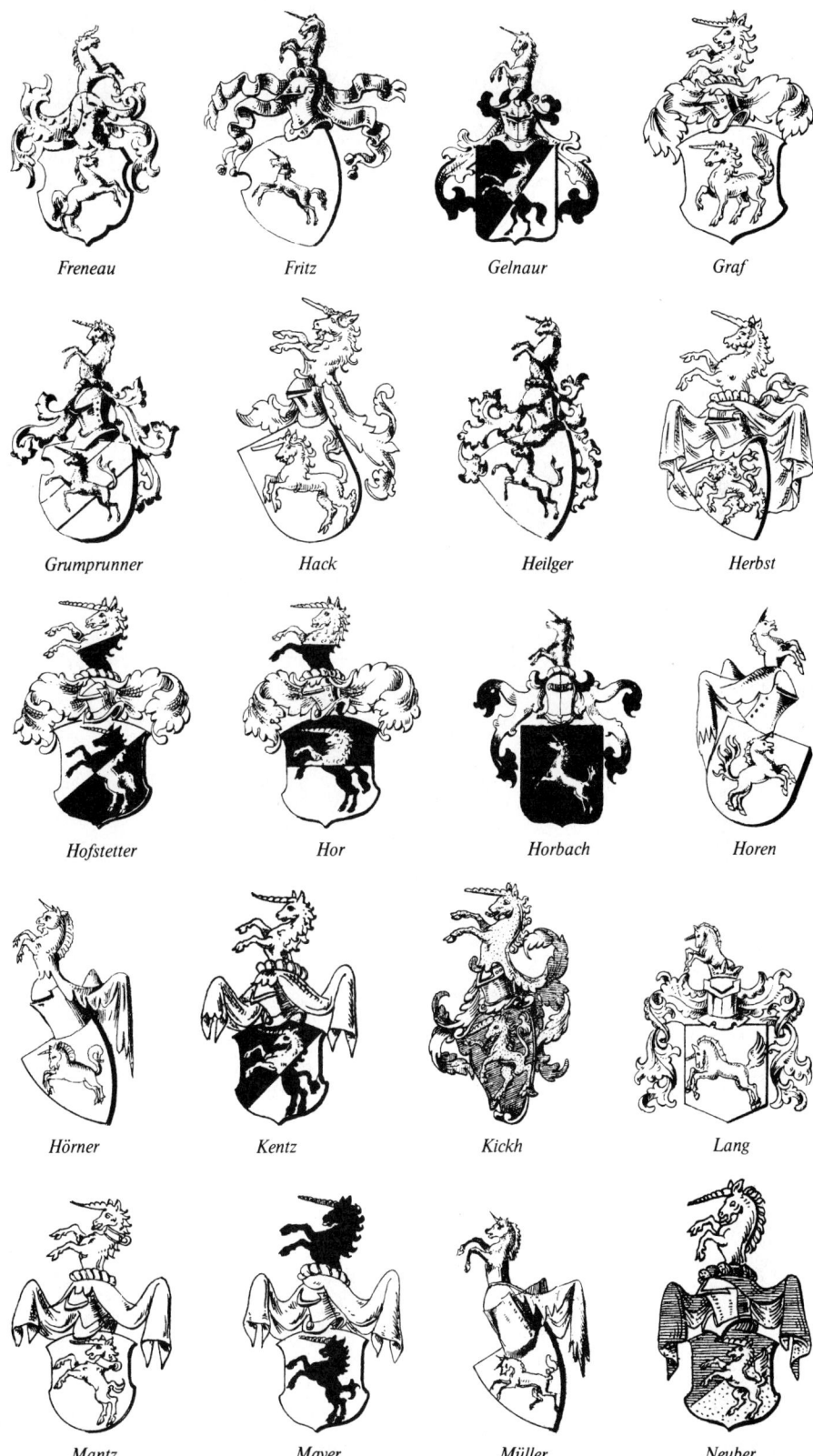

Freneau *Fritz* *Gelnaur* *Graf*

Grumprunner *Hack* *Heilger* *Herbst*

Hofstetter *Hor* *Horbach* *Horen*

Hörner *Kentz* *Kickh* *Lang*

Mantz *Mayer* *Müller* *Neuber*

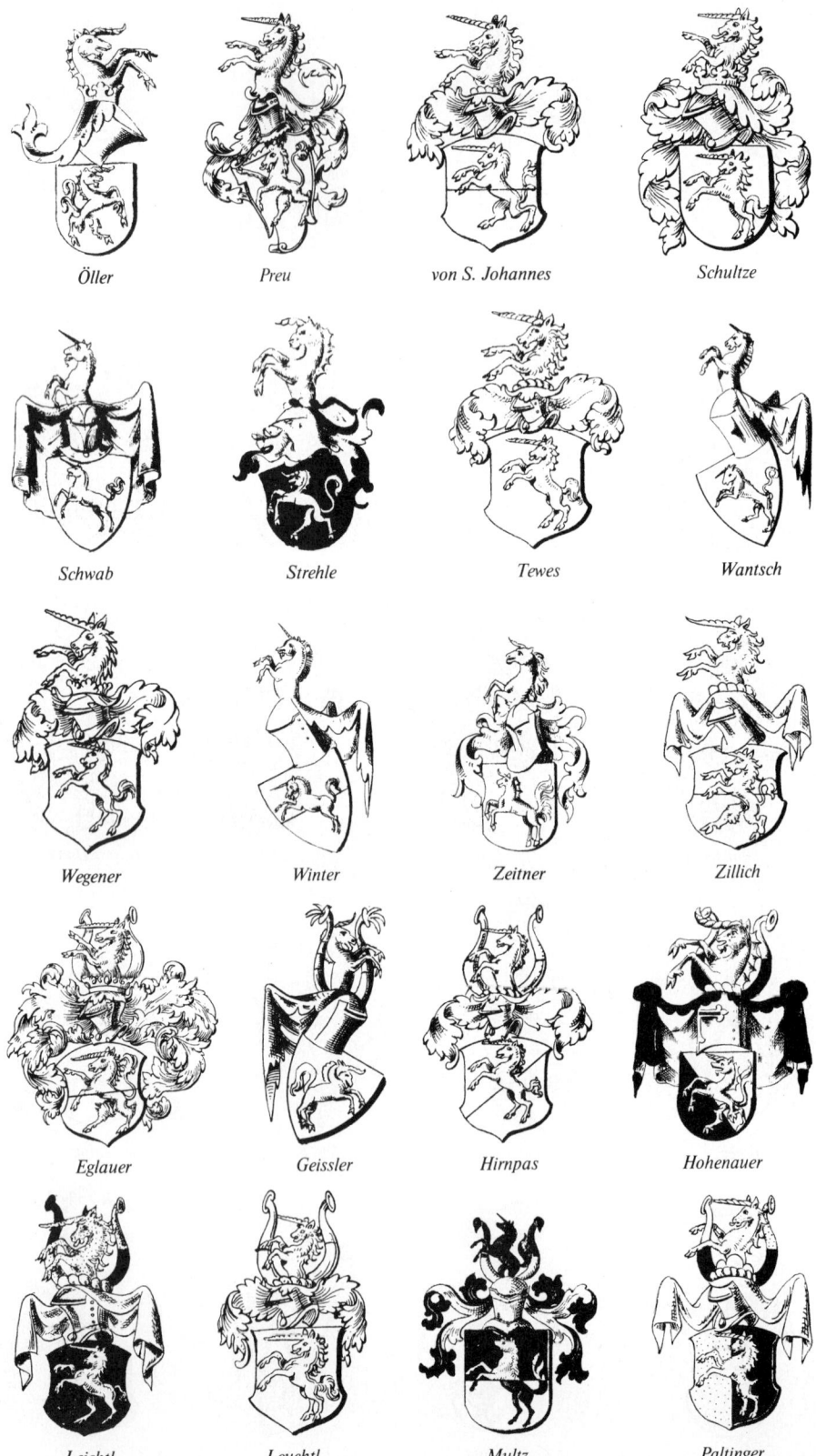

Einhorn

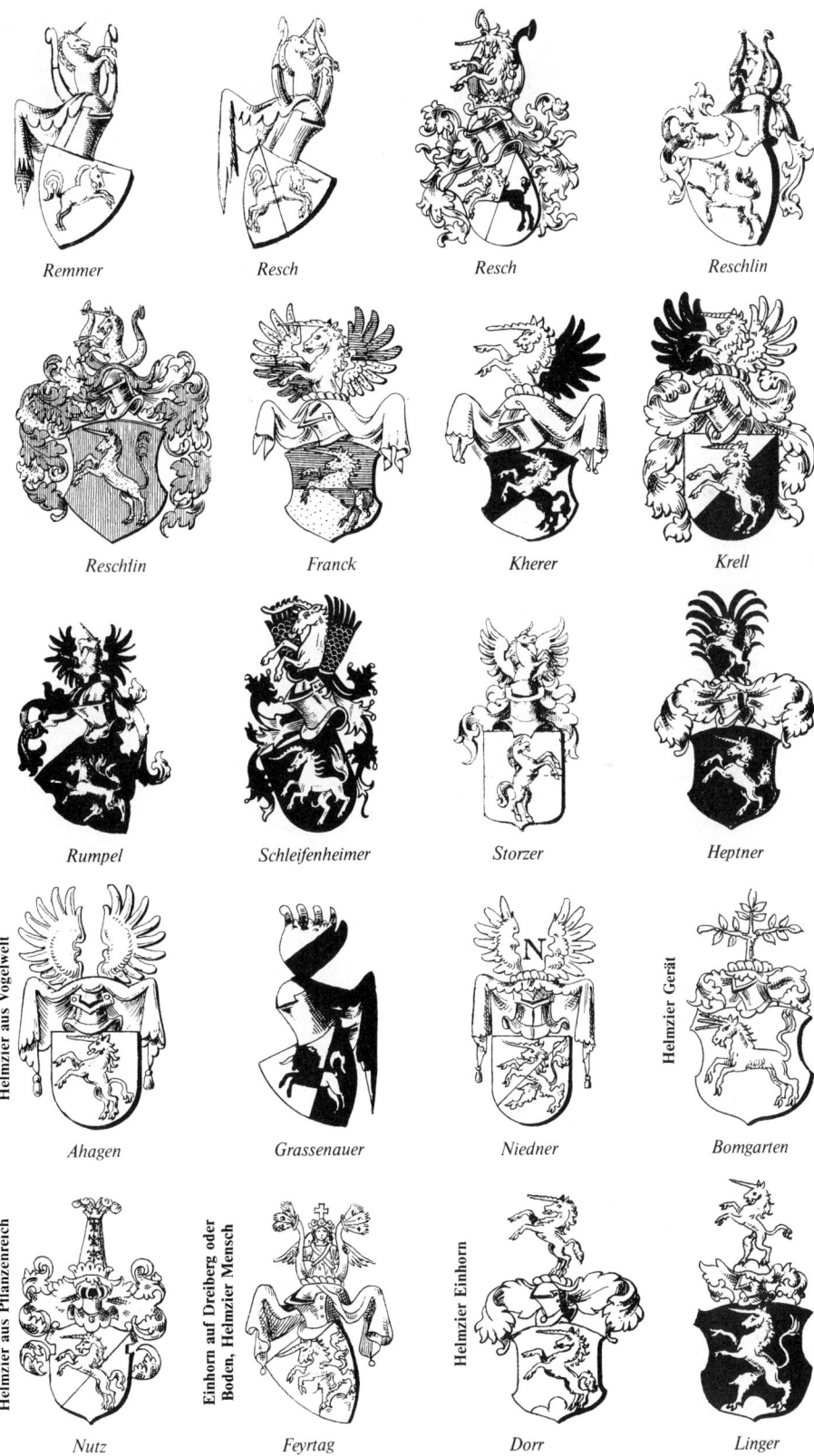

Einhorn auf Boden

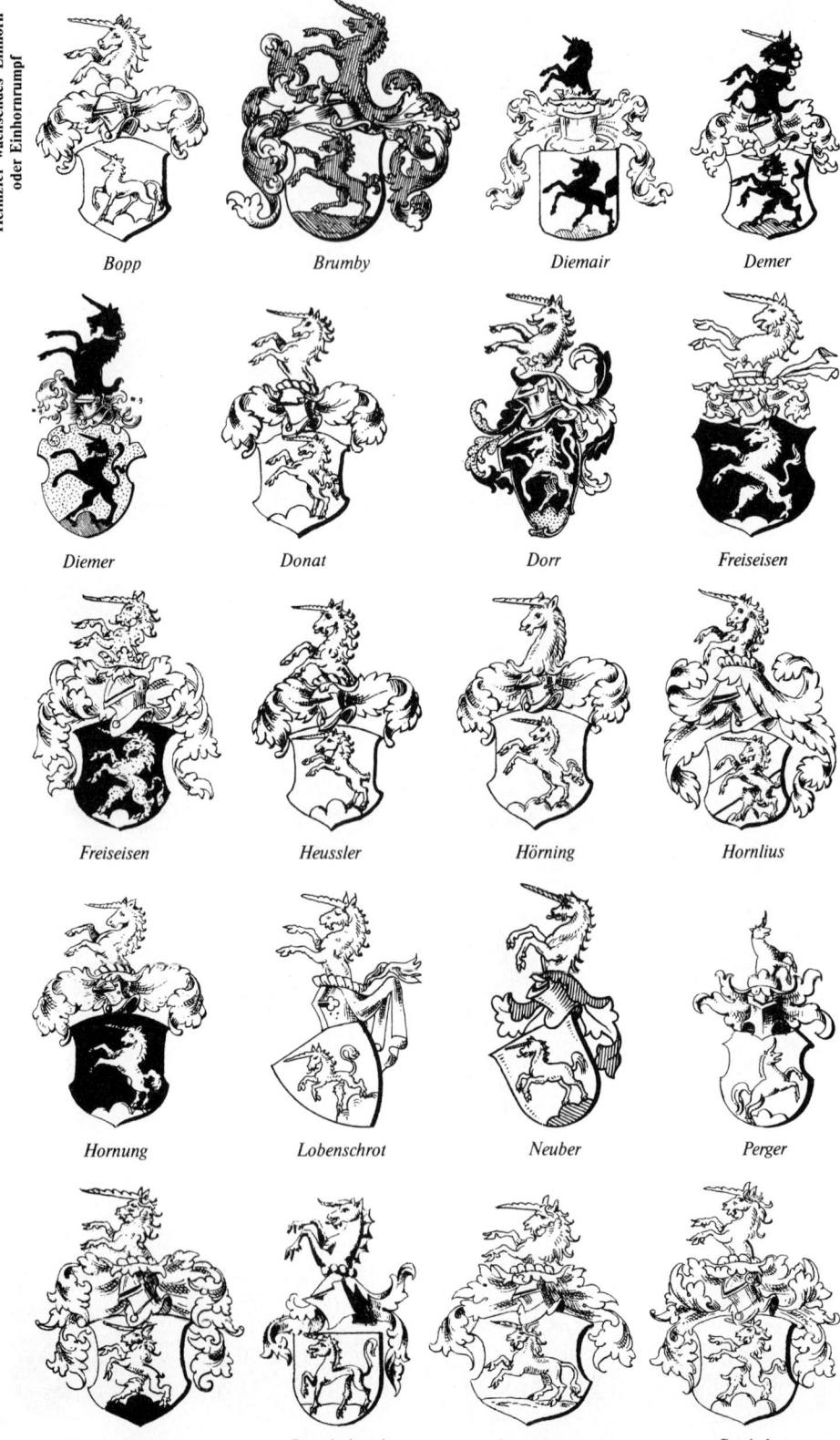

Helmzier wachsendes Einhorn oder Einhornrumpf

Bopp	Brumby	Diemair	Demer
Diemer	Donat	Dorr	Freiseisen
Freiseisen	Heussler	Hörning	Hornlius
Hornung	Lobenschrot	Neuber	Perger
Perger	Peutelschmidt	Springkorn	Strobel

Einhorn auf Boden

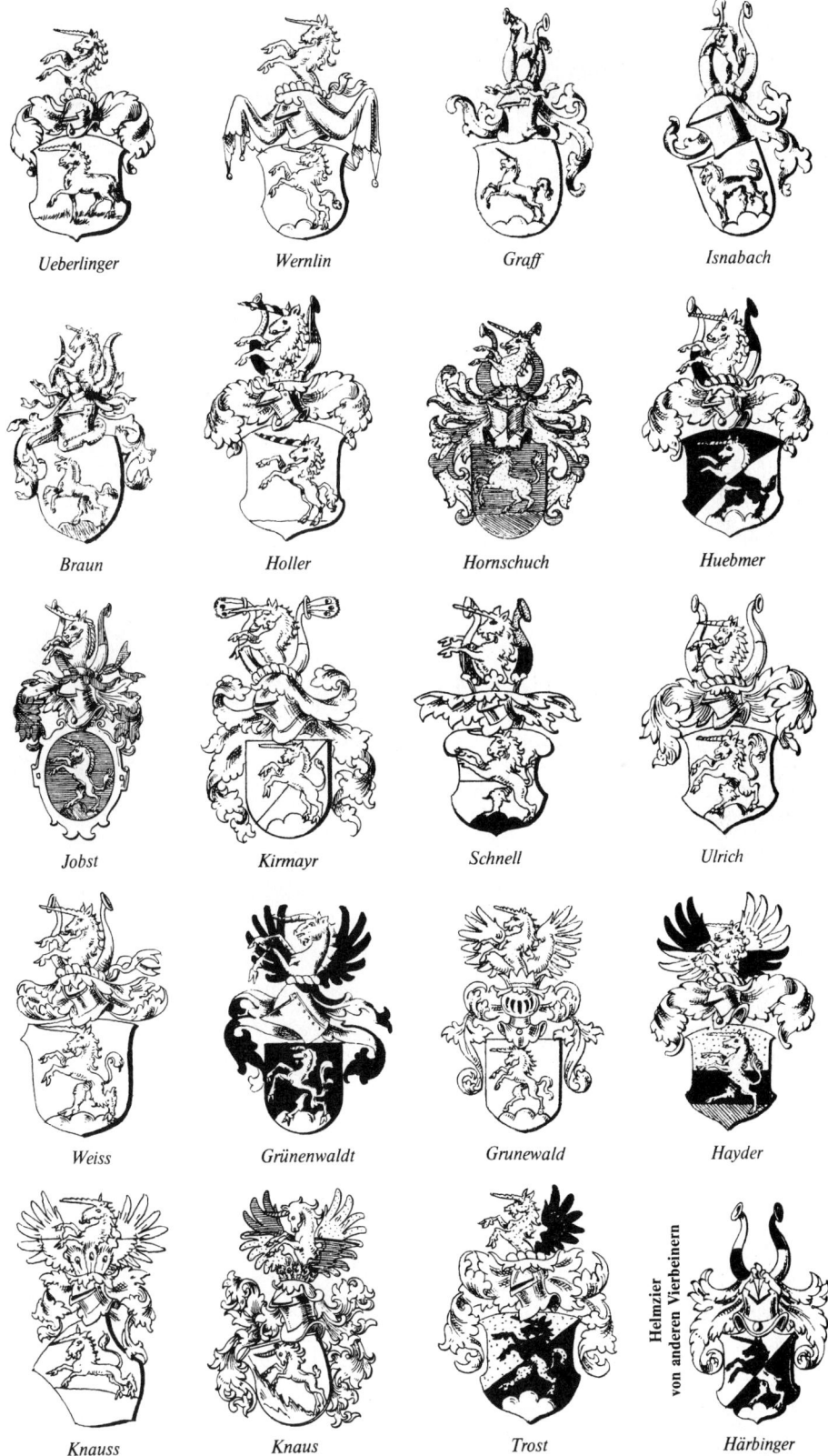

Einhorn

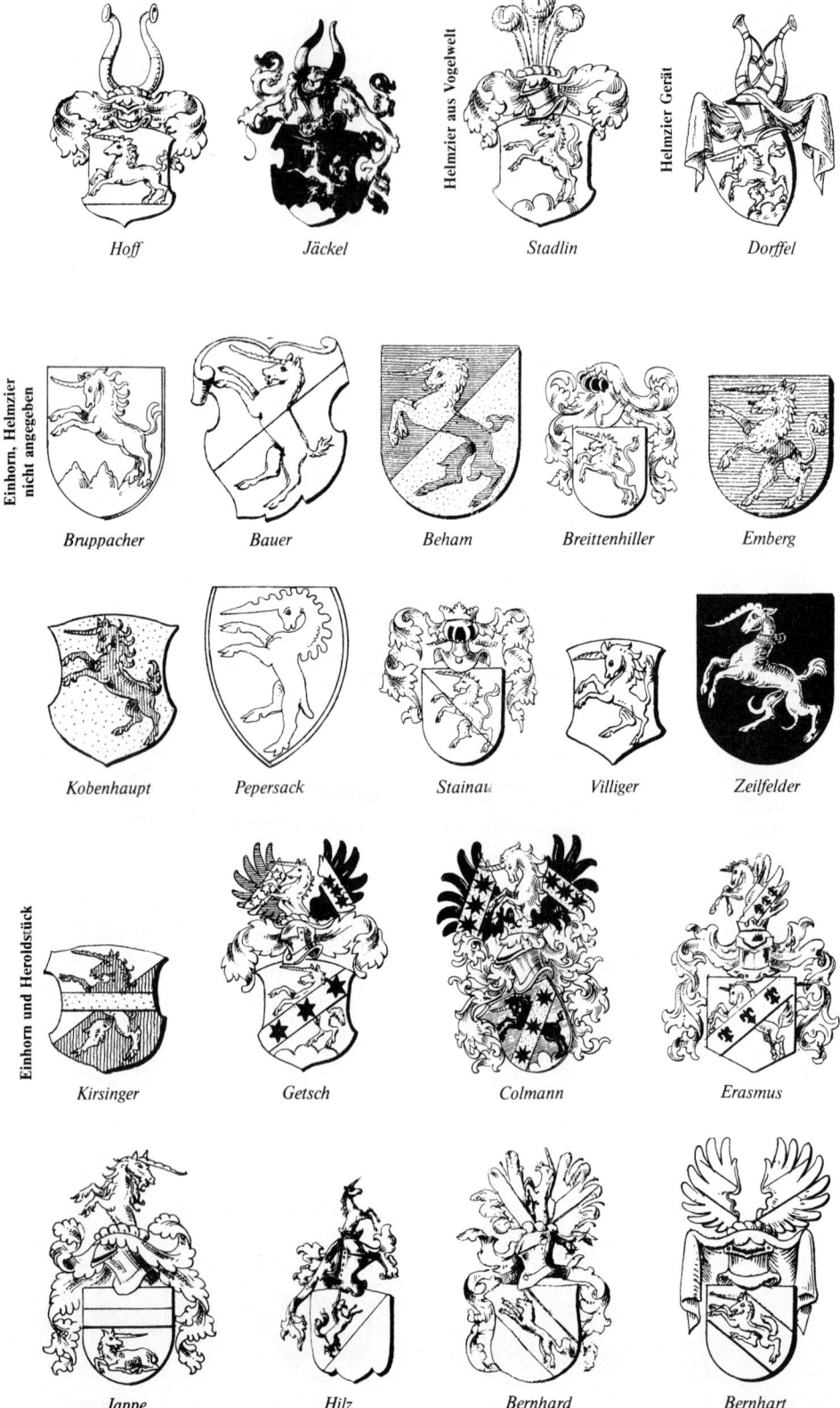

Einhorn

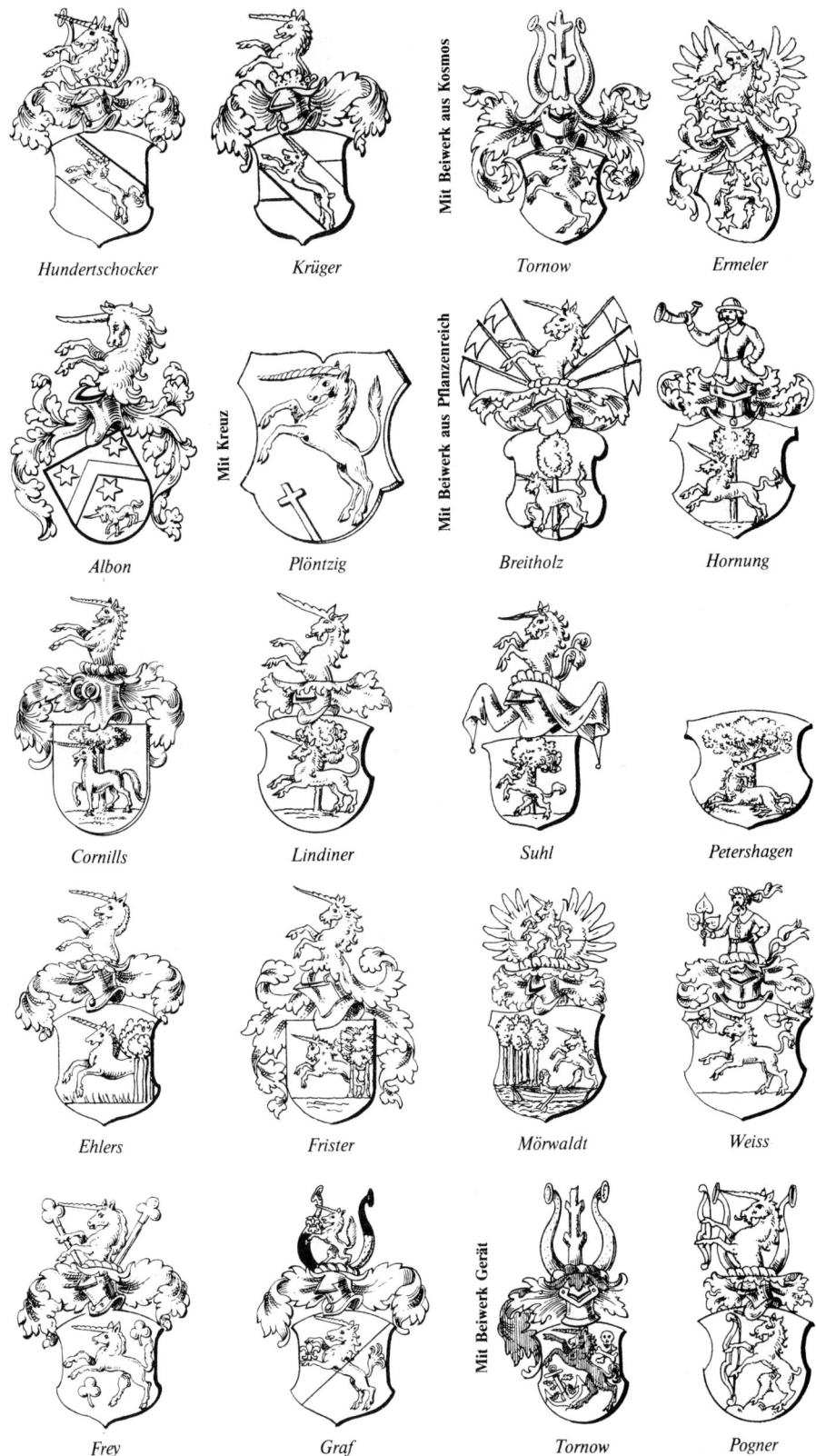

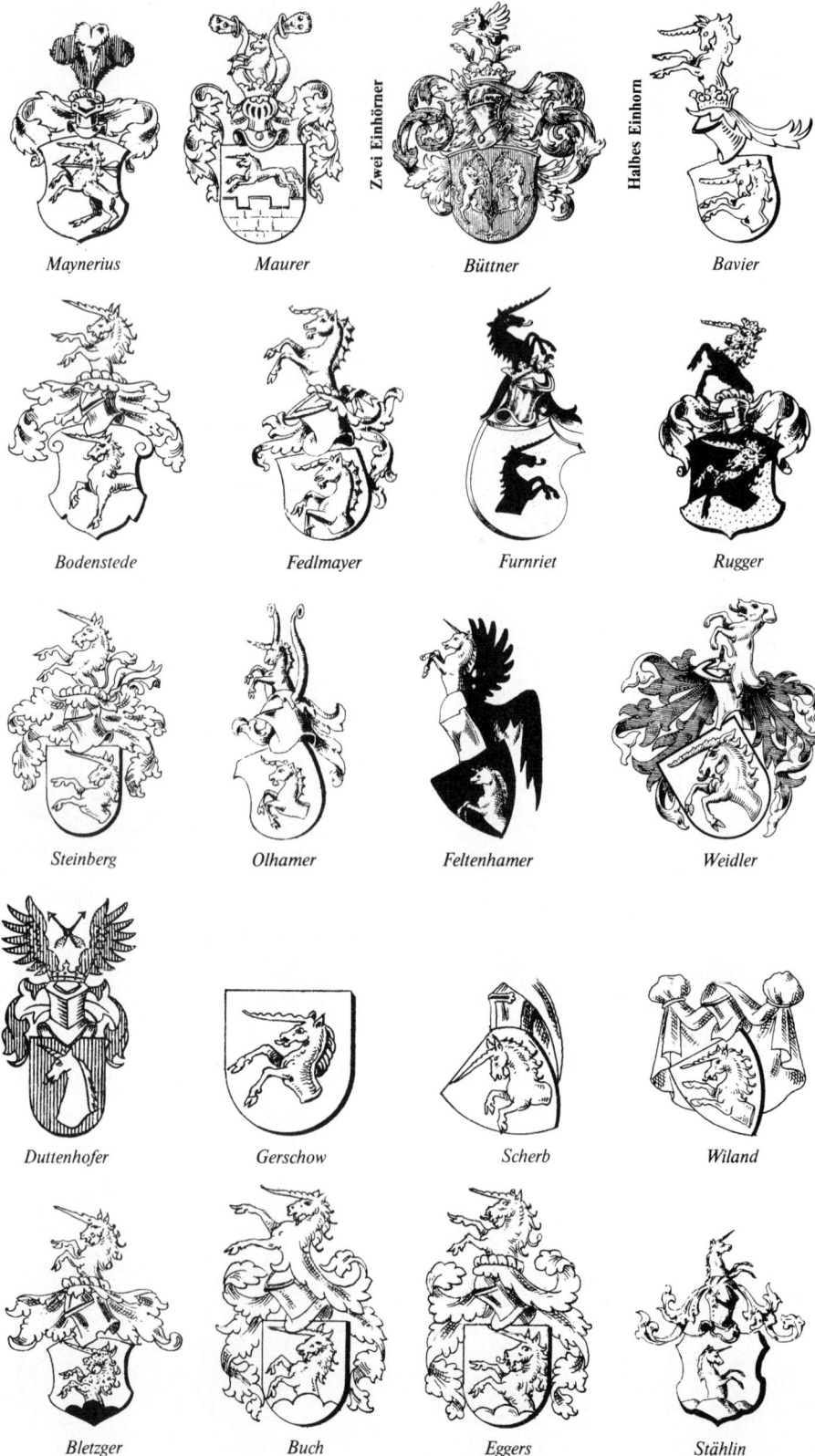

Einhorn

Bär

Peer — Melber — Timmermann — Broll
Broll — Lang — Klopp — Schellepeper
Liel — Vogt — Beer — Beermann (Bär mit Halsband)
Behr — Behr — Bosch — Braunbehrens
Herer (Bär mit Beiwerk) — Berger — Birckicht — Bernhard u. Forbach

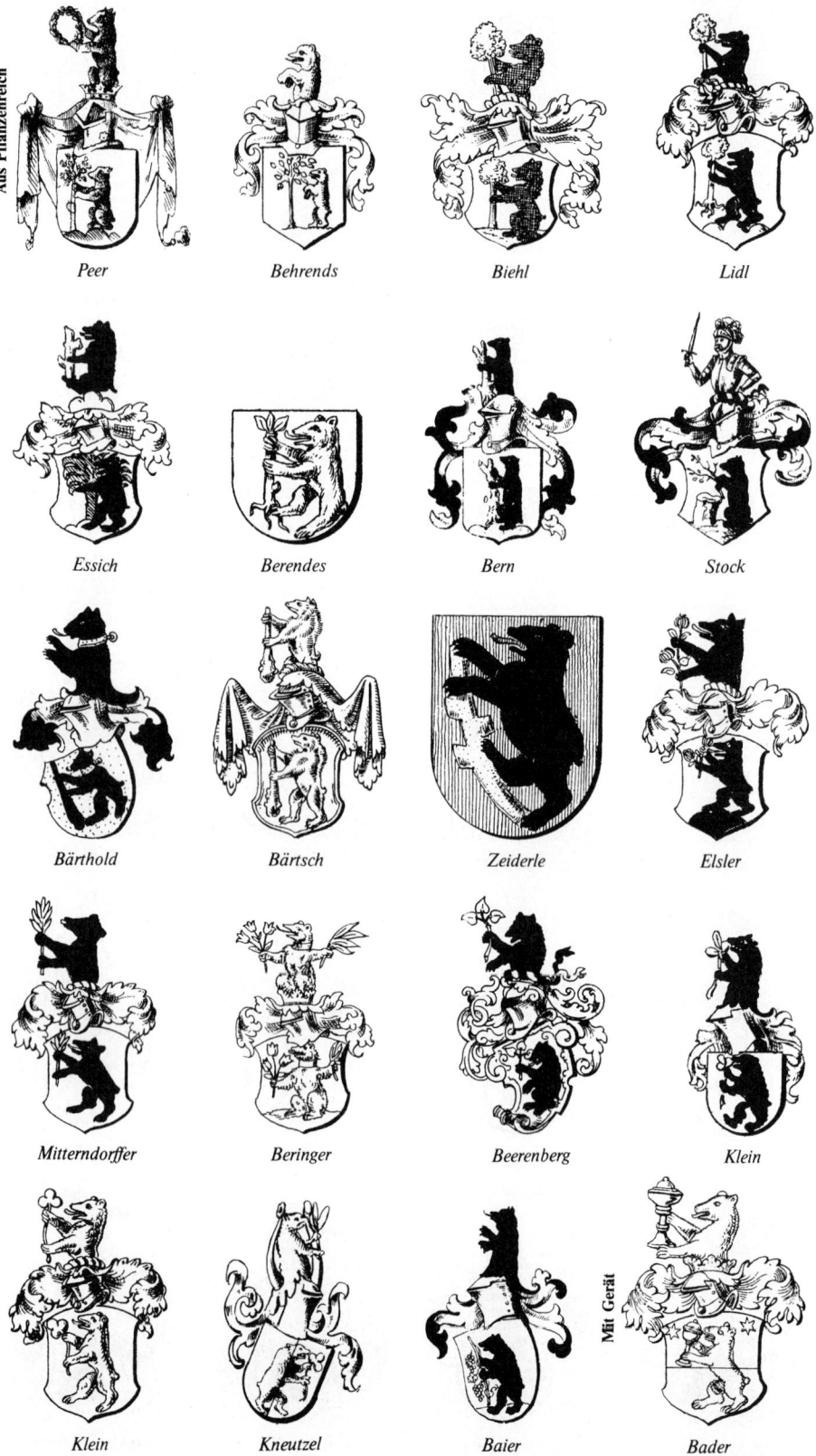

Bär, Gerät haltend

Beer	Petzer	Feuerlein	Feuerlein
Zeidler	Beringer	Kneizl	Schmid
Kneutzel	Sponfelder	Dreher	Gering
Mayer	Beringer	Kessler	Petter
Stebler	Baumeister	Berwartter	Beringius

Bär/Eber

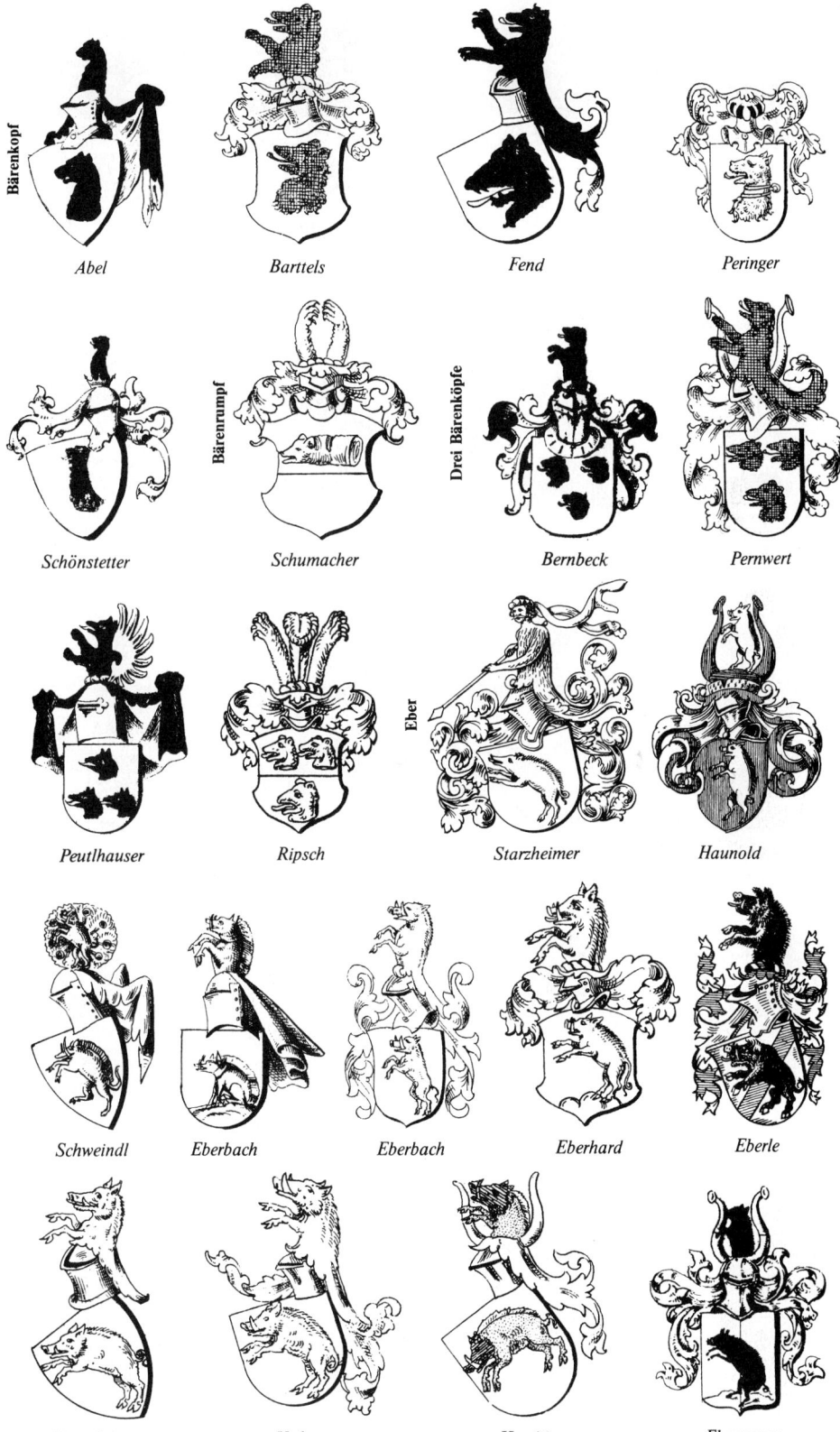

Eber

Reck	Suckow	Helmsauer	Everken
Dietter	Kriechbaum	Junckersdorf	Eberle
Schweinetzer	Daes	Eberbach	Halber Eber — Eber
Förstl	Förstlin	Kahnler	Kurz
Rütz	Eber	Ebert	Lebkucher

Eber

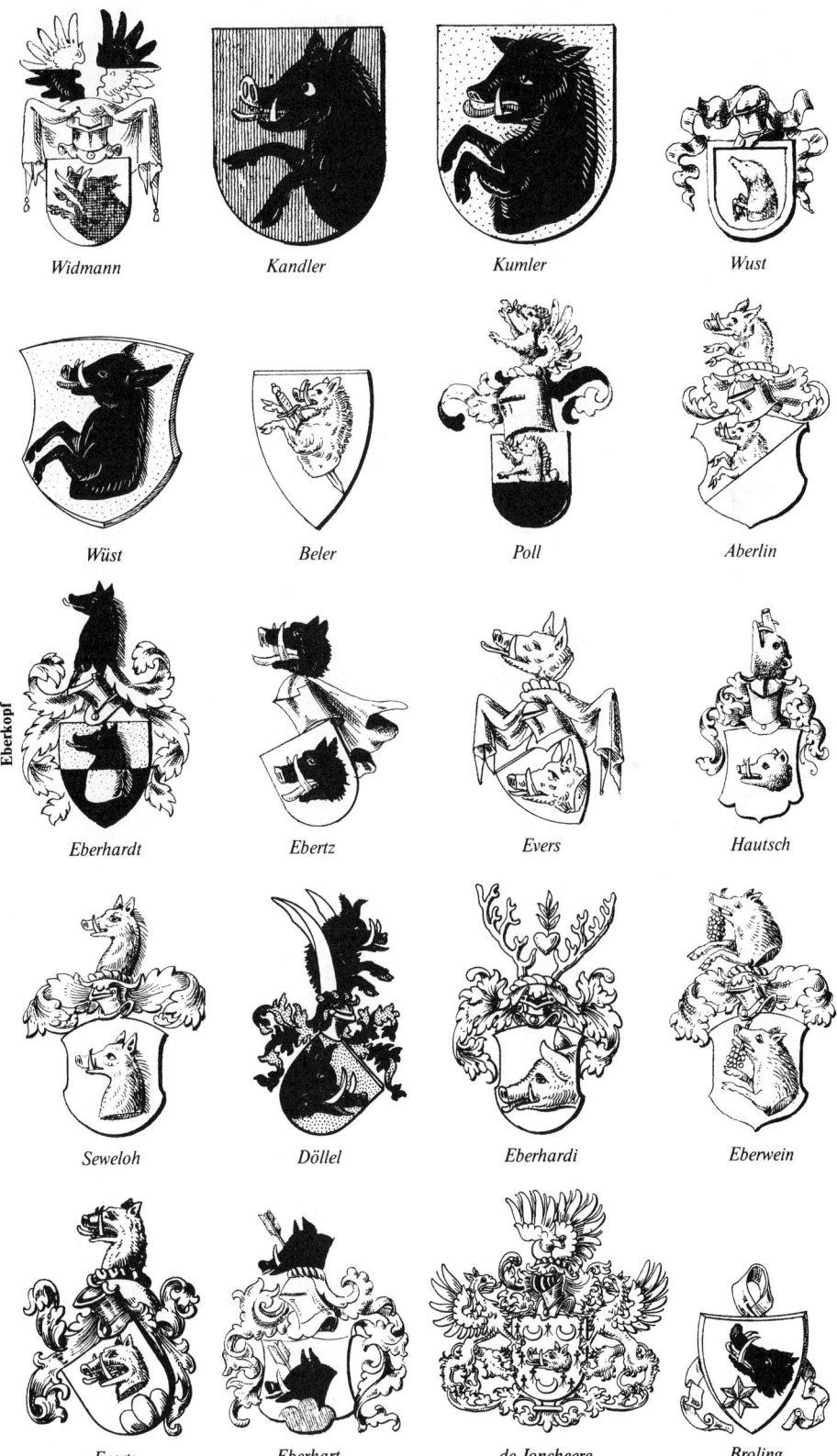

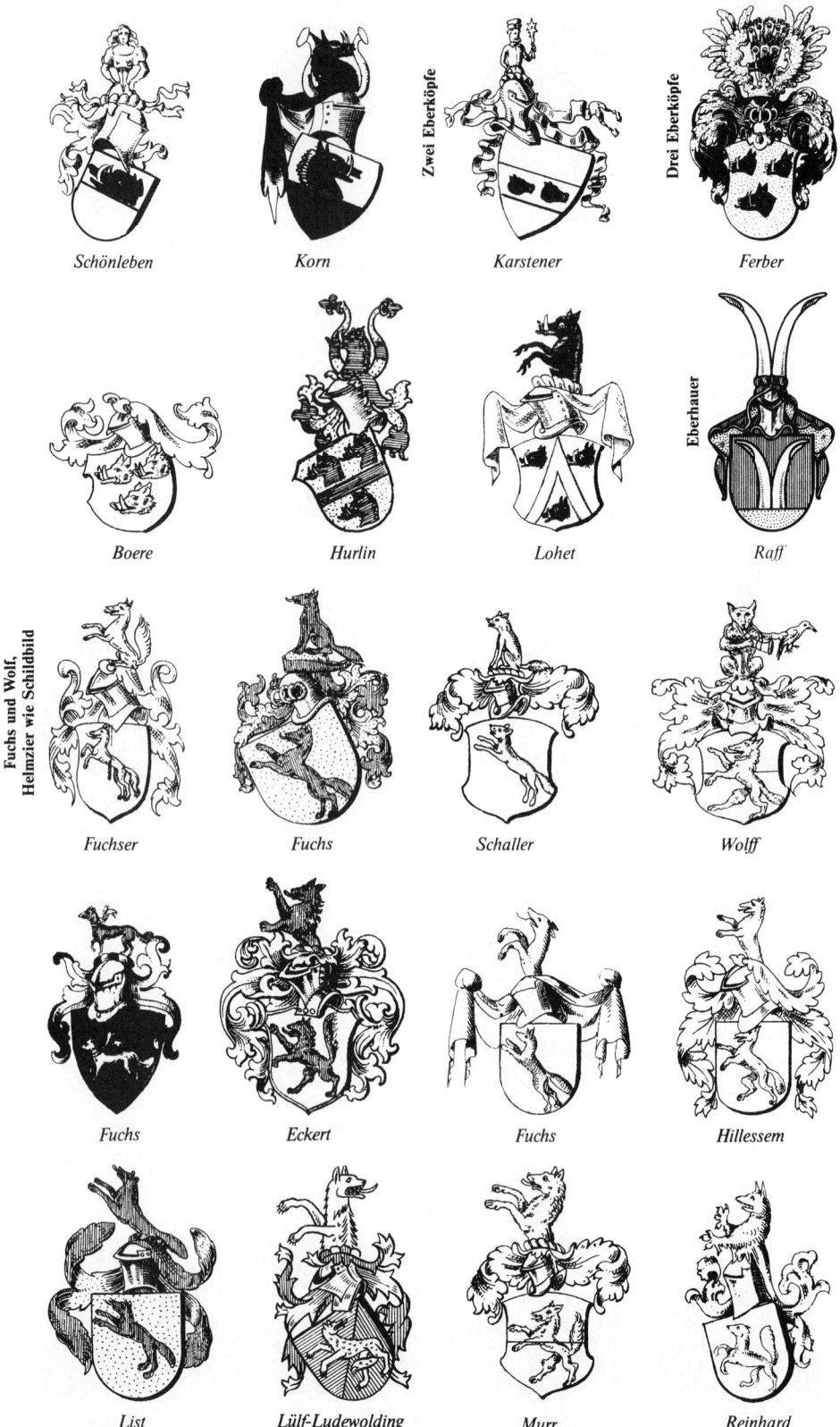

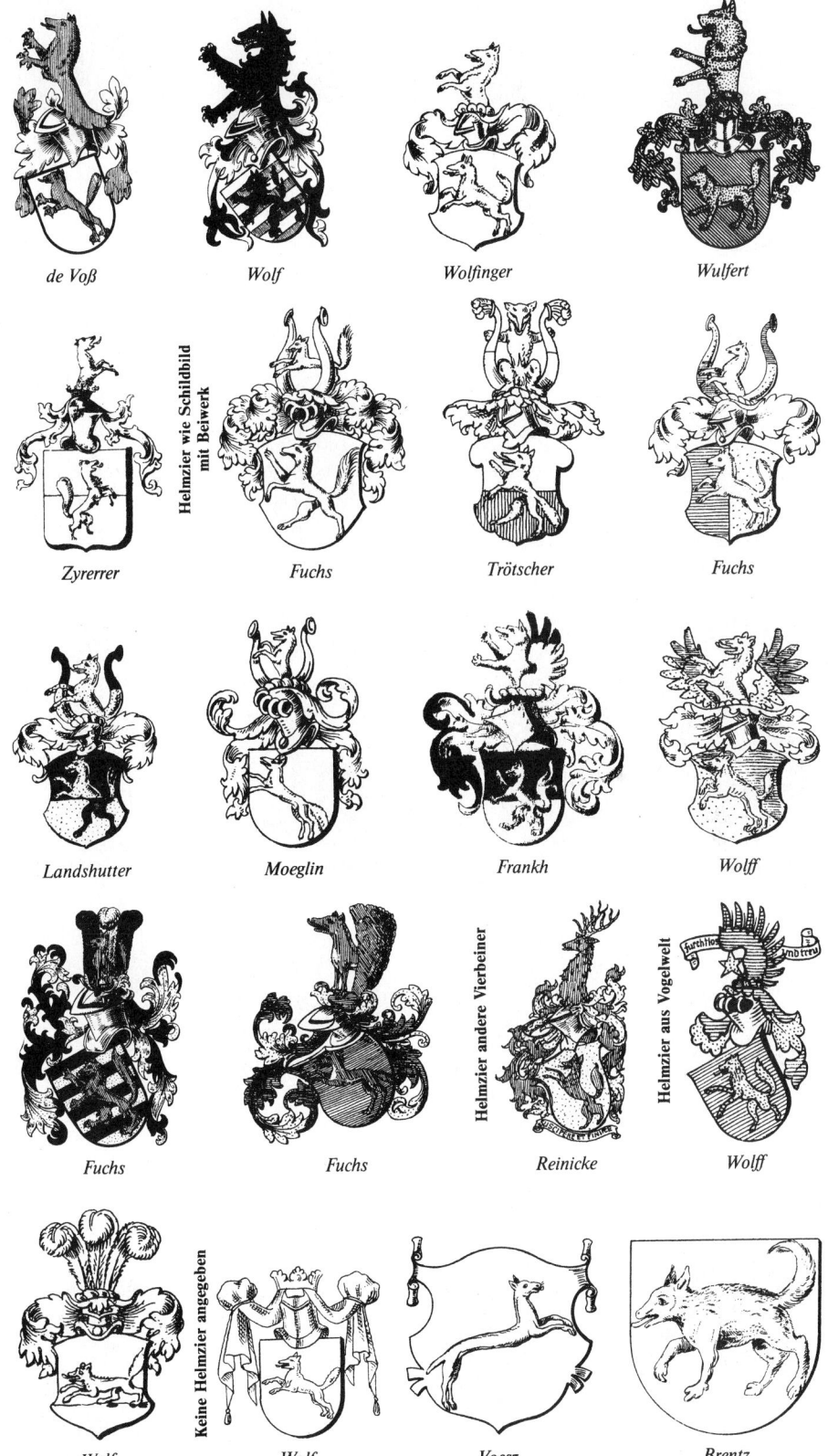

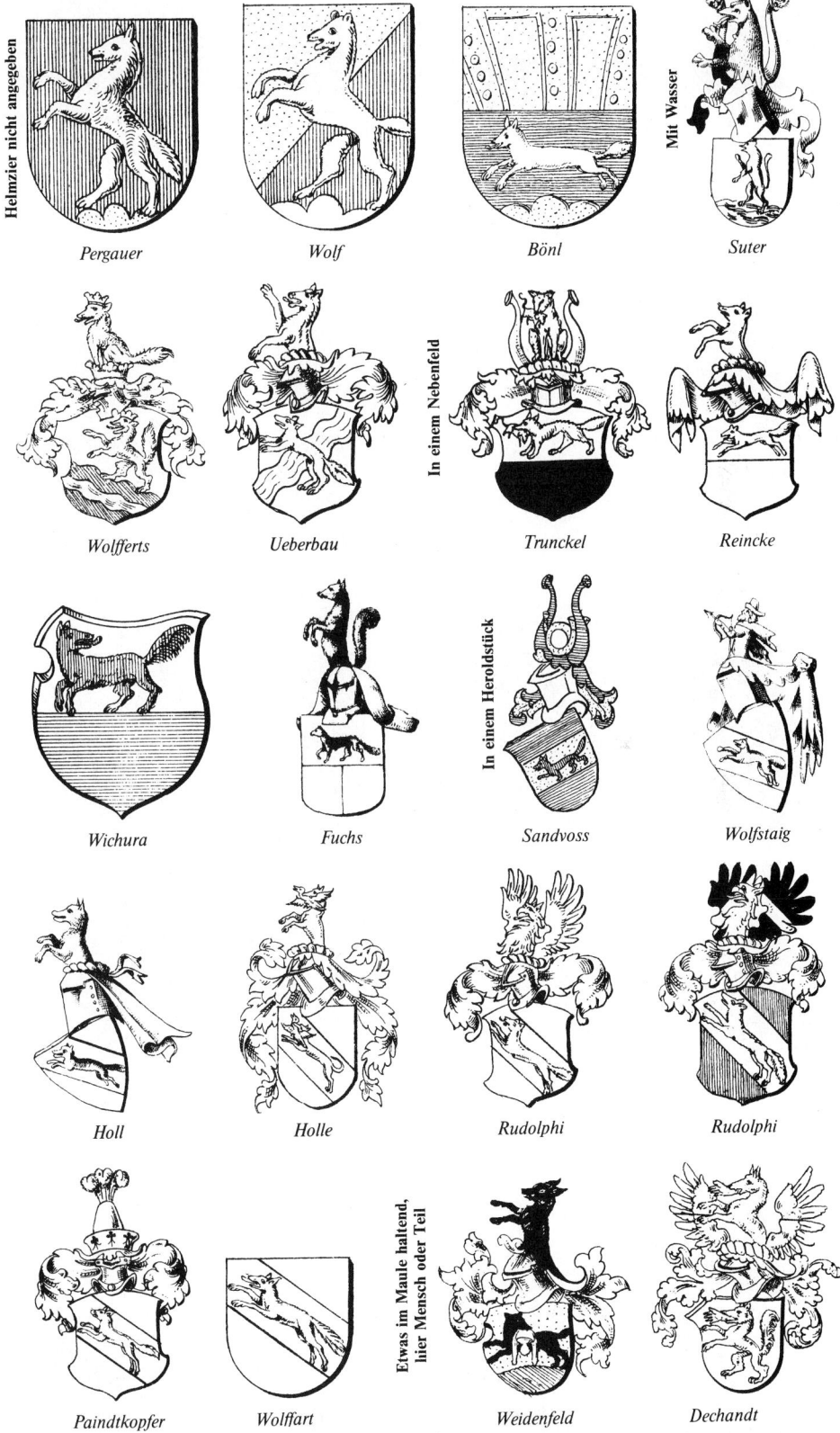

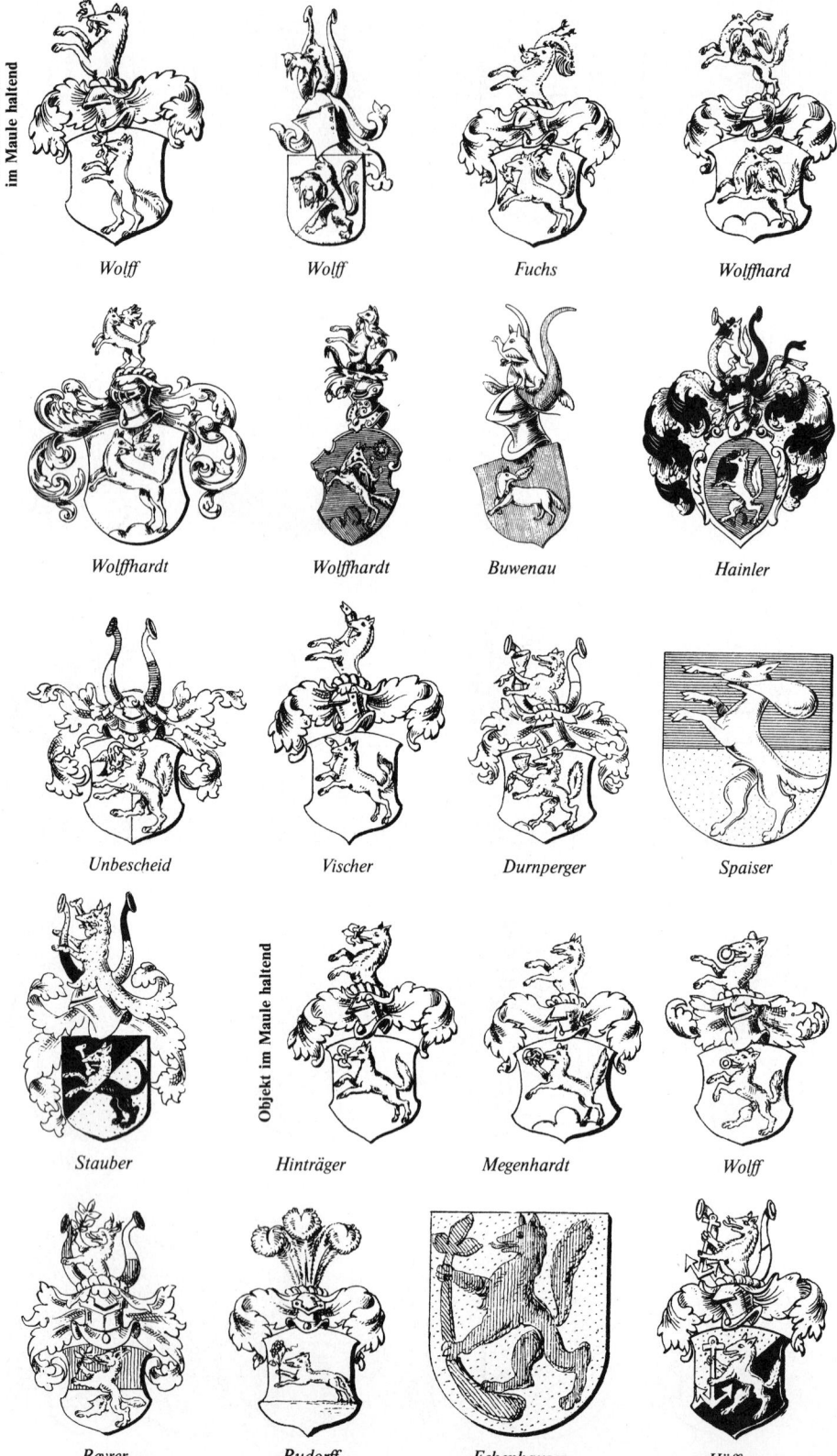

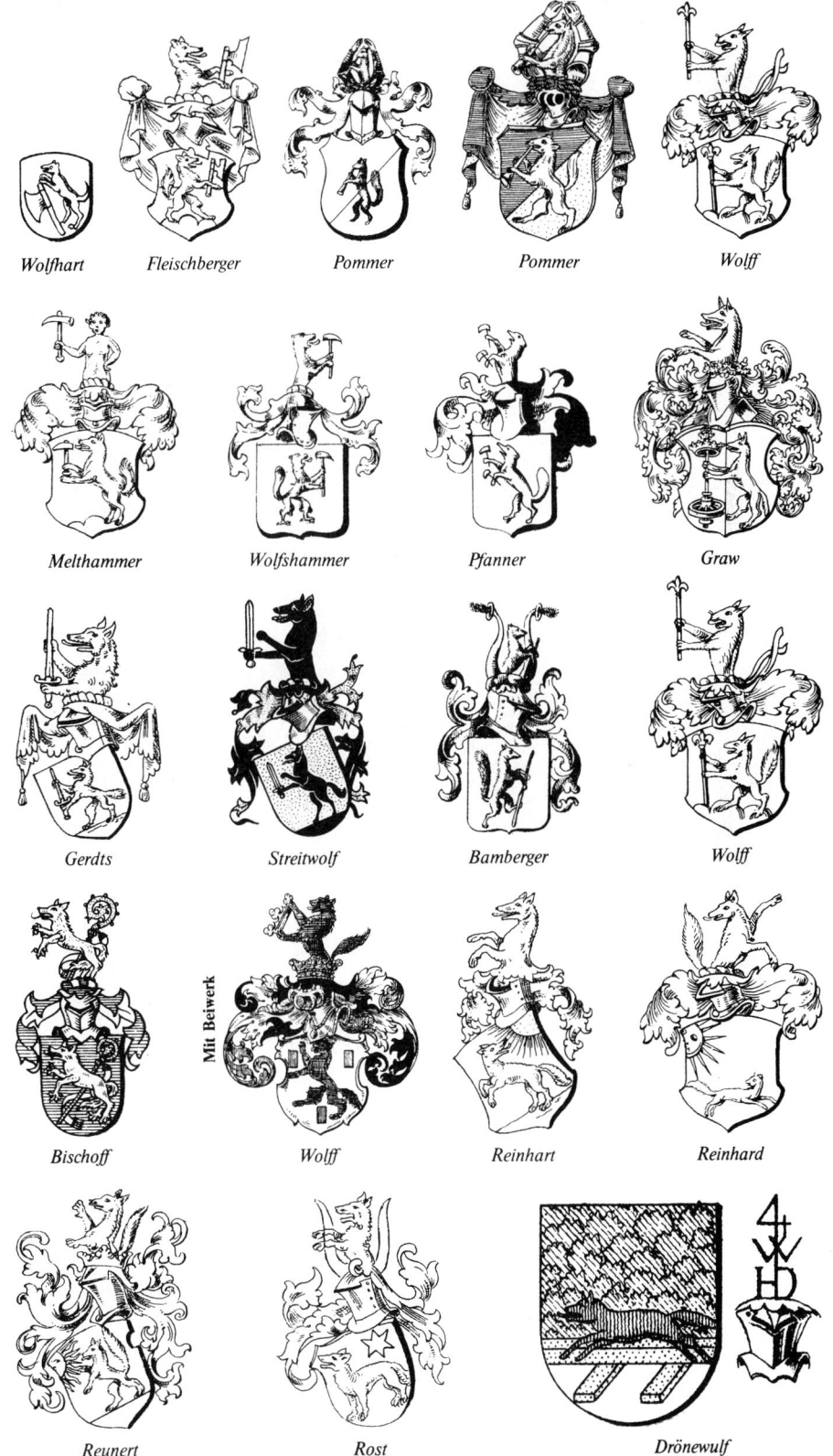

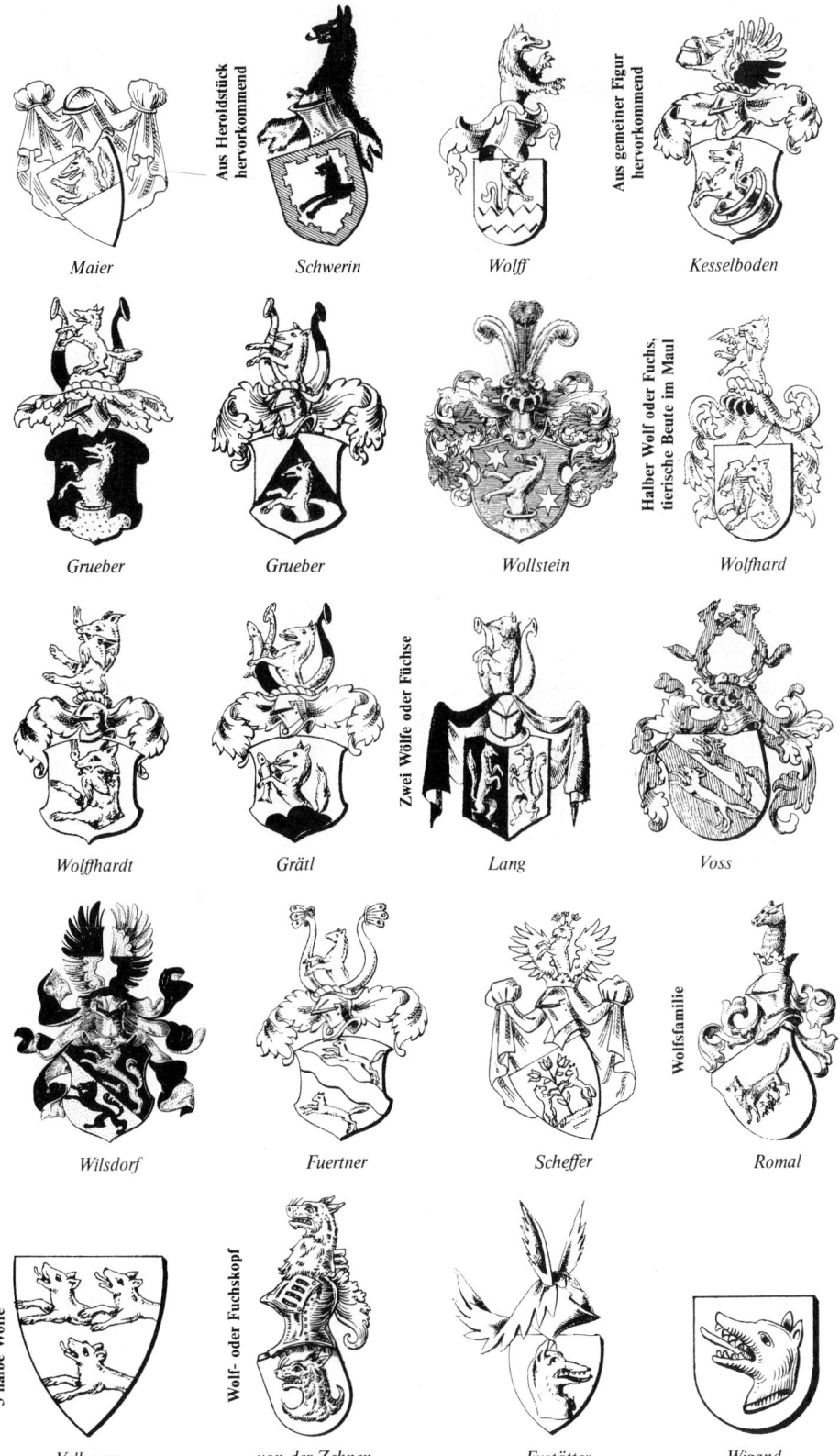

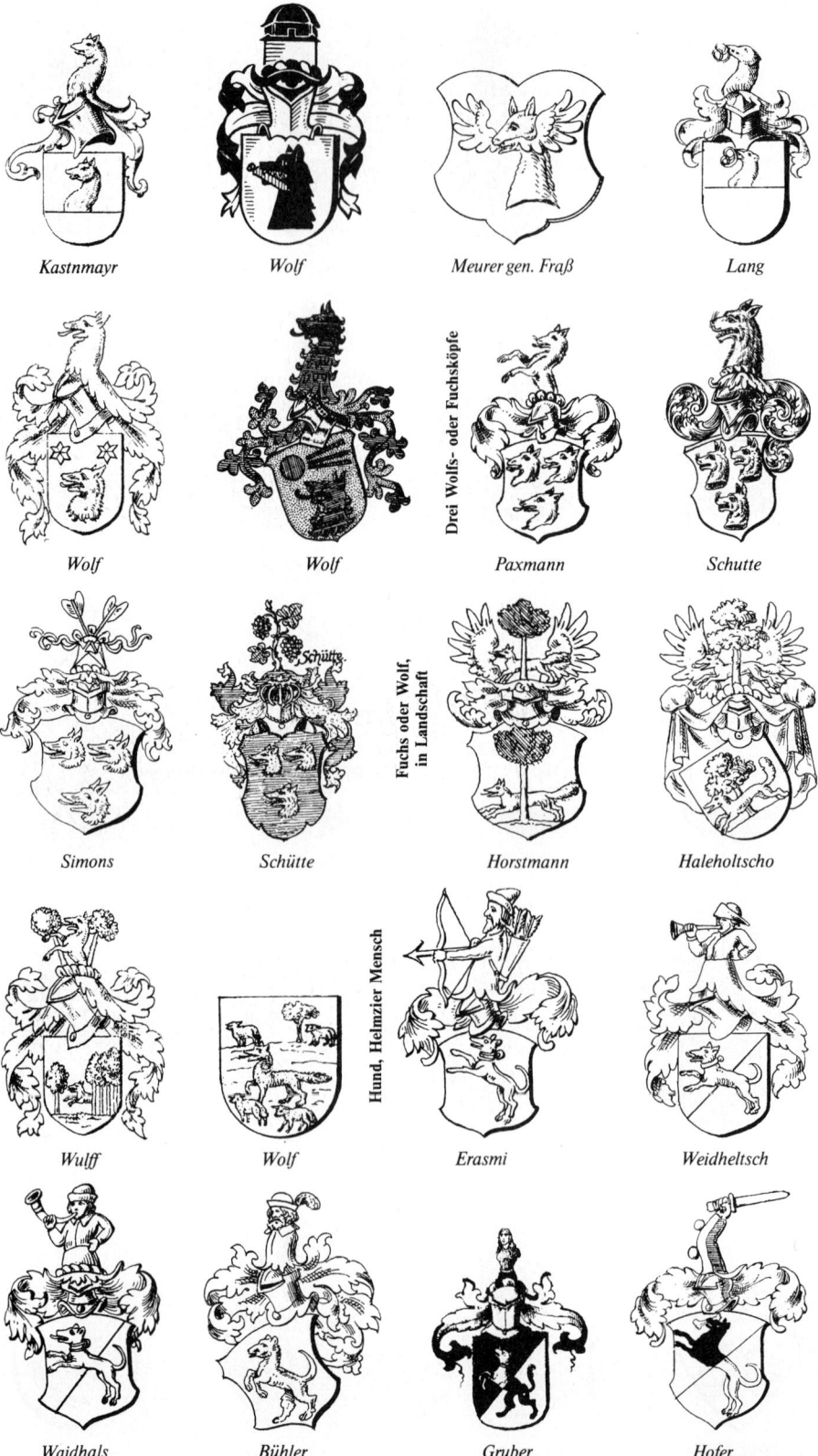

Hund

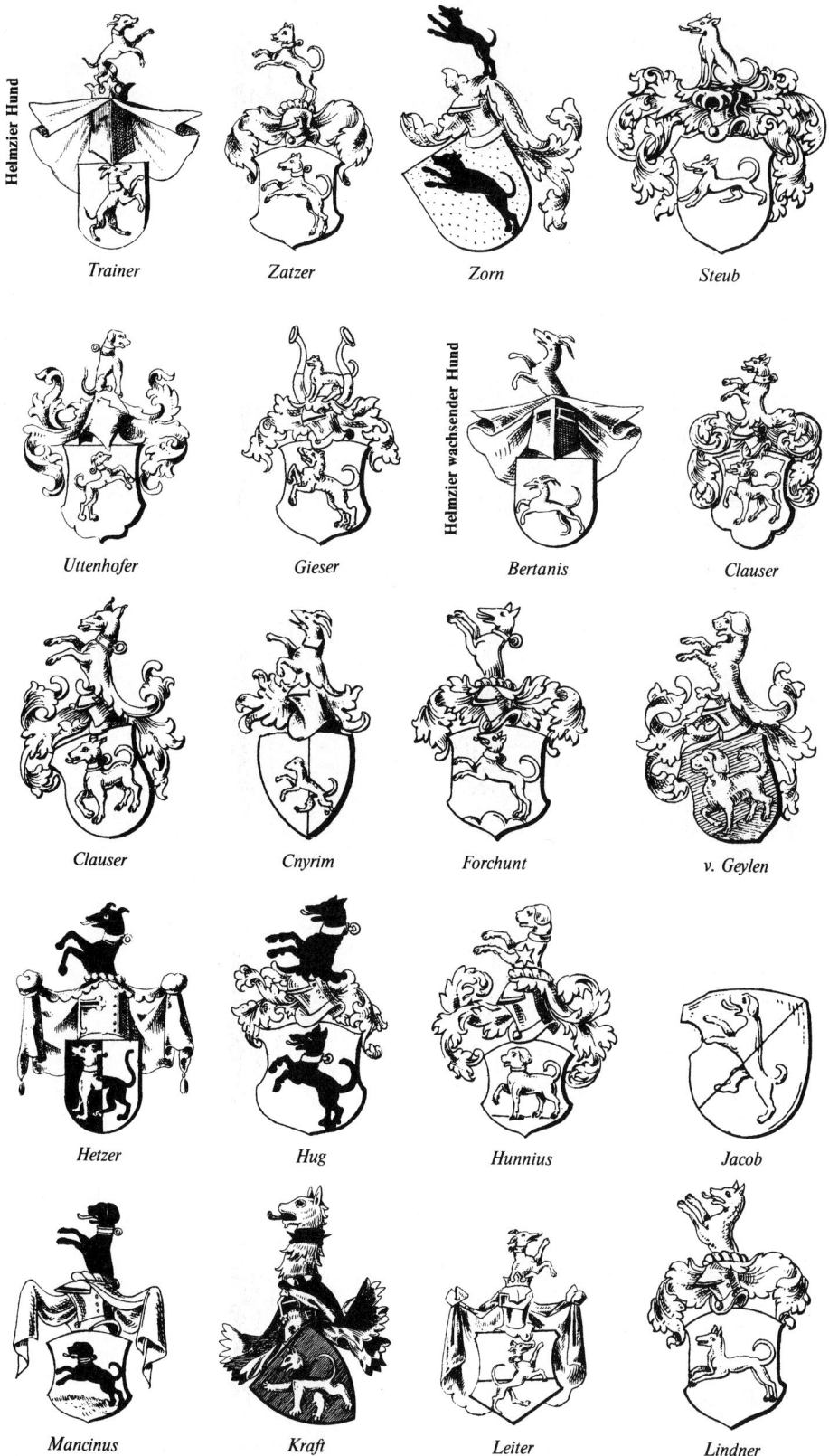

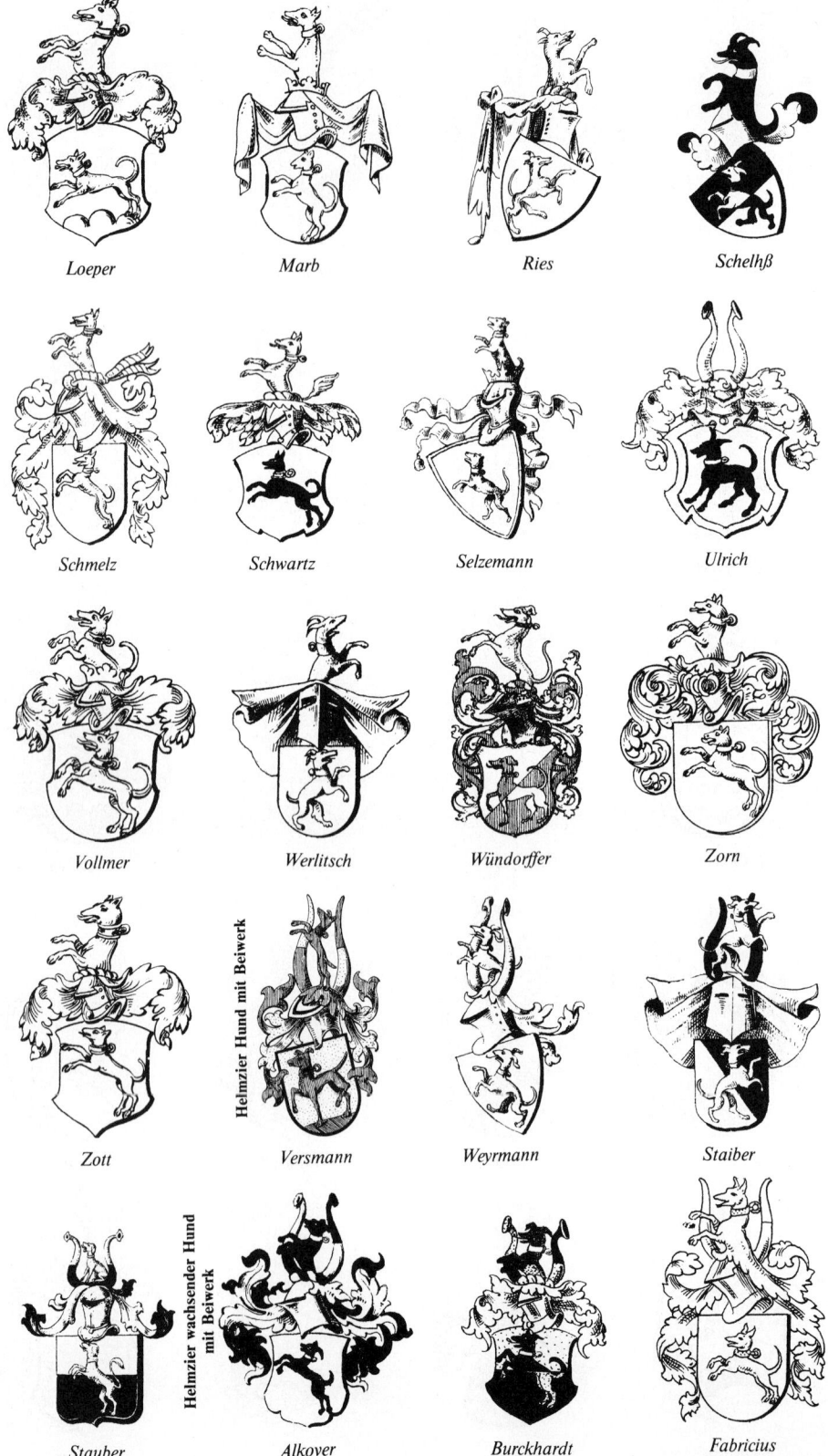

Hund

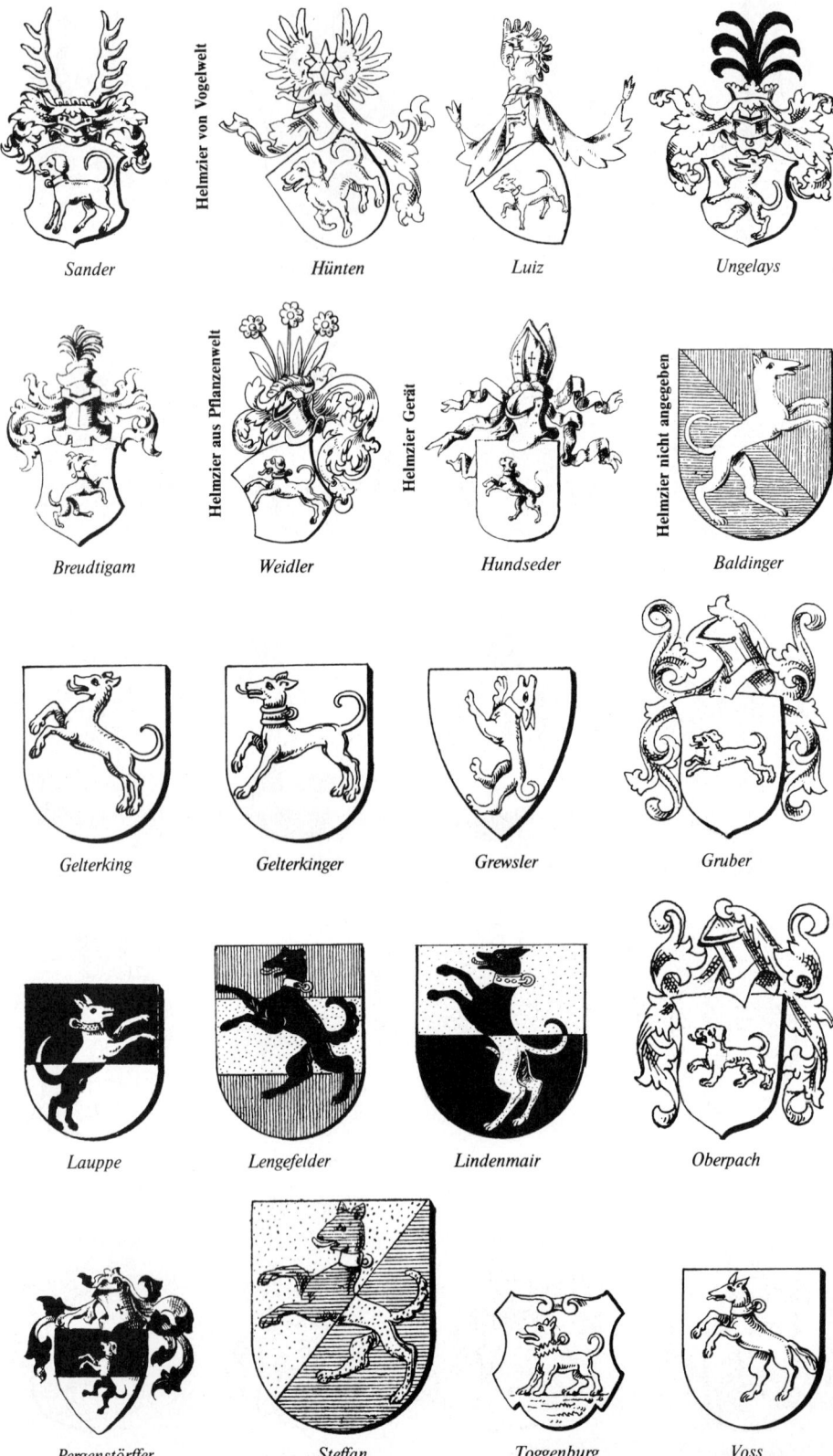

Hund

Zatzer — Stainberger (Sitzend) — Vorbrack — Rauscher
Bölmann — Stadler — Pögnitz — Streccius
Dietter — Detert — Dieter — Kramer
Marb (Etwas im Maule haltend) — Ridt — Rüd — Rüd
Rodde — Marb — Eysenhover — Weckherlin

Hund

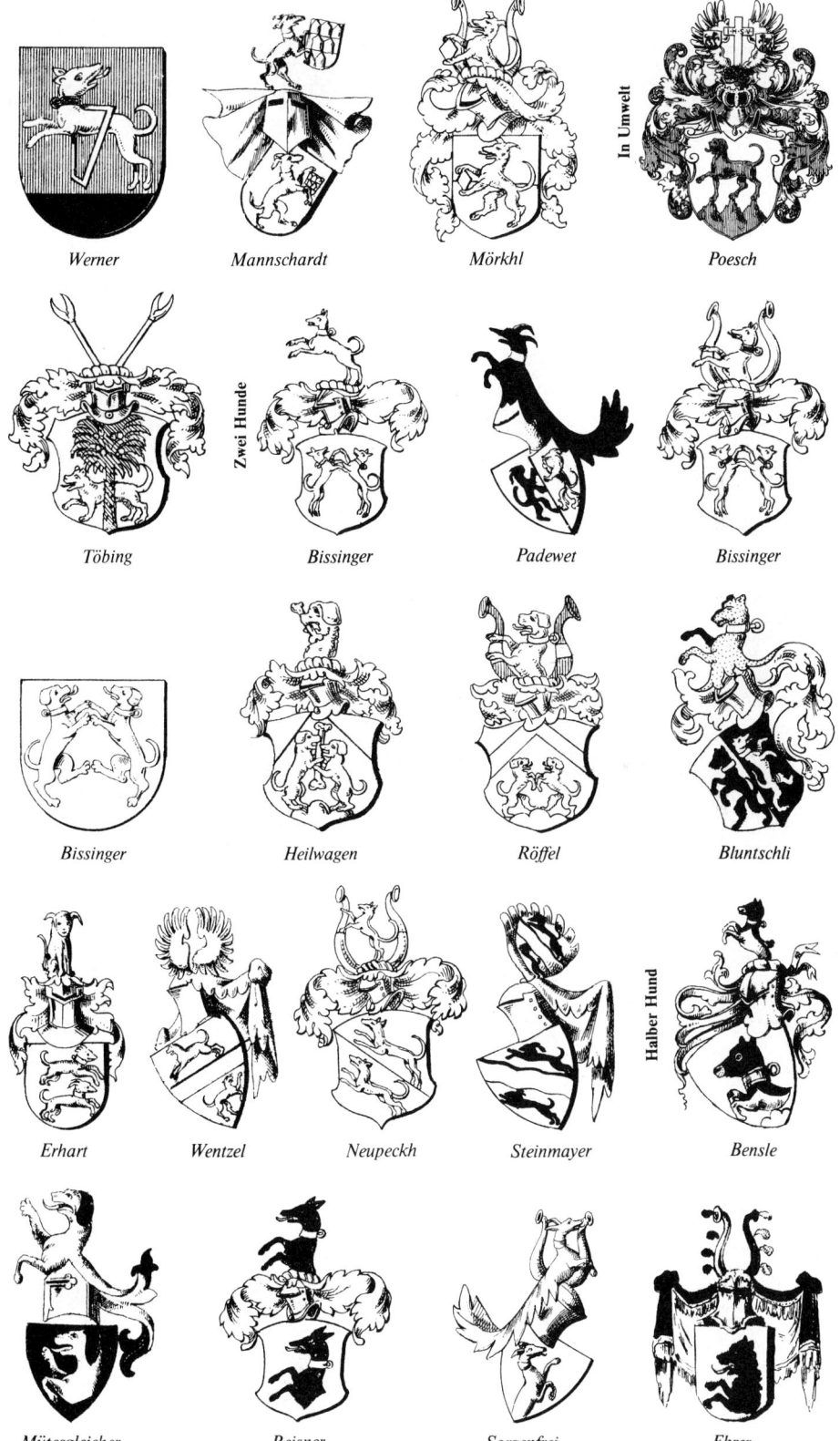

Hund

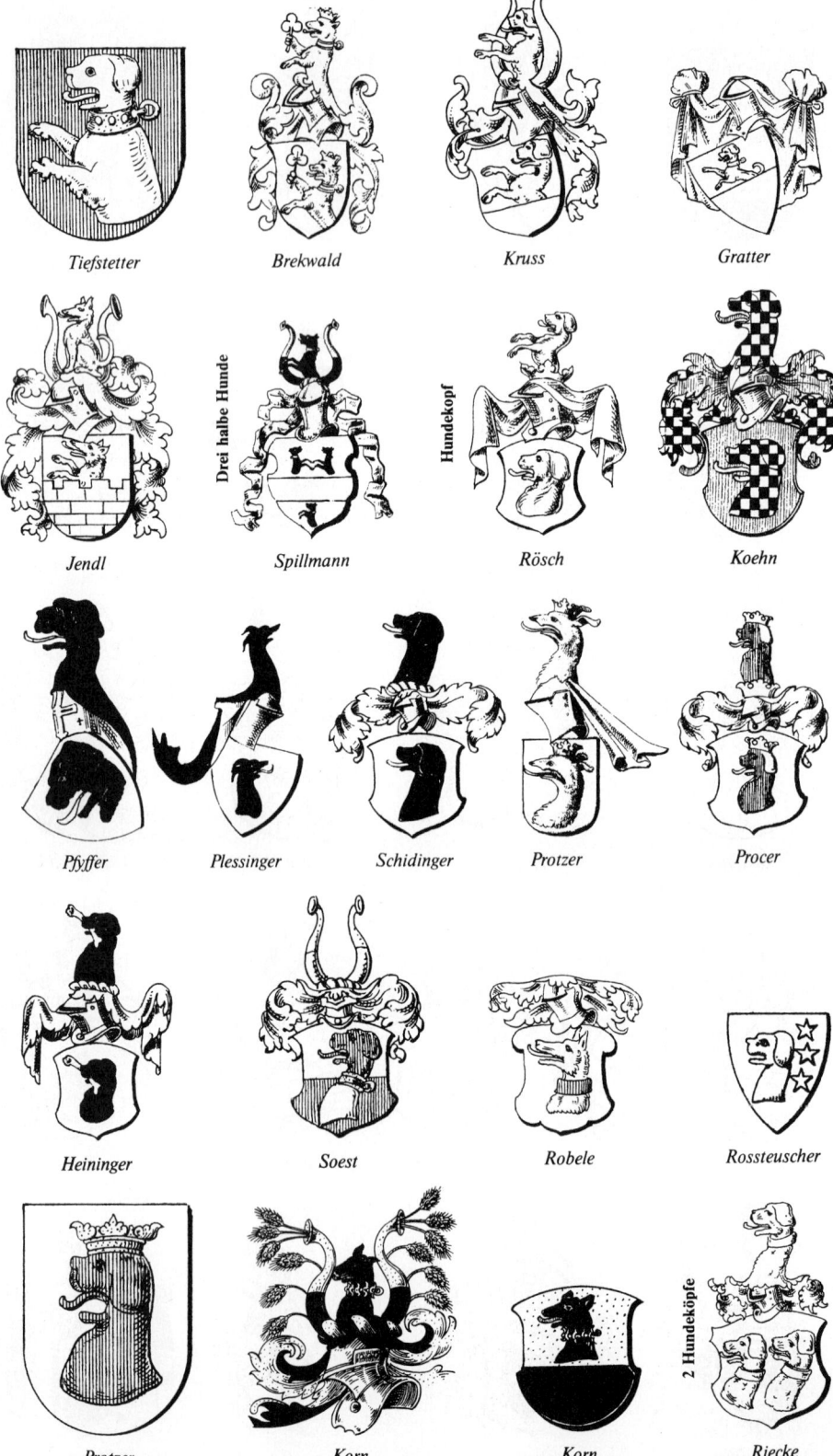

Tiefstetter	Brekwald	Kruss	Gratter
Jendl	Spillmann (Drei halbe Hunde)	Rösch (Hundekopf)	Koehn
Pfyffer	Plessinger	Schidinger	Protzer	Procer
Heininger	Soest	Robele	Rossteuscher
Protzer	Korn	Korn	Riecke (2 Hundeköpfe)

Hund/Hirsch

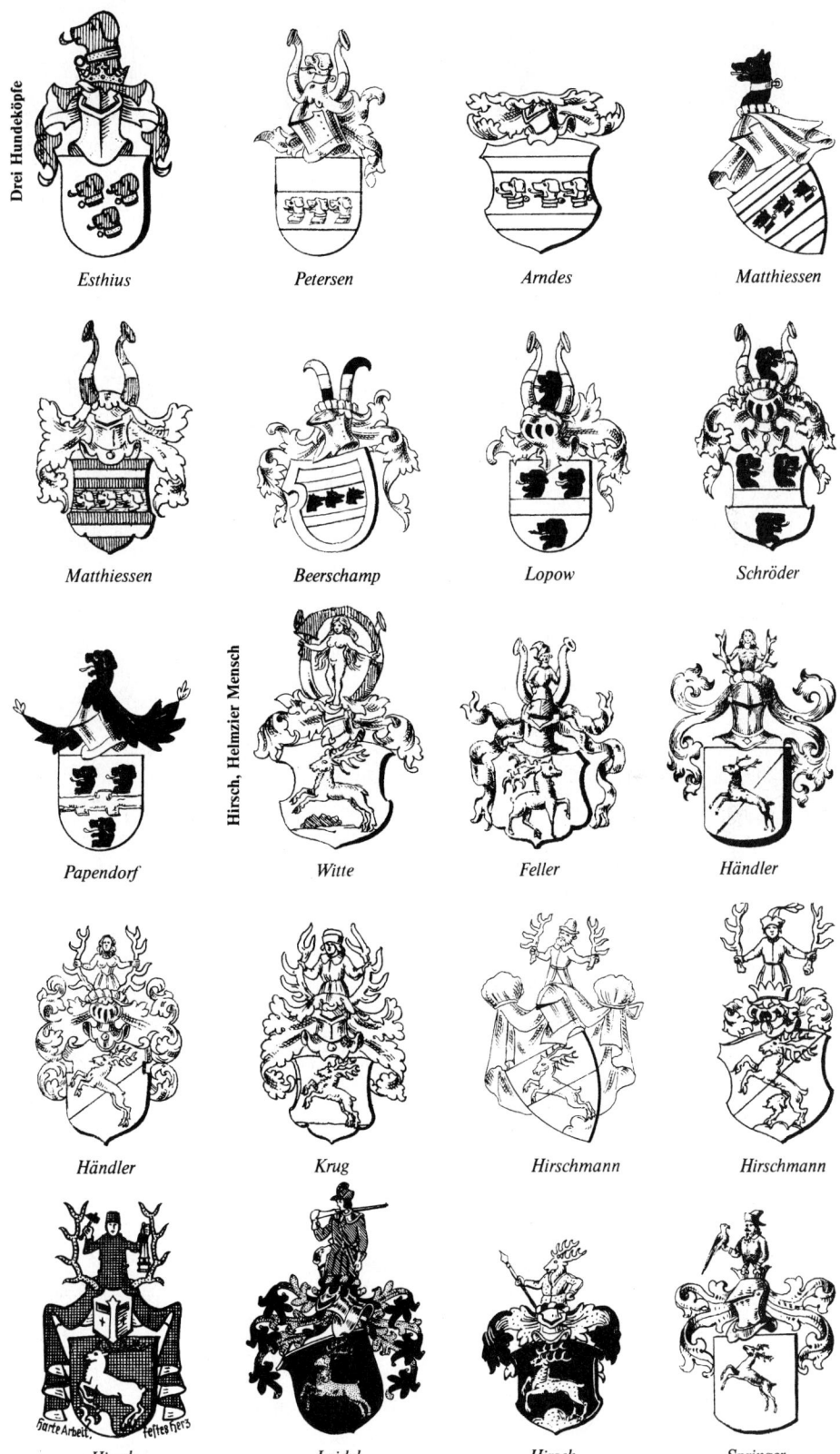

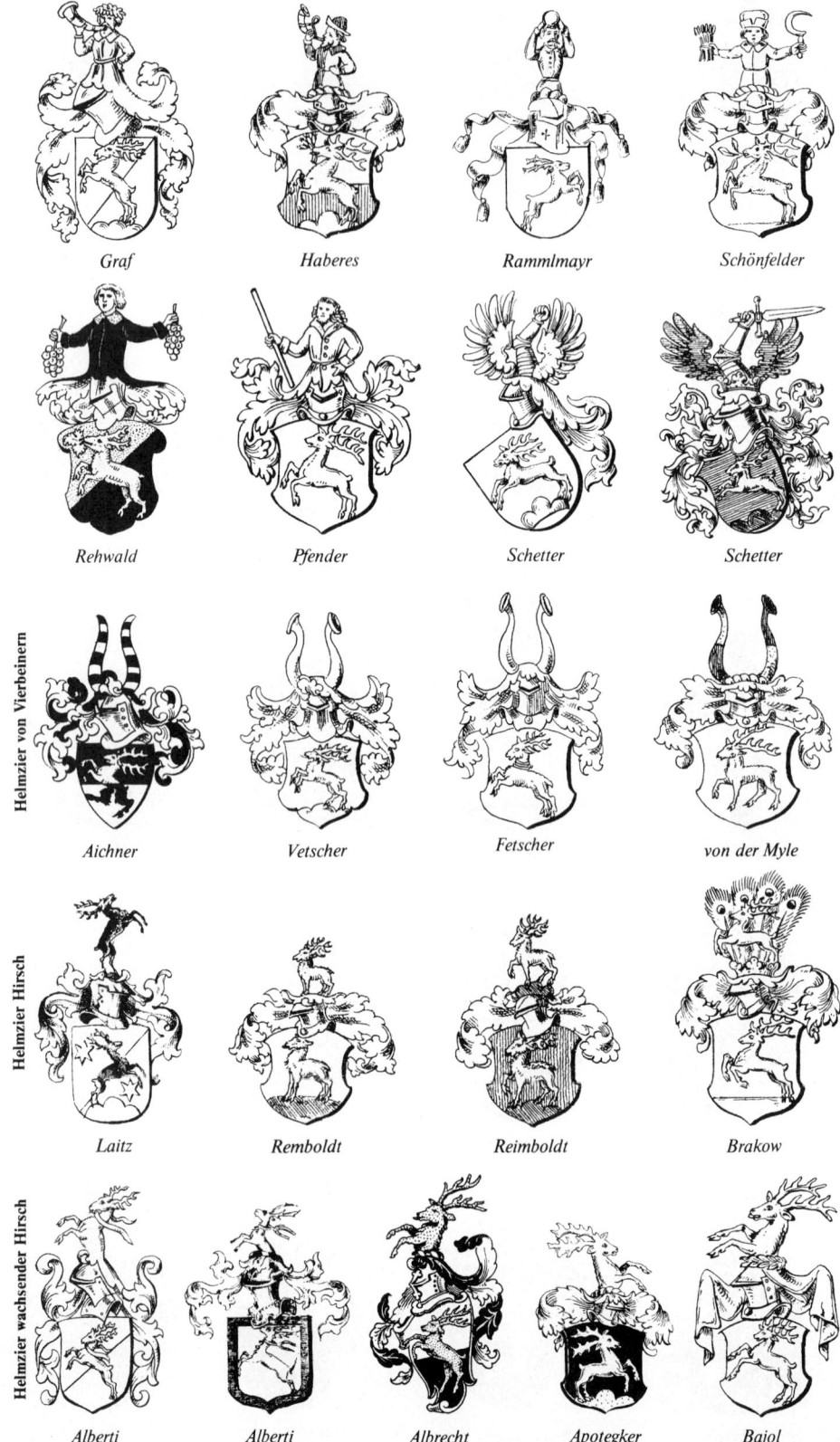

Hirsch

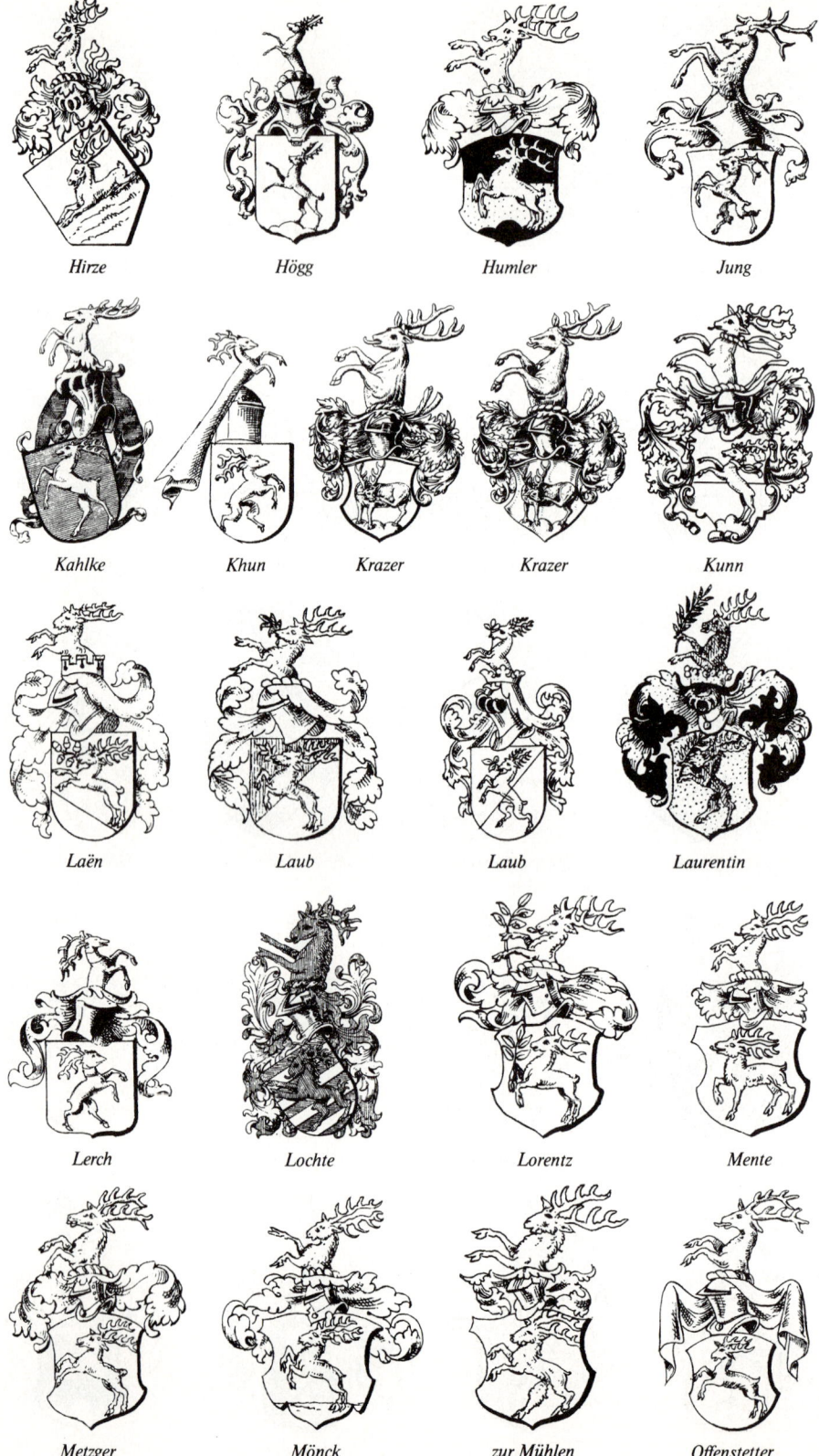

Hirze | Högg | Humler | Jung
Kahlke | Khun | Krazer | Krazer | Kunn
Laën | Laub | Laub | Laurentin
Lerch | Lochte | Lorentz | Mente
Metzger | Mönck | zur Mühlen | Offenstetter

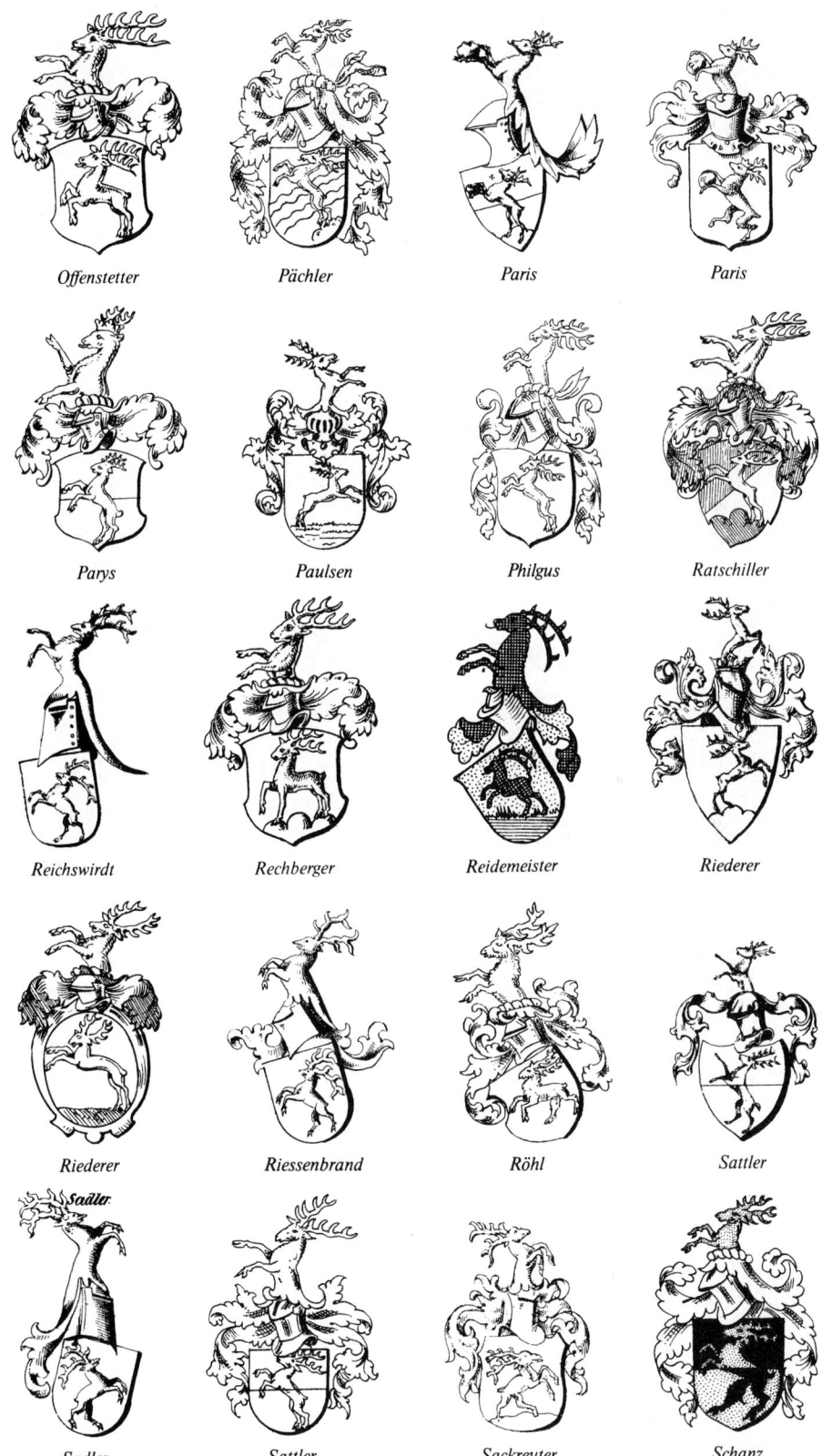

Hirsch

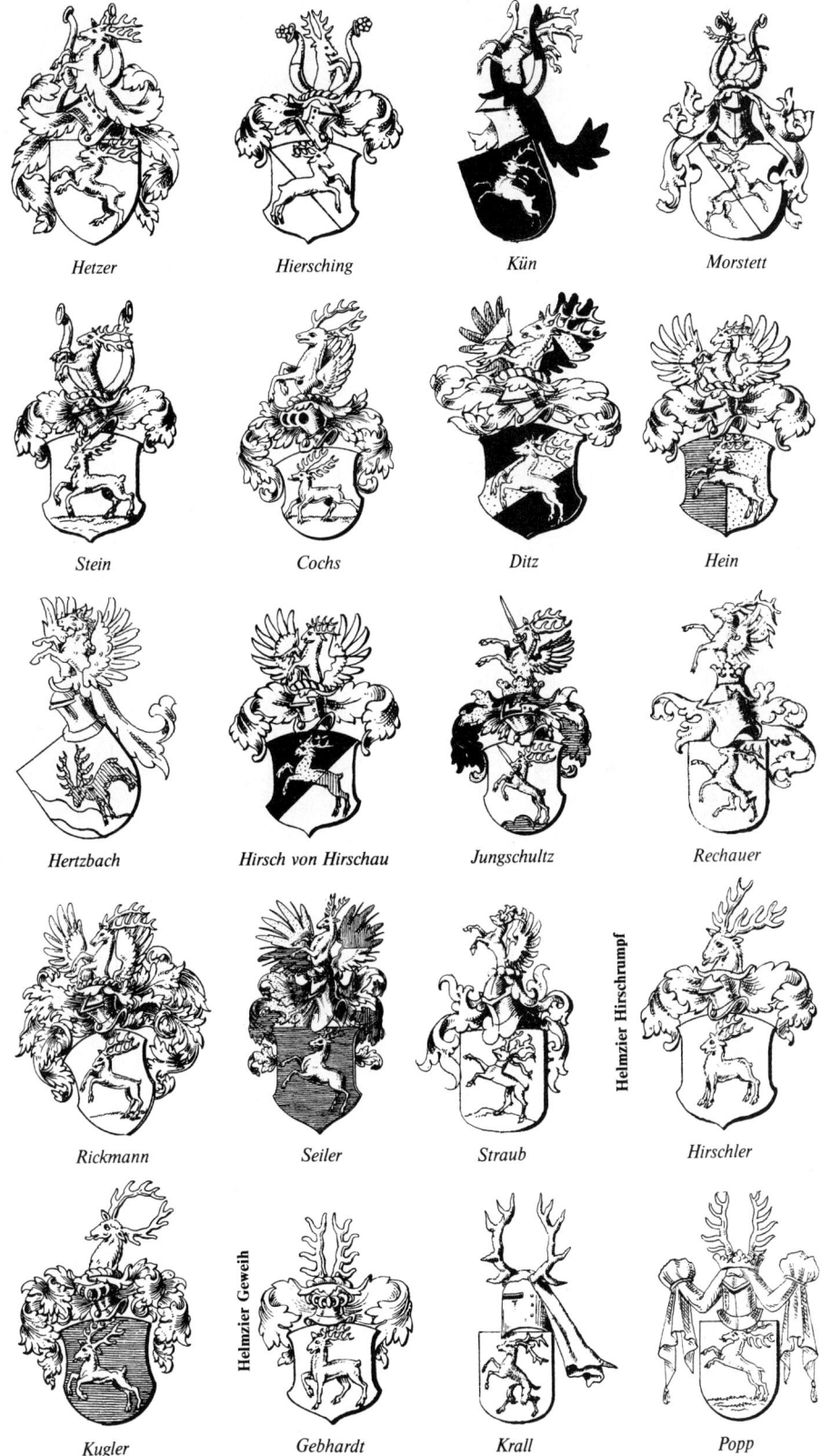

Hirsch

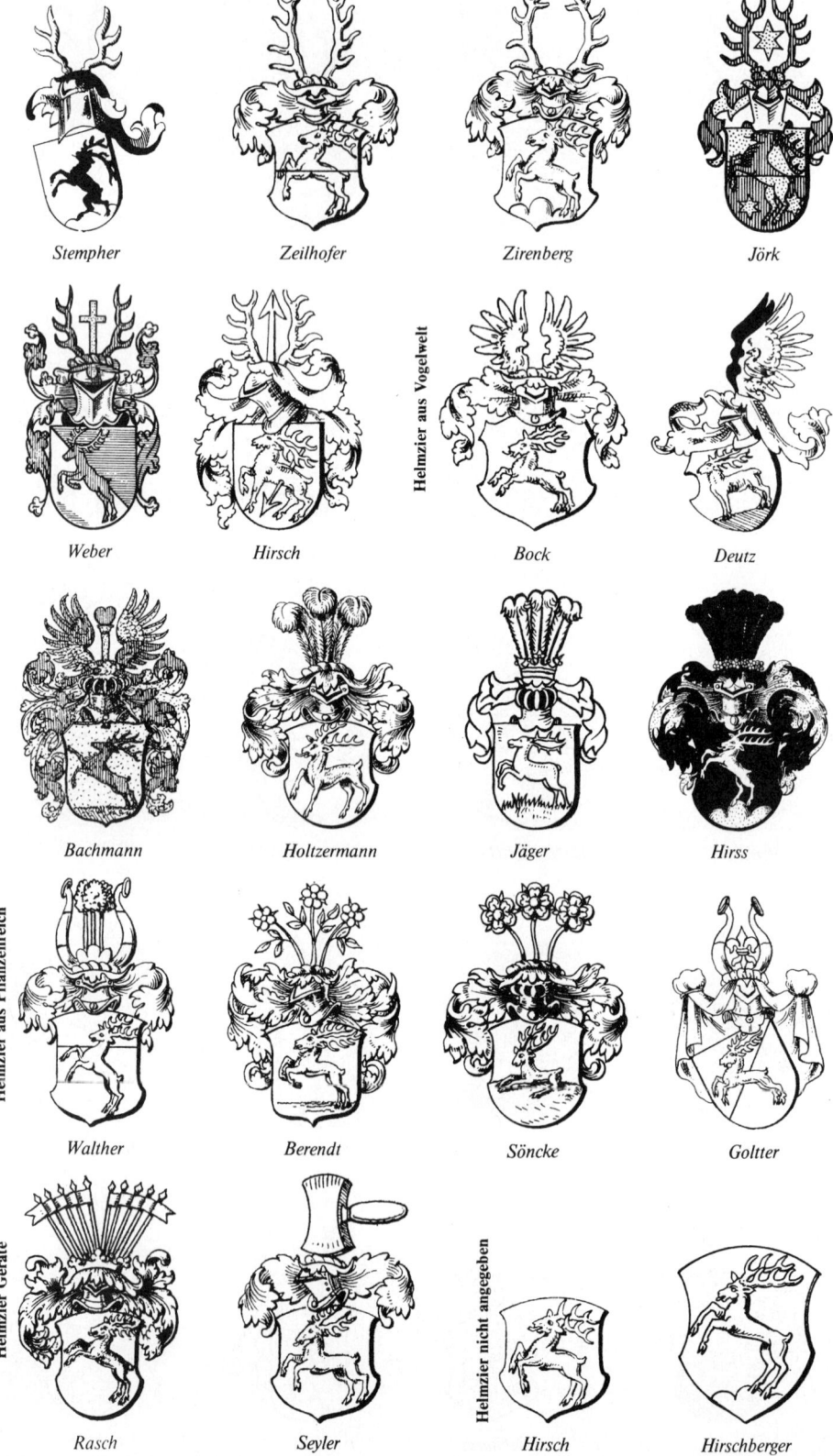

Hirsch

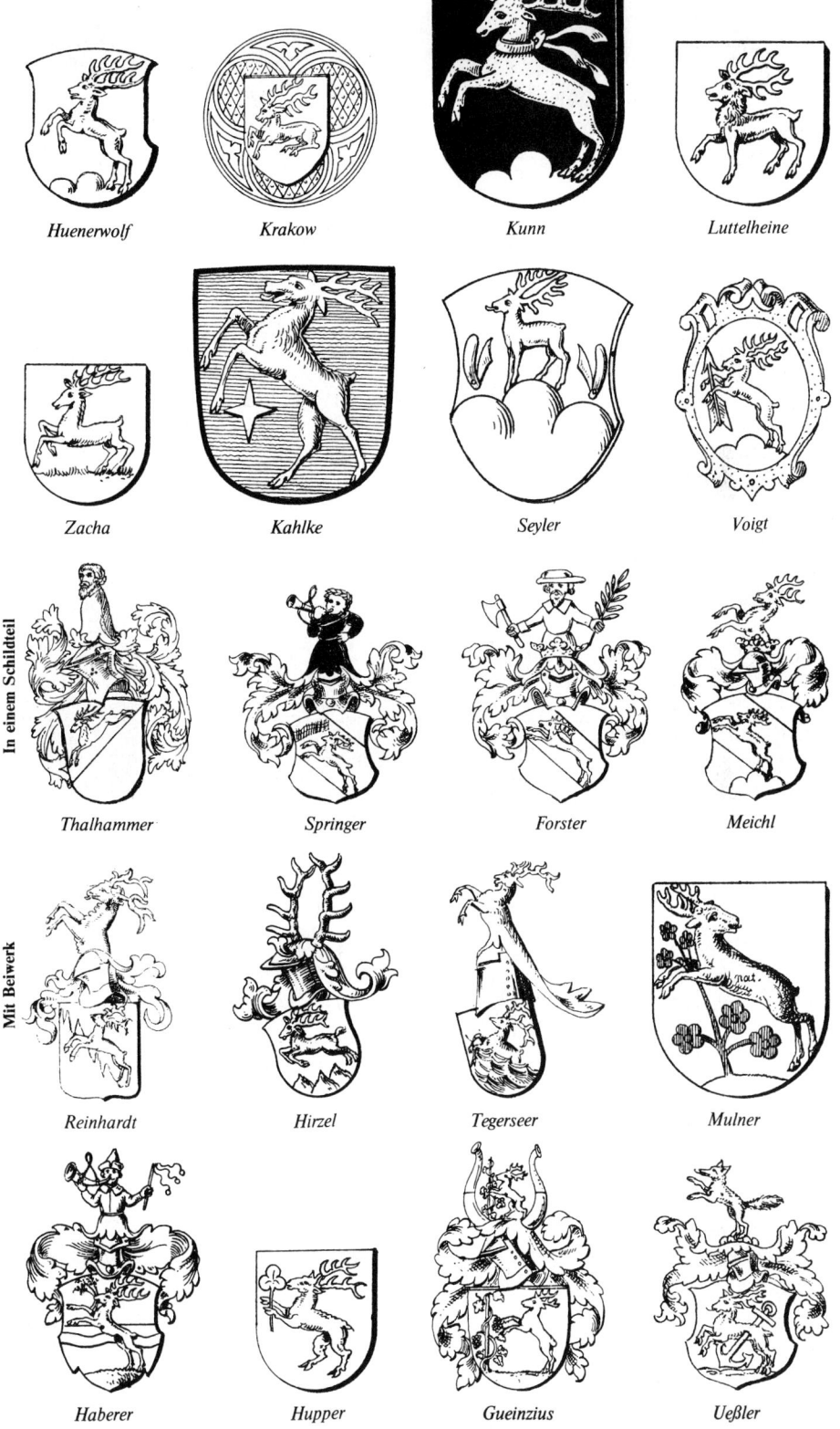

Halber Hirsch

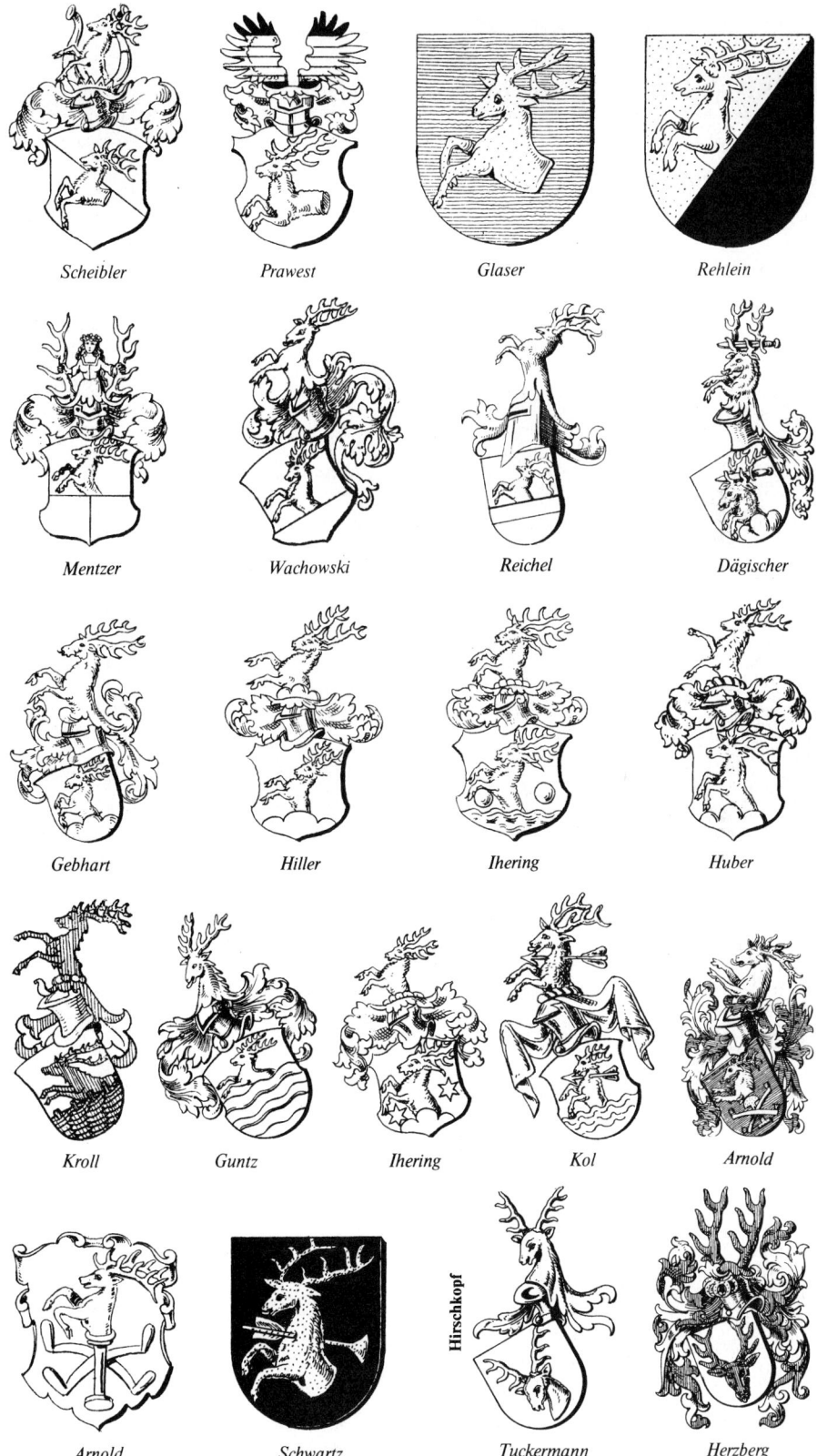

Hirschkopf

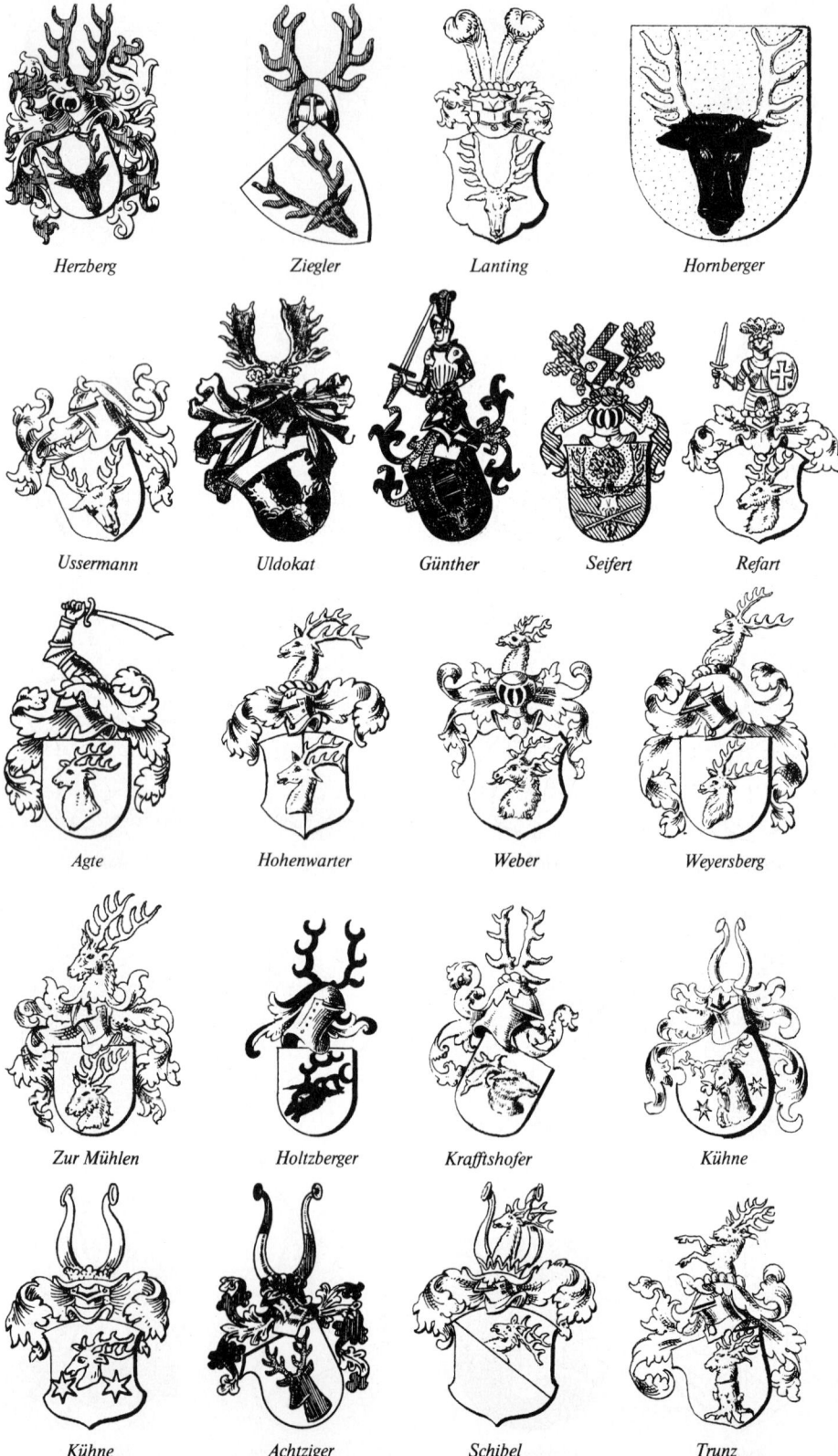

Hirschkopf, Hirschstangen

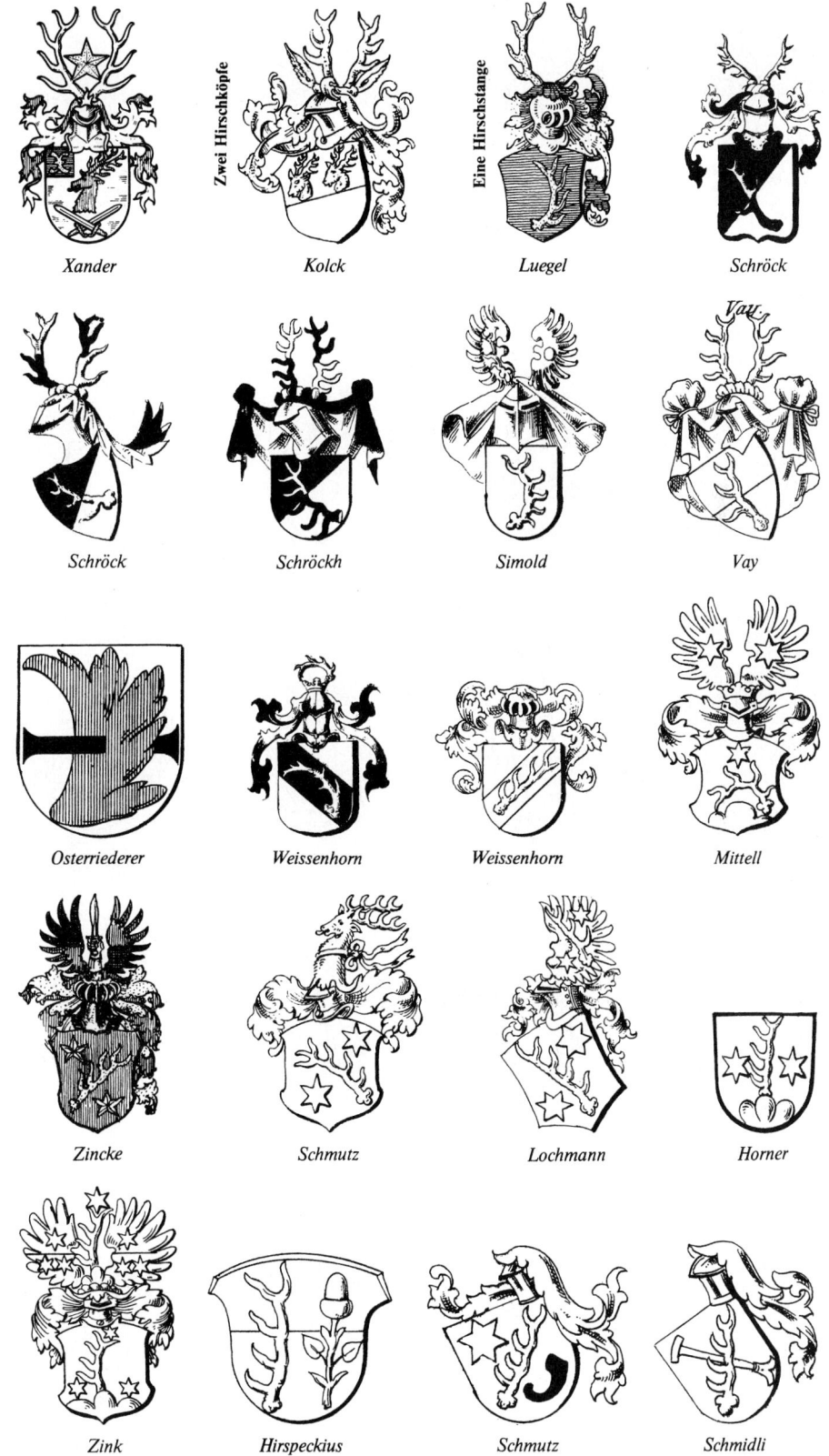

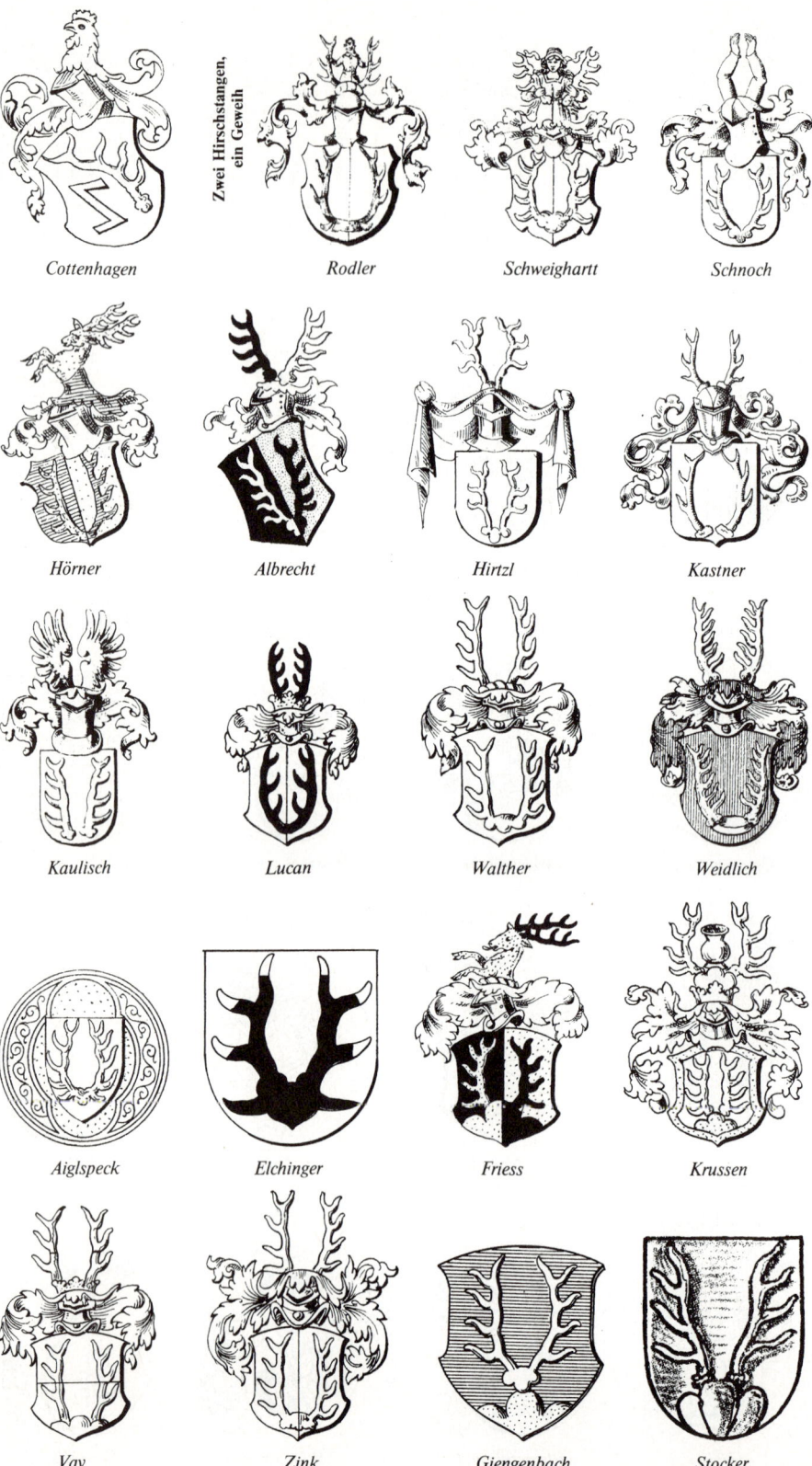

Hirschstangen

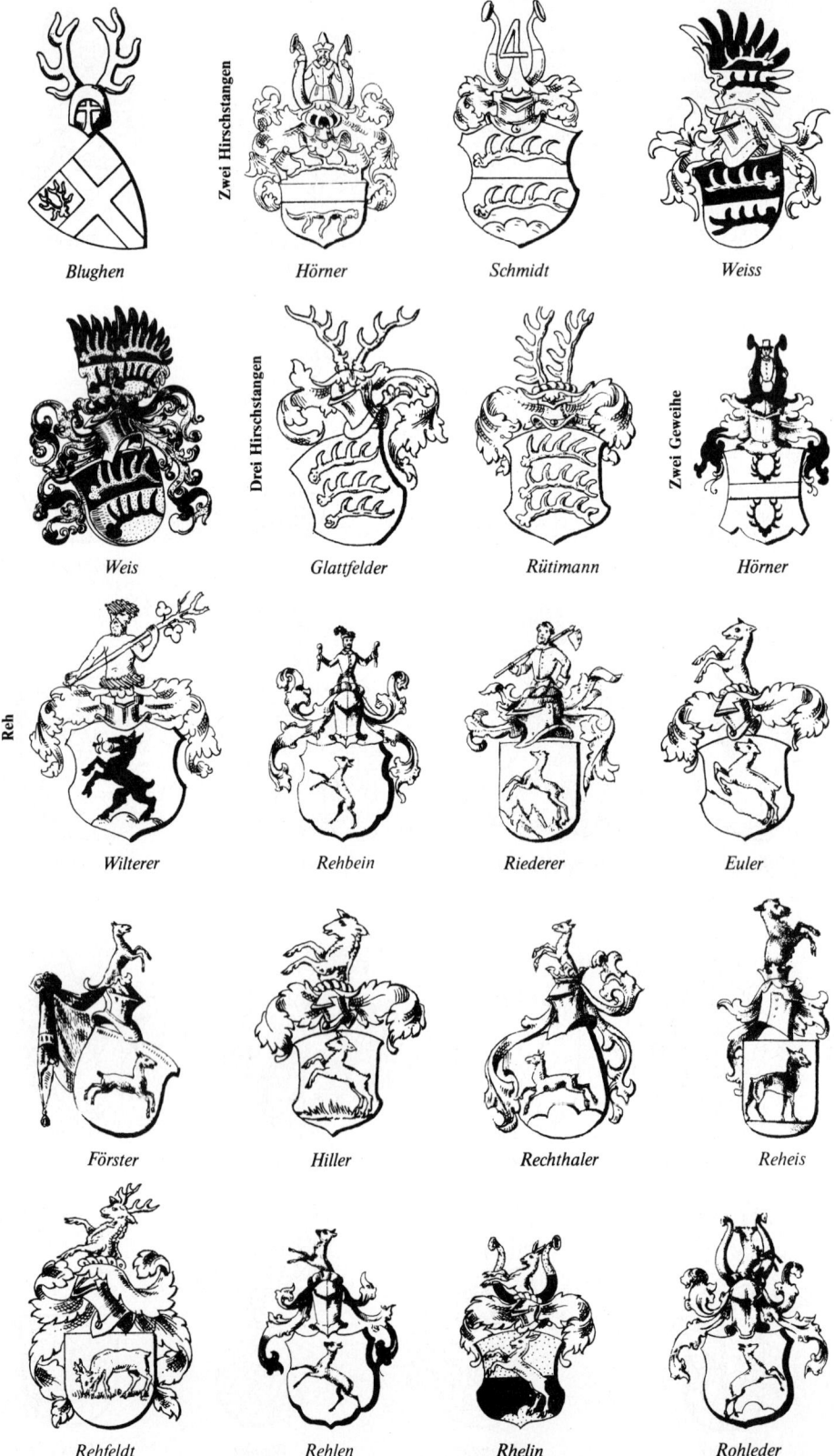

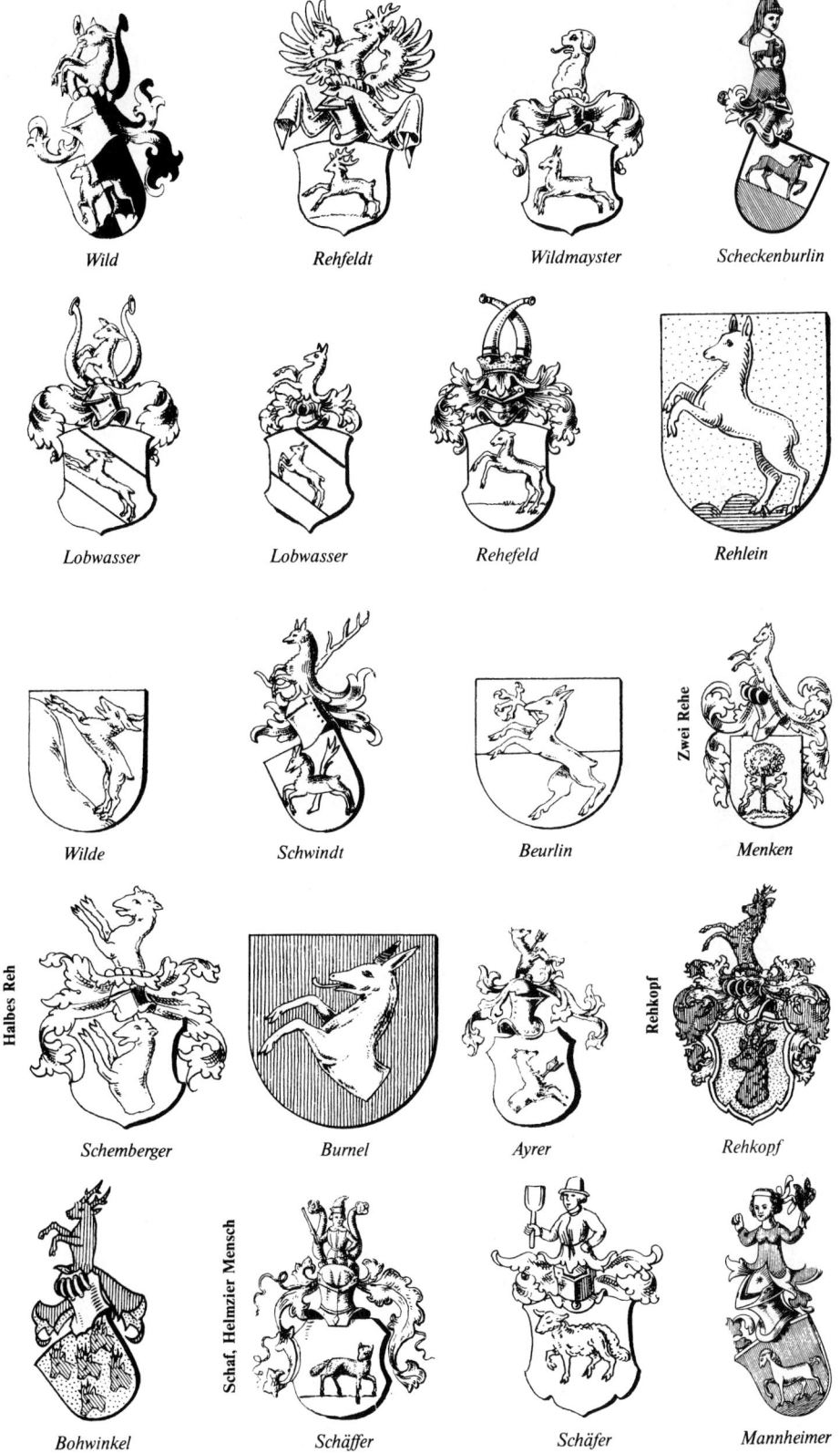

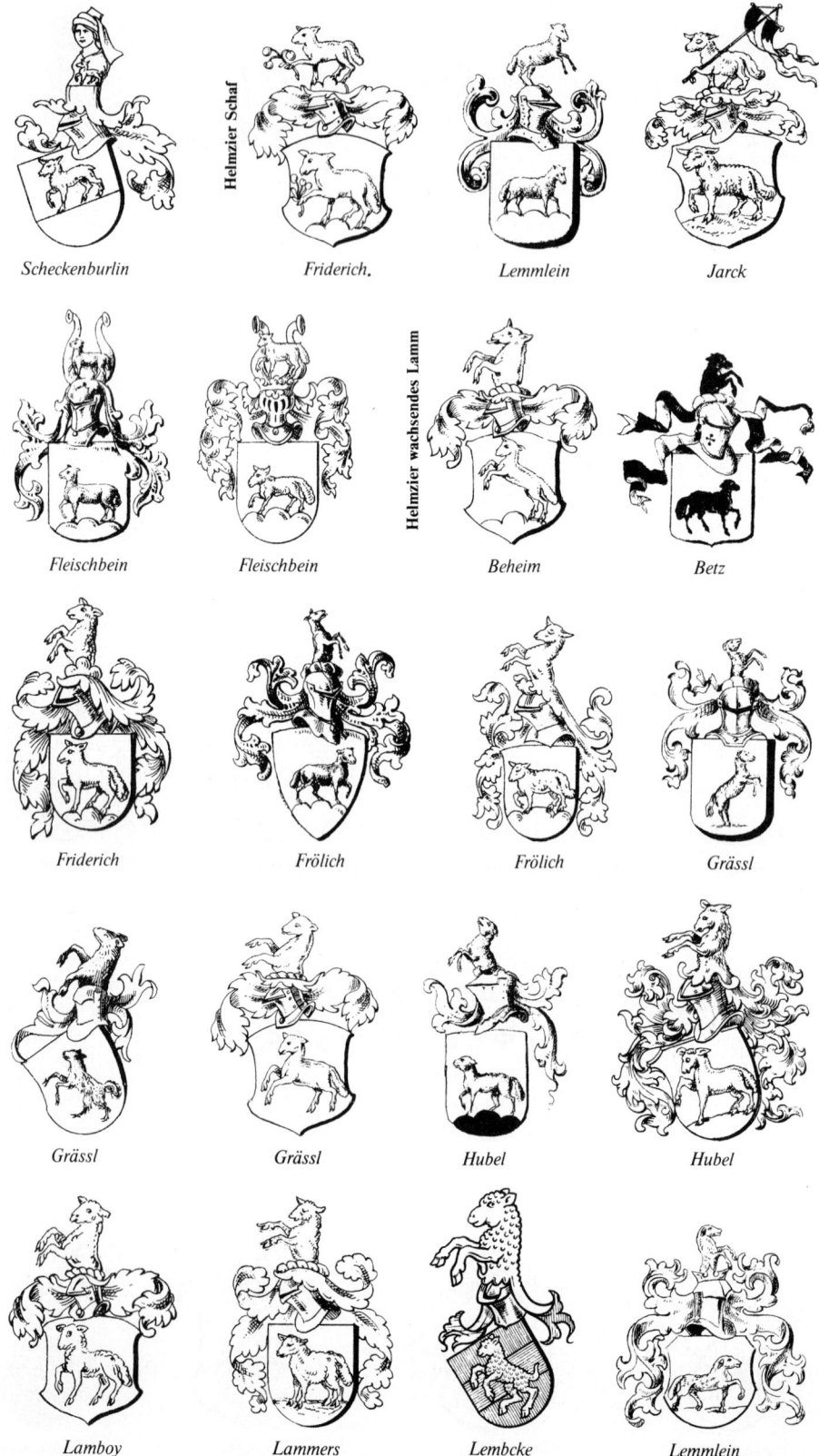

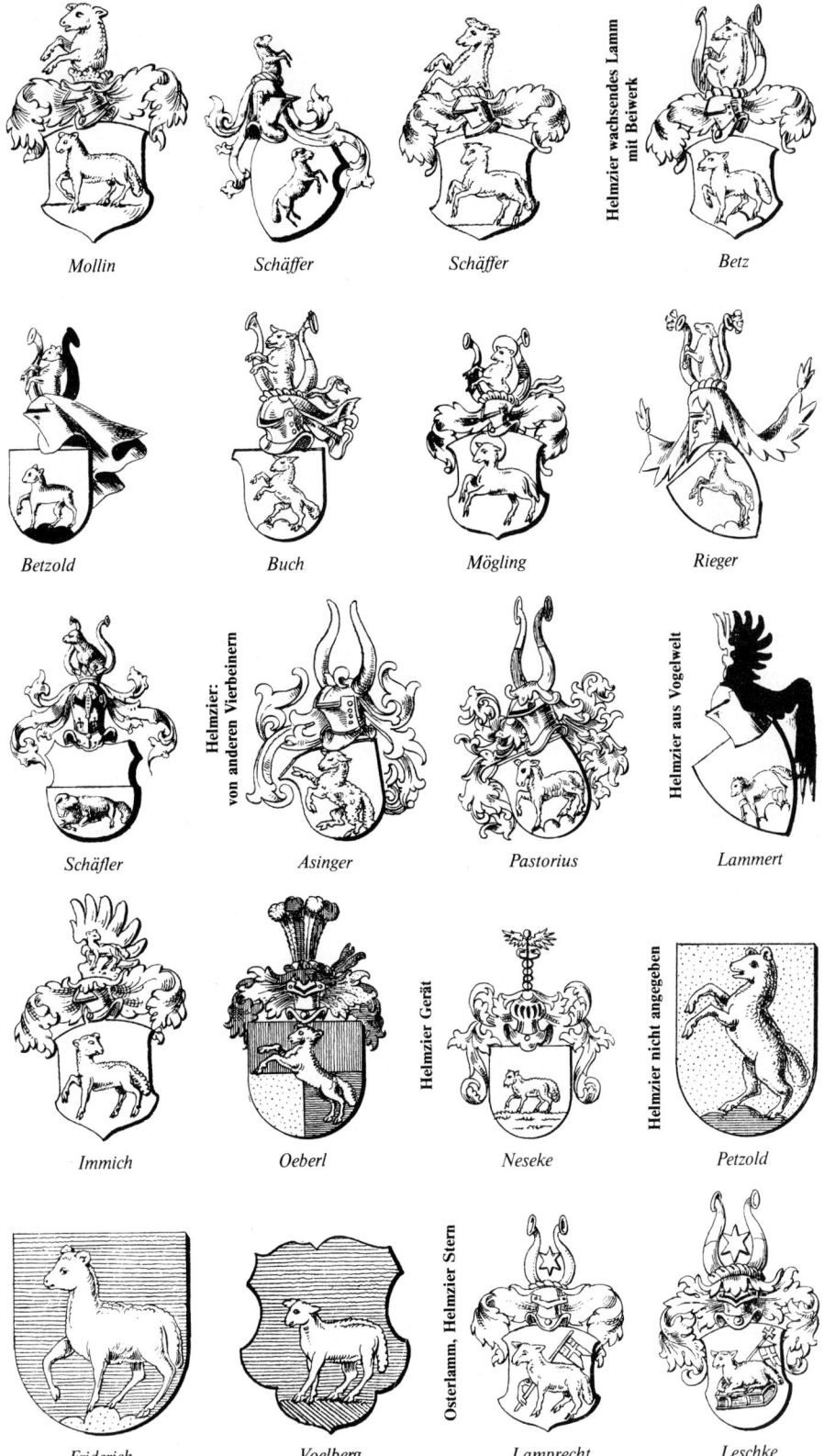

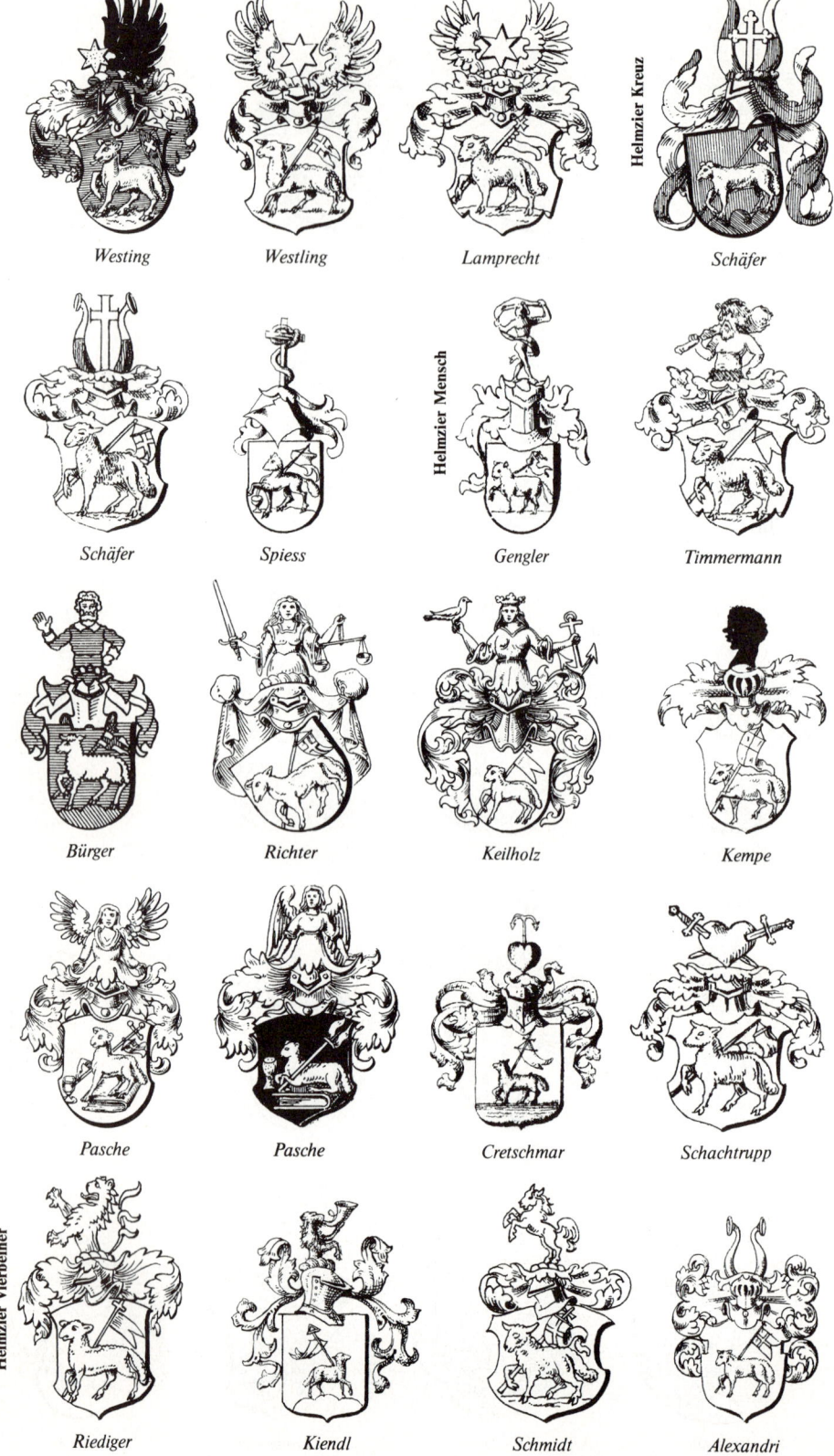

Osterlamm

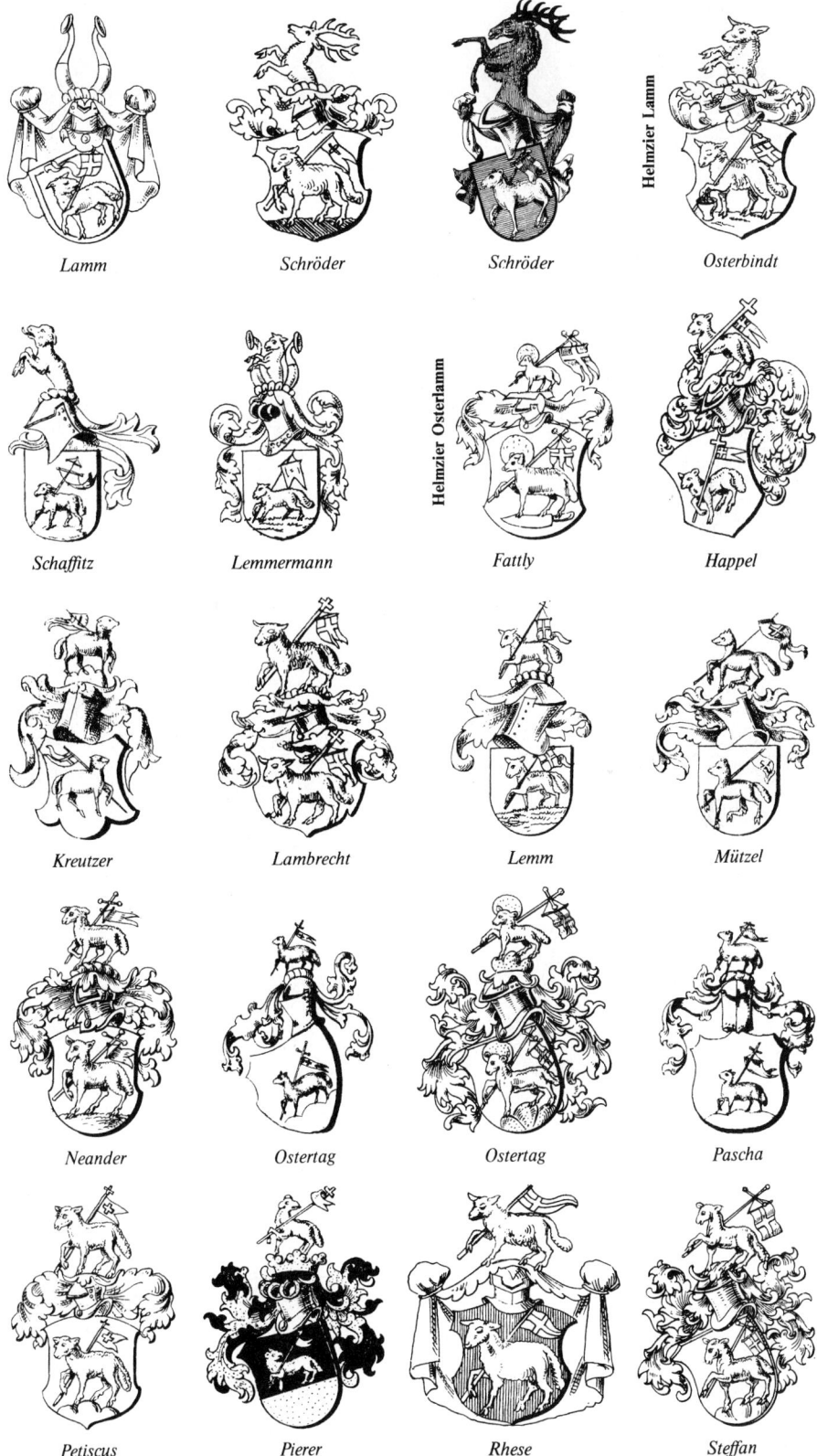

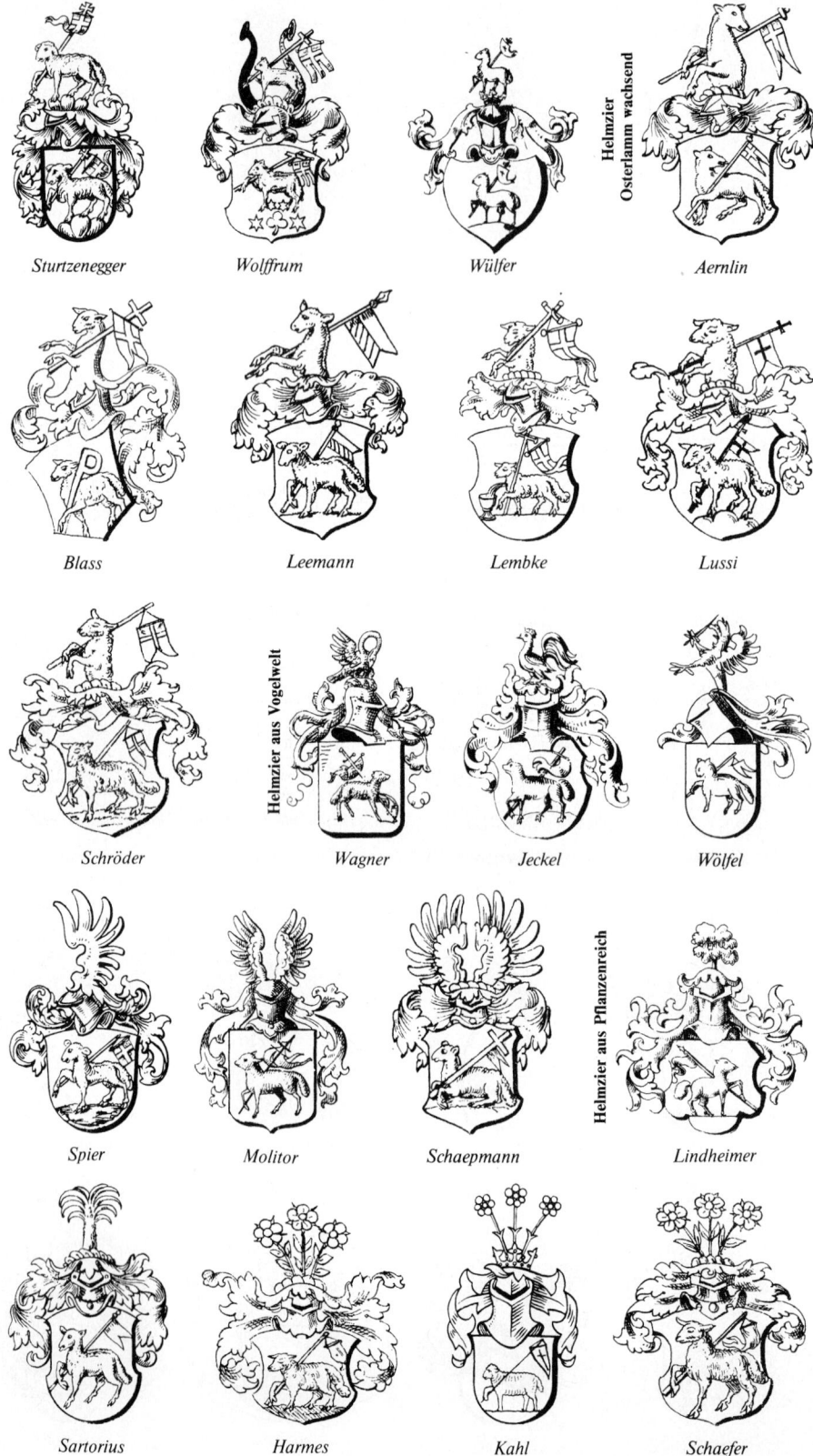

Osterlamm

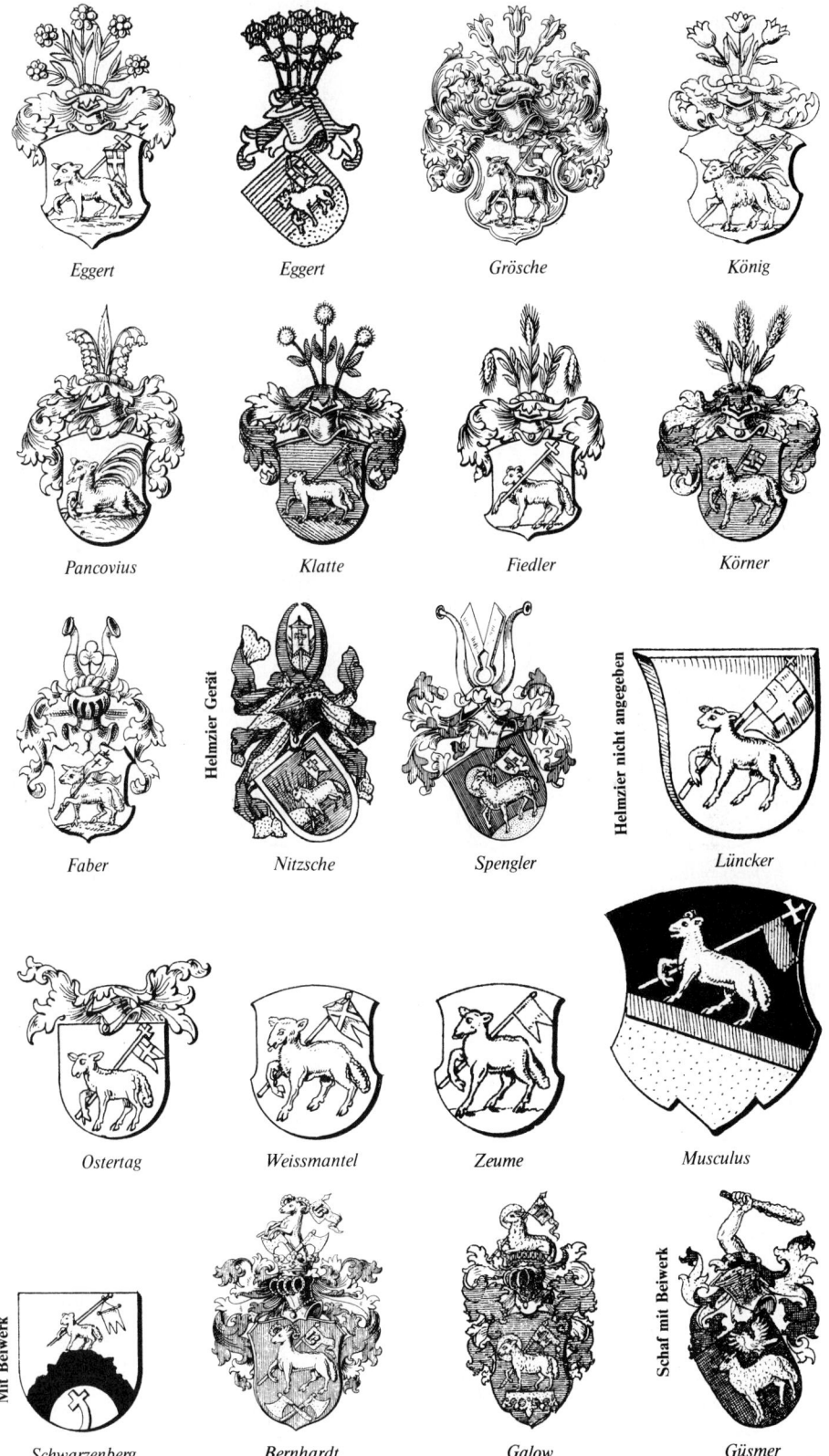

Schaf, Widder

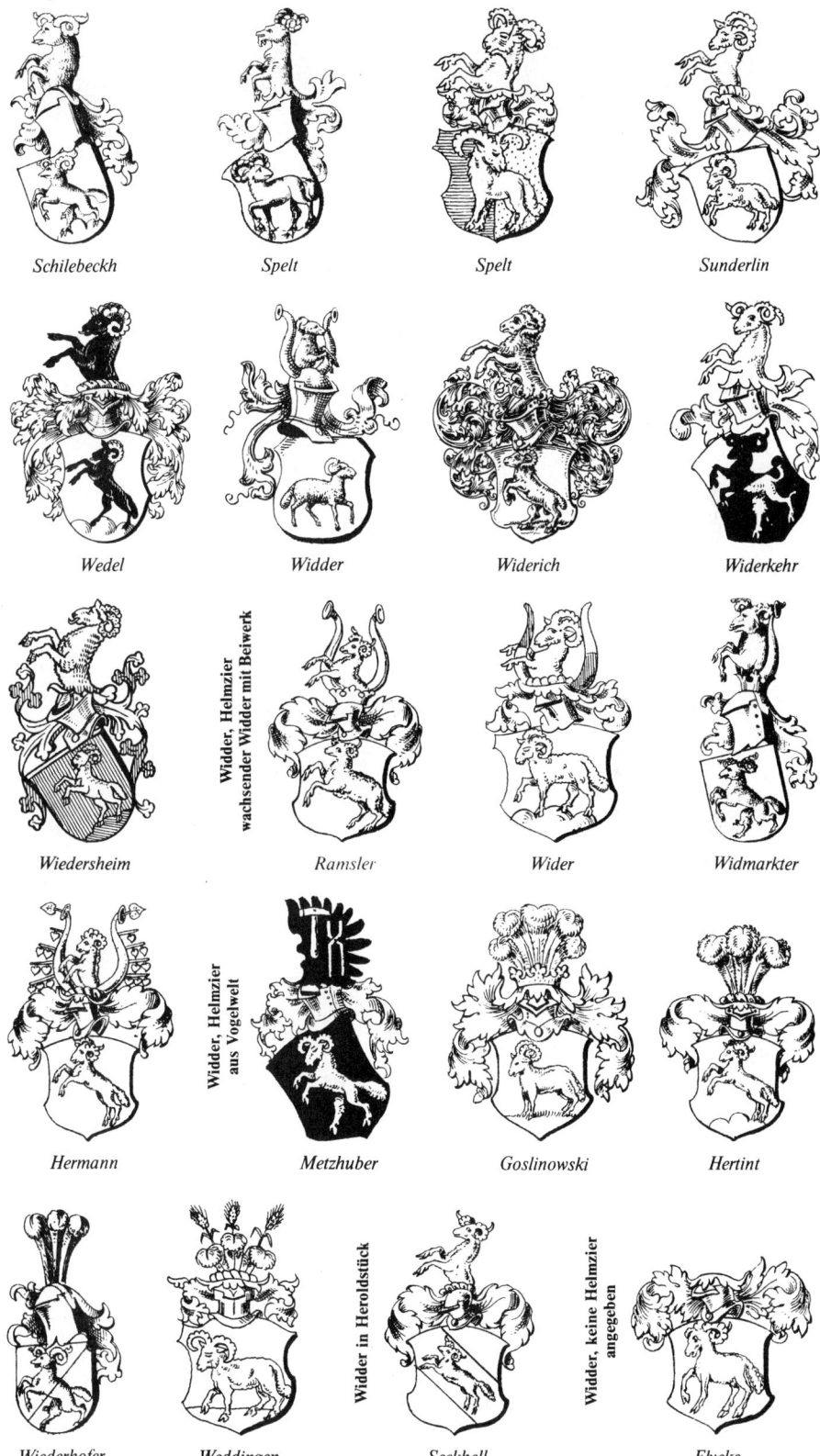

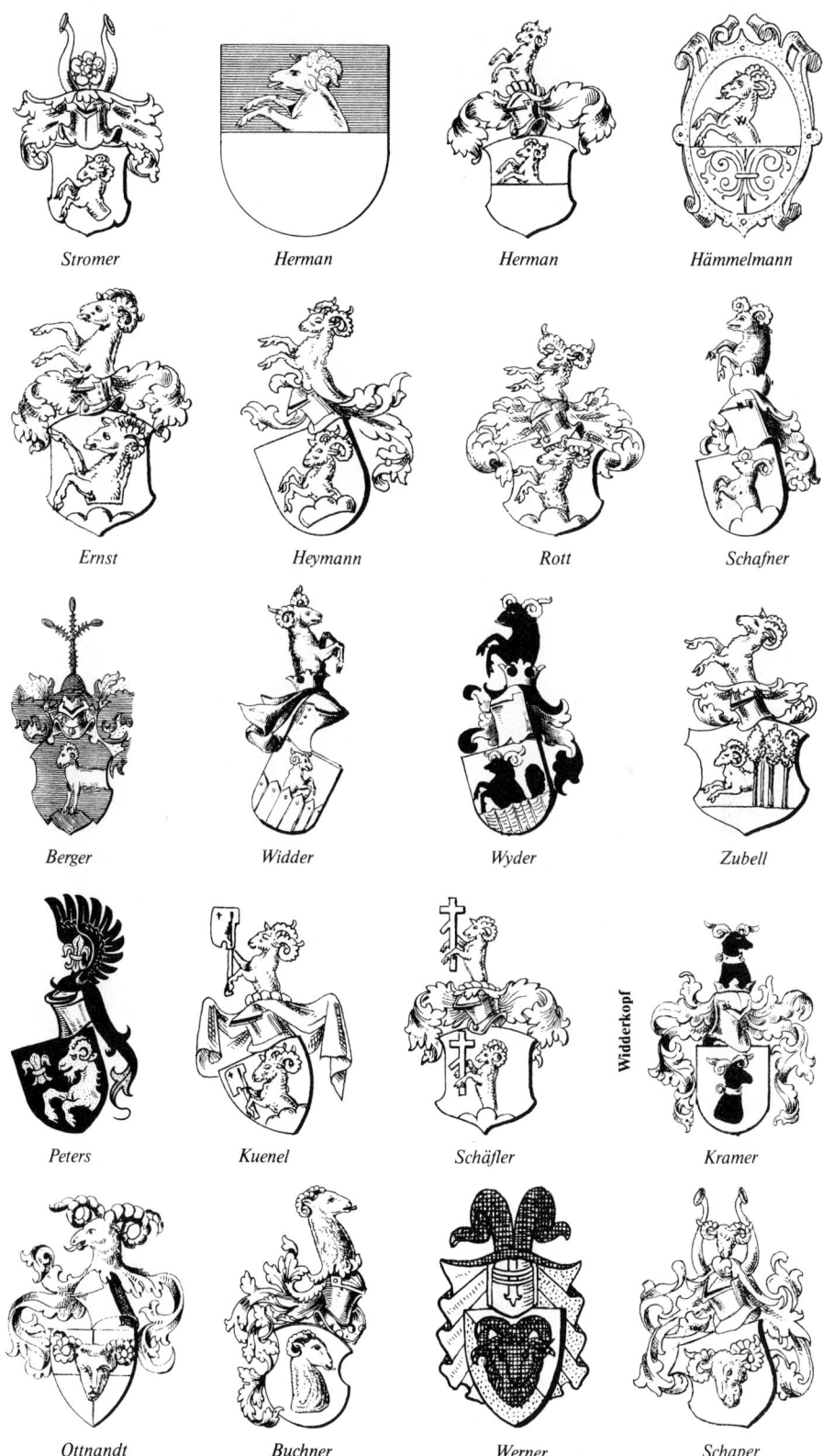

Bock, Steinbock

Bock, Ziegenbock

Bock

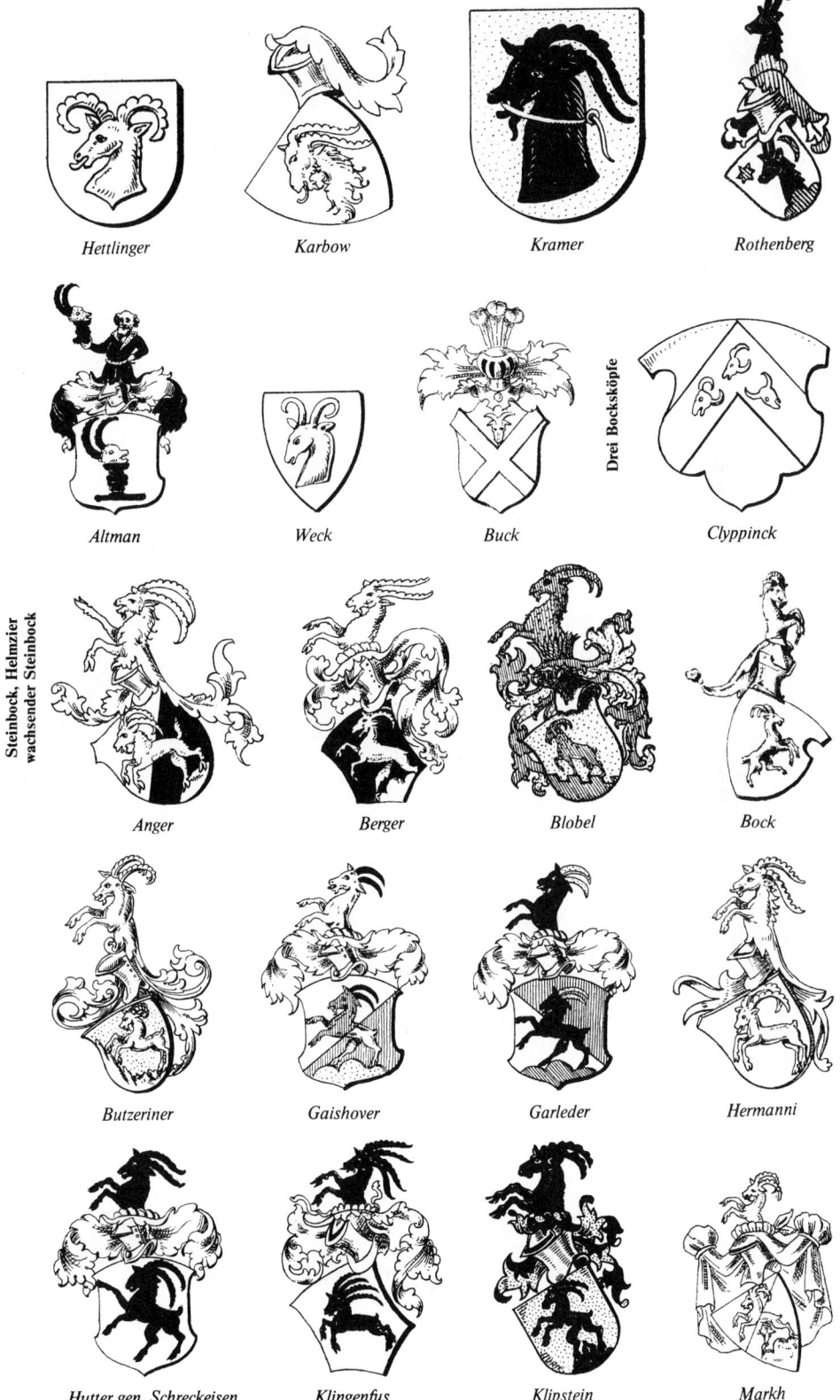

Hettlinger — Karbow — Kramer — Rothenberg

Altman — Weck — Buck — Drei Bockköpfe Clyppinck

Steinbock, Helmzier wachsender Steinbock

Anger — Berger — Blobel — Bock

Butzeriner — Gaishover — Garleder — Hermanni

Hutter gen. Schreckeisen — Klingenfus — Klipstein — Markh

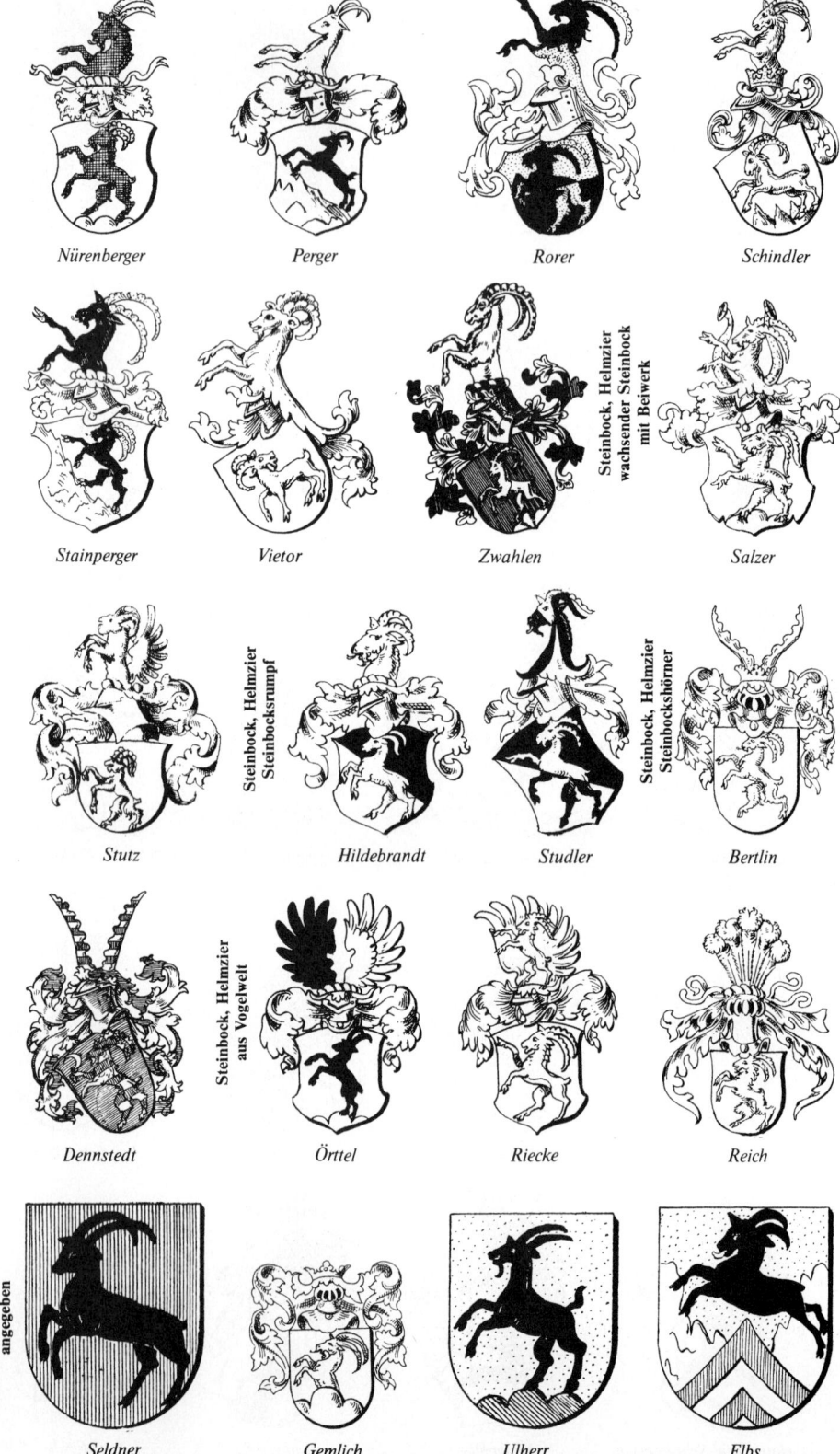

Steinbock

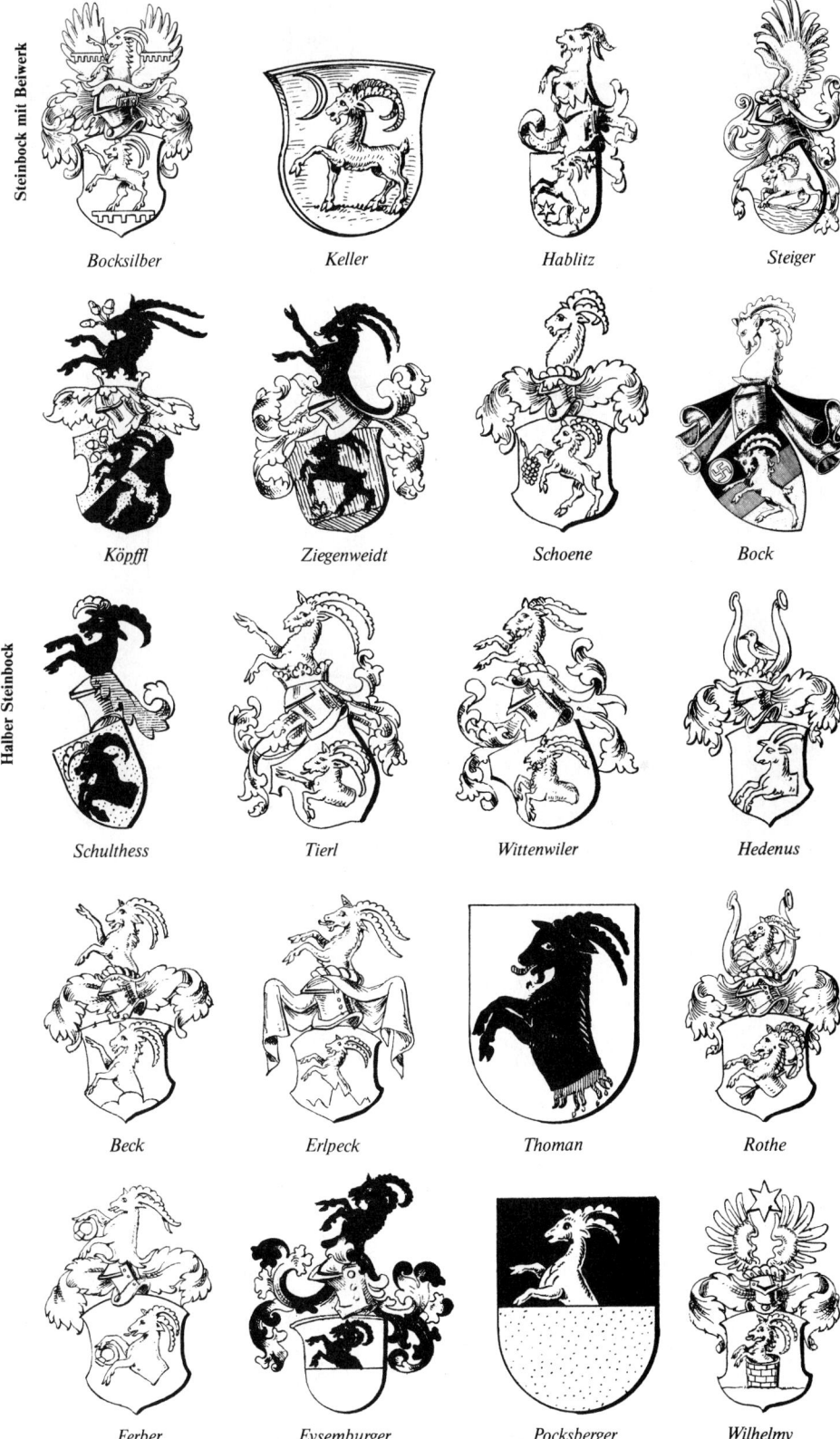

Steinbock mit Beiwerk: *Bocksilber*, *Keller*, *Hablitz*, *Steiger*, *Köpffl*, *Ziegenweidt*, *Schoene*, *Bock*

Halber Steinbock: *Schulthess*, *Tierl*, *Wittenwiler*, *Hedenus*, *Beck*, *Erlpeck*, *Thoman*, *Rothe*, *Ferber*, *Eysemburger*, *Pocksberger*, *Wilhelmy*

Gemse

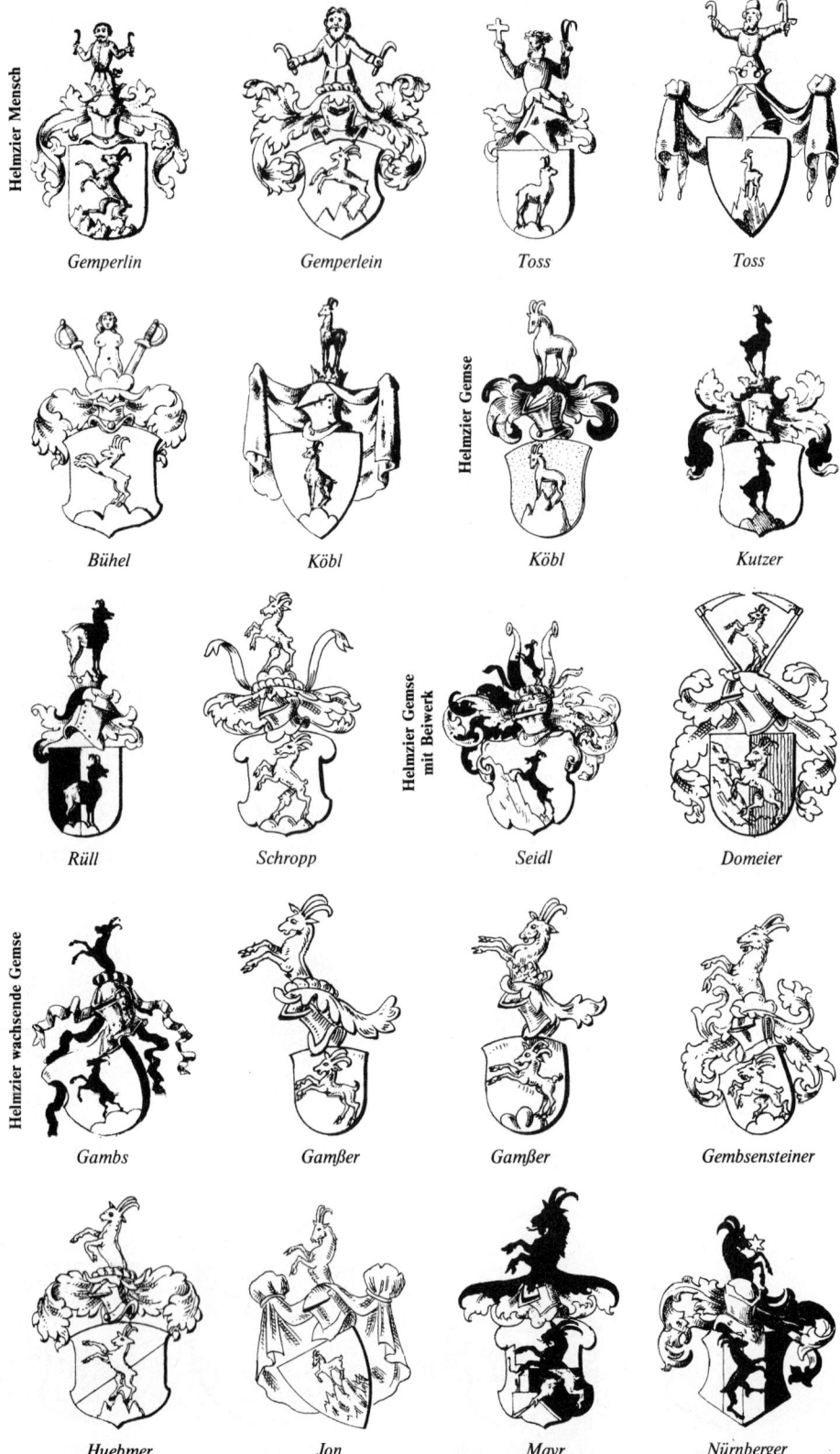

Gemse

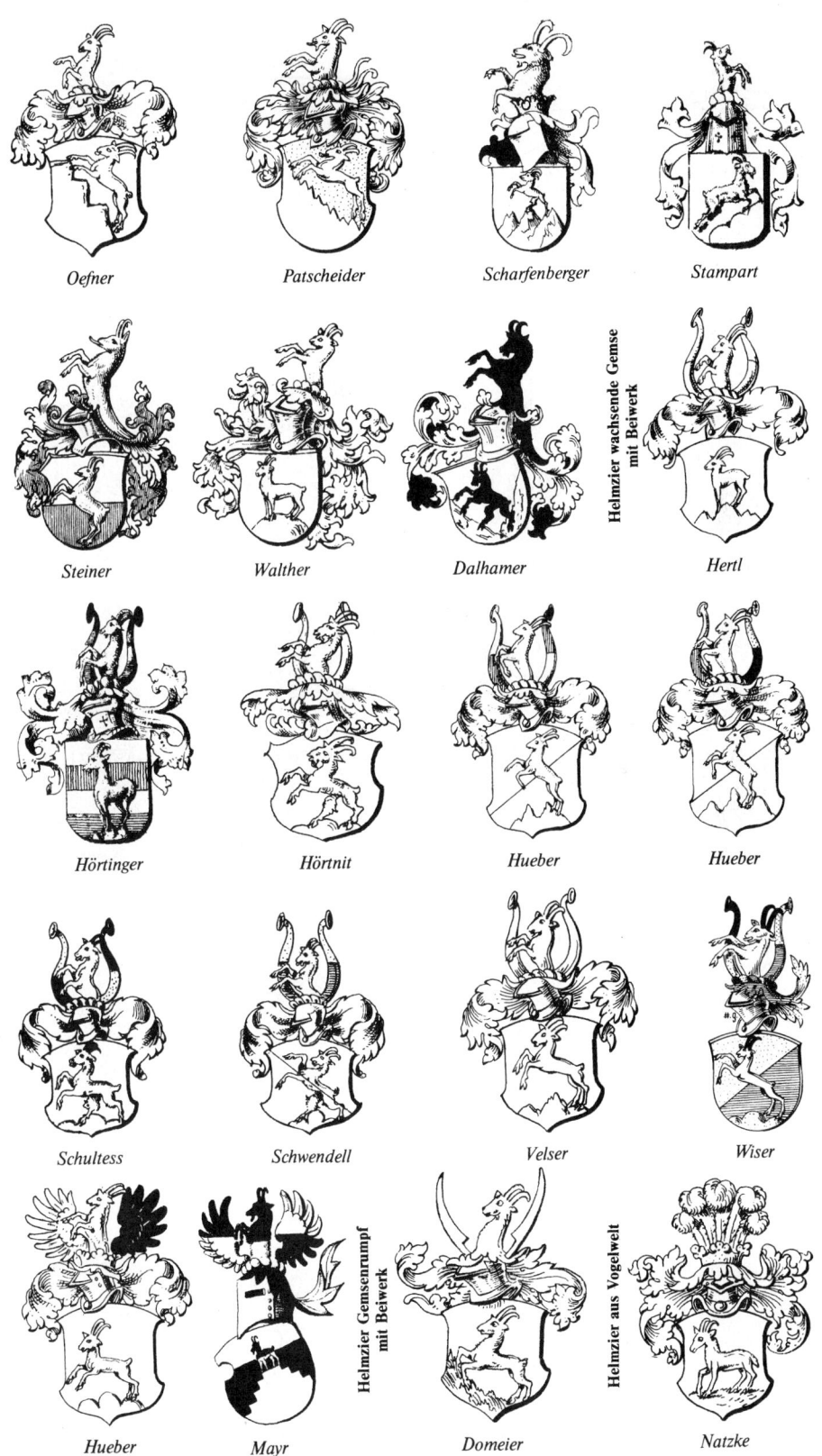

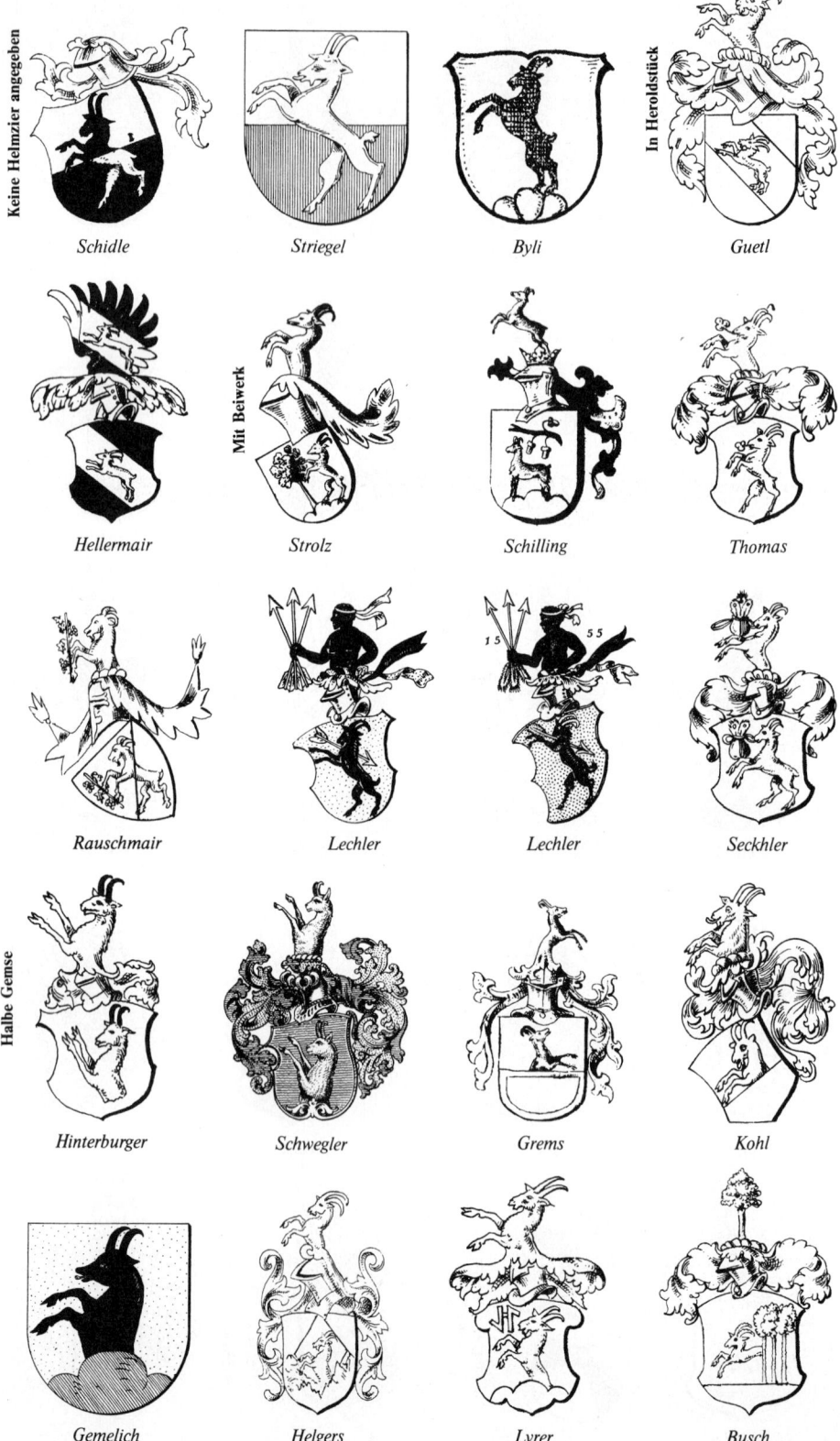

Zwei Böcke, Hörner

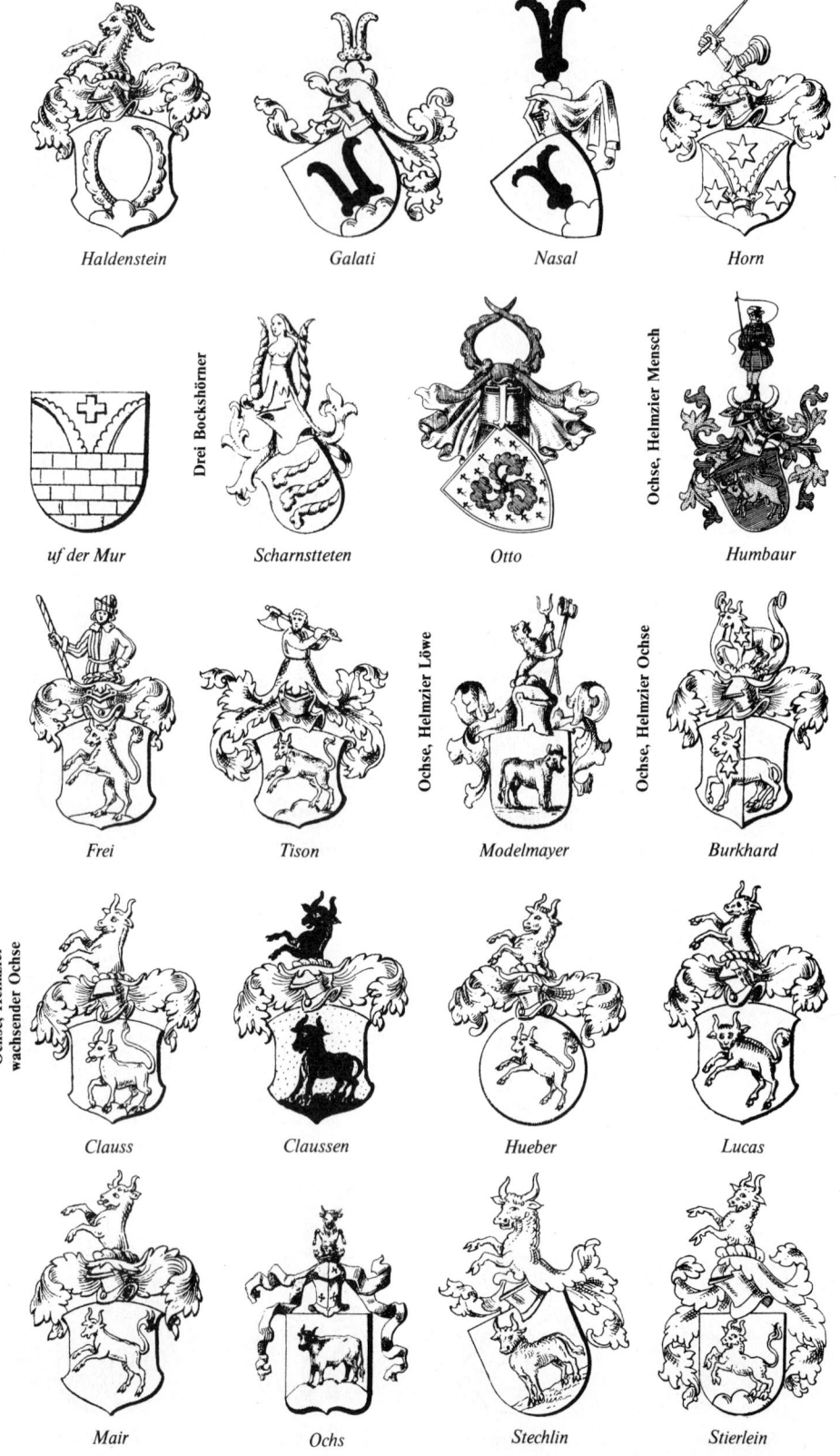

Ochse

Ochse

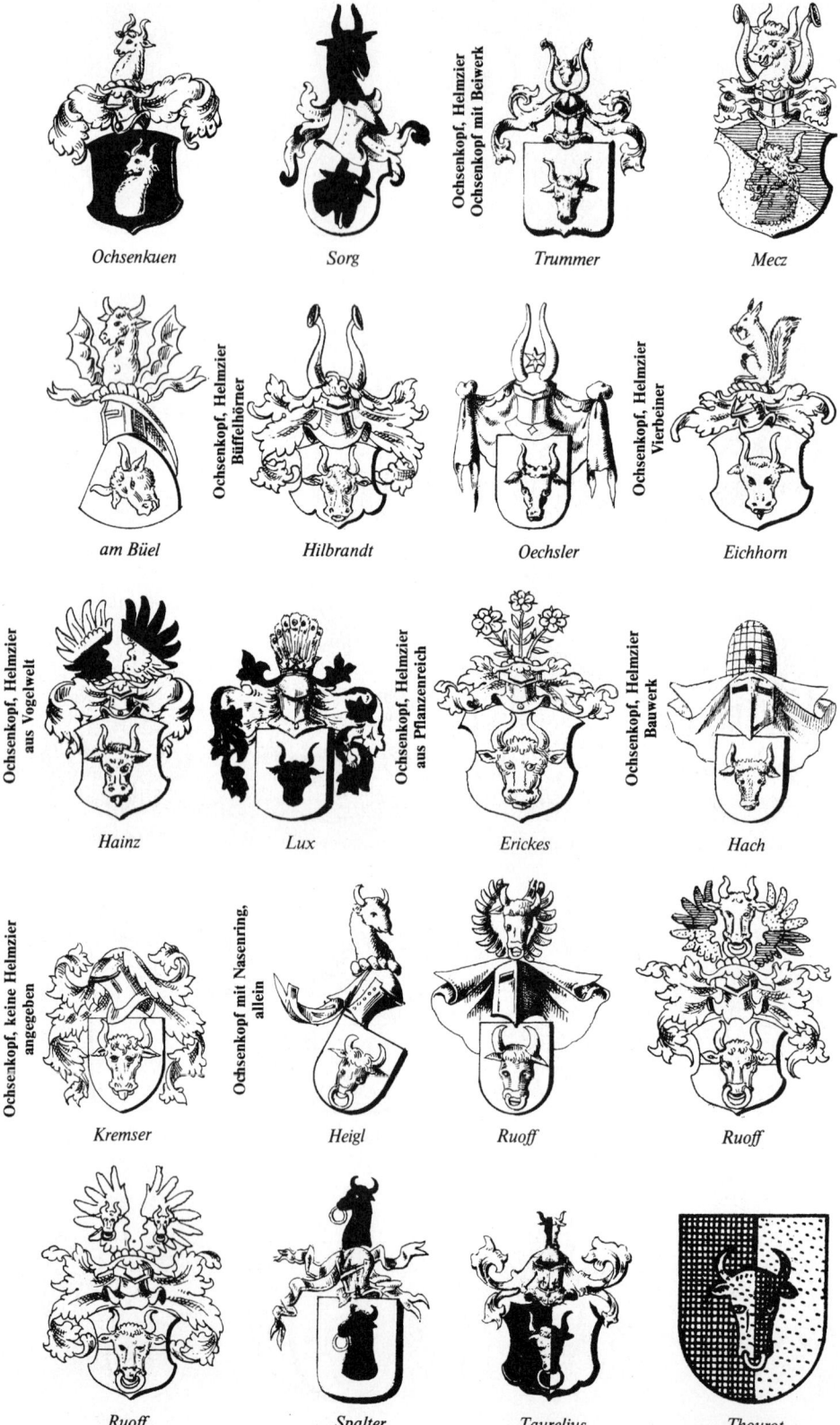

Ochse

Hase

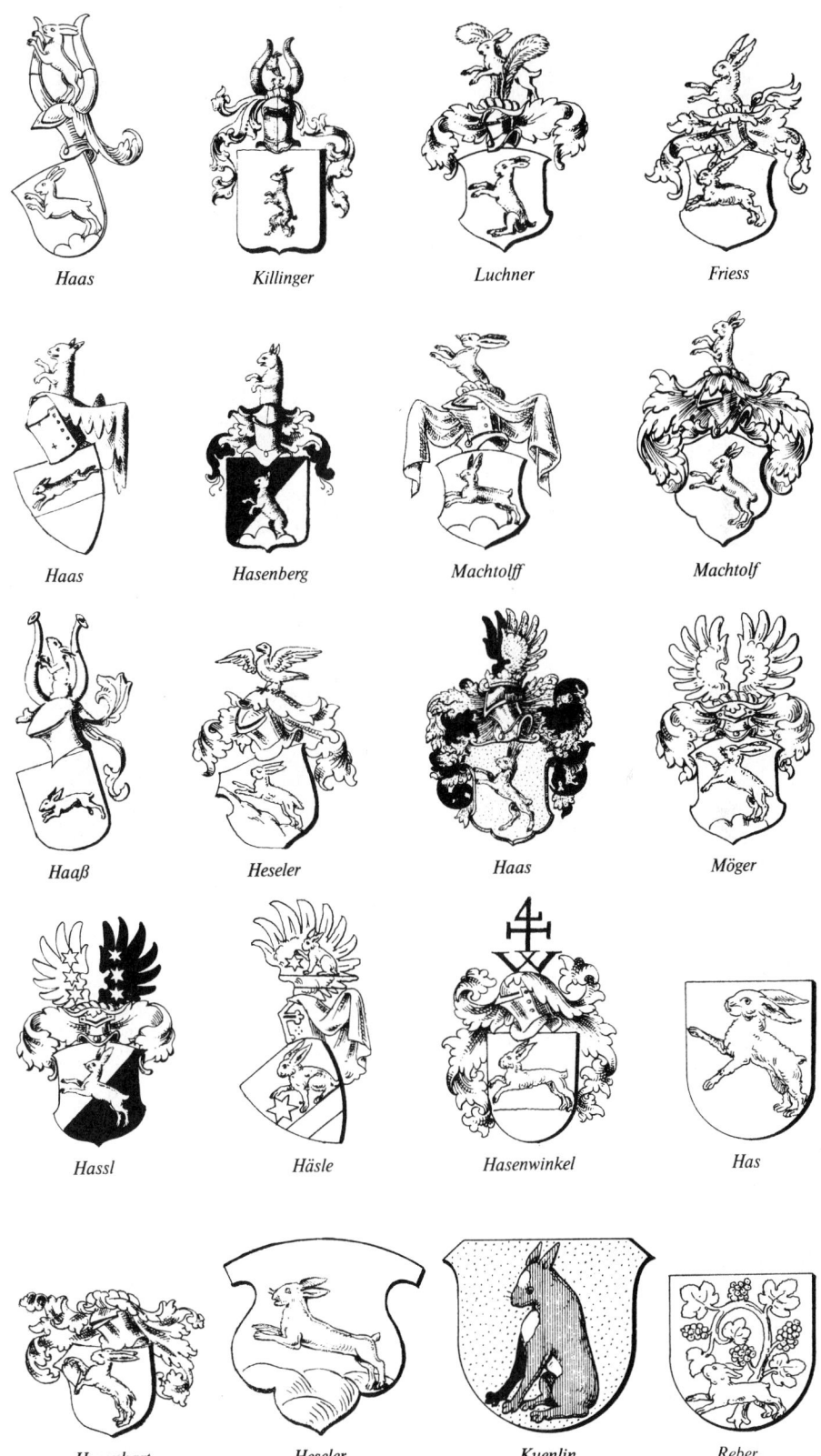

Haas	Killinger	Luchner	Friess
Haas	Hasenberg	Machtolff	Machtolf
Haaß	Heseler	Haas	Möger
Hassl	Häsle	Hasenwinkel	Has
Hasenhart	Heseler	Kuenlin	Reber

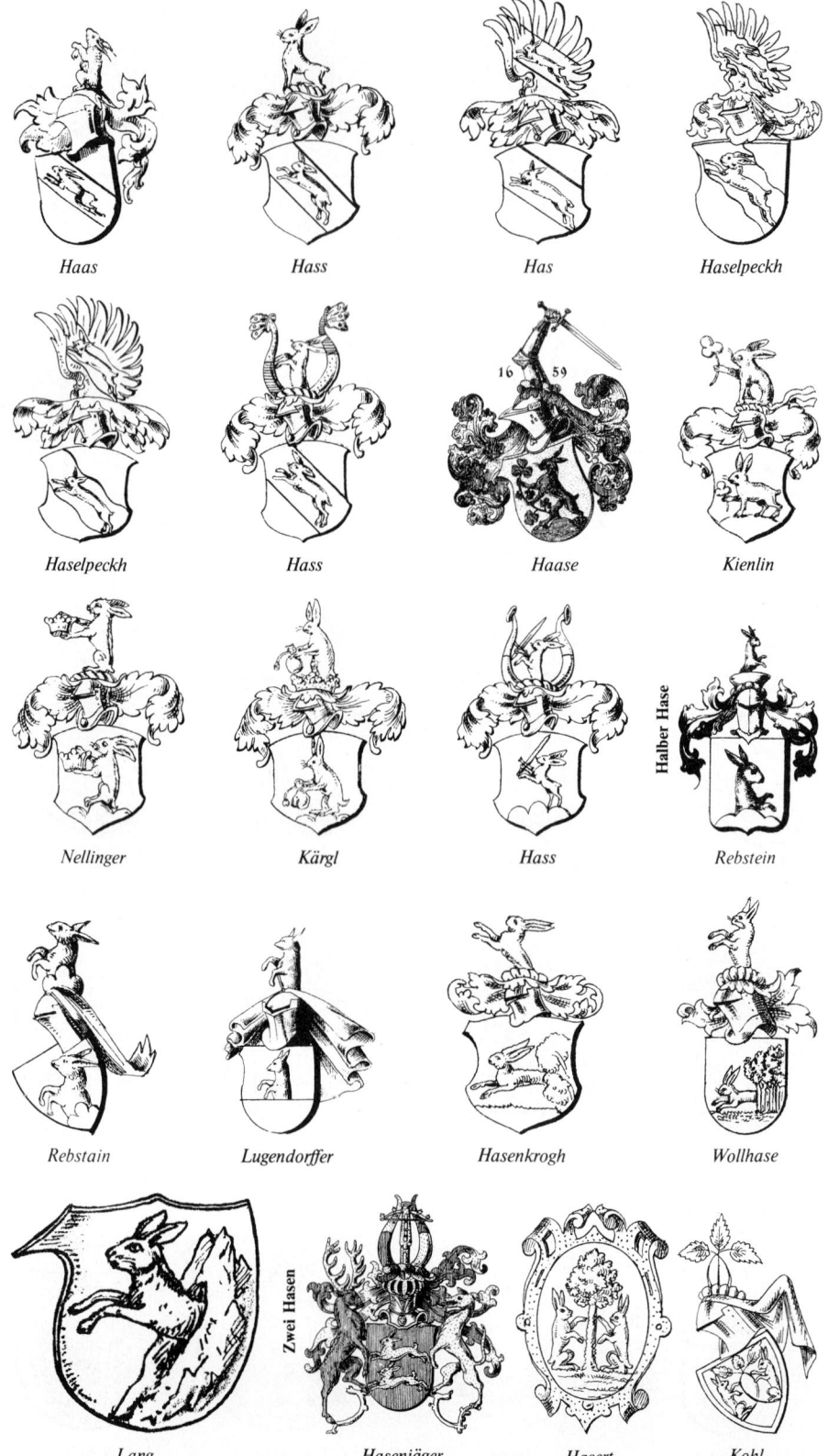

Hase/Affe/Katze

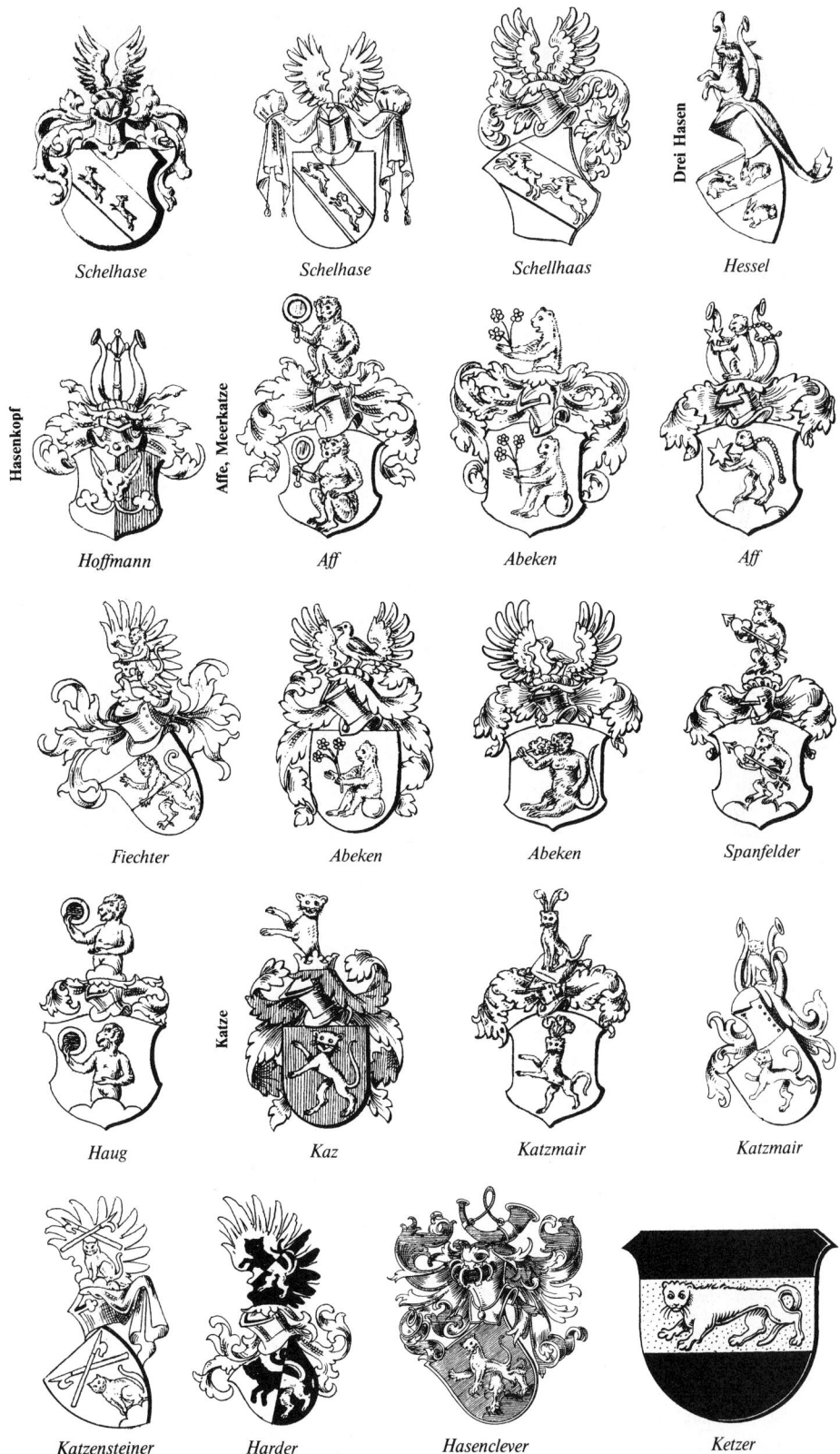

Schelhase Schelhase Schellhaas Hessel

Hoffmann Aff Abeken Aff

Fiechter Abeken Abeken Spanfelder

Haug Kaz Katzmair Katzmair

Katzensteiner Harder Hasenclever Ketzer

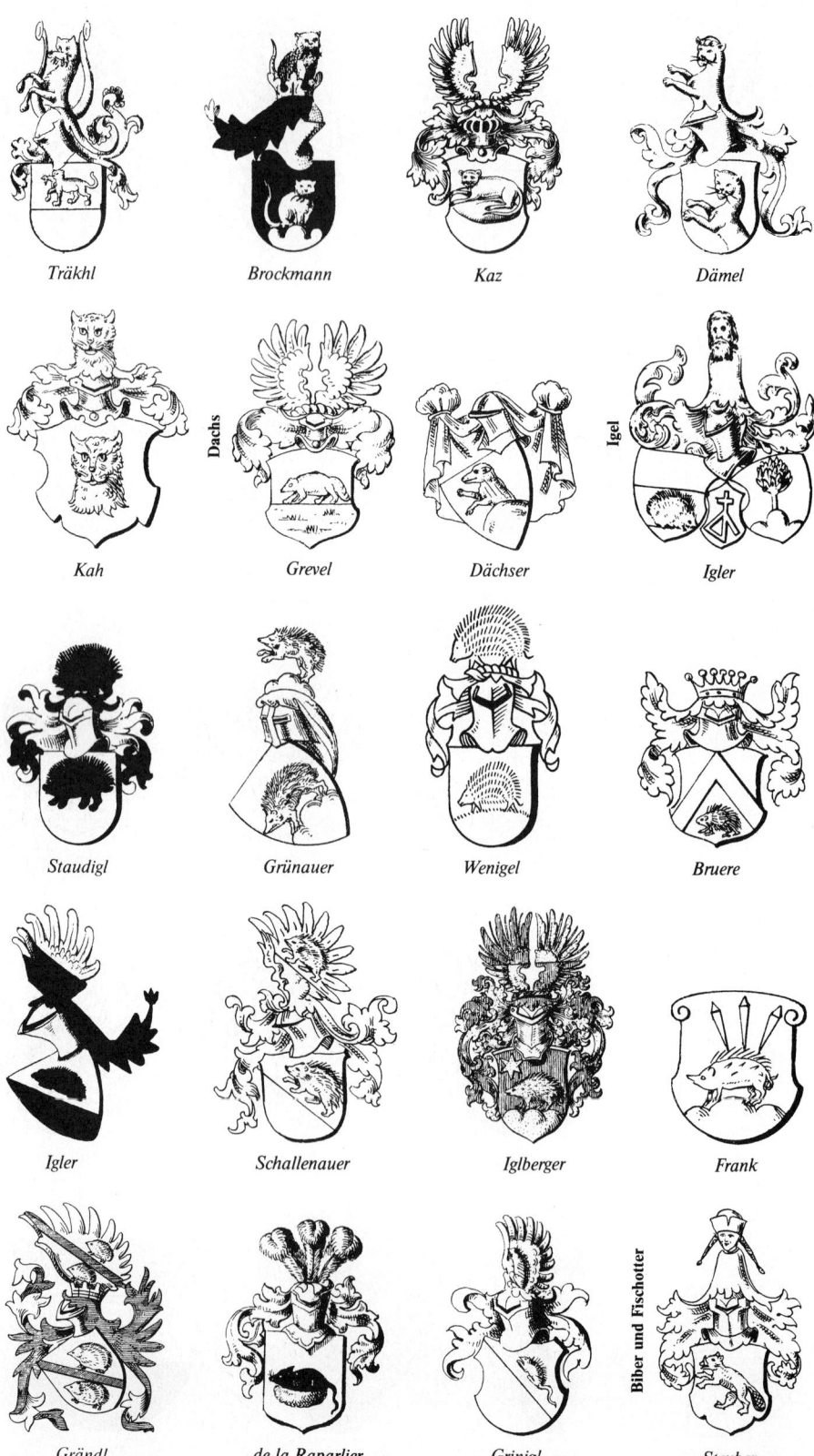

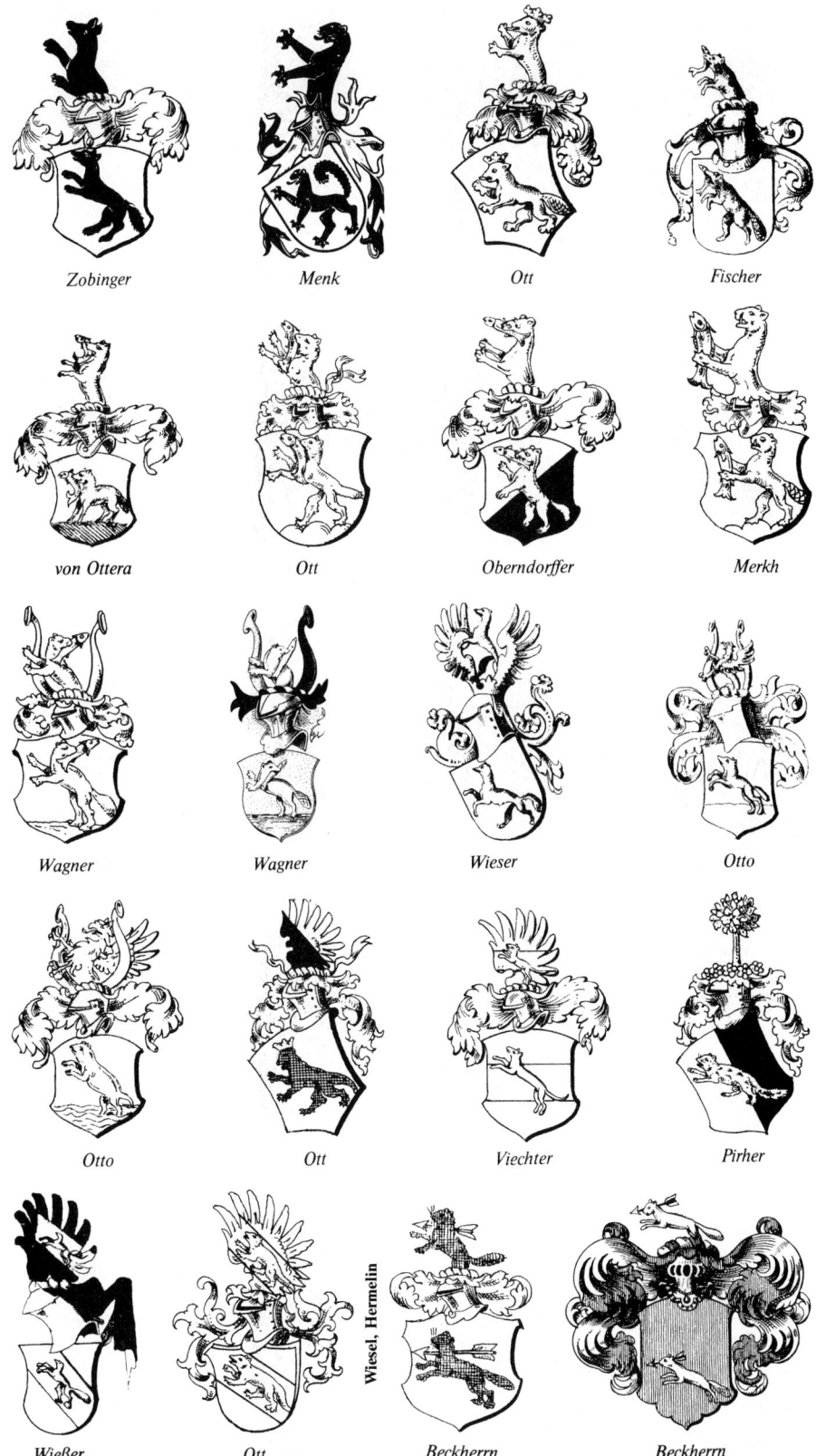

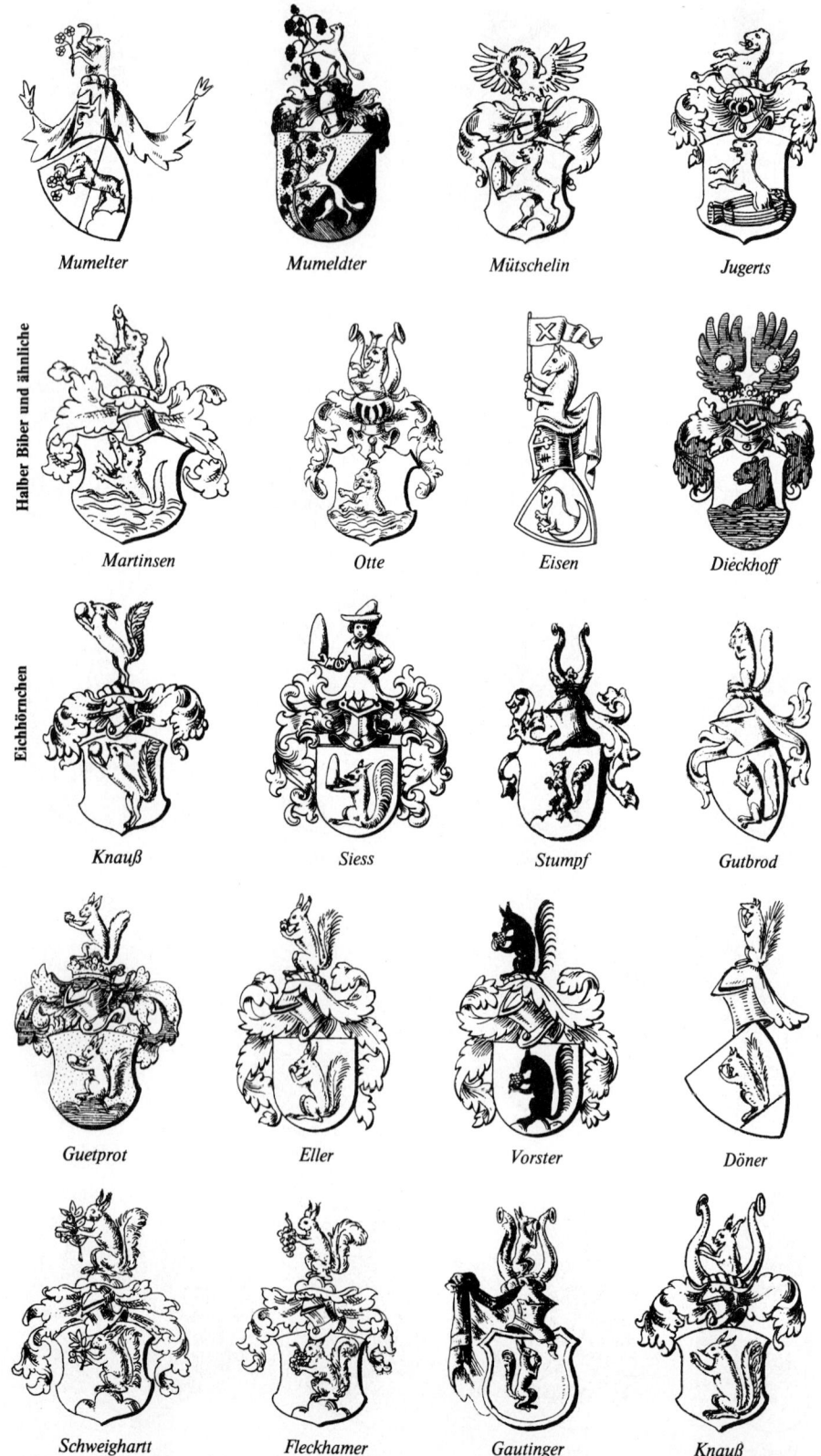

Weitere Vierbeiner

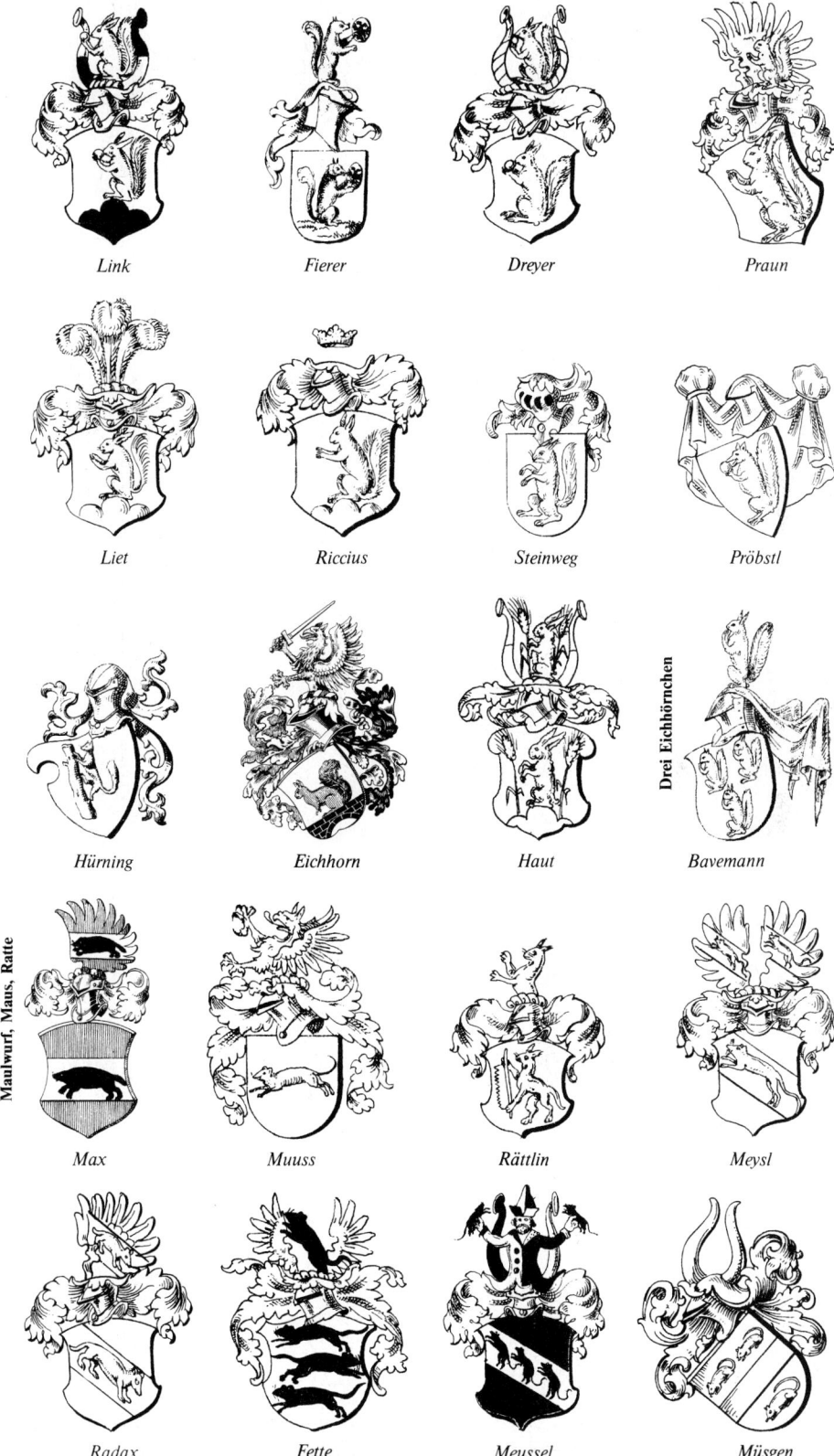

Link Fierer Dreyer Praun

Liet Riccius Steinweg Pröbstl

Hürning Eichhorn Haut Bavemann *Drei Eichhörnchen*

Maulwurf, Maus, Ratte

Max Muuss Rättlin Meysl

Radax Fette Meussel Müsgen

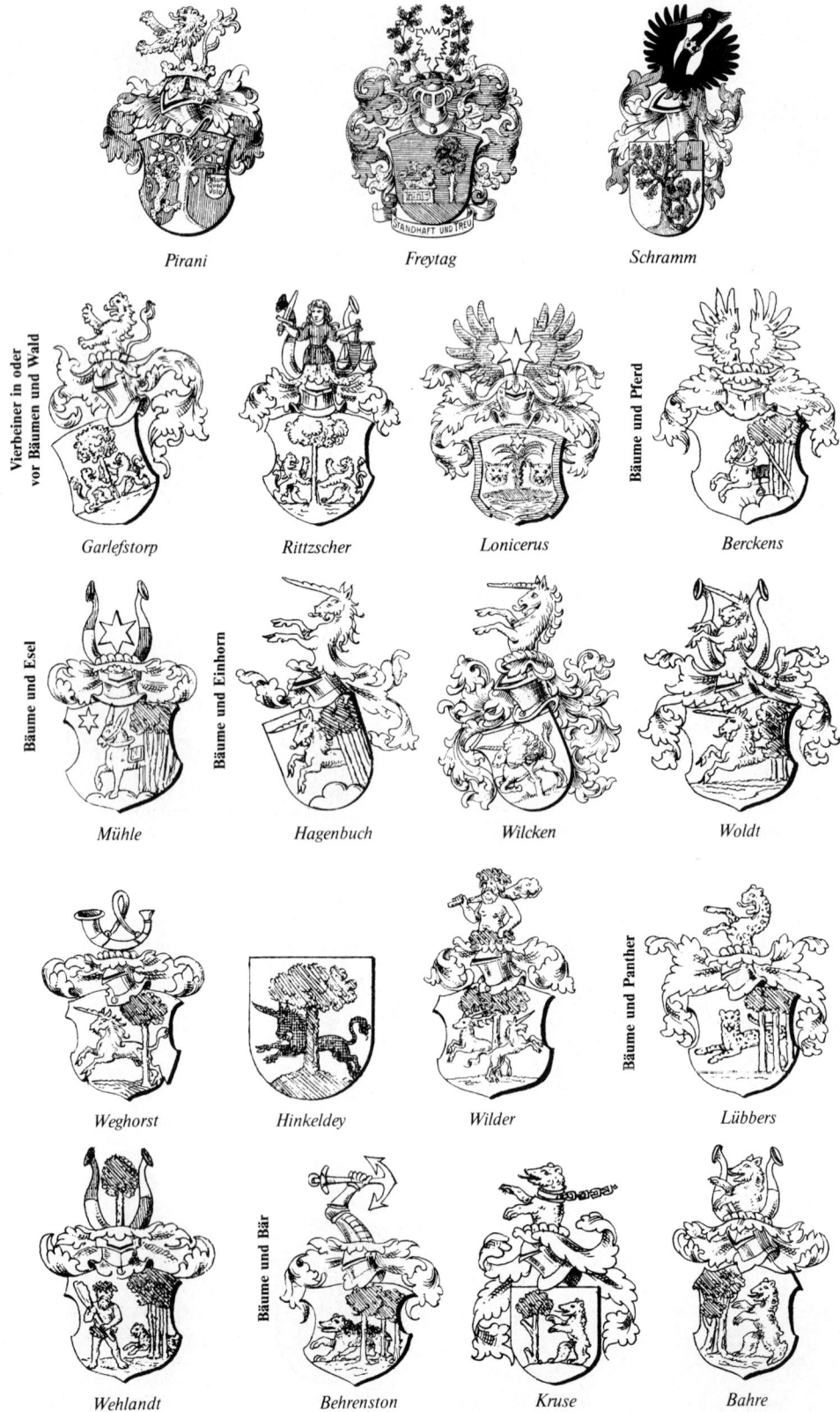

Vierbeiner und Baum

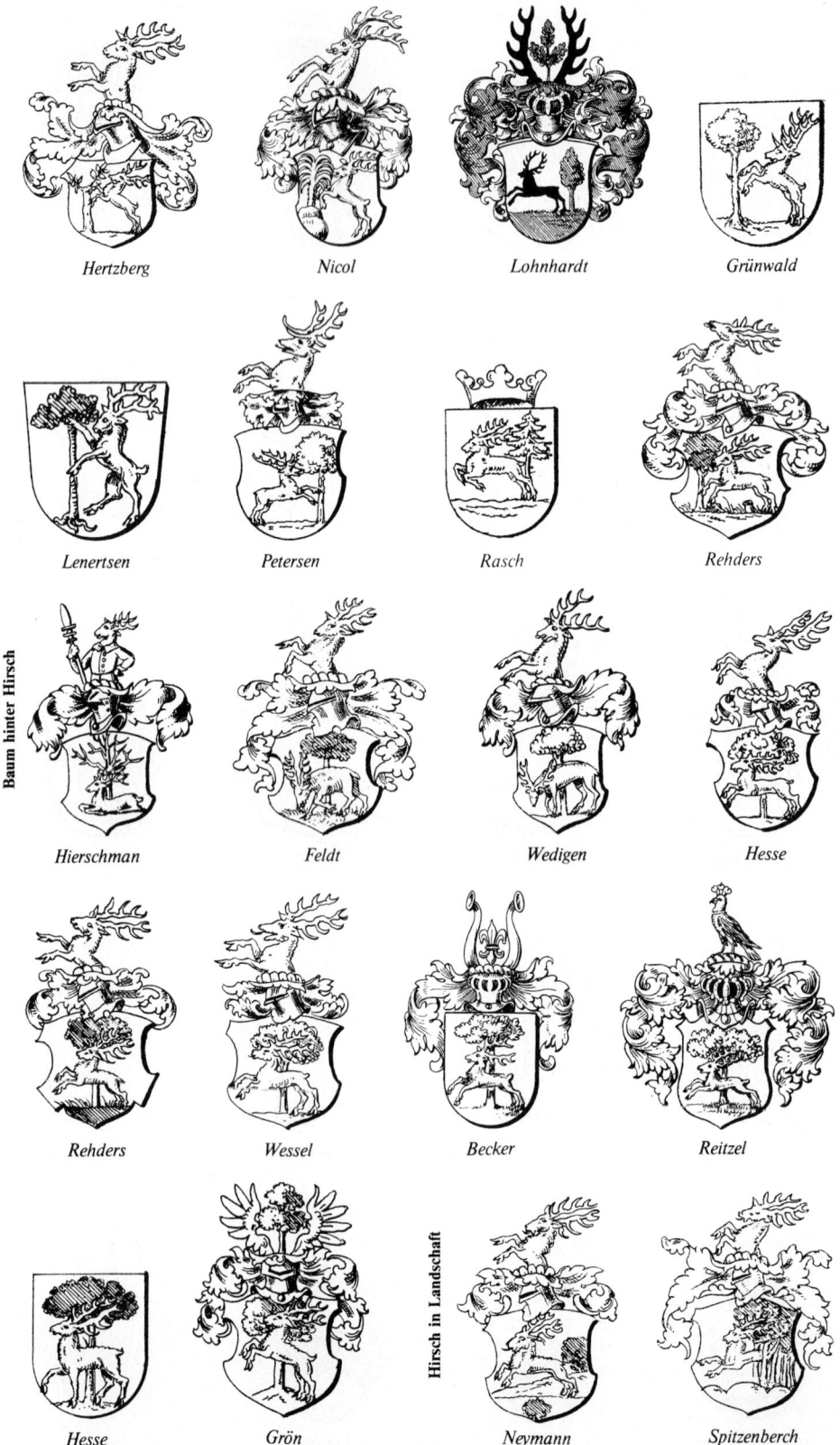

Hirsch und Baum

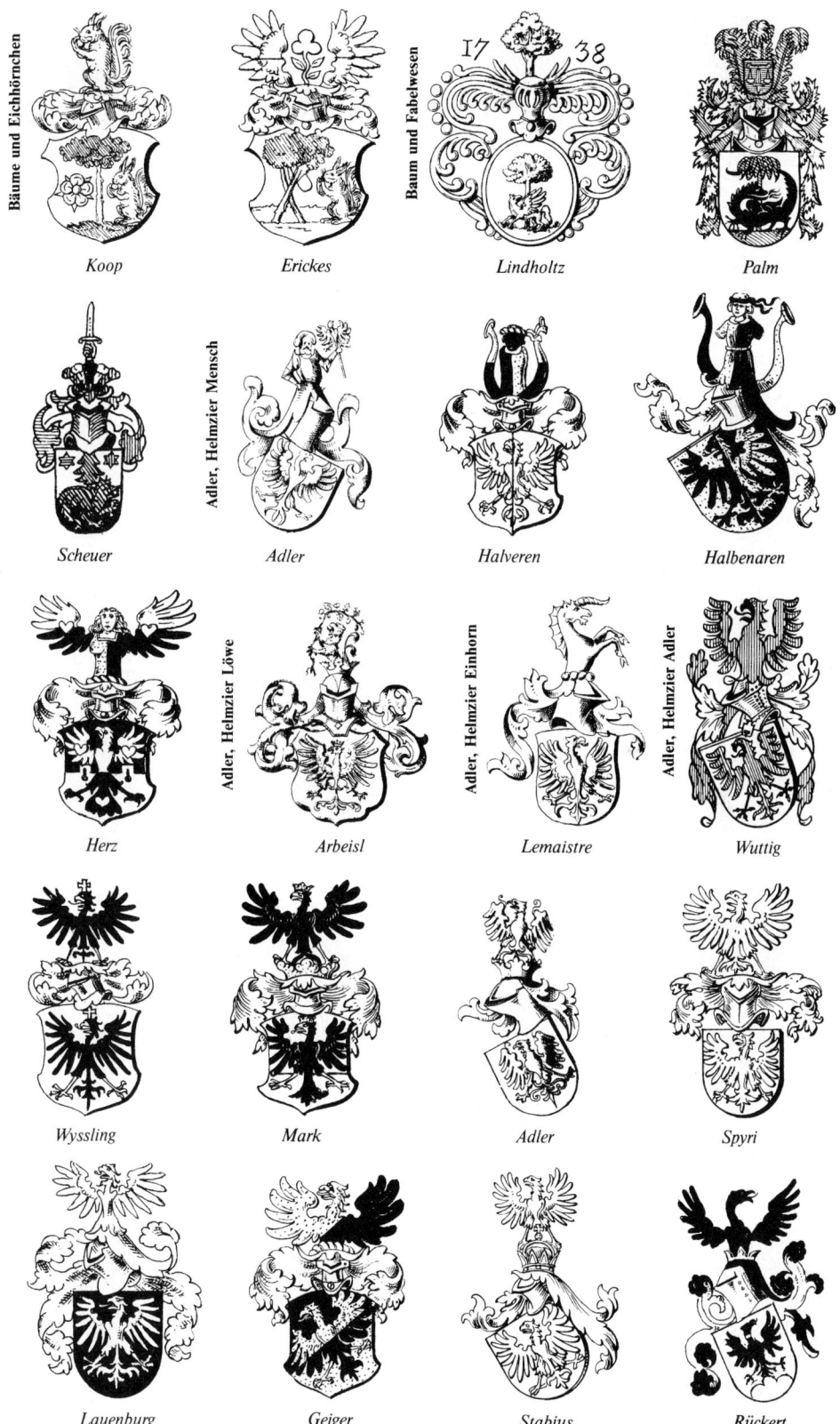

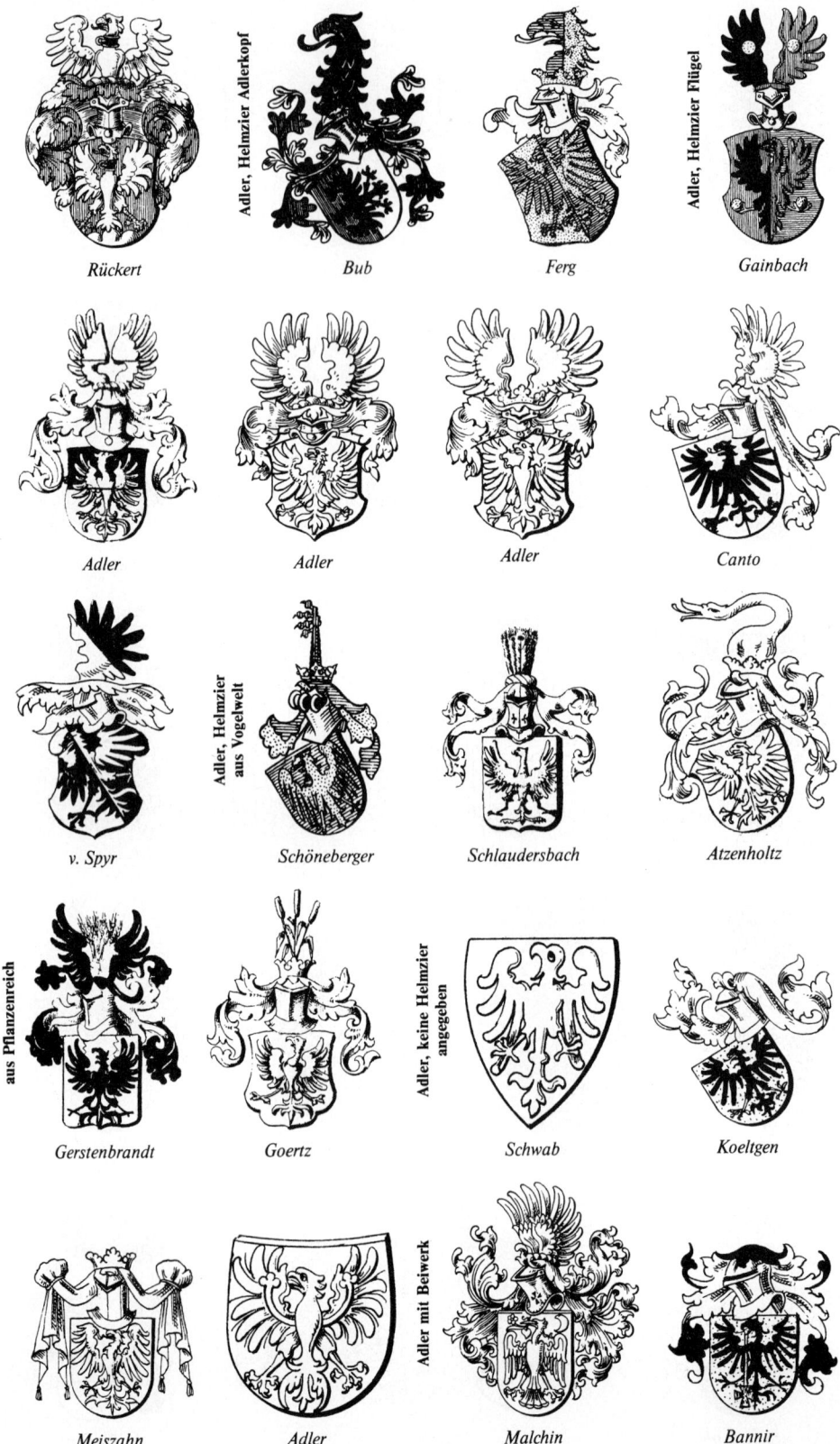

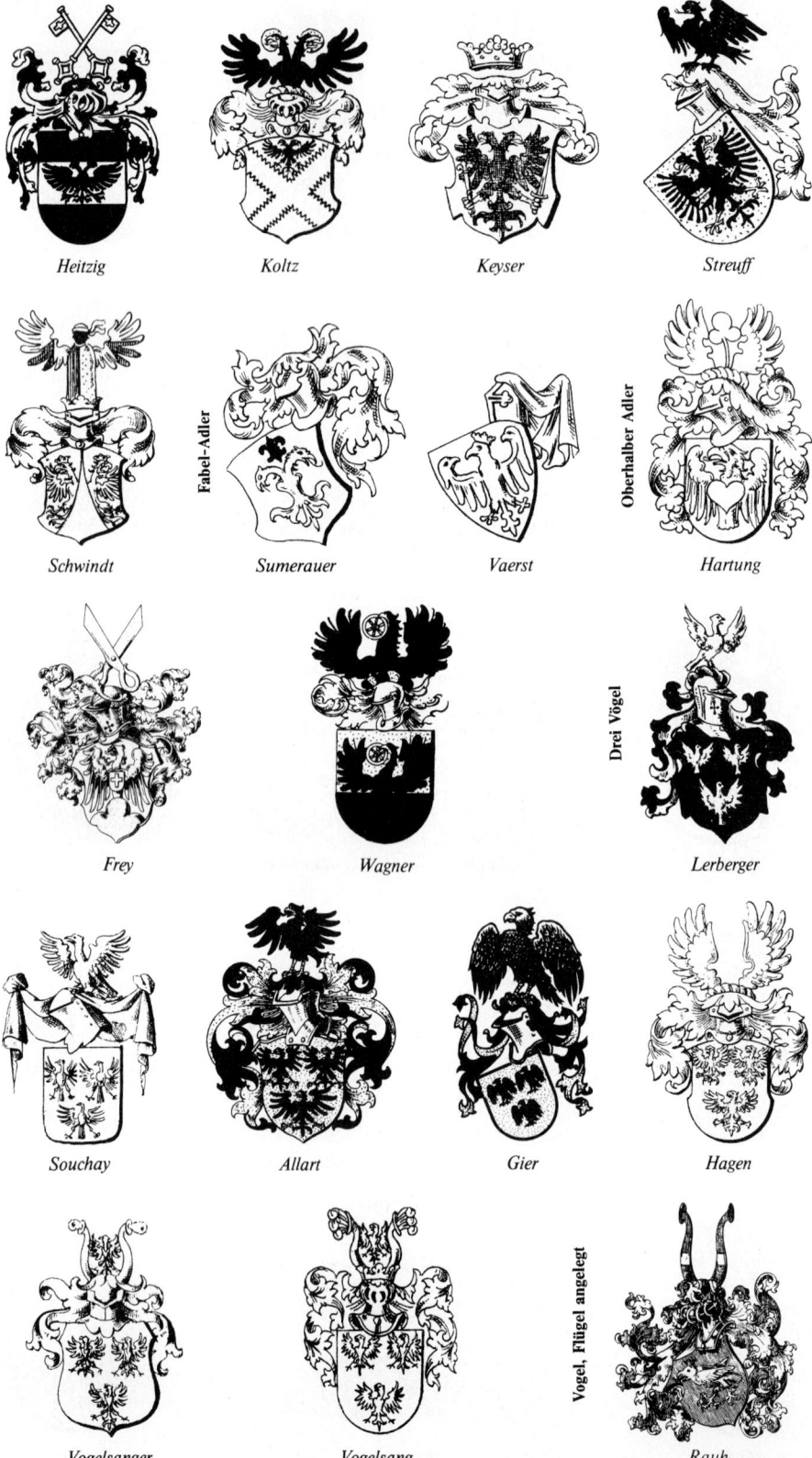

Vogel

Sittig Falck Ravens Stain
Fetzingk Weyh Geier Altzinger
Nolda Perzlinger Busse Ranninger
Stamminger Gensel Rothmundt Egelius
Eckolt Eckhostt Roth Vogel

Vogel

Dezelski · Grüninger · Enslin · Vogel
Kronner · Wittich · Roman · Koix
Vogel, Flügel angelegt, nichts im Schnabel, auf Boden oder Berg
Rebhan · Menck · Kellner · Trappe
Arny · Arny · Azelt · Besold
Eisinger · Geier · Geier · v. Guhren

Vogel

Vogel

Vogel

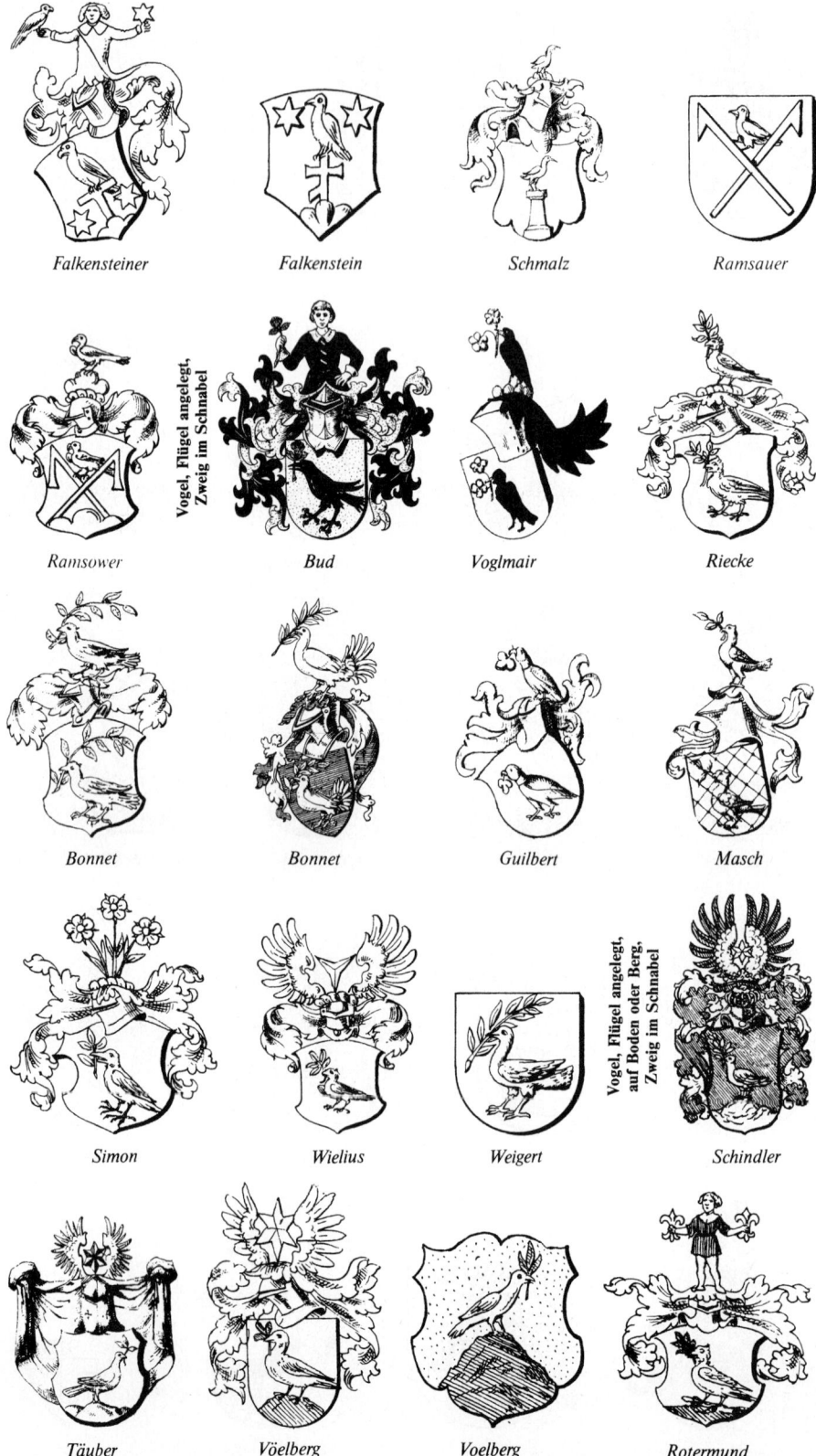

Vogel

Krakau — *Draudt* — *Heller* — *Hoffmann*

Becceler — *Henning* — *Hofmann* — *Holtzemius*

Ludwig — *Hieronymus* — *Liebl* — *Vögeli*

Kolligs — *Hüffer* — *Kippenberg* — *Kralowitzky*

Schultze — *Riecke* — *Tampke* — *Jentzsch*

Vogel

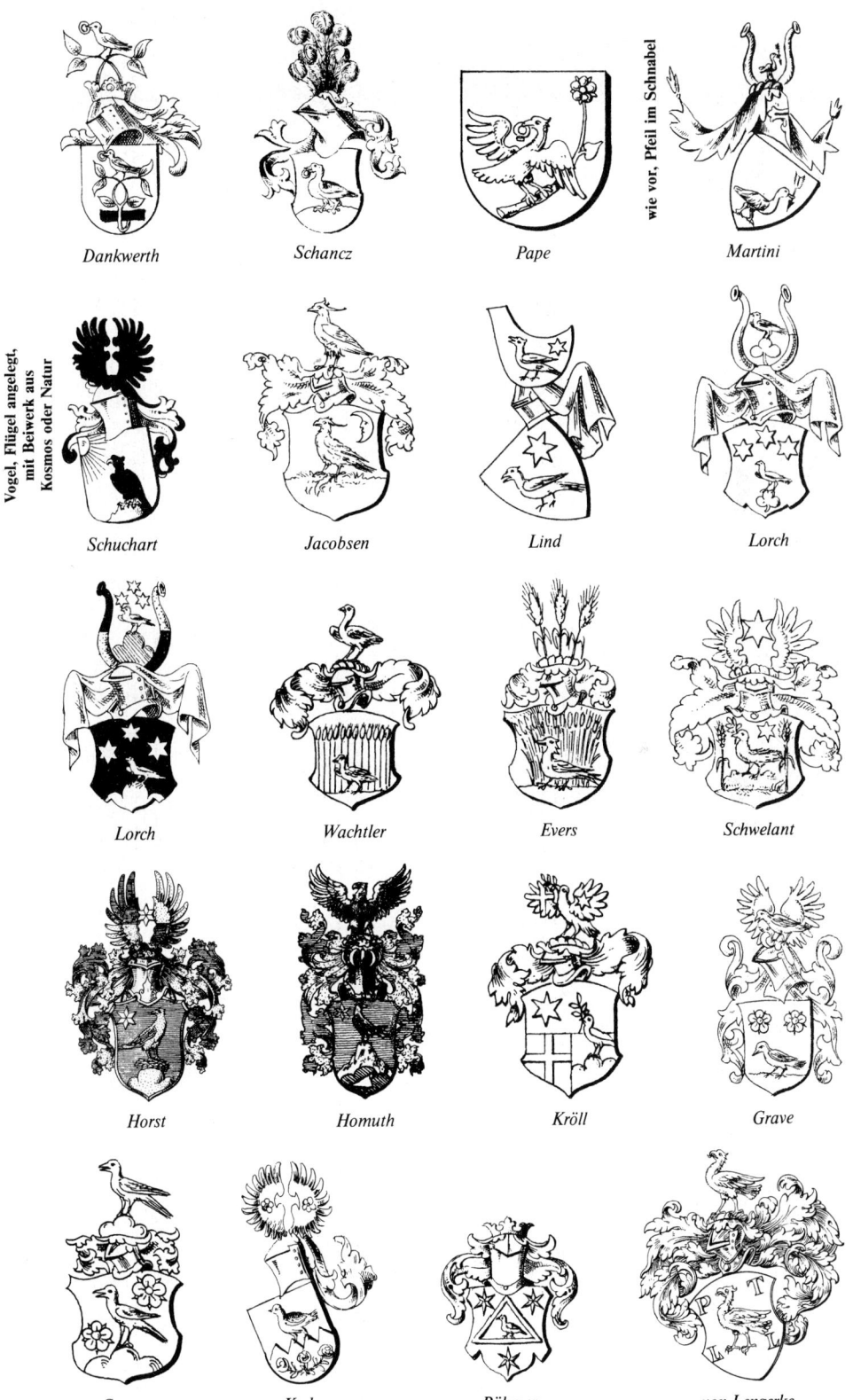

Vogel

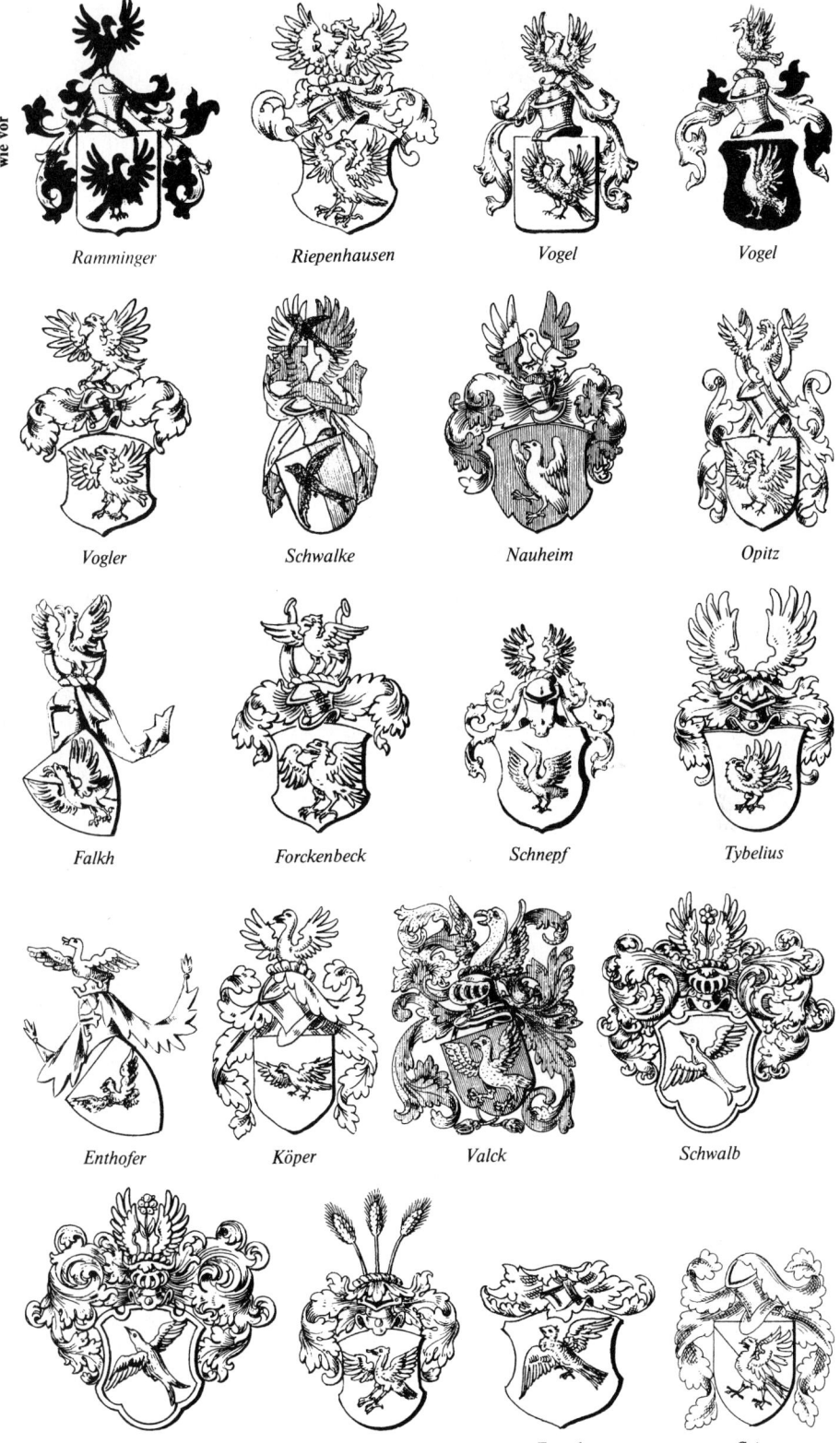

Vogel

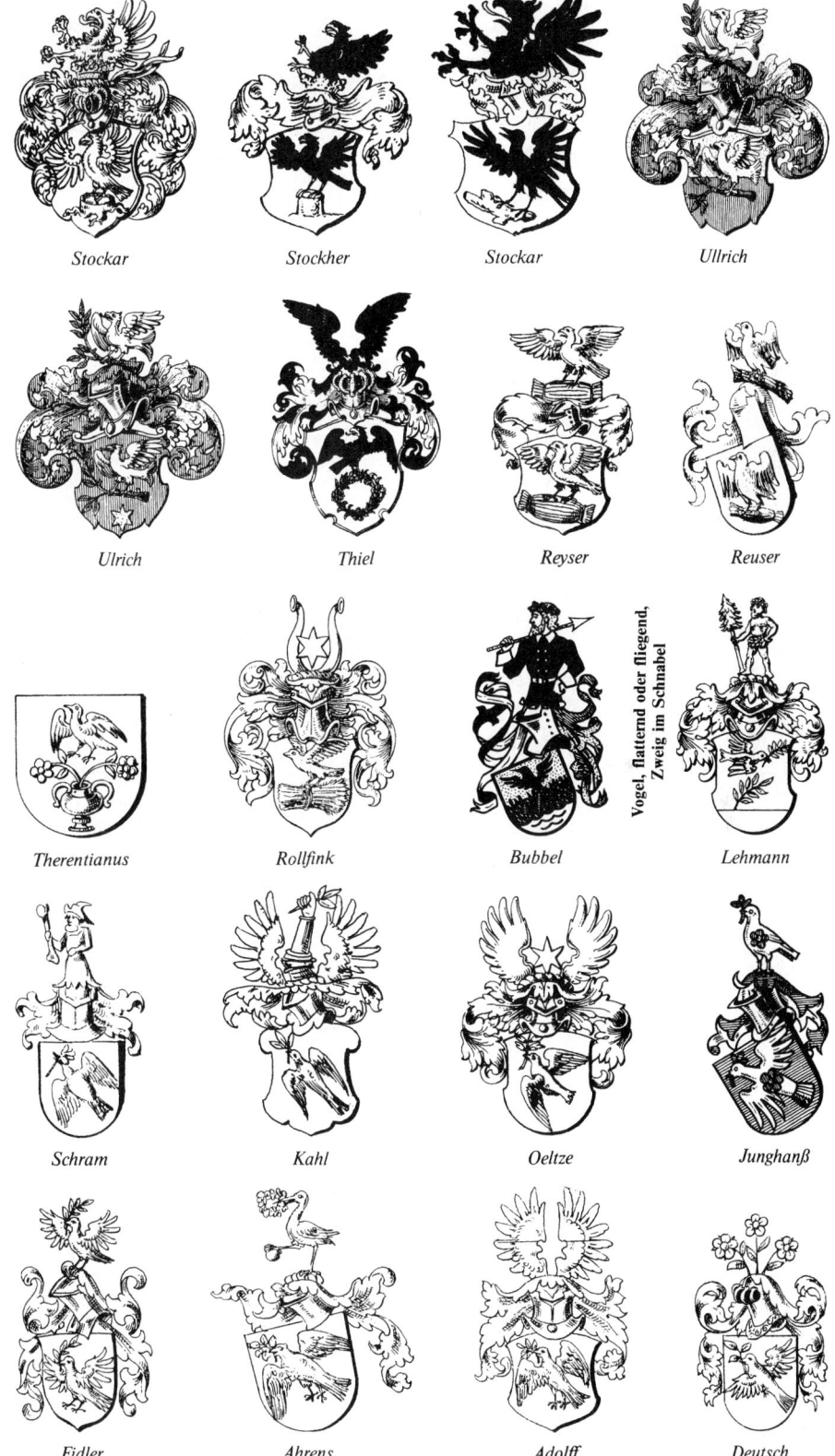

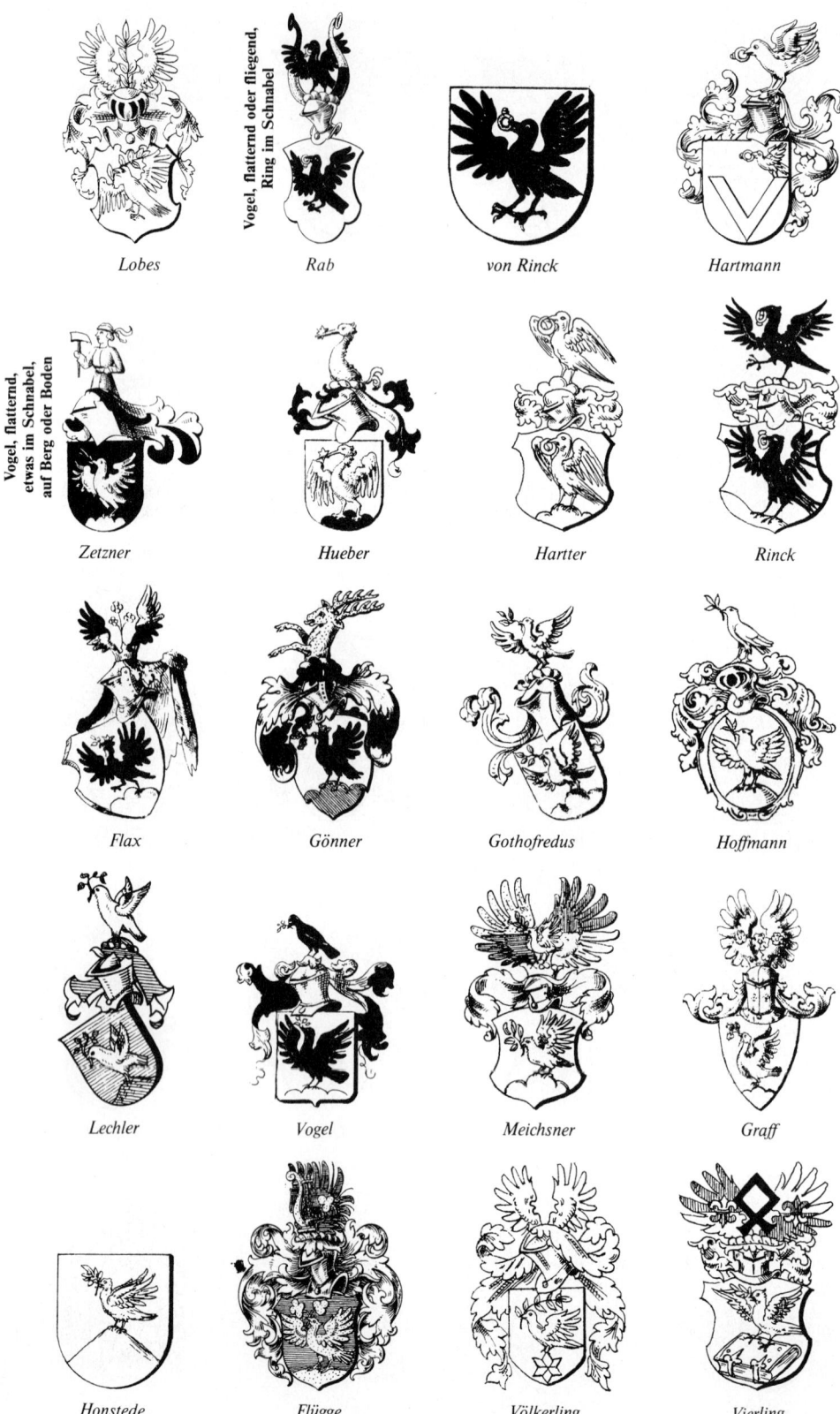

Vogel

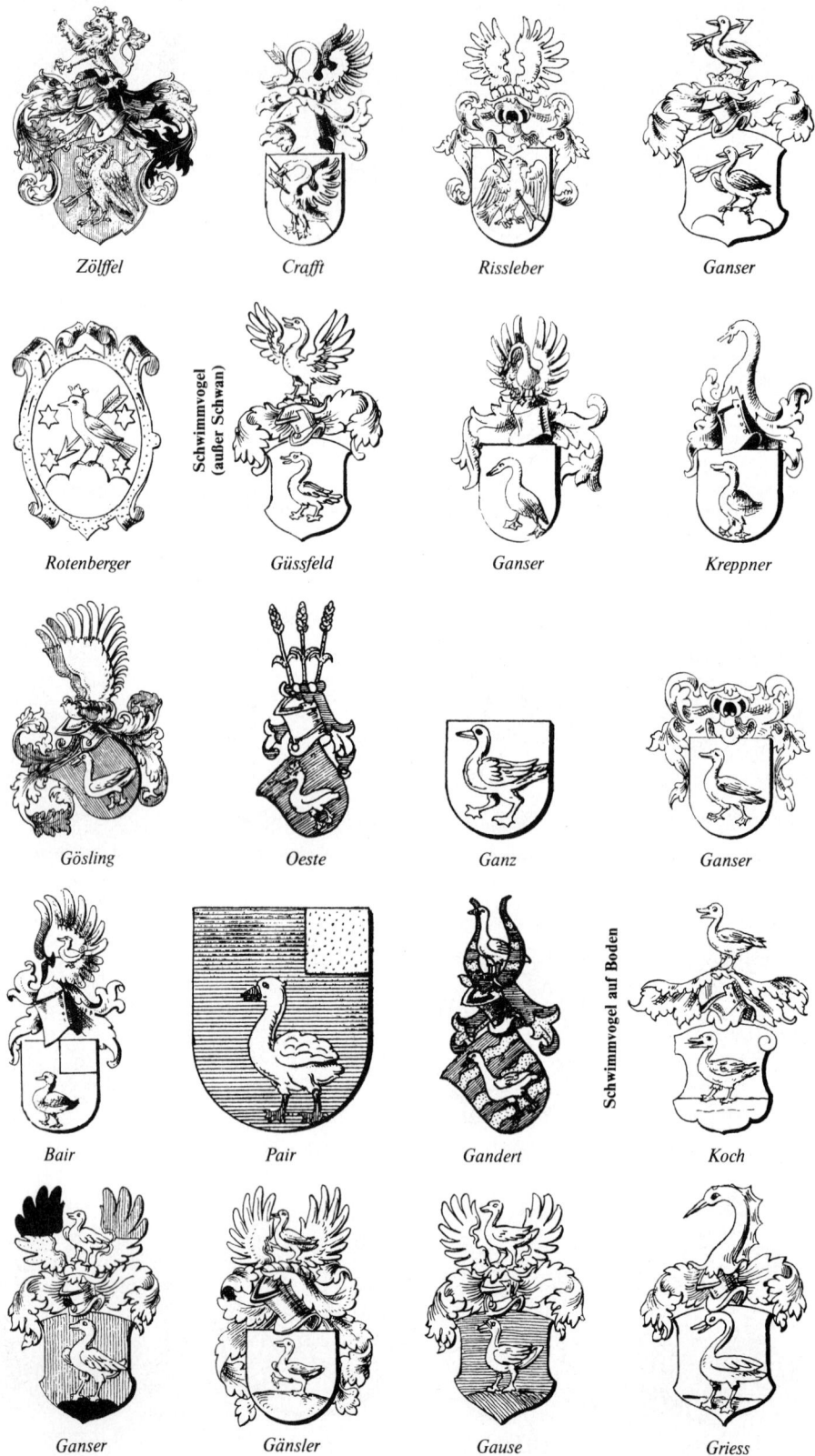

Schwimmvogel

Schwan

Schwan

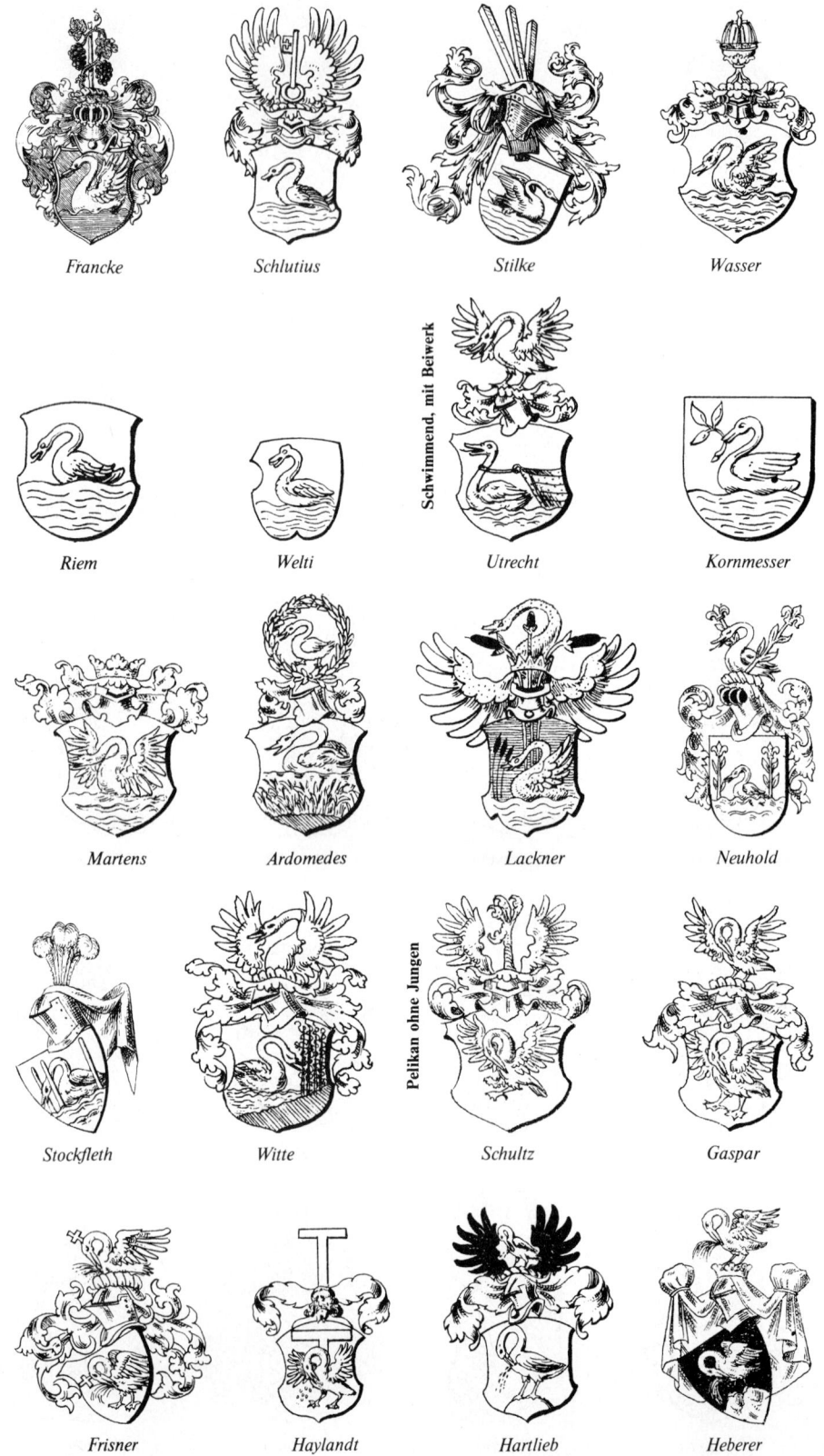

Pelikan

Pelikan

Hellwig • Kloß • Krey • Mener
Nestler • Pelican • Tumperger • Schobert
Strahl • Treutler • Trost • Weidlich
Kindler • Benter • Pell • Heintze
Hutfeld • Kamb • Liebler • Mentzius

Pelikan

Stelzvogel

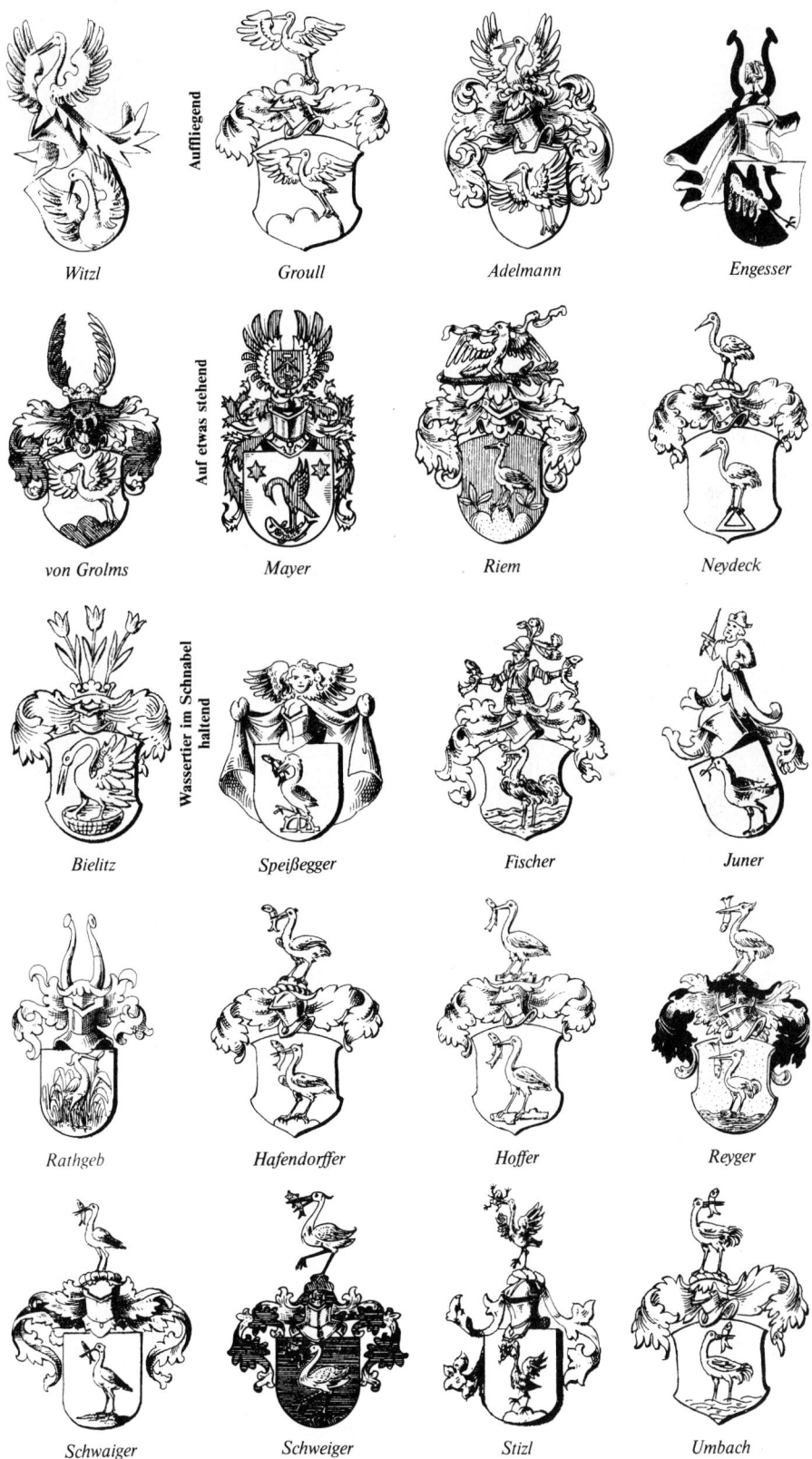

Witzl — Groull — Adelmann — Engesser
Aufliegend

von Grolms — Mayer — Riem — Neydeck
Auf etwas stehend

Bielitz — Speißegger — Fischer — Juner
Wassertier im Schnabel haltend

Rathgeb — Hafendorffer — Hoffer — Reyger

Schwaiger — Schweiger — Stizl — Umbach

Stelzvogel

Stelzvogel

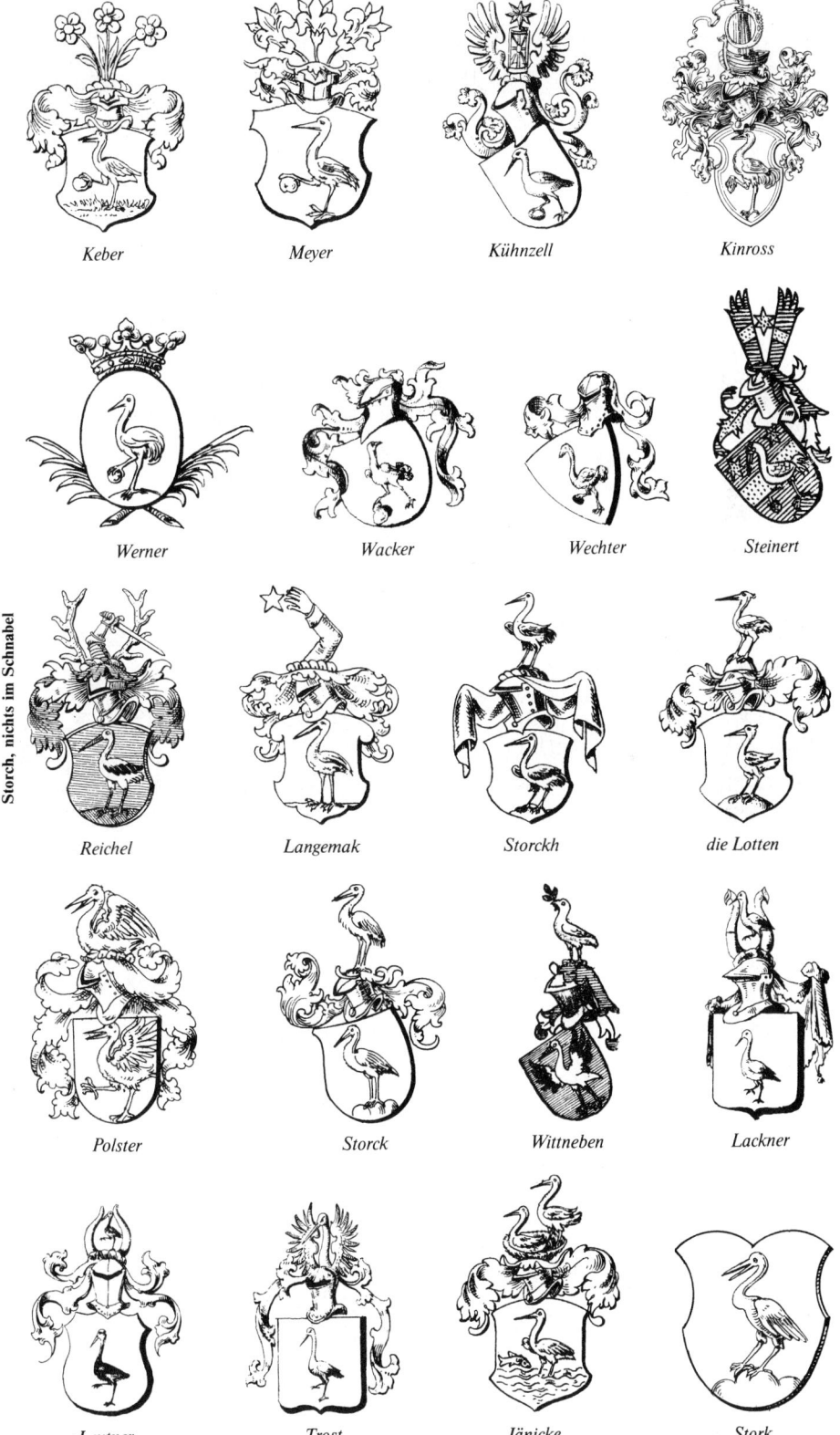

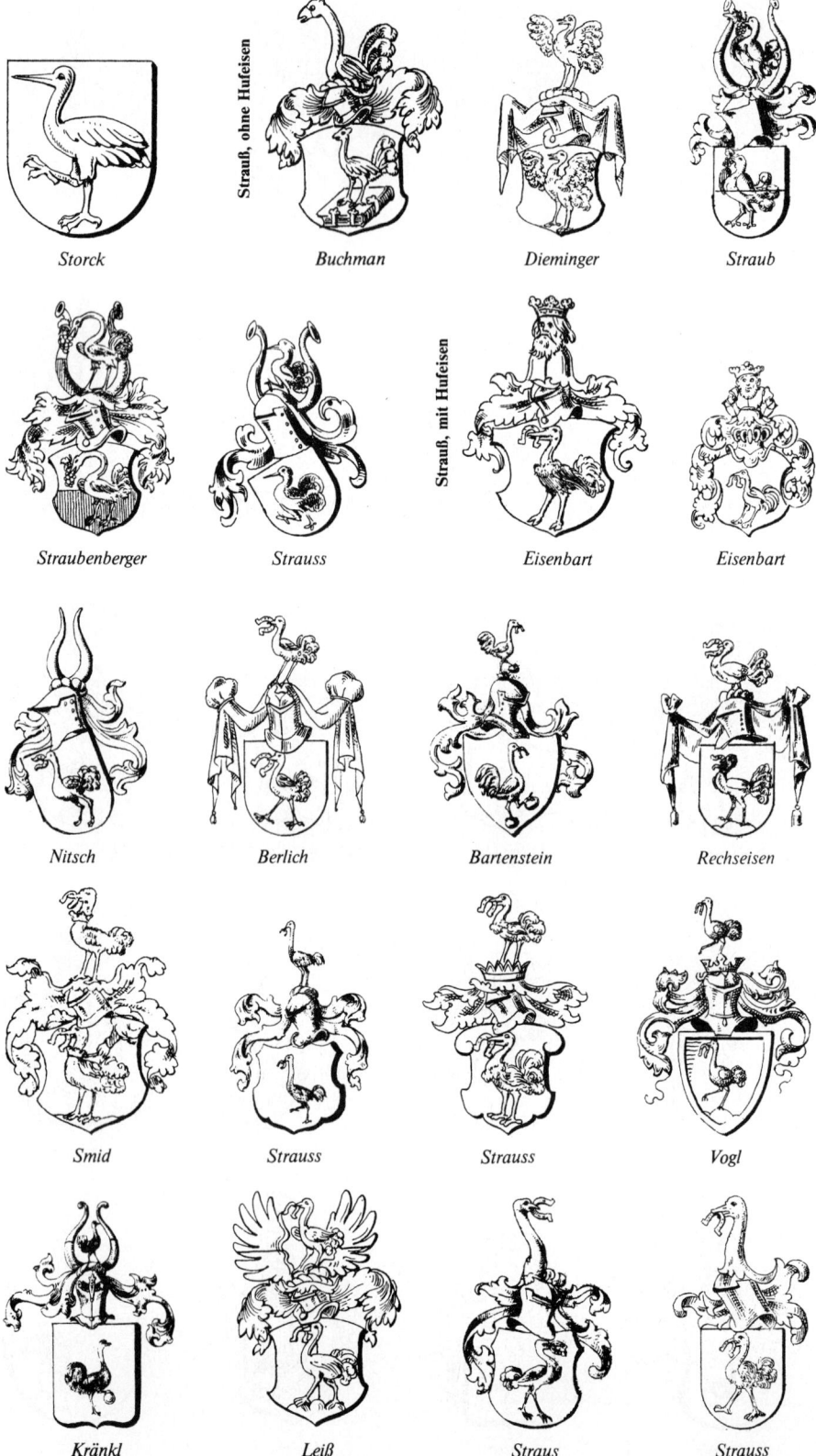

Hanitzsch Heinlein Henner Kramer
Rothhan Schalutzer Hoenemann Reisser
Vorner Gallus Heysinger Haan
Haan Hain Hahn Hahn
Haring Abstreiter Hanewinkel Kilchherr

Hahn

Hahn

Phönix/Eule

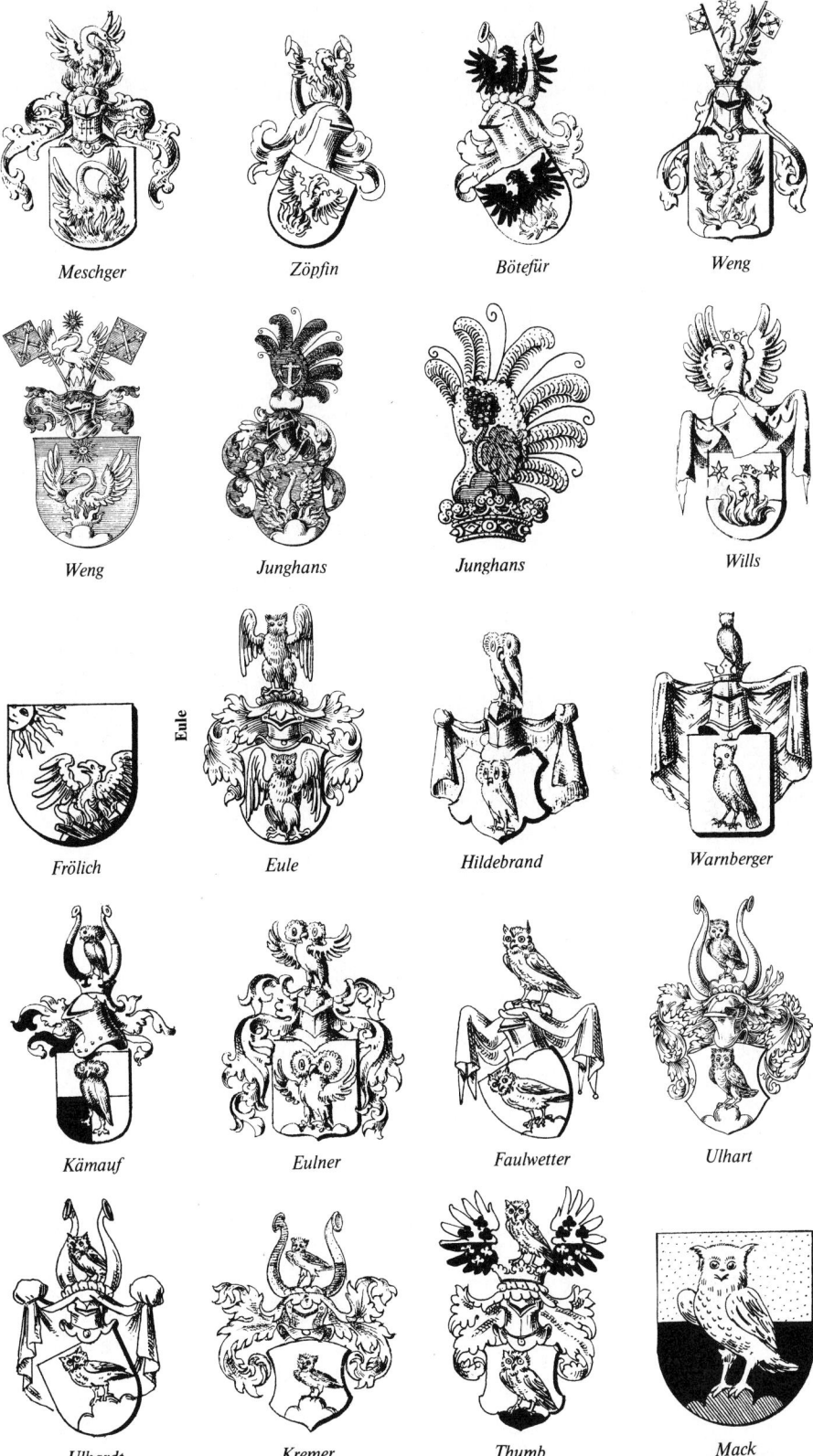

Zwei Vögel

Zwei Vögel

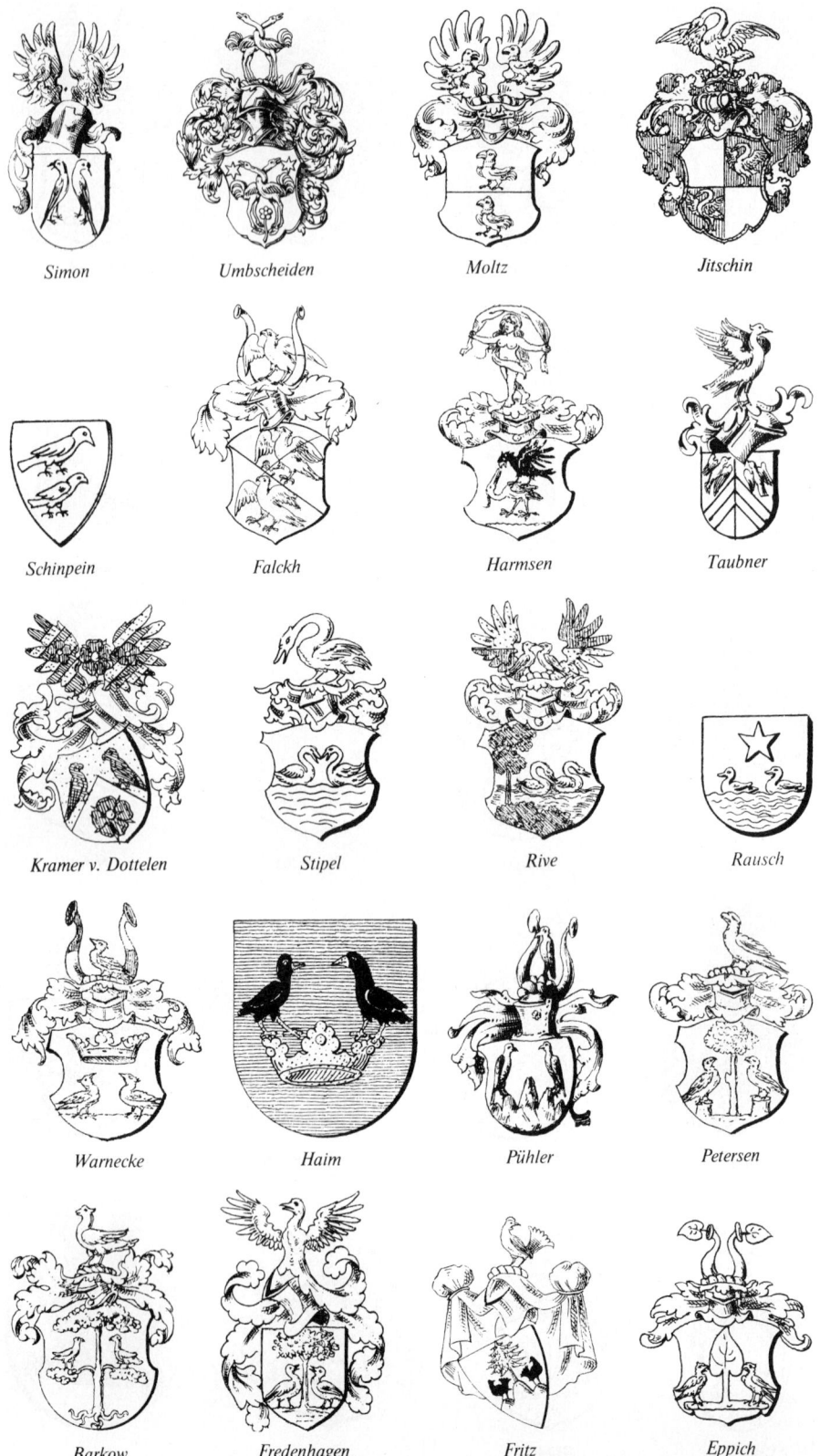

Mehrere Vögel

Mehrere Vögel

Vogelkopf

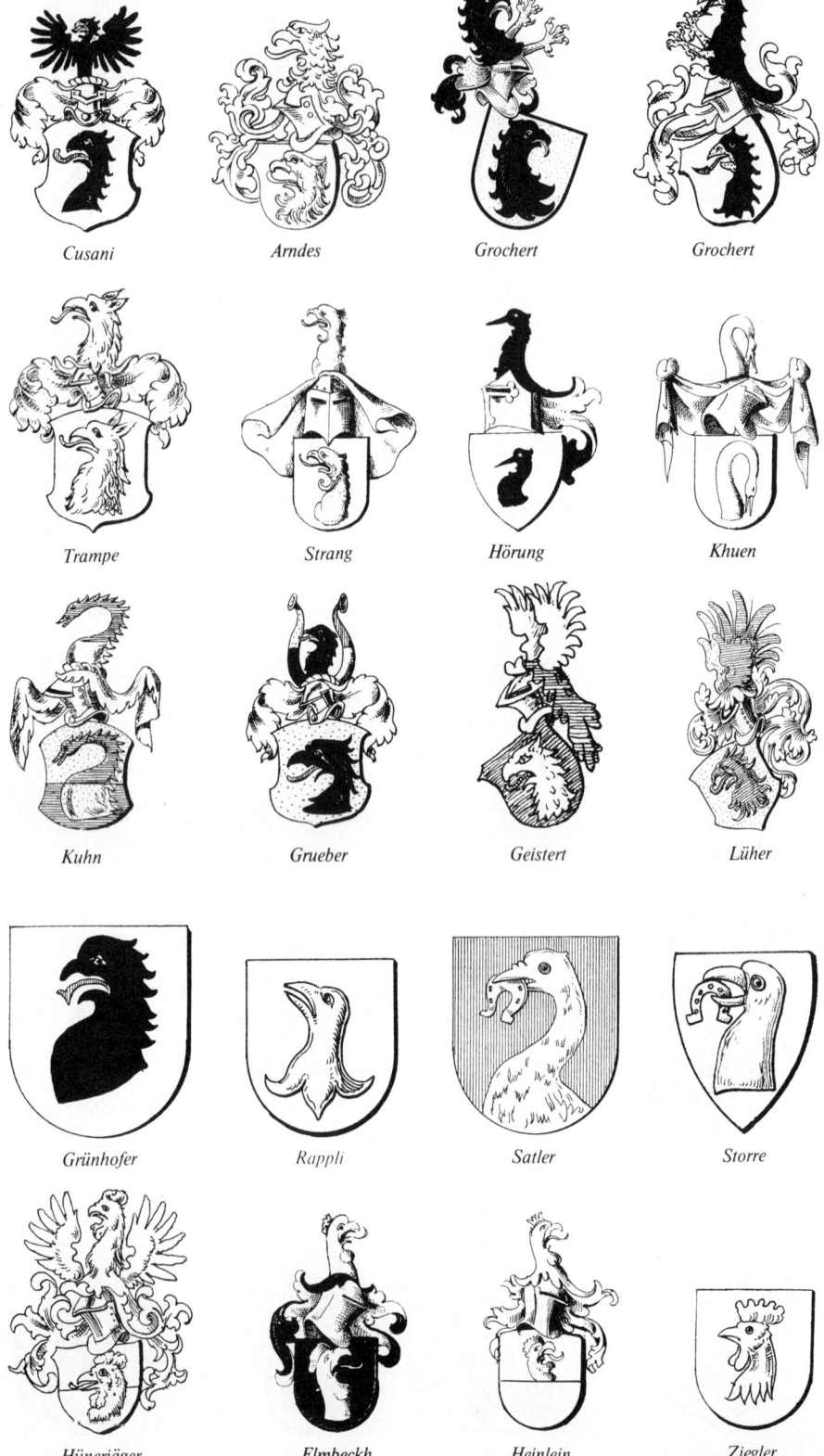

Vogelkopf

Vogelteile

Vogelbeine

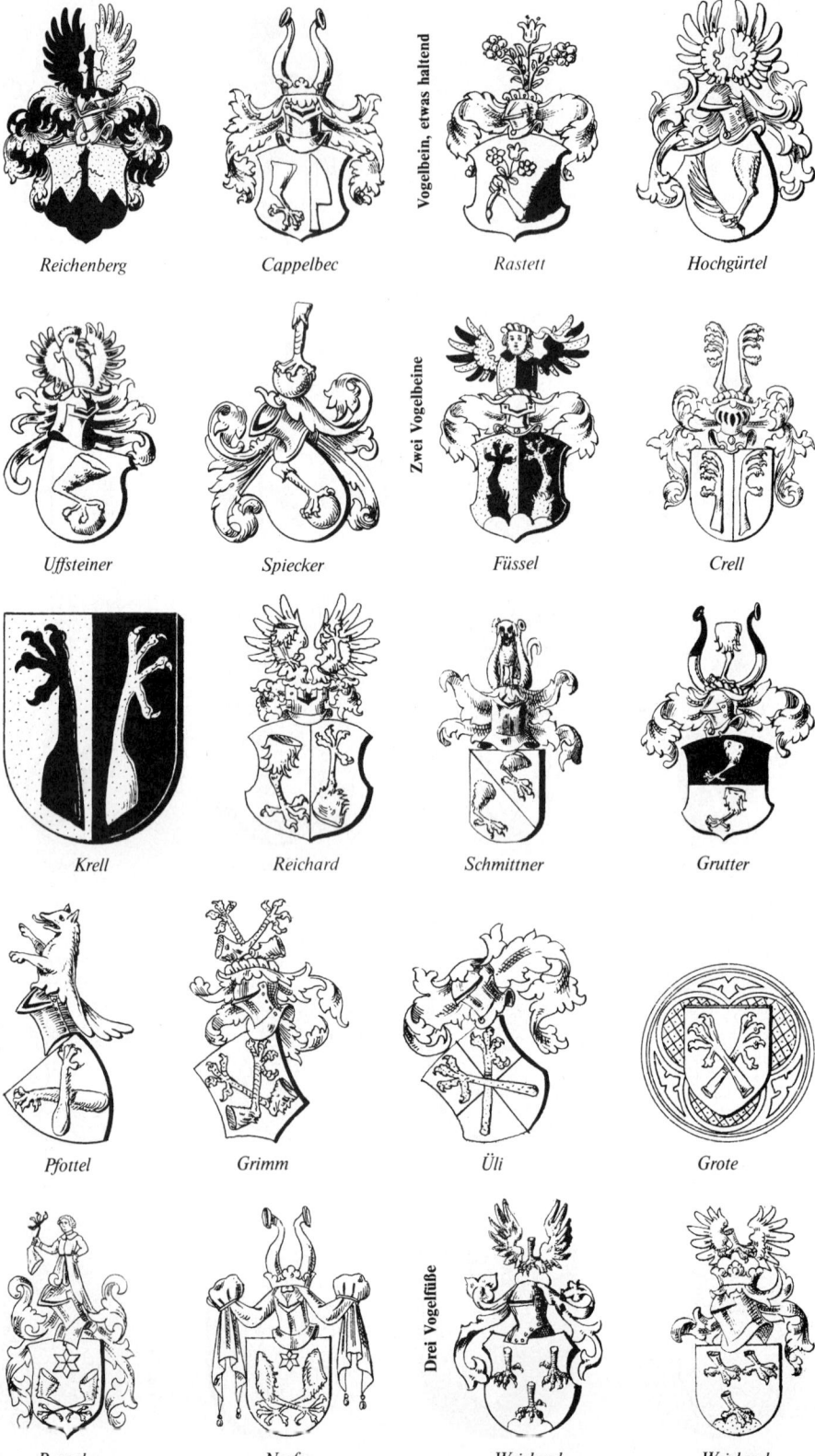

Vogelbeine 415

Vogelbeine/Flügel

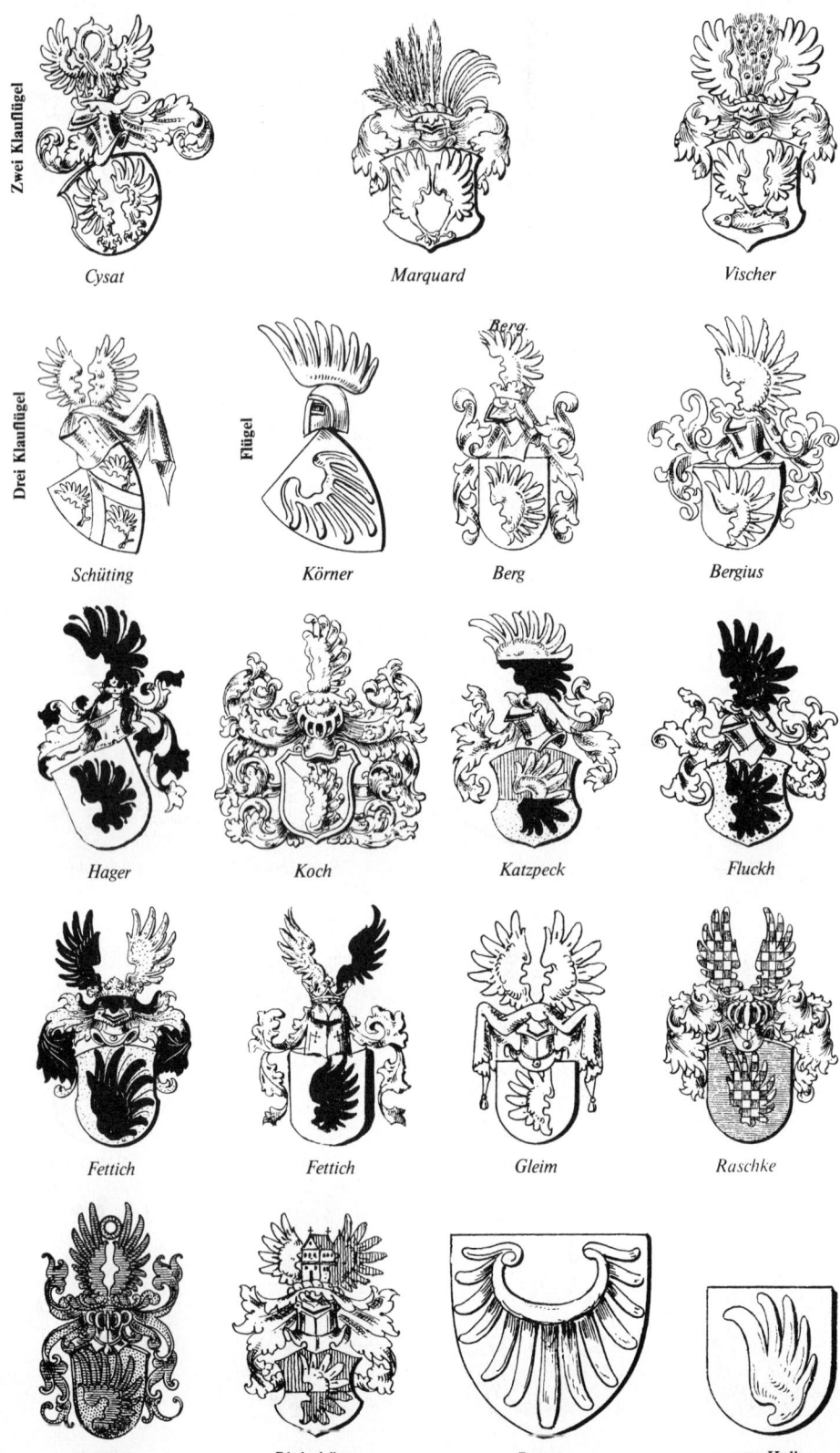

Flügel

Flügel

Flügel

Federn

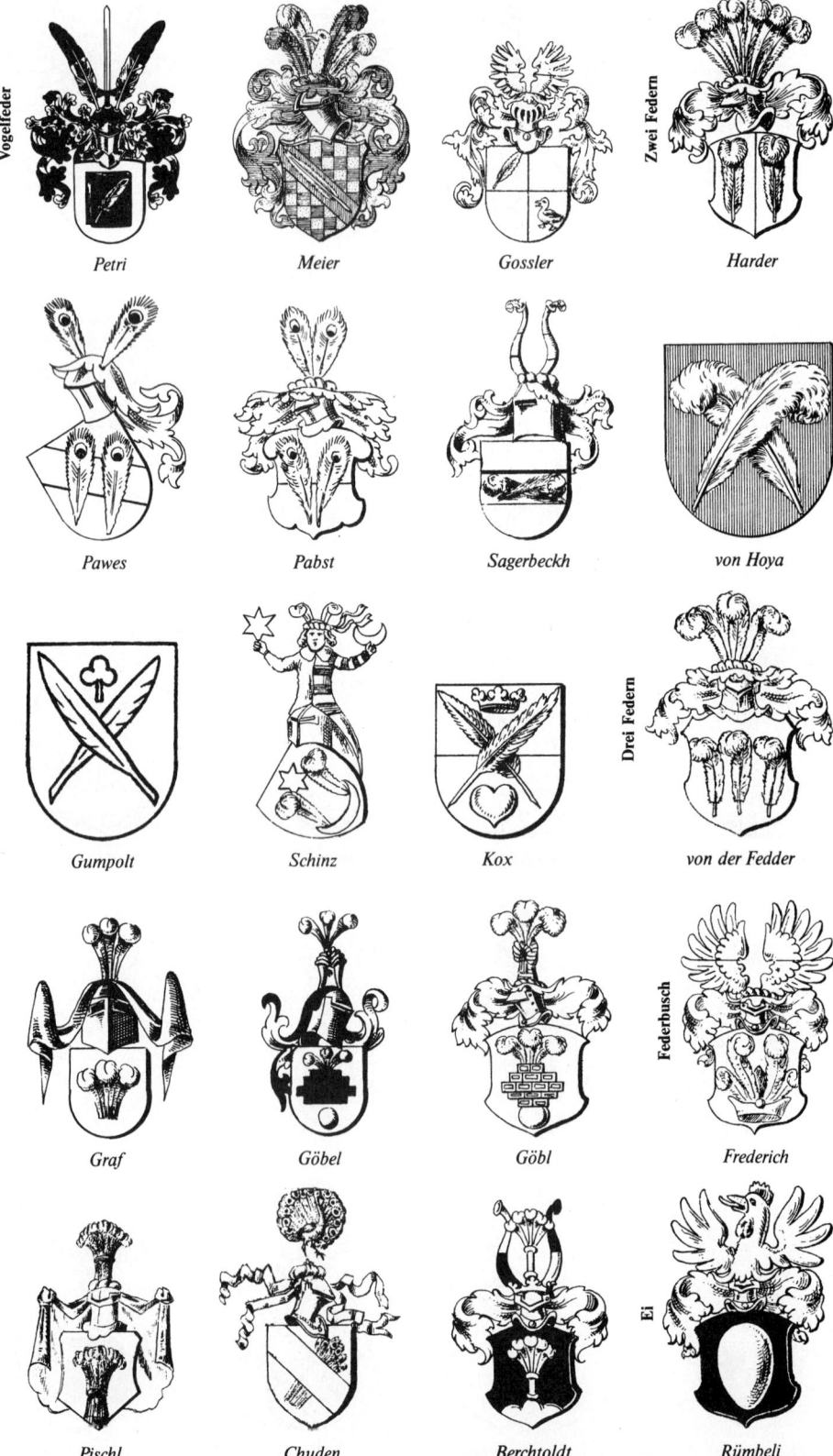

Ei/Fisch

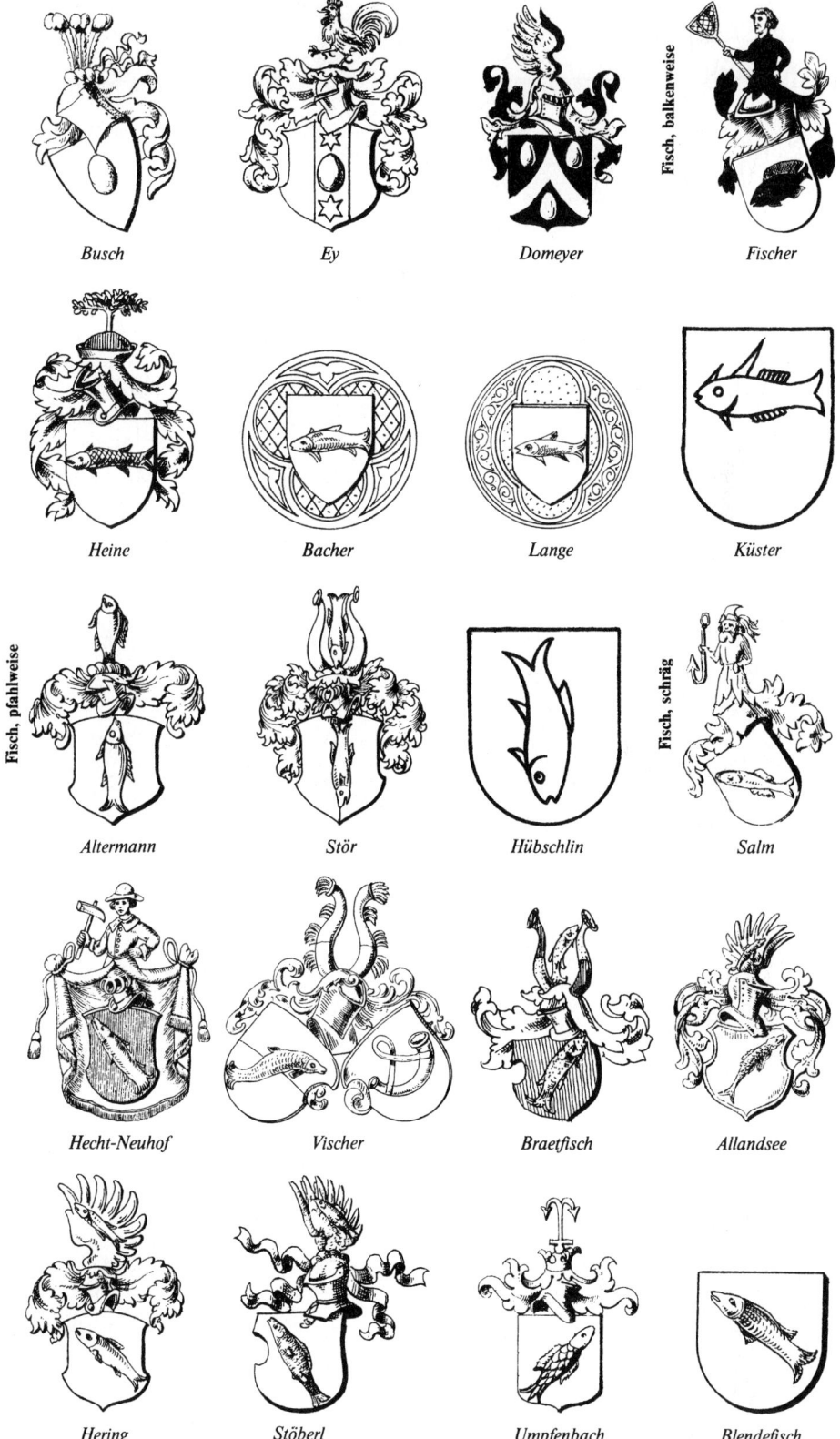

Fisch

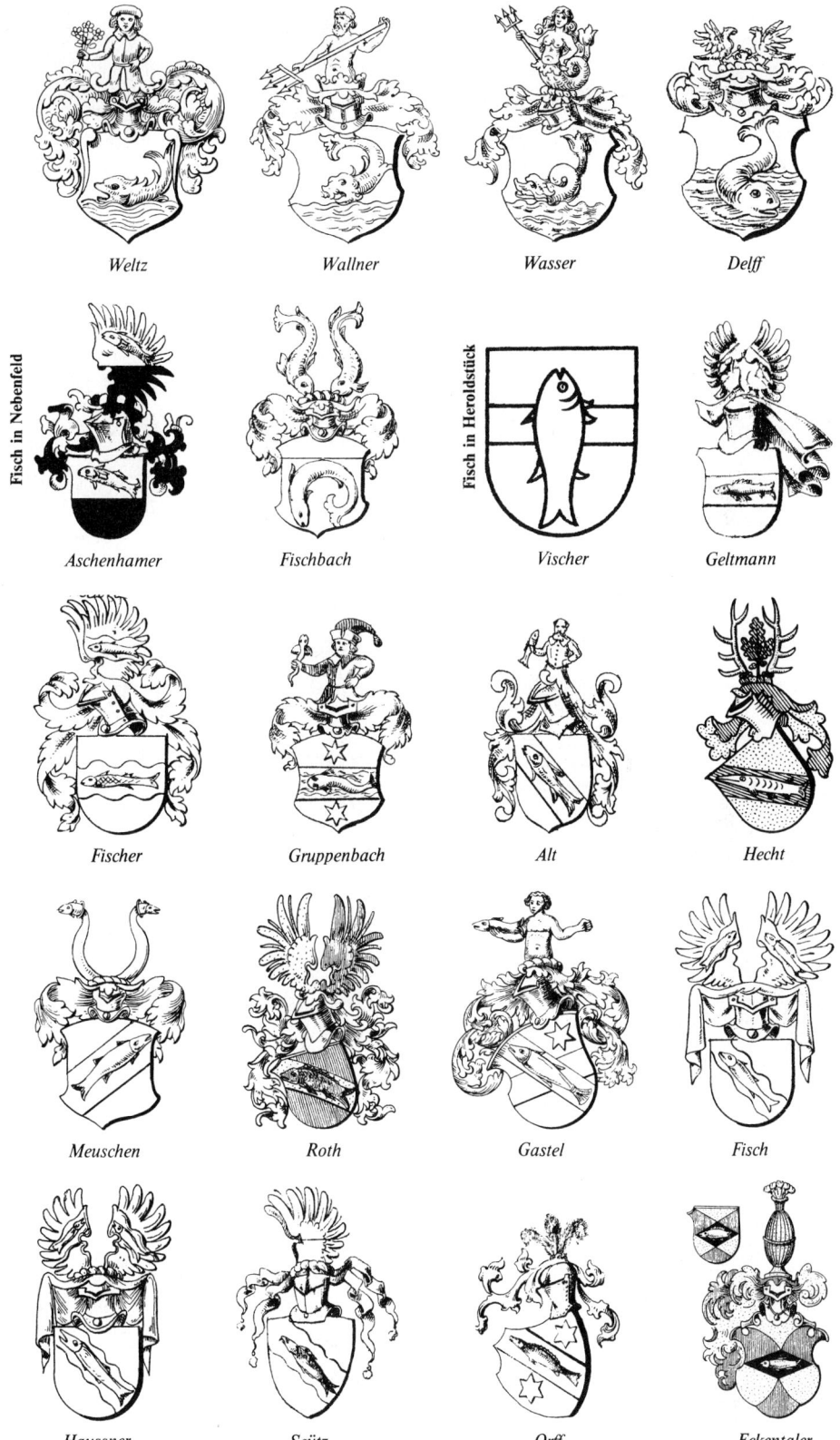

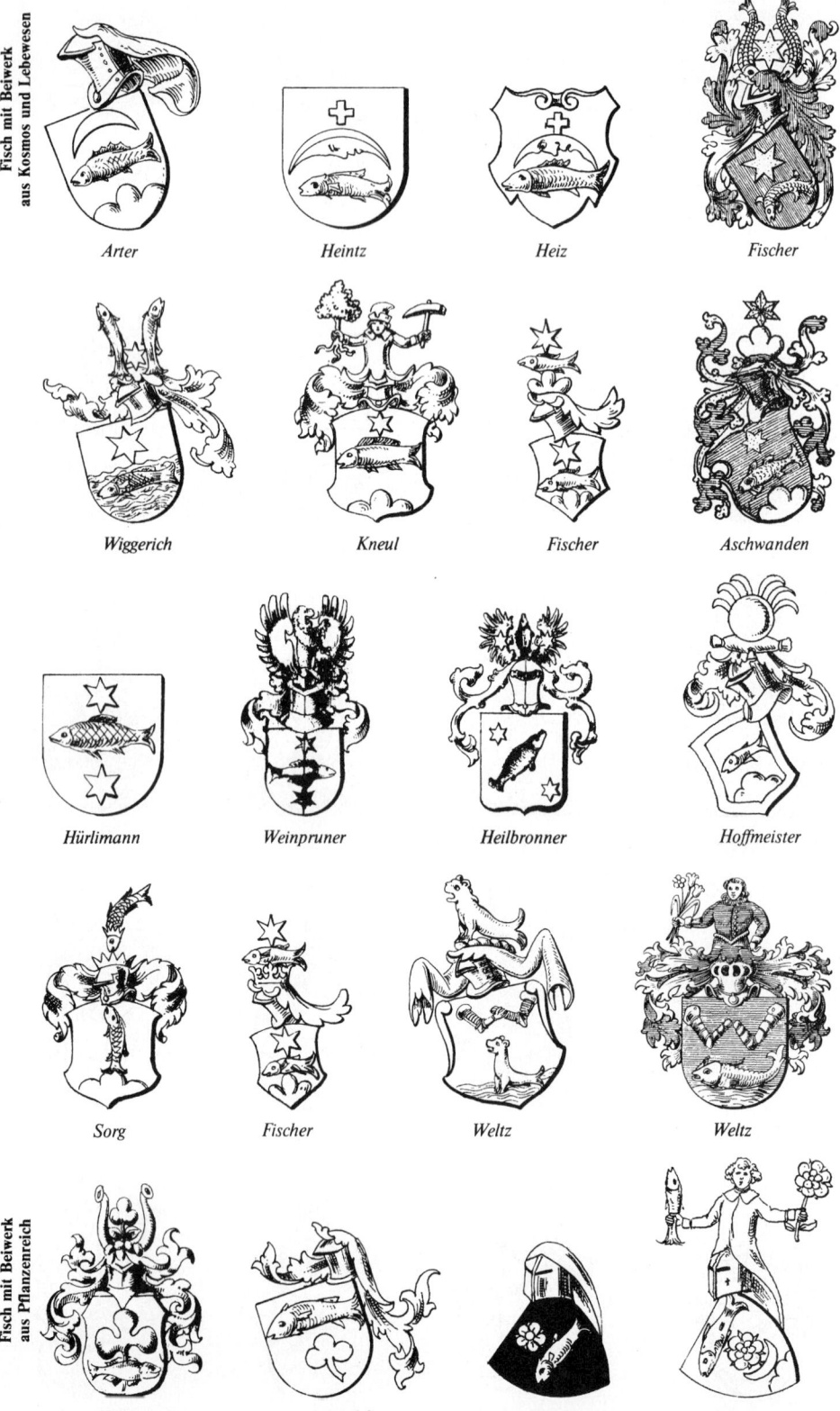

Fisch

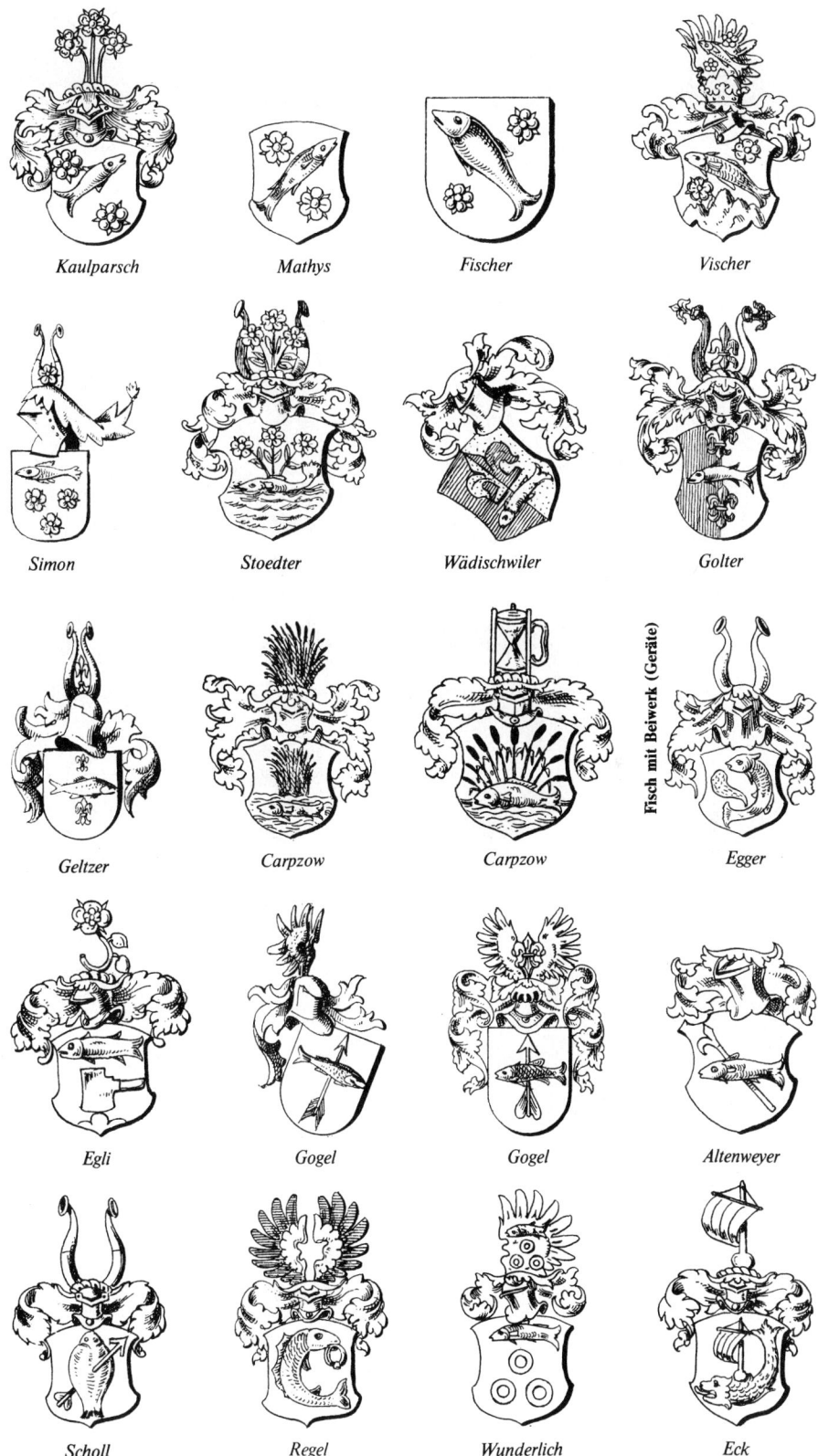

Kaulparsch — Mathys — Fischer — Vischer
Simon — Stoedter — Wädischwiler — Golter
Geltzer — Carpzow — Carpzow — Egger (Fisch mit Beiwerk (Geräte))
Egli — Gogel — Gogel — Altenweyer
Scholl — Regel — Wunderlich — Eck

Zwei Fische

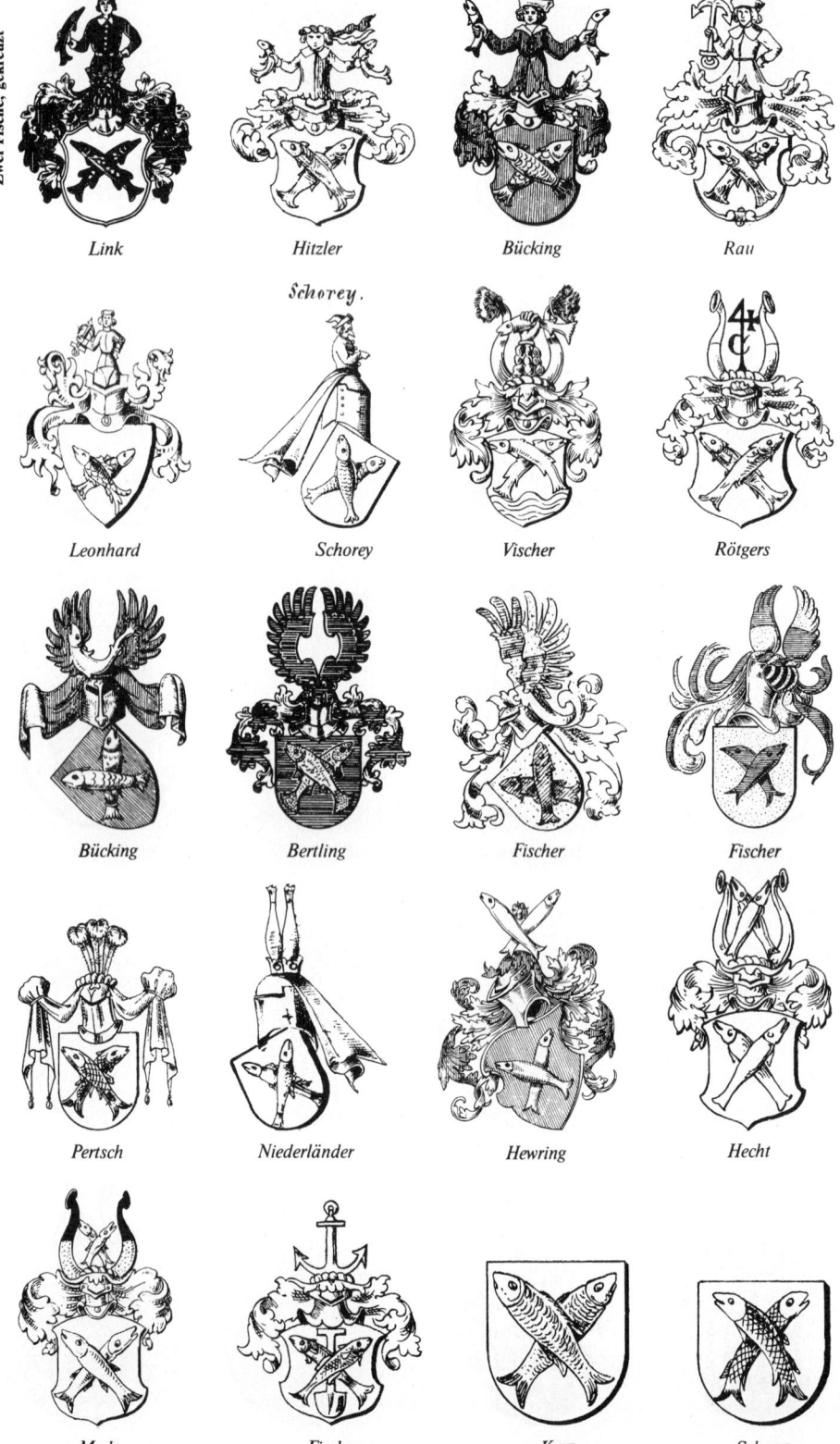

Mehrere Fische

429

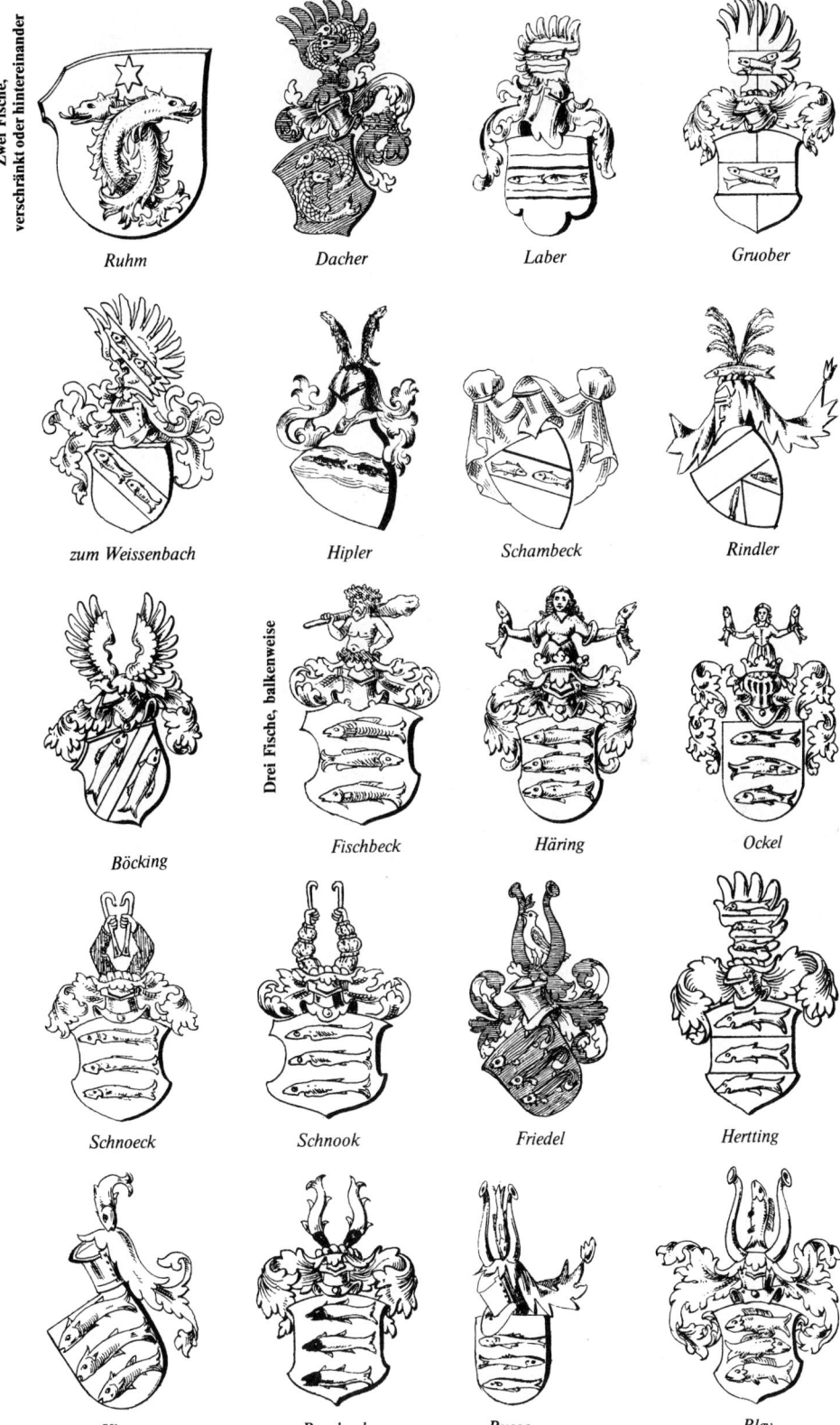

Drei Fische

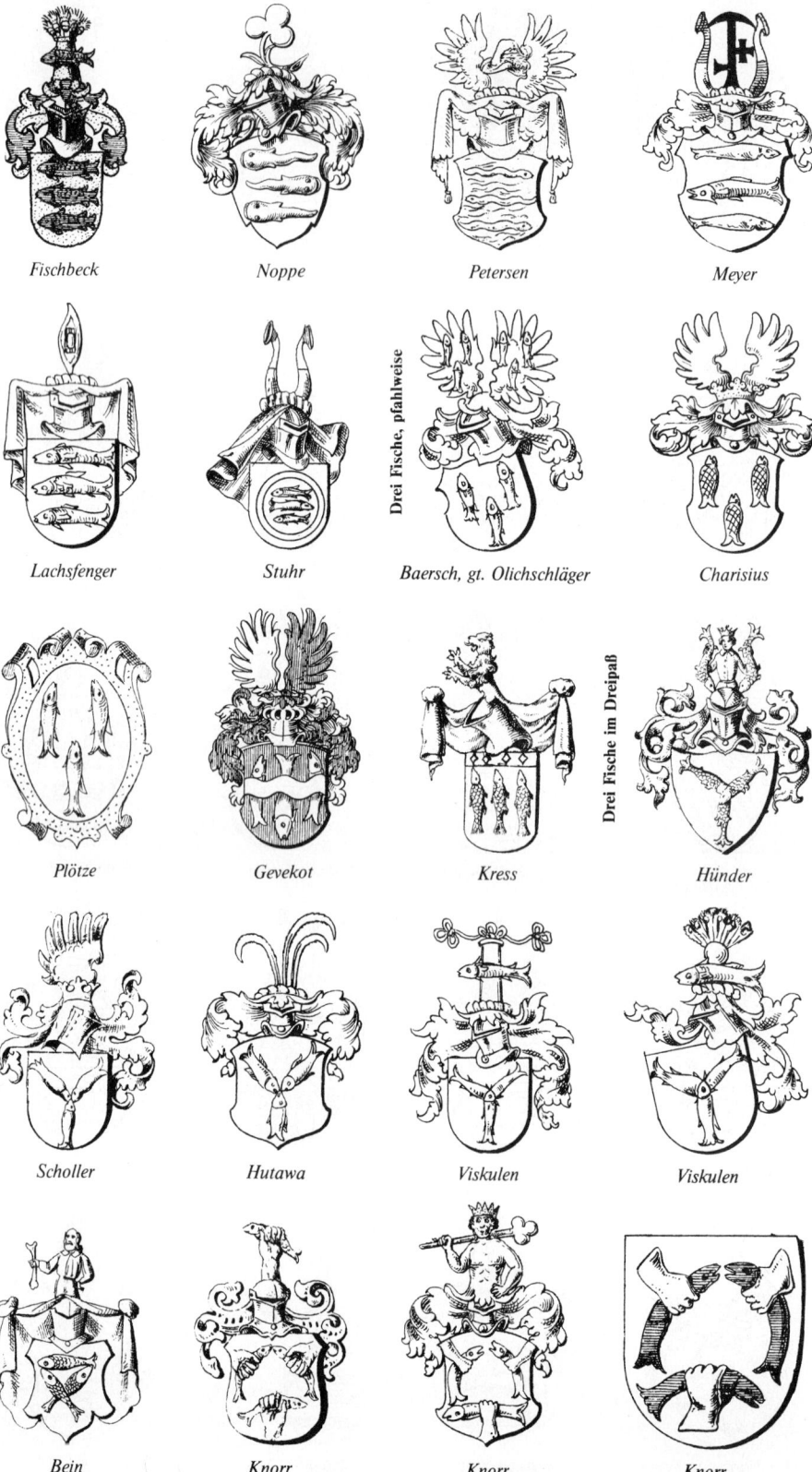

Drei Fische

Teile von Fischen

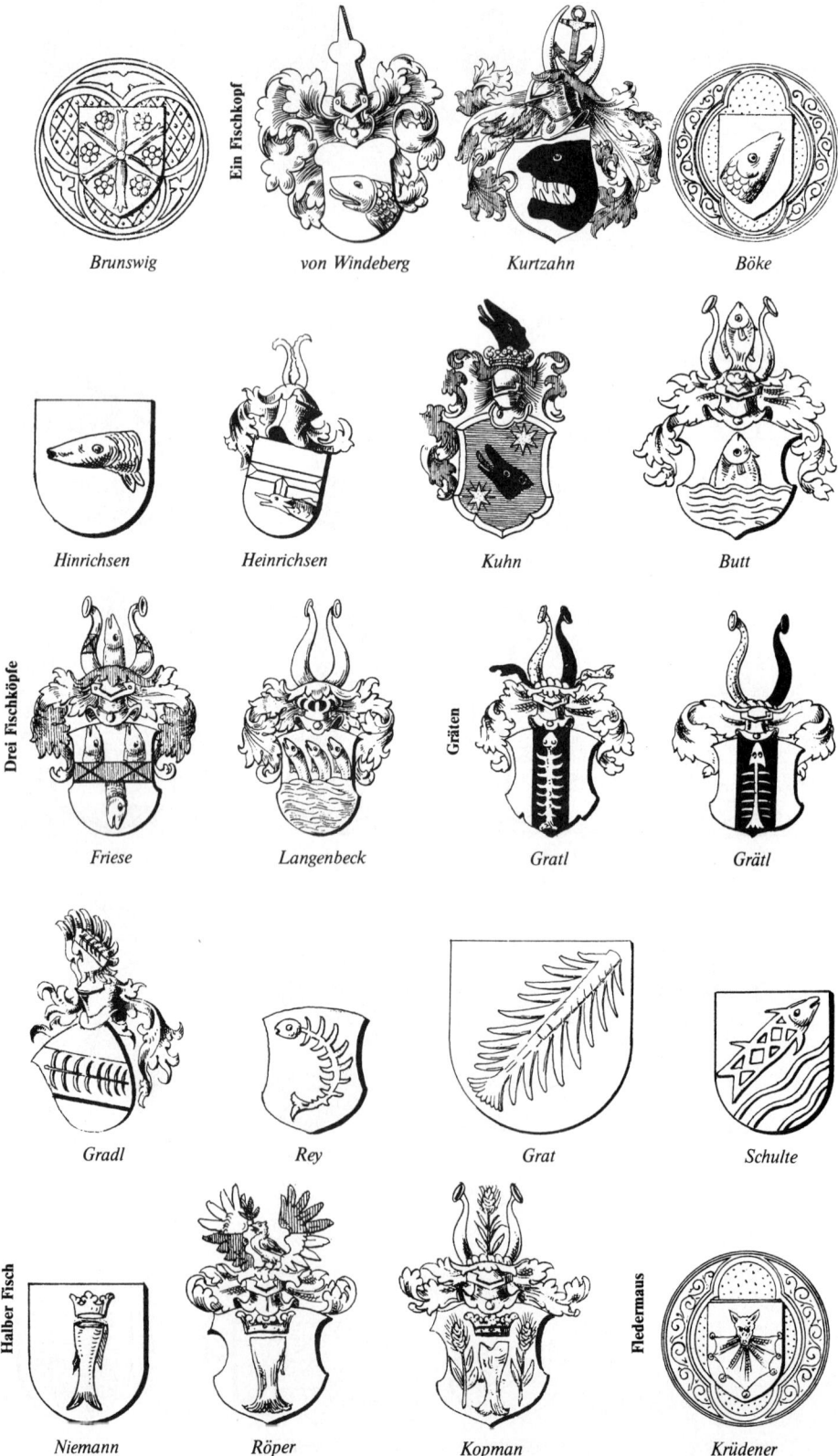

| Brunswig | Ein Fischkopf — von Windeberg | Kurtzahn | Böke |

| Hinrichsen | Heinrichsen | Kuhn | Butt |

| Drei Fischköpfe — Friese | Langenbeck | Gräten — Gratl | Grätl |

| Gradl | Rey | Grat | Schulte |

| Halber Fisch — Niemann | Röper | Kopman | Fledermaus — Krüdener |

Reptilien

Schlange

Schilling — Spilmann — Heiß — Ketzmann
Brüning — Krajewski — Weiler — Wyller
Schlangenring: Hofer — Moni — Jess — Schlange, verschlungen: Hildebrandt
Klügel — von Pütken — Dreyer — Adam
Bansa — Bansa — Schlange und Pflanzenreich: Leisewitz — Eden

Schlange

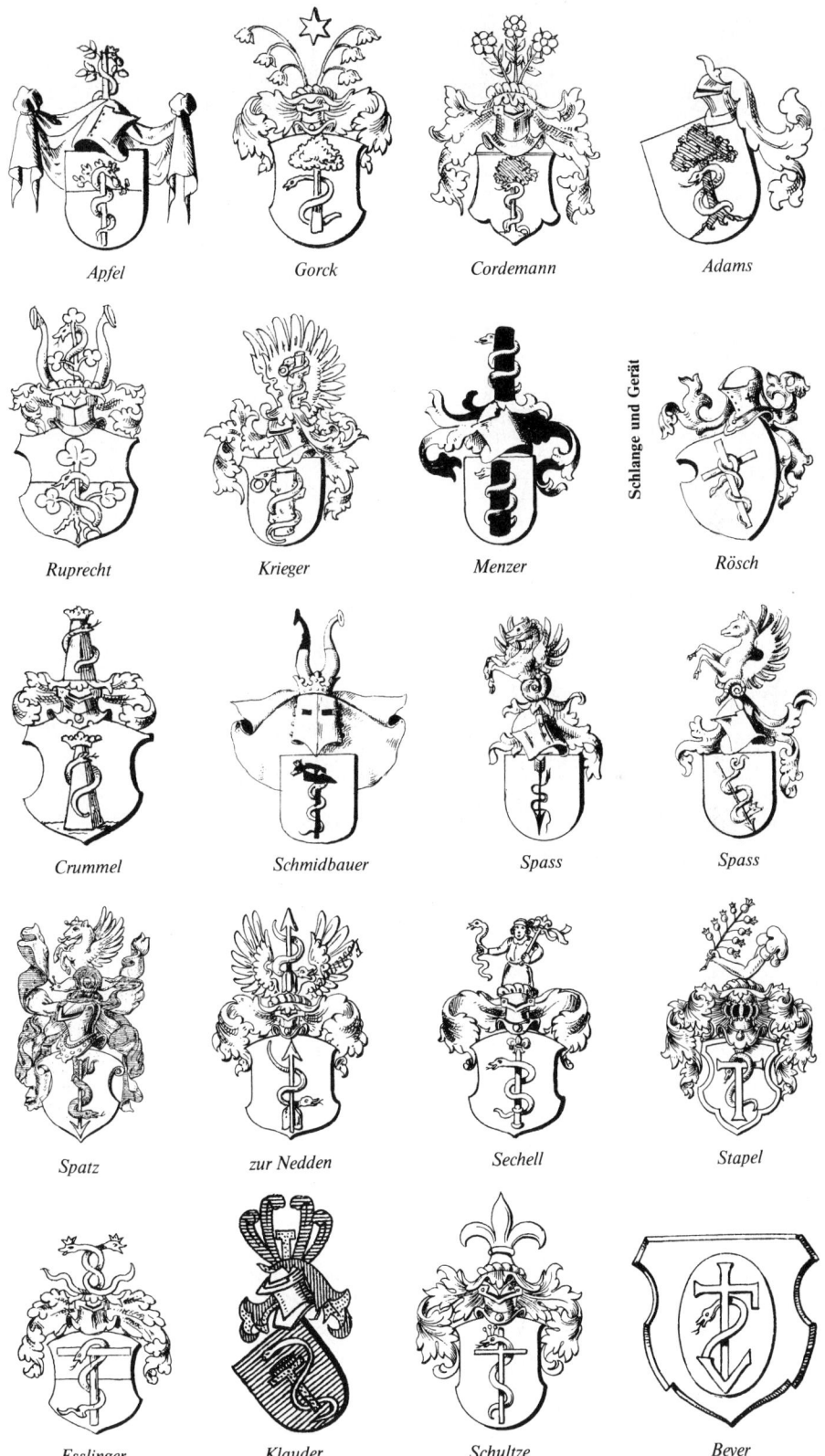

Schlange/Frosch/Krebs

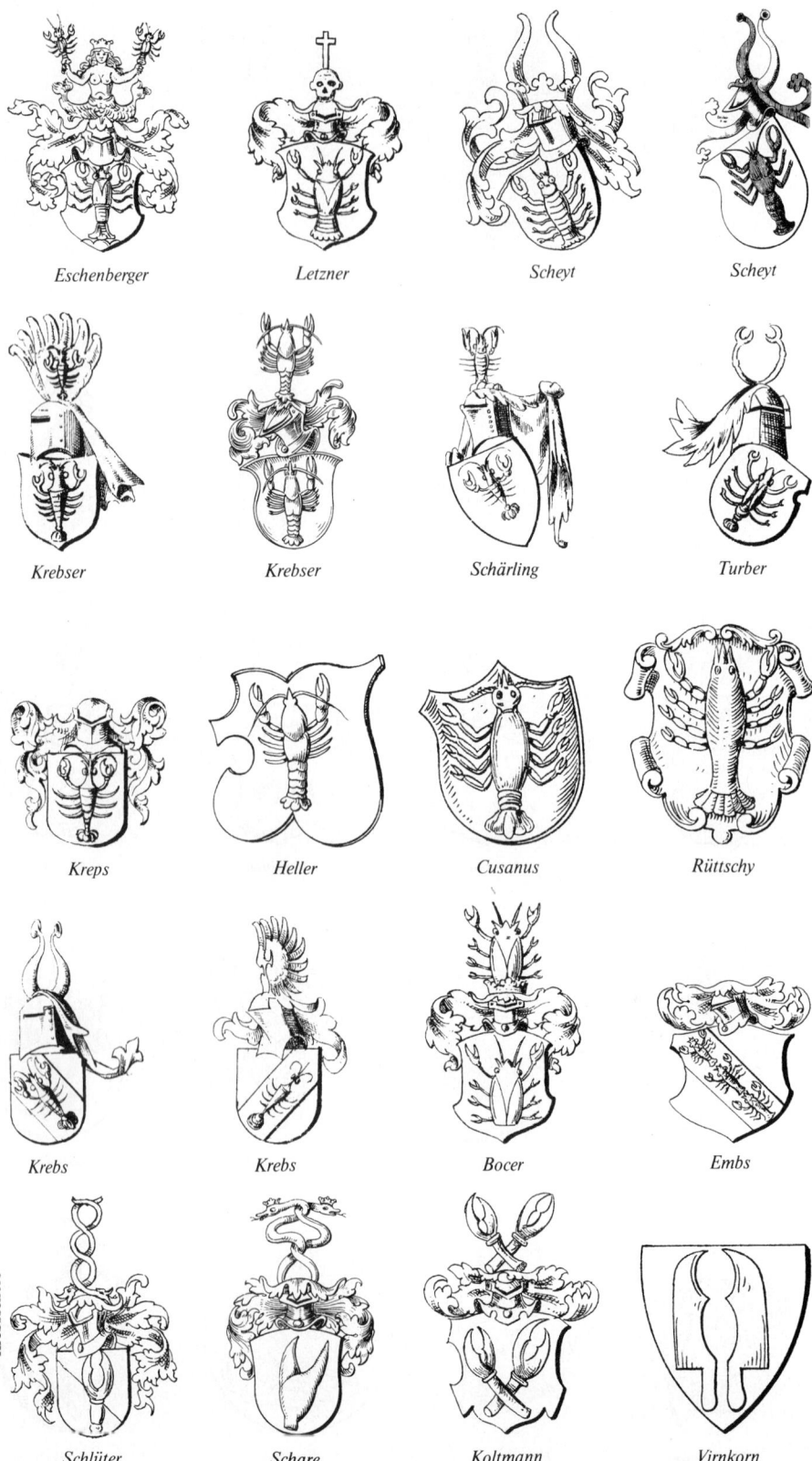

Krebs/Schnecke/Insekten 439

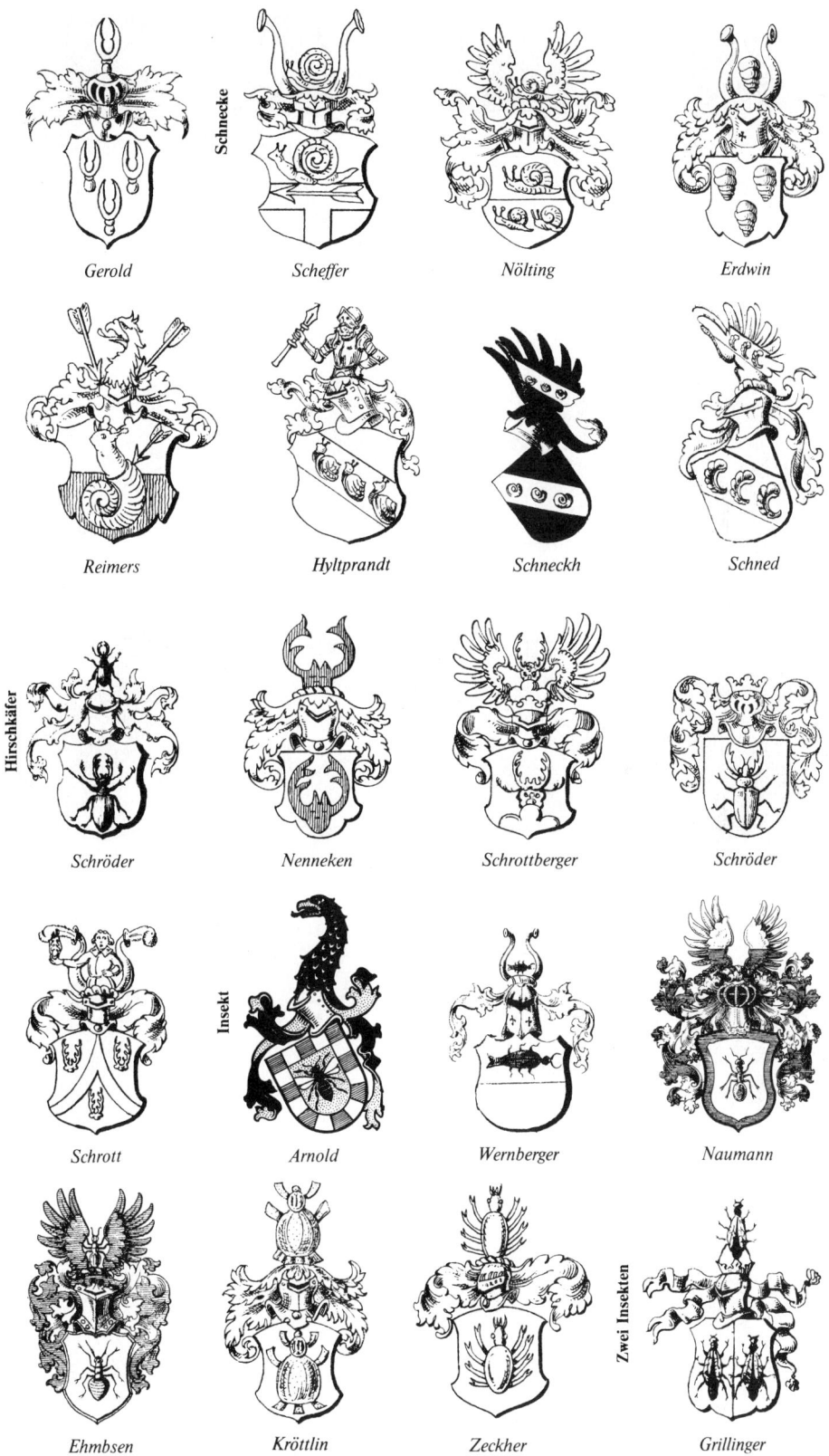

Muschel

Engel

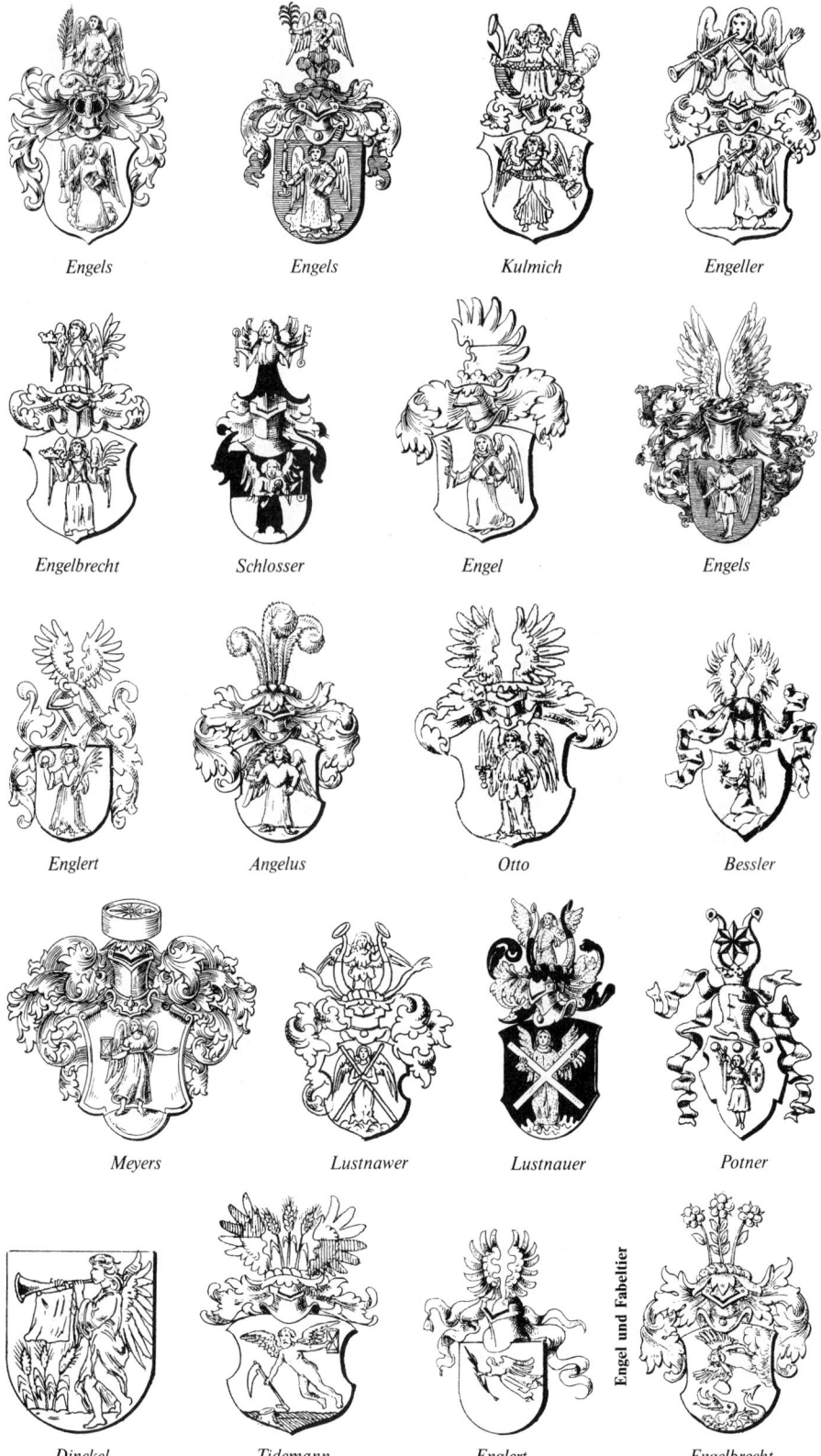

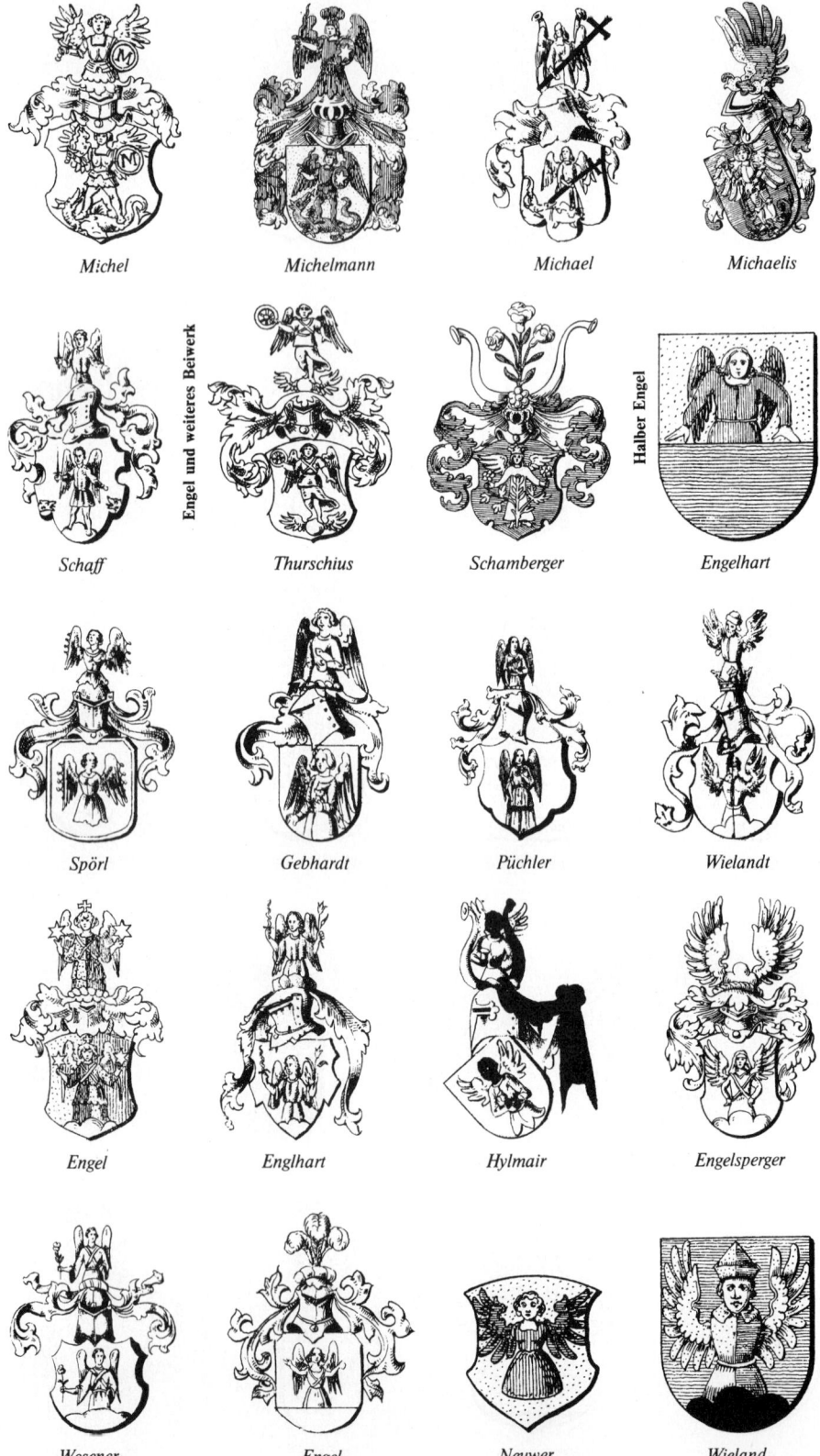

Mischwesen

Mischwesen (Mensch und Fisch)

Mischwesen (Mensch und Fisch)

Westermayr	Sutter	Fischer	Hesenthaler
Vischer	Bender	Hager	Lackhner
Merwart	Unsin	Feuchter	Strobl
Wuppermann	Matthey	Vischer	Marschall
Rueger	Wasser	Wasserreich	Vischer

Mischwesen

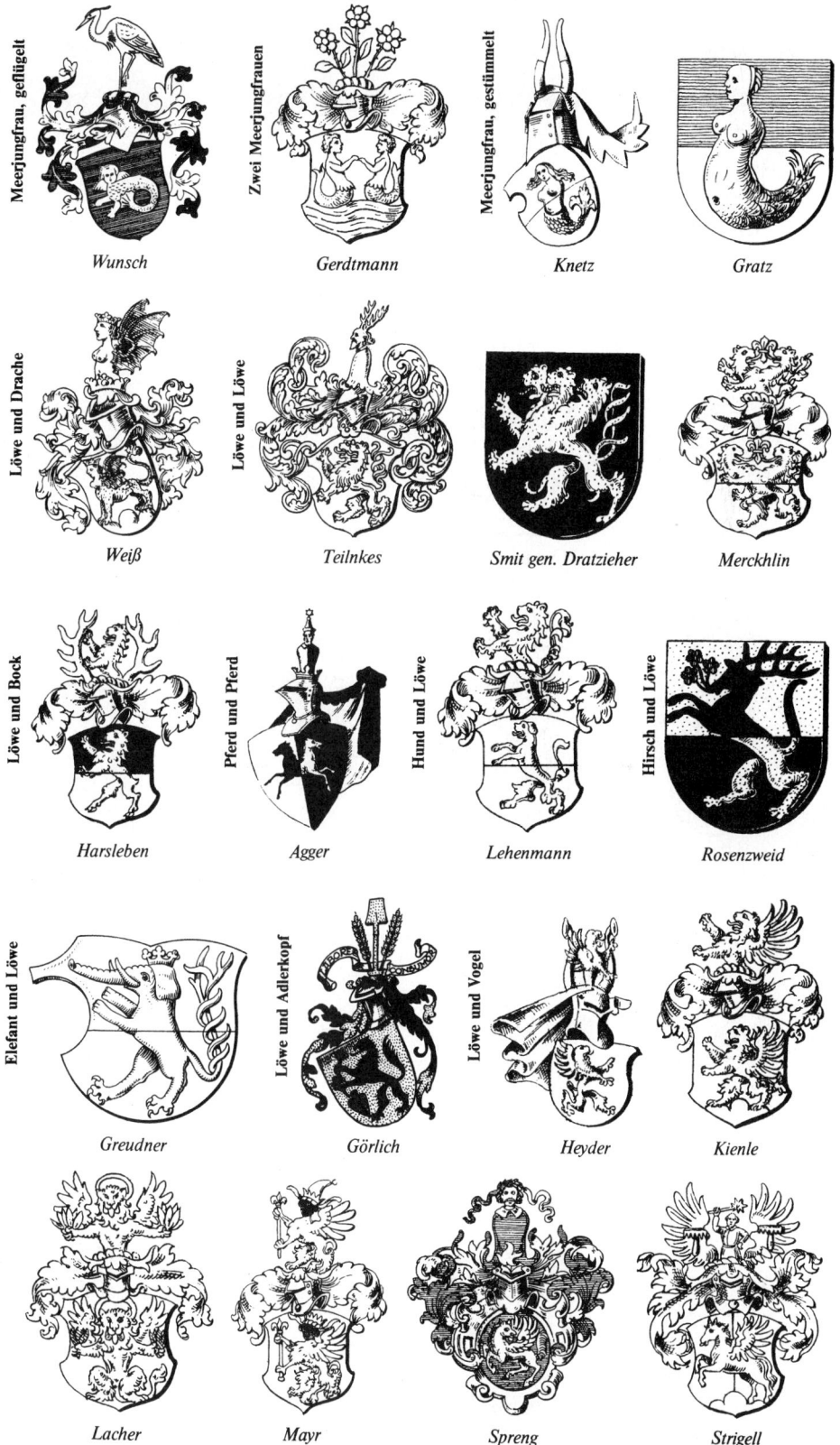

Mischwesen (Pegasus)

Striegel Fraydinger Hippius Pauer

Nordhoff Breiding Lamberg Lößler

Buhlert Ladebach Werner Wibner

Kessler Grunewald Brüning Lederer

Lamberg Porss Kellner Kellner

Mischwesen

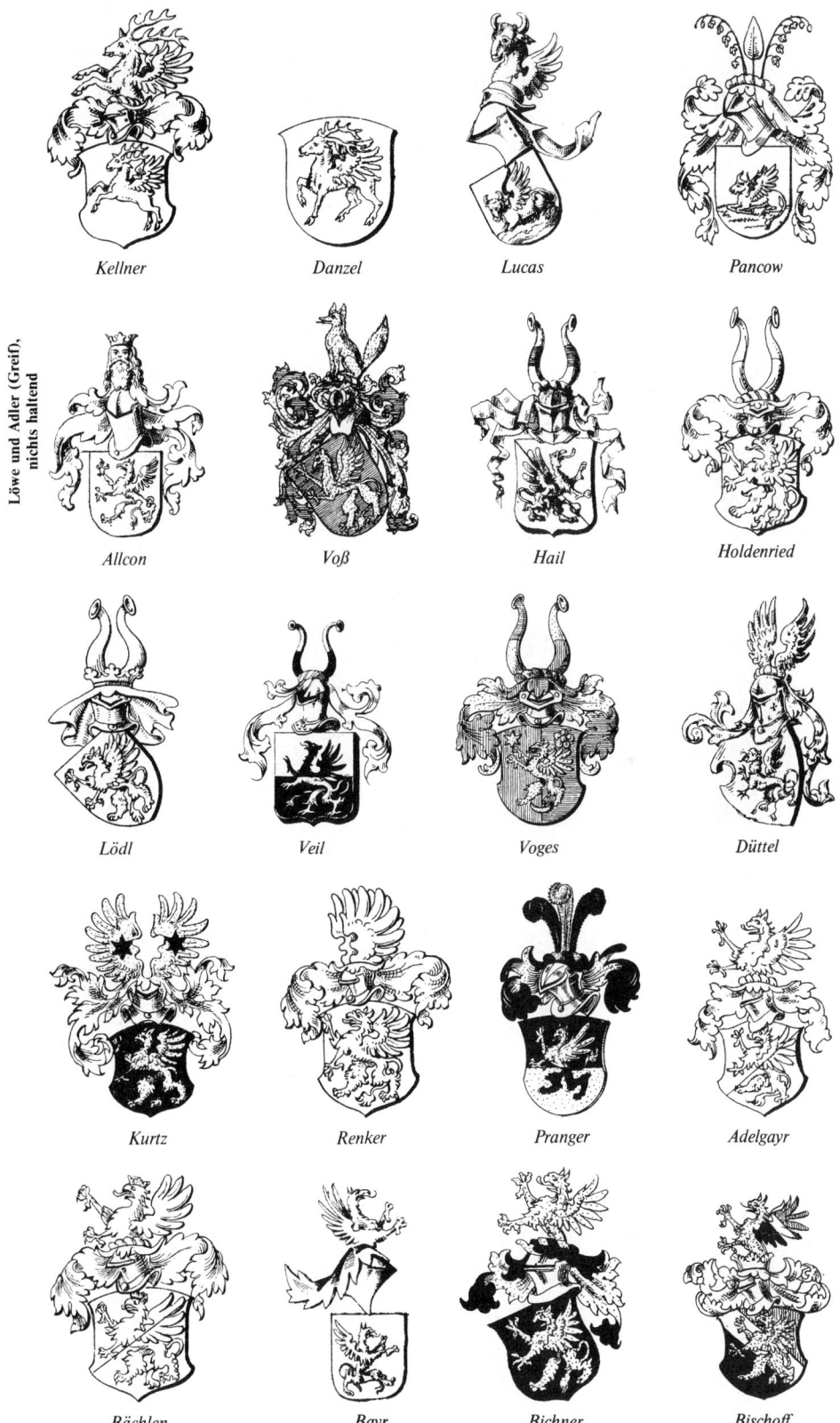

Löwe und Adler (Greif), nichts haltend

Kellner   *Danzel*   *Lucas*   *Pancow*

Allcon   *Voß*   *Hail*   *Holdenried*

Lödl   *Veil*   *Voges*   *Düttel*

Kurtz   *Renker*   *Pranger*   *Adelgayr*

Bächlen   *Bayr*   *Bichner*   *Bischoff*

Mischwesen (Greif)

Brener	Dolmetsch	Egarter	Fehen
Fehr	Frech	Fürst	Fürst
Gessl	Gmeiner	Graf	Graff
Cramer	Greiner	Gschlendt	Haffner
Hafner	Haliz	Hardtwigk	Hofer

Greif

Greif

Greif

Greif

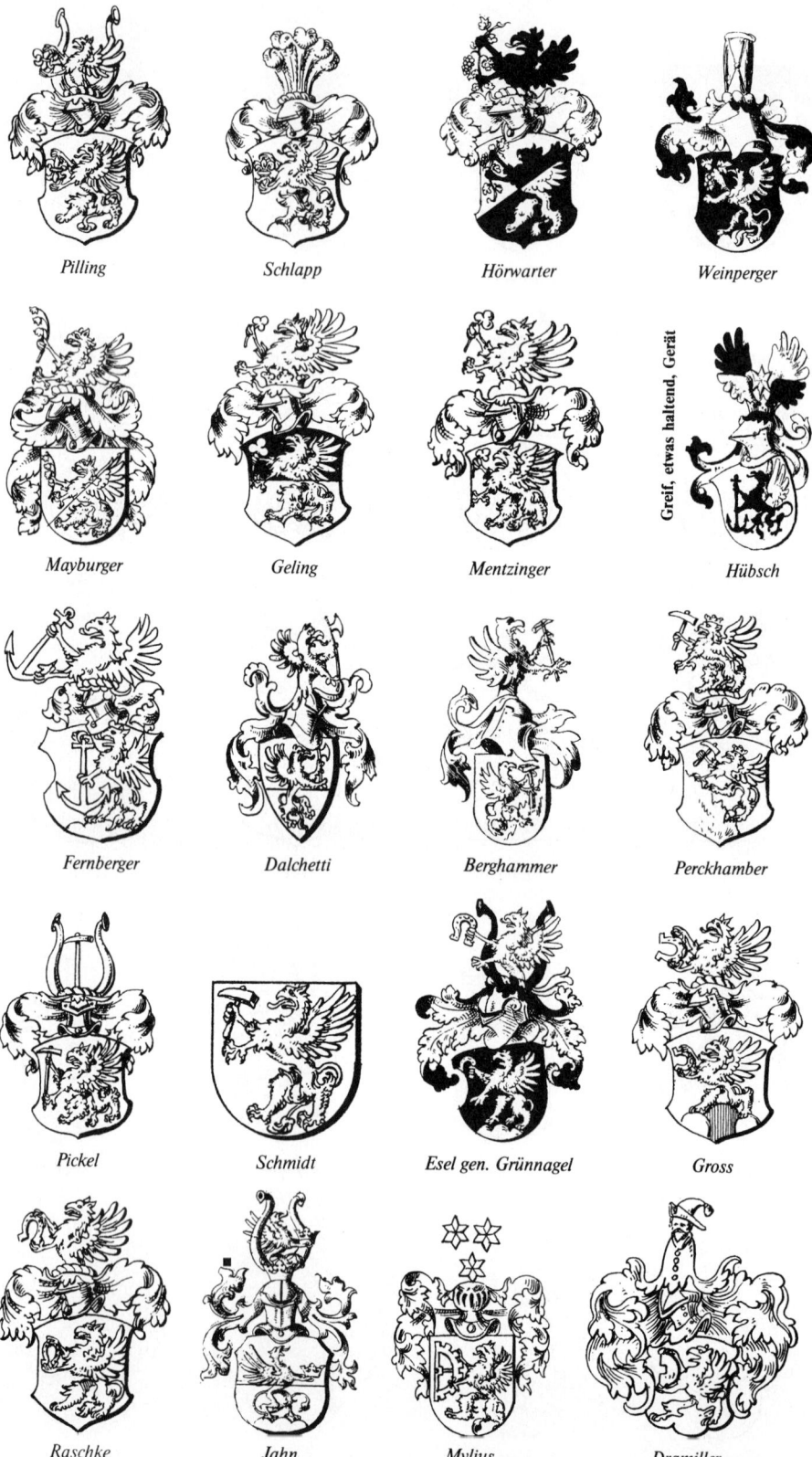

Greif

Gassenfaidt — Hainoldt — Schütz — Paulus
Wagner — Weirich — Friederich — Fritz
Greif — Raiffinger — Kobelt — Kriegseisen
Linprunner — Mager — Maratz — Messerer
Messerer — Pießer — Schwaigkofer — Staiger

Greif

Mischwesen

Mischwesen/Zwei Lebewesen

Ruegg   *Lamprecht*   *Engelbrecht*   *Ringler*

Laubbaum

Laubbaum

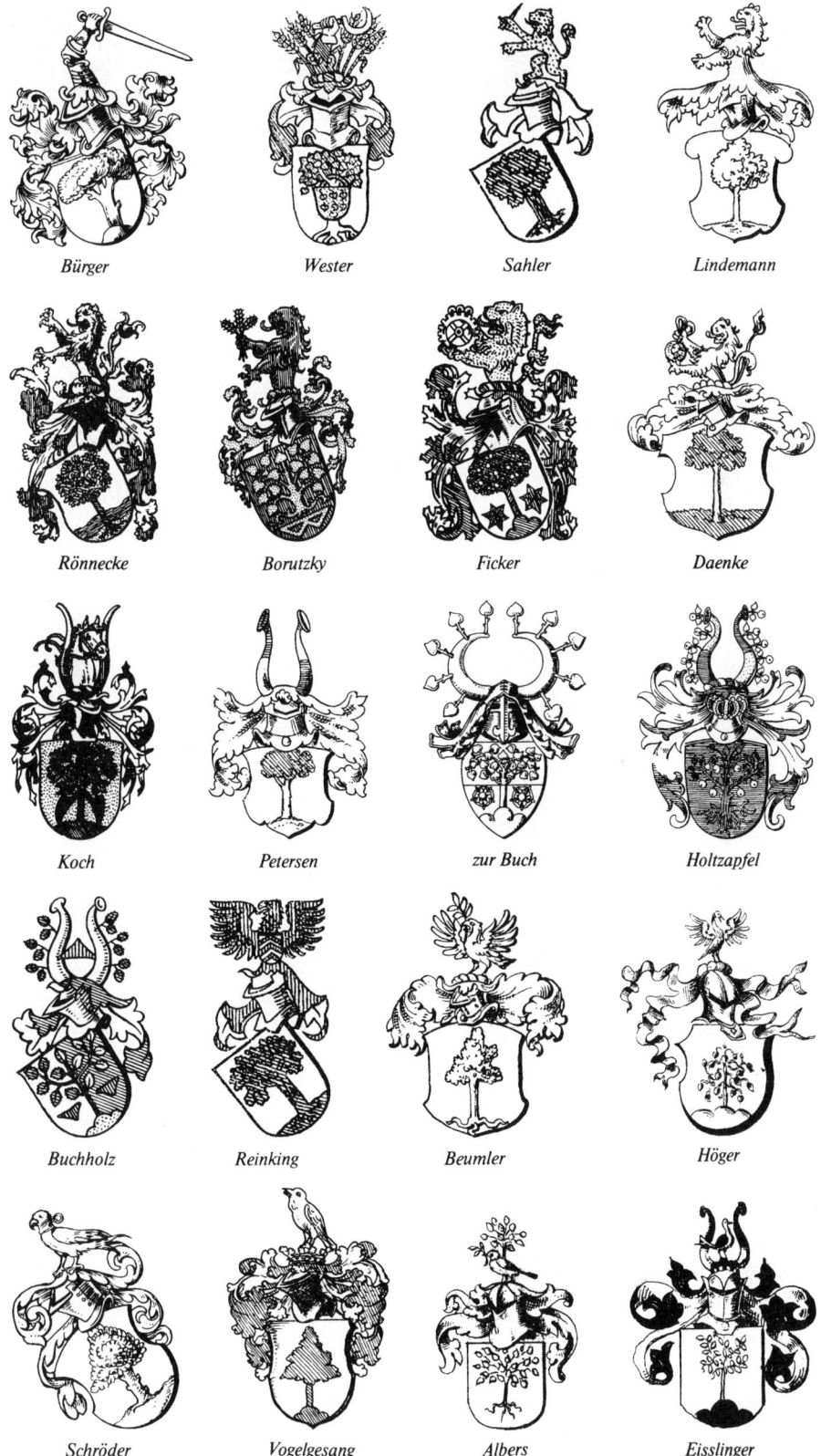

Laubbaum

Laubbaum 471

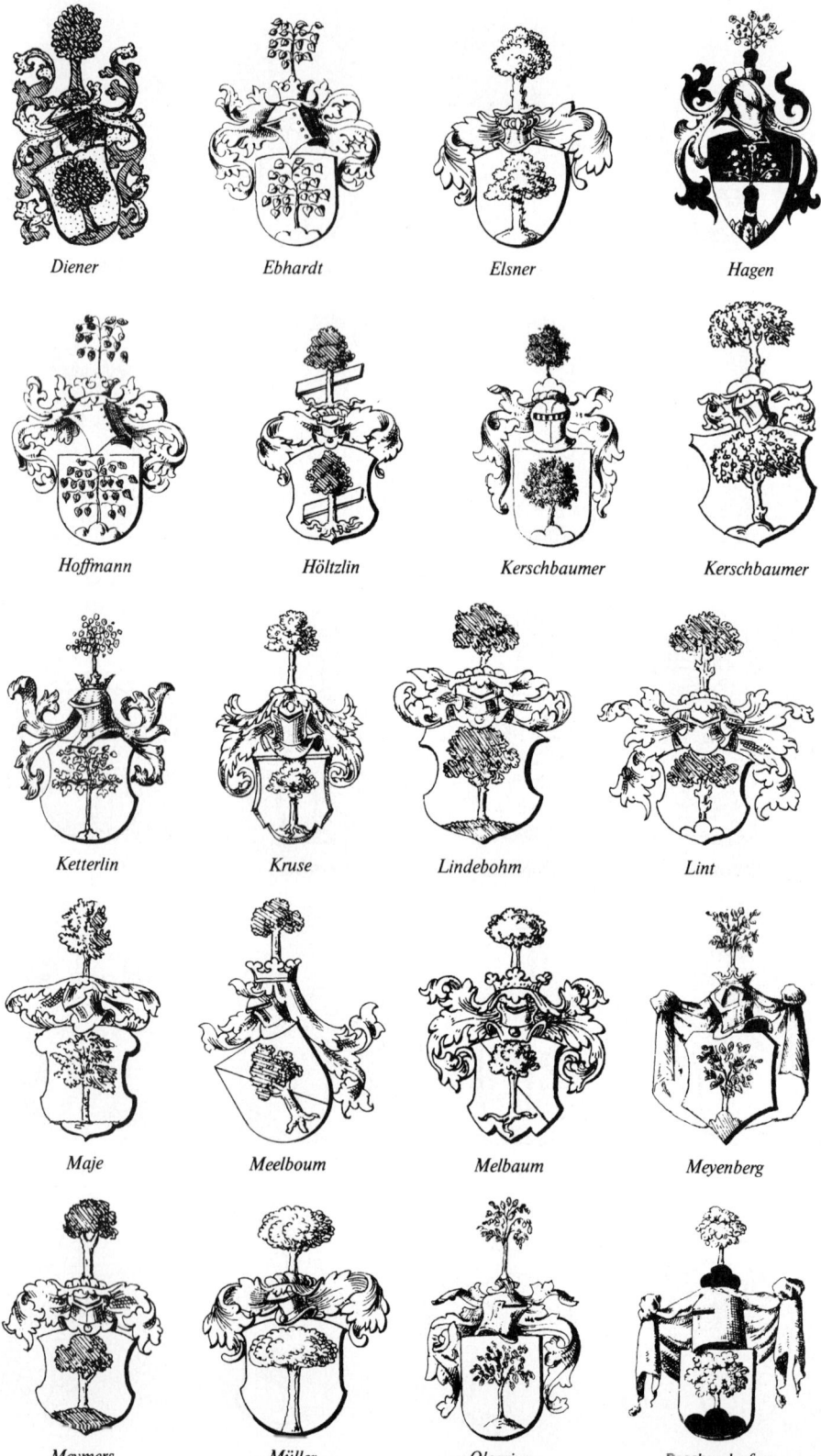

Laubbaum

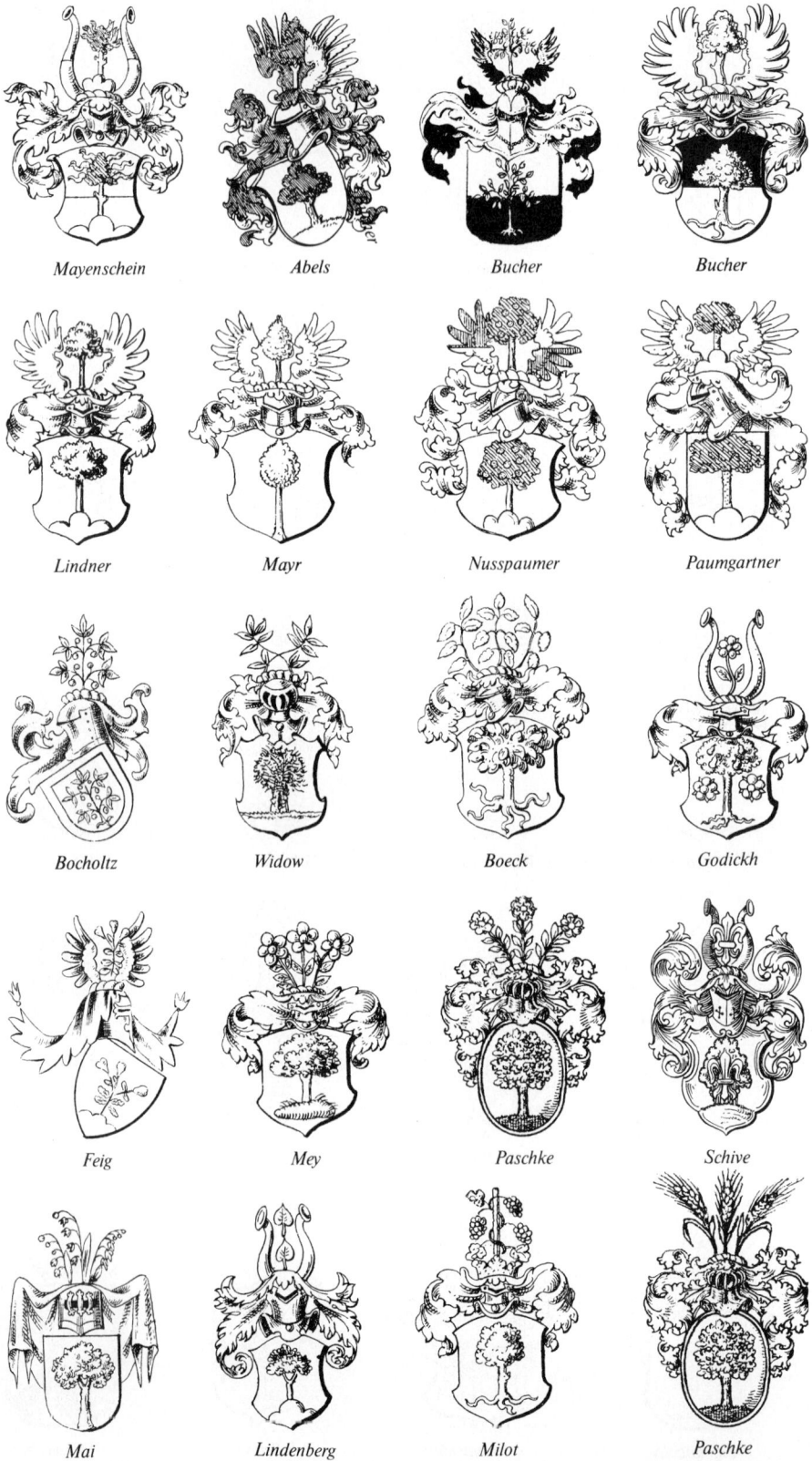

Laubbaum

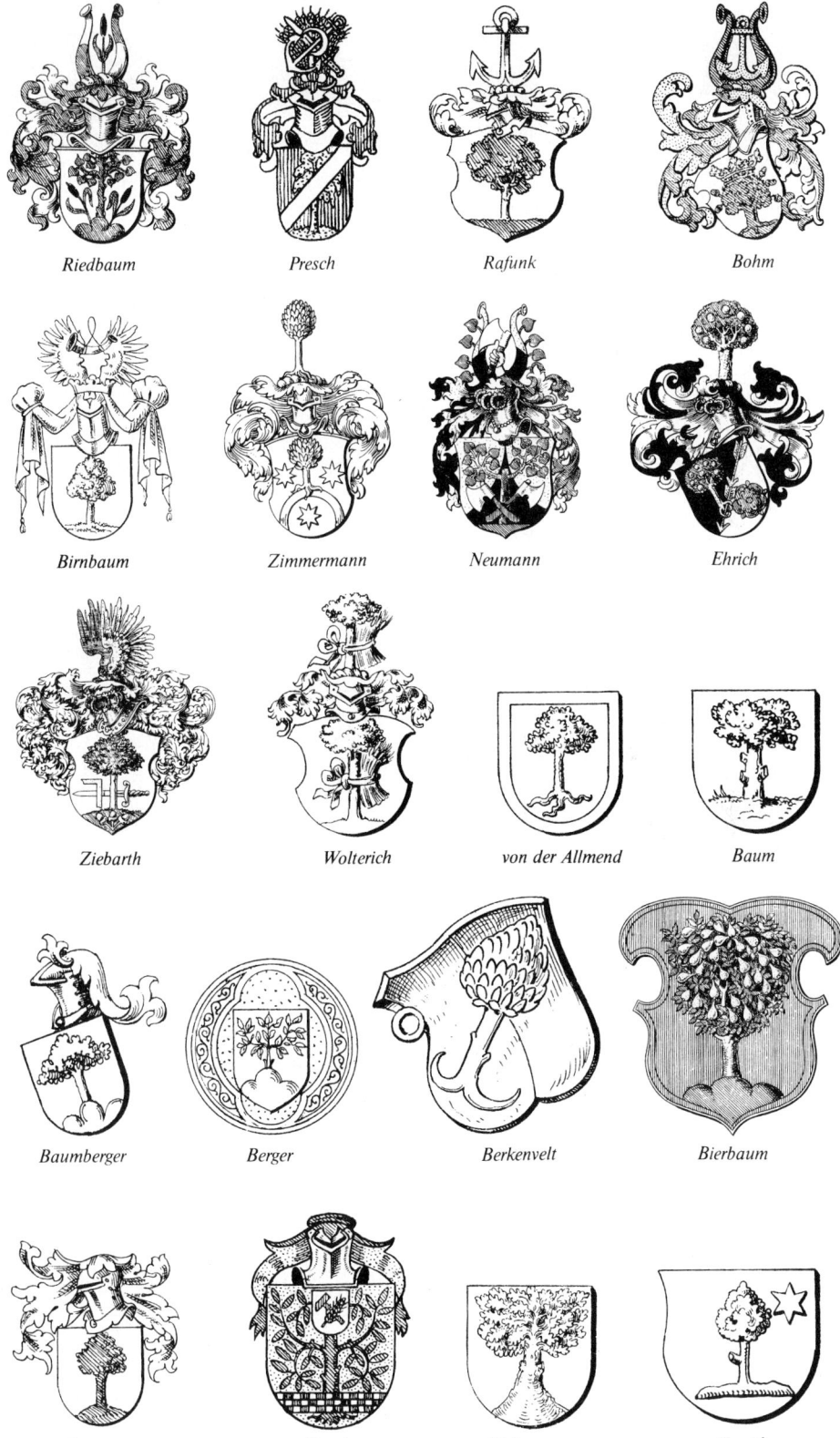

Eiche

Eiche/Mehrere Laubbäume

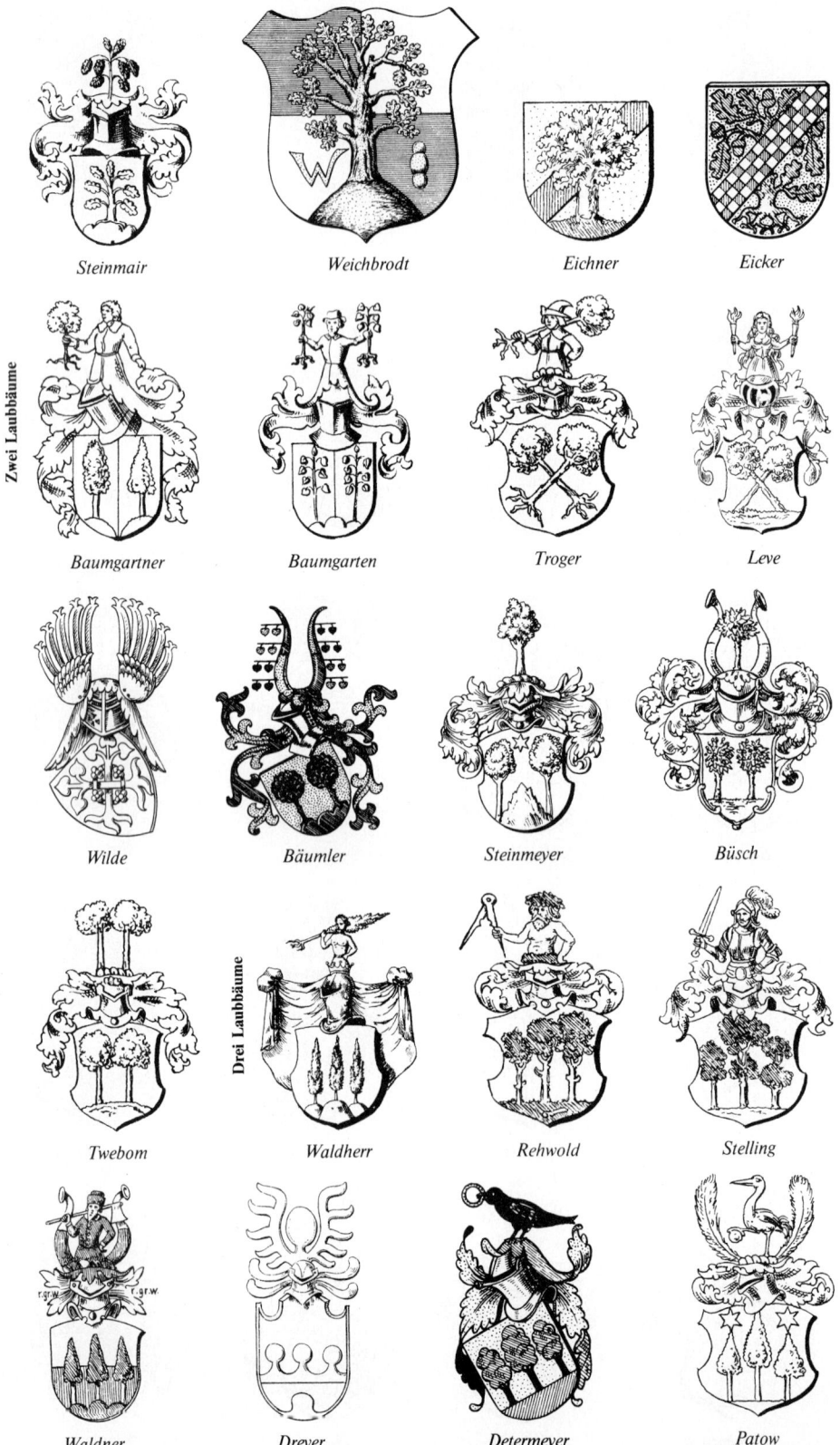

Mehrere Laubbäume

Mehrere Laubbäume/Laubbaum, begleitet

Laubbaum, begleitet

Laubbaum, begleitet

Bartels — Gartner — Baumgarten — Pawher
Berkefeld — Zirbes — Hagenbuch — Schrader
Hagemann — Baumgarten — v. Baumgarten — Hoffmann (Ein Baum im Hag)
Paumbgartner — Baumgartner — Wedemhoff — Holzkamp
Baumgartner — Baumgart — Baumgarten — Bönhoff

Laubbaum, begleitet

Büchi Eckhoff Froriep Ladehoff

Zwei und mehr Bäume im Hag

Korff Werlhof Walther Baumgarten

Dieckhoff Dieckhoff Beckhoff Holtzkampff

Engenhagen von Hoeven Dwerhagen Dieckhoff

Dieckhoff Kniphoff Dieckhoff Holtzkampff

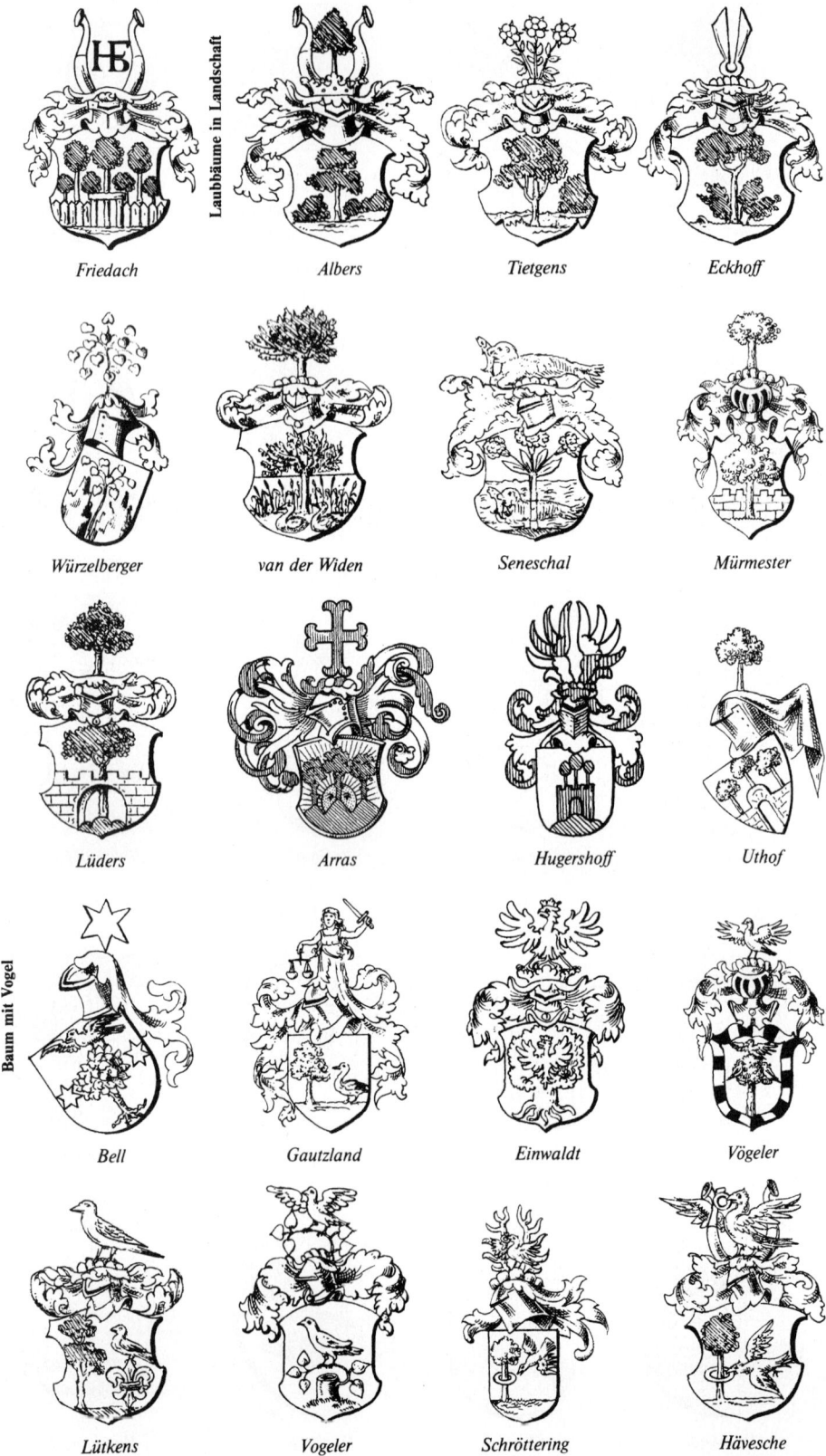

Baum und Vogel/Dornbusch 485

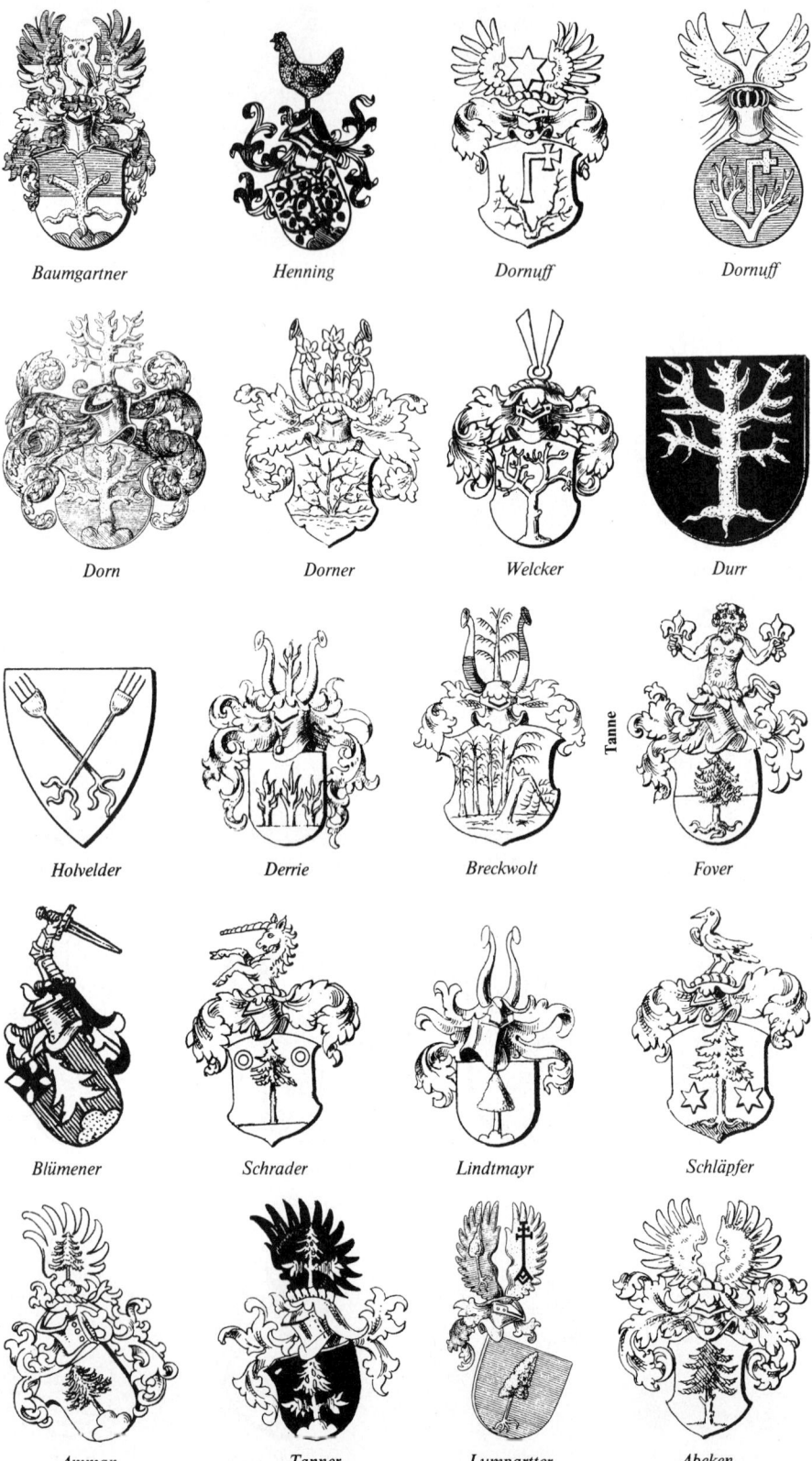

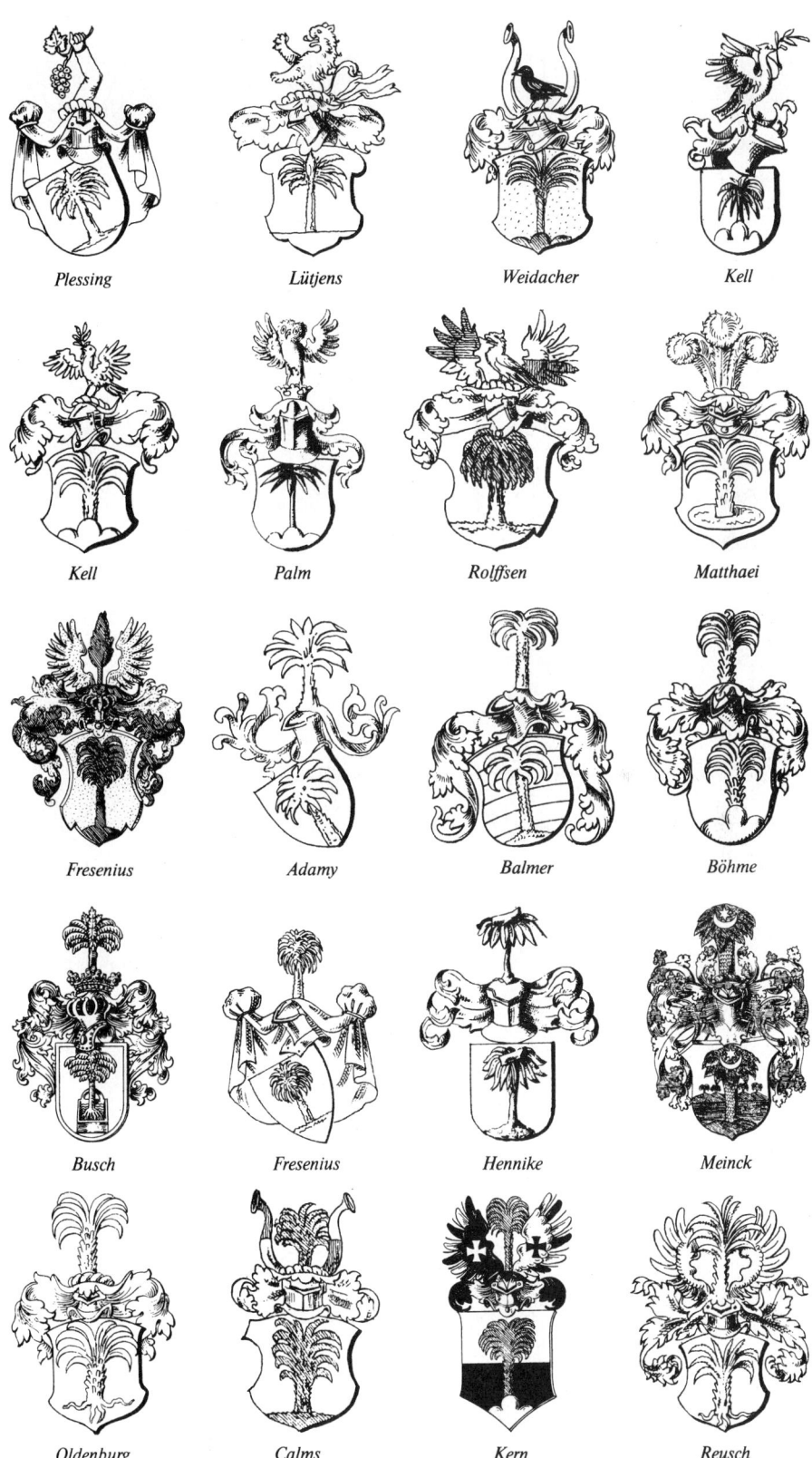

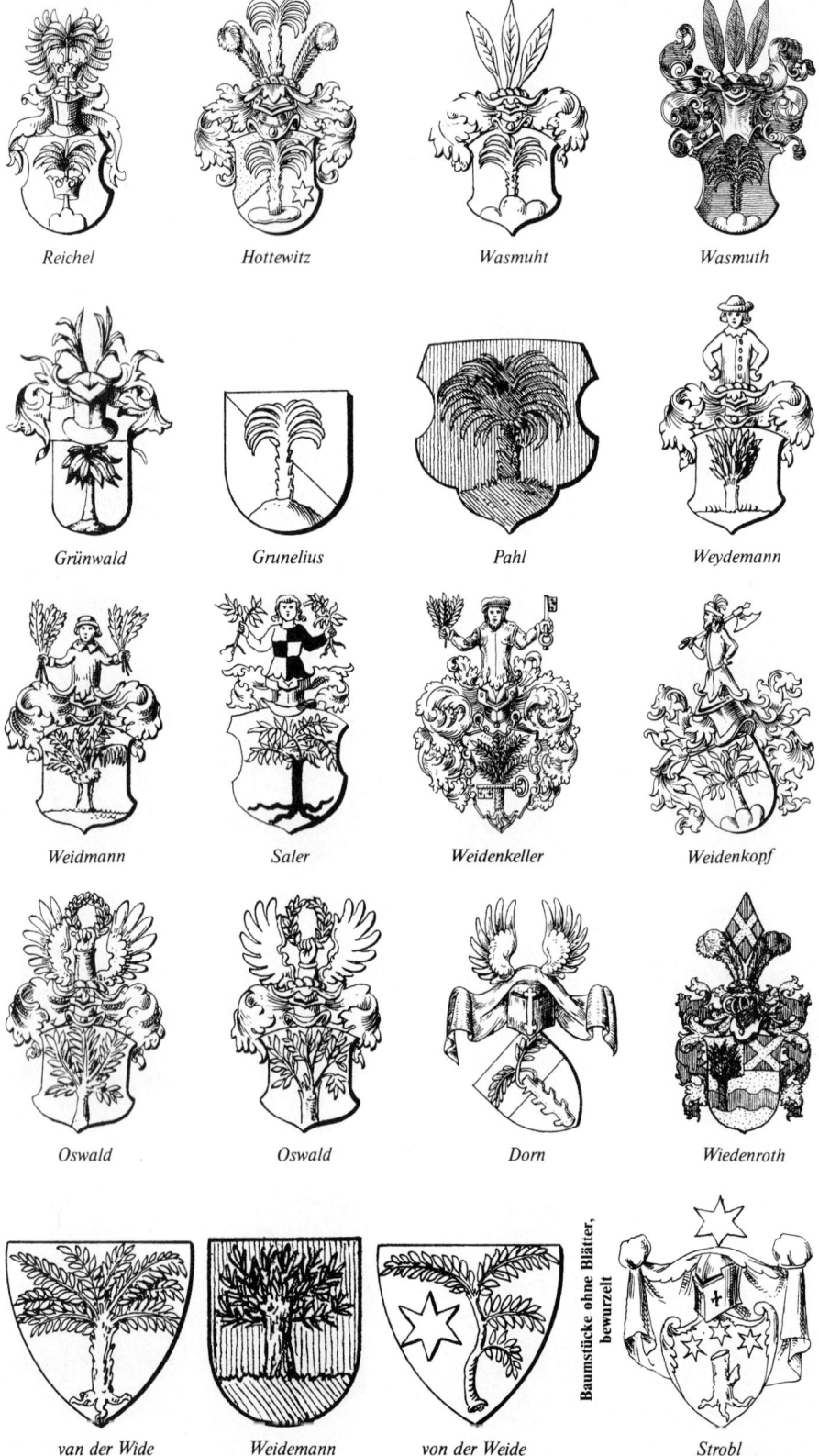

Baumstück

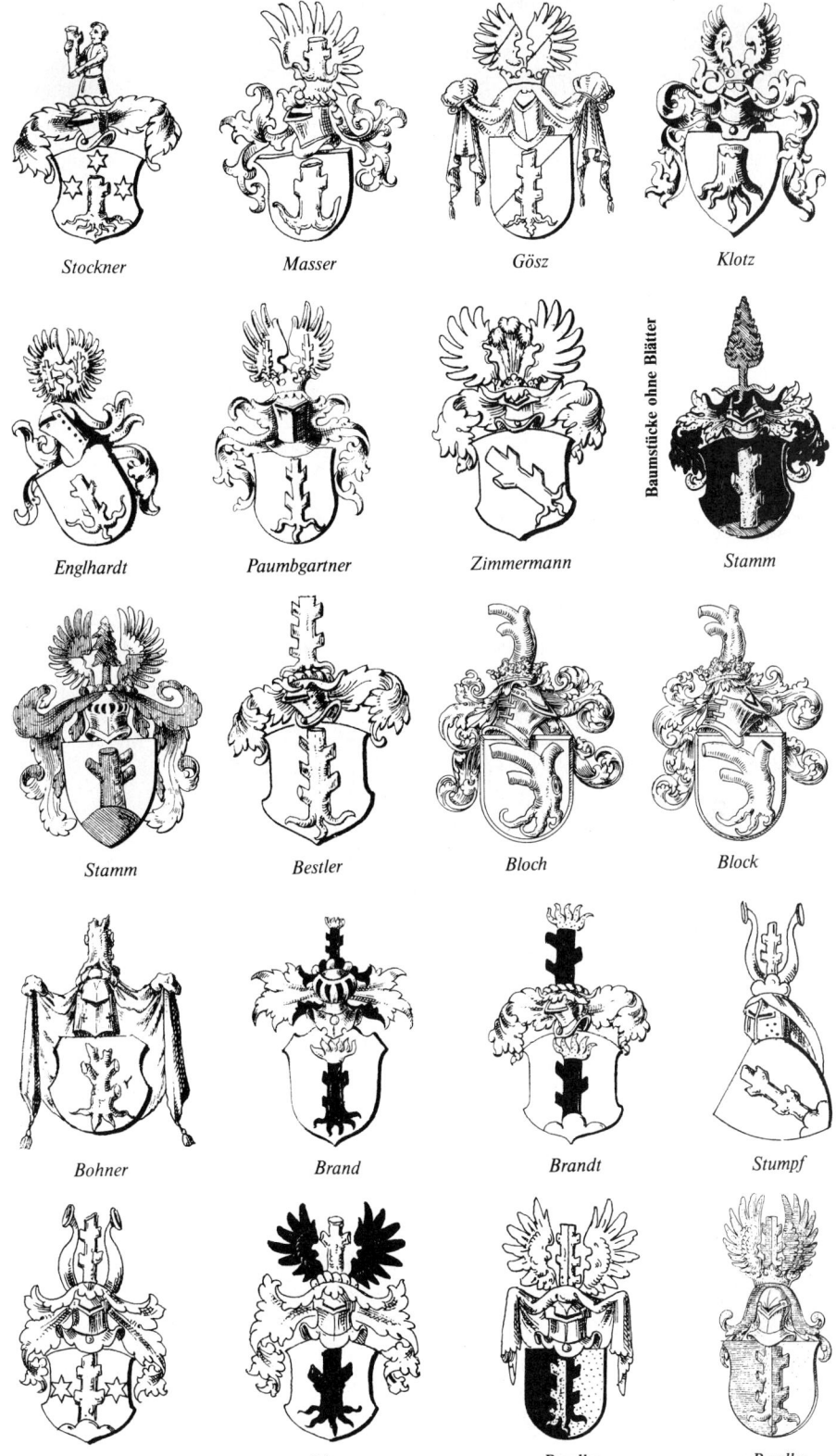

Baumstück

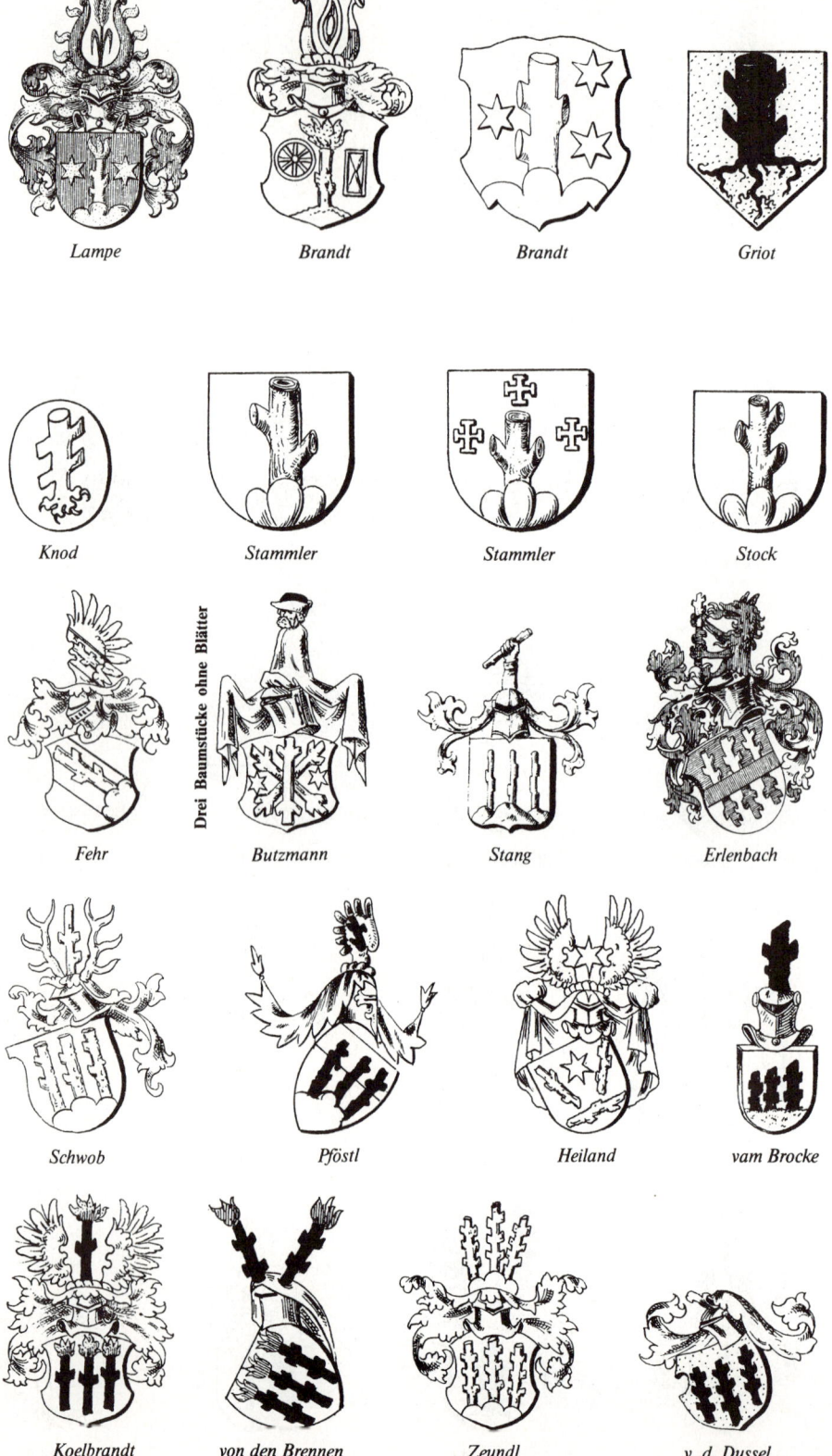

Baumstück

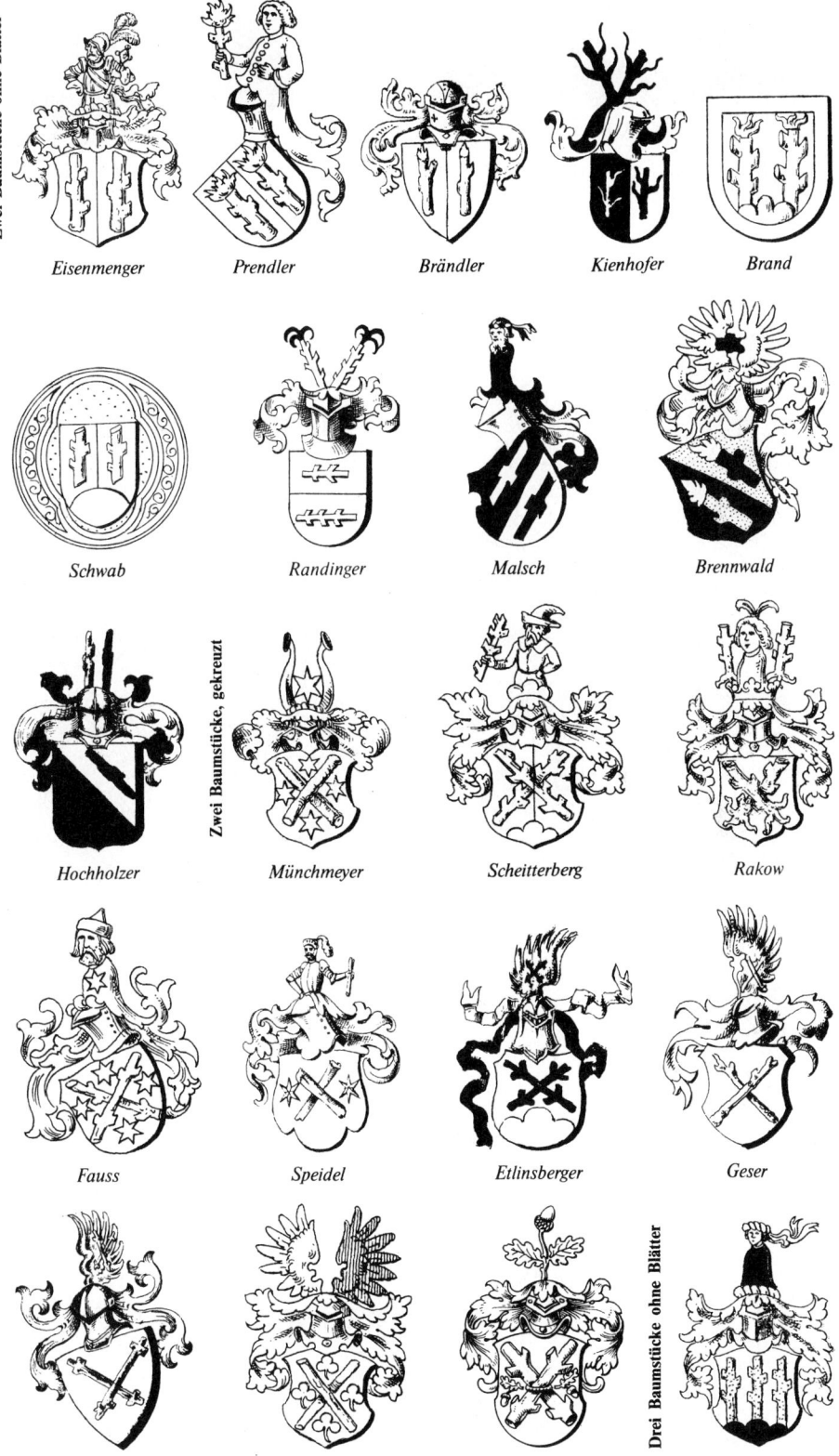

Baumstück

Niemann   Pfister   Pfister   Struck

North   Bade   Herrnbauer   Burrowes

Stämmler   Vogel   Scheele   Berger

Wentzel   Rasander   Stamberger   Eckholtz

Kuhn   Felber   Schlebusch   Stahmer

Baumstück

Stöckhl Stubbe Fimel Stamberg

Limberg Telge Rauw Seidensticker

Holdener Weid Schilling Reiners

Aststücke mit Blättern, Blüten oder Früchten

Schön Runge Schönermark Praetorius

Schwartz Mutzenbecher Thode Sweder

Baumstück

Stilke	Mykonius	Heiring	Hummel
Schulte	Arnsperger	Holtzapffl	Schönermark
Neide	Appel	Ritter	Lunde
Eschbacher	Liss	Neser	Bunting
Curdes	Hartmann	Heyer	Ike

Baumstück

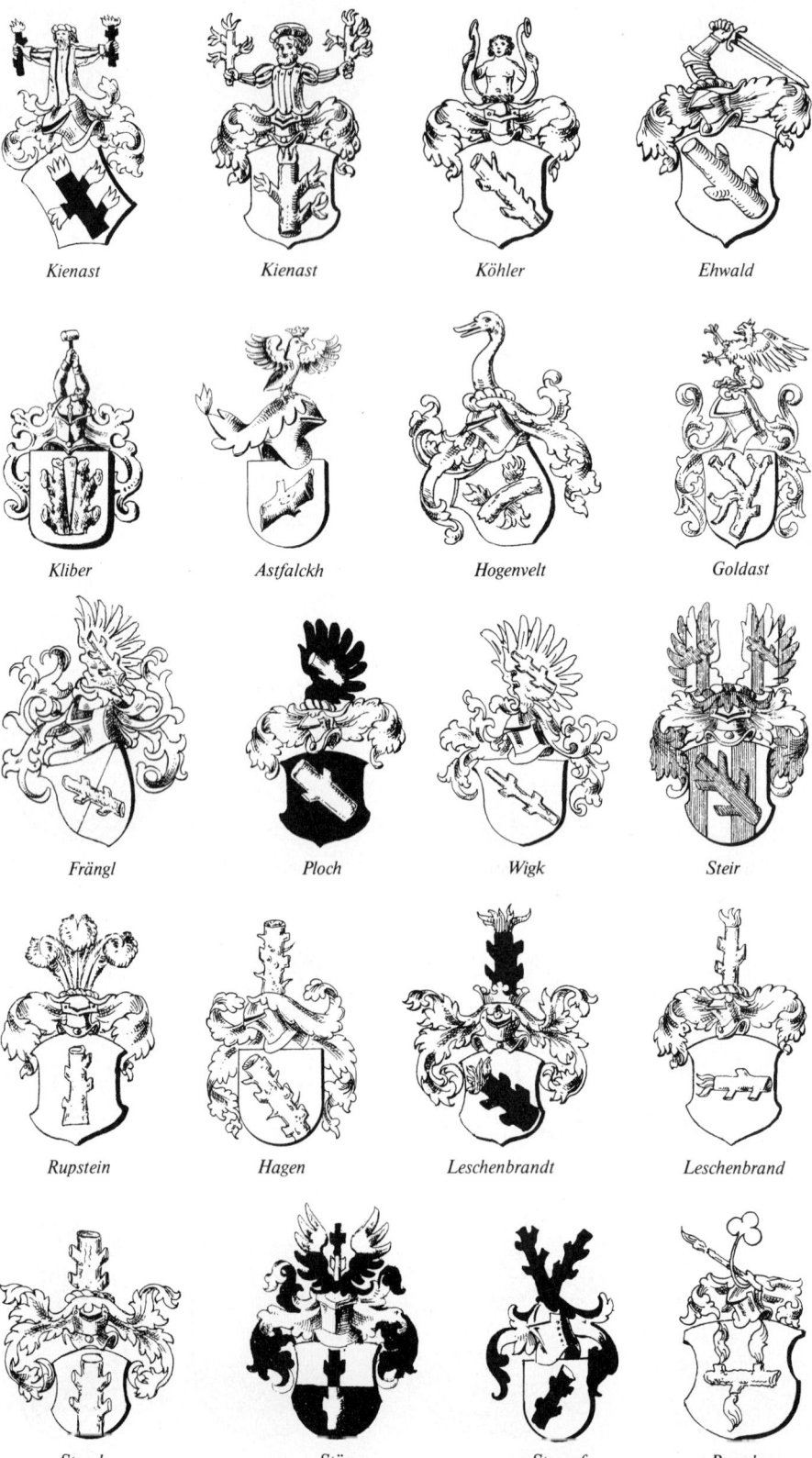

Baumstück

Baumstück

Riemelin	Heidrich	Spölin	Poss
Hochmann	Ertzli	Birch	Schulten
Landholz	Assmann	Muding	Haller
Smalian	Schreiber	Zeyringer	Lotter
Stefensperger	Hofkircher	Buchner	Weidenholzer

Aststücke mit Blättern, außer Eiche

Baumstück

zur Linden — van Spreckelsen — Bremer — Müller
Müller — Schmiedt — Rüdel — Scherholzer
Schouwshusen — Reiche — Cammann — von Som
Stultz — Fürster — von der Linde — Goldast
Klagk — Böhmer — Lustig — Schönleben

Zweige

Schilling · Brassican · Höhnraidt · Feichtner

Sepökh · Gruner · Weidig · Knyp

Lindner · Olken · Straub · Aign

Orth · Grönhagen · Neutschmann · Prigge

Höpfner · Wierlspeck · Mauerer, seit 1472: Meurl · Meggel

Zwei Zweige

Mehr als zwei Zweige

Blätterdreipaß

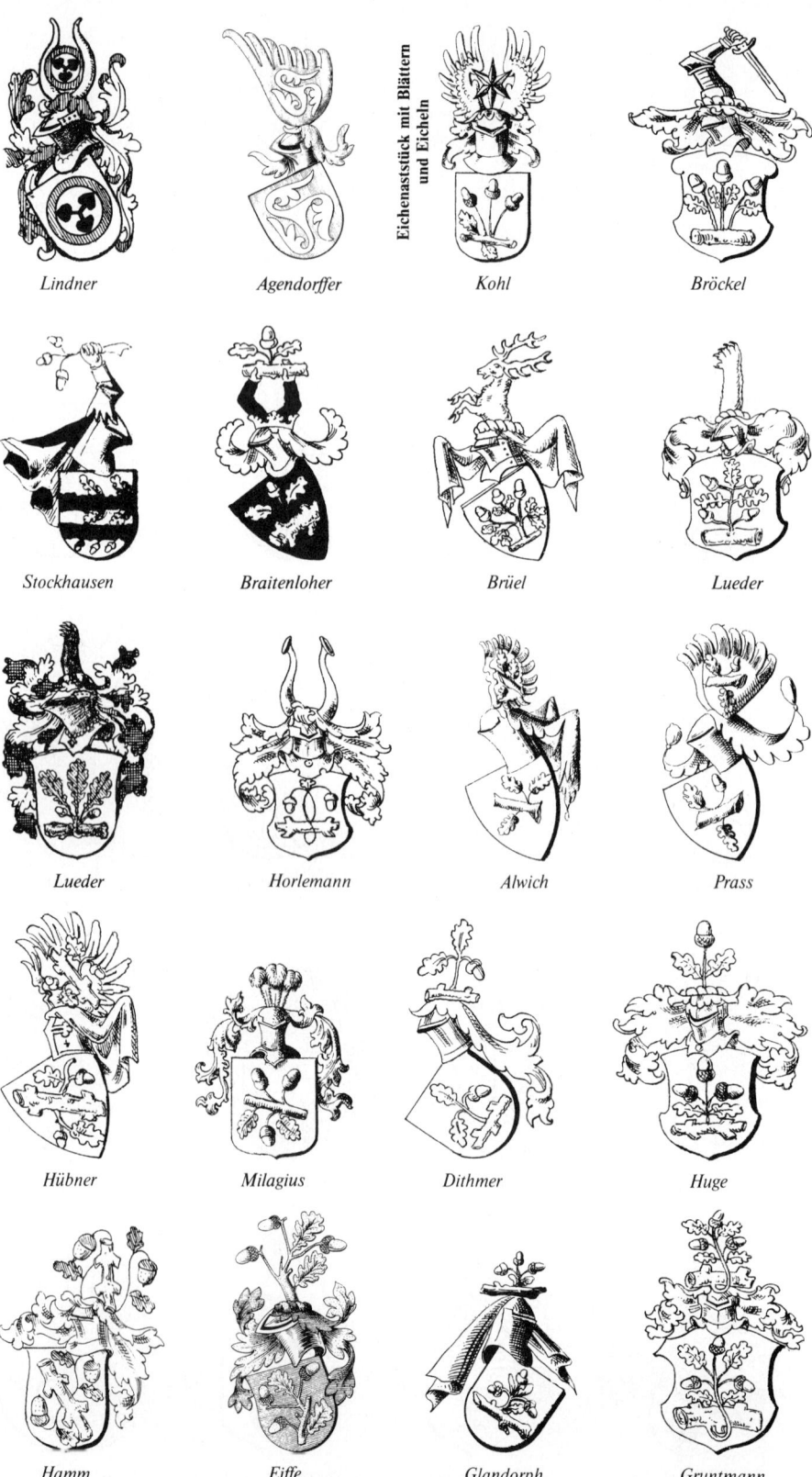

Eichenast

Eicheln

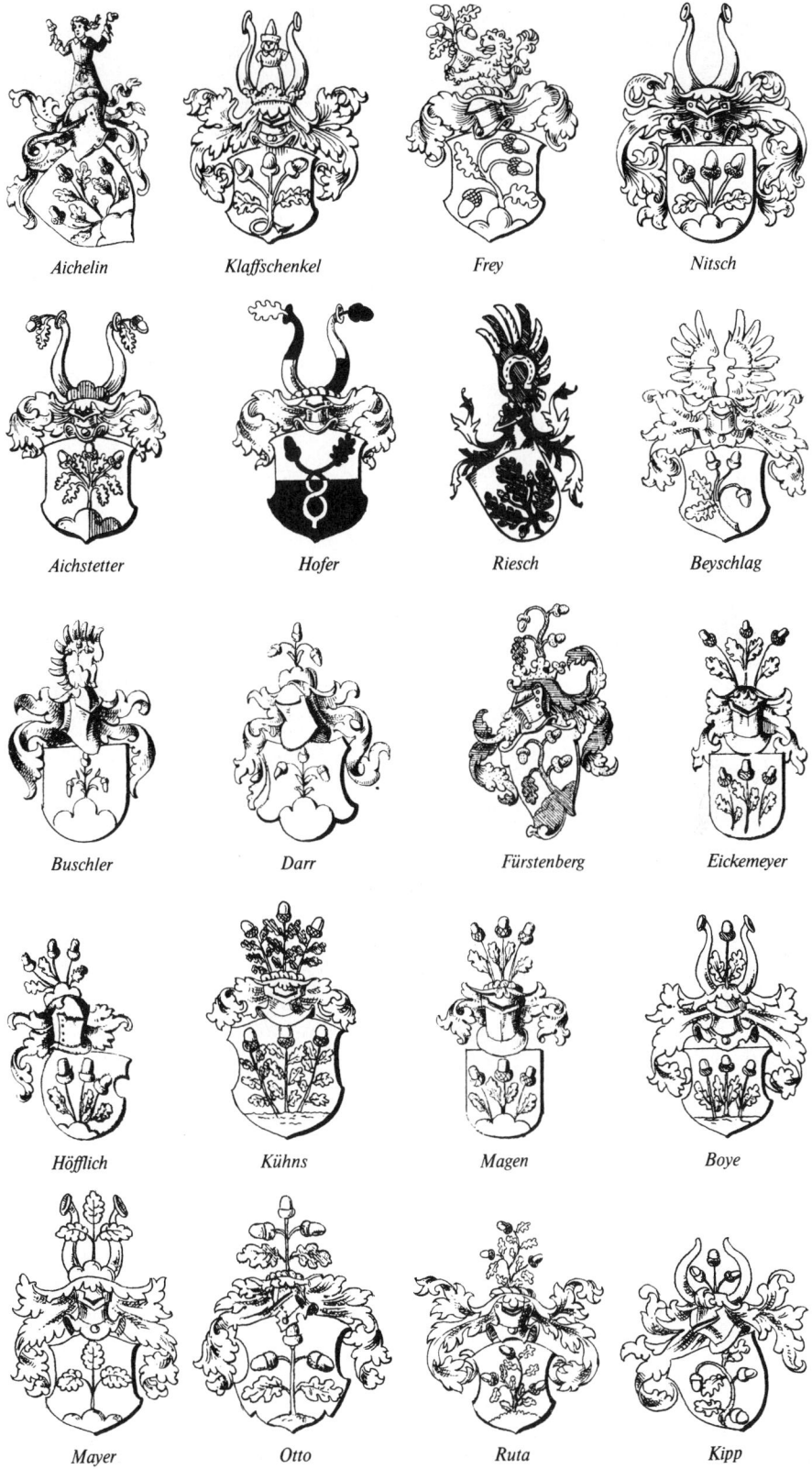

Eicheln/Eichenblatt

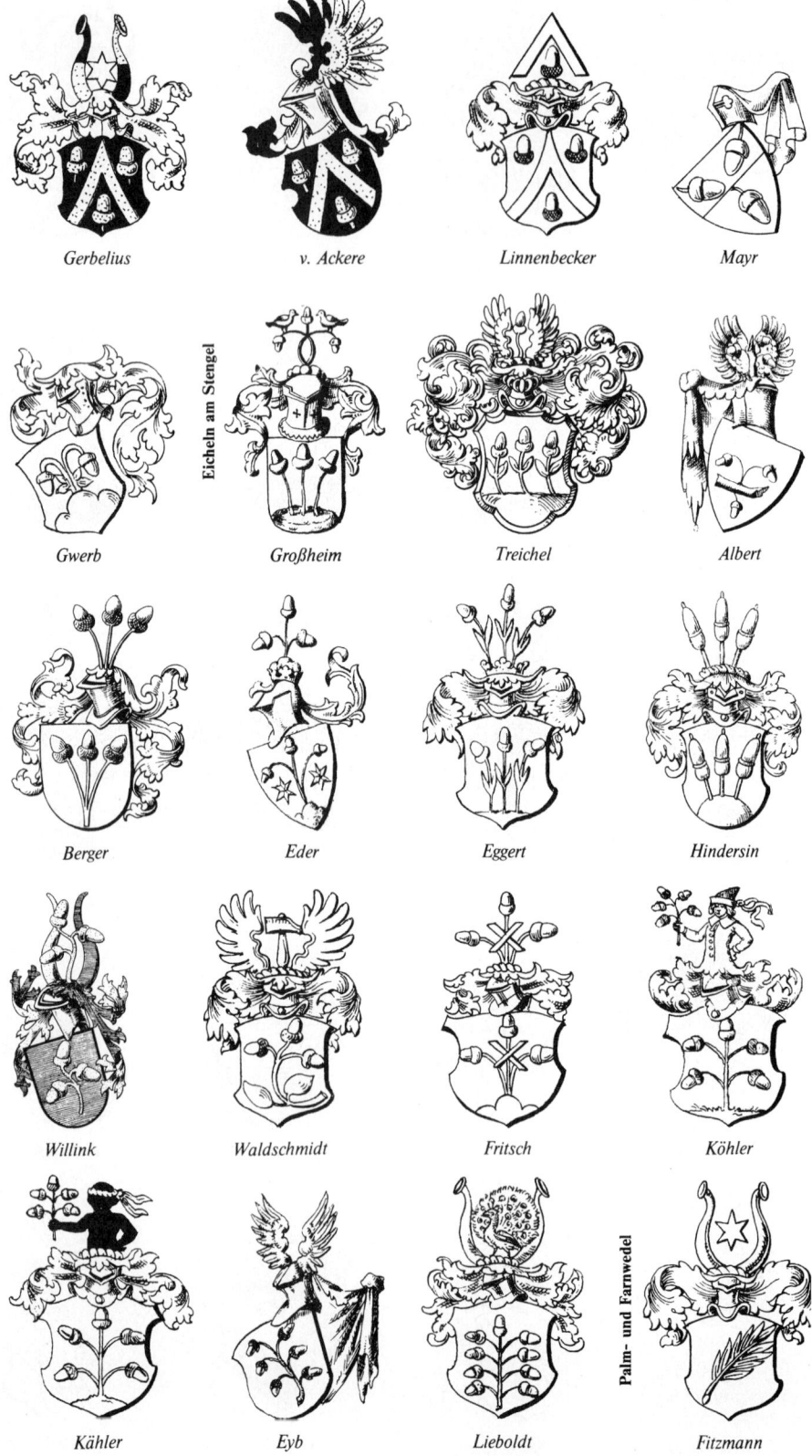

Palmwedeln/Blattpflanze

Blattpflanze

Blatt

Blatt

Klee

Klee

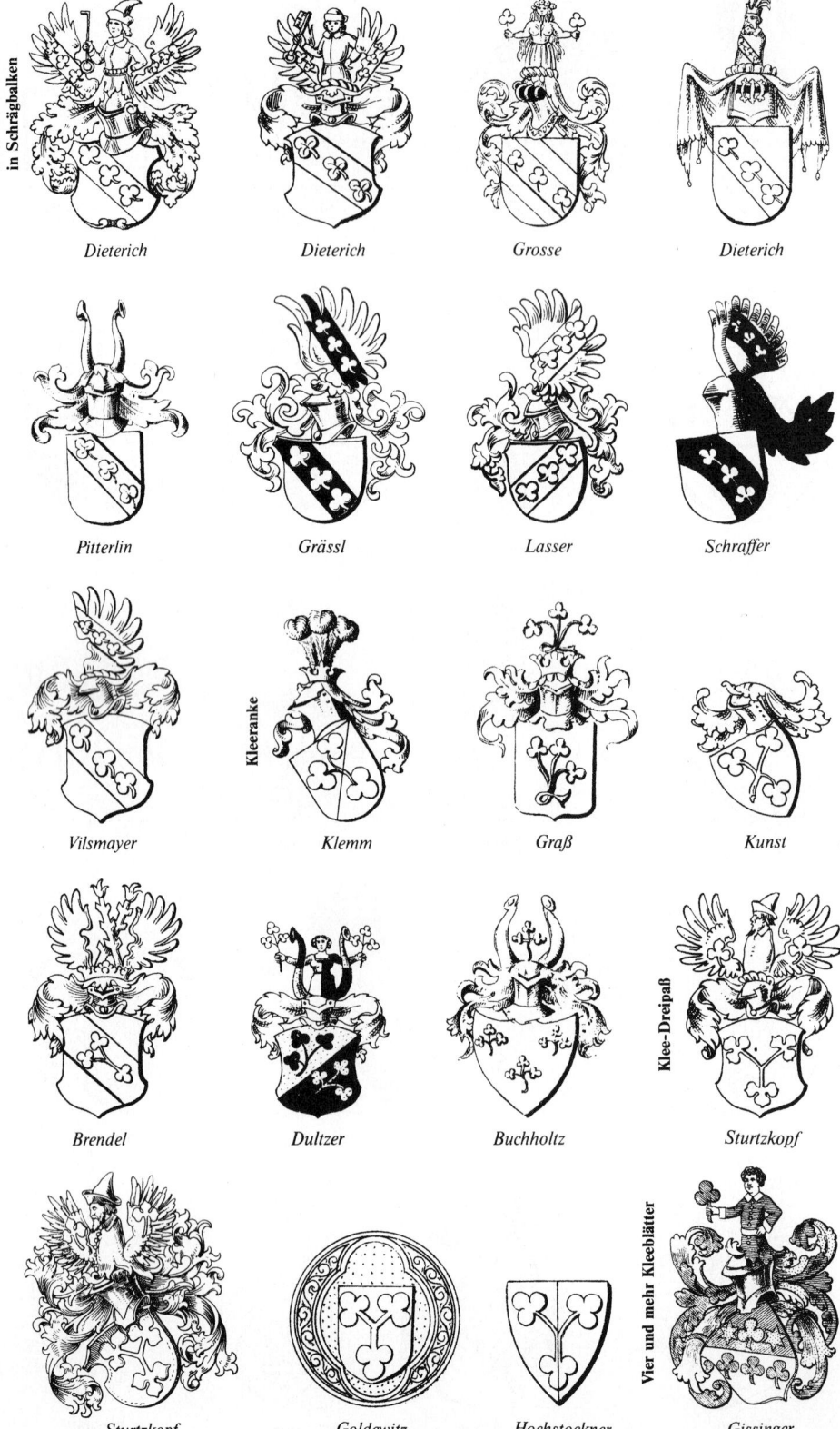

Klee

Rose

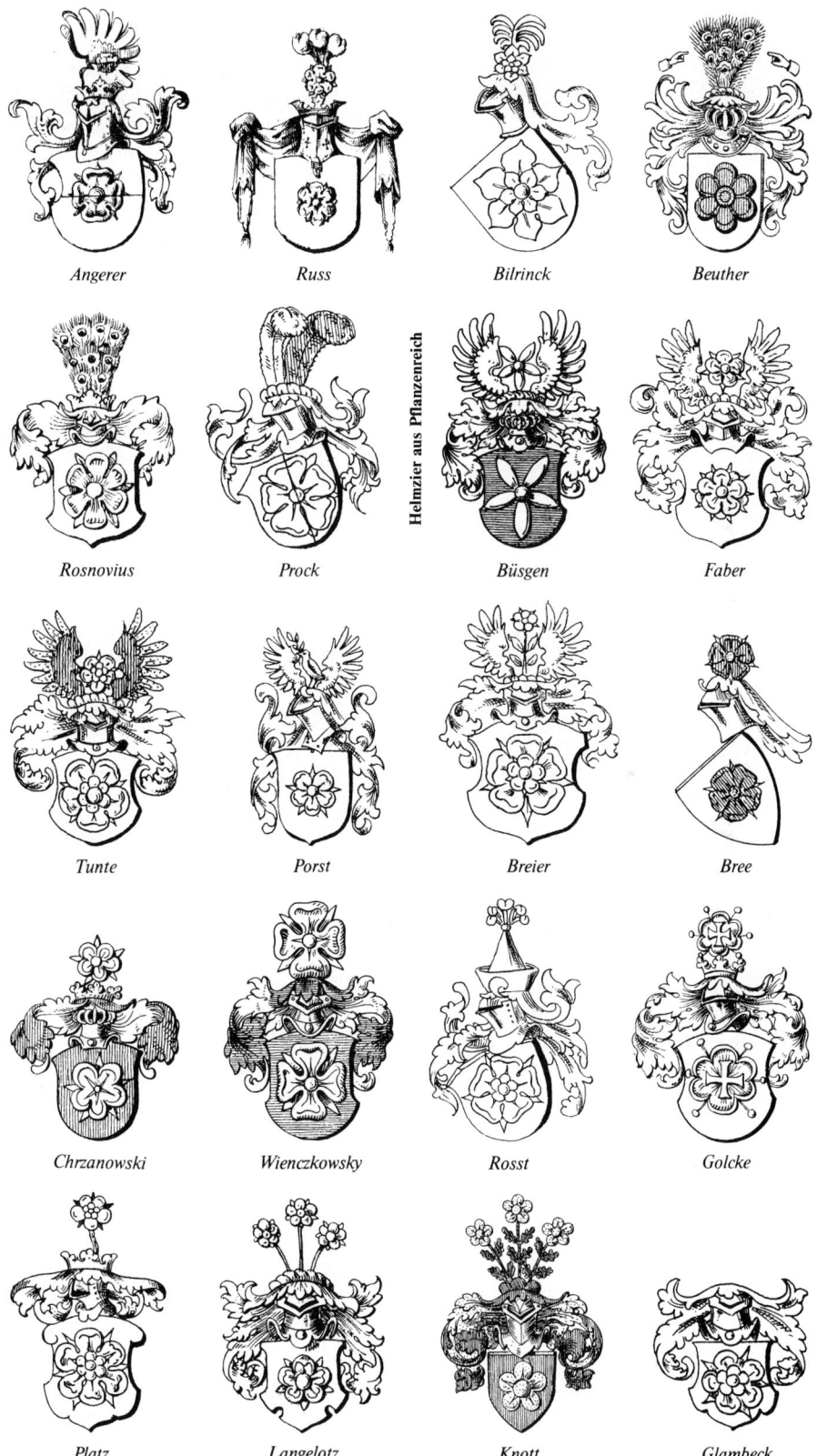

Angerer — Russ — Bilrinck — Beuther
Rosnovius — Prock — Büsgen — Faber
Tunte — Porst — Breier — Bree
Chrzanowski — Wienczkowsky — Rosst — Golcke
Platz — Langelotz — Knott — Glambeck

Helmzier aus Pflanzenreich

Rose

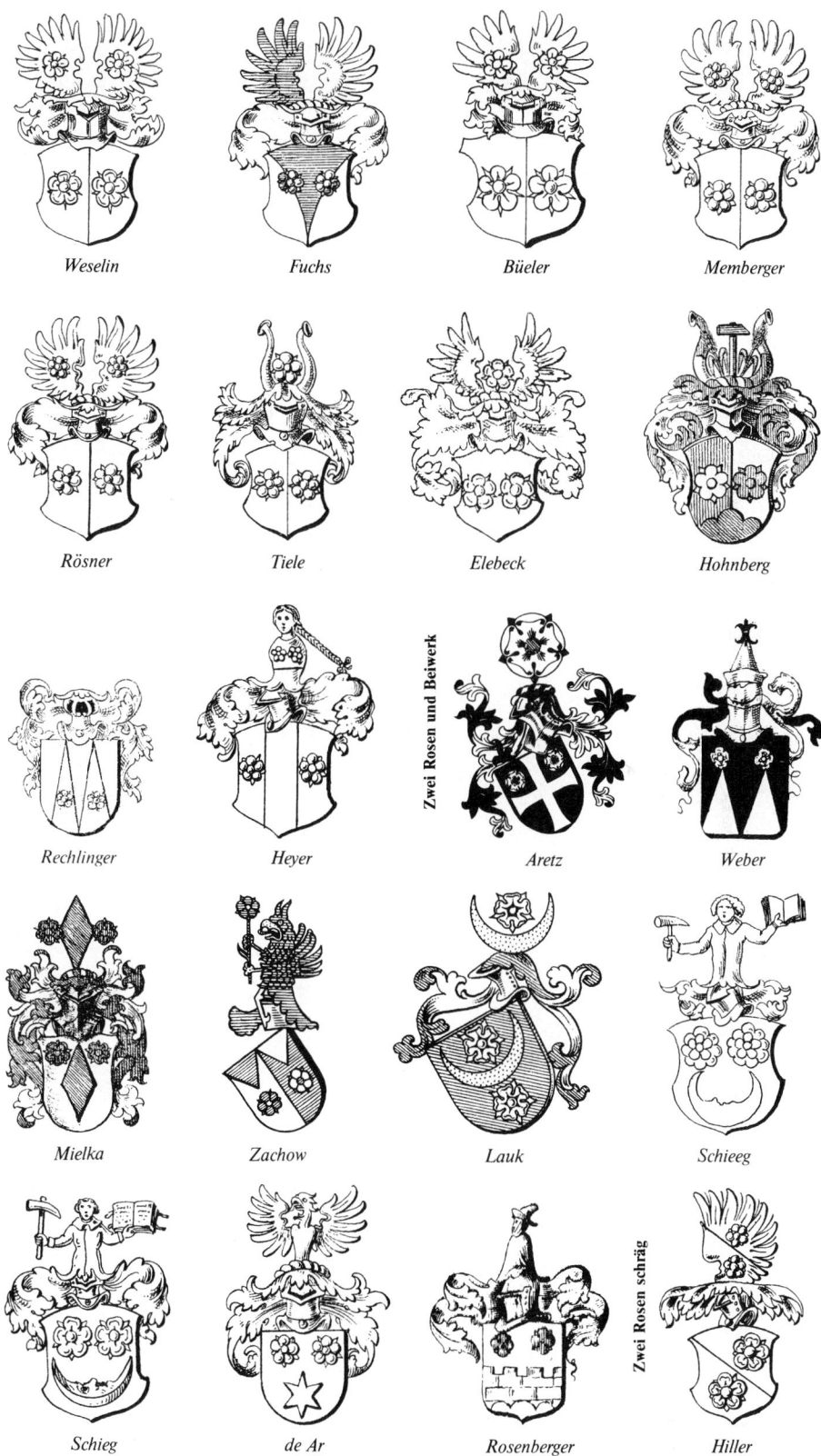

Rose

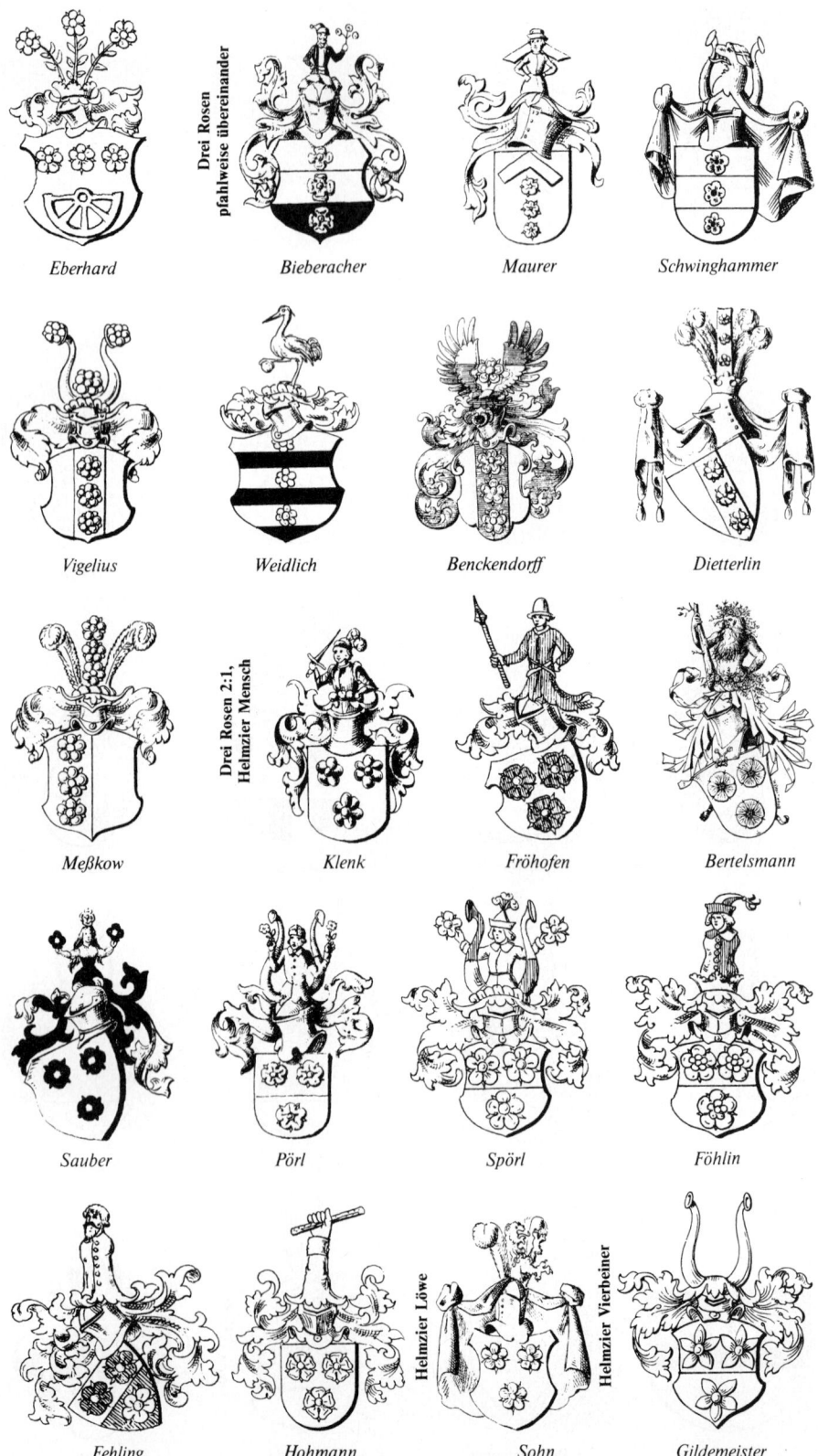

Drei Rosen

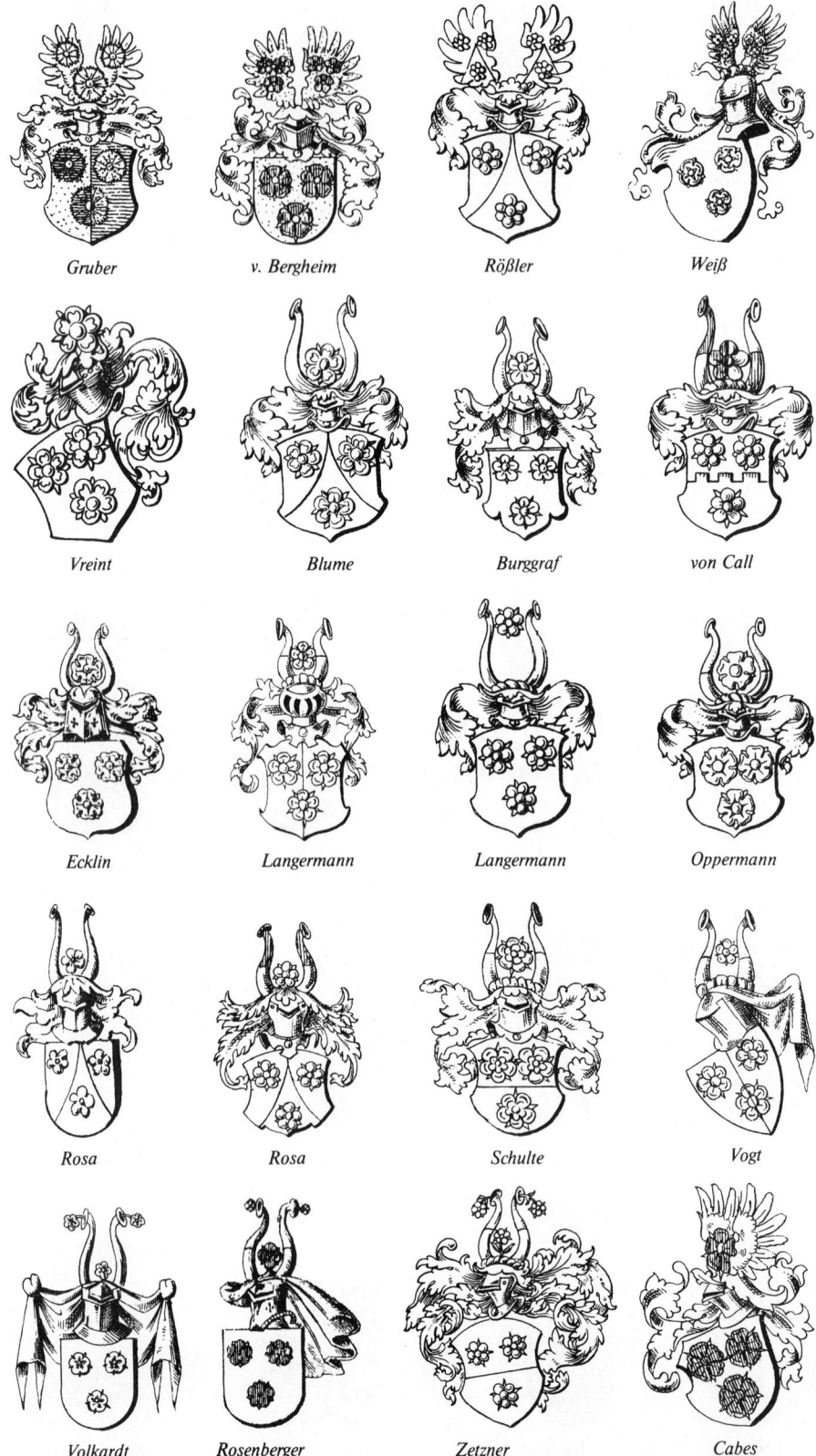

Drei Rosen

Drei Rosen

Drei Rosen

Paederus *Stambach* *Weber* *Rosendaller*

Vorcher *Roth* *Gronow* *Röhland*

Wedekindt *Poss* *Hake* *Motschi*

Drei Rosen schräg

Heimpel *Rynns* *Neithart* *Handtmann*

Helmzier Mensch

Ramsenthaler *Schwab* *Krafft* *Blezger*

Drei Rosen

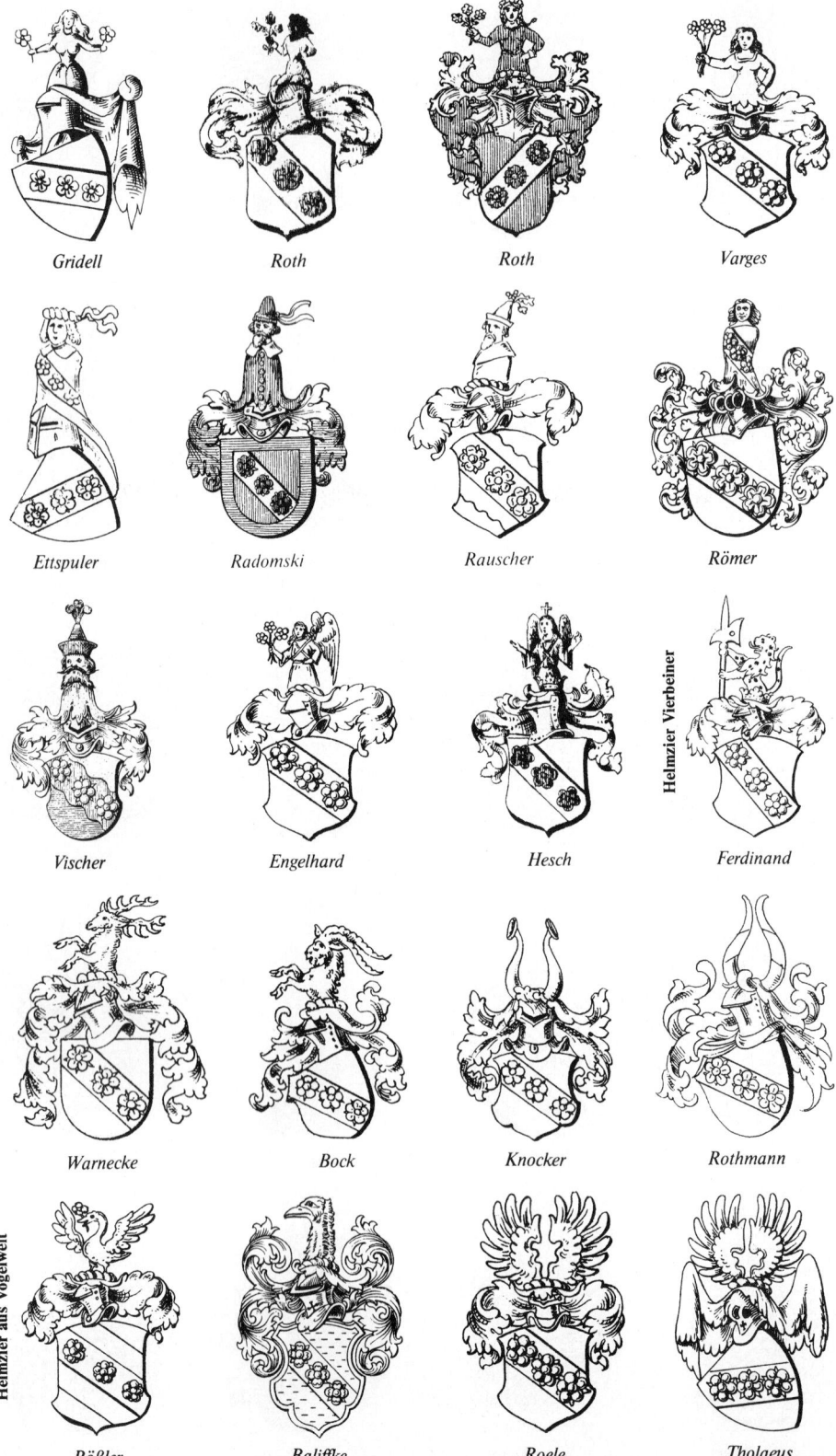

Drei Rosen

Mehrere Rosen 549

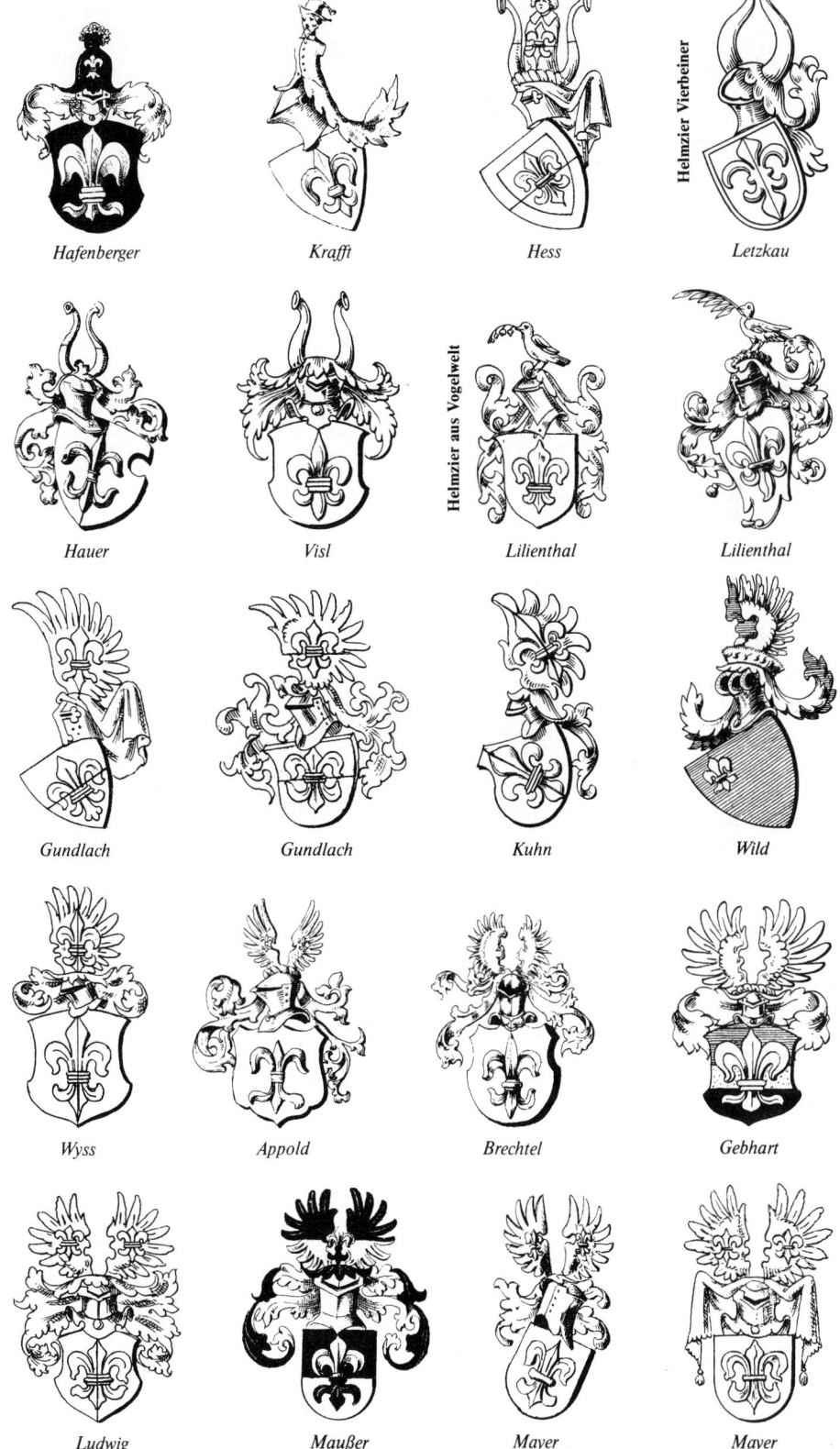

Lilie

Lilie

Jacob — Lechner — Kirchmayer — Listemann

Muswieck — Praun — Nördlinger — Beußer

Maurer — Cleminius — Paur — Schedler

Ungemuett — Ungemuet — Brechtl — van Reijde

Lilie besteckt

Hecht — Ungerer — Ponholzer — Finckh

Lilie

Lilie

Pryol — Krafft — Dautzenberg — Römer
Grüter — Vollgnad — Lienhart — Schufelberger
Boisselier — Gruter — Holthausen — Bawr
Beltzinger — Zwei Lilien balkenweise nebeneinander — Deichmann — Lechner — Steurer
Höfler — Slicker — Steurer — Frieß

Lilie

Drei Lilien

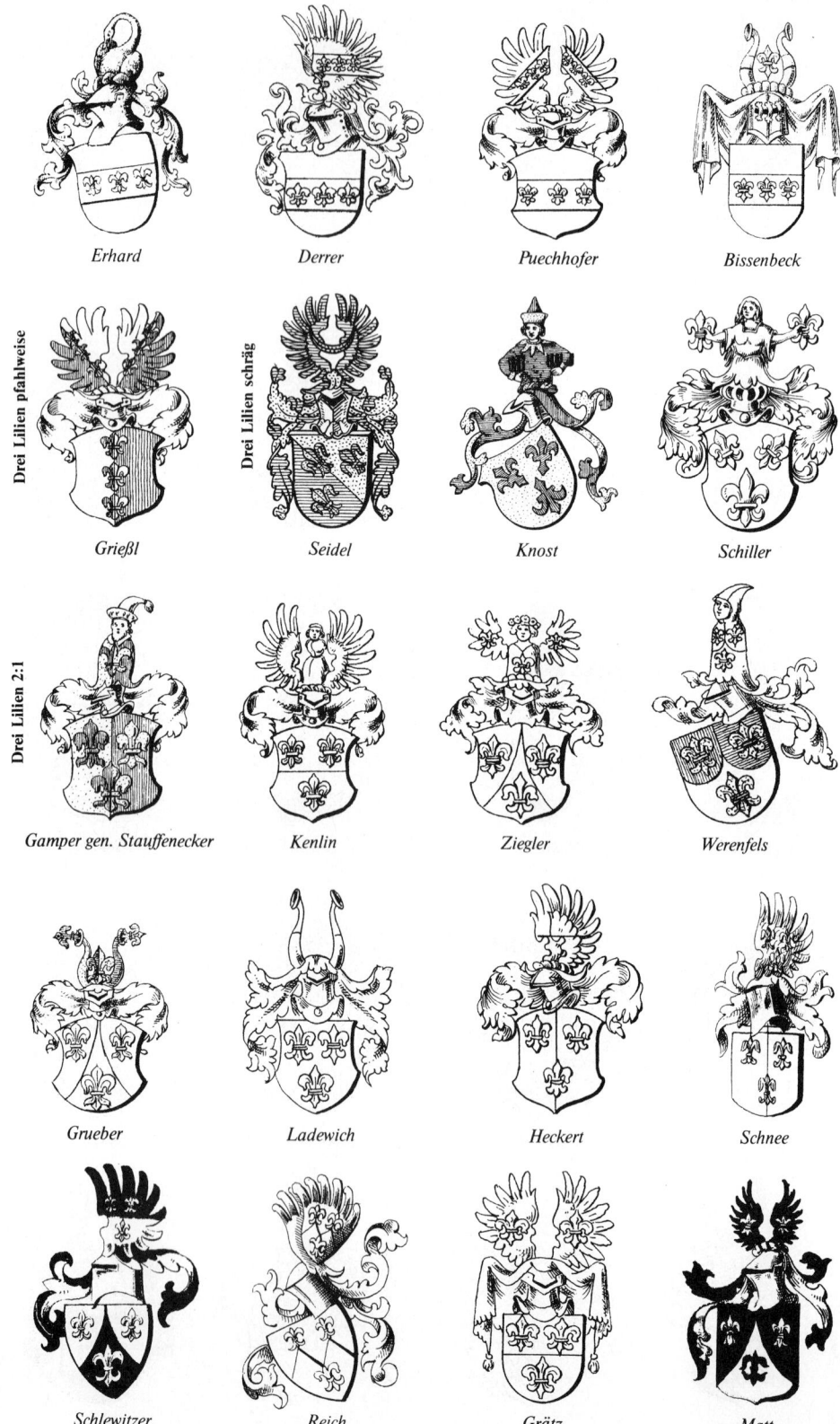

Drei Lilien

Drei Lilien

Drei Lilien

Mehrere Lillien/Halbe Lilie

Natürliche Rose

Natürliche Rose

Natürliche Rose

Keuchen — Landersperger — Lohmeyer — Röser
Zeeb — Seiz — Strauch — Weber
Berlower — Christophels — Domann — Krohn
Plümel — Strickler — Stutzel — Stellmacher

Zwei gestielte Rosen

Clamer — Neuwürth — Bosset — Gassner

Natürliche Rose

Natürliche Rose

Hoyer — Studer — Zöhran — Bartels
Beyer — Herliberger — Rosenmund — Blohm
von Blomenbarch — Dorendorf — Gehlhaar — Göpffhardt
Güntzlein — Juncker — Langritius — Meißner
Millies — Rosenbach — Steitz — Westerholt

Natürliche Rose

Natürliche Rose/Andere Blumen

Blumen

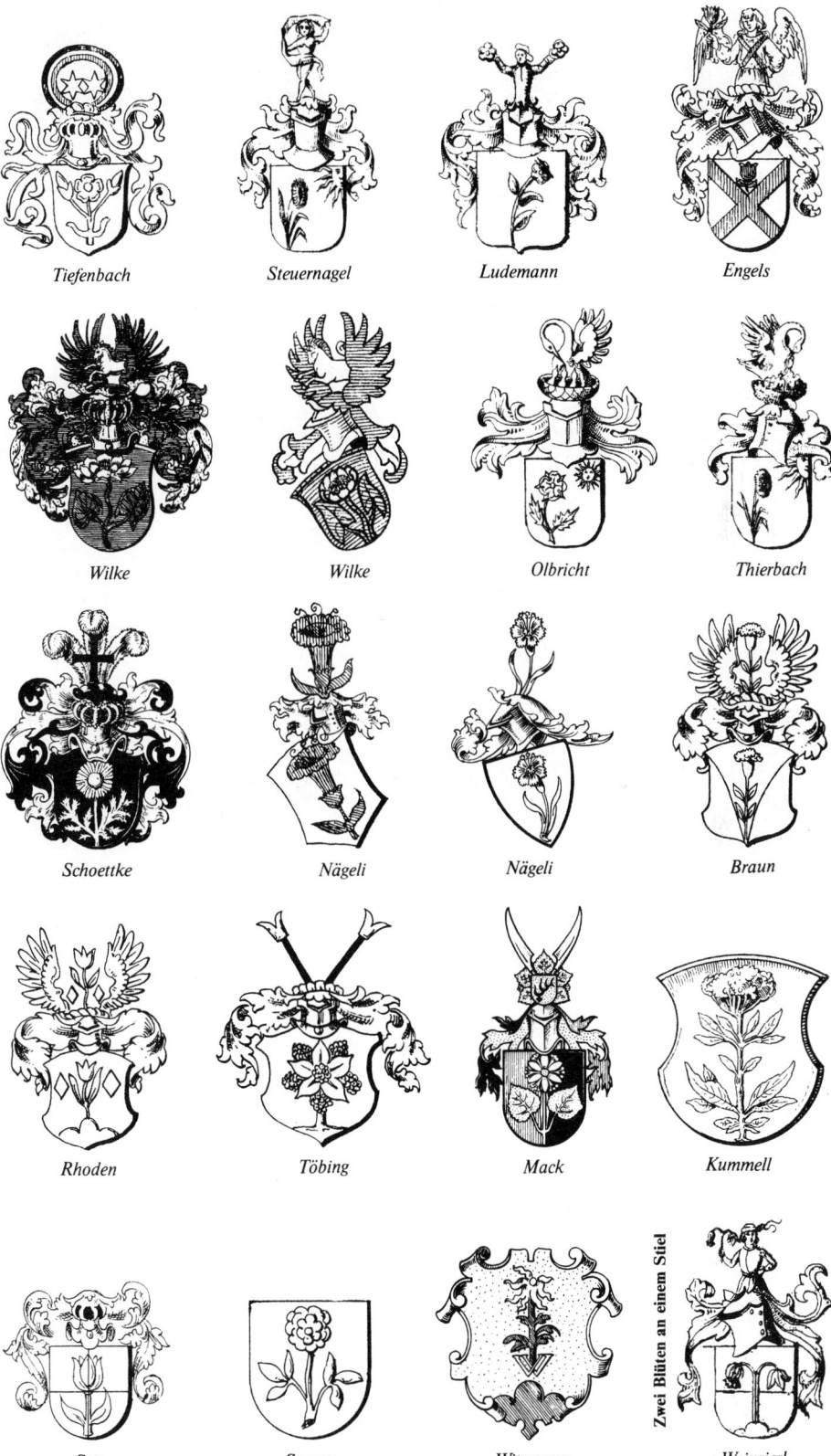

Blumen

Blumen

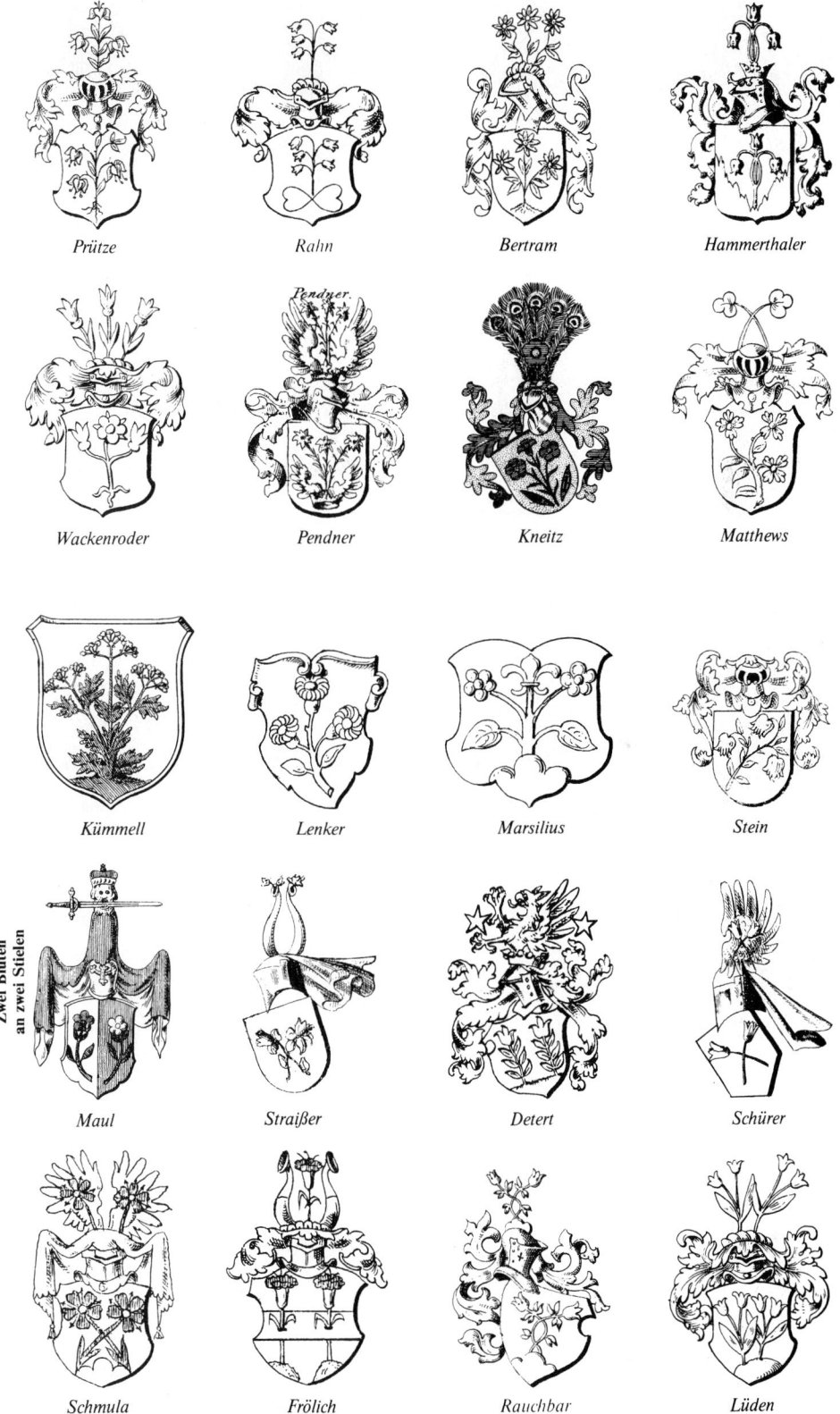

Blumen

Drei und mehr Blüten an einzelnen Stielen

Kümmell *Rückhenpäumb* *Fudickar* *Haertel*

Nägeli *Weissmann* *Weissmann* *Bansovius*

Steets *Kruse* *Isselhorst* *Behn*

Bruel *Bunck* *Cleinow* *Dickel*

Janefeldt *Knobloch* *Nölting* *Prandtner*

Blumen

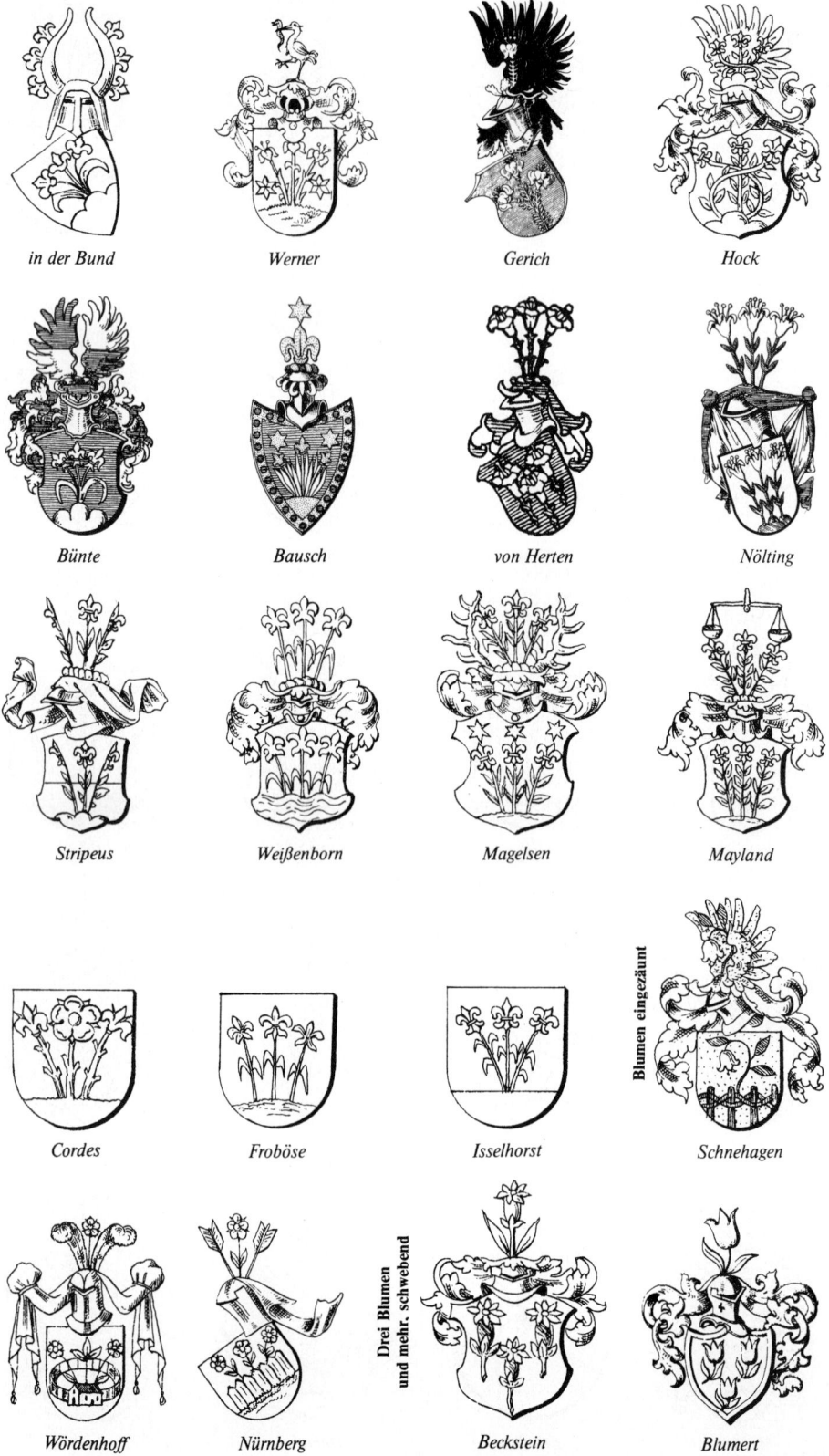

Blumen

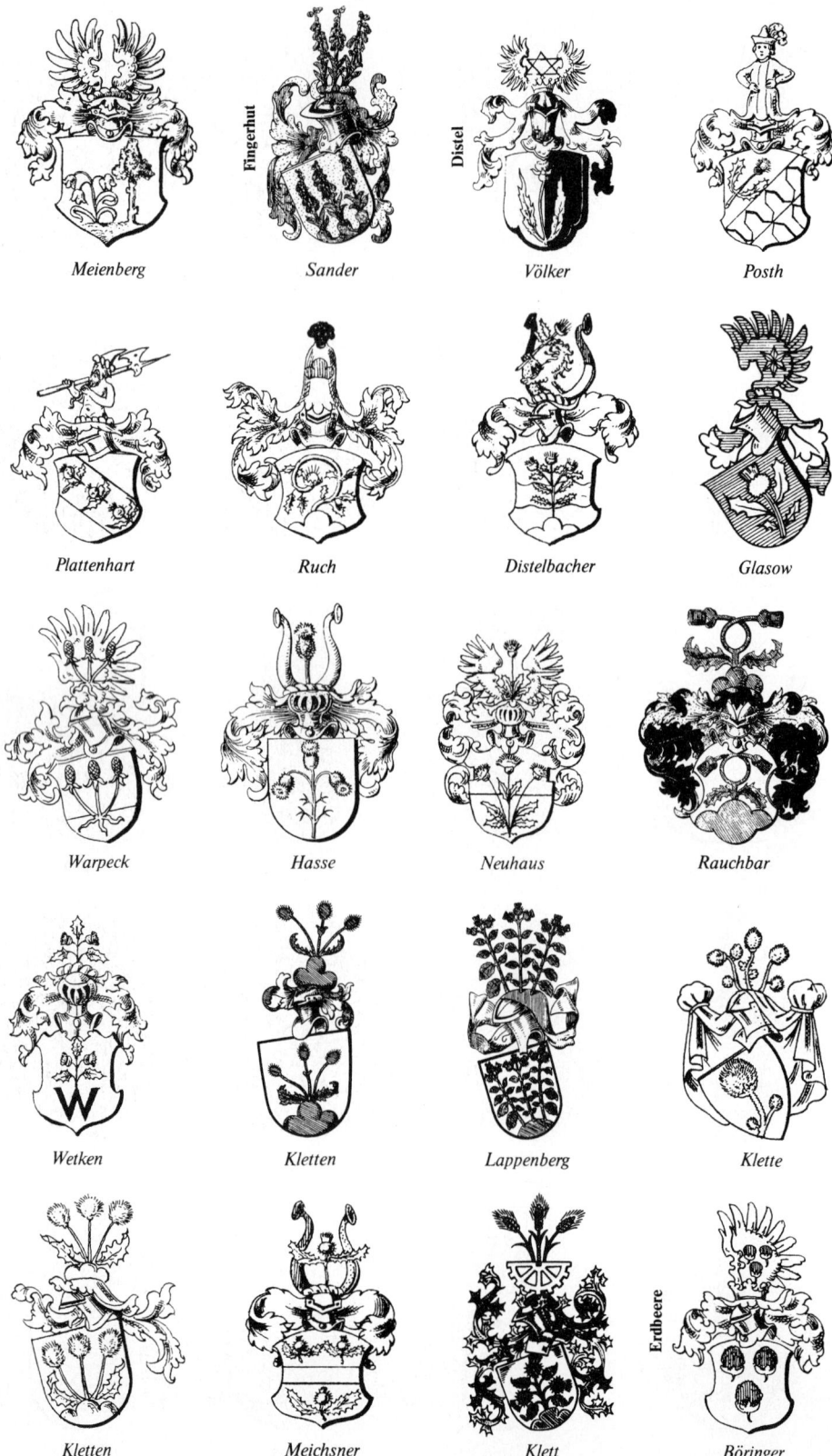

Fruchtpflanzen/Kranz

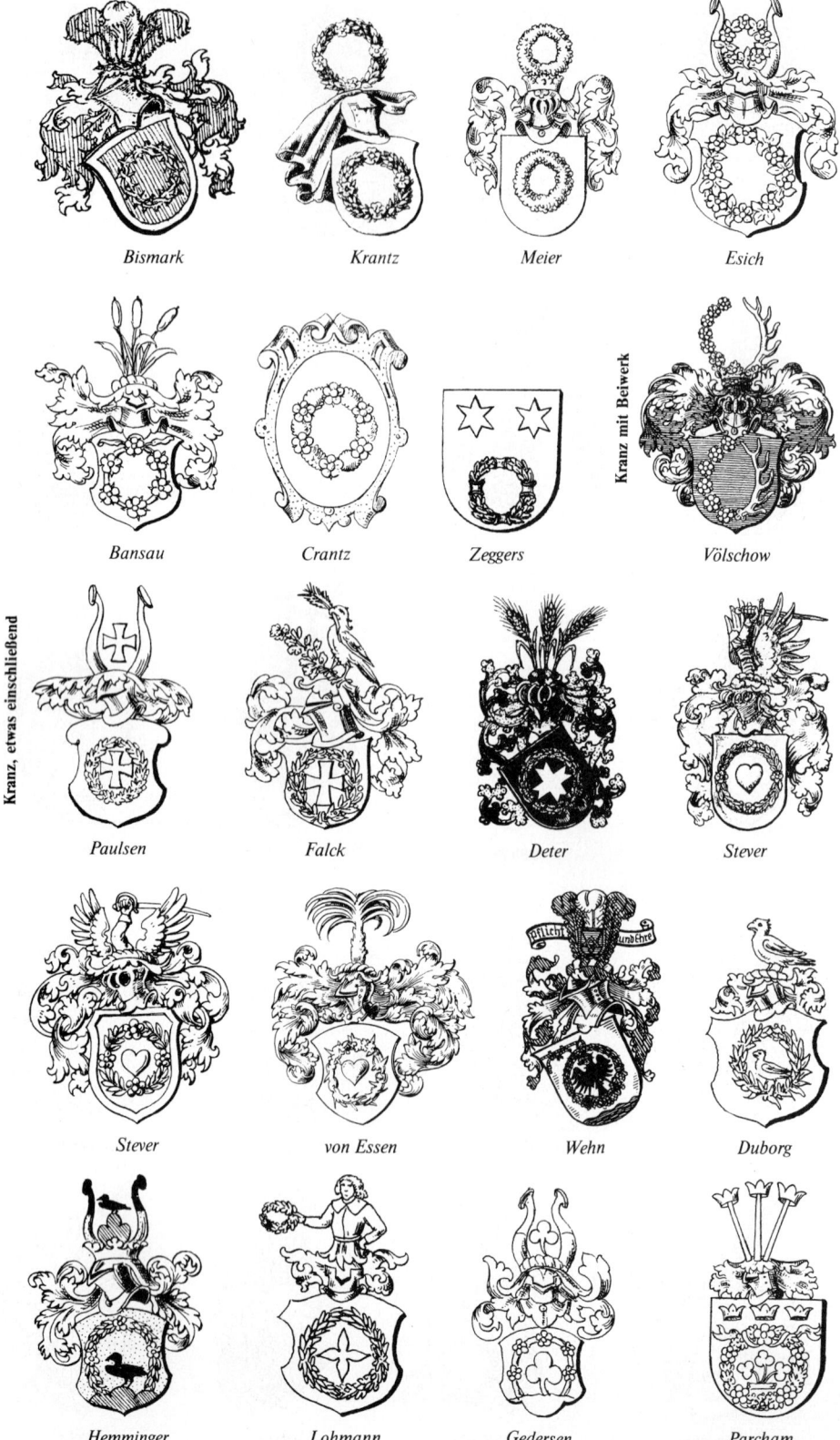

Kranz/Gemüse

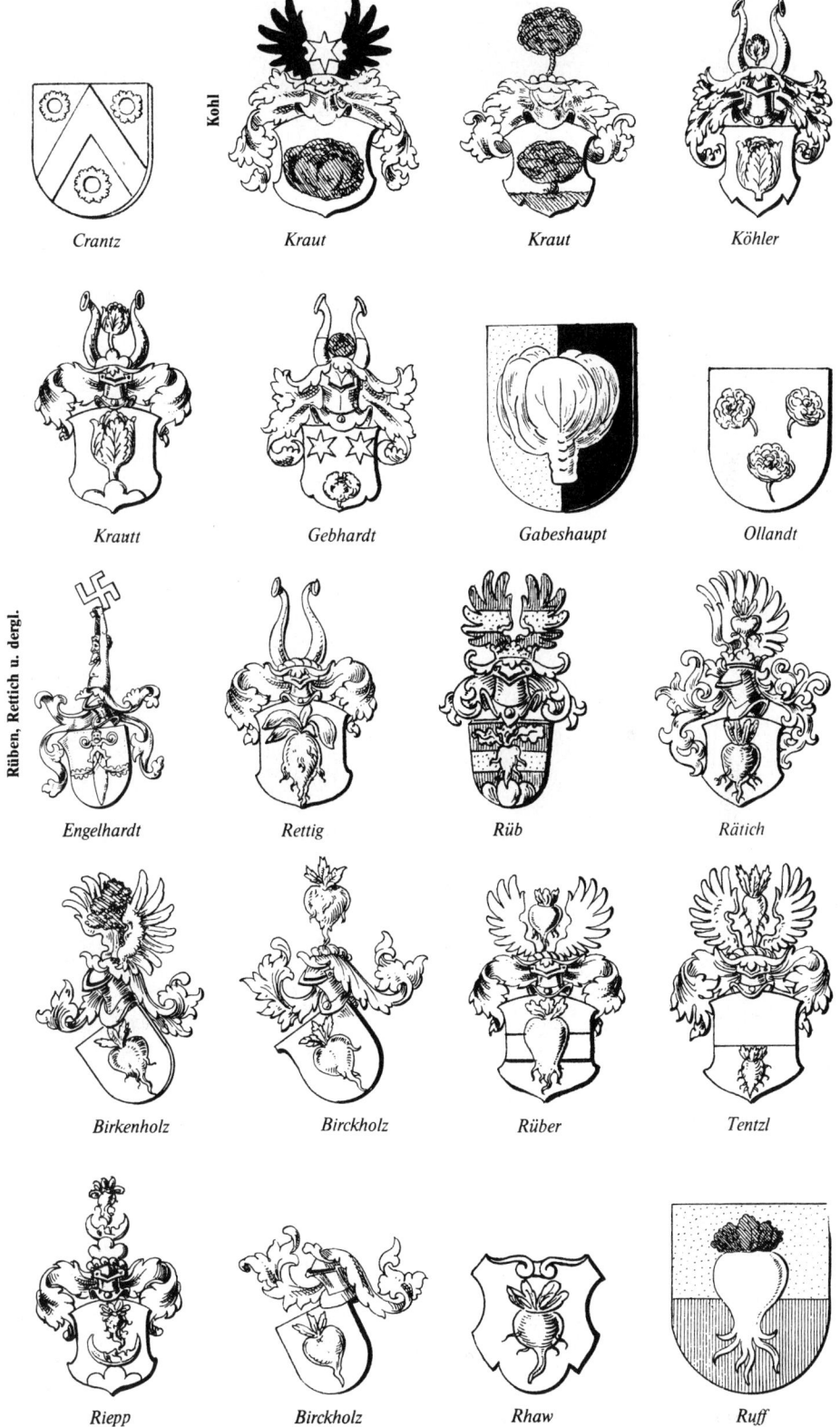

Gemüse/Früchte

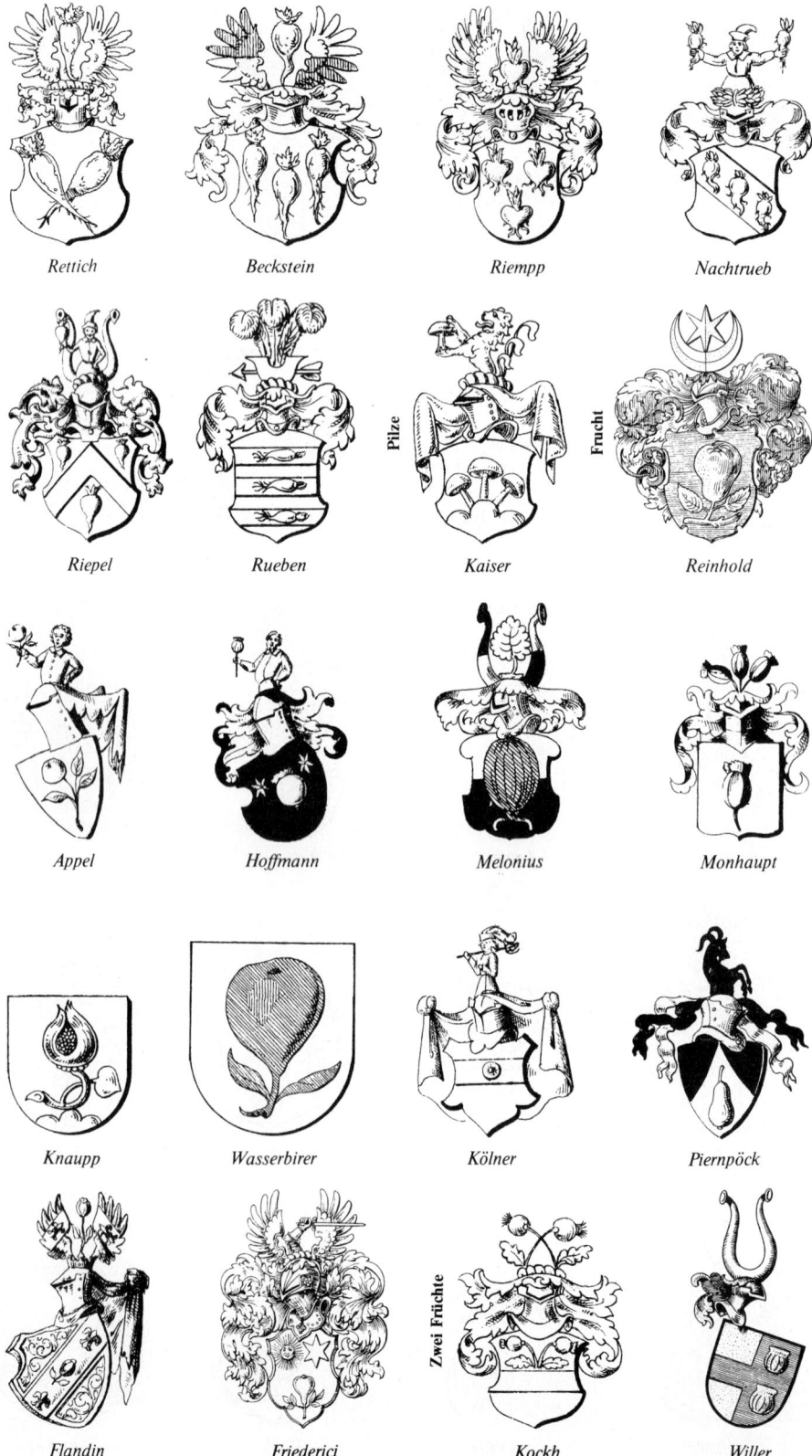

Früchte

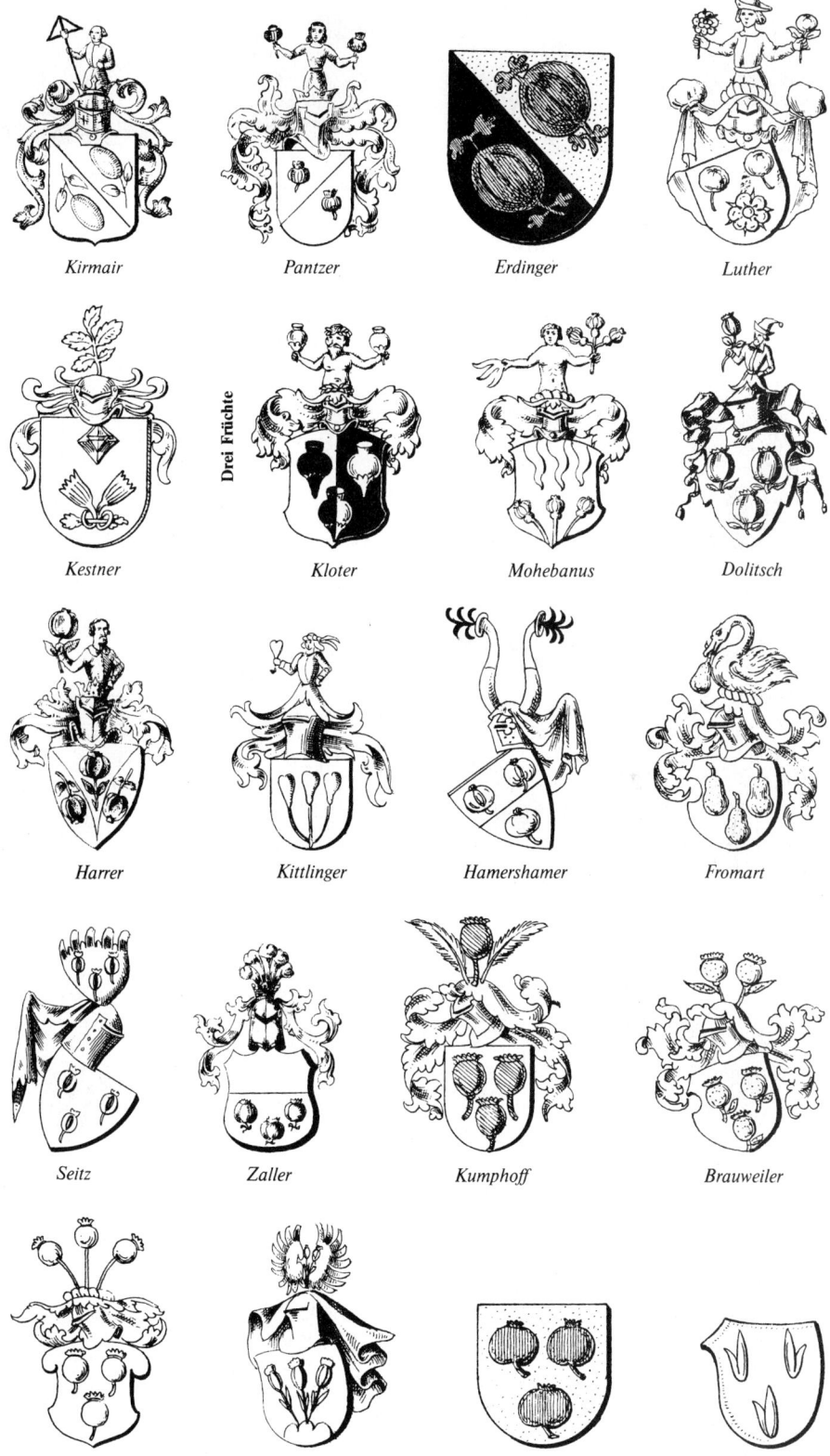

Früchte

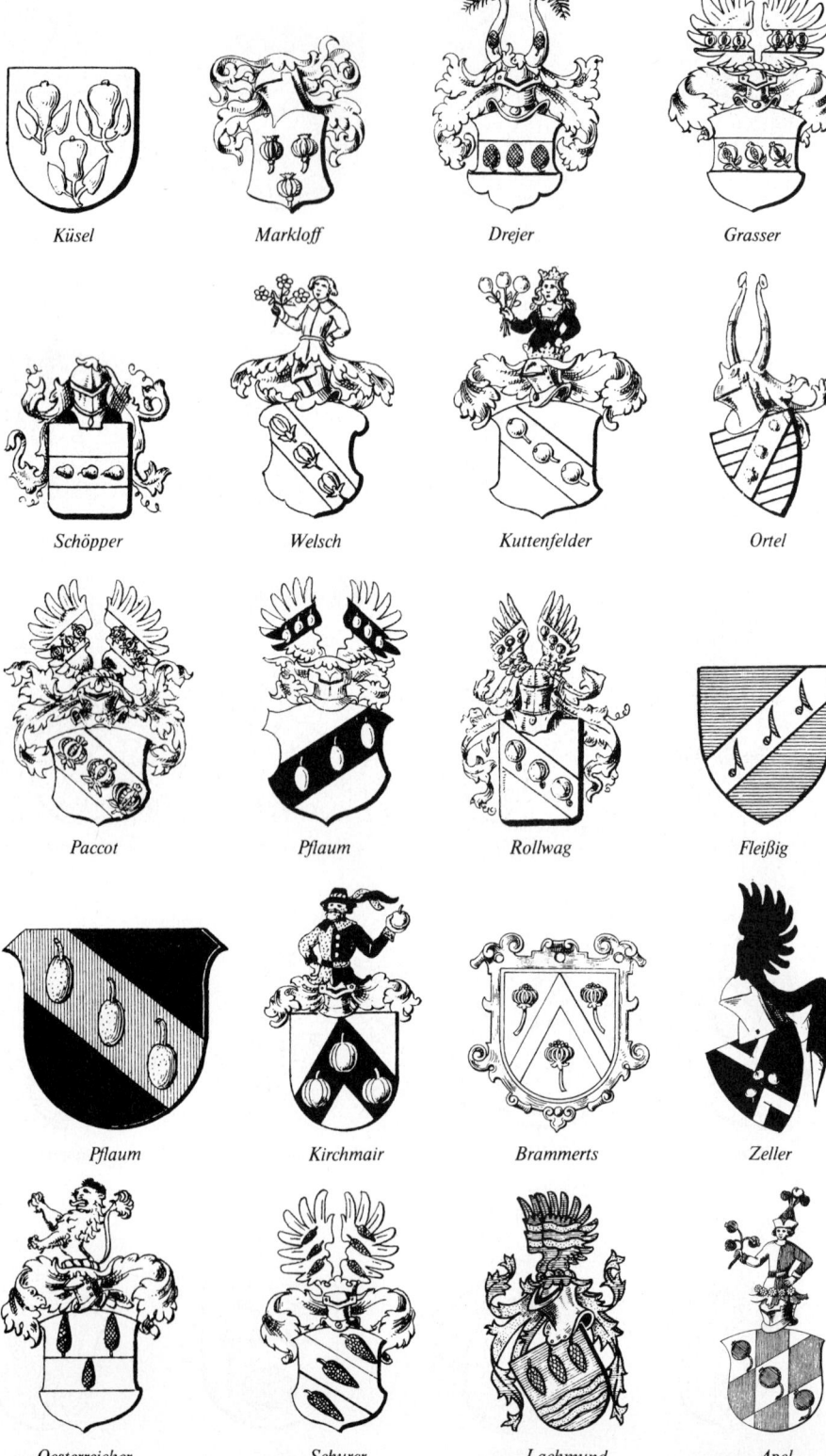

Küsel · Markloff · Drejer · Grasser
Schöpper · Welsch · Kuttenfelder · Ortel
Paccot · Pflaum · Rollwag · Fleißig
Pflaum · Kirchmair · Brammerts · Zeller
Oesterreicher · Schurer · Lachmund · Apel

Früchte/Stangenpflanzen 593

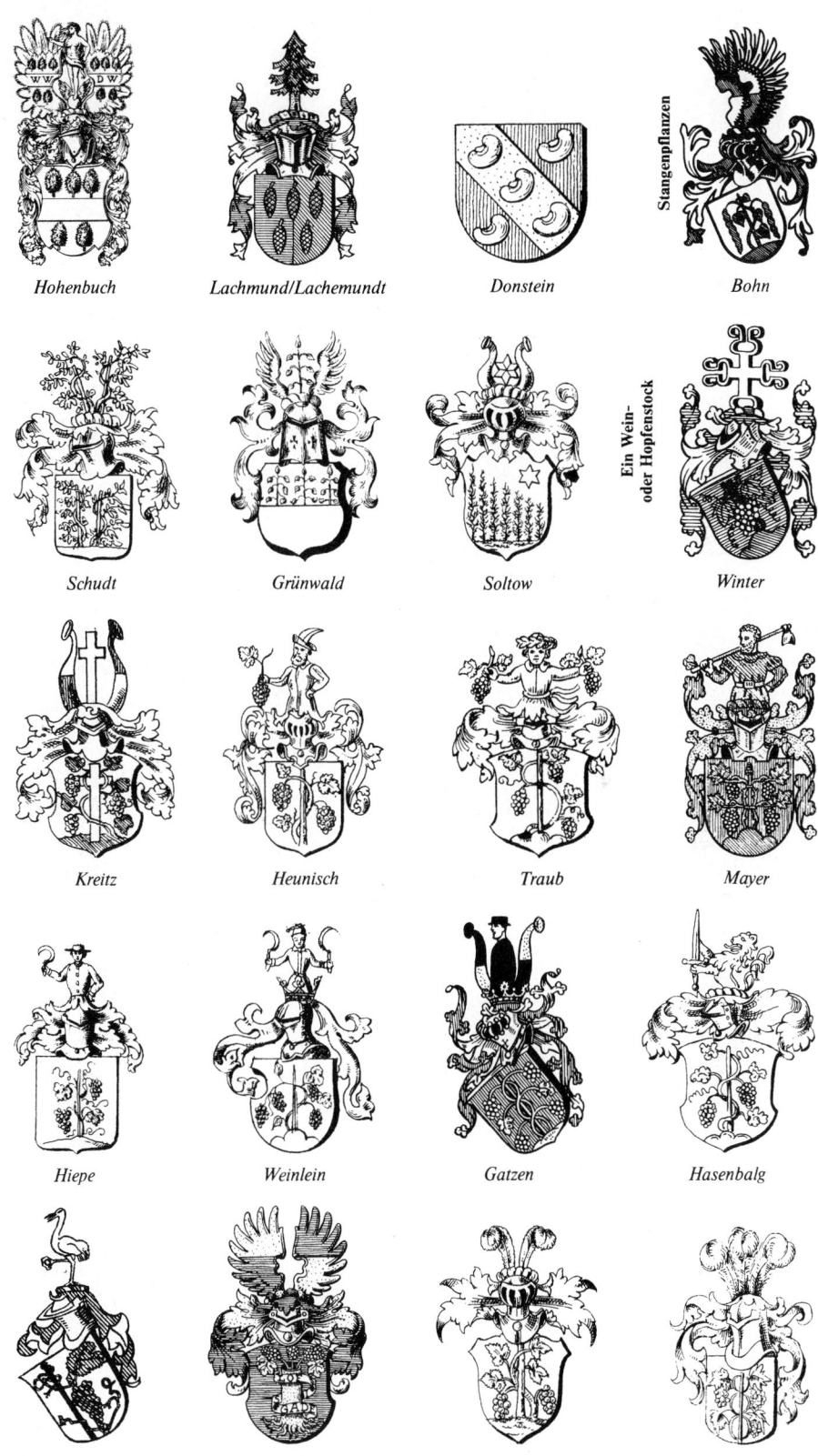

Weinrebe

Hoppe — Franck — Weinreich — Hopp
Wingert — Hobsinger — Ricvillerus — Tröltzsch
Weinlich — Surland — Hoppe — Sass
Weinberger — Francke — Franke — Weinold
Höppener — Rieger — Stake — Weinholtz

Drei Wein- oder Hopfenstöcke

Aststück mit Trauben

Weinrebe

Winckel · Hoffmann · Machtolff · Plathner
Wyneken · Frowein · Kleewein · Weisbach
Hanses · Ruck · Eltzen · Schlaepf
Hanses · Hoppe · Lange · Reber
von Essen · Balemann · Plathner · Kleewein

Weinranke

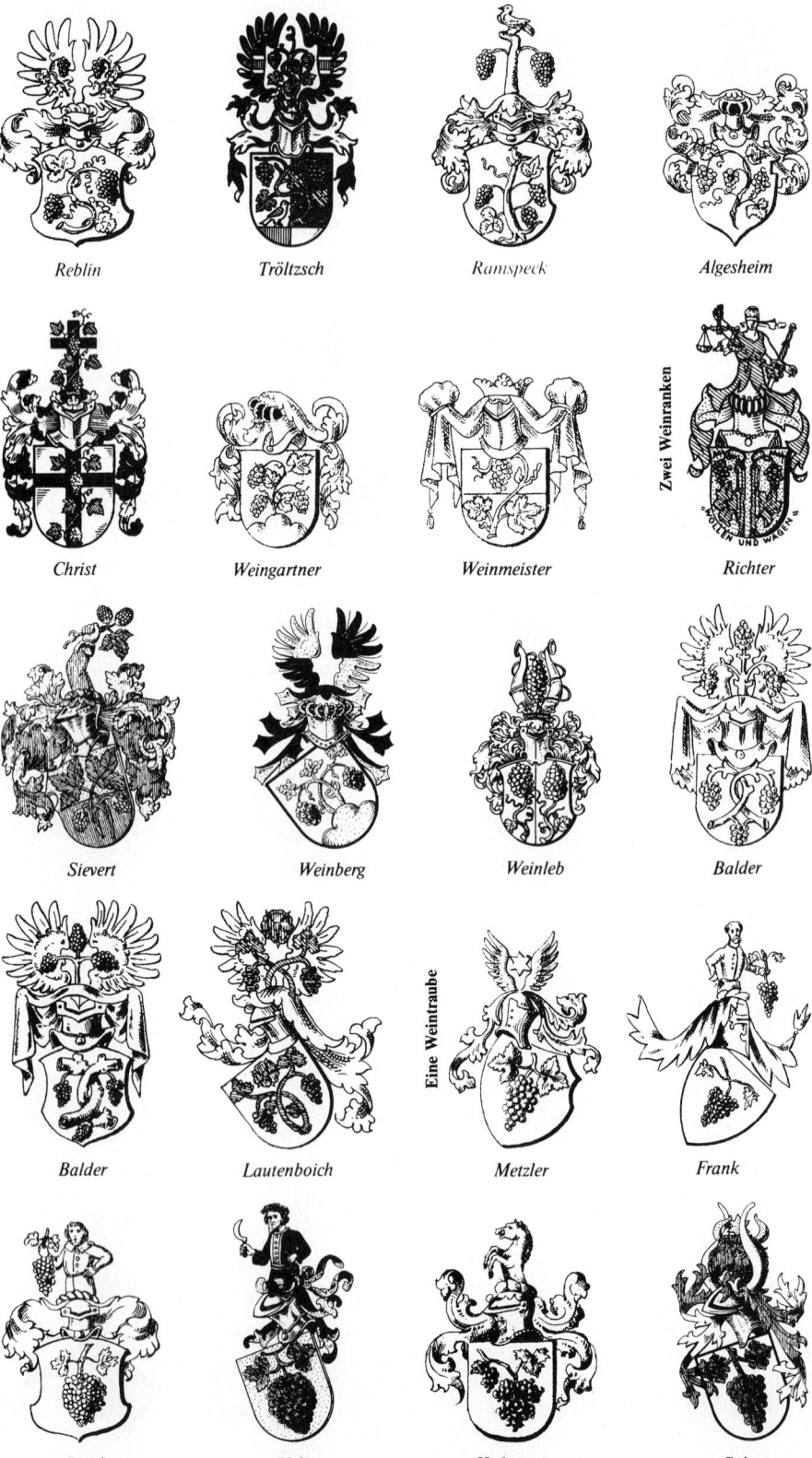

Weintraube

Eill   *Köchlin*   *Weinholtz*   *Wintzer/Winzer*

Jue   *Zoller*   *Weinzierl*   *Freitag*

Krüger   *Pfeiffer*   *Pfeiffer*   *Pfeiffer*

Siricius   *Bruns/Bruhns*   *Hueber*   *Hueber*

Lanner   *Köchli*   *Muggler*   *Schöltraub*

Weintraube

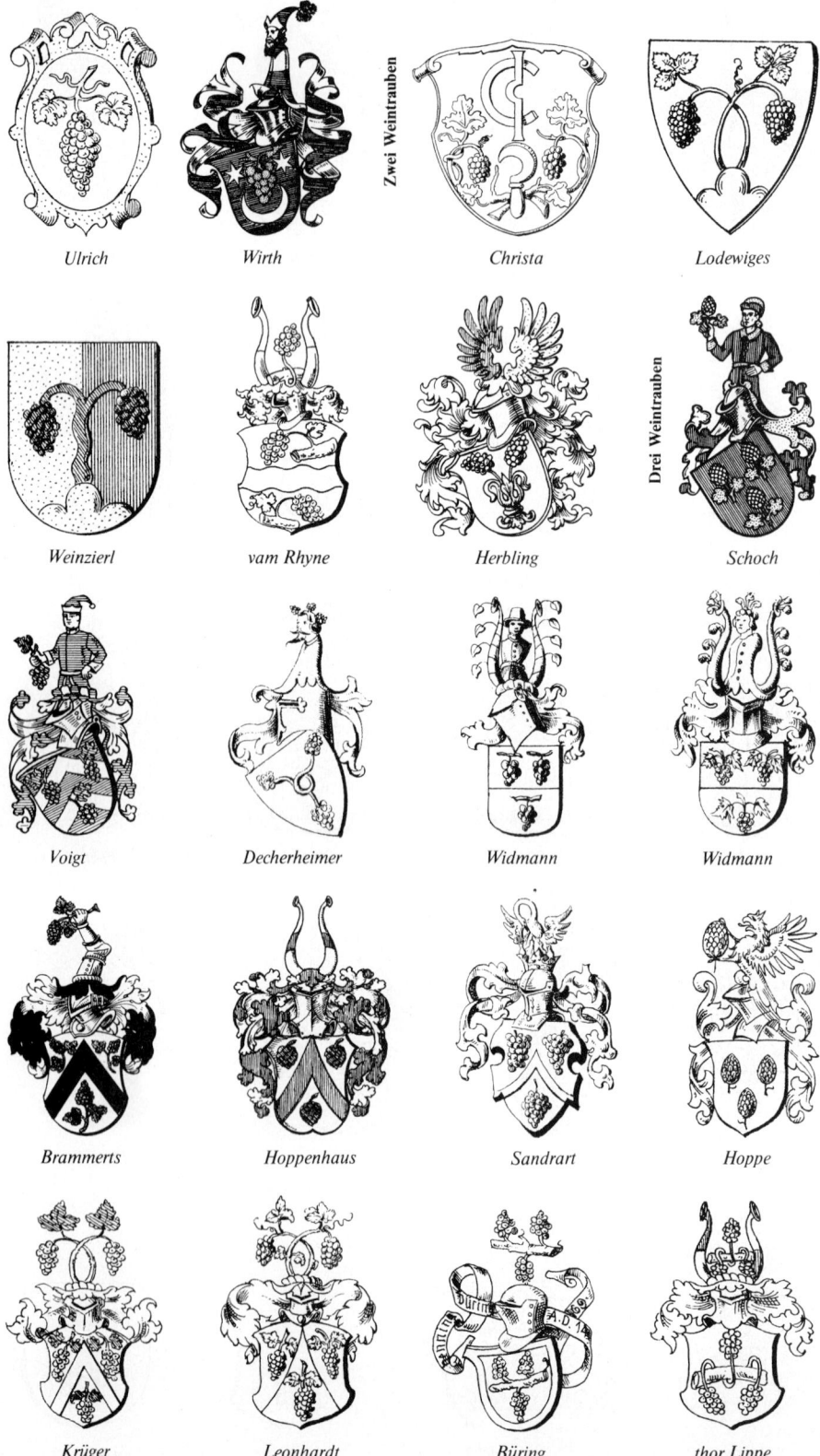

Wein/Getreide

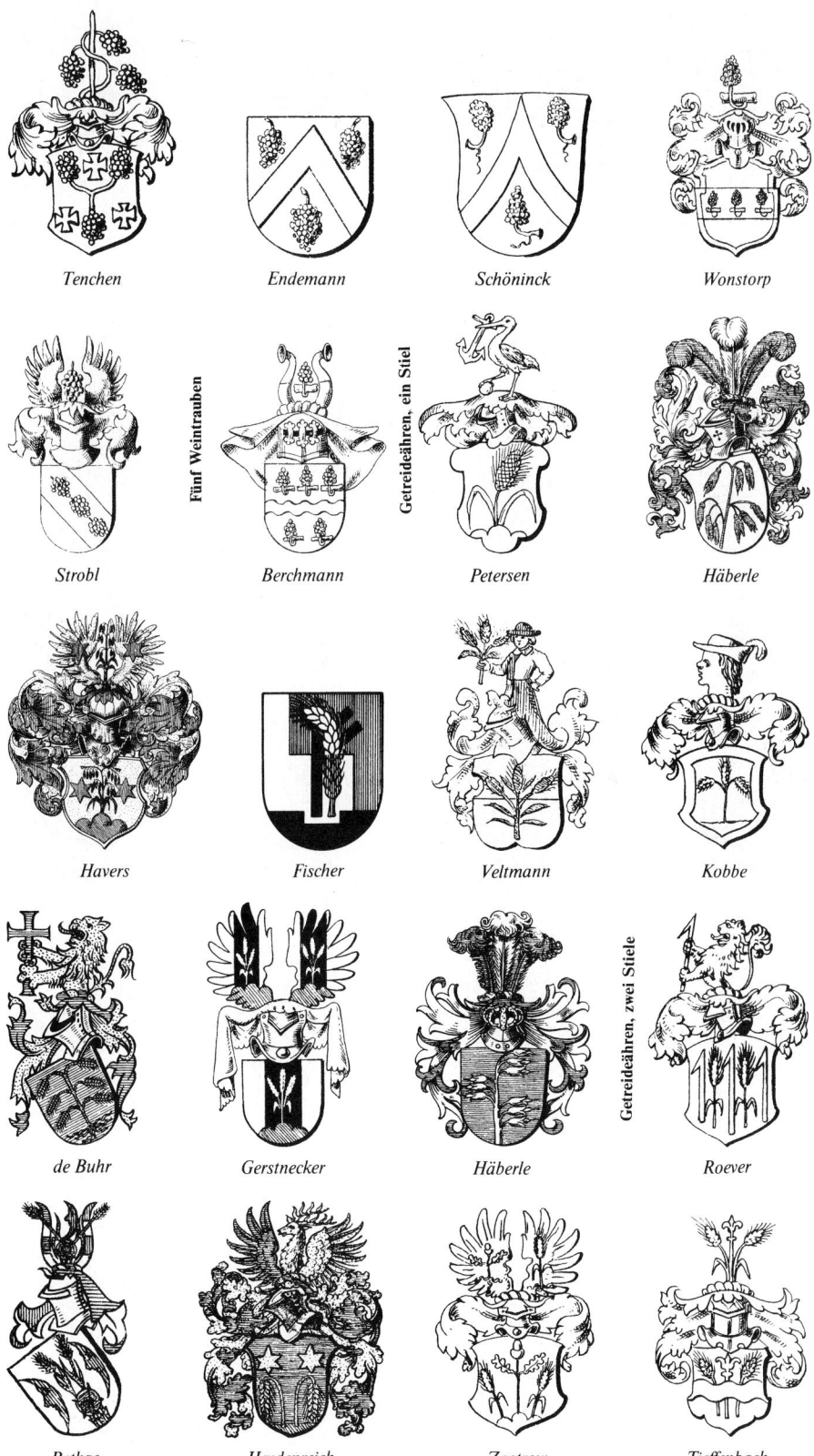

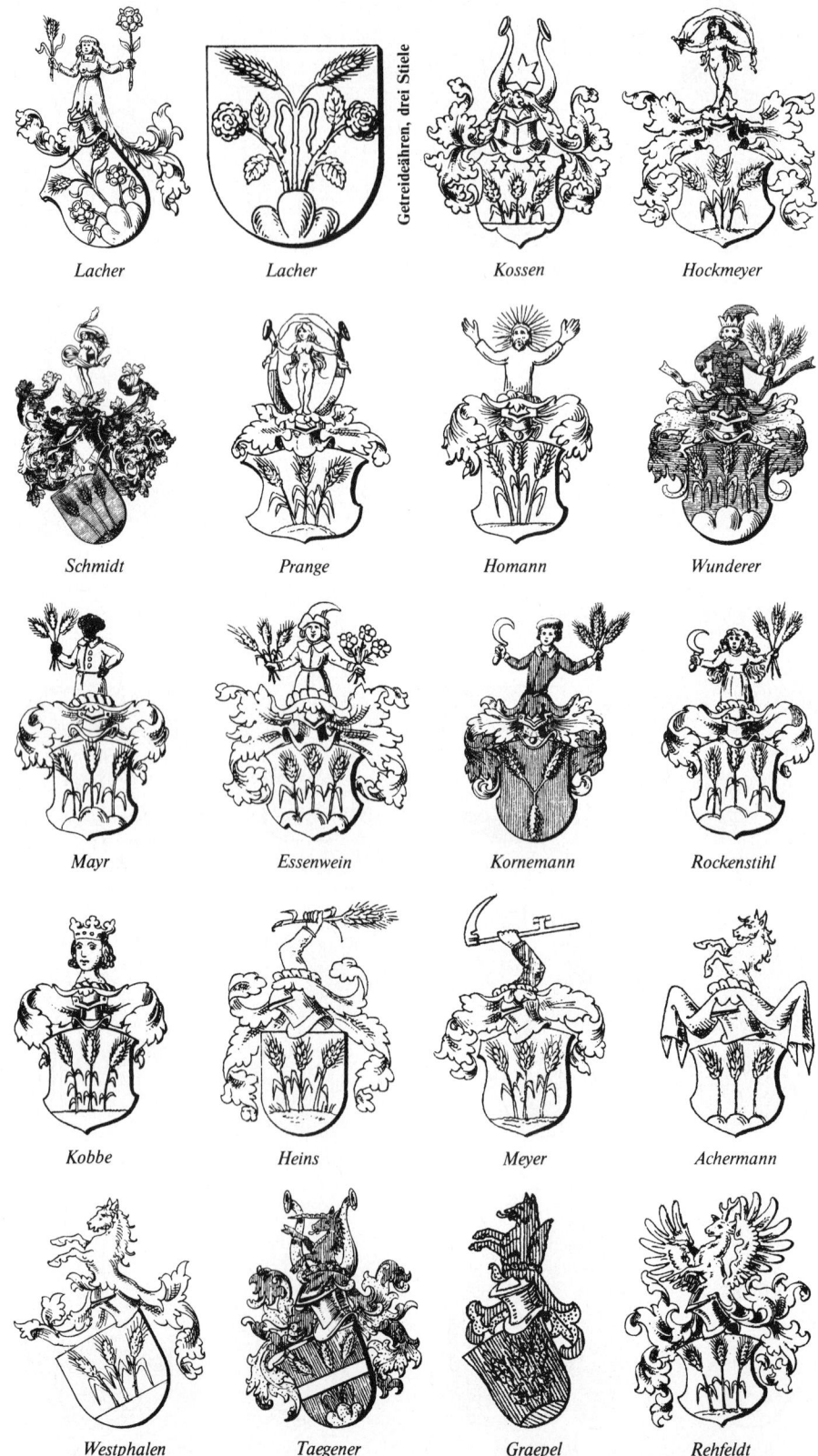

Getreide

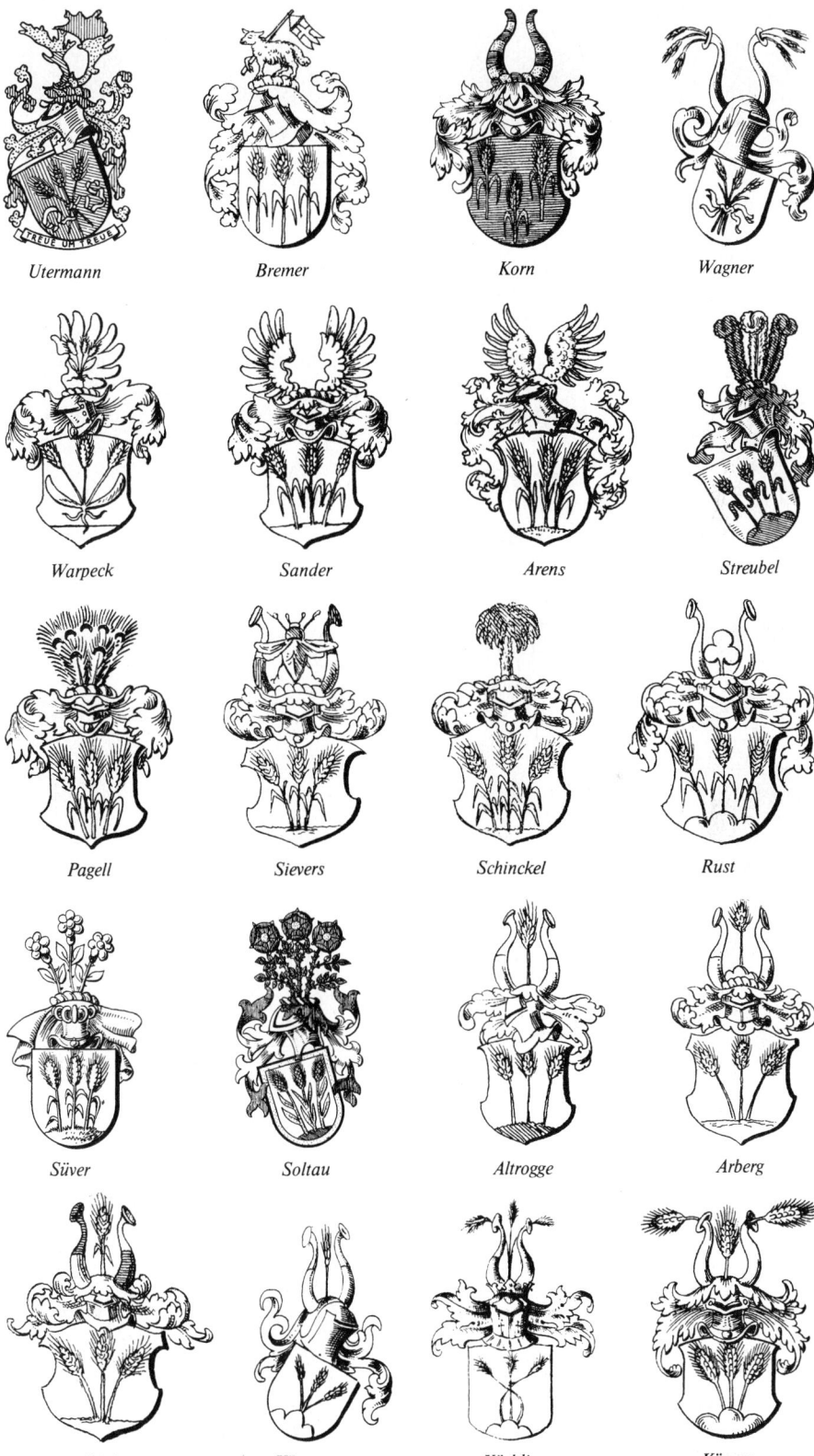

Utermann Bremer Korn Wagner
Warpeck Sander Arens Streubel
Pagell Sievers Schinckel Rust
Süver Soltau Altrogge Arberg
Cordes Körner Küchlin Körner

Getreide

Getreide

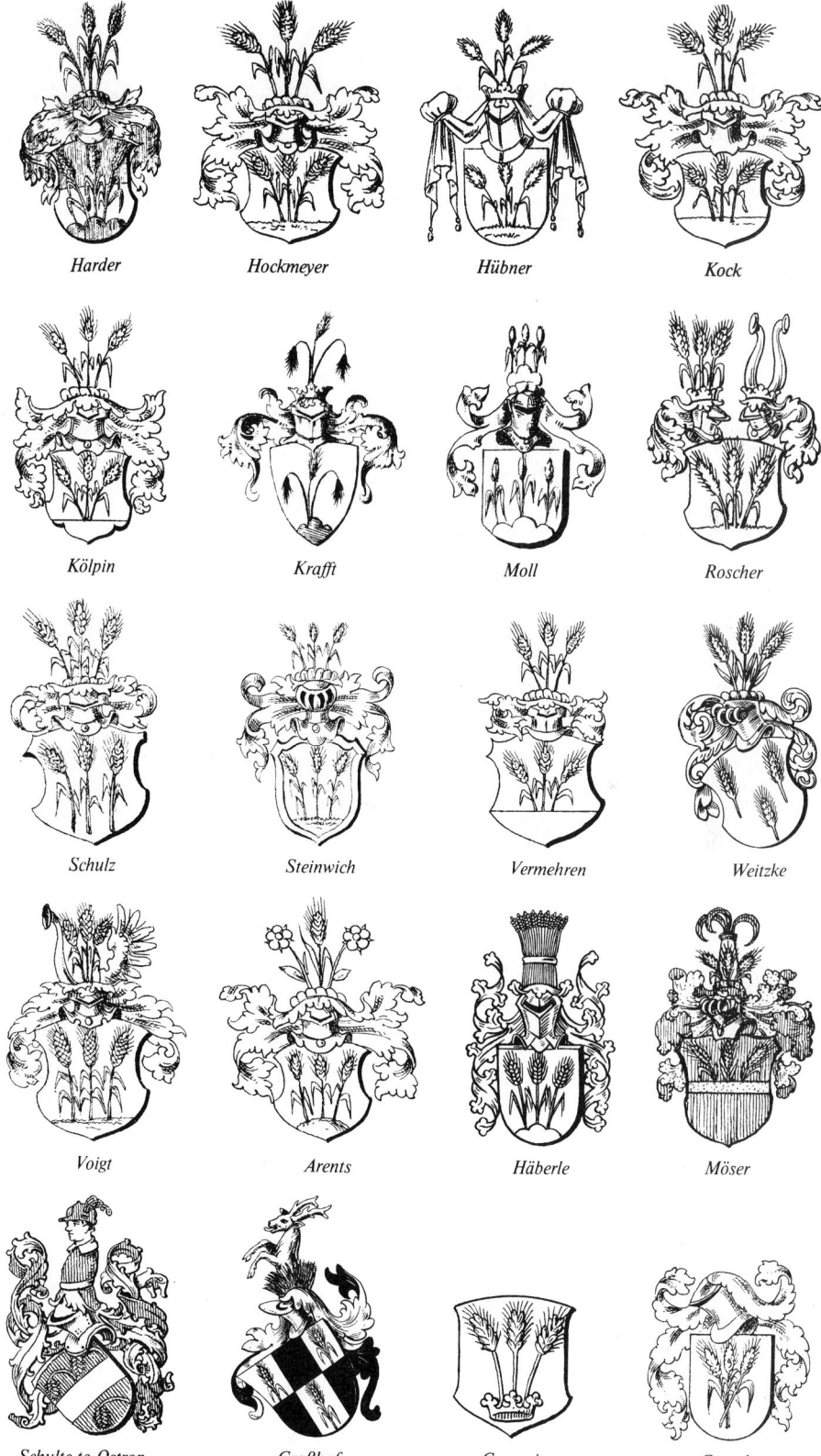

604 **Getreide**

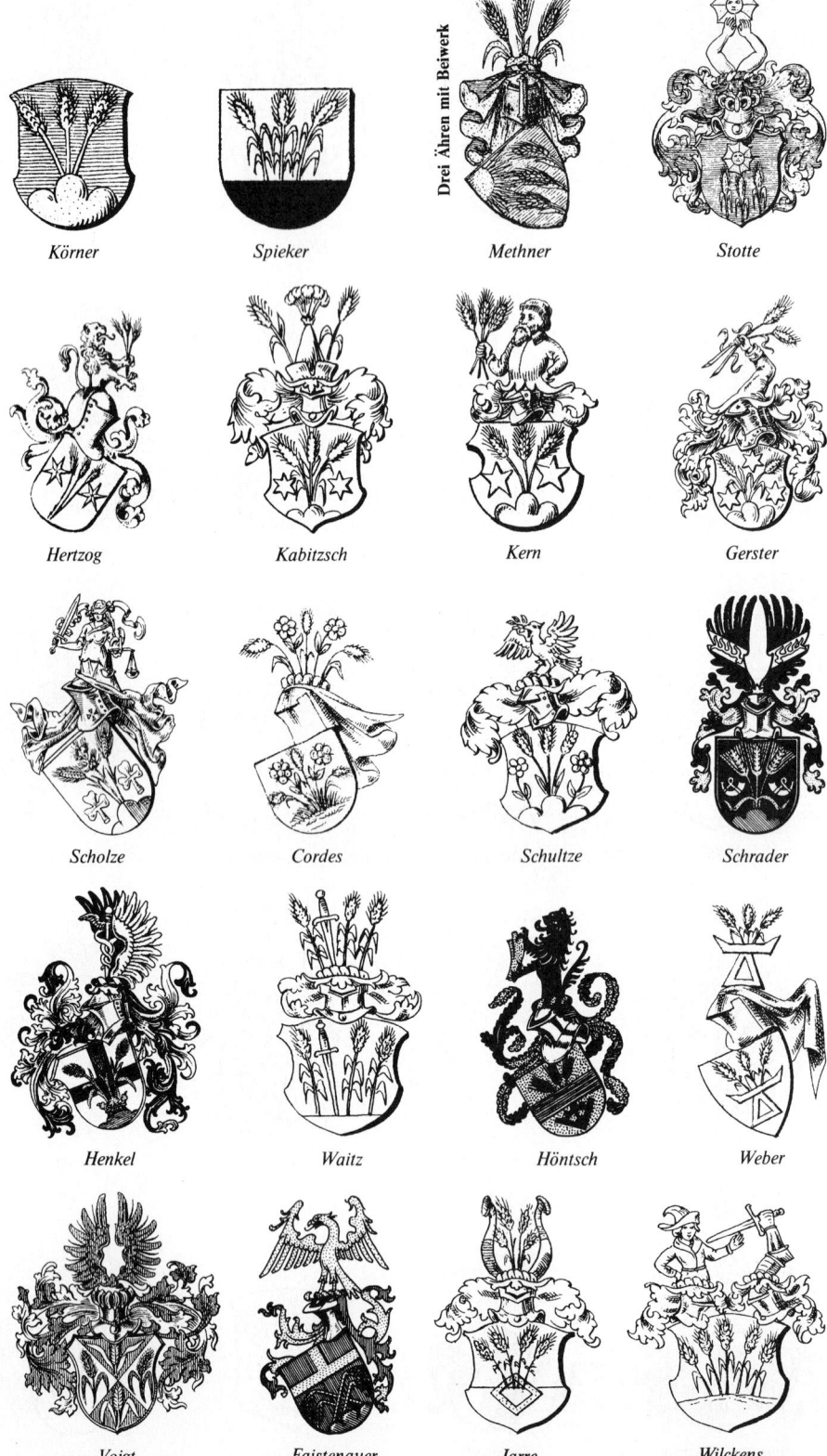

Getreide

Scheller — Körner — Kündig — Gesenius
Segebode — Segebode — Both — Braune
Hänisch — Wichmann — Reichhelm — Junius
Mack — Zollner — Osthaus — Sachse
Schäbel — Knüsli — Bonacher — Gassenhart

Eine Garbe oder Ährenbündel

Getreide

Rohrkolben

Melbeck	Rusch	Röhr	Köblin
Moser	Moser	Rieger	Rohrbeck
Kolbe	Heuffler	Wegener	Rohrer
Binswanger	Soltau	Rohrbach	Kolb

Bauwerk

Geräte

Mauer, allein 
- Ziegler 
- Reysoldt 
- uf der Mur 
- Pambstl 
- Maurer 
- Michael 
- Vierkotten 
- Schliepe

Mauer, belegt 
- Schmidt 
- Benkhner

Mauer, überhöht 
- Walbaum 
- Maurer 
- Schabert 
- Hofer 
- Torborch

Mauer, besetzt 
- Melas

Mauer, besetzt

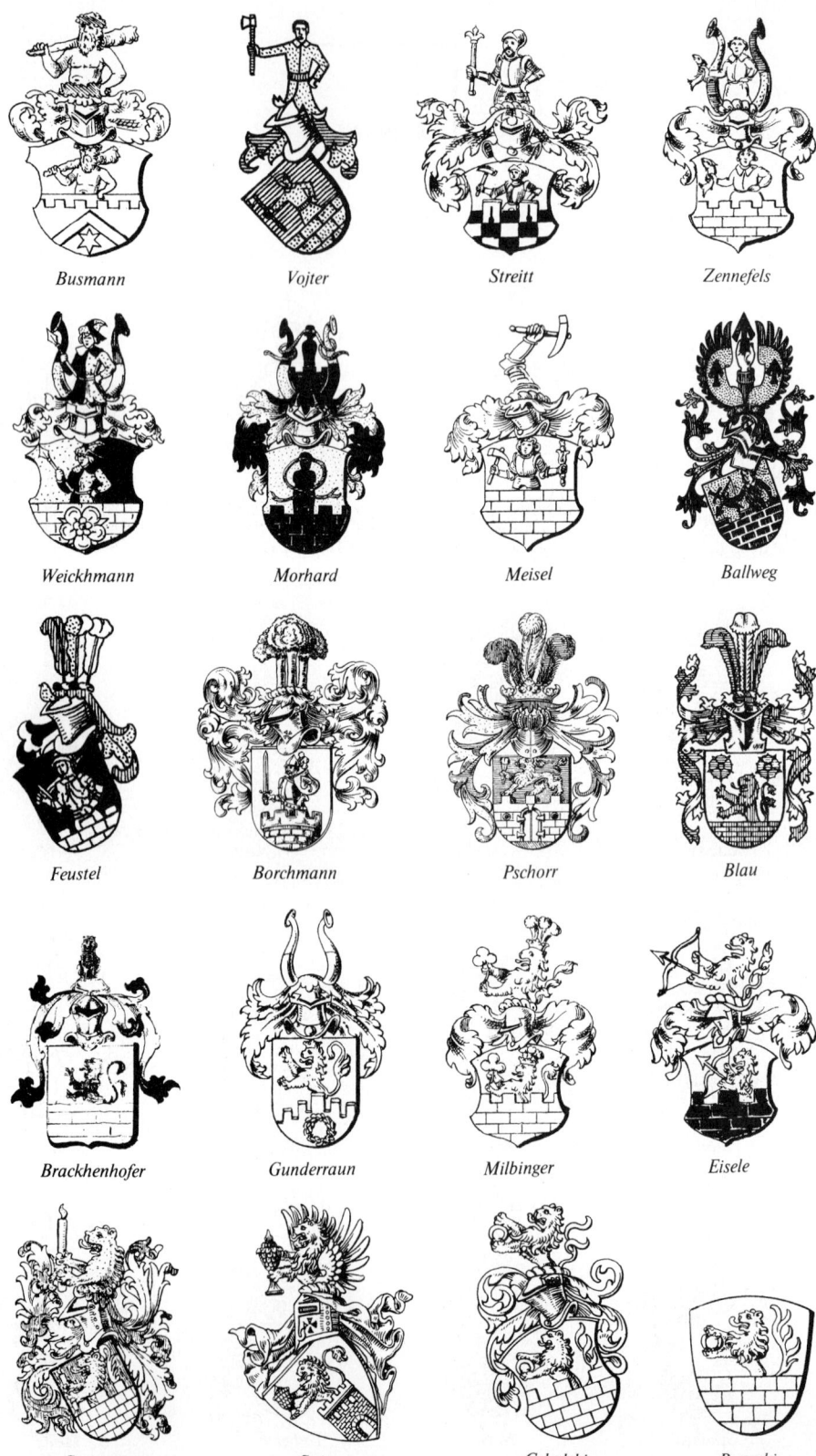

Busmann — *Vojter* — *Streitt* — *Zennefels*
Weickhmann — *Morhard* — *Meisel* — *Ballweg*
Feustel — *Borchmann* — *Pschorr* — *Blau*
Brackhenhofer — *Gunderraun* — *Milbinger* — *Eisele*
Gromnica — *Steiger* — *Cybulski* — *Bogacki*

Mauer/Turm

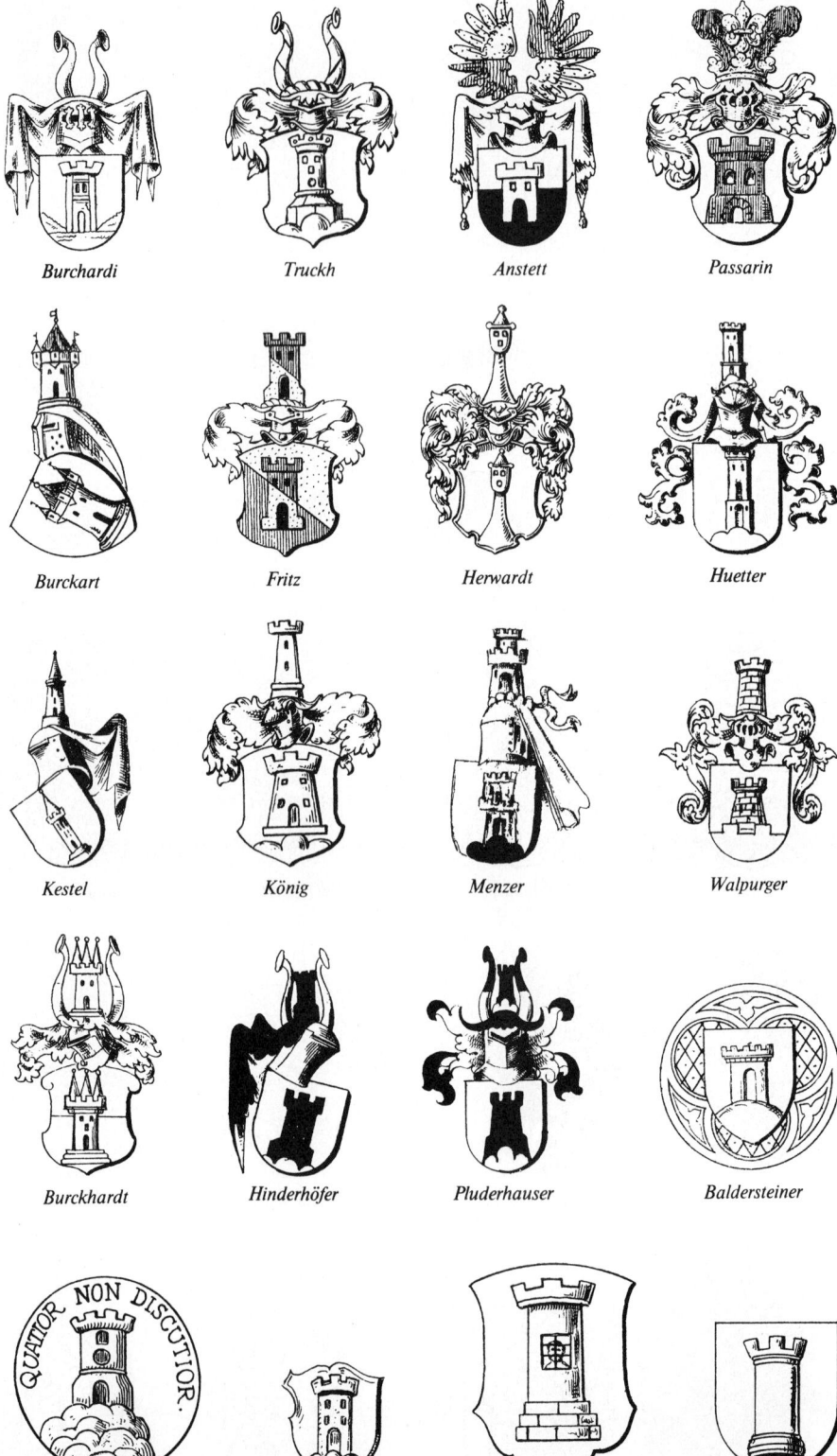

Turm

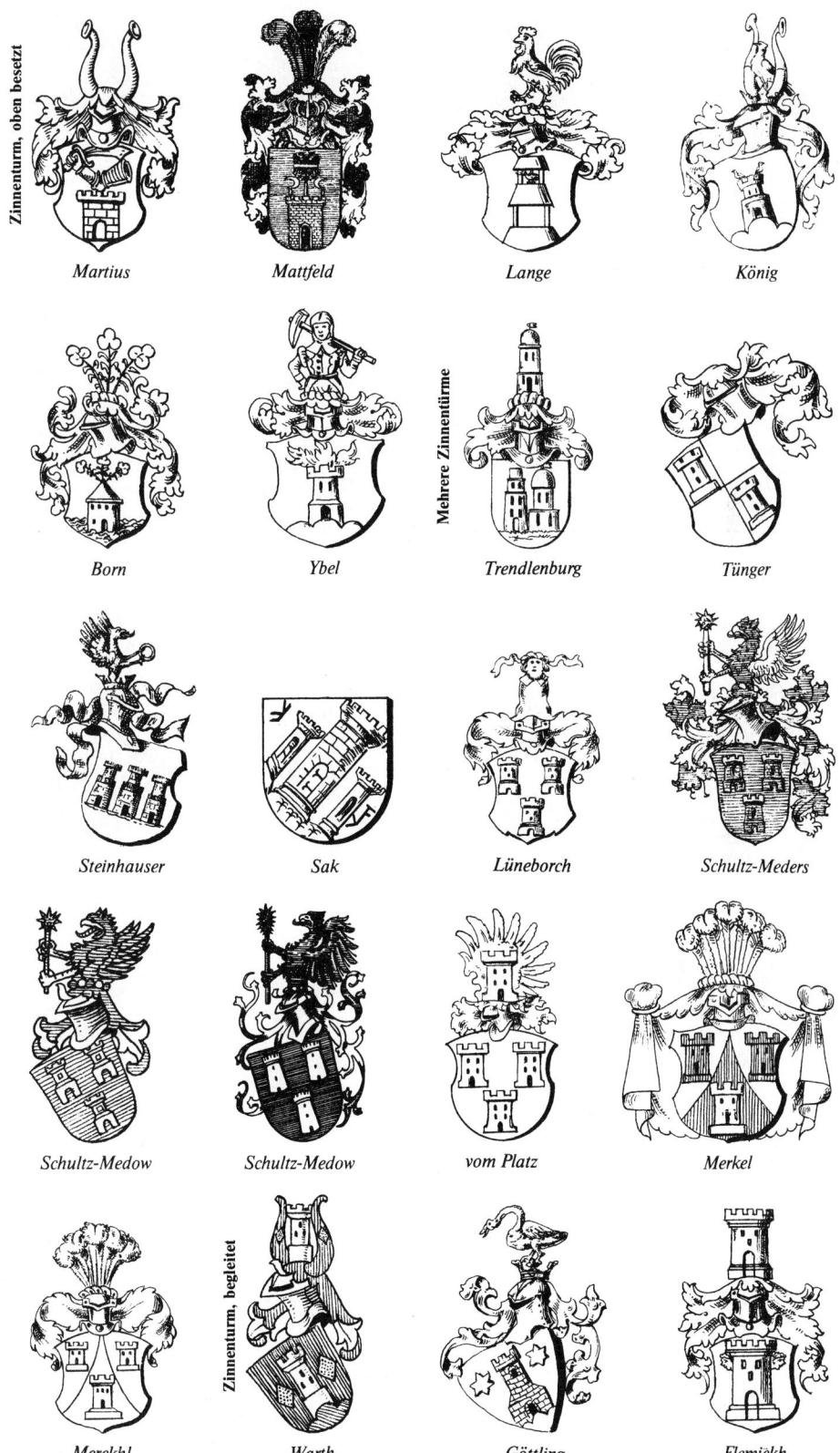

Burg

Burg

Eschenburg · Casteller · Weisskircher · Warnecke
Koburger · Eschenburg · von der Neunburg · Burk
Thurm · Horburg · Reich · Burkhard
Châtel · Grosse · Pampelius · Raspe
Spangenberg · Steinhauser · Meckelburg · Hoburg

Haus

Neuhäuser · Neuhäuser · Schiermann · Hausmann
Tilger · Felderhoff · Schaffhausen · Neuhaus
Scholtz · Stainhauser · Hauser · Bachausen
Brockhaus · Brockhaus · Häussler · Städel
Hüssli · Hochhauss · Wahn · Wischhausen

Hausfront

Bauwerk

Bauwerk

Kol	Bingesser	Velhage	Rauss
Datt	von der Vecke	Bruynleder	Krause
Wüsthoff	Stockinger	Heigl	Schmidell (Schmidl)
Ainhofer	Boenhoff	Bollmann	Lüdemann
Spethmann	Thiergärtner	Möllerhoff (Mühle)	van Voorthuysen

Brunnen

Säule

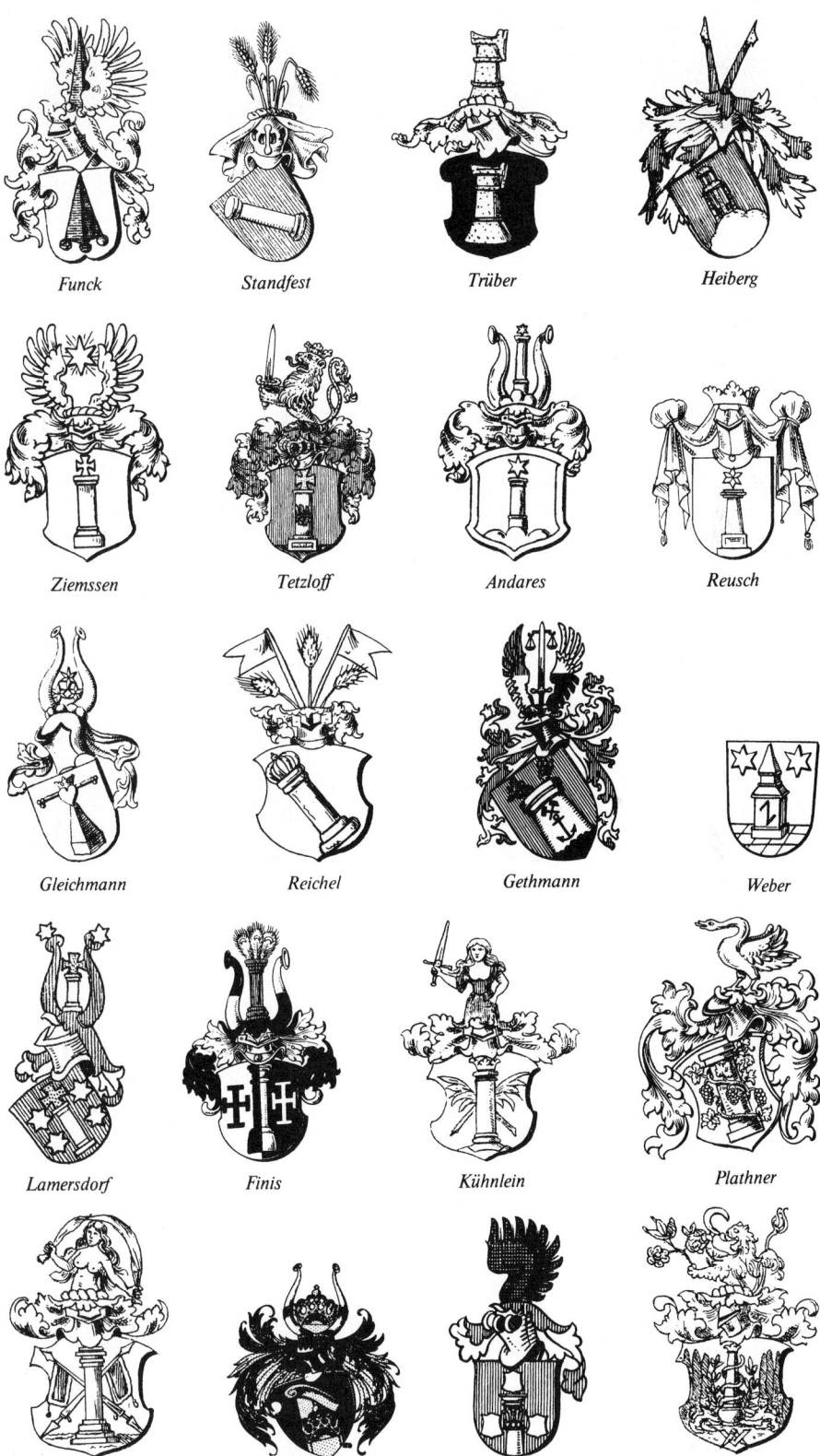

Funck Standfest Trüber Heiberg

Ziemssen Tetzloff Andares Reusch

Gleichmann Reichel Gethmann Weber

Lamersdorf Finis Kühnlein Plathner

Wigbers Bundis Halfpaap Roloff

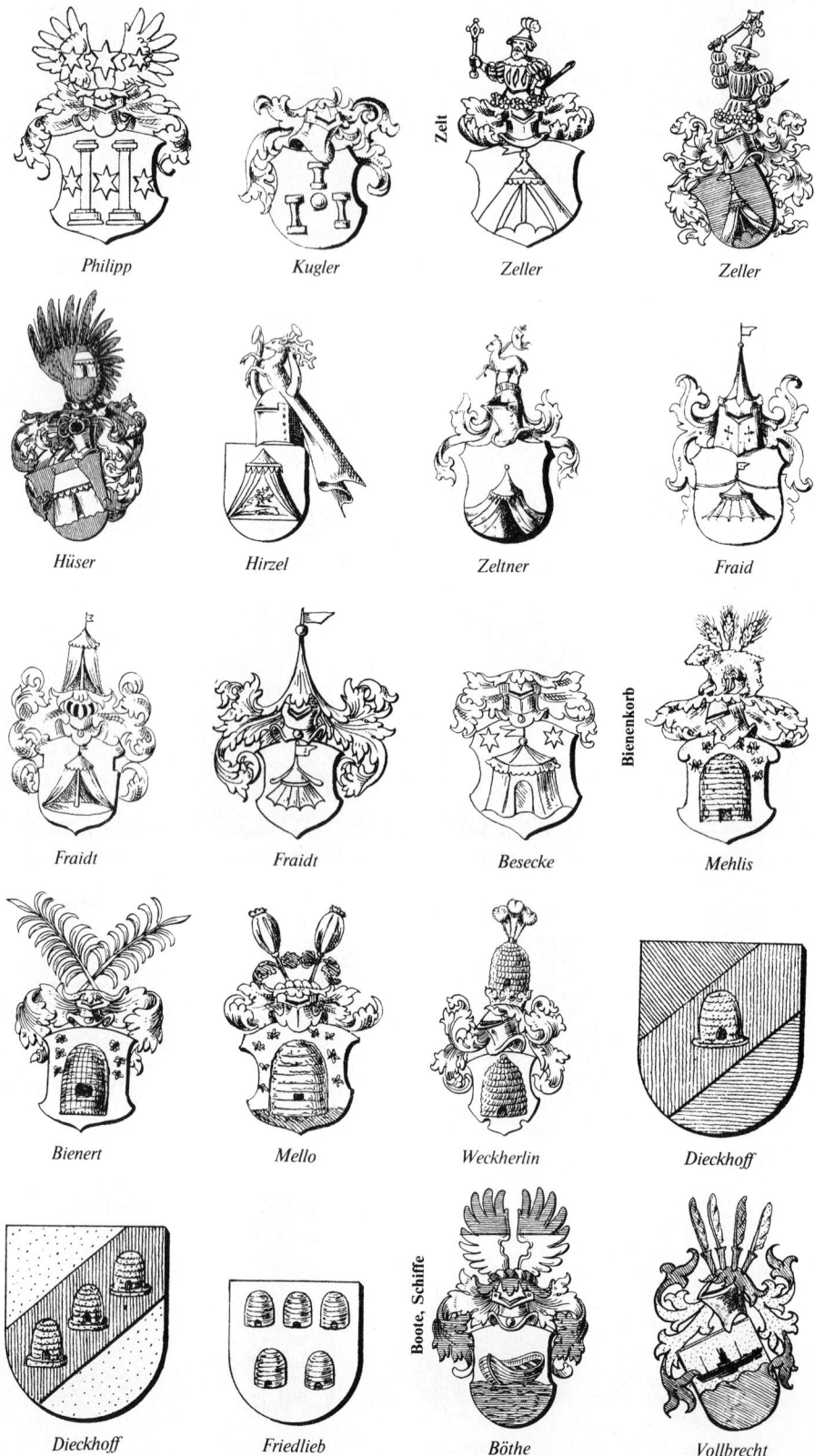

Schiff

Geräte

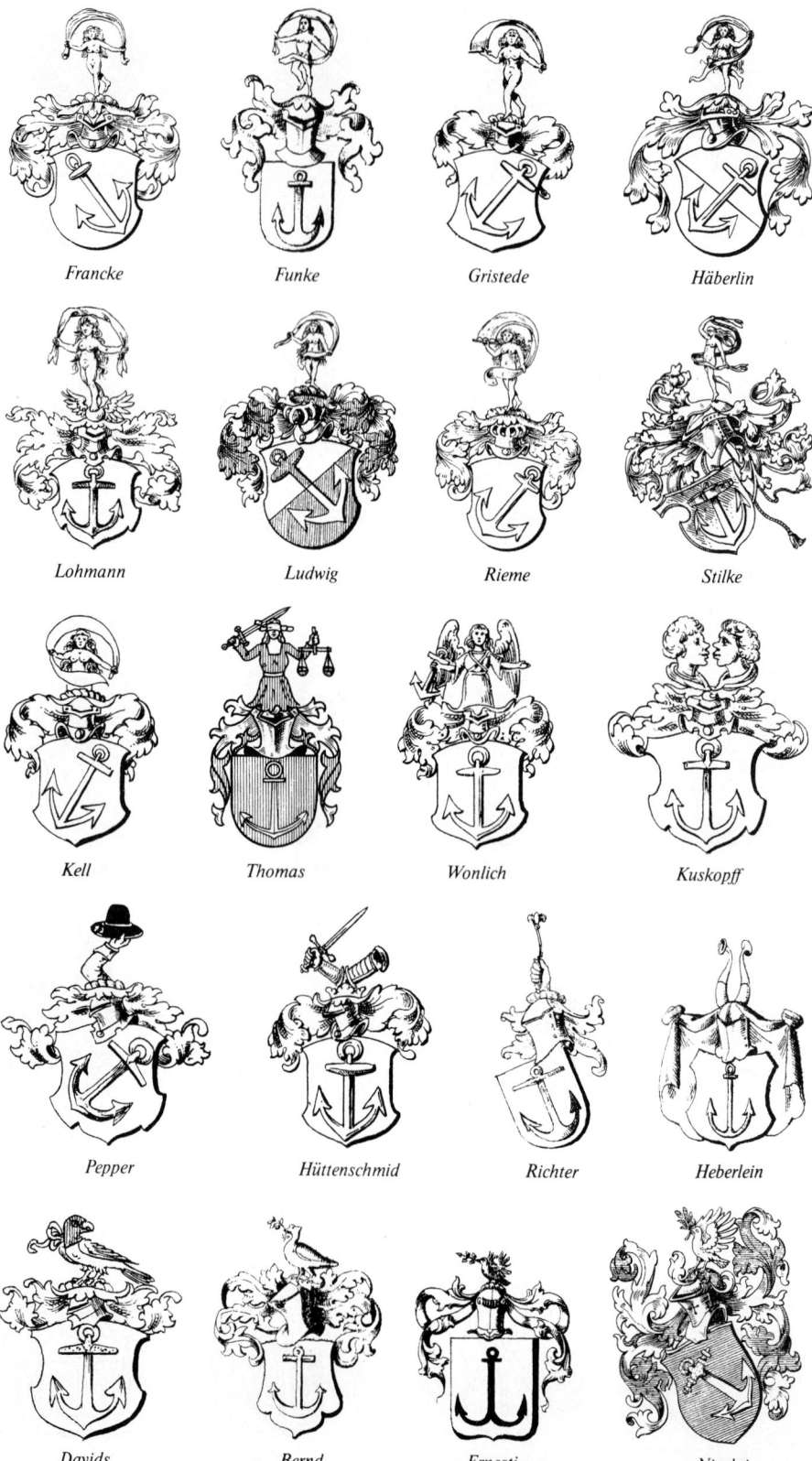

Anker

Anker

Düms	Eckhold	Wenker	op dem Berge
op dem Berge	Grell	Heuer	Hurter
Wanckel	Fleischer	Schierholz	Heiss
Oheimb	Müller	Haveland	Haveland
Bechtold	Poppenberger	Osternberger	Osternperger

Anker

Armbrust

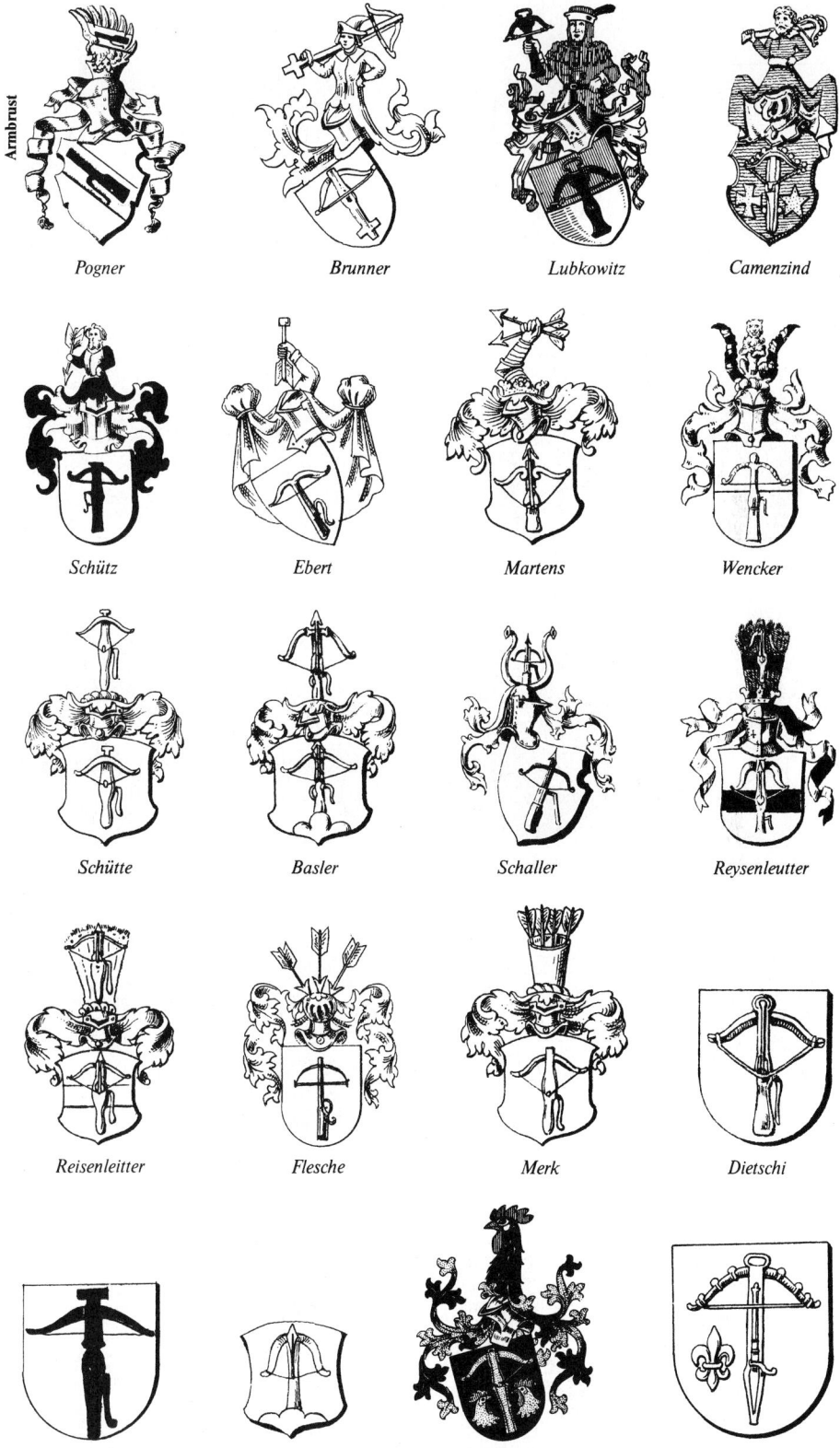

Beil

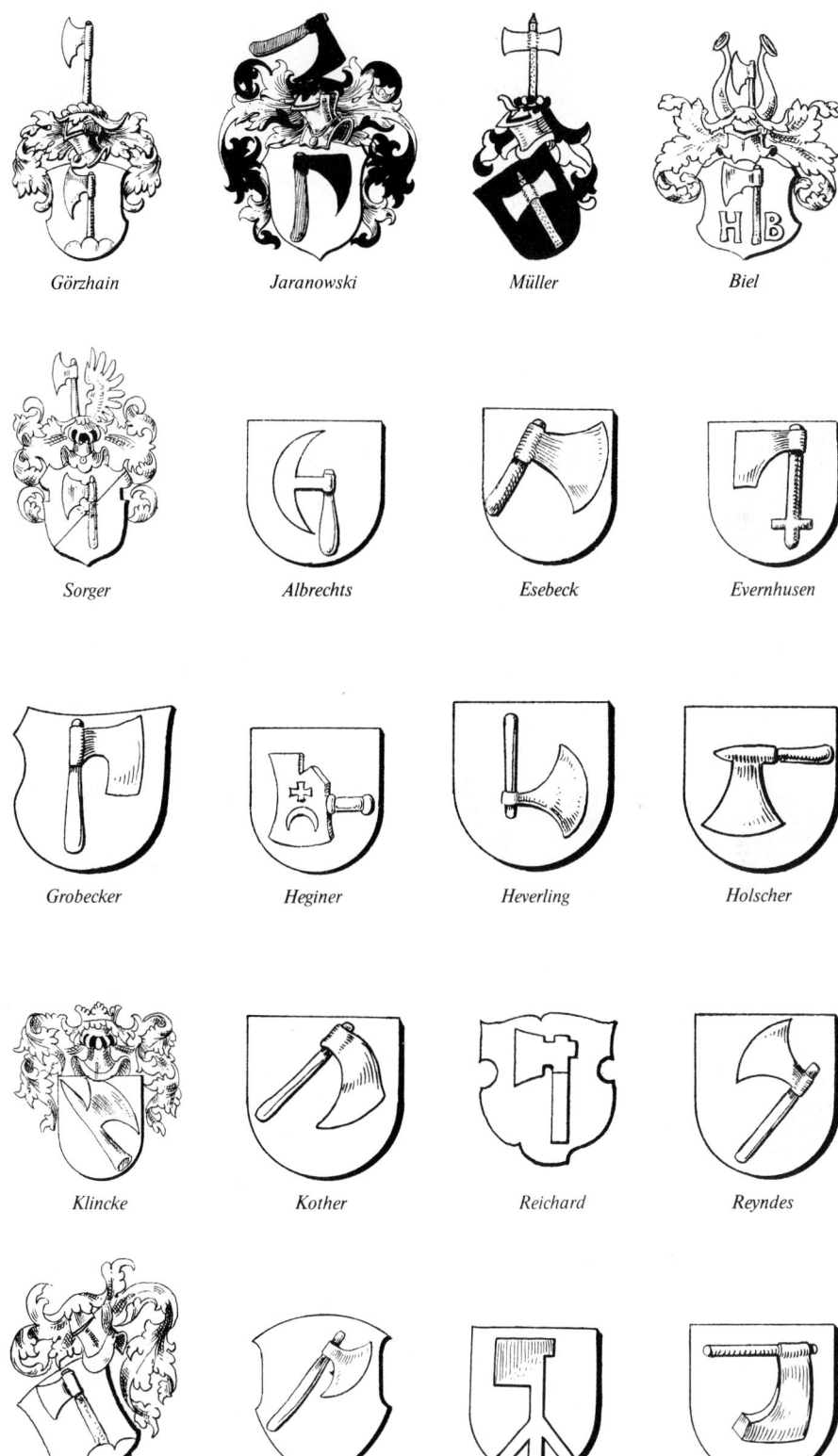

Beil 645

Beil/Buch

Hammer

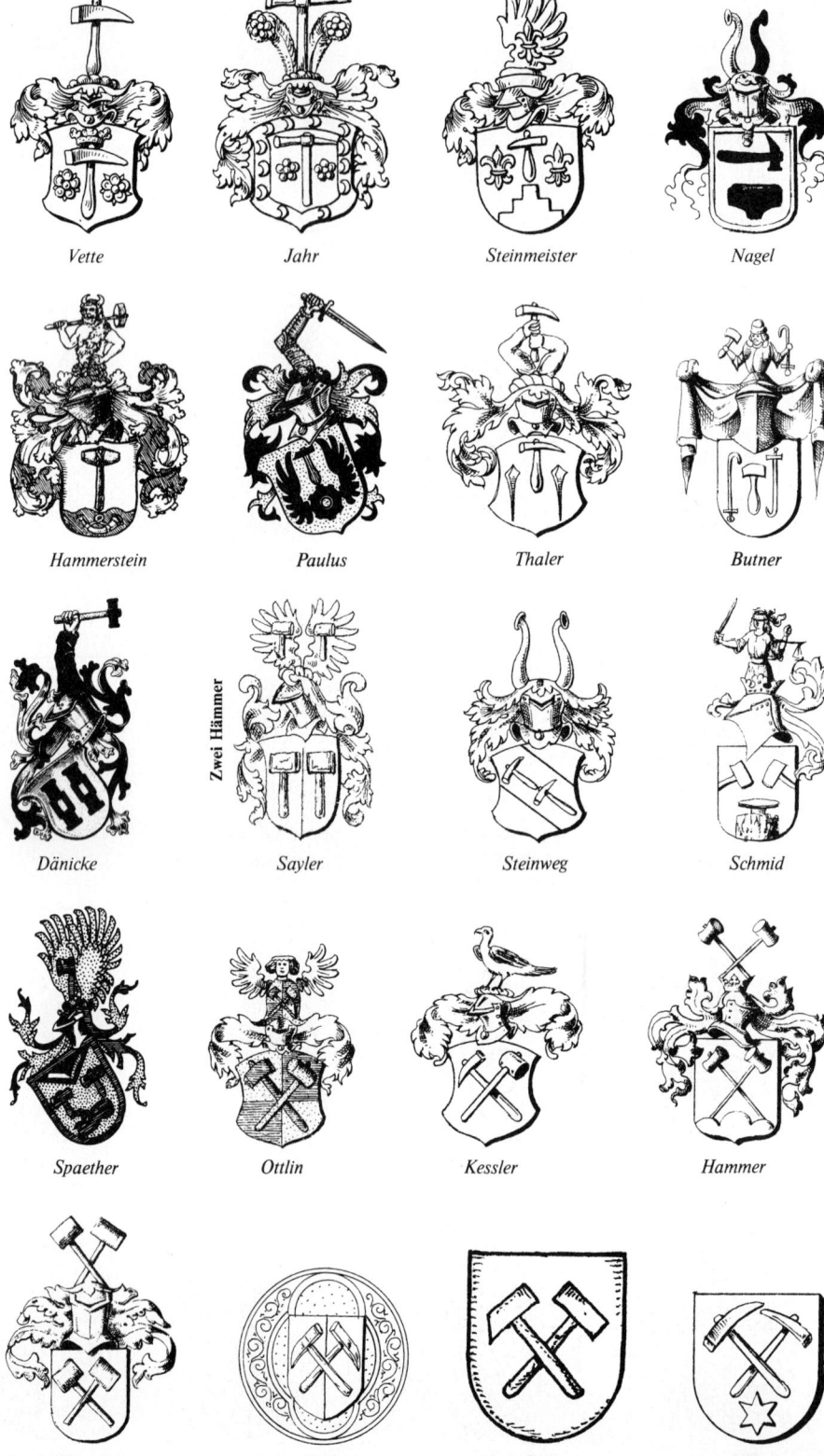

Hammer

Hufeisen

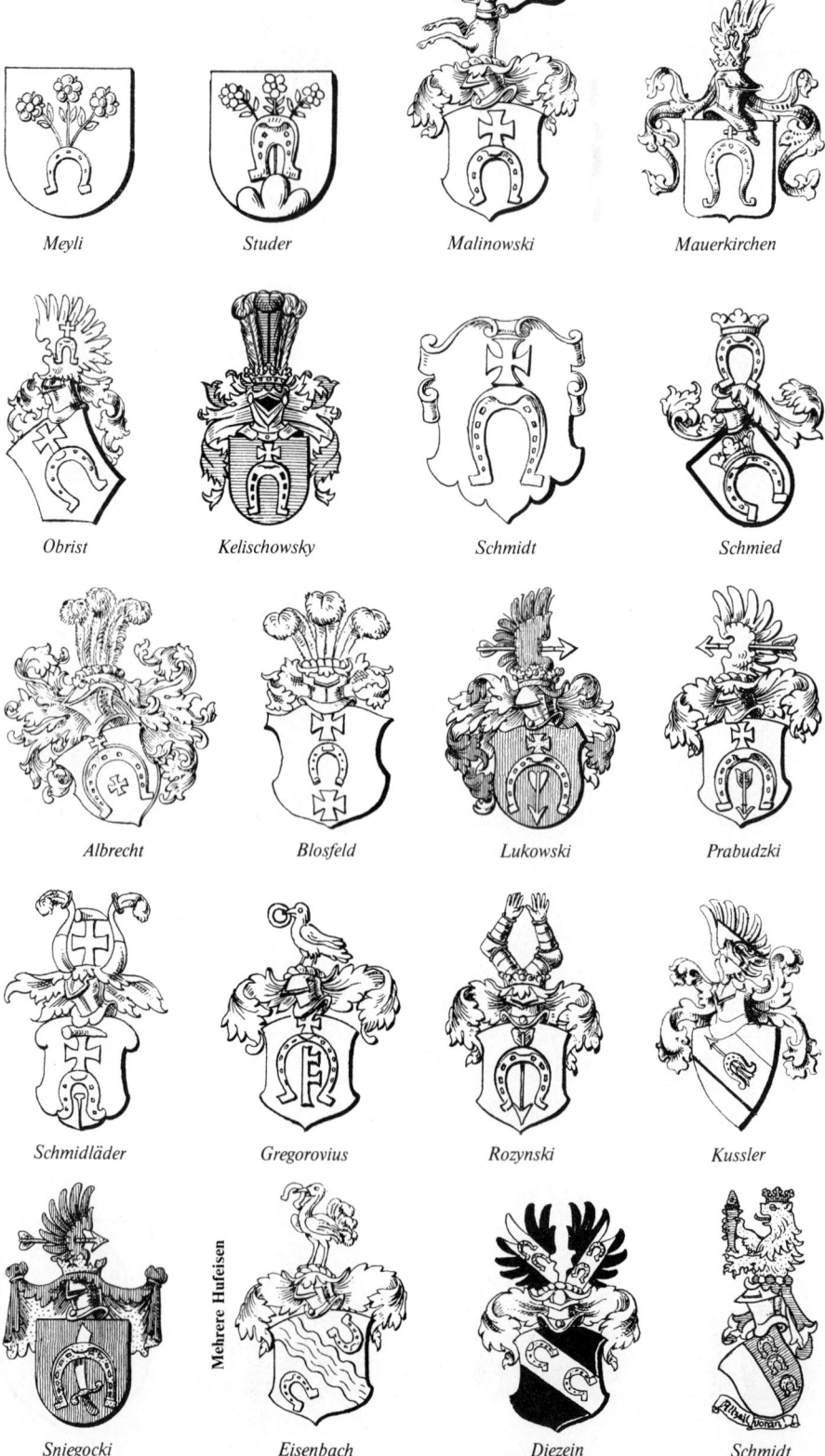

Hufeisen

Geräte

Feltens	Feltens-Baerlag	Willems	Knod
Knod	Buckinck	Gradenigi	Mühleisen / Bullinger
Bullinger	Merheim	Müller	Mühleisen
Klövekorn	Pranisser	Prinz	Schleiermacher
Müller	Sommer	Müller	Federkiel

Mühleisen/Mühlrad

Mühlrad

Mühlrad

Mühlrad

Mühlrad

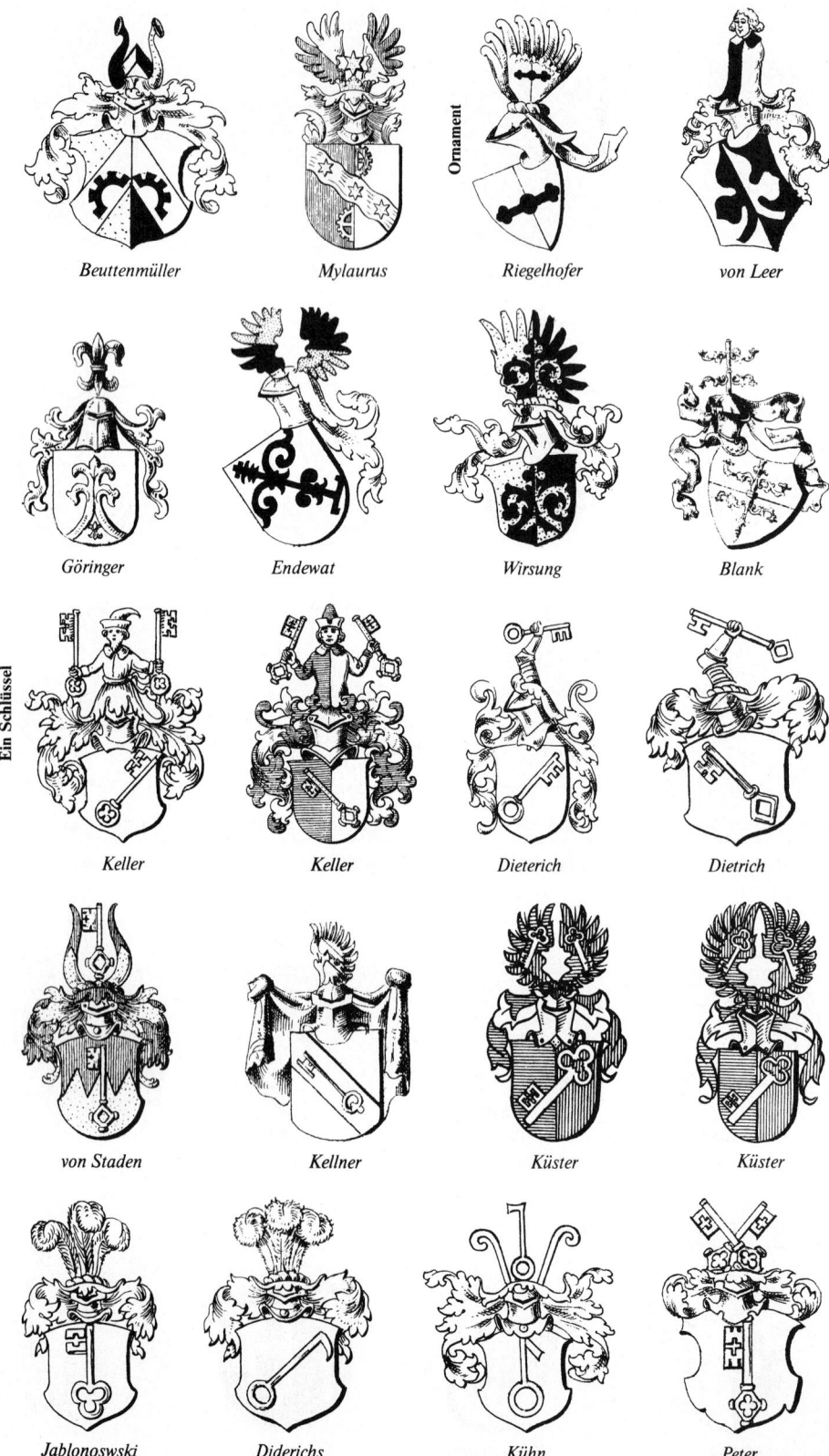

Schlüssel

Zwei Schlüssel

Kemmerer Wilms Grove Slüters

Dittrich Schlüsselberger Schlüterberg Heitzig

Barisys Bickel Lehmann Schlüter

Begleitet

Dieterich Eberhard Walden Becker

Schmidt Ammann Weriker Dutkowski

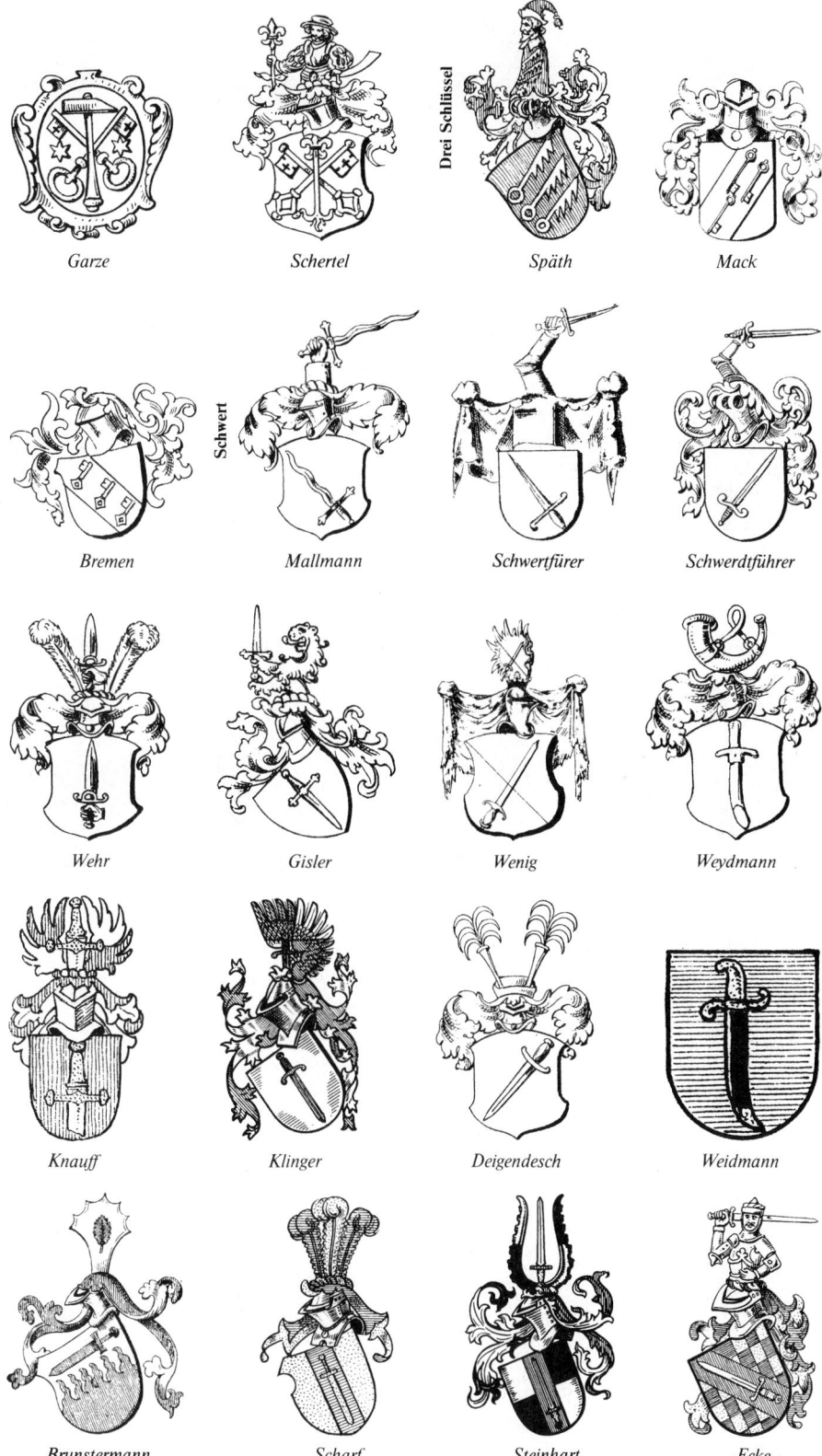

Schwert

Degenfeld	vom Rath	Hübner	Herdegen
Schoechli	Sprengel	Vanselow	Brandt
Wehrli	Schwerter	Högling	Metzinger
Engelbart	Beitzke	Dallmer	Schmidt
Oppler	Pahl	Pahl	Kraft

Begleitet

Schwert

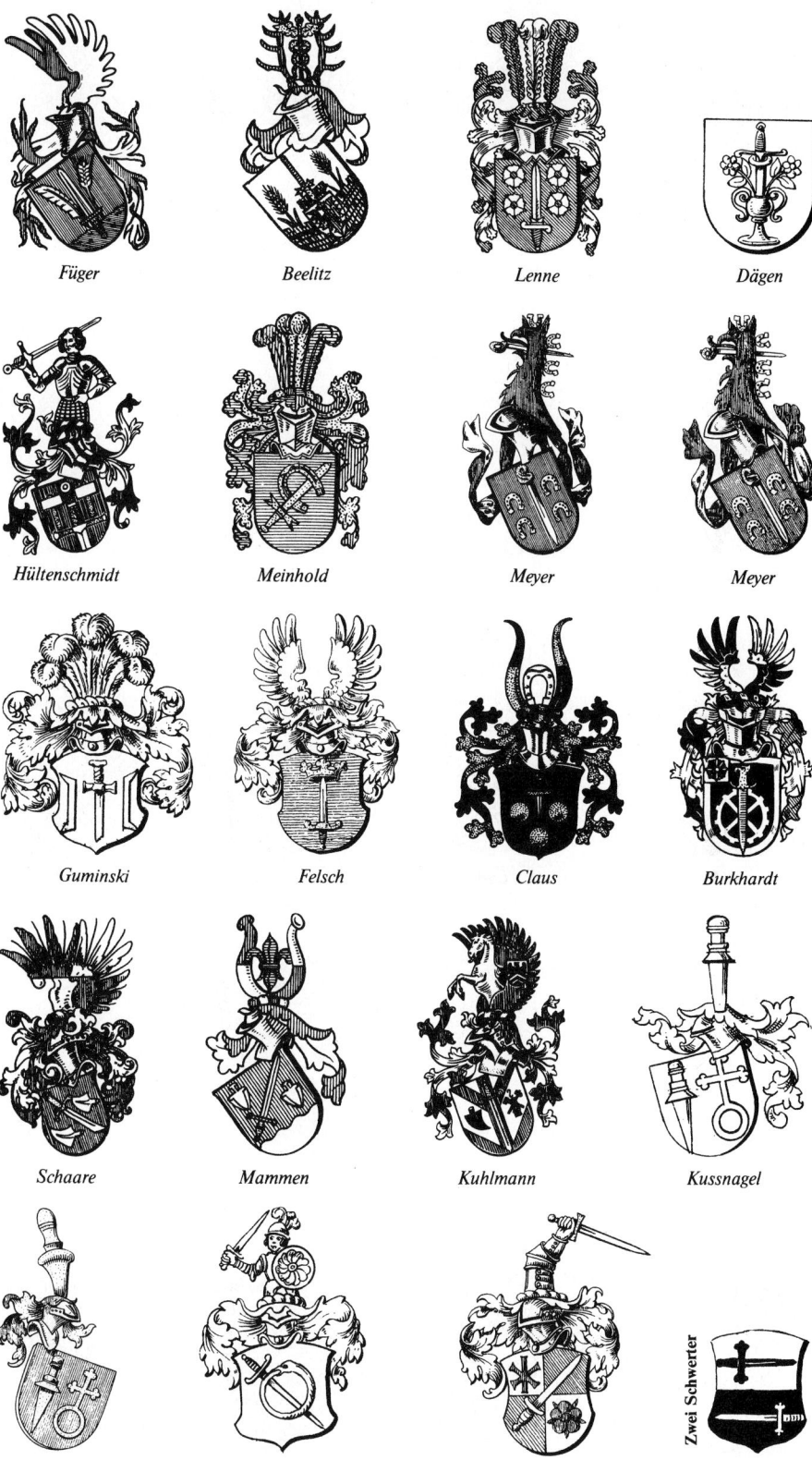

Füger	Beelitz	Lenne	Dägen
Hültenschmidt	Meinhold	Meyer	Meyer
Guminski	Felsch	Claus	Burkhardt
Schaare	Mammen	Kuhlmann	Kussnagel
Kussnagel	Wiebe	Harms	Tegetmeier (Zwei Schwerter)

Zwei Schwerter

Zwei Schwerter

Sense

Sense/Sichel

Sichel/Steigbügel 677

Zwei Stäbe

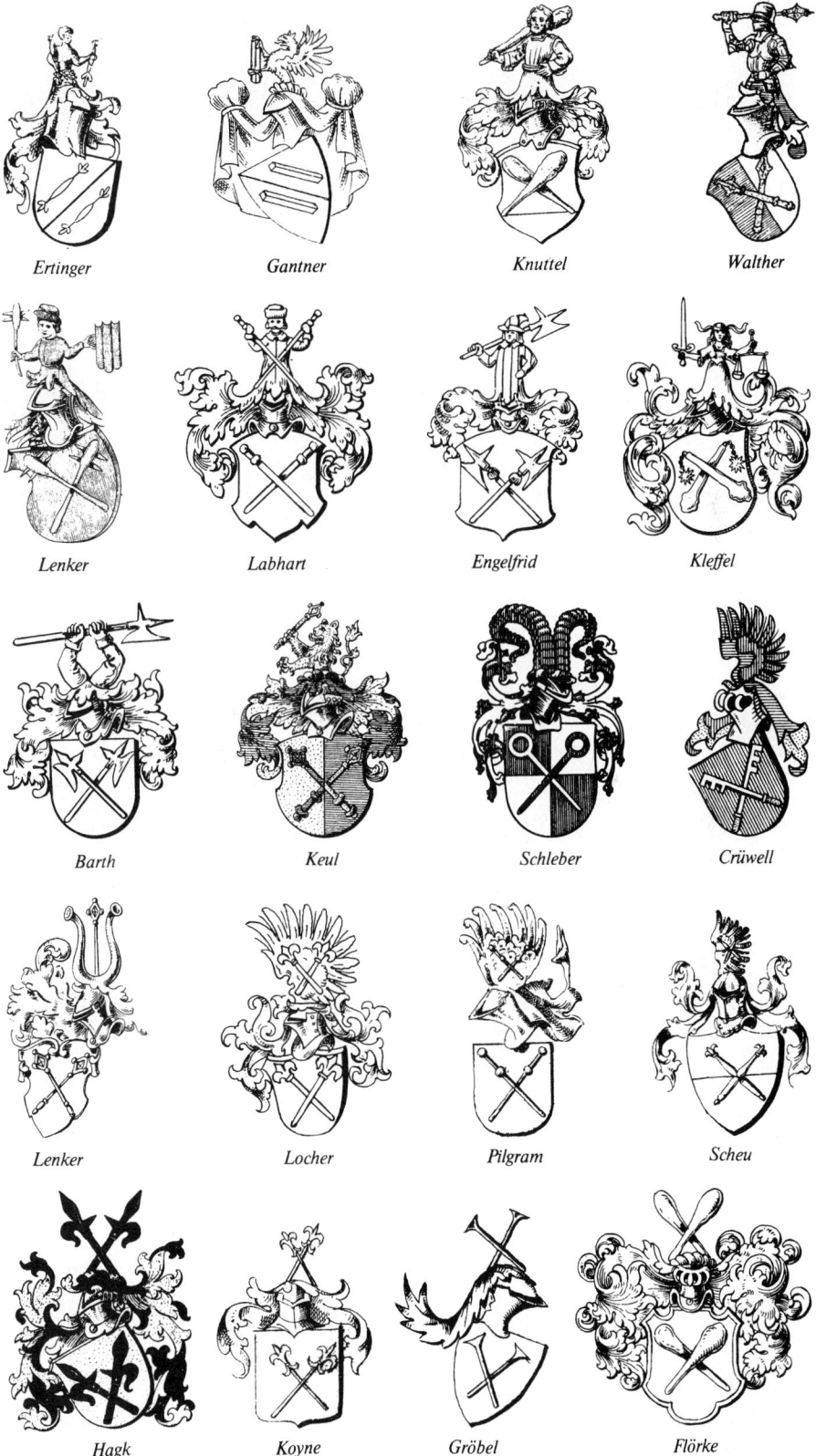

Zwei Stäbe

Zwei Stäbe

Stäbe

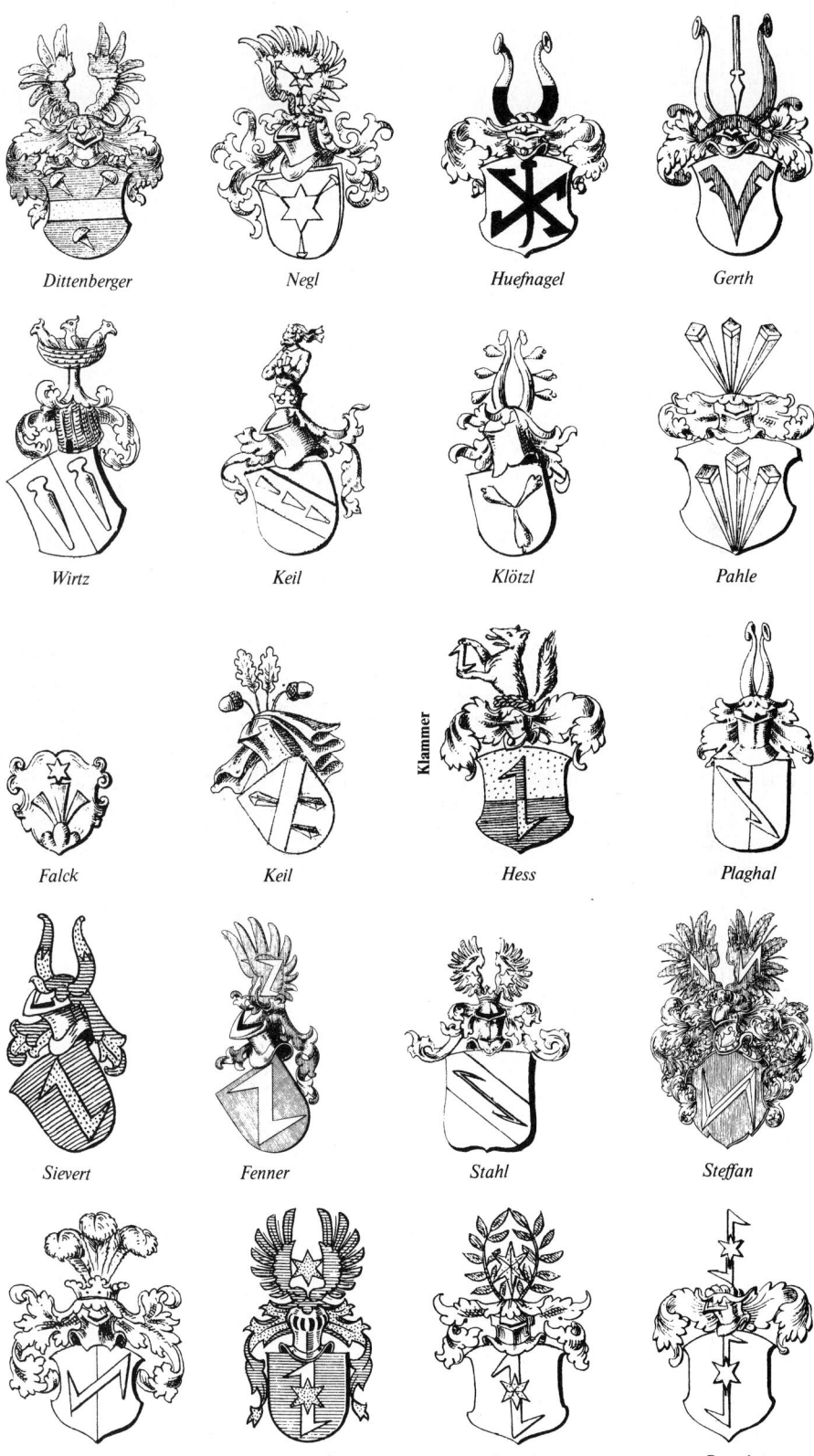

Klammer

Fricko — Reutter — Brand — Schattauer
Pfister — Klammer, gekreuzt — Thum — Rheinländer — Schmid
Hütter — Miltz — Koch — Koch
Koch — Zwei Klammern — Iffland — Körner — Probst
Iffland — Wernher — Orth — Bremer

Pfeil

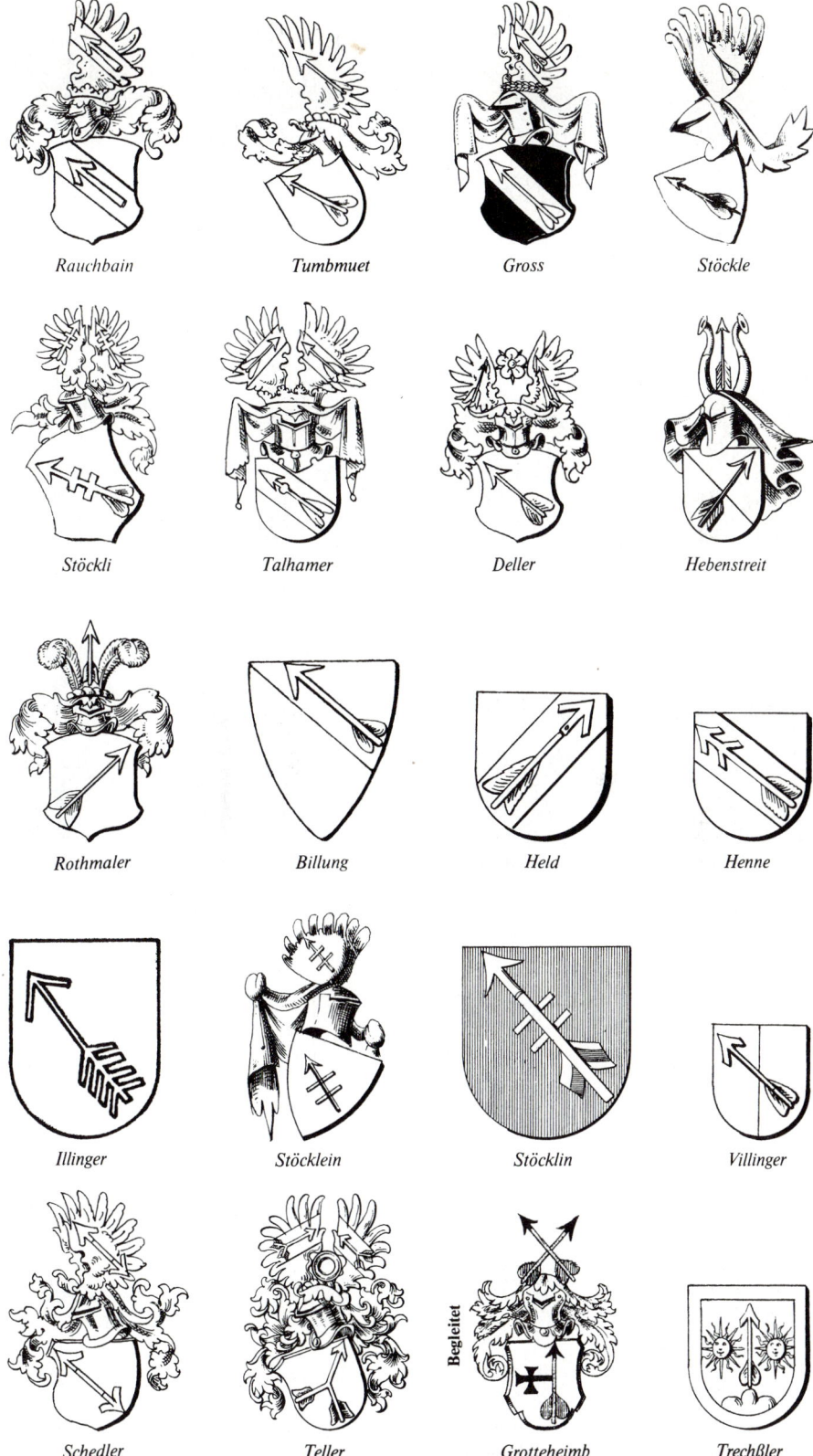

Pfeil, begleitet 693

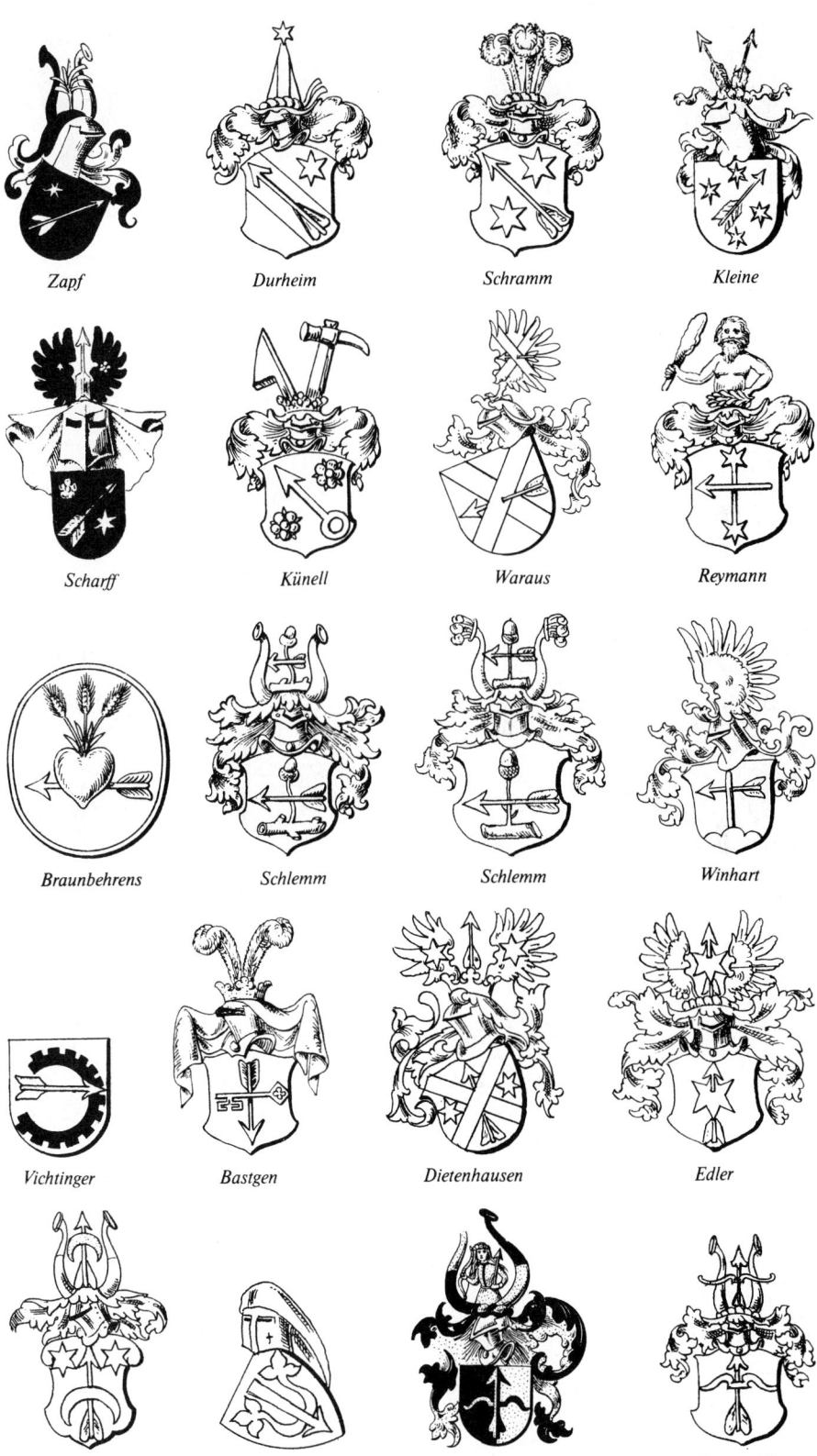

Pfeil, begleitet

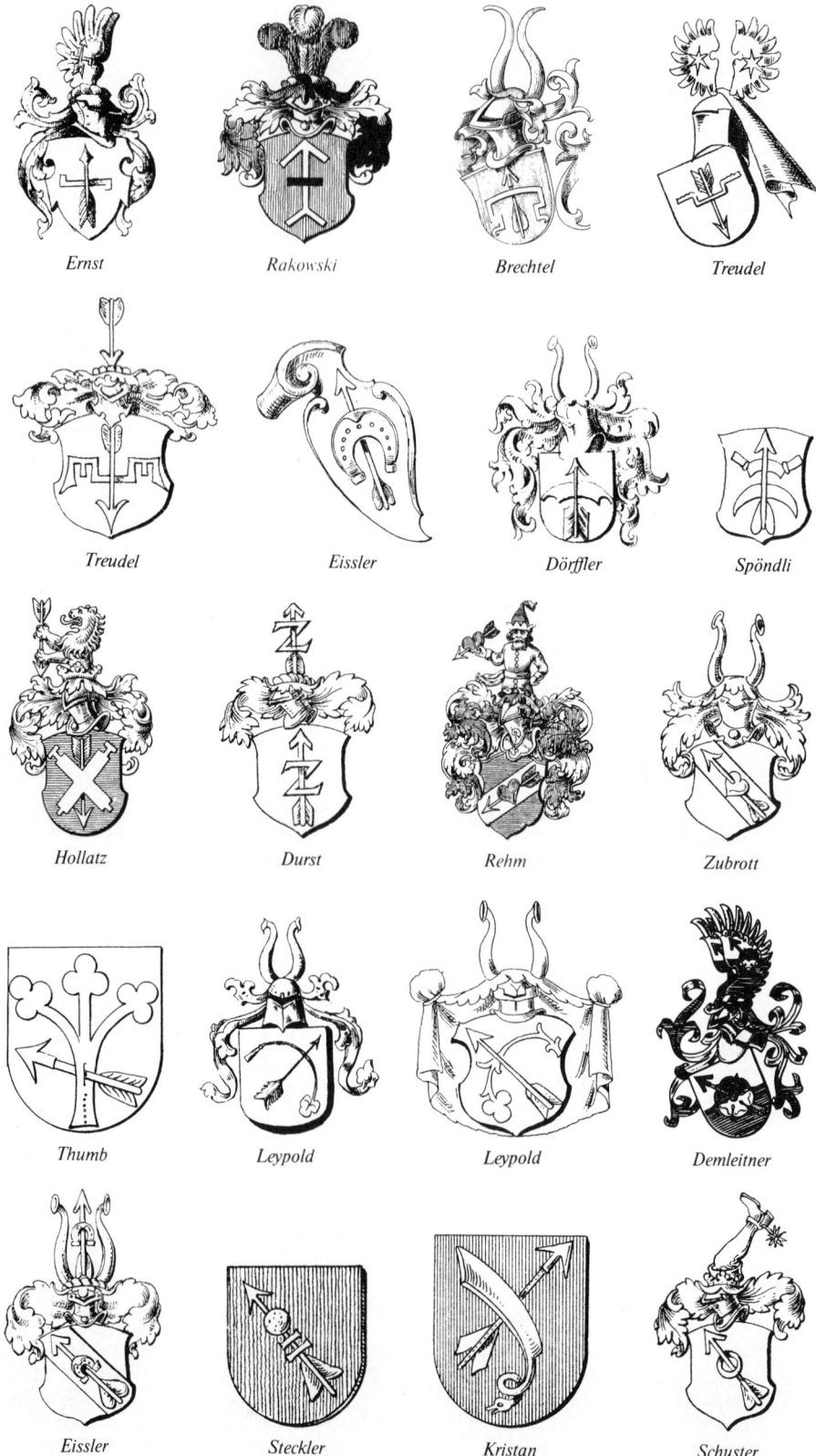

Pfeil

Zwei Pfeile

Keidel Dolnhofer Söldner Strahl

Eitensheimer Kramer Leykauf Pegnitzer

Pösch Reineke Resch Begleitet Schaum

Zülsdorf Widmann Ruegg Pfeilschmidt

Wagner Widmann Feist Schwan

Drei Pfeile

Speere

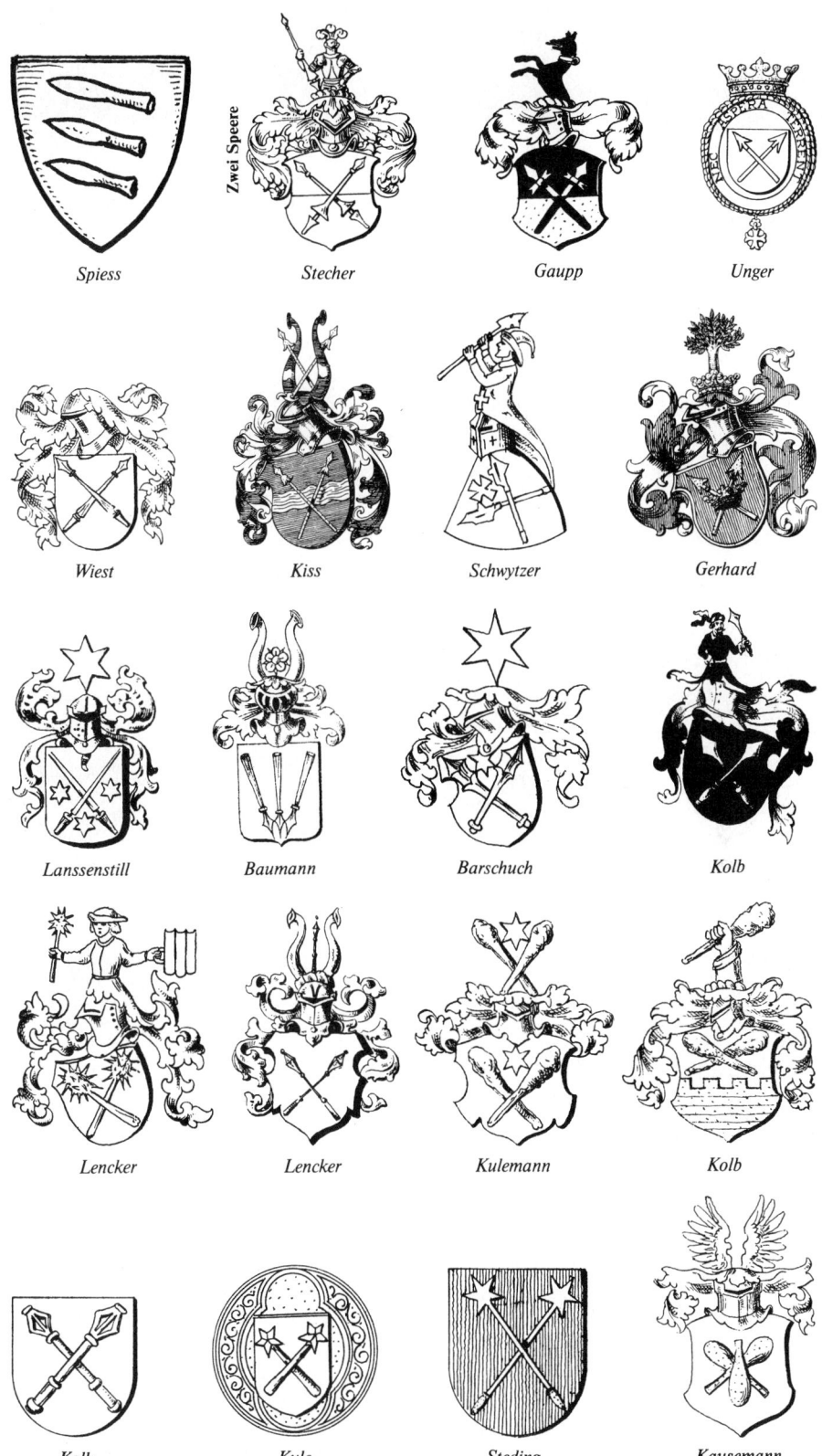

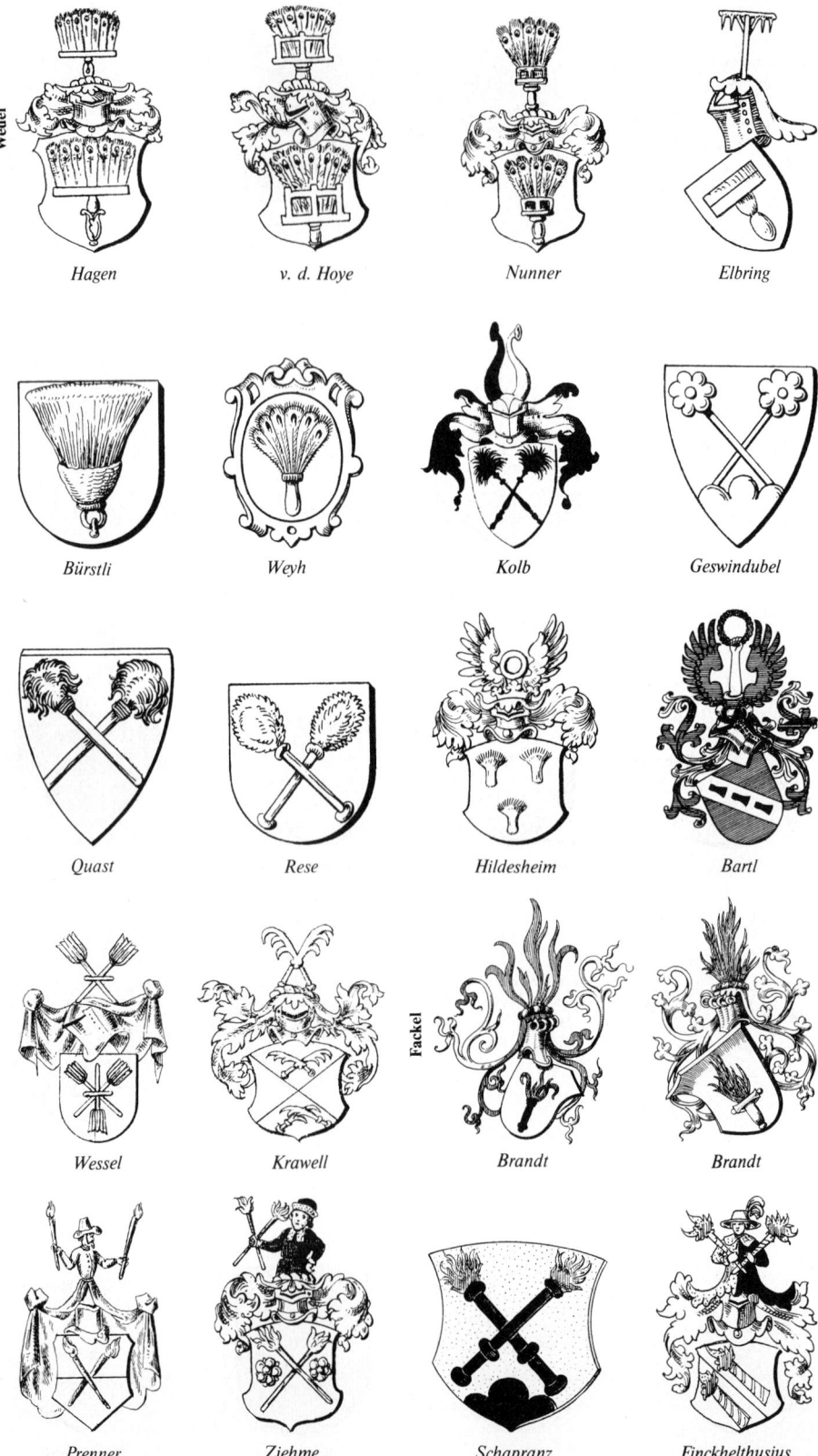

Fackel/Leuchter/Schaufel

Hacke/Haken/Kelle

König Vischer Ziessler Rothenfelder (Ratvelder)

Rothenfelder (Günther) Scheittenberger Messerschmid Wieland

Haken Hacker Westarff Berchem

Tuchscherer Kelle, Löffel Sartorius Koch Reber

Kegel Seyfried Kelner Pfann

Stempel/Rechen

Fahne/Angelhaken

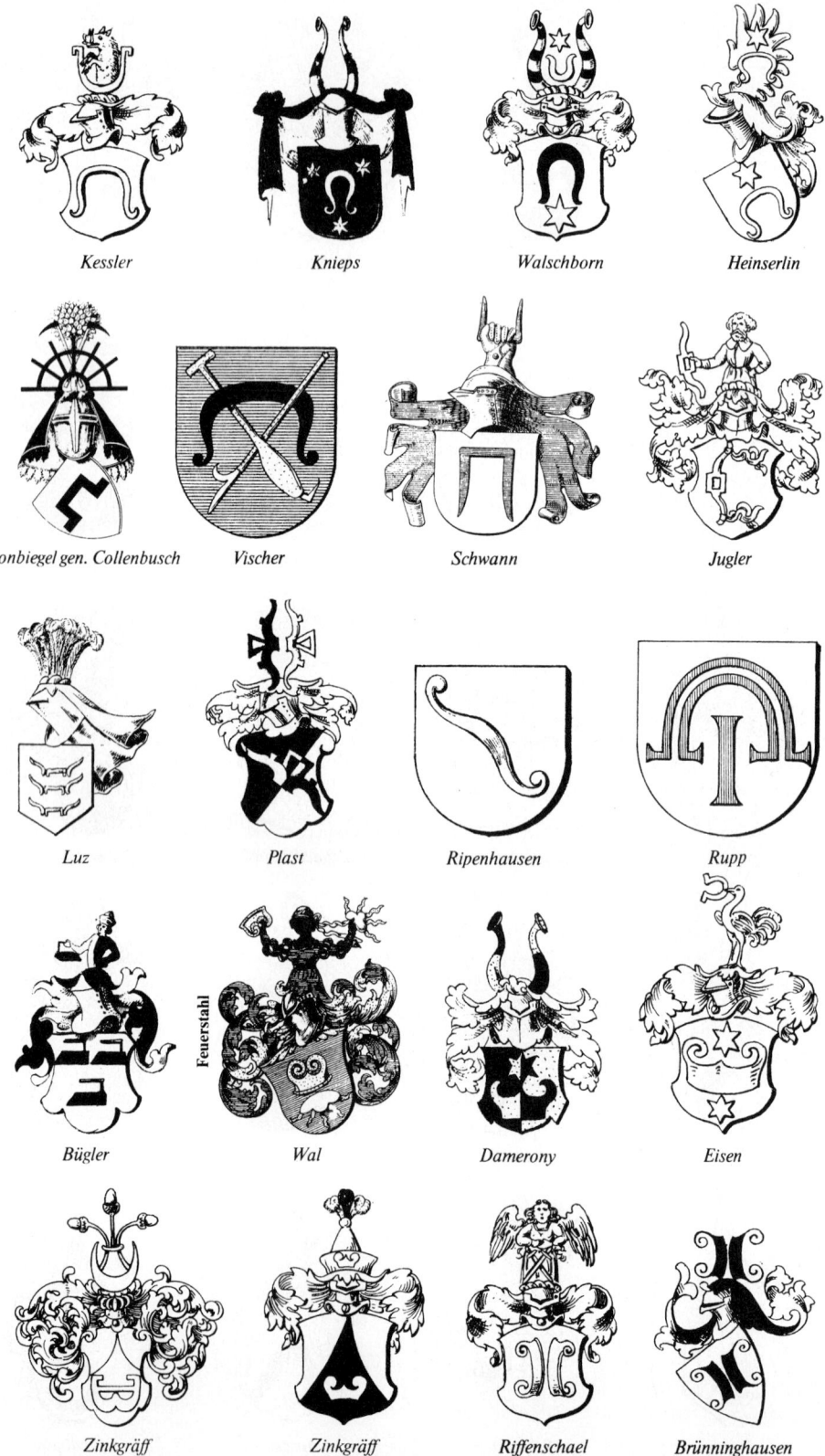

Kette/Schleife

Drei Scheiben

Drei Scheiben

Drei Scheiben

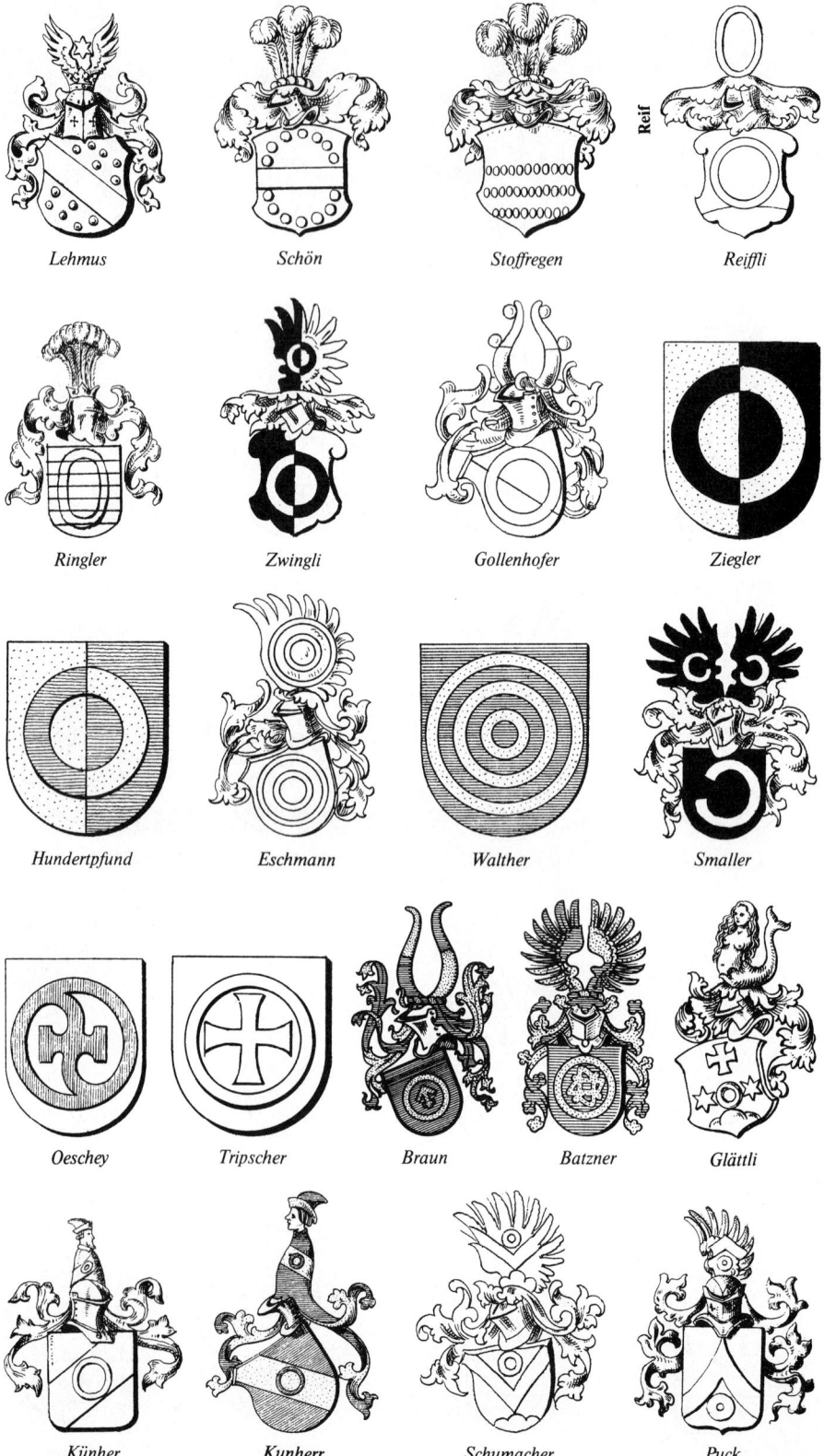

Reifen

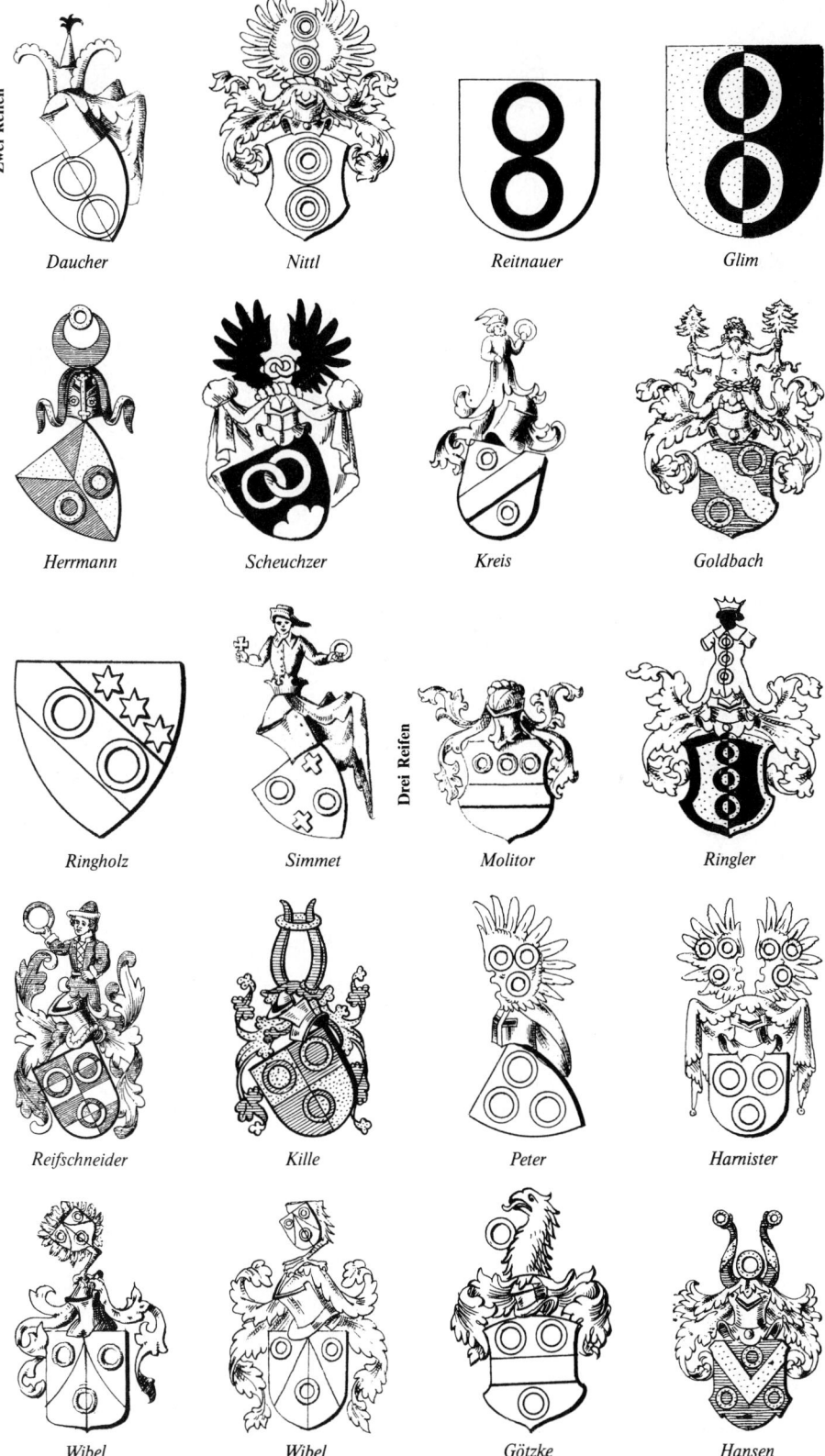

Reifen

Reifen

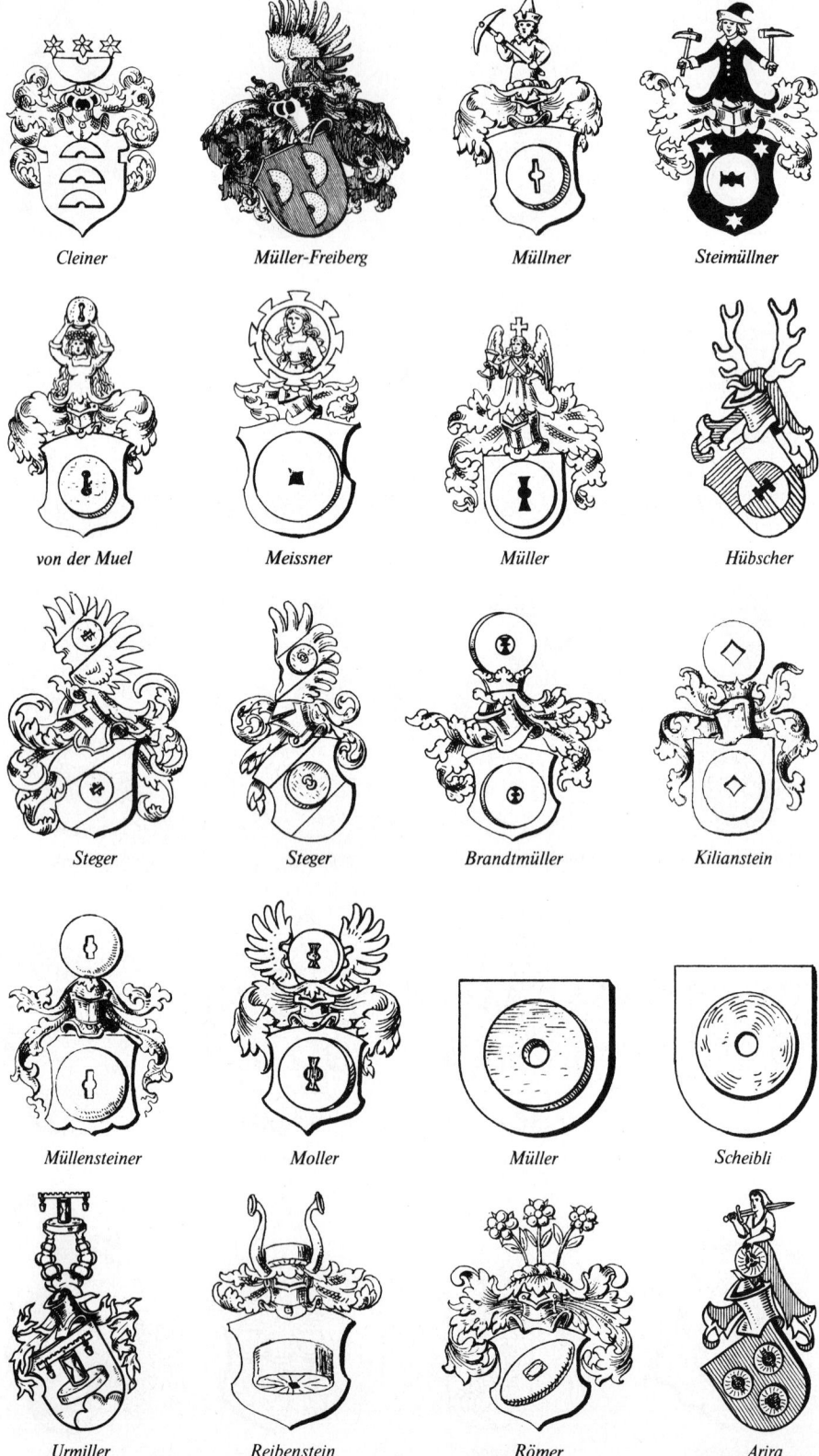

Reichsapfel

Rad

Backwerk

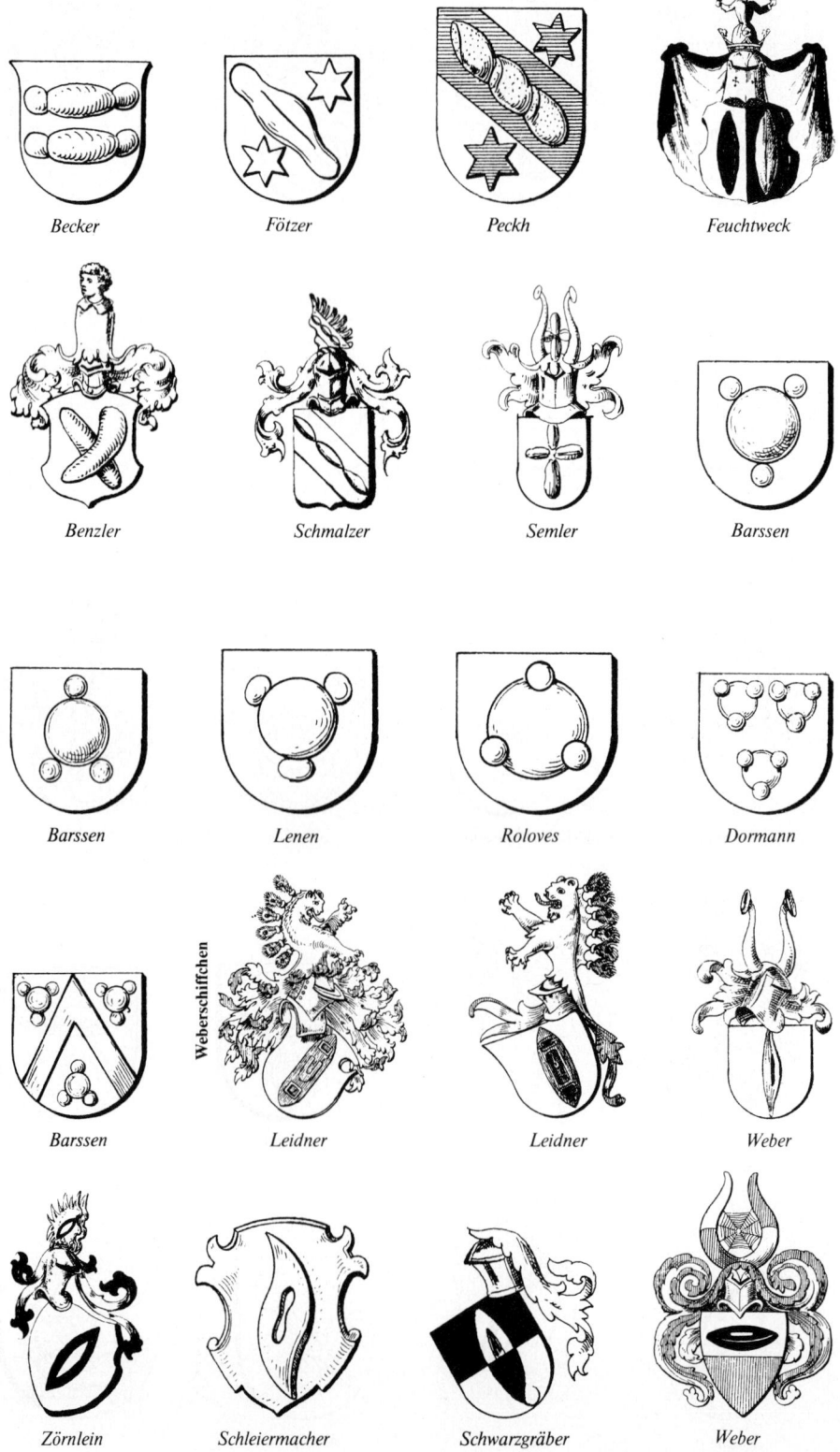

Weberschiffchen/Dreieck

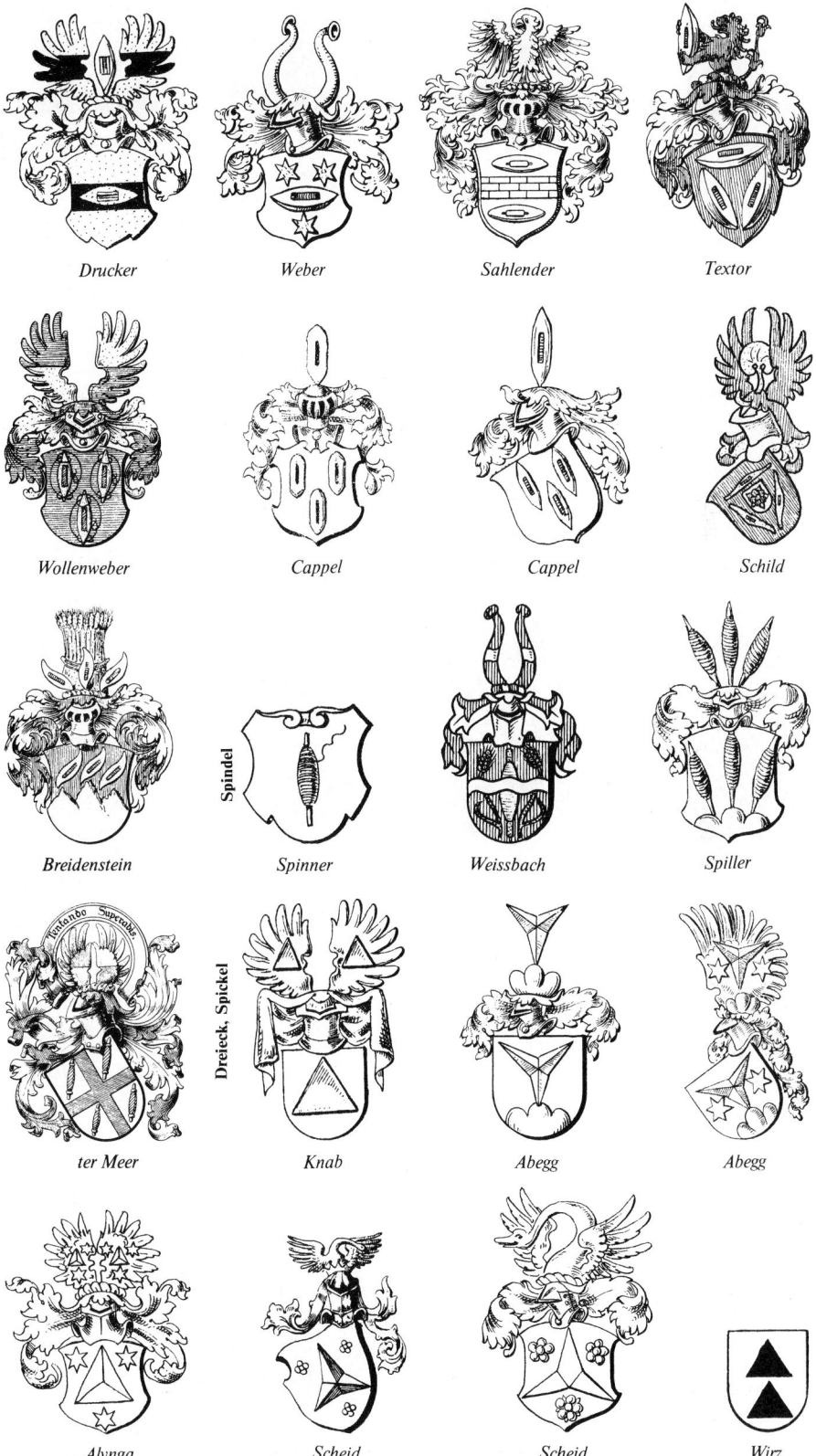

Dreieck

Pflugschar

Pflugschar

Pflugschar

Winkelmaß/Schildchen

Pentagramm

Rahmen

Mobiliar

Messer/Säge

Messer/Säge

Zange

Gefäße

Gefäße

Trost Welsch Kessler Kessel

Kessel Kessel Endres Ayerschöttel

Sengli Wagner Rutger Ryss

Senng Keßler Keßler Breynich

Kessel Gutwein Kessel mit Füßen oder Gestell Köchli Koch

Gefäße 751

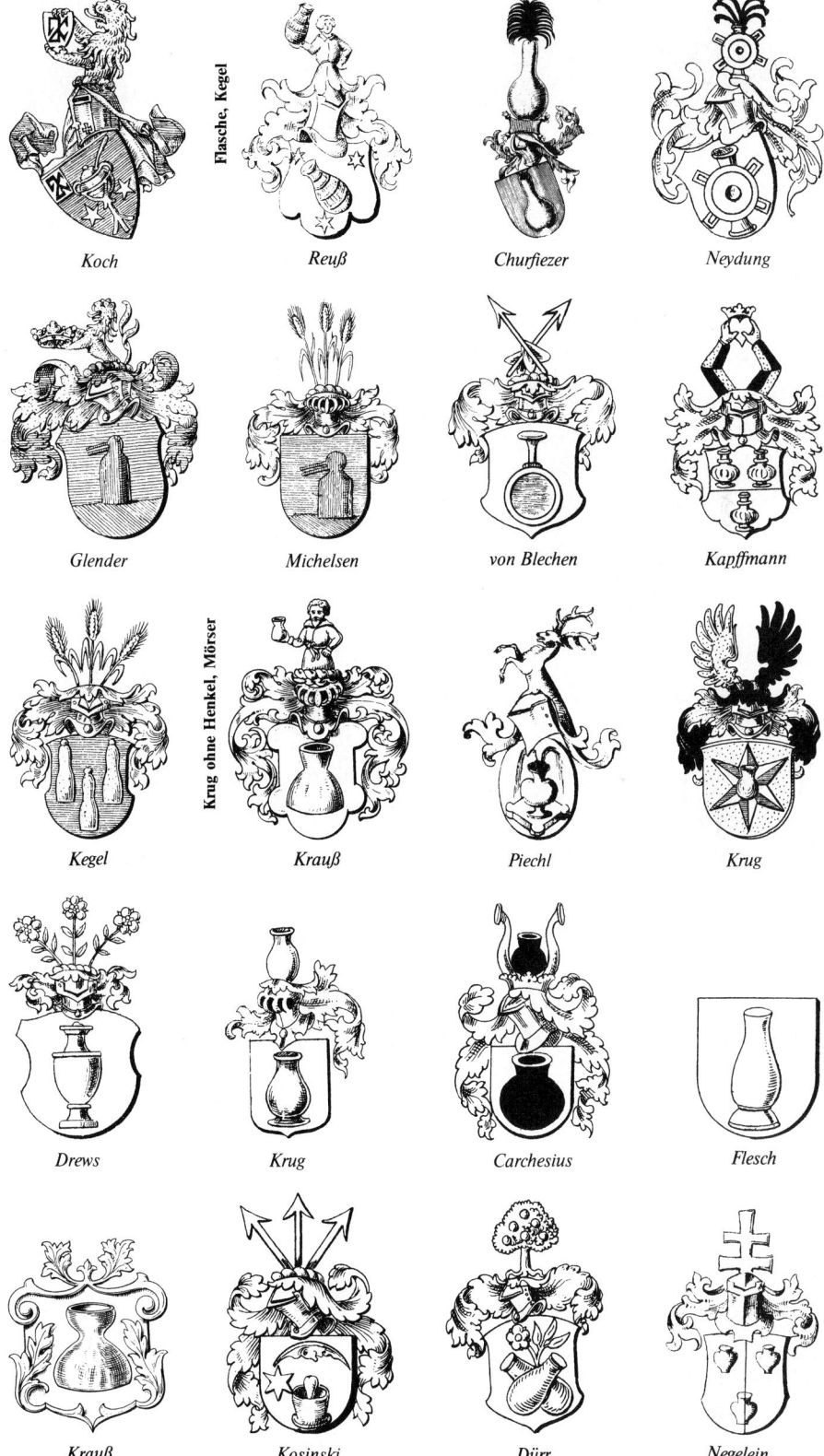

Gefäße

Gefäße

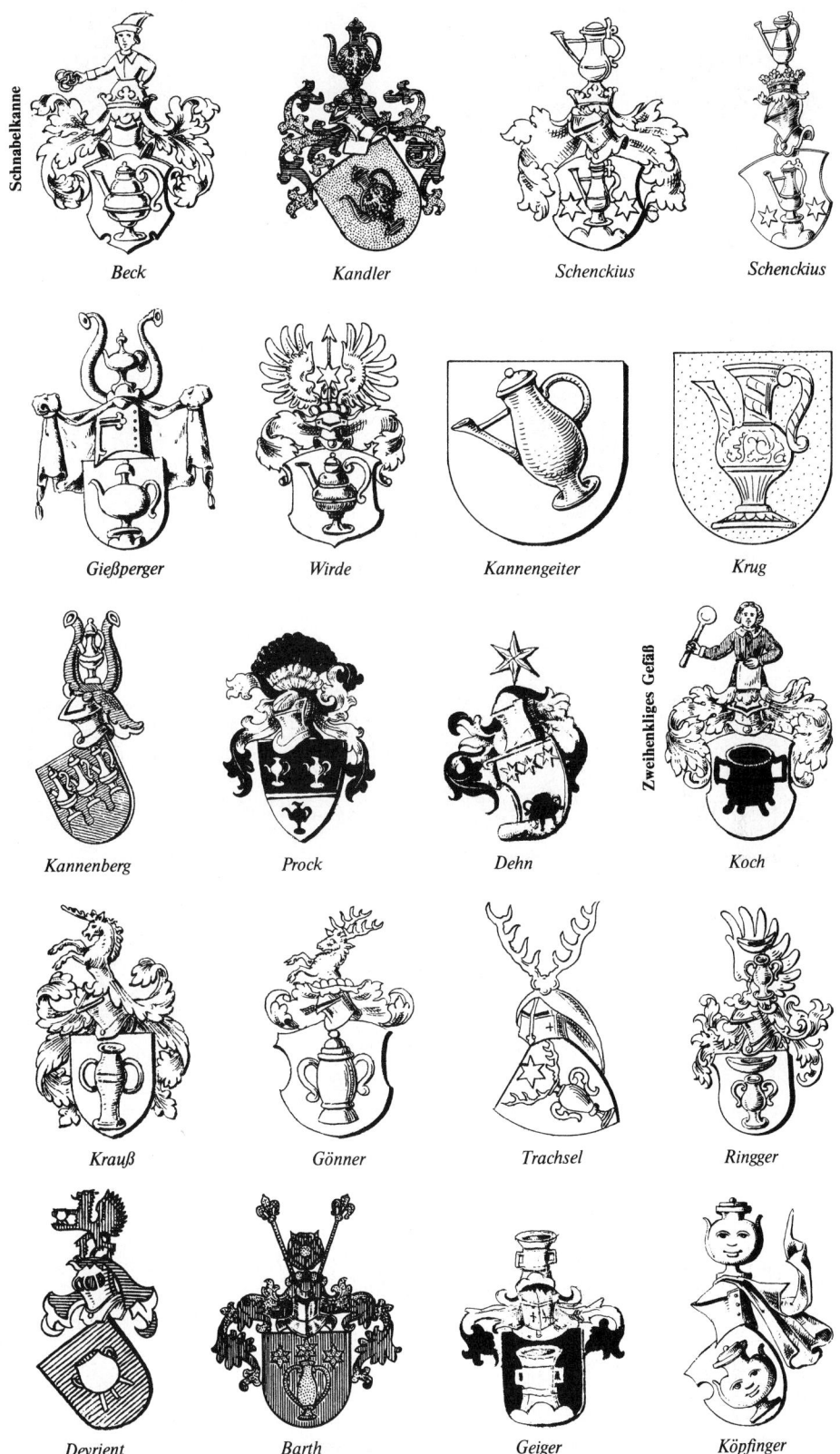

Gefäße

Gefäße

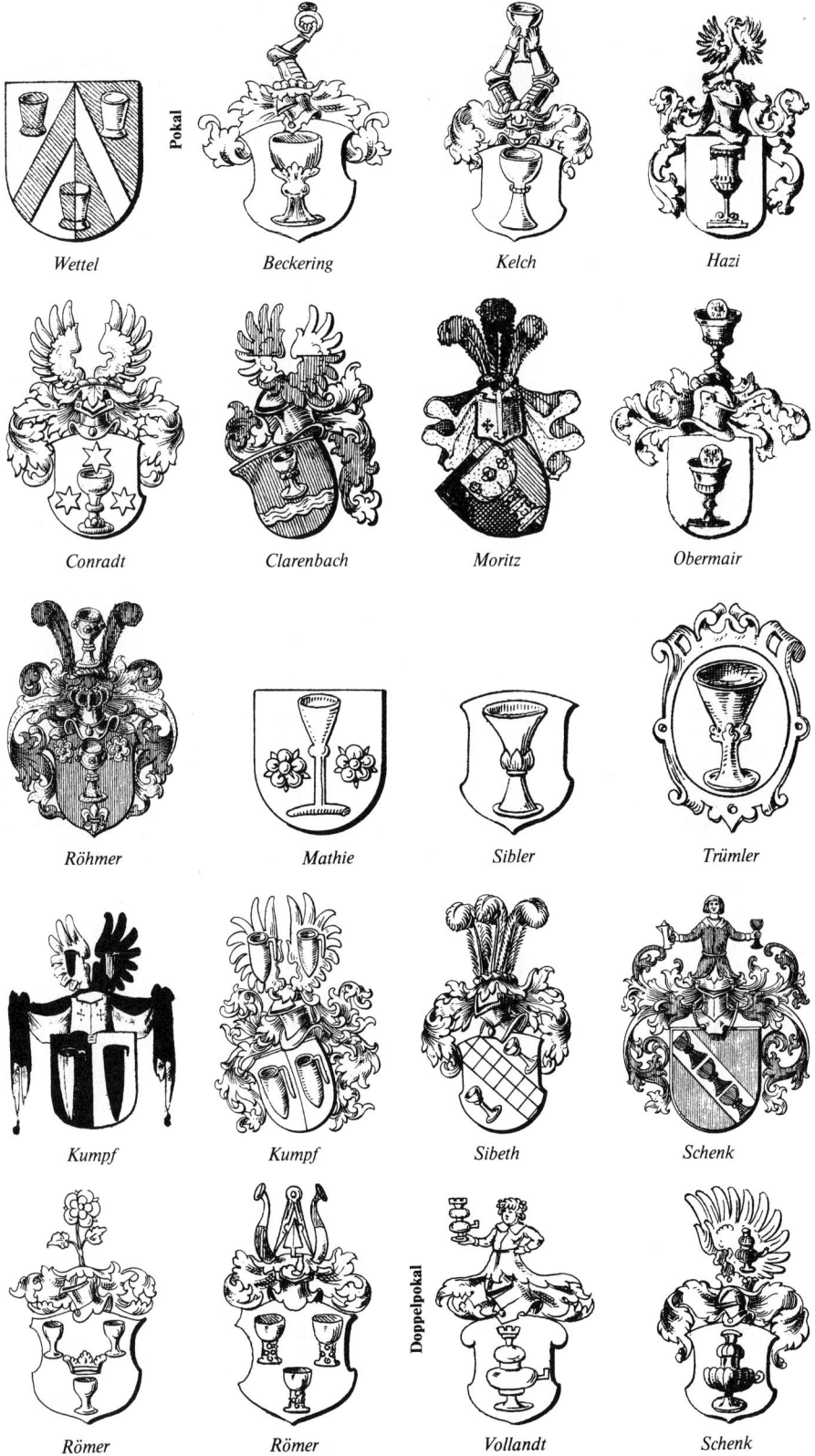

Gefäße

Gefäße

Gefäße 759

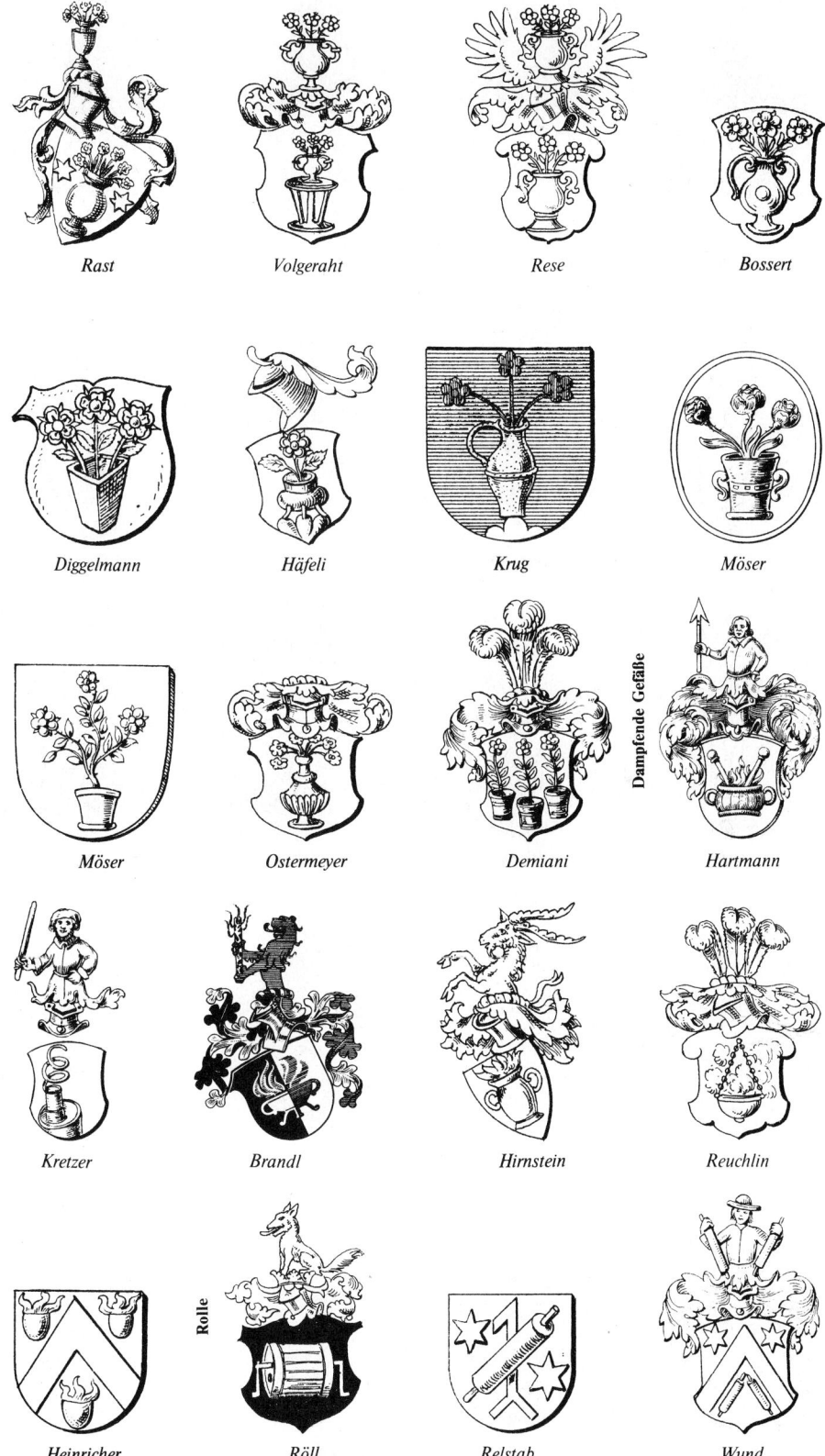

Kanone/Jagdhorn

Kanone			
Terberger	Tunder	Krieg	Bartels
von Damb	Stückelberg	Reinking	Stucki

Sanduhr: Gevers, Wahns, Wahns, Medinck

Ein Horn: Fuchs, Lütsch, Jäger, Balve

Grambs, Hornschuch, Wyneken, Volhaupt

Jagdhorn

Jagdhorn

Musikinstrumente

Trommeln/Glocke

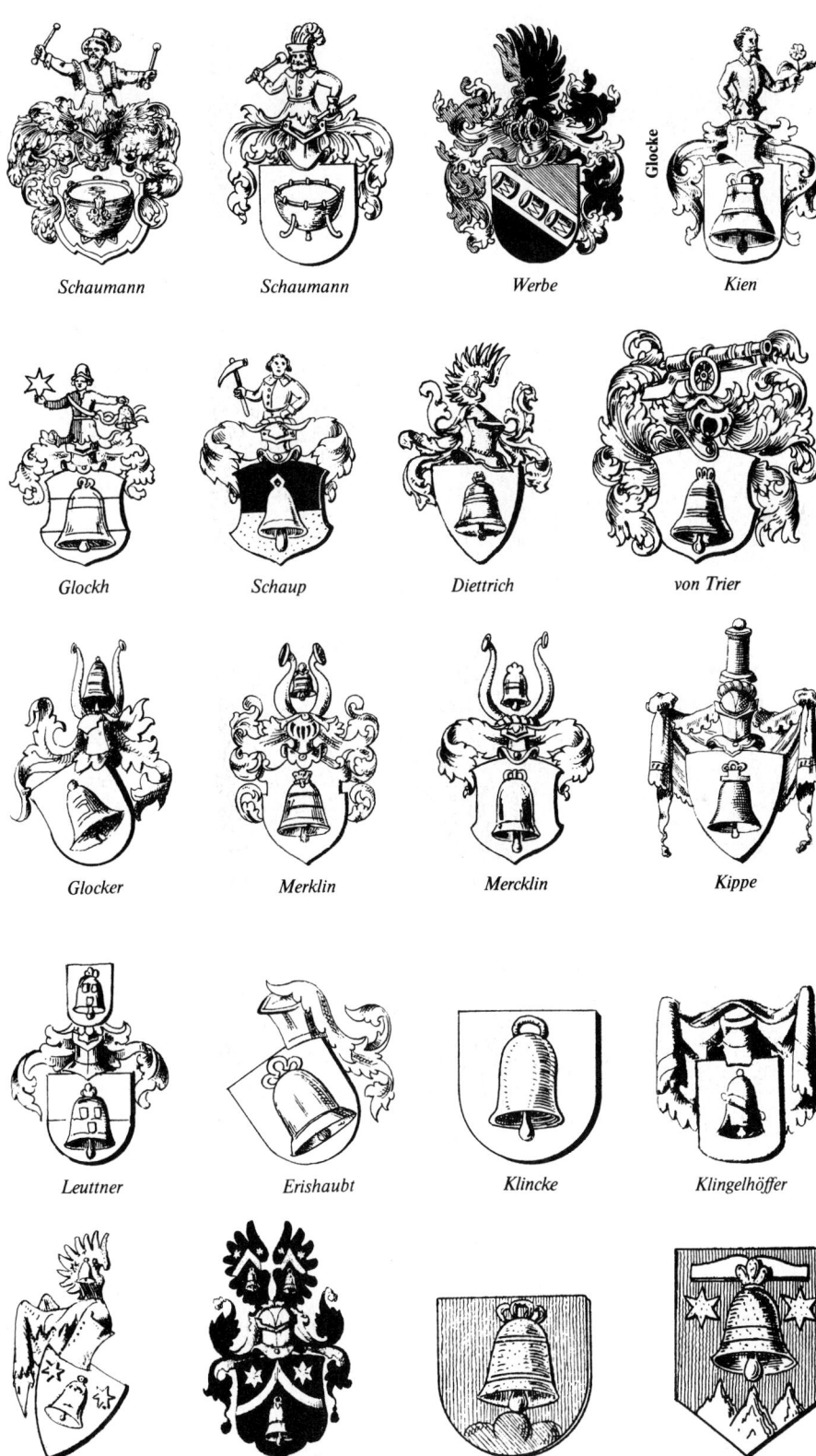

Musikinstrumente

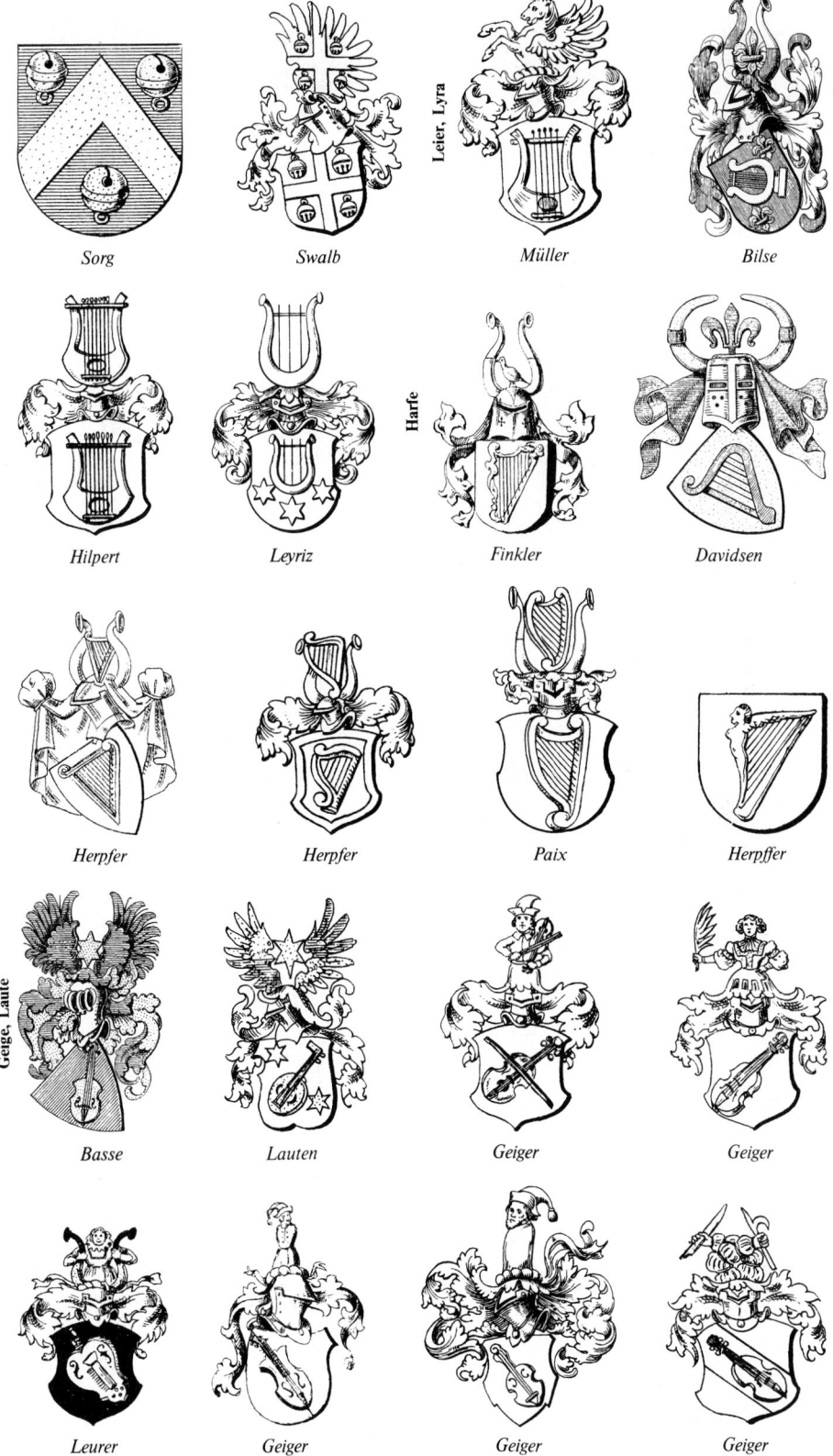

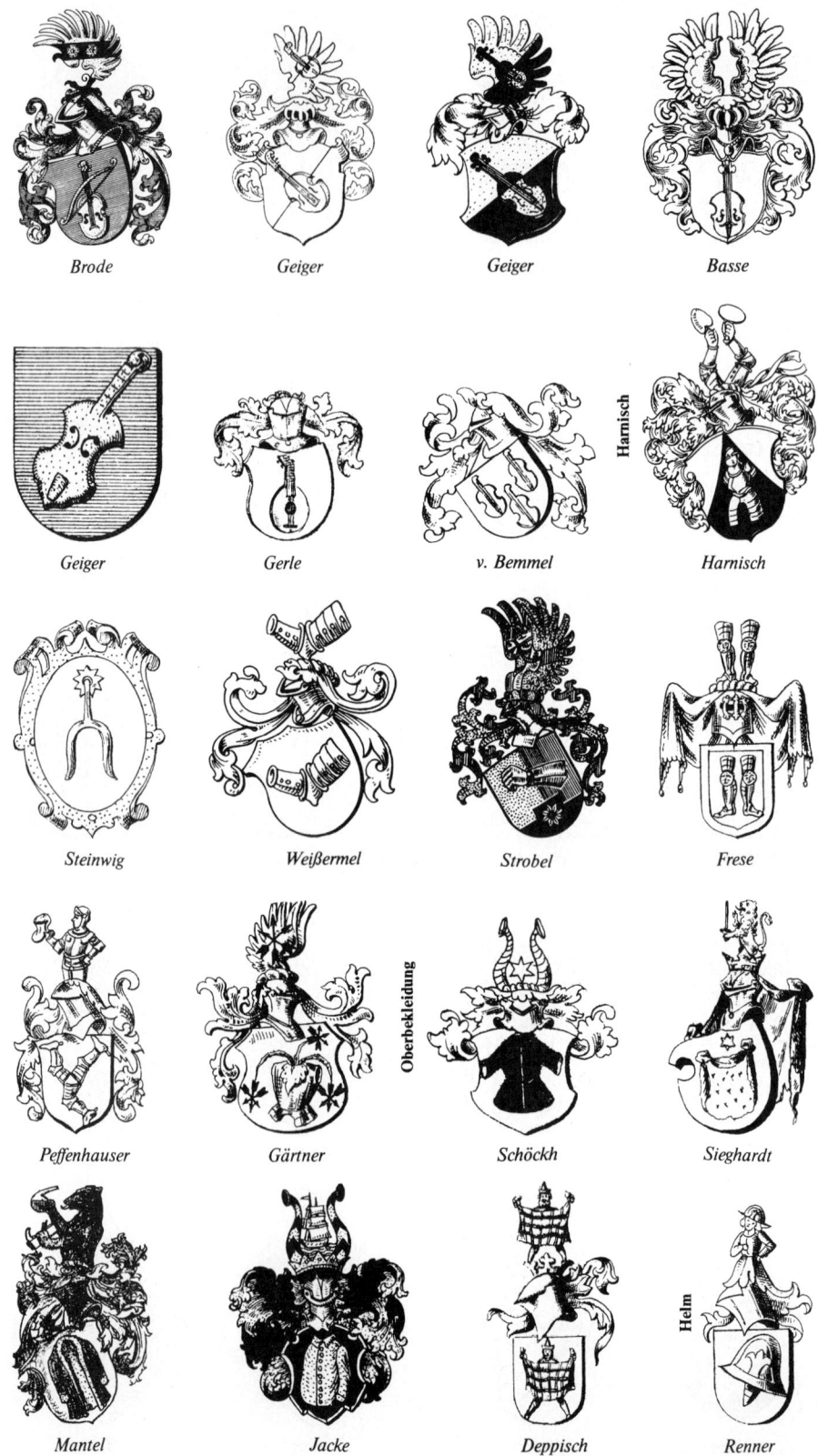

Helm

Kopfbedeckung

Kopfbedeckung

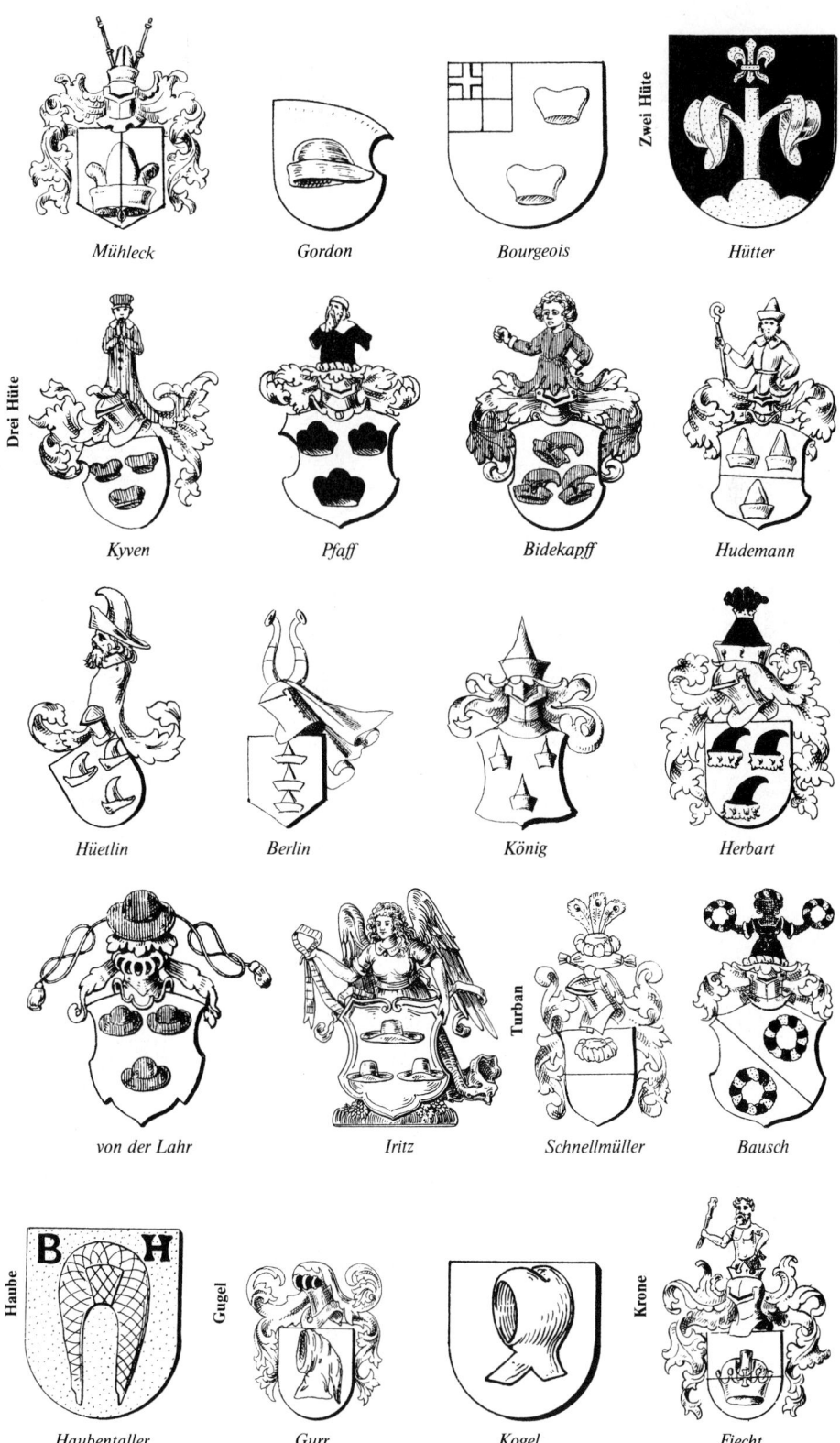

Kronen

Krone

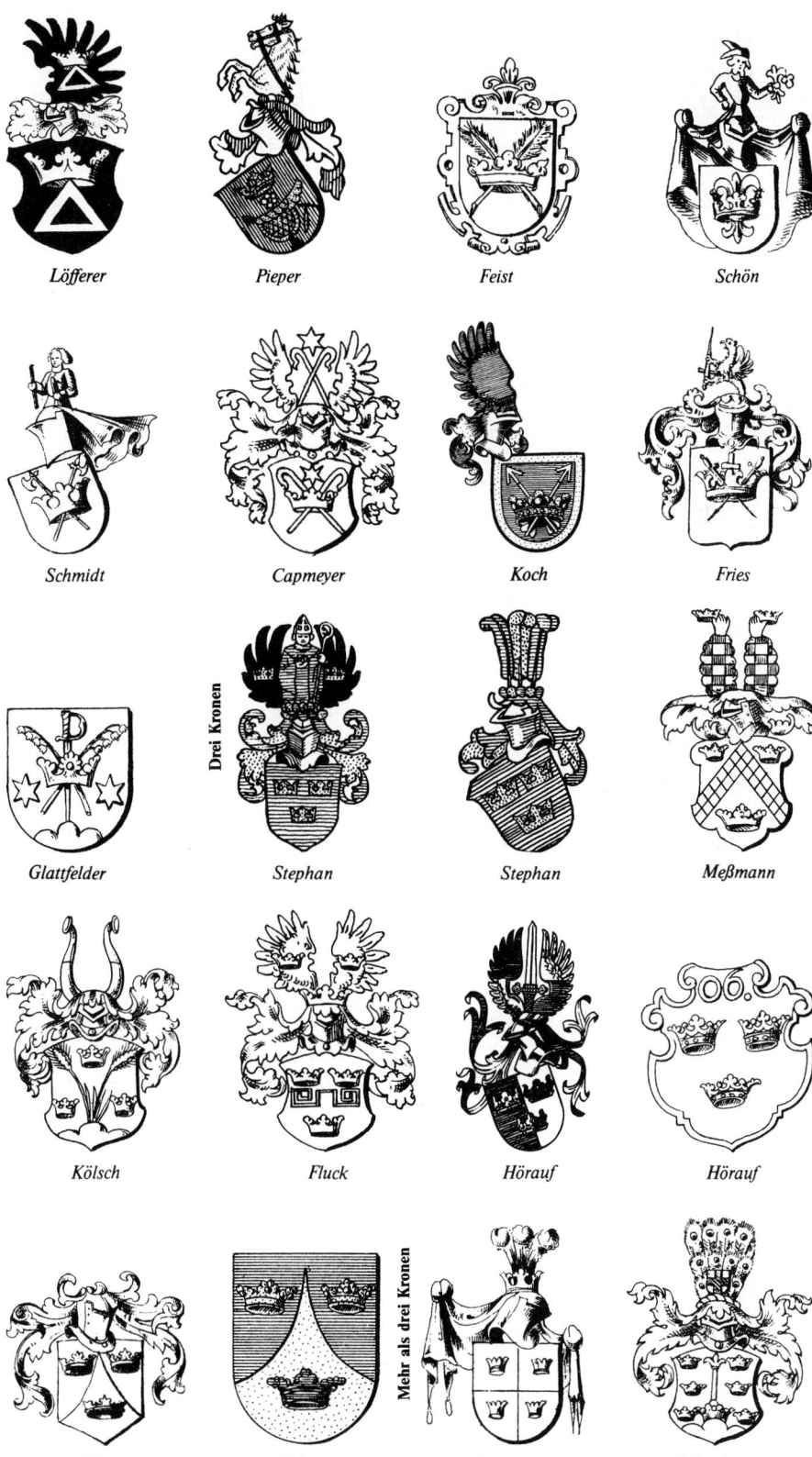

Löfferer — Pieper — Feist — Schön
Schmidt — Capmeyer — Koch — Fries
Glattfelder — **Drei Kronen**: Stephan — Stephan — Meßmann
Kölsch — Fluck — Hörauf — Hörauf
König — König — **Mehr als drei Kronen**: Kroninger — Siebenhaar

Fußbekleidung

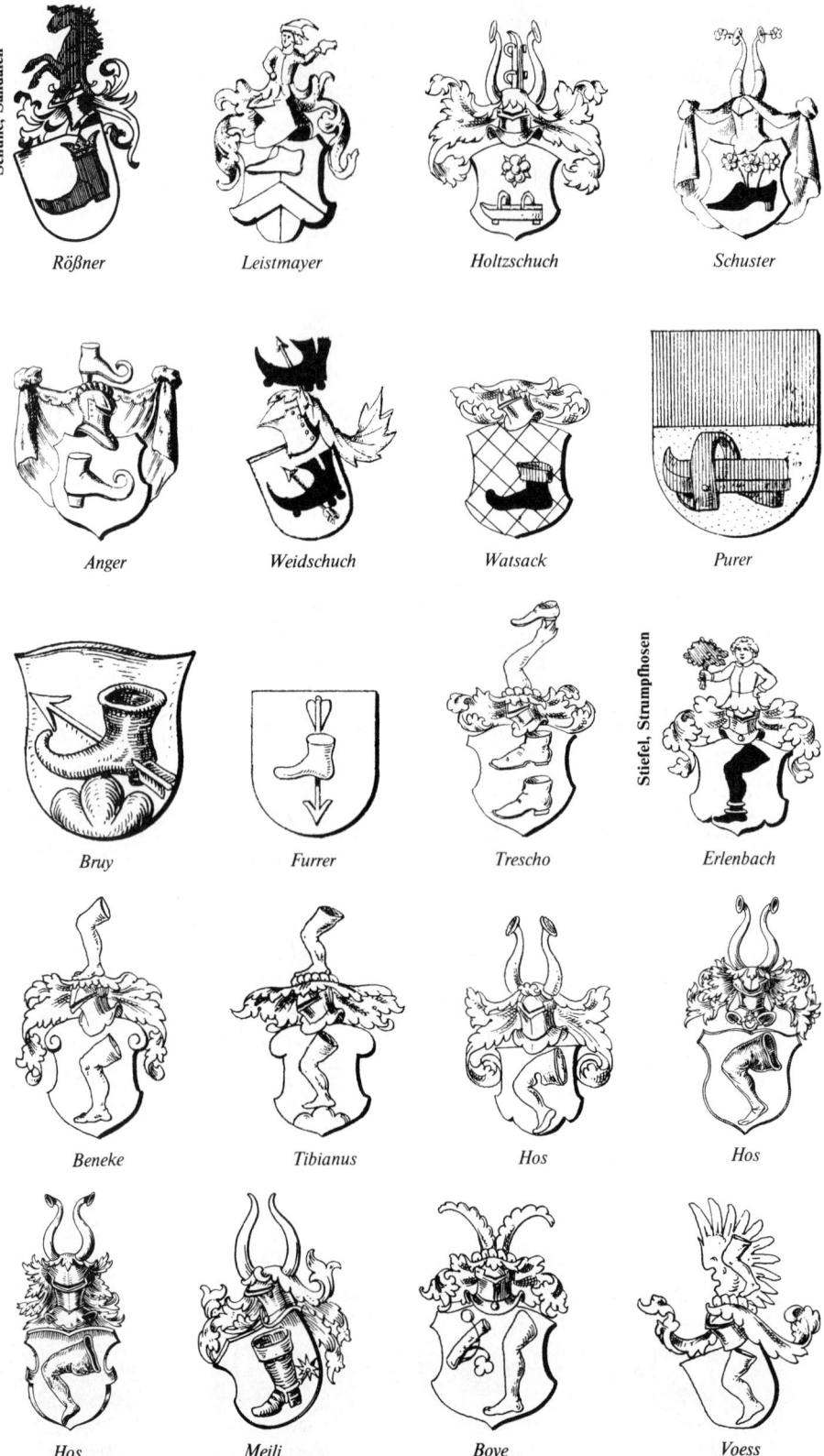

Schuhe, Sandalen

Rößner — Leistmayer — Holtzschuch — Schuster

Anger — Weidschuch — Watsack — Purer

Bruy — Furrer — Trescho — Erlenbach

Stiefel, Strumpfhosen

Beneke — Tibianus — Hos — Hos

Hos — Meili — Boye — Voess

Fußbekleidung/Schnalle

Buchstaben

Buchstaben

Buchstaben

Buchstaben 783

Buchstabe T

Richter	Faustgen	Tüllinger	Mettenius
Schnabel	Upchover	Well	Burmann
Hutzin	Scherrer	Egli	Kaiserling
Hell	Trichtinger	von Zerf	Hinnen

Wackstein

Krumbtingen

Imfeld

Trinkler

Buchstaben

Buchstaben/Marken

Marken

Marken

Marken

Marken

Marken

Marken

Marken

Vogel — Stierlin — Stapff — Keetmann
Görlin — Tolle — Feltmann — Kelner
Kelterborn — Kätzi — Witzenhusen — Ottiker (Schaft, Sparrenkopf)
Geiger — Mair — Ripenhausen — Ridder
Ridder — Imbsen — Gerhard — Wischemann

Marken

Marken

| Heidfelt | Lauer | Stokelef | Gülcher |

| Ritzart | Lind | Dockweiler | Küng |

| Hoffmann | Krieger | Jons | Zimmermann |

| van Halven | Varemwolt | Bender | Lädebur |

| Hintertor | Oberkan | Heger | Calue |

Marken

Gosecke    *Vibrans*   Ein Schaft, Dreieckkopf *Richart*    *Heidenreich*

Lentzer    *Widenman*    *Quentin*    *Bracht*

Ein Schaft, Gabelkopf *Storck*    *Obermair*    *Imbsen*    *Fobbe*

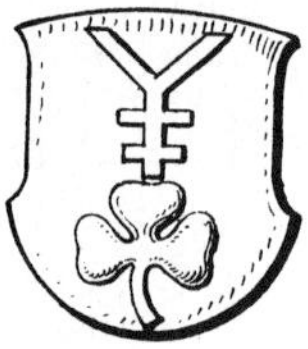

Blatman    *Bon*    *Bach*    *Sedelmair*

Caspari

Staub

Hörauf

Spöri

Marken

Marken

Marken

Fries   *Meisnthaler*   *Donndorff*   *Nipage*

Mair   *Satloder*   *Satloder*   *Helle*

Eifert   *Staub*   *Berg (Raversbeuren)*   *Matzberger*

Röder   *Röder*   *Kramer*   *Zimmermann*

Zeissolf   *Heinrich*   *Metius*   *Siderich*

Marken

Boos   Knüsli   Knus   Hans

Salomon   Lütje   Hunger   Duissbergh

Geknickte Schäfte

Reimar   Selig   Klot   Tolle

Schräg durchkreuzte Schäfte

Michel   Hassel   Caspar   Ortt

Sturzdreieckmarken

Hag   Taschü   Schwerdt   Heldt

Marken

Geteilt, oben Heroldsbild (gestreift)

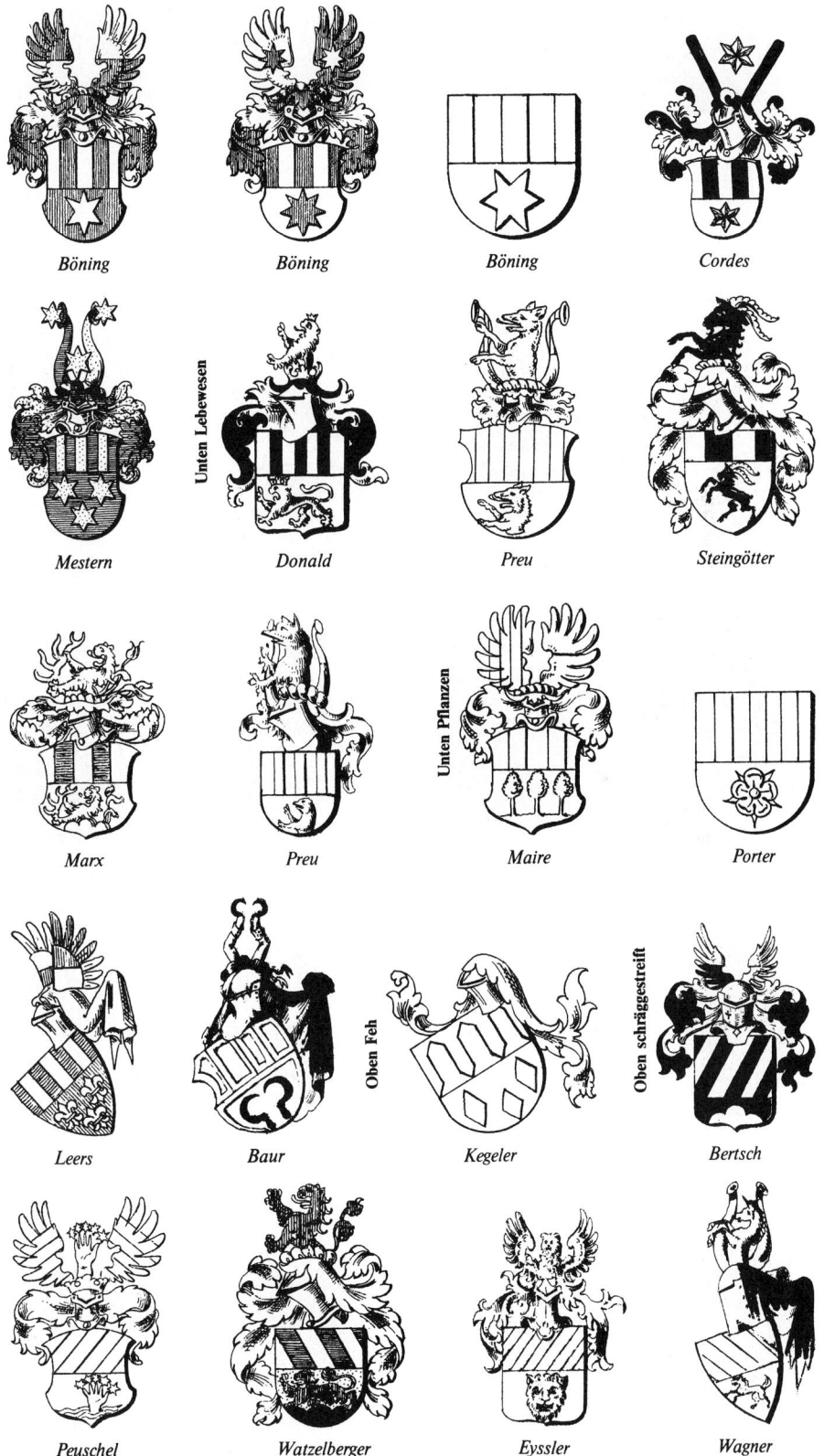

818 Geteilt, oben Heroldsbild (gestreift/Dreiecke)

Geteilt, oben Heroldsbild (Rauten)

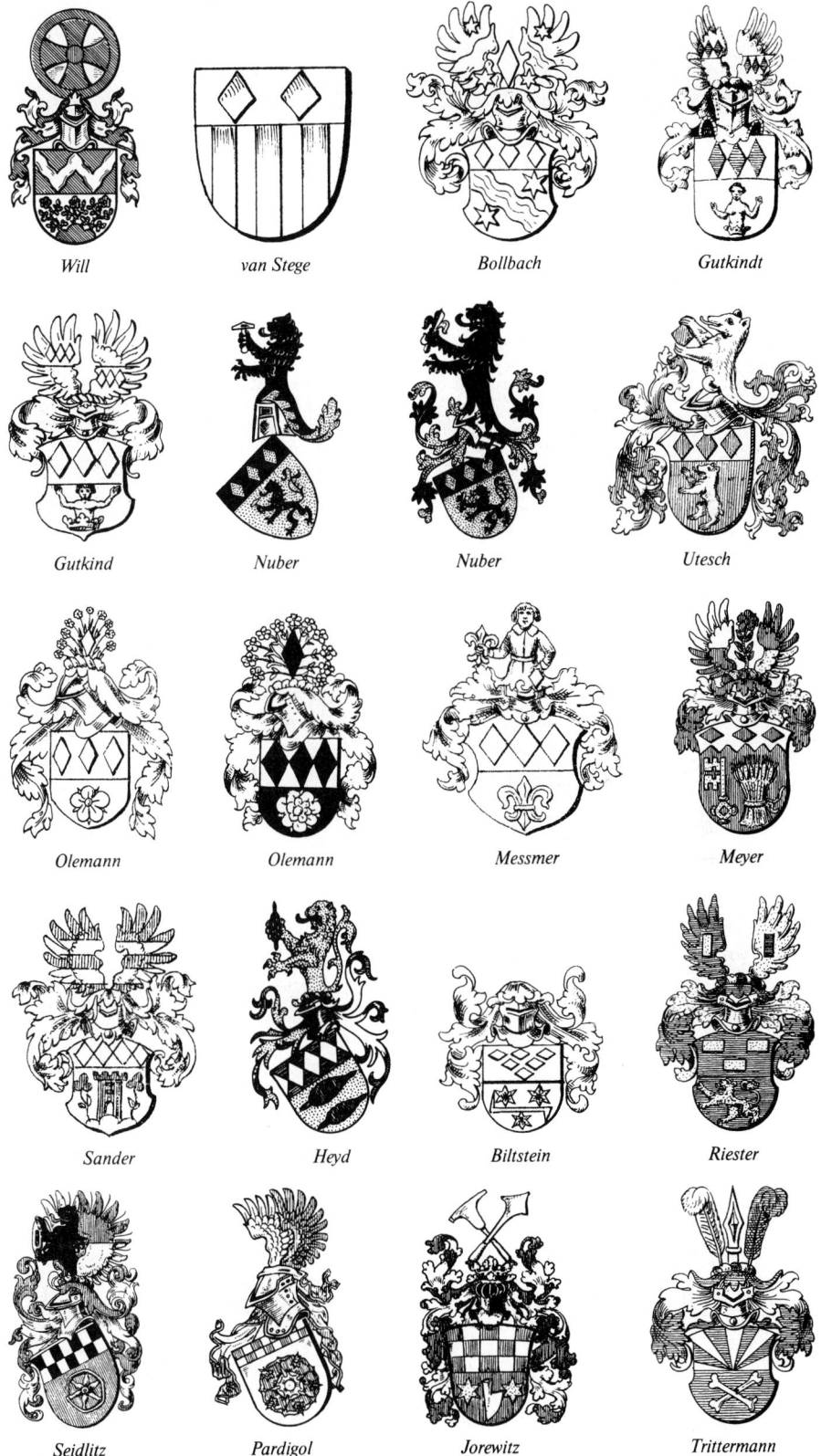

Will | van Stege | Bollbach | Gutkindt
Gutkind | Nuber | Nuber | Utesch
Olemann | Olemann | Messmer | Meyer
Sander | Heyd | Biltstein | Riester
Seidlitz | Pardigol | Jorewitz | Trittermann

Geteilt, oben Heroldsbild (Kreuze)

Geteilt, oben Kosmos (Mond, Stern)

Geteilt, oben Kosmos (Stern)

Vendenhamer — Köster — Rumann — Rumann
Reschius — Vaius — Vaius — Ludwell
Epplen — Boye — Boesner — Hartmann
Liebenzeller — Binder — Rape — Heise
Nimptsch — Andresen — Brüglinger — Hürlimann

Geteilt, oben Kosmos (Sterne)

Geteilt, oben Kosmos (Sterne)

Geteilt, oben Kosmos (Sterne)

Esmarch König Hugo Kniper

Ebersberger Fick Finhagen Breyding

v. Glehn Steiner Wolke Möller

Plitz Huffziger Niemeyer Niemeyer

Schmalstieg Uffelmann Oppenrieder Oppenrieder

Geteilt, oben Kosmos (Sterne)

Geteilt, oben Kosmos (Sterne)

Geteilt, oben Kosmos (Sterne)

Geteilt, oben Kosmos (Sterne)

Geteilt, oben Kosmos (Landschaft)/Mensch

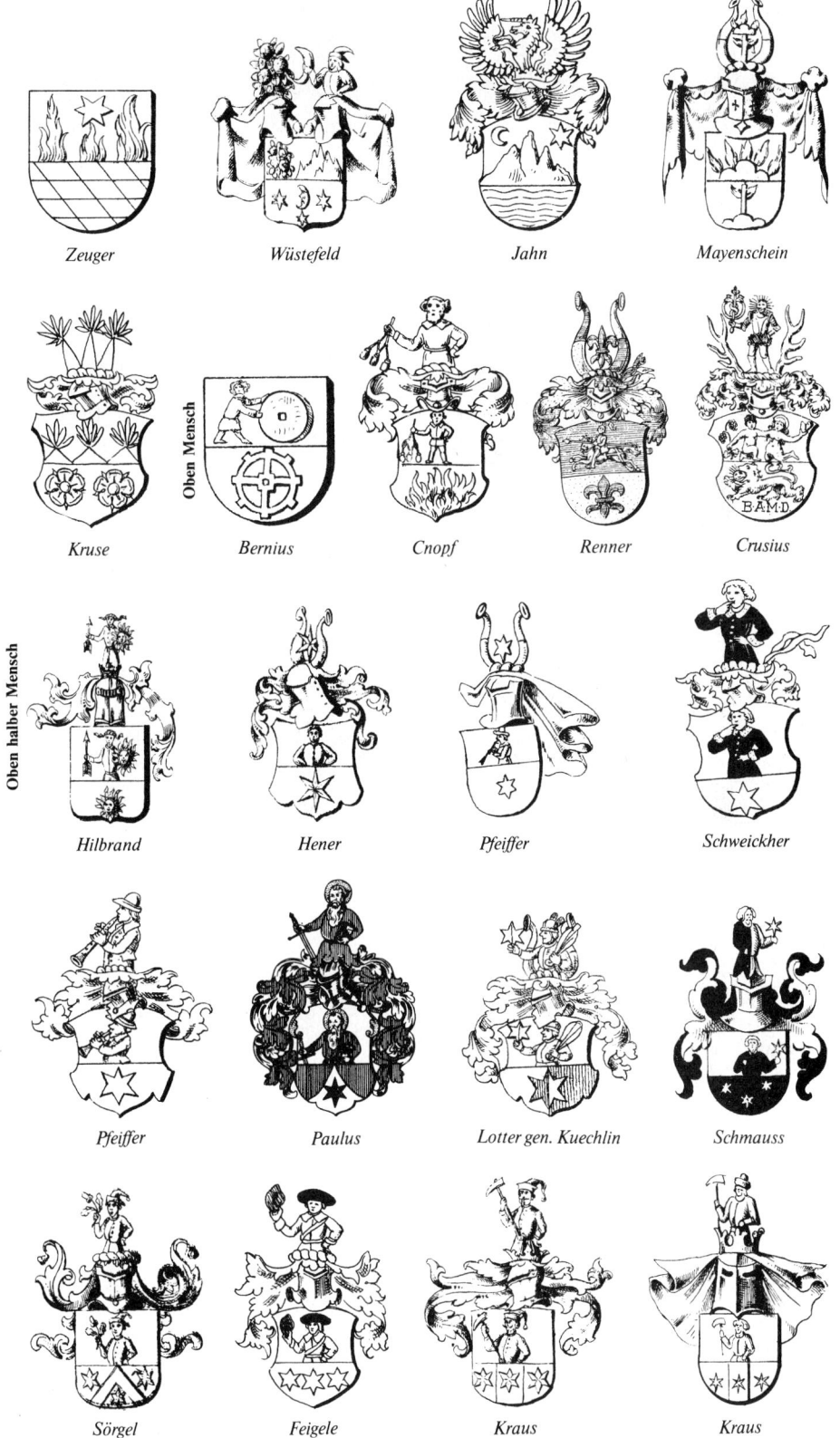

Geteilt, oben halber Mensch

Kindt · Galgenmayer · Rabus · Hofmaister

Bach · Mohr · Siegner · Cnopf

Cnoix · Schwartz · Kandel · Khobaldt

Blazer · Cunow · Klein · Warmuth

Hofmann · Freyhammerer · Bader · Lang

Geteilt, oben halber Mensch

Lang · Gögl · Dreuer · Wöhrlin
Mackh · Oberschneider · Freudemann · Stegmeier
Cuno · Reschke · Mayr · Matheiß
Habermann · Dressler · Meyer · Rollenhagen
Mayr · Wagenseil · Lamprecht · Pütner

Geteilt, oben halber Mensch

Geteilt, oben halber Mensch

Geteilt, oben halber Mensch

Geteilt, oben halber Mensch

Walter Meule Brasch Lederlin

Kruse Lochmann Fabricius Wieser

Merz Wiedenmann Mohrstetten Mendler

Schiffmann Schmitthenner Knapp Schmidt

Müller Ofner Cordes Molitor

Geteilt, oben halber Mensch

Geteilt, oben Menschenteile

Geteilt, oben Arme

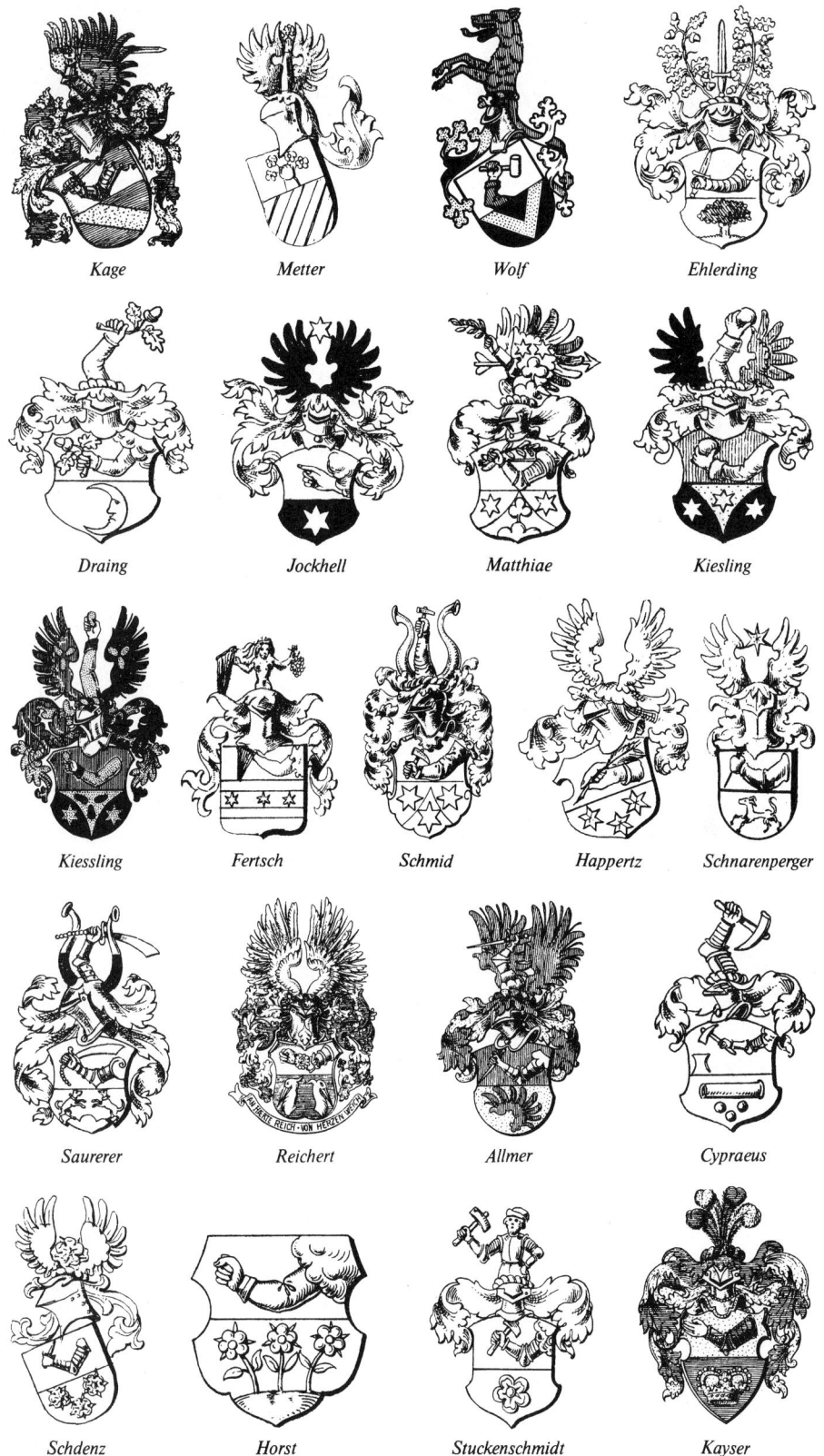

Kage · Metter · Wolf · Ehlerding
Draing · Jockhell · Matthiae · Kiesling
Kiessling · Fertsch · Schmid · Happertz · Schnarenperger
Saurerer · Reichert · Allmer · Cypraeus
Schdenz · Horst · Stuckenschmidt · Kayser

Geteilt, oben Arme/Löwe

Geteilt, oben Löwe, unten gestreift

Strom — Weynert — Fürstenfelder — Müller
Stupanus — Ciglerus — Kerscher — Höfler
Rupp — Brihl — Breithaupt — Breithaupt
Breithaupt — Herz — Kröner — Bauer
Deschler — Haag — Walther — Krannöst — Partenhauser

844 Geteilt, oben Löwe, unten Heroldsbilder, Kosmos

Goetz Nuber Reidnütz Albert
Heys Bechstein Erdinger Benckiser
Emart Helmuth Schönsleder Wickl Wickl
Gosswin Gehring Kühn Knuth Heidler
Lentz Berchtoldt Burger Wichmann

Geteilt, oben Löwe, unten Sterne

Geteilt, oben Löwe, unten Pflanzen

Ludwig — Leveling — Schmidtauer — Ladwig
Marx — Sotch — Wullenwever — Kellinghausen
Kellinckhusen — Kellinghusen — Walther — Waltter
Harrer — Hueter — Sattelpoger — Müller
Khrön — Meyer — Syroth — Stengler

Geteilt, oben Löwe, unten Pflanzen

Kurtz	Kammerer	Scheller	Scheller
Schärdinger	Hetzel	Heczel	Neffzer
Honrichinger	Hofmann	Hansemann	Zallinger
Herzog	Flicker	Hansemann	Ade
Gessner	Schober	Bitt	Wetzel

Geteilt, oben Löwe, unten Gerät

Geteilt, oben Löwe

Geteilt, oben halber Löwe, unten gestreift 851

Seyler · Schröder · Pfeffer · Aicher
Brauer · Effelberger · Behem · Kechelin
Link · Link · Köpfl · Schmetter
von Löwen · Ensgraber · Müller · Wirth
Vüllers · Menet · Mayner · Badell

Geteilt, oben halber Löwe, unten Heroldsbild

Geteilt, oben halber Löwe, unten Kosmos/Menschenteile 853

Hartmuet	Schmidt	Fritz	Lüneburger
Grimmel	Wichmann	Gleichberger	Hessenberg
Fontane	Ruoff	Fleischer	Sabon
Söltel	Sedlmair	Kilian	Nollier
Weiss	Mayr	Böhme	Tellert

Geteilt, oben halber Löwe, unten Pflanzen 855

Beil — Rebinger — de Herre — Lechner
Hainzmann — Queng — Schmidlein — Kränzer
Tittel — Kiferlin — Schiller — Khöss
Neumarck — Dickhl — Geiger — Vegesack
Gerlach — Henning — Hendrichs — Popp

Geteilt, oben halber Löwe, unten Pflanzen/Geräte

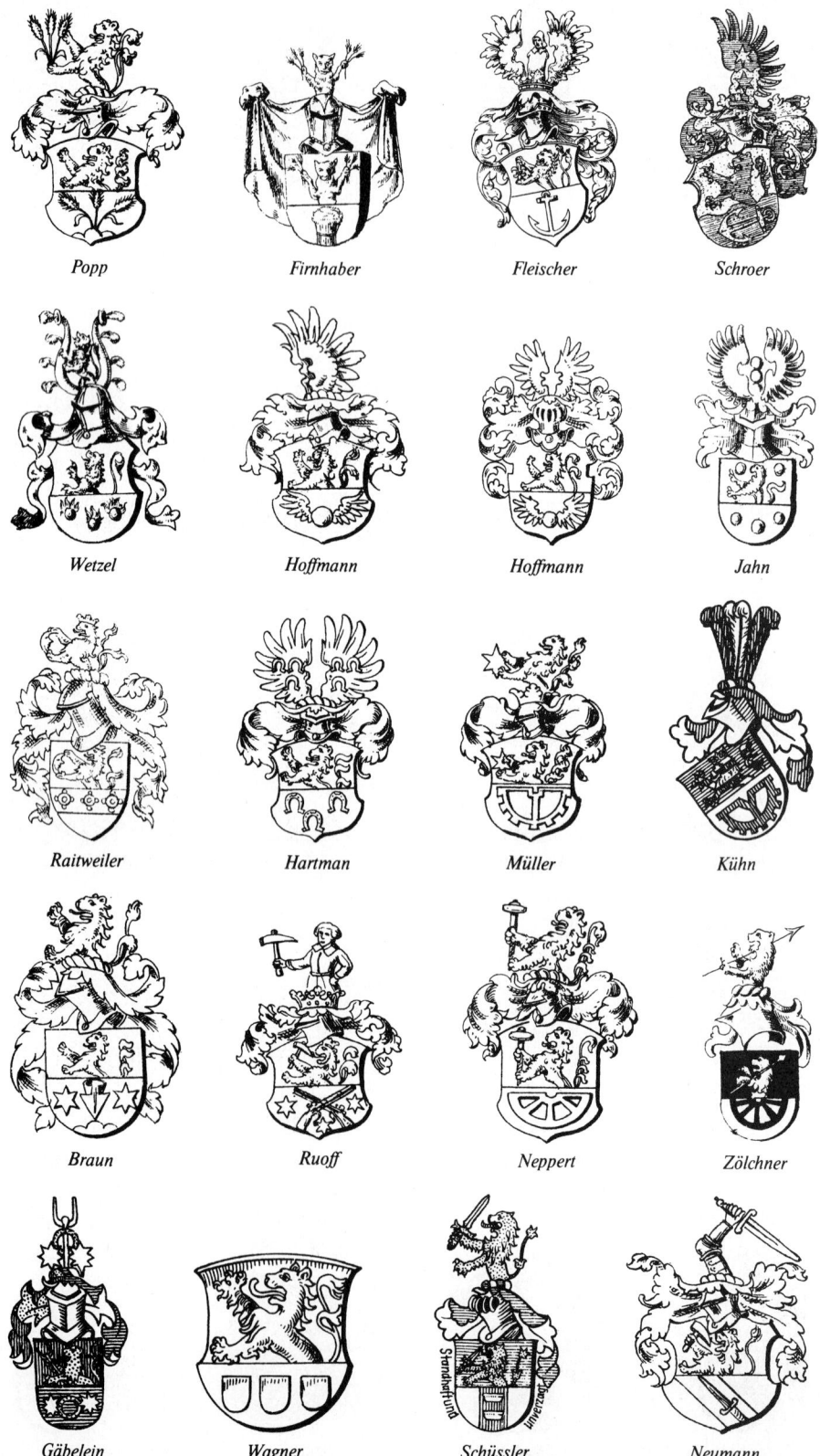

Geteilt, oben halber Löwe/Pferd

Geteilt, oben Bär/Hund 859

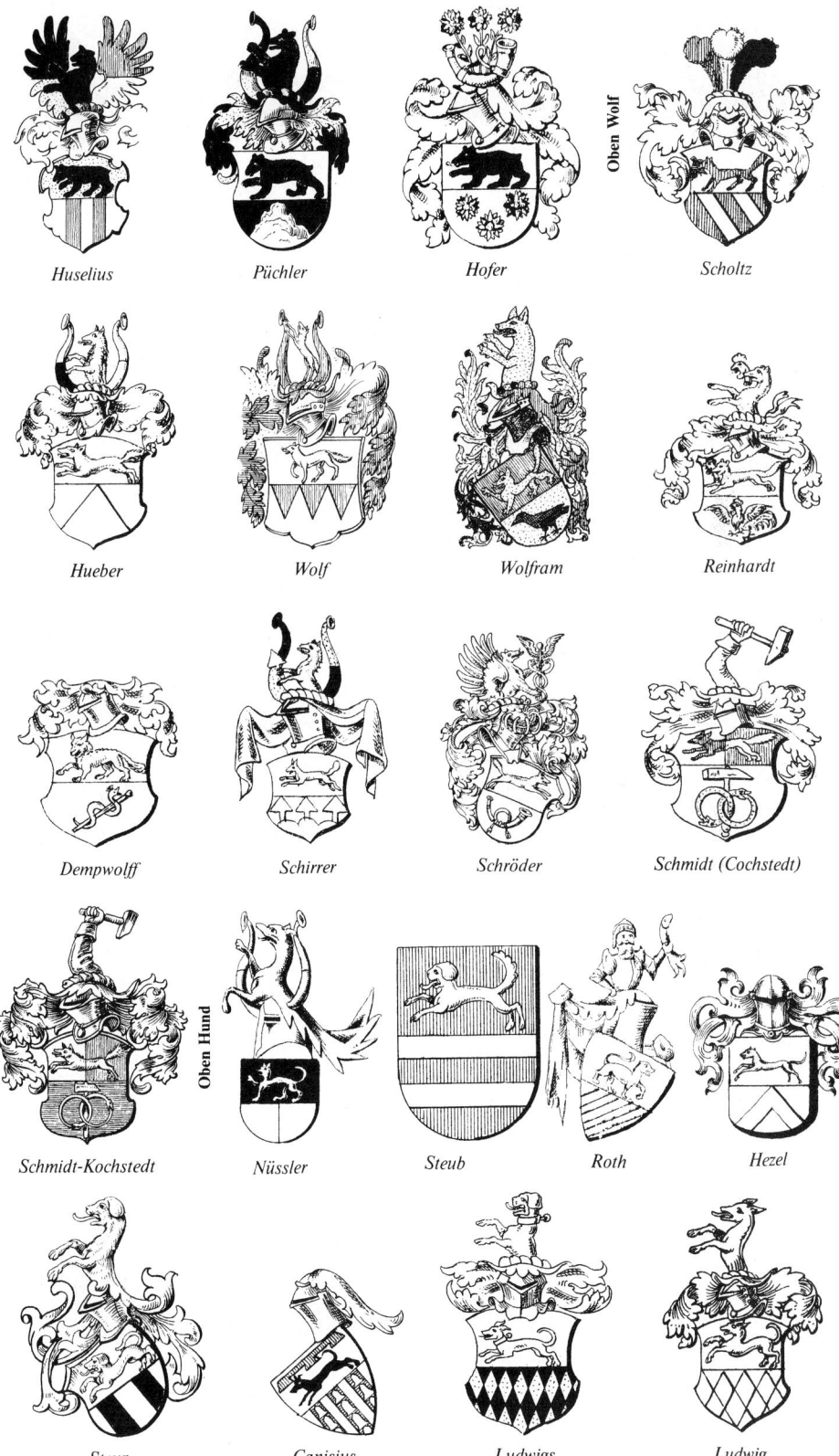

Huselius	Püchler	Hofer	Scholtz
Hueber	Wolf	Wolfram	Reinhardt
Dempwolff	Schirrer	Schröder	Schmidt (Cochstedt)
Schmidt-Kochstedt	Nüssler	Steub	Roth	Hezel
Steup	Canisius	Ludwigs	Ludwig

860 Geteilt, oben Hund/Lamm

Verius Merkh van Bredt Baudouin

Treger Frick Göding Steifensand

Colart Winkler (Oben Hirsch) Fürstenow Freundt

Hirsching Hiersching Wilhelmi Reimbold

Hirschfeld (Oben Lamm) Hölscher Schaffnitzel Scheffer

Geteilt, oben Lamm/Rind

Geteilt, oben halbes Pferd/Einhorn

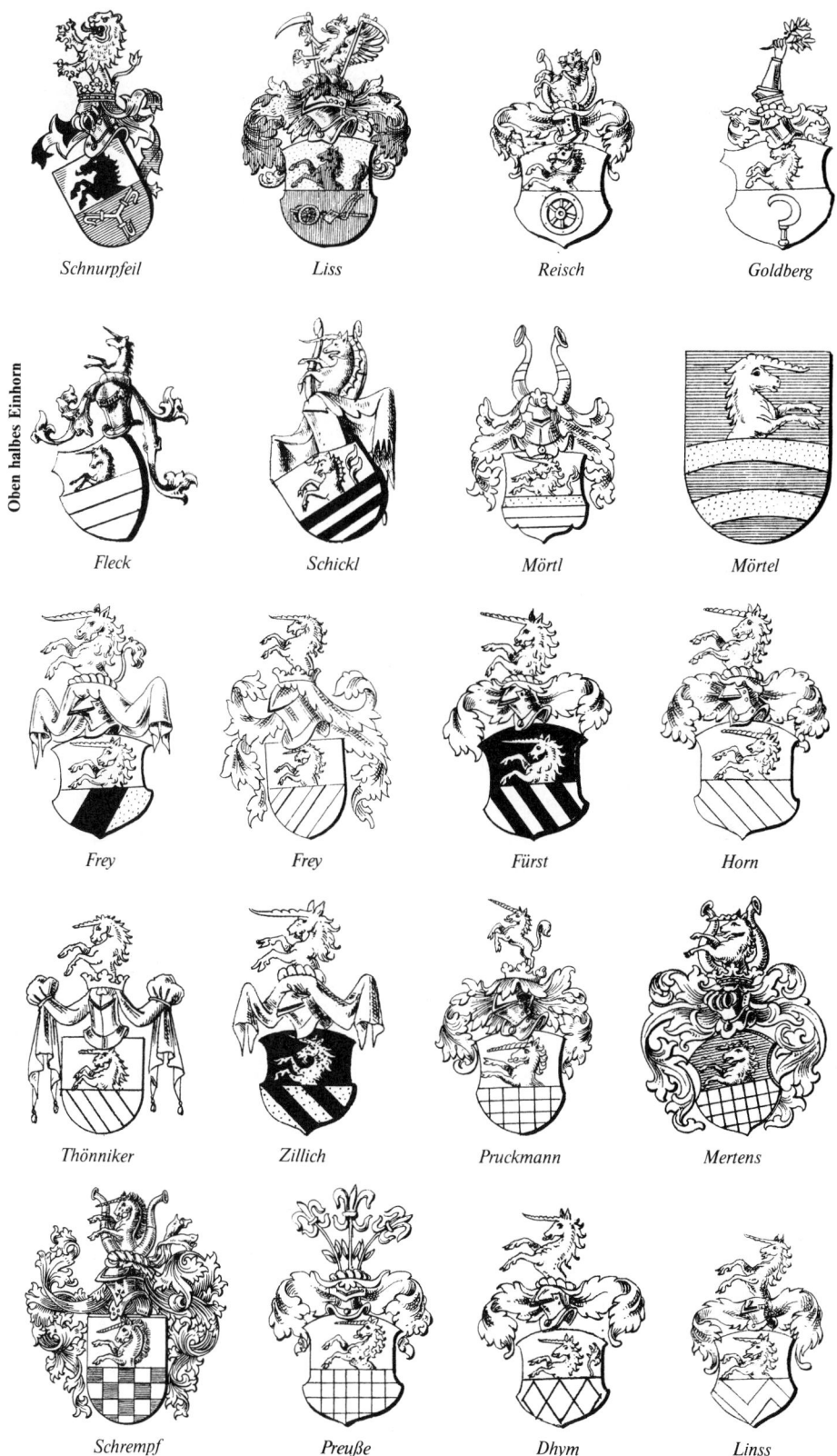

Geteilt, oben halber Bär/Eber

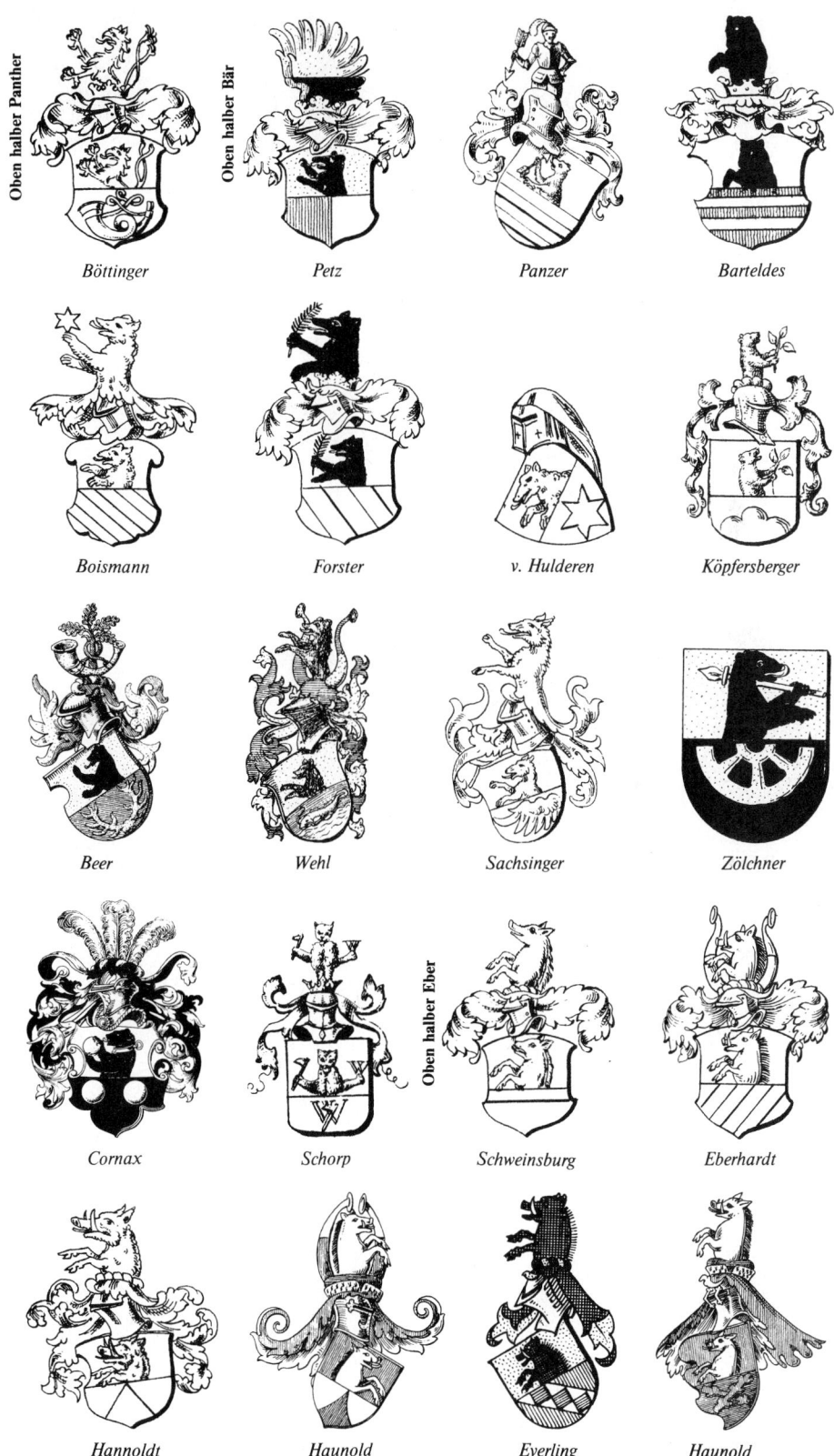

Geteilt, oben halber Wolf/Mensch

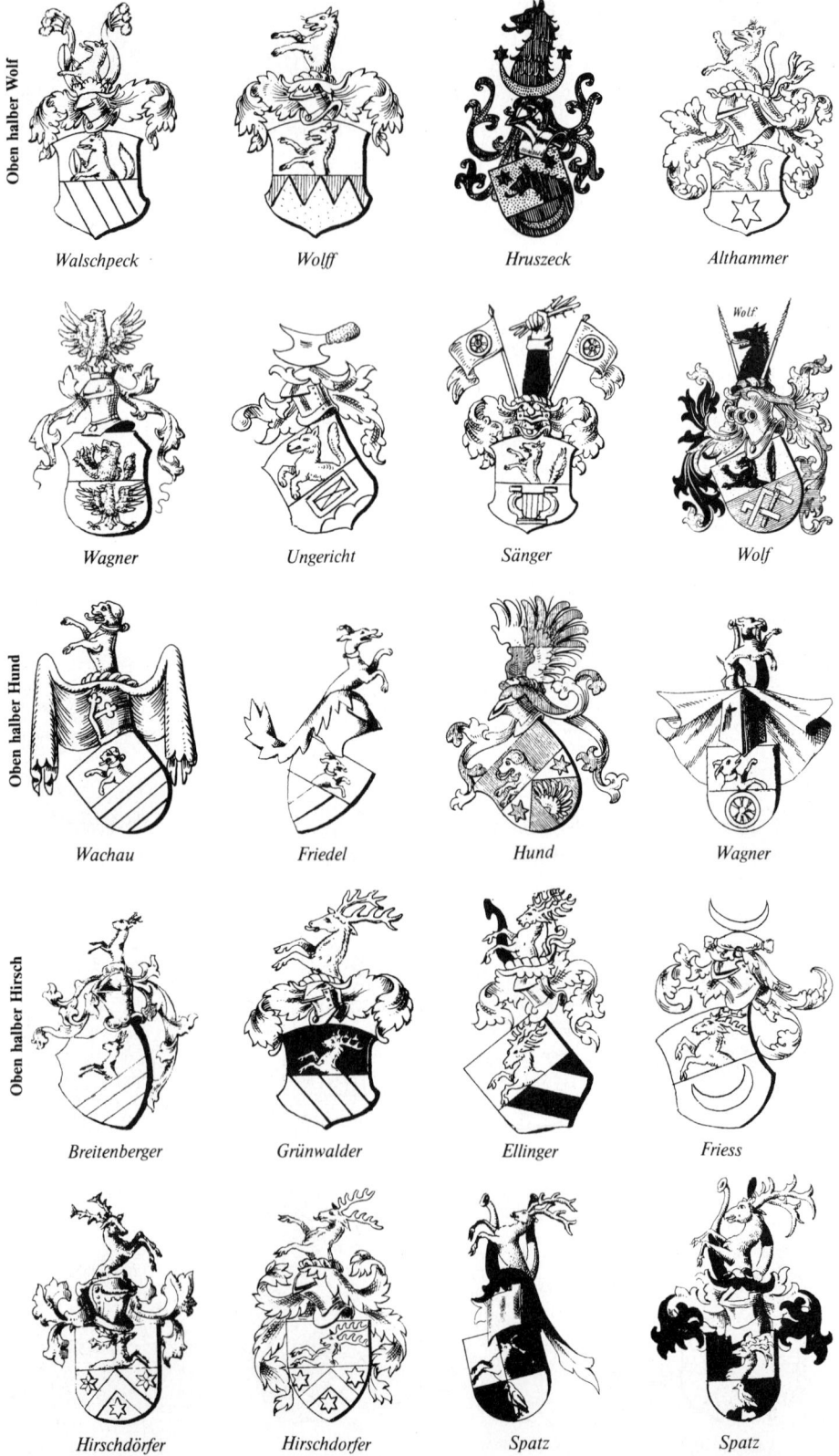

Geteilt, oben halber Hirsch/Bock

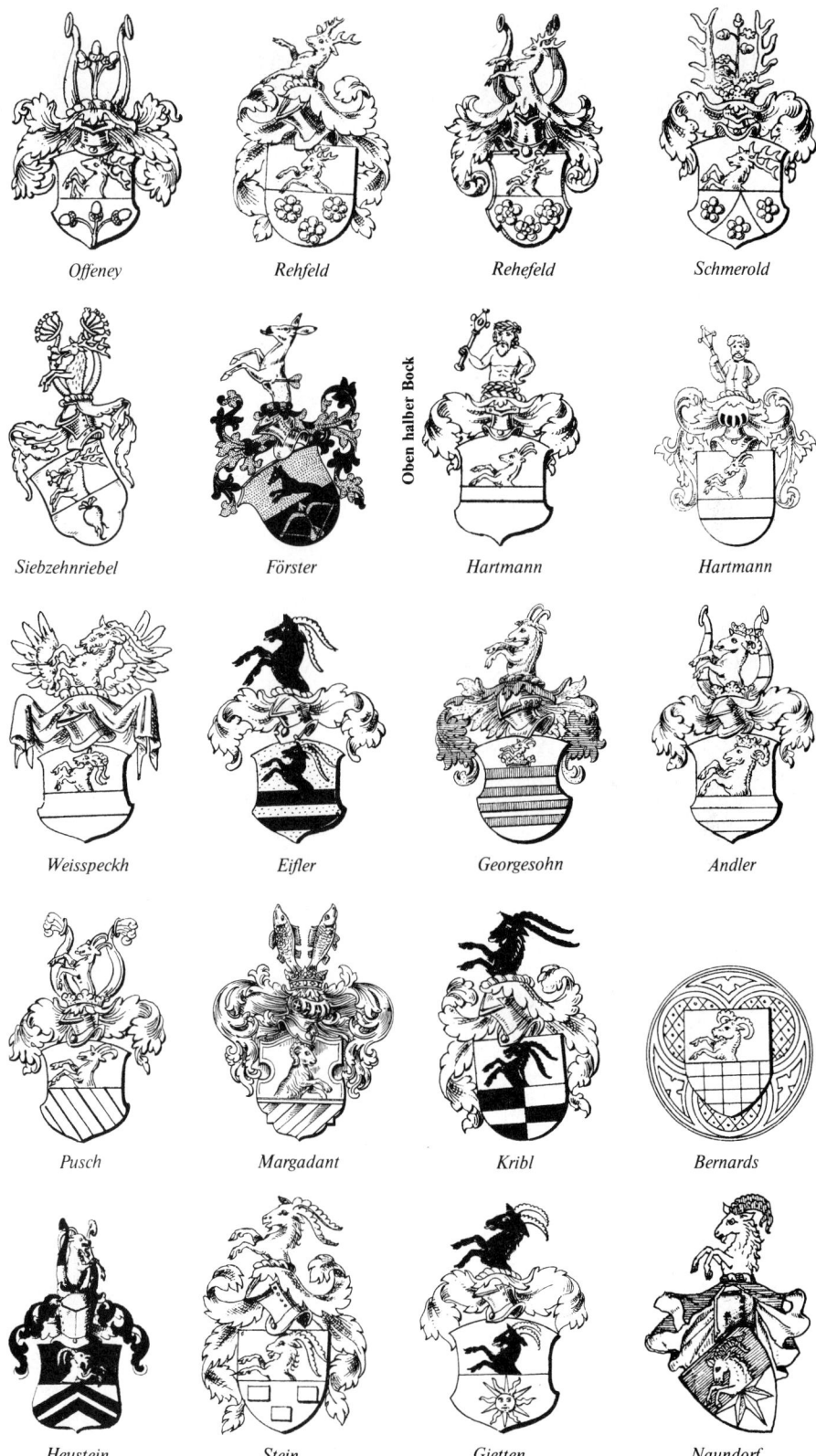

Geteilt, oben halber Bock/Rind

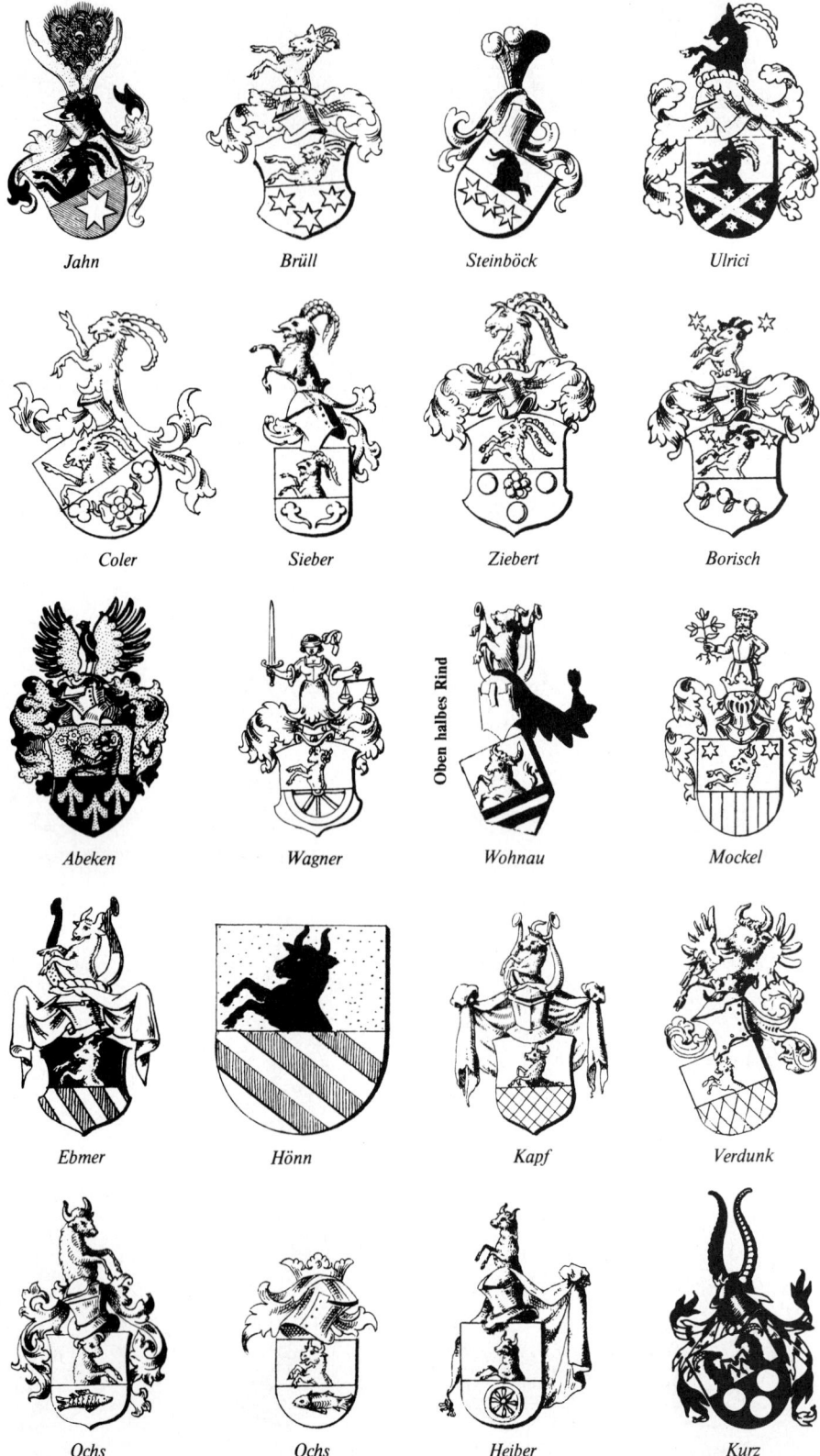

Geteilt, oben Teile von Lebewesen 869

Geteilt, oben Körperteile von Lebewesen/Fisch

Geteilt, oben Reptilien/Insekten

Geteilt, oben Adler

Geteilt, oben Adler

Steinheimer — Raisin — Eymers — Szeiring
Lutz — Buschbaum — Blondel — Trichtler
Bell — Fuchs — Brentano — Romen
Tschugguel — Oppermann — Conrad-Rho — Mitzlaff

Oben halber Adler

Han — Ammann — Ammon — Reich

Geteilt, oben halber Adler

Stoffacher · Gentner · Schwaiger · Adler
Kraner · Jung · Gabrüqve · Huepk
Zickh · Wyszomirski · Arnold · Eggl
Glast · Dresden · Uhde · Merckh
Zianelli · Thorwart · Jung · Wiener

Geteilt, oben halber Adler 875

Geteilt, oben Vogel

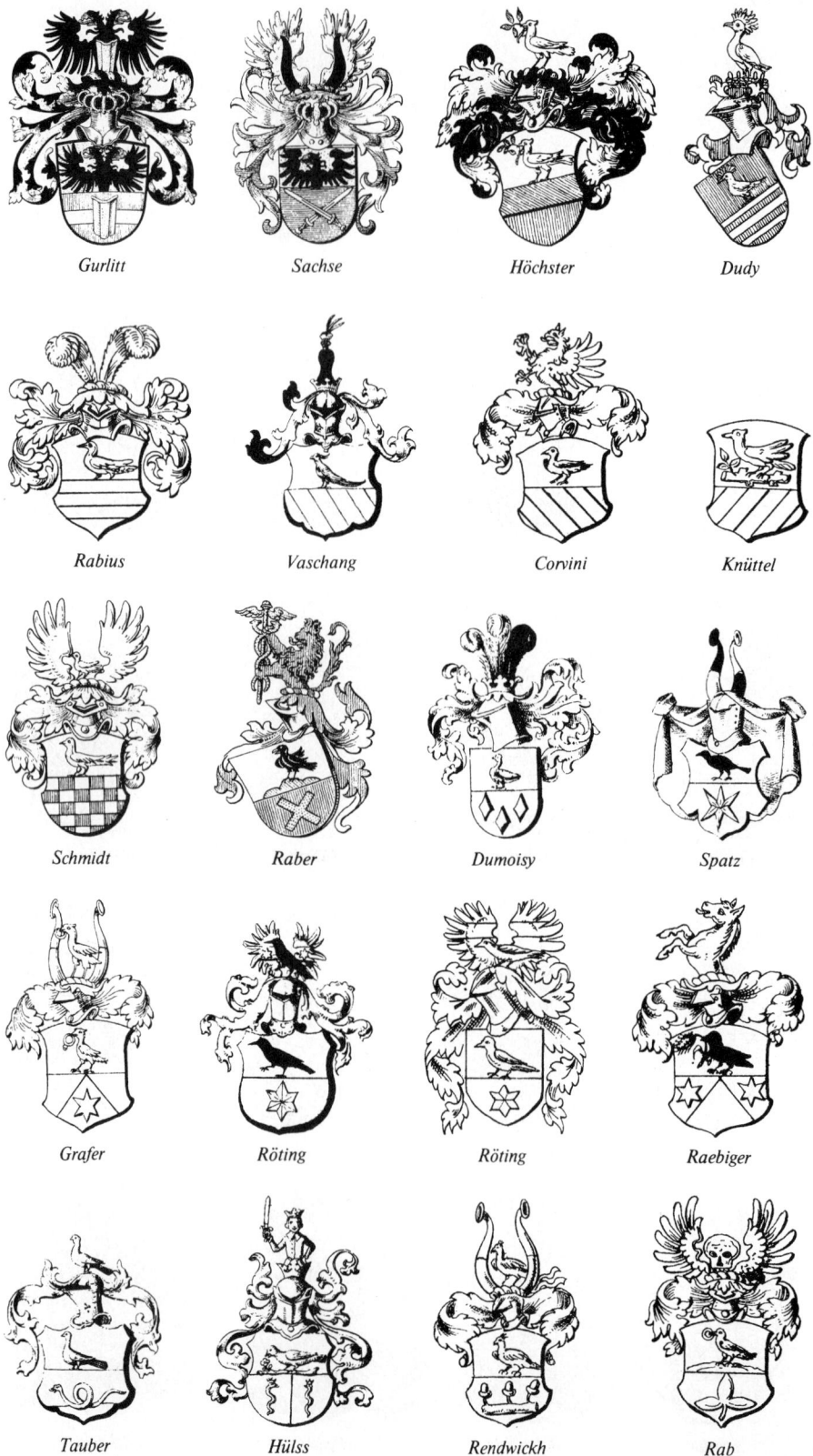

Geteilt, oben Vogel

Geteilt, oben Vogel 879

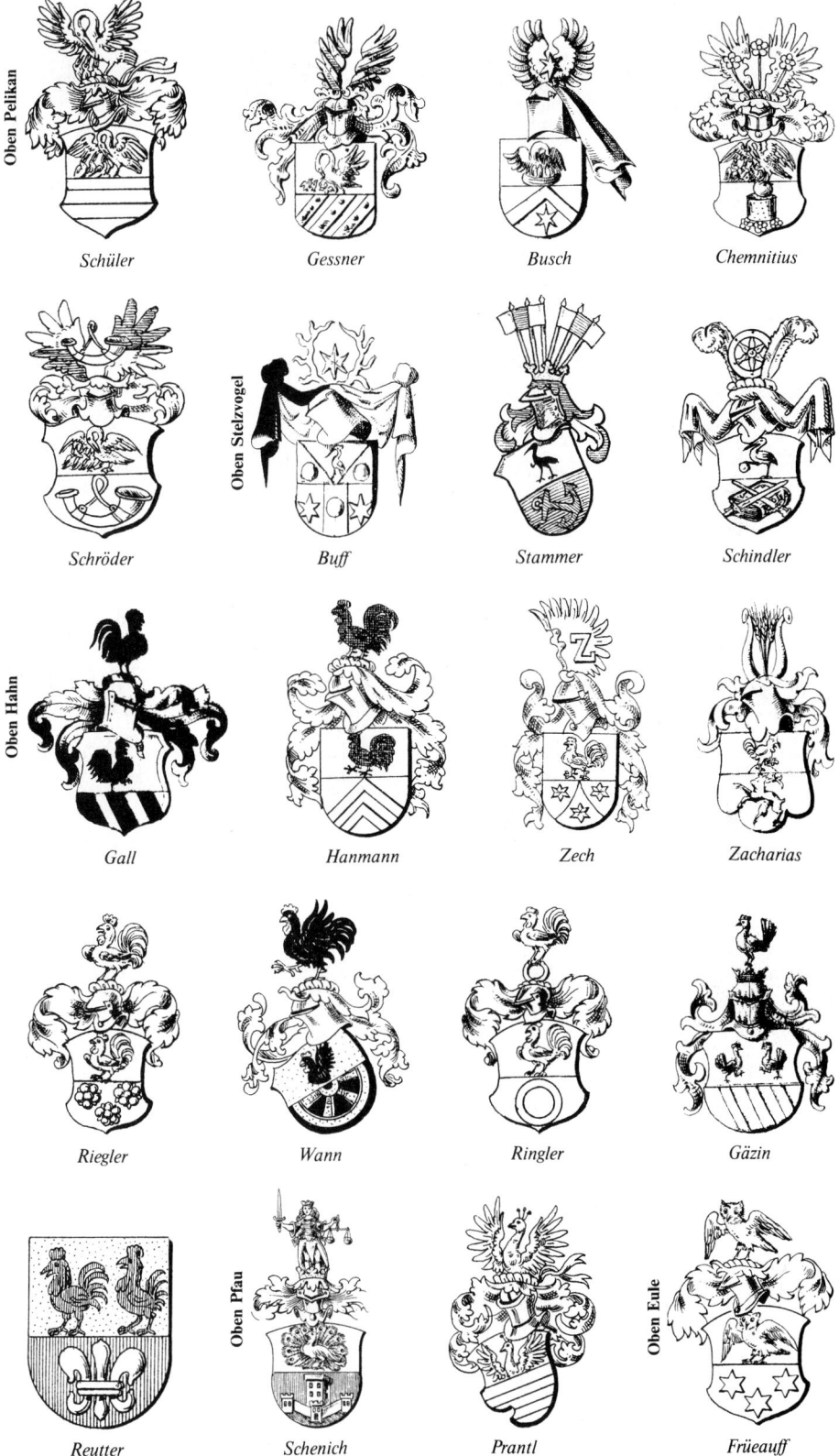

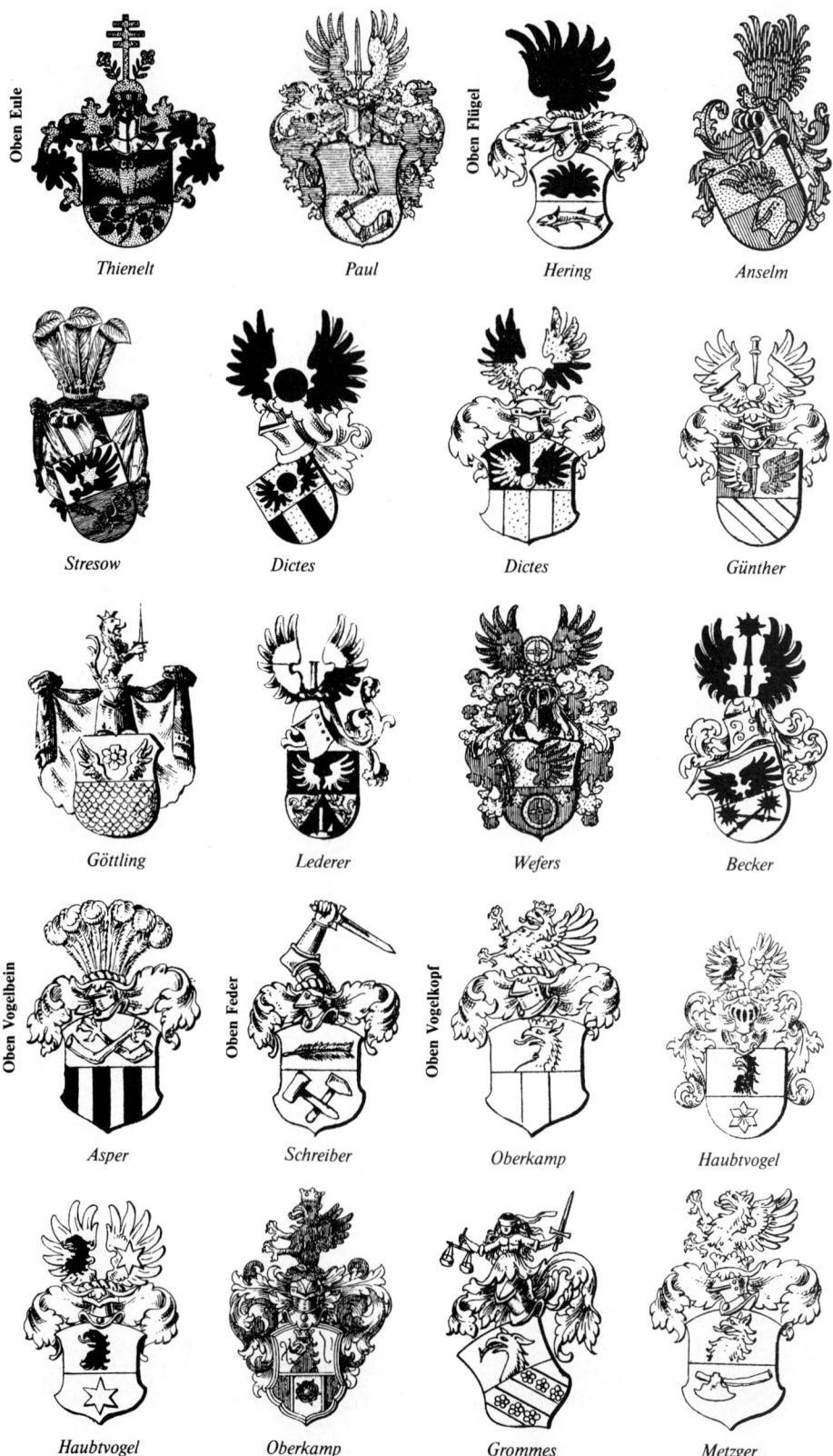

Geteilt, Vogelwelt/Engel

Schmidt — Langermann — Eisser — Adler

Barll — Mentz — Mentz — Fritsch (Oben Engel)

Engelhard — Stöberlein — Stöberlein — Stöberlein

Mühlberg — Pauli — Vietor — Studer

Fritsch (Oben Engelskopf) — Engeling — Gadegast — Spelter

Geteilt, oben Mischwesen

Geteilt, oben Greif

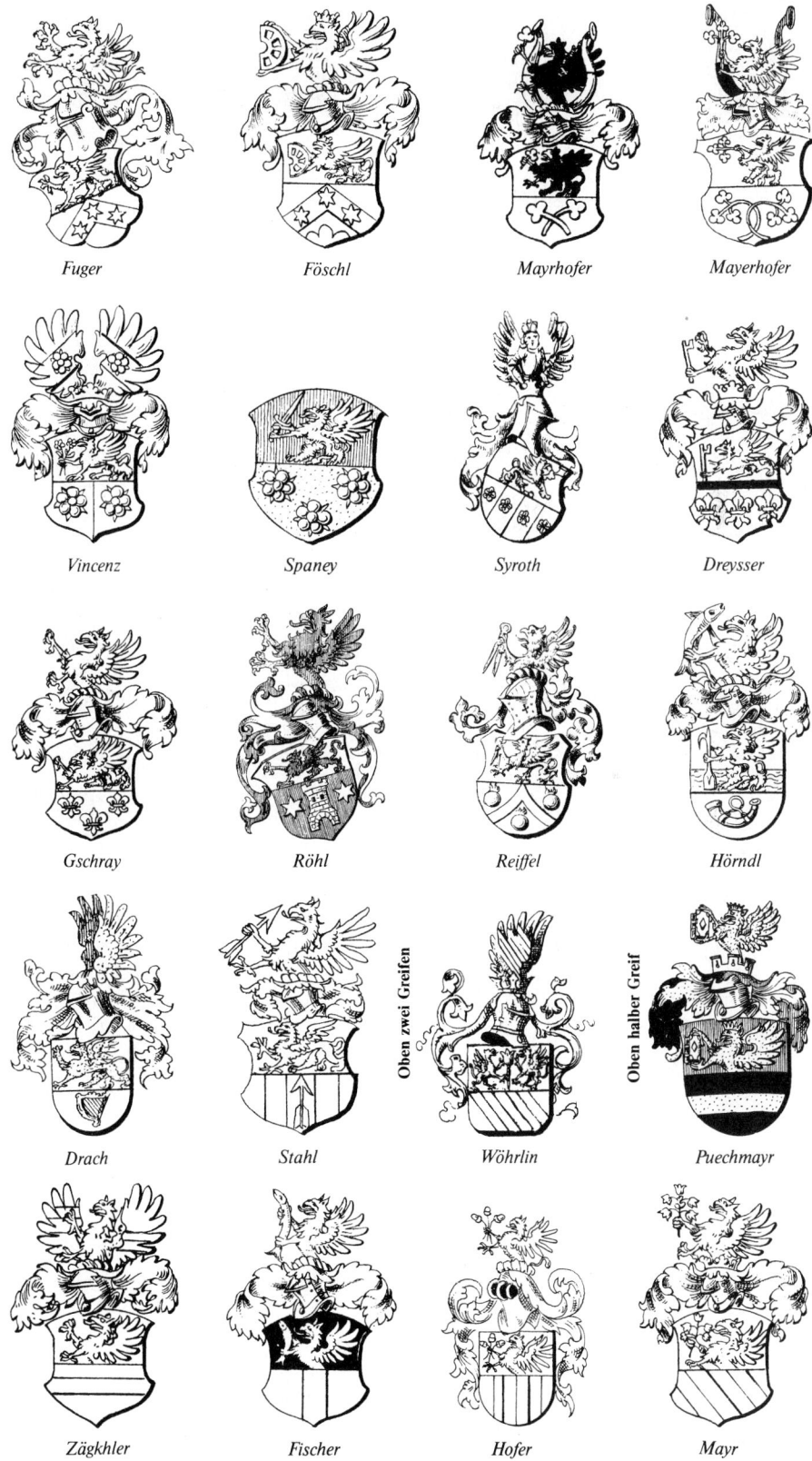

Fuger — Föschl — Mayrhofer — Mayerhofer
Vincenz — Spaney — Syroth — Dreysser
Gschray — Röhl — Reiffel — Hörndl
Drach — Stahl — Wöhrlin — Puechmayr
Zägkhler — Fischer — Hofer — Mayr

Oben zwei Greifen
Oben halber Greif

Geteilt, oben Pflanzenreich

Geteilt, oben Pflanzenreich

Geteilt, oben Rose

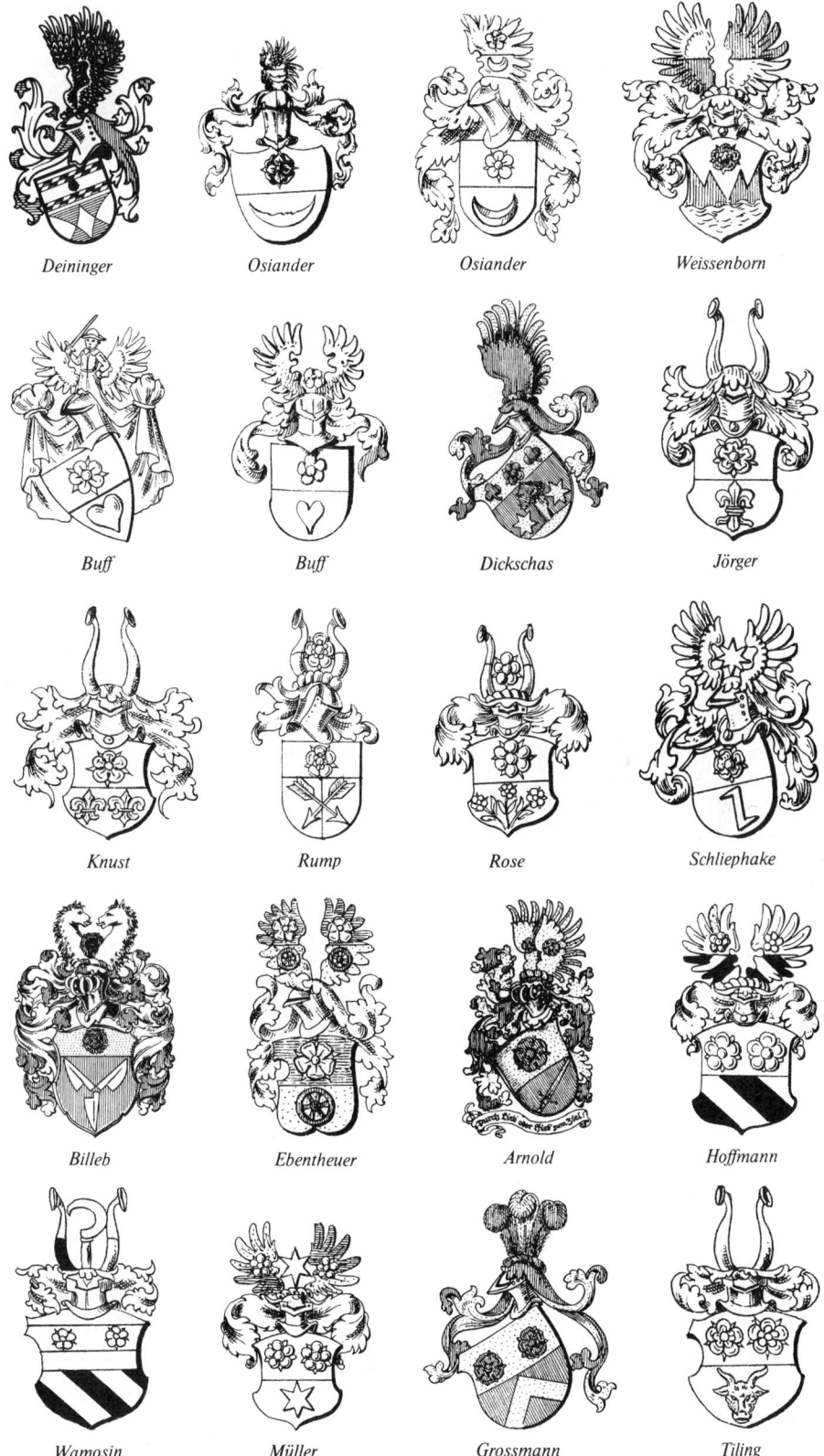

Geteilt, oben Pflanzenreich

Geteilt, oben Lilie

Geteilt, oben Lilie

Geteilt, oben Pflanzenreich

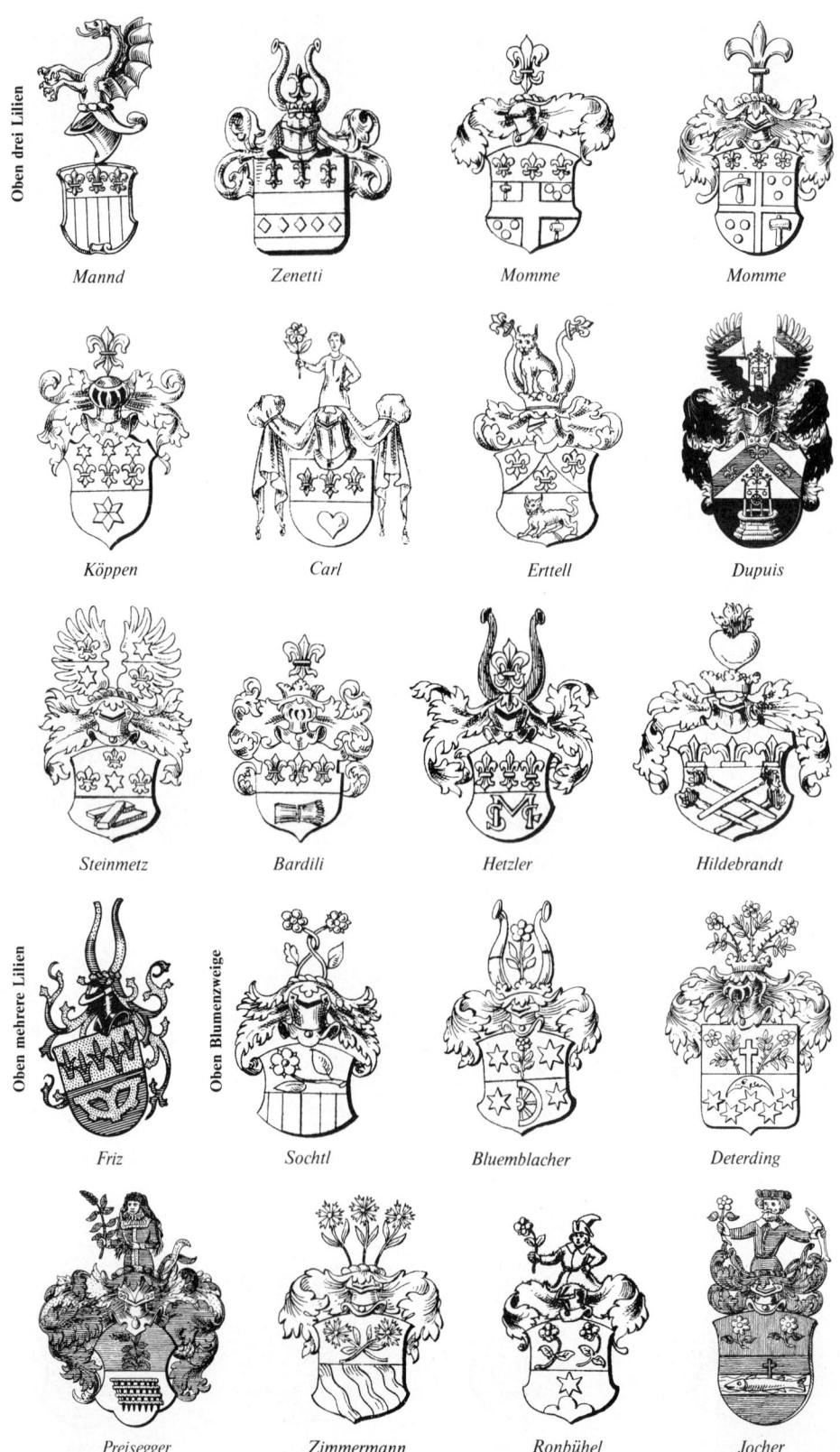

Geteilt, oben Pflanzenreich 895

Geteilt, oben Pflanzenreich/Geräte

Brooks — Carpzow — Krüll — Ammerbacher
Schaefer — Janck — Gmelich — Gmelichius
Stadtler — Kölliker — von der Borch — Buff
Borcholte — Broggia — Stirmlin — Hoeffgen
Haussmann — Rottenheussler — Scheuermeier — Asmus

Oben Anker

Oben Bauwerk

Geteilt, oben Gerät

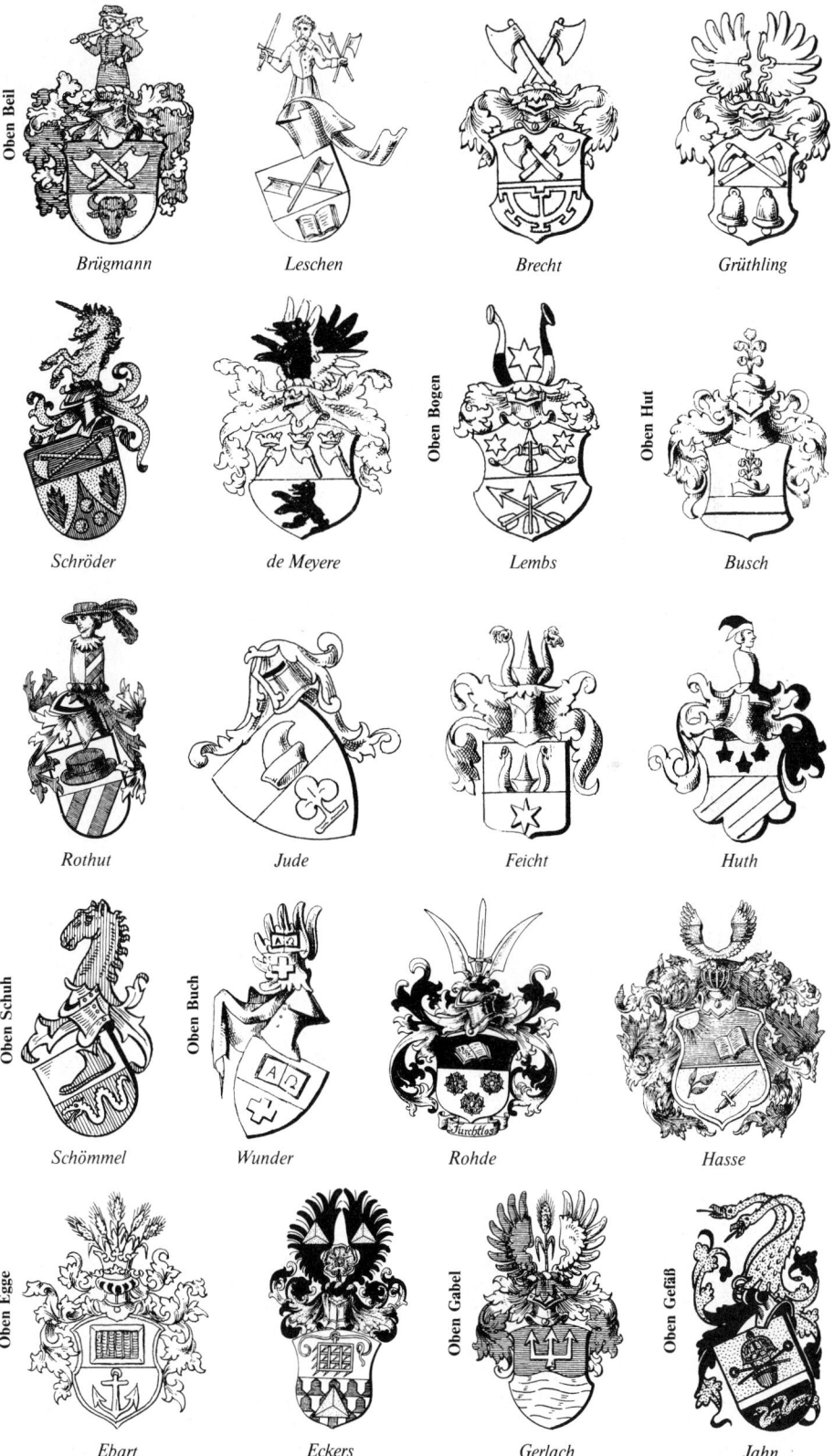

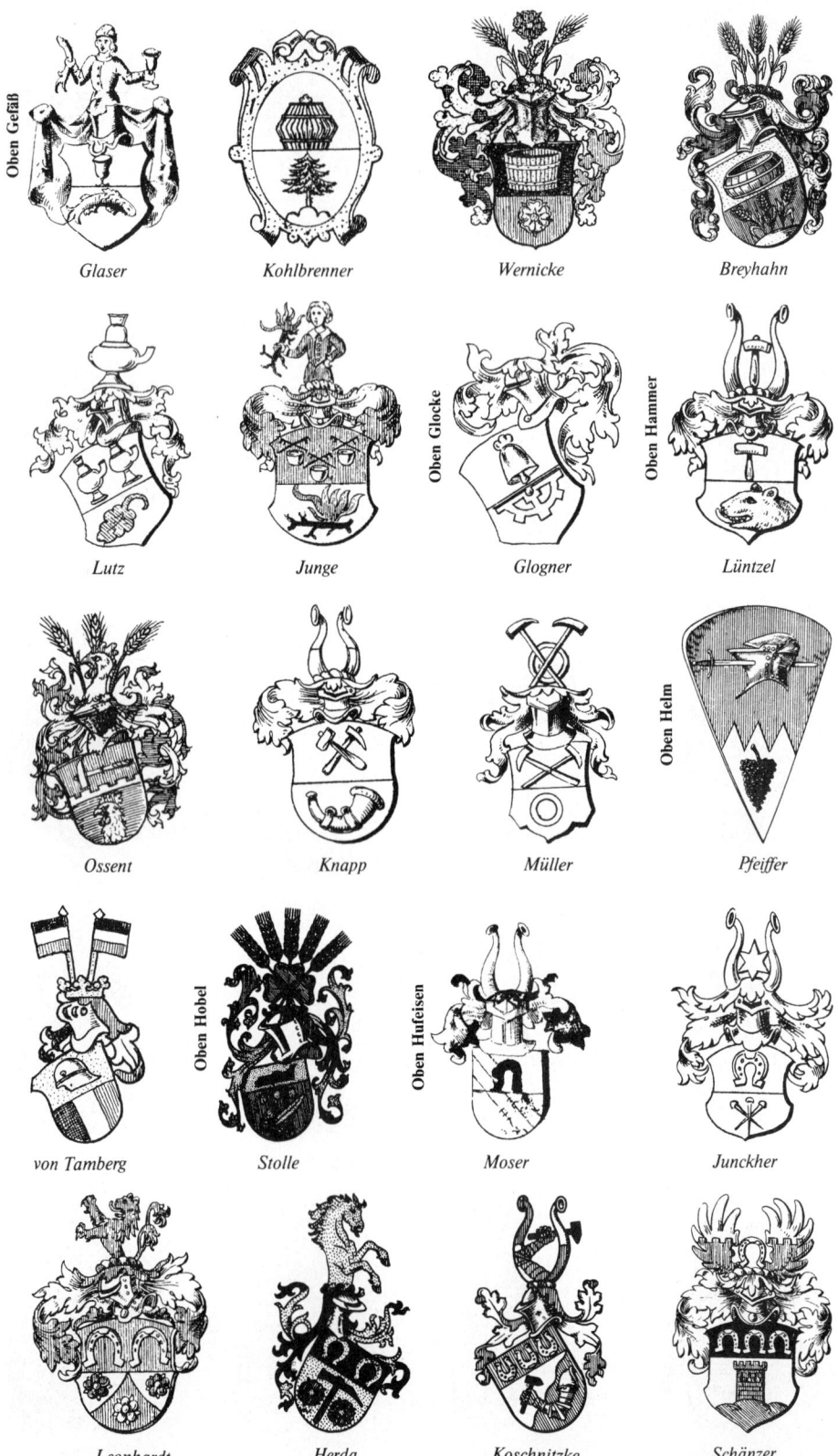

Geteilt, oben Gerät

Oben Horn

Geteilt, oben Gerät

Oben Horn — Hornschuch, Kentzler, Haass, Bening — Oben Kanone

Oben Kegel — Kögl, Kolb — Oben Kolben, Amsorge — Oben Krone, Holliger

Anter, Kaiser, Kopka, Külp

Bodenmüller, Kayser, Sossenheim, Behrens

Kheyser, Gunstätter, Meyer, Kagelmann

Geteilt, oben Gerät

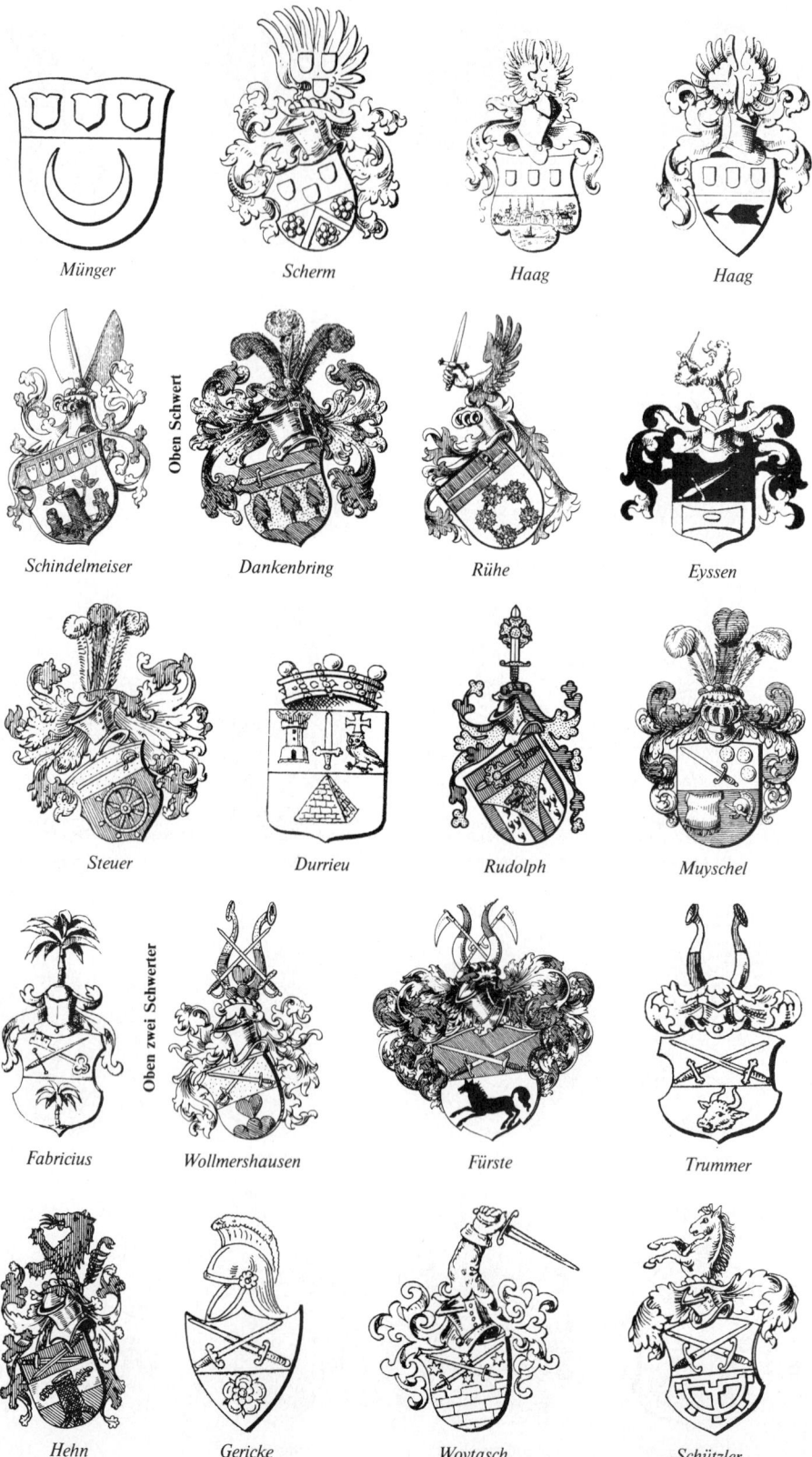

Geteilt, oben Gerät

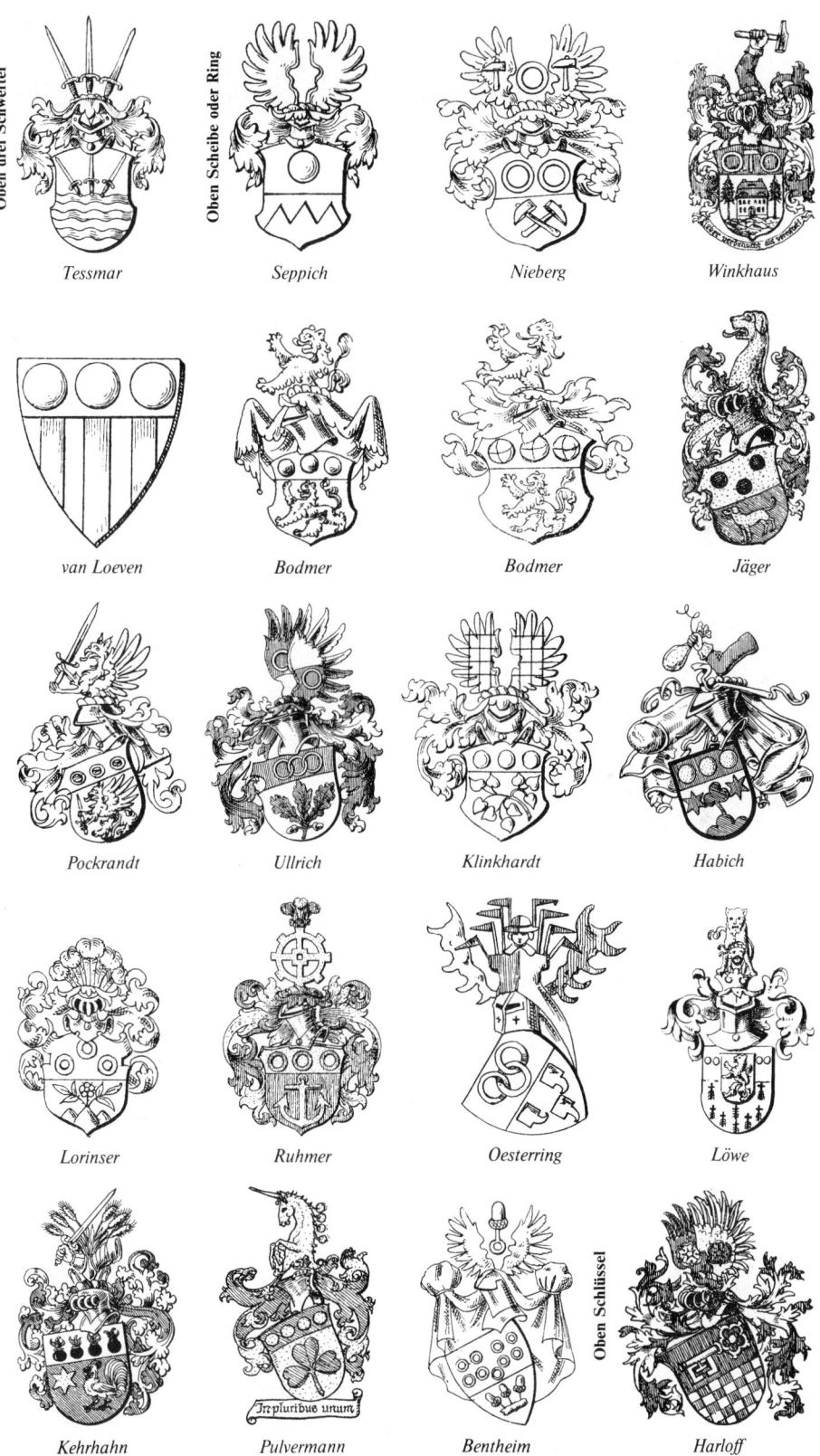

Geteilt, oben Gerät

Geteilt, oben Gerät

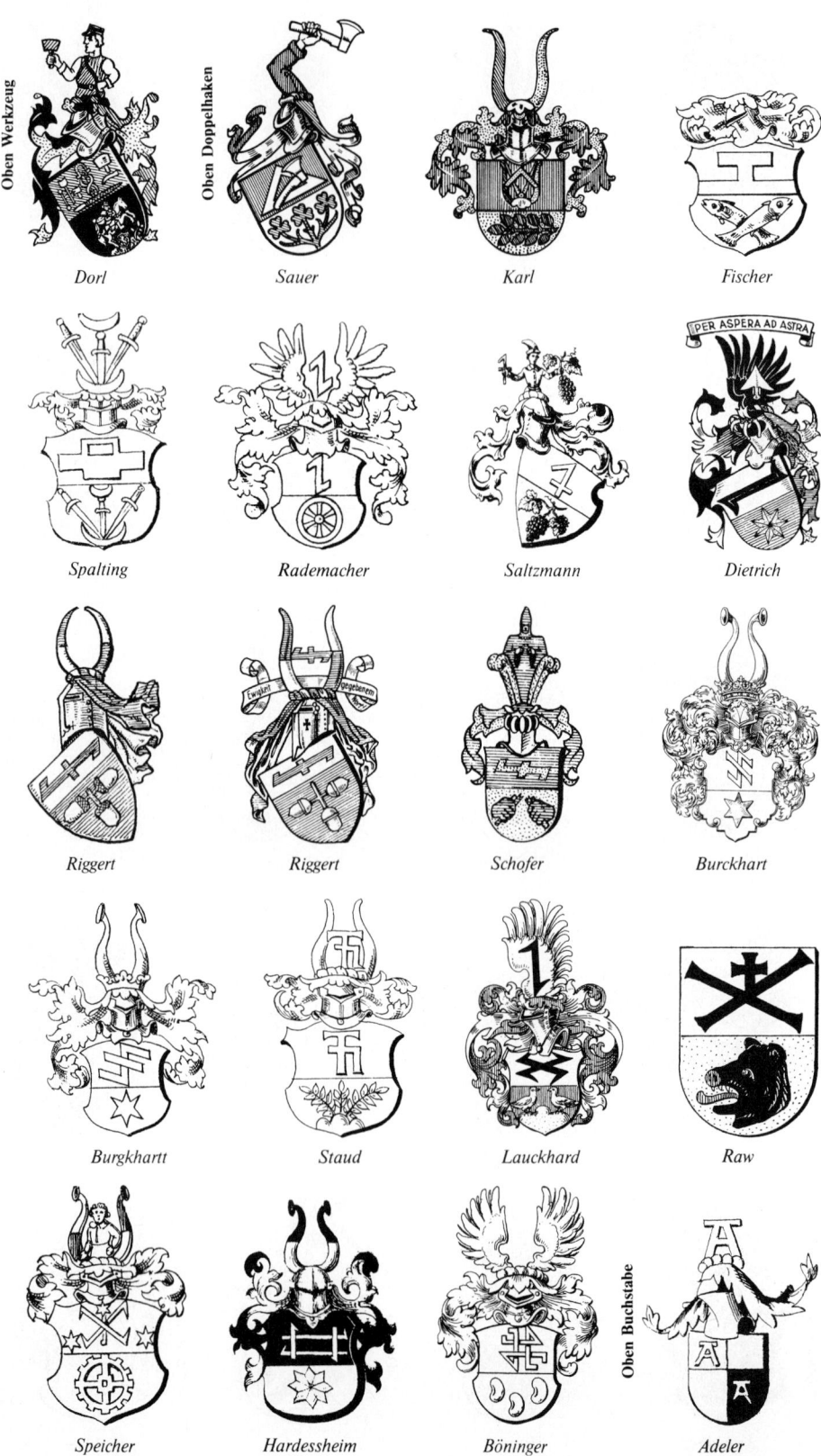

Oben Werkzeug — Dorl — Oben Doppelhaken — Sauer — Karl — Fischer

Spalting — Rademacher — Saltzmann — Dietrich

Riggert — Riggert — Schofer — Burckhart

Burgkhartt — Staud — Lauckhard — Raw

Speicher — Hardessheim — Böninger — Oben Buchstabe — Adeler

Geteilt, oben Buchstabe/Gespalten

Gespalten, rechts Heroldsbild

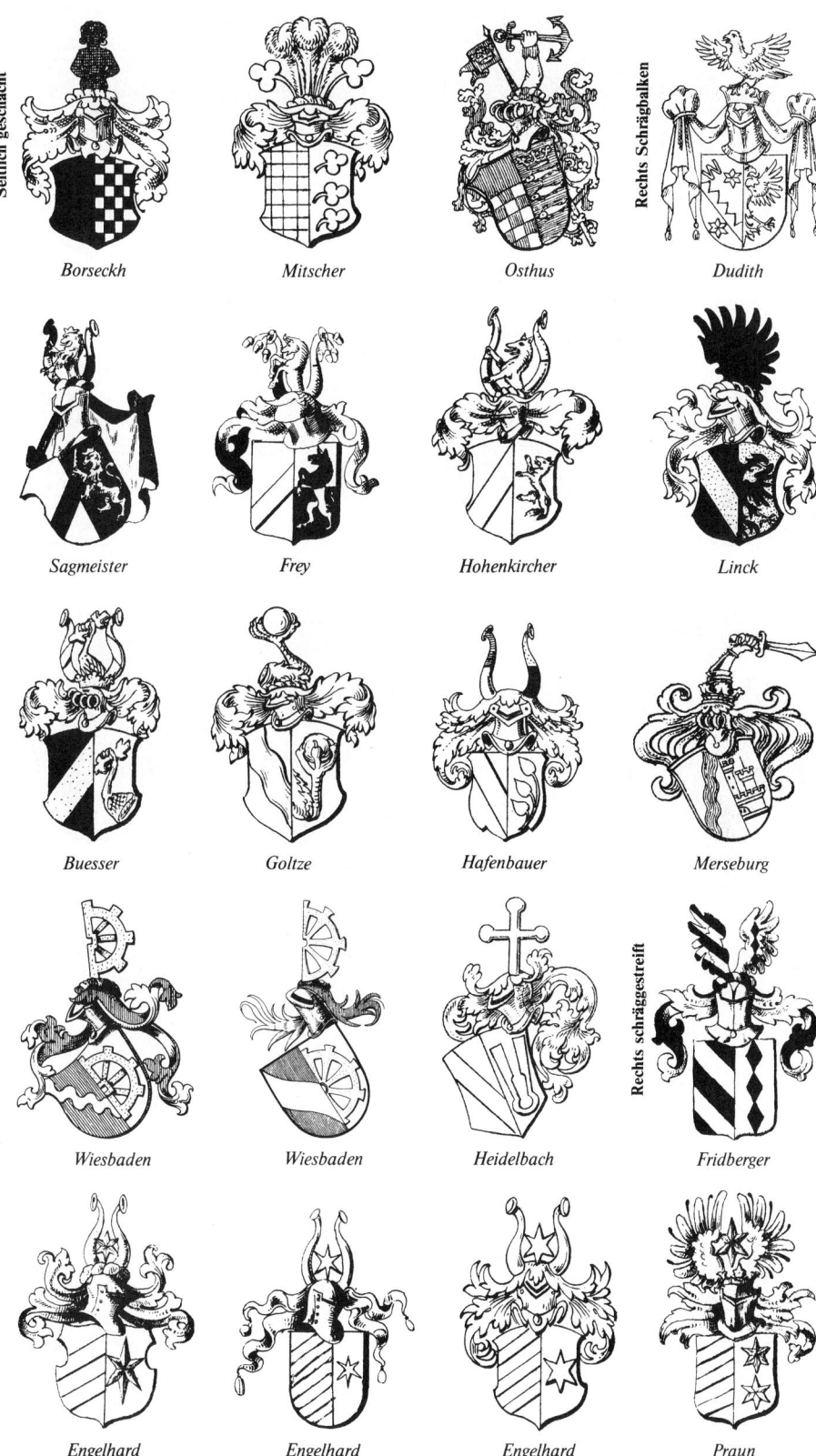

Borseckh	Mitscher	Osthus	Dudith
Sagmeister	Frey	Hohenkircher	Linck
Buesser	Goltze	Hafenbauer	Merseburg
Wiesbaden	Wiesbaden	Heidelbach	Fridberger
Engelhard	Engelhard	Engelhard	Praun

Gespalten, rechts schräggestreift

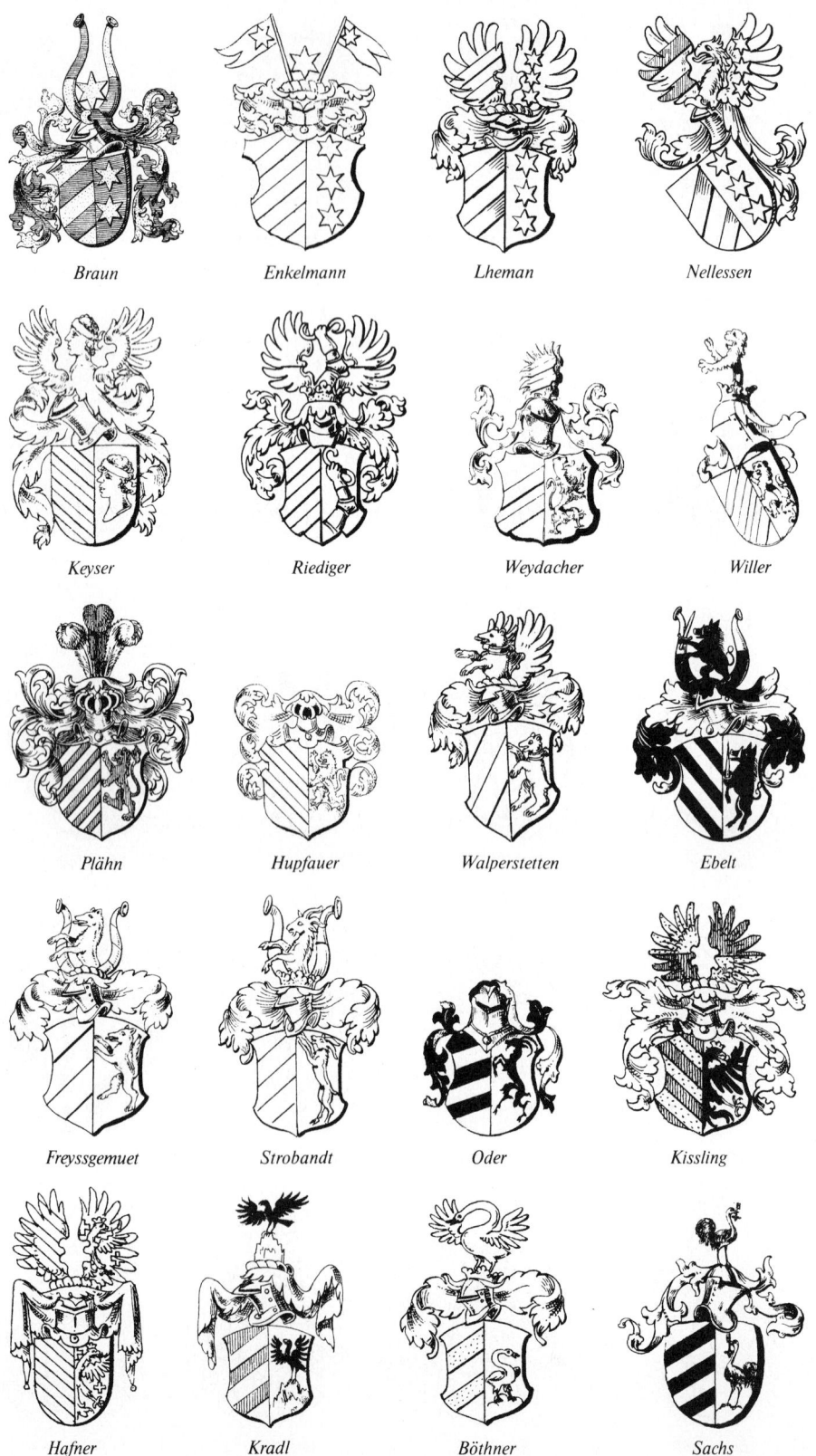

Gespalten, rechts schräggestreift/Rauten

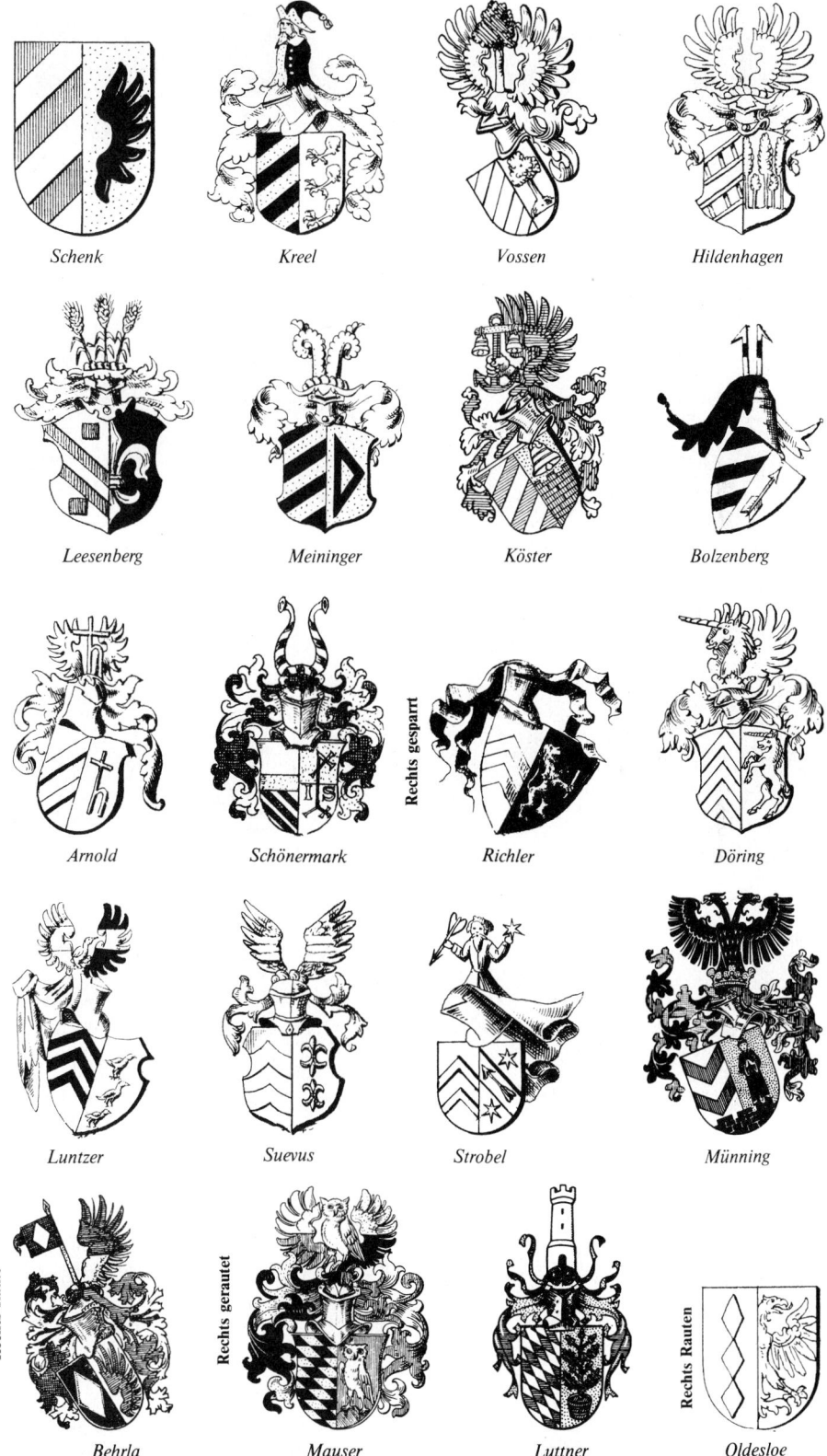

Gespalten, rechts Rauten/Kreuz

Gespalten, rechts Kreuz/Kosmos

Gespalten, rechts Sterne

Gespalten, rechts Sterne 919

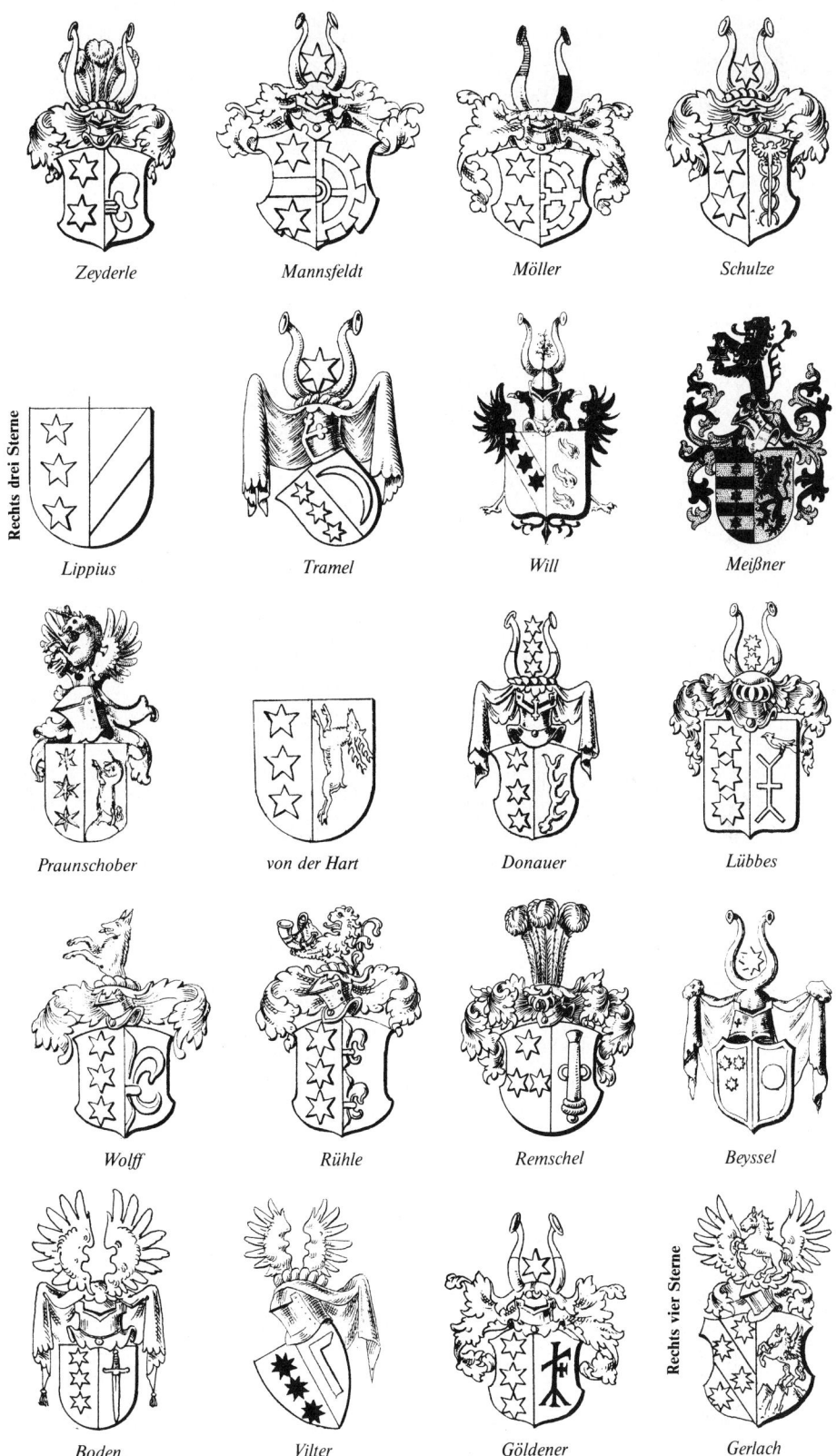

Gespalten, rechts Kosmos/Mensch

Gespalten, rechts Mensch

Gespalten, rechts Mensch/Körperteile

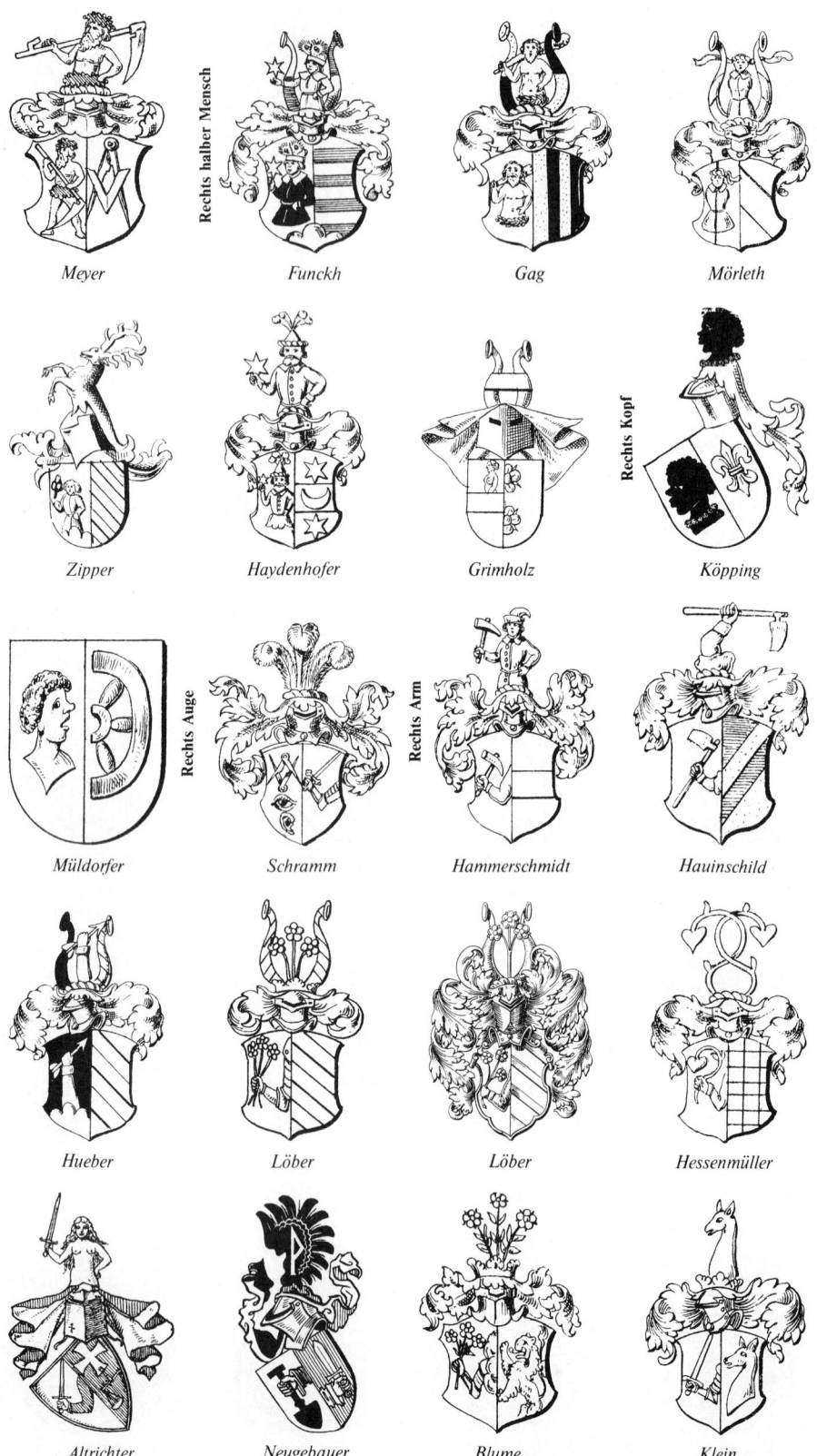

Gespalten, rechts menschliche Körperteile

Gespalten, rechts Löwe

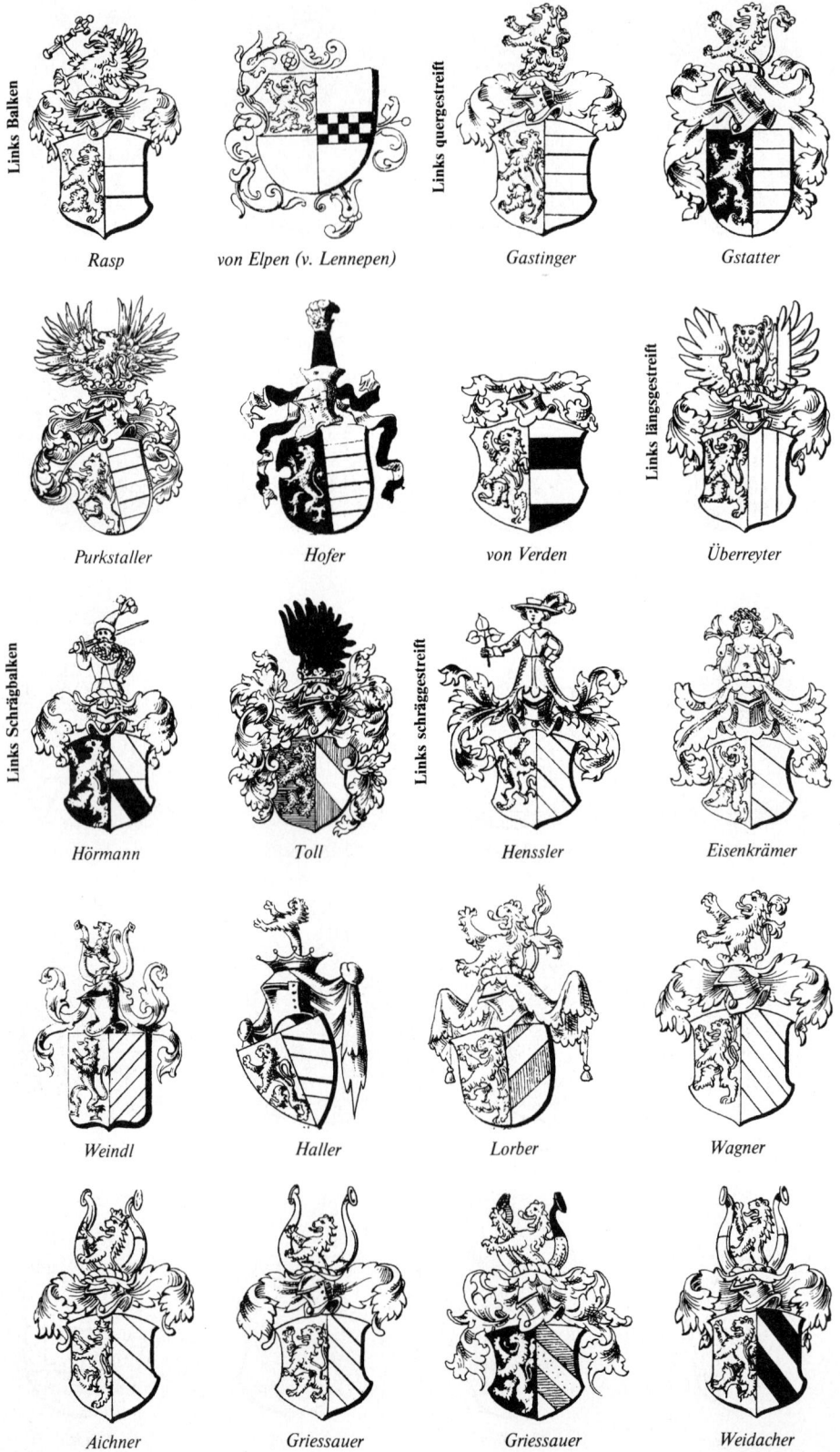

Gespalten, rechts Löwe

Wurschenhofer — Amanger — Eckenfelder — Gerwaldt
Högler — Rothenburger — Deschenmacher — Schmeling
Leb, gen. Layb — Bose — Cordua — Viebig
Kulnigg — Dersch — Hetsch — Mödlmayer
Froelich — Lebitsch — Heczer — Schulz

Gespalten, rechts Löwe

Gespalten, rechts Löwe, links Gerät/rechts Löwe, etwas haltend 927

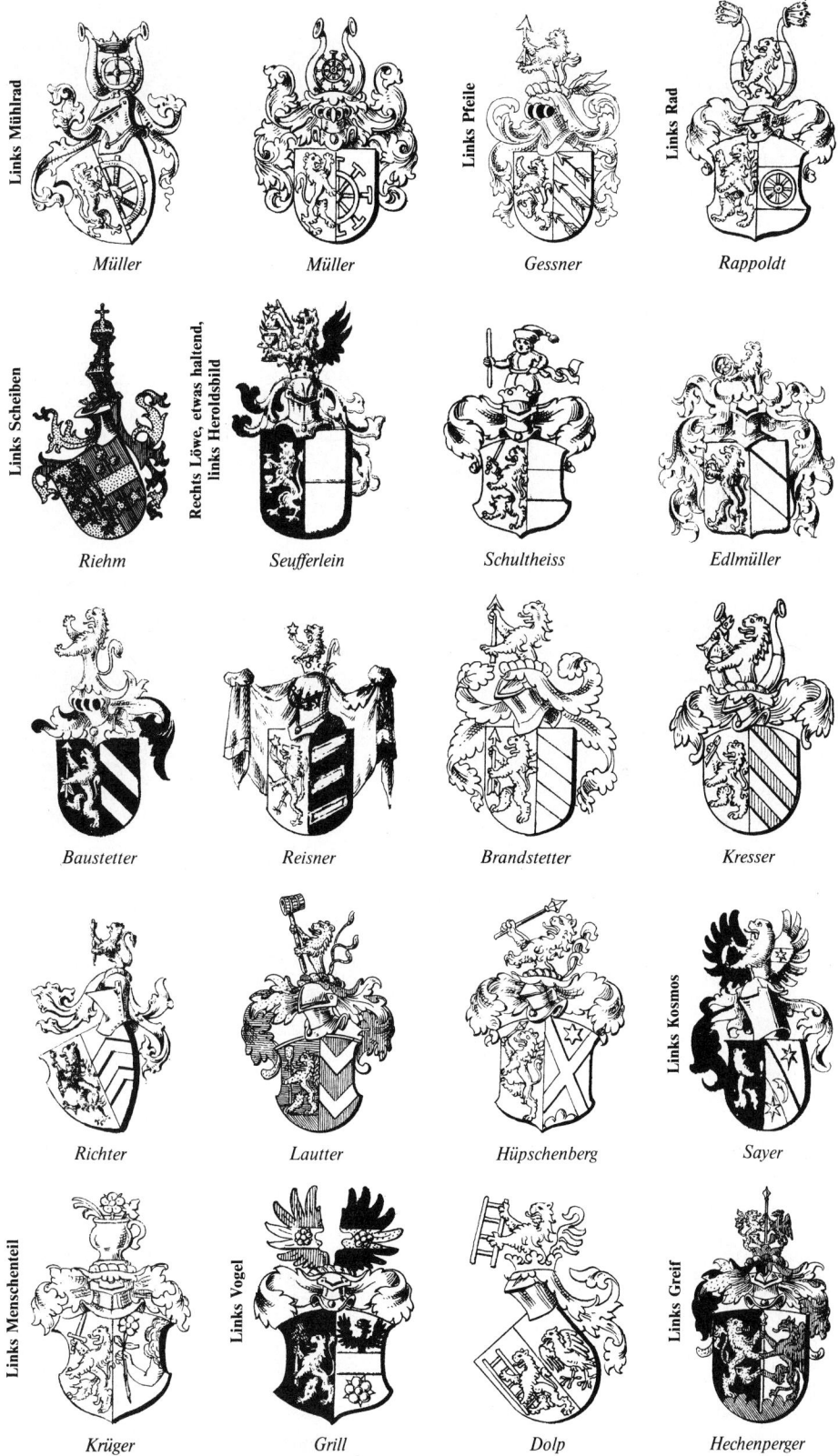

Gespalten, rechts Vierbeiner

Gespalten, rechts Vierbeiner

Gespalten, rechts Vierbeiner

Gespalten, rechts halber Adler, links Heroldsbild/Stern

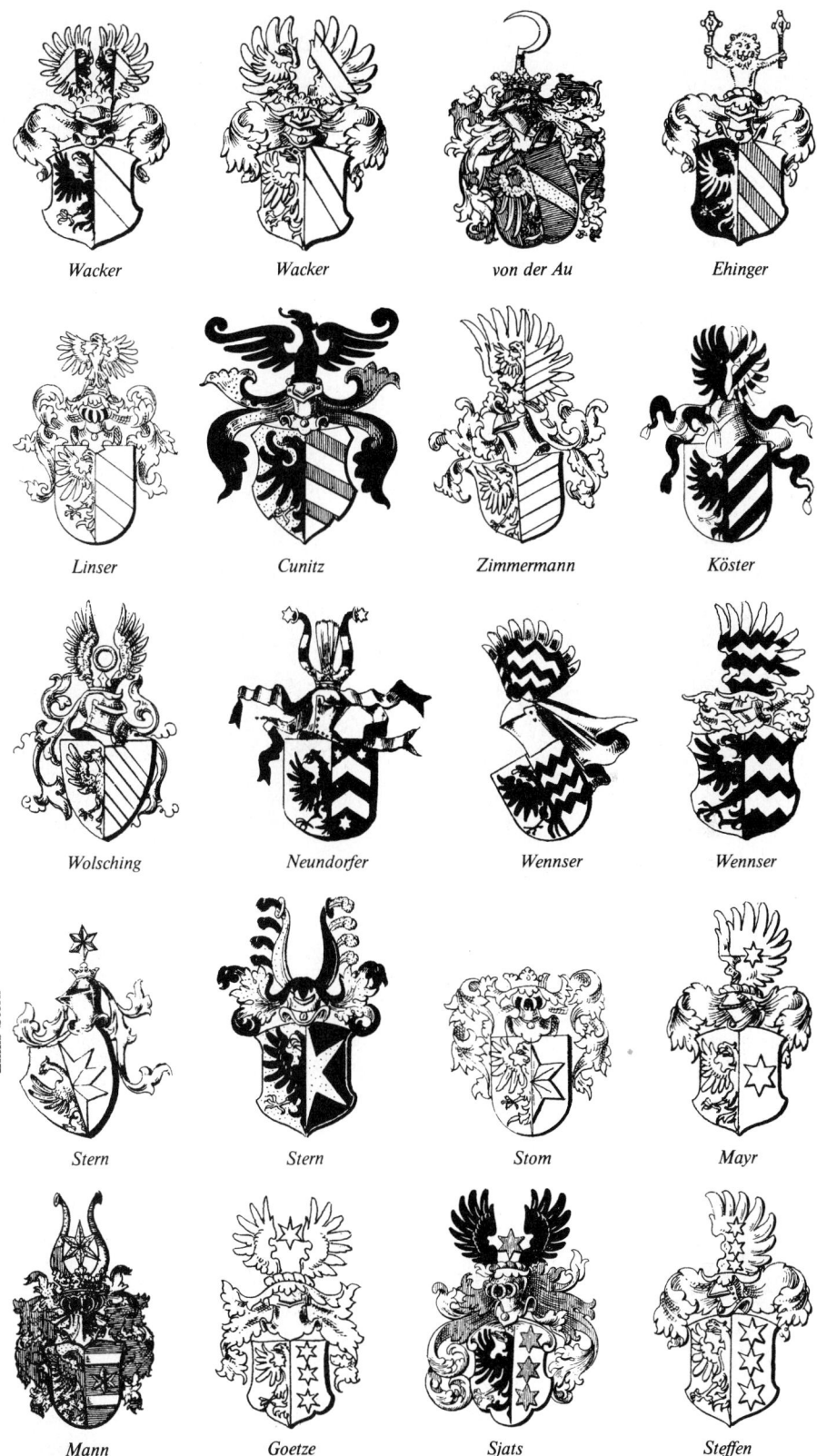

Gespalten, rechst halber Adler, links Pflanzenreich

936 Gespalten, rechst halber Adler, links Pflanzenreich

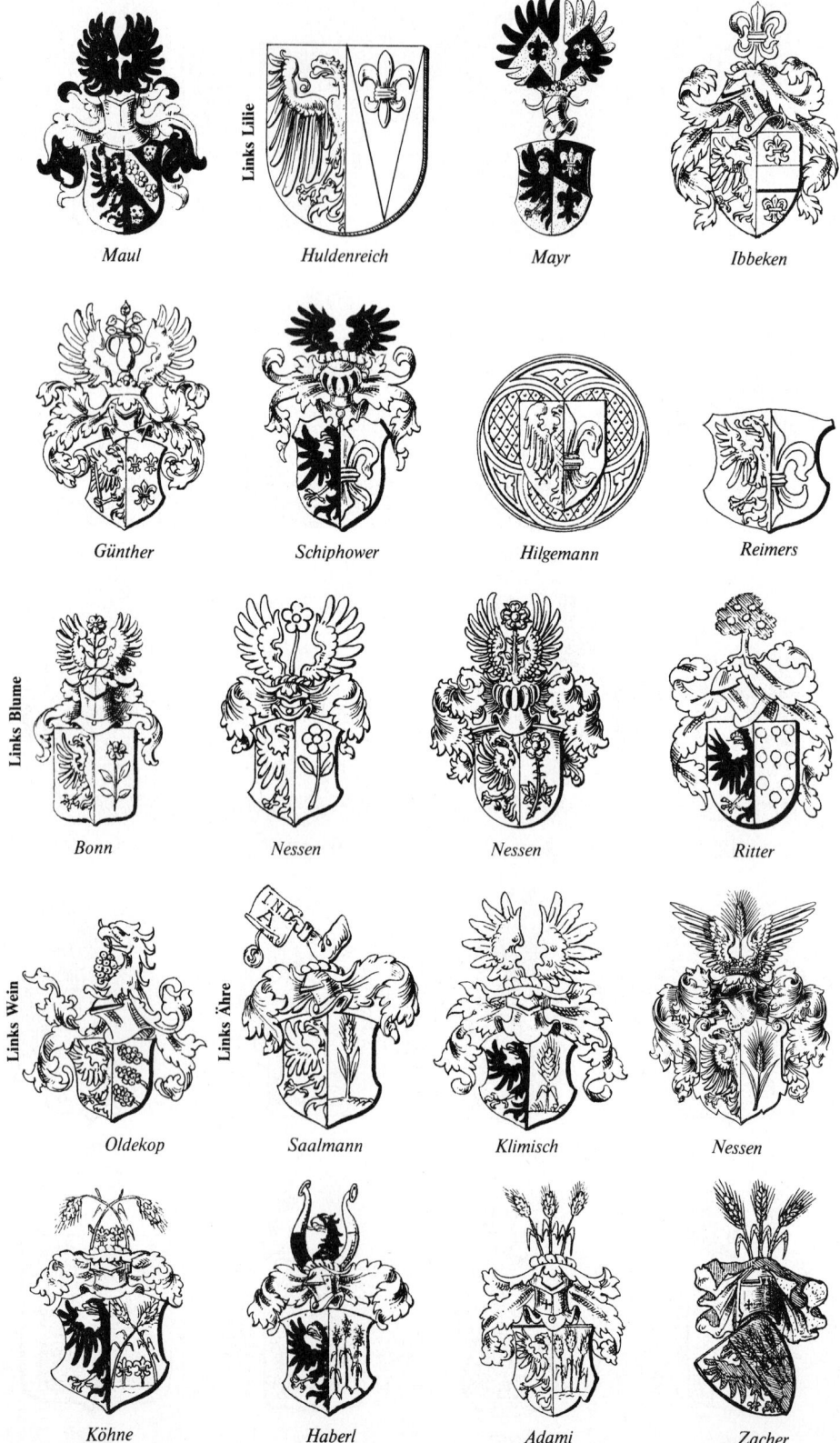

Gespalten, rechts halber Adler, links Ähren/Geräte

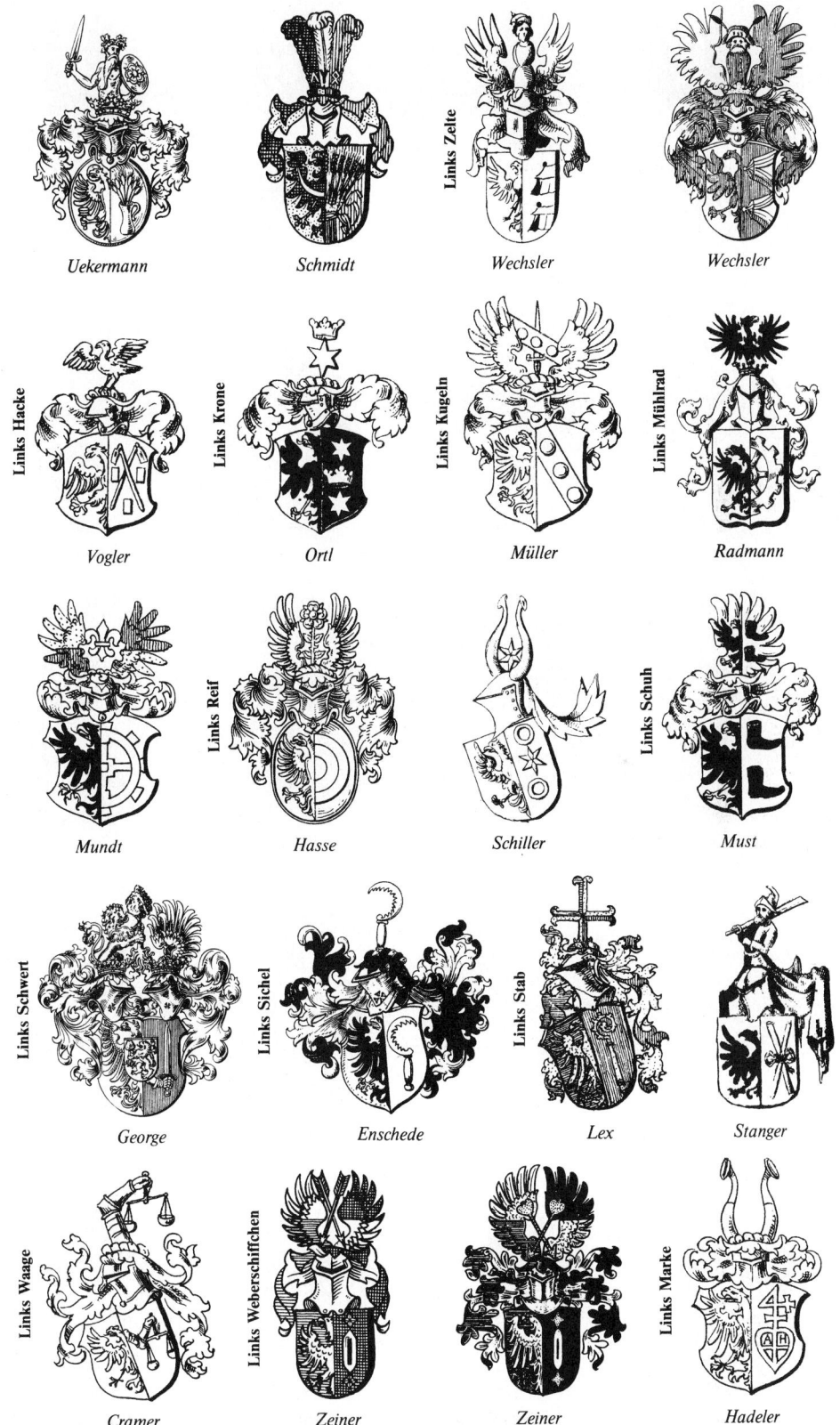

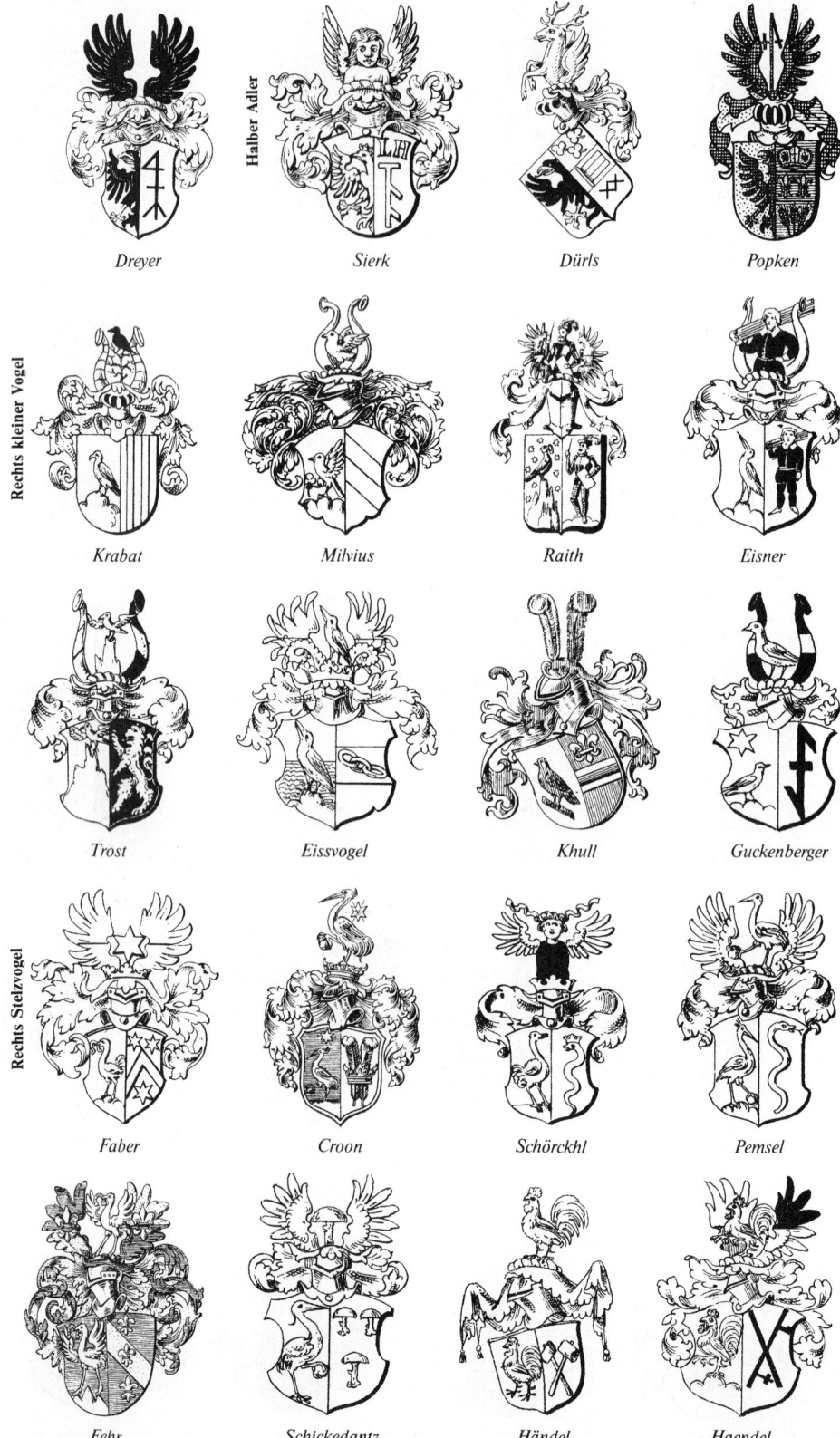

Gespalten, rechts Vogelwelt

Gespalten, rechts Vogelwelt/Reptilien

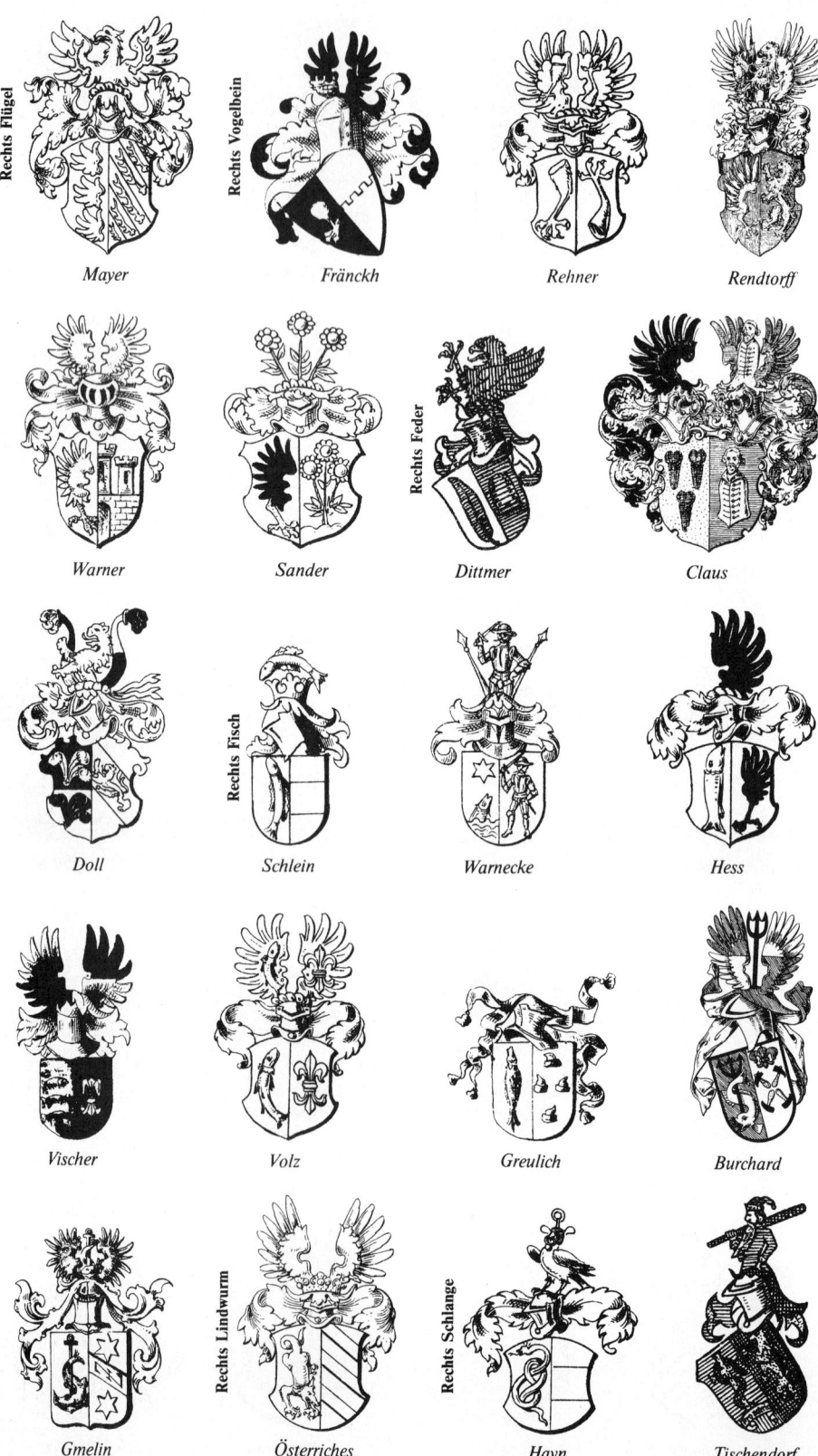

Gespalten, rechts Schlange/Mischwesen 941

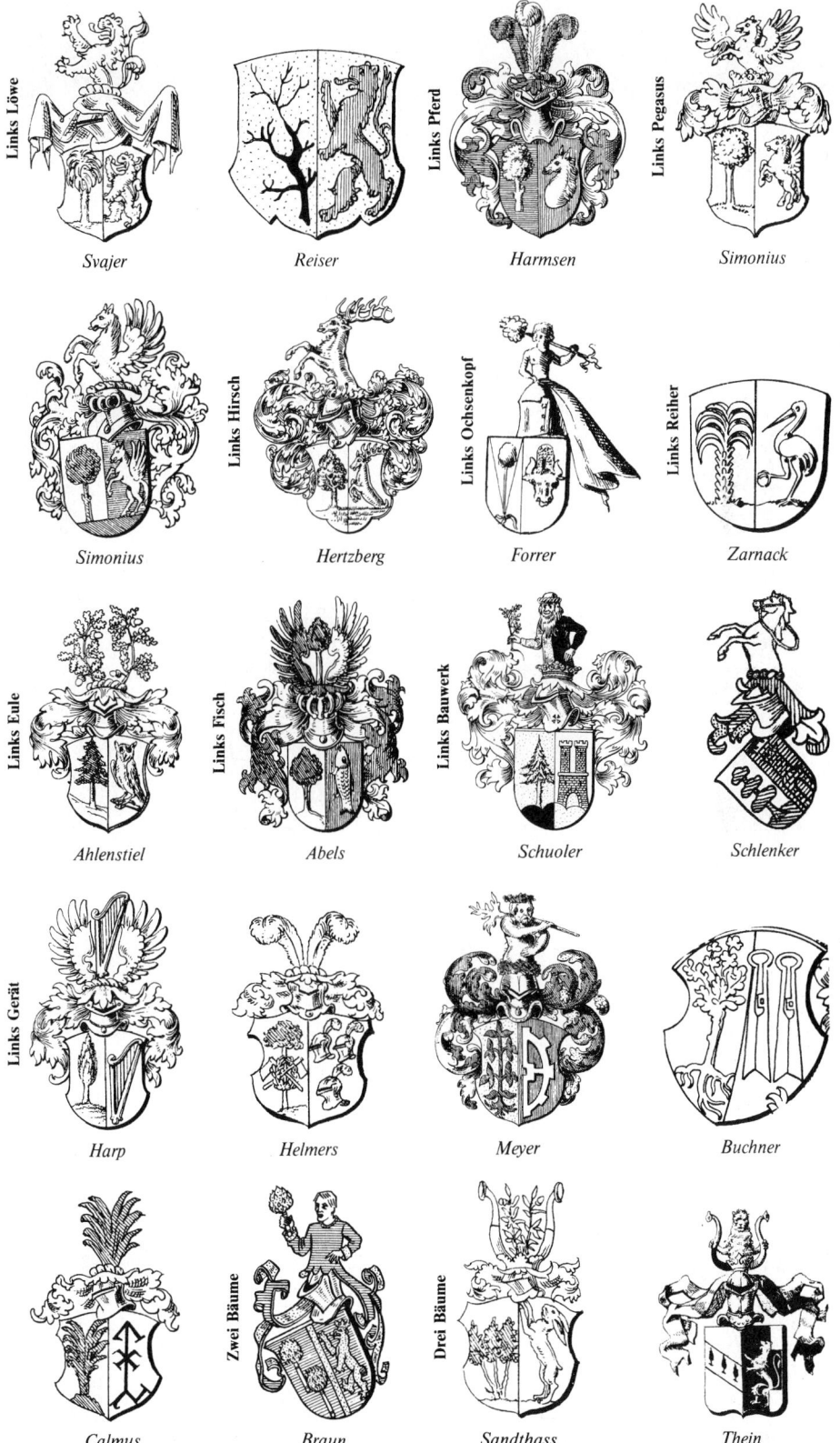

Gespalten, rechts Pflanzenreich

Gespalten, rechts Pflanzenreich

Gespalten, rechts Pflanzenreich

Gespalten, rechts Rosen

Bohlen — Krüger — Küffner — Marsteller
Marstaller — Cloot — Cleve — Schmidt
Artelt — Hesse — Zynner — Prätorius
Willigken — Vielrose — Pansow — Neven-Du Mont
Fauwes — Tamm — Neundörffer — Richey

Gespalten, rechts Pfanzenreich 949

950 Gespalten, rechts Lilie

Gespalten, rechts Pflanzenreich

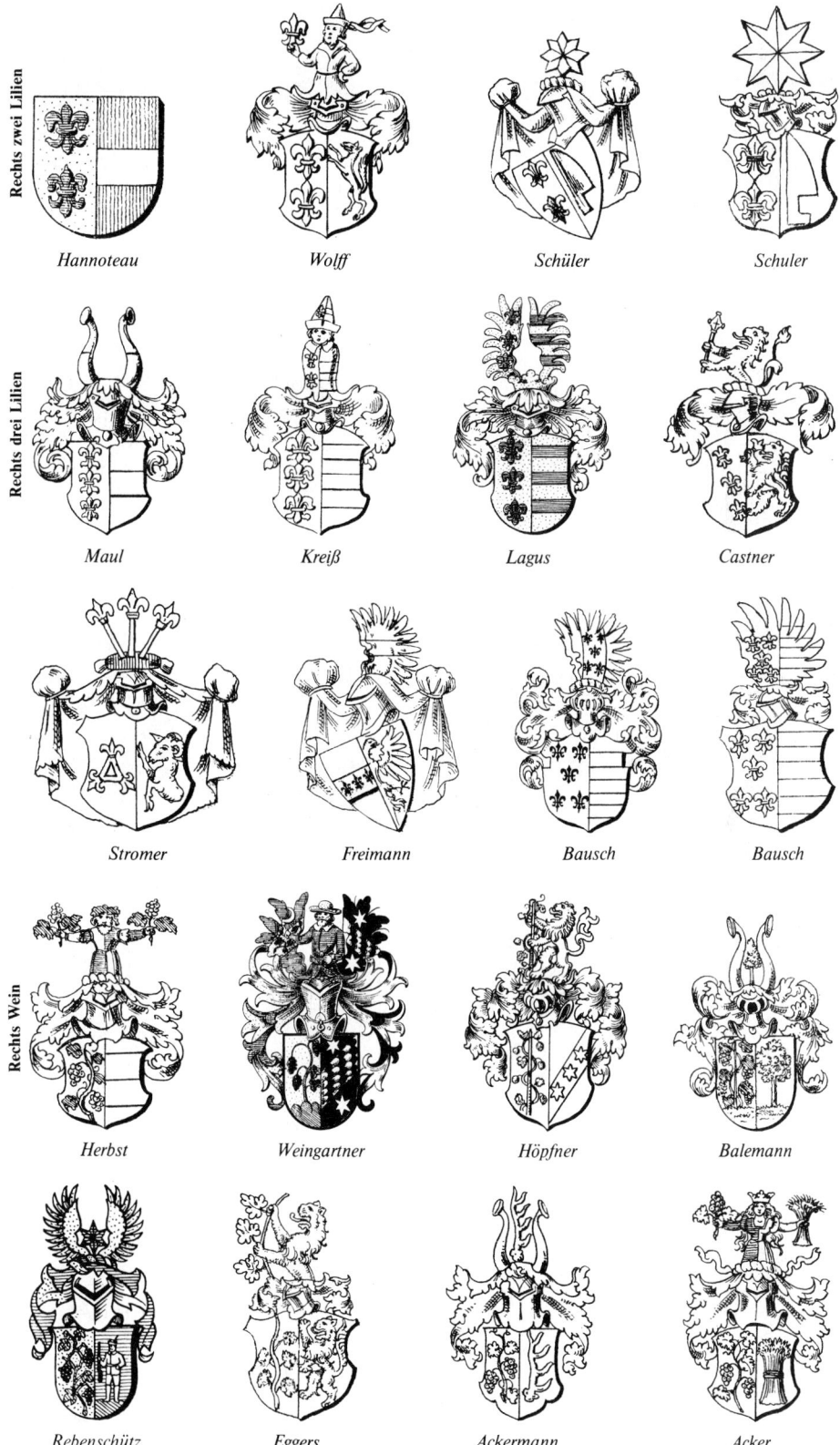

Gespalten, rechts Pflanzenreich

Gespalten, rechts Rad/andere Geräte

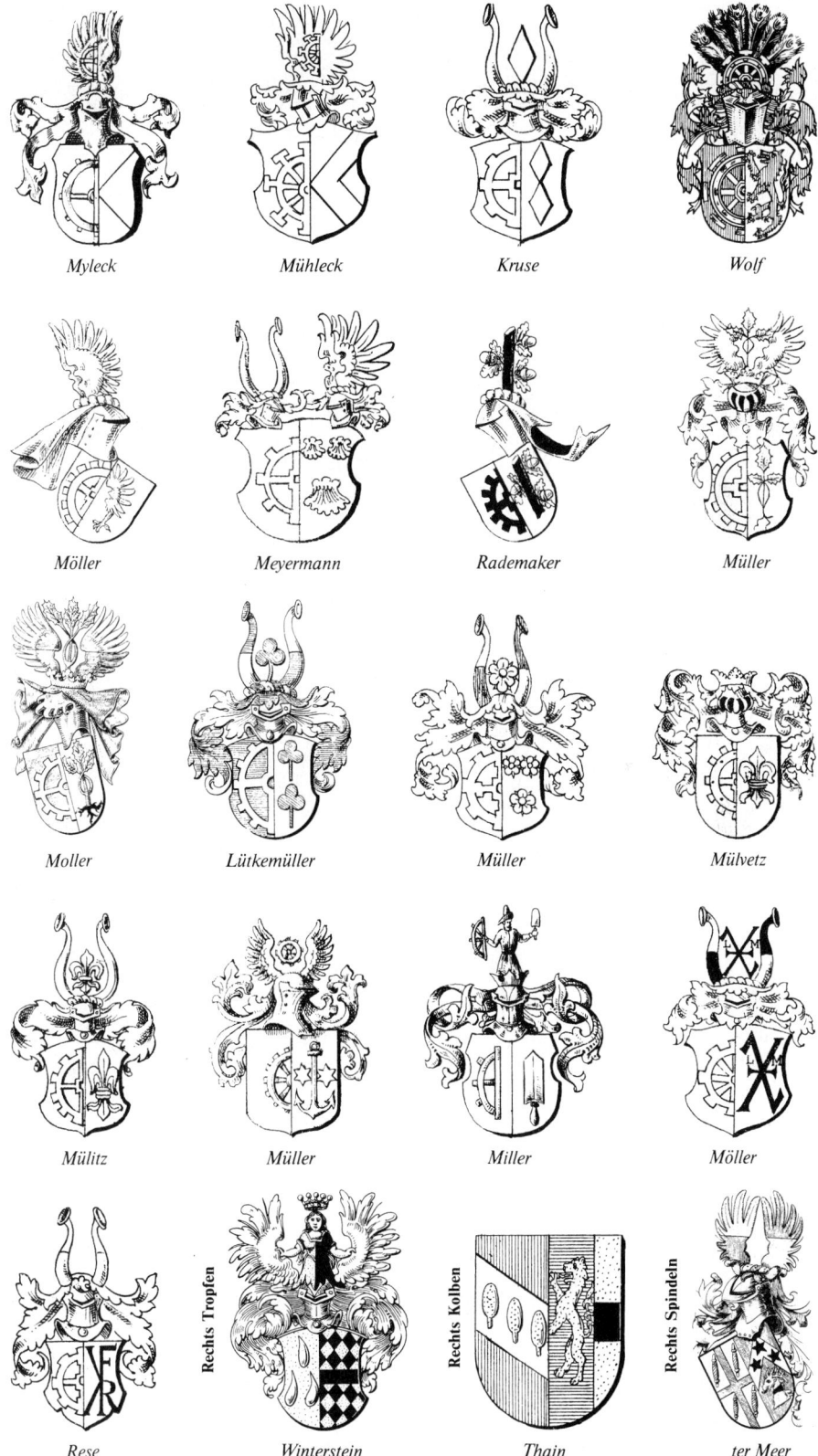

Gespalten, rechts Geräte

Gespalten, rechts Geräte

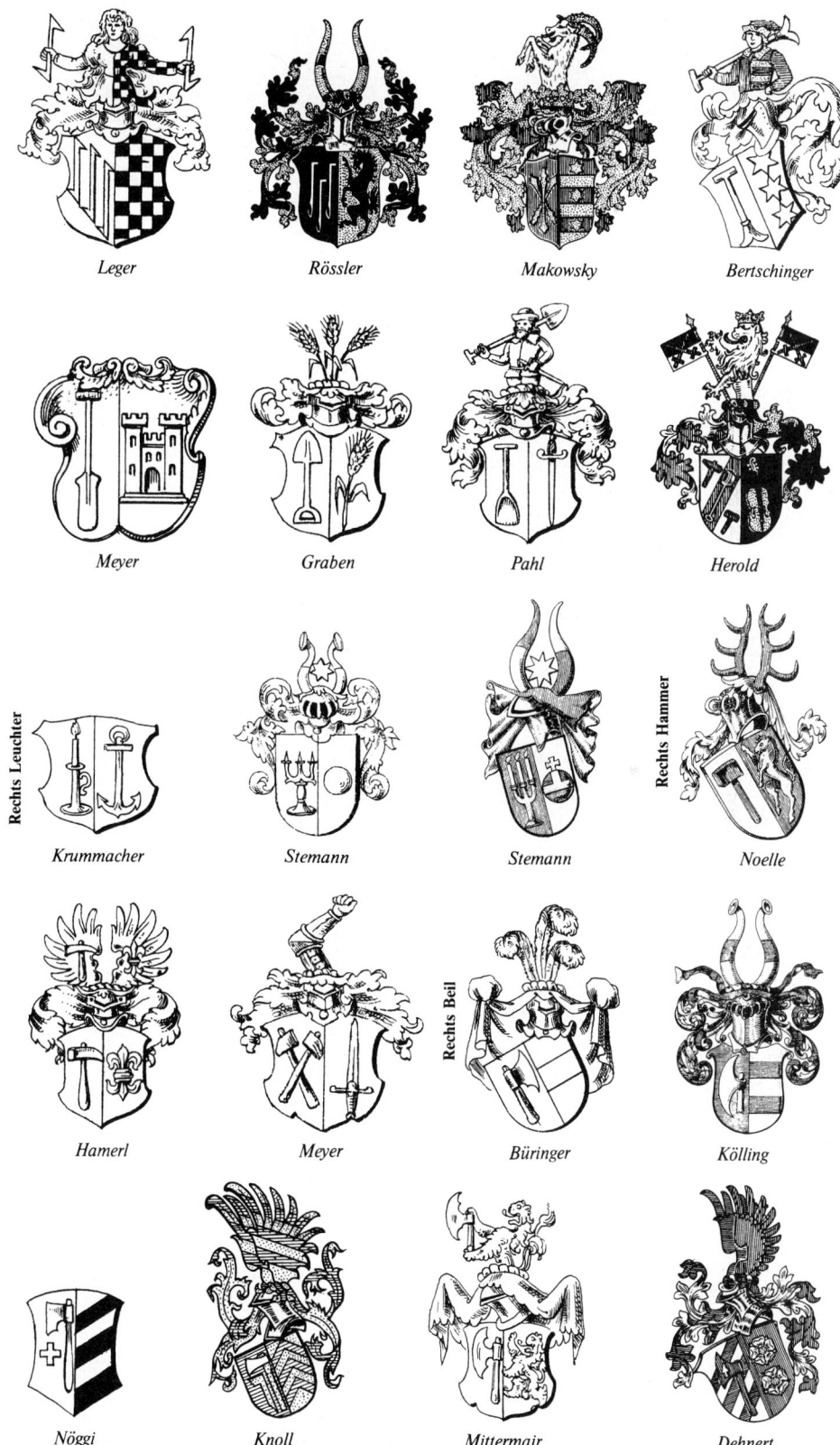

Gespalten, rechts Geräte

Gespalten, rechts Gerät

Gespalten, rechts Gerät

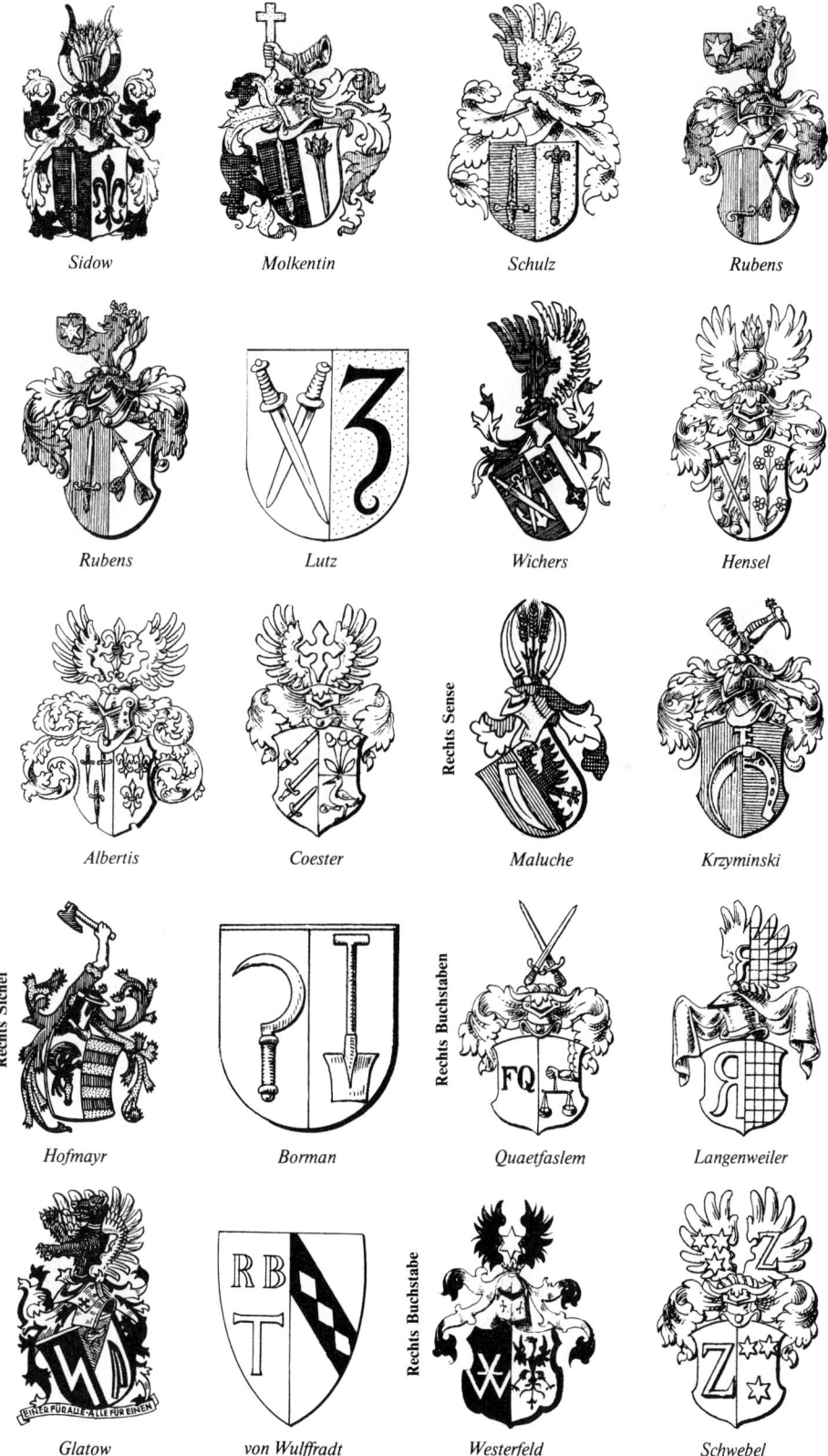

Gespalten, rechts Marke

Gespalten/Schräggeteilt

Schräggeteilt, oben Kosmos

Schräggeteilt, oben Lebewesen

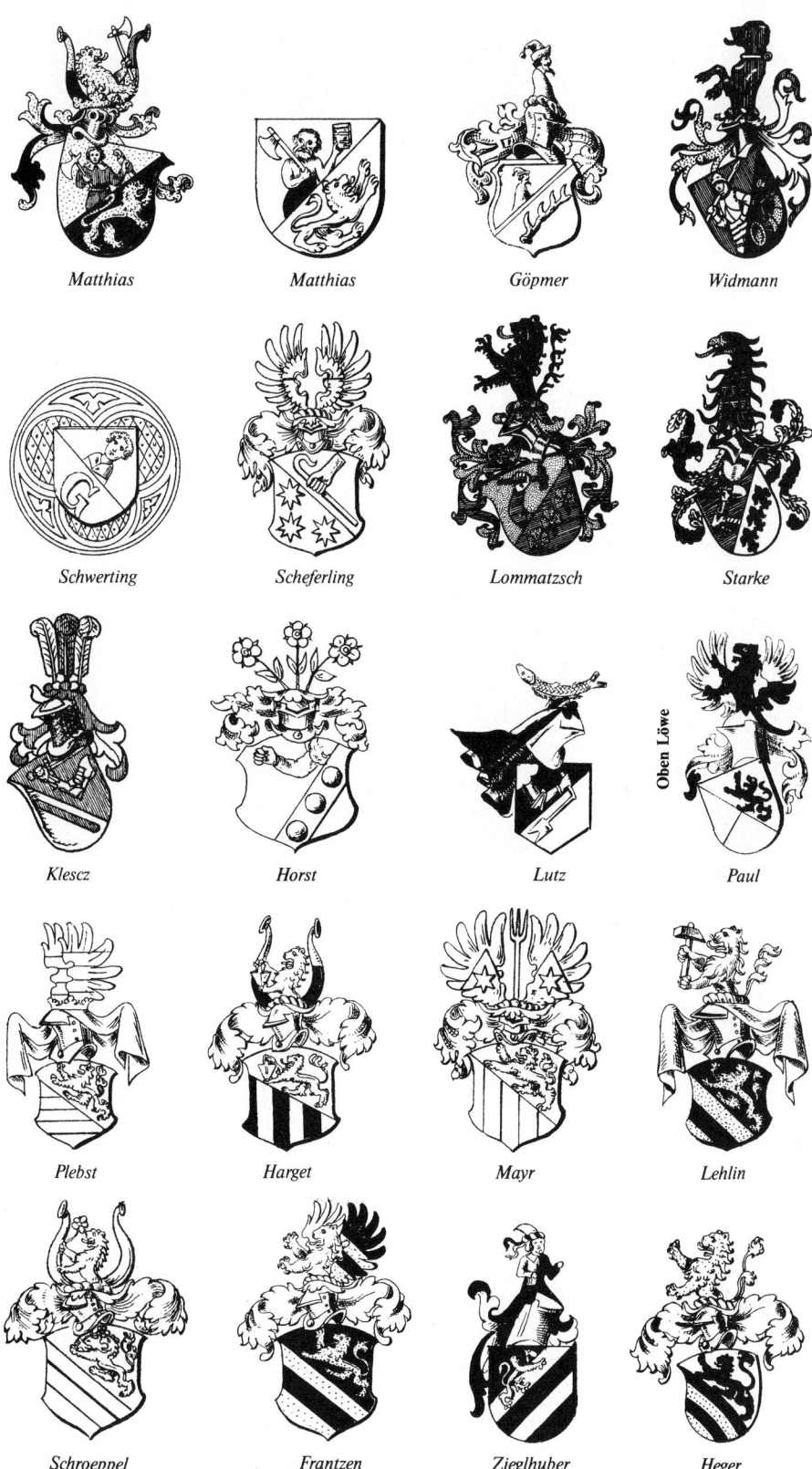

Matthias	Matthias	Göpmer	Widmann
Schwerting	Scheferling	Lommatzsch	Starke
Klescz	Horst	Lutz	Paul
Plebst	Harget	Mayr	Lehlin
Schroeppel	Frantzen	Zieglhuber	Heger

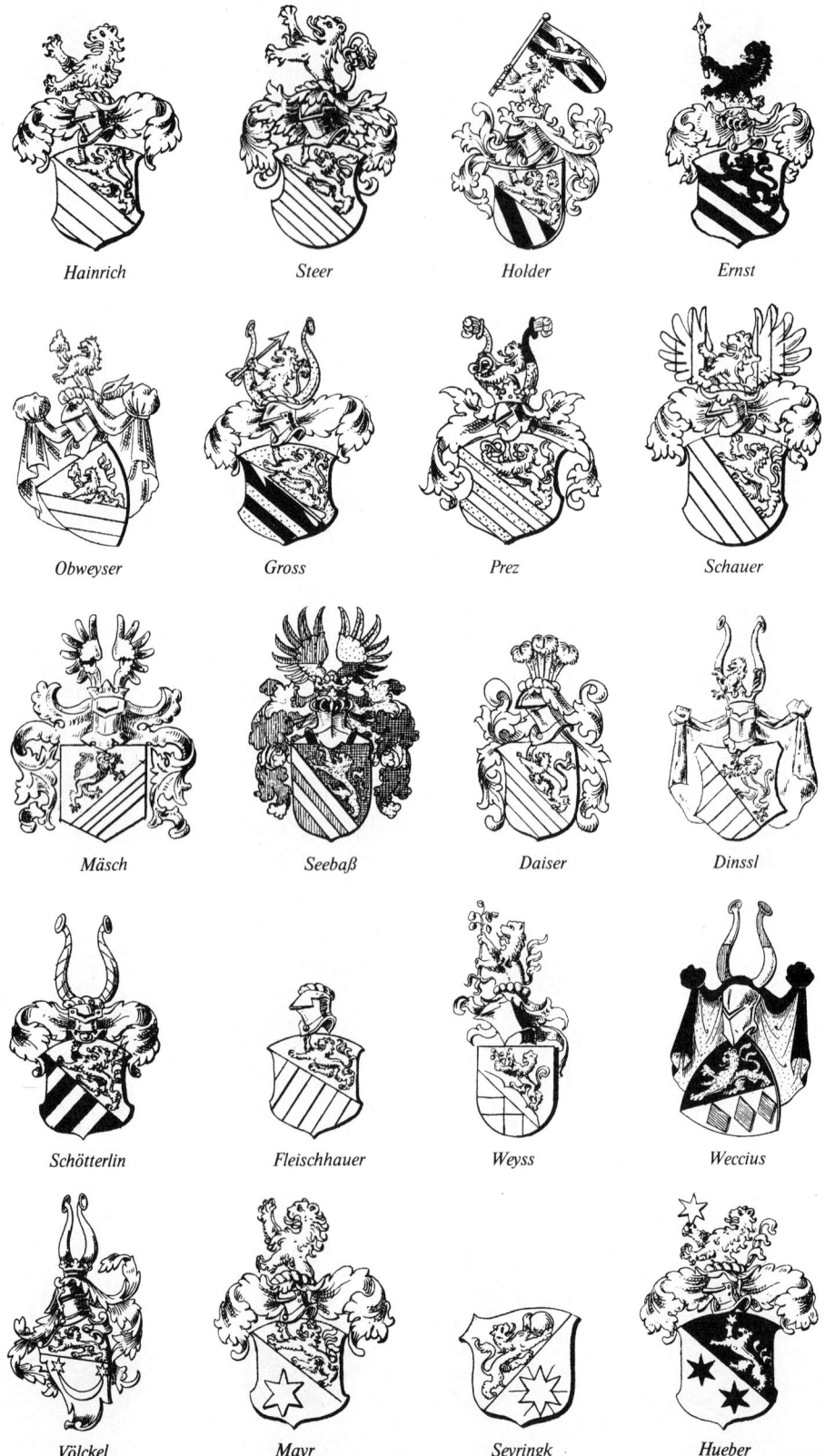

Schräggeteilt, oben Löwe

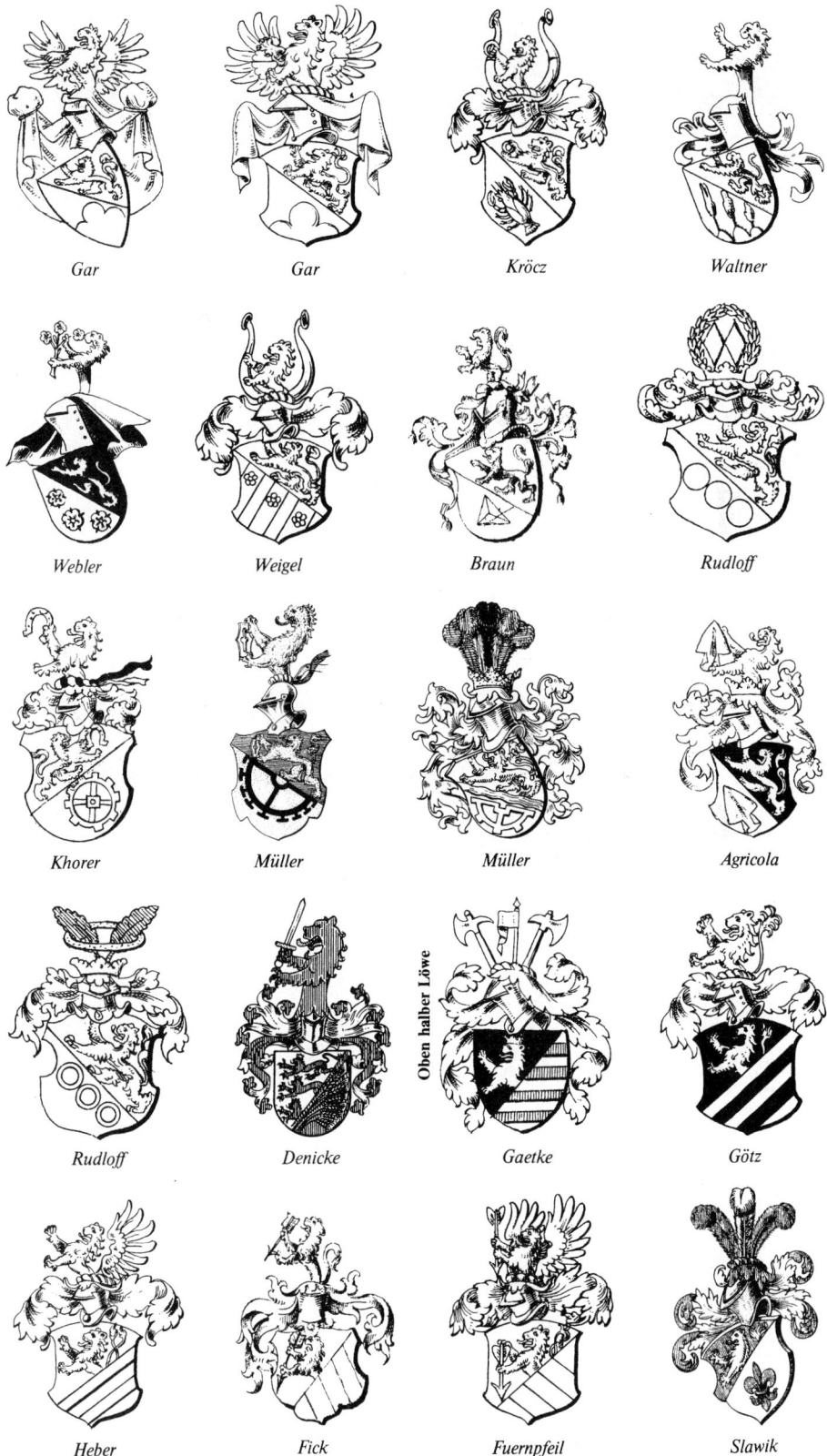

Gar   *Gar*   *Kröcz*   *Waltner*

Webler   *Weigel*   *Braun*   *Rudloff*

Khorer   *Müller*   *Müller*   *Agricola*

Rudloff   *Denicke*   **Oben halber Löwe**   *Gaetke*   *Götz*

Heber   *Fick*   *Fuernpfeil*   *Slawik*

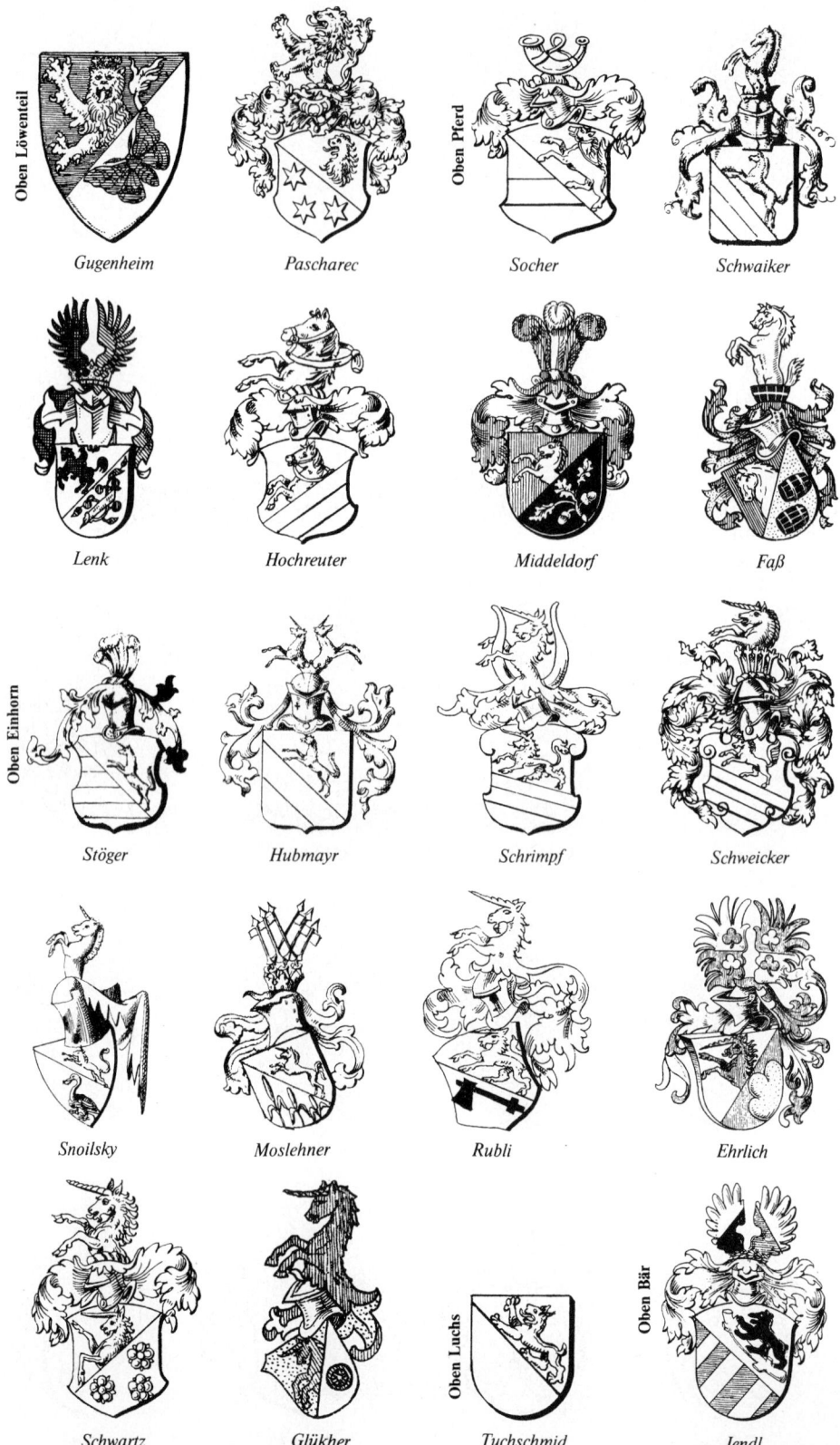

Schräggeteilt, oben Lebewesen

Schräggeteilt, oben Lebewesen

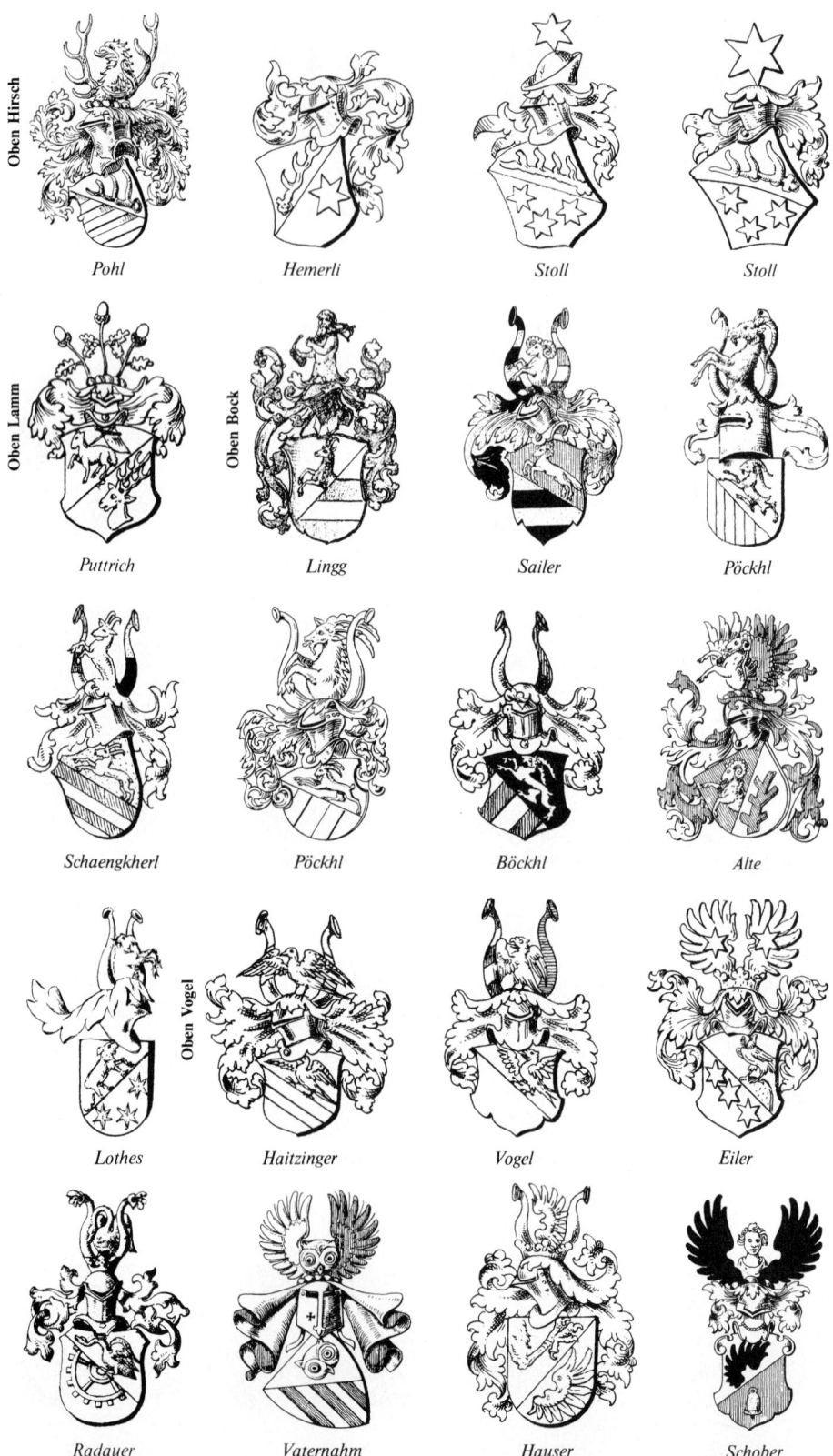

Schräggeteilt, oben Lebewesen/Pflanzen

Schräggeteilt, oben Pflanze

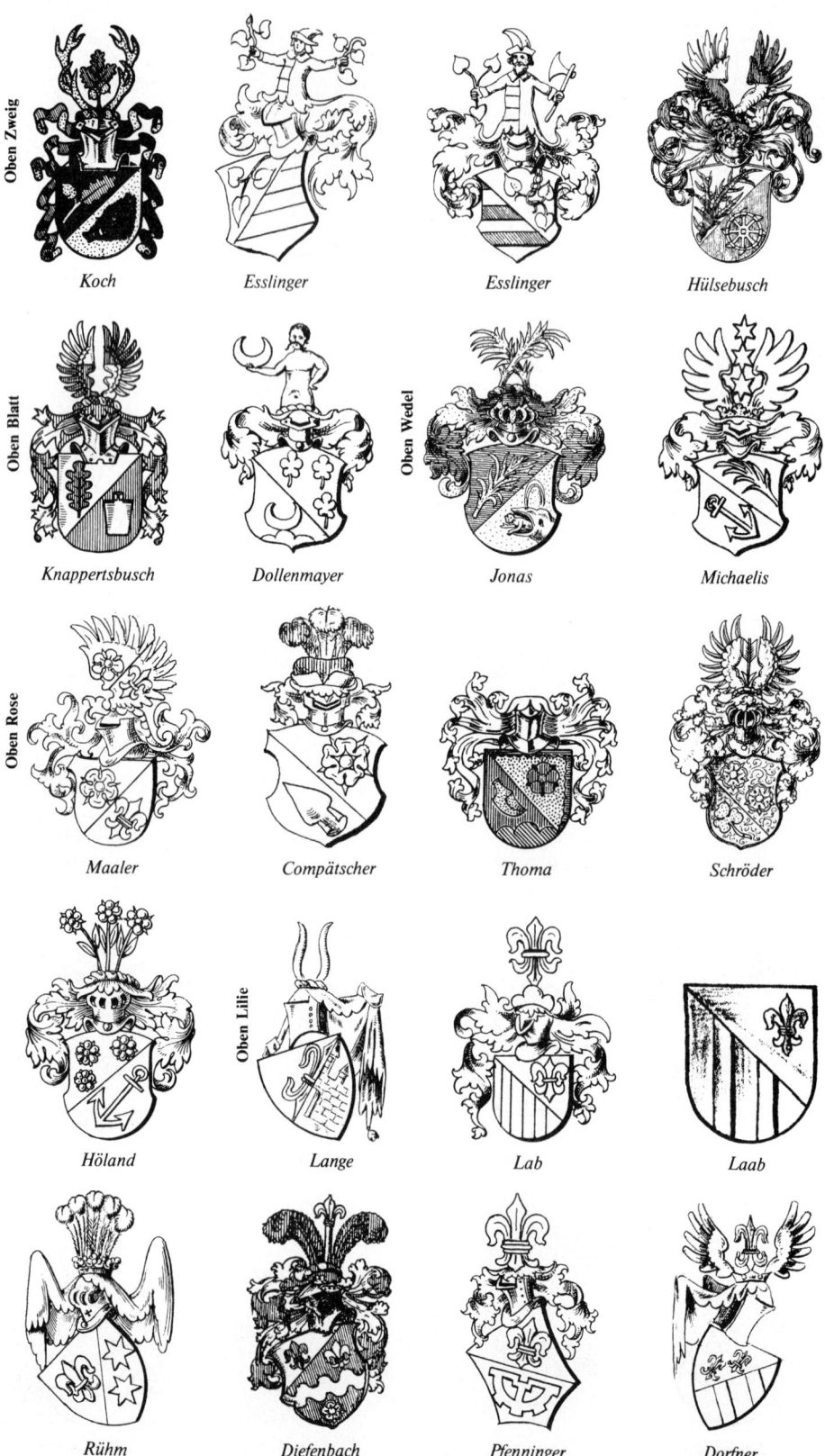

Oben Zweig: Koch, Esslinger, Esslinger, Hülsebusch
Oben Blatt: Knappertsbusch, Dollenmayer, Jonas, Michaelis
Oben Rose: Maaler, Compätscher, Thoma, Schröder
Höland, Oben Lilie: Lange, Lab, Laab
Rühm, Diefenbach, Pfenninger, Dorfner

Schräggeteilt, oben Pflanze/Gerät

Schräggeteilt/Balken, leer, begleitet

Oben Gerät

Rolandt — Schneider-Wernecke — Schlagintweit — Brennecke

Pahl — Wislicenus — Baur — Schüßler

Richter — Steudel — Thomann — Loth

Spangenberg — v. Grest — Gottwald — Modersohn

Balken, oben Heroldsstück / Oben: Kreuz

Martens — Bardenhewer — Zweifel — Grofen

Balken, leer, begleitet

Oben: Kosmos

Vinhagen Meybusch Esmarch Penshorn

Bloch Bremer Westede Westette

Vetters Emonts Vallencourt Lallemand

Beerger Werner Ruppel Kremerius

Plitt Lempp Hagert Fester

Balken, leer, begleitet

Balken, leer, begleitet

Balken, leer, begleitet

Balken, leer, begleitet

Balken, leer, begleitet

Balken, belegt und begleitet von duplizierten Bildern

984 Balken, belegt und begleitet von duplizierten Bildern

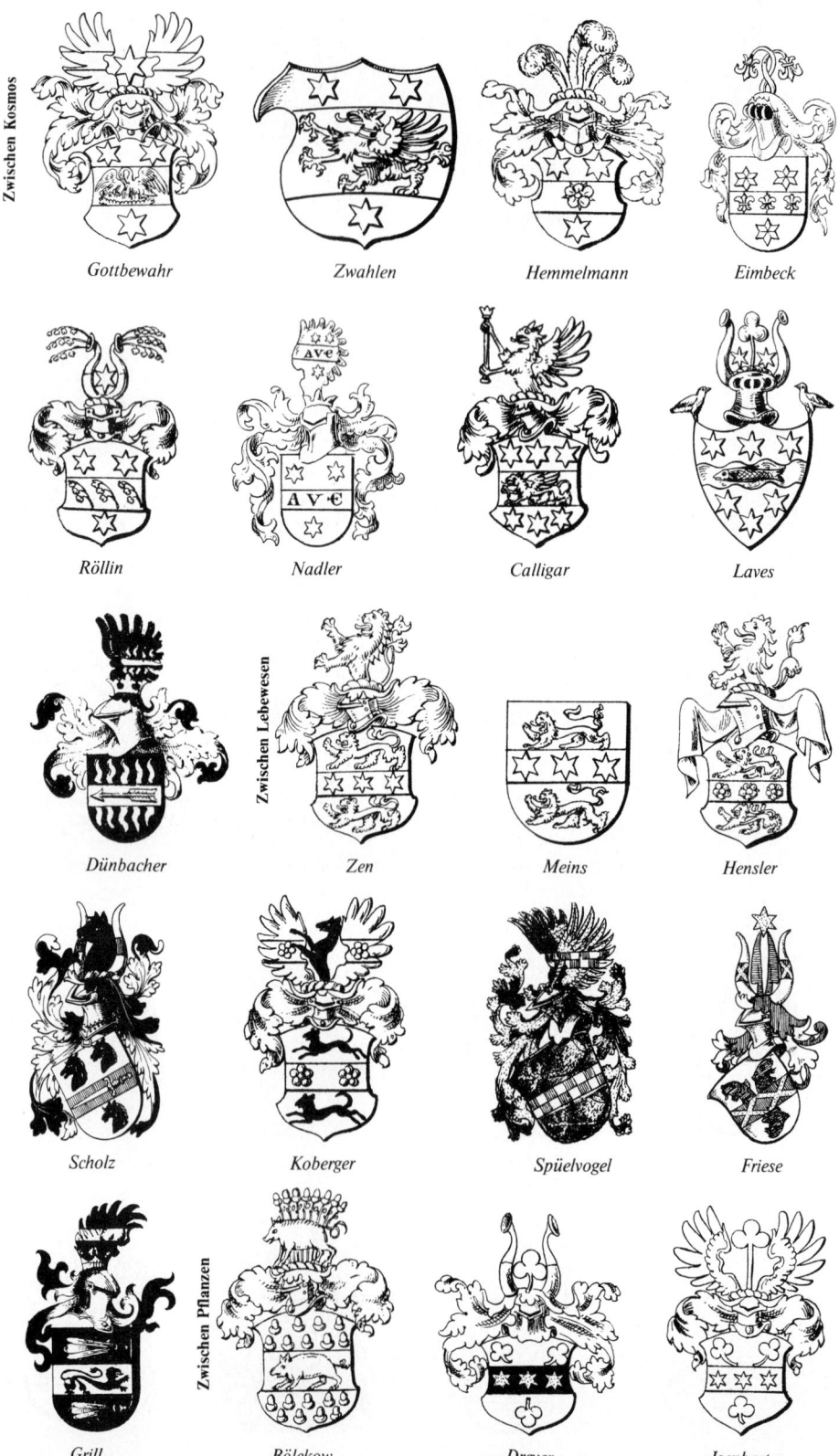

Balken, belegt und begleitet von duplizierten Bildern

Balken, belegt und (ungleichmäßig) begleitet

Balken, ungleichmäßig begleitet

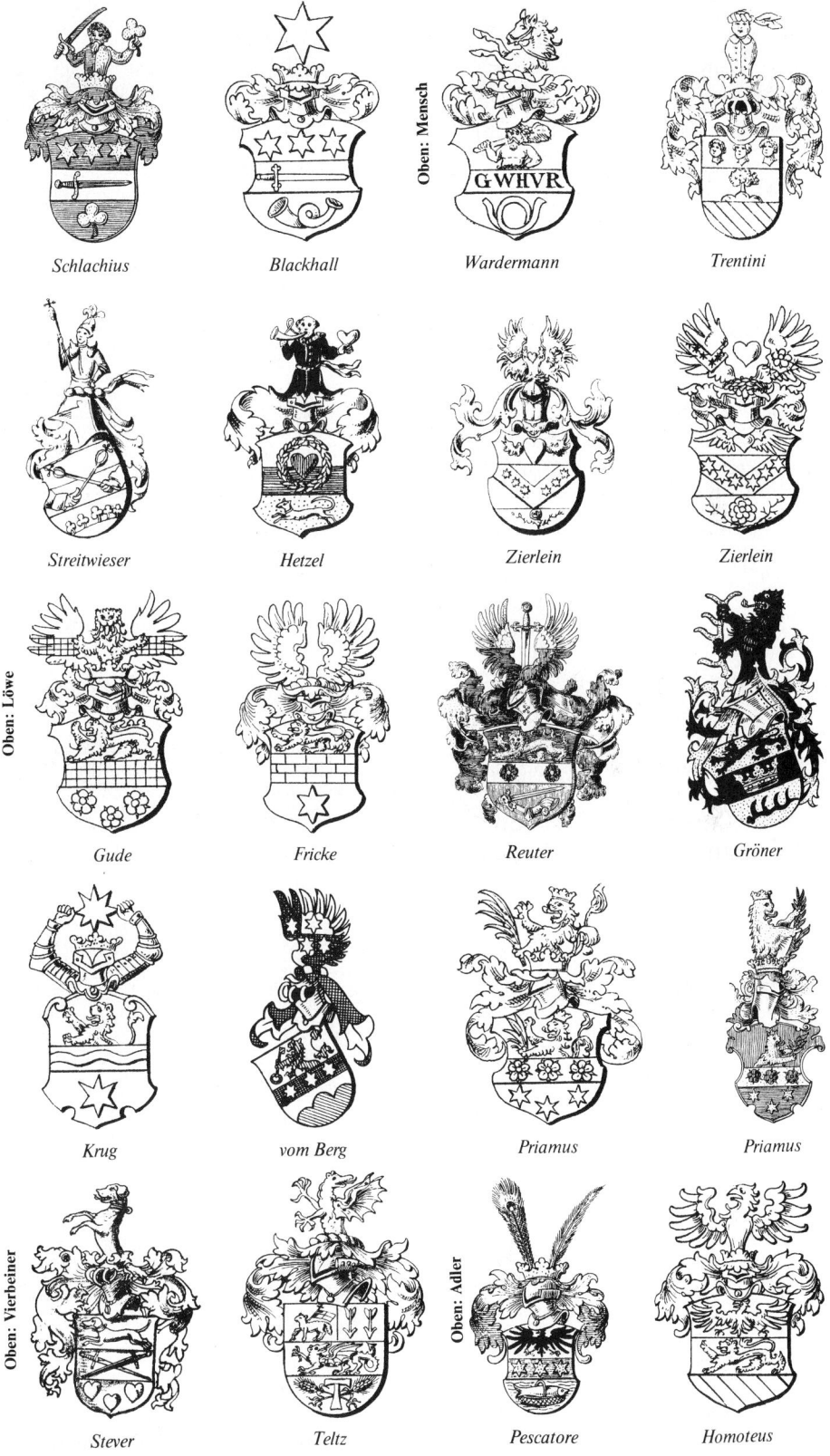

Balken, ungleichmäßig begleitet

Balken, ungleichmäßig begleitet

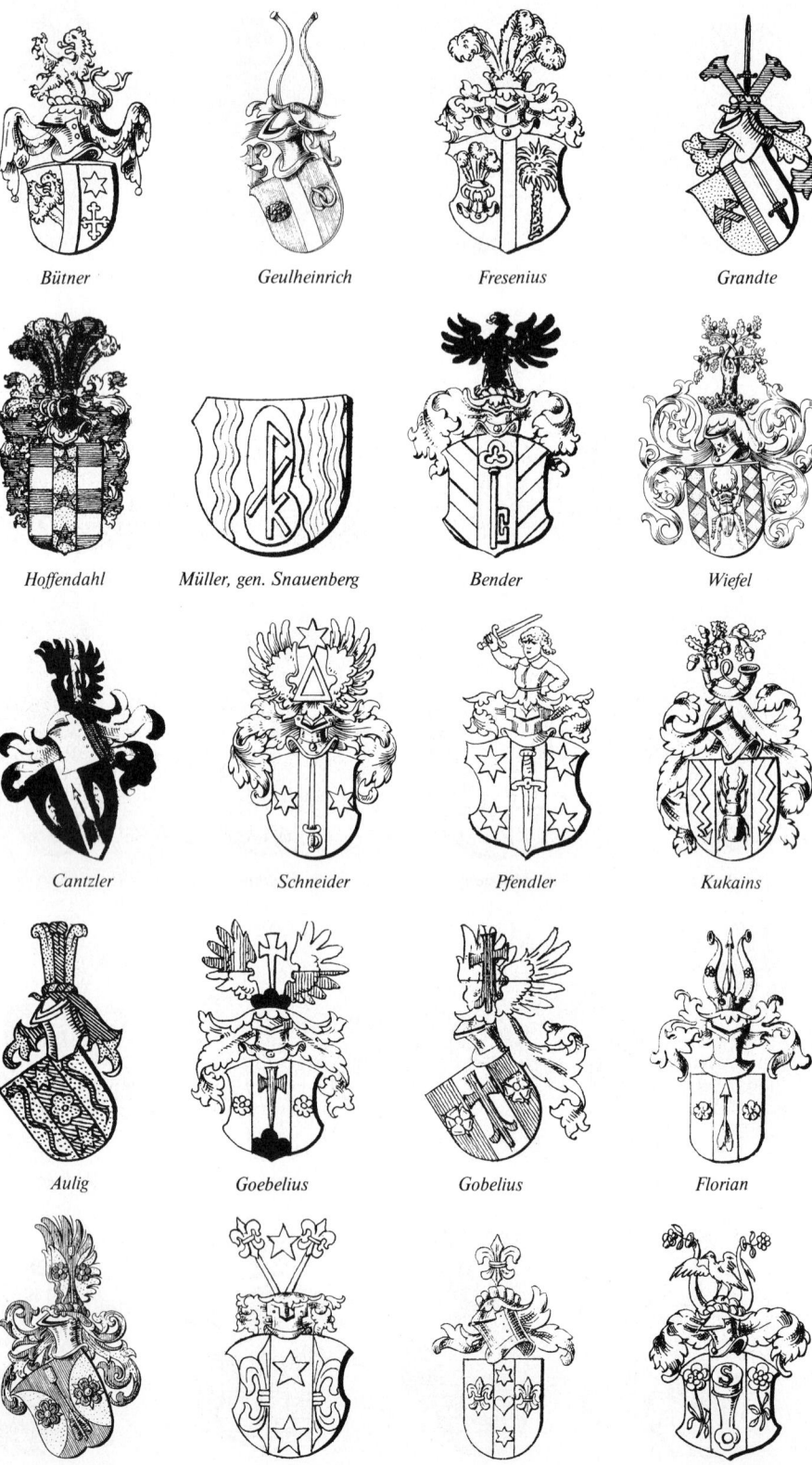

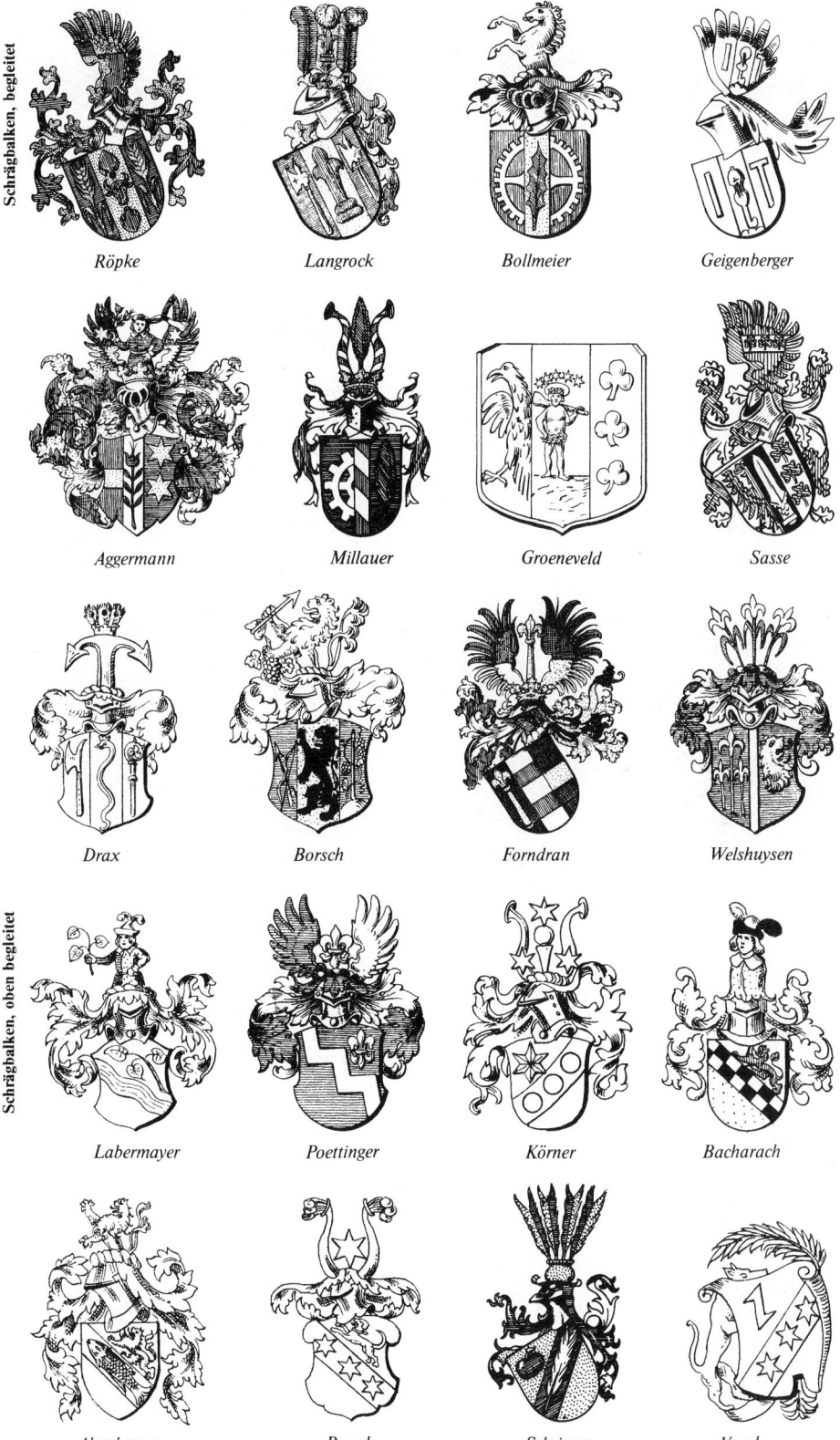

992　　　　　　　　　　　　　　　　　　Schrägbalken, begleitet/Spitze, belegt

Spitze, belegt

Unten: Kosmos

Pleniß — Stolz — Hirschberger — Birglin
Eggert — Kobesius — Mayr — Hoffmann
Sagmillner — Birglin — Steinlechner — Pagner
Funck — Braunholz — Bauer — Lepper
Lehmann — Gebhart — Hofmann — Haylandt

Spitze, belegt, unten Lebewesen 995

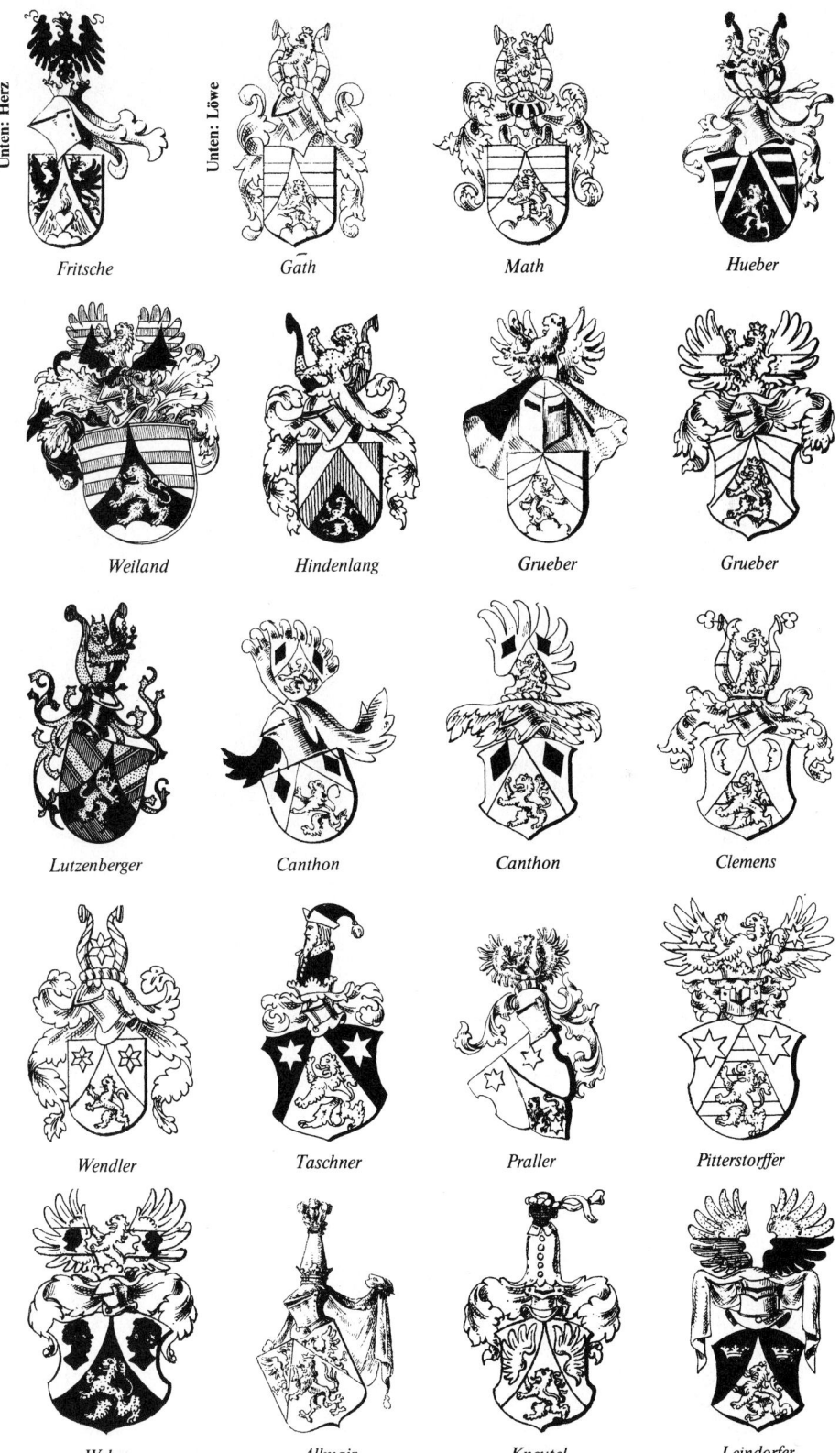

Unten: Herz — *Fritsche*
Unten: Löwe — *Gath*, *Math*, *Hueber*
Weiland, *Hindenlang*, *Grueber*, *Grueber*
Lutzenberger, *Canthon*, *Canthon*, *Clemens*
Wendler, *Taschner*, *Praller*, *Pitterstorffer*
Weber, *Allmair*, *Kneutel*, *Leindorfer*

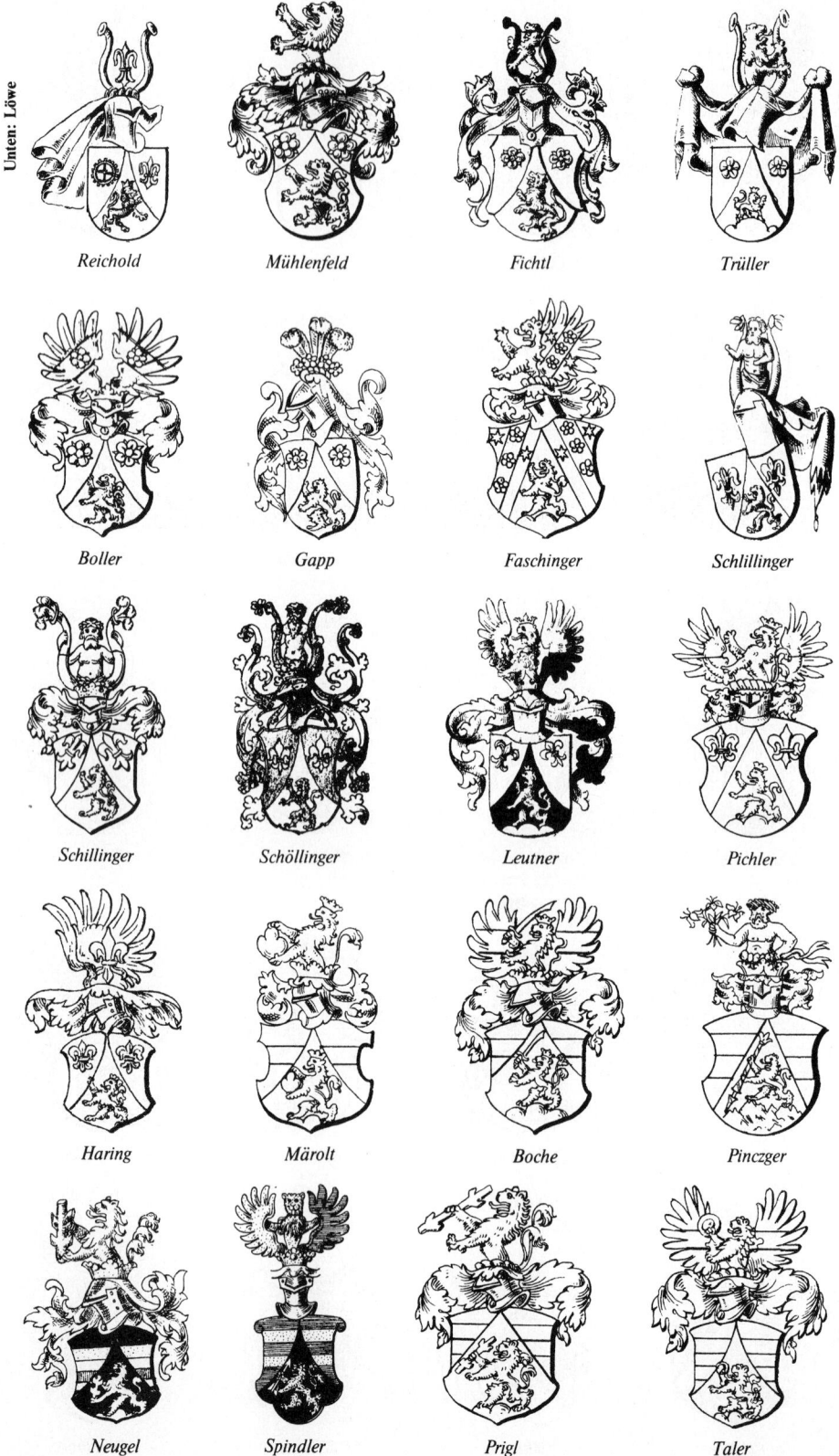

Spitze, belegt, unten Vierbeiner

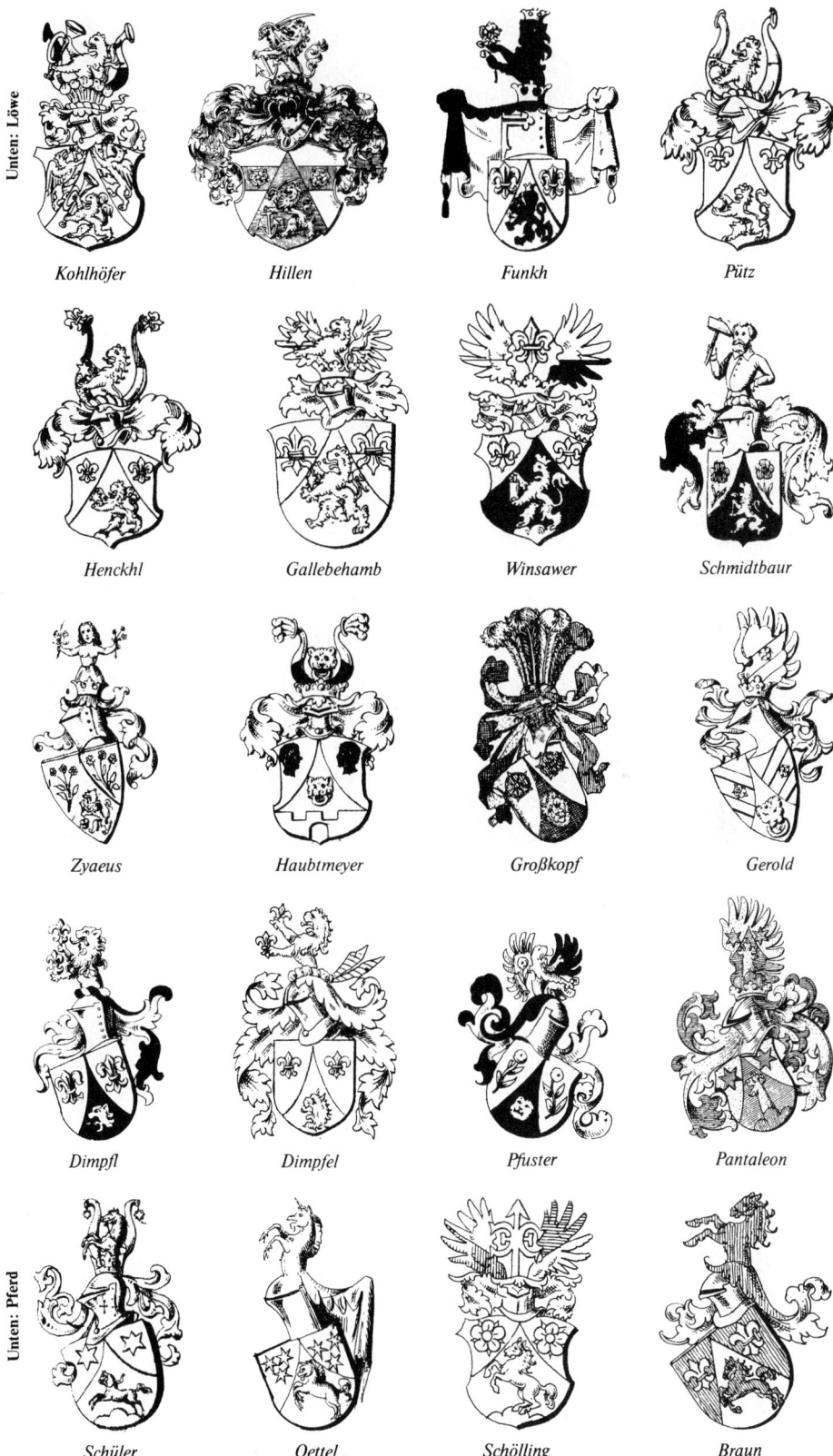

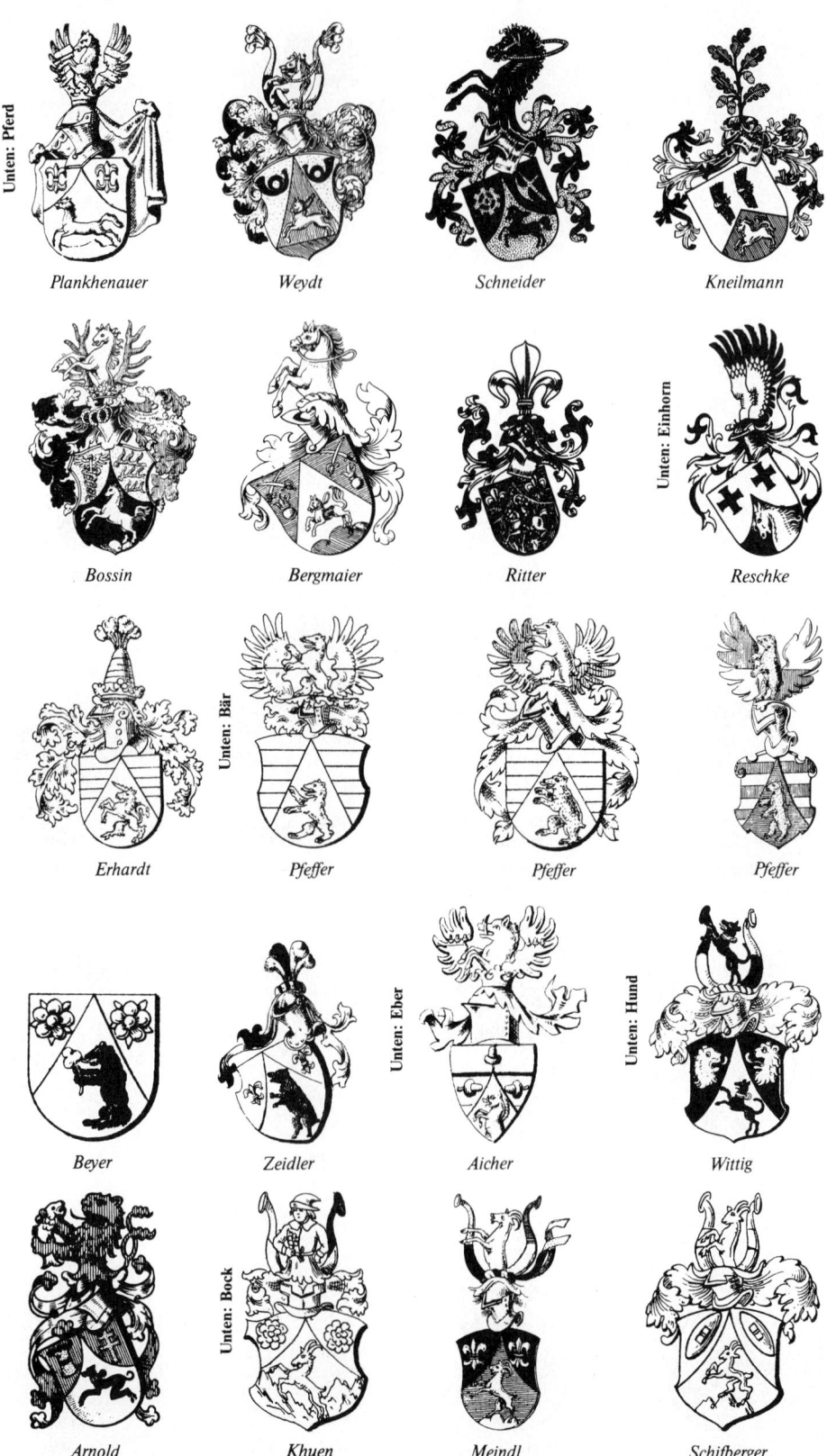

Spitze, belegt, unten Vierbeiner/Vögel

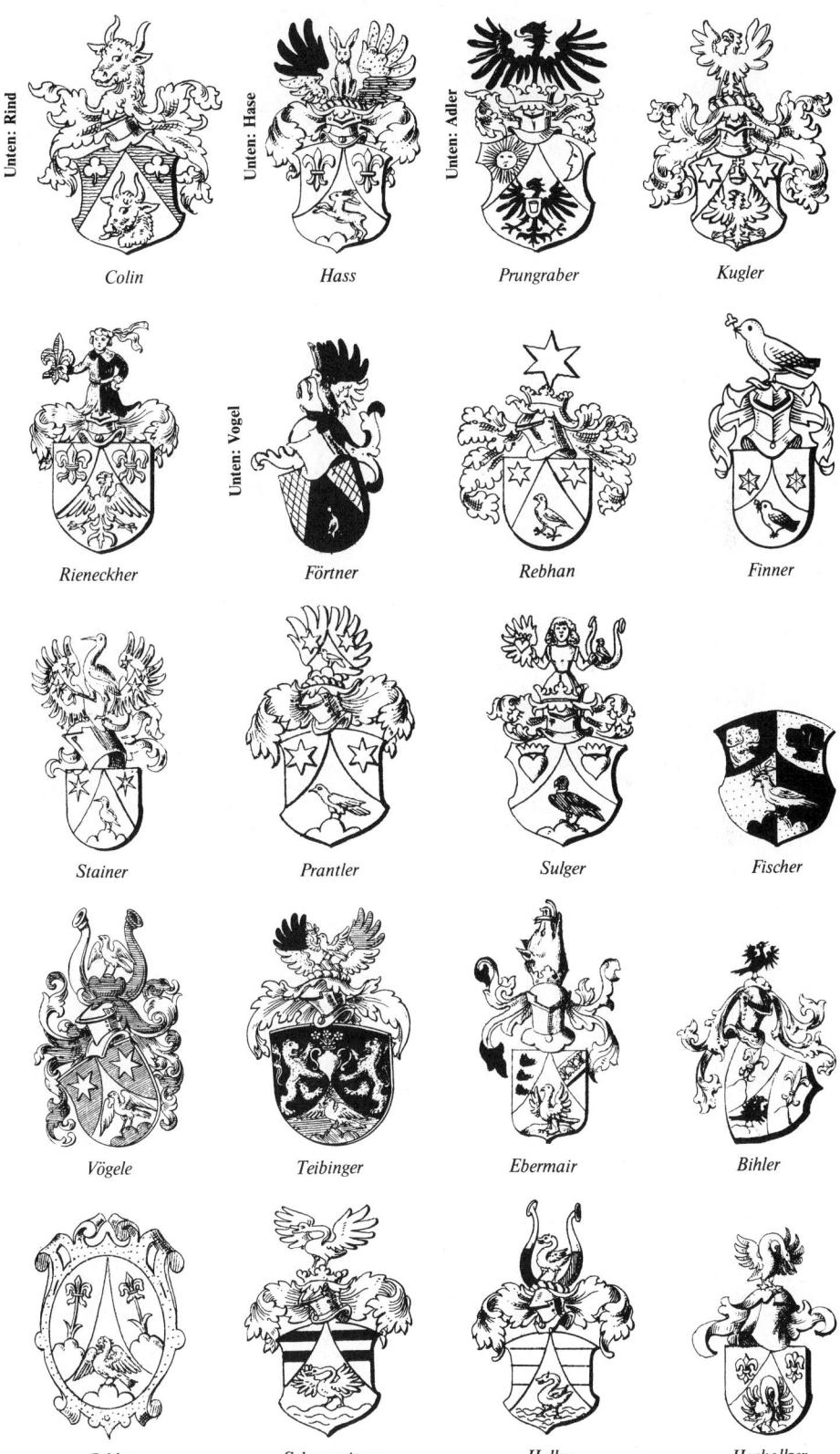

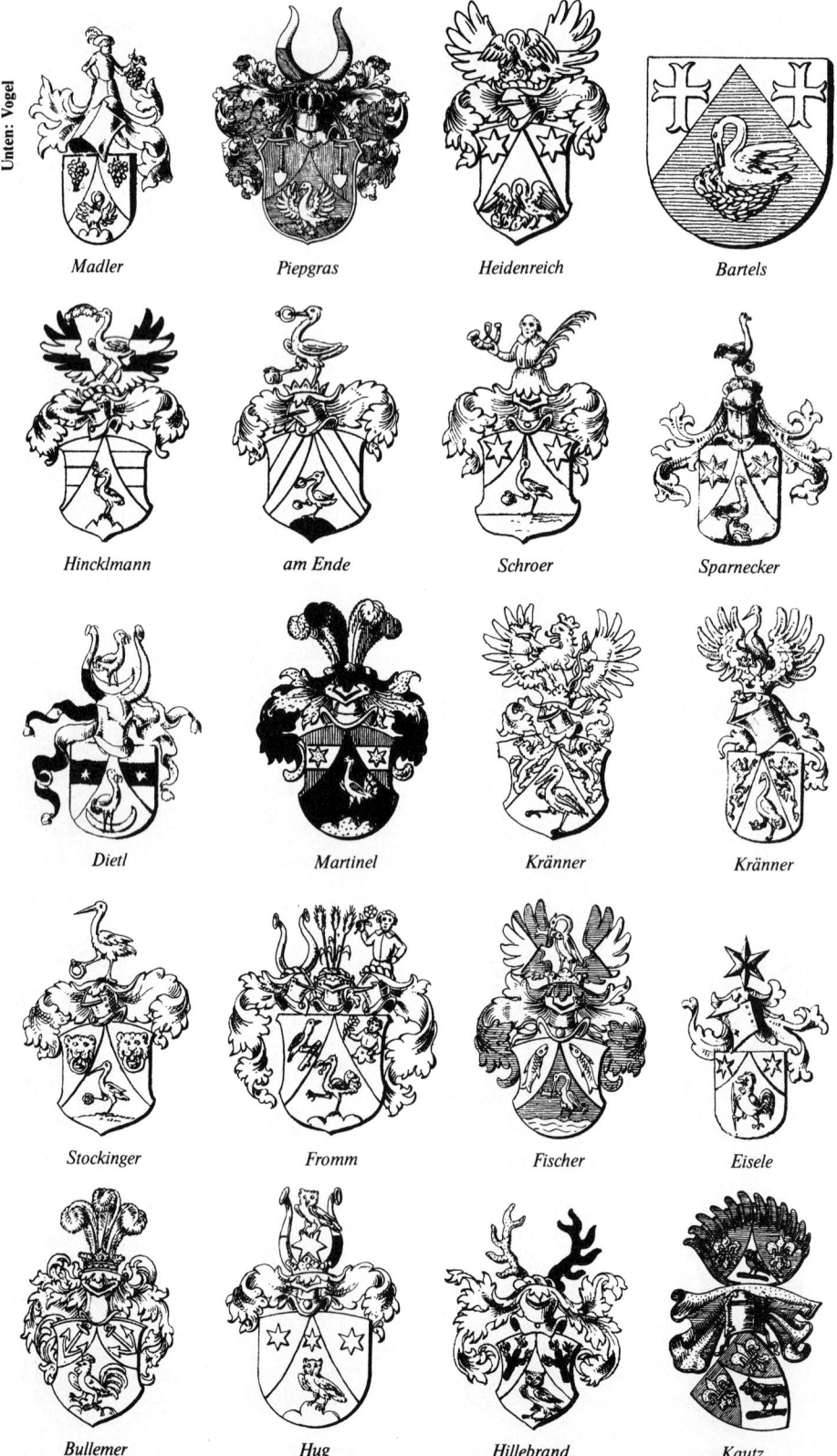

Spitze, belegt, unten Pflanze

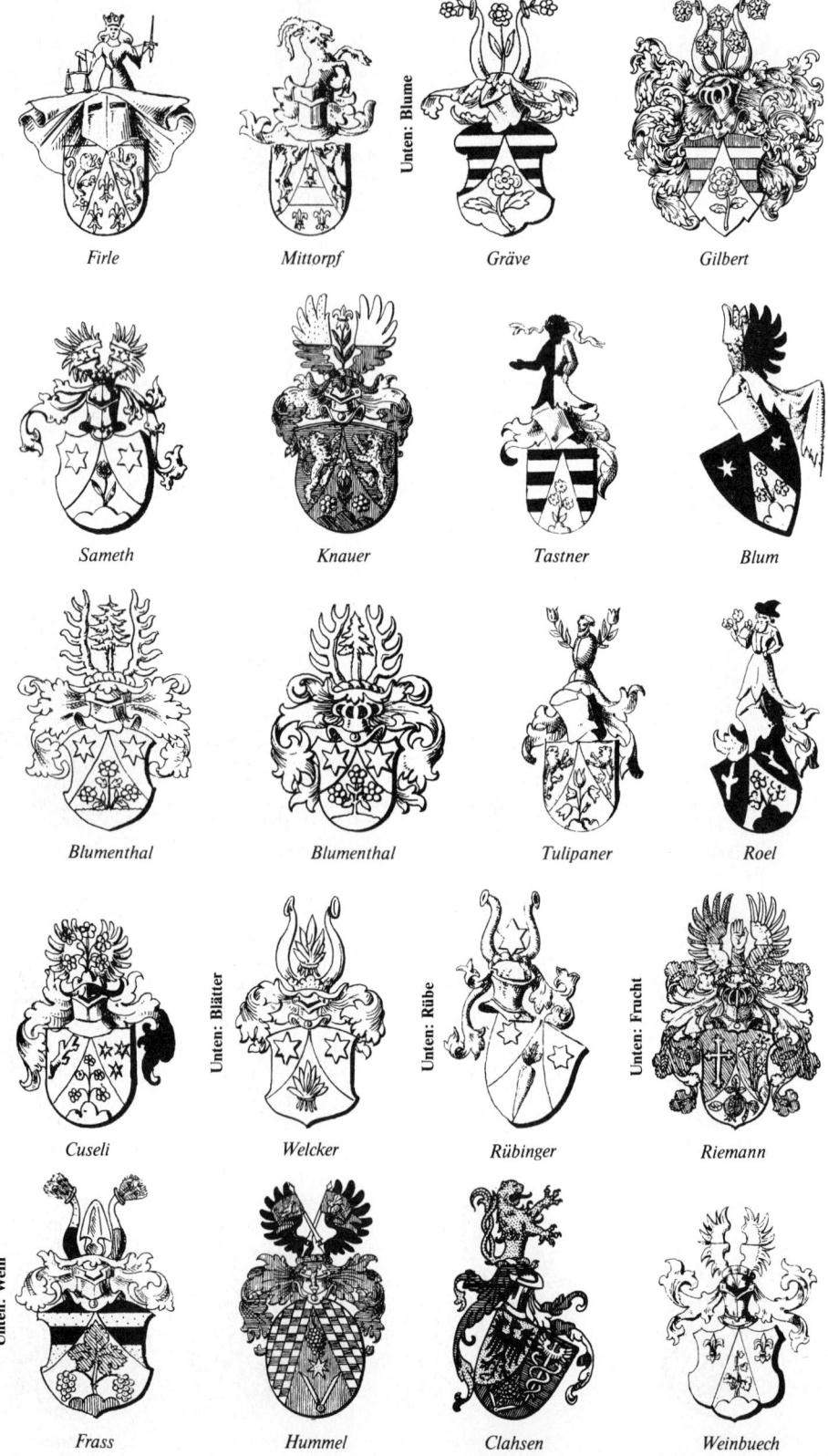

Spitze, belegt, unten Ähren/Gerät

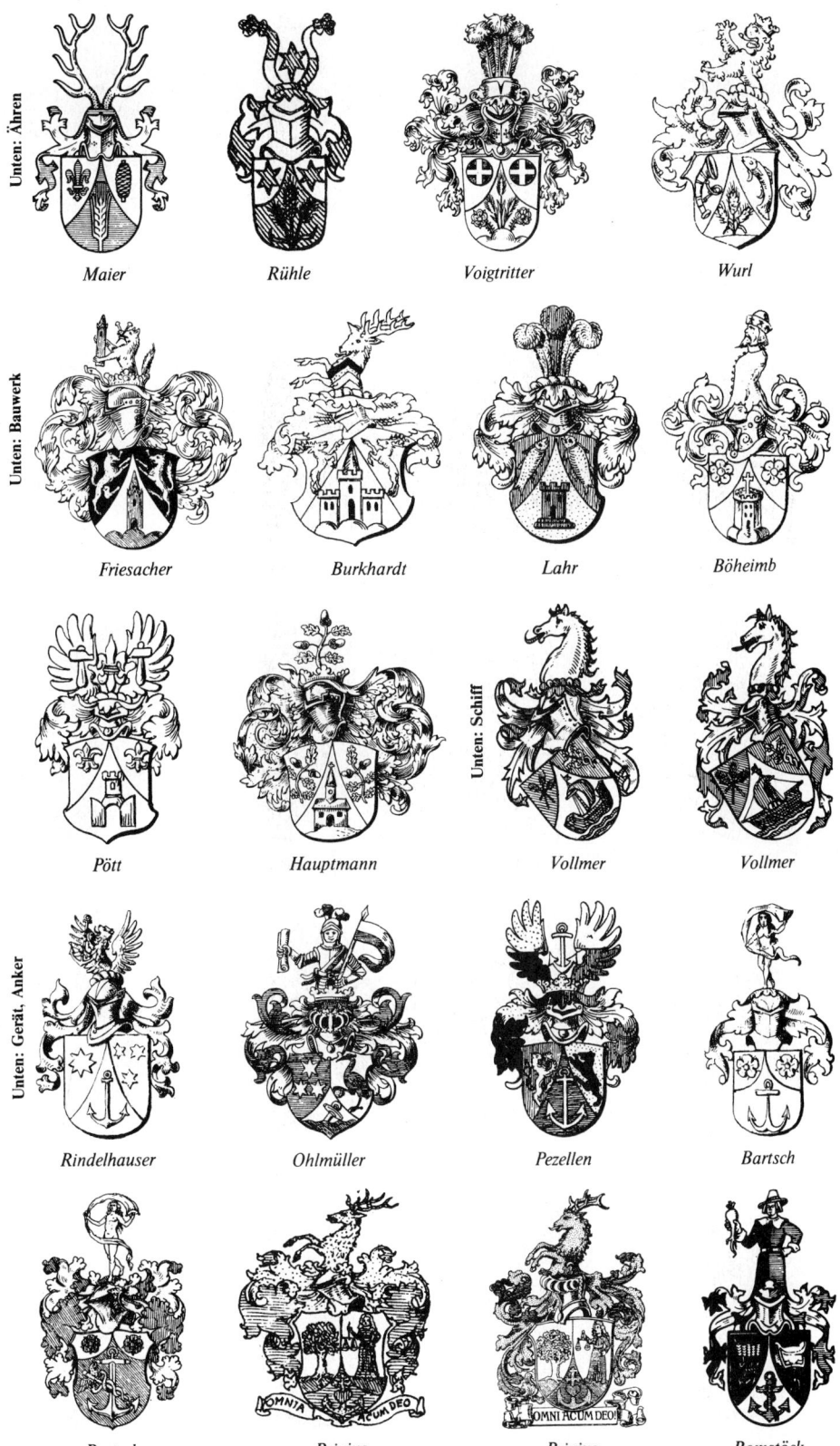

Spitze, belegt, unten Gerät

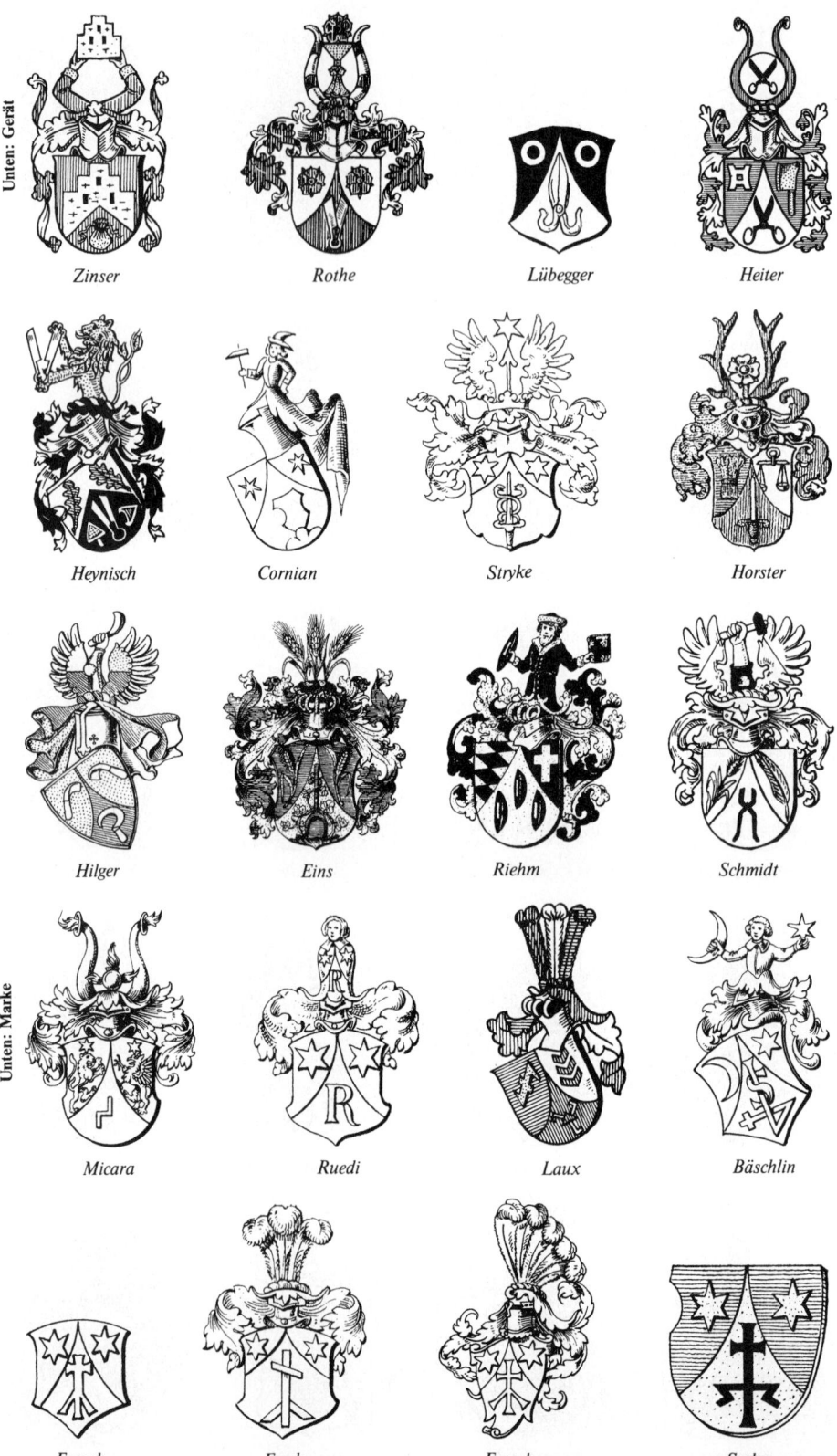

Spitze, belegt/Gestürzte Spitze

Schnell — Tausendschön — Urban — Bundesmann

Kießling — Fuhrmann — Dahler — Lenke

Oben: Vierbeiner
Knäpfi — Spitz — Westermair — Bollner

Oben: Adler
Casper — Köhler — Kulschewski — Stößel
Oben: Vogel

Paehlike — Schroer — Mesner — Mohr
Oben: Greif

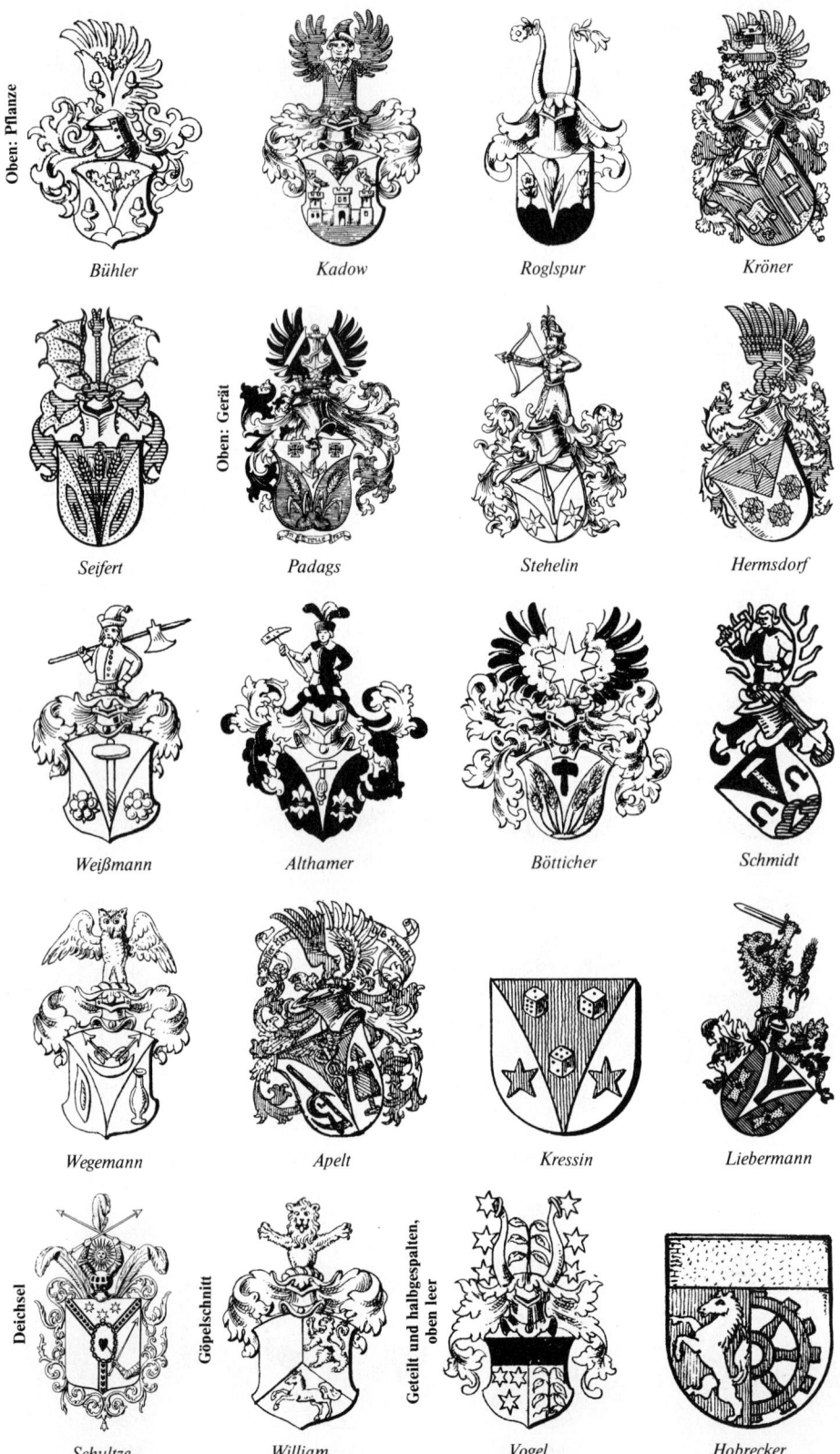

Geteilt und halbgespalten

Halbgeteilt und gespalten

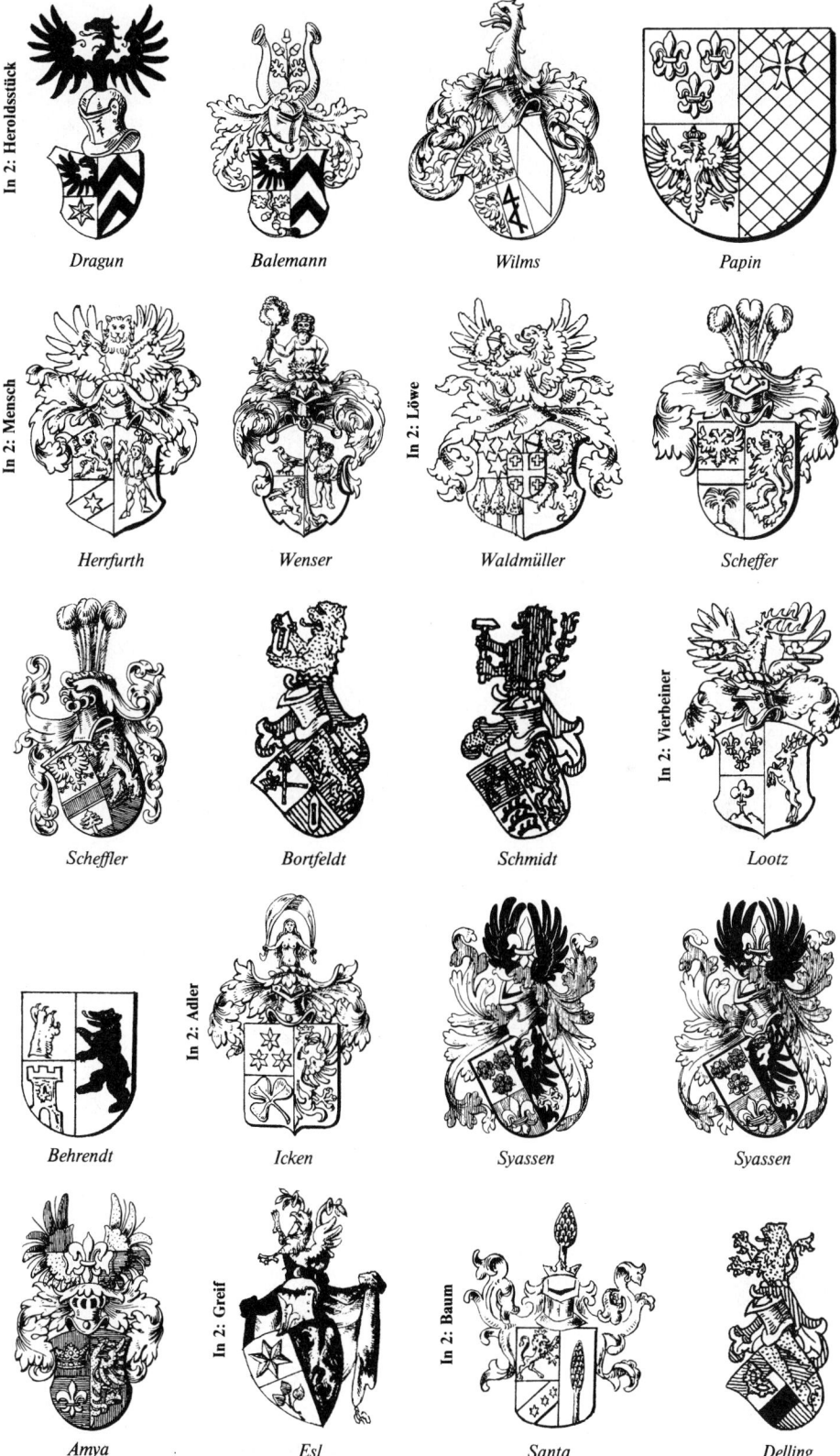

Halbgeteilt und gespalten/Gespalten und halbgeteilt

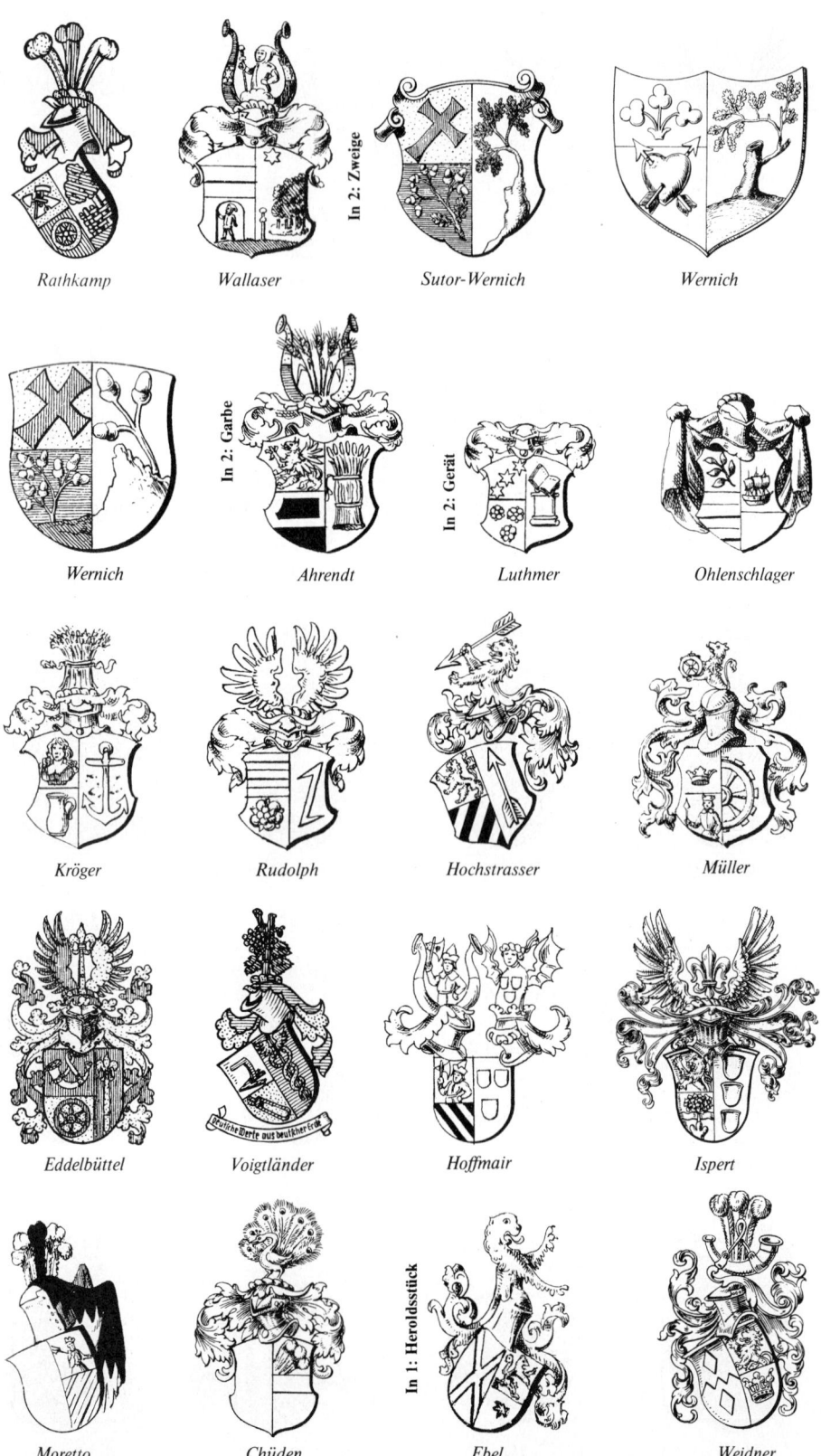

Gespalten und halbgeteilt 1015

Gespalten und halbgeteilt/Halbgespalten und geteilt

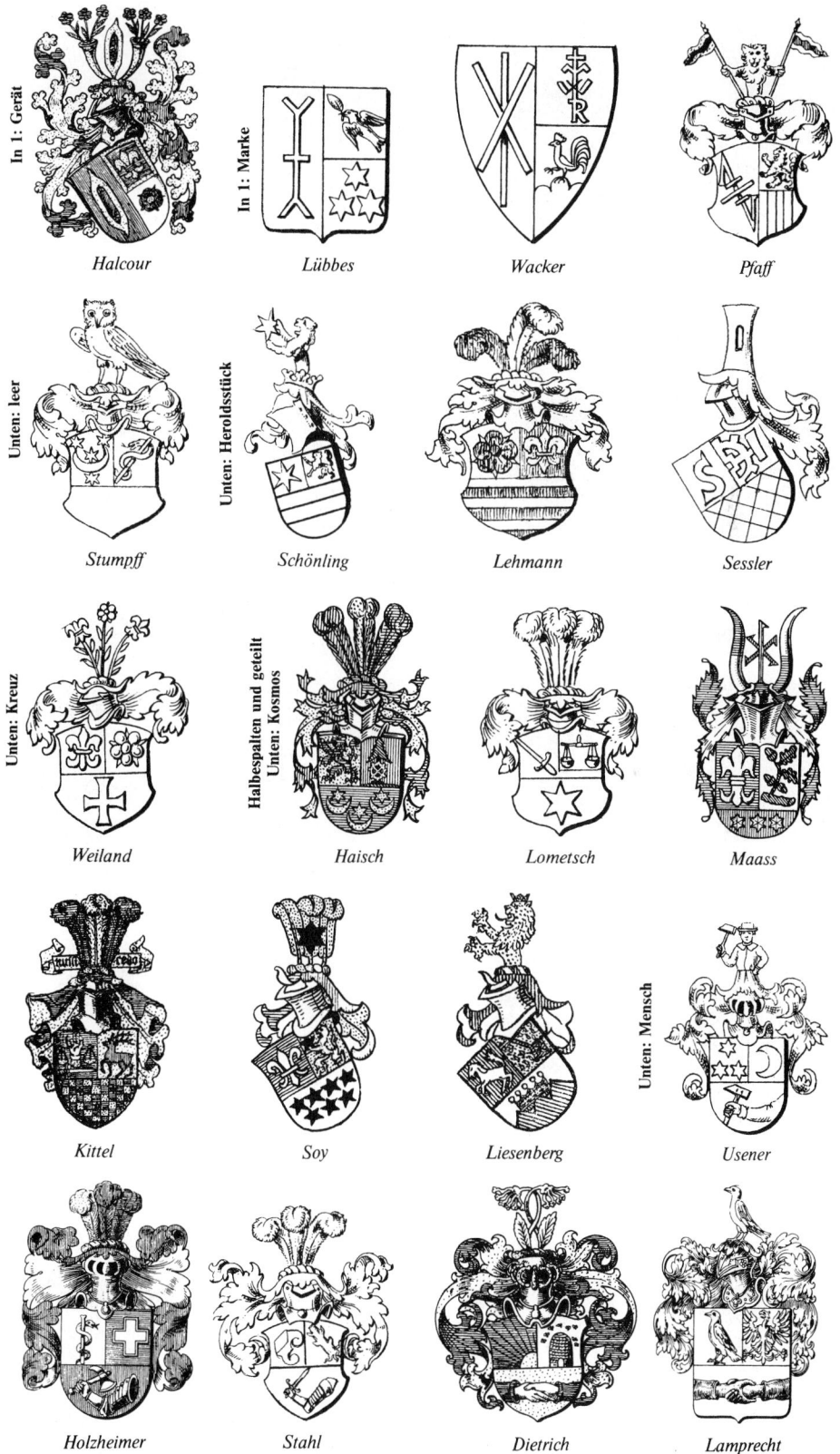

Halbgespalten und geteilt 1019

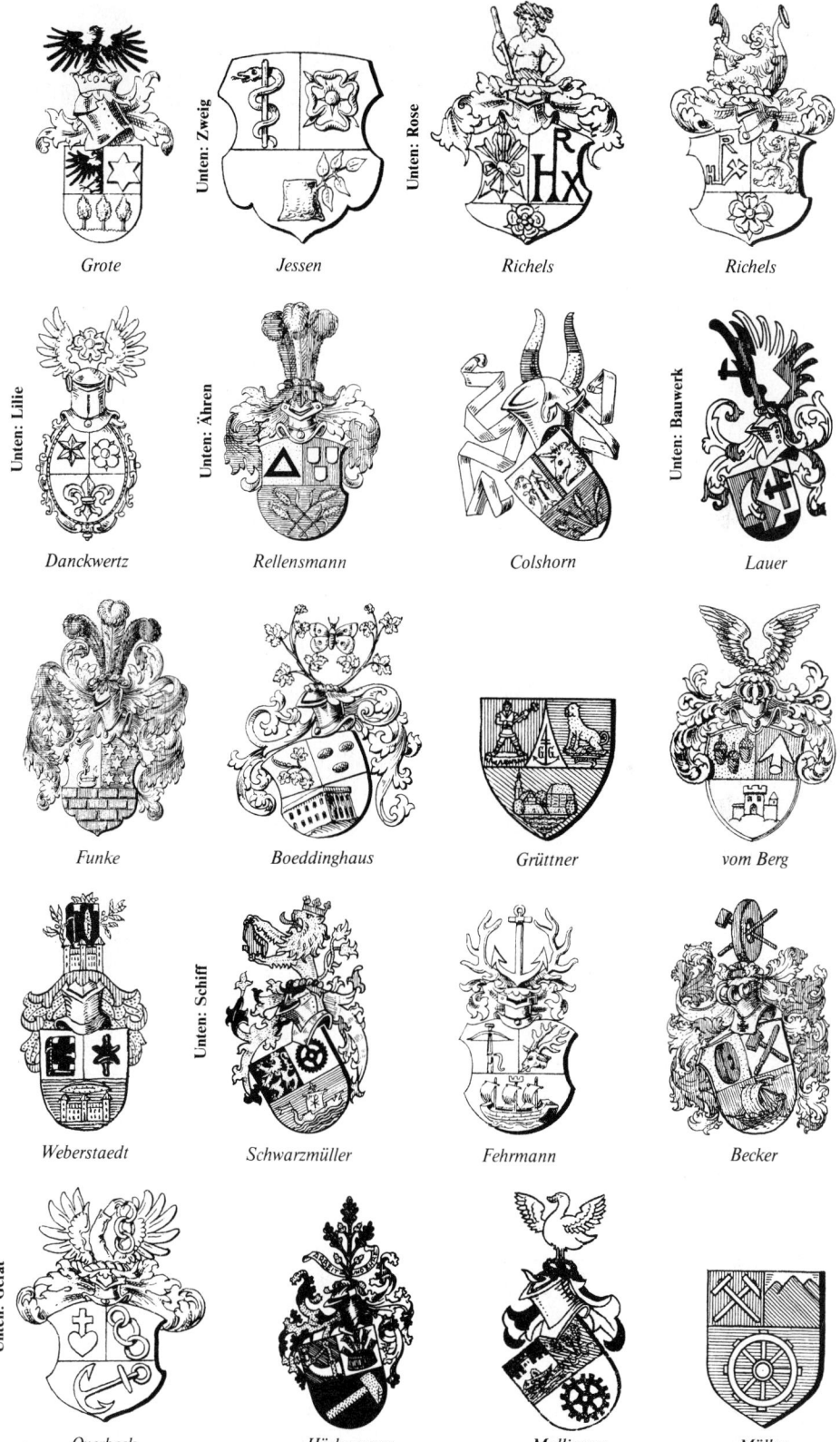

Grote — Jessen (Unten: Zweig) — Richels (Unten: Rose) — Richels

Danckwertz (Unten: Lilie) — Rellensmann (Unten: Ähren) — Colshorn — Lauer (Unten: Bauwerk)

Funke — Boeddinghaus — Grüttner — vom Berg

Weberstaedt — Schwarzmüller (Unten: Schiff) — Fehrmann — Becker

Overbeck (Unten: Gerät) — Hörhammer — Mollinnus — Müller

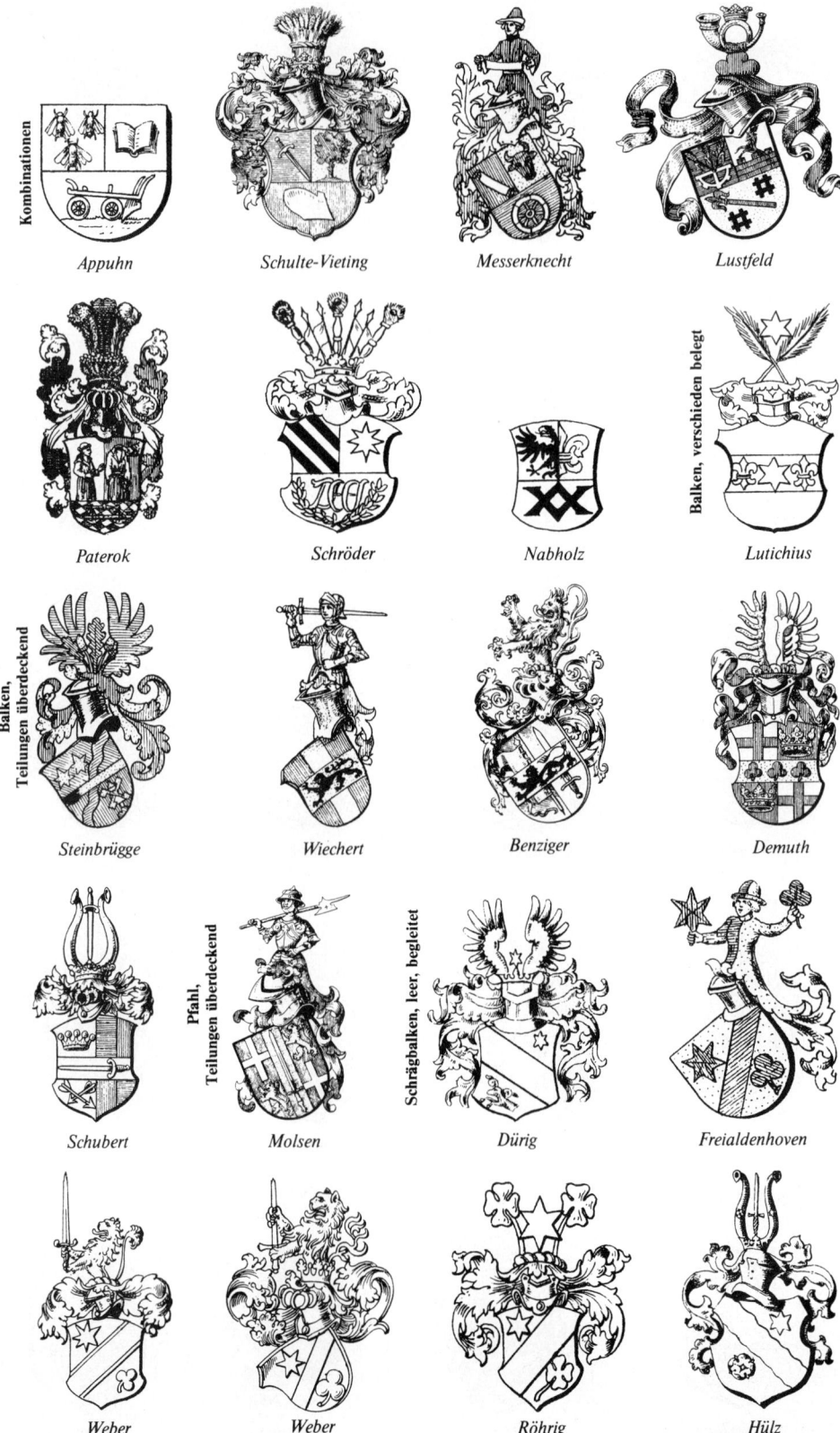

Schrägbalken, leer, begleitet 1021

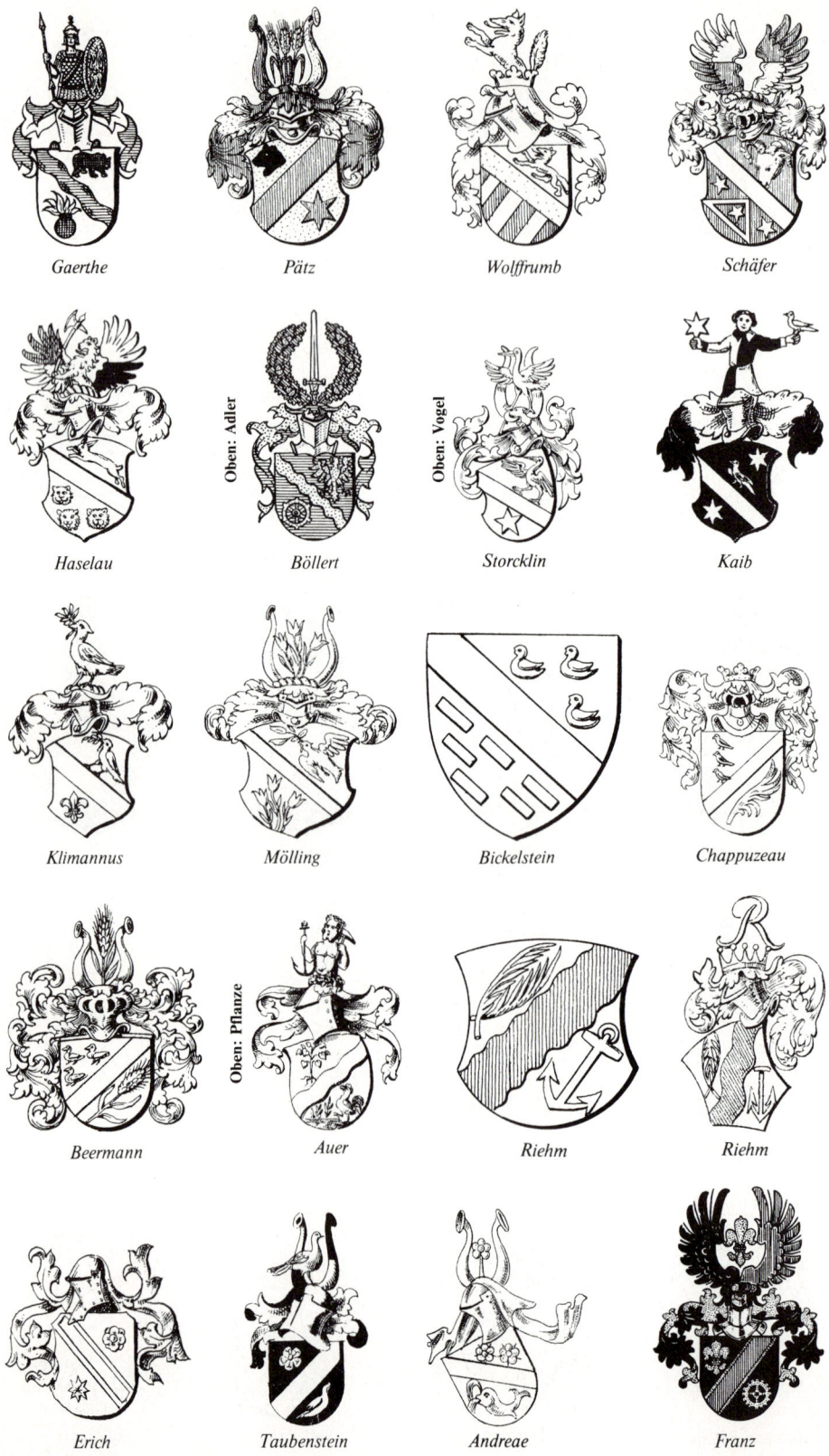

Schrägbalken, leer, begleitet 1023

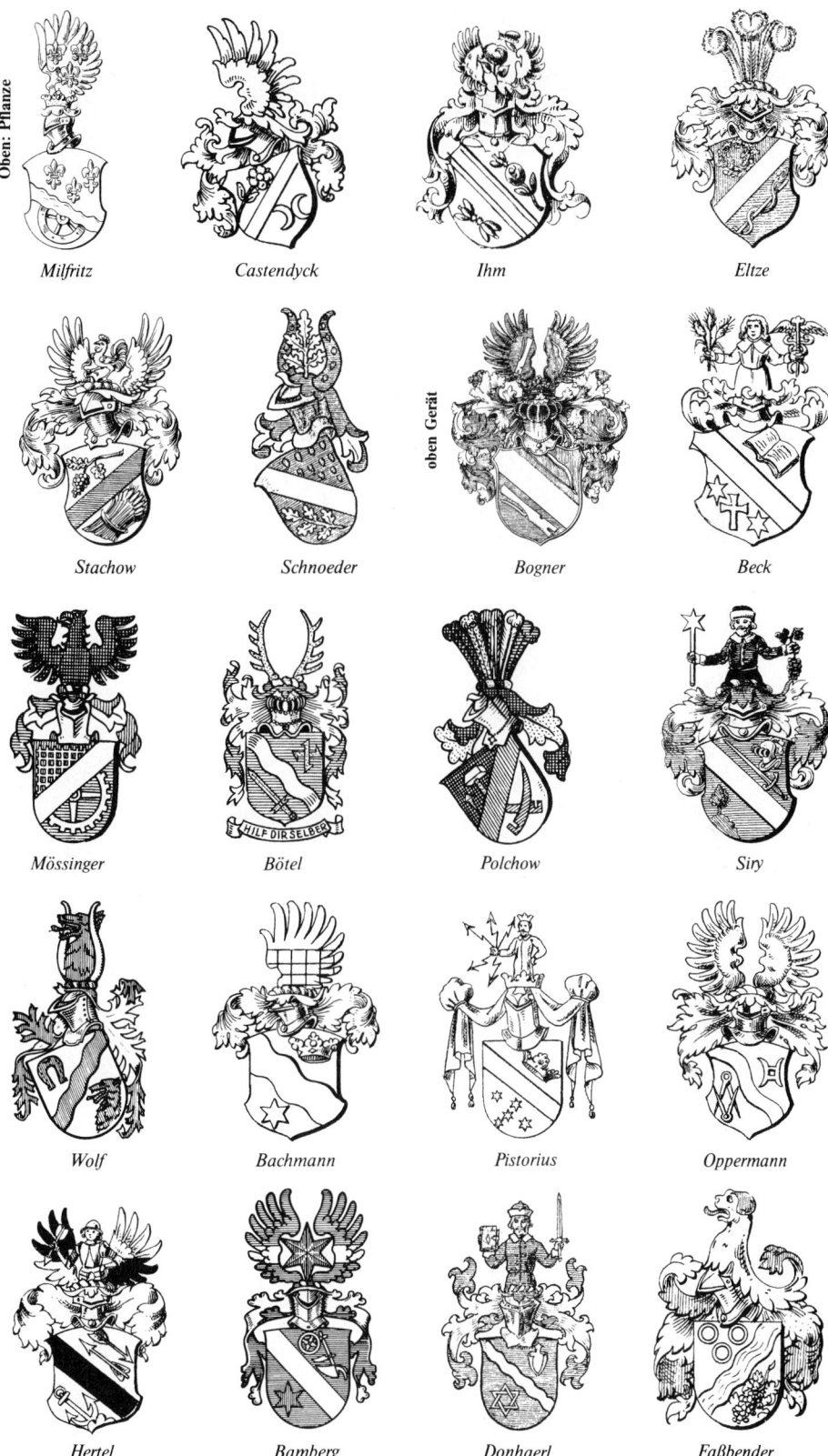

1024 Schrägbalken, belegt, begleitet

Schrägbalken, belegt, begleitet 1025

Steuber — Sedelmayer — Cornbart — Holzer

Kohli — Schauer — Hofmann — Speth

Peierweck — Closmann — Rothe — Löscher

Loescherus — Loescher — Pfanner — Bayer

Nabholz — Nabholz — Pfadenhauer — Hößhamer

Schrägbalken, belegt, begleitet

Begleitet von Kosmos

Nockher — Mues — Radax — Grubbach
Hoene — Vischer — Vischer — Bächler
Peterssen — Fluri — Hofer — Klee
Dietelmaier — Dietelmair — Rosenlehner — Ploneck
Neuß — Königshofen — Topff — Haug

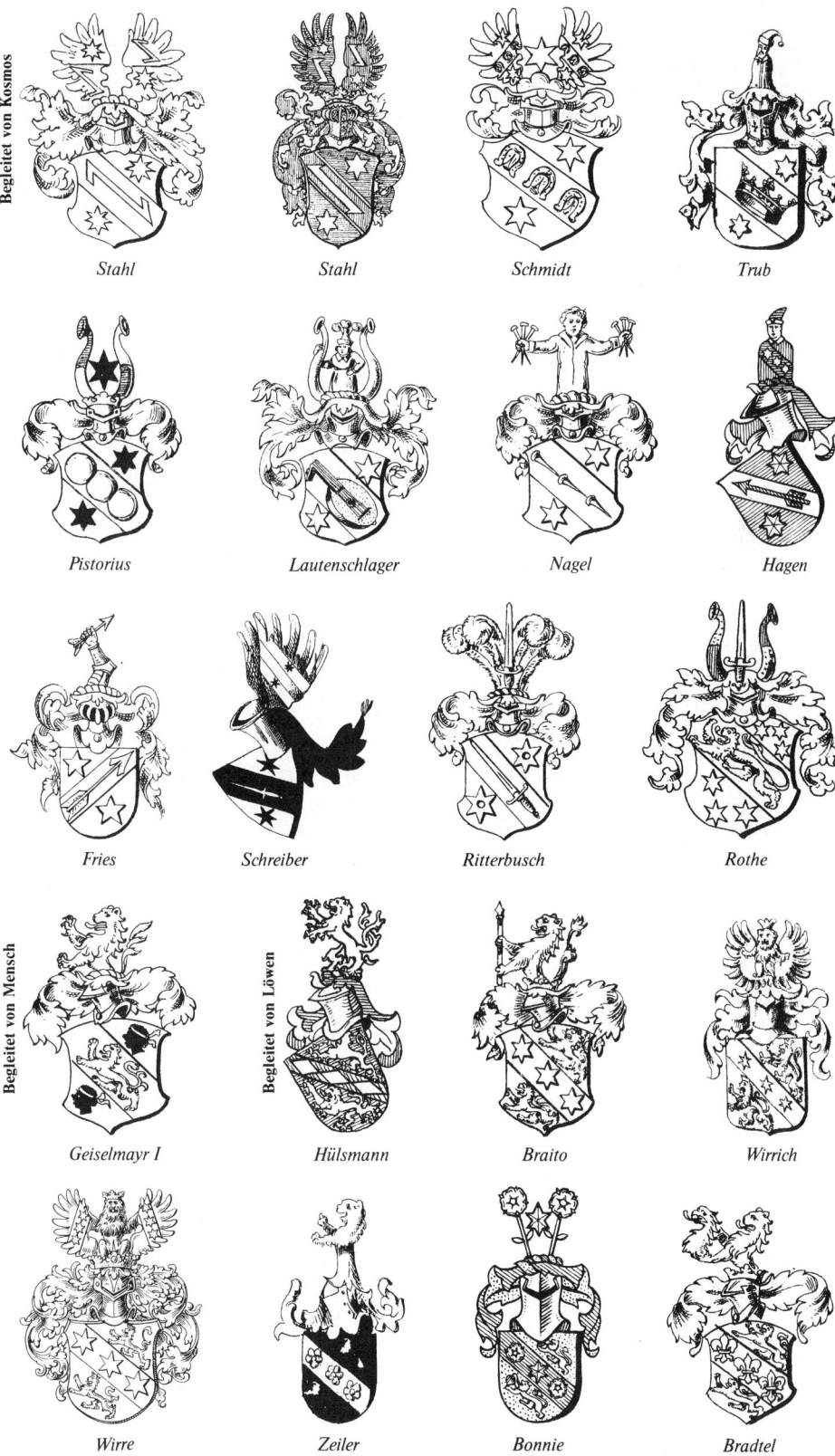

Schrägbalken, belegt, begleitet

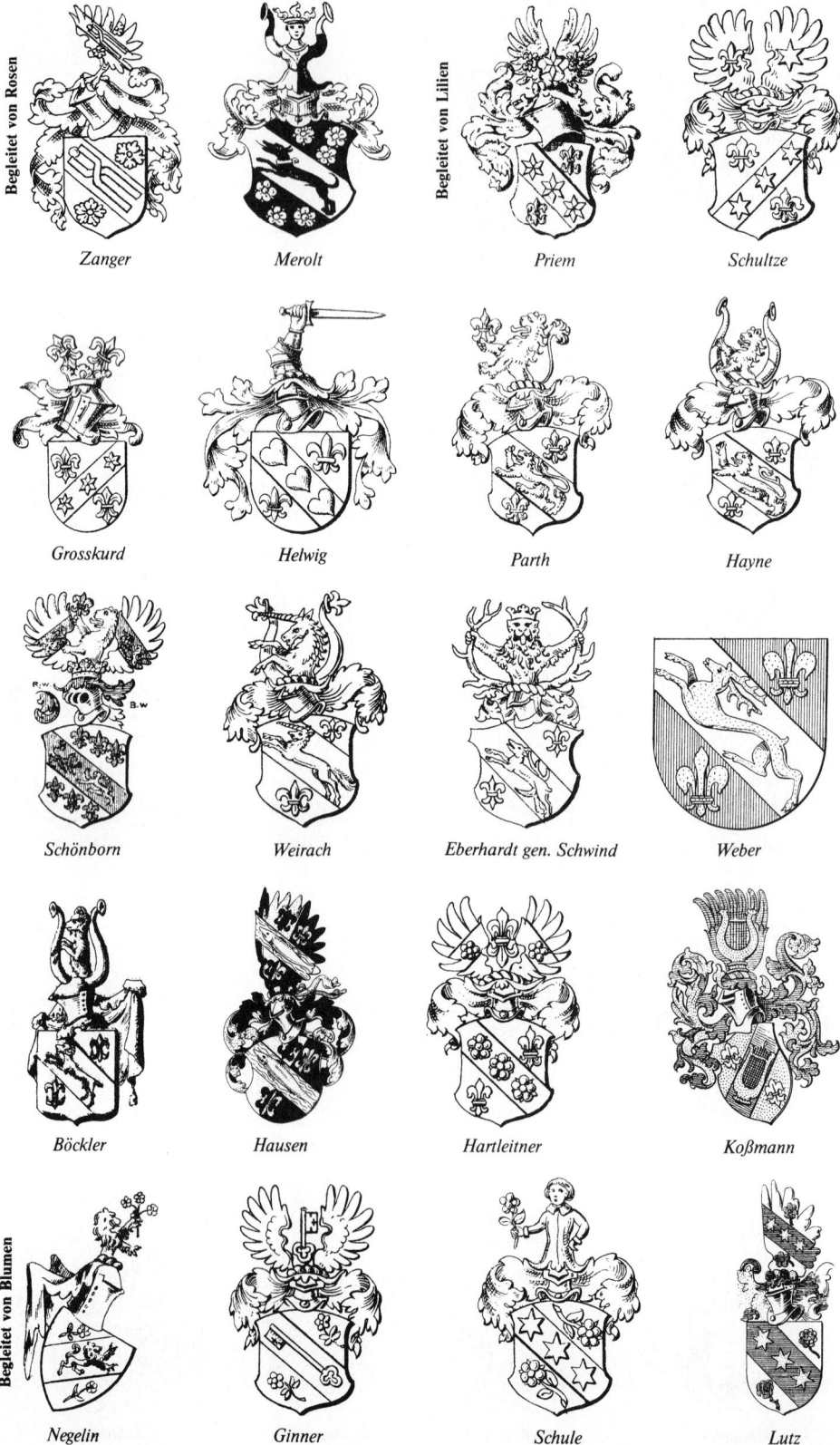

Schrägbalken, belegt, begleitet 1031

Schrägbalken, belegt, begleitet

Begleitet von Geräten

Maier	Ullrich	Übelacker	Ackherer
Funfack	Pflüger	Roth	Grigo
Schneider	Scholz	Wischer	Cogmann
Kochmann	Schneider	Seifert (Begleitet oben von Kreuz)	Michahelles (Begleitet oben von Kosmos)
Meister	Mohr	Maneke	Hoffmann

Schrägbalken, belegt, begleitet

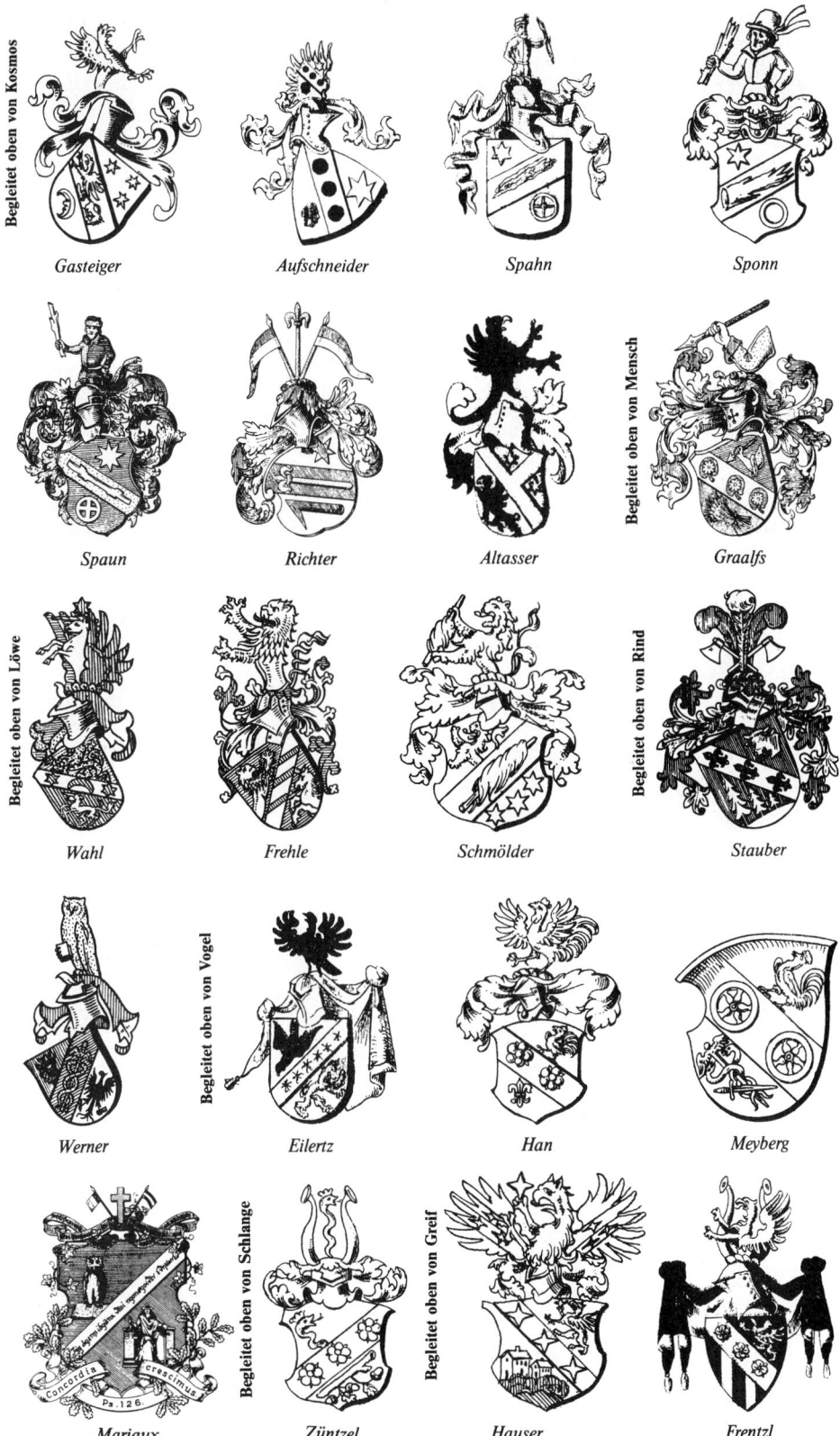

Sparren, belegt, begleitet

Sparren, Sturzsparren, begleitet

Sparren, leer, begleitet

Oben: Kosmos

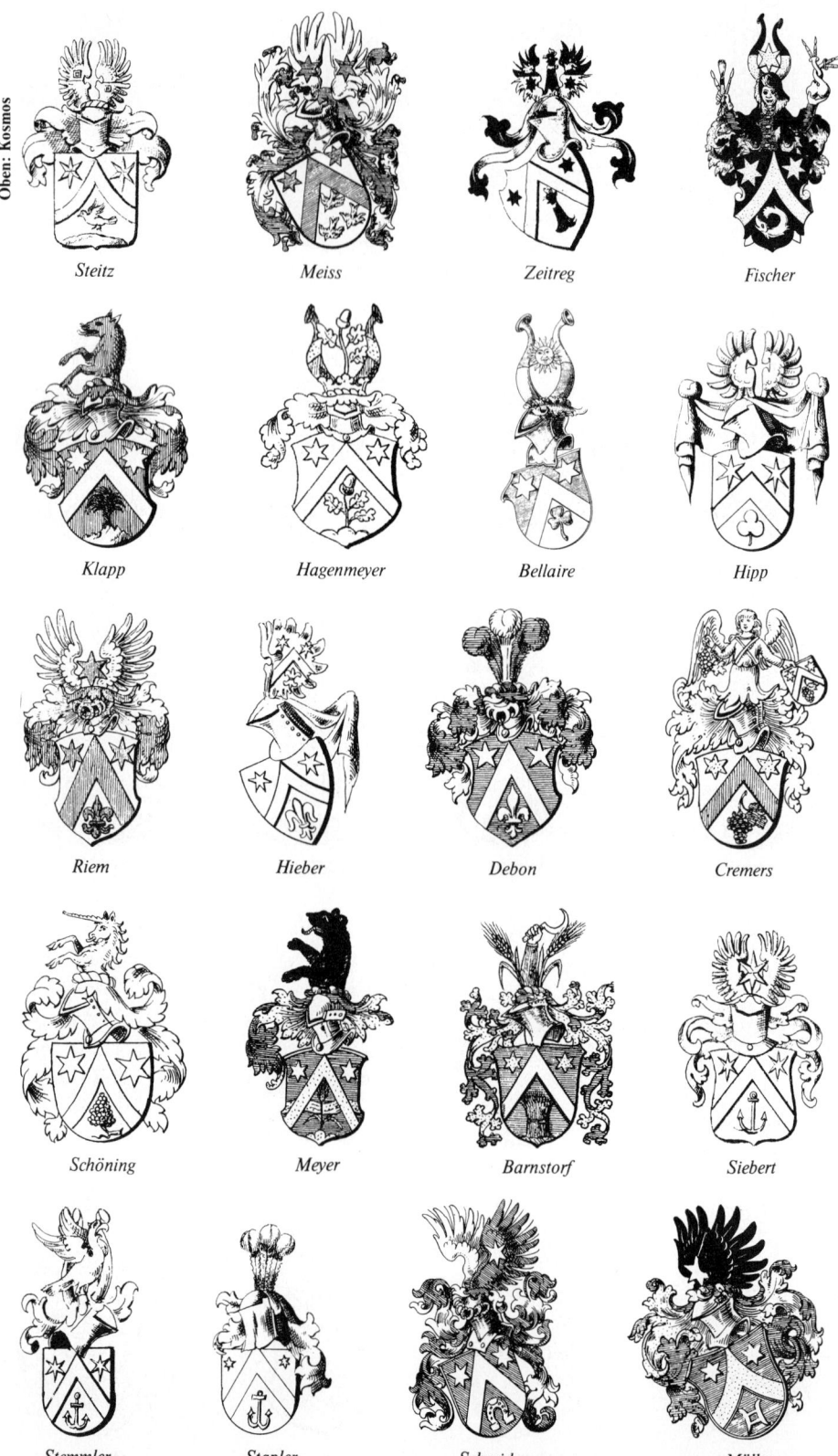

Steitz — Meiss — Zeitreg — Fischer
Klapp — Hagenmeyer — Bellaire — Hipp
Riem — Hieber — Debon — Cremers
Schöning — Meyer — Barnstorf — Siebert
Stemmler — Stapler — Schmid — Müller

Sparren, leer, begleitet 1039

Sparren, leer, begleitet

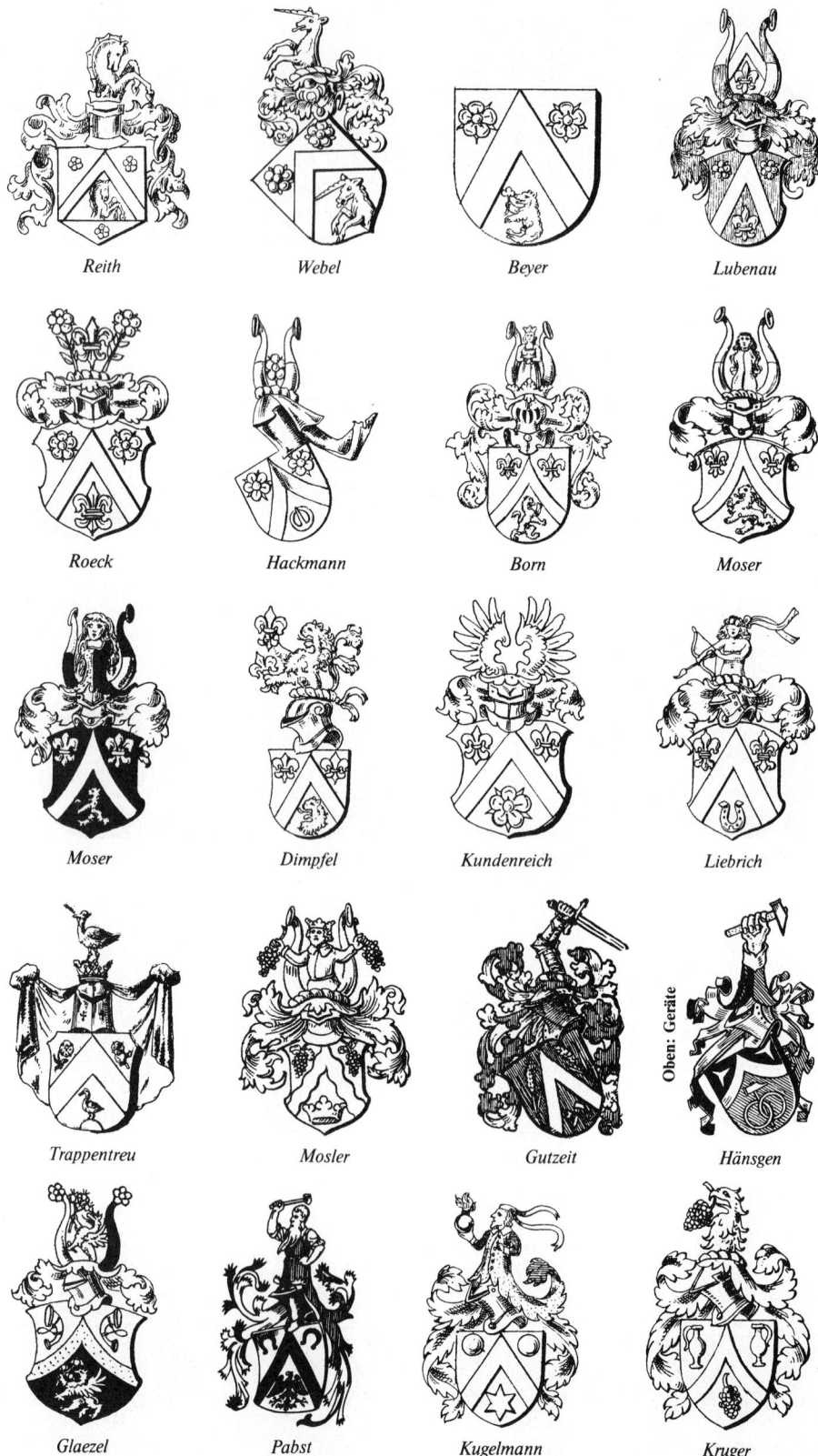

Reith	Webel	Beyer	Lubenau
Roeck	Hackmann	Born	Moser
Moser	Dimpfel	Kundenreich	Liebrich
Trappentreu	Mosler	Gutzeit	Hänsgen
Glaezel	Pabst	Kugelmann	Kruger

Oben: Geräte

Sparren, leer, begleitet/Geviert 1041

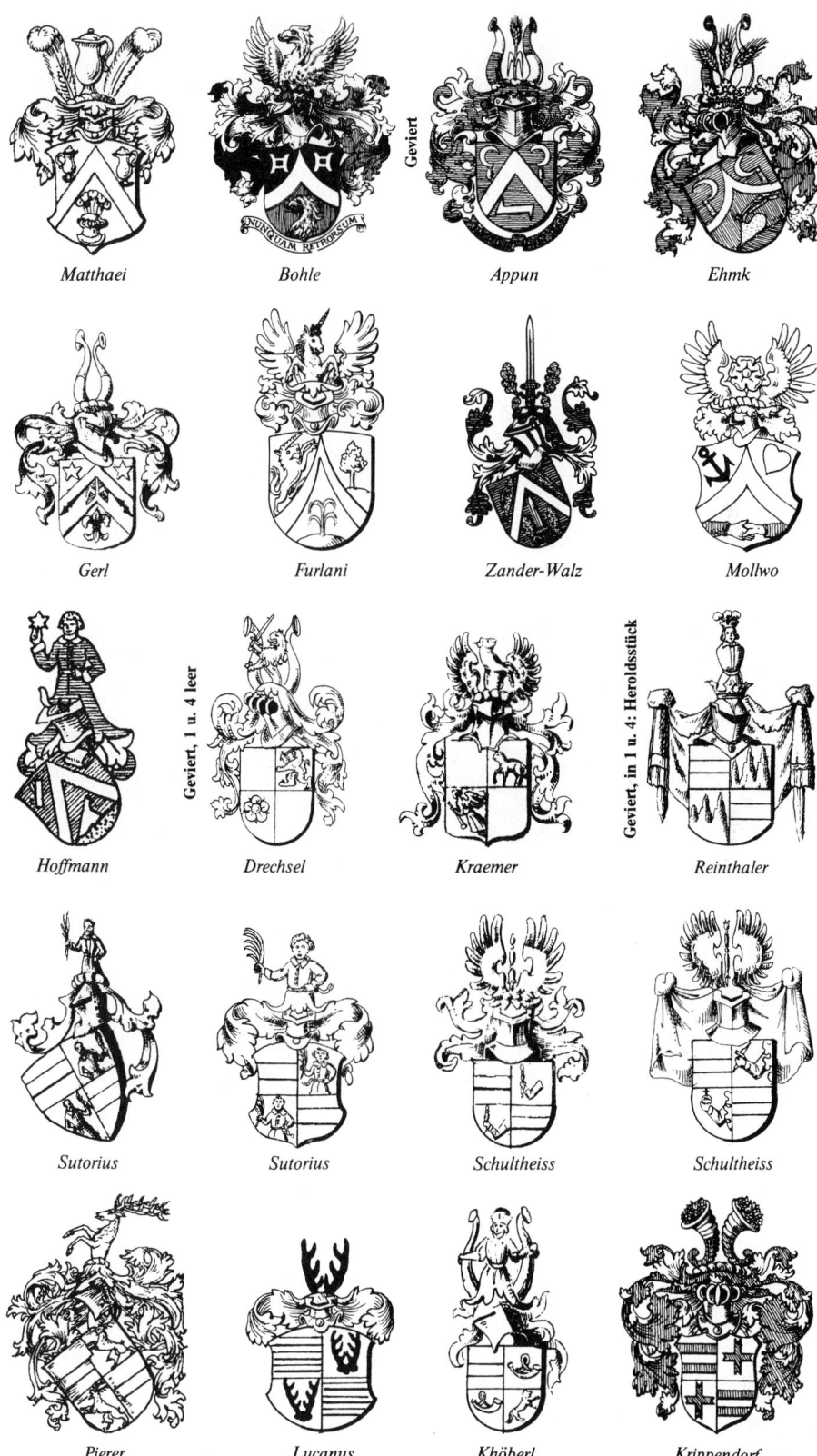

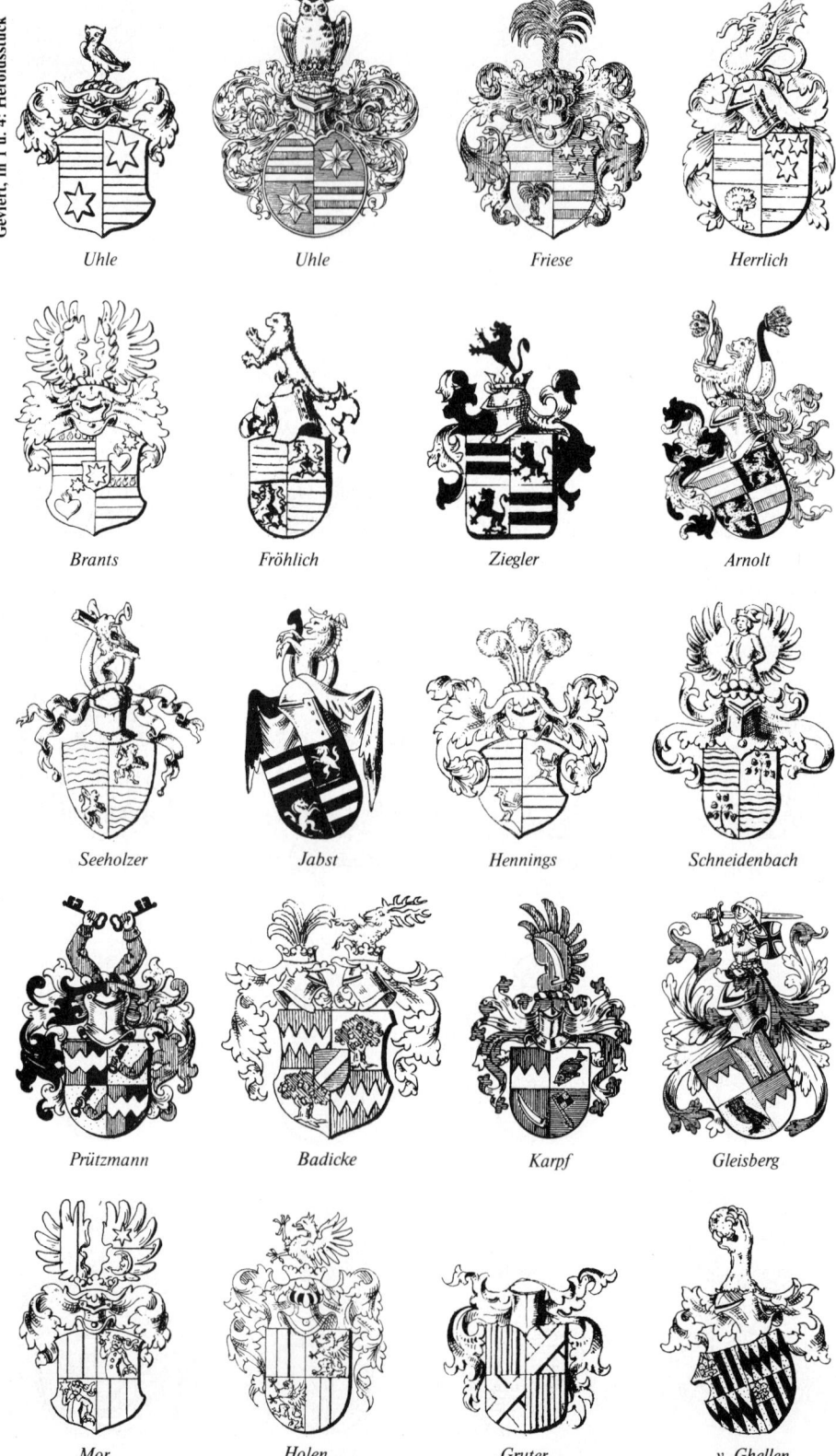

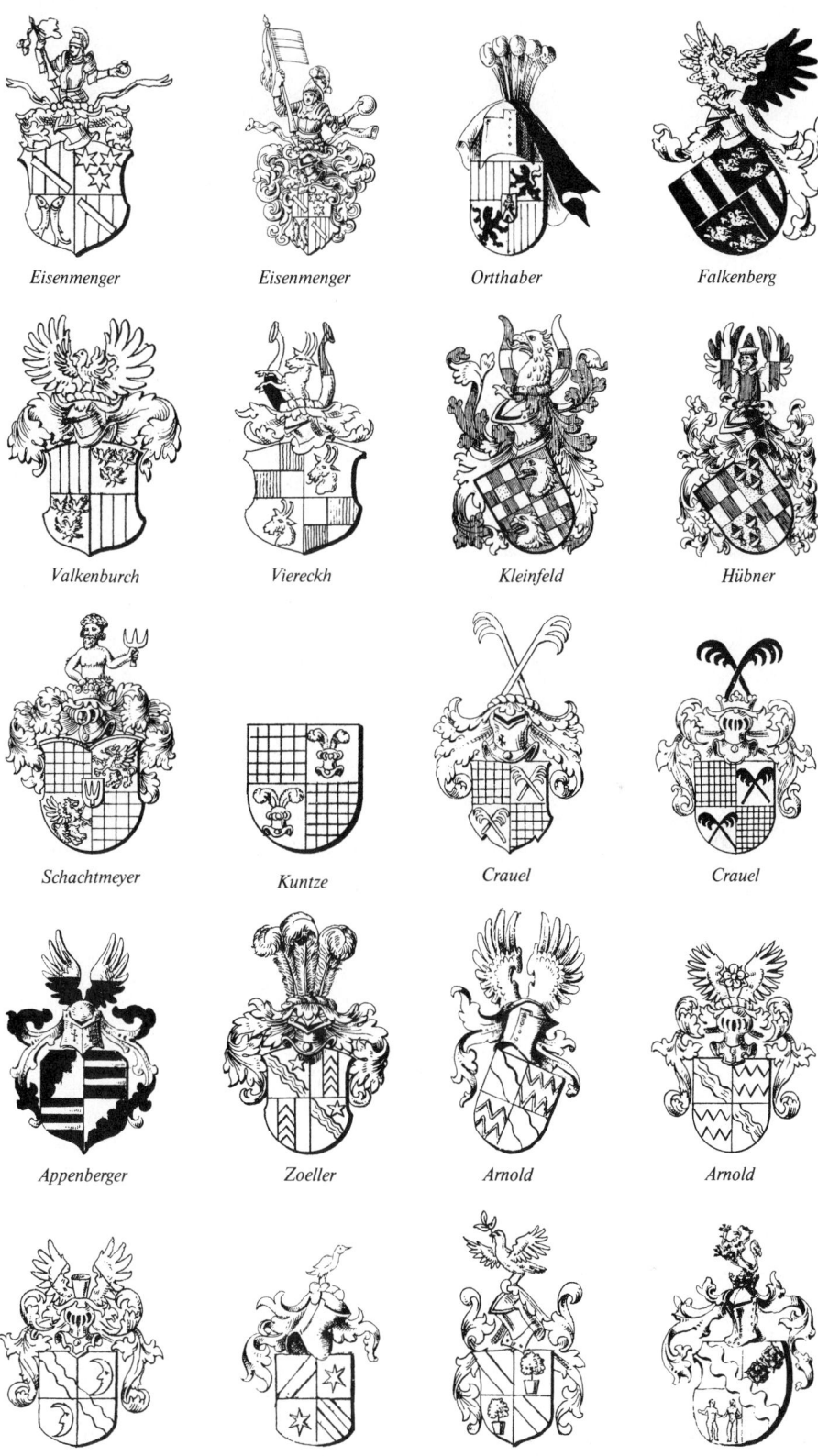

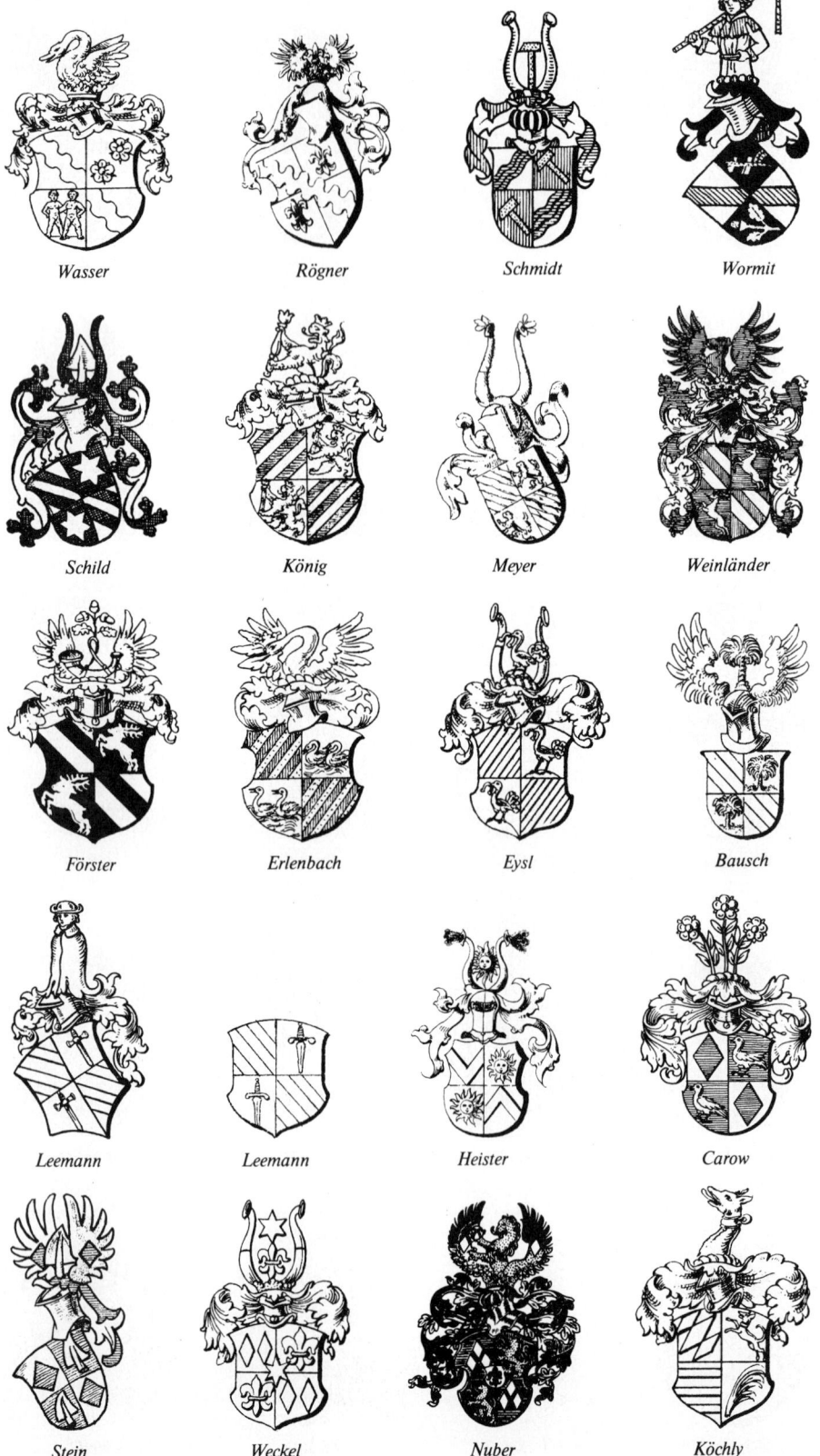

Geviert

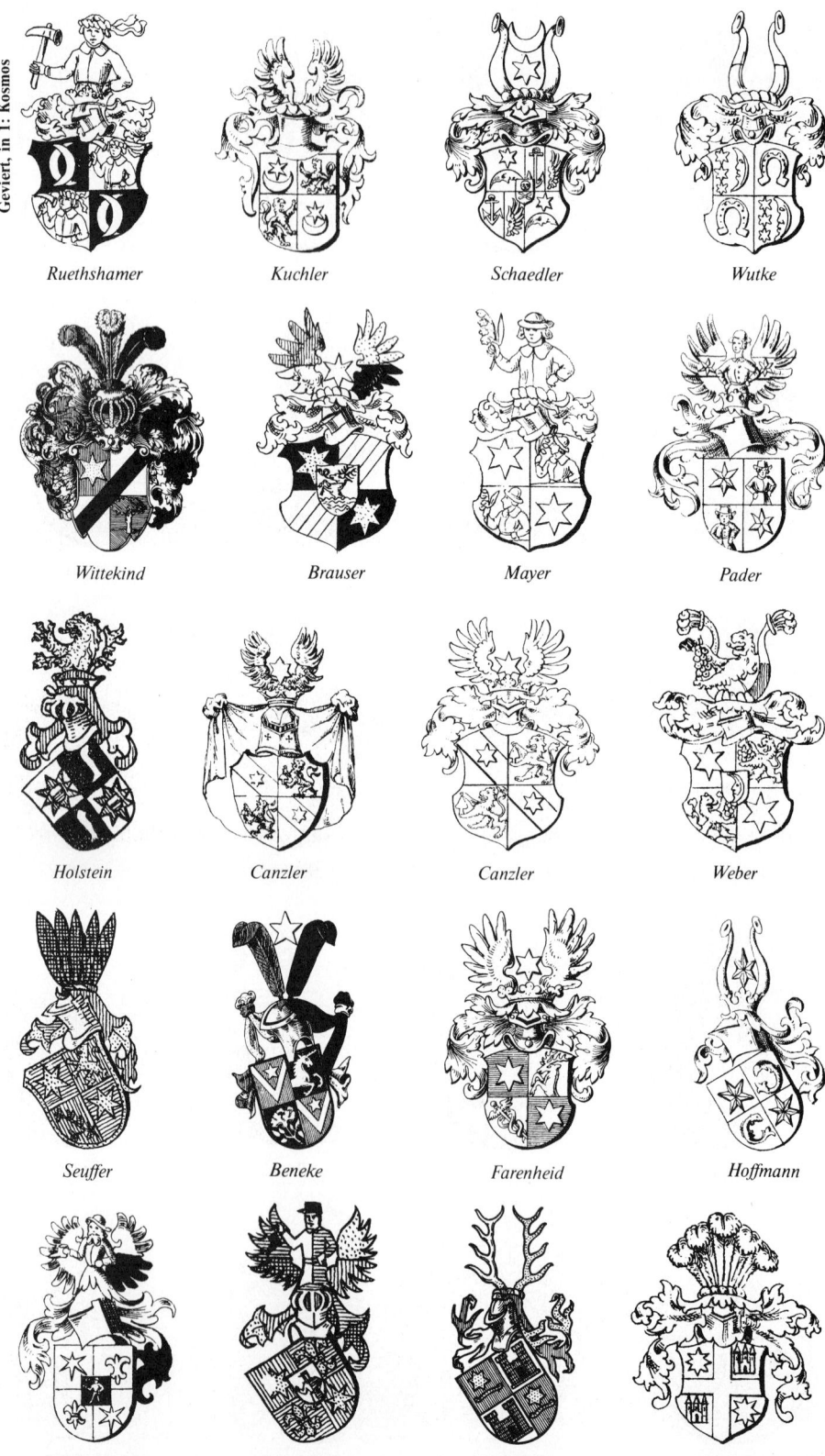

Geviert

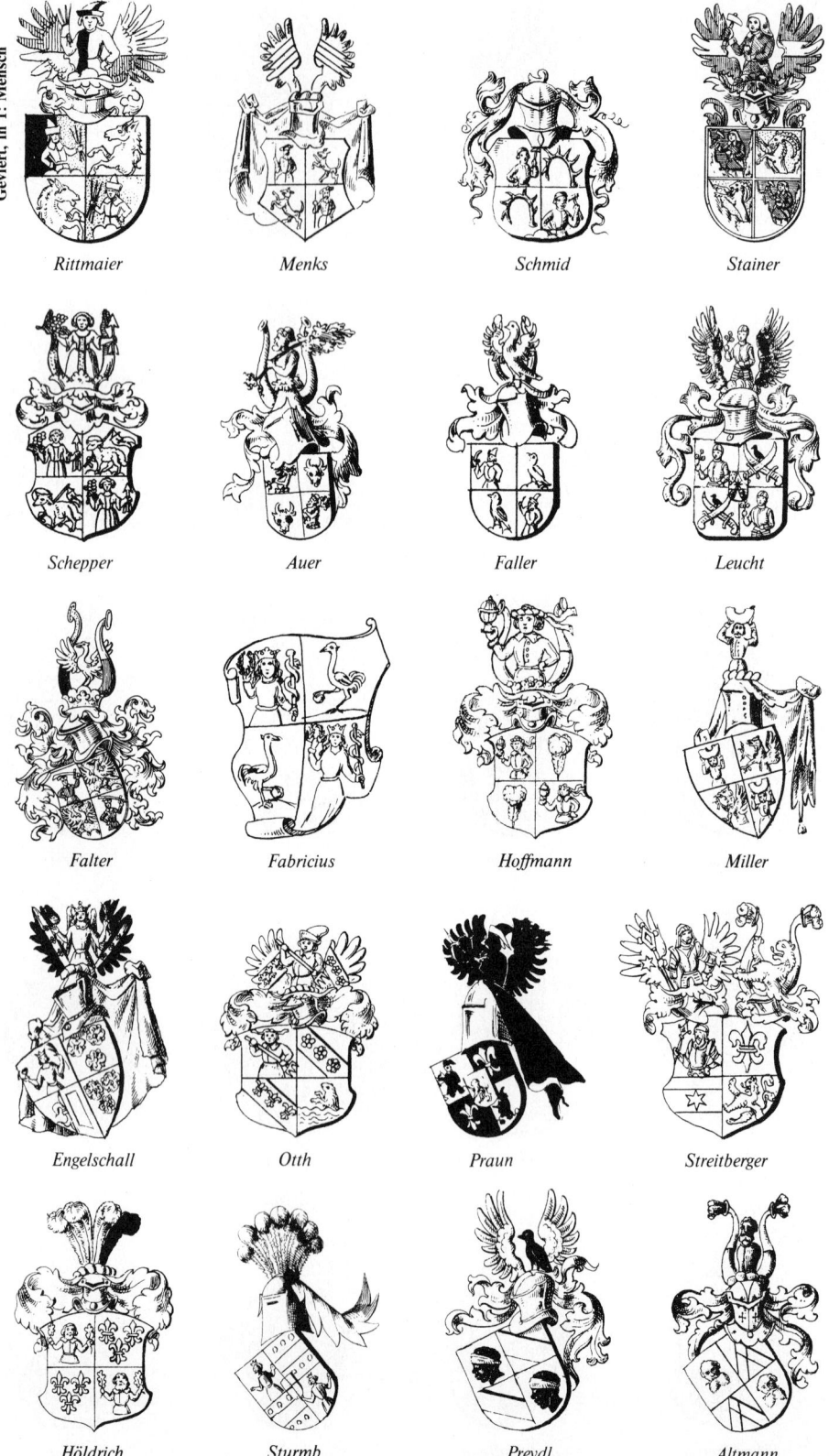

Geviert

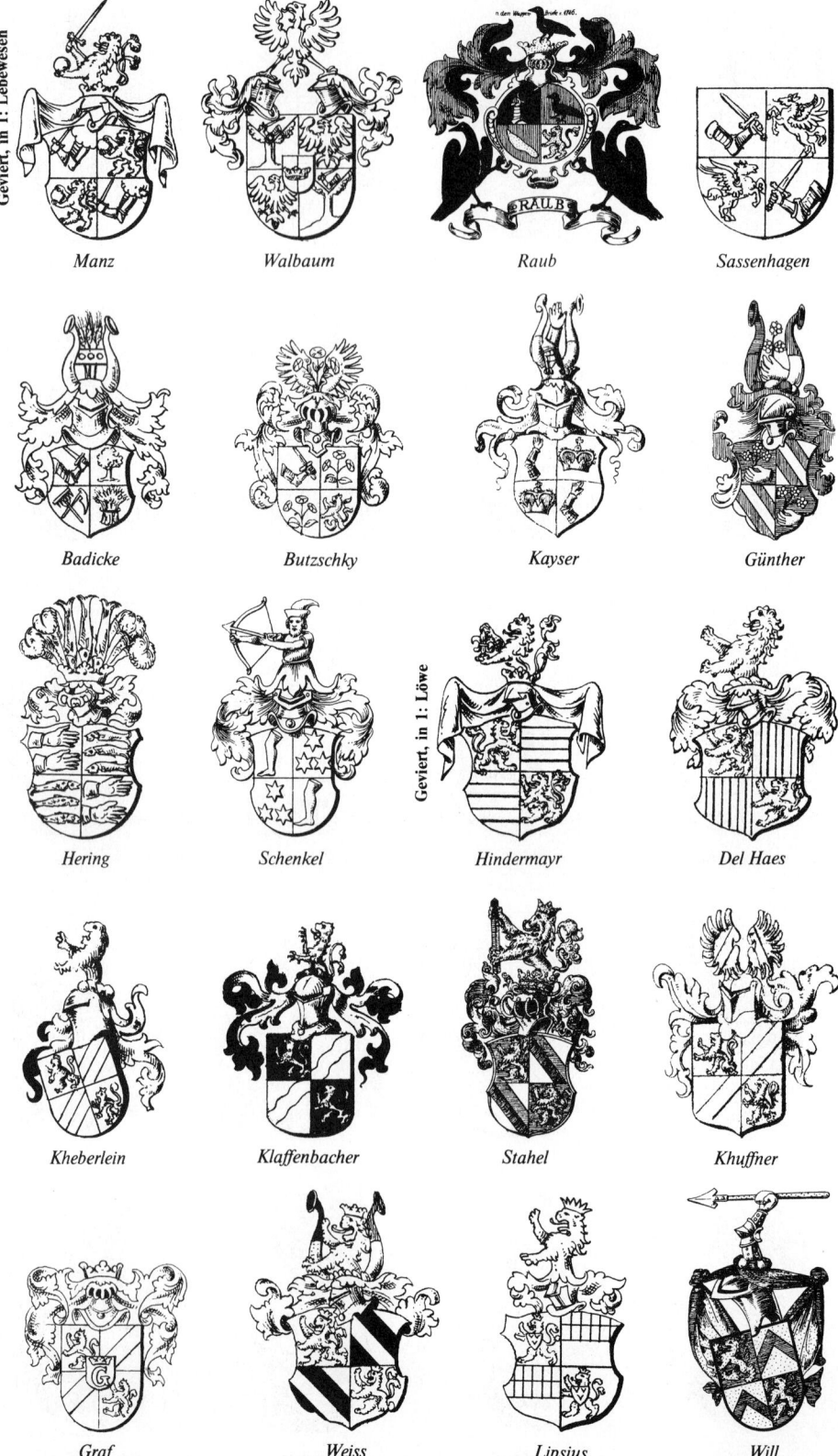

Geviert

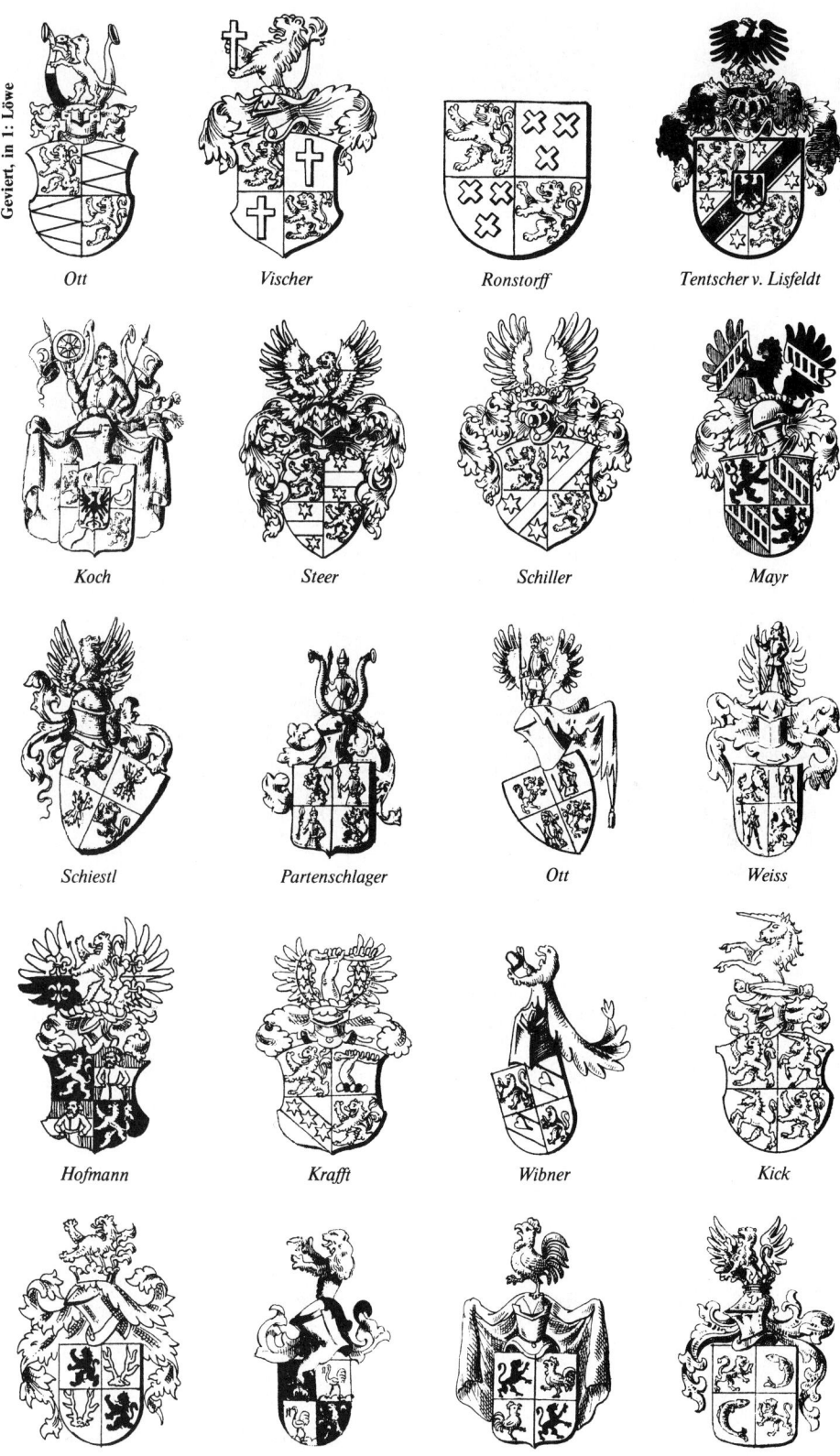

Geviert, in 1: Löwe

Ott   Vischer   Ronstorff   Tentscher v. Lisfeldt
Koch   Steer   Schiller   Mayr
Schiestl   Partenschlager   Ott   Weiss
Hofmann   Krafft   Wibner   Kick
Nicolai   Sulczer   Nuhan   Aschenhofer

Geviert

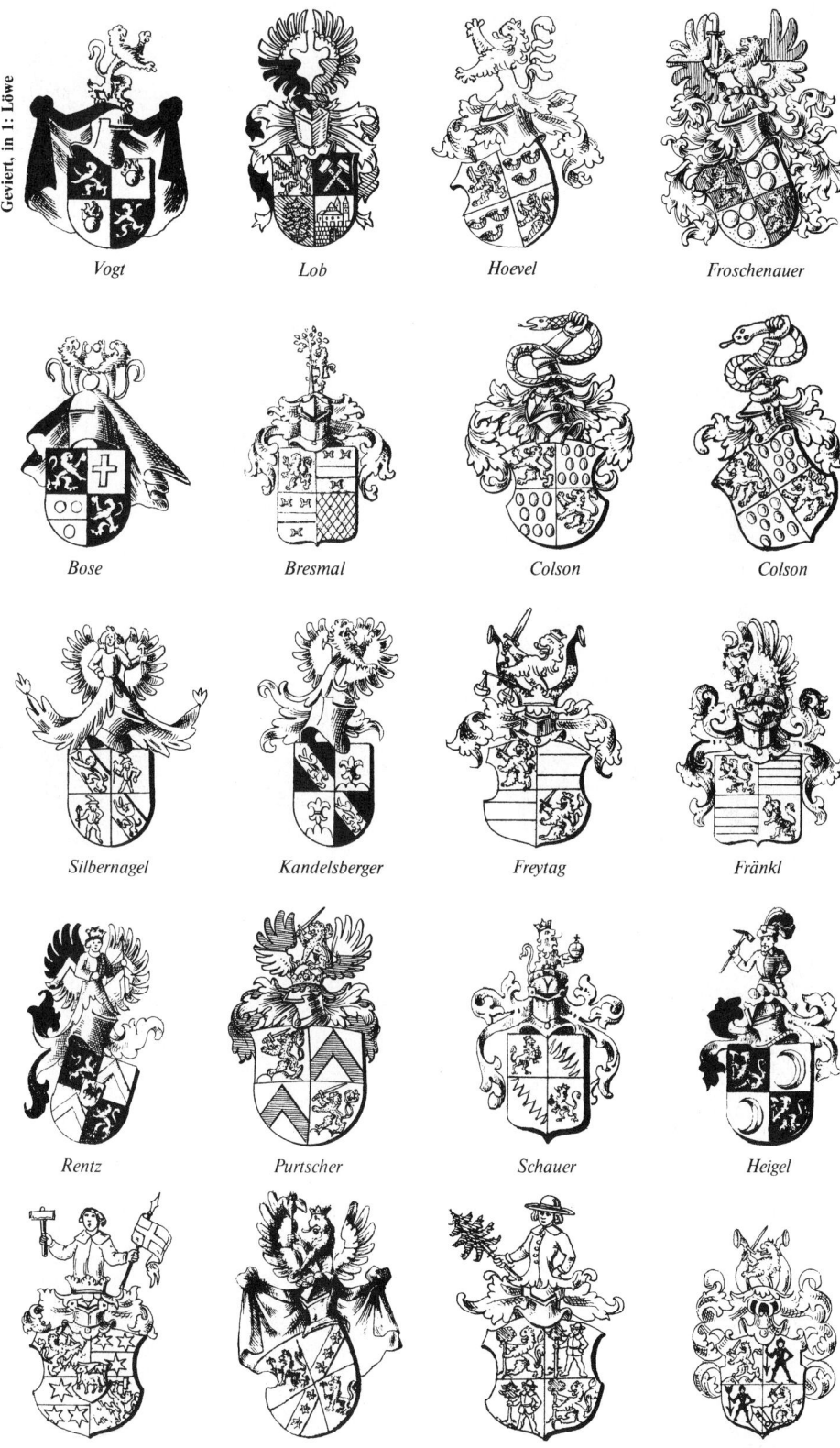

Geviert, in 1: Löwe

Vogt	Lob	Hoevel	Froschenauer
Bose	Bresmal	Colson	Colson
Silbernagel	Kandelsberger	Freytag	Fränkl
Rentz	Purtscher	Schauer	Heigel
Schlegel	Pureisen	Purtscher	Fitsch

Geviert

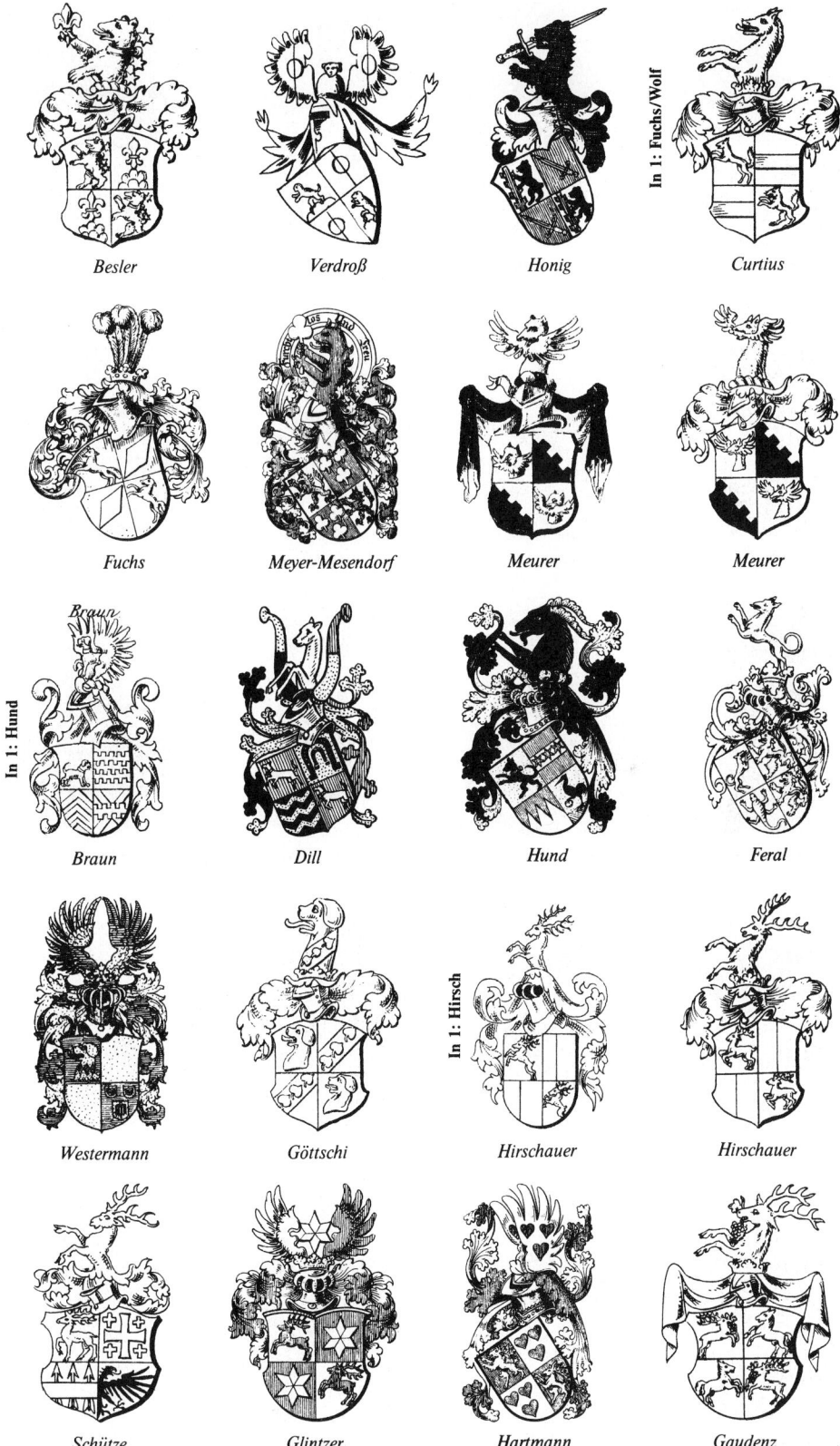

Besler   *Verdroß*   *Honig*   In 1: Fuchs/Wolf   *Curtius*

Fuchs   *Meyer-Mesendorf*   *Meurer*   *Meurer*

In 1: Hund   *Braun*   *Dill*   *Hund*   *Feral*

Westermann   *Göttschi*   In 1: Hirsch   *Hirschauer*   *Hirschauer*

Schütze   *Glintzer*   *Hartmann*   *Gaudenz*

Geviert

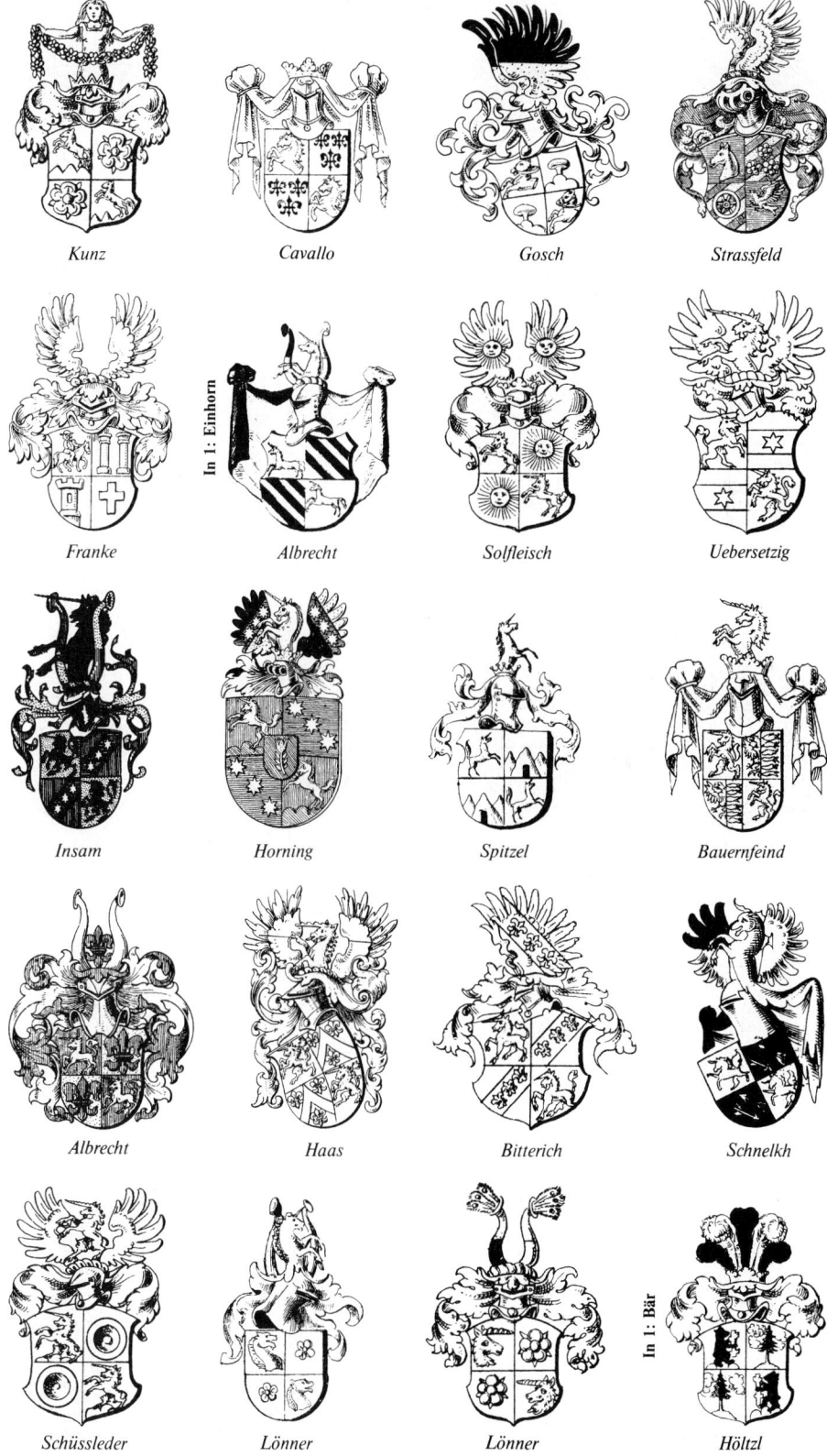

Kunz *Cavallo* *Gosch* *Strassfeld*

Franke *Albrecht* *Solfleisch* *Uebersetzig*

Insam *Horning* *Spitzel* *Bauernfeind*

Albrecht *Haas* *Bitterich* *Schnelkh*

Schüssleder *Lönner* *Lönner* *Höltzl*

Geviert

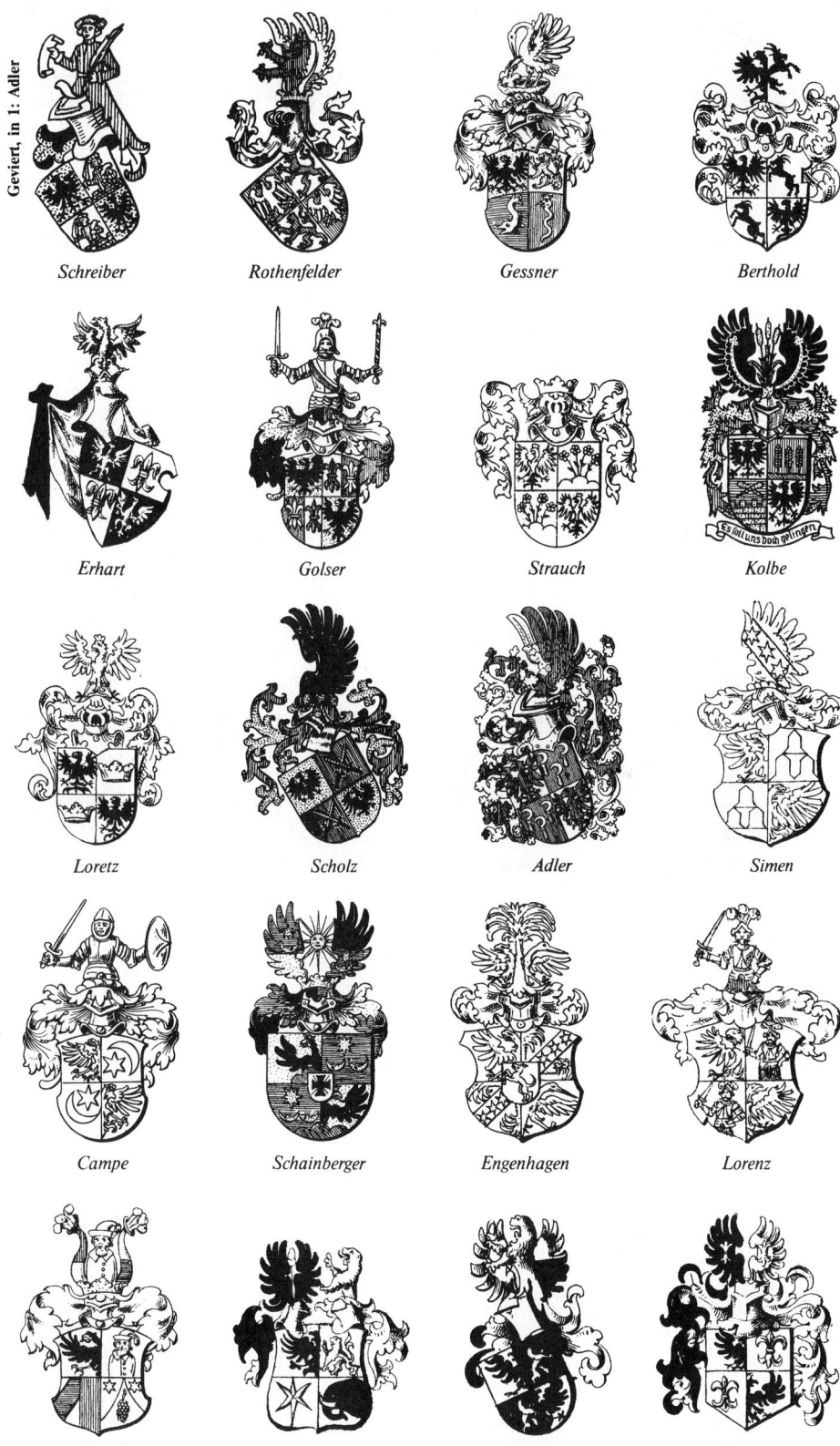

Geviert, in 1: Adler

Schreiber — Rothenfelder — Gessner — Berthold
Erhart — Golser — Strauch — Kolbe
Loretz — Scholz — Adler — Simen
Campe — Schainberger — Engenhagen — Lorenz
Frangk — Jughard — Westermayr — Enderl

Geviert

Geviert

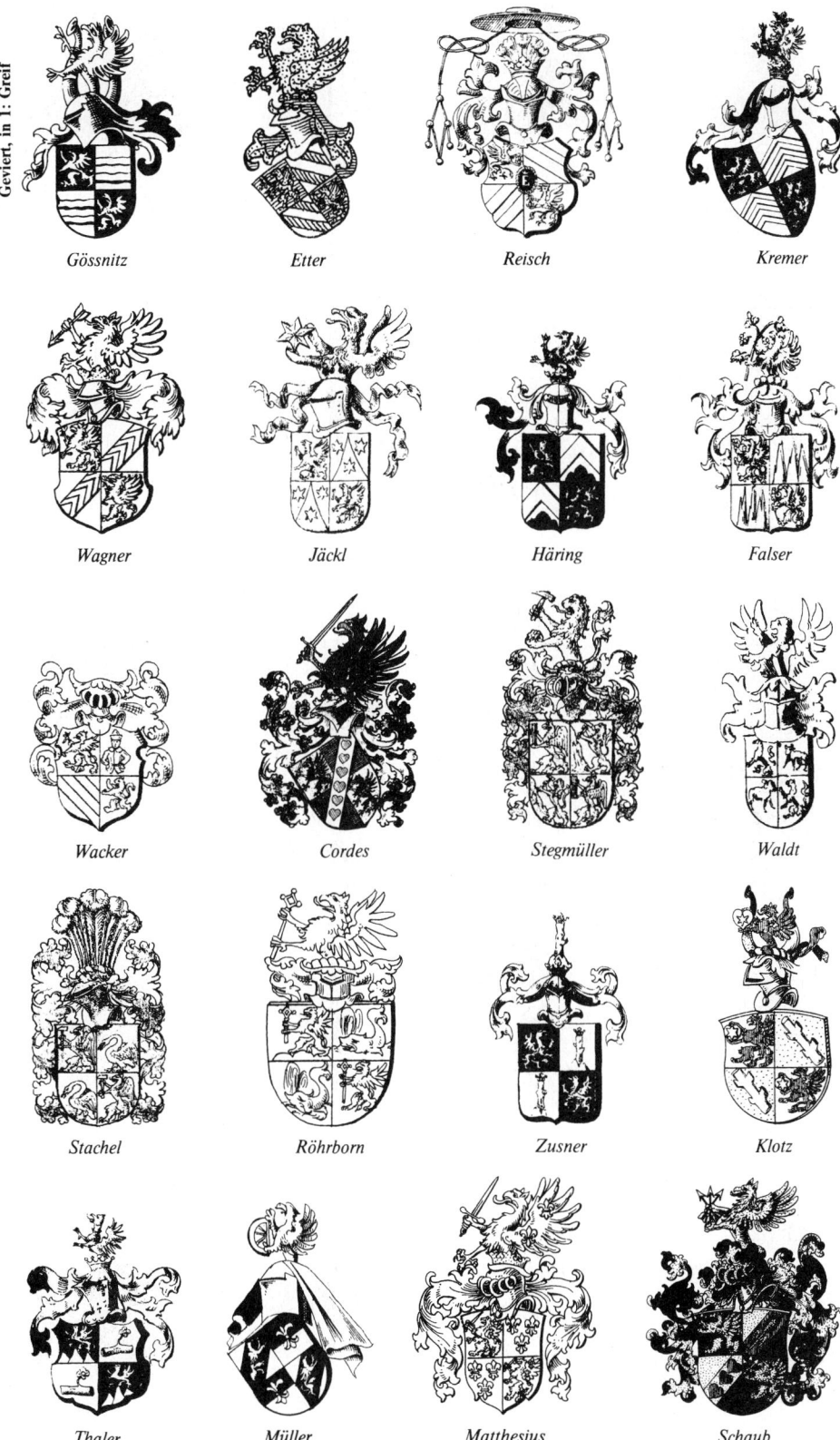

Geviert, in 1: Greif

Gössnitz — Etter — Reisch — Kremer
Wagner — Jäckl — Häring — Falser
Wacker — Cordes — Stegmüller — Waldt
Stachel — Röhrborn — Zusner — Klotz
Thaler — Müller — Matthesius — Schaub

1066 Geviert

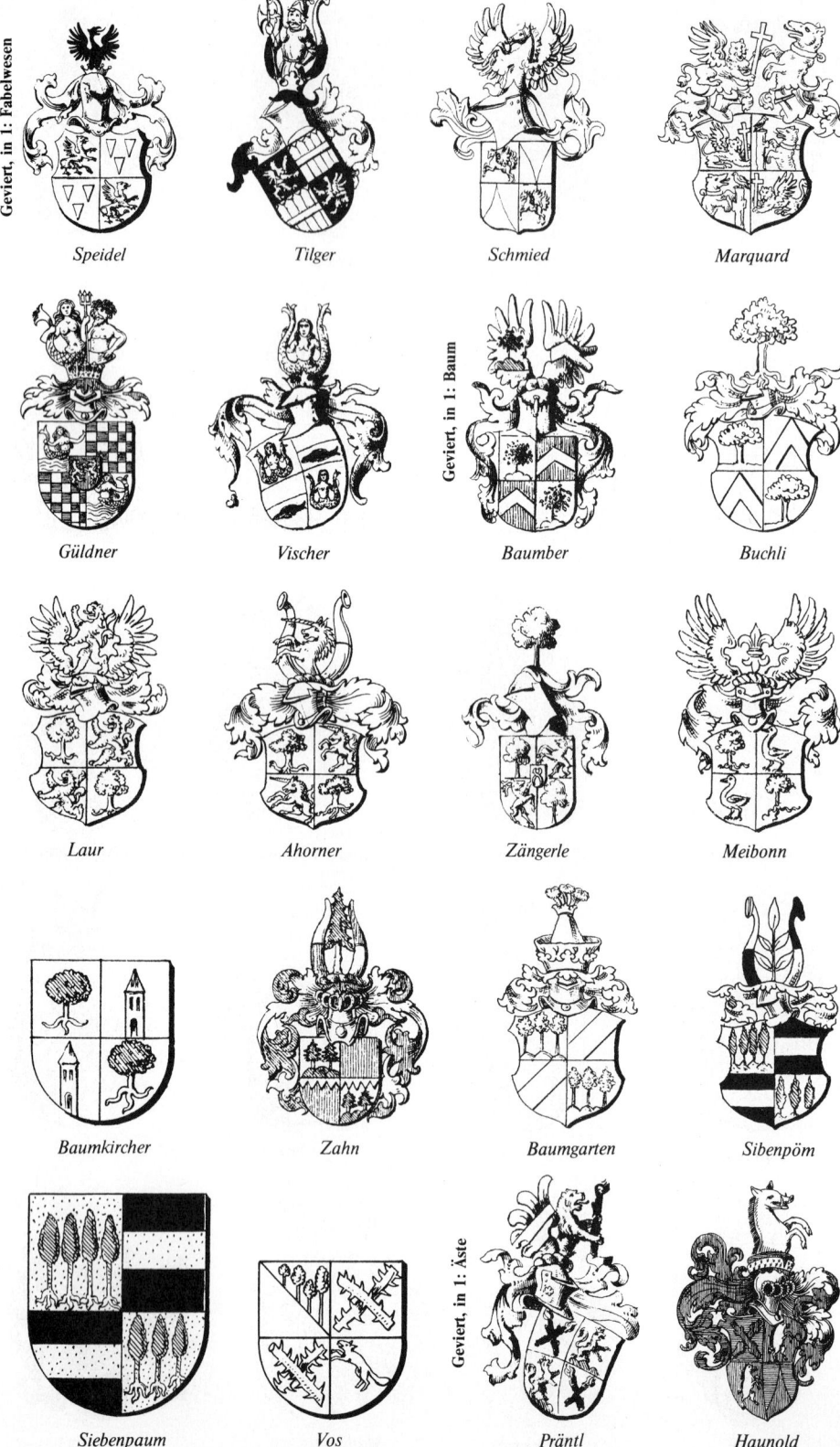

Geviert

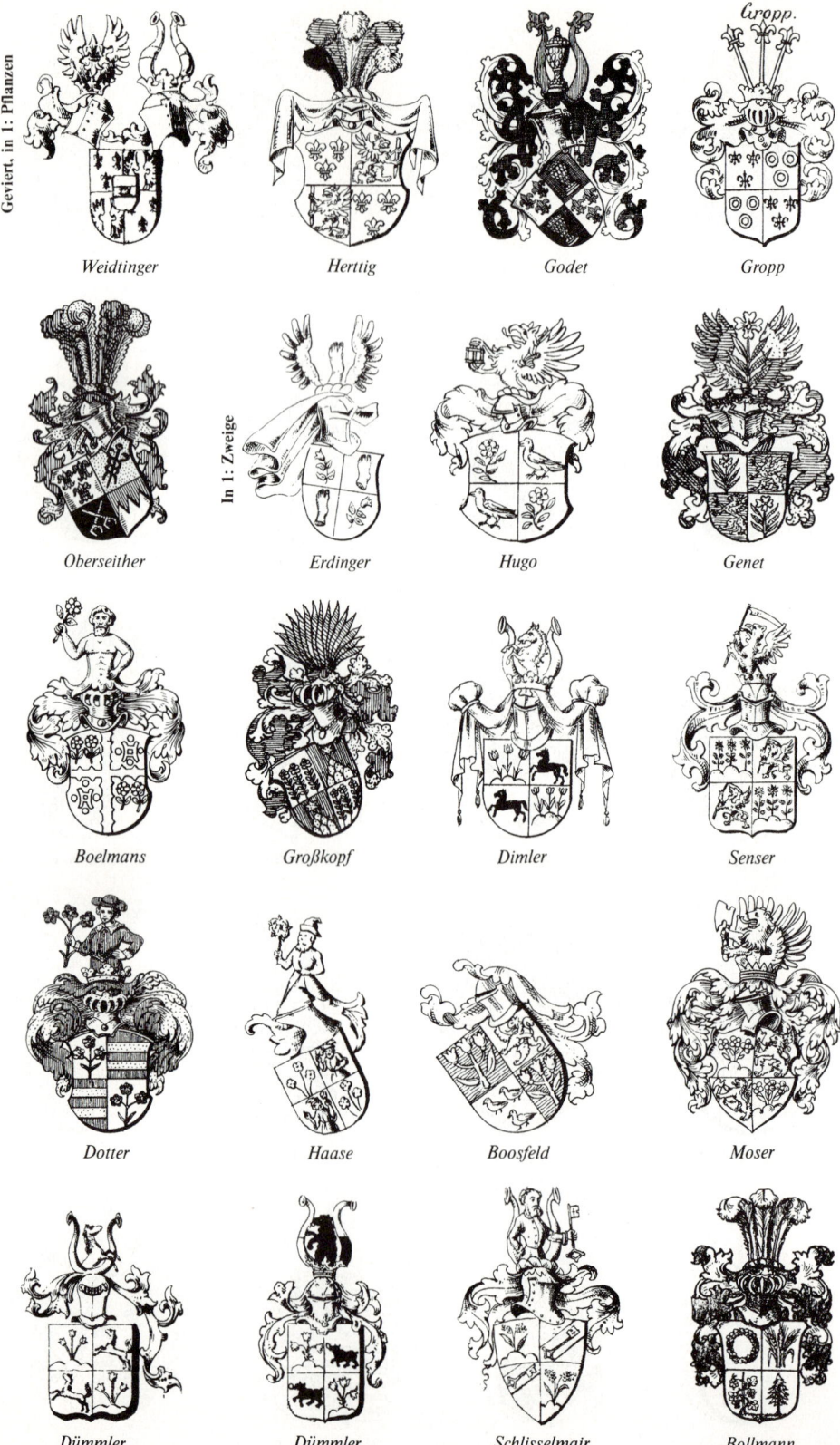

Geviert 1071

Floeckner — Alardus — Müller — Rettig
Rübsam — Kürbiss — Mayr — Winkler
Winkler — Winkler — Leist — Tugginer
Richter — Rind — Stolle — Höpfner
Körner — Kündig — Häberlein — Weizenbeck

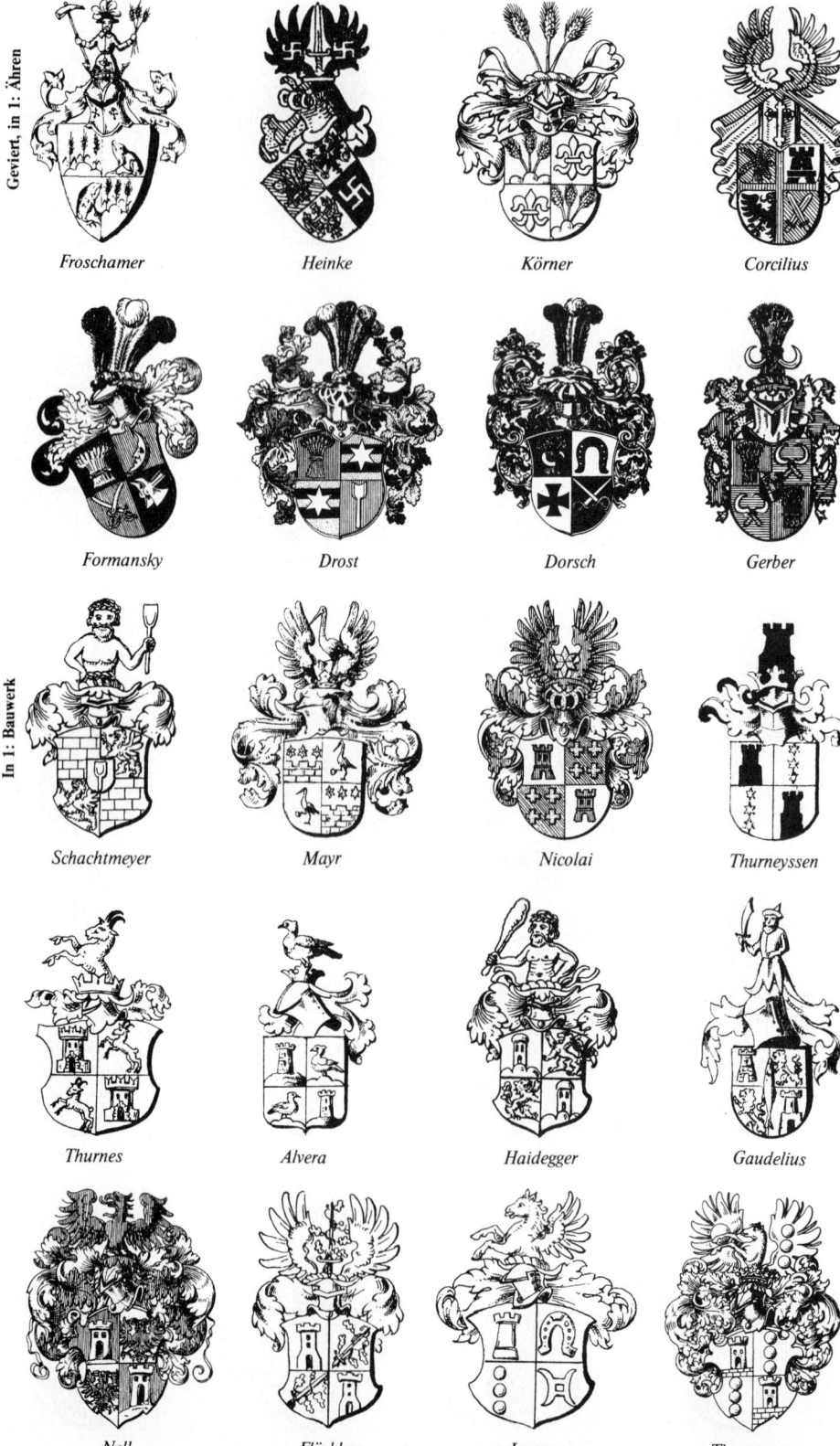

Geviert

Statthalter — Täumer — Sonntag — Strasskircher
Prickel — Wopfner — von Heck — Oberhäuser
Steinhaus — Zeyringer — Thomsen (In 1: Schiff) — Krüger
Kuhn (In 1: Gerät) — Schmidt — Gwinner — Schaefer
Plamsch — Anschütz — Cruse — Kessler

Geviert

Geviert, in 1: Gerät

Hoyson	Wachs	Kolb	Kahlo
Goeldel	Rothhut	Holdschuer	Günther
Kronbiegel	Meeser	Uphagen	Ballstock
Körner	Noder	Siebel	Winkler
Schlumpberger	Götz	Groth	Schrat

Geviert

Geviert, in 1: Gerät

Müller	Schmelzle	Laquiant	Muntz
Brockhausen	Sauter	Helbig	Joachim
Troost	Görte	Egger	Reitsberger
Reitsperger	Pfeil	Larühe	Brodersen
Manz	Mantz	Langer	Heller

Geviert

Geviert, in 1: Gerät

Teske Meyer Kutscher Wagenbauer

Grillparzer Mügge Volland Brandt

Schmidt Foltz Prosch Sänger

Petersen Petersen Heck Jaenicke

Hübner-Brandenburg Bormet-Marsal Nebel Koopmann

Geviert/Schräggeviert

Register

Name	WBL	Bgl. Abtlg.	Siebm. Tf.	Name	WBL	Bgl. Abtlg.	Siebm. Tf.	Name	WBL	Bgl. Abtlg.	Siebm. Tf.
Aaberli	1003	3	61	Agatz	570	2	81	Albrecht	169	10	41
Aaberli	68	7	61	Agendorffer	506	9	81	Albrecht	916	10	81
Aach	48	8	94	Agerius	449	1	21	Albrecht	1059	11	55
Abeelen, v.	982	4	81	Agger	449	1	21	Albrecht	294	12	55
Abegg	731	9	41	Aggermann	991	11	55	Albrecht	210	3	41
Abegg	731	10	21	Agkli	748	3	61	Albrecht	82	5	1
Abegg	645	12	1	Agricola	732	1	1	Albrecht	135	8	1
Abeken	699	7	21	Agricola	709	3	41	Albrecht	229	5	1
Abeken	699	6	41	Agricola	216	4	61	Albrecht	676	8	1
Abeken	486	6	41	Agricola	113	5	1	Albrecht	552	5	1
Abeken	343	6	41	Agricola	967	5	1	Albrecht	306	3	61
Abeken	343	6	41	Agricola	872	8	41	Albrecht	156	9	41
Abeken	343	9	81	Agricola	733	9	21	Albrecht	654	9	41
Abeken	868	12	55	Agricola	213	11	1	Albrechts	643	9	61
Abel	273	1	21	Agricola	544	2	1	Alckens	76	11	55
Abels	474	11	55	Agricola	842	5	1	Aldenhofen	235	3	21
Abels	943	11	55	Agricola	674	5	1	Aldenhofen, v.	234	4	81
Abendroth	10	3	21	Agst	891	9	41	Aldorfer	534	2	1
Abendroth	10	10	1	Agstein	48	13	33	Aleman	849	8	21
Abenhausen	953	13	36	Agte	304	10	41	Alexandri	312	3	21
Aberlin	354	5	1	Ahagen	259	10	61	Algesheim	596	3	41
Aberlin	275	5	1	Ahamer	340	8	41	Algöwer	63	8	94
Abl	273	1	21	Ahlenstiel	943	8	21	Alker	183	14	41
Ableitner	533	4	1	Ahlers	379	5	81	Alkover	286	2	1
Abštorský	393	6	81	Ahn	989	11	55	Alkover	105	2	1
Abstreiter	398	14	25	Ahorner	6	5	1	Allandsee	421	1	41
Abt	153	2	21	Ahorner	1066	9	21	Allart	358	11	55
Abt	186	3	1	Ahrendt	1014	5	81	Allcon	451	2	21
Ach, von	384	9	21	Ahrenhold	1018	15	1	Allen, von	17	9	61
Achenbach	631	11	35	Ahrens	377	5	1	Allinger	462	8	41
Achenbach	631	12	50	Aichberger	220	3	81	Allmacher	695	8	1
Achermann	600	5	21	Aichelin	509	1	61	Allmair	995	1	41
Achtermann	462	10	41	Aicher	998	2	1	Allmend, an der	470	9	21
Achtziger	304	15	1	Aicher	510	3	41	Allmend, von der	475	7	61
Acker	543	1	41	Aicher	851	8	41	Allmer	841	10	81
Acker	951	4	61	Aichholzer	117	4	1	Alreleye	541	11	56
Ackere, v.	512	4	81	Aichinger	511	6	21	Alt	423	3	41
Ackermann	26	2	81	Aichinger	210	9	61	Altasser	1033	2	61
Ackermann	951	4	61	Aichinger	511	10	1	Alte	970	8	61
Ackermann	245	8	61	Aichle	220	3	81	Altenburger	991	3	41
Ackermann	245	13	52	Aichler	477	1	41	Altendorffer	522	6	21
Ackermann	524	11	55	Aichler	136	4	1	Altentaller	781	7	1
Ackherl	1032	5	1	Aichner	294	4	1	Altenweger	425	3	61
Adach	320	4	1	Aichner	924	8	21	Alter	525	6	41
Adam	139	1	1	Aichstetter	509	8	41	Altermann	421	8	21
Adam	434	5	81	Aigenler	926	9	1	Althamer	1010	4	1
Adam	814	7	81	Aigl	464	1	1	Althammer	866	5	2
Adam	591	9	61	Aiglspeck	306	3	41	Althammer	143	1	21
Adami	936	5	1	Aign	505	3	41	Althaus	621	5	2
Adams	435	4	81	Aigner	242	3	41	Althausen	1039	3	41
Adamy	489	3	61	Aineder	153	3	81	Altikar	690	9	61
Ade	848	2	81	Ainhofer	624	4	1	Altinger	320	8	41
Adelbulner	520	1	21	Aischendorfer	454	2	81	Altkover	105	2	1
Adeler	910	2	61	Aitinger	320	6	21	Altman	325	6	81
Adelgayr	451	5	1	Alardus	1071	4	1	Altmann	1050	1	61
Adelmann	391	11	55	Albeck	413	3	61	Altmann	18	2	41
Adenau	690	6	61	Alber	705	4	1	Altmann	834	5	2
Adler	355	1	81	Albers	469	2	21	Altmann	113	13	52
Adler	356	9	41	Albers	174	5	61	Altmann	101	8	21
Adler	356	9	41	Albers	484	5	81	Altmann	102	8	41
Adler	874	10	21	Albers	980	12	74	Altmayr	941	2	81
Adler	881	10	21	Albert	512	2	41	Altorfer	30	5	2
Adler	1061	10	37	Albert	844	2	81	Altorfer	1047	7	61
Adler	356	11	55	Alberti	294	1	1	Altorffer	534	5	2
Adler	872	13	52	Alberti	852	3	41	Altrichter	922	12	74
Adler	356	2	1	Alberti	10	5	1	Altrogge	601	5	41
Adler	355	2	41	Alberti	294	3	21	Altzinger	359	1	41
Adlmann	934	1	61	Alberti	175	3	81	Alvera	1072	1	81
Adolff	206	5	1	Alberti	193	5	14	Alvermann	877	5	21
Adolff	377	5	1	Albertin	872	7	1	Alwich	506	2	41
Aegeri, von	79	7	61	Albertis	961	4	1	Aly	917	8	21
Aelmans	871	5	2	Albertus	127	5	1	Alynga	731	5	2
Aeppli	522	3	61	Albini	872	8	21	Amanger	925	2	21
Aernlin	314	8	41	Albinus	550	5	1	Amany	670	3	1
Aeschpacher	114	5	61	Albon	263	10	41	Ambach	98	2	81
Aettinger	188	2	1	Albon	1037	10	41	Amberger	652	1	61
Aff	343	5	61	Alborn	628	10	41	Amberger	618	5	81
Aff	343	9	41	Albrecht	1059	1	21	Amberger	302	7	61
Affelmann	946	4	61	Albrecht	57	2	61	Amberger	652	7	81
Affenzünner	931	3	81	Albrecht	265	7	1	Amberger	302	8	61

Name	WBL	Bgl. Abtlg.	Siebm. Tf.	Name	WBL	Bgl. Abtlg.	Siebm. Tf.	Name	WBL	Bgl. Abtlg.	Siebm. Tf.
Ambrosii	508	3	1	Ar, de	535	8	94	Aumayer	103	1	81
Ambrosius	565	3	1	Arbeisl	355	1	21	Aumüller	637	12	74
Ambsing	520	3	1	Arberg	601	5	2	Aurnhammer	399	1	21
Ambts	35	3	61	Ardomedes s. Artomedes				Aurnheimer	399	2	81
Ameldung	167	9	81	Ardüser	778	7	61	Aussem	655	4	81
Amelinck	794	7	81	Aren	684	10	81	Aussem, van	781	7	81
Amesmayr	1036	8	41	Aren, vom	588	4	81	Aussem, von	4	11	56
Amhauser	214	3	41	Arend	777	10	1	Austin	929	8	21
Amman	533	2	41	Arends	573	8	41	Avemann	120	3	21
Amman	154	3	41	Arens	952	5	2	Avemann	154	8	94
Amman	486	4	1	Arens	170	13	2	Avenarius	104	5	41
Amman	778	7	61	Arens	601	12	92	Avianus	387	3	81
Amman	334	8	41	Arensen	1015	5	41	Axen	695	7	21
Amman	815	12	55	Arents	603	5	81	Axen	122	5	3
Amman	684	11	19	Aretz	535	14	41	Axen, von	122	5	81
Amman	893	12	55	Arianus s. Avianus				Axt	647	9	41
Amman	873	9	21	Arira	724	13	36	Axt	646	11	1
Ammann	873	3	61	Armand	182	5	2	Axt	644	11	1
Ammann	82	3	61	Armbruster	224	5	81	Axter	719	5	3
Ammann	666	10	61	Armher	171	2	61	Aycke	220	9	61
Ammerbacher	897	1	21	Arms v.	183	3	61	Ayermann	149	1	21
Ammon	836	1	61	Arndes	410	4	1	Ayerschöttel	750	1	1
Ammon	278	4	1	Arndes	293	4	61	Ayrer	309	1	1
Ammon	149	5	61	Arndt	411	12	74	Ayzinger	994	2	1
Ammon	873	9	21	Arnhold	602	2	21	Azelt	361	1	1
Amort	35	14	45	Arning	76	3	21				
Amperg	920	9	21	Arnold	915	3	61	Baag	642	7	61
Ams	811	12	92	Arnold	272	5	81	Babock	256	11	56
Amsinck	520	3	21	Arnold	202	6	21	Babst	74	6	41
Amsinck	520	10	1	Arnold	303	6	41	Bach	832	1	81
Amsler	366	1	41	Arnold	672	6	61	Bach	12	2	41
Amthor	1068	12	92	Arnold	460	7	61	Bach	36	4	81
Amya	1016	11	56	Arnold	953	11	1	Bach	576	5	81
Amya	1013	11	56	Arnold	303	11	56	Bach	928	6	41
Amya	1074	11	56	Arnold	874	11	73	Bach	331	7	61
Anckelmann	700	3	1	Arnold	889	12	74	Bach	797	9	41
Andares	629	7	61	Arnold	174	13	36	Bach	796	8	81
Andaress	616	3	61	Arnold	174	12	19	Bach	808	8	81
Andersen	946	9	81	Arnold	998	14	1	Bach	422	4	1
Anderson	122	4	1	Arnold	439	14	17	Bacharach	991	4	81
Andler	867	8	41	Arnold	1043	1	81	Bacher	421	3	41
Andreae	549	1	61	Arnold	602	5	21	Bachhausen	619	4	81
Andreae	549	2	21	Arnold	1031	3	81	Bachmair	239	9	17
Andreae	116	5	2	Arnold	1043	3	21	Bachmann	11	1	1
Andreae	549	9	21	Arnold	235	1	61	Bachmann	134	6	61
Andreae	1022	3	1	Arnold	235	13	36	Bachmann	48	7	61
Andreae	549	3	21	Arnold	236	5	2	Bachmann	72	9	61
Andreas	798	10	81	Arnold	164	5	21	Bachmann	1023	9	81
Andresen	823	7	41	Arnoldi	35	9	21	Bachmann	1023	10	21
Anekoms	722	4	81	Arnoldi	407	10	61	Bachmann	300	13	2
Anesorge	902	1	81	Arnoldt	533	2	61	Bachmann	107	3	1
Angele	226	3	61	Arnolt	1042	8	41	Bachmann	111	3	1
Angelmacher	908	4	81	Arnschwanger	417	6	81	Bachofen	628	10	61
Angelmacher	908	9	41	Arnsperger	496	13	27	Bachoffen	628	3	61
Angelus	920	5	2	Arntzen	762	5	2	Bachoffen	992	9	21
Angelus	443	11	1	Arny	361	7	1	Back	690	5	61
Anger	325	3	81	Arny	361	8	61	Back	658	10	21
Anger	711	1	81	Arpe	412	4	1	Backenburg	614	5	61
Anger	209	4	1	Arras	484	12	55	Backes	959	4	81
Anger	774	1	21	Arrets	30	11	56	Backhaus	363	5	3
Anger	209	1	81	Artelt	948	9	81	Backhaus	896	6	81
Angerer	640	5	2	Arter	424	7	81	Backhaus	394	5	3
Angerer	131	7	1	Arts, des	43	10	21	Backhaus, vom	639	11	19
Angerer	946	14	17	Artmann	456	2	61	Bacmeister	888	5	3
Angerer	131	1	41	Artomedes	386	2	81	Bacmeister	888	13	17
Angerer	531	1	61	Artopoeus	35	9	61	Bade	494	3	81
Angermair	1003	9	18	Artopoeus	191	10	61	Badell	851	5	3
Angermondt	583	4	81	Artus	772	11	73	Bader	832	1	1
Angermüller	903	9	21	Asam	83	5	2	Bader	543	5	3
Angermüller	715	3	41	Aschauer	747	7	1	Bader	61	6	61
Angermüller	663	3	41	Aschenbrenner	541	5	2	Bader	130	2	61
Angil	705	4	1	Aschenhamer	423	4	1	Bader	1049	2	61
Angst	788	7	78	Aschenhofer	1053	1	41	Bader	268	8	41
Anklam	661	12	55	Aschl	422	12	50	Bader	1079	8	61
Anlauf	148	14	33	Aschwanden	424	13	2	Bader	79	2	81
Anrater	249	2	81	Asinger	311	4	1	Bader	79	7	61
Ansbach	233	1	61	Asmus	897	10	81	Badicke	1042	5	21
Anschütz	1073	7	1	Aspelt	337	1	21	Badicke	1052	5	21
Anselm	880	14	9	Asper	880	7	61	Badicke	10	5	21
Anss	41	5	2	Asper	912	7	61	Badisch	61	13	36
Anstett	612	5	81	Asper	945	9	21	Bächer	916	14	17
Anter	902	8	1	Asseburg	621	10	41	Bächlen	451	8	41
Anthes	895	2	21	Assmann	500	6	1	Bächler	1026	1	1
Anthony	392	10	61	Aster	60	3	81	Bächtold	52	7	61
Anthony	245	11	56	Astfalckh	498	2	41	Baedecker	175	7	21
Anton	646	13	17	Astfalckh	498	5	2	Bährecke	271	11	19
Antoni	765	2	61	Attaler	969	1	21	Bährecke	271	12	92
Antoni	785	8	94	Attelmayer	926	5	2	Baelen	549	4	81
Antze	408	7	1	Attlmayr	245	9	21	Bänninger	440	7	61
Anwandter	708	8	94	Atzenheim	195	9	61	Bär	719	8	41
Apel	30	2	81	Atzenholtz	356	3	81	Bärbinger	763	2	41
Apel	244	8	41	Au, von der	933	12	74	Baersch, gt. Olichschläger	430	4	81
Apel	592	9	21	Aue, von	39	4	81	Bärthold	268	4	82
Apelt	1010	13	2	Auer	1050	2	61	Bärtsch	268	9	1
Apfel	435	2	61	Auer	522	1	81	Baerwart	272	7	1
Apinus	440	1	21	Auer	374	1	21	Bäschlin	1008	10	61
Apinus	440	3	21	Auer	1022	1	21	Baetech s. Baelen			
Apotegker	294	8	41	Auer	22	3	81	Bäumer	84	11	19
Appel	123	1	1	Aufleger	19	6	41	Bäumlein	576	10	1
Appel	496	10	21	Aufschlager	225	1	21	Bäumler	101	1	21
Appel	628	2	1	Aufschneider	1033	1	1	Bäumler	478	14	41
Appel	590	2	21	Augenlitsch	415	3	61	Bäurlin	147	5	41
Appenberger	1043	1	41	Auggenthaler	278	4	61	Bagewitz	958	3	1
Appold	551	1	21	Augsburger	247	1	21	Baggel	932	8	61
Apportz, im	958	3	81	Augspurg	616	5	2	Baggenreuter	1079	3	21
Appuhn	1020	9	61	Augustin	116	9	81	Baggenstoss	704	12	55
Appun	1041	10	21	Auherer	125	3	61	Bahl	83	3	41
April	798	8	81	Aulfes	908	13	36	Bahls	83	8	21
Aps	415	3	1	Aulig	680	12	74	Bahre	350	5	21
Aquila	941	3	21	Aulig	990	13	27	Baier	148	1	81

Register

Name	WBL	Bgl. Abtlg.	Siebm. Tf.	Name	WBL	Bgl. Abtlg.	Siebm. Tf.	Name	WBL	Bgl. Abtlg.	Siebm. Tf.
Baier	268	1	81	Barth	159	5	81	Bauradt	659	8	42
Baierlacher	920	2	81	Barth	133	7	41	Baus	454	5	61
Bair	380	1	81	Barth	679	10	1	Bausch	951	3	81
Baisch	242	5	3	Barth	681	10	22	Bausch	1044	4	2
Baisch	242	8	42	Barth	251	14	17	Bausch	771	5	4
Baiz	561	3	61	Barth	753	15	1	Bausch	84	5	4
Bajol	294	7	61	Barthe	647	11	1	Bausch	84	8	21
Bake	1079	5	21	Barthels	821	1	41	Bausch	582	12	56
Balber	799	3	61	Barthmann	37	10	61	Bausch	959	12	56
Balck	171	6	1	Barthold	107	3	1	Bausch	951	3	21
Balcke	1024	6	81	Bartholomäus	140	1	61	Bauschen	983	4	82
Balcke	5	5	41	Bartl	702	14	41	Bauseckh	971	4	61
Baldenhover	845	8	41	Bartl	156	1	1	Baustetter	927	3	1
Baldenius	716	5	3	Bartman	110	4	82	Bautz	811	7	81
Balder	596	5	3	Bartoldi	1018	2	21	Bautze	53	4	82
Balder	596	6	21	Bartoldi	1005	1	81	Bauwhoff	733	5	4
Balderslob	199	3	61	Bartsch	1005	12	75	Bauwr	736	5	3
Baldersteiner	612	3	41	Bartsch	273	5	3	Bavemann	347	3	1
Baldinger	288	7	1	Barttels	98	4	2	Bavier	264	8	1
Baldrian	354	10	1	Bartter	1058	10	4	Bawr	559	11	57
Balduin	1058	3	21	Basc, du s. du Bosc	686	14	41	Bawr	886	9	41
Balduwin	513	4	81	Baschnagel	433	6	41	Bayer	1069	2	1
Balemann	595	4	2	Basler	641	7	62	Bayer	1025	3	42
Balemann	1013	4	2	Basler	660	12	56	Bayer	27	6	81
Balemann s. Ballmann	951	3	41	Basse	767	12	56	Bayer	404	5	4
Balen	230	4	81	Basse	768	12	56	Bayer	504	5	4
Baliffke	546	8	83	Bassow	202	8	21	Bayer	699	5	4
Baling	861	5	3	Bastgen	693	7	81	Bayr	447	5	4
Baling	709	10	61	Bastineller	222	3	21	Bayr	322	6	41
Balke	271	11	37	Batschari	1051	5	81	Bayr	451	1	81
Ball	717	13	2	Battlog	1051	3	42	Bayr	84	1	81
Ball, de	725	4	61	Batzner	720	13	52	Bayr	271	1	81
Ballendunck	944	4	81	Bau	103	13	2	Beaudrier	10	7	62
Ballmann	951	3	41	Bauder	837	1	22	Beber	735	14	17
Ballmer	212	5	3	Bauder	932	2	81	Bebie	467	7	81
Ballstock	1075	5	42	Baudouin	860	8	42	Becceler	369	3	1
Ballüder	871	10	41	Bauer	113	5	3	Beche, de	1039	4	82
Ballweg	610	14	33	Bauer	843	6	41	Becher	228	1	41
Balmer	488	10	1	Bauer	108	7	1	Becherer	754	13	33
Balmer	489	10	1	Bauer	262	7	1	Bechler	75	2	81
Balthasar	716	5	3	Bauer	893	7	1	Bechmann	383	8	42
Balthaschwyer	698	7	61	Bauer	100	7	1	Bechstein	844	1	1
Balthassar	732	7	81	Bauer	100	7	1	Becht	384	1	22
Baltzer	31	2	61	Bauer	779	7	78	Bechtel	686	13	52
Balve	760	4	61	Bauer	778	7	81	Bechtelsamer	633	5	4
Bam	58	3	61	Bauer	829	2	21	Bechtholt	109	2	21
Bamberg	1023	14	17	Bauer	993	8	42	Bechtl	422	1	41
Bamberger	281	1	61	Bauer	107	9	21	Bechtold	638	11	73
Bamberger	727	2	41	Bauer	147	10	1	Bechtolt	993	1	81
Baner	412	8	94	Bauer	908	14	25	Beck	136	2	1
Bangemann	107	11	1	Bauer	703	1	81	Beck	729	9	20
Bank, von der	981	11	56	Bauer	791	12	71	Beck	729	1	82
Bannir	356	4	81	Bauer	792	12	71	Beck	35	4	82
Bansa r.	434	2	21	Bauer	716	12	75	Beck	382	5	4
Bansa	434	6	21	Bauer	736	12	75	Beck	1023	5	81
Bansau	586	5	81	Bauer	100	2	21	Beck	3	8	94
Bansovius	580	5	3	Bauer	104	2	81	Beck	729	9	41
Bantli	735	7	62	Bauer	147	1	61	Beck	729	10	22
Bantlin	220	6	41	Bauernfeind	1059	3	42	Beck	70	11	57
Bapst gt. Sittard	35	4	82	Bauhin	178	9	41	Beck	1062	11	57
Barall	749	12	56	Bauhof	842	6	61	Beck	703	13	33
Barbierer	30	11	56	Bauhofer	732	1	41	Beck	136	1	82
Barbisch	117	3	42	Bauhofer	316	1	61	Beck	463	1	82
Barchmann	92	5	61	Baum	475	9	61	Beck	729	5	41
Barchtfelde	174	5	41	Baum	467	10	22	Beck	327	6	41
Bardenheuer	24	11	21	Baumann	27	1	22	Beck	797	8	81
Bardenhewer	974	11	57	Baumann	133	4	2	Beck	729	5	41
Bardili	894	3	21	Baumann	50	5	3	Beck	532	6	41
Bardtmann	196	5	41	Baumann	246	6	41	Beck	756	8	81
Bardtmann	749	5	41	Baumann	816	7	81	Beck	864	6	41
Baresys	416	11	56	Baumann	934	8	21	Beck	1024	6	41
Barg	1006	12	75	Baumann	861	13	36	Beck	550	1	82
Barisys	666	11	56	Baumann	701	3	1	Beck	753	6	41
Barkey	349	3	62	Baumann	573	3	21	Becken, von der	722	9	61
Barkhausen	477	6	41	Baumber	1066	1	61	Beckendorf	374	3	1
Barkhausen	620	10	61	Baumberger	475	7	81	Beckendorp	374	5	21
Barkhausen	631	5	3	Baumeister	340	2	1	Becker	880	4	2
Barkhausen	631	7	21	Baumeister	656	4	82	Becker	602	4	82
Barkow	406	7	1	Baumeister	269	8	1	Becker	870	8	1
Barll	881	4	82	Baumeister	611	8	1	Becker	730	10	41
Barm	519	10	41	Baumeister	734	8	42	Becker	754	10	41
Barnisike	48	3	42	Baumeister	34	8	81	Becker	1058	10	61
Barnstorf	1038	12	75	Baumgart	482	8	21	Becker	587	10	81
Baron	606	9	21	Baumgarten	482	1	81	Becker	1019	12	92
Barre	271	10	22	Baumgarten	478	2	1	Becker	1018	13	2
Barreau	749	5	81	Baumgarten	483	3	21	Becker	85	14	1
Barschuch	701	5	41	Baumgarten	479	8	1	Becker	666	2	21
Barschuch	682	9	20	Baumgarten	482	8	61	Becker	320	2	61
Barssen	730	9	61	Baumgarten	482	8	61	Becker	818	3	1
Barssen	730	9	61	Baumgarten-Crusius	323	9	81	Becker	174	5	41
Barssen	730	9	61	Baumgarten, von	482	8	61	Becker	1054	5	41
Bart	682	11	56	Baumgarten, von	61	8	61	Becker	352	9	6
Bart	644	14	25	Baumgarter	1066	5	3	Becker	544	9	61
Bartel	156	1	1	Baumgartner	482	4	2	Becker	106	11	57
Barteldes	865	5	81	Baumgartner	482	7	1	Becker	481	5	41
Bartels	95	2	61	Baumgartner	486	10	22	Becker	733	9	61
Bartels	1000	12	19	Baumgartner	468	5	81	Becker	575	11	57
Bartels-Bartelshof	62	12	1	Baumgartner	478	3	81	Becker	497	3	42
Bartels	760	3	81	Baumhauer	96	3	21	Becker	84	1	82
Bartels	481	3	1	Baumhauer	854	11	57	Becker	980	1	82
Bartels	482	4	2	Baumkircher	1066	9	41	Beckering	755	5	81
Bartels	167	5	21	Baur	454	2	61	Beckers	1039	11	57
Bartels	920	4	2	Baur	493	11	57	Beckers	1039	11	57
Bartels	574	5	21	Baur	1058	7	62	Beckh	911	2	81
Bartels	646	5	21	Baur	107	13	36	Beckh, von	528	5	4
Bartels	978	5	21	Baur	974	13	17	Beckh	136	3	42
Bartenbach	642	14	17	Baur	921	1	81	Beckher	884	6	42
Bartenstein	396	1	21	Baur	817	1	61	Beckher	381	5	4
Barter	646	10	61	Baur	113	1	22	Beckhern	345	5	4
Barth	836	1	21	Bauradt	659	5	4	Beckhern	345	11	21

1083

Name	WBL	Bgl. Siebm. Abtlg.	Tf.	Name	WBL	Bgl. Siebm. Abtlg.	Tf.	Name	WBL	Bgl. Siebm. Abtlg.	Tf.
Beckhoff	483	3	21	Bendeler	479	5	5	Beringer	536	5	5
Beckmann	131	3	21	Bender	447	1	41	Beringius	269	8	21
Beckmann	131	5	21	Bender	665	7	62	Beringuier	1069	4	2
Beckmann	93	5	21	Bender	990	7	62	Berkefeld	482	10	61
Beckmann	92	5	21	Bender	805	7	81	Berkenvelt	475	11	58
Beckmann	390	9	61	Bender	448	8	42	Berkermann	467	9	62
Beckstein	582	5	61	Bender	445	11	1	Berkey-Berken	471	14	9
Beckstein	590	5	61	Bender	445	11	1	Berkhan	409	11	58
Bedau	736	12	57	Bender	84	5	22	Berkmayr	132	1	82
Beeck, von	8	11	57	Bender	511	5	22	Berkmiller	741	8	81
Beegius	480	5	4	Benedict	979	3	62	Berkmüller	744	9	41
Beeler	1078	5	41	Beneke	774	5	41	Berkmüller	150	11	58
Beeli	745	8	61	Beneke	1046	10	1	Berlich	396	3	22
Beelitz	669	13	27	Benem	265	5	5	Berlin	271	1	41
Beer	269	1	1	Bengel	414	3	22	Berlin	771	2	61
Beer	865	11	19	Bengerad	370	10	1	Berlin	455	9	62
Beer	270	5	4	Bening	607	5	22	Berlingius	366	8	21
Beer	270	9	17	Bening	902	9	81	Berlower	571	10	1
Beer	267	7	41	Benkhner	609	2	41	Bermann	780	9	62
Beer	271	11	57	Benndorf	633	7	41	Bermutter	95	3	62
Beer	541	12	55	Benneck s. Behnecke	1062	4	2	Bern	268	1	41
Beerenberg	268	4	2	Bensel	930	14	1	Bernard	15	2	41
Beerger	976	10	81	Benser	181	4	2	Bernard	56	13	33
Beermann	267	3	1	Bensle	291	1	61	Bernards	867	3	22
Beermann	1022	10	81	Benter	388	7	2	Bernau	270	5	5
Beerschamp	293	3	2	Benthe	83	5	5	Bernbach	429	9	41
Behaghel	64	11	73	Benthe	256	5	5	Bernbeck	273	1	61
Behaim	942	3	81	Benthe	256	11	58	Bernd	634	2	1
Beham	150	1	82	Benthem	907	3	22	Berndt	887	7	2
Beham	154	5	4	Benthin	648	12	57	Bernekolt	539	2	21
Beham	646	5	4	Bentouns	265	6	61	Bernet	349	10	22
Beham	302	6	42	Bentzmann	123	9	61	Berngruber	272	3	81
Beham	527	7	1	Benz	816	3	62	Bernhard	262	1	62
Beham	150	7	1	Benziger	1079	8	1	Bernhard	271	8	22
Beham	262	7	1	Benziger	1020	8	62	Bernhardt	267	4	2
Beham	904	9	41	Benziger	1079	9	44	Bernhardt	315	12	19
Behamb	144	1	61	Benzler	730	7	62	Bernhart	266	7	62
Beheim	310	6	42	Berbom	497	9	61	Bernhart	700	8	94
Behem	150	1	61	Berbstorff	188	4	2	Bernhart	262	9	21
Behem	851	5	41	Berchem, von	761	11	58	Berniger	718	13	33
Behlau	644	11	37	Berchem, von	707	9	1	Bernius	831	8	94
Behling	507	14	9	Berchmair	150	6	42	Bernius	662	9	81
Behn	611	3	2	Berchmann	599	3	2	Bernkopf	271	7	2
Behn	775	5	21	Berchtoldt	844	5	5	Bernoully	503	2	22
Behn	775	5	21	Berchtoldt	211	6	42	Bernstein	229	4	2
Behn	775	5	21	Berchtoldt	420	6	42	Bernstorff	622	5	82
Behn	168	5	22	Berck	517	3	22	Bernus	270	2	22
Behn	580	5	22	Berckenmeir	810	8	81	Bernus	270	10	1
Behn	639	5	22	Berckens	350	5	22	Beron	266	3	22
Behnecke	1062	4	2	Bercker	87	3	62	Beron	266	3	42
Behnisch	743	11	58	Berckhamer	242	6	61	Berrevin	270	11	58
Behnisch	743	11	73	Berckmüller	625	6	61	Berry	858	7	62
Behnke	895	5	4	Bere	351	5	41	Berschamp	293	3	2
Behnke	895	5	22	Beren	167	3	62	Bertanis	285	2	81
Behr	267	4	82	Berendes	268	9	61	Bertel	510	13	3
Behr	660	5	81	Berendshuser	620	5	61	Bertelkin	349	11	58
Behr	272	7	2	Berendt	949	3	62	Bertelkyn	581	11	58
Behr	267	11	73	Berendt	300	9	61	Bertelsmann	538	7	41
Behrenbach	272	4	82	Berendts	901	11	19	Berth	714	1	41
Behrends	268	2	21	Berens	577	10	41	Berth	187	11	58
Behrendt	1013	5	22	Berensbach	115	5	5	Berth	187	11	58
Behrens	902	12	19	Berg	416	3	22	Berthold	1061	3	42
Behrens	473	5	22	Berg	379	10	22	Berthold	271	5	61
Behrens	270	5	22	Berg	1048	10	61	Berthold	107	10	61
Behrenston	350	5	82	Berg	812	12	71	Bertlin	326	3	42
Behrla	915	12	75	Berg, vom	1019	12	57	Bertling	428	15	1
Behrle	266	14	1	Berg, vom	987	13	44	Bertram	522	1	1
Behrmann	270	1	82	Berg, von	405	8	81	Bertram	223	8	42
Behrmann	129	4	2	Bergdolt	211	11	19	Bertram	266	10	81
Behrmann	921	5	22	Bergdolt	211	11	73	Bertram	818	13	17
Beier	633	6	21	Berge, vom	252	12	57	Bertram	522	3	22
Beil	855	1	1	Bergen, von	363	4	82	Bertram	579	3	22
Beil	829	2	21	Bergen, von	988	13	2	Bertsch	817	1	22
Beiler	642	6	21	Bergen, von	370	5	82	Bertsche	740	13	3
Bein	430	2	21	Bergen, von	511	4	82	Bertschinger	957	3	62
Beinhauer	642	13	2	Berge, op dem	638	11	19	Bertschinger	705	7	81
Beirer	216	6	81	Berge, op dem	638	11	19	Bertschlin	349	5	5
Beirlin	735	6	42	Berger	295	4	2	Bertzner	102	1	41
Beirlin	802	8	81	Berger	809	10	22	Berwartter	269	5	5
Beismann	905	12	75	Berger	173	10	41	Berwyn	270	11	58
Beismann	736	12	75	Berger	512	11	1	Besch	547	8	1
Beissel	674	11	58	Berger	87	12	50	Besch	547	8	22
Beisweil	364	5	4	Berger	325	3	62	Beschilling	164	5	5
Beitzke	668	8	42	Berger	319	8	21	Beschorn	161	7	2
Beitzmann s. Reitzmann	393	2	35	Berger	206	8	42	Besecke	630	5	5
Belanger	975	5	4	Berger	267	8	61	Besel	1021	5	61
Belau	42	13	2	Berger	475	3	42	Besler	1057	7	62
Beler	275	4	2	Berger	494	3	62	Besold	361	1	22
Belitz	677	9	61	Berghammer	458	2	61	Besold	390	5	6
Belius	1045	3	22	Berghan	401	5	5	Besolt	212	1	62
Belkhaven, von	1074	5	22	Bergheim, v.	540	4	82	Besselich, von	541	9	21
Belkow	12	5	5	Berghofer	402	1	1	Besselich, von	542	9	21
Bell	484	3	62	Berghoff	953	6	42	Besselich, von	542	9	21
Bellaire	1038	9	41	Bergholz	734	14	25	Bessel	351	5	6
Bellardi	324	8	1	Bergius	416	3	62	Besser	642	3	81
Beller	238	6	81	Bergius	416	10	2	Bessler	443	1	19
Belli	873	2	21	Bergk	62	15	1	Best	541	5	6
Bellinger	1074	13	2	Bergkhausen	1	6	1	Bestelmayer	481	1	22
Below	199	3	2	Bergkhmayer	1078	9	41	Bestenbostel	633	4	3
Belss	397	4	2	Bergmaier	998	12	19	Bestholtz	80	11	59
Beltzinger	559	7	81	Bergmann	820	13	2	Bestler	491	9	42
Beltzinger	777	9	81	Bergmann	86	5	5	Bethe	502	9	62
Belzer	367	5	82	Bergmann	114	5	5	Bethe	27	13	3
Bemeleit	680	13	52	Bergmann	152	5	5	Bethge	28	6	42
Bemelini s. Remmel	446	1	1	Bergner	88	1	82	Bethge	599	13	27
Bemmel, von	768	4	82	Bering	723	8	21	Bethke	822	12	75
Benckendorff	538	10	81	Beringer	339	1	1	Bettac	989	7	41
Benckiser	844	10	41	Beringer	268	5	5	Betthaus	626	9	1
Bendecke	116	5	22	Beringer	269	5	5	Bettmann	115	5	82
Bendel	748	10	22	Beringer	269	5	5	Betz	310	1	42

Name	WBL	Bgl. Abtlg.	Siebm. Tf.
Betz	311	6	42
Betz	778	8	82
Betzold	311	2	81
Beudener	222	8	22
Beumler	469	7	62
Beurer	222	1	1
Beurer	220	3	22
Beurlin	104	5	6
Beurlin	309	6	61
Beuss	32	11	59
Beußer	556	6	42
Beust	758	5	61
Beuth	531	12	57
Beuthel	97	2	1
Beutler	220	9	42
Beuttenmüller	664	5	82
Beutterich	7	2	22
Bever	921	5	22
Bex	35	11	59
Beybam	184	5	6
Beyel	116	7	81
Beyell	646	5	6
Beyer	26	3	2
Beyer	1040	5	41
Beyer	1067	6	42
Beyer	964	8	42
Beyer	1045	9	1
Beyer	1079	11	2
Beyer	1079	11	2
Beyer	435	11	37
Beyer	998	11	73
Beyer	574	3	82
Beyrer	93	4	3
Beyrer	280	5	6
Beyschlag	152	1	2
Beyschlag	50	5	6
Beyschlag	509	5	6
Beyssel	919	1	22
Beyther	56	5	6
Bezold	836	1	22
Bezold	836	3	22
Bezzel	861	1	2
Biagosch	360	9	42
Biccius	245	3	82
Bichner	451	4	82
Bickel	666	3	42
Bickel	611	14	9
Bickelstein	1022	11	9
Bickhel	141	5	6
Bidekapff	771	11	73
Bidermann	156	1	22
Bieber	549	2	41
Bieberacher	538	1	42
Bieckh	457	9	22
Biedermann	678	7	2
Biedermann	807	7	62
Bieger	727	13	44
Biehl	268	5	6
Biel	175	5	22
Biel	643	5	22
Bielau	534	6	21
Bielau	646	7	79
Bielefeld, von	811	4	82
Bielefeld	949	10	61
Bieler	898	12	56
Bielitz	391	9	1
Biema, van	752	11	20
Biema, van	922	11	20
Bieneck	665	10	1
Bieneck	665	11	59
Bienert	630	9	81
Bieniszewski	916	10	41
Bienz	645	9	42
Bierbaum	475	10	2
Biermann	523	5	6
Biermann	931	10	1
Biersack	980	2	22
Bierstättl	749	5	6
Bies	525	4	82
Bieß	786	9	62
Bihler	999	1	2
Bihler	999	3	22
Bilderbeck	447	4	3
Biler	74	5	6
Bileter	788	7	62
Bilger	685	8	1
Billeb	745	10	62
Billeb	889	12	58
Billerbeck	86	3	22
Billerbeck	121	10	41
Billeter	364	3	62
Billing	364	1	82
Billing	645	12	50
Billinger	1047	2	61
Billmann	1045	5	82
Billung	691	10	41
Bilrinck	531	3	62
Bilse	767	12	1
Biltstein	9	4	82
Biltstein	819	4	82
Binder	47	3	62
Binder	602	4	3
Binder	649	5	6
Binder	810	8	82
Binder	823	1	2
Binder	602	10	2
Binder	649	10	2
Binding	126	2	22
Bindschedler	445	7	62
Binfelt	809	10	21
Bing	65	11	74
Bingen, von	172	4	83
Bingert	393	8	42
Bingesser	624	10	81
Binggeli	735	11	19
Bingold	888	10	81
Biningus	521	6	42
Binninger	77	5	6
Binswanger	608	7	2
Bippen, von	2	10	2
Birch	500	3	62
Bircher	467	8	22
Birck	214	6	81
Birckel, von	71	4	83
Birckholz	589	9	22
Birckholz	589	4	83
Birckicht	267	5	6
Birckmann	485	4	83
Birglin	993	9	42
Birglin s. Bechtholt	993	1	81
Birglin	993	9	83
Birkell	1062	3	42
Birkenholz	589	9	22
Birkhammer	372	9	62
Birkner	1001	2	81
Birkner	1001	5	61
Birkner	533	14	17
Birlen	766	3	62
Birnbaum	475	3	22
Birnbaum	201	4	83
Bischel	778	8	82
Bischof	676	2	82
Bischof	944	11	21
Bischoff	116	3	62
Bischoff	678	5	41
Bischoff	989	8	42
Bischoff	652	9	42
Bischoff	680	12	92
Bischoff	281	13	44
Bischoff	684	14	33
Bischoff	679	11	37
Bischoff	679	11	37
Bischoff	451	5	6
Bischoffsstarffer	266	2	62
Biskamp	543	9	81
Bismark	586	12	75
Bissenbeck	562	3	2
Bissinger	291	6	42
Bissinger	291	6	42
Bissinger	291	6	61
Bisterfeld	510	4	83
Bitelmar	17	2	61
Bitt	848	9	22
Bittelmaier	17	3	22
Bitter	33	5	6
Bitterich	1059	5	82
Bittner	834	1	82
Blackhall	987	5	41
Blaemendael	795	4	83
Bläsy	248	8	1
Blancheteste	216	11	59
Blancheteste	931	11	59
Blanck	615	5	82
Blanck	1060	9	42
Blanckenberg	480	4	83
Blanckenheim	62	5	61
Blanckh	623	5	7
Blanckh	295	6	42
Blancus	623	5	7
Blank	664	1	2
Blankenberg	678	2	62
Blankenheim	651	2	62
Blankenheim	200	3	2
Blaschro	548	11	59
Blass	314	3	62
Blate	502	3	42
Blatman	516	7	62
Blatman	808	11	19
Blattenhart	138	2	1
Blatter	54	8	61
Blau	610	14	9
Blaufelder	869	14	25
Blawen	72	4	83
Blazer	832	1	42
Blech	689	11	37
Blechen, von	751	9	82
Blechmann	4	10	61
Bleckmann	4	4	83
Blees	130	11	60
Blees	930	11	60
Bleibtreu	199	9	42
Bleicher	148	1	2
Bleidenstedt	878	3	62
Blendefisch	421	9	62
Blender	870	13	52
Blesen	981	4	83
Blessing	93	5	7
Bletscher	23	3	63
Bletzer	1051	5	82
Bletzger	264	5	7
Bleuenheuft	409	11	60
Bleul	242	1	2
Bleuler	1074	3	63
Bleuler	1074	10	2
Bley	429	6	42
Blezger	545	2	22
Blezger	576	9	62
Blickhlin	221	8	42
Bliderhäuser	416	5	7
Blieml	581	9	18
Blindhammer	340	4	3
Blobel	325	13	3
Bloch	976	5	7
Bloch	491	8	62
Block	491	8	22
Block	811	11	60
Block	811	11	60
Blodau	80	9	1
Blöd	214	1	42
Blohm	173	4	3
Blohm	574	5	22
Blohm	173	10	22
Blome	533	3	2
Blome	550	5	7
Blomenbarch, von	574	5	22
Blomendal	795	4	83
Blondel	873	11	60
Blondel	917	11	60
Blosfeld	654	3	82
Bloss	401	6	42
Bluemblacher	894	8	42
Blümener	486	13	17
Blümner	193	7	81
Blughen	308	11	60
Bluhm	949	5	7
Blum	298	2	62
Blum	1004	2	62
Blum	642	2	1
Blum	187	9	42
Blume	497	3	42
Blume	173	5	22
Blume	540	8	42
Blume	196	5	7
Blume	922	5	7
Blumenau	674	5	7
Blumenau	197	11	19
Blumenstein	572	5	7
Blumenthal	1004	5	42
Blumenthal	1004	10	2
Blumert	582	1	22
Blunschli	825	1	2
Bluntschli	291	3	63
Blussing	340	6	42
Boberger	507	8	94
Bobinger	885	6	42
Bobligk	852	4	3
Bocer	438	6	43
Bochart	51	3	22
Boche	996	8	42
Bocholtz	474	3	2
Bock	322	2	22
Bock	546	5	7
Bock	300	5	23
Bock	327	10	62
Bock	994	1	42
Bock	325	1	62
Bock in Pont	743	11	63
Bockelius	246	9	42
Bockell, von	87	4	83
Bocken, von	321	5	82
Bockh	320	5	7
Bockmair s. Bockmühl	869	10	22
Bockmühl	869	10	22
Bocksilber	327	10	62
Bocksilber	327	10	81
Bockx	816	8	1
Bockx	816	8	62
Bodden	518	11	60
Bodden	517	11	60
Bode	1021	5	7
Bode	602	6	21
Bode	436	10	62
Bodel	31	3	22
Boden	919	4	61
Boden	921	13	3
Bodenmüller	902	2	82
Bodenschatz	602	6	81
Bodenstab	871	5	7
Bodenstede	264	5	82
Bodenstein	54	1	2
Bodenstein	124	11	73
Bodmer	517	3	63
Bodmer	907	5	7
Bodmer	907	5	61
Bodmer	37	8	62
Böck	320	1	2
Böck	686	3	63
Boeck	648	5	23
Boeck	474	7	2
Boeck	176	10	81
Boeck	471	10	81
Böcker	114	5	42
Böcker	171	7	21
Böckh	66	3	42
Böckh	331	5	7
Boeckh	454	6	43
Böckhing	837	5	7
Böckhl	970	5	7
Boeckholt	471	5	23
Böcking	427	10	2
Böcking	427	10	62
Böcking	427	12	19
Böcking	429	10	2
Böcklen	320	12	58
Böckler	1030	1	22
Böckmann	467	3	63
Böckmann	467	5	82
Böckmann s. Bessel	351	5	5
Boeddinghaus	387	7	81
Boeddinghaus	1019	11	21

Name	WBL	Bgl. Abtlg.	Siebm. Tf.	Name	WBL	Bgl. Abtlg.	Siebm. Tf.	Name	WBL	Bgl. Abtlg.	Siebm. Tf.
Boegenmecher	641	11	59	Bonano	949	2	62	Boye	823	5	8
Böheimb	1005	4	3	Bone	353	5	23	Boye	774	5	8
Böhm	144	13	52	Bonenberg	471	10	82	Boyn	37	13	3
Böhme	50	5	52	Boner	791	10	2	Boys	40	4	85
Böhme	853	8	94	Bongarts	471	11	61	Boysen	23	12	92
Böhme	489	11	74	Bonhöffer	220	6	1	Boysen	698	13	37
Böhmer	371	2	22	Bonhorst	480	4	3	Boysen	787	13	37
Böhmer	501	9	62	Boniat-Rica	872	8	43	Brachmann	100	11	1
Boehmer	120	13	3	Boning s. Bening	55	2	21	Bracht	808	10	2
Böhringer	548	5	82	Bonitz	405	15	1	Brackenhöffer	290	1	22
Böke	432	3	2	Bonkowski	454	10	2	Brackenhofer	610	1	2
Bölckow	984	7	2	Bonn	936	2	22	Bracklow	351	13	17
Bölkow	870	3	2	Bonn	587	3	22	Bracksieck	680	13	27
Boell	389	3	22	Bonn, von	72	4	83	Bradtel	1027	6	43
Böllert	1022	13	52	Bonnet	368	6	61	Brähler	29	14	1
Bölmann	289	2	22	Bonnet	368	10	62	Bräm	679	3	63
Boelmans	1070	11	61	Bonnet	703	13	17	Brämer	383	9	63
Bölsterli	209	7	81	Bonnie	890	13	36	Brändler	493	1	22
Bönhoff	482	5	42	Bonnie	1027	13	36	Braetfisch	421	4	84
Bönhoff	944	5	42	Bonnier	685	4	83	Bräuning	41	7	62
Bönhoff	34	5	23	Bonrieder	53	5	8	Bräuning	41	13	3
Bönhoff	713	5	23	Bonz	219	8	22	Bräutigam	587	14	45
Boenhoff	624	5	23	Boock	353	5	61	Brahe	411	4	3
Bönhoff	944	6	1	Boogarts	475	4	83	Brait	418	2	62
Böni	690	10	2	Boon	539	3	2	Braitenloher	506	3	63
Böning	816	9	62	Boonen	504	4	83	Braito	1027	9	1
Böning	788	9	62	Boos	813	9	42	Braittenstein	237	5	8
Böning	488	5	83	Boosfeld	1070	4	83	Brakow	294	8	43
Böning	817	9	62	Boot	827	3	42	Brambeer	572	3	2
Böning	817	9	62	Boots	85	11	74	Brammerts	592	11	61
Böning	817	9	62	Bopp	260	6	43	Brammerts	598	11	61
Böninger	910	10	22	Bopp	1060	7	62	Brand	491	3	2
Bönl	279	7	2	Borch, von der	897	5	23	Brand	688	13	53
Börding	21	3	23	Borchers	620	5	8	Brand	688	14	1
Boere	276	4	83	Borchmann	610	8	43	Brand	123	5	62
Böringer	584	5	8	Borchold	618	3	23	Brand	493	7	62
Börner	627	8	22	Borcholte	897	13	17	Brand	433	9	82
Boës	719	1	22	Borcken	796	4	84	Brand	389	11	62
Böschen	578	3	23	Borckhardt	7	5	8	Brand	687	13	53
Böschlin	30	13	33	Borckhardt	318	5	8	Brand	687	14	1
Boese gen. Halteren	515	4	83	Borckmann	611	9	62	Brand	78	2	22
Boesner	823	5	23	Bordensloe	22	5	61	Brand	402	2	82
Bössecker	143	2	22	Bordt	290	6	43	Brandenburg	123	3	2
Bötcher	223	12	19	Borgelin	161	3	63	Brandenburg	818	5	62
Bötefür	403	3	2	Borgemeister	835	8	22	Brandenburg	618	5	62
Bötel	1023	13	52	Borght, van der	27	7	21	Brandes	498	3	63
Böthe s. Bothe	630	8	62	Borisch	868	6	43	Brandes	85	10	42
Böthner	914	6	43	Borman	961	11	60	Brandis	499	12	76
Bötker	732	5	23	Bormet-Marsal	1077	10	2	Brandl	759	14	45
Böttcher	570	12	76	Born	457	2	41	Brandmiller	225	11	74
Boettcher	916	12	92	Born	4	4	84	Brandstetter	927	3	63
Boettcher	572	13	3	Born	613	5	8	Brandt	89	2	22
Böttger	1078	13	52	Born	440	10	62	Brandt	68	3	43
Bötticher	1010	6	21	Born	626	3	23	Brandt	911	5	8
Böttinger	865	6	43	Born	1040	3	23	Brandt	1077	5	8
Bogacki	610	11	2	Bornehusen	568	3	42	Brandt	628	6	43
Bogen	642	1	42	Bornemann	788	9	62	Brandt	491	7	2
Bogner	1023	10	82	Bornemann	3	10	42	Brandt	492	7	2
Bohd	463	9	42	Borner	946	4	3	Brandt	687	8	95
Bohl	69	5	23	Bornhauser	621	13	27	Brandt	888	10	42
Bohle	1041	11	20	Bornhusen	85	3	42	Brandt	888	11	61
Bohlen	935	10	62	Borowski	652	10	2	Brandt	702	11	61
Bohlen	948	10	62	Borowski	653	10	2	Brandt	210	11	74
Bohls	231	5	82	Borowski	785	10	82	Brandt	668	13	3
Bohm	475	12	58	Borsch	991	7	82	Brandt	648	14	41
Bohn	593	14	33	Borsche	871	8	95	Brandt	89	5	23
Bohnen	576	11	60	Borsche	871	10	3	Brandt	702	11	20
Bohnen	640	11	60	Borsdorf	942	8	62	Brandt	680	4	84
Bohner	491	1	42	Borsdorf	926	11	61	Brandt	492	5	23
Bohner	585	3	82	Borseckh	913	5	8	Brandt	888	11	20
Bohnstedt	757	3	22	Borstelmann	130	5	23	Brandt	687	4	84
Bohrer	678	3	82	Borsteld	238	4	3	Branden	191	11	62
Bohs s. Boss	1036	7	2	Bortfeldt	1013	13	17	Brandtmüller	724	5	8
Bohwinkel	309	13	36	Borutzky	469	14	25	Branner s. Bronner	163	2	41
Boichem	470	4	83	Bosc, du	1058	10	4	Branstetter	219	1	82
Boismann	865	3	82	Bosch	267	1	22	Brants	1042	6	61
Boisselier	559	10	81	Bosch	525	3	43	Brantscheit	565	11	61
Bokelmann	583	6	43	Bosch	763	4	84	Brantten	169	11	62
Bolan	884	9	22	Bosch	27	5	8	Brantten	923	11	62
Bolbrügge	898	14	9	Bosch	829	6	43	Brasch	838	5	83
Boldick	464	6	43	Bose	1055	6	82	Brasch	194	7	2
Boldt	245	6	43	Bose	925	14	9	Brasch	550	10	62
Bolen	695	7	41	Boss	718	6	43	Brasche	583	5	23
Boler	374	7	62	Boss s. Bohs	1036	7	2	Brasche	836	7	21
Bolicken	872	9	1	Bosse	871	6	81	Brase	92	5	62
Bollacher	872	9	1	Bosse	869	13	52	Brassart	34	7	82
Bollbach	819	8	1	Bosseck	6	3	23	Brassican	505	5	8
Boller	383	3	63	Bosseler	539	4	84	Brastberger	227	5	8
Boller	996	6	43	Bossert	663	9	1	Brattler	646	1	82
Bollinger	20	7	81	Bossert	759	9	1	Brauch	26	1	42
Bollmann	624	5	82	Bosset	571	8	1	Brauer	210	4	3
Bollmann	1070	13	3	Bosshart	715	3	63	Brauer	851	4	9
Bollmeier	991	10	2	Bossin	998	12	19	Brauers	1015	11	61
Bollmeyer	122	5	23	Bossler	234	5	8	Braumann	93	11	61
Bollner	1009	6	43	Bostelmann	196	5	83	Braun	200	1	62
Bolongaro	872	2	22	Both	605	8	22	Braun	967	1	62
Bolsinger	875	14	9	Bothe	630	8	62	Braun	193	2	22
Bolte	180	5	61	Bothmann	1018	5	8	Braun	978	5	8
Bolten	192	7	2	Botter	564	4	84	Braun	230	5	62
Boltz	960	9	1	Bottiger	570	8	2	Braun	777	5	83
Boltze	73	10	82	Boucke	475	14	9	Braun	659	10	62
Bolzau	990	8	95	Bourel	719	4	84	Braun	1047	9	42
Bolzenberg	915	2	22	Bourgeois	771	7	2	Braun	659	10	62
Bomgarten	259	3	63	Bourgreeff	427	4	85	Braun	914	10	82
Bomhouwer	96	3	63	Boursen	777	5	62	Braun	735	13	53
Bomhover	854	3	82	Bouterwek	944	11	21	Braun	943	13	53
Bommelmann	602	3	2	Bouthillier	896	2	82	Braun	511	14	25
Bomnüter	63	8	62	Bowey	411	8	1	Braun	720	14	33
Bon	808	7	78	Boye	208	5	62	Braun	261	1	62
Bonacher	605	9	82	Boye	509	5	83	Braun	502	1	62

Register 1087

Name	WBL	Bgl. Abtlg.	Siebm. Tf.	Name	WBL	Bgl. Abtlg.	Siebm. Tf.	Name	WBL	Bgl. Abtlg.	Siebm. Tf.
Braun	1057	3	23	Breunlin	247	5	9	Bruhn	200	5	10
Braun	503	1	62	Breunlin	550	5	9	Bruhns	152	5	62
Braun	84	4	84	Breuwer	176	11	62	Brukmann	811	11	19
Braun	577	6	81	Breuwer	185	11	62	Brumby	260	10	3
Braun	997	4	84	Brewer	708	11	62	Brumm	627	5	83
Braun	1067	6	81	Brewer	239	4	84	Brun	90	4	85
Braun	856	6	43	Brewer	60	4	84	Brun	59	8	1
Braun	856	9	22	Brewer	437	4	84	Brun, le	1	4	85
Braun	251	3	43	Brewer	1035	4	84	Bruning	198	3	43
Braunbaum	471	5	8	Breyding	826	8	95	Bruning	198	3	49
Braunbehrens	267	11	62	Breyer	529	13	17	Brunjohann	42	5	10
Braunbehrens	602	11	62	Breyhahn	900	11	62	Brunn	786	11	63
Braunbehrens	693	11	62	Breynich	750	4	84	Brunne	37	10	42
Braune	973	8	22	Briam	1002	7	62	Bruneckh	27	5	10
Braune	605	12	20	Brickenstein	828	13	17	Brunnemann	725	8	43
Braune	251	12	50	Brieff	737	2	82	Brunnenhofer	627	5	10
Braune	746	14	33	Briegleb	640	5	9	Brunner	627	1	22
Brauneck	793	2	62	Brihl	843	5	2	Brunner	627	5	10
Brauneisen	829	2	62	Brill	411	13	27	Brunner	563	8	22
Brauner	70	10	62	Brinckmann	821	5	42	Brunner	627	3	64
Braunholz	993	1	62	Bringeman	962	5	42	Brunner	641	3	64
Brauns	62	5	9	Brink, van	88	11	74	Brunner	627	5	10
Braunsbach	82	1	42	Brinkmann	569	1	2	Brunner	34	8	22
Braunsbacher	9	2	1	Brinkmann	637	6	1	Brunner	626	3	82
Braunwald	479	4	61	Brisacher	770	3	64	Brunner	627	8	22
Brauser	1046	5	9	Brixius	1005	12	58	Bruno	461	2	1
Brauweiler	591	4	84	Brixius	1005	12	92	Bruns	454	3	64
Brechenmacher	745	1	42	Brock	563	7	82	Bruns/Bruhns	597	4	4
Brecht	899	8	43	Brock	563	8	2	Bruns	563	9	63
Brechtel	551	1	2	Brocke, vam	492	4	3	Brunstermann	667	11	20
Brechtel	694	9	19	Brockhaus	619	13	37	Brunswig	432	3	3
Brechtell	522	5	9	Brockhaus	619	13	37	Bruppacher	262	7	82
Brechtl	556	2	82	Brockhausen	1076	3	82	Bruy	774	10	82
Breckwolt	486	5	83	Brockhusen	278	9	63	Bruynleder	624	11	63
Brederkow	464	5	83	Brockmann	344	2	62	Bschor	208	4	4
Bredt	82	6	21	Brockmann	111	9	82	Bub	356	14	41
Bredt, van	860	11	74	Brockmann	704	13	3	Bubbel	377	14	33
Bretschneider	1051	8	43	Brockmayer	393	1	82	Bube	97	1	2
Bree	531	4	84	Brockmöller	625	5	83	Bubenleber	98	1	23
Bree	882	10	23	Brockwitz	877	13	53	Buc v. Brubach	6	11	63
Bregler	79	3	63	Brode	768	11	63	Buch	264	3	82
Brehme	908	12	20	Brodersen	1076	13	4	Buch	56	5	10
Brehmer	121	14	1	Bröckel	506	5	9	Buch	473	5	62
Brehmer	502	9	62	Broecker	554	9	63	Buch	473	12	59
Breidenstein	709	3	63	Bröckhell	133	5	9	Buch	84	4	4
Breidenstein	731	12	20	Broeckmer	935	5	23	Buch	311	4	4
Breiding	450	1	22	Broelmann	560	5	9	Buch, zur	469	11	74
Breidner	74	5	9	Brönner	89	2	23	Buchbach	678	9	42
Breier	531	5	83	Bröseke	202	5	23	Buchels	1048	11	64
Breitenbach	13	14	33	Broggia	897	4	85	Buchenegger	480	3	64
Breitenberger	866	1	2	Brogsitter	213	8	95	Buchennas	704	3	64
Breiter	683	3	2	Broher	193	6	21	Bucher	474	1	23
Breithaupt	843	1	82	Brohmann	427	13	44	Bucher	474	10	23
Breithaupt	843	6	61	Broilmann	560	4	85	Bucherer	470	12	20
Breithaupt	163	7	41	Broling	275	4	3	Buchholtz	526	2	23
Breithaupt	178	7	41	Broll	267	5	9	Buchholtz	837	8	43
Breithaupt	160	7	41	Broll	218	7	2	Buchholtzer	290	11	2
Breithaupt	177	8	95	Broll	267	7	82	Buchholz	469	13	44
Breithaupt	843	10	3	Bronner s. Branner	163	2	41	Buchholz	515	3	3
Breitholz	263	3	82	Bronnhöfer	627	2	1	Buchholz	648	5	10
Breitingen	20	2	22	Brookmann	507	5	42	Buchholz	471	12	59
Breitinger	166	3	63	Brooks	897	3	23	Buchhorn	227	7	63
Breitinger	167	9	1	Brosius	583	5	42	Buchli	1066	7	82
Breitmoser	104	4	3	Brosius	426	10	3	Buchmann	95	5	10
Breitstain	247	10	82	Brosum	155	5	9	Buchman	396	8	43
Breittenhiller	262	3	43	Brotthagen	333	5	9	Buchner	109	2	82
Brekewolt	479	5	42	Brottsorg	950	1	42	Buchner	500	3	64
Brekwald	292	3	23	Brottsorg	950	8	43	Buchner	1035	4	61
Brem	295	1	2	Bruchli	349	10	3	Buchner	319	10	42
Brem	222	1	82	Bruck	24	4	85	Buchner	943	10	42
Brem	985	1	42	Brucker	656	3	23	Bucholz	523	8	95
Bremen	667	3	82	Bruckner	1037	3	23	Buckrucker	401	10	82
Bremer	688	5	9	Bruckner	402	5	9	Buck	321	2	23
Bremer	536	5	23	Bruder	88	3	43	Buck	129	4	4
Bremer	601	5	42	Brück	248	3	43	Buck	354	5	62
Bremer	662	9	63	Brueck, von	24	10	42	Buck	743	7	63
Bremer	501	3	2	Brücke	4	12	76	Buck	746	11	2
Bremer	976	3	63	Brückmann	618	6	44	Buck	931	14	25
Bremi	992	7	82	Brückmann	130	6	44	Buck	325	3	3
Bremm	810	10	21	Brückmann	898	6	44	Buck	931	3	3
Brendel	225	1	22	Brückner	618	2	23	Buck, van den	320	11	64
Brendel	648	4	61	Brückner	155	3	82	Buckel	156	1	42
Brendel	526	8	43	Brückner	618	12	76	Buckendahl	471	12	77
Brendell	456	5	9	Brückner	618	3	64	Buckinck	657	11	63
Brener	452	5	42	Brueder	684	1	42	Bucz	1007	10	42
Brengler	465	5	9	Brüel	506	5	10	Buczkowski	815	11	2
Brennecke	351	5	9	Brügel	32	3	43	Bud	368	12	1
Brennecke	974	13	53	Brüggemann	1034	5	83	Budan	988	4	4
Brennen, von den	492	3	63	Brüggler	661	3	64	Budde	184	5	10
Brenner	88	5	83	Brüglinger	823	10	42	Buder	854	3	23
Brenner	90	12	76	Brügmann	899	12	77	Budiger	323	6	43
Brenner-Joos	703	10	42	Brühschwein	663	14	41	Budjuhn	560	10	42
Brenneysen	696	4	3	Bruel	639	4	85	Budwein s. Rüdwein	199	2	15
Brenninger	234	13	37	Bruel	580	5	9	Büchi	483	10	23
Brennwald	493	3	64	Brüll	777	11	63	Buechner	470	2	23
Brennwald	479	7	82	Brüll	868	5	2	Büchner	673	1	82
Brentano	873	2	22	Brülow	878	3	82	Büchner	673	1	62
Brentz	877	5	9	Brüngger	778	7	63	Bueck	504	5	9
Brentz	277	6	61	Brüning	450	4	3	Bücking	428	11	75
Brescius	471	11	74	Brüning	434	5	62	Bücking	428	11	75
Brese	651	8	62	Brüning	982	11	2	Bückling	431	8	43
Bresges	245	11	63	Brünnemann	627	4	3	Bückmann	208	11	2
Bresmal	1055	2	22	Brünning	947	5	10	Bückmann	208	11	21
Bressler	70	1	82	Brünninghausen	338	4	85	Büdeler	663	5	24
Breßer	460	3	82	Brünninghausen	712	4	85	Büdtner	209	6	43
Bretnix	637	3	23	Bruere	344	5	62	Büel, am	336	3	64
Bretzius	809	10	62	Brüser	445	5	24	Büeler	535	3	64
Breudtigam	288	2	23	Brug	520	3	82	Bügler	712	2	62
Breuning	335	6	43	Bruggen	35	4	85	Bühel	328	7	2
Breuning	126	10	42	Bruhm	762	5	25	Bühler	284	5	62

Name	WBL	Bgl. Abtlg.	Siebm. Tf.	Name	WBL	Bgl. Abtlg.	Siebm. Tf.	Name	WBL	Bgl. Abtlg.	Siebm. Tf.
Buehler	25	7	63	Burckhardt	286	5	10	Caesar	77	12	77
Bühler	1068	7	63	Burckhardt	799	8	62	Calenborn	627	4	85
Bühler	465	9	42	Burckhardt	612	5	10	Calenius	543	4	85
Bühler	764	11	75	Burckhart	910	8	43	Calff	246	4	86
Bühler	36	3	82	Burger	615	1	2	Calixt	182	3	23
Bühler	1010	8	44	Burger	844	3	43	Call, von	540	9	22
Bühler	558	3	82	Burger	547	4	4	Calligar	984	9	1
Bühler	799	6	61	Burger	904	5	10	Callwer	207	5	11
Bühler	534	7	63	Burger	1049	8	44	Calms	489	5	24
Bühnemann	810	12	92	Burggraef	1018	14	1	Calmüntzer	25	2	41
Bühner	69	13	17	Burggraf	540	5	10	Calmus	943	5	24
Bührer	733	10	62	Burggraf	722	7	63	Calue	804	10	82
Bühring	28	12	50	Burghardi	616	5	11	Calue	804	10	82
Buek	354	5	62	Burghardi	616	5	42	Calue	805	10	82
Buel	455	4	4	Burghardt	842	13	18	Calue	804	10	82
Büler	68	5	42	Burgkhartt	910	5	11	Calvin	169	10	42
Bünemann	387	10	62	Burgtor, ze	22	3	82	Camelus	339	1	23
Buenger	129	11	64	Burgtor, ze	22	10	23	Camenzind	641	12	59
Bünny	696	13	1	Burgwedel	622	5	62	Camenzind	797	12	59
Bünte	582	11	2	Burk	617	8	2	Camenzind	35	12	59
Büntz	607	5	10	Burkardt	1015	13	18	Camenzind	364	12	59
Buer	4	4	85	Burkhard	333	8	43	Camenzind	33	12	59
Bürckli	16	3	64	Burkhard	504	3	23	Camerarius	407	1	2
Buerdorp	623	5	24	Burkhard	616	7	82	Camerarius	112	5	11
Bürger	469	11	64	Burkhard	617	7	63	Camerarius	408	13	1
Bürger	312	13	44	Burkhard	616	7	82	Camerarius	523	5	11
Bürgers	324	4	85	Burkhard	332	8	43	Cammann	501	5	11
Bürgi	615	7	82	Burkhard	364	10	62	Cammann	508	10	63
Büring	598	4	4	Burkhard	132	1	82	Cammerer	16	1	23
Büringer	957	5	11	Burkhardt	422	1	42	Cammerer	1067	5	11
Bürkel	470	3	43	Burkhardt	669	14	1	Cammerer	339	5	62
Bürkhammer	27	1	23	Burkhardt	905	14	45	Cammerer	112	8	44
Bürkli	318	9	1	Burkhardt	661	14	45	Cammerer	244	8	44
Bürkli	645	9	1	Burkhardt	1005	5	83	Camp, de la	119	10	23
Bürkner	470	1	82	Burkhardt	504	1	2	Campe	566	3	23
Bürow	17	3	3	Burkhart	282	3	43	Campe	250	9	82
Bürser	89	3	43	Burkhart	796	8	82	Campe	615	9	82
Bürstli	702	11	2	Burkhart	796	8	82	Campe	487	10	63
Bues	175	5	62	Burkmaister	816	5	10	Campe	1061	11	3
Büsch	478	4	4	Burmann	108	4	85	Campe, vom	477	5	24
Büsch	479	5	24	Burmann	783	9	63	Campe, von	481	4	4
Büsch	799	10	21	Burmeister	170	10	23	Campe, von	477	5	24
Büsching	103	5	11	Burmester	525	3	3	Campmann	93	5	24
Büsgen	531	11	37	Burnel	309	6	61	Camrer	642	4	4
Büsing	194	5	11	Burret	543	3	43	Canisius	859	4	86
Buesser	913	9	42	Burri	615	7	82	Canthon	995	2	82
Büter	871	4	85	Burri	615	10	3	Canthon	995	9	22
Bütner s. Butner				Burri	615	11	20	Canto	356	4	86
Bütner	650	2	41	Burrowes	494	5	11	Cantzler	990	2	41
Bütner	990	4	4	Bursgen	752	11	64	Cantzler	36	8	2
Bütschli	1021	7	63	Burtenbach	615	6	61	Canzler	1046	1	23
Büttelmayer	17	9	1	Burzel	992	2	62	Canzler	1046	6	61
Büttelmayer	17	3	92	Busch	519	5	24	Capmeyer	773	4	61
Bütterlin	1003	8	43	Busch	485	6	44	Cappel	731	3	3
Büttner	779	1	42	Busch	330	7	2	Cappel	731	9	22
Büttner	264	8	44	Busch	689	8	2	Cappelbec	414	6	21
Büttner	73	9	63	Busch	489	9	1	Carben	335	2	23
Büttner	696	9	82	Busch	857	11	2	Carblom	772	9	2
Büttner	871	13	27	Busch, aus dem	171	3	3	Carchesius	751	3	64
Büttner	367	14	17	Busch	973	1	42	Cariot	193	5	11
Bützslin	69	5	11	Busch	899	2	23	Carl	894	3	23
Buezerin	585	3	43	Busch	879	2	41	Carl	235	6	44
Buff	889	3	43	Busch	80	3	3	Carl	1036	8	23
Buff	879	2	62	Busch	421	2	62	Carl	1001	9	22
Buff	889	2	62	Busch	240	1	83	Carl	71	11	64
Buff	897	2	62	Busch	544	3	3	Carl	1034	12	59
Bugs	637	13	18	Buschbaum	873	13	44	Carl	144	4	4
Buhlert	450	4	61	Buschdorf	732	4	85	Carl	233	5	11
Buhr, de	599	13	53	Buschler	704	1	23	Carl	939	4	4
Bujard	953	6	1	Buschler	509	2	41	Carl	1067	5	11
Bulderen	517	4	85	Buschmann	471	3	3	Caroli	992	9	42
Buley	366	12	77	Buschofstave, von den	28	11	59	Carolus	878	5	11
Bulle	337	12	92	Busenreut	530	3	83	Carow	1044	11	3
Bulligh	885	1	2	Buser	468	5	11	Carpentier	9	7	63
Bullemer	1000	9	42	Busereut	230	1	23	Carpzow	897	3	23
Bulling	447	2	82	Busereut	230	11	74	Carpzow	425	5	24
Bullinger	657	3	64	Buske	479	3	64	Carstaedt	980	10	23
Bullinger	657	7	82	Buske	471	5	42	Carstanyen	640	7	63
Bullinger	658	7	82	Busmann	796	2	41	Carstens	680	3	43
Bullion	242	1	42	Busmann	610	5	24	Carstens	904	4	4
Buloth	734	7	63	Busse	537	4	85	Carstens	890	5	24
Bumann	934	3	64	Busse	959	5	11	Carstens	113	5	83
Bumann	934	11	20	Busse	236	5	83	Carstens	440	8	23
Bunck	580	5	62	Busse	359	10	82	Caspar	813	9	42
Bund, in der	582	3	82	Busse	14	11	2	Caspari	566	6	44
Bundesmann	1009	14	1	Bussi	163	12	92	Caspari	808	7	82
Bundis	629	14	41	Bussmann	837	3	64	Caspari	809	7	82
Bungardts	903	4	85	Bussmann	471	9	82	Caspari	603	10	63
Bunk	870	10	82	Bustorff s. Buschdorf				Caspari	738	10	63
Bunnemann	131	12	50	Butner, Bütner	650	2	41	Caspart	882	9	82
Bunsch	776	8	43	Butscher	114	3	43	Casper	1009	10	23
Bunsch gen. Lewen	814	11	64	Butschkow	776	11	64	Caspers	625	4	86
Bunsow	68	3	3	Butt	432	5	62	Caspers	566	12	77
Bunsow	954	6	1	Butz	178	2	23	Casteller	617	2	62
Bunsow	954	3	3	Butz	891	6	61	Castendyck	1023	10	3
Bunt	1079	2	62	Butz	864	7	2	Castenholz	515	4	86
Bunting	496	5	10	Butzbach	885	8	62	Casteren	877	4	86
Buntz	220	2	62	Butzeriner	325	10	82	Castner	71	4	4
Buntz	143	2	82	Butzmann	492	5	11	Castner	77	5	12
Buochmann	80	9	63	Butzschky	1052	5	23	Castner	244	5	12
Buol	527	6	21	Buwenau	280	9	19	Castner	742	12	93
Buol	945	6	21	Buyschoff	652	11	64	Castner	141	6	44
Buol	813	8	62	Byli	330	12	92	Castner	951	6	44
Burchard	953	7	41	Byschopstaf	916	11	59	Catz	442	2	82
Burchard	940	10	3	Byss	413	3	64	Cauer	532	5	42
Burchardi	612	3	3					Caul	252	5	12
Burckardt	1068	5	42	Caball	248	6	1	Caumont	74	7	63
Burckart	612	3	64	Cabes	540	4	85	Cavallo	251	3	43
Burckhardt	782	7	82	Cadus	521	4	4	Cavallo	1059	3	43
Burckhardt	782	8	62	Caesar	77	5	11	Cellius	890	5	12
Burckhardt	782	11	37								

Register

Name	WBL	Bgl. Siebm. Abtlg.	Tf.	Name	WBL	Bgl. Siebm. Abtlg.	Tf.	Name	WBL	Bgl. Siebm. Abtlg.	Tf.
Cesius	950	10	83	Clüver	349	1	42	Cramer	452	2	63
Chapeaurouge, de	543	10	23	Clyppinck	325	7	83	Cramer	811	2	63
Chapeaurouge, de	1035	10	23	Cnoix	832	5	12	Cranach	465	1	62
Chapel	626	13	33	Cnopf	832	1	23	Cranach	384	5	13
Chappuzeau	1022	3	43	Cnopf	831	6	81	Crantz s. Grantz	544	4	87
Chapuis	1035	7	63	Cnyrim	285	2	63	Crantz	586	3	24
Charisius	430	10	43	Cob	1063	4	86	Crantz	240	5	13
Châtel	617	13	33	Cober	207	1	83	Crantz	589	9	43
Chelius	529	11	75	Coblenzer	772	9	22	Crantz	587	9	63
Chemnitius	587	5	12	Coccius	379	5	12	Cranz	587	8	95
Chemnitius	879	5	12	Coccyus	392	2	1	Crasemann	187	10	3
Chemnitz	548	10	83	Coch	65	3	3	Crato	55	5	43
Chemnitz	567	10	83	Cochs	299	10	63	Cratz	353	5	43
Chemnitz	567	10	83	Coci	90	4	86	Crauch	98	6	81
Chörner	532	3	44	Codomann	149	10	63	Crauel	1043	3	24
Christ	539	1	43	Codone	978	4	86	Crauel	1043	7	3
Christ	31	2	23	Cöler	181	9	63	Crause	413	8	23
Christ	170	7	63	Coelestinus	43	11	3	Crauser	372	3	24
Christ	596	14	9	Coelestinus	43	11	64	Credé	168	10	3
Christa	598	7	3	Cölln	852	1	43	Crell	414	3	24
Christen	197	5	24	Coester	481	2	23	Cremers	1038	10	83
Christen	197	5	24	Coester	961	9	2	Cresdorffer s. Gesdorffer	241	4	5
Christen	197	5	24	Cogmann	1032	1	62	Cretschmar	312	1	62
Christian	682	10	83	Cohpe	181	5	83	Creusen	606	4	87
Christiani	295	5	83	Colart	860	5	12	Creutz	791	7	83
Christiani	84	8	2	Colberg	842	3	24	Creutz	1045	12	1
Christiani	719	8	2	Cold	160	12	77	Creutz	155	1	3
Christius	191	3	83	Coldewey	1051	3	65	Creutznach, von	977	8	44
Christlmüller	42	2	82	Coler	868	3	65	Creutzer	549	4	87
Christmann	119	1	3	Coler	159	9	63	Cridell	2	546	82
Christmann	141	5	12	Colin	999	5	24	Crispus	52	5	13
Christmann	30	10	63	Colins	1039	5	24	Croll	471	5	25
Christoffel	11	10	83	Collen, von	747	5	25	Croll	213	10	43
Christophels	571	4	86	Collen, von	747	5	25	Crome	942	10	63
Chrumer	47	2	82	Collen, von	781	5	25	Cron	772	5	13
Chrzanowski	531	10	83	Collenbusch	886	9	72	Cronberger	88	2	23
Chrzescinski	155	13	18	Collmann	175	4	5	Cronenberger	772	2	23
Chuden	420	1	23	Colmann	252	2	63	Cronenburgh	245	4	87
Chüden	1014	10	63	Colmann	565	4	61	Cronewitz	772	11	3
Churficzer	751	9	82	Colmann	262	8	3	Croon	938	8	2
Cichino	715	4	4	Colshorn	1019	6	81	Cropacius	385	3	83
Ciglerus	843	5	80	Colsmann	98	5	43	Crotus	179	3	44
Clacius	479	11	3	Colson	1055	10	43	Crowel	743	5	83
Claen	931	3	3	Colson	1055	10	63	Crudener	295	9	43
Claesen	513	5	42	Columbanus	374	5	12	Cruciger	364	1	83
Clahsen	1004	14	25	Commeter	337	5	12	Crüwell	681	13	44
Clamer	571	4	4	Compätscher	972	3	83	Crullius	77	9	63
Claner	690	3	44	Conovius	640	5	43	Crummel	435	5	63
Clar	72	8	43	Conrad	543	3	65	Cruse	1073	10	63
Clarenbach	755	10	23	Conrad	379	12	78	Cruser	758	8	23
Clarner	122	1	83	Conrad-Rho	873	14	33	Crusius	552	1	83
Clarus	30	2	23	Conradi	809	10	63	Crusius	52	5	13
Clasen	181	5	42	Conradi	752	9	63	Crusius	752	5	13
Clasen	686	7	82	Conradi	904	1	23	Crusius	831	6	21
Clasius	816	5	12	Conradi	662	10	63	Crusius	983	11	65
Clauberg	116	10	63	Conradi	212	1	83	Cucuel	442	13	33
Clauder	436	5	12	Conradt	106	5	12	Culemann	981	4	61
Clauer	333	8	2	Conradt	529	5	12	Culman	47	8	23
Claus	940	7	79	Conradt	755	10	43	Cunitz	933	10	3
Claus	1034	14	25	Conradty	200	7	21	Cuno	298	1	3
Claus	789	9	82	Conratter	77	4	5	Cuno	183	5	25
Claus	669	14	41	Contzen	437	4	86	Cuno	833	10	83
Claus	333	9	43	Conzet	25	3	44	Cunow	832	10	63
Claus	789	9	43	Coppelow	795	8	2	Cuntz	510	3	24
Clausen	244	1	42	Coppertz	162	4	86	Cuntzler	561	4	5
Clauser	229	9	22	Corcilius	1072	13	53	Cupers	845	5	13
Clauser	285	9	22	Cordemann	435	5	12	Curadi	183	3	44
Clauser	285	10	23	Cordes	604	3	3	Curdes	496	5	63
Clausing	513	6	1	Cordes	817	4	5	Curion	83	2	23
Clauss	333	2	42	Cordes	838	5	13	Curter	136	1	62
Clauss	332	8	44	Cordes	1065	12	78	Curter	101	9	2
Clauß	779	8	44	Cordes	582	5	63	Curth	387	1	83
Claussen	332	8	23	Cordes	601	5	63	Curtius	127	9	2
Claussen	680	13	4	Cordier	713	2	82	Curtius	1057	9	22
Claussen	806	10	43	Cords	632	13	4	Curtmann	77	11	75
Claussen	807	10	43	Cordua	925	5	13	Cusani	410	6	44
Clayhills	821	3	83	Corell	211	12	59	Cusanus	438	9	22
Cleer	235	1	23	Cornand	1079	4	5	Cuseli	1004	2	63
Cleiner	724	3	44	Cornax	865	10	83	Cusig	189	11	3
Cleinow	580	8	62	Cornbart	1025	10	63	Custodis	407	9	22
Clemens	995	5	12	Corneli	740	4	86	Custodis	1063	9	22
Clemens	197	5	42	Corneli	652	4	86	Cuttat	893	9	2
Clemens	1039	12	78	Cornian	1008	2	82	Cuvier	412	13	33
Clement	887	1	62	Cornills	263	9	82	Cybulski	610	11	3
Clement	918	7	3	Coronilliessen	764	5	25	Cypraeus	841	7	83
Clement	780	8	82	Corput, von die	401	5	25	Cyrus	12	9	2
Clementz	196	8	23	Corradin	295	8	44	Cysat	416	7	83
Cleminius	556	5	12	Corthum	576	5	25				
Clericus	776	5	83	Cortüm	576	3	3	Dacher	429	10	63
Clerike	776	3	3	Corvini	876	6	44	Dächser	344	3	44
Clesz	528	2	82	Corvinus	407	3	83	Däffinger	224	1	43
Cleve	948	3	44	Corvinus	877	9	22	Daege	821	10	43
Cleve, v.	357	4	86	Coschwitz	862	5	13	Dägen	669	11	20
Clingenstein	672	1	23	Cosmar	53	11	64	Dägger	180	5	83
Clingshiern	671	9	63	Coster	795	13	33	Dägischer	303	9	63
Clockener	809	9	63	Costert	766	2	23	Dämel	344	2	2
Clockner	809	9	63	Cottenhagen	306	3	65	Daemen	557	4	87
Cloetta	658	7	83	Cox	442	4	86	Dänicke	650	11	21
Cloodt	718	4	86	Crabathen	112	1	62	Däniker	741	7	83
Cloot	948	4	86	Cracow	565	3	24	Daenke	469	5	84
Closmann	1025	9	22	Crafft	380	2	2	Daes	274	4	87
Closner	116	3	44	Crafft s. Grafft	547	2	42	Daford	581	8	44
Clostermair	6	5	12	Cramer	937	4	61	Dahinden	253	12	59
Clostermann	962	10	43	Cramer	719	4	86	Dahl	77	8	40
Clostermayer	255	4	4	Cramer	623	7	63	Dahlem	700	7	79
Clostermayr	898	8	3	Cramer	973	8	23	Dahlem	24	9	2
Clottenus	518	4	86	Cramer	980	12	20	Dahlen	18	4	87
Clotz	497	13	4	Cramer	975	1	62	Dahler	105	1	43
Cludius	376	5	42	Cramer	108	1	62	Dahler	1009	11	3
Clüsserath	1078	14	1	Cramer	187	1	62	Dahlheim	133	5	43

Name	WBL	Bgl. Abtlg.	Siebm. Tf.	Name	WBL	Bgl. Abtlg.	Siebm. Tf.	Name	WBL	Bgl. Abtlg.	Siebm. Tf.
Dahm	1068	5	25	Delff	423	5	63	Diehm	536	2	42
Daiser	966	3	44	Delffes	479	5	63	Diek s. Dick	27	4	87
Dalchetti	458	2	63	Delius	534	11	65	Diel	322	6	44
Dale	170	5	25	Delius	534	12	21	Diemair	260	2	83
Daler	149	4	61	Delius	31	13	4	Diemand	683	14	41
Dalfinger	455	8	23	Deller	691	4	62	Diemand	683	14	45
Dalhamer	329	4	5	Delling	1013	13	18	Diemer	698	1	43
Dallem, v.	272	4	87	Dellinghausen	611	3	83	Diemer	256	2	2
Dallmer	668	8	23	Dellinghausen	628	3	83	Diemer	217	8	44
Dalmer	210	7	79	Delmenhorst	958	3	4	Diemer	260	9	23
Dalner	72	1	23	Delniczer	23	4	5	Dieminger	396	5	14
Dalner	366	4	62	Demer	260	4	62	Diener	472	13	4
Dalpiaz	934	5	63	Demiani	759	9	82	Dienken	245	8	95
Dam, van, s. von Dom	351	13	18	Deminger	877	5	13	Dienst	710	9	43
Damann	985	6	21	Demleitner	694	14	33	Diepenbeck	713	4	87
Damb, von	760	5	25	Demler	168	4	62	Dieringer	485	10	24
Damb, von	785	5	25	Demler	850	2	63	Dierna	524	4	87
Damerony	712	5	43	Dempwolff	859	5	13	Diersdorff	725	4	87
Damerow	92	12	59	Dempwolff	351	5	84	Dietbold	692	7	63
Damke	471	5	25	Demuth	1020	10	4	Dietbold	692	11	21
Damm	464	5	83	Dencker	473	13	18	Dietel	978	14	17
Dammann	620	14	1	Deneke	635	5	25	Dietelmaier	1026	1	3
Damme, von	127	5	43	Deneke	389	5	63	Dietelmair	1026	3	24
Dammert	963	4	5	Denicke	1037	5	13	Dietenhauser	693	3	83
Damus	196	11	3	Denicke	967	15	1	Dieter	289	10	83
Danbeck	800	8	82	Denicke	917	6	21	Dieteren, v.	181	4	87
Danckert	635	5	63	Denkmann	890	13	27	Dieterich	76	2	63
Danckwertz	1019	4	5	Denner	646	1	43	Dieterich	664	3	44
Daniels	215	8	44	Denner	646	2	83	Dieterich	526	4	5
Danjes	614	9	63	Dennler	488	13	1	Dieterich	666	10	83
Dankenbring	906	10	23	Dennstedt	326	12	78	Dieterich	526	6	81
Dankwert	895	6	1	Dens	58	4	87	Dieterich	526	3	4
Dankwerth	371	3	3	Dentzer	97	6	1	Dieterichs	912	9	83
Dann	487	14	17	Denzler	187	7	83	Dieterle	100	5	84
Dannefeldt	942	10	43	Deppermann	956	12	60	Diethmar	746	11	75
Dannemann	487	5	84	Deppisch	768	1	83	Diethmers	949	5	14
Danner	487	1	3	Derenthal	939	9	82	Dietl	1000	2	24
Danner	487	11	20	Derenthal	954	9	82	Dietmair	224	7	3
Danner s. Tanner	487	3	78	Derrer	562	4	5	Dietrich	878	1	3
Dannhäuser	620	2	23	Derrie	486	2	24	Dietrich	295	4	5
Dannreuther	1060	1	3	Dersch	925	4	5	Dietrich	34	10	43
Dannreutter	128	1	3	Derschau	320	12	93	Dietrich	115	10	43
Dantzer	97	6	1	Deschenmacher	925	3	83	Dietrich	1017	11	75
Danzel	451	4	5	Deschler	445	1	3	Dietrich	532	13	33
Dapping	433	2	23	Deschler	843	6	44	Dietrich	910	14	2
Darr	509	2	42	Deschner	572	4	5	Dietrich	522	14	41
Daser	67	11	75	Deßloch	832	2	63	Dietrich	462	6	44
Daser	67	13	37	Dessler	752	2	63	Dietrich	664	8	44
Dassow	436	3	65	Deter	586	12	79	Dietrich	38	8	45
Datt	624	2	63	Deterding	894	10	64	Dietschi	772	3	65
Daucher	381	2	82	Determeyer	478	14	1	Dietschi	641	9	63
Daucher	721	2	42	Detert	289	5	25	Dietschi	787	11	21
Dauenstein	558	7	63	Detert	579	6	44	Diettel	169	6	62
Dauenstein	557	9	2	Detert	507	10	83	Diettel	779	8	82
Daum	17	2	63	Dethmarus	778	10	64	Dietter	289	5	14
Daumiller	102	11	65	Detjen	38	14	2	Dietter	274	5	14
Daumiller	103	12	20	Detmering	170	3	44	Dietterich	145	7	3
Daumüller	135	2	23	Dettloff	569	1	83	Dietterich	573	5	14
Daur	431	1	23	Dettmer	870	10	83	Dietterlin	538	2	2
Daur	61	4	62	Dettweiler	872	13	1	Diettmann	144	5	14
Dautzenberg	559	8	95	Deubner	979	6	44	Diettmann	825	5	14
David	973	7	3	Deucke	633	11	75	Diettrich	765	1	23
Davids	634	5	63	Deumeland	620	10	4	Dietz	588	5	14
Davidsen	767	9	43	Deußen	541	13	4	Dietz	979	5	63
Davin	182	13	18	Deutinger	67	15	1	Dietz	736	7	3
Daxenbacher	103	1	23	Deutsch	377	3	24	Dietz	455	7	3
Deahna	959	8	44	Deutschmann	115	3	24	Dietz	145	7	3
Deber	740	6	59	Deutz	786	7	83	Dietz	1031	15	1
Deber	811	8	82	Deutz	300	4	87	Dietzel	191	6	87
Debler	850	10	24	Deutz	640	4	87	Diewald	1056	11	65
Debon	1038	11	21	Devrient	753	13	27	Dieze	717	6	81
Dechandt	279	4	5	Dexbach	569	3	4	Diezein	654	6	44
Decherheimer	598	2	2	Deyle	676	2	42	Diggelmann	759	12	1
Deck	644	8	23	Deyler	975	1	83	Dignauer	825	3	65
Deckher	412	5	84	Dezelski	361	13	4	Dilenius	1048	3	83
Deckmann	241	9	82	Dhym	863	6	44	Dill	1057	13	53
Declaris	544	2	83	Dibbern	829	5	43	Diller	248	2	83
Dedeken	890	5	63	Dick	27	4	80	Dillier	52	5	43
Dedekind	389	5	13	Dickel	580	10	24	Dillier	52	5	43
Deens	587	5	43	Dickemann	708	7	63	Dillier	722	5	43
Deetjen s. Deetzen	962	5	43	Dickhl	855	5	13	Dillner	215	4	5
Deetzen	962	5	43	Dickschas	818	11	3	Dilthey	367	2	24
Deffner	646	1	3	Dickschas	889	11	3	Dilzer	696	5	84
Deg	672	4	62	Dicktes	419	6	44	Dimant	723	3	65
Degen	670	6	81	Dictes	880	4	87	Dimler	1070	3	24
Degenfeld	668	1	43	Dictes	880	6	44	Dimpfel	997	3	24
Degenhardt	182	1	83	Diderichs	664	9	64	Dimpfel	1040	4	5
Degg	644	12	1	Dieck, von	886	5	13	Dimpfl	997	2	2
Deggeler	252	10	64	Dieck, von	854	5	84	Dimpker	869	11	21
Degler	975	7	3	Diecke, von	886	5	43	Dinckel	443	3	83
Degler	854	1	23	Dieckhoff	483	8	23	Dingeldey	820	9	43
Degler	89	1	43	Dieckhoff s. Wieckhoff	483	10	43	Dingerdissen	253	12	79
Degner	184	3	24	Dieckhoff	483	12	19	Dingnauer s. Dignauer	825	3	65
Dehler	150	1	23	Dieckhoff	483	12	20	Dinnendahl	748	13	44
Dehmar	534	1	83	Dieckhoff	483	12	19	Dinner	640	5	14
Dehn	753	2	23	Dieckhoff	346	12	21	Dinnies	519	3	4
Dehnert	957	14	45	Dieckhoff	630	12	21	Dinsbeckh	48	2	2
Deich	614	5	43	Dieckhoff	630	12	12	Dinssl	966	2	83
Deichmann	559	2	83	Dieckhoff	886	12	12	Dinst	710	2	83
Deichmann	91	5	84	Dieckhoff	890	12	21	Dintner	18	1	83
Deichsler	20	1	43	Diefenbach	972	13	4	Dinzel	202	1	43
Deichsler	20	3	65	Dieffenbach	270	1	63	Dirks	256	5	13
Deigendesch	667	5	79	Dieffenbach	13	5	13	Disseni	126	5	63
Deinhardt	295	2	83	Dieffenbach	13	5	13	Distelbacher	584	6	45
Deininger	36	2	24	Dieffenbach	270	7	3	Distelfink	222	9	23
Deininger	888	1	83	Diegier	854	7	3	Distelhofer	923	5	14
Deininger	889	14	33	Diehl	76	2	24	Distelhofer	923	6	45
Del Ayo	224	2	83	Diehl	41	6	81	Distelmeier	112	8	44
Delahon	952	9	43	Diehl	17	2	24	Dithmar	746	11	75
Delbrück	631	11	65	Diehle	717	5	13	Dithmer	506	3	65

Name	WBL	Bgl. Abtlg.	Siebm. Tf.	Name	WBL	Bgl. Abtlg.	Siebm. Tf.	Name	WBL	Bgl. Abtlg.	Siebm. Tf.
Dithmers	197	3	24	Dorrer	457	6	45	Düren	714	2	42
Dittenberger	687	9	43	Dorsch	138	1	3	Dürer	621	1	3
Ditthorn	830	13	27	Dorsch	728	3	83	Dürig	616	7	64
Dittmann	652	12	79	Dorsch	1072	12	60	Dürig	1020	2	83
Dittmann	1011	13	37	Dort, von	290	5	63	Düring	821	8	45
Dittmar	221	8	62	Dose	920	11	22	Dürls	938	10	64
Dittmar	994	13	37	Dotter	1070	11	76	Dürls	1016	10	64
Dittmer	1037	5	43	Dotzler	539	2	83	Dürnberg	1048	2	2
Dittmer	940	13	18	Dotzler	38	4	6	Dürnizl	146	5	15
Dittrich	573	7	21	Douven	365	4	87	Dürnlein s. Dörnlein	18	3	44
Dittrich	666	8	44	Doven, v.	256	4	87	Dürnperger	1048	2	63
Ditz	299	6	45	Drach	321	5	14	Dürr	468	5	15
Divelius	612	11	65	Drach	883	4	87	Dürr	751	7	64
Divissen	405	3	65	Drach	272	4	88	Dürr	802	7	83
Dobel s. Döbel	1048	3	44	Dräger	611	12	50	Dürr	639	13	53
Dobereiner	561	9	17	Draep	659	5	63	Dürr	499	1	63
Dobereiner	561	4	5	Dräxl	8	6	45	Duerr	135	2	2
Docken, von	125	5	63	Dragosch	287	2	42	Dürr	692	7	83
Dockweiler	805	7	78	Dragun	1013	4	6	Dürr	700	7	83
Döbel	1048	3	44	Draing	176	4	6	Dürr	103	11	38
Doebner	412	8	95	Draing	841	5	25	Dürr	639	11	38
Döbstel	835	4	6	Dramiller	458	8	23	Dürr	40	1	83
Döbstl	1068	4	6	Dransfeld	541	12	80	Dürr	150	2	83
Döderlein	457	1	3	Draudt	369	10	64	Dürrschmidt	908	13	27
Dögker	180	8	45	Drax	991	7	3	Dürsteler	32	7	64
Dölderlein	154	1	63	Dräxl	8	6	45	Düsselius	493	5	63
Dölker	488	14	9	Drechsel	150	3	44	Düten, von	175	4	6
Döllel	275	14	25	Drechsel	1041	3	44	Düttel	451	1	24
Döller	465	3	44	Drechsler	547	4	6	Duffner	992	6	45
Döner	346	10	64	Dreher	102	1	3	Dufour-Feronce	871	9	83
Dörell	182	7	79	Dreher	816	5	14	Duissbergh	813	7	83
Doerell	182	12	79	Dreher	269	5	14	Duitz	717	4	88
Dörffler	110	1	3	Dreier	465	5	14	Dulinger	320	4	6
Dörffler	694	2	24	Drejer	593	7	3	Dulliker	708	7	83
Dörffner	324	7	3	Dremel	144	3	65	Dulmann	570	4	88
Döring	193	1	83	Dremel	665	8	23	Dulner	340	5	15
Döring	497	3	24	Drenbeck	253	4	62	Dultzer s. Sultzer	526	6	19
Döring	915	8	45	Drenkhahn	419	8	3	Dumbler	944	9	23
Döring	370	9	64	Dresch	204	2	42	Dumoisy	876	2	2
Doering	370	12	79	Drescher	216	9	43	Dumoisy	916	2	2
Dörner	680	8	45	Drescher	174	10	84	Dumrath	370	12	21
Dörnlein s. Dürnlein	18	3	44	Dresden	874	2	42	Duncker	57	9	64
Dötsch	138	8	2	Dresel	408	8	45	Duncker	56	5	63
Dötsch-Benziger	138	9	44	Dresen	393	5	14	Duncker	86	5	63
Dolitsch	591	1	43	Dresky	554	4	6	Duncker	917	10	4
Doll	940	3	83	Dresky	552	5	63	Dunker	971	10	64
Doll	869	10	24	Dressenberger	21	4	6	Dunker	829	13	44
Dollenmayer	972	6	45	Dressler	833	2	63	Dunker	732	7	41
Dollmetsch	109	7	63	Dressler	188	10	24	Dunterstetter	217	2	2
Dolmätsch	456	1	3	Dretsch	689	5	14	Duntzl	557	2	2
Dolmetsch	452	1	63	Dreuer	833	6	45	Dunzinger	845	5	15
Dolnhofer	697	3	64	Drewes	533	13	37	Duotenhefer	576	13	28
Dolp	927	3	65	Drewes	533	14	9	Dupuis	894	10	24
Dolscius	569	11	75	Drewitz	1037	12	51	Durège	822	7	64
Dom, van, s. Dam	351	13	18	Drews	751	6	1	Durham	59	8	45
Domann	571	9	63	Drexel	706	9	44	Durheim	693	7	64
Domann	1069	9	83	Drexel	850	2	24	Duria	232	2	24
Domarus	53	10	84	Drexel	945	5	15	Durigl	322	2	42
Domeier	328	4	62	Dreyer	985	4	6	Durnperger	280	5	15
Domeier	329	9	64	Dreyer	983	5	43	Durr	486	7	3
Domeyer	421	1	23	Dreyer	652	7	79	Durrer	56	10	64
Dommerich	959	3	24	Dreyer	478	9	44	Durrieu	441	5	64
Dommes	583	5	14	Dreyer	685	10	24	Durrieu	906	5	64
Domstorff	862	9	64	Dreyer	938	10	64	Durst	694	9	2
Donald	817	2	63	Dreyer	479	14	25	Duschl	686	2	83
Donapaur	779	1	43	Dreyer	434	5	15	Duske	888	7	79
Donat	260	6	45	Dreyer	20	6	45	Dussel	492	4	88
Donath-Franke	419	13	53	Dreyer	984	5	15	Dustenhefer	83	2	42
Donauer	1048	1	3	Dreyer	347	6	45	Dutkowski	666	9	64
Donauer	1048	3	24	Dreyer	716	6	45	Duttenhofer	264	13	28
Donauer	919	6	21	Dreyer	295	6	45	Duttenhofer	895	13	28
Donauwer	493	5	14	Dreykorn	602	1	3	Duve	485	5	15
Donhaerl	1023	12	79	Dreysen	809	8	95	Duve	366	11	65
Donndorff	812	8	95	Dreyspring	581	9	43	Duve	470	11	65
Donstein	593	9	64	Dreysser	883	6	45	Dux	63	4	88
Doormann	96	4	6	Drezel	69	1	43	Dwerhagen	483	10	64
Dopfer	148	8	3	Driesch	35	4	88	Dyck, op den	567	5	15
Dopheide	19	14	9	Drisch	709	11	37	Dyckerhoff	620	14	2
Dopler	818	2	42	Drönewulf	281	12	60	Dyckerhoff	620	15	1
Doppelmeier	839	1	3	Drösemeier	946	5	25	Dyckhoff	544	12	21
Dorendorf	574	12	79	Dröxner	134	8	23				
Dorfel	262	4	6	Drommer	764	3	24	Ebart	899	3	83
Dorffner	789	1	43	Drosihn	8	5	25	Ebel	1014	2	63
Dorfner	679	8	45	Drost	749	1	43	Ebeling	46	3	44
Dorfner	972	2	83	Drost	877	5	15	Ebeling	516	4	62
Dorguth	912	4	6	Drost	1072	12	61	Ebeling	892	5	15
Dorka	983	12	80	Droysen	471	10	84	Ebeling	950	5	25
Dorl	910	13	53	Druchlaub	521	5	15	Ebeling	554	5	25
Dorls	715	12	79	Drucker	731	6	45	Ebeling	173	8	23
Dormann	730	9	64	Druckl	140	12	2	Ebeling	542	9	83
Dorn	572	5	14	Druckmüller	1007	2	63	Ebelius	932	5	84
Dorn	1002	6	82	Drück	229	14	26	Ebell	44	5	84
Dorn	486	9	2	Drümmer	522	2	83	Ebelt	914	10	43
Dorn	490	11	76	Drümmer	339	5	43	Ebenhöch	982	2	2
Dorn	770	12	20	Drullshagen	960	3	4	Ebentheuer	889	4	88
Dorndorf	923	6	1	Drusina, de	12	4	6	Eber	274	5	15
Dornedden	10	5	14	Dryander	994	5	15	Eber	15	2	2
Dorner	485	3	44	Dubbe	126	5	43	Eber	274	2	2
Dorner	486	5	25	Dubbruner	709	7	64	Eber	15	2	42
Dornigk	237	6	45	Duborg	586	3	83	Eberbach	273	2	42
Dornkreil/Dornkrell	6	3	63	Duckhs	230	6	45	Eberbach	273	3	45
Dornkrell	576	6	1	Dudy	876	12	93	Eberbach	274	12	80
Dornuff	486	6	45	Dudith	913	3	25	Eberenz	975	11	4
Dornuff	486	7	83	Düggeli	788	7	83	Eberenz	971	11	22
Dorpen	521	3	4	Dülmen, van	74	4	6	Eberhard	538	3	65
Dorpen	775	3	4	Dümmler	1070	1	3	Eberhard	273	7	64
Dorr	682	3	4	Dümmler	1070	1	24	Eberhard	728	8	3
Dorr	259	6	45	Düms	638	12	80	Eberhard	666	9	23
Dorr	260	12	60	Dünbacher	984	2	2	Eberhardi	275	10	64
Dorrer	214	6	45	Dünkel	602	1	24	Eberhardt	275	6	1

Name	WBL	Bgl. Abtlg.	Siebm. Tf.	Name	WBL	Bgl. Abtlg.	Siebm. Tf.	Name	WBL	Bgl. Abtlg.	Siebm. Tf.
Eberhardt gen. Schwind	1030	3	83	Eggebrecht	412	8	3	Eisen	671	1	4
Eberhardt	266	8	45	Eggel	27	10	84	Eisen	949	2	63
Eberhardt	865	8	45	Eggelberger	653	6	62	Eisen	346	10	44
Eberhart	275	2	83	Egger	941	1	63	Eisen	712	8	3
Eberhart	532	3	45	Egger	717	2	2	Eisen	947	8	3
Eberle	274	7	64	Egger	1045	3	45	Eisenbach	654	9	23
Eberle	273	13	54	Egger	425	5	16	Eisenbart	396	5	84
Eberlin	929	1	3	Egger	1076	10	24	Eisenbart	396	9	44
Ebermayer	273	1	24	Egger	741	14	26	Eisenberg	963	5	84
Ebermair	999	1	83	Eggers	518	5	16	Eisenberg	87	8	45
Ebermayr	103	1	83	Eggers	951	3	83	Eisenberger	652	10	64
Ebersberger	320	4	6	Eggers	264	5	26	Eisengrein	82	1	43
Ebersberger	1067	1	83	Eggers	871	11	66	Eisenhard	27	1	43
Ebersberger	826	1	4	Eggers	543	3	45	Eisenhard	27	1	24
Ebersheimer	63	8	45	Eggers	1068	3	45	Eisenhauer	120	12	22
Eberstaller	208	1	63	Eggerss	741	3	45	Eisenhofer	700	8	83
Ebert	274	1	24	Eggert	512	9	2	Eisenkrämer	924	5	16
Ebert	641	3	25	Eggert	315	9	23	Eisenmann	143	2	3
Ebert	1021	5	15	Eggert	742	9	64	Eisenmann	154	9	23
Ebertz	275	3	4	Eggert	315	13	18	Eisenmann	12	10	44
Eberwein	275	7	3	Eggert	993	8	95	Eisenmenger	1043	3	84
Ebes	934	10	64	Eggert	742	8	96	Eisenmenger	493	5	16
Ebes	1015	10	64	Egges	542	10	64	Eisenmenger	1043	10	84
Ebhardt	472	2	2	Egghart	858	5	16	Eisenwagen	858	6	64
Eble	839	6	1	Eggl	874	9	23	Eisenwanger	367	1	84
Ebmer	868	6	46	Egkhstetter	1037	9	17	Eisenwanger	170	3	84
Ebner	77	2	2	Eglauer	258	9	64	Eisermann	118	3	4
Ebner	22	14	2	Egli	424	3	65	Eisfeld	104	8	4
Ebner	89	6	46	Egli	870	6	22	Eisfogel	360	7	4
Eccard	777	5	15	Egli	425	7	64	Eisinger	361	2	64
Eccard	510	11	66	Egli	783	7	64	Eisner	938	3	4
Echaust	51	9	64	Egli	422	7	83	Eisselin	153	2	83
Echenhauser	280	7	3	Eglinger	742	10	4	Eisser	881	1	24
Echte	85	4	62	Eglinger	741	11	38	Eissler	782	5	16
Echzeller	488	5	15	Eglinger	741	6	2	Eissler	694	3	4
Eck	185	2	83	Egloff	946	4	6	Eissler	694	7	4
Eck	180	3	65	Egri, von	79	3	65	Eisslinger	469	1	43
Eck	425	6	46	Ehingen	216	6	46	Eissner	62	5	16
Eck	179	7	3	Ehinger	908	1	24	Eissner	655	6	46
Eckardt	886	8	45	Ehinger	547	3	84	Eissvogel	938	5	16
Eckardt	26	10	43	Ehinger	1068	3	84	Eisvogel	374	1	24
Eckart	23	9	43	Ehinger	408	5	16	Eitensheimer	697	3	45
Eckart	194	12	80	Ehinger	933	6	46	Eites	214	10	65
Eckarth	839	2	42	Ehinger	784	11	21	Eitinger	384	9	2
Ecke	602	6	46	Ehinger	25	4	7	Eitzen, von	29	4	7
Ecke	525	7	41	Ehlens	220	6	46	Eizinger	994	5	16
Ecke	667	11	38	Ehlerding	841	7	4	Elbers	585	11	22
Eckebrecht	887	1	24	Ehlers	180	2	3	Elbring	702	10	64
Eckelspach	86	5	16	Ehlers	929	3	4	Elbs	861	1	84
Eckenfelder	925	7	64	Ehlers	263	7	4	Elbs	326	7	4
Eckenhauser s. Echenhauser	280	7	3	Ehlich	593	13	28	Elchinger	306	6	62
Eckenstein	62	11	38	Ehmbsen	256	9	83	Elebeck	535	5	26
Eckentaler	423	8	3	Ehmbsen	439	12	60	Elerd	387	10	84
Ecker	742	9	23	Ehmk	1041	10	81	Elers	353	5	84
Eckers	741	7	3	Ehrb	645	9	44	Elert	929	6	22
Eckers	899	7	84	Ehrendreich	128	1	43	Eller	346	8	4
Eckers	899	8	3	Ehrentraut	192	11	4	Ellinger	80	3	4
Eckers	741	8	63	Ehrer	291	1	24	Ellinger s. Ettlinger	866	3	66
Eckers	741	8	95	Ehrgott	115	1	4	Ellingerot	779	3	45
Eckert	276	12	60	Ehrhardt	952	6	22	Ellper	747	3	66
Eckhard	777	11	76	Ehrhardt	477	10	4	Ellrod	891	8	23
Eckhardt	491	5	15	Ehrhardt	475	12	22	Ellrod	830	12	51
Eckhardt	26	10	43	Ehrich	804	11	76	Elmbeckh	410	2	42
Eckhart	706	3	65	Ehrlich	968	12	2	Elmhoff	614	5	64
Eckhart	1036	9	83	Ehrmans	32	4	88	Elmpeckh	320	4	7
Eckher	28	5	16	Ehwald	498	10	4	Elpen, von	924	4	7
Eckhoff	508	3	4	Eibes	1015	10	64	Elsauer	930	2	42
Eckhoff	483	4	6	Eibes	935	10	64	Elsesser	815	8	82
Eckhoff	354	5	64	Eibhardt	467	1	84	Elsinger	660	12	1
Eckhold	484	5	64	Eich, zur	36	3	65	Elsler	268	6	46
Eckhold	638	3	25	Eichacker	511	10	4	Elsner	472	10	84
Eckhold s. Holtzgen	963	5	64	Eichele	723	14	26	Elsperger	151	2	3
Eckholtz	494	3	83	Eichenauer	944	14	10	Elspp, von	585	4	7
Eckhost	359	3	25	Eichholtz	511	3	66	Elstermann	374	5	16
Ecklin	540	1	24	Eichholtzer	461	7	64	Eltmann	926	4	88
Eckmeyer	616	5	84	Eichhorn	336	6	46	Eltze	1023	9	64
Eckolt	359	13	28	Eichhorn	347	12	62	Eltzen	595	6	2
Eckstein	27	2	63	Eichinger	510	1	84	Eltzhum	302	2	84
Eddelbüttel	1014	13	4	Eichler	511	9	83	Elveke	317	9	64
Edel	392	1	4	Eichler	136	12	80	Elveren, von	412	4	7
Edelmann	754	5	43	Eichler	477	13	4	Elverfeld	5	9	83
Edelmann	754	10	20	Eichmann	475	9	64	Elverfeld	6	9	83
Edelstein	746	8	82	Eichner	478	9	64	Elwert	27	2	64
Eden	434	5	84	Eichstedt	477	7	83	Elze	519	8	3
Eder	696	1	63	Eick	162	4	88	Emans	588	4	88
Eder	512	1	83	Eick	510	4	88	Emart	844	7	4
Edessem	769	3	45	Eickemeyer	509	1	84	Embd	799	11	22
Eding	947	10	43	Eicker	478	14	17	Emberg	262	9	64
Eding	947	5	26	Eickhorn	887	7	42	Embs	438	5	16
Eding	947	5	26	Eidurff	740	7	92	Emeke	632	5	44
Eding	947	5	26	Eifert	812	7	64	Emersen, van	912	4	7
Edinger	640	8	95	Eiffe	506	10	44	Emert	736	10	4
Edler	693	5	16	Eifler	867	6	46	Emert	807	10	4
Edlmüller	927	2	24	Eigenbrodt	719	6	46	Emmelius	393	6	22
Effelberger	851	8	45	Eiler	970	8	63	Emmenegger	64	13	1
Egarter	452	6	46	Eilertz	1033	2	63	Emmerling	366	2	24
Egarter	222	9	2	Eilhardt	404	1	84	Emmermann	1056	5	44
Egckhl	56	8	45	Eill	597	7	4	Emmert	228	5	84
Egelius	359	6	1	Eimbeck	984	3	45	Emmich	76	7	84
Egen	741	3	65	Eimbker	560	5	16	Emonts	976	6	46
Egen	244	6	1	Eimmart	1006	1	4	Emser	322	13	4
Egen	882	6	2	Einfaltig	335	11	38	Enckrich	166	4	88
Egen	741	6	2	Einkopf	246	12	61	End	215	10	65
Egenolphus	362	6	2	Eins	1008	12	51	Ende, am	1000	9	23
Eger	76	2	83	Einwaldt	484	8	23	Endegeve	61	9	64
Eger	217	6	46	Einweg	678	2	24	Endelshauser	241	3	45
Egerer	736	4	6	Eisele	1000	1	84	Endemann	599	9	64
Egerer	820	7	4	Eisele	610	6	46	Enderiss	212	8	45
Egg	663	7	64	Eisele	324	7	64	Enderl	1061	2	24
Eggaldt	362	2	83	Eiseler	655	1	24	Enderlin	716	2	24

Name	WBL	Bgl. Siebm. Abtlg.	Tf.	Name	WBL	Bgl. Siebm. Abtlg.	Tf.	Name	WBL	Bgl. Siebm. Abtlg.	Tf.
Enderlin	270	5	16	Erdinger	1060	2	3	Essen, von	586	9	83
Enders	271	3	45	Erdinger	1060	2	43	Essenwein	600	5	85
Enders	376	8	63	Erdmann	920	5	85	Esser	658	4	89
Endewat	664	3	66	Erdmann	896	12	2	Esser	782	6	82
Endorffer	882	9	17	Erdwin	439	7	4	Esser	408	11	38
Endres	750	1	24	Erensberger	727	7	64	Esser	928	13	37
Endris	796	8	83	Erfurt	726	4	62	Essich	928	5	17
Endrulat(h)	958	14	33	Erhard	557	1	84	Essich	268	5	26
Endter	381	1	4	Erhard	562	1	63	Essken	68	5	17
Engel	854	4	7	Erhardt	418	1	4	Esslinger	81	1	44
Engel	444	5	16	Erhardt	998	4	7	Esslinger	972	3	66
Engel	195	5	26	Erhardt	983	6	82	Esslinger	435	5	17
Engel	381	7	4	Erhart	1061	1	44	Esslinger	972	7	4
Engel	443	8	45	Erhart	291	2	64	Eßlinger	754	8	83
Engel	820	14	26	Erhart	238	6	47	Eßlinger	842	9	24
Engel	444	1	44	Erich	1022	1	44	Esslingsperger	963	6	2
Engel	417	1	84	Eriches	962	10	65	Esthius	293	13	37
Engel	445	1	24	Erichs	935	10	65	Etienne	1036	9	83
Engeland	547	2	24	Erichson	38	3	4	Etlinsberger	493	1	24
Engelbart	668	14	2	Erickes	336	5	64	Etter	1065	13	18
Engelbrecht	443	5	16	Erickes	355	5	64	Ettling	86	2	24
Engelbrecht	443	9	64	Erishaubt	765	3	66	Ettlinger	866	3	66
Engelbrecht	466	10	84	Erismann	233	7	64	Ettlinger	104	9	23
Engelfrid	681	7	64	Erkel	704	1	24	Ettmüller	333	3	84
Engelhard	913	1	63	Erkert	91	2	84	Ettspuler	546	3	66
Engelhard	550	2	3	Erkert	121	2	43	Etzensberger	1011	9	23
Engelhard	69	3	4	Erkinger	821	9	24	Etzinger	994	7	21
Engelhard	881	5	16	Erlabeck	19	2	64	Eule	403	11	66
Engelhard	191	5	44	Erlbeck	552	2	3	Eule	404	12	22
Engelhard	546	6	82	Erlenbach	774	5	64	Eulenhauck	770	13	38
Engelhard	815	9	65	Erlenbach	1044	5	64	Euler	308	6	82
Engelhard	913	2	64	Erlenbach	492	12	22	Eulner	403	2	24
Engelhard	913	8	4	Erler	157	7	4	Eunike	830	8	24
Engelhardt	589	10	84	Erlisholz	70	3	66	Eunike	830	9	83
Engelhardt	550	5	84	Erlmiller	660	1	24	Euringer	427	5	17
Engelhardt	63	8	3	Erlpeck	327	6	47	Everards	665	4	89
Engelhardt	528	3	66	Ermekeil	959	11	22	Everdes	946	5	85
Engelhardt	442	5	84	Ermeler	263	5	17	Everke	1012	13	18
Engelhardt	442	5	84	Ernest	112	10	65	Everken	274	9	44
Engelhardt	607	8	23	Ernesti	637	3	66	Everling	865	13	44
Engelhart	444	7	4	Ernesti	634	1	4	Evernhusen	643	9	65
Engelhart	445	10	65	Ernesti	637	1	84	Evers	371	3	66
Engelhart	445	3	66	Erni	572	9	23	Evers	275	5	17
Engelhartshofer	761	4	7	Ernst	375	3	84	Evers	351	5	64
Engeling	881	7	83	Ernst	158	4	62	Evers	295	10	24
Engeller	443	7	64	Ernst	644	5	17	Everts	275	10	25
Engelmann	68	5	64	Ernst	319	7	64	Ewald	942	9	2
Engels	166	5	26	Ernst	52	7	84	Ewald	1058	12	93
Engels	443	9	83	Ernst	54	8	4	Ewanhauser	24	2	24
Engels	443	10	4	Ernst	966	9	44	Ewerbeck	295	11	22
Engels	443	10	24	Ernst	167	11	4	Ewig	658	13	5
Engels	875	14	18	Ernst	732	14	34	Exborn	86	2	64
Engels	577	4	88	Ernst	694	1	63	Ey	421	5	44
Engels	716	4	88	Ernst	795	1	63	Eyb	512	1	44
Engels	442	4	88	Ernst	234	1	84	Eybe	952	4	7
Engelschall	1050	1	44	Ernstmayr	1024	2	64	Eygner	770	4	7
Engelschall	1029	11	38	Erp-Brockhausen	620	9	83	Eymers	873	3	66
Engelsperger	444	11	76	Erpes	962	5	26	Eypöckh	973	8	4
Engenhagen	483	3	66	Erpf	364	9	23	Eysemburger	327	4	7
Engenhagen	1061	4	62	Ertinger	681	2	64	Eysenbergk	1062	8	3
Engensberger	857	6	46	Ertl	461	8	45	Eysenhover	289	3	66
Enger	887	12	61	Ertt	108	6	2	Eysl	1044	7	21
Engesser	391	2	84	Erttell	894	5	17	Eysl	1063	7	21
Engler	170	11	38	Erttl	926	8	45	Eyssen	906	2	24
Englert	443	2	42	Ertzli	500	7	65	Eyssler	817	2	25
Englert	443	3	25	Ervesen	5	3	66	Eystätter	283	2	3
Englhardt	491	2	64	Erxleben	673	12	81				
Englhart	444	1	63	Erythraeus	38	1	44	Faber	142	1	44
Englhart	746	1	63	Erythraeus	722	3	84	Faber	655	4	7
Englisch	882	6	46	Erythraeus	684	5	17	Faber	946	5	17
Englmayr	59	2	43	Erythropel	160	5	17	Faber	938	6	62
Englmeier	675	15	2	Esbach	573	6	22	Faber	9	7	84
Enikl	125	9	44	Esch	679	3	66	Faber	633	8	46
Enkelmann	914	3	66	Esch	518	4	88	Faber	195	10	65
Enschede	937	11	76	Esch	218	6	47	Faber	648	11	4
Ensgraber	851	10	65	Esch	431	13	5	Faber	315	3	4
Ensinger	777	2	3	Eschbacher	496	1	24	Faber	110	5	85
Ensinger	777	10	4	Eschbacher	502	7	4	Faber	989	5	85
Enslin	361	2	3	Eschelauer	770	1	44	Faber	178	5	85
Enssen, von	201	4	88	Eschell	431	8	45	Faber	255	5	85
Ensslin	1060	8	46	Eschenbach	34	1	4	Faber	136	3	45
Enthofer	373	2	84	Eschenberger	438	5	44	Faber	531	5	85
Entmooser	381	1	84	Eschenbrenner	524	4	88	Fabers	190	4	89
Entzinger	171	3	45	Eschenburg	617	5	17	Fabri	72	2	25
Entzlin	1067	9	44	Eschenburg	617	5	44	Fabri	462	3	66
Epner	517	5	64	Eschenmayer	793	6	2	Fabri	510	4	89
Epner	517	9	23	Escher	480	5	26	Fabri	719	8	24
Epp	323	5	84	Escherich	1002	13	37	Fabri	655	3	45
Epp	422	6	22	Eschlingsberger	42	1	63	Fabri	230	5	85
Eppelman	137	9	44	Eschmann	720	9	23	Fabri	811	5	85
Eppich	406	5	85	Eschmann	713	9	23	Fabri	462	5	85
Eppinger	54	2	3	Esebeck	441	9	65	Fabricius	906	1	84
Eppinger	54	5	85	Esebeck	643	9	65	Fabricius	166	4	62
Eppinger	54	8	4	Esel	427	6	62	Fabricius	1050	6	47
Eppinger	54	9	44	Esel gen. Grünnagel	458	4	7	Fabricius	286	3	84
Epplen	823	5	26	Eseller	256	1	44	Fabricius	111	4	7
Epplin	209	1	4	Esenbeck	542	6	82	Fabricius	222	5	85
Epter	180	5	85	Esich	585	3	4	Fabricius	633	5	85
Erasmi	284	8	24	Esich	586	5	44	Fabricius	838	5	85
Erasmus	262	2	84	Eskens	370	4	89	Fabricius	178	3	4
Erb	139	1	24	Esl	1013	1	63	Fabritii	818	4	89
Erber	623	4	7	Esl	1016	8	46	Fabritius	747	4	89
Erberhard	710	2	63	Esmarch	976	3	45	Fabritius	655	4	89
Erbermann	791	6	2	Esmarch	826	6	47	Fachner	971	5	17
Erckelens	618	4	88	Esper	964	2	3	Fachner	971	9	24
Erdinger	602	7	4	Esper	964	5	44	Facundus	56	5	26
Erdinger	591	10	44	Espermüller	141	14	42	Fademrecht	186	11	22
Erdinger	1070	2	84	Esselborn	699	12	81	Faeckenstedt	53	12	51
Erdinger	840	4	7	Esselborn	699	13	54	Fähndrich	632	13	5
Erdinger	844	4	7	Essen, von	595	7	84	Fänner	785	3	67

Name	WBL	Bgl. Abtlg.	Siebm. Tf.	Name	WBL	Bgl. Abtlg.	Siebm. Tf.	Name	WBL	Bgl. Abtlg.	Siebm. Tf.
Färber	61	12	22	Feigele	831	5	18	Fick	1018	12	22
Faesch	1008	8	24	Feilgiebel	971	2	64	Ficker	469	14	10
Faesch	1008	11	38	Feind	79	14	10	Fickert	869	13	5
Fäsi	953	3	67	Feissler	89	9	3	Fickhinger	184	12	62
Fäsi	665	10	4	Feist	697	4	89	Fickler	60	1	63
Faesy	949	7	84	Feist	773	5	18	Fickler	864	8	46
Fagt	778	7	42	Feistlin	89	9	65	Ficthum	971	7	65
Fahrenbruch	648	13	54	Felber	494	3	67	Fidler	381	1	84
Fahrer	898	2	64	Felbner	188	1	84	Fidler	377	3	25
Faistenauer	604	14	26	Feldbausch	807	13	5	Fiebig	1024	12	93
Falb	679	10	4	Felden, von	896	9	44	Fiecht	771	2	84
Falch	800	8	83	Felderhoff	619	10	4	Fiechter	343	4	8
Falck	359	5	17	Feldhaus	612	10	65	Fiedler	945	10	44
Falck	687	9	65	Feldhun	360	10	65	Fiedler	315	8	46
Falck	586	5	17	Feldhusen	212	3	67	Fiel	108	3	45
Falck	376	11	23	Feldmann	94	5	44	Fielitz	17	12	81
Falck	19	11	66	Feldt	352	5	64	Fielitz	18	13	5
Falck	692	8	95	Felgenhauer	921	3	25	Fielitz	18	14	34
Falck	828	8	96	Felgenhauer	107	6	62	Fier	1001	9	83
Falcke	372	10	44	Felix	861	10	84	Fierer	347	1	84
Falckenberg	363	8	46	Feller	293	2	25	Fiess	775	5	86
Falckh	406	6	62	Fellner	82	2	25	Fietz	53	7	65
Falk	374	5	85	Fels	6	2	84	Filter	84	6	22
Falke	364	3	66	Fels	270	7	65	Filtz	798	8	96
Falke	372	10	25	Felsberg	62	12	2	Filzhofer s. Klastadt	887	1	25
Falke	815	10	44	Felsch	669	9	65	Fimel	495	10	25
Falkeisen	653	5	44	Felss	88	1	84	Finckelhäuser	384	5	18
Falkenberg	1043	4	89	Felss	322	5	18	Finckh	365	12	51
Falkenstein	368	8	24	Felss	88	10	44	Finckh	463	5	18
Falkensteiner	368	3	67	Feltenhamer s. Teltenhamer	264	2	57	Finckh	362	6	62
Falkh	373	2	3	Feltens	657	9	3	Finckh	777	5	18
Falkner	374	1	44	Feltens	656	9	3	Finckh	409	6	63
Falkner	376	1	25	Feltens-Baerlag	657	9	45	Finckh	409	11	76
Falkner	374	3	25	Feltmann	801	9	65	Finckh	556	6	63
Falkysen	653	9	20	Feltzin	888	6	47	Finckh	882	6	63
Fallen	384	9	83	Felwinger	128	1	63	Finckhelthusius	702	5	18
Fallenberger	692	7	65	Femmel	502	3	45	Findeisen	732	14	45
Faller	1050	2	64	Fencher	552	1	44	Findsinger	217	8	24
Faller	533	3	4	Fend	273	3	67	Finger	923	6	22
Faller	786	7	78	Fendt	273	9	16	Finger	169	9	84
Faller	533	9	44	Fenitzer	461	2	64	Fingerlin	169	3	4
Faller	658	8	63	Fenkner	30	13	5	Fingerlin	169	2	3
Faller	1050	8	4	Fenner	687	11	66	Fingerlein	133	11	4
Fallot	958	13	28	Fenniger s. Jennig	904	2	29	Fingerlin	169	11	4
Falser	1065	2	25	Fennitzer	672	1	4	Fingerlin	187	11	5
Falterer	8	2	43	Fentzel	1	6	62	Fingerlin	169	11	4
Farenheid	1046	10	25	Fentzel	796	7	4	Finhagen	826	3	84
Farnbacher	2	1	44	Fentzmair	247	6	62	Finis	629	10	84
Farner	513	7	65	Feral, ô	1057	11	76	Fink	372	2	64
Faschinger	996	5	17	Ferber	35	1	25	Fink	820	12	93
Fasold	402	3	45	Ferber	837	4	8	Fink	134	1	64
Fasold	362	9	24	Ferber	394	8	46	Fink	409	1	63
Faß	968	14	2	Ferber	276	9	65	Fink	409	1	63
Faßbender	1023	8	4	Ferber	193	13	38	Finkbeiner	412	13	19
Fassbind	722	3	84	Ferber	757	6	47	Finke	893	8	4
Fassbind	66	5	44	Ferber	318	6	62	Finkler	767	1	25
Fassbind	722	5	44	Ferber	327	6	62	Finn	877	2	25
Fassbind	66	12	93	Ferber	327	10	22	Finner	999	13	38
Fassnacht	370	6	62	Ferdinand	546	6	62	Finoldt	422	1	44
Fassnacht	374	6	62	Ferg	811	1	25	Finster	983	7	4
Fassy	890	2	25	Ferg	356	3	67	Finster	892	9	45
Fattly	313	6	2	Fergen	640	3	84	Finstermacher	56	8	66
Faul	225	1	44	Ferkmaister	411	1	44	Fintelmann	734	14	10
Faulhaber	602	2	64	Fernberger	458	3	67	Firle	1004	2	64
Faulhaber	1049	8	24	Ferrari	850	5	64	Firnhaber	856	1	25
Faulhaber	230	6	62	Fertsch	841	2	43	Fisch	692	3	25
Faulhaber	348	6	62	Fesch	1008	9	3	Fisch	423	6	63
Faulhaber	602	6	62	Fessler	246	5	18	Fischbach	423	7	4
Faulwetter	403	5	17	Fester	976	2	25	Fischbeck	429	5	64
Fauschütz	394	1	44	Fetscher	294	5	18	Fischbeck	430	13	5
Fauss	493	3	84	Fette	347	5	26	Fischer	910	4	62
Faust	168	2	84	Fette	635	5	26	Fischer	428	4	89
Faust	188	4	89	Fettenhennen	190	4	89	Fischer	190	5	84
Faust	1068	12	62	Fettich	416	1	25	Fischer	431	7	65
Faustgen	783	4	89	Fettich	416	10	85	Fischer	809	7	78
Fauth	177	10	25	Fetzer	10	1	4	Fischer	135	8	55
Fauwes	357	10	65	Fetzingk	359	9	65	Fischer	427	9	24
Fauwes	948	10	65	Feuchter	13	1	44	Fischer	425	9	65
Fay, Du	1051	2	24	Feuchter	448	6	2	Fischer	1063	9	84
Fecht	670	3	25	Feuchtweck	730	1	25	Fischer	640	10	21
Fechte, von der	331	3	67	Feuer	256	2	43	Fischer	437	11	22
Fechter	670	1	44	Feuer	487	13	33	Fischer	424	12	2
Fechter	671	3	67	Feuerlein	10	1	63	Fischer	421	12	51
Fedder, von der	420	5	26	Feuerlein	269	2	64	Fischer	840	12	63
Federangler	711	3	67	Feuerlein	269	3	25	Fischer	1068	12	81
Federer	418	5	85	Feulner	575	2	84	Fischer	422	13	33
Federkiel	657	1	84	Feurbom	467	8	24	Fischer	870	14	26
Federlin	134	3	67	Feustt	146	2	64	Fischer	599	14	26
Federlin	964	5	85	Feustel	610	13	19	Fischer	426	14	34
Fedlmayer	264	2	3	Feustking	172	3	84	Fischer	245	1	64
Fehen	452	2	3	Fevre	840	1	44	Fischer	345	1	64
Fehleisen	1006	5	17	Fèvre, le	975	4	8	Fischer	846	4	8
Fehling	254	5	17	Feyerabendt	238	5	18	Fischer	426	5	18
Fehling	538	5	26	Feyl	986	12	93	Fischer	999	5	18
Fehr	492	5	17	Feyll	895	8	24	Fischer	423	6	63
Fehr	452	6	22	Feyrabend	204	2	64	Fischer	883	6	63
Fehr	166	8	4	Feyrtag	259	4	8	Fischer	428	7	84
Fehr	114	8	4	Fiant	587	3	84	Fischer	424	8	4
Fehr	964	8	24	Fibus	81	4	89	Fischer	424	8	4
Fehr	938	8	46	Fichte	885	8	96	Fischer	422	10	65
Fehrmann	1019	6	2	Fichtel	189	6	62	Fischer	431	11	76
Feicht	899	2	43	Fichtel	793	8	83	Fischer	108	5	18
Feichtinger	232	2	84	Fichtel	135	9	65	Fischer	846	6	63
Feichtmair	488	1	25	Fichter	464	1	4	Fischer	870	7	84
Feichtmair	1002	5	18	Fichtl	996	1	44	Fischer	1038	8	25
Feichtner	505	2	43	Fichtl	942	6	62	Fischer	426	10	65
Feickelmann	141	5	18	Fichtperger	487	2	3	Fischer	1018	11	76
Feierabend	254	2	43	Fick	967	2	25	Fischer	431	5	18
Feig	474	2	84	Fick	826	5	44	Fischer	1000	8	46
Feige	918	10	84	Fick	632	5	64	Fischer	705	3	46

Register

Name	WBL	Bgl. Abtlg.	Siebm. Tf.
Fischer	448	5	18
Fischer	1029	8	96
Fischer	431	3	67
Fischer	1064	3	45
Fischer-Ottleben	870	7	79
Fischer	391	5	86
Fischer	422	5	86
Fischer	426	5	86
Fischer	428	5	86
Fischet	169	6	63
Fischle	828	6	63
Fitsch	1055	3	46
Fitschen	728	13	44
Fitzihäuser	148	5	18
Fitzmann	512	7	84
Flaccus	385	5	64
Flach	816	10	25
Fladen	12	4	89
Fladt	728	8	46
Fläming	282	6	63
Flaigg	231	7	65
Flaiser	706	1	45
Flamand	89	13	33
Flamm	703	14	34
Flander	216	9	65
Flandin	590	1	45
Flaschen	754	1	84
Flauder	923	6	47
Flax	378	1	45
Flechte	335	5	18
Flechtner	1011	13	38
Fleck	863	1	4
Fleck	73	9	45
Fleck	73	9	71
Fleck	385	11	5
Fleckhamer	346	5	18
Fleckmayer	971	6	63
Flegel	542	9	65
Flegel	544	9	84
Fleiner	212	5	19
Fleiner	385	5	19
Fleischbein	310	1	45
Fleischbein	310	3	25
Fleischberger	281	5	64
Fleischelt	216	6	63
Fleischer	333	2	65
Fleischer	853	9	45
Fleischer	638	1	84
Fleischer	79	1	85
Fleischer	969	1	85
Fleischer	856	9	65
Fleischhauer	82	4	62
Fleischhauer	966	6	82
Fleischhauer	82	12	82
Fleischlin	334	8	24
Fleißig	592	14	10
Flemickh	613	5	19
Flemming	168	3	5
Flentz	145	7	4
Flenz	147	1	45
Flesch	244	6	63
Flesch	751	6	63
Flesche	641	3	25
Flicker	848	6	63
Fliecher	417	5	19
Fliesen	573	11	77
Flintsch	1048	2	65
Flochtner	447	3	5
Flockh	122	1	4
Flöckher	1072	6	47
Floeckner	1071	7	84
Flörke	681	11	22
Flösser	651	7	5
Flor	240	3	25
Florian	990	1	85
Florich	892	5	19
Florin	548	12	22
Florwy	376	5	64
Floscher	846	6	63
Fluck	773	5	19
Fluckh	416	5	19
Flügge	979	5	19
Flügge	849	9	84
Flügge	378	10	25
Flügl	415	6	63
Flurer	143	1	25
Fluri	1026	6	47
Fluwerk	952	5	86
Fobbe	808	9	66
Foch	685	8	83
Focke	185	4	8
Focke	939	6	63
Focke	69	9	45
Focking	756	8	96
Föhlin	538	4	62
Fölkel	727	8	24
Förg	525	1	85
Förster	308	1	45
Förster	1044	5	19
Förster	969	9	84
Förster	1060	14	10
Förster	867	14	45
Förster	360	8	96
Förster	251	8	96
Förster	886	3	84
Förstl	274	2	43
Förstlin	274	5	19
Förtner s. Fortner	999	2	65
Föschl	883	8	46
Fötzer	730	10	4
Foget	781	6	2
Folchamer	242	4	8
Folckershofer	60	6	2
Folk	362	12	82
Folkmer	84	5	26
Foltz	1077	5	26
Foltz-Eberle	745	2	25
Fondy	1054	13	5
Fonne	54	3	84
Fontaine	627	5	44
Fontane	853	10	85
Forbach s. Bernhardt	267	4	2
Forcher	224	9	3
Forchtl	18	1	45
Forchunt	285	8	96
Forckenbeck	373	8	96
Forer s. Fover	486	9	66
Forke	351	6	2
Formansky	1072	12	23
Forndran	991	12	81
Forrer	943	2	43
Forsbeck	480	8	24
Forsboom	243	2	25
Forst	858	1	25
Forstenheuser	762	2	43
Forster s. Förster	308	1	45
Forster	761	2	84
Forster	151	3	25
Forster	480	7	65
Forster	151	9	45
Forster	920	11	77
Forster	499	6	63
Forster	477	6	63
Forster	301	6	64
Forster	865	6	64
Forster	885	6	64
Forsthuber	620	14	18
Fortdran	464	7	65
Forter	323	1	45
Fortner s. Förtner	999	5	65
Fortsch	137	9	24
Fostier	338	4	89
Fover s. Forer	486	9	66
Fränckh	940	2	43
Frängl	498	4	8
Fränkl	1055	1	64
Fraid	630	1	64
Fraidt	630	3	46
Fraidt	630	8	63
Fraisda	875	1	25
Fraisl	265	9	3
Fraislich	334	9	45
Francisci	939	1	25
Francisci	939	10	44
Franck	373	4	62
Franck	594	9	66
Franck	222	6	64
Franck	259	6	64
Francke	385	3	25
Francke	634	10	44
Francke	594	10	44
Francke	820	10	44
Francke	386	11	77
Francken	788	9	66
Francott	3	4	89
Frandorff	79	10	65
Frangk	1061	6	64
Frank	835	1	45
Frank	679	1	85
Frank	596	2	84
Frank	98	3	46
Frank	409	4	8
Frank	150	7	5
Frank	790	10	65
Frank	252	14	26
Frank	64	8	46
Frank	857	6	2
Frank	344	8	24
Frank	596	6	82
Frank	814	8	83
Franke	107	7	5
Franke	1059	9	84
Franke	83	11	4
Franke	989	13	45
Franke	184	8	24
Franke	594	8	24
Franke	786	4	89
Frankenberger	1007	9	24
Frankenstein	499	10	65
Frankh	277	2	3
Frantz	563	9	66
Frantz	186	11	77
Frantzen	965	6	64
Frantzki	186	3	25
Franz	722	1	85
Franz	807	7	84
Franz	202	9	45
Franz	1022	15	1
Franzius	992	6	47
Frass	1004	5	44
Fraude	898	13	19
Frauen, ter	337	3	84
Frauendorf	909	14	18
Frauenpreiss	155	6	22
Fraydinger	450	6	64
Frayslich	334	4	8
Frech	452	2	43
Frech	197	2	65
Frech	26	6	47
Frech	723	6	64
Frechard	824	13	45
Fredebeil	635	13	19
Fredenhagen	406	4	8
Frederich	718	5	86
Frederich	420	7	5
Freese	70	4	62
Freese	934	6	47
Frege	1002	9	84
Freher	413	1	4
Frehle	1033	13	54
Frei	332	7	65
Frei	645	7	65
Freialdenhoven	1020	4	89
Freiberger	59	3	84
Freiberger	717	2	65
Freiberger	715	2	84
Freiburger	567	4	8
Freiburger	626	9	45
Freidel	18	1	25
Freidehamer	177	5	19
Freier	205	10	85
Freier	205	11	5
Freihaimer	64	4	8
Freiheldt	5	6	64
Freimann	951	3	46
Freimann	128	7	5
Freimuth	803	2	25
Freiseisen	260	3	84
Freiseisen	260	5	65
Freissleben	149	6	64
Freissem	186	4	90
Freißmuth	885	11	77
Freitag	318	7	65
Freitag	597	11	77
Freitag	763	12	82
Freneau	257	2	25
Frenching	370	8	4
Frentzel	573	5	86
Frentzl	1033	2	3
Frenz	196	2	25
Frenzel	779	9	24
Frenzel	1034	12	82
Frese	241	1	25
Frese	488	5	86
Frese	768	3	5
Frese	159	8	63
Frese	101	3	84
Frese	570	8	96
Frese	302	3	85
Fresenius	959	2	25
Fresenius	489	3	25
Fresenius	990	4	62
Fresenius	489	11	5
Fresenius	959	11	5
Fressel	926	5	19
Freudel	834	6	64
Freudemann	833	10	44
Freudenberg	248	10	25
Freudenthal	89	7	5
Freudweiler	904	7	84
Freuler	125	10	65
Freund	78	1	85
Freundt	208	8	96
Freundt	290	6	64
Freundt	860	6	64
Frey	143	1	4
Frey	863	3	46
Frey	205	5	19
Frey	140	5	19
Frey	252	5	19
Frey	348	6	64
Frey	134	5	26
Frey	263	7	5
Frey	358	7	42
Frey	42	7	65
Frey	42	7	65
Frey	307	14	2
Frey	137	4	8
Frey	40	6	64
Frey	43	7	84
Frey	705	4	64
Frey	134	6	64
Frey	509	7	84
Frey	207	6	64
Frey	700	7	84
Frey	348	6	64
Frey	913	2	43
Frey	143	2	65
Frey	95	6	64
Frey	243	6	65
Frey	863	6	65
Freybe	671	11	23
Freyberger	845	1	64
Freyberger	143	6	65
Freyberger	240	6	65
Freyburger	154	1	64
Freydenreich	86	4	8
Freyen, v.	524	4	90
Freyer	205	6	82
Freyer	232	13	19
Freyermut	557	7	65
Freyermut	734	11	22
Freyhammerer	832	2	43
Freyhart	202	2	84
Freyheimer	64	6	65
Freyhofer	266	6	65
Freylingen	973	4	90
Freylingshausen	620	3	85
Freyperger	1048	6	65
Freysam	433	1	64

Name	WBL	Bgl. Abtlg.	Siebm. Tf.	Name	WBL	Bgl. Abtlg.	Siebm. Tf.	Name	WBL	Bgl. Abtlg.	Siebm. Tf.
Freysam	433	11	77	Fritze	192	5	27	Fürstenberg	411	13	6
Freysauff	941	4	8	Fritze	864	6	47	Fürstenfelder	843	3	46
Freysich	926	1	25	Fritzen	665	7	84	Fürstenhauer	37	2	25
Freysinger	485	2	3	Fritzer	572	10	65	Fürstenhauer	191	8	4
Freysleben	241	5	19	Fritzsche	1021	3	26	Fürstenow	860	4	9
Freyssgemuet	914	6	65	Friz	894	14	26	Fürster	501	6	2
Freytag	949	4	8	Froben	1011	3	26	Fürtenbach	13	3	5
Freytag	1055	5	19	Froböse	582	5	44	Fürter	323	2	4
Freytag	387	5	44	Fröhlich	196	3	5	Fürter	324	7	5
Freytag	350	9	3	Fröhlich	310	4	9	Fürth	111	4	90
Frick	57	3	85	Fröhlich	1042	2	65	Fuertner	283	6	66
Frick	35	10	25	Fröhlich	202	2	4	Fürtter	89	2	44
Frick	860	13	5	Fröhlich	210	10	65	Fues	15	8	47
Fricke	987	9	84	Fröhofen	538	4	90	Fues	15	9	20
Fricke	752	13	45	Frölich	579	5	27	Fues	166	2	65
Frickh	706	5	19	Froelich	925	9	45	Fues	165	2	25
Frickh	717	6	65	Frölich	403	10	25	Fuess	775	5	20
Frickh	875	6	65	Frölich	310	1	45	Füssel	460	1	4
Frickinger	516	2	84	Froelich	11	1	64	Füssel	461	5	65
Frickinger	516	3	25	Frölich	99	1	64	Füssel	414	6	67
Fricko	688	5	19	Frölich	457	6	65	Füssli	766	4	9
Fridach	302	4	8	Frölich	1037	6	65	Fueßstettner	112	8	25
Fridag-Wellenkamp	51	6	47	Frölich	11	6	66	Fütterer	1036	1	5
Fridberger	789	8	84	Frölich	206	6	66	Fuger	883	4	9
Fridberger	2	1	4	Froelich von Liechtenperg	939	6	66	Fuhrmann	1009	12	93
Fridberger	913	1	64	Frölingk	962	5	65	Funck	629	4	90
Fridereich	237	6	65	Frömberg	34	11	38	Funck	993	7	42
Friderich	169	7	5	Frönhoven	54	2	2	Funckh	89	2	65
Friderich	311	7	5	Frörenteig	58	2	25	Funckh	2	2	4
Friderich	310	8	63	Fröschel	827	2	65	Funckh	201	5	20
Friderich	310	6	65	Fröschl	437	7	5	Funckh	922	5	86
Friderich	882	6	65	Fröschlin	827	9	45	Funckh	1048	6	66
Friderichs	524	9	66	Fröschlin	437	9	45	Funfack	1032	13	45
Fridli	698	11	5	Froichen	917	5	65	Funk	204	5	86
Friebel	828	11	77	Froitzem	3	4	90	Funke	634	1	85
Friebel	828	12	82	Froling	502	11	5	Funke	1019	9	84
Friedach	484	5	44	Fromart	591	4	90	Funkh	997	2	9
Friedebach	3	5	86	Fromherz	941	5	86	Furkel	393	1	26
Friedel	429	12	82	Fromm	136	1	45	Furlani	1041	8	46
Friedel	172	3	85	Fromm	1000	6	82	Furno, de	135	2	65
Friedel	405	1	45	Frommann	710	8	46	Furnriet	264	9	46
Friedel	866	1	85	Fromann	116	9	84	Furrer	774	7	65
Friedel	692	3	85	Frommel	1028	5	20	Furster	457	6	67
Friederich	31	1	25	Frommold	158	1	25	Fux I	25	6	67
Friederich	459	4	9	Fronbaß	547	1	64	Fux II	969	6	67
Friederich	78	10	4	Fronhoven	54	2	2	Fynn	878	6	67
Friederich	405	12	23	Froriep	483	9	84				
Friederici	590	9	84	Frosch	1012	5	20	Gabe	929	4	9
Friederici	698	10	66	Frosch	437	6	66	Gabe	929	10	25
Friedl	117	1	64	Froschamer	1072	1	25	Gabeshaupt	589	7	5
Friedl	846	5	19	Froschauer	437	6	66	Gabl	587	4	9
Friedlieb	630	9	66	Froschauer	437	7	65	Gabl	225	6	67
Friedlieb	87	3	5	Froschauer	437	4	9	Gabler	1029	1	64
Friedlieb	87	3	25	Froschenauer	1055	8	47	Gabler	708	5	20
Friedrich	471	13	28	Frost	981	5	20	Gabler	708	5	20
Friedrich	16	15	1	Frowein	595	3	5	Gabler	708	7	5
Friedrich	124	1	85	Früauf	188	6	66	Gabler	708	13	34
Friedrich	172	1	85	Früauff	879	6	66	Gabrügve	874	9	84
Friedrich	110	1	64	Frumolt	60	9	46	Gackenholtz	507	12	82
Friedrich	718	14	10	Fruyo	524	12	62	Gade	189	5	20
Friedrichsen	513	11	6	Frymann	20	7	84	Gadebusch	480	3	26
Friedrigs	497	5	26	Fuchs	276	2	43	Gadegast	881	12	93
Friedsam	585	12	23	Fuchs	351	5	20	Gadient	487	8	5
Frielinghaus	727	7	42	Fuchs	640	7	78	Gäbelein	856	13	28
Fries	1027	3	46	Fuchs	760	7	84	Gaedechens	575	3	26
Fries	812	7	78	Fuchs	873	9	84	Gaedecke	737	5	44
Fries	780	7	84	Fuchs	761	10	5	Gaelenius	931	8	63
Fries	253	9	45	Fuchs	277	10	25	Gämperl	250	1	45
Fries	379	13	5	Fuchs	639	11	5	Gänsler	380	10	85
Fries	928	14	18	Fuchs	277	11	23	Gärmers	978	5	45
Fries	837	2	43	Fuchs	277	11	66	Gaerthe	1022	13	45
Fries	773	2	25	Fuchs	1057	11	77	Gärtner	768	1	45
Fries s. Friesl	213	2	65	Fuchs	276	12	23	Gärtner	989	10	4
Friesacher	1005	8	46	Fuchs	278	13	5	Gässler	75	4	9
Friese	192	5	20	Fuchs	279	1	64	Gässler	882	9	24
Friese	984	12	82	Fuchs	276	1	64	Gaessner	1064	4	10
Friese	432	9	66	Fuchs	277	6	66	Gaetke	967	6	82
Friese	1042	9	66	Fuchs	278	6	66	Gättens	632	5	20
Frieser	994	1	45	Fuchs	278	6	66	Gäzin	879	1	45
Frieshaimer	142	1	85	Fuchs	278	6	66	Gag	221	6	67
Friesl	213	2	65	Fuchs	1024	6	82	Gag	922	6	67
Friess	866	4	9	Fuchs	280	6	66	Gahde	921	5	44
Friess	341	5	20	Fuchs	535	6	66	Gail	890	5	20
Friess	306	6	65	Fuchs	969	6	66	Gailhard	168	7	65
Frieß	559	2	84	Fuchs	911	6	66	Gailing	399	6	2
Friess	1	2	25	Fuchsart	278	1	45	Gailkirchner	726	3	46
Friess	252	2	65	Fuchser	276	3	46	Gainbach	356	8	63
Friesslich	28	4	9	Fuchß	1049	2	4	Gaishover	325	6	67
Frigk	578	4	9	Fudickar	580	10	25	Gaissecker	861	6	67
Frisch	1063	14	18	Füchting	353	4	9	Gaissert	322	9	25
Frischeisen	942	2	65	Füger	669	14	18	Galandi	447	5	20
Frischeisen	942	2	3	Fuehrmann	143	2	84	Galati	332	5	20
Frisching	318	8	25	Füll	249	5	20	Galgenmayer	832	5	20
Frischlin	436	6	22	Fülman	252	6	66	Gall	397	1	26
Frisner	386	4	9	Fünfer	409	4	9	Gall	399	6	67
Frisshammer	18	2	43	Fuermunt	39	13	33	Gall	934	6	67
Frister	263	4	9	Fuernpfeil	967	9	24	Gall	879	1	64
Fritsch	881	1	85	Fürst	168	1	25	Gallebehamb	997	4	9
Fritsch	512	3	67	Fürst	452	2	65	Gallhuber	947	9	24
Fritsch	881	6	65	Fürst	784	8	83	Gallus	399	2	44
Fritschal	658	11	5	Fürst	647	13	45	Gallus	133	5	20
Fritschal	732	11	5	Fürst	282	6	66	Gallus	398	6	2
Fritsche	995	1	85	Fürst	452	6	66	Galow	210	6	67
Fritz	257	1	45	Fürst	863	6	67	Galow	315	13	6
Fritz	406	3	46	Fürste	906	11	23	Galuschka	85	1	45
Fritz	904	8	5	Fürstenauer	158	1	85	Galuschke	86	3	26
Fritz	612	6	65	Fürstenauer	37	4	9	Gambs	328	1	5
Fritz	853	6	65	Fürstenberg	247	4	90	Gamersfelder	508	1	26
Fritz	459	6	65	Fürstenberg	644	9	66	Gamper	322	9	24
Fritze	265	3	26	Fürstenberg	509	12	23	Gamper	298	6	67

Register

Name	WBL	Bgl. Abtlg.	Siebm. Tf.	Name	WBL	Bgl. Abtlg.	Siebm. Tf.	Name	WBL	Bgl. Abtlg.	Siebm. Tf.
Gamper gen. Stauffenecker	562	6	67	Gecholdt	882	6	68	Gerads	2	7	85
Gamßer	328	8	5	Gedersen	586	4	10	Geratswol	541	7	5
Gamßer	328	8	5	Geelen	742	7	42	Gerbelius	512	4	63
Ganal	814	3	46	Geerssen	756	4	90	Gerber	606	3	5
Ganaper	777	8	83	Gehlhaar	574	3	26	Gerber	1072	14	10
Gandert	380	13	6	Gehmiller	61	6	68	Gerbers	606	5	86
Ganitzer	714	3	46	Gehrckens	632	13	45	Gerbl	217	1	5
Gans	374	6	67	Gehrich	539	10	66	Gerbrecht	243	3	5
Ganser	380	2	44	Gehring	824	8	4	Gercken	980	8	63
Ganser	380	3	46	Gehring	648	12	93	Gercken	1003	9	66
Ganser	381	7	5	Gehring	844	1	65	Gercken	814	9	66
Ganser	376	6	67	Gehring	136	1	5	Gerdes	572	3	5
Ganser	380	6	67	Gehwolff	278	6	68	Gerdes	958	4	63
Ganser	381	6	67	Geibel	552	10	26	Gerdes	895	9	66
Ganser	380	8	46	Geidemann	96	5	27	Gerdes	176	9	85
Ganßloser	1003	8	96	Geider	553	1	65	Gerdes	935	13	19
Ganter	681	3	46	Geider	73	11	78	Gerdsen	488	5	65
Gantner	139	1	85	Geier	361	1	85	Gerdtmann	449	7	85
Gantzeberch	408	5	27	Geier	373	3	47	Gerdts	281	4	63
Ganz	380	10	25	Geier	461	4	10	Gerer	76	4	63
Ganzenmüller	942	1	46	Geier	359	4	63	Gerer	76	6	69
Ganzhorn	331	3	46	Geier	379	11	78	Gerhard	947	1	85
Ganzmann	100	9	66	Geigenberger	991	2	85	Gerhard	789	3	26
Gapler	239	6	67	Geiger	768	3	47	Gerhard	789	13	6
Gapp	996	3	46	Geiger	1045	4	10	Gerhard	701	9	85
Gar	967	4	9	Geiger	767	4	63	Gerhard	801	7	42
Gar	967	6	68	Geiger	767	4	63	Gerhard	802	7	85
Gardt	174	11	6	Geiger	572	7	85	Gerhard	810	7	78
Garelly	992	7	5	Geiger	58	10	85	Gerhard	799	3	85
Garhamer	558	8	63	Geiger	1006	1	26	Gerhardt	792	3	47
Garkoch	105	2	26	Geiger	337	1	65	Gerhardt	563	12	2
Garleder	325	6	68	Geiger	767	6	68	Gerhardt	845	6	69
Garlefstorp	350	4	8	Geiger	753	1	65	Gerhardt	463	6	69
Garlepow	690	3	5	Geiger	207	7	65	Gerhartz	989	12	83
Garlieb	72	5	45	Geiger	804	8	84	Gerich	582	9	46
Garmers	978	3	26	Geiger	767	10	45	Gericke	854	12	63
Garnutsch	265	3	46	Geiger	768	6	68	Gericke	60	4	63
Garsee	245	6	68	Geiger	355	7	66	Gericke	363	4	63
Gartenschläger	481	11	6	Geiger	801	8	84	Gericke	906	4	63
Gartner	482	2	4	Geiger	768	10	45	Gering	269	2	44
Gartzweiler	718	4	90	Geiger	207	6	69	Gering	723	3	67
Garven	607	5	86	Geiger	243	6	69	Gering	136	6	69
Garze	667	10	5	Geiger	767	1	65	Gering	141	9	16
Gaspar	386	5	20	Geiger	855	1	69	Gerischer	1069	9	85
Gassenfaidt	459	5	20	Geiges	887	8	63	Gerke	854	5	86
Gassenhart	605	6	68	Geigy	376	7	66	Gerken	945	4	10
Gassenhart	606	6	68	Geihoch	76	6	10	Gerken	908	13	38
Gasser	205	2	4	Geilenkirchen	360	4	90	Gerkens	964	5	27
Gasser	33	5	45	Geilfus	1067	10	66	Gerl	1041	1	65
Gasser	211	6	68	Geilmann	945	3	5	Gerlach	855	1	5
Gasser	234	9	45	Geirhoss	413	6	69	Gerlach	298	6	69
Gasser	983	8	47	Geiselmayr	1027	6	69	Gerlach	899	11	6
Gasser	1001	8	63	Geisenfelder	17	3	47	Gerlach	989	12	63
Gassner	926	2	84	Geisenhauser	926	2	4	Gerlach	989	14	2
Gassner	67	3	46	Geisenheyner	354	11	23	Gerlach	1031	3	85
Gassner	571	4	10	Geisselmayer	70	6	69	Gerlach	919	3	85
Gassner	67	6	68	Geisshardt	331	10	5	Gerlach	575	3	85
Gassner	404	13	19	Geisslein	977	6	69	Gerland	700	4	63
Gast	514	2	44	Geissler	258	2	85	Gerle	768	1	65
Gasteiger	1033	2	85	Geissler	818	6	69	Gerle	895	1	65
Gastel	423	11	78	Geistert	410	12	82	Gerloch	566	3	85
Gastinger	924	6	68	Geitel	353	6	47	Germainer	287	2	44
Gath	995	3	46	Geld	928	6	69	Germainer	287	6	69
Gatterer	623	2	85	Geldeke	672	3	5	Germann	799	9	66
Gattiker	633	7	85	Gelder	2	7	79	Gernet	633	3	85
Gatzen	593	13	54	Gelder	585	6	22	Gernet	633	10	5
Gau	947	1	85	Gelder	704	6	47	Gerning	726	4	63
Gau	118	3	47	Geldersen	87	3	5	Gerold	997	1	86
Gaudelius	1072	2	65	Gelen	931	8	63	Gerold	439	3	5
Gaudenz	1057	4	10	Gelenius	931	4	90	Geroltzpeckh	65	6	70
Gaudoel	180	6	68	Gelinck	699	10	26	Gerresheim	651	4	90
Gauger	564	5	20	Geling	458	6	69	Gerschow	264	9	66
Gauger	382	6	68	Geller	520	4	90	Gerstäcker	130	4	63
Gaugler	564	6	22	Geller	722	10	45	Gerstel	97	1	86
Gaugus	205	11	78	Gellert	542	3	85	Gerstenbrand	42	13	45
Gauler	757	3	5	Gellert	569	3	85	Gerstenbrandt	356	2	26
Gaupp	670	1	5	Gellert	786	3	85	Gerstenbrandt	356	14	34
Gaupp	670	4	63	Gelnaur	257	1	46	Gerstenkorn	825	5	87
Gaupp	701	6	47	Gelterking	288	1	5	Gerster	604	9	85
Gaupp	670	6	82	Gelterkinger	288	11	5	Gerstl	1048	11	78
Gaus	926	5	86	Geltmann	423	2	26	Gerstlacher	104	10	45
Gause	380	8	46	Geltner	757	1	26	Gerstlacher	104	10	66
Gautinger	346	1	46	Geltner s. Gentner	758	3	67	Gerstmann	174	10	26
Gautschi	660	13	1	Geltzer	425	2	44	Gerstnecker	599	6	70
Gautzland	484	4	10	Gelzer	554	10	26	Gerstner	953	2	85
Gay	158	1	26	Gembling	827	6	69	Gerstner	557	11	78
Gay	205	6	68	Gembsensteiner	328	4	10	Gerten	180	3	85
Gay	58	8	25	Gemelich	330	6	69	Gerth	687	10	45
Gayling	524	6	68	Gemlich	326	3	47	Gertner	113	1	86
Gebel	349	3	26	Gemminger	69	4	10	Gertner	101	3	26
Gebel	349	3	67	Gemperlein	328	6	22	Gerueg	864	2	4
Gebel	502	9	46	Gemperlin	328	1	65	Gerwaldt	925	6	70
Gebert	364	9	84	Genckhinger	678	6	63	Geschke	372	9	85
Gebeschus	631	13	28	Genest	1016	9	3	Gesdorffer s. Cresdorfer	241	4	5
Gebhard	79	3	47	Genet	1070	12	82	Gesenius	605	11	6
Gebhard	77	1	64	Gengler	312	2	65	Geser	493	2	44
Gebhard	670	1	64	Gensche	958	9	85	Gess	247	6	70
Gebhard	971	6	68	Gensel	359	1	85	Gessel	766	1	46
Gebhardt	444	2	4	Gensterer	360	4	63	Gesselberger	455	6	70
Gebhardt	589	4	63	Gentner s. Geltner	874	1	46	Gessl	452	6	70
Gebhardt	299	9	46	Genzel s. Genzler	475	10	45	Gessner	848	2	4
Gebhardt	173	11	78	Geörg	39	7	66	Gessner	927	3	47
Gebhardt	173	11	78	Georg	779	4	63	Gessner	1061	9	85
Gebhart	303	4	10	Georg	810	7	85	Gessner	1064	1	5
Gebhart	272	4	63	George	937	8	47	Gessner	879	1	46
Gebhart	670	7	5	Georgesohn	867	10	85	Gesterding	195	3	5
Gebhart	670	10	26	Georgi	703	6	47	Geswindubel	702	10	45
Gebhart	993	6	68	Georgi	728	11	24	Gethmann	629	14	26
Gebhart	551	6	68	Georgy	960	10	85	Getsch	262	6	70
Gebwiller	290	5	45	Gepp	884	6	69	Gettel	127	5	65

Name	WBL	Bgl. Abtlg.	Siebm. Tf.	Name	WBL	Bgl. Abtlg.	Siebm. Tf.	Name	WBL	Bgl. Abtlg.	Siebm. Tf.
Geuder	553	6	70	Glatz	161	1	46	Görzhain	643	11	78
Geulheinrich s. Geylheinrich	990	9	19	Glatz	445	4	10	Goeschel	786	6	82
Geuschel	644	7	66	Glatzl	159	3	47	Göschl s. Goschl	97	2	4
Geuss	845	8	83	Glatznapf	749	1	86	Gösling	380	12	24
Geuss	499	9	3	Glebe	568	10	45	Gössier	413	3	26
Gevekot	430	11	67	Glehn	826	3	85	Gössnitz	1065	2	85
Gevelsdorff	683	4	64	Gleichberger	853	6	70	Goesswein	14	1	46
Geverdes	164	4	10	Gleichmann	629	1	86	Gösswein	14	10	46
Gevers	760	5	27	Gleim	416	4	64	Gösswein	14	2	26
Gewald	85	3	47	Gleim	563	4	64	Gösz	491	3	47
Gewrsperger	9	6	70	Gleis	202	2	85	Götten	192	5	27
Geyer	372	2	4	Gleisberg	1042	12	23	Göttling	880	1	46
Geyerhalter	134	4	63	Gleiß	72	8	5	Göttling	613	1	26
Geyger	981	2	26	Gleist	38	1	26	Göttschi	1057	7	66
Geyger	983	2	26	Glemser	790	13	19	Götz	1075	2	44
Geylen, v.	285	4	90	Glender	751	9	85	Goetz	42	4	64
Geyler	835	1	26	Glenner	757	5	65	Goetz	934	7	80
Geylheinrich	990	9	19	Glenter	744	4	10	Goetz	384	8	64
Geys	460	8	47	Gleser	1024	6	70	Götz	988	1	86
Geysmer	4	5	65	Glestin	442	1	46	Goetz	923	4	2
Geyss	464	1	26	Glesting	48	7	85	Götz	836	1	65
Gfeller	646	13	1	Gletig	554	11	38	Götz	963	1	65
Ghellen, v.	1042	4	90	Gletzelmann	543	1	46	Goetz	844	6	71
Gibel	45	7	66	Glim	721	7	5	Götz	967	6	71
Gichtl	513	2	4	Glimmann	656	4	64	Goetze	933	4	64
Giebner	772	14	34	Glinicke	266	9	66	Götzke	721	8	47
Giengenbach	306	9	25	Glintzer	1057	11	24	Göze	963	9	85
Giengl	1067	3	47	Glitzenhirn	470	10	45	Gogel	425	2	44
Gieppner	888	11	78	Glitzenhirn	470	10	66	Gogel	425	3	47
Gier	358	14	34	Glitzenhirn	689	10	66	Goggl	286	2	65
Gierlach	408	6	70	Glitzmann	40	6	70	Gohgreve	639	5	45
Gierstein	290	4	10	Glockengießer	765	1	65	Gohr	762	4	91
Giese	165	5	87	Glocker	765	2	44	Gohren, von	588	11	67
Giese	850	8	5	Glockh	765	4	64	Golcke	531	10	45
Giesecke	12	12	83	Glocknitzer	225	6	70	Goldast	504	2	85
Giesecke	12	11	66	Glöckler	248	2	26	Goldast	498	3	47
Gieseke	621	13	28	Gloede	338	5	65	Goldast	501	9	67
Gieseler	197	9	66	Glötzener	708	13	34	Goldbach	721	6	48
Gieselmann	687	5	87	Glogau	1047	2	26	Goldberg	863	3	85
Gieser	285	4	63	Glogner	900	4	10	Goldberg	246	8	5
Giesker	251	7	66	Gloor	56	13	6	Goldberger	1015	2	65
Gießperger	753	2	4	Gloseisen	147	6	47	Goldemann	118	7	66
Gietten	867	6	70	Gloxin	390	4	11	Goldewitz	526	3	5
Giffende	307	4	64	Gloy	75	10	5	Goldinen, v.	24	4	11
Gihnt	200	4	90	Gluck	715	11	67	Goldkofer	821	14	18
Gilbert	575	1	86	Glückh	55	3	47	Goldkuhl	748	5	87
Gilbert	1004	11	67	Glückh	145	1	26	Goldkuhl s. Merck	748	5	71
Gildehusen	1015	3	5	Glückh	55	6	70	Goldschmid s. Goman	324	4	11
Gildemeister	528	1	5	Glückh	146	8	5	Goldschmid	51	7	66
Gildemeister	528	10	45	Glükher	968	13	19	Goldschmidt	784	13	6
Gildemeister	538	10	85	Glum	61	11	6	Goldschmidt	226	10	45
Gilfeld	1037	8	96	Gmainer	22	4	11	Goldstein	563	4	11
Gilg	553	1	26	Gmeiner	452	2	26	Goldwurm	433	2	85
Gilg	892	2	44	Gmelich	897	2	85	Goley	786	8	83
Gilg	337	4	64	Gmelichius	897	8	25	Golf	982	2	65
Gilg	337	8	63	Gmelin	940	1	5	Goll	362	1	46
Gilg	554	7	5	Gnätz	219	1	26	Goll	1062	2	26
Gilhausen	790	4	64	Gnam	110	14	18	Goll	56	7	85
Gilitzer	1069	11	39	Gnant	994	4	11	Golla	878	1	26
Gilm	1001	3	5	Gnepenberg	87	10	5	Gollenhofer	720	4	11
Gilm	1001	3	47	Gneuss	45	9	25	Goller	893	6	2
Gilman	101	9	25	Gnoth	932	13	54	Gollhuter	743	3	47
Gilow	50	5	27	Gobelius	990	4	91	Golling	575	1	65
Gimmel	307	7	66	Gockel	399	1	5	Gollinger	518	4	11
Gimper	241	7	66	Gockel	399	3	26	Gollmann	636	10	66
Gindlmair	100	4	10	Godeffroy	170	3	26	Goltter	300	4	11
Ginheimer	418	2	44	Godeffroy	764	8	96	Gollwitzer	628	13	38
Ginner	1030	9	25	Godeffroy	364	10	45	Golser	1061	8	64
Ginser	333	4	64	Godelmann	240	4	64	Golter s. Goltzer	425	6	3
Girard	334	3	85	Godenau	557	4	91	Golter	457	6	71
Girisch	858	6	70	Godeschalk	532	9	67	Goltmann	295	2	66
Girsberg	88	10	45	Godet	1070	12	83	Goltze	913	8	47
Girsberger	215	9	25	Godickh	474	6	70	Goman s. Goldschmid	324	4	11
Girtanner	485	1	5	Goebel	50	4	64	Goltzer s. Golter	425	6	3
Gise	547	8	63	Goebel	32	12	62	Gombracht	63	3	26
Giseke	67	11	66	Goebel	521	14	34	Gomer	228	6	3
Giseke	69	12	83	Göbel	420	2	85	Gontard	909	2	26
Gisler	667	5	45	Göbel	431	2	85	Gontzen	689	6	71
Gisler	745	10	5	Goebelius	990	4	64	Gonzanus	85	6	3
Gissinger	526	12	63	Göbl	420	6	70	Goor, von	794	10	46
Gisterle	132	2	44	Göckel	568	3	26	Gorck	435	8	24
Gisze	850	4	64	Goede	31	8	5	Gordon	771	10	45
Glacian	161	3	26	Goedecke	973	7	66	Gordon	417	10	45
Gladbach	385	4	90	Gödelman	370	9	46	Gordon	741	10	45
Gladbach	807	7	85	Gödemann	385	3	67	Gorgebe	1031	13	34
Gladebeck	38	9	66	Gödemann	384	5	87	Gorian	447	10	45
Gladebeck	791	9	66	Göding	860	6	71	Gorian	447	10	45
Gläser	51	4	64	Goedtkens	465	5	87	Gormann	127	11	78
Gläser	225	14	10	Gögginger	399	1	26	Gosau	956	12	24
Gläser s. Glaser	900	2	26	Gögl	833	7	21	Gosch	635	4	64
Glättli	720	9	25	Göhring	185	14	26	Goschl s. Göschl	97	2	4
Glaezel	1040	4	64	Goeldel	1075	13	6	Gosch	1059	6	71
Glambeck	531	5	45	Göldener	919	5	27	Gosch	635	10	46
Glandorp	923	3	26	Göldi	890	10	66	Gosecke	808	11	67
Glandorp	81	4	10	Göldner	59	14	45	Goslinowski	317	9	46
Glandorph	506	2	85	Gölgel	578	3	26	Gossastat	614	3	67
Glanner	578	1	26	Gölgl	578	2	4	Gossastat	614	9	46
Glarner	541	4	10	Gölz	182	10	26	Gossler	412	3	26
Glas	780	1	26	Gönner	753	5	87	Gossler	420	3	27
Glase	442	7	42	Gönner	378	10	26	Gossmann	982	6	71
Glaser	303	7	5	Göpffhardt	574	6	3	Gossmann	91	8	24
Glaser	891	9	25	Göpmer	965	1	46	Gossmann s. Großmann	889	11	68
Glaser	900	2	26	Görges	887	12	93	Gosswein s. Gösswein	14	2	26
Glasow	584	13	45	Göringer	664	1	46	Gosswiller	411	4	11
Glasser	419	4	90	Göritz	354	5	65	Gosswin	844	6	71
Glaßmann	740	12	71	Görlich	1064	12	63	Gotfroid	237	6	71
Glast	874	6	70	Görlich	449	14	26	Gothofredus	378	1	86
Glatow	961	13	54	Görlin	801	10	5	Gotscholl	930	6	71
Glattfeder	308	4	10	Görte	1076	6	48	Gotsperger	320	6	71
Glattfelder	773	7	66	Goertz	356	2	4	Gottbewahr	984	6	71

Name	WBL	Bgl. Abtlg.	Siebm. Tf.	Name	WBL	Bgl. Abtlg.	Siebm. Tf.	Name	WBL	Bgl. Abtlg.	Siebm. Tf.
Gottfried	517	2	66	Graßhoff	964	11	24	Griesser	302	11	68
Gottfried	172	9	85	Grassmann	676	6	22	Griessmayer	670	1	86
Gottschalch	810	12	22	Grat	432	6	72	Grigo	1032	13	6
Gottschalck	393	11	79	Gratl	432	5	87	Grill	984	1	27
Gottschalck	1063	11	79	Gratter	292	3	47	Grill	192	3	27
Gottschalck	394	11	79	Gratz	449	7	6	Grill	927	6	73
Gottschalk	18	3	6	Grau	837	4	65	Grillinger	439	1	46
Gottschalk	85	4	11	Grau	684	6	22	Grillparzer	1077	10	85
Gottschalk	905	11	6	Grau	684	13	6	Grim	221	1	27
Gottschall	799	7	66	Graumann	93	5	27	Grim	550	5	87
Gottschau	1051	8	64	Graumann	837	11	7	Grim	321	6	73
Gottsched	971	4	64	Graumeister	786	7	85	Grimb	230	4	12
Gottschildt	181	3	85	Graumiller	216	3	48	Grimholz	922	3	6
Gottwald	974	10	5	Graupner	989	14	26	Grimm	202	5	45
Gotzen	542	5	45	Graurock	969	5	87	Grimm	573	8	25
Gotzen, die	542	9	20	Grauwer	282	6	3	Grimm	92	9	47
Goverts	27	10	26	Grave	371	3	27	Grimm	846	10	66
Goygrave	639	6	71	Grave	544	4	11	Grimm	231	14	18
Graalfs	1033	12	2	Grave	422	10	46	Grimm	769	15	2
Grab, von	44	6	3	Grave	227	3	86	Grimm	414	4	12
Grabe	635	6	22	Gravenstein	921	5	45	Grimm	219	8	96
Graben	957	5	45	Gravius	684	4	65	Grimm	441	4	12
Grabener	912	5	45	Gravius	684	9	3	Grimm	648	8	96
Grabenhorst	886	11	67	Graw	281	8	25	Grimmel	853	3	6
Grabmann	34	1	26	Grebenitz	671	3	27	Grimmen	446	5	87
Grabmayr	132	2	4	Grebmayer	460	6	3	Grimsehl	216	6	22
Grabner	6	1	26	Grebner	16	6	72	Grindl	215	1	46
Gradenigi	657	2	66	Greding	10	2	44	Grinigl	344	2	45
Gradl	432	2	26	Green	370	5	45	Grintler	920	1	47
Gräfe	187	10	85	Gref	456	6	72	Griot	492	7	85
Graefe	958	13	6	Grefe	896	12	64	Grisebach	121	5	27
Gräffe	522	7	66	Greffenreuter	1080	2	85	Gristede	634	6	22
Grändl	344	8	64	Greflinger	79	10	66	Gritzner	427	3	6
Gräpel s. Grapel				Gregk	145	8	64	Grob	852	7	85
Graepel	603	4	11	Gregorii	393	3	27	Grob	33	10	85
Graepel	600	13	19	Gregorovius	654	8	25	Grobecker	643	10	46
Gräser	602	11	79	Gregory	1018	13	6	Grochert	410	5	45
Gräslin	557	9	46	Gregory	393	10	26	Grochert	410	10	18
Gräss	11	3	47	Greibswalder	454	6	72	Groddeck	1021	9	67
Gräßer	956	13	54	Greif	459	2	66	Gröbel	681	1	86
Grässl	310	2	44	Greif	455	3	48	Grölein s. Strölein	113	1	39
Grässl	310	1	27	Greifeldinger	971	4	65	Grön	352	5	45
Grässl	526	6	72	Greiff	461	6	3	Grönberger	96	1	65
Grätl	283	6	72	Greiff	461	8	48	Gröner	987	14	2
Grätl	432	6	72	Greimolt	621	4	11	Groeneveld	935	8	25
Grätter	170	5	87	Greiner	1043	3	27	Groeneveld	991	8	25
Grätter	447	5	87	Greiner	117	6	3	Grönhagen	505	3	67
Grätz	562	5	87	Greiner	785	8	84	Gröning	57	5	65
Graetz	563	5	87	Greiner	13	2	85	Gröning	918	8	84
Graetz	564	5	87	Greiner	452	2	66	Grösche	315	8	97
Gräve	1004	3	86	Greis	105	2	26	Gröser	185	4	65
Graf	1052	3	47	Greis	106	6	3	Grösse	553	2	45
Graf	294	4	11	Greisselhamer	226	6	72	Grötsch	683	8	64
Graf	647	7	66	Grell	988	7	6	Groetsche	1012	8	5
Graf	295	8	64	Grell	638	8	96	Grötzler	290	4	12
Graf	980	10	5	Grell	810	10	46	Grofen	974	4	91
Graf	405	10	5	Grelling	243	1	46	Groffy	1035	14	10
Graf	735	13	1	Grembsl	457	6	72	Groffy	1035	14	10
Graf	420	2	85	Gremenstetter	557	6	72	Grolms, von	391	10	26
Graf	929	14	10	Gremlach	295	6	72	Grommes	880	10	66
Graf	822	2	66	Grems	330	1	46	Gromnica	610	12	2
Graf	5	6	71	Grener	75	4	11	Grones, de	980	8	64
Graf	257	6	71	Grenicher	521	9	46	Groneveld	798	9	85
Graf	263	6	71	Grenicher	527	9	46	Gronewold	114	3	48
Graf	452	6	71	Greninger	649	2	44	Gronow	545	6	3
Graf	221	2	85	Gressingk	188	3	48	Groos	981	3	48
Graf von Greffenberg	456	6	71	Grest, v.	974	3	86	Groot	583	4	12
Grafer	876	9	3	Gretter	447	2	44	Groote	468	5	65
Graff	452	2	66	Greudner	449	11	24	Groothom	214	5	87
Graff	61	3	27	Greulich	940	1	46	Gropp	1070	3	27
Graff	76	4	91	Greussing	136	3	48	Gropper	554	4	91
Graff	566	1	65	Greuter	515	7	6	Grosch	402	13	19
Graff	888	11	67	Greve	91	4	11	Groshauser	83	4	12
Graff	261	1	65	Greve s. Colins	1039	5	27	Grosholz	219	5	87
Graff	253	3	85	Grevel	344	7	6	Groskopff	163	6	48
Graff	378	1	65	Greven	788	9	67	Gross	480	2	66
Graffen, von	353	5	27	Grevener	791	9	67	Gross	463	7	6
Grafft s. Crafft				Grevener	791	9	67	Groß	112	9	25
Gragans	360	4	91	Greverade	588	4	12	Gross	185	4	12
Gralath	566	8	64	Greverade	588	4	12	Gross	132	6	73
Gralath	566	9	67	Greverade	735	4	12	Gross	966	6	73
Gralock	158	7	6	Greverode	533	3	6	Gross	511	4	12
Grambeke	415	4	11	Grewlich	413	1	86	Gross	463	6	73
Grambow	21	5	27	Grewsler	288	10	46	Gross	209	6	73
Grambs	760	2	85	Grib	884	6	72	Gross	691	6	73
Gramer	234	6	71	Grichtmaier	125	14	27	Gross	458	6	73
Gramm	190	9	67	Gridell s. Cridell	546	2	82	Gross s. Gräss	11	3	47
Grammdorf	60	4	64	Grieben	882	4	65	Grosse	168	2	45
Grammendorp	524	4	11	Grieben	882	8	47	Grosse	526	3	27
Grandidier	1037	4	65	Griecz s. Gremlach	295	6	72	Grosse	617	6	48
Grandke	990	13	45	Grief	462	14	18	Grosse-Dresselhaus	675	12	83
Grandte s. Grandke	990	13	45	Grien	518	9	67	Grosse-Extermöring	1062	14	2
Graner	896	2	4	Grieninger	155	1	27	Grosse-Extermöring	1062	14	42
Granetel	71	1	65	Grieninger	135	6	72	Grosselfinger	685	1	86
Granner	201	2	44	Grieninger II	287	6	72	Großheim	512	1	86
Grantz s. Crantz	544	4	87	Grienörbl	172	4	65	Grossheim	390	8	47
Grapel	603	4	11	Grienpacher	12	70	72	Grossheim	254	12	94
Grapengießer	757	8	64	Grienpacher	12	6	72	Großkopf	1070	12	94
Graseck	407	6	3	Grienschneider	112	6	3	Großkopf	997	13	7
Graser	676	1	46	Gries	115	4	12	Grosskurd	1030	3	6
Grashoff-Cäcispeja	824	6	82	Griesbach	534	1	27	Grossmann	49	2	85
Grasmann	103	1	86	Griesbacher	298	6	72	Grossmann	827	4	12
Grasmann	465	3	86	Grieshaber	606	10	26	Grossmann	322	7	66
Graß	526	2	26	Griesinger	363	4	12	Grossmann	532	10	5
Grass	437	3	27	Griess	380	8	96	Grossmann	49	11	7
Grass	477	10	26	Grießl s. Griess	562	6	70	Grossmann s. Gossmann	889	11	68
Grassenauer	259	2	85	Griessauer	924	6	73	Großmann	921	14	2
Grasser	511	6	71	Griessauer	924	5	65	Grosspeundtner	223	9	25
Grasser	994	4	11	Griessbauer	963	6	73	Großschupf	877	3	68
Grasser	592	6	72	Griessenpöck	331	9	25	Grote	521	3	6
Graßhof	603	12	3								

Name	WBL	Bgl. Abtlg.	Siebm. Tf.	Name	WBL	Bgl. Abtlg.	Siebm. Tf.	Name	WBL	Bgl. Abtlg.	Siebm. Tf.
Grote	1019	3	6	Gstatter	924	6	83	Gutbrod	346	2	5
Grote	414	3	27	Gstrein	1058	8	65	Gutbublin	442	5	46
Grote	503	4	12	Guaita	872	10	6	Gutekunst	682	14	27
Grote	37	9	67	Guckenberger	938	3	68	Guter	136	2	66
Grote	800	9	67	Gude	987	4	65	Gutermann	100	2	86
Grote	803	9	67	Guden	777	9	67	Gutermann	100	4	13
Grote	555	9	67	Guder	633	14	18	Guterman	282	6	73
Grote	593	3	6	Guderian	121	8	65	Gutke	568	10	86
Grote	4	9	85	Gudlin	195	7	6	Gutkind	819	6	83
Grote	521	13	45	Gühlich	195	5	65	Gutkindt	819	1	66
Grote	188	4	65	Gueinzius	301	7	6	Gutmann	339	2	26
Grote	852	4	65	Gülcher	805	7	85	Gutmann	339	6	83
Groth	1075	10	27	Gülcher	253	10	66	Gutmann	672	7	67
Groth	511	12	83	Güldenmund	840	5	87	Gutt	607	3	6
Grotteheimb	691	6	3	Güldner	1066	8	65	Gutthäter	152	1	47
Grotz	499	4	12	Gülich	631	11	23	Guttknecht	141	6	83
Groull	391	6	73	Gülle	78	1	47	Guttzeit	11	10	27
Grove	666	4	12	Günter	476	9	4	Gutwasser	125	6	4
Groz	65	2	4	Günther	1075	10	6	Gutwein	750	11	79
Grubbach	1026	1	86	Günther	636	10	85	Gutzeit	1040	13	7
Grubbe	426	3	6	Günther	30	13	7	Guyer	550	7	85
Grube	22	4	12	Günther	304	14	34	Guyer	892	7	85
Grube	896	10	85	Günther	930	8	25	Gwandschneider	298	1	47
Gruber	23	2	5	Günther	936	6	23	Gwerb	512	4	13
Gruber	540	4	65	Günther	880	6	83	Gwerb	508	7	67
Gruber	188	4	65	Günther	1052	8	26	Gwinner	1073	2	26
Gruber	288	3	48	Günther s. Gloxin	390	4	11	Gyger	572	4	13
Gruber	956	7	80	Güntter	649	6	4	Gyger	572	9	47
Gruber	1058	9	3	Güntzburger	754	2	86	Gylcher	646	2	44
Gruber	17	1	65	Güntzlein	574	6	4	Gymnicus	463	4	91
Gruber	884	1	27	Günzer	333	1	47	Gymnicus	465	11	24
Gruber	284	1	65	Günzler	136	1	86	Gyr	372	10	85
Grueber	109	1	47	Gürchner	673	6	4	Gyr	374	10	86
Grueber	995	2	66	Guerike	854	1	5	Gysi	19	7	85
Grueber	283	4	65	Güsmer s. Gusmer	315	13	7	Gyssling	663	7	67
Grueber	254	6	3	Güssfeld	380	8	25				
Grueber	17	8	64	Guestbeen	130	4	13	Haack	689	4	91
Grueber	539	4	65	Guet	17	8	25	Haack	706	5	27
Grueber	562	6	3	Güth	36	11	68	Haak s. Hanck	142	1	66
Grueber	283	8	64	Güthlein	758	12	94	Haag	843	6	4
Grueber	254	6	73	Guetkorn	174	6	83	Haag	906	2	45
Grueber	995	8	64	Guetl	65	4	13	Haag	906	2	27
Grueber	410	6	73	Guetl	330	4	13	Haagg	139	6	4
Gruen	49	1	47	Guetl	65	4	13	Haak s. Haack	706	7	22
Grüen	43	4	12	Gütler	842	1	87	Haan	397	4	13
Grün	678	6	73	Guetmann	7	6	83	Haan	398	4	91
Grün	476	8	5	Guetprot	346	11	79	Haan	398	9	47
Grünauer	344	4	12	Gütschow	918	4	65	Haan	397	5	88
Grünberg	912	10	5	Gütschow	1047	9	47	Haan (Hahne)	397	10	86
Grünenwaldt	261	2	5	Guett	607	6	4	Haanwinkel	123	5	88
Grüner	44	1	86	Guett	971	6	4	Haanwinkel	401	5	88
Grüner	44	4	13	Gütt	869	13	7	Haar	43	7	67
Gruener	44	6	82	Guettinger	815	8	84	Haarhaus	680	11	24
Grünewald	770	4	13	Guettratt	73	4	13	Haas	862	1	66
Grünewaldt	470	3	86	Guetwill	224	6	83	Haas	902	1	66
Grünhofer	410	7	6	Gugelweith	895	4	13	Haas	139	6	83
Grüninger	361	6	73	Gugelweith	162	6	83	Haas	341	9	4
Grünler	958	10	5	Gugenheim	968	12	83	Haas	340	7	85
Grünradt	1080	6	48	Guggemoss	1012	4	13	Haas	139	2	5
Grünwald	352	5	45	Guggenbühl	376	14	27	Haas	341	2	27
Grünwald	653	9	46	Gugger	370	2	86	Haas	1059	11	79
Grünwald	480	11	24	Gugger	371	3	86	Haas	341	11	79
Grünwald	593	1	27	Gugler	234	9	47	Haas	342	2	66
Grünwald	490	1	86	Gugolz	895	7	85	Haase	1070	1	87
Grünwald	519	1	86	Gugolz	895	10	6	Haase	862	6	4
Grünwalder	866	6	73	Guhl	249	5	65	Haase	342	7	21
Grüter	407	2	26	Guhl	251	7	85	Haaß	341	1	87
Grüter	515	7	66	Guhren, v.	361	4	13	Habbich	364	4	91
Grüter	559	10	5	Guilbert	368	2	45	Habelkofer	282	4	14
Grüthling	899	8	25	Guizetti	977	5	87	Haberer	301	7	86
Grüttner	1019	14	11	Gulden	725	3	27	Haberes	294	6	48
Gruevel	191	6	3	Gulden	71	4	13	Haberkorn	769	10	6
Grulich	820	12	94	Gulden	928	8	65	Haberkorn	602	12	24
Grulich	820	13	19	Gull	399	8	25	Haberl	936	6	83
Grumprunner	257	1	47	Gullmann	156	1	5	Habermann	833	6	83
Grunau	836	7	66	Gullmann	156	9	46	Habersot	665	7	67
Grunau	199	8	5	Gumbrecht	189	4	13	Haberstroh	164	9	67
Grundgreifer	72	6	3	Guminski	669	10	27	Habich	375	2	66
Grundlacher	81	4	13	Gumpell	363	6	83	Habich	375	5	27
Grunelius	488	2	26	Gumpeltsheimer	457	6	3	Habich	988	7	67
Grunelius	490	10	6	Gumpert	468	13	19	Habich	907	11	6
Gruner	44	7	6	Gumpolt	420	13	34	Habicht	362	10	27
Gruner	505	8	25	Gumpolzhaimer	797	8	84	Hablitz	327	2	66
Gruner	387	10	26	Gumpost	9	3	86	Hablizel	322	9	25
Gruner	977	14	2	Gumprecht	29	2	45	Habroder	209	6	83
Gruner	576	4	65	Gundel	711	3	68	Haccius	820	6	4
Gruner-Backhaus	986	4	65	Gunderraun	610	6	83	Hach	336	2	66
Grunewald	450	12	24	Gundersheimer	28	3	6	Hach	8	12	66
Grunewald	261	3	27	Gundlach	138	1	87	Hachenreiner	530	4	14
Grunner	44	2	5	Gundlach	551	4	13	Hachtmann	190	3	6
Gruntmann	506	5	27	Gundlach	903	5	45	Hack	785	1	66
Grunwaldt	916	10	46	Gundlach Rothenburg	7	3	68	Hack	257	4	91
Grunwaldt	916	11	24	Gundlach	551	3	68	Hackel s. Haekel	696	1	47
Gruober	429	9	3	Gundlacher	747	7	6	Hacken	790	9	48
Gruppenbach	423	6	3	Gundling	7	3	86	Hacker	707	5	88
Grusell	409	6	83	Gundtndorffer	1069	6	83	Hackher	9	4	14
Gruson	397	6	22	Gunetzhrainer	78	8	65	Hackhl	140	6	4
Grussendorf	614	11	68	Gunstätter	902	6	83	Hackhenmüller	570	6	83
Gruter	559	4	13	Guntlichs	746	9	67	Hackmann	1040	3	6
Gruter	1042	2	26	Guntz	303	10	46	Hackmann	711	6	48
Grutter	414	6	82	Gunzenhauser	625	14	11	Hacks	689	4	65
Gruwel	988	5	45	Gunzler	204	9	25	Hackstein	566	4	91
Grymeysse	397	4	65	Gurlitt	876	10	27	Haddenbrock	441	5	27
Grynaeus	639	7	85	Gurr	771	3	48	Hadeler	937	5	27
Gschbander	385	4	13	Gusmer	315	13	7	Hademer	852	6	84
Gschlendt	452	6	82	Gussmann	134	5	46	Haderschlieff	405	9	67
Gschlössl	616	1	86	Gussmann	692	13	38	Hadewerk	656	3	27
Gschray	883	6	82	Gussmann	379	5	46	Häbelkofer	282	9	47
Gsel	558	5	45	Gutbier	158	12	64	Häbelkofer	36	1	27
Gsell	134	6	82	Gutbier	158	13	7	Häberle	599	12	24

Name	WBL	Abtlg.	Tf.	Name	WBL	Abtlg.	Tf.	Name	WBL	Abtlg.	Tf.
Häberle	599	12	52	Hager	146	7	6	Hamann	348	9	26
Häberle	603	13	54	Hager	663	11	39	Hamberger	191	14	19
Häberlein	606	9	47	Hager	849	7	42	Hamberger	399	6	48
Häberlein	1071	4	65	Hager	662	11	39	Hamberger	456	6	85
Häberl(e)in	1071	4	65	Hager	623	7	67	Hambloch	198	12	52
Häberlein	634	10	66	Hager	663	11	39	Hambloch	364	12	52
Häckhl	834	6	83	Hager	661	11	39	Hambloch	427	4	92
Haeckl	1049	1	66	Hager	241	6	84	Hambloch	436	4	92
Haecks	552	3	86	Hager	448	6	84	Hamborch	316	4	66
Haedrich	322	11	39	Hagert	830	13	20	Hambruech	941	5	28
Häfeli	759	7	86	Hagert	976	13	20	Hamelmann	316	5	88
Häfeli	754	10	66	Hagg	789	8	84	Hamerer	67	6	85
Häfelin	754	3	48	Hagk	681	11	79	Hamerl	957	6	85
Haefelin	569	12	2	Hagmüller	928	6	84	Hamershamer	591	4	14
Häffeli	568	4	14	Hagnauer	441	4	14	Hamm	506	4	92
Häfliger	754	11	24	Hagnauer	825	10	27	Hamm	161	5	46
Haehnel	418	1	27	Hahn	397	3	6	Hammacher	476	11	25
Hähnlein	891	8	5	Hahn	399	5	88	Hammelmann	319	3	27
Haekel s. Hackel	646	1	47	Hahn	398	11	24	Hammels	177	11	25
Haken	707	11	25	Hahn	891	12	84	Hammen	348	6	85
Hämer	650	7	67	Hahn	904	13	20	Hammer	650	1	47
Hämerlein	67	3	86	Hahn	397	3	86	Hammer	207	2	66
Hämischl	1031	9	26	Hahn	399	2	27	Hammer	177	2	27
Hämmelmann	319	3	27	Hahn	398	2	66	Hammer	651	5	88
Händel	938	3	27	Hahn	401	3	86	Hammer	177	6	48
Händel	938	4	66	Hahne	397	10	86	Hammer	226	6	85
Haendel	938	5	65	Haible	375	6	4	Hammer	34	10	27
Händel	659	14	45	Haid	147	3	86	Hammerbacher	651	1	27
Händler	293	1	27	Haid	788	1	87	Hammerbacher	651	2	86
Händler	293	3	27	Haid	834	6	84	Hammerbeck	649	7	6
Händler	539	9	48	Haid	1003	6	84	Hammerer	31	8	6
Hänel	399	2	45	Haidegger	1072	8	65	Hammerer	651	9	47
Hänel	399	3	27	Haidenreich	734	11	80	Hammerle	651	10	27
Haenel	400	8	65	Haidenreich	735	11	80	Hammerlin	152	1	5
Hänel	939	14	11	Haider	1049	1	66	Hammerschmidt	142	6	4
Hänisch	605	7	80	Haider	864	6	74	Hammerschmidt	922	7	42
Hänlein	400	6	86	Haider	1049	8	65	Hammerstein	650	12	84
Hänlein	1063	6	86	Haidinger	447	8	66	Hammerthaler	579	1	47
Hänni	56	7	67	Haidt	561	1	87	Hammes	744	10	66
Hännsch	1031	1	66	Hail	451	1	66	Hammesfahr	379	13	20
Hänselmeier	102	3	48	Haim	406	7	6	Han	399	5	88
Hänsgen	1040	13	54	Haim	52	8	5	Han	400	6	85
Hänsler	744	7	67	Haimb	1049	9	25	Han	405	6	85
Hänsler	797	9	3	Hain	298	1	66	Han	873	6	85
Haerbach	265	6	4	Hain	207	2	86	Han	1033	6	85
Härbinger	261	6	86	Hain	398	10	86	Han	401	6	86
Häring	1065	1	5	Haine	565	8	26	Hanakamm	130	1	66
Häring	945	6	86	Hainickhe	400	6	84	Hanck s. Haack	142	1	66
Häring	429	11	80	Hainler	280	8	26	Hancke	840	9	3
Haertel	580	12	25	Hainoldt	459	1	27	Hancker	635	4	14
Härtl s. Hartl	850	2	66	Hainrich	105	6	84	Handloss	186	3	86
Haes	747	4	91	Hainrich	966	6	84	Handrack	173	7	6
Haes, del	1052	9	43	Hainricher	1028	8	65	Handrich	683	7	67
Häsle	341	4	15	Hainspeckh	10	2	27	Handrock	22	9	85
Hässi	558	3	86	Haintz	143	2	27	Handschuch	994	1	47
Häßl	983	2	5	Hainz	336	6	84	Handschucher	994	6	5
Häuptlein	95	1	27	Hainz	79	6	85	Handtmann	545	3	6
Häussler	619	3	7	Hainz	78	6	85	Handtmann	118	3	48
Hävesche	484	5	66	Hainzelmann	920	6	85	Hane, de	400	4	14
Hafenbauer	913	6	84	Hainzmann	855	6	85	Haneberger	399	4	14
Hafenberger	551	6	4	Haisch	1017	13	54	Haneberger	399	9	48
Hafendorffer	391	6	84	Haisermann	96	1	27	Hanewald	485	12	84
Hafenreff	1006	13	38	Haitzinger	970	4	66	Hanewinkel	398	5	88
Haff	228	1	27	Hajen	685	12	64	Haniel	400	9	26
Haffner	452	2	66	Hake	545	9	47	Hanitzsch	398	11	80
Haffner	228	6	4	Hake	689	9	47	Hanke	905	14	19
Haffner	789	8	84	Haken	1080	11	25	Hankrat	399	9	26
Hafner	758	1	5	Haken	707	11	25	Hanmann	879	4	14
Hafner	914	4	65	Halb s. Kalb	850	2	29	Hanmayr	134	2	66
Hafner	788	7	86	Halbernaren	355	4	91	Hann	99	6	86
Hafner	452	6	84	Halbert	48	7	6	Hannoldt	865	4	66
Hafner	461	6	84	Halbeysen	652	4	14	Hannoldt	865	8	65
Hafner	1031	6	84	Halbisen	652	10	19	Hanne	628	10	27
Hag	875	6	84	Halbleib	857	12	24	Hanneken	43	5	46
Hag	813	8	84	Halbritter	677	6	85	Hannes	73	7	86
Hagdorn	199	4	91	Halbrugker	44	6	85	Hannoldt	400	9	16
Hagedorn	34	2	86	Halcour	1017	12	84	Hannolt s. Haunolt	865	8	65
Hagedorn	588	3	6	Halden, an der	54	3	86	Hannolt s. Haunolt	273	8	65
Hagedorn	840	8	5	Halden, in der	567	3	86	Hannolt s. Haunolt	865	8	65
Hagedorn	1039	8	5	Haldenberger	240	4	14	Hannolt s. Haunolt	1066	8	66
Hagemann	621	10	6	Haldenstein	332	7	67	Hannoteau	951	9	67
Hagemann	482	10	27	Haldolf	685	2	5	Hanntlosz	179	4	14
Hagemann	164	12	64	Haleholtscho	284	4	14	Hans-Buol	813	8	62
Hagemeyer	114	4	66	Halffer	354	4	91	Hansemann	848	2	45
Hagemeyer	97	5	28	Halfius	711	4	91	Hansemann	848	3	27
Hagen s. Hager	71	2	27	Halfpaap	629	13	45	Hansen	636	4	92
Hagen	764	3	48	Haliz	452	6	85	Hansen	392	5	65
Hagen	472	1	27	Halle	548	6	48	Hansen	721	6	73
Hagen	498	4	14	Halle, von	416	9	67	Hansen	721	7	21
Hagen	702	4	66	Halle, von	417	9	67	Hansen	661	12	84
Hagen	440	4	91	Halle	890	13	7	Hansen s. Hausen	909	5	46
Hagen	174	6	84	Haller	1012	3	27	Hansen s. Hausen	918	5	46
Hagen	875	8	65	Haller	230	6	85	Hanses	595	3	6
Hagen	358	9	67	Haller	969	8	26	Hanses	595	5	28
Hagen	7	11	6	Haller	168	4	14	Hanss	811	7	86
Hagen	1027	13	38	Haller	500	4	14	Hanstein	49	5	65
Hagen, von	185	3	86	Haller	298	6	85	Hantelmann	246	8	66
Hagen, von	205	6	84	Haller	1035	4	14	Hantschuecher	994	4	14
Hagenauer	333	7	6	Haller	999	6	85	Happ	278	1	47
Hagenauer	1002	8	65	Haller	404	2	5	Happach	796	6	4
Hagenbecke	567	3	86	Haller	924	2	86	Happe	251	9	85
Hagenbuch	350	5	46	Haltenhoff	110	11	68	Happe	250	11	80
Hagenbuch	219	6	84	Haltermann	814	4	92	Happel	173	11	80
Hagendorn	482	7	86	Halven, van	805	7	86	Happel	313	11	80
Hagendorn	333	1	27	Halveren	158	4	92	Happertz	841	4	92
Hagenlocher	155	6	4	Halveren	355	6	85	Harbart	302	3	28
Hagenmeyer	1038	5	27	Hama	348	4	14	Hardegen	779	9	68
Hagenwyler	156	6	84	Hamächer	558	4	92	Hardegsen	798	9	68
Hager	416	1	66	Haman	348	1	27	Harder	468	3	86
Hager s. Hagen	71	2	27	Hamann	412	2	45	Harder	343	4	14

Name	WBL	Bgl. Abtlg.	Siebm. Tf.	Name	WBL	Bgl. Abtlg.	Siebm. Tf.	Name	WBL	Bgl. Abtlg.	Siebm. Tf.
Harder	603	9	48	Hartung	989	6	48	Haupt	165	9	48
Harder	219	10	46	Hartweck	237	10	67	Hauptlaub	445	6	5
Harder	420	10	27	Hartwig	197	8	85	Hauptmann	743	4	92
Harder	52	10	27	Hartz	295	5	66	Hauptmann	148	6	87
Hardessheim	910	1	27	Hartzer	207	9	26	Hauptmann	1005	10	67
Hardewig	986	6	4	Hartzheim	29	4	92	Hausburg	1058	8	6
Hardmeier	644	7	86	Hartzing	982	5	66	Hausen	725	4	15
Hardt	200	12	64	Hartzwich	932	3	7	Hausen	1030	8	67
Hardt, von der	930	8	84	Haruda s. Horuda	748	2	28	Hausen	909	5	46
Hardtwigk	452	1	27	Has	342	4	15	Hausen	695	7	68
Haren	14	3	6	Has	320	11	25	Hausen	918	5	46
Harenquier	1064	6	86	Has	341	6	86	Hauser	619	1	87
Hargen, von	467	5	65	Has	861	6	86	Hauser	265	3	7
Harget	965	6	86	Hasche	353	5	28	Hauser	970	4	15
Haring	996	6	48	Hase	340	1	87	Hauser	620	6	87
Haring	398	14	27	Haselau	1022	6	86	Hauser	1033	3	87
Harkort	76	2	5	Haselberger	588	6	86	Hausheer	238	7	86
Harkort	83	2	27	Haselpeckh	342	4	15	Hausheer	238	7	86
Harkstroh	644	3	7	Haselpeckh	342	6	87	Haushofer	621	14	34
Harlaken	408	5	28	Hasenbalg	593	7	6	Hausin	255	5	88
Harlandter	232	8	66	Hasenbalg	23	13	20	Hauslaib	717	9	48
Harlesen, von	747	6	4	Hasenberg	341	2	27	Hausleuthner	1001	6	87
Harloff	907	12	84	Hasenclever	209	5	28	Hausmaner	3	8	6
Harmader	238	4	66	Hasenclever	343	8	26	Hausmann	619	4	15
Harmens	116	5	65	Hasenhart	341	4	66	Hausmann	543	5	88
Harmes	314	5	66	Hasenjäger	342	8	66	Hausmann	543	9	86
Harms	525	4	14	Hasenkrogh	342	4	66	Haussdorfer	1016	6	87
Harms	525	8	97	Hasenmüller	693	4	66	Haußer	960	2	67
Harms	525	11	25	Hasentin	123	9	86	Haussieren	70	4	92
Harms	1078	11	39	Hasenwinkel	341	4	15	Haussleib	717	2	5
Harms zum Spreckel	669	10	46	Hasert	342	3	7	Haussmann	897	13	54
Harms zum Spreckel	29	11	25	Hasl	1060	3	48	Haussner	423	8	66
Harms zum Spreckel	1078	11	39	Haslach	340	9	26	Haut	347	3	87
Harmsen	406	5	66	Hass	862	2	5	Hauth	779	7	86
Harmsen	943	11	25	Hass	340	6	87	Hautsch	275	2	27
Harneckh	168	2	5	Hass	342	6	87	Haux	787	14	3
Harnisch	768	8	26	Hass	342	6	87	Haveland	638	11	7
Harnister	713	5	46	Hass	342	6	87	Haveland	638	6	87
Harnister	721	5	46	Hass	999	6	87	Havelland	160	5	46
Harp	943	9	68	Hasse	946	4	66	Havemann	198	3	68
Harpertz	566	4	92	Hasse	6	7	67	Havemann	49	4	15
Harpprecht	81	2	27	Hasse	899	9	48	Havemann	95	5	46
Harrer	847	9	85	Hasse	648	9	68	Havemeister	246	5	28
Harrer	204	1	66	Hasse	584	9	86	Haver	34	12	25
Harrer	591	1	66	Hasse	340	4	15	Haverlandt	178	5	46
Harrer	89	1	66	Hasse	183	8	26	Havers	599	10	86
Hars	539	10	66	Hasse	946	4	15	Haverung	591	11	7
Hars	934	10	67	Hasse	33	8	66	Havol	399	6	87
Harsch	944	8	66	Hasse	937	8	85	Hawinstein	1007	6	87
Harscher	298	1	5	Hasse s. Steneberg	899	9	79	Hawlitschke	653	10	86
Harscher	454	6	48	Hassel	376	1	5	Hawyser	671	4	92
Harsleben	449	6	86	Hassel	813	2	5	Hayd	156	2	86
Hart, von der	919	4	15	Hassel	542	4	92	Hayden	109	6	87
Harteger	34	3	7	Hasselbeck	8	2	5	Haydenhofer	922	6	87
Hartenstein	1003	11	68	Hasseldt	658	4	92	Hayder	261	6	87
Harthung	748	8	66	Hasselt	778	8	66	Haydrich	578	4	92
Hartiges	295	3	7	Hassenpflug	1048	5	88	Haydt	1049	8	66
Harting	670	8	26	Hassenstein	1051	13	20	Hayer	254	6	87
Hartken	921	3	28	Hasserodt	465	11	80	Hayessen	175	10	6
Hartken	544	4	15	Hassfurter	340	4	15	Hayl	248	6	48
Hartl s. Härtl	850	2	66	Haßkerll	79	1	87	Haylandt	993	4	15
Hartlaub	508	2	86	Hassl	341	6	87	Haylandt	386	6	23
Hartleitner	1030	6	86	Hasslach	232	6	87	Haym	128	5	88
Hartlieb	282	4	15	Hassler	488	2	5	Haymhofer	892	6	88
Hartlieb	386	6	86	Hatoff s. Hotoff	129	5	28	Hayn	553	6	5
Hartmann	155	1	66	Hatteisen	397	11	68	Hayn	940	6	5
Hartmann	839	3	28	Hattingen, v.	246	4	92	Hayn	709	2	47
Hartmann	415	3	48	Hattorff	190	10	46	Hayn	400	13	38
Hartmann	994	3	68	Hattorffs	190	6	23	Hayne	1030	6	88
Hartmann	748	4	15	Hatzfeld	986	2	27	Hayner	470	5	88
Hartmann	175	4	92	Hatzold	1002	1	87	Haynoldt	242	6	5
Hartmann	129	5	28	Hatzold	1002	1	28	Hazi	755	1	47
Hartmann	118	7	67	Hatzolt	1003	7	6	Hazoldt	1002	1	28
Hartmann	892	9	68	Hauben	769	2	27	Hebenstreit	130	1	67
Hartmann	62	9	68	Haubensack	901	6	5	Hebenstreit	154	1	47
Hartmann	835	10	6	Haubentaller	771	7	6	Hebenstreit	691	2	86
Hartmann	759	10	46	Haubt	162	5	28	Hebenstreit	696	2	67
Hartmann	117	10	86	Haubtmeyer	997	6	87	Hebenstreit	921	2	86
Hartmann	108	11	7	Haubtvogel	880	3	28	Heber	967	6	88
Hartmann	92	11	25	Haubtvogel	880	6	87	Heberer	386	3	28
Hartmann	177	11	80	Hauck	861	7	67	Heberer	383	6	88
Hartmann	1057	12	3	Hauckh	226	6	5	Heberer	387	8	6
Hartmann	177	14	3	Haue	184	8	6	Heberl	447	2	45
Hartmann	456	1	66	Hauenschild	9	3	28	Heberlein	634	6	27
Hartmann	190	2	66	Hauer	551	1	47	Heberlein	447	3	28
Hartmann	92	2	27	Hauer	151	4	66	Heberling	956	1	28
Hartmann	994	2	86	Hauf	153	1	87	Heberrer	387	8	66
Hartmann	528	3	68	Haug	343	3	87	Heberrer	387	8	26
Hartmann	981	6	5	Haug	1026	6	5	Hebich	372	3	87
Hartmann	415	8	47	Haug	238	6	5	Hechenperger	927	8	66
Hartmann	536	6	48	Haug	58	10	66	Hechler	65	12	65
Hartmann	789	8	85	Haug	26	1	66	Hecht	1034	1	28
Hartmann	237	8	86	Haug	132	1	66	Hecht	422	4	15
Hartmann	856	6	86	Haug	44	2	5	Hecht	427	4	66
Hartmann	994	1	66	Haug	182	2	5	Hecht	749	5	88
Hartmann	867	6	86	Haugk	1	3	48	Hecht	422	5	88
Hartmann	885	6	86	Hauinschild	922	9	48	Hecht	431	5	88
Hartmann	867	3	48	Haun	733	7	6	Hecht	422	6	88
Hartmann	378	11	25	Haun	733	13	28	Hecht	428	8	26
Hartmann	496	9	68	Haunolt	461	1	28	Hecht	568	5	88
Hartmann	823	2	27	Haunolt s. Hannolt	865	8	65	Hecht	556	10	6
Hartmuet	853	6	86	Haunolt s. Hannolt	273	8	65	Hecht	423	13	46
Hartner	55	14	3	Haunolt s. Hannolt	865	8	65	Hecht	134	5	46
Hartprunner	238	5	66	Haunolt s. Hannolt	1066	8	66	Hecht	134	6	88
Hartter	378	4	15	Haunolt	340	10	46	Hecht	567	5	46
Hartleben	926	6	23	Haunreuter	129	9	17	Hecht	421	11	80
Harttober	91	4	15	Haunreuter	128	9	17	Hecht	675	11	80
Harttung	65	6	5	Haunschild	184	8	5	Heck	1077	5	88
Harttung	110	6	5	Haupt	162	5	28	Heck, von	1073	4	92
Hartung	358	4	15	Haupt	159	7	7	Heckl	67	4	16

Register

Name	WBL	Bgl. Siebm. Abtlg.	Tf.	Name	WBL	Bgl. Siebm. Abtlg.	Tf.	Name	WBL	Bgl. Siebm. Abtlg.	Tf.
Heckel	725	4	66	Heinicke	41	1	28	Hellwinkel	621	14	34
Heckel	67	3	7	Heiniger	292	6	6	Helm	232	6	89
Heckel	376	9	48	Heinke	1072	13	20	Helm	227	7	42
Hecken, zur	718	4	92	Heinlein	398	1	87	Helm	642	7	67
Heckenstaller	1016	4	66	Heinlein	410	2	67	Helm	163	8	6
Heckert	562	8	26	Heinrich	445	6	88	Helmaier	114	2	86
Heckher	690	13	34	Heinrich	183	8	6	Helman	246	4	93
Heckmann	44	8	66	Heinrich	76	10	27	Helmann	246	7	7
Heckner	870	14	34	Heinrich	812	12	94	Helmbrecht	769	9	68
Hecksch	648	7	86	Heinricher	321	2	5	Helmbrecht	785	9	68
Heczel	848	6	88	Heinricher	759	9	68	Helmer	769	6	49
Heczer	925	6	88	Heinrichs	302	3	68	Helmer	227	6	89
Hedenus	255	8	26	Heinrichsen	432	2	67	Helmers	943	5	28
Hedenus	327	8	26	Heins	600	5	28	Helmholtz	769	4	66
Hedinger	705	7	67	Heinserlin	712	7	86	Helmkampff	184	11	81
Hedl	845	6	88	Heinsius	59	6	48	Helmlin	769	7	68
Heel	82	6	88	Heinszen	29	10	67	Helmreich	295	2	28
Heel	68	10	46	Heintz	424	4	16	Helmreich	163	4	67
Heerbrandt	141	6	23	Heintz	722	4	93	Helmreich	680	10	47
Heerde, von	130	11	68	Heintz	383	6	88	Helms	227	4	67
Heerdegen	154	1	28	Heintze	394	1	87	Helms, von	227	10	28
Heerdel	363	6	88	Heintze	388	9	86	Helmsauer	929	2	45
Heeren	130	10	67	Heintzenberger	824	6	6	Helmsauer	274	6	89
Heermann	119	3	28	Heintzmann	846	13	46	Helmschmid	400	6	74
Heermann	154	10	27	Heinz	713	8	97	Helmuth	844	10	86
Heermann	92	6	23	Heinz	810	12	71	Helt	118	10	67
Heermann	92	10	6	Heinze	954	15	2	Helt	804	10	67
Heerman	120	6	88	Heinzelmann	134	11	81	Helt	814	10	67
Heesackeren, von den	850	4	93	Heinzerling	1046	14	19	Helvesius	576	8	66
Heese-Golm	683	15	2	Heiring	496	11	69	Helwig	320	6	49
Hefele	930	6	88	Heise	198	4	16	Helwig	389	10	47
Heffner	4	2	86	Heise	12	6	48	Helwig	1030	10	47
Heffner	122	2	45	Heise	815	9	68	Hembeck	476	14	11
Heffner	758	2	67	Heise	823	10	7	Hemerl	67	11	69
Heffter	1056	11	81	Heiserer	1021	2	86	Hemerli	970	4	16
Hefinger	4	2	5	Heiss	638	3	7	Hemman	699	10	18
Hefinger	5	2	67	Heiß, Heyss	434	5	66	Hemmann	699	5	46
Hefner	4	9	26	Heiss, Heyss	270	5	66	Hemme	727	4	67
Hegel	840	6	48	Heiss	89	9	48	Hemmelmann	984	5	46
Hegel s. Hezel	859	1	28	Heister	1044	1	6	Hemmerlein	143	9	68
Hegemann	803	9	48	Heister	620	2	45	Hemmi	51	8	6
Heger	965	6	88	Heisterman	175	7	86	Hemmi	52	8	6
Heger	805	9	48	Heistermann	176	4	93	Hemminger	586	6	5
Heger	365	9	48	Heistermann	186	9	68	Hempel	942	6	89
Heger	365	9	48	Heisters s. Voelberg	311	7	99	Hempel	174	11	81
Hegi	572	10	86	Heiter	1008	14	19	Hempel	959	13	54
Hegi	583	10	86	Heitmann	186	5	66	Hempell	787	11	81
Heginer	643	7	67	Heittler	236	6	6	Henckhl	997	6	89
Hegner	692	4	66	Heitz	672	7	86	Hendel	401	2	86
Hehel	67	1	87	Heitzig	358	14	27	Hendrichs	855	14	19
Heher	407	1	5	Heitzig	666	14	27	Henenforer	797	9	68
Hehla	723	2	27	Heiz	424	7	86	Hener	831	2	28
Hehn	906	14	3	Helbich	2	3	48	Hener	402	6	89
Heiber	868	1	47	Helbig	404	3	28	Henfler	978	2	6
Heiberg	629	12	94	Helbig	1076	13	38	Henin	400	4	67
Heibler	382	4	16	Helbig	404	1	67	Henke	587	6	89
Heick	985	7	42	Helbling	48	7	67	Henkel	635	5	66
Heidacher	1003	1	47	Helchner	245	2	6	Henkel	809	8	68
Heidborn	627	5	66	Held	515	5	28	Henkel	802	9	68
Heidegger	710	4	16	Held	515	3	7	Henkel	806	9	68
Heidelbach	913	11	81	Held	691	10	28	Henkel	604	12	65
Heidelberger	578	9	48	Held	174	10	47	Henkelmann	994	13	28
Heideloff	230	4	66	Held (Hellt)	741	11	69	Henken	983	4	67
Heidenreich	979	3	28	Held	95	1	67	Henle	94	9	86
Heidenreich	1000	8	67	Held	201	1	67	Henlin	400	6	89
Heidenreich	808	10	67	Held	183	6	48	Henn	878	4	93
Heidenreich	835	2	86	Held	118	6	88	Henndel	939	2	28
Heiderich	795	9	85	Heldberg	120	5	88	Henne	926	6	89
Heidfelt	805	11	68	Heldenberg	157	2	27	Henne	691	10	28
Heidichen	61	1	5	Helder	290	6	5	Henneberg	402	12	65
Heidkamp	621	14	34	Helding	816	3	48	Hennemann	407	8	67
Heidler	844	11	81	Heldt	813	7	7	Hennenberg	402	11	69
Heidler	218	14	3	Helffenstein	339	3	48	Hennenberger	401	6	5
Heidrich	500	6	5	Helffenstein	567	5	66	Henner	172	9	48
Heidsieck	471	11	26	Helfreich	150	2	45	Henner	398	9	48
Heidt	162	6	5	Helfrich	339	1	6	Hennies	402	12	94
Heigel	647	2	27	Helgers	330	3	48	Hennig	944	13	38
Heigel	1055	1	67	Helgers	20	14	19	Hennig	401	12	85
Heigel	706	1	48	Helis, de	456	6	89	Hennike	489	1	87
Heigl	624	1	28	Hell	36	1	6	Henning	855	1	6
Heigl	336	2	67	Hell	783	3	49	Henning	389	3	28
Heiglin	138	1	87	Hell	81	6	89	Henning	854	4	16
Heiland	492	3	87	Hell	852	6	89	Henning	369	8	6
Heiland	492	9	48	Hell	69	6	89	Henning	486	14	34
Heilbronner	424	1	5	Helle	812	2	47	Henning	528	3	68
Heilbrunner	627	2	6	Helle	820	13	46	Henniges	806	10	47
Heilbrunner	628	3	28	Helle, von der	26	6	89	Hennings	1042	6	49
Heilger	257	1	47	Heller	369	3	68	Henrici	19	3	28
Heiligenthal	88	5	88	Heller	718	9	4	Henrici	172	3	28
Heilmann	146	6	5	Heller	557	4	16	Hensel	983	4	16
Heilwagen	291	4	66	Heller	718	9	4	Hensel	961	8	26
Heim	677	4	66	Heller	1034	6	6	Hensel	983	12	94
Heim	1064	7	86	Heller	212	6	6	Hensel	905	13	39
Heimbach, von	775	4	93	Heller	438	9	4	Henseler	552	4	93
Heimlich	959	15	2	Heller	66	12	3	Hensle	86	13	7
Heimpel	545	2	27	Helling	718	4	93	Hensler	984	6	49
Hein	299	6	88	Helling	656	10	86	Henssler	924	6	5
Hein	209	7	7	Helling	815	8	6	Hentsch	373	11	81
Heinckein	515	10	67	Helling	77	11	26	Hentschel	756	2	86
Heinckhell	248	6	6	Hellmuth	69	2	67	Hentschel	188	3	28
Heindl	405	6	88	Hellmuth	827	5	46	Hentz	557	6	89
Heine	1034	6	48	Hellmuth	131	6	6	Hentzschel	38	6	89
Heine	421	6	6	Helltaler	711	4	16	Hentzschel	979	6	89
Heine	747	14	19	Hellwag	785	10	67	Henz	557	1	87
Heine	479	9	86	Hellwanger	481	1	67	Hepke	857	6	49
Heine	479	10	41	Hellweg	75	8	97	Hepner	921	8	6
Heine	1062	9	86	Hellwerth	431	7	67	Hepp	677	14	11
Heinemann	685	13	46	Hellwig	124	1	87	Hepp	677	14	27
Heiner	895	6	6	Hellwig	387	2	28	Hepp	909	14	27
Heinichen	673	10	6	Hellwig	388	8	47	Hepp	676	14	35

Name	WBL	Bgl. Siebm. Abtlg. Tf.		Name	WBL	Bgl. Siebm. Abtlg. Tf.		Name	WBL	Bgl. Siebm. Abtlg. Tf.	
Hepp	155	14	42	Herrmann	748	8	47	Heudörffer	549	1	28
Hepperger	243	4	16	Herrmann	721	11	26	Heuer	638	5	66
Heppelius	74	13	39	Herrmann	117	12	94	Heuffler	608	7	7
Heppermann	201	8	97	Herrmuth	129	13	28	Heugell	529	6	6
Heppner	185	6	89	Herrnbauer	494	1	48	Heune	119	3	7
Heptner	259	6	89	Herrnbeck	799	7	7	Heunisch	593	3	29
Herbart	771	4	16	Herrnschmid	142	3	28	Heuptlein	101	2	6
Herber	678	5	89	Herrschel	1062	2	67	Heuschkel	32	4	67
Herber	714	5	89	Hersint s. Hertint	317	6	90	Heuschkel	992	6	6
Herbertz	239	4	93	Hertel	244	1	87	Heuser	76	5	28
Herbling	598	8	6	Hertel	131	3	28	Heusgen	614	4	93
Herbrot	210	6	73	Hertel	86	5	66	Heusinger	465	8	7
Herbst	212	4	16	Hertel	244	9	4	Heuss	839	1	28
Herbst	840	5	47	Hertel	692	6	90	Heuss	779	7	7
Herbst	840	4	67	Hertel	1023	6	90	Heussel	818	6	91
Herbst	951	5	47	Hertell	222	4	67	Heussler	260	6	91
Herbst	212	6	90	Herten, von	583	4	93	Heustein	867	2	28
Herbst	756	2	28	Herten, von	582	13	20	Hevelke	393	10	28
Herbst	756	2	86	Herter	64	7	68	Heverling	643	9	69
Herbst	224	4	16	Hertig	1036	10	47	Hewring	428	9	26
Herbst	257	4	16	Hertint s. Hersint	317	6	90	Hey	632	5	66
Herbsteiner	238	2	67	Hertl	329	6	90	Heyd	819	14	27
Herbster	215	5	47	Hertlin	695	6	90	Heyd	834	3	29
Hercules	1047	3	7	Herttig	1070	6	90	Heyde	370	8	27
Herckenrath	302	4	93	Hertting	429	8	67	Heydenreich	882	2	45
Herda	900	14	27	Hertz	199	5	66	Heydenreich	140	4	17
Herde	896	8	67	Hertz	199	5	66	Heydenreich	599	12	85
Herde	1058	12	85	Hertzbach	299	4	93	Heyder	449	2	45
Herdegen	668	1	87	Hertzberg	352	8	68	Heyder	752	9	49
Herdegen	151	2	86	Hertzberg	943	8	68	Heyder	518	9	86
Herdegen	183	6	90	Hertzberg	553	12	24	Heydermarck	522	5	66
Herdegen	182	10	28	Hertzberg	352	4	67	Heydorn	911	12	51
Herdel	887	9	68	Hertzberger	923	8	6	Heye	131	3	7
Herden	11	10	47	Hertzel	199	6	74	Heyer	496	1	48
Herder	628	6	90	Hertzig	525	4	93	Heyer	535	7	68
Herder	738	7	86	Hertzog	604	2	28	Heyer	105	8	67
Herdigg	204	6	90	Hertzog	372	6	23	Heyl	898	6	49
Herdtmann	504	13	7	Hertzog	68	10	67	Heyl	541	6	49
Here	412	5	28	Hervorde	935	4	17	Heyles	686	8	97
Herer	267	6	9	Herwagen	47	10	87	Heyles	633	9	26
Hereszeller	159	1	67	Herwagen	47	5	47	Heymann	319	5	46
Hergert	201	8	7	Herwardt	612	8	97	Heymann	952	4	93
Hering	431	5	28	Herz	199	1	48	Heymann	952	9	68
Hering	421	7	86	Herz	200	2	67	Heyn	1036	6	6
Hering	880	6	5	Herz	250	5	66	Heyn	400	6	91
Hering	989	6	90	Herz	355	6	90	Heyne	672	6	49
Hering	1052	4	16	Herz	843	6	90	Heynisch	1008	13	55
Herissem	982	10	47	Herzberg	303	11	25	Heypke	794	6	49
Herissem	982	10	67	Herzberg	304	11	39	Heys	844	6	88
Herkner	1003	14	35	Herzog	196	2	28	Heysinger	398	2	45
Herle	206	1	67	Herzog	709	9	49	Heyss s. Heiß	434	5	66
Herle	1058	4	93	Herzog	227	9	86	Heyss s. Heiss	270	5	66
Herliberger	574	4	16	Herzog	848	1	67	Hezel	316	2	87
Herlin	986	6	6	Herzog	78	1	48	Hezel s. Hegel	859	1	28
Herlitz	197	9	69	Herzog	148	6	49	Hezelsdoerfer	22	1	28
Herman	316	6	90	Herzog	295	6	49	Hickmann	703	9	86
Herman	319	6	74	Herzog	709	6	91	Hidden	497	4	67
Herman	319	6	90	Herzogenrath	576	2	6	Hieber	180	1	6
Herman	875	6	90	Hesch	546	1	67	Hieber	1038	2	87
Hermann	193	7	68	Hesel	67	1	48	Hieber	56	4	17
Hermann	82	4	16	Heseler	341	7	87	Hieber	842	10	7
Hermann	225	1	6	Heseler	341	4	93	Hienlein	401	1	48
Hermann	266	6	9	Hesenthaler	448	3	29	Hienlein	400	12	3
Hermann	225	3	28	Hess	146	5	47	Hienlin	401	3	7
Hermann	849	14	3	Hess	219	9	4	Hienlin	400	6	91
Hermann	232	3	28	Hess	687	6	91	Hienlin	402	6	91
Hermann	118	6	90	Hess	551	4	17	Hiepe	593	2	28
Hermann	179	6	90	Hess	214	7	7	Hieronymus	369	5	67
Hermann	317	6	90	Hess	800	8	85	Hiersching	978	1	48
Hermann	119	3	87	Hess	508	6	91	Hiersching	299	6	91
Hermanni	93	11	69	Hess	146	7	7	Hiersching	860	6	91
Hermanni	325	11	81	Hess	1080	7	7	Hiersching	715	6	91
Hermanns	514	3	7	Hess	173	8	27	Hierschman	352	6	91
Hermans	123	5	66	Hess	940	6	91	Hilbrand	831	1	6
Hermanuting	861	4	17	Hess	1003	6	91	Hilbrandt	336	5	67
Hermeking	820	12	85	Hesse	352	3	68	Hilbrandt	393	5	67
Hermsdorf	1010	13	55	Hesse	550	9	86	Hilbrandt	581	5	67
Hermund	507	10	67	Hesse	42	10	7	Hilchen	732	3	7
Hern, von	24	10	6	Hesse	699	10	47	Hildebrand	403	2	45
Herold	872	1	28	Hesse	352	5	47	Hildebrand	220	6	91
Herold	685	2	87	Hesse	948	5	47	Hildebrandt	326	5	47
Herold	273	3	68	Hessel	343	1	88	Hildebrandt	434	5	47
Herold	497	9	49	Hesselbarth	190	8	27	Hildebrandt	894	5	47
Herold	105	10	28	Hesselberg	969	9	49	Hildebrandt	758	9	86
Herold	105	12	94	Hessenberg	853	2	28	Hildenhagen	915	6	49
Herold	105	14	45	Hessenmüller	922	6	49	Hildeprandt	96	6	91
Herold	568	10	87	Hessus	503	5	47	Hildesheim	702	10	86
Herold	710	14	45	Hessus	384	12	85	Hileprant	117	7	7
Herold	957	15	2	Hesterberg	479	3	7	Hilgemann	936	3	7
Heroldt	1001	4	17	Hetling	6	3	87	Hilger	270	6	91
Herpe	792	3	87	Hetsch	925	1	6	Hilger	270	8	27
Herpel	537	11	81	Hettinger	139	4	17	Hilger	1008	12	65
Herpertz	239	4	93	Hettler	331	6	91	Hill	649	7	87
Herpfer	226	1	6	Hettling	6	11	82	Hill	806	8	27
Herpfer	767	3	28	Hettling	354	10	67	Hill	792	9	69
Herpfer	767	10	7	Hettlinger	325	10	7	Hill	176	11	82
Herpffer	767	8	97	Hetzel	316	2	45	Hille	939	3	7
Herport	798	7	86	Hetzel	225	9	86	Hille	706	3	29
Herr	1	5	89	Hetzel	987	6	91	Hillebrand	1000	6	6
Herr	184	7	7	Hetzel	848	6	6	Hillebrandt	108	11	69
Herr	901	7	7	Hetzenpichler	287	6	6	Hillebrant	192	2	45
Herr	835	8	67	Hetzer	130	1	28	Hillebrecht	523	13	46
Herr	648	10	47	Hetzer	285	2	6	Hillen	997	10	68
Herr	24	10	67	Hetzer	299	6	6	Hillensperg	7	8	97
Herre, de	855	6	90	Hetzler	287	2	28	Hiller	1064	3	29
Herrfurth	1013	8	6	Hetzler	894	6	6	Hiller	716	4	17
Herring	3	8	6	Hetzler	969	7	7	Hiller	764	8	27
Herrliberger	575	7	87	Heubült	807	8	67	Hiller	66	6	91
Herrlich	1042	9	49	Heuchelin	5	6	6	Hiller	308	6	92
Herrlin	764	8	7	Heuckenroth	541	5	89	Hiller	535	6	92

Register

Name	WBL	Bgl. Siebm. Abtlg.	Tf.	Name	WBL	Bgl. Siebm. Abtlg.	Tf.	Name	WBL	Bgl. Siebm. Abtlg.	Tf.
Hiller	303	4	67	Hobsinger	594	4	17	Hörner	308	3	49
Hillesem	276	3	29	Hoburg	617	3	29	Hörner	1060	4	67
Hillesheim	792	10	21	Hoch	942	2	28	Hörner	257	2	67
Hillesheim	956	14	11	Hochauf	953	8	67	Hörner	308	2	28
Hillinger	30	10	47	Hocher	65	3	29	Hörner	306	4	94
Hillmann	1069	9	4	Hochfelder	704	13	34	Hörnicke	1007	14	3
Hilpert	767	7	68	Hochgürtel	414	9	86	Hörning	260	7	68
Hilpert	1015	12	85	Hochhauss	619	6	92	Hörrler	749	7	12
Hilsmann	978	8	97	Hochheimer	818	6	7	Hörtinger	329	1	67
Hilspach	736	6	6	Hochherz	209	10	47	Hörtnit	329	4	19
Hiltbrandt	797	5	67	Hochholtzer	1035	7	68	Hörung	410	2	20
Hiltebrand	1028	3	49	Hochholzer	493	1	28	Hörwarter	458	7	12
Hiltner	523	2	87	Hochmann	500	6	92	Höss	214	1	48
Hiltner	523	3	29	Hochollzer	999	2	46	Hößhamer	1025	141	42
Hiltner	523	9	49	Hochradt	756	6	7	Höttinger	950	4	19
Hiltprandt	205	2	46	Hochreuter	968	6	92	Hoevel	1055	4	93
Hilty	550	8	27	Hochreutiner	840	6	92	Hoeven, von	483	5	48
Hilz	262	1	6	Hochrüttiner	944	4	17	Höw	788	9	70
Himberger	1049	2	67	Hochscheid	791	10	21	Höwer	709	3	87
Himblperger	828	6	92	Hochst	65	6	92	Höwer	708	10	7
Himelstein	302	8	67	Hochstätter	744	2	6	Hoeyer	415	8	85
Himmelreich	824	1	67	Hochstockner	526	10	68	Hof, Im	625	5	29
Himmelreich	59	2	46	Hochstrasser	1014	9	27	Hofbauer	192	2	87
Himstedt	516	14	19	Hochwart	872	4	17	Hofe, im	511	11	84
Hincklmann	1000	6	92	Hock	582	4	17	Hofer	284	7	8
Hindenlang	995	3	87	Hocke	770	14	3	Hofer	883	3	49
Hindenlang	243	5	67	Hockels	918	5	47	Hofer	725	2	6
Hindenlang	229	9	26	Hocker	190	10	86	Hofer	226	7	8
Hinderhöfer	612	2	87	Hockh	176	6	49	Hofer	331	7	8
Hindermayr	1052	6	92	Hockmeyer	600	5	89	Hofer	144	7	68
Hindermeister	710	7	68	Hockmeyer	602	5	89	Hofer	434	7	8
Hinderniss	413	3	29	Hodel	839	5	67	Hofer	1045	8	68
Hindersin	672	6	49	Hodtfilter	875	4	67	Hofer	452	7	8
Hindersin	512	11	82	Höbermann	188	5	89	Hofer	609	13	20
Hinkeldey	350	5	28	Höchberg	62	2	67	Hofer	859	7	8
Hinklmann	119	3	49	Höchel	740	9	49	Hofer	924	1	29
Hinnen	783	7	87	Höchster	876	9	69	Hofer	144	1	6
Hinrichs	581	5	67	Höchstetter	555	4	17	Hofer	992	7	8
Hinrichs	891	6	73	Höcker	637	5	67	Hofer	875	7	8
Hinrichsen	432	5	47	Hoeckh	852	7	7	Hofer	553	7	7
Hinricking	703	4	67	Höckhenstaller	846	4	18	Hofer	1026	7	8
Hinsche	1037	4	17	Höckelshoven	549	3	87	Hofer	509	7	7
Hinselmann	108	11	26	Hoeckl	149	4	18	Hofer	18	4	18
Hinterburger	330	3	87	Höenstein	463	6	7	Hofer	109	2	6
Hintertor	746	9	69	Höfel	173	3	29	Hoff	262	7	8
Hintertor	805	9	69	Hoefeld	84	12	87	Hoffendahl	990	13	7
Hinträger	280	6	92	Höfer	53	1	67	Hoffer	391	7	8
Hintze	862	3	87	Höffer	729	1	28	Hoffer	1029	7	8
Hintzpeter	989	13	20	Hoeffgen	897	13	7	Hoffkircher	898	7	8
Hipler	429	1	28	Höfflich	509	2	28	Hoffleiner s. Höfleiner	587	1	28
Hipmann s. Hibsmann	41	6	7	Höffter	280	8	68	Hoffmair	1014	4	18
Hipp	1038	2	46	Höfischmann	778	2	6	Hoffmann	67	4	18
Hippius	450	3	87	Höfl	253	14	19	Hoffmann	636	3	49
Hipsch	45	1	6	Höfl	253	14	27	Hoffmann	993	6	23
Hipschmann s. Hibmann	41	6	7	Höfl	622	14	19	Hoffmann	590	2	28
Hirdt	558	11	25	Höfleiner s. Hoffleiner	587	1	28	Hoffmann	639	10	67
Hirnpain	149	2	6	Höfleiner	588	10	68	Hoffmann	378	12	65
Hirnpas	258	6	92	Höfler	843	7	8	Hoffmann	1041	13	20
Hirnstein	759	4	17	Höfler	559	7	8	Hoffmann	749	1	68
Hirsch	293	9	26	Hoefmann	100	9	69	Hoffmann	636	1	67
Hirsch	300	9	49	Hoeftmann	119	4	18	Hoffmann	124	1	88
Hirsch	611	11	82	Högenstaller	84	2	87	Hoffmann	369	3	29
Hirsch	293	13	46	Höger	114	11	82	Hoffmann	1047	1	67
Hirsch	307	1	6	Höger	469	1	28	Hoffmann	749	2	87
Hirsch	295	1	67	Höger	307	1	6	Hoffmann	64	2	28
Hirsch	69	6	92	Höger	167	3	68	Hoffmann	12	5	89
Hirsch	295	6	92	Högg	296	1	48	Hoffmann	195	9	49
Hirsch	300	4	17	Högger	558	4	18	Hoffmann	250	5	89
Hirsch von Hirschau	299	6	92	Högl	149	7	10	Hoffmann	636	8	47
Hirschauer	1057	3	49	Högler	925	7	10	Hoffmann	749	9	49
Hirschauer	1057	9	26	Högling	668	1	67	Hoffmann	343	5	89
Hirschberger	993	6	92	Höhne	15	10	47	Hoffmann	982	8	67
Hirschberger	300	11	69	Höhnraidt	505	6	93	Hoffmann	357	5	89
Hirschdörfer	866	1	67	Höhenkamp	354	5	67	Hoffmann	805	8	97
Hirschdorfer	866	6	7	Höhr	764	7	68	Hoffmann	523	5	89
Hirschfeld	860	8	27	Höker	575	5	67	Hoffmann	595	3	29
Hirschfogel	411	10	47	Höland	972	11	69	Hoffmann	472	2	6
Hirschgartner	302	7	87	Höldrich	1050	7	10	Hoffmann	636	3	29
Hirsching	931	3	68	Höling	519	4	18	Hoffmann	685	5	89
Hirsching	930	10	67	Höll	898	13	46	Hoffmann	856	5	89
Hirsching	860	4	67	Höllisch	892	7	10	Hoffmann	548	5	89
Hirschler	299	7	68	Höllischer	137	5	90	Hoffmann	1032	5	89
Hirschmann	293	4	17	Hölscher	860	11	7	Hoffmann	482	5	89
Hirschmann	293	3	49	Höltzel	493	1	28	Hoffmann	153	7	9
Hirschvogel	375	1	6	Höltzl	394	9	27	Hoffmann	160	1	88
Hirspeckius	305	4	67	Höltzl	827	7	10	Hoffmann	530	7	9
Hirss	300	10	28	Höltzl	1059	7	10	Hoffmann	856	3	29
Hirt	152	4	17	Höltzlin	472	6	23	Hoffmann	1046	2	6
Hirt	106	7	68	Hoen	399	2	28	Hoffmann	1050	7	9
Hirt	682	9	69	Hönauer	401	2	46	Hoffmann	889	7	9
Hirte	186	12	25	Hoene	1026	6	7	Hoffmann	1048	7	9
Hirth	201	2	46	Hoenemann	398	9	87	Hoffmann	1039	8	27
Hirthes	151	11	69	Hönn	401	3	87	Hoffmans	590	2	28
Hirthes	151	11	82	Hoenn	401	5	67	Hoffmans	952	14	3
Hirtzl	306	2	67	Hönn	868	7	10	Hoffmeister	412	5	28
Hirze	296	8	7	Hoenne	401	1	88	Hoffmeister	424	4	18
Hirzel	630	3	87	Höntsch	604	14	35	Hoffmeister	682	9	16
Hirzel	301	7	87	Hoepfner	1058	2	67	Hoffrogge	198	5	47
Hirzel	302	4	17	Höpfner	1071	9	49	Hoffsess	1037	4	67
Hirzenberger	218	11	82	Höpfner	951	11	7	Hoffstetter	1028	6	7
Hisman	686	7	7	Höpfner	505	11	26	Hoffstetter	207	6	7
Hitfeld	939	4	17	Höppener	594	5	28	Hoffstetter	9	4	18
Hitterolt	322	7	7	Hörauf	773	7	11	Hofherr	144	8	7
Hittorf	566	4	93	Hörauf	808	7	11	Hofherr	858	7	8
Hitz	615	14	35	Hörauf	773	14	35	Hofkircher	953	7	8
Hitzler	428	5	89	Hörhammer	1019	14	27	Hofkircher	500	4	18
Hitzler	246	6	92	Hörmann	145	1	28	Hofmair	151	1	29
Hjarup	15	13	29	Hörmann	924	7	11	Hofmaister	832	7	8
Hobbie	529	12	65	Hörndl	883	7	11	Hofmaister	858	7	8
Hobrecker	1010	12	85	Hörnecke	764	14	35	Hofmaister	106	4	18

Name	WBL	Bgl. Siebm. Abtlg.	Tf.	Name	WBL	Bgl. Siebm. Abtlg.	Tf.	Name	WBL	Bgl. Siebm. Abtlg.	Tf.
Hofman	113	7	9	Holthoff	481	4	93	Hornschuch	620	12	86
Hofmann	832	1	68	Holthusen	558	3	7	Hornschuch	682	14	11
Hofmann	67	7	68	Holthusen	644	9	69	Hornschuch	521	12	86
Hofmann	596	1	67	Holtz	479	3	49	Hornschuch	102	14	11
Hofmann	33	7	87	Holtz	477	10	86	Hornschuch	102	12	86
Hofmann	272	7	9	Holtzapfel	469	8	7	Hornschuch	261	12	86
Hofmann	141	7	9	Holtzapfel	496	2	46	Hornschuch	760	14	11
Hofmann	225	11	7	Holtzberger	304	2	87	Hornschuch	756	12	86
Hofmann	661	4	18	Holtzemius	369	4	94	Hornschuch	901	12	86
Hofmann	477	14	35	Holtzendorff	436	8	48	Hornschuch	901	12	86
Hofmann	848	7	9	Holtzer	796	3	8	Hornschuch	901	12	86
Hofmann	239	2	6	Holtzermann	300	10	68	Hornschuch	901	14	11
Hofmann	239	6	7	Holtzgen s. Eckhold	963	5	64	Hornschuch	901	12	86
Hofmann	137	2	67	Holtzgen	963	8	68	Hornschuch	901	12	86
Hofmann	48	7	9	Holtzhay	875	7	10	Hornschuch	986	12	86
Hofmann	15	7	9	Holtzkampff	483	5	67	Hornschuch	902	14	11
Hofmann	1039	7	9	Holtzkampff	483	5	67	Hornung	763	3	87
Hofmann	934	7	8	Holtzmann	101	1	48	Hornung	581	1	88
Hofmann Imhof	14	7	9	Holtzmann	487	3	87	Hornung	260	7	12
Hofmann	993	3	49	Holtzmann	110	11	26	Hornung	763	1	88
Hofmann	1025	3	49	Holtzschuch	774	6	23	Hornung	761	7	12
Hofmann	1053	3	87	Holveder	486	10	68	Hornung	256	1	48
Hofmann	369	3	29	Holzapfel	476	3	8	Hornung	263	4	68
Hofmayr	961	14	28	Holzer	1025	7	10	Horst	964	1	29
Hofmener	394	7	9	Holzer	953	7	10	Horst	841	10	48
Hofrichter	971	7	9	Holzer	404	4	18	Horst	371	11	70
Hofsess	191	2	67	Holzhalb	836	9	4	Horst	965	4	68
Hofstetter	257	7	9	Holzhalb	835	4	18	Horst	376	14	3
Hofstetter	405	7	9	Holzhammer	226	5	67	Horsten	354	5	90
Hofstetter	337	7	9	Holzhauser	19	7	10	Horster	1008	12	66
Hofstetter	939	7	9	Holzheimer	177	7	10	Horstmann	284	4	68
Hofstetter	939	7	10	Holzheimer	1017	12	3	Horstmann	1002	13	46
Hofstetter	1028	7	9	Holzinger	147	1	29	Horuda s. Haruda	748	2	28
Hogeherten	32	3	68	Holzinger	453	7	10	Hos	774	5	48
Hogenvelt	498	4	67	Holzkamp	482	11	26	Hos	774	8	27
Hohenaicher	481	2	87	Holzmayer	992	1	48	Hos	774	9	4
Hohenauer	258	2	6	Homann	253	1	88	Hosemann	240	13	46
Hohenawer	633	6	92	Homann	600	8	27	Hosennestel	835	2	87
Hohenberger	138	1	29	Homberger	797	7	68	Hosentauer	126	10	68
Hohenberger	137	2	46	Homeyer	952	8	97	Hoser	116	1	48
Hohenberger	139	6	92	Homoteus	987	8	7	Hoser	23	6	23
Hohenbuch	583	1	29	Homuth	371	13	7	Hosius	409	8	97
Hohenbuech	87	7	10	Honauer s. Hönauer	401	2	6	Hospitahl, von	266	7	68
Hohenbuch	593	9	27	Honig	1057	12	87	Hosstrup	170	3	30
Hohenkirchen	913	6	92	Honisen	811	4	18	Hostauer	212	7	12
Hohensee	1024	12	25	Honold	172	8	27	Hostauer	233	7	12
Hohentanner	24	1	48	Honold	400	4	18	Hostmann	92	5	67
Hohenwarter	304	6	93	Honrichinger	848	8	68	Hotoff s. Hatoff	129	5	28
Hohenzweig	186	9	69	Honstede	378	5	47	Hottermann	163	10	48
Hohmann	538	4	93	Hoogklimmer	516	6	49	Hottewitz	490	9	87
Hohnberg	535	12	65	Hopfer	103	1	29	Hottinger	962	4	19
Hohner	45	11	26	Hopfer	96	10	48	Hotz	221	6	50
Hohnhorst	504	9	49	Hopff	689	4	67	Hotz	73	5	90
Hohusen	282	3	7	Hopfgartner	877	7	11	Hotz	57	7	68
Hoier	415	5	47	Hopp	365	7	11	Hotz	739	9	27
Holborn	811	9	69	Hopp	594	7	11	Hotz	787	11	26
Holdener	480	5	47	Hoppe	594	2	28	Houpline	357	8	97
Holdener	487	5	47	Hoppe	224	3	29	Hove, de	537	4	19
Holdener	495	5	47	Hoppe	595	3	49	Hovekost	417	5	48
Holdenried	451	7	10	Hoppe	594	7	11	Hovet	161	9	69
Holder	966	9	27	Hoppe	597	3	29	Hovet	161	9	69
Holderbaum	171	7	78	Hoppen	775	9	69	Hoy	508	9	27
Holderbaum	815	10	68	Hoppenbichler	227	1	29	Hoya, von	420	6	74
Holderbusch	481	1	29	Hoppener	814	9	69	Hoye, v. d.	702	4	19
Holdermeyer	733	7	87	Hoppenhaus	598	12	87	Hoyer	415	3	8
Holdorff	758	5	89	Hoppenstedt	952	6	49	Hoyer	574	4	68
Holdorff	463	7	10	Hopper	226	4	18	Hoyer	167	3	68
Holdschuer	1075	9	86	Hor	257	7	11	Hoyoul	985	6	23
Holdtfilter	875	4	67	Horbach	257	1	6	Hoyson	1075	1	29
Holdthusen	166	3	8	Horbalt	713	4	94	Hruszek	866	14	35
Holekamp	616	6	49	Horburg	617	3	8	Hub, in der	558	4	19
Holen	1042	3	49	Hordleder	323	6	23	Hubel	310	1	68
Holer	140	10	48	Horen	257	2	46	Hubel	310	8	7
Holl	279	1	88	Horger	338	7	11	Hubenschmid	686	4	19
Holl	26	12	3	Horlacher	761	1	68	Huber	170	5	90
Holl	107	12	3	Horlacher	748	7	68	Huber	66	7	12
Holland	901	7	10	Horlemann	548	9	69	Huber	36	6	74
Hollatz	694	11	7	Horlemann	506	4	67	Huber	303	7	12
Hollburg	895	12	94	Horn	763	1	48	Huber	704	7	68
Holle	279	3	29	Horn	761	6	50	Huber	792	8	85
Hollender	631	1	88	Horn	901	4	19	Huber	111	11	39
Holler	261	7	10	Horn	502	9	49	Huber	16	4	19
Hollerauer	338	7	10	Horn	763	10	48	Huber	31	12	66
Hollermayr	322	2	6	Horn	761	2	28	Huber	433	7	12
Holliger	902	6	93	Horn	332	7	11	Hubert	202	2	87
Hollinck	519	5	47	Horn	863	5	93	Hubert	827	11	82
Hollmann	528	7	87	Horn	763	7	11	Hubert	307	14	11
Hollmann	528	9	86	Horn	763	7	11	Hubmayr	968	1	29
Hollmayr	963	6	93	Horn	763	3	87	Huchbar	426	13	39
Hollmayr	1039	15	2	Horn	761	2	46	Hucker	110	2	29
Hollogger	168	8	68	Hornbach	864	7	11	Hudesem	22	3	8
Hollweg	11	12	94	Hornbach	777	7	11	Hudemann	771	7	80
Hollweg	164	10	7	Hornberg	763	12	87	Hudler	528	3	49
Holmann	46	6	93	Hornberg	763	14	3	Hudtwalker	106	3	30
Holpöckh	470	2	6	Hornberg	723	4	18	Hübens	407	5	48
Holpökh	514	8	7	Hornberger	304	2	11	Hübens	407	4	19
Holsche	1049	8	48	Horne	761	13	50	Hübens	408	5	48
Holscher	1015	5	90	Horneck	168	2	87	Hübenthal	941	11	7
Holscher	643	9	69	Horneck	168	7	12	Hueber	111	4	19
Holst	953	6	49	Horneck	1031	7	12	Hueber	243	7	13
Holste	861	5	48	Horneck	738	14	42	Hueber	329	7	12
Holste	171	5	90	Horner	737	11	26	Hueber	329	7	12
Holste	171	10	7	Horner	737	11	26	Hueber	329	7	12
Holste	171	10	28	Horner	307	7	87	Hueber	332	7	13
Holste	171	10	48	Horner	305	7	87	Hueber	385	4	68
Holste	171	11	39	Horngacher	392	9	27	Hueber	453	7	13
Holstein	1046	13	20	Horngawer	392	4	68	Hueber	733	2	7
Holte	479	4	18	Hornig	265	3	29	Hueber	978	3	49
Holten	480	9	69	Horning	1059	8	68	Hueber	884	7	12
Holthausen	559	6	23	Hornlius	260	6	23	Hueber	966	7	13

Register 1107

Name	WBL	Bgl. Abtlg.	Siebm. Tf.	Name	WBL	Bgl. Abtlg.	Siebm. Tf.	Name	WBL	Bgl. Abtlg.	Siebm. Tf.
Hueber	922	7	12	Hützler	141	1	6	Iflinger	514	1	88
Hueber	1007	7	13	Hüvelmann	746	4	20	Igenhauser	789	8	85
Hueber	1037	7	13	Huffziger	826	13	39	Igl	745	2	46
Hueber	19	7	12	Hug	285	4	19	Iglberger	344	11	83
Hueber	119	7	13	Hug	1000	7	14	Igler	344	1	88
Hueber	19	7	12	Hug	649	7	69	Igler	344	7	15
Hueber	201	7	13	Hug	86	7	87	Ihering	303	4	68
Hueber	953	1	68	Huge	503	3	8	Ihering	303	4	68
Hueber	229	9	4	Huge	506	5	67	Ihlefeld	1074	13	8
Hueber	597	2	7	Huge	503	5	90	Ihm	1023	2	29
Hueber	247	9	27	Hugelius	349	8	27	Ihring	287	8	48
Hueber	597	7	13	Hugershoff	484	13	21	Ike	496	10	87
Hueber	223	1	68	Hughen	265	9	27	Ilg	555	13	1
Hueber	233	1	68	Hugo	1070	6	50	Illgner	989	13	55
Hueber	117	1	68	Hugo	826	6	50	Illies	477	10	7
Hueber	172	5	90	Huhn	845	13	7	Illikusen	382	3	88
Hueber	179	6	74	Huisken	418	4	94	Illinger	691	13	34
Hueber	392	8	7	Huldenreich	936	9	87	Imbsen	808	9	70
Hueber	830	7	13	Hulderen, v.	865	3	88	Imbsen	801	9	70
Hueber	846	7	12	Humbaur	332	14	42	Imendorf	778	7	87
Hueber	859	7	12	Humbert	980	6	50	Imfeld	783	7	88
Hueber	790	8	85	Humborch	321	5	29	Imgarten	645	1	68
Hueber	378	2	7	Humell	820	7	14	Imhoff	5	4	94
Hueber	995	2	7	Humler	296	9	27	Imme	651	11	40
Hueber	212	7	13	Hummel	440	1	6	Immel	440	13	8
Hübmer	454	2	29	Hummel	585	3	49	Immich	311	7	78
Huebmer	328	7	13	Hummel	366	6	93	Immlin	440	1	29
Huebmer	261	7	13	Hummel	496	7	14	Immlin	440	8	8
Huebmer	992	7	13	Hummel	1004	8	68	Imwald	779	10	87
Hübner	655	1	29	Hummen	502	9	69	Indagine, de	536	3	88
Hübner	66	2	46	Hummen	795	9	69	Inderstorffer	390	9	18
Hübner	603	3	30	Humperdinck	210	11	8	Inderthal	235	13	21
Hübner	547	11	8	Humperdinck	845	11	8	Ingeram	74	8	28
Hübner	1043	11	70	Hund	866	11	69	Ingolitsch	1049	8	68
Hübner	668	14	3	Hund	1057	12	26	Ingolstetter	24	2	46
Hübner-Brandenburg	1077	12	66	Hundertpfund	720	10	48	Ingolstetter	798	8	85
Hübner	837	7	13	Hundertpfund	739	4	19	Ingram	248	3	88
Hübner	506	4	19	Hundertschocker	263	7	14	Ingram	223	6	93
Huebner	405	4	68	Hundseder	288	1	68	Inpolt	653	13	34
Hübsch	458	1	68	Hundthaimer	287	7	14	Insinger	255	10	68
Hübschenberg	927	7	14	Hunecker	212	4	19	Insam	1059	14	28
Huebscher	66	13	1	Hunecker	212	7	14	Instöcken	726	4	20
Hübscher	724	13	21	Hungar	46	9	87	Intelmann	986	9	5
Hübschlin	421	13	34	Hunger	568	2	29	Intelmann	190	11	27
Hübschmann	40	7	13	Hunger	837	7	14	Intelmann	190	6	93
Huech	218	7	13	Hunger	232	7	14	Intemann	986	5	29
Hueck	504	3	87	Hunger	813	8	85	Iphofen s. Rohde	706	12	35
Hueck	792	11	39	Hunger	139	4	68	Iphofen	706	1	88
Hücke	636	5	28	Hungrighausen	536	2	29	Iritz	771	8	86
Hueder	850	2	46	Hungrighausen	198	2	29	Irmer	1028	7	88
Hüetlin	771	3	88	Hunicke	602	6	50	Irnsinger	60	1	88
Hüffer	369	8	97	Hunne	912	3	30	Irnsinger	61	4	20
Huefnagel	687	7	13	Hunnius	285	6	23	Isenbart	984	6	50
Hügi	779	9	49	Hunnius	912	6	50	Isenbeckh	28	2	7
Hügli	54	11	26	Hunoldt	363	1	88	Isenhut	769	2	7
Hülpe	713	3	8	Hunsinger	290	10	68	Iserhardt	930	6	24
Hülsberg	519	11	8	Huntheim	290	7	14	Ismair	43	5	90
Hülsebusch	972	12	52	Hunthum	287	4	94	Isnabach	261	1	88
Hülsemann	519	3	30	Huober, Huber	66	5	90	Ispert	1014	8	98
Hülsemann	96	5	48	Hupfauer	914	3	49	Isselhorst	580	6	50
Hülsen	365	8	27	Hupka	196	4	68	Isselhorst	582	4	20
Hülsenbeck	520	8	86	Hupper	301	5	48	Issler	229	7	15
Hülsmann	1027	13	21	Hurck	510	14	19	Iszing	316	5	49
Hülss	876	1	29	Hurlimann	110	7	14	Ithen	738	7	69
Hülst	519	8	97	Hurlin	276	12	94	Ithen	739	7	69
Hültenschmidt	669	14	35	Hurnus	754	9	20	Itter	508	3	8
Hülz	1020	1	48	Hurnuss	754	5	48	Itter	944	3	8
Hünder	430	1	29	Hurrle	63	14	28	Ive	91	9	87
Hünenberger	316	4	19	Hurter	638	10	48	Iven	895	7	42
Hünerjäger	410	3	88	Husel	858	1	48	Iversen	215	9	50
Hünerjäger	641	14	45	Huselius	859	8	27	Iwan	1074	12	87
Huenerwolf	301	11	82	Husen, v.	854	3	88	Iwinger	224	2	87
Huenfelder	402	7	13	Huser	777	7	68				
Hünicke	399	8	48	Huskummer	911	4	19	Jabach	188	11	27
Hünlin	400	7	14	Huss	912	8	68	Jablonsky	664	8	48
Hünnes	621	13	46	Huss	912	9	4	Jablonowsky	664	9	4
Hünten	288	4	94	Hussong	722	12	52	Jabst s. Jobst	1042	2	87
Huepe	366	4	19	Hußwedel	908	1	29	Jacke	768	11	70
Hüpeden	417	2	67	Husung	732	10	7	Jackett	878	1	88
Hüpeden	417	5	29	Huswedel	908	3	30	Jacob	441	1	29
Hüpeden	417	5	29	Hutawa	430	7	87	Jacob	556	6	74
Hüping	404	5	29	Hutfeld	388	8	27	Jacob	441	7	15
Hueph	874	7	13	Huth	899	2	46	Jacob	287	7	15
Hürlimann	424	7	14	Huth	769	11	83	Jacob	118	6	23
Hürlimann	522	7	14	Hutt	770	14	12	Jacobs	193	6	23
Hürlimann (Horolanus)	820	7	14	Huth s. Ruth	770	6	50	Jacobs	807	8	48
Hürlimann	797	7	14	Huttendorfer	1049	2	29	Jacobs	807	10	48
Hürlimann	815	8	27	Huttenloch	144	6	23	Jacobs	807	12	26
Hürlimann	746	6	93	Hutter gen. Schreckeisen	325	7	14	Jacobs	807	12	26
Hürlimann	823	6	93	Hutterock	246	5	48	Jacobs	684	12	26
Hürning	347	1	29	Huttler	43	5	48	Jacobs	931	13	21
Hüser	630	12	25	Hutz	465	12	3	Jacobsen	441	9	87
Hüser	622	6	50	Hutzin	783	5	48	Jacobsen	93	5	29
Huesgen	418	10	48	Hutzin	37	10	19	Jacobsen	371	5	29
Huesgen	418	10	68	Hutzmann	100	11	7	Jäckel	262	1	6
Hüsli	616	7	69	Huwendiek s. Bracksieck	680	13	27	Jäckel	824	11	27
Hüssli	619	4	19	Huy	285	4	19	Jäckl	1065	1	68
Huet	497	11	70	Hyen	29	7	14	Jäde	575	5	67
Hueter	847	7	14	Hygendorffer	322	1	88	Jäger	762	4	20
Hueter	849	7	14	Hylmair	444	2	6	Jaeger	36	3	49
Huethofer	265	2	7	Hyltprandt	439	4	20	Jäger	956	8	68
Hütlein, von	842	4	19	Hyrner	156	1	88	Jäger	144	10	7
Hüetlin	771	3	88					Jaeger	877	10	48
Huetmacher	121	7	87	Ibach s. Hach	8	12	66	Jäger	515	10	68
Hüttenschmid	634	7	69	Ibbeken	936	6	7	Jäger	762	10	87
Hütter	799	3	8	Icken	1013	10	68	Jäger	179	12	87
Hütter	688	6	50	Ide	905	11	83	Jäger	907	13	8
Huetter	612	1	48	Idenstein	1	6	7	Jäger	300	13	46
Hütter	771	6	74	Idershusen	811	9	70	Jäger	140	1	68
Hüttfeld	412	8	7	Iffland	688	4	68	Jäger	464	1	68

Name	WBL	Bgl. Siebm. Abtlg. Tf.		Name	WBL	Bgl. Siebm. Abtlg. Tf.		Name	WBL	Bgl. Siebm. Abtlg. Tf.	
Jäger	110	1	68	Jörk	300	13	47	Kaess, zu	800	7	88
Jaeger	763	9	27	Jössel	49	2	87	Käselau	236	5	49
Jäger	994	9	27	Johann	400	7	15	Käser	185	12	3
Jäger	760	2	7	Johannes	440	1	49	Käserer	221	8	69
Jaeger	761	2	46	Johannes, von S.	258	9	9	Kässpair	270	2	7
Jägerschmidt	144	6	24	Johannsen	632	5	49	Kätzi	801	12	95
Jägkli	19	4	20	John s. Jahn	831	9	4	Kaff	575	4	94
Jael s. Joel	533	4	94	John	105	6	24	Kaffenberger	846	5	90
Jänecke	982	8	28	John	465	4	20	Kage	841	12	87
Jänefeldt s. Janefeldt	580	5	48	John	945	13	55	Kagelmann	902	12	88
Jaenicke	1077	7	21	Jon	328	3	50	Kah	344	5	90
Jänicke	395	7	69	Jonas	316	1	30	Kahl	377	3	88
Jänisch	201	4	20	Jonas	465	3	50	Kahl	314	13	39
Jännicke	19	2	46	Jonas	972	10	87	Kahler	31	11	8
Jagehase s. Schinkel-J.	351	3	94	Jonasun	670	9	70	Kahles	1051	2	47
Jageis	761	10	28	Joncheere, de	275	8	8	Kahlke	296	10	28
Jagenberg	739	10	68	Jons	805	10	48	Kahlke	301	10	28
Jaghafft	711	11	83	Joost	27	10	7	Kahlo	1075	13	8
Jahn	458	1	29	Jorck	1016	8	48	Kahnler	274	6	24
Jahn s. John	831	9	4	Jordan	982	5	29	Kaib	1022	7	22
Jahn	856	2	67	Jordan	70	7	15	Kaich	38	2	29
Jahn	868	11	40	Jordan	183	2	68	Kaimer	460	7	22
Jahn	899	14	12	Jordan	184	8	28	Kaintz	357	9	27
Jahns	160	5	48	Jordan	764	8	28	Kaiser	188	2	47
Jahr	650	8	7	Jordan	70	2	46	Kaiser	590	7	22
Jaist	231	3	49	Jordan	13	4	20	Kaiser	177	2	22
Jakob	256	9	70	Jordans	69	14	35	Kaiser	834	7	22
Jakoby	5	10	87	Jordis	711	3	50	Kaiser	236	7	22
Jales	837	5	67	Jorewitz	819	12	87	Kaiser	902	12	27
Jamnitzer	555	1	6	Jorg	875	7	15	Kaiser	162	1	68
Jamnitzer	869	10	48	Joris	588	4	20	Kaiser	145	1	88
Jamrowski	977	9	87	Jornow	651	2	46	Kaiser s. Raiser	797	8	90
Janck	897	4	20	Jos	985	3	50	Kaiserling	783	7	15
Janefeldt	580	5	48	Jositz	909	14	19	Kaisker	1039	11	8
Janicki	674	10	7	Joss	242	6	24	Kalass	690	12	4
Jankowski	631	10	87	Jost	1018	6	29	Kalb s. Halb	850	2	21
Janni	757	6	59	Jost	795	7	78	Kalbhenn	1058	12	88
Janni	757	7	87	Jost	795	7	78	Kalchschmidt	98	2	68
Jans	695	9	70	Josty	49	8	97	Kaldenberg	795	4	94
Jansen	381	7	87	Juckher	1002	4	20	Kaler	64	1	7
Jansen	381	4	94	Jude	899	3	68	Kaler	64	10	49
Jansenius	696	7	87	Jue	597	9	87	Kalert	57	1	88
Janssen	127	5	90	Jügel s. Zügel	1079	13	26	Kalhardt	202	6	24
Janssen	191	13	21	Juenn	885	5	29	Kalhart	23	10	29
Janssen	1056	13	46	Jürgens	80	5	49	Kalies	511	12	27
Janssen	1074	13	47	Jürgorth	230	5	29	Kall	170	5	49
Janssen	129	14	46	Jürß	431	5	49	Kallinger	29	7	22
Janus	160	5	48	Jugert	346	9	27	Kalt	22	4	20
Januszkiewicz	653	9	70	Jugett	736	5	49	Kalt	13	5	49
Jappe	262	5	48	Jugett	736	9	20	Kaltenbach	62	7	22
Jaranowski	643	10	28	Jughard	1061	2	46	Kaltenhauser	684	7	22
Jarck	310	5	67	Jugler	712	4	68	Kaltenhauser	651	2	7
Jarre	714	5	29	Jullius	223	4	68	Kaltenhauser	102	2	87
Jarre	604	5	29	Juncker	344	1	49	Kaltenhausser	647	1	89
Jauch	814	12	94	Juncker	570	1	49	Kaltner	100	1	49
Jaudt	975	2	87	Juncker	574	10	68	Kaltofen	442	4	20
Jaworsky	692	9	4	Juncker, s. Juner	391	6	68	Kaltschmidt	453	7	22
Jeckel	314	2	29	Junckersdorf	274	8	28	Kamb	388	1	89
Jeckel	71	10	87	Junckerstorff	655	4	94	Kambli	655	4	20
Jeger	784	8	85	Junckher	900	6	24	Kamer	362	5	49
Jeger	901	1	68	Junckherr	194	11	70	Kamerer	362	9	50
Jeger	901	1	68	Junckherr	195	11	70	Kamferbeck	214	4	21
Jeger	762	6	74	Juner	391	6	68	Kamlah	504	10	68
Jehle	43	7	69	Jung	67	4	68	Kamlah	392	10	87
Jellinghaus	1047	11	70	Jung	296	2	7	Kamann	507	5	49
Jencquel	122	10	28	Jung	433	3	50	Kamm	227	5	90
Jencquel	122	5	29	Jung	44	4	20	Kammerer	848	2	88
Jendl	292	4	20	Jung	44	1	30	Kammerer	1068	14	35
Jendl	968	8	68	Jung	874	1	49	Kammerknecht	621	11	40
Jenefeldt	606	3	8	Jung	874	3	68	Kamp	621	14	12
Jenichen	77	9	49	Jungclaus	427	11	27	Kamper	911	14	20
Jenisch	871	8	28	Junge	11	3	8	Kampfert	189	12	94
Jenisch	1069	4	20	Junge	900	7	42	Kampff	91	7	22
Jennig	904	2	29	Junge	911	11	40	Kamphus	723	5	68
Jenny	207	3	49	Junge	24	13	21	Kandel	151	1	30
Jentsch	124	10	29	Jungen S. Junghen	8	3	30	Kandel	832	4	68
Jentzsch	369	3	50	Jungendress	119	1	30	Kandelsberger	1055	2	88
Jerger	32	5	48	Jungermann	155	6	24	Kandler	275	7	22
Jerger	32	10	19	Jungfinckh	409	6	7	Kandler	753	15	2
Jerusalem	32	5	48	Junghänel	662	14	35	Kaneider	904	8	69
Jesinger	223	1	48	Junghans	403	12	26	Kanndler	461	2	7
Jess	434	5	90	Junghans	403	12	26	Kannegiesser	558	3	8
Jesse	116	11	83	Junghanß	377	14	4	Kannemaker	816	3	8
Jessen	171	7	21	Junghen	8	3	30	Kannenberg	753	12	66
Jessen	1019	10	48	Jungherr	194	6	24	Kannengeiter	753	9	87
Jesslin	116	1	29	Jungkenn	167	12	66	Kannengiesser	24	9	70
Jestel	233	5	48	Jungklaus	110	11	27	Kannengiesser	796	9	70
Jestell	234	10	18	Jungmake	529	5	68	Kanntz	255	6	24
Jeuchdenhammer	397	7	87	Jungschultz	299	9	70	Kantengiesser	190	9	87
Jitschin	406	12	94	Junius	605	2	87	Kanther	573	11	70
Joachim	1076	9	87	Junker	564	7	15	Kanzler	695	10	68
Joachimi	1051	4	20	Junker	117	14	20	Kapf	868	2	7
Jobst	22	4	68	Junker	117	14	28	Kapfenberger	614	1	7
Jobst	261	8	68	Just	513	9	87	Kapfer	109	1	30
Jobst s. Jabst	1042	2	87	Juvemann	1067	2	68	Kapffer	1060	1	22
Joch	236	6	7					Kapffmann	751	6	68
Jocher	894	8	68	Kabes	224	7	22	Kappel	520	4	94
Jochmus	244	6	50	Kabitzsch	604	8	48	Kappeler	626	7	88
Jochum	917	3	50	Kabushaupt	1007	2	7	Kappeller	228	2	88
Jockhell	841	6	7	Kadgien	869	10	7	Kappenfueß	324	1	7
Jodoci	69	4	94	Kadig	663	8	68	Kappert	647	12	27
Jökel	824	11	27	Kadow	1010	10	87	Kappert	908	12	94
Joel s. Jael	533	4	94	Kägi	706	7	69	Karadi	213	7	69
Jöpner	1054	8	28	Kähler	512	5	69	Karbow	325	3	68
Joerg	31	7	88	Kämauf	403	2	7	Karcher	78	1	30
Jörger	673	1	49	Kaemmerer	111	10	49	Kardolinski	48	9	87
Jörger	117	5	48	Kaenel	45	5	29	Karg	14	7	47
Jörger	1068	5	90	Kaenel	519	5	49	Karg	798	8	85
Jörger	889	8	97	Kärgl	342	9	50	Karkhof	50	8	8
Jörissen	35	9	50	Kaes	705	8	98	Karl	372	3	50

Register

Name	WBL	Bgl. Siebm. Abtlg.	Tf.	Name	WBL	Bgl. Siebm. Abtlg.	Tf.	Name	WBL	Bgl. Siebm. Abtlg.	Tf.
Karl	29	7	22	Kelblin	566	9	50	Kessler	958	7	23
Karl	82	9	28	Kelch	755	7	15	Kessler	650	6	24
Karl	910	15	2	Kelheimer	60	7	23	Kessler	752	4	21
Karl	837	1	68	Kelischowsky	654	13	55	Kessler	712	6	24
Karl	202	1	69	Kell	489	2	68	Kessler	228	7	23
Karl	106	1	89	Kell	489	6	50	Kessler	236	9	27
Karlstadt	376	12	88	Kell	634	6	50	Kessler	656	12	88
Karnatz	977	6	7	Kell	217	7	23	Keßler	750	13	39
Karner	928	1	49	Kelle s. Helle	812	2	47	Kessler	162	3	88
Karp	427	7	88	Kellenberg s. Krellenberg	635	5	50	Keßler	750	2	7
Karp	428	7	88	Keller	231	4	21	Kessler	1047	2	29
Karpe	431	11	83	Keller	181	6	50	Kessler	228	3	88
Karpf	1042	15	2	Keller	665	7	69	Kestel	612	2	88
Karrer	247	11	83	Keller	664	8	69	Kestner	742	2	68
Karstener	276	1	30	Keller	656	4	94	Kestner	742	3	50
Karte	785	9	87	Keller	175	8	98	Kestner	591	9	50
Kartlow	244	8	98	Keller	367	10	68	Ketel	541	3	9
Kast	240	6	93	Keller	513	4	21	Kettembeil	898	12	88
Kasten	252	10	88	Keller	327	10	87	Ketten, v. d.	43	4	95
Kastenbain	228	7	22	Keller	63	12	3	Ketterle	713	2	68
Kastner	306	1	30	Keller	664	12	27	Ketterlin	472	1	49
Kastner	415	2	47	Keller	205	1	69	Kettermann	793	7	78
Kastnmayr	284	3	7	Keller	411	1	69	Kettler	85	4	95
Kastorp	932	3	30	Kellerhoff	27	4	21	Kettler	985	4	68
Katzenberger	729	9	50	Kellermann	57	5	68	Kettmann s. Keetmann	1078	10	29
Katzensteiner	343	4	21	Kellermann	649	13	8	Ketwiche	800	9	70
Katzmair	343	7	22	Kellinckhusen	847	5	68	Ketzer	343	8	86
Katzmair	343	2	22	Kellinghausen	847	3	8	Ketzmann	433	7	23
Katzow	931	8	69	Kellinghusen	847	10	29	Ketzmann	434	10	29
Katzpeck	416	6	7	Kellner	754	3	88	Keuchen	571	2	47
Kaub	455	7	22	Kellner	451	6	93	Keufeler	736	7	69
Kaude	962	7	43	Kellner	664	2	29	Keul	681	10	49
Kauer	338	3	88	Kellner	450	2	29	Keulen	682	10	8
Kauffmann	124	5	90	Kellner	450	2	29	Keurleber	758	6	25
Kauffmann	550	7	22	Kellner	361	4	21	Kevel	981	11	40
Kauffmann	926	10	49	Kelman	960	6	93	Keylhau	705	9	50
Kauffmann	727	11	84	Kelner	801	1	89	Keyser	935	1	89
Kaufholz	488	14	4	Kelner	707	7	23	Keyser	800	2	68
Kaufmann	453	2	88	Kelterborn	801	9	70	Keyser	358	5	90
Kaufmann	733	3	8	Kembelein	227	7	23	Keyser	162	6	7
Kaufmann	238	4	21	Kembter	339	7	23	Keyser	914	6	7
Kaufmann	385	9	27	Kemenater	628	5	68	Keyser	800	7	.23
Kaulfuß	121	11	84	Kemmerer	47	1	30	Keyserling	903	12	27
Kaulisch	306	1	89	Kemmerer	47	2	88	Khain	1054	11	84
Kaulparsch	425	11	71	Kemmerer	666	7	15	Khaiser	1069	2	68
Kaumann	426	12	4	Kemmerer	729	9	50	Kham	704	4	95
Kausemann	701	4	94	Kemmerich	232	6	50	Khapff	793	4	21
Kautz	404	6	24	Kemnitz	517	9	87	Kheberlein	1052	2	68
Kautz	1001	6	93	Kempe	312	3	9	Kherer	259	4	69
Kautz	1001	6	24	Kempe	351	5	90	Kheyser	902	7	15
Kautz	404	9	27	Kempen	905	14	12	Khleehuhler	1067	2	8
Kautz	665	8	8	Kempfer	38	1	30	Khobaldt	832	1	69
Kautz	1000	12	52	Kempff	151	7	23	Khobalter	1002	1	69
Kauz	404	8	28	Kempff s. Kumpf	807	2	29	Khobler	575	7	15
Kaym	460	1	49	Kempff	190	10	8	Khobler	575	9	50
Kayn s. Hayn	709	2	47	Kempin	118	7	69	Khoch	235	1	49
Kayper, de	1016	5	29	Kenckel	200	9	50	Khöberl	1041	2	68
Kayser	1052	1	68	Kenlin	562	6	25	Khöen	164	10	49
Kayser	229	6	24	Kentman	446	9	28	Khöss	855	3	50
Kayser	236	6	24	Kentz	249	1	30	Khol	499	2	8
Kayser	446	8	28	Kentz	257	7	23	Khol	514	3	30
Kayser	902	10	8	Kentzler	902	3	30	Kholb	1049	10	8
Kayser	918	10	8	Keppel	230	6	93	Kholbenperger	992	1	69
Kayser	841	12	4	Keppeler	230	6	74	Khorer	967	4	21
Kayser	618	13	8	Keppeler s. Keppel	230	8	28	Khrön	847	3	50
Kayser	53	10	29	Keppeler, alt	690	6	93	Khuen	410	2	47
Kaz	343	10	49	Keppler	682	11	84	Khuen	530	3	50
Kaz	344	10	49	Kerenstock	253	7	23	Khuen	998	3	88
Keber	395	7	88	Keretz	723	4	21	Khuffner	1052	2	29
Kechelin	851	6	74	Kerig	31	4	94	Khull	938	7	80
Keck	1043	1	7	Kerl	131	7	23	Khun	296	2	88
Keck	213	2	68	Kerl	156	12	4	Kiburz	1029	9	50
Keck	455	3	88	Kerling	660	7	23	Kick	1053	4	21
Keck	456	4	21	Kern	1003	2	29	Kickh	257	11	84
Keck	797	8	86	Kern	137	6	25	Kickler	775	11	8
Keck	797	10	29	Kern	888	6	25	Kieckebusch	675	12	67
Kedd	802	4	94	Kern	149	7	23	Kiederlin	467	1	7
Keding	549	3	8	Kern	896	7	69	Kiefer	307	2	88
Keerer	232	4	21	Kern	489	9	27	Kiefer	539	10	29
Kees	1018	1	89	Kern	604	10	68	Kiefer	947	10	29
Keess	756	6	24	Kerner	220	1	7	Kiefer	947	10	69
Keetmann	801	10	29	Kerner	842	7	23	Kiefer s. Kieser	699	14	36
Keetmann s. Kettmann	1078	10	29	Kerp	870	4	94	Kiefer-Feuerbach	307	9	28
Keferl	566	3	50	Kerpen, v.	554	4	94	Kiehn	108	14	4
Keferlein	12	3	69	Kerres	73	1	69	Kiehn	107	1	69
Keffer	1039	7	23	Kerschbaumer	472	1	69	Kielmann	93	5	68
Kegel	254	1	89	Kerschbaumer	472	3	88	Kielnprein	1056	8	69
Kegel	708	8	98	Kerschdorffer	684	2	47	Kielsmus	780	8	86
Kegel	707	8	98	Kerscher	843	2	7	Kien	765	1	69
Kegel	417	9	70	Kerst	956	12	5	Kienast	498	7	69
Kegeler	817	3	88	Kersten	916	7	88	Kienast s. Kierast	498	4	21
Kegell	763	6	24	Kersten	794	9	70	Kienberger	886	1	30
Kegler	437	4	21	Kesel	460	2	88	Kiendl	312	1	49
Kehr	376	3	8	Kesel	790	10	69	Kiener	836	2	88
Kehr	780	7	88	Kesler	321	6	50	Kienhofer	493	2	68
Kehrhahn	907	11	27	Kessel	750	1	7	Kiening	532	3	50
Keibel	882	5	90	Kessel	10	5	49	Kienle	449	7	69
Keidel	254	1	89	Kessel	750	1	30	Kienlen	231	8	28
Keil	697	8	98	Kessel	750	8	8	Kienlin	342	6	25
Keil	687	2	7	Kessel	750	4	95	Kienzle	134	13	21
Keil	687	3	8	Kessel	10	10	29	Kierast s. Kienast	498	4	21
Keil	179	9	70	Kessel	28	11	27	Kierer	256	3	50
Keilbach	818	10	88	Kesselboden	283	6	24	Kiesel	733	2	47
Keilhauer	140	2	7	Kesselring	236	7	69	Kieser	351	11	85
Keilhauer	142	7	23	Kessler	1073	1	69	Kieser	169	14	4
Keilholz	130	11	70	Kessler	1062	3	30	Kieser s. Kiefer	699	14	36
Keilholz	312	11	70	Kessler	228	3	50	Kiesewetter	394	6	50
Keilpflug	1007	1	89	Kessler	269	3	50	Kiesling	841	5	68
Keirlin	357	6	24	Kessler	750	6	25	Kiesling	954	5	68
Keiser	316	5	49	Kessler	450	4	21	Kiesling	54	11	84

Name	WBL	Bgl. Abtlg.	Siebm. Tf.	Name	WBL	Bgl. Abtlg.	Siebm. Tf.	Name	WBL	Bgl. Abtlg.	Siebm. Tf.
Kiesling	732	12	88	Klapperodt	74	6	7	Klinger	766	3	69
Kiess	180	6	25	Klapproth	30	8	69	Klinger	667	14	12
Kießling	1009	1	69	Klar	335	2	30	Klingler	671	7	69
Kiessling	841	14	46	Klarner	122	7	24	Klingler	672	11	28
Kiferlin	855	4	21	Klastadt	887	6	93	Klingler	672	7	69
Kiffhaber	138	1	49	Klastadt s. Filzhofer	887	1	25	Klingler	672	4	22
Kilchberger	626	8	28	Klatte	315	10	8	Klingmann	839	6	51
Kilchen	625	5	49	Klauder	437	8	98	Klinkhardt	907	7	15
Kilchen, von	626	10	19	Klauder	437	11	40	Klippe	88	6	51
Kilchen, zer	517	4	21	Klauder	370	12	89	Klippel	911	6	51
Kilchhamer	552	7	23	Klauder	435	13	29	Klipstein	325	14	4
Kilchherr	398	3	88	Klaue	960	13	55	Klitscher	393	5	68
Kilchmeyer	65	4	21	Klauen	547	4	95	Klock	510	3	30
Kilchsperger	318	4	22	Klauser	228	4	22	Klocke	766	7	24
Kilchsperger	318	9	5	Klauser	683	9	88	Klocke	766	10	8
Kilian	362	7	24	Klawitter	28	12	67	Klockenbring	176	5	91
Kilian	853	7	24	Klebe	525	2	30	Klocker	78	9	50
Kilianstein	724	1	69	Kleberger	528	10	69	Kloeben	718	4	95
Kille	721	13	55	Klebert	424	2	30	Klöcker	766	4	95
Killinger	341	1	7	Klee	1028	5	91	Klötzl	687	2	68
Kimmel	243	2	30	Klee	1026	7	24	Klövekorn	657	9	88
Kimmen	814	10	49	Kleeberger	126	1	7	Klövekorn	719	9	88
Kimmerle	91	9	17	Kleeberger	529	11	84	Klonk	754	13	21
Kimmerlin	854	6	74	Kleeblatt	135	1	49	Klopfer	215	14	46
Kind	700	11	71	Kleemann	692	6	94	Klopp	267	12	95
Kind	91	12	95	Kleemann	522	7	15	Klose	462	10	88
Kindeken	126	10	49	Kleemann	389	11	84	Kloß	388	2	30
Kinden, zer	125	4	22	Kleewein	595	1	89	Klostermann	43	9	88
Kinden, zer	13	4	22	Kleewein	595	1	30	Klostermann	1021	13	29
Kindermann	20	13	8	Klefecker	467	4	22	Klot	781	9	71
Kindler	729	4	22	Kleffel	681	11	28	Klot	813	9	71
Kindler	389	7	88	Kleger	527	11	27	Klot	794	9	71
Kindler	388	4	22	Kleger	527	11	40	Klot	785	9	71
Kindlimann	125	7	69	Klehenz	5	3	50	Kloter	591	7	70
Kindsvater	126	4	22	Kleiber	895	9	50	Klotten	729	10	8
Kindsvatter	1054	6	25	Kleidorfer	237	3	50	Klotten	1068	13	39
Kindt	832	7	24	Klein	268	2	68	Klotz	491	2	30
Kingenheimer	1064	2	30	Klein	520	4	22	Klotz	499	7	24
Kinkel	200	4	69	Klein	832	5	91	Klotz	1065	8	69
Kinkel	200	4	22	Klein	268	7	69	Klotzsch	61	1	89
Kinnicher	457	3	50	Klein	49	8	28	Klüfer	348	5	29
Kinross	395	9	5	Klein	528	8	29	Klügel	434	1	89
Kinsele	533	2	88	Klein	959	10	88	Klügel	18	14	42
Kintl	1074	5	29	Klein	614	12	67	Klügmann	175	5	30
Kinzel	251	7	88	Klein	632	13	39	Klüpfel	956	2	68
Kinzler	134	1	49	Klein	7	14	36	Klüpfel	786	10	49
Kipp	509	4	69	Klein	226	1	69	Klug	467	5	49
Kippe	765	1	30	Klein	945	1	69	Kluge	699	13	21
Kippenberg	369	6	7	Klein	1054	1	69	Klumpp	971	2	8
Kippenhan	1006	4	22	Klein	922	8	69	Kluntz	644	4	22
Kipper	249	1	30	Kleinau	748	11	28	Klussmann	382	6	25
Kips	503	1	30	Kleindienst	133	14	42	Klutsch	456	4	95
Kirchdorfer	1067	1	30	Kleine	693	2	68	Knab	731	7	24
Kircheisen	626	8	48	Kleinfeld	1043	12	28	Knab	102	8	28
Kirchhofer	626	9	28	Kleinhans	40	6	51	Knab	102	8	69
Kirchhofer	626	10	29	Kleinhaus	40	3	9	Knab	23	9	28
Kirchhoff	916	6	51	Kleinholtz	172	4	95	Knabenschuh	111	3	30
Kirchhoff	947	6	51	Kleinmayer	825	3	51	Knacke	960	11	41
Kirchhoff	1062	10	29	Kleinschrot	642	10	69	Knackfuß	79	8	98
Kirchhoff	625	4	22	Klemair	1054	8	69	Knäpfi	1009	8	69
Kirchmair	318	3	89	Klemayr	1054	1	69	Knäppeler	703	11	40
Kirchmair	592	7	24	Klemm	945	14	12	Knapen	569	9	70
Kirchmann	950	3	30	Klemm	433	1	89	Knapp	838	7	15
Kirchmayer	625	1	30	Klemm	526	1	89	Knapp	900	8	69
Kirchmayer	556	4	22	Klemm	107	2	8	Knappertsbusch	972	14	4
Kirchmayr	59	1	89	Klemm	185	2	8	Knappertsbusch	887	14	12
Kirchmayr	700	6	25	Klemme	462	14	28	Knauer	241	7	43
Kirchmayr	625	7	24	Klenbarg	216	3	51	Knauer	1004	8	69
Kirchmüller	357	1	49	Klenk	538	2	30	Knauff	667	13	21
Kirchner	625	2	30	Klenner	1002	7	80	Knaupp	590	7	70
Kirchner	625	9	28	Kleperger	529	9	16	Knaus	105	7	24
Kirchoff	626	5	29	Klepper	585	14	36	Knaus	992	8	70
Kirchrath	898	4	95	Klerck, de	8	4	95	Knaus	261	8	8
Kirmair	591	1	49	Klesch	1012	1	49	Knauss	261	4	23
Kirmayr	261	4	22	Klescz	965	13	8	Knauß	346	7	24
Kirmeyer	134	7	24	Klesheimer	22	11	71	Knauß	346	7	24
Kirmse	625	11	28	Klessen	55	10	49	Knebel	463	1	89
Kirsch	911	9	28	Klett	1047	1	7	Knebel	695	3	88
Kirsche	973	13	8	Klett	1047	6	94	Knebel	1016	13	39
Kirschinger	1063	2	30	Klett	584	14	36	Knecht	226	2	68
Kirschstein	322	6	25	Klett	584	14	42	Kneib	898	13	8
Kirsinger	262	5	49	Klette	584	3	30	Kneilmann	998	14	46
Kirsten	185	5	91	Klette	872	4	22	Kneißl	762	7	24
Kirsten	445	9	87	Kletten	584	5	49	Kneitz	579	14	42
Kirsten	820	14	12	Kletten	584	10	20	Kneizl	269	7	24
Kisling	796	8	86	Kleusner	1029	4	69	Kneller	138	1	31
Kiss	701	10	88	Klever	429	3	69	Knepflein	861	7	24
Kissendorfer	214	7	24	Kley	949	8	98	Knetsch	785	7	15
Kißling	557	1	69	Kley	949	8	98	Knetz	449	1	90
Kißling	573	2	68	Kley v. Herwegh	525	4	95	Kneul	424	7	70
Kissling	914	5	91	Kliber	498	1	31	Kneußel	762	1	31
Kissling	89	6	93	Klie	1045	13	34	Kneutel	995	7	24
Kissling	735	13	8	Klieber	322	4	22	Kneutzel	269	1	49
Kissling	735	13	21	Kliem	245	12	28	Kneutzel	268	2	69
Kistmacher	194	7	15	Klimannus	1022	6	94	Knevel	685	4	23
Kistner	544	14	4	Klimisch	936	5	68	Kneyssl	677	4	23
Kitt	32	5	29	Klincke	765	9	88	Knibbe	215	6	51
Kittel	1017	13	8	Klincke	643	3	51	Knibbe	671	9	50
Kittelin	756	6	93	Klinckebeil	587	9	70	Kniepert	1018	13	9
Kittlinger	591	2	88	Klincksieck	148	6	94	Knieps	712	1	89
Kitzerow	587	9	87	Kling	144	6	25	Knierim	850	13	9
Klaffenbacher	1052	1	30	Kling	871	14	28	Knilling	770	1	31
Klaffschenkel	509	8	98	Klingebiel	798	9	70	Kniper	826	3	88
Klagk	501	9	70	Klingebiel	798	14	12	Kniper	189	13	1
Klaholt	507	4	22	Klingel	675	1	7	Kniphoff	483	10	88
Klaiber	528	13	47	Klingehöffer	765	2	30	Knippius	160	6	25
Klain	926	3	69	Klingelhöffer	766	2	68	Knippius	160	8	48
Klamer	210	2	88	Klingelin	766	6	25	Knoblauch	105	2	30
Klamroth	807	8	69	Klingenbeck	787	3	51	Knoblauch	513	10	69
Klapp	1038	10	30	Klingenfuss	325	4	22	Knobloch	580	9	50

Register

Name	WBL	Bgl. Siebm. Abtlg.	Tf.	Name	WBL	Bgl. Siebm. Abtlg.	Tf.	Name	WBL	Bgl. Siebm. Abtlg.	Tf.
Knobloch	814	10	88	Koch	427	3	9	Köpping	922	3	69
Knoche	1016	8	69	Koch	825	3	51	Körner	605	4	23
Knochenhauer	804	7	15	Koch	791	3	51	Körner	991	6	51
Knocker	546	4	69	Koch	78	3	88	Koerner	991	8	29
Knod	492	8	8	Koch	380	4	23	Körner	606	6	94
Knod	657	10	8	Koch	633	5	68	Körner	1029	6	94
Knod	657	10	8	Kochl	137	1	31	Koerner	1029	8	29
Knod	711	7	43	Kochl	138	9	5	Körner	416	8	98
Knoderer	446	6	25	Kochmann	1032	6	25	Körner	1071	8	98
Knodt	711	6	51	Kochs	508	4	95	Körner	954	10	30
Knodt	515	7	43	Kock	603	5	68	Körner	265	10	50
Knodt	197	10	69	Kock	633	5	68	Körner	1072	10	50
Knodt	197	10	30	Kockh	590	5	68	Körner	688	10	50
Knöbel	696	1	49	Kockerols	704	12	52	Körner	645	8	98
Knöhr	1074	10	49	Koderwitz	412	1	70	Körner	1075	11	28
Knöll	208	7	25	Koebel	404	2	8	Körner	315	11	86
Knöller	171	10	69	Koebel	485	5	49	Körner	604	11	86
Knoff	611	6	25	Köberer	228	11	85	Körner	956	14	46
Knoll	179	6	7	Köberl	1074	7	25	Körner	601	2	88
Knoll	957	14	36	Köbl	328	1	70	Körner	952	2	30
Knoodt	711	10	49	Köbl	328	9	17	Körner	718	2	47
Knopaeus	476	10	49	Köblin	608	5	91	Körner	601	10	50
Knopaeus	476	10	69	Köchelt	338	2	88	Körner	633	11	86
Knopf	977	2	88	Köchli	597	4	23	Körnichen	105	11	9
Knopff	133	7	25	Köchli	750	7	70	Körnli	796	9	71
Knopff	120	11	40	Köchlin	597	7	88	Köster	128	5	69
Knorr	430	1	31	Köchly	1044	7	70	Köster	175	5	50
Knorr	565	7	25	Köckher	953	6	25	Köster	915	13	55
Knorr	507	5	91	Köcklin	541	13	34	Köster	823	2	30
Knorr	430	7	25	Kögl	902	8	69	Köster	933	2	47
Knorr	2	7	25	Köhler	192	1	90	Köster	647	5	50
Knorr	430	7	25	Köhler	512	5	69	Köting	658	3	9
Knorreus	714	9	50	Köhler	498	6	51	Köttel	716	2	30
Knost	562	11	41	Köhler	589	6	94	Koetter	621	10	50
Knott	531	10	69	Köhler	646	7	88	Kofeler	375	3	89
Knuesel	37	8	48	Köhler	89	8	28	Kofler	749	2	69
Knüsli	732	6	8	Köhler	683	10	30	Kogel	771	9	71
Knüsli	605	6	94	Köhler	683	10	69	Kogel	788	9	71
Knüsli	252	7	43	Köhler	648	11	41	Koggel	553	11	86
Knüsli	254	7	43	Köhler	1009	12	89	Koggeler	903	11	85
Knüsli	813	8	8	Köhler	25	3	89	Kohl	506	1	90
Knüsli	254	10	88	Köhler	404	3	9	Kohl	514	2	30
Knüttel	876	8	29	Köhlmann	921	3	69	Kohl	342	3	9
Knupp	488	8	8	Köhn	119	5	30	Kohl	330	10	88
Knus	813	8	8	Köhn	292	9	50	Kohlbrenner	900	3	30
Knus	738	9	71	Köhn	615	5	30	Kohle	1078	13	55
Knuser	612	8	48	Köhne	936	5	30	Kohler	944	2	69
Knusert	175	9	71	Köhten	770	5	68	Kohler	12	8	9
Knust	889	5	68	Kölbl	334	2	69	Kohlhöfer	997	8	23
Knuth	844	13	55	Kölbl	607	7	25	Kohli	1025	11	28
Knuttel	681	11	85	Koelbrandt	492	5	68	Kohllöffel	1028	1	31
Knyp	505	9	71	Köler	1145	5	69	Kohlmann	93	3	69
Kob s. Kober	570	1	89	Köler	529	5	69	Kohlreuter	527	12	5
Kobald	837	8	70	Köler	836	7	25	Kohlstock	1074	14	12
Kobalter	1002	8	70	Köliker	956	11	28	Kohmann	335	5	68
Kobbe	599	6	94	Kölle	917	2	8	Kohn	60	5	50
Kobbe	600	6	94	Köllein	72	6	8	Koix	361	4	95
Kobbeus	513	6	94	Köller	656	1	70	Kojacht	123	9	88
Kobelt	459	6	69	Köller	733	2	88	Kol	624	1	70
Kobenhaupt	262	7	88	Kölliker	912	8	8	Kol	303	7	25
Kober	806	9	29	Kölliker	912	8	8	Kol	742	11	86
Kober s. Kob	162	1	89	Kölliker	897	8	8	Kolb	1075	3	30
Koberger	715	2	30	Kölliker	956	11	28	Kolb	607	4	23
Koberger	984	7	25	Kölliker	956	11	41	Kolb	110	5	68
Kobesius	993	4	69	Kölling	957	11	9	Kolb	608	5	68
Kobligk	829	7	16	Köllner	182	11	8	Kolb	92	4	23
Koblt	205	1	89	Kölmann	93	10	50	Kolb	139	5	68
Koburger	617	1	7	Kölner	590	2	47	Kolb	701	5	91
Koch	71	2	47	Kölpin	603	4	69	Kolb	709	10	30
Koch	179	3	30	Kölsch	773	7	43	Kolb	653	6	25
Koch	898	4	69	Koeltgen	356	4	95	Kolb	701	7	43
Koch	99	3	51	Köneke	192	5	91	Kolb	118	8	29
Koch	218	4	69	König	771	2	47	Kolb	682	10	8
Koch	216	5	30	König	1044	4	69	Kolb	902	1	70
Koch	557	4	69	König	97	3	9	Kolb	701	1	70
Koch	698	5	49	König	122	5	69	Kolb	702	1	70
Koch	631	5	30	König	772	5	69	Kolbe	608	3	9
Koch	179	5	91	König	315	5	69	Kolbe	520	8	70
Koch	962	5	30	König	735	4	69	Kolbe	1061	13	55
Koch	688	7	16	König	826	6	51	Kolbenstainer	334	7	25
Koch	118	7	25	König	167	7	16	Kolbinhueber	118	6	8
Koch	322	7	25	König	365	7	26	Kolck	305	4	69
Koch	583	7	25	König	773	7	26	Koldorp	921	3	30
Koch	151	8	8	König	804	7	70	Koler	149	6	75
Koch	538	7	25	König	612	7	70	Koler	985	7	25
Koch	707	8	9	König	349	8	70	Koler	628	8	9
Koch	677	7	25	König	901	8	99	Koler	499	4	23
Koch	672	8	29	König	707	5	1	Koler	248	9	51
Koch	688	8	48	König	613	1	70	Koless	366	6	8
Koch	896	9	51	König	773	1	70	Koll	742	14	4
Koch	797	9	71	Königer	106	2	69	Kollach	143	2	47
Koch	789	9	71	Königs	975	4	95	Koller	132	2	47
Koch	1029	9	71	Königsbach	70	2	8	Koller	175	3	9
Koch	982	10	69	Königsdorffer	839	2	47	Koller	645	7	70
Koch	583	9	71	Königsfelder	588	3	51	Koller	575	10	88
Koch	773	10	20	Königshofen	1026	4	95	Koller	46	10	88
Koch	750	10	30	Königsmann	172	6	51	Kolligs	369	5	91
Koch	888	10	69	Köninger	829	1	49	Kollmann	953	10	30
Koch	751	11	71	Könnecke	758	12	4	Kolmann	548	3	30
Koch	753	11	85	Koep	804	9	88	Kolmer	72	8	9
Koch	416	11	85	Köper	373	3	31	Kolreuter	728	6	51
Koch	872	13	39	Köpfersberger	865	1	49	Kolreuther	728	1	90
Koch	972	13	39	Köpffl	327	4	23	Kolrym	978	4	69
Koch	972	14	12	Köpfs	320	3	89	Koltmann	438	5	91
Koch	469	14	28	Köpke	757	5	30	Koltz	358	9	51
Koch	111	1	69	Koepke	950	5	30	Kolvenrott	142	11	65
Koch	898	1	69	Köppen	894	3	9	Kombst	934	8	29
Koch	1053	1	69	Köppen	161	5	50	Komig	120	6	8
Koch	688	1	90	Koeppen	884	10	30	Kommel	795	11	29
Koch	565	3	9	Köpper	34	4	95	Komorowski	635	8	48

Name	WBL	Bgl. Siebm. Abtlg.	Tf.	Name	WBL	Bgl. Siebm. Abtlg.	Tf.	Name	WBL	Bgl. Siebm. Abtlg.	Tf.
Kon	426	8	86	Krajewski	537	9	4	Kreitz	593	5	91
Konberg	169	6	8	Krakau	369	7	89	Kreitzenbeck	27	4	96
Kone	939	3	31	Krakau	27	9	71	Kreitzer	243	2	69
Konerding	769	4	69	Krakow	301	3	9	Krel	75	10	69
Koning, de	242	5	30	Krakowski	764	10	31	Krell	405	2	8
Konopatzki	616	14	4	Krall	299	2	8	Krell	259	7	26
Konrad	904	1	31	Kralowitzky	369	1	90	Krell	414	10	50
Koocken	126	7	88	Kramann	1011	14	36	Krell	138	12	67
Koop	355	5	69	Kramauer	376	7	26	Krellenberg s. Kellenberg	635	5	50
Koopmann	1015	8	99	Kramer	14	1	70	Kremer	1065	1	7
Koopmann	1077	13	9	Kramer	319	2	89	Kremer	534	4	23
Kopen	763	4	95	Kramer	233	5	30	Kremer	403	6	8
Kopf	871	4	23	Kramer	398	6	8	Kremer	787	9	71
Kopka	902	8	70	Kramer	167	7	16	Kremerius	976	4	96
Kopman	432	5	69	Kramer	238	7	26	Kremser	336	3	51
Kopmann	791	8	70	Kramer	839	7	26	Kreplin	2	10	89
Kopmann	166	8	70	Kramer	249	7	26	Kreppner	380	2	69
Kopp	456	1	90	Kramer	697	8	86	Kreps	438	2	31
Kopp	830	4	69	Kramer	34	9	71	Kresiment	558	10	30
Kopp	745	7	16	Kramer	325	10	50	Kress	430	2	8
Kopp	840	4	69	Kramer	289	11	86	Kress	180	6	25
Kopp	367	10	30	Kramer	28	12	89	Kresser	927	9	29
Koppen	191	3	9	Kramer	812	12	89	Kressin	1010	9	71
Koppenhöfer	846	14	20	Kramer	111	13	29	Kretschmann	44	1	7
Koppensteiner	362	14	12	Kramer	958	14	4	Krettler	417	5	30
Koppetsch	960	13	9	Kramer	14	4	23	Kretzer	218	12	5
Koppitsch	1079	8	70	Kramer	214	4	23	Kretzer	759	12	5
Koppler	549	4	23	Kramer	926	4	23	Kretzschmer	797	1	90
Korb s. Burger	1049	8	48	Kramer v. Dottelen	406	4	96	Kreussner	959	2	31
Korbmacher	749	3	89	Krampff	58	6	8	Kreutzer	46	1	50
Korenmann	348	10	89	Kraner	874	10	50	Kreutzer	313	2	48
Korff	483	10	69	Krannöst	455	7	27	Kreutzer	408	4	96
Kormann	802	8	86	Krannöst	843	7	27	Kreutzer	154	6	8
Korn	164	6	94	Krannöst	971	3	31	Kreutzer	35	7	78
Korn	952	6	8	Kranold	390	9	88	Kreutzer	1069	3	89
Korn	952	6	8	Kranpihler	1062	2	69	Kreuzweger	217	9	5
Korn	223	8	9	Krantz	586	1	70	Krey	375	2	8
Korn	121	8	48	Krantz	26	2	89	Krey	388	9	51
Korn	292	9	28	Krantz	588	3	51	Kreyl	837	4	70
Korn	292	9	28	Kranz	588	9	16	Kreys	640	1	90
Korn	601	10	30	Kranz	587	13	47	Krezer	709	1	31
Korn	222	2	69	Krapff	149	6	8	Kribl	867	7	26
Korn	276	2	88	Krapff	564	6	94	Krick	671	12	89
Kornemann	600	11	86	Krapp	864	8	48	Kriebel	830	10	8
Kornemann	864	11	86	Krapp	1012	14	13	Kriechbaum	274	1	7
Korner	1036	6	94	Krassel	413	2	30	Krieg	760	5	91
Kornmesser	386	8	49	Kratt	845	5	91	Krieg	678	13	29
Kornmesser	44	11	85	Kratz	290	13	9	Krieger	254	3	89
Kornzweig	952	8	99	Kratzer	349	7	89	Krieger	435	4	23
Korte	563	10	69	Krauer	56	7	89	Krieger	805	7	78
Korten	716	10	69	Kraus	831	7	2	69	Krieger	911	10	8
Korth	74	6	94	Kraus	831	1	70	Kriegseisen	459	8	70
Kortholt	202	3	31	Kraus	227	1	70	Krienen	254	14	36
Koschnitzke	900	14	20	Krause	397	3	51	Kriesche	918	9	51
Koschwanez	468	15	2	Krause	397	8	49	Kriger	752	4	24
Kosinski	751	10	89	Krause	497	3	89	Kriger	947	5	50
Kossagk	182	13	9	Krause	752	5	69	Krimer	254	9	29
Kossen	600	4	69	Krause	397	6	51	Krimmel	698	15	2
Koßmann	1030	12	67	Krause	757	8	70	Kripp	743	4	24
Kosswig	66	13	22	Krause	758	10	8	Krippendorf	1041	8	29
Kothen	154	8	29	Krause	624	10	70	Krippendorf	672	10	89
Kother	643	9	71	Krause	636	11	86	Kristan	694	7	26
Kother	809	9	71	Krause	511	14	4	Kristan	762	7	26
Koven	58	4	69	Krause s. Crusius	52	8	49	Krochmann	1015	2	69
Kox	420	11	28	Krause-Reymer	1078	12	53	Kroeber	191	7	89
Koxen	719	4	96	Krausenick	515	10	8	Kroeber	807	7	89
Koyen	763	6	94	Krauser	228	6	8	Kröber	807	8	70
Koyen	1031	6	94	Krauss	1049	2	69	Kröber	962	11	9
Koyne	681	2	47	Krauss	1029	6	51	Kröcz	967	9	5
Kra	785	7	78	Krauss	1029	7	26	Kröger	1014	5	30
Krabat	938	3	51	Krauß	757	7	26	Kröger	923	5	91
Krabler	437	1	7	Krauß	39	10	31	Krögher	357	3	69
Krabler	935	10	50	Krauß	753	11	86	Krögher	752	4	24
Kradl	914	6	8	Krauß	751	12	28	Kröl	131	3	31
Kradolfer	367	12	28	Krauß	751	12	28	Kröll	74	4	24
Kradte	845	2	69	Krauß	143	13	9	Kröll	371	9	5
Kraemer	1041	2	30	Krauß	1006	7	26	Kröner	843	1	31
Krämer	349	6	8	Krauß	1074	14	28	Kröner	1010	14	5
Krämer	740	7	89	Krauss	1049	7	70	Kröpelin	799	3	31
Krämer	981	10	8	Kraut	589	5	91	Kröpelin	893	8	70
Kraemer	960	13	55	Kraut	589	5	91	Kröpelin	911	3	31
Krämer	973	14	4	Kraut	827	14	42	Kroes	196	5	69
Kränkl	396	1	7	Krauth	206	14	46	Kröttlin	439	6	8
Kränner	1000	2	8	Krautt	589	6	94	Krötzsch	77	13	39
Kränner	1000	4	23	Krawel	682	10	50	Kroghe, vam	728	4	24
Kränzer	855	5	91	Krawell	702	6	8	Krogmann	93	5	30
Krafft	96	5	69	Kray	409	7	26	Krogmann	920	5	30
Krafft	1053	5	69	Krayenried	370	5	69	Krohmer	904	14	13
Krafft	96	8	29	Krazer	296	10	70	Krohn	394	4	24
Krafft	559	10	50	Krazer	296	10	89	Krohn	155	5	69
Krafft	554	11	71	Krebel	780	8	87	Krohn	981	6	26
Krafft	545	14	46	Krebner	371	2	69	Krohn	571	9	71
Krafft	145	1	70	Krebner	877	7	26	Krohn	394	5	69
Krafft	603	1	70	Krebs	197	3	9	Kroll	303	13	22
Krafft	551	2	8	Krebs	6	1	7	Kron	229	6	75
Krafft	160	2	30	Krebs	438	1	90	Kronbiegel g. Collenbusch	712	9	51
Kraffter	230	10	69	Krebs	438	2	47	Kronbiegel	1075	9	72
Krafftshofer	304	2	8	Krebser	438	2	69	Kronemann	849	1	31
Kraft	239	2	88	Krebser	438	9	29	Kroninger	773	2	69
Kraft	234	3	51	Krechter	75	3	89	Kronner	361	4	24
Kraft	175	7	26	Krecke	637	14	7	Kroon	385	5	69
Kraft	239	10	69	Kreel	915	5	69	Kropff	244	10	31
Kraft	285	10	88	Kreel	413	7	26	Krossa	1024	9	51
Kraft	668	14	36	Kreel	405	10	50	Kroth	781	10	21
Krag	362	14	28	Kreglinger	16	2	8	Kroth	781	10	21
Krage	569	3	89	Krehmke	266	13	9	Krottendorfer	437	6	8
Krahmer	945	5	50	Kreichel	440	4	96	Krubbe	1078	5	50
Krahnke	807	8	70	Kreidenweis	207	6	8	Kruckenberg	55	5	92
Krahnstöver	912	6	8	Kreis	721	2	69	Krüdener	432	3	9
Krajewski	434	9	4	Kreiß	951	7	26				

Register

Name	WBL	Bgl. Abtlg.	Siebm. Tf.	Name	WBL	Bgl. Abtlg.	Siebm. Tf.	Name	WBL	Bgl. Abtlg.	Siebm. Tf.
Krueg	752	1	70	Külwein	752	8	29	Kunth	182	5	31
Krüger	179	5	30	Kümmell	102	11	29	Kuntz	903	12	68
Krüger	757	5	30	Kümmell	579	11	29	Kuntze	1043	6	51
Krüger	927	5	30	Kümmell	580	11	29	Kuntzen	792	4	70
Krüger	1073	5	31	Kün	299	1	90	Kunz	1059	7	70
Krüger	752	5	31	Kündig	605	7	89	Kupfermann	367	10	70
Krüger	597	5	30	Kündig	1071	7	89	Kupferschmied	43	9	88
Krüger	825	5	31	Kündiger	169	6	95	Kupner	1001	10	89
Krüger	598	5	91	Kuenel	319	5	49	Kurbin	141	6	9
Krüger	208	5	92	Küneli	1021	4	24	Kurella	123	8	71
Krüger	790	8	9	Künell	693	8	29	Kurower	158	5	31
Krüger	780	8	29	Küneth	1012	2	48	Kurrer	242	6	26
Krüger	263	8	71	Küng	772	4	24	Kurtz	451	6	9
Krüger	822	10	8	Küng	555	6	75	Kurtz	128	8	71
Krüger	567	10	89	Küng	805	9	71	Kurtz	848	6	9
Krüger	948	12	67	Küng	772	11	41	Kurtz	835	7	27
Krüger	903	12	95	Künher	720	1	50	Kurtzahn	432	10	90
Kruel	1018	13	56	Künhofer	272	1	90	Kurtzhals	114	6	51
Krüll	159	7	27	Künig	53	12	5	Kurz	274	1	90
Krüll	897	7	27	Kuenlin	341	8	86	Kurz	632	7	43
Krümlin	30	13	34	Künn s. Kühn	664	5	50	Kurz	632	7	89
Krüne	815	9	71	Künne	353	11	87	Kurz	632	14	28
Krüntungen	522	4	96	Küns	784	9	51	Kurz	869	14	36
Krüppel	680	10	70	Künsberg	887	2	69	Kurz	868	14	36
Krüppel	682	10	70	Küntzel	575	8	29	Kusch	57	5	50
Krütli	510	4	24	Küntzler	253	11	8	Kuschel	131	10	89
Krufft	188	8	70	Künzel	40	1	31	Kuse	769	9	71
Krug	757	2	31	Künzel	193	13	39	Kuser	655	7	89
Krug	751	3	9	Küper	178	5	31	Kuser	655	7	89
Krug	293	4	70	Küpfer	537	10	70	Kuskopff	634	5	92
Krug	520	5	50	Kürbiss	1071	11	87	Kussler	654	2	31
Krug	753	6	75	Kürn	552	1	90	Kussnagel	669	5	50
Krug	241	7	27	Kürrmann	736	6	9	Kussnagel	669	9	20
Krug	759	7	27	Kürwang	154	1	70	Kutscher	1077	11	87
Krug	987	7	27	Küsel	592	10	89	Kuttenfelder	592	7	27
Krug	751	8	70	Küster	550	2	89	Kutter	878	4	24
Kruger	1040	6	94	Küster	55	4	70	Kutzer	328	1	71
Krukenberg	963	3	69	Küster	225	13	9	Kutzer	929	4	24
Krull	92	3	9	Küster	421	13	34	Kuysten	659	4	96
Krull	167	4	24	Küster	664	13	47	Kyesel	194	4	25
Krumbein	986	12	89	Küster	664	13	56	Kynast	33	2	48
Krumbhaar	659	12	5	Küster	729	13	34	Kysel	89	6	93
Krumbholz	17	3	89	Kuettel	36	10	70	Kytwaldus	811	6	95
Krumbtingen	783	5	50	Küttel	794	12	68	Kyven, Kyver	771	4	96
Krummacher	957	4	70	Küttner	839	14	37				
Krumstroh	607	5	50	Kufmüller	909	14	36	Laab	972	12	95
Kruog	692	5	50	Kufner	748	15	3	Laaser	585	13	29
Krupp	908	4	96	Kugelmann	1040	6	9	Lab	972	3	89
Kruse	831	3	69	Kugler	446	1	31	Labandt	73	8	71
Kruse	580	4	24	Kugler	999	7	27	Labenwolff	800	6	75
Kruse	350	5	31	Kugler	299	11	40	Laber	429	2	70
Kruse	955	5	31	Kugler	630	2	31	Laber	248	6	9
Kruse	838	5	92	Kugler	446	2	69	Labermayer	991	6	9
Kruse	472	6	9	Kuhen	436	3	51	Labhardt	673	6	51
Kruse	167	8	71	Kuhlmann	683	9	5	Labhart	681	10	9
Kruse	885	12	95	Kuhlmann	901	9	5	Labhart	794	10	9
Kruse	878	14	20	Kuhlmann	669	14	36	Lach	41	7	89
Kruse s. Krux	98	8	29	Kuhlmeyer	1028	6	94	Lachenbeck	446	6	75
Kruselmann	158	3	69	Kuhn	227	5	31	Lacher	449	4	70
Krusemark	949	3	31	Kuhn	410	6	9	Lacher	600	7	89
Kruss	292	4	24	Kuhn	954	6	9	Lacher	600	10	89
Krussen	306	5	50	Kuhn	432	8	29	Lachmann	714	10	51
Krust	455	5	92	Kuhn	672	10	9	Lachmund	592	14	13
Kruth	138	7	70	Kuhn	494	10	9	Lachmund/Lachemundt	593	14	5
Krux s. Kruse	98	8	29	Kuhn	551	10	9	Lachner	419	5	50
Kryck	187	5	92	Kuhn	85	10	9	Lachner	419	10	18
Kryger	418	11	9	Kuhn	216	12	67	Lachsfenger	430	5	31
Krzyminski	961	9	51	Kuhn	1073	13	47	Lackemacher	411	6	9
Kubisch	78	13	9	Kuhns	508	7	80	Lackner	448	4	25
Kuchenbecker	740	4	96	Kuickhoven, von	647	4	96	Lackner	395	1	31
Kuchler	1046	2	31	Kujath-Dobberlin	884	6	51	Lackner	386	9	51
Kucher	145	2	69	Kukains	990	6	95	Lackner	13	10	31
Kudorff	335	10	89	Kukchinger	90	4	24	Lad	710	8	86
Kübel	417	13	56	Kule	701	3	31	Ladebach	450	8	9
Kübler	331	3	51	Kulemann	701	5	92	Ladehoff	483	5	31
Kübler	62	10	70	Kulemann	105	11	41	Lademann	393	6	9
Küchenmeister	798	3	31	Kulenkamp	54	4	70	Ladewich	562	5	31
Küechlin	601	1	70	Kulman	979	7	27	Ladingk	179	9	88
Küchlin	800	8	86	Kulmann	58	9	29	Ladwig	847	2	70
Küchlperger	101	8	71	Kulmich	443	3	89	Lächele	72	4	25
Küentzler	620	11	8	Kulmus	116	11	28	Lädebur	468	5	31
Küffer	725	1	90	Kulnigg	925	2	70	Lädebur	805	5	31
Kueffmüller	651	13	34	Kulpen	1039	3	9	Laelius	857	10	70
Kueffmüller	849	2	8	Kulschewski	1009	12	68	Laëhn	296	4	25
Kueffmüller	214	7	27	Kulver	780	6	26	Laer	62	6	9
Kueffner	9	1	31	Kumerell	175	2	48	Lafferder	918	4	25
Küffner	948	3	89	Kumerell	175	4	70	Lafontaine	28	7	16
Kügler	717	1	89	Kumler	275	7	27	Lagelberger	749	1	71
Kühll	511	4	70	Kummel	577	11	29	Lageman	718	8	71
Kühll	511	10	50	Kummerow	255	3	10	Lagemann	497	8	49
Kühlwein	816	1	31	Kumpf	755	1	70	Lagemann	718	8	49
Kühn	844	2	31	Kumpf	755	8	9	Lagowitz	639	10	89
Kühn	463	3	31	Kumpff s. Kempff	807	2	29	Lagus	951	10	89
Kühn	928	4	24	Kumphoff	591	4	96	Lahr	387	10	9
Kühn	664	5	50	Kunad	640	14	5	Lahr	1005	10	89
Kühn	856	13	47	Kunau	31	3	31	Lahr, von der	771	11	87
Kühnast	504	12	95	Kundenreich	1040	4	24	Laitz	294	1	71
Kühne	715	1	31	Kundig	287	5	50	Lallberg	210	7	16
Kühne	304	2	69	Kundschak	941	11	85	Lallemand	976	4	96
Kühne	304	8	29	Kuneke	840	3	89	Lamberg	450	8	30
Kühne	869	8	29	Kunhardt	190	3	31	Lamberg	450	8	99
Kühnemann	893	8	9	Kunherr	720	10	50	Lamberz	366	4	96
Kühnle	202	2	48	Kunhoffer	241	1	50	Lamboy	310	6	51
Kühnlein	629	5	69	Kunn	695	7	27	Lambrecht	313	5	92
Kühns	509	5	31	Kunn	301	10	50	Lambrecht	529	8	49
Kühnzell	395	1	90	Kunowski	296	10	51	Lamersdorf	629	13	22
Külaw	504	6	95	Kunss	776	8	49	Lamm	313	4	25
Külp	902	4	24	Kunst	73	4	24	Lamme, zum	648	9	29
Külper	794	5	70	Kunstmann	526	4	70	Lammers	310	5	31
Küllsner	206	6	9		20	1	50	Lammers	316	5	92

Lammert	311	2	70	Langerfeldt	744	8	9	Lay	127	1	71
Lammeshaupt	316	8	9	Langerhans	949	11	41	Lay	211	3	31
Lampa	1034	15	3	Langerhanß	552	10	70	Lay	333	7	27
Lampadius	703	9	72	Langermann	540	3	10	Lay	130	7	27
Lamparter	992	6	95	Langermann s. Langhans	881	3	10	Layriz s. Leyriz	767	11	29
Lampe	179	3	69	Langermann	540	9	5	Layman	161	6	75
Lampe	1024	6	52	Langeysen	655	4	25	Laymann	778	8	87
Lampe	703	7	70	Langforth	743	9	72	Laymann	793	8	87
Lampe	492	9	72	Langgruber	397	1	7	Layritz	55	3	90
Lampp	1058	8	71	Langguth	524	7	89	Lazar	979	9	89
Lamprecht	312	5	92	Langguth	196	10	70	Leb	925	4	25
Lamprecht	311	6	52	Langhans s. Langermann	881	3	10	Lebe	982	2	48
Lamprecht	466	6	52	Langhans	772	6	9	Lebender	503	1	90
Lamprecht	833	8	71	Langhans	798	9	6	Lebendiger	338	2	48
Lamprecht	1017	9	88	Langjahr	224	6	9	Lebenter	45	7	28
Lanckhals	381	5	31	Langjan	794	9	72	Lebenter	573	7	28
Land Im	150	10	48	Langjan	795	9	72	Lebherz	655	14	28
Land, Im	150	10	49	Langmann	16	2	89	Lebitsch	925	8	71
Landau	959	2	89	Langritius	574	4	96	Lebkucher	274	4	25
Landauer	931	1	7	Langrock	991	11	87	Lebler	850	6	10
Landauer	517	1	31	Langschmidt	433	3	31	Lebzelter	321	2	89
Landauer	517	2	70	Langsdorff	206	10	70	Lechelmair	802	8	87
Landauer	716	7	27	Lanies s. Loennies	75	10	51	Lechler	330	7	28
Landenberger	499	7	70	Lanius	213	7	16	Lechler	338	9	88
Landerhusen	946	5	31	Lanner	597	5	70	Lechler	338	12	68
Landersperger	571	4	25	Lanssenstill	701	1	32	Lechler	330	12	68
Landholz	500	2	8	Lantgrave	947	5	31	Lechler	378	13	40
Landmann	400	2	70	Lanting	304	3	89	Lechmair	133	6	75
Landolt	375	4	25	Lantzing	98	3	51	Lechmüller	70	4	25
Landrer	457	6	9	Lantzinger	147	2	70	Lechner	206	5	70
Landsberg	278	12	68	Lanzl	463	14	20	Lechner	157	5	70
Landshuter	769	1	71	Laporte	978	6	52	Lechner	462	5	70
Landshutter	277	6	9	Laporte	869	9	88	Lechner	524	2	9
Landsmann	725	7	70	Lappe	523	6	9	Lechner	213	7	28
Landstrass	1034	1	31	Lappenberg	758	5	51	Lechner	556	2	9
Landstrass	1034	9	5	Lappenberg	584	10	9	Lechner	243	8	71
Lanemann	523	9	88	Laquiant	1076	3	89	Lechner	559	5	70
Lanfer	615	13	9	Larühe	1076	5	51	Lechner	696	14	28
Lang	267	6	9	Lasan	794	9	51	Lechner	855	2	70
Lang	832	1	71	Lasan	685	9	88	Lechner	855	4	25
Lang	803	6	75	Lasowski	51	9	72	Lechner	244	2	9
Lang	658	6	95	Lassan	70	8	99	Lechner	13	2	89
Lang	941	7	16	Lasser	526	10	9	Lechner	202	2	89
Lang	587	7	27	Laßleben	614	14	46	Lede	719	6	95
Lang	612	7	28	Lassmathauser	911	7	28	Lederer	744	1	90
Lang	674	7	28	Lastrop	91	4	25	Lederer	450	4	25
Lang	573	7	43	Latomus	178	4	96	Lederer	239	7	28
Lang	833	7	28	Lau	200	5	32	Lederer	143	7	28
Lang	787	7	78	Lau	480	10	51	Lederer	744	14	5
Lang	824	7	89	Laub	514	2	48	Lederer	143	2	89
Lang	734	9	51	Laub	296	3	31	Lederer	880	2	9
Lang	734	9	51	Laub	514	3	89	Lederlein	204	1	32
Lang	980	9	88	Laub	296	5	70	Lederlin	838	8	71
Lang	342	12	89	Laubenberger	519	3	89	Lederwasch	1003	8	71
Lang	137	1	71	Lauber	518	2	48	Leeb	207	8	30
Lang	168	1	71	Lauber	518	5	51	Leeb	207	9	29
Lang	107	2	89	Lauber	518	10	70	Leege	670	8	30
Lang	985	2	89	Laubereau	372	14	13	Leemann	314	7	89
Lang	550	2	31	Laubi	517	7	70	Leemann	1011	9	6
Lang	284	2	48	Laubi	516	4	27	Leemann	1044	9	6
Lang	587	2	70	Laubmann	103	13	40	Leemann	1044	10	10
Lang	180	4	70	Laubmayr	503	6	95	Leer, von	664	4	25
Lang	560	4	70	Lauchenberger	87	7	89	Leers	817	4	97
Lang-Lungean	824	14	37	Lauchinger	858	7	28	Leesemann	960	7	90
Lang-Lungean	885	14	37	Laucker	108	2	70	Leesenberg	915	5	92
Lang	536	2	48	Lauckhard	910	11	9	Leewaldt	408	8	9
Lang	283	1	71	Laudenberger	733	7	89	Lefelad	16	7	28
Lang	257	2	89	Laudert	798	7	79	Legat	246	10	90
Langbein	849	6	95	Laudert	800	7	79	Leger	957	4	70
Lange	972	2	89	Lauenburg	355	4	97	Lehener	962	8	30
Lange	446	1	32	Lauenstein	214	6	52	Lehenmann	449	7	28
Lange	173	3	31	Lauer	71	1	50	Leher	553	7	28
Lange	891	3	51	Lauer	147	2	31	Leher	821	12	5
Lange	5	4	25	Lauer	60	4	25	Lehlin	965	6	10
Lange	59	4	25	Lauer	805	7	89	Lehmann	842	4	70
Lange	891	4	70	Lauer	858	8	49	Lehmann	666	5	51
Lange	216	5	31	Lauer	824	10	9	Lehmann	1017	5	70
Lange	96	5	32	Lauer	72	11	87	Lehmann	239	5	70
Lange	595	5	50	Lauer	1019	14	37	Lehmann	377	9	72
Lange	564	5	50	Lauerer	117	2	48	Lehmann	825	10	9
Lange	585	5	92	Lauff	792	7	43	Lehmann	236	10	51
Lange	613	5	92	Lauffer	1067	7	28	Lehmann	677	11	41
Lange	9	9	72	Lauffer	644	7	70	Lehmann	677	12	6
Lange	409	5	32	Lauk	535	12	68	Lehmann	677	12	28
Lange	202	10	51	Lauppe	288	9	51	Lehmann	159	12	89
Lange	953	10	90	Lauprecht	978	10	90	Lehmann	477	14	37
Lange	703	11	87	Laur	1066	4	70	Lehmann	387	1	91
Lange	183	13	9	Laurentin	296	9	51	Lehmann	993	1	91
Lange	183	13	22	Laurentius	116	2	8	Lehmitz	676	12	69
Lange	421	3	10	Laurentius	1018	3	31	Lehmkuhl	824	6	26
Lange	949	3	10	Laurentius	578	5	51	Lehmus	720	1	32
Lange	665	3	10	Laurentius	903	5	51	Lehner	339	2	9
Lange	971	3	31	Laurentius	1018	9	72	Lehner	244	4	26
Langelotz	531	10	70	Laurentius	476	9	88	Leiber	62	5	51
Langemak	395	4	70	Laurenz	742	4	25	Leibfriedt	156	6	10
Langen	549	2	48	Lauriga	243	1	71	Leibhaimer	142	6	10
Langen	266	3	69	Lauten	767	4	97	Leiblinger	836	1	8
Langen	1072	6	52	Lautenboich	596	4	97	Leich	5	13	1
Langen	583	8	71	Lautensack	756	1	8	Leichtl	258	6	10
Langen	360	10	9	Lautenschlager	1027	6	10	Leickker	244	4	26
Langen	235	10	90	Lauter	1051	2	70	Leidel	293	14	46
Langenbeck	3	2	89	Lauterbach	114	3	31	Leidner	730	9	52
Langenbeck	3	3	10	Lauther	453	9	29	Leidner	730	10	51
Langenbeck	432	12	5	Lautter	927	8	71	Leikauf	886	2	89
Langenberg	364	4	96	Laux	1008	13	47	Leimbacher	734	7	70
Langenberger	69	1	50	Laval	1045	13	56	Leimberger	890	6	95
Langenberger	68	9	29	Lavater	15	4	25	Leimer	637	1	32
Langendorf	95	4	96	Laves	984	10	70	Leinacher	517	1	32
Langenweiler	961	7	28	Law	18	2	8	Leinacher	800	7	28
Langer	1076	13	40	Lawer	71	10	51	Leindorfer	995	6	10

Name	WBL	Bgl. Siebm. Abtlg.	Tf.	Name	WBL	Bgl. Siebm. Abtlg.	Tf.	Name	WBL	Bgl. Siebm. Abtlg.	Tf.
Leinker	1062	6	95	Lestinck	447	5	51	Lindemann	514	8	72
Leins	74	2	89	Letscher	658	2	89	Lindemann	46	8	99
Leins	75	14	20	Lettenbaur	418	2	48	Lindemann	171	8	99
Leinsperger	255	1	91	Letter	780	12	95	Lindemann	502	9	73
Leipoldt	758	2	9	Letz von Grab	573	12	6	Lindemann	476	9	73
Leisentritt	885	3	32	Letzkau	551	10	9	Lindemann	94	9	89
Leisewitz	434	8	9	Letzner	438	6	95	Lindemann	94	10	51
Leisner	80	1	32	Leu	850	3	51	Lindemann	942	10	70
Leiß	396	9	29	Leu	202	7	70	Linden	792	4	97
Leist	1071	1	71	Leuchs	890	7	29	Linden, zu der	87	5	51
Leistmayer	774	2	70	Leuchs	108	13	40	Linden, zur	501	4	26
Leitenrot	32	12	6	Leuchsner	108	6	10	Linden, zur	663	4	26
Leiter	285	2	89	Leucht	1050	1	50	Lindenberg	474	6	10
Leitgeb	923	12	28	Leuchtl	258	9	29	Lindenberg	471	7	43
Leitmann	662	2	9	Leuchtweis	59	7	90	Lindenberg	171	9	89
Lekebusch	240	10	90	Leuffer	611	3	52	Lindener	470	1	91
Lemaistre	355	2	9	Leuffer	106	5	92	Lindenlaube	516	9	30
Lembcke	310	14	13	Leupold	576	1	91	Lindenmair	288	6	75
Lembke	314	4	26	Leuprecht	236	8	72	Lindenspier	221	6	10
Lembl	316	4	26	Leurer	767	6	10	Linder	72	1	50
Lembs	899	5	32	Leußler	146	12	6	Linder	503	4	70
Lemeier	829	3	10	Leutel	921	3	52	Linder	503	6	10
Lemke	354	5	51	Leuth	419	7	29	Linder	518	6	10
Lemke	190	8	30	Leuthold	765	7	90	Linder	518	7	29
Lemkes	29	11	29	Leutner	220	7	29	Linder	476	13	1
Lemm	313	3	10	Leutner	932	6	10	Lindheimer	314	2	31
Lemme	186	2	31	Leutner	395	1	8	Lindheimer	433	2	31
Lemme	102	12	28	Leutner	996	1	71	Lindholtz	476	11	9
Lemmé	120	12	53	Leutschperger	1035	12	6	Lindholtz	355	12	6
Lemmlein	310	32	9	Leuttner	765	2	70	Lindiner	263	4	26
Lemmermann	313	3	32	Leve	478	3	10	Lindinger	445	1	8
Lemmlein	310	1	32	Leveling	878	3	10	Lindinner	858	7	90
Lemp	218	1	8	Leveling	847	8	99	Lindinner	502	7	90
Lempp	976	6	95	Leverkus	1035	7	16	Lindlin	514	6	10
Lencker	701	1	32	Levin	786	12	6	Lindner	803	1	71
Lencker	701	3	90	Lewparter	205	7	29	Lindner	505	4	26
Lenckershaimer	932	1	50	Lex	1060	9	72	Lindner	474	6	95
Lenen	730	9	72	Lex	937	12	95	Lindner	285	7	29
Lenerder	37	8	71	Leybold	392	2	9	Lindner	476	7	29
Lenertsen	352	7	90	Leygebe	231	1	32	Lindner	513	4	70
Lengfelder	288	7	28	Leyh	842	11	29	Lindner	514	8	9
Lengfelder	524	2	48	Leykauf	697	2	48	Lindner	506	12	95
Lengelern	621	9	72	Leypold	694	1	32	Lindner	567	13	47
Lengerke, von	371	9	89	Leypold	694	3	69	Lindner	973	13	47
Lengfelder	26	7	28	Leyriz s. Layriz	767	11	29	Lindstedt	689	10	10
Lengnich	209	9	52	Leyser	48	1	50	Lindtbergk	528	10	90
Lenk	968	13	40	Leyss	80	1	91	Lindtmayer	155	10	31
Lenke	1009	14	42	Lheman	914	8	30	Lindtmayr	486	2	70
Lenker	579	7	29	Libbach	198	13	56	Lindwurm	576	10	70
Lenker	681	7	29	Licher	383	9	17	Linecke	168	9	52
Lenker	681	9	52	Licht	703	5	32	Ling	25	1	50
Lenkher	323	1	50	Licht, de	714	5	32	Lingelsheim	533	2	31
Lenne	669	14	5	Lichtenberger	683	1	32	Linger	441	7	30
Lente	977	5	92	Lichtenberger	87	4	26	Linger	259	3	90
Lentilius	135	1	50	Lichtenegger	147	1	32	Lingg	970	13	10
Lentz	858	3	90	Lichtenstein	8	4	26	Lingk	1021	9	29
Lentz	41	6	10	Lidbergh	530	4	97	Lingler	744	7	79
Lentz	844	6	10	Lidl	268	7	29	Lingler	639	12	68
Lentz	685	8	71	Liebenaicher	366	2	48	Link	242	1	32
Lentz	685	10	31	Liebenzeller	823	9	52	Link	347	7	30
Lentzen	744	9	72	Liebermann	1010	14	28	Link	412	7	30
Lentzer	808	6	75	Liebknecht	529	2	70	Link	168	2	90
Lenz	446	3	32	Liebknecht	1036	3	32	Link	169	7	30
Lenz	104	3	51	Liebl	194	1	91	Link	851	7	30
Leo	202	1	8	Liebl	369	2	48	Link	851	14	13
Leo	214	2	9	Liebler	388	6	26	Link	428	14	43
Leonbösk	323	3	89	Liebmann	840	6	10	Link	272	7	30
Leonhard	77	1	8	Liebold	672	14	5	Linke	1007	12	69
Leonhard	428	2	31	Lieboldt	512	4	70	Linnenbecker	512	7	16
Leonhardi	349	7	29	Liebrich	1040	7	29	Linprunner	459	4	26
Leonhardi	389	1	91	Liebsdorf	81	5	32	Linsenmann	223	11	30
Leonhardi	191	9	89	Liechtenberger	698	13	34	Linser	933	3	52
Leonhardt	49	3	69	Liechti	83	7	70	Linss	863	6	11
Leonhardt	598	6	52	Liedel	203	2	90	Linssi	804	7	71
Leonhardt	900	9	52	Liedert	181	10	51	Lint	472	5	70
Leonhardt	611	14	42	Lieff	229	7	90	Lintz	48	6	95
Leonhardy	216	13	10	Liefländer	1015	12	29	Lippacher	829	1	32
Leonis	210	3	51	Liel	267	9	73	Lippe	544	3	10
Leonpacher	229	8	72	Liemke	625	13	29	Lippe	764	10	71
Leopold	222	4	70	Lienau	81	4	26	Lippe, thor	598	5	32
Leopold	202	5	92	Lienau	1036	5	51	Lipperdt	235	4	26
Leopoldi	222	5	92	Lienhart	559	4	26	Lippert	235	3	52
Leplat	1035	4	26	Liephart	340	7	29	Lippert	363	8	72
Lepper	37	12	95	Liermann	622	5	70	Lippius	919	5	51
Lepper	993	12	95	Liernur	784	7	43	Lips	137	7	90
Leppin	354	5	70	Liese	611	8	10	Lipsius	1052	3	90
Lerberger	358	1	32	Liesenberg	1017	13	29	Lipstorp	979	4	26
Lerch	296	1	32	Liessmayr	699	2	48	Lisfeldt s. Teutscher	1053	10	39
Lerch	893	5	70	Liet	347	9	89	Liss	863	10	31
Lerchenfelder	374	2	89	Lietsmann	587	9	89	Liss	496	12	29
Lerender	716	7	29	Lietzmann	822	8	49	List	828	2	31
Lergenbohrer	481	7	29	Lilienthal	551	3	32	List	276	10	71
Lersch	165	1	8	Lilienthal	551	11	29	Listemann	556	3	52
Lill	176	7	29	Lill	891	2	70	Litzner	982	3	51
Leschen	899	3	10	Limberg	495	10	70	Lo, vam	418	4	26
Leschenbrand	498	5	70	Limberger	158	1	32	Lob	1055	13	56
Leschenbrandt	498	6	10	Limberger	64	7	70	Lobeck	620	8	30
Lescher	220	7	29	Limburgkh	320	6	95	Lobelich	225	10	10
Leschke	311	12	6	Limmbrunner	626	1	91	Lobenhoffer	238	1	32
Lesemann	568	3	10	Limmer	8	5	51	Lobenschrot	260	4	26
Lesemann	983	9	89	Limmer	456	5	51	Lobes	378	3	10
Leser	116	3	90	Linck	25	1	71	Lobhartzberger	235	3	32
Leser	789	8	87	Linck	913	6	10	Lobstein	739	9	52
Lesmeister	7	7	29	Lind	371	3	90	Lobwasser	309	6	95
Lesse	822	5	70	Lind	805	7	78	Lobwasser	309	9	52
Lesse	436	8	30	Linde	497	9	6	Lochau	167	3	10
Lesse	891	11	87	Linde, von der	501	9	52	Locher	681	4	26
Lessel	90	2	31	Lindebohm	472	5	70	Locher	717	4	27
Lessenich	518	13	47	Lindeman	151	2	70	Lochmair	158	7	30
Lessing	723	6	52	Lindemann	469	3	90	Lochmair	418	7	30

Name	WBL	Bgl. Siebm. Abtlg.	Tf.	Name	WBL	Bgl. Siebm. Abtlg.	Tf.	Name	WBL	Bgl. Siebm. Abtlg.	Tf.
Lochmann	838	2	31	Lork	986	9	89	Lühr	1078	12	30
Lochmann	305	4	27	Lorsch	1039	1	8	Lührs	756	5	93
Lochner	211	1	8	Lory	752	13	40	Lülf-Ludewolding	276	13	56
Lochner	932	7	30	Losan	48	2	49	Lüncker	315	12	7
Lochte	296	12	7	Losch	780	8	87	Lüneborch	613	6	11
Lockermann	659	12	69	Loser	33	5	51	Lüneburg	776	3	11
Lodders	126	5	92	Loser	739	5	51	Lüneburger	853	6	96
Lodemann	94	9	89	Loskant	758	7	16	Lüntzel	900	10	71
Lodewiges	598	9	73	Loskart	758	2	31	Lüthi	226	8	30
Lodter	537	7	30	Loß	183	14	37	Lüti	765	9	52
Lodtmann	98	12	70	Lossius	50	9	73	Lütje	813	10	51
Löbell	243	1	91	Loth	974	12	7	Lütjens	489	4	27
Löber	922	8	30	Loth	51	14	28	Lütke	1	3	11
Löber	922	9	89	Lothes	970	2	71	Lütke	393	8	49
Löber	815	12	7	Lotley	962	7	43	Lütkemann	174	3	32
Löblein	1063	1	32	Lotten	395	7	30	Lütkemüller	955	9	90
Löchell	639	12	7	Lotter	500	1	91	Lütkens	917	3	11
Löchner	211	14	43	Lotter	137	2	9	Lütkens	484	5	70
Loeckell	553	12	95	Lotter gen. Kuechlin	831	5	52	Lütmann	639	5	52
Lödl	451	12	7	Lotter	80	7	30	Lütsch	760	4	27
Löfferer	773	4	27	Lotter	814	8	87	Lüttgen	1016	12	90
Löffler	3	7	90	Lotz	698	8	72	Lützow	980	6	52
Löher	686	10	70	Lotze	564	3	10	Lufft, zum	743	5	52
Loehle	9	5	51	Loubi s. Laubi	516	4	27	Lugendorffer	342	2	49
Löhne	676	10	51	Louis	615	5	93	Luis	514	4	27
Loël	854	3	32	Lowe	239	3	10	Luis	514	4	71
Lönner	1059	7	30	Lowig	870	2	71	Luitten	745	2	9
Lönner	1059	2	70	Loy	247	2	9	Luiz	288	2	9
Loennies	75	10	51	Loytved	320	14	5	Lukow	945	8	88
Löpelmann	685	12	53	Loz	521	3	11	Lukowski	654	10	10
Loeper	285	7	16	Lubbersted	623	5	70	Lumparter	471	5	52
Loeschenbrandt	499	8	30	Lubenau	1040	9	52	Lumpartter	486	9	20
Löschenprandt	171	12	29	Lubinus	1015	9	6	Lunde	496	6	11
Löscher	534	1	8	Lubkowitz	641	14	5	Lunte	357	4	27
Löscher	1025	2	90	Lubler	670	7	30	Luntsch	800	8	87
Löscher	772	6	11	Lucae	975	4	71	Luntzer	915	2	32
Löscher	534	9	72	Lucan	306	9	29	Lupolt	653	4	27
Loescher	1029	9	73	Lucanus	1041	9	29	Luspeck	3	7	31
Loescher	1025	9	73	Lucas	451	1	91	Lussi	314	5	52
Loescherus	1025	8	30	Lucas	332	7	30	Lustfeld	1020	10	31
Lösecke	581	10	10	Luchner	341	6	95	Lustig	501	5	70
Löser	109	5	51	Lucht	539	13	47	Lustnauer	443	7	31
Loesing	885	8	10	Lucius	944	1	91	Lustnawer	443	3	90
Lößler s. Vößler	450	1	34	Lucius	748	4	71	Luther	534	1	50
Löuw	203	4	27	Lucius	748	6	11	Luther	530	3	90
Löuwenberg	204	4	27	Lucius	422	10	71	Luther	947	3	90
Loeven, van	907	12	7	Luckan	5	13	40	Luther	533	3	90
Löw	845	2	70	Lude, von	338	6	11	Luther	534	3	90
Löw	206	7	30	Ludemann s. Lüdemann	577	2	31	Luther	591	3	90
Loew	203	14	20	Ludendorff	622	4	27	Lutherus	116	6	11
Löwe	907	2	9	Luder	379	7	30	Luthmer	1014	6	52
Löwen, von	851	7	30	Ludolff	237	1	91	Lutichius	1020	3	69
Löwenberg	212	9	73	Ludolff	728	8	10	Lutichius	560	5	93
Loff	769	4	27	Ludolph	552	3	11	Luttelheine	301	9	73
Loffsen	508	8	10	Ludolph	522	3	32	Luttenwang	628	4	27
Logs	17	6	95	Ludovici	840	7	30	Luttermann	385	8	30
Lohbauer	920	12	29	Ludovicus	637	8	72	Lutterodt	695	3	11
Loheisen	411	1	91	Ludukas	1015	10	71	Lutteroth	695	6	26
Lohet	276	6	11	Ludwell	823	1	91	Lutteroth	695	9	90
Lohmann	586	3	90	Ludwig	846	2	71	Luttner	915	14	29
Lohmann	634	5	92	Ludwig	551	4	71	Lutz	427	3	69
Lohmann	103	12	95	Ludwig	516	4	27	Lutz	900	4	27
Lohmeyer	571	11	87	Ludwig	369	5	93	Lutz	194	6	76
Lohn	354	3	90	Ludwig	204	8	10	Lutz	961	6	76
Lohner	710	6	52	Ludwig	859	8	99	Lutz	217	7	31
Lohnhardt	352	10	31	Ludwig	827	9	73	Lutz	1030	7	31
Lohr	555	7	30	Ludwig	634	10	51	Lutz	785	8	87
Lohrer	539	3	52	Ludwig	212	11	42	Lutz	791	8	87
Lohs	797	9	52	Ludwig	212	12	90	Lutz	873	10	31
Lohse	417	11	10	Ludwig	246	12	90	Lutz	198	1	71
Lohstöter	338	10	71	Ludwig	738	13	1	Lutz	282	1	71
Loibl	503	4	27	Ludwig	557	14	43	Lutz	785	2	90
Loitz	887	9	73	Ludwig	847	12	90	Lutz	965	2	90
Lombarts	878	7	16	Ludwig-Fallier	212	12	90	Lutzenberger	995	14	29
Lomberg	88	13	56	Ludwig-Vallier	1056	14	43	Luwarth	215	4	28
Lometsch	1017	8	30	Ludwiger	911	4	27	Lux	336	1	33
Lommatzsch	965	14	43	Ludwiger	40	6	95	Luxstein	47	9	52
Lommertzem	806	7	90	Ludwigs	859	4	97	Luz	340	1	71
Long	211	12	29	Lübbecke	504	9	73	Luz	712	2	90
Lonicer	43	13	10	Lübbers	350	5	52	Lynsi	21	4	26
Lonicerus	71	6	11	Lübbes	919	10	71	Lype	690	3	11
Loofs	870	6	52	Lübbes	988	10	71	Lyrer	330	3	90
Loofs	870	11	71	Lübbes	988	10	71				
Loos	749	2	70	Lübbes	1015	10	71	Maack	834	5	71
Loose	909	12	95	Lübbes	1017	10	71	Maack, von	631	9	6
Lootz	1013	7	16	Lübbing	416	12	69	Maag	57	4	28
Lopau	114	5	93	Lübegger	1008	4	27	Maagh	658	4	97
Lopow	293	3	10	Lübs	935	10	71	Maaler	972	4	28
Lorbeer	156	5	93	Lüdecke	790	9	73	Maass	824	5	93
Lorber	8	3	10	Lüdecke	1031	12	53	Maass	1017	14	5
Lorber	924	5	70	Lüdecking	16	6	52	Macco	994	3	90
Lorber	942	8	72	Lüdemann	766	5	51	Machenau	581	12	7
Lorch	371	6	11	Lüdemann	577	2	31	Machenau	581	12	90
Lorch	371	6	11	s. Ludemann, Lorich				Machtolff	341	6	11
Lorentz	296	6	52	Lüdemann	624	5	51	Machtolf	341	10	10
Lorentz	637	11	9	Lüden	579	10	90	Machtolff	357	6	11
Lorentzen	485	5	70	Lüder	83	3	90	Machtolff	595	6	11
Lorentzen	470	12	95	Lueder	506	6	52	Mack	766	4	28
Lorenz	1061	5	93	Lüderitz	635	10	71	Mack	403	6	75
Lorenz	799	10	21	Lüders	484	5	52	Mack	605	10	51
Lorenz	935	10	71	Lüders	529	5	52	Mack	577	14	20
Lorenz	247	13	29	Lüders	70	12	96	Mack	834	2	90
Lorenz	742	14	5	Lüders	824	12	96	Mack	667	2	32
Lorette	126	1	91	Lüders	676	13	10	Mack	941	2	32
Loretz	1061	3	52	Lüdinghausen, v.	565	4	27	Mackh	833	2	32
Lorich	766	3	52	Lüdtke	47	9	90	Mackh	20	5	71
Lorich s. Lüdemann	577	2	31	Luegel	305	11	9	Mader	233	6	11
Lorinser	43	1	50	Lueger	254	1	32	Mader	1080	1	33
Lorinser	907	3	52	Lüher	410	11	30	Madler	1000	2	71
Lorinser	775	3	52	Lühr	1078	12	30	Madlung	541	11	87

Register 1117

Name	WBL	Bgl. Siebm. Abtlg.	Tf.	Name	WBL	Bgl. Siebm. Abtlg.	Tf.	Name	WBL	Bgl. Siebm. Abtlg.	Tf.
Madsperger	3	1	50	Man	917	7	44	Marstaller	560	7	45
Mäder	674	3	90	Manasser	803	8	88	Marsteller	948	6	26
Mäleskircher	141	4	28	Manasser	780	8	88	Marten	384	5	93
Mändli	569	8	10	Mancinus	285	6	11	Martens	239	1	50
Maennel	585	14	29	Mandelius	607	9	6	Martens	66	4	28
Mär	802	9	29	Manderscheidt	106	1	33	Martens	386	5	93
Märckh	539	7	44	Mandt	699	4	97	Martens	974	5	93
Märkel	793	1	8	Manecke	963	4	28	Martens	453	5	93
Märki	566	13	1	Manecke	964	6	12	Martens	460	12	70
Märolt	996	4	28	Maneke	1032	5	71	Martens	184	7	45
Mäsch	966	2	90	Manger	362	7	31	Martens	641	9	53
Mässlin	689	3	91	Manger	1012	13	22	Marthi	331	4	28
Mästlin	139	6	53	Manger	547	2	9	Marthin	958	4	71
Mättig	660	8	73	Manger	576	2	32	Marti	784	9	30
Mätzler	155	8	30	Mangler	980	9	52	Marti	975	11	10
Maevius	886	6	12	Mangold	884	5	71	Martin	153	1	92
Magania	112	2	71	Mangold	884	11	42	Martin	60	6	52
Magdeburg	757	2	49	Mangold	904	14	29	Martin	224	7	45
Magelsen	166	5	71	Mangold	8	3	11	Martin	251	9	90
Magelsen	582	5	71	Mangoldt	829	2	32	Martin	810	12	7
Magen	509	1	91	Manitius	77	4	28	Martin	810	12	29
Mager	459	2	71	Mann	116	2	90	Martin	791	13	35
Magercurdt	815	9	73	Mann	95	5	32	Martinel	1000	8	72
Magerl	554	7	43	Mann	133	7	44	Martini	371	2	90
Magerl	240	13	10	Mann	146	7	44	Martini	130	3	32
Magyrus	708	6	26	Mann	933	12	90	Martini	214	9	90
Mahler	1012	4	71	Mannd s. Manuel	894	7	90	Martini	387	3	32
Mahler	52	7	90	Manuel s. Mannd	894	7	90	Martinsen	346	5	32
Mahling	614	14	29	Mannel	24	12	53	Martinssen	116	5	32
Mahlmann	471	9	52	Mannert	101	1	33	Martitz	502	8	49
Mahlström	903	12	90	Mannheimer	309	9	19	Martius	837	4	28
Mahr	872	2	71	Mannschardt	291	2	71	Martius	1011	6	52
Mahncke	97	10	31	Mannsfeldt	919	5	93	Martius	613	10	10
Mahüls	1064	6	11	Mannskopf	162	2	32	Marx	817	5	71
Mai	583	2	71	Manowitzer	835	2	9	Marx	614	14	5
Mai	474	3	11	Manrieder	822	1	50	Marx	159	2	90
Maickler	125	6	11	Mansfeld-Büllner	1021	6	12	Marx	847	2	32
Maidpurg	920	2	32	Mansfeldt	963	1	8	Marxhausen	360	13	22
Maier	578	1	71	Manske	381	10	90	Marxhausen	360	13	40
Maier	9	14	13	Mantel	157	7	71	Masch	368	1	92
Maier	97	3	52	Mantel	768	13	10	Masch	365	5	32
Maier	162	1	72	Manthey	56	9	73	Mascher	118	6	52
Maier	210	3	52	Mantz	1045	2	9	Mascher	803	9	73
Maier	14	3	52	Mantz	735	4	28	Maschke	143	6	53
Maier	1005	14	20	Mantz s. Muntz	1076	4	28	Maskowsky	642	13	29
Maier	1032	14	29	Mantz	257	7	44	Massdorf	351	5	52
Maier	696	6	96	Mantz	1064	7	71	Masser	491	4	29
Maier	283	3	52	Mantz	1076	9	30	Masser	233	6	26
Maierhofer	875	3	52	Mantzel	353	8	73	Massmann	12	5	52
Maile	570	6	11	Manz	136	1	8	Masson	890	1	33
Mainberger	203	1	33	Manz	1052	7	44	Massow	680	12	90
Mainhofer	254	3	52	Manz	1076	7	71	Mastinger	679	4	29
Mainone	872	4	71	Manzeneder	211	7	44	Matern	625	10	90
Mainone	187	4	97	Manzini	74	9	53	Matfeld	524	3	11
Maintzer	45	7	43	Mar	740	2	32	Matfeld	525	5	32
Mair	917	2	90	Mar	94	3	52	Math	995	3	53
Mair	132	3	91	Maratz	459	7	44	Matheiß	833	7	45
Mair	166	4	28	Marauer	132	1	50	Mathern	929	6	26
Mair	893	4	28	Marb	289	1	50	Mathesius	464	10	52
Mair	158	6	75	Marb	286	7	44	Mathesius	172	11	10
Mair	166	6	75	Marb	814	8	88	Mathie	755	10	90
Mair	235	7	44	Marb	289	10	51	Mathis	225	3	53
Mair	324	6	76	Marbeck	362	1	33	Mathys	425	4	28
Mair	464	6	76	Marburg	644	7	44	Matsch	456	7	45
Mair	255	7	43	Marcard	560	5	32	Matscherneeks	680	8	72
Mair	229	7	44	March, de	121	10	52	Matsen	321	4	29
Mair	104	8	72	Marchthaler	394	3	11	Matt	562	1	33
Mair	812	8	88	Marci	852	3	32	Matte	21	14	29
Mair	810	8	88	Marci	217	6	12	Mattenkofer	179	4	29
Mair	798	8	88	Marcinkowski	453	11	10	Matter	663	9	53
Mair	801	8	87	Marck	455	7	45	Matter	663	9	53
Mair	794	8	88	Marcus	206	5	71	Mattfeld	613	13	10
Mair	784	8	88	Marcus	939	5	71	Matth	537	1	51
Mair	332	9	6	Marees des	447	12	8	Matthaei	394	5	93
Mair	160	1	71	Margadant	867	8	73	Matthaei	1041	9	6
Mair (Meir)	973	15	3	Marggraf	776	4	28	Matthaei	489	9	90
Mair	208	1	71	Marggraff	75	6	26	Matthäi	513	1	92
Mair	549	1	91	Marheinecke	675	6	52	Mattheis	740	12	8
Maire	817	7	80	Mariaux	1033	12	70	Matthes	740	1	33
Mairlin	633	6	76	Maritz	111	7	44	Matthesius	1065	11	10
Maisenberger	364	6	76	Maritz	211	7	44	Matthews	579	3	11
Maisser	229	7	44	Mark	221	9	29	Matthey	448	14	43
Maister	1006	2	32	Mark	218	9	30	Matthiae	841	6	26
Maister	154	6	96	Mark	355	9	30	Matthias	964	4	29
Maisteter	649	6	76	Markees	616	13	1	Matthias	965	8	49
Maiweg	583	8	30	Marker	244	3	52	Matthias	360	10	52
Maje	472	3	91	Markh	325	3	52	Matthias	965	11	10
Majinger	322	1	8	Markhaus	4	2	9	Matthiessen	293	3	11
Major	1054	1	91	Markloff	592	2	32	Matthiessen	293	5	32
Maklott	862	3	52	Markwalder	487	7	71	Mattigkofer	1037	2	71
Makowka	956	11	88	Marmann	349	10	10	Mattseer	752	1	33
Makowsky	957	15	3	Marperger	553	1	8	Matz	1006	2	49
Malbrandt	971	6	26	Marquard	272	4	28	Matz	316	5	32
Malchin	392	6	52	Marquard	1066	4	28	Matz	442	10	52
Malchin	392	7	90	Marquardi	416	8	49	Matzberger	812	9	51
Malchin	356	8	72	Marquardi	561	4	28	Matzdorff	176	10	71
Maler	738	2	90	Marquardt	98	3	53	Mauch	51	2	10
Maler	800	9	73	Marquardt	715	3	53	Maucher	237	7	45
Maler	696	12	7	Marquardt	788	9	73	Mauer s. Maurer	9	5	71
Malinowski	654	9	90	Marquart	147	6	76	Mauerer s. Meurl	505	1	72
Mallebrein	975	5	93	Marquart	711	7	45	Mauerkirchen	654	1	51
Mallein, de	481	5	32	Marr	92	1	33	Maul	936	2	32
Mallien	1049	14	20	Marr	110	2	9	Maul	579	7	45
Mallmann	667	6	96	Marr	96	7	45	Maul	951	7	45
Mallmann	32	9	52	Marr	973	11	10	Maul s. Mayl	885	4	29
Malsch	493	2	9	Marschall	448	7	31	Maurer	264	3	32
Maluche	961	13	48	Marschall	9	8	31	Maurer	556	3	53
Mamhofer	457	9	53	Marsilius	579	7	16	Maurer	567	4	29
Mammen	669	13	48	Marstaller	36	1	8	Maurer	144	7	31
Mammitsch	703	13	56	Marstaller	948	7	45	Maurer	238	7	45

Name	WBL	Abtlg.	Tf.	Name	WBL	Abtlg.	Tf.	Name	WBL	Abtlg.	Tf.
Maurer	708	7	45	Mayr	825	2	10	Meister	1058	5	52
Maurer	152	8	73	Mayr	223	1	72	Meister	1032	6	96
Maurer	513	9	53	Mayr	329	1	92	Meister	335	9	6
Maurer	226	10	32	Mayr	833	2	10	Meister	79	9	74
Maurer	609	2	32	Mayr	133	7	31	Meister	1051	10	72
Maurer	736	2	71	Mayr	152	7	47	Meister	989	14	29
Maurer	538	1	92	Mayr	162	4	29	Meisterzeichen			
Maurer	177	1	72	Mayr	222	7	46	von Gmünd	652	12	29
Maurer	609	2	90	Mayrhauser	240	7	47	Meisterzeichen			
Maurer s. Mauer	9	5	71	Mayrhofer	229	2	71	von Gmünd	787	12	29
Mauritii	954	6	26	Mayrhofer	18	7	31	Meiszahn	356	3	53
Mauritius	170	1	51	Mayrhofer	47	7	47	Meitner	41	7	31
Maurmans	167	7	90	Mayrhofer	883	9	6	Meixner	203	2	32
Maurmiller	796	6	76	Mayrs	98	4	29	Mejer	112	5	93
Maurmiller	903	6	76	Maystetter	234	3	32	Mejer	97	6	53
Maus	520	2	71	Maystetter	235	7	46	Mejerski	510	14	29
Maus	1011	7	45	Mechler	893	7	90	Melas	609	6	27
Mauser	915	9	53	Meckelburg	617	5	71	Melb	803	1	73
Maußer	551	2	10	Meckh	502	7	31	Melbach	64	4	30
Mauthe	872	13	22	Mecklenburg	639	5	71	Melbaum	472	8	99
Max	347	7	45	Mecz	336	4	30	Melbeck	607	3	69
Maxheimer	621	9	53	Medeborch	790	9	73	Melbeck	608	5	93
May	926	6	96	Meder	673	1	33	Melber	611	2	32
May	468	12	30	Meder	1	2	90	Melber	267	7	47
Mayburger	458	7	45	Meder	673	3	69	Melber	532	10	52
Mayenschein	831	1	92	Meder	460	7	47	Melber	100	1	33
Mayenschein	474	6	12	Meder	744	8	10	Melber	142	1	73
Mayer	1003	3	11	Meder	125	10	71	Melber	532	1	73
Mayer	1036	3	32	Meder-Eggebert	960	12	91	Melchers	717	5	33
Mayer	136	5	32	Mederl	842	7	47	Melchior	552	2	71
Mayer	675	5	32	Medicus	678	2	71	Melchior	184	10	10
Mayer	735	5	33	Medinck	760	5	52	Melfürer	806	10	52
Mayer	121	5	33	Meefuß	165	4	29	Melissander	941	4	29
Mayer	735	5	33	Meelboum	472	4	97	Mellemann	115	4	71
Mayer	551	5	93	Meer, Ter	731	12	31	Meller s. Miller	23	2	32
Mayer	509	5	33	Meer, Ter	955	12	31	Mellmann	125	8	49
Mayer	969	6	53	Meermann	685	12	96	Mello	630	5	71
Mayer	825	7	46	Mees	869	10	10	Meloner	690	4	71
Mayer	217	7	46	Meeser	1075	5	93	Melonius	590	4	30
Mayer	940	7	46	Megenhardt	280	6	26	Melthammer	281	7	48
Mayer	445	7	46	Megerlin	136	6	26	Meltinger s. Mettinger	188	5	52
Mayer	985	8	31	Meggel	505	7	16	Meltzer	180	6	27
Mayer	561	7	46	Megger	660	4	29	Meltzner	1054	3	91
Mayer	491	5	32	Megkart	324	7	47	Memberger	535	7	48
Mayer	1012	13	56	Mehlem	636	4	97	Memhardt	530	4	30
Mayer	593	14	13	Mehlis	630	5	52	Memhardt	530	6	12
Mayer	391	14	13	Mehlis	270	5	52	Memhardt	530	7	48
Mayer	829	5	33	Meibonn	1066	6	53	Memmersdörfer	553	2	32
Mayer	120	1	72	Meichl	301	6	26	Memmert	804	14	43
Mayer	896	1	72	Meichlbeck	632	7	31	Memmert	804	14	46
Mayer	389	3	91	Meichsner	378	6	26	Memmesheimer	992	11	10
Mayer	1046	3	91	Meichsner	584	6	26	Memminger	38	1	33
Mayer	481	3	91	Meichsner	265	7	31	Memminger	223	6	53
Mayer	1069	3	91	Meicksner	698	1	33	Memminger	861	7	48
Mayer	337	1	72	Meienberg	479	6	53	Menck	361	5	71
Mayer	551	2	71	Meienberg	584	10	71	Mende	302	11	30
Mayer	1048	2	71	Meier	586	3	32	Mendel	11	1	33
Mayer	111	4	71	Meier	547	3	91	Mendl	158	1	92
Mayer	135	5	33	Meier	949	4	29	Mendler	838	10	52
Mayer	257	7	46	Meier	519	4	71	Mendlin	96	6	53
Mayer	269	7	46	Meier	321	5	33	Mener	388	4	71
Mayer	220	2	10	Meier	507	5	93	Mener	338	8	73
Mayer	836	3	69	Meier	795	9	73	Menet	851	7	48
Mayer	135	2	10	Meier	515	9	74	Mengel	404	12	70
Mayerhofer	883	4	29	Meier	413	9	74	Mengelberg	68	4	97
Mayl s. Maul	885	4	29	Meier	644	10	52	Mengen	980	11	30
Mayland	582	5	33	Meier	675	10	72	Mengershusen	239	3	53
Mayner	851	7	46	Meier	420	11	30	Menges	339	5	71
Maynerius	264	6	26	Meier	958	14	29	Menhart	250	12	8
Mayr	853	7	31	Meig	222	7	47	Menhorn	917	7	48
Mayr	861	7	46	Meili	241	7	71	Menig	782	12	96
Mayr	153	4	29	Meili	774	9	30	Menk	345	14	20
Mayr	328	4	29	Mein	62	2	10	Menken	309	3	32
Mayr	474	4	71	Meinboldt	746	9	74	Menks	1050	2	90
Mayr	441	1	72	Meinck	489	12	8	Menle	186	7	48
Mayr	960	6	53	Meindel	917	7	31	Menne	127	4	71
Mayr	512	4	29	Meindl	998	7	48	Mensch	437	8	10
Mayr	133	7	31	Meinecke	787	12	91	Mensching	789	12	91
Mayr	849	1	72	Meineking	127	5	33	Menshausen	622	6	53
Mayr	99	7	46	Meinel	917	6	12	Mente	296	4	30
Mayr	600	7	46	Meinel	917	7	80	Mentel	205	7	48
Mayr	157	7	46	Meinell	210	2	32	Mentelberger	504	4	30
Mayr	449	7	46	Meiner	390	13	35	Mentele	407	7	48
Mayr	120	7	47	Meiners	709	10	72	Mentelin	555	7	48
Mayr	460	7	47	Meinert s. Weinert	442	14	46	Mentz	881	4	30
Mayr	14	8	72	Meinhart	523	1	72	Mentz	881	7	48
Mayr	696	1	72	Meinert s. Weinert	442	14	46	Mentze	94	5	52
Mayr	846	9	6	Meinhold	669	13	56	Mentzel	1064	3	32
Mayr	833	7	46	Meininger	915	6	96	Mentzel	124	9	74
Mayr	468	9	74	Meininghaus	44	11	30	Mentzel	63	10	31
Mayr	835	7	46	Meins	984	5	52	Mentzen	802	9	74
Mayr	1071	12	8	Meise	360	6	12	Mentzer	50	7	48
Mayr	965	7	46	Meise	365	6	12	Mentzer	303	7	48
Mayr	966	7	46	Meisel	610	9	90	Mentzius	458	7	48
Mayr	945	7	47	Meisinger	616	2	49	Mentzius	388	8	31
Mayr	883	7	47	Meisthaler	812	1	72	Menzel	381	12	96
Mayr	936	7	47	Meiss	1038	12	8	Menzer	435	2	10
Mayr	1053	8	72	Meiss	370	13	40	Menzer	612	2	71
Mayr	1029	9	47	Meißel	185	8	73	Menzinger	864	7	32
Mayr	933	9	6	Meisser	870	4	29	Menzinger	690	7	90
Mayr	796	8	88	Meissner	574	1	92	Menzl	561	3	53
Mayr	993	1	72	Meissner	724	3	69	Merck	776	3	11
Mayr	1072	1	72	Meissner	1047	9	90	Merck	159	5	71
Mayr	272	1	72	Meißner	919	14	46	Merck s. Goldkuhl	748	5	7
Mayr	78	1	72	Meissner	1047	2	32	Merck s. Goldkuhl	749	5	71
Mayr	221	1	72	Meißner	523	2	49	Merck	776	9	90
Mayr	121	1	72	Meister	335	4	29	Mercker	335	4	71
Mayr	836	2	71	Meister	570	4	30	Mercker	901	7	32
Mayr	222	1	72	Meister	81	4	71	Merckh	901	5	71
Mayr	861	2	71	Meister	1058	5	52	Merckh	874	7	32

Register 1119

Name	WBL	Bgl. Abtlg.	Siebm. Tf.	Name	WBL	Bgl. Abtlg.	Siebm. Tf.	Name	WBL	Bgl. Abtlg.	Siebm. Tf.
Merckhl	613	6	27	Meussel	347	7	49	Mezger	218	3	70
Mercklin	449	6	27	Meussing	842	7	49	Micara	1008	10	52
Mercklin	765	6	96	Mevius	1029	1	34	Michael	444	2	72
Mere, vam	542	4	29	Mewes	1030	11	88	Michael	609	3	33
Mere, von	407	7	48	Mey	474	10	52	Michaeli	918	6	12
Mereell	59	12	8	Meyberg	1033	11	11	Michaelis	711	2	90
Merheim	657	4	97	Meyberg	1034	11	11	Michaelis	972	8	31
Merian	964	10	72	Meybusch	976	2	49	Michaelis	31	8	73
Merk	776	1	33	Meyenberg	472	1	73	Michaelis	444	11	42
Merk	641	7	48	Meyer	541	1	73	Michahelles	1032	8	10
Merk	699	7	48	Meyer	675	5	33	Michel	444	4	71
Merk	699	7	48	Meyer	93	3	11	Michel	799	7	71
Merk	428	7	49	Meyer	468	3	11	Michel	737	11	30
Merkel	210	1	33	Meyer	155	4	30	Michel	813	11	30
Merkel	135	2	72	Meyer	515	4	30	Michel	737	11	30
Merkel	520	3	32	Meyer	436	4	31	Michelfelder	973	14	21
Merkel	613	4	30	Meyer	530	4	30	Michelmann	444	11	30
Merkel	909	6	96	Meyer	114	5	33	Michelsen	2	1	8
Merkel	1064	13	10	Meyer	430	5	33	Michelsen	751	9	91
Merkh	860	2	90	Meyer	185	5	34	Michesperger	680	4	31
Merkh	345	4	30	Meyer	600	5	34	Micyllus s. Mycillus	411	8	31
Merkle	47	7	49	Meyer	524	5	34	Middeldorf	968	10	10
Merklein	75	2	72	Meyer	756	5	34	Middeldorp	623	5	34
Merklin	765	3	32	Meyer	962	5	34	Middendag	587	5	52
Merklin	566	7	49	Meyer	922	5	34	Middendorpf			
Merklin	781	8	89	Meyer	213	5	94	s. Mildendorpf	507	3	70
Merlich	96	3	53	Meyer	661	4	31	Mielck	548	11	43
Merlin	216	6	76	Meyer	988	5	34	Mielck	548	11	71
Merolt	1030	4	71	Meyer	957	5	94	Mielich	554	1	73
Merseburg	913	12	70	Meyer	674	5	94	Mielka	535	13	10
Mersweiler	523	4	97	Meyer	1077	5	34	Miesinger	570	7	50
Mertel	57	3	53	Meyer	1035	5	94	Milagius	506	2	33
Mertelius	57	6	12	Meyer	674	5	33	Milbinger	610	6	27
Mertens	1069	9	53	Meyer	943	7	17	Mildebrath	42	13	10
Mertens	863	12	71	Meyer	674	5	33	Mildendorpf			
Mertin	158	9	30	Meyer	510	7	49	s. Middendorpf	507	3	70
Mertz	151	2	10	Meyer	674	5	33	Miler	659	6	53
Mertz	340	4	30	Meyer	56	7	71	Milewski	653	10	31
Mertz	222	4	71	Meyer	757	7	71	Milfritz	1023	7	50
Mertz	151	7	49	Meyer	570	7	71	Millauer	991	14	29
Mertz	222	7	49	Meyer	178	7	71	Miller	864	6	53
Mertz	151	9	30	Meyer	583	7	71	Miller	61	6	76
Mertzhuser s. Metzhuber	317	4	30	Meyer	945	7	71	Miller	139	6	76
Merwart	32	7	49	Meyer	83	7	90	Miller	229	6	77
Merwart	448	7	49	Meyer	662	7	71	Miller	658	6	77
Merxmüller	79	3	53	Meyer	784	7	90	Miller	849	8	31
Merz	838	1	8	Meyer	833	7	91	Miller	660	6	76
Merz	214	2	10	Meyer	674	5	33	Miller	800	8	89
Merzbach	137	8	30	Meyer	934	7	91	Miller	803	8	89
Meschger	403	1	51	Meyer	37	8	10	Miller	661	8	99
Meschmann	456	12	9	Meyer	674	5	94	Miller	660	8	99
Mesder	1047	7	49	Meyer	1038	8	73	Miller	134	9	6
Mesner	1009	1	33	Meyer	674	5	94	Miller	221	10	52
Messerer	459	4	30	Meyer	673	8	87	Miller	134	1	51
Messerer	459	7	49	Meyer	674	5	94	Miller	955	1	51
Messerknecht	1020	12	96	Meyer	38	9	7	Miller	659	1	73
Messerschmid	707	2	10	Meyer	38	9	7	Miller	1016	1	73
Messerschmid	744	2	49	Meyer	957	9	30	Miller	849	2	91
Messerschmidt	670	12	30	Meyer	675	5	34	Miller	661	1	51
Messinger	331	6	96	Meyer	197	9	91	Miller	1050	2	90
Meßkow	538	7	17	Meyer	468	10	10	Miller s. Meller	23	2	32
Meßmann	773	4	30	Meyer	669	10	52	Millet	1031	2	91
Messmer	893	4	71	Meyer	55	10	52	Millies	574	5	52
Messmer	892	5	94	Meyer	527	10	72	Milliges	1	9	74
Messmer	819	5	94	Meyer	185	10	72	Milner	994	2	72
Mestern	54	11	10	Meyer	787	10	72	Milot	513	2	72
Mestern	817	11	10	Meyer	949	10	72	Milot	474	7	50
Methner	604	13	10	Meyer	669	10	72	Miltenberg	160	2	33
Metius	812	12	8	Meyer	120	5	33	Miltenberg	122	2	49
Mettenius	783	2	33	Meyer	123	3	11	Miltert	811	10	52
Metter	841	2	72	Meyer	847	1	73	Miltz	688	6	53
Mettinger s. Meltinger	188	5	52	Meyer	1058	11	42	Miltz	794	7	91
Metz	37	4	97	Meyer	675	5	34	Milvius	938	10	52
Metzberger	1011	6	27	Mayer	146	12	91	Milz	794	12	96
Metzberger	1011	4	30	Meyer	708	10	10	Minchner	1048	4	31
Metzel	184	1	33	Meyer	739	7	71	Mindl	232	3	53
Metzener	554	8	31	Meyer	615	13	22	Minn	200	12	9
Metzger	316	4	30	Meyer	790	13	22	Minner	188	4	31
Metzger	1029	4	30	Meyer	741	7	71	Minola	187	10	52
Metzger	140	6	27	Meyer	757	13	29	Minsleben, von	780	10	53
Metzger	296	7	49	Meyer	819	11	10	Minsterer	537	1	51
Metzger	880	7	49	Meyer	128	14	37	Mioduski	710	10	10
Metzger	334	7	49	Meyer	770	14	43	Mirow	670	4	72
Metzger	778	8	89	Meyer	770	14	37	Mirus	578	1	92
Metzger	335	1	51	Meyer	675	12	96	Mirus	35	13	22
Metzger	218	1	73	Meyer-Brüggemann	1056	12	96	Mirwaldt	1002	7	50
Metzger	1054	1	73	Meyer	902	2	72	Mischke	31	12	32
Metzger	175	1	92	Meyer-Mesendorf	1057	12	9	Misler	530	10	53
Metzges	555	13	1	Meyer	675	3	70	Misner	502	11	11
Metzhuber s. Mertzhuser	317	4	30	Meyer	395	3	91	Missing	570	10	11
Metzinger	668	14	21	Meyer	908	2	72	Missing	570	14	13
Metzler	140	1	51	Meyer	1044	2	72	Missinger	572	2	72
Metzler	596	2	33	Meyer zu Spielbrink	477	10	90	Mithoff	640	4	72
Metzner	197	2	33	Meyer zum Vorwalde	511	12	53	Mitscher	913	8	31
Metzner	197	10	72		und			Mittag	61	11	11
Meubrink	845	9	90	Meyere	899	5	33	Mittauer	166	4	31
Meuderlin	530	2	49	Meyerhencke	515	9	74	Mittell	305	6	27
Meule	838	5	94	Meyerkort	985	9	74	Mittelsdorff	623	5	34
Meulndorfer	692	7	32	Meyermann	955	6	53	Mittermair	957	4	72
Meurer	1057	1	73	Meyers	443	8	88	Mitterndorfer	268	7	50
Meurer	611	3	11	Meyli	654	7	71	Mittorpf	1004	2	72
Meurer	177	3	33	Meyllinger	565	2	10	Mittweg	800	8	49
Meurer	25	7	49	Meymers	472	5	34	Mitzlaff	873	13	48
Meurer	1057	7	49	Meynau	239	7	49	Mitzschke	954	8	73
Meurer gen. Frahs	284	7	49	Meyner	953	1	92	Moch	705	13	29
Meurer	963	12	71	Meynig	916	13	22	Mochinger	769	4	31
Meurl s. Mauerer	505	4	30	Meynig	916	13	29	Mockel	868	3	33
Meus	787	8	99	Meynn	193	7	17	Model	647	12	9
Meuschen	423	9	90	Meysl	347	7	50	Model	647	12	96
Meusel	68	1	8	Mezen	982	4	97	Modelmayer	332	1	73

Name	WBL	Bgl. Abtlg.	Siebm. Tf.	Name	WBL	Bgl. Abtlg.	Siebm. Tf.	Name	WBL	Bgl. Abtlg.	Siebm. Tf.
Modelmayer	332	4	72	Molly	1047	8	10	Mühlen, zur	296	3	91
Modelmayr	127	12	9	Molsen	1020	11	42	Mühlen, zur	304	3	91
Modersohn	974	12	90	Moltz	406	7	50	Mühlenfeld	996	10	72
Mödlmayer	925	1	51	Momenson	365	4	31	Mühlholz	892	1	52
Möckermann	119	7	50	Momesser	852	6	27	Mühling	686	13	48
Mödlhammer	278	2	49	Momme	894	6	96	Mühlrath	661	9	91
Möger s. Mögler	341	7	50	Momme	894	9	75	Mühry	618	10	72
Mögler s. Möger	341	7	50	Monachus	115	6	27	Muel, von der	724	7	51
Moeglin	277	10	72	Mondbach	338	3	70	Mülbacher	418	4	32
Mögling	311	6	27	Mondschein	47	2	72	Mülberger	904	12	71
Möhlen, von der	115	5	71	Monetarius	441	10	53	Müldorfer	922	7	32
Möhner	248	5	71	Monhaupt	590	2	49	Müleisen	658	7	32
Möhring	1051	13	10	Moni	434	6	96	Muelhofer	40	7	51
Möhringer	161	3	53	Moninger	223	13	30	Muelich	383	7	51
Möler	250	2	33	Monnick	775	9	74	Mülitz	955	6	27
Möller	954	2	10	Monse	513	6	80	Müllegg	770	2	72
Möller	549	3	12	Mont, Du	1080	12	10	Müllensteiner	724	1	52
Möller	946	3	12	Mont, Du	113	12	10	Müller	150	2	10
Möller	918	3	12	Montans	186	5	94	Müller	564	7	51
Möller	661	3	12	Monte, de	239	4	31	Müller	657	10	73
Möller	659	4	31	Moog	337	7	91	Müller	660	5	71
Möller	557	5	34	Moog	806	7	91	Müller	660	1	51
Möller	919	5	34	Moors	166	4	72	Müller	657	3	12
Möller	952	5	34	Mooz	224	1	9	Müller	955	3	12
Möller	947	5	34	Mor	166	4	31	Müller	231	4	32
Möller	955	3	12	Mor	1042	7	50	Mueller	724	4	72
Möller	955	5	34	Mor	160	7	50	Müller	661	4	32
Möller	826	5	35	Mor	160	12	32	Müller	955	5	35
Moeller	3	7	50	Morand	672	2	33	Müller	501	5	94
Moeller	921	8	49	Morasch	98	1	9	Müller	209	5	94
Moeller	928	9	74	Morath	84	6	12	Müller	501	5	94
Moeller	536	10	53	Morch	162	10	72	Müller	903	5	94
Möller	661	10	53	Morel	161	13	35	Müller	855	6	27
Moeller	536	10	72	Morell	1051	1	92	Müller	234	6	28
Möller	891	12	9	Moretto	1014	2	72	Müller	889	6	28
Möller	678	3	33	Morff	949	4	31	Müller	242	6	28
Möllerhoff	624	4	72	Morgen	59	12	9	Müller	662	6	28
Mölling	1022	6	53	Morgenbach, von	836	7	50	Müller	937	6	53
Mölsch	15	2	10	Morgenstern	419	10	32	Müller	658	7	32
Mönch	153	10	72	Morhard	610	10	32	Müller	229	7	51
Möncheberg	115	3	33	Morhardt	169	2	91	Müller	203	7	51
Mönck	296	5	94	Morhardt	131	2	49	Müller	967	7	51
Mönckmeyer	127	5	35	Moringer	162	4	31	Müller	767	7	71
Mönhorn	917	1	34	Moringer	164	12	10	Müller	849	7	51
Mönkeberg	115	10	53	Moritz	850	8	50	Müller	647	7	72
Mörckh	42	9	6	Moritz	857	8	50	Müller	903	8	11
Mörder	884	1	51	Moritz	857	9	30	Müller	847	7	51
Mörike	76	1	9	Moritz	755	12	96	Müller	887	8	50
Möring	161	10	11	Moritz	857	6	53	Müller	849	4	32
Möringer	132	2	10	Moritzen	161	9	91	Müller	877	8	73
Möringer	155	7	32	Morneweck	743	3	70	Müller	660	9	30
Möringer	157	9	53	Moroldt	150	6	27	Müller	229	9	30
Mörkhl	291	4	31	Morsdorf	795	6	96	Müller	724	9	74
Mörl	840	1	9	Morstadt	622	5	35	Müller	638	10	11
Mörl	383	2	33	Morstett	299	1	34	Müller	1047	10	11
Mörleth	922	6	27	Mohrstetten	838	5	52	Müller	1071	10	32
Mörte	514	1	51	Morus	57	3	33	Müller	719	10	11
Mörtel	863	7	32	Moscoph	37	4	97	Müller	1067	10	53
Mörtl	863	4	72	Mosegkher	835	7	50	Müller	838	7	51
Mörwaldt	263	4	31	Moser	1063	1	51	Müller	1002	10	72
Mösch	53	4	31	Moser	30	4	32	Müller	636	10	73
Möser	759	7	17	Moser	608	4	32	Müller	625	10	73
Möser	759	9	91	Moser	1040	6	27	Müller	927	10	73
Möser	603	12	96	Moser	1040	9	30	Müller	472	10	91
Möser	758	12	96	Moser	1040	7	50	Müller	357	11	30
Moessinger	1023	13	48	Moser	553	7	50	Müller	660	11	43
Moessner	71	2	33	Moser	565	7	50	Müller	575	10	91
Mötzger	334	1	73	Moser	360	7	51	Müller	2	12	10
Mohebanus	591	6	96	Moser	607	7	51	Müller	861	4	32
Mohlen	159	3	11	Moser	608	8	73	Müller	643	13	22
Mohr	166	1	73	Moser	1070	12	31	Müller	885	13	23
Mohr	839	2	72	Moser	973	12	31	Müller	843	7	72
Mohr	161	6	27	Moser	900	2	72	Müller	663	13	40
Mohr	832	6	27	Moser	321	2	10	Müller	662	7	72
Mohr	163	6	96	Moses	242	1	51	Müller	1016	13	40
Mohr	797	7	91	Moslehner	968	1	92	Müller	1007	13	56
Mohr	840	8	10	Mosler	1040	8	73	Müller	662	10	11
Mohr	1023	10	53	Mosmar	54	2	91	Müller	1019	14	6
Mohr	1009	10	91	Mosmiller	903	4	32	Müller	839	1	51
Mohr	99	12	96	Mossau	419	7	51	Müller-Brand	1012	14	29
Mohrdorff	99	5	72	Mossegger	88	2	33	Müller	955	2	33
Mohrenhofer	835	2	72	Mosser	457	8	73	Müller	1076	3	53
Mohrenweiser	160	10	32	Mossmüller s. Noßmüller				Müller	658	1	52
Mohrmann	949	5	34	Moßpacher	184	6	27	Müller	927	1	51
Moiban	818	9	6	Most	923	4	32	Müller	806	1	51
Molen, von der	912	3	91	Mostelius	104	3	91	Müller	242	1	51
Molitor	659	4	31	Moterer	739	6	53	Müller	849	1	52
Molitor	838	4	72	Mothes	473	5	72	Müller	257	2	73
Molitor	662	10	53	Mothes	249	8	73	Müller	950	2	33
Molitor	662	10	72	Motschi	545	9	30	Müller	1065	2	49
Molitor	314	2	33	Mottler	555	1	34	Müller	867	8	11
Molitor	721	2	33	Mourier	877	11	11	Müller	989	6	53
Molkentin	961	12	91	Mousson	989	10	10	Müller, gen. Snauenberg	990	10	58
Moll	603	1	34	Moyelke	507	5	35	Müller	1016	13	23
Moll	80	6	53	Mrongovius	676	12	97	Müller	1038	8	50
Moll	433	8	49	Muckh	564	2	10	Müller-Freiberg	724	10	11
Moll	387	8	49	Muding	500	7	51	Müller	662	10	11
Mollenbeck	542	2	72	Muechel	36	13	11	Müller-Funk	660	12	10
Moller	1068	1	92	Müe	752	7	71	Müller	689	3	33
Moller	625	3	33	Müelbach	561	7	51	Müller	557	2	73
Moller	625	4	31	Mügge	1077	12	32	Müller	657	3	91
Moller	569	7	32	Müglich	62	4	32	Müller	954	3	91
Moller	738	7	50	Mühl	485	1	9	Müller	661	3	91
Moller	724	8	31	Mühlberg	881	6	96	Müller	851	2	72
Moller	921	9	6	Mühle	625	6	96	Müller	139	2	10
Moller	955	9	91	Mühle	350	5	35	Müller	900	2	10
Mollin	311	8	49	Mühleck	771	2	91	Müller	1014	2	33
Mollinger	437	6	27	Mühleck	955	3	70	Müller	659	1	92
Mollinnus	1019	13	30	Mühleisen	658	2	91	Müller	885	1	92
Mollwo	1041	4	31	Mühleisen	657	12	54	Müller-Schönau	904	14	6

Register

Name	WBL	Bgl. Abtlg.	Siebm. Tf.	Name	WBL	Bgl. Abtlg.	Siebm. Tf.	Name	WBL	Bgl. Abtlg.	Siebm. Tf.
Müller	132	2	91	Muzell	828	8	50	Nellessen	914	9	30
Mülliman	659	4	32	Mykonius	496	5	52	Nellinger	342	7	52
Müllner	357	7	32	Mylaurus	664	8	50	Nennecke	465	6	54
Müllner	446	1	52	Myle, von der	294	5	35	Nenneken	439	6	80
Müllner	724	8	50	Myleck	955	1	34	Nenningen	929	2	11
Müllner	660	1	52	Mylius	663	2	33	Nentwich	549	10	73
Mülvetz	569	3	53	Mylius	458	3	33	Nentwich	382	10	91
Mülvetz	955	3	53	Mylius	100	4	33	Neperschmid	811	8	89
Münch	158	1	52	Mylius	663	4	33	Neppert	856	7	17
Münch	73	4	32	Mylius	566	11	31	Nerrer	453	4	72
Münch	153	10	73	Myller	706	6	54	Nerreter	803	2	34
Münch	705	4	32	Mynten	569	11	11	Neru, de	447	8	31
Münchhoff	921	9	91	Myslenta	673	3	33	Nese	73	9	75
Münchmeyer	493	5	94					Neseke	311	3	33
Münchmeyer	544	6	54	Nabholz	1025	2	49	Nesenus	680	9	53
Mündel	964	8	99	Nabholz	1020	4	33	Neser	496	1	73
Mündemann	791	9	74	Nabholz	1025	10	32	Nessen	936	7	91
Mündemann	791	9	74	Nachtrueb	590	6	28	Nessen	936	8	32
Mündemann	521	9	75	Nacke	563	1	92	Nessen	936	8	74
Münden	58	3	12	Nacke	834	2	91	Nessler	516	4	72
Münder	58	7	91	Nadeldorfer	770	4	33	Nestle	367	2	33
Münger	906	7	91	Nadler	984	2	91	Nestler	388	1	93
Münnich	746	6	54	Nadler	916	3	33	Nestler	713	1	93
Münnich	746	9	91	Nadler	24	6	77	Neth	665	13	23
Münning	915	14	46	Nadler	797	8	89	Nettesheim	527	7	52
Münter	830	4	32	Näf	52	7	91	Netzer	568	3	54
Münzer	182	4	32	Näf	53	7	91	Neu	46	4	72
Münzer	182	5	94	Nägeli	577	4	33	Neubauer	525	5	53
Münzinger	149	1	52	Nägeli	101	7	72	Neubauer	107	8	50
Münzmeister	44	2	49	Nägeli	577	7	91	Neubegk	885	7	52
Münzmeister	44	11	88	Nägeli	580	7	91	Neuber	257	8	74
Mürmester	484	3	12	Naeher	698	10	32	Neuber	260	13	48
Mues	1026	3	70	Nähler	665	12	97	Neuburg	1029	2	34
Müseler	988	12	97	Nagel	686	4	33	Neudörffer	80	3	54
Müser	871	10	32	Nagel	640	5	94	Neudörffer s. Neundorfer	933	1	34
Müsgen	347	10	32	Nagel	686	6	54	Neuffer	781	3	33
Müssiggang	532	9	75	Nagel	1027	7	17	Neuffer	781	6	28
Müssinger	516	2	49	Nagel	234	7	52	Neugebauer	918	3	12
Mütesgleicher	291	2	11	Nagel	686	7	72	Neugebauer	975	9	91
Mütschelin	346	6	28	Nagel	686	7	91	Neugebauer	922	13	57
Mützel	313	2	11	Nagel	686	13	23	Neugel	996	6	12
Muetzel	287	12	32	Nagel	650	1	52	Neugenhofer	383	6	12
Mützler	536	4	32	Nagel	193	1	92	Neuhäuser	619	6	96
Muffel	926	3	53	Nagelius	197	9	75	Neuhäuser	619	6	96
Muge	845	4	32	Nahde	524	12	91	Neuhaus	584	3	33
Muggler	597	4	32	Nahmmacher	829	10	32	Neuhaus	619	5	72
Muheim	440	5	35	Naimer	769	2	49	Neuhof	637	10	33
Muhle s. Mühle	350	5	35	Nanne	1	3	12	Neuhold	386	3	54
Muldorffer	521	10	32	Napp	857	6	12	Neukam	86	7	32
Mulich	99	7	32	Nardin	74	13	30	Neukircher	626	4	33
Mulich	555	7	32	Nasal	332	4	33	Neukirchen	962	8	50
Mullner	663	5	53	Nassal	1015	3	53	Neumair	790	1	52
Mulner	301	7	32	Nast	502	10	73	Neumair	419	2	49
Mulnfritz	497	4	32	Nastowe	885	5	94	Neumair	157	6	77
Multz	258	2	33	Nath	748	7	80	Neumair	253	6	77
Mumeldter	346	8	74	Nathan	706	6	77	Neumair	789	8	89
Mumelter	346	2	91	Nather	97	6	28	Neumair	445	9	31
Mummi	318	6	28	Natter	436	6	28	Neumair	253	10	53
Mummy	1074	12	32	Natzke	329	10	91	Neuman	151	2	73
Mumprecht	287	6	12	Naub	382	2	91	Neumann	636	3	33
Mundbach	711	1	9	Nauer	781	2	11	Neumann	109	4	33
Mundius s. Mundinus	40	5	53	Nauer	245	7	92	Neumann	1045	4	72
Mundt	761	5	72	Nauffletzer	81	7	52	Neumann	856	5	53
Mundt	762	5	72	Nauflezer	81	1	34	Neumann	51	7	91
Mundt	937	5	72	Nauheim	373	8	31	Neumann	476	7	91
Munter	111	9	91	Naumann	55	6	12	Neumann	109	9	31
Muntz s. Mantz	1076	4	28	Naumann	156	10	33	Neumann	1015	10	11
Munzinger	1067	14	6	Naumann	439	11	11	Neumann	475	12	33
Mur, uf der	332	5	53	Naundorf	867	12	97	Neumann	636	12	54
Mur, uf der	609	5	53	Naurath	394	2	33	Neumann	215	14	6
Murari, de	30	6	28	Nave	989	8	10	Neumann	50	2	11
Murer	25	4	32	Neander	53	1	92	Neumarck	854	9	75
Murer	199	9	6	Neander	861	9	7	Neumarck	855	3	91
Murer	718	10	11	Neander	313	10	91	Neumayer	252	1	93
Murer	715	10	11	Nebel	1077	1	93	Neumayer	129	1	73
Murer	716	10	11	Nebel	846	2	73	Neumayr	50	2	73
Murhaimer	143	3	53	Nebel	852	4	72	Neumeyer	455	5	72
Murner s. Murrer	646	2	33	Nebel	852	7	52	Neunburg, von der	617	5	95
Murr	276	7	51	Nebel	62	7	52	Neundörffer	948	2	73
Murr	276	9	30	Nebel	240	7	52	Neundorfer s. Neudorfer	933	1	34
Murray	81	6	54	Nechelin	200	3	54	Neuner	437	7	32
Murrer s. Murner	646	2	33	Nedden, zur	435	7	17	Neupeckh	291	7	52
Musaeus	164	3	91	Neeb	194	2	91	Neurodt	15	1	52
Muscay	206	6	28	Neefe	414	3	33	Neusinger	1056	4	72
Muschler	440	6	28	Neffzer	848	7	52	Neuß	1026	6	28
Musehold	211	13	57	Negele	686	2	11	Neuss, von	806	7	92
Musculus	315	12	31	Negelein	578	1	52	Neutschmann	505	11	88
Muskulus	1018	12	33	Negelein	174	8	74	Neuwaldt	480	4	72
Mussinann	43	2	91	Negelein	751	2	11	Neuwer	444	7	91
Mussinano	43	2	91	Negelein	101	2	11	Neuwürth	571	2	11
Mussmann	38	6	28	Negelin	1030	2	91	Neven-Du Mont	948	12	10
Mussmann	165	9	53	Negl	687	4	33	New	732	4	72
Mußweiler	31	14	38	Negrioli	163	2	91	Ney	49	12	97
Must	937	7	72	Nehmitz	123	8	50	Neydeck	391	7	17
Mustetter	464	1	52	Nehring	364	10	53	Neydung	751	3	92
Muswieck	556	12	97	Nehring	405	10	53	Neyffer	460	4	72
Mut	533	12	90	Nehring	921	10	91	Neymann	352	5	72
Muthmann	1039	7	51	Nehring	921	12	97	Niball	716	6	12
Muthmann	1039	8	31	Nehrmann	93	5	72	Nicol	352	11	31
Muthmann	1039	8	74	Neibecker	79	2	73	Nichterlein	981	12	97
Muthmann	1039	8	85	Neide	496	10	73	Nickel	201	5	95
Mutke	231	14	30	Neidecken	781	7	91	Nicolai	886	3	33
Mutter	87	3	12	Neidhart	103	2	11	Nicolai	1053	3	54
Mutter	87	3	53	Neidhart	103	14	21	Nicolai	634	12	32
Mutzbauer	147	1	92	Neifeld	1043	3	33	Nicolai	1072	7	92
Mutzeltin	464	3	70	Neipper	1054	5	95	Nicolai	886	12	72
Mutzenbecher	495	3	12	Neirhart	545	7	52	Niderhuber	964	6	54
Muuss	347	5	53	Neiz	381	5	72	Nieberg	907	5	72
Muyschel	906	11	30	Nell	1072	11	31	Niebuhr	409	5	35
Muyschel	906	11	43	Nelles	781	10	11	Niebur	372	3	12

Name	WBl.	Bgl. Siebm. Abtlg.	Tf.	Name	WBl.	Bgl. Siebm. Abtlg.	Tf.	Name	WBl.	Bgl. Siebm. Abtlg.	Tf.
Niebur	372	4	33	Nunner	702	7	52	Oettel	997	2	73
Niebur	920	4	33	Nusall	618	5	53	Ötterich	253	1	93
Niederhofer	1069	7	52	Nusch	400	1	34	Öttinger	189	2	92
Niederländer	428	2	73	Nussbaum	467	14	38	Oettinger	513	5	95
Niedermair	45	1	73	Nussberger	849	4	34	Öttinger	645	8	90
Niedermayr	794	1	73	Nussberger	850	7	72	Oetzmann	920	4	35
Nieding	162	4	33	Nusspaumer	474	5	72	Oexle	334	2	92
Niedner	259	4	72	Nutz	259	3	54	Offenbeckh	516	2	50
Niemand	137	5	95	Nuwyler	83	4	34	Offenberg	39	10	73
Niemann	494	5	53	Nybe	73	3	12	Offeney	510	8	50
Niemann	635	6	54	Nydeggen	725	4	98	Offeney	867	8	74
Niemann	432	7	91	Nyerode	517	9	75	Offenstetter	296	6	13
Niemayer	174	1	9					Offenstetter	296	7	53
Niemeyer	185	4	72	Obenauer	909	8	99	Offerkamp	645	11	31
Niemeyer	338	5	72	Oberdörfer	1028	9	7	Offerl	66	1	9
Niemeyer	826	8	31	Oberhäuser	1073	10	12	Official	127	6	13
Niemeyer	826	8	31	Oberhuser	33	4	34	Ofner	838	1	53
Niemitz	18	13	11	Oberkamp	81	3	34	Ofner	662	10	73
Nieper	86	5	95	Oberkamp	81	3	70	Oheimb	638	1	53
Niermberger	530	1	93	Oberkamp	880	7	52	Ohensen	981	6	13
Nierott	413	9	75	Oberkamp	880	11	71	Ohlendorf	622	9	7
Nies	413	2	34	Oberkan	805	7	72	Ohlenschlager	1014	2	34
Nies	969	7	52	Oberkircher	743	2	73	Ohlf	903	11	11
Niescher	714	14	6	Oberlachner	101	1	52	Ohlmüller	1005	10	33
Niesen	795	4	97	Obermair	63	4	73	Ohnesorge	446	8	50
Niesen	795	8	99	Obermair	808	8	89	Ohrlein	105	2	73
Niesli	58	7	72	Obermair	239	1	52	Ohswaldt	488	8	32
Niessli	800	7	72	Obermair	755	1	73	Olber	411	3	92
Niethe	389	7	17	Obermayr	916	7	52	Olber	4	8	74
Nietsch	1006	7	32	Obermiller	563	4	34	Olbricht	577	1	93
Nigel	985	3	12	Oberndorfer	436	14	13	Oldehorst	4	3	12
Niklas	842	1	9	Oberndorffer	221	3	92	Oldekop	936	4	73
Nikolaus	256	12	97	Oberndorffer	345	7	53	Oldenborch	240	5	53
Nikutowski	121	10	33	Obernheimer	63	7	53	Oldenbourg	626	13	48
Nimptsch	823	2	91	Oberpach	288	3	54	Oldenburg	616	6	54
Nindl	206	1	9	Oberpaur	1069	14	43	Oldenburg	489	9	91
Nipage	812	8	31	Oberrauch	105	2	91	Oldendorp, von	64	9	75
Nippraschk	1018	8	11	Oberrauch	151	2	91	Oldenhof	240	5	53
Nismann	1036	4	97	Oberschneider	833	3	92	Oldesloe	915	5	35
Nissl	673	1	52	Oberseither	1070	14	6	Olearius	472	1	74
Nissl	845	9	7	Obersols	519	4	98	Olemann	819	3	34
Nithart	237	4	33	Oberst	77	5	95	Olemann	819	4	34
Nitsch	396	1	93	Oberste-Lehn	857	13	57	Olhamer	264	2	11
Nitsch	509	12	54	Oblacher	235	3	54	Olken	505	9	75
Nittenauer	852	7	52	Obrist	654	4	34	Ollandt	589	5	53
Nittl	721	6	12	Obrist	323	7	53	Ollinger	455	7	32
Nitzsche	315	13	11	Obweyser	966	3	54	Olnhausen	713	1	34
Nobel	360	9	91	Ochinger	381	1	34	Oloff	631	9	8
Nobiling s. Hockmeyer	603	5	89	Ochs	332	1	9	Olszewski	367	9	91
Nockendahl	811	10	73	Ochs	868	2	34	Olthof	481	3	13
Nockher	1026	6	12	Ochs	868	3	12	Omborn, von	796	9	75
Noder	1075	1	52	Ochs	814	12	71	Onselt	417	7	53
Noder	102	8	74	Ochsenfelder	66	2	11	Onsorg	777	8	89
Nöggi	957	4	33	Ochsenkuen	336	7	53	Oom	193	3	92
Nöldecke	15	4	72	Ochsner	334	4	34	Opala	499	6	13
Nölle	708	5	72	Ockel	429	3	34	Opitz	918	1	9
Noelle	957	10	54	Ocker	978	3	12	Opitz	373	3	34
Nölting	580	3	33	Ocker	978	5	72	Opmann	775	3	34
Nölting	439	4	73	Ockerseel, von	198	6	28	Oppenrieder	969	1	34
Nölting	582	10	12	Odendall	784	7	92	Oppenrieder	826	2	73
Nördlinger	556	2	11	Oder	914	1	53	Oppenrieder	826	9	54
Nördlinger	468	6	12	Oder	337	1	34	Oppermann	338	4	34
Nößler s. Lößler	450	1	34	Odontius	339	1	53	Oppermann	116	6	13
Nöttel	717	1	52	Oeberl	311	8	74	Oppermann	1023	6	13
Nötterle	527	7	32	Oechsler	336	1	93	Oppermann	253	6	13
Nötzli	676	7	92	Oechslin	334	10	33	Oppermann	497	6	13
Nolbeck	912	11	30	Oechsner	337	7	17	Oppermann	540	6	97
Nolda	359	8	10	Oedenkoven	825	6	54	Oppermann	873	8	32
Nollier	853	7	17	Oeder	646	10	53	Oppermann	253	8	100
Nolte	895	3	33	Oefelin	628	9	31	Oppermann	992	12	33
Noos	193	5	72	Oeffelein	203	10	73	Oppler	668	8	74
Nopitsch	394	9	7	Oeffinger	230	5	95	Orban	1058	1	93
Noppe	430	10	33	Oefner	329	7	53	Orff	423	1	9
Nordanus	379	5	53	Oehlckers	977	9	7	Orfgen	908	13	48
Nordanus	379	4	73	Oehler	532	13	40	Orlin	983	7	53
Nordbeck	75	6	54	Oehmann	1051	15	3	Orlop	895	6	13
Nordeck	570	9	30	Öhmchen	123	9	53	Orlovius	653	12	97
Norden	803	10	12	Oehme	50	3	34	Orstner	211	1	93
Nordheim, von	825	10	12	Öhme	221	6	96	Ort	441	7	79
Nordhoff	450	5	72	Oehmke	11	12	10	Ortel	592	2	73
Nordicon	777	4	33	Oeler	390	6	13	Ortelius	821	1	93
Norten, von	563	9	75	Oelhafen	203	4	34	Orth	230	4	34
Norten, von	563	9	75	Öller	258	2	11	Orth	505	5	35
North	494	7	17	Öllinger	453	1	93	Orth	688	9	7
Nossmüller s. Mossmüller	662	1	34	Öllinger	453	6	97	Orth	503	12	10
Nothlieb	1	7	17	Oelmen	778	9	53	Orth	981	14	47
Nottebohm	476	2	34	Ölper	266	2	91	Orth ab Hagen	803	4	91
Nottinger	558	4	33	Oelrichs	516	8	50	Orthegrell	465	6	13
Notz	88	7	92	Oeltze	377	10	53	Ortl	937	7	53
Notz	88	7	92	Oelze	181	9	8	Ortlieb	849	1	34
Nozli	68	4	33	Oeri	167	4	34	Ortlob	758	1	53
Nuber	819	14	37	Oertel	554	4	34	Ortmann	98	4	34
Nuber	819	14	37	Oertel	796	8	90	Ortner	983	7	53
Nuber	844	14	37	Oertel s. Schütz				Ortner	463	1	34
Nuber	1044	14	37	Örttel	326	7	53	Ortner	324	1	9
Nueber	891	4	73	Oeschey	720	12	10	Ortolf	561	1	53
Nüffer	80	1	52	Oesenbrei	144	7	72	Ortt	230	6	28
Nürenberger	326	4	33	Oest	733	11	31	Ortten	813	10	73
Nürnberg	582	3	12	Oeste	380	12	97	Ortten	228	2	11
Nürnberger	132	3	34	Oesterreicher	553	2	11	Ortthaber	1043	2	50
Nürnberger	739	4	73	Oesteringer	941	9	54	Osburch	781	8	99
Nürnberger	321	2	11	Österreicher	21	1	53	Oschwaldt	383	6	13
Nürnberger	328	2	34	Oesterreicher	592	7	53	Oschwalt	19	2	11
Nüscheler	58	4	33	Oesterreicher	384	8	74	Osen, van	209	12	32
Nüsser	221	6	13	Österreicher	725	9	31	Osiander	889	1	9
Nüssler	859	2	11	Österreicher	725	9	31	Osiander	889	3	34
Nüttinger	173	6	13	Österreicher	21	2	11	Osmers	337	12	33
Nützel	564	6	13	Österriches	940	9	91	Osnabrügge	93	4	73
Nuhan	1053	2	34	Oesterring	907	3	70	Ossendorf	718	6	54
Nuiss, von	781	7	92	Oestler	917	2	91	Ossent	900	12	73

Register 1123

Name	WBL	Bgl. Siebm. Abtlg.	Tf.	Name	WBL	Bgl. Siebm. Abtlg.	Tf.	Name	WBL	Bgl. Siebm. Abtlg.	Tf.
Osswald	71	6	54	Pahl	779	10	54	Pauli	172	12	98
Osten	935	10	73	Pahl	668	11	12	Paulini	245	8	74
Osten	935	10	73	Pahl	957	10	54	Paullini	949	3	92
Osten	935	10	73	Pahl	974	12	11	Paullini	124	9	7
Osterbindt	313	5	72	Pahle	687	5	35	Pauls	802	8	90
Osterbrink	980	6	54	Paindtkopfer	279	7	53	Paulsen	297	3	34
Osterdorff	622	5	72	Paintl	302	7	53	Paulsen	353	4	73
Osterkamp	127	9	91	Pair	568	4	35	Paulsen	41	5	35
Ostermair	814	8	90	Pair	380	7	33	Paulsen	586	3	92
Ostermann	787	9	75	Paix	767	4	35	Paulus	650	14	6
Ostermann	710	2	92	Pal	7	4	73	Paulus	831	14	43
Ostermann	99	2	73	Palm	132	10	54	Paulus	459	14	43
Ostermeier	674	5	35	Palm	135	2	92	Paumann	50	4	35
Ostermeyer	105	4	34	Palm	489	2	12	Paumgartner	491	2	12
Ostermeyer	759	5	53	Palm	355	14	13	Paumgarttner	46	2	12
Ostermeyer	674	5	35	Palmer	23	13	57	Paumfelder	473	1	34
Ostermeyr	156	1	93	Palmpichler	473	9	92	Paumfelder	476	3	54
Osternberger	638	2	50	Palmreuter	65	7	54	Paumfelder	473	8	32
Osternperger	638	8	74	Paltinger	258	7	53	Paumgarten	351	2	12
Osterriederer	305	6	77	Pambstl	609	6	13	Paumgarter	1031	9	8
Osterried	861	2	73	Paminger	470	2	73	Paumgartner	474	4	35
Osterriedt	926	9	31	Pampelius	617	7	17	Paumgartner	482	2	12
Osterriedt	928	9	31	Pancovius	315	10	91	Paunberger	412	4	35
Ostertag	313	1	9	Pancow	451	3	34	Paungarttner	947	6	28
Ostertag	316	7	72	Pand	639	5	95	Paur	112	1	74
Ostertag	315	7	92	Panili	1079	9	7	Paur	556	4	35
Ostertag	313	8	11	Paninger	470	7	54	Paur	649	4	35
Osthaus	605	12	97	Panning	541	5	95	Paur	1007	9	18
Osthus	913	12	97	Pansow	945	3	13	Paur	1007	4	35
Ostius	1034	3	92	Pansow	948	9	75	Paur	476	10	12
Ostmann	944	3	13	Panswang	884	7	92	Paurs	13	6	29
Oswald	481	4	34	Pantaleon	997	11	43	Pawer	659	7	54
Oswald	490	7	17	Pantl	215	2	50	Pawes	420	3	70
Oswald	490	8	32	Pantzer	591	2	92	Pawher	482	7	54
Oswald	1039	11	11	Pantzer	723	6	14	Paxmann	284	6	29
Oswald	19	11	31	Pantzerbiter	153	2	73	Pazagl	205	2	50
Oswald	508	12	98	Panwolf	211	3	92	Pechler	76	7	33
Oth	49	6	77	Panzer	865	2	34	Pechstein	558	14	21
Othanii	639	6	13	Panzer	850	7	17	Peck	700	3	13
Othli	960	7	72	Pape	366	5	95	Peckh	135	7	33
Ott	159	1	53	Pape	371	9	75	Peckh	730	7	33
Ott	1053	2	92	Pape	529	12	34	Pecstein	516	6	29
Ott	1060	3	92	Pape	370	5	72	Peer	266	4	35
Ott	345	4	34	Pape	988	5	73	Peer	929	7	54
Ott	345	4	34	Papenburger	307	6	14	Peer	267	9	31
Ott	1053	4	34	Papendorf	30	3	34	Peer	268	1	74
Ott	345	4	34	Papendorf	293	3	13	Peer	271	1	53
Ott	81	7	32	Papenhagen	28	3	13	Peetz	271	11	88
Ott	522	7	33	Papin	1013	11	12	Peetz	272	12	98
Ott	278	7	53	Papst	229	2	92	Peffenhauser	768	3	54
Ott	345	10	73	Papst	229	10	54	Pegelau	204	9	54
Otte	346	3	13	Paracelsus	718	1	9	Pegnitzer	10	2	92
Ottebernhusen	272	4	34	Parcham	586	4	35	Pegnitzer	697	7	33
Ottenbach	457	7	53	Parchsteiner	113	6	28	Pehmöller	389	4	36
Ottenwalder	172	3	54	Pardatscher	840	2	92	Peierweck	1025	12	98
Ottera, von	345	6	13	Pardigol	1074	12	91	Peinemann	723	5	53
Otth	1050	7	17	Pardigol	819	14	13	Peisl	225	8	75
Ottiker	801	10	11	Pardt	227	7	54	Peißel	780	7	17
Ottl	453	4	73	Paris	297	1	93	Peisser	518	3	54
Ottlin	650	6	13	Paris	297	2	34	Peitan	185	7	18
Ottmann	446	10	91	Parisey	53	8	74	Pelargus	392	4	73
Ottmer	953	4	35	Parisius	637	4	35	Pelican	388	3	54
Ottnandt	319	2	12	Parisius	639	4	73	Pellicanus s. Wolfhart	75	6	40
Otto	419	1	93	Parkbusch	570	3	92	Pelkover	797	2	12
Otto	332	12	10	Parrot	928	13	35	Pell	388	3	13
Otto	189	3	54	Parseval	426	4	35	Pelloutier	636	4	73
Otto	509	5	95	Parstorffer	80	7	17	Pemer	219	2	92
Otto	443	5	95	Parstorffer	80	9	92	Pemsel	941	5	53
Otto	345	6	54	Partenhauser	843	7	54	Pemsel	938	7	18
Otto	324	8	32	Partenschlager	1053	1	34	Pencz	834	4	36
Otto	73	8	50	Parth	144	2	12	Pendner	579	1	74
Otto	73	9	75	Parth	1030	7	54	Penkuhn	3	7	92
Otto	422	10	53	Partzner	564	7	54	Penningroth	929	12	54
Otto	124	10	53	Parys	297	7	54	Penser	518	6	29
Otto	120	2	92	Pascha	313	1	9	Penserot	615	12	54
Otto	345	2	12	Pascharec	968	9	76	Penshorn	976	3	13
Otzen	728	9	54	Pasche	312	10	92	Penther	20	3	34
Overbeck	1019	6	54	Pasche	312	8	51	Pentz	969	4	36
Overweg	251	7	53	Paschen	990	4	35	Pepersack	262	4	36
				Paschen	567	12	54	Pepper	634	5	95
Paal	806	8	10	Paschke	474	12	98	Pepper	1034	5	95
Paal	806	8	10	Paschke	474	12	98	Perchtner	143	7	33
Pabinger	527	11	43	Passarin	612	11	88	Perckhamber	458	7	54
Pabst	420	4	73	Passavant	151	2	50	Perde, up en	64	4	36
Pabst	1040	14	30	Passavant	142	10	12	Perdrix	364	13	35
Paccot	592	6	13	Pastoir	524	4	73	Pergauer	279	7	33
Pacher	542	5	72	Pastoir	525	10	12	Pergenstörffer	288	1	53
Pachmair	12	2	92	Pastoir	525	4	73	Perger	260	5	73
Pachmann	517	4	35	Pastorius	311	8	11	Perger	326	6	97
Packbusch s. Parkbusch	570	3	92	Paterok	1020	13	11	Perger	463	2	12
Packebusch	15	4	35	Patge	708	11	71	Perger	260	2	50
Packenius	717	4	98	Patow	478	4	73	Perger	463	2	50
Packübel	803	1	93	Patrick	208	10	54	Pergkmüller	625	6	29
Padags	1010	10	91	Patrick	208	10	73	Pergner	272	3	54
Pader	1046	2	12	Patscheider	329	10	33	Pericht	271	9	31
Pader	941	8	74	Pattun	532	8	74	Peringer	273	3	54
Padewet	291	2	73	Pauckher	206	4	73	Peringer	271	4	36
Pächler	297	3	54	Pauckstadt	979	11	72	Perleb	929	4	36
Päczinger s. Päckinger	1064	9	17	Pauer	450	9	54	Perlensreuter	15	7	54
Paederus	545	4	73	Pauer	893	2	12	Perlett	441	1	93
Paehlike	1009	12	34	Pauer	839	2	50	Perlocher	271	4	36
Pätz	1022	10	33	Paugartner	481	4	35	Perndl	272	8	11
Pätzelt	370	12	54	Pauhinger	331	4	35	Pernegger	271	4	36
Pagell	601	8	32	Paul	171	1	34	Pernwert	273	4	36
Pagenstecher	882	4	35	Paul	965	2	12	Perret	174	7	92
Pagenstecher	882	9	7	Paul	886	7	33	Person	29	8	11
Pagenstecher	857	9	91	Paul	880	12	98	Perthes	197	4	73
Pagner s. Pogner	993	4	37	Pauli	393	3	13	Pertsch	428	3	34
Pahl	490	10	54	Pauli	1018	6	28	Perzlinger	359	1	93
Pahl	668	10	91	Pauli	881	9	7	Pescatore	987	9	8

Name	WBL	Bgl. Abtlg.	Siebm. Tf.	Name	WBL	Bgl. Abtlg.	Siebm. Tf.	Name	WBL	Bgl. Abtlg.	Siebm. Tf.
Pesch	480	11	31	Pfeiffer	597	3	34	Pirher	345	4	37
Pessler	412	1	9	Pfeiffer	597	3	54	Pirkhamer	372	4	37
Pestner	903	14	47	Pfeiffer	831	5	95	Pirkhamer	375	4	37
Peter	721	4	36	Pfeiffer	764	6	14	Pirkl	514	9	31
Peter	664	5	95	Pfeiffer	539	7	72	Pirrss	503	10	74
Peter-Zinum	270	7	54	Pfeiffer	597	9	31	Pirrung	973	14	47
Petermann	70	1	93	Pfeiffer	900	9	76	Pischl	420	2	92
Petermann	705	3	92	Pfeiffer	635	13	40	Pisswanger	747	2	13
Peters	566	7	18	Pfeiffer	635	13	48	Pistorius	587	2	50
Peters	319	14	14	Pfeiffer	520	14	38	Pistorius	1047	2	50
Petersen	293	3	13	Pfeiffle	723	13	23	Pistorius	1023	3	34
Petersen	430	5	35	Pfeil	1076	1	35	Pistorius	1027	6	29
Petersen	469	5	35	Pfeil	884	12	98	Pistorius	130	3	92
Petersen	588	5	35	Pfeil	189	13	41	Pitlmeyer	17	3	92
Petersen	599	4	36	Pfeilschmidt	697	5	95	Pitroldt	890	3	55
Petersen	352	4	36	Pfeilschmidt	290	7	92	Pitterlin	526	1	94
Petersen	406	5	35	Pfeissinger	224	9	8	Pitterstorffer	995	4	37
Petersen	485	5	35	Pfender	125	7	92	Pitzsch	191	1	94
Petersen	374	5	53	Pfender	294	8	75	Placiola	203	2	92
Petersen	960	6	97	Pfender	124	10	74	Pläan	914	10	33
Petersen	1077	7	54	Pfendler	990	3	92	Pläss	250	2	50
Petersen	1077	7	54	Pfendler	128	7	18	Plaghal	687	1	94
Petersen	543	7	92	Pfennigsack	215	4	74	Plaichner	456	6	29
Petersen	80	8	32	Pfenning	462	3	55	Plamauer	153	2	50
Petersen	34	10	12	Pfenning	49	6	29	Plamsch	647	7	55
Petersen	728	12	54	Pfenninger	972	4	36	Plamsch	1073	8	2
Petersen	21	14	6	Pfenninger	663	10	12	Planck	205	1	94
Petersen	88	3	34	Pferger	775	3	55	Planckh	203	10	54
Petershagen	263	4	74	Pfetter	872	1	53	Planer	214	7	55
Petersheimer	367	7	54	Pfister	494	2	92	Planer	238	7	55
Peterssen	1026	6	29	Pfister	1045	3	70	Plank	565	3	55
Petiscus	313	7	55	Pfister	207	6	29	Plank	564	1	74
Petri	962	5	95	Pfister	494	8	32	Plank	979	1	74
Petri	962	6	29	Pfister	1036	9	54	Plankhenauer	998	1	35
Petri	420	14	44	Pfister	677	9	92	Planz	519	12	11
Petsch	640	2	73	Pfister	688	10	12	Plast	712	3	70
Petter	269	2	92	Pfister	728	10	73	Plate	583	3	13
Petter	714	13	23	Pfister	743	1	74	Plathner	595	10	12
Petz	865	9	32	Pfister	417	1	35	Plathner	595	10	12
Petzer	269	5	73	Pfister	677	2	12	Plathner	629	10	12
Petzold	311	7	33	Pfisterer	1045	1	74	Platner	218	3	93
Petzoldt	836	2	73	Pfisterer	1045	10	73	Plato	1062	5	73
Peucer	1067	1	94	Pfitzius	565	8	75	Plattenhart	138	4	74
Peuchel s. Peuschel	817	6	39	Pflaum	155	1	53	Plattenhart	584	4	74
Peuchel	781	7	33	Pflaum	592	3	92	Plattner	806	1	35
Peuerbeck	28	12	98	Pflaum	592	8	90	Platz	531	4	37
Peukert	845	10	54	Pflaumbaum	473	6	14	Platz, vom	613	4	37
Peukert	846	10	73	Pfleghart	441	4	36	Platzer	578	1	10
Peuntner	1056	1	35	Pfleiderer	357	13	48	Platzmann	370	5	53
Peuntner	166	11	43	Pflüger	1032	1	10	Plebst	965	6	54
Peuntner	166	12	11	Pfnor	76	13	41	Plech	146	7	18
Peurbeck	28	4	36	Pföstl	492	2	92	Plech	689	9	32
Peurl	822	3	92	Pforr	626	12	98	Plechschmidt	33	2	13
Peuschel s. Peuchel	817	6	29	Pfoteknecht	677	9	54	Pleckenwegner	561	7	55
Peuschen	757	13	11	Pfottel	414	10	74	Pleel	803	8	90
Peutelschmidt	260	2	12	Pfreundt	265	4	36	Pleier	591	2	50
Peutlhauser	273	2	12	Pfrontner	1029	1	35	Pleinhuber	977	1	10
Peyer	891	4	36	Pfützner	977	13	11	Pleitner	349	1	10
Peyer	891	7	72	Pfuhle	525	7	80	Pleninger	387	8	11
Peyr	726	2	92	Pfundtner	144	3	70	Pleniß	993	10	33
Pezellen	1005	8	74	Pfuster	997	2	50	Plenk	678	1	74
Pfadenhauer	1025	7	55	Pfyffer	292	3	92	Plenndel	109	2	34
Pfänder	679	13	57	Pfyffer	107	4	36	Plenninger	387	2	13
Pfänder	679	14	6	Philgus	297	3	55	Plenske	195	10	74
Pfaff	55	1	35	Philipp	630	5	73	Plenzke	195	11	44
Pfaff	58	2	12	Philippe	339	3	34	Plesmann	788	9	75
Pfaff	58	3	92	Philippi	44	9	76	Plessing	489	4	37
Pfaff	771	5	53	Philipps	695	11	44	Plessinger	292	2	51
Pfaff	1017	6	29	Philipps	830	11	44	Pletz	442	7	55
Pfaff	115	7	55	Phyrgion	57	6	29	Plewkiewicz	453	9	92
Pfaff	115	8	32	Picart	530	1	53	Pleytuess s. Pleyfueß	213	7	55
Pfaff	150	12	11	Pichl s. Piehl	690	8	32	Plickenberger	790	6	77
Pfaffenberger	461	2	50	Pichler	996	4	37	Pliemel	213	6	97
Pfaffreuter	128	4	74	Pichlmayer	99	2	92	Pliemel	213	8	75
Pfafstaller	250	4	74	Picht	159	3	13	Plinthammer	206	4	3
Pfann	180	1	53	Picht	163	9	54	Plitt	976	5	36
Pfann	707	7	33	Pickart	530	3	34	Plitz	826	8	32
Pfannenschmidt	148	2	50	Pickel	458	6	97	Ploch	498	7	55
Pfannenstiel	708	4	74	Pickher	649	2	12	Plocher	1034	14	14
Pfanner	281	2	50	Piderit	700	8	32	Plock	507	2	74
Pfanner	1025	9	8	Piechl	751	1	94	Plöhn	122	10	54
Pfannmus	180	9	31	Piekenbrock	74	14	21	Plöntzig	263	9	54
Pfannmuss	335	1	94	Pieper	1028	6	14	Plötze	430	3	13
Pfannmuss	335	2	12	Pieper	888	9	92	Ploneck	1026	2	51
Pfantzer	71	2	73	Pieper	773	13	48	Ploß	548	7	55
Pfarkircher	189	5	73	Piepersberg	920	5	53	Pluderhauser	612	2	51
Pfau	402	2	34	Piepgras	1000	12	11	Plümel	571	3	55
Pfau	402	10	33	Pierer	313	12	54	Plümicke	470	14	21
Pfau	762	14	21	Pierer	1041	12	98	Plümicke	470	8	32
Pfaudtner	402	9	75	Piernbaumer	521	2	50	Plümicke	470	8	51
Pfaut	413	1	35	Piernpöck	590	2	34	Pobantz	465	11	43
Pfeffel	708	3	54	Pießer	459	1	94	Pobantz	465	12	12
Pfeffer	851	1	53	Piger	930	2	50	Pobay	217	3	55
Pfeffer	1003	2	74	Pilgram	442	2	13	Pochlaner	456	2	93
Pfeffer	998	4	36	Pilgram	681	2	13	Pockh	321	2	51
Pfeffer	998	6	14	Pilgrum	685	9	54	Pockh	1079	4	74
Pfeffer	419	7	55	Pilling	458	9	8	Pockrandt	907	6	54
Pfeffer	998	7	55	Pilling	981	13	11	Pockrandt	232	9	54
Pfeffer	717	10	74	Pilsacher	650	2	13	Pocksberger	327	7	33
Pfefferbalg	14	2	17	Pimmel	1024	1	35	Pöck	324	7	18
Pfefferkorn	941	2	74	Pimpfinger	169	1	94	Pöckel	318	7	56
Pfefferle	441	9	31	Pinczger	996	4	37	Pöckhl	970	2	13
Pfefferlin	102	6	29	Pineker	541	3	92	Pöckhl	970	9	32
Pfefferlin	431	6	77	Pintheimer	950	2	74	Pögl	958	1	53
Pfehringer	255	1	9	Pintsch	909	8	50	Pögl	642	7	55
Pfeifer	144	11	31	Pirander	85	7	55	Pögnitz	289	10	54
Pfeifer	635	1	10	Pirani	350	11	31	Poelchau	176	10	54
Pfeiffelmann	106	6	29	Pirbaum	521	6	97	Pölde, von	29	9	76
Pfeiffelmann	810	6	77	Pirchach	514	4	37	Pöler	172	4	37
Pfeiffer	831	2	92	Pirchinger	95	7	55	Poensgen	385	12	34

Name	WBL	Bgl. Abtlg.	Siebm. Tf.	Name	WBL	Bgl. Abtlg.	Siebm. Tf.	Name	WBL	Bgl. Abtlg.	Siebm. Tf.
Pöpping	888	4	37	Praun	1050	2	74	Prügel	241	1	10
Pöpping	1045	4	37	Praunisch	324	4	38	Prügel	290	2	51
Pörl	538	2	13	Praunschober	919	1	94	Prueller	491	4	74
Pösch	697	7	33	Praunskorn	606	7	33	Prueller	491	9	55
Poesch	291	7	93	Praunsmännl	98	2	13	Prüschenk	1078	9	54
Pötinger	147	9	17	Prawest	303	3	70	Prütze	579	3	13
Pötsch	930	4	38	Prechler	950	4	74	Prützmann	1042	12	34
Poettinger	991	10	54	Precht	772	2	34	Prützmann	1042	12	72
Pött	1005	8	51	Prechter	1060	1	53	Prugger	152	2	51
Pogner	641	1	35	Prechtl	182	2	13	Prugger	618	10	55
Pogner	263	4	37	Prefenhueber	114	2	51	Prugger	979	12	98
Pohl	970	7	92	Pregel	675	1	53	Prugger	618	12	98
Pohlmann	908	8	75	Pregel	1074	4	74	Prugkher	623	4	38
Pohlmann	163	3	13	Pregizer	725	4	74	Prume	477	3	70
Pointner	886	8	75	Pregler	79	2	93	Prunengel	417	7	34
Poland	462	2	93	Preininger	138	2	51	Pruner	627	7	56
Polch	71	9	8	Preininger	139	8	75	Prungraber	999	3	93
Polchow	1023	13	48	Preis	100	9	92	Prunner	228	1	54
Polchow	794	13	57	Preisegger	895	2	51	Prunner	627	2	51
Polemann	515	4	37	Preisegger	894	10	34	Prunner	564	10	54
Polke	85	11	12	Preiss	54	9	54	Prunner	953	2	51
Poll	275	2	13	Prell	607	2	13	Prunss	533	4	38
Pollart	210	12	98	Prell	705	9	92	Prutze	514	7	18
Polle	719	11	12	Prell	607	12	98	Pruy	204	4	38
Pollene	557	9	76	Prem	219	7	33	Pryol	559	4	18
Pollich	979	5	54	Prem	440	7	33	Przyborowski	776	13	30
Pollmann	488	6	54	Prem	440	9	32	Pschor	157	4	39
Polmann	839	5	82	Prendler	493	4	38	Pschorr	610	8	11
Polster	395	4	37	Prennberger	90	4	38	Puchelberger	219	4	39
Polster	743	4	37	Prenner	141	1	53	Pucher	59	10	55
Pomer	460	7	56	Prenner	702	2	93	Puchinger	71	7	56
Pommer	281	1	10	Prenner	141	10	54	Puchsbaum	221	2	52
Pommer	281	8	11	Prenner	794	10	74	Puchstein	215	9	92
Ponacker	128	2	34	Prenninger	265	1	94	Puck	720	1	35
Poner	555	7	33	Prentl	51	4	38	Puckhmann	822	2	14
Ponholzer	556	1	35	Presch	475	13	23	Puecher	201	1	54
Popillon	543	10	33	Pretfeld	208	8	32	Puechhofer	562	6	30
Popken	938	13	48	Pretterschnegger	205	2	51	Püchinger	942	7	56
Popp	299	3	55	Pretz	213	2	93	Püchler	444	1	10
Popp	382	4	37	Pretzner	530	4	38	Püchler	560	4	39
Popp	856	6	97	Preu	817	2	74	Püchler	859	8	75
Popp	142	9	76	Preu	178	3	35	Puechmayr	883	8	76
Popp	855	2	74	Preu	340	4	38	Pühelmaier	536	6	30
Popp	382	2	51	Preu	817	4	38	Pühelmair	947	2	52
Popp	931	2	51	Preu	258	9	76	Puehinger	71	8	33
Poppe	950	4	37	Preu	178	1	74	Pühler	406	1	74
Poppe	893	13	11	Preu	221	1	74	Pühler	348	2	52
Poppelow	220	7	18	Preul	728	2	13	Pühler	177	4	39
Poppenberger	638	2	13	Preuschel	553	4	38	Pühler	307	6	30
Poppermüller	209	4	38	Preuss	678	7	33	Pühler	815	8	90
Porsch	40	9	32	Preuß	673	8	11	Pürckl	537	7	34
Porss	450	2	93	Preuß	863	7	18	Pürkauer	363	1	35
Porst	531	3	34	Preusser	216	2	51	Pürker	581	12	99
Porst	539	3	55	Prew	988	7	56	Pütken, von	434	5	36
Porter	817	5	73	Preydl	1050	2	34	Pütner	651	4	39
Porten, zo der	622	11	31	Preyer	228	2	51	Pütner	833	7	56
Portenpurger	615	8	12	Preyninger	143	2	51	Pütter	628	4	74
Posch	282	2	34	Prez	966	5	73	Pütter	739	8	75
Poschen	1002	3	55	Priamus	987	5	73	Pütz	997	8	33
Poschendorfer	472	2	13	Priamus	987	8	33	Puffen	555	10	92
Poschinger	1069	1	35	Price	821	15	3	Puhlmayr	918	2	14
Posewitz	480	3	34	Prickel	1073	1	74	Puits, Du	408	10	92
Posler	49	4	38	Prieffer	244	2	51	Puller	1011	6	55
Poss	545	1	53	Priem	1030	2	13	Pulmer	178	4	39
Poss	500	4	38	Pries	728	13	49	Pulvermann	907	12	99
Poss	65	6	54	Priestaff	185	5	73	Punschel	83	3	93
Poss	718	7	56	Priester	34	2	14	Pur	1037	4	39
Post	627	9	54	Priester	33	10	74	Pureisen	1055	1	74
Post	129	1	74	Priester	798	10	74	Purer	774	7	34
Posth s. Potsch	584	7	72	Priewe	1001	13	11	Purgleuttner	553	6	30
Poten	348	6	55	Prigge	505	3	70	Purgold	840	12	12
Poth	1074	8	11	Prigl	996	9	32	Purkstaller	924	12	71
Potlitz	1028	14	44	Prim	960	3	93	Purmann-Zwanziger	1024	4	74
Potner	443	1	35	Primavesi	3	11	32	Purtserer	1055	5	73
Pototschnig	737	11	31	Primavesi	3	13	1	Purtserer	1055	8	76
Pott	754	11	72	Primavesi	1007	13	1	Pusch	170	2	14
Potsch s. Posth	152	5	73	Prinz	657	14	6	Pusch	353	4	39
Pouchenius	1016	5	54	Pritz	367	3	93	Pusch	6	5	73
Prabudzki	654	10	12	Probst	1051	4	74	Pusch	867	8	12
Prackenhauser	287	4	74	Probst	240	6	29	Puschler	704	4	39
Prackenheimer	287	4	74	Probst	688	6	29	Pustau	671	10	13
Praecht	26	10	33	Probst	153	9	76	Putensen	941	5	73
Praedel	24	10	12	Probst	522	2	14	Putte, von dem	628	11	31
Präntl	1066	1	74	Probst	153	2	93	Puttrich	970	8	76
Praesent	42	6	55	Procer	292	6	29	Putz	234	2	93
Präst	456	3	93	Proch	673	1	10	Putz	628	10	34
Präst	456	8	75	Prochaska	187	10	92	Pyl	738	3	13
Prätorius	948	1	94	Prochaska	187	11	12	Pyrbach	232	4	39
Praetorius	495	5	95	Prochnow	659	13	11				
Praetorius	502	9	54	Prock	753	2	34	Quaetfaslem	961	7	92
Prahl	165	5	36	Prock	531	3	93	Quast	702	8	76
Prale	497	2	74	Pröbst	835	7	33	Queng	855	6	30
Praller	995	1	10	Pröbster	201	8	75	Quentin	808	9	76
Prandlin	499	6	29	Pröbstl	138	1	35	Queschwitz	1068	9	8
Prandstetter	683	2	13	Pröbstl	347	3	55	Quickelberger	272	7	34
Prandstetter	151	4	38	Pröbstl	224	1	35	Quieser	804	3	55
Prandt	176	2	13	Pröll	224	1	35	Quistorp	588	12	12
Prandtner	580	1	35	Pröll	704	1	54	Quitt	675	14	38
Prange	600	5	73	Prösch	953	4	38				
Pranger	451	9	16	Prolis	788	2	51	Raab	411	1	54
Pranisser	657	2	13	Prombach	561	7	56	Raab	363	14	38
Prantl	879	4	38	Promis	187	12	98	Raabe	979	4	39
Prantler	999	9	8	Promoli	453	2	74	Raadt	726	4	39
Prantner	99	5	73	Pronner	626	5	73	Rab	378	7	93
Prasch	991	3	93	Propp	635	5	96	Rab	876	9	8
Prass	506	2	51	Prosch	1077	2	93	Rabbow	825	14	6
Praun	347	4	38	Prost	786	6	55	Rabe	76	8	33
Praun	556	2	13	Protzer	292	1	94	Raben	379	1	74
Praun	168	2	34	Protzer	292	7	34	Rabeneckher	375	2	14
Praun	913	1	74	Pruckmann	858	10	92	Raber	876	12	72
				Pruckmann	863	10	92				

Name	WBL	Bgl. Siebm. Abtlg. Tf.		Name	WBL	Bgl. Siebm. Abtlg. Tf.		Name	WBL	Bgl. Siebm. Abtlg. Tf.	
Rabius	876	10	74	Rasor	683	2	35	Regenfuß	679	7	34
Rabner	365	3	55	Rasp	924	9	32	Regnat	14	8	12
Rabus	832	9	32	Raspe	188	1	10	Regner	148	1	10
Radauer	970	1	35	Raspe	617	11	32	Regulein	71	6	31
Radax	1026	3	55	Rasper	567	3	93	Rehbein	308	1	10
Radax	347	7	93	Rassler	20	3	35	Rehbein	932	4	40
Radecke	176	5	96	Rast	759	1	54	Rehbein	932	5	36
Radefeld	705	10	74	Rastett	414	6	30	Rehbein	1062	11	12
Radeleff	503	3	13	Ratabot	29	9	54	Rehders	352	5	74
Rademacher	910	5	54	Ratenberger	273	4	39	Rehders	352	5	74
Rademaker	955	3	13	Ratgeb	45	5	54	Rehefeld	867	6	31
Rademann	156	3	35	Ratgeben	45	10	19	Rehefeld	309	10	34
Rademin	588	3	13	Rath	415	1	10	Reheis	308	1	94
Rader	839	6	55	Rath	549	6	30	Rehfeld	867	6	31
Raderius	513	9	8	Rath, vom	668	14	44	Rehfeldt	308	6	31
Radermacher	727	7	18	Rathel	37	2	35	Rehfeldt	896	6	31
Radermacher	225	7	93	Rathgeb	392	7	93	Rehfeldt	309	6	31
Radewald	905	7	93	Rathgeb	391	2	52	Rehfeldt	600	6	31
Radmann	937	1	10	Rathgeb	186	2	74	Rehkopf	309	12	99
Radmann	727	13	11	Rathkamp	1014	13	41	Rehlein	303	7	34
Radnecker	728	7	34	Ratmannsperger	581	4	39	Rehlein	309	7	34
Radomski	546	10	13	Ratnecker	954	1	36	Rehlen	308	1	10
Raebel	21	3	93	Ratschiller	297	9	32	Rehlen	308	6	14
Raebel	363	14	14	Ratzenberger	191	9	32	Rehm	393	7	18
Raebiger	876	7	56	Rau	428	4	74	Rehm	694	11	88
Raecke	387	13	49	Rau	390	14	6	Rehner	940	7	93
Räder	896	13	49	Raub	1052	10	34	Rehnfiesch	935	8	12
Raehmel	827	8	51	Rauchbain	691	7	93	Rehwald	294	3	70
Rätich	589	7	93	Rauchbar	579	1	36	Rehwold	478	5	74
Rättlin	347	6	30	Rauchbar	584	9	77	Reibel	727	1	94
Raff	276	14	21	Rauchdorn	485	2	52	Reibenstein	724	4	75
Rafunk	475	5	96	Rauchmair s. Rauschmair	330	2	93	Reich	985	4	40
Rager	390	2	52	Rauchschnabel	446	3	55	Reich	617	6	31
Ragkel	23	4	39	Raue	97	10	92	Reich	326	6	55
Rahn	839	4	39	Rauh	333	3	93	Reich	873	9	32
Rahn	579	6	30	Rauh	718	4	39	Reich	777	2	14
Raht s. Rath	549	6	30	Rauh	358	9	77	Reich	562	2	52
Rahtgeb	186	5	54	Rauhenberger	626	4	39	Reichard	414	4	40
Rahtgens	1051	5	36	Raumair	34	2	74	Reichard	644	8	33
Raid	392	7	93	Rauneckher	375	2	14	Reichard	710	13	1
Raidl	727	12	11	Rauner	794	6	77	Reichard	824	2	35
Raidl	1001	12	11	Raup	8	1	54	Reichard	709	12	71
Raidt	798	13	30	Rausch	10	5	96	Reichard	643	12	71
Raiffinger	459	7	93	Rausch	81	7	34	Reichard	645	12	71
Raimon	441	13	35	Rausch	406	10	35	Reichardt	426	3	35
Rainer	16	2	52	Rauschenbach	52	10	35	Reichardt	1056	6	14
Rainer	565	3	55	Rauscher	696	1	36	Reichardt	690	6	31
Rainhardt	384	5	54	Rauscher	446	2	14	Reichardt	709	6	31
Raiser	548	6	78	Rauscher	289	4	39	Reichardt	467	8	51
Raiser	235	7	34	Rauscher	546	6	55	Reichart	676	9	32
Raiser	234	8	32	Rauscher	705	7	34	Reiche	501	4	75
Raiser	234	10	92	Rauschmair	330	2	93	Reiche	508	5	74
Raiser s. Kaiser	797	8	90	Rauschmayr	323	7	93	Reiche	251	6	55
Raisin	873	13	30	Rauss	624	6	97	Reiche	249	13	49
Raith	938	1	10	Rautenberg	983	6	55	Reichel	303	2	52
Raithel	905	14	14	Rautenbergk	28	11	12	Reichel	490	2	52
Raitweiler	856	3	55	Rauw	495	9	76	Reichel	629	4	40
Raizner	877	14	38	Raven	623	9	76	Reichel	233	4	75
Rakow	493	4	74	Raven	36	4	74	Reichel	395	10	13
Rakowski	694	10	34	Ravens	359	5	73	Reichel	952	14	30
Ralfs	266	12	99	Ravensburg	615	4	74	Reichenbach	34	4	40
Rambach	446	9	32	Ravensburg	615	10	55	Reichenbach	64	4	40
Rambsbeckh	108	2	52	Ravenschlag	364	11	72	Reichenbacher	12	4	40
Rambskopff	337	6	14	Raves	13	4	98	Reichenberg	414	8	12
Ramensperg	516	10	12	Raw	910	7	34	Reichensperger	536	2	52
Ramer	7	1	94	Rawissa	614	1	94	Reicherseder	241	1	74
Ramer	7	2	14	Rawschnabel	446	7	34	Reichert	1063	5	96
Ramm	255	7	93	Rayser	548	6	30	Reichert	841	11	88
Ramm	869	10	55	Rayssmann	95	6	30	Reichhart	978	2	14
Ramme	754	9	76	Rebeck	10	2	74	Reichhelm	605	6	97
Ramming	237	7	34	Rebenickh	941	4	75	Reichhelm (Richelm)	605	9	77
Ramminger	373	1	36	Rebenschütz	951	13	41	Reichl	455	6	31
Ramminger	316	6	30	Reber	341	4	40	Reichnau	570	4	40
Rammlmayr	294	2	93	Reber	1012	5	73	Reichold	996	2	93
Rampf	564	3	55	Reber	707	4	40	Reichold	455	3	56
Rampp	726	10	34	Reber	595	10	74	Reichshofer	655	1	36
Ramsauer	368	7	72	Rebhan	361	3	35	Reichswirdt	297	1	94
Ramsbeck	146	1	36	Rebhan	999	4	75	Reidemeister	297	13	49
Ramsenthaler	545	6	30	Rebinger	855	6	97	Reidenbach	21	12	12
Ramsey	923	6	55	Reblin	596	6	30	Reidenhausen	39	3	14
Ramsler	317	6	30	Rebolt	81	6	77	Reidnütz	844	9	32
Ramsower	368	6	30	Rebstain	342	2	74	Reidter	128	1	75
Ramspeck	596	12	12	Rebstein	342	1	10	Reiffel	883	1	36
Ramsperger	158	6	30	Rebwein	932	6	30	Reiffensberger	537	3	56
Ramstedt	193	14	6	Rech	709	2	14	Reiffenstein	465	7	94
Randinger	493	2	52	Rechauer	299	2	14	Reiffenstuel	203	1	10
Rangner	148	2	52	Rechberger	903	1	54	Reiffli	720	4	40
Ranninger	394	6	55	Rechberger	297	7	93	Reifschneider	721	12	12
Ranninger	359	14	47	Rechhäuser	969	3	55	Reiger	1063	1	11
Ransleben	674	8	51	Rechl	1058	13	57	Reijde, van	556	11	88
Ranstl	822	2	14	Rechlinger	535	3	55	Reimann	460	6	80
Rantzen	321	5	73	Rechseisen	396	2	93	Raimar	813	9	77
Raparlier, de la	344	2	34	Rechtern	909	6	55	Reimbold	860	3	35
Rape	823	6	30	Rechtern	706	10	74	Reimboldt	294	5	96
Rapp	249	12	99	Rechthaler	308	1	54	Reimboth	413	3	56
Rappard	249	8	76	Reck	274	1	74	Reimer	335	1	54
Rappenberger	939	10	18	Reckenschink	101	9	18	Reimerdes	49	11	43
Rappersberger	954	5	54	Recklinghausen, von	916	10	34	Reimers	936	4	75
Rappli	410	11	12	Recklinghausen, von	916	10	55	Reimers	192	5	74
Rappold	16	1	94	Recklinghausen, von	916	10	74	Reimers	439	5	96
Rappoldt	927	6	30	Recklinghausen, von	1064	10	75	Reinaud	1021	4	98
Rappolt	690	4	39	Redeker (Redeke)	529	9	77	Reincke	279	10	55
Rasander	494	3	70	Redeken	986	6	31	Reine	13	3	35
Rasch	352	5	36	Redelffsen	389	5	74	Reineke	697	3	56
Rasch	300	10	74	Redlich	124	9	8	Reineri	665	6	97
Raschig	122	9	92	Reepen	714	6	55	Reiners	495	12	12
Raschig	419	9	92	Reetz	53	10	55	Reiners	780	13	57
Raschke	458	7	93	Refart	304	5	96	Reinesius	782	3	93
Raschke	416	12	12	Regel	425	7	72	Reinewald	816	8	76
Raschke	189	13	41	Regenfuß	147	7	34	Reinfart	825	6	55

Register 1127

Name	WBL	Bgl. Siebm. Abtlg.	Tf.	Name	WBL	Bgl. Siebm. Abtlg.	Tf.	Name	WBL	Bgl. Siebm. Abtlg.	Tf.
Reinhard	511	4	75	Rentzsch	85	9	93	Rhotert	1062	6	55
Reinhard	281	9	92	Rephuen	362	7	94	Rhüde	705	6	14
Reinhard	387	11	72	Repp s. Renn	652	7	94	Rhyn, Am	55	8	94
Reinhard	276	2	74	Resch	135	1	75	Rhyne, Vam	598	4	40
Reinhardt	78	2	52	Resch	259	2	74	Ribeisen	708	3	93
Reinhardt	87	12	99	Resch	290	3	56	Ribook	353	5	96
Reinhardt	301	2	35	Resch	8	4	75	Riccius	347	9	9
Reinhardt	573	2	14	Resch	742	6	78	Richard	73	13	35
Reinhardt	331	5	54	Resch	374	7	34	Richart	808	2	93
Reinhardt	550	5	54	Resch	259	8	12	Richart	203	9	92
Reinhardt	859	5	54	Resch	697	13	35	Richelm s. Reichhelm	1080	9	77
Reinhardt	422	9	32	Reschius	823	4	75	Richels	1019	5	74
Reinhardten	1034	2	52	Reschke	833	2	52	Richels	1019	5	74
Reinhart	281	4	40	Reschke	998	14	30	Richers	187	5	36
Reinhart	2	5	54	Reschke	106	2	14	Richertz	119	6	56
Reinhart	521	9	77	Reschlin	259	1	11	Richey	948	3	35
Reinhartt	436	7	56	Reschlin	259	8	12	Richey	948	5	75
Reinhold	590	9	33	Rese	759	3	71	Richler	915	1	54
Reinicke	282	10	55	Rese	955	5	36	Richner	52	10	20
Reinicke	277	12	99	Rese	702	9	77	Richter	163	3	71
Reinke	960	11	88	Resenberger	457	2	93	Richter	634	1	95
Reinking	760	6	55	Resl	530	12	12	Richter	557	6	56
Reinking	469	13	30	Respetino	24	7	18	Richter	648	6	80
Reinmann	59	4	40	Ressach	136	3	71	Richter	196	7	18
Reinsdorff	762	5	36	Resse	782	10	74	Richter	698	7	94
Reinsperger	255	3	93	Reteke	392	5	74	Richter	864	8	12
Reinstein	1006	14	21	Rethem	548	3	14	Richter	557	8	51
Reinstorf	888	9	8	Rether	243	5	74	Richter	124	9	55
Reinstorp	762	6	14	Retter	864	1	11	Richter	124	9	93
Reinthaler	1041	1	54	Retter	864	5	74	Richter	125	1	95
Reis	154	9	77	Rettich	590	4	40	Richter	125	9	55
Reisacher	82	1	11	Rettig	1071	4	75	Richter	312	9	93
Reisch	1065	1	36	Rettig	589	7	73	Richter	680	10	34
Reisch	863	6	14	Rettstadt	525	6	55	Richter	783	11	44
Reisch	36	6	78	Retzlow	322	8	51	Richter	1033	12	13
Reisch	815	8	90	Reuber	828	2	75	Richter	776	12	34
Reischl	920	6	55	Reuchlin	759	4	75	Richter	974	12	34
Reiseisen	652	1	36	Reuehalter	394	8	76	Richter	596	13	41
Reisenleitter	641	6	31	Reuert	392	10	74	Richter	1071	14	7
Reiser	167	1	75	Reuland	523	9	8	Richter	928	14	30
Reiser	216	3	56	Reuleaux	978	4	75	Richter	927	1	11
Reiser	7	7	94	Reumann	26	7	94	Richter	781	1	95
Reiser	943	8	33	Reunert	281	6	55	Richter	118	1	95
Reiser	235	1	94	Reuning	722	8	33	Richthauser	790	7	34
Reishauer	756	7	72	Reusch	629	3	56	Rickmann	299	9	77
Reisiger	457	2	14	Reusch	489	6	14	Ricvillerus	594	6	32
Reisner	927	1	54	Reuscher	945	10	13	Ridder	73	5	36
Reisner	291	6	97	Reuser	377	2	53	Ridder	543	9	77
Reisser	398	1	95	Reusing s. Rensing	815	7	56	Ridder	801	9	77
Reißer	981	2	74	Reusing s. Rensing	815	8	76	Ridder	801	9	77
Reißl	1048	2	14	Reusner	179	4	75	Ridder, de	882	4	98
Reißner	960	7	80	Reuss	862	1	75	Ridenstein	911	5	36
Reiter	129	15	3	Reuß	751	2	35	Ridt	289	7	18
Reith	1040	2	93	Reuße	862	6	31	Rieck	85	12	99
Reitnauer	721	4	40	Reuter	706	1	75	Riecke	292	4	40
Reitsberger	1076	2	14	Reuter	247	3	14	Riecke	368	4	75
Reitsperger	1076	2	74	Reuter	987	7	18	Riecke	369	5	74
Reitter	109	3	70	Reuter	769	7	73	Riecke	326	8	51
Reitter	453	3	93	Reuter	108	8	51	Ried	287	6	32
Reitz	220	13	30	Reuter	256	10	34	Ried	690	14	38
Reitz	402	13	30	Reuter	54	11	12	Riedbaum	475	11	32
Reitzel	352	8	76	Reuter	705	14	14	Riedel	50	3	71
Reitzman s. Beitzman	393	1	35	Reuter	247	3	71	Rieder	772	7	73
Reitzeck	846	8	76	Reuter	247	1	95	Rieder	1034	2	93
Reizner	834	3	56	Reuter	1045	3	71	Rieder	231	2	15
Reizner	782	3	56	Reuth	862	4	75	Riederer	297	8	76
Rellensmann	1019	9	92	Reuther	632	9	8	Riederer	789	8	91
Relstab	759	7	72	Reutter	128	3	71	Riederer	297	1	54
Relstab	53	7	73	Reutter	55	2	15	Riederer	308	1	75
Rembert	734	3	56	Reutter	688	6	31	Riediger	914	8	72
Remboldt	45	5	96	Reutter	879	7	34	Riediger	312	8	51
Remboldt	294	5	96	Reutter	830	8	33	Riedinus	552	7	18
Remedi	244	2	14	Reutter	251	10	55	Riedl	235	2	35
Remelini s. Bemelini	446	1	11	Reuttlinger	318	6	31	Riedlin	692	3	93
Remme	366	11	32	Reuttmayer	250	8	76	Riedmüller	565	6	32
Remmer	259	2	52	Reux	203	4	98	Riedtmayer	67	2	75
Remmerson	453	9	55	Revelmann	145	2	75	Riedty	552	6	32
Remmlein	60	2	74	Rey	432	4	40	Riegel	909	14	38
Remschel	919	11	12	Reyger	391	9	55	Riegelhofer	664	1	95
Remstede	194	4	40	Reyhing	717	6	31	Rieger	836	1	54
Remy	700	13	1	Reyman	790	9	55	Rieger	594	1	75
Remy gen. Paillet	565	11	89	Reymann	693	9	55	Rieger	846	1	75
Remy gen. Paillet	565	4	75	Reymann s. Reumann	26	7	94	Rieger	311	2	93
Rendelmann	184	12	34	Reyndes	643	9	77	Rieger	608	2	75
Rendl	947	1	11	Reynhardt	1067	3	56	Rieger	882	2	53
Rendtorff	940	7	56	Reysenleutter	641	1	75	Rieger	390	2	93
Rendwickh	876	6	31	Reyser	219	6	14	Riegler	879	6	32
Renger	149	1	54	Reyser	377	6	14	Riegler	950	2	94
Renger	898	14	30	Reysoldt	609	5	74	Riehl	622	6	32
Renger	898	14	38	Reyttmair	154	3	71	Riehl	733	8	12
Renhart	404	6	77	Rezer	515	2	75	Riehm	1022	11	44
Renker	451	7	73	Rhaw	589	7	94	Riehm	1022	11	89
Renn	652	7	94	Rhaw	806	10	34	Riehm	1008	11	89
Renner	831	8	76	Rhebinder	351	5	96	Riehm	1011	11	90
Renner	348	10	55	Rheinbay	792	9	55	Riehm	927	14	30
Renner	200	2	93	Rheinboldt	872	5	96	Rieken	655	13	11
Renner	768	2	52	Rheiner	3	2	53	Riel	58	11	89
Renninger	128	1	74	Rheiner	818	2	75	Riem	981	11	89
Renninsfeldt	622	9	93	Rheinländer	688	12	72	Riem	127	11	89
Rensing s. Reusing	815	8	100	Rhelin	308	6	14	Riem	209	11	89
Rentrop	905	8	89	Rhenius	48	10	13	Riem	46	11	90
Rentsch	124	3	93	Rhenius	48	10	55	Riem	569	11	90
Rentz	553	6	31	Rhese	313	3	71	Riem	26	12	13
Rentz	932	9	33	Rheude	30	11	89	Riem	711	11	89
Rentz	1055	2	52	Rhiem	911	11	89	Riem	676	12	34
Rentz	255	2	74	Rho	1024	6	32	Riem	770	11	90
Rentzel	419	3	14	Rhoden	577	6	55	Riem	1038	11	90
Rentzler	607	2	14	Rhodius	63	12	99	Riem	391	12	13
Rep	230	6	31	Rhodt	355	1	11	Riem	386	12	34
Rentzsch	128	9	93	Rhost	8	1	95	Riemann	1004	12	99

Name	WBL	Bgl. Abtlg.	Siebm. Tf.	Name	WBL	Bgl. Abtlg.	Siebm. Tf.	Name	WBL	Bgl. Abtlg.	Siebm. Tf.
Riemann	781	13	57	Rittershusius	172	2	94	Rösner	497	7	35
Rieme	634	11	90	Rittershusius	171	2	15	Rösner	124	10	55
Riemelin	500	6	97	Rittmaier	1050	3	71	Rösser	249	1	11
Riemenschneider	793	9	77	Rittscher	5	5	36	Rössing	248	2	35
Riemo	22	12	13	Ritzart	805	13	1	Rössle	250	5	75
Riempp	590	11	90	Ritzer	473	3	14	Rössler	250	1	54
Riemschneider	744	10	55	Rittzscher	350	5	36	Rössler	560	5	75
Rieneckher	999	9	33	Rive	406	5	74	Rössler	249	5	97
Riepe	807	9	55	Rivinus	150	3	71	Rößler	546	7	19
Riepel	590	1	36	Rixner	534	3	35	Rößler	540	7	95
Riepenhausen	373	5	96	Robele	292	3	71	Roessler	248	10	75
Riepp	589	6	32	Roch	426	7	35	Rössler	957	14	47
Ries	39	1	11	Roch	374	9	33	Rösslin	249	5	75
Ries	286	2	94	Rochau	422	5	74	Rösslin	252	5	75
Ries	30	10	13	Rockenbach	105	6	32	Rößner	774	14	30
Ries	30	10	34	Rockenstihl	600	6	32	Roet	44	1	11
Riesch	509	14	30	Rodde	289	3	71	Roetenbeccius	26	3	93
Riescher	402	1	75	Rode	650	3	14	Rötenbeck	26	6	15
Riese	74	13	23	Rode	560	5	54	Rötgers	428	5	37
Riesel	952	6	14	Rode	946	7	56	Röthlin	58	13	1
Riessenbrand	297	2	53	Rode	351	8	33	Röting	876	3	35
Rieser	340	1	75	Rodekohr	383	4	41	Röting	122	1	95
Rieß	407	1	95	Rodel	649	7	73	Röting	876	1	11
Riess	120	6	32	Rodemann	508	6	32	Rötinger	102	1	54
Riess	120	6	32	Rodemann	631	10	35	Röttenberger	417	6	33
Riester	819	11	12	Rodenborg	614	3	71	Röttinger	102	7	73
Rietberger	120	2	53	Rodinghusen	513	3	14	Rötzer	870	14	21
Riete	560	4	41	Rodler	306	1	11	Röver	215	3	14
Rietmann	231	7	73	Rodt	714	3	72	Roever	599	7	56
Riexinger	980	14	30	Rodt	954	5	36	Roffel	203	3	72
Riffenschael	712	6	32	Rodt	10	9	33	Roffsack	776	5	96
Riggert	910	12	99	Röbbelen	488	4	41	Rogalli	1011	9	9
Riggert	910	14	14	Röbbelen	479	6	56	Rogand	785	7	56
Rigler	424	3	71	Röber	828	9	33	Roggenbruck	126	9	93
Rike	126	5	74	Roeck	1040	5	36	Roggenkneder	789	9	78
Rike	742	5	74	Röcker	932	14	30	Roglspur	1010	2	53
Rim	729	12	34	Röder	726	2	35	Rohde	899	12	35
Rimann	95	14	14	Röder	903	6	56	Rohde s. Iphofen	706	12	35
Rimpau	507	5	36	Röder	812	9	9	Rohdmann	110	12	100
Rimphoff	988	5	96	Röder	812	9	9	Rohleder	308	1	11
Rinck	378	3	93	Roeder	548	9	55	Rohner	656	6	14
Rinck	227	5	74	Roeder	57	12	13	Rohr	607	10	35
Rinck	814	10	74	Röder	568	12	99	Rohrbach	608	6	14
Rinck	181	11	90	Rödinger	1036	13	41	Rohrbeck	608	10	75
Rinck, von	378	9	77	Röffel	291	3	72	Rohrer	608	6	14
Rind	1071	13	12	Rögner	1044	1	11	Rohrmann	743	1	36
Rindelhauser	1005	1	36	Roehl	528	4	41	Rohrmann	1068	2	15
Rinder	338	6	56	Röhl	297	5	36	Rohrmann	1068	2	75
Rinderknecht	333	7	73	Röhl	883	7	19	Rohrmann	200	3	72
Rindler	429	2	94	Röhland	545	10	92	Roht	222	5	97
Ringelstein	723	7	94	Röhling	569	1	54	Roht	335	5	97
Ringelstorffer	723	8	76	Röhmer	755	11	32	Rohtlieb s. Rothlieb	127	5	96
Ringger	754	7	94	Röhr	608	3	14	Roick	738	10	35
Ringger	753	9	33	Röhr	628	7	94	Rolandt	974	3	72
Ringger	741	11	32	Röhrborn	1065	3	72	Rolffsen	489	5	96
Ringholz	721	7	94	Röhrer	1002	2	53	Rollenbutz	123	3	72
Ringer	722	9	55	Röhricht	390	8	33	Rollenbutz	123	7	94
Ringier s. Ringer	722	9	55	Röhrig	77	6	80	Rollenhagen	833	9	33
Ringler	379	1	36	Röhrig	77	7	35	Rollfink	377	11	90
Ringler	721	5	54	Röhrig	1020	8	12	Rollwag	592	1	55
Ringler	722	5	54	Roek	1003	3	72	Roloff	629	5	74
Ringler	722	6	32	Roel	1004	2	75	Roloff	820	7	19
Ringler	879	6	32	Roele	546	7	94	Roloves	730	9	78
Ringler	696	8	91	Röll	759	3	72	Rom	66	2	75
Ringler	466	2	94	Röllich/Röllig	735	14	21	Rom	229	8	33
Ringler	720	2	94	Röllin	984	6	32	Romal s. Romul	283	1	36
Ringli	776	3	71	Römer	1063	1	36	Roman	361	1	11
Ringmacher	214	7	35	Römer	755	4	41	Romanus	521	3	93
Rinmann	614	4	40	Römer	247	5	54	Romen	873	5	74
Rinshofer	645	3	56	Römer	755	5	75	Roming	237	6	32
Rintelen	821	5	36	Römer	559	6	32	Roming	237	12	40
Rintelmann	1006	12	35	Roemer	170	6	56	Rommler	611	6	14
Riotte	1064	5	96	Römer	117	9	33	Romstöck	1005	14	21
Ripenhausen	712	9	78	Römer	818	9	33	Romul s. Romal	283	1	36
Ripenhausen	801	9	78	Römer	724	10	75	Ronborch	353	5	36
Ripersburg	981	6	32	Römer	877	10	75	Ronbühel	894	6	33
Riphahn	401	10	55	Römer	546	11	32	Ronnegreve	606	3	14
Ripsch	273	7	94	Römheld	119	10	75	Ronner	453	3	56
Rischauner	745	1	11	Roenagel	145	1	54	Ronstorff	1053	10	75
Rischmann	121	13	49	Rönkendorf	620	5	75	Rood	437	7	94
Risius	198	9	75	Rönnecke	469	13	12	Roosen	539	9	93
Rislom s. Rissom	659	10	34	Rönnenkamp	986	5	96	Roosen	539	10	13
Riss	836	1	95	Röper	432	5	75	Ropnack	709	4	75
Riss	837	3	35	Roepke	182	5	36	Rorat	337	4	98
Riss	796	8	91	Röpke	991	14	47	Rorbach	607	4	41
Rissacher	810	9	77	Rörer	870	2	94	Rorer	326	3	72
Rissbach	256	5	54	Rörer	40	7	35	Rorer	892	7	35
Rissleber	380	3	56	Rörl	148	6	33	Rorschacher	415	2	53
Rissom s. Rislom	659	10	34	Roerup	175	5	97	Rosa	540	2	75
Rist	183	2	53	Rösch	248	3	72	Rosa	543	6	15
Rist	179	5	54	Rösch	292	6	15	Rosa	540	6	15
Risten, die	179	10	20	Roesch	148	6	97	Roscher	603	7	94
Ritgen	568	8	33	Rösch	105	7	35	Roschmann	761	2	75
Rittberger	128	1	11	Rösch	61	8	33	Rose	532	1	12
Rittel	722	9	33	Rösch	254	14	7	Rose	889	8	33
Rittell	462	9	33	Rösch	253	14	44	Rose	93	9	93
Ritter	85	3	14	Rösch	254	14	44	Rose	572	5	54
Ritter	129	3	71	Rösch	141	1	11	Rose	544	11	12
Ritter	232	8	76	Rösch	435	1	36	Rose	570	2	94
Ritter	496	8	76	Röschel	1074	2	35	Rose	544	2	94
Ritter	745	9	93	Roeschen	576	7	35	Rosenbach	536	3	72
Ritter	561	13	12	Roese	93	11	32	Rosenbach	574	9	33
Ritter	1011	13	12	Röser	571	1	54	Rosenbach	895	11	32
Ritter	998	14	38	Röser	954	2	75	Rosenbaum	196	1	55
Ritter	60	3	71	Roeser	568	6	15	Rosenberg	570	10	13
Ritter	415	3	14	Röser	570	6	97	Rosenberger	535	1	75
Ritter	561	3	71	Rösgen	536	4	98	Rosenberger	540	1	75
Ritter	936	3	71	Rösingk	542	4	75	Rosenbergh	822	8	12
Ritterbusch	1027	7	18	Rösler	888	3	72	Rosendaller	545	1	36
Rittershusius	172	7	19	Rösner	535	6	97	Rosenegger	541	10	13

Register

Name	WBL	Bgl. Abtlg.	Siebm. Tf.	Name	WBL	Bgl. Abtlg.	Siebm. Tf.	Name	WBL	Bgl. Abtlg.	Siebm. Tf.
Rosenhain	548	3	72	Rouwe	95	9	93	Rump	889	5	37
Rosenhain	548	9	33	Rowehlt	480	5	97	Rump	1035	10	35
Rosenlehner	1026	2	75	Rozynski	654	8	77	Rumpel	259	1	12
Rosenmüller	891	3	72	Rubens	85	6	97	Rumpel	68	4	75
Rosenmund	574	7	73	Rubens	961	9	93	Rumpf	980	2	35
Rosenmund	541	9	33	Rubens	961	10	13	Rumpold	632	11	32
Rosenow	829	9	93	Rubens (Robens)	959	13	12	Rumpp	192	5	37
Rosenritter	569	7	35	Rubli	968	3	73	Runge	265	4	76
Rosenstock	644	7	73	Ruch	584	6	15	Runge	495	5	37
Rosenthal	575	2	94	Ruch	91	7	73	Runge	1006	10	92
Rosenthal	1024	9	9	Ruchamer	877	7	35	Runkel	127	12	35
Rosenwürth	547	2	35	Ruchti	64	3	73	Runshorn	48	6	15
Rosenzweid	449	10	55	Ruck	595	4	75	Runzler	115	1	12
Rosey, du	740	8	76	Ruckenhauser	566	3	73	Ruoff	853	5	75
Rosier s. Berger	173	10	55	Ruckher	827	7	95	Ruoff	856	5	75
Rosinus	249	3	35	Rudeloff	145	10	56	Ruoff	336	2	53
Rosner	543	12	100	Ruden	795	9	78	Ruoff	212	5	75
Rosnovius	531	9	9	Rudloff	967	5	55	Ruoff	336	5	75
Rosolin	988	7	73	Rudloff	967	5	55	Ruperti	536	10	35
Roß	534	1	11	Rudolf	543	3	94	Rupp	152	1	37
Roß	857	14	38	Rudolf	251	9	55	Rupp	1064	3	56
Roßnagel s. Heinckhell	248	5	75	Rudolff	713	11	90	Rupp	712	8	91
Rossbach	857	3	72	Rudolph	1014	6	56	Rupp	843	12	100
Rossbecher	256	1	75	Rudolph	49	10	56	Rupp	21	3	73
Rossberg	1	2	53	Rudolph	906	14	22	Rupp	84	2	35
Rossel	555	13	35	Rudolphi	279	6	56	Ruppel	976	4	76
Rosshirt	255	2	35	Rudolphi	279	7	19	Ruprecht	435	3	73
Rosskamm	858	2	75	Rudorff	175	6	56	Ruprecht	132	4	76
Rosskopff	256	10	13	Rudorff	280	6	56	Ruprecht	748	8	91
Rossle	252	2	15	Rüb	589	8	12	Ruprecht	337	9	78
Rossner	547	6	15	Rübel	19	2	15	Rupstein	498	6	56
Rossow	249	11	12	Rübel	676	10	35	Rusackh	588	6	15
Rosst	508	6	15	Rueben	590	7	57	Rusch	608	12	72
Rosst	531	3	72	Rüber	589	6	97	Ruschenbusch	199	4	41
Rossteuscher	248	1	12	Rübinger	1004	1	55	Rusdorffer	518	1	12
Rossteuscher	292	10	55	Rübsam	1071	9	55	Russ	531	1	75
Roßwurm	440	2	15	Rübsamen	108	12	33	Russ	118	2	15
Rost	281	3	72	Rückel	698	8	77	Russ	615	12	100
Rost	169	1	12	Rücker	57	1	55	Russe	429	2	75
Rost	656	12	72	Rücker	123	3	73	Russe	167	3	73
Rost	656	12	72	Rücker	123	10	56	Rust	601	5	55
Rostenzweid	323	1	95	Rückert	355	2	94	Rust	945	5	55
Rotenberg	614	5	37	Rückert	356	11	44	Ruta	509	6	15
Rotenberger	380	3	14	Rückhenpäumb	580	9	55	Rutger	750	1	37
Rotenflüe	88	9	34	Rüd	289	10	13	Rutger	684	9	34
Rotengatter	29	1	36	Rüd	289	12	54	Ruth s. Huth	770	6	50
Rotenpeck	7	1	55	Rüdel	501	2	53	Ruth	896	9	94
Rotermund	368	5	75	Ruedi	1008	7	73	Ruthinger	102	5	97
Roth	859	2	35	Rüdiger	83	10	35	Ruttlandt	563	6	15
Roth	674	10	55	Rüdinger	726	1	12	Ruward	542	11	43
Roth	568	5	97	Rüdinger	633	1	36	Rychelberg	234	3	56
Roth	1003	6	56	Rüdinger	153	3	35	Rychiner	886	7	73
Roth	507	7	95	Rüdt	287	2	15	Rychmut	453	3	73
Roth	423	8	12	Rüdwein s. Budwein	199	2	15	Rychner	52	5	54
Roth	674	10	55	Rüffer	776	1	36	Ryff	858	5	54
Roth	698	12	13	Rüffer	776	9	93	Ryher	333	3	73
Roth	546	12	100	Rueger	448	7	35	Ryke	321	4	76
Roth	545	1	95	Ruegg	209	9	34	Rymann	761	9	55
Roth	1032	13	57	Ruegg	697	9	34	Rynacher	33	7	74
Roth	205	1	75	Ruegg	466	9	34	Rynns	545	9	78
Roth	546	1	75	Rügistorfer	789	7	73	Rynow	90	1	95
Roth	359	1	95	Rühe	906	12	35	Ryss	750	6	56
Roth-Scholz	191	1	12	Rühelius	852	6	33	Ryss s. Russ	118	2	15
Rothbein	165	6	15	Rühle	578	6	56	Rzepecki	653	10	13
Rothe	911	2	15	Rühle	919	7	19				
Rothe	1025	4	41	Rühle	1005	13	30	Saalefeldt	572	7	19
Rothe	1027	5	54	Rühm	972	12	13	Saalmann	936	8	52
Rothe	327	9	93	Rüll	328	1	95	Saar	1035	14	44
Rothe	672	10	92	Rümbeli	420	7	73	Sabon	853	8	52
Rothe	1008	15	3	Rümbler	944	3	73	Sachs	914	1	12
Rothenberg	325	13	23	Rümeli	517	3	73	Sachs	29	2	94
Rothenburger	925	13	23	Rümeli	563	7	73	Sachs	527	4	76
Rothenfelder	2	14	22	Rümmelin	235	6	33	Sachs	4	8	77
Rothenfelder	1061	14	22	Rüoff	336	5	75	Sachse	842	9	94
Rothenfelder	740	14	22	Ruepprecht	142	12	13	Sachse	637	10	56
Rothenfelder (Ratvelder)	740	14	22	Ruessegger	29	3	73	Sachse	876	11	33
Rothenfelder (Ratvelder)	740	14	22	Ruethshammer	1046	3	73	Sachse	605	12	100
Rothenhofer	611	2	15	Rütimann	308	7	73	Sachsinger	865	3	73
Rothenhofer	611	7	35	Rütling	192	9	94	Sachtleben	43	7	19
Rothfuchs	573	6	15	Rütschi	390	7	73	Sachtleven	318	3	73
Rothhan	398	2	35	Rüttimann	54	7	95	Sack	28	3	35
Rothhut	1075	6	15	Rüttlinger	318	3	73	Sackh	776	7	35
Rothutt	1075	8	91	Rüttschy	438	9	34	Sackreuter	297	2	35
Rothlieb	127	5	96	Rütz	274	2	15	Sader	331	2	94
Rothmaler	691	9	93	Rützer	208	1	55	Sadler	297	2	53
Rothmann	546	3	72	Ruff	462	3	73	Saedt	566	4	98
Rothmayr	888	2	53	Ruff	589	6	78	Sälzlin	236	6	33
Rothmund	243	1	75	Ruffler	802	8	13	Sänger	1077	1	95
Rothmundt	359	6	15	Ruffmann	49	12	100	Sänger	866	7	19
Rothmundt	243	10	56	Ruger	846	6	33	Saffe	983	5	55
Rothmundt	243	10	56	Rugger	264	6	33	Saffran	578	2	15
Rothschild	213	7	95	Rughe	92	3	14	Sager	122	8	13
Rothut	899	10	35	Ruhm	429	11	90	Sager	745	9	34
Rotscheub	716	3	56	Ruhmer	907	11	90	Sagerbeckh	420	2	15
Rott	426	1	12	Ruhr, von der	22	12	13	Sagittari	1031	9	34
Rott	125	5	97	Ruidius	778	7	78	Sagmeister	913	2	94
Rott	319	5	97	Rukop	811	9	78	Sagmillner	993	2	53
Rott	537	7	35	Ruland	91	3	94	Sahlender	988	10	36
Rottaler	809	1	12	Ruland	985	1	37	Sahlender	731	10	75
Rottaler	527	3	72	Ruland	119	1	95	Sahler	469	13	30
Rottenburger	140	7	35	Ruland	985	3	14	Sahr s. Suhr	126	9	93
Rottengatter	29	3	94	Rulandt	131	6	15	Saidler	958	3	56
Rottengatter	29	10	56	Rulf	734	13	12	Sailer	703	1	12
Rottenheussler	897	8	77	Rumann	823	9	78	Sailer	857	7	95
Rottenhofer s. Rothenhofer	611			Rumann	823	9	78	Sailer	231	9	34
Rottenpuecher	516	2	94	Rumer s. Steiner	329	12	36	Sailer	970	9	34
Rotterdamm	5	4	41	Rumler	528	8	13	Sailer	1074	12	36
Rottmar	26	7	95	Rummel	307	9	55	Sailer	1080	10	75
Rottok	41	9	34	Rummel	324	1	75	Sailler	38	1	55
Rouchli	887	3	73	Rump	889	3	14	Sak	613	8	33

Name	WBL	Bgl. Abtlg.	Siebm. Tf.	Name	WBL	Bgl. Abtlg.	Siebm. Tf.	Name	WBL	Bgl. Abtlg.	Siebm. Tf.
Salbach	635	1	95	Sauer	203	2	36	Schaller	641	1	13
Saleborch	1012	3	14	Sauer	521	4	98	Schaller	233	2	95
Salenbach	46	3	73	Sauer	639	7	57	Schaller	761	3	57
Saler	490	3	94	Sauer	729	10	13	Schaller	569	3	74
Salfeld	38	3	14	Sauer	757	11	12	Schaller	383	6	78
Salfelder	70	1	12	Sauer	184	13	31	Schaller	822	7	35
Saliger	480	3	73	Sauer	910	14	22	Schaller	276	7	95
Sallbach	1016	9	9	Sauermann	930	1	13	Schaller	800	8	91
Sallentien	830	11	90	Saugefinger	923	1	13	Schaller	959	12	100
Salm	421	2	75	Saur	834	4	41	Schaller	537	13	12
Salm	543	4	98	Saur	457	6	16	Schaller	28	2	95
Salomon = Buol	813	8	62	Saur	564	7	95	Schalmoser	146	1	55
Salomon	120	10	56	Saurerer	841	6	16	Schaltenbrand	822	2	95
Salomon	404	11	33	Sauselm	163	6	16	Schalutzer s. Schalautz	398	2	36
Salpeter	714	13	30	Sausi, de	56	7	74	Schambach	11	2	36
Saltzer	749	7	95	Sauter	223	3	94	Schambeck	429	3	57
Saltzmann	910	1	12	Sauter	1076	4	41	Schamberger	444	8	34
Saltzmann	20	2	94	Sautter	69	6	16	Schambogen	140	2	15
Salzburger	86	3	74	Sautter	75	6	16	Schambogen	131	3	35
Salzer	326	5	97	Sawall	25	11	13	Schamel	23	3	35
Salzinger	749	9	16	Sawilski	539	9	94	Schamroth	585	6	16
Salzmann	151	1	95	Saxo	404	6	16	Schander	762	9	78
Salzmann	445	5	55	Sayer	927	2	53	Schantze	40	5	75
Salzmann	152	7	35	Sayler	650	3	56	Schancz	371	2	15
Salzmann	215	11	33	Schaal	956	14	38	Schanz	297	3	74
Salzwedel	41	3	35	Schaare	119	10	92	Schaper	319	5	97
Sambucus	405	2	53	Schaare	669	11	72	Schaper	646	13	49
Sameth	1004	1	12	Scha(a)re	734	11	72	Schapp	428	9	9
Sammet	550	4	41	Schaare-Schlüterhof	904	12	36	Schapranz	702	9	35
Sanctor	251	6	78	Schabbel	623	5	55	Schardt	890	4	98
Sandberger	109	2	35	Schaber	215	6	16	Schare	438	10	92
Sandberger	109	13	49	Schabert	609	9	56	Schare	365	11	72
Sande, zum	581	7	95	Schabrock	696	12	13	Scharer	163	3	15
Sandel	1078	2	53	Schacher	704	3	94	Scharf	671	3	15
Sander	932	5	37	Schachner	742	2	94	Scharf	667	14	7
Sander	940	5	37	Schachner	742	9	56	Scharf	890	14	31
Sander	288	6	33	Schachner	904	10	92	Scharf	389	2	36
Sander	819	6	56	Schachner	904	12	37	Scharfenberg	87	6	16
Sander	534	6	56	Schacht	804	3	57	Scharfenberger	329	2	54
Sander	762	9	78	Schacht	616	4	41	Scharfenschwerdt	775	4	41
Sander	584	12	14	Schacht	923	8	13	Scharff	1062	3	36
Sander	748	12	72	Schacht	172	3	74	Scharff	693	2	76
Sander s. Sandner	601	10	56	Schacht	363	3	74	Scharffenberg	676	12	36
Sandholz	829	2	75	Schachtmeyer	1072	8	33	Scharlapaur	703	13	35
Sandmann	581	4	76	Schachtmeyer	1043	10	93	Scharmann	703	1	76
Sandner s. Sander	601	10	56	Schachtrupp	312	5	55	Scharnstetten	332	2	15
Sandner	1001	1	37	Schad	232	6	56	Schattauer	688	12	100
Sandrart	598	1	37	Schad	56	7	74	Schatz	9	1	13
Sandreitter	127	4	76	Schäbel	139	1	37	Schatz	553	3	36
Sandrock	33	13	57	Schäbel	605	10	76	Schatz	606	2	15
Sandrock	33	14	7	Schädler	84	7	74	Schaub	47	6	57
Sandthass	943	3	94	Schaedler	1046	10	75	Schaub	787	11	13
Sandvoss	818	6	56	Schäfer	309	4	98	Schaub	1065	11	33
Sandvoss	279	12	100	Schäfer	106	5	97	Schauberg	107	7	74
Sankt Johannes, von	258	8	9	Schäfer	312	5	97	Schaubode	917	6	33
Sanne	711	12	100	Schaefer	314	5	97	Schauer	1055	1	37
Santa	1013	2	94	Schäfer	828	10	75	Schauer	966	7	96
Santini	533	2	94	Schäfer	1022	10	36	Schauer	1025	14	7
Sanzenbach	211	1	12	Schäfer	312	10	75	Schaum	697	12	14
Sapio s. Scipio	173	2	77	Schaefer	897	10	75	Schaumann	757	4	76
Sapper	145	7	95	Schaefer	1073	12	37	Schaumann	765	7	96
Sarasin	593	2	35	Schäfer	684	13	12	Schaumann	765	12	14
Sarathet	227	1	76	Schäfer	679	13	23	Schaumberg	1047	3	36
Sarburg	799	7	79	Schäffer	309	1	55	Schaup	765	6	57
Sariszky	1045	6	97	Schäffer	890	2	15	Schaur	658	6	78
Sarninghausen	389	6	33	Schäffer	118	3	94	Schaur	814	8	91
Sarpe	824	7	74	Schäffer	311	6	56	Schaurmayr	242	1	55
Sartor	1051	4	76	Schäffer	311	1	13	Schbeigkl	532	3	74
Sartorius	532	1	12	Schäfler	319	9	34	Schdenz	841	1	96
Sartorius	548	3	35	Schäfler	311	1	13	Schechtelin	1034	1	76
Sartorius	78	4	76	Schäl	719	1	37	Scheck	10	6	33
Sartorius	314	9	78	Schael	719	3	35	Scheckenburlin	310	5	55
Sartorius	195	2	75	Schaengkherl	970	4	41	Scheckenburlin	309	10	18
Sartorius	218	2	75	Schännis	857	3	74	Scheckh	250	6	16
Sartorius	707	2	35	Schänzer	900	10	36	Schede	1006	1	96
Sartorius	547	3	94	Schaepmann	314	9	9	Schedel	159	1	76
Sass	594	5	97	Schaer	393	6	56	Schedel	195	4	76
Sasse	935	3	14	Schärdinger	848	10	36	Schedl	1028	6	33
Sasse	200	3	56	Schärling	438	2	94	Schedler	556	4	41
Sasse	504	6	15	Schätzel	208	13	41	Schedler	691	4	76
Sasse	90	8	13	Schätzle	37	13	58	Schedlich	945	9	94
Sasse	195	10	36	Schäublin	174	4	76	Schedner	322	7	35
Sasse	792	10	56	Schäufelin	703	1	13	Scheel	44	1	55
Sasse	991	13	57	Schafelitzky	177	2	76	Scheel	1079	8	77
Sassenhagen	1052	5	55	Schaff	444	1	37	Scheele	72	3	15
Saßnick	561	7	19	Schaff	963	12	72	Scheele	487	4	76
Sastrow	382	3	14	Schaffenrath	74	12	13	Scheele	442	11	44
Satler	192	7	74	Schaffer	828	8	13	Scheele	494	12	35
Satler	410	6	78	Schaffhausen	619	3	74	Scheeres	746	12	100
Satler	338	8	91	Schaffhausen	1067	3	15	Scheferling	965	8	13
Satloder s. Scheichel	812	3	74	Schaffhirt	130	12	100	Scheffel	749	8	13
Satloder	812	12	14	Schaffitz	313	1	96	Scheffelenz s. Laudenbg.	734	7	89
Satow	923	3	56	Schaffner	442	5	55	Scheffer	1013	8	33
Sattelpoger	847	2	76	Schaffner	442	10	19	Scheffer	59	3	15
Sattler	129	8	77	Schaffnitzel	860	12	100	Scheffer	283	3	36
Sattler	297	3	94	Schafner	319	2	53	Scheffer	809	7	79
Sattler	382	6	15	Schaiblein	36	1	76	Scheffer	860	8	33
Sattler	382	9	55	Schaiblin	174	6	33	Scheffer	439	3	94
Sattler	382	8	33	Schaiblin	680	6	33	Scheffler	796	8	91
Sattler	892	6	15	Schaidenreißer	130	1	55	Scheffler	1013	11	33
Sattler	892	13	35	Schainberger	1061	8	77	Scheffler	871	12	35
Sattler	49	1	96	Schalautz s. Schalutzer	398	2	36	Schefflmaier	101	3	57
Sattler	297	1	12	Schalckh	567	6	16	Schefler	754	1	96
Sauber	538	1	55	Schalhamer	110	2	53	Scheibe	715	3	74
Sauber	958	7	95	Schalhardt	652	12	37	Scheibe	941	9	94
Saubert	174	1	12	Schalhardt	652	12	37	Scheibe	715	12	101
Saubert	181	3	35	Schalk	809	2	36	Scheibl	302	1	37
Saubert	181	5	75	Schalk	567	8	33	Scheibler	303	7	74
Saudler	57	2	53	Schallehn	816	13	23	Scheibler	316	7	96
Sauer	184	1	12	Schallenauer	344	4	41	Scheibli	724	1	55

Register

Name	WBL	Bgl. Abtlg.	Siebm. Tf.	Name	WBL	Bgl. Abtlg.	Siebm. Tf.	Name	WBL	Bgl. Abtlg.	Siebm. Tf.
Scheichel	206	12	14	Scherringer	726	1	13	Schilter	536	3	36
Scheichel s. Satloder	812	12	14	Schertel	667	4	76	Schilter	31	5	55
Scheid	731	1	13	Scherz, von	62	10	76	Schiltl	738	2	54
Scheid	542	3	36	Schetter	239	4	98	Schimmelpfeng	156	14	39
Scheid	731	6	57	Schetter	240	7	96	Schimmer	1054	10	56
Scheid	979	13	58	Schetter	294	7	96	Schimmler	251	14	31
Scheidegger	21	5	55	Schetter	294	10	76	Schimpf	522	13	42
Scheidemandel	468	9	94	Schettmer	348	6	33	Schinckel	601	5	97
Scheiffele	704	3	74	Schetzer	790	8	92	Schindeli	424	3	94
Scheifler	839	1	13	Scheu	681	1	13	Schindelmeiser	906	12	15
Scheiner	187	2	36	Scheuchzer	721	3	74	Schindewit	789	9	78
Scheirer	803	1	76	Scheuer	988	13	50	Schindler	879	4	76
Scheirlin	737	8	92	Scheuer	355	13	24	Schindler	307	5	55
Scheittenberger	707	6	78	Scheuermann	109	2	95	Schindler	326	7	96
Scheitterberg	493	5	75	Scheuermeier	897	10	36	Schindler	307	9	35
Schel	220	1	96	Scheuffele	461	5	75	Schindler	368	13	12
Schelbrecht	950	7	96	Scheuffelein	111	4	76	Schindler	647	13	31
Scheldorfer	24	1	13	Scheuffelhut	704	1	37	Schinep	715	3	94
Schele	985	3	15	Scheufferer	677	7	19	Schinhut	779	8	92
Schele	985	5	37	Scheufler	704	9	94	Schinkel-Jagehase	351	3	94
Schele	744	9	78	Scheuring	211	4	76	Schinnagel	234	2	36
Schelhase	343	1	37	Scheurl	544	6	34	Schinnagl	208	1	37
Schelhase	343	3	36	Scheuwig	575	7	74	Schinpein	406	10	56
Schelhorn	75	3	36	Schevastes	519	9	55	Schinz	420	3	74
Schelhss s. Schelwig	286	2	54	Scheve	878	5	55	Schinz	53	11	33
Scheling	168	3	36	Scheyt	438	12	14	Schiphower	936	3	15
Schell	221	7	35	Scheyt	438	3	74	Schipper	207	14	44
Schell	766	12	14	Scheyt	761	3	74	Schirlinger	375	2	16
Schellart	705	11	33	Scheytt	98	14	23	Schirmbeckh	321	2	54
Schelldorfer	13	8	34	Schgraffer	518	7	36	Schirmer	119	2	76
Schellenberg	766	3	74	Schibel	304	7	74	Schirmer	161	7	36
Schellenberg	766	10	75	Schibler	834	6	34	Schirmer	671	8	51
Schellenberg	719	13	12	Schick	205	1	13	Schirrer	859	6	16
Schellenberg	372	13	41	Schick	778	3	57	Schissler	461	1	13
Schellepeper	267	4	41	Schicke	588	10	36	Schissler	338	6	78
Scheller	848	2	36	Schickedantz	938	5	55	Schive	474	8	90
Scheller	642	3	15	Schickedanz	178	14	47	Schlabart	203	9	9
Scheller	111	4	41	Schickenberg	665	9	78	Schlaberg	178	6	57
Scheller	1031	6	16	Schicker	290	4	42	Schlachius	987	8	78
Scheller	790	7	96	Schickhardt	572	2	36	Schlackhwein	733	6	98
Scheller	605	7	96	Schickhardt	230	6	34	Schlägel	220	5	37
Scheller	790	7	96	Schickl	863	2	54	Schlaepf	595	5	37
Scheller	929	10	76	Schidinger	292	6	98	Schläpfer	486	7	74
Scheller	848	13	42	Schidle	330	3	94	Schlagintweit	974	11	91
Schellhaas	343	9	34	Schied	862	1	37	Schlanhoff	804	12	37
Schellhammer	178	3	15	Schiedt	537	3	94	Schlankoff	797	12	37
Schelling	766	6	78	Schieeg	535	3	74	Schlapp	203	2	16
Schellwitz	969	9	94	Schieffer	861	4	98	Schlapp	458	6	34
Schelnberger	575	6	16	Schieg	535	7	74	Schlarffius	68	6	16
Schelwig s. Scheling	168	3	36	Schielbock	354	8	34	Schlatter	367	3	75
Schemel	51	1	13	Schiele	31	11	34	Schlatter	715	7	74
Schemel	864	1	96	Schienbein	217	4	98	Schlatter	715	8	77
Schemberger	309	5	75	Schienleber	962	2	95	Schlaudersbach	356	1	13
Schenck	56	6	78	Schierholz	638	11	33	Schlaweck	842	2	36
Schenck	227	10	76	Schiermann	619	6	57	Schleber	681	14	31
Schenckius	753	4	41	Schiessl	241	3	57	Schlebusch	494	5	37
Schenckius	753	8	13	Schiestl	1053	1	55	Schlebusch	479	3	15
Schendel	916	9	34	Schifberger	998	8	77	Schlech	525	1	76
Schenich	879	8	77	Schiffer	631	13	50	Schlecht	298	2	95
Schenk	144	1	37	Schiffli	631	5	55	Schlecht	793	8	92
Schenk	1021	4	42	Schifflin	631	4	42	Schlechter	112	4	42
Schenk	755	6	33	Schiffmann	838	2	54	Schlechtigen	252	10	76
Schenk	756	7	36	Schiffmann	631	3	36	Schlecker	977	12	101
Schenk	915	7	36	Schiffmann	631	5	55	Schleckher	977	6	16
Schenk	400	9	78	Schild	1043	2	36	Schlee	224	11	34
Schenk	228	13	42	Schild	731	12	101	Schleenried	135	8	78
Schenk	752	14	44	Schild	1044	12	101	Schlegel	651	1	13
Schenk	755	8	77	Schilde	738	9	94	Schlegel	177	3	36
Schenkel	165	10	75	Schilder	461	6	98	Schlegel	1055	4	42
Schenkel	91	4	42	Schildhauer	905	8	34	Schlegel	1056	10	76
Schenkel	1052	9	94	Schildknecht	738	3	74	Schlegelberger	685	11	91
Schenteling	695	9	55	Schildl	738	8	34	Schlegl	884	2	54
Scheny	42	5	55	Schildt	766	4	98	Schlegtendal	191	5	55
Scheny	42	9	20	Schildt	738	6	34	Schleher	1003	6	16
Schepeler	119	9	9	Schildt	756	12	101	Schleich	543	1	13
Scheplitz	646	10	92	Schilebeckh	317	2	54	Schleicher	181	2	76
Schepper	1050	5	75	Schiler	75	2	76	Schleicher	981	3	94
Schepperlin	87	6	78	Schilher	445	10	93	Schleiermacher	657	2	36
Scheppler	585	13	24	Schilher	679	10	93	Schleiermacher	730	12	13
Scheppler	503	13	31	Schille	680	12	41	Schleifenbaum	797	13	58
Scherb	381	2	16	Schiler	181	2	36	Schleifenheimer	259	14	14
Scherb	264	3	94	Schiller	950	4	76	Schleiffius	192	7	19
Scherb	381	6	33	Schiller	647	10	93	Schlein	940	2	54
Scherbius	53	2	36	Schiller	835	7	36	Schleinitz	1028	8	78
Scherenbarch	905	5	37	Schiller	562	10	93	Schlemiller	220	2	54
Scherenhagen	354	7	96	Schiller	181	7	96	Schlemm	508	3	36
Scherer	916	1	13	Schiller	203	10	93	Schlemm	693	4	77
Scherer	916	3	36	Schiller	14	10	93	Schlemm	693	10	76
Scherer	679	4	76	Schiller	234	10	93	Schlenk	488	2	76
Scherer	746	8	34	Schiller	436	10	93	Schlenker	943	13	24
Scherer	623	9	9	Schiller	436	10	93	Schlenker	719	14	14
Scherer	814	10	13	Schiller	1053	10	93	Schlerff s. Scherff	962	6	33
Scherer	528	1	55	Schiller	937	1	96	Schleuppner	1069	3	57
Scherer	206	1	76	Schiller	855	1	55	Schleußner	534	2	36
Scherff	198	1	96*	Schilling	537	3	15	Schlewitzer	562	2	16
Scherff s. Schlerff	962	6	33	Schilling	806	3	36	Schleyer	651	11	34
Scherger	237	7	36	Schilling	495	7	19	Schlicht	959	2	76
Scherhäckel	1024	2	54	Schilling	795	9	78	Schlicht	945	8	52
Scherholzer	501	1	37	Schilling	434	1	76	Schlick	1024	4	42
Scherl	892	1	55	Schilling	505	1	76	Schliemann	427	5	56
Scherl	892	10	56	Schilling	537	2	95	Schliepe	609	14	23
Scherleiter	958	9	55	Schilling	864	3	94	Schliephake	889	10	13
Scherling	800	10	75	Schilling	733	2	95	Schillinger	996	2	54
Scherm	906	7	19	Schilling	886	3	74	Schlinkmann	903	2	36
Schermbach	561	13	31	Schilling	527	2	54	Schlisselmair	1070	1	76
Schernberger	775	6	33	Schilling	330	1	37	Schloemer	126	10	93
Schernstainer	65	4	42	Schillinger	996	8	77	Schloesgen	745	9	78
Scherping	1024	6	16	Schillinger	996	2	54	Schlötel	181	5	56
Scherrer	783	3	57	Schillmayr	453	6	34	Schloifer	971	7	96
Scherrer	1079	7	74	Schilt	737	3	74	Schloßberger s. Schossb	618	8	34

Name	WBL	Bgl. Siebm. Abtlg. Tf.		Name	WBL	Bgl. Siebm. Abtlg. Tf.		Name	WBL	Bgl. Siebm. Abtlg. Tf.	
Schlosser	665	2	36	Schmidt	1011	5	97	Schmuckh	270	5	76
Schlosser	807	10	36	Schmidt	655	5	97	Schmülts	893	10	77
Schlosser	665	10	76	Schmidt	609	5	98	Schmuggenhoffer	17	2	16
Schlosser	443	2	54	Schmidt	651	6	34	Schmula	579	5	37
Schloterbeck	233	2	95	Schmidt	654	6	57	Schmutterer	106	6	34
Schloterpöckh	233	3	94	Schmidt	178	6	57	Schmutz	305	3	75
Schlottmann	1024	5	97	Schmidt	154	7	19	Schmutz	305	7	74
Schloyer	170	5	37	Schmdit	793	7	79	Schnabel	162	1	37
Schlüsselberger	666	1	55	Schmidt	199	7	96	Schnabel	118	2	37
Schlüterberg	666	5	97	Schmidt	1008	7	96	Schnabel	407	7	36
Schlüter	181	3	15	Schmidt	194	4	42	Schnabel	523	7	36
Schlüter	231	4	77	Schmidt	143	4	42	Schnabel	524	8	51
Schlüter	194	5	37	Schmidt	146	4	42	Schnabel	783	12	38
Schlüter	977	8	51	Schmidt	178	4	42	Schnall	678	1	37
Schlüter	181	9	94	Schmidt	198	10	76	Schnarke	25	12	101
Schlüter	231	10	76	Schmidt	167	10	56	Schnarenperger	841	2	76
Schlüter	182	10	93	Schmidt	177	8	78	Schnauer	129	9	94
Schlüter	912	10	93	Schmidt	308	4	42	Schneckh	439	2	55
Schlüter	665	11	34	Schmidt	318	4	42	Schned	439	1	76
Schlüter	181	11	45	Schmidt	40	8	13	Schnee	553	1	96
Schlüter	787	13	58	Schmidt	379	8	34	Schnee	562	2	55
Schlüter	438	3	95	Schmidt	123	8	51	Schneegans	381	10	77
Schlüter	666	12	15	Schmidt	622	8	89	Schnegg	964	13	1
Schlumpberger	1075	2	16	Schmidt	668	9	56	Schnehagen	582	4	98
Schlumpff	764	2	16	Schmidt	853	9	9	Schneid	232	1	14
Schlumpff	764	7	97	Schmidt	217	9	56	Schneid	180	3	75
Schlund	68	6	98	Schmidt	132	9	56	Schneidenbach	1042	2	16
Schlutius	386	8	78	Schmidt	838	9	56	Schneider	488	1	76
Schlutius	713	10	93	Schmidt	124	9	78	Schneider	677	3	36
Schluttig	615	13	31	Schmidt	458	9	78	Schneider	677	3	36
Schluttig	615	14	7	Schmidt	881	10	14	Schneider	678	11	34
Schlyninger	23	3	75	Schmidt	97	10	56	Schneider	713	5	76
Schmalenbach	13	10	76	Schmidt	666	10	93	Schneider	908	5	37
Schmalholz	390	6	16	Schmidt	950	11	13	Schneider	348	5	56
Schmalor	928	14	31	Schmidt	366	11	34	Schneider	114	5	76
Schmalor	928	14	44	Schmidt	876	11	44	Schneider	659	5	98
Schmalstieg	826	10	76	Schmidt	633	12	38	Schneider	741	7	74
Schmalz	368	2	36	Schmidt	600	12	38	Schneider	348	9	35
Schmalzer	730	1	13	Schmidt	177	12	101	Schneider	745	9	95
Schmalzer	730	8	13	Schmidt	631	12	101	Schneider	796	10	77
Schmauss	72	3	36	Schmidt	898	13	24	Schneider	990	11	13
Schmauss	73	3	57	Schmidt	654	12	101	Schneider	1032	11	13
Schmauss	831	2	54	Schmidt	1010	13	24	Schneider	256	11	34
Schmauss	72	2	76	Schmidt	821	13	42	Schneider	786	11	45
Schmautzenberger	102	3	95	Schmidt	1013	13	24	Schneider	745	11	72
Schmedding	177	7	19	Schmidt	937	13	50	Schneider	726	12	15
Schmeidler	725	9	56	Schmidt	655	14	7	Schneider	1032	13	24
Schmeißer	113	12	37	Schmidt	908	14	7	Schneider	746	13	58
Schmeißer	113	14	14	Schmidt	1027	4	42	Schneider	903	14	15
Schmeling	925	9	35	Schmidt	1044	13	50	Schneider	1079	14	15
Schmelz	286	3	36	Schmidt	1077	4	43	Schneider	522	14	39
Schmelzer	663	13	58	Schmidt	400	14	39	Schneider	744	14	39
Schmelzle	1076	11	34	Schmidt	653	15	3	Schneider	850	9	56
Schmelzlein	563	1	14	Schmidt	747	1	14	Schneider	746	14	47
Schmerold	867	7	36	Schmidt	649	2	16	Schneider	998	15	3
Schmetter s. Schnetter	851	2	95	Schmidt	928	1	56	Schneider	854	2	55
Schmid	157	6	79	Schmidt	407	2	76	Schneider	113	2	16
Schmid	269	1	56	Schmidt	201	2	36	Schneider-Linow	675	12	36
Schmid	42	2	36	Schmidt	822	2	37	Schneider-Wernecke	974	14	15
Schmid	278	1	56	Schmidt	830	2	16	Schneidewein	137	4	43
Schmid	688	5	56	Schmidt	123	3	95	Schneidewind	182	4	77
Schmid	195	7	74	Schmidt	142	3	36	Schnelkh	1059	2	95
Schmid	36	6	79	Schmidt	201	1	96	Schnell	1009	11	45
Schmid	189	7	74	Schmidt	842	2	54	Schnell	261	3	75
Schmid	504	7	74	Schmidt	828	2	76	Schnell	265	3	75
Schmid	682	8	34	Schmidt	1051	3	95	Schnell	560	3	75
Schmid	741	8	92	Schmidt	773	2	54	Schnellmann	46	3	75
Schmid	793	8	92	Schmidt	785	2	54	Schnellmüller	661	1	14
Schmid	217	9	9	Schmidt	948	1	56	Schnellmüller	771	3	57
Schmid	804	8	92	Schmidt	892	1	76	Schnepf	373	1	14
Schmid	814	8	92	Schmidt (Cochstedt)	859	5	76	Schnepf	18	3	95
Schmid	725	9	35	Schmidt-Kochstedt	859	9	9	Schnepf	390	9	35
Schmid	802	9	94	Schmidt-Kufeke	607	12	15	Schnepff	375	6	34
Schmid	725	10	14	Schmidt-Neuhaus	1016	5	56	Schnepff	375	6	34
Schmid	436	10	76	Schmidt-Ramsin	61	13	24	Schnerrer	660	6	17
Schmid	1038	11	34	Schmidt, Willer u. Reuber	828	9	56	Schnetter s. Schmetter	851	2	95
Schmid	142	1	56	Schmidtauer	847	2	37	Schnetzer	44	3	75
Schmid	142	1	55	Schmidtbaur	997	1	76	Schneytters	217	8	13
Schmid	978	1	56	Schmidthammer	1056	7	57	Schnider	741	11	34
Schmid	1050	1	55	Schmidtl	1031	9	9	Schnitter	190	1	14
Schmid	650	1	96	Schmidtmayer	912	3	57	Schnitter	190	5	56
Schmid	178	7	19	Schmidts	782	9	9	Schnitzer	744	2	95
Schmid	841	7	36	Schmied	1066	1	96	Schnitzer	318	7	36
Schmid	226	1	56	Schmied	654	10	36	Schnoch	306	2	37
Schmid	237	1	56	Schmied	1078	10	94	Schnoeck	429	5	37
Schmid	529	3	95	Schmieden	123	12	15	Schnoeder	1023	13	13
Schmidbauer	435	1	96	Schmiedknecht	110	1	96	Schnook	429	5	76
Schmidberger	1049	5	56	Schmiedt	572	1	96	Schnorff	236	3	75
Schmidel	334	10	14	Schmiedt	501	8	34	Schnotzius	547	4	43
Schmidell (Schmidl)	624	8	13	Schmiedtmann	645	12	101	Schnurer	233	2	37
Schmidhauser	747	7	74	Schmiedtmann	645	12	101	Schnurpfeil	863	14	7
Schmidhuser	747	3	75	Schmirer	639	4	77	Schoapp	857	2	76
Schmidläder	654	3	75	Schmit	460	7	36	Schober	970	8	34
Schmidlein	655	2	54	Schmit	532	8	13	Schober	627	9	35
Schmidlein	855	6	17	Schmitmann	643	9	94	Schober	848	13	42
Schmidli	305	3	75	Schmitt	791	10	36	Schoberl	932	2	76
Schmidlin	153	5	56	Schmitt	653	12	15	Schobert	566	5	56
Schmidlin	190	11	34	Schmitt	875	12	15	Schobert	388	10	14
Schmidmair	290	3	95	Schmitt	875	12	36	Schoch	460	6	34
Schmidt	649	3	57	Schmitt	1060	13	31	Schoch	719	7	96
Schmidt	226	4	42	Schmitthenner	838	1	37	Schoch	598	14	23
Schmidt	9	4	42	Schmittner	414	2	55	Schoch	905	14	23
Schmidt	946	4	42	Schmitz	648	4	98	Schochner	141	1	70
Schmidt	528	4	42	Schmitz	1031	8	13	Schoderl	4	4	43
Schmidt	227	4	43	Schmitz	631	12	101	Schöber	154	1	38
Schmidt	893	4	43	Schmod	408	6	98	Schoechli	668	12	38
Schmidt	552	4	42	Schmölder	1033	5	56	Schöckh	248	5	98
Schmidt	1073	5	56	Schmolck	464	3	36	Schöckh	768	5	98
Schmidt	655	5	76	Schmolk	464	1	14	Schoefferlin	409	2	95
Schmidt	312	5	76	Schmoll	92	2	54	Schöfmann	1054	3	57

Register

Name	WBL	Bgl. Siebm. Abtlg. Tf.		Name	WBL	Bgl. Siebm. Abtlg. Tf.		Name	WBL	Bgl. Siebm. Abtlg. Tf.	
Schölerz	9	4	99	Schomerus	510	3	95	Schröder	862	8	51
Schöllkopf	159	13	12	Schonenberg	944	4	43	Schröder	583	8	78
Schöllkopf	159	13	24	Schoof	96	5	37	Schröder	485	9	94
Schoeller	5	12	38	Schopen	11	4	99	Schröder	313	10	36
Schöller	651	14	31	Schopenhauer	70	4	77	Schröder	980	10	36
Schöllhammer	117	1	38	Schopf	6	12	16	Schröder	956	10	57
Schölling	997	3	95	Schopp	643	10	77	Schröder	469	12	15
Schöllinger	996	13	12	Schoppe	6	8	34	Schröder	905	12	102
Schöltraub	597	8	34	Schopper	713	1	38	Schröder	905	13	24
Schömmel	899	13	58	Schorebach	555	7	36	Schröder	972	12	102
Schön	155	2	76	Schorer	157	2	55	Schröder	899	14	32
Schön	773	2	95	Schorer	746	4	99	Schröder	293	3	15
Schön	495	5	56	Schorey	428	2	37	Schröder	216	3	95
Schön	720	7	75	Schorn	718	4	99	Schröder	385	3	15
Schön	892	7	97	Schorp	865	1	56	Schröder	878	3	15
Schön	252	10	57	Schorren	298	10	77	Schroeppel	965	9	57
Schön	747	13	50	Schortmann	524	14	47	Schroer	856	12	102
Schönau	433	2	76	Schossberger	618	6	16	Schroer	1000	9	10
Schönauer	782	8	92	Schoten	240	3	95	Schroer	1009	13	13
Schönbach	934	4	77	Schott	473	3	15	Schröter	216	1	38
Schönbach	212	7	36	Schott	201	3	95	Schröter	440	12	39
Schönbach	89	9	57	Schott	852	6	34	Schröttel	772	6	35
Schönberg	911	8	78	Schott	183	3	95	Schröttel	82	1	14
Schönberger	208	3	75	Schotte	778	3	37	Schröttering	484	3	16
Schönbergius	167	4	43	Schouwshusen	501	5	37	Schropp	328	4	43
Schönborn	627	1	96	Schrader	245	5	98	Schrott	850	6	35
Schönborn	782	7	36	Schrader	467	6	57	Schrott	439	6	34
Schönborn	1030	9	57	Schrader	486	7	57	Schrottberger	439	6	35
Schönbucher	473	1	14	Schrader	821	11	91	Schrotzberg	905	2	16
Schoene	327	7	97	Schrader	482	12	38	Schuback	633	3	95
Schöne	822	10	77	Schrader	604	14	23	Schuback	633	10	37
Schoenebeck	536	10	57	Schradin	18	1	56	Schubart	160	1	38
Schoeneberger	207	13	42	Schräfl	321	2	55	Schubarth	637	1	97
Schöneberger	356	13	50	Schrämli	70	7	97	Schubert	1028	6	57
Schöneke	798	3	37	Schraffer	526	2	95	Schubert	1064	7	57
Schoenemann	411	3	57	Schrafl	409	8	13	Schubert	245	7	97
Schöner	756	7	97	Schrag	54	1	14	Schubert	1020	10	37
Schöner	909	9	35	Schrag	437	1	96	Schubert	1034	10	94
Schöner	862	1	56	Schrage	18	1	96	Schubert	870	13	31
Schöner	1034	1	76	Schragmüller	663	1	38	Schubinski	727	12	39
Schöner s. Schönherr	864	7	36	Schragmüller	662	3	37	Schuch	145	8	78
Schönermark	496	7	97	Schram	377	2	76	Schuch	36	12	71
Schönermark	338	12	102	Schramm	922	6	17	Schuchart	59	8	78
Schönermark	915	12	102	Schramm	636	6	57	Schuchart	371	2	37
Schönermark	495	12	102	Schramm	693	7	19	Schuchmacher	154	5	76
Schönfeld	74	3	57	Schramm	350	9	95	Schuckmann	131	4	43
Schönfeld	194	10	94	Schramm	389	9	95	Schudt	593	4	43
Schönfeld	858	13	50	Schranner	684	14	23	Schudt	504	4	77
Schönfelder	294	6	57	Schrat	1075	1	76	Schue	748	9	10
Schönfelder	606	1	14	Schraufstetter	1060	10	36	Schübler	392	1	14
Schönfelder	113	1	56	Schravogel s. Schreivogel	362	2	77	Schüechegger	1006	8	78
Schönfeldt	935	8	78	Schreck	1012	4	77	Schüssltl	544	8	78
Schönhals	568	9	10	Schreder	862	4	43	Schüler	997	1	38
Schönhauer	963	2	76	Schredl	869	14	31	Schüler	683	2	95
Schönherr s. Schöner	864	7	36	Schregin	226	6	34	Schüler	951	3	37
Schönian	822	7	97	Schreiber	884	3	95	Schüler	220	5	57
Schönian	821	6	57	Schreiber	500	4	77	Schüler	784	6	98
Schönich	121	7	36	Schreiber	683	5	56	Schüler	879	8	13
Schöniger	1054	13	31	Schreiber	880	7	36	Schüler	684	10	57
Schöniger	1054	2	95	Schreiber	35	7	97	Schüler	684	10	77
Schöninck	599	6	57	Schreiber	519	10	56	Schüler	884	8	13
Schöning	1038	6	57	Schreiber	799	10	56	Schuemacher	622	14	39
Schönkindt	125	9	56	Schreiber	1061	13	24	Schünemann	579	2	55
Schönleben	276	2	76	Schreiber	706	2	55	Schürer	804	9	79
Schönleben	501	4	43	Schreiber	1027	2	55	Schürmeyer	515	3	76
Schönlein	248	3	95	Schreier	239	3	57	Schürpff	656	10	94
Schönling	1017	2	76	Schreiner	453	9	35	Schüssleder	1059	6	35
Schoenniger	1054	13	31	Schreivogel	362	2	77	Schüssler	856	13	50
Schönrock	950	11	45	Schrek	871	8	51	Schüßler	974	14	39
Schönrock	930	12	15	Schrempf	863	8	90	Schüßler	1034	14	44
Schönsleder	844	2	55	Schreve	769	3	95	Schüting	416	3	16
Schönsperger	772	3	75	Schrevogl	1028	2	77	Schütte	193	7	57
Schönstein	339	1	76	Schrey	360	4	77	Schütte	641	9	95
Schoenstetter	273	1	14	Schrey	397	4	99	Schütte	958	7	57
Schöntale	514	9	18	Schrey	360	9	94	Schütte	284	12	102
Schönthaller	1054	8	78	Schrey	360	10	36	Schütter	402	7	97
Schöpper	592	1	56	Schreye	775	3	15	Schütz	641	2	77
Schöpperle	87	7	36	Schreyer	994	1	38	Schütz (Oertel)	837	7	37
Schöpperlin	930	8	14	Schriber	780	5	37	Schütz	705	7	57
Schöppler	149	3	95	Schriber	683	5	56	Schütz	698	8	14
Schörckhl	938	6	34	Schriber	684	5	56	Schütz	875	8	14
Schörkmayer	931	13	13	Schriber	683	5	56	Schütz	642	8	79
Schörli	852	3	75	Schrick	658	4	99	Schütz	777	9	10
Schösser	956	9	57	Schriever	991	14	31	Schütz	642	10	57
Schößler	811	12	71	Schriever	986	6	57	Schütz	857	10	77
Schötterlin	966	6	34	Schrimpf	968	4	43	Schütz	516	11	13
Schoettke	577	10	93	Schrimpf	195	10	77	Schütz	642	1	14
Schöttl	969	3	57	Schriver	554	5	37	Schütz	459	1	77
Schöttl	518	6	17	Schrodt	553	7	97	Schütz	641	3	76
Schöttl	969	9	17	Schröck	305	1	76	Schütz	698	3	76
Schöttl	969	3	95	Schröck	305	1	96	Schütz	822	1	77
Schötterl	716	5	56	Schröckh	305	3	15	Schütze	1057	4	43
Schötz	1021	9	10	Schröder	439	1	14	Schützenberg	62	11	13
Schofer	910	13	50	Schröder	176	3	15	Schützinger	114	3	96
Scholio	929	6	17	Schröder	956	3	15	Schützler	906	9	95
Scholl	704	1	76	Schröder	365	3	16	Schüz	106	14	23
Scholl	88	4	77	Schröder	439	3	37	Schuffelberger	559	3	75
Scholl	673	6	34	Schröder	981	3	57	Schuh	462	1	14
Scholl	425	6	34	Schröder	791	3	57	Schuhmacher	1046	2	95
Scholler	430	2	16	Schröder	886	4	43	Schuhmacher	563	5	38
Scholtz	840	6	34	Schröder	66	5	56	Schuhmacher	463	7	75
Scholtz	859	6	80	Schröder	192	5	56	Schuhmacher	676	7	97
Scholtz	619	6	98	Schröder	314	5	56	Schul	810	10	21
Scholtz	1056	8	13	Schröder	1020	5	76	Schul	810	10	21
Scholz	1054	6	34	Schröder	879	5	76	Schuldorp	115	3	16
Scholz	984	12	37	Schröder	313	5	76	Schuldts	158	8	90
Scholz	1032	14	31	Schröder	91	5	76	Schule	1030	7	75
Scholz	1061	15	3	Schröder	825	5	98	Schulenburg	413	8	51
Scholze	604	9	9	Schröder	851	7	19	Schuler	225	1	56
Schomann	729	9	78	Schröder	859	7	97	Schuler	890	2	37

Name	WBL	Bgl. Siebm. Abtlg. Tf.		Name	WBL	Bgl. Siebm. Abtlg. Tf.		Name	WBL	Bgl. Siebm. Abtlg. Tf.	
Schuler	225	8	14	Schuster	779	8	92	Schwech	192	10	77
Schuler	911	9	35	Schuster	694	9	10	Schweder	949	5	57
Schuler	951	3	75	Schutte	284	8	78	Schwedianer	515	2	16
Schulin	1078	2	37	Schutte	97	9	10	Schwedler	1006	14	7
Schulle	183	6	57	Schwab	493	3	58	Schwegerle	872	1	56
Schullmann	588	8	34	Schwab	131	4	43	Schwegler	330	12	73
Schulte	496	3	16	Schwab	545	4	43	Schwehle	383	9	35
Schulte	524	3	16	Schwab	636	4	44	Schweicker	968	10	14
Schulte	524	5	38	Schwab	383	6	78	Schweickher	831	3	96
Schulte	540	5	38	Schwab	356	10	57	Schweickher	647	2	37
Schulte	411	10	14	Schwab	383	12	15	Schweickher	647	5	98
Schulte	432	11	34	Schwab	1002	13	58	Schweinfurter	26	2	16
Schulte-Hiltrop	32	13	13	Schwab	258	1	77	Schweiger	391	15	3
Schulte-Hiltrop	32	13	42	Schwab	149	1	15	Schweigert	746	5	98
Schulte to Ostrop	603	12	72	Schwabbauer	462	2	37	Schweigger	772	1	77
Schulte-Vieting	1020	10	37	Schwabe	1064	8	35	Schweigger	99	8	34
Schulte-Witten	524	9	57	Schwabe	382	10	77	Schweigger	772	9	36
Schulten	500	12	73	Schwabe	37	10	94	Schweighartt	160	5	98
Schulter	384	6	35	Schwäbl	132	2	55	Schweighartt	306	5	98
Schultess	329	6	35	Schwäbl	218	4	44	Schweighartt	346	5	98
Schultheis	211	10	37	Schwäger	384	1	56	Schweighauser	891	7	75
Schultheis	249	10	77	Schwägerl	872	4	44	Schweigklin	133	8	93
Schultheiss	682	1	14	Schwägermann	959	4	44	Schweindl	273	2	96
Schultheiss	337	3	75	Schwaiger	110	2	96	Schweinetzer	274	6	35
Schultheiss	61	4	43	Schwaiger	645	1	77	Schweinfurter	1080	2	16
Schultheiss	927	6	35	Schwaiger	523	8	14	Schweinsburg	865	6	98
Schultheiss	68	14	47	Schwaiger	874	8	14	Schweitzer	376	7	37
Schultheiss	68	2	95	Schwaiger	878	9	10	Schweitzer	4	9	79
Schultheiss	1041	2	16	Schwaiger	391	1	77	Schweitzer	73	10	57
Schultheiss	1041	2	77	Schwaiger	436	1	77	Schweitzer	628	10	95
Schultheiß	522	2	17	Schwaigkhofer	890	6	98	Schweizer	747	1	38
Schulthess	679	2	95	Schwaigkofer	459	2	96	Schweizer	682	10	14
Schulthess	327	8	34	Schwaiker	968	1	56	Schwelant	371	5	38
Schulthos	112	7	37	Schwake	830	4	44	Schweling	417	9	10
Schultz	255	1	14	Schwalb	373	10	57	Schwellengrebel	550	9	79
Schultz	386	5	98	Schwalb	373	10	77	Schwemmer	804	1	38
Schultz	842	6	98	Schwalbe	825	1	97	Schwenck	427	4	77
Schultz	946	7	57	Schwalke	373	12	102	Schwend	382	2	16
Schultz	699	7	97	Schwaller	820	3	96	Schwendell	329	6	35
Schultz	637	8	78	Schwamberger	704	5	98	Schwendendorfer	1058	3	96
Schultz	862	9	78	Schwan	697	4	44	Schwender	104	9	57
Schultz	934	9	95	Schwan	878	2	77	Schwender	537	9	95
Schultz	164	10	77	Schwan	407	2	96	Schwendke	384	9	57
Schultz	497	10	77	Schwanberg	383	9	36	Schwendtner	101	2	16
Schultz	739	10	94	Schwanberger	385	4	77	Schwenk	523	2	55
Schultz	164	10	37	Schwand	383	3	58	Schwenninger	999	9	35
Schultz	2	12	102	Schwander	384	13	50	Schwenter	101	1	97
Schultz	862	14	7	Schwanecke	384	7	57	Schwenter	101	10	57
Schultz-Meders	613	12	102	Schwanckhardt	197	6	98	Schwerdt	813	9	79
Schultz-Medow	613	13	24	Schwann	712	12	16	Schwerdtfeger	871	3	58
Schultz-Medow	613	14	32	Schwanring	385	10	94	Schwerdtführer	667	10	77
Schultze	369	3	37	Schwarte	99	5	38	Schwerin	283	14	7
Schultze	604	6	57	Schwarthoff	973	13	24	Schwert	670	12	16
Schultze	1030	8	34	Schwartz	99	3	37	Schwerter	668	3	76
Schultze	435	9	79	Schwartz	504	5	98	Schwertfürer	667	2	16
Schultze	857	9	95	Schwartz	149	6	17	Schwerting	965	3	16
Schultze	839	10	57	Schwartz	888	6	17	Schwertt	670	6	35
Schultze	258	10	94	Schwartz	495	6	57	Schwertzenbach	13	3	76
Schultze	1010	11	13	Schwartz	578	6	57	Schwerzel	16	3	16
Schultzenstein	142	13	42	Schwartz	157	6	58	Schwerzer	140	7	37
Schulz	603	5	57	Schwartz	542	6	79	Schweyer	136	1	15
Schulz	961	5	76	Schwartz	2	8	14	Schweyer	136	10	94
Schulz	1039	6	17	Schwartz	968	8	14	Schweytzer	942	1	38
Schulz	830	7	20	Schwartz	46	9	10	Schweytzer	146	6	35
Schulz	925	8	34	Schwartz	928	9	57	Schweytzer, gen. Schenckh	850	6	35
Schulz	776	9	79	Schwartz	127	9	95	Schwieler	637	5	98
Schulz	250	13	50	Schwartz	131	10	57	Schwind	302	2	37
Schulz	950	13	50	Schwartz	162	10	94	Schwind	625	10	77
Schulz	249	13	58	Schwartz	167	12	39	Schwind	382	6	35
Schulz	971	14	47	Schwartz	887	3	96	Schwindenhamer	986	7	37
Schulze	148	1	14	Schwartz	99	3	96	Schwindt	309	2	96
Schulze	1021	5	38	Schwartz	529	3	96	Schwindt	918	11	35
Schulze	756	7	20	Schwartz	204	2	55	Schwindt	918	12	39
Schulze	195	10	57	Schwartz	527	6	57	Schwindt	358	6	35
Schulze	537	11	35	Schwartz	832	6	17	Schwing	990	3	16
Schulze	973	11	35	Schwartz	157	6	17	Schwing	418	6	35
Schulze	892	12	15	Schwartz	286	6	17	Schwinghammer	538	2	96
Schulze	919	8	34	Schwartz	303	7	37	Schwob	492	3	96
Schulze	787	12	39	Schwartzbach	781	6	37	Schwöller	422	4	44
Schulze	835	12	102	Schwartzkopf	157	3	16	Schwörer	169	14	23
Schulze	710	14	15	Schwartzkopf	161	6	35	Schwofheim	1024	2	55
Schulze	835	12	16	Schwartzmaier	207	6	35	Schwolla	732	10	14
Schulze-Veltrup	909	13	31	Schwarz	671	2	37	Schwonke	382	13	13
Schulzmerlin	446	2	37	Schwarz	570	1	57	Schworen	4	3	76
Schumacher	720	3	95	Schwarz	99	3	58	Schworm	409	13	25
Schumacher	273	5	76	Schwarz	820	12	39	Schwunghammer	846	2	77
Schumacher	792	7	79	Schwarz-Jacobine	896	12	102	Schwyger	710	3	76
Schumacher	869	8	35	Schwarz	828	13	24	Schwyter	37	3	76
Schumacher	1046	13	31	Schwarz	99	1	56	Schwytzer	701	3	76
Schumann	683	2	37	Schwarz	131	1	57	Schwytzer	649	7	75
Schumann	763	9	57	Schwarz	302	1	57	Schyterberg	643	3	76
Schumann	65	14	47	Schwarz	499	1	57	Scipio s. Sapio	173	2	77
Schumann	69	14	48	Schwarz	554	2	96	Scriver	739	9	79
Schumann	734	13	32	Schwarze	255	3	16	Scultetus	821	3	96
Schun	142	7	37	Schwarzenbach	45	3	76	Sebaldt	16	2	55
Schunck	963	6	98	Schwarzenberg	315	7	75	Sebaldt	16	8	14
Schunck	348	9	10	Schwarzenberger	157	2	16	Sebastian	91	2	77
Schunter	154	1	15	Schwarzenthaler	871	9	35	Sechell	435	6	35
Schuoler	943	8	35	Schwarzerd	242	6	58	Seckel	238	2	17
Schurer	592	6	35	Schwarzgräber	730	3	76	Secker	631	14	22
Schurger	22	3	75	Schwarzhuber	140	14	23	Seckhell	317	6	36
Schurich	132	2	96	Schwarzkopf	161	8	34	Seckhler	330	6	36
Schurman	804	10	14	Schwarzmann	145	1	57	Seckler	238	1	97
Schurter	710	7	97	Schwarzmann	99	9	18	Sedeler	782	6	36
Schurtzfleisch	588	3	37	Schwarzmüller	660	13	13	Sedelmair	875	8	14
Schuster	774	3	37	Schwarzmüller	1019	14	15	Sedelmair	808	8	93
Schuster	27	3	57	Schwayger	757	6	35	Sedelmayer	1025	6	36
Schuster	182	5	76	Schwebel	961	7	57	Sedelmayr	462	8	14
Schuster	199	6	79	Schwebel	963	10	95	Seding	194	7	98
Schuster	670	6	79	Schwebermair	302	1	56	Sedlmair	853	3	96

Register

Name	WBL	Bgl. Abtlg.	Siebm. Tf.	Name	WBL	Bgl. Abtlg.	Siebm. Tf.	Name	WBL	Bgl. Abtlg.	Siebm. Tf.
Sedlmayer	235	2	37	Semler	729	7	57	Siebenhaar	773	6	17
Seebach	83	3	76	Semmel	941	4	77	Siebenhorn	144	2	17
Seebach	1021	7	75	Senden	50	1	77	Siebenpaum	1066	7	37
Seebaß	966	12	103	Seneschal	484	5	38	Sieber	653	2	38
Seebeck	52	3	96	Senffle	754	9	35	Sieber	742	6	58
Seeber	716	11	13	Senfft	412	4	44	Sieber	461	8	79
Seefels	119	5	98	Seng s. Sengler	238	6	36	Sieber	461	12	31
Seegel	632	5	98	Sengel	223	2	55	Sieber	928	1	77
Seeger	111	2	37	Senger	153	1	15	Sieber	868	1	97
Seeger	745	8	34	Senger	1036	6	36	Siebert	1038	2	38
Seehofer	1060	3	58	Sengle	479	1	57	Siebert	520	9	12
Seeholzer	1042	1	77	Sengler s. Seng	238	6	36	Siebke	905	13	49
Seeholzer	558	3	76	Sengli	750	3	76	Siebmacher	742	1	15
Seel	477	3	96	Sengmiller	882	3	96	Siebs	891	10	77
Seel	129	11	13	Senheim	794	7	20	Siebzehnriebel	867	14	22
Seelemann	104	12	16	Senn	33	7	75	Siedelmann	148	1	97
Seelhorst	379	10	77	Senng	750	7	75	Siedler	821	5	76
Seeliger	642	10	14	Senning	15	8	52	Siefert	331	5	98
Seelmann	112	8	14	Senno	25	3	76	Sieffert	1035	8	14
Seelos	893	3	96	Senseschmid	522	4	78	Siegen	22	10	37
Seemann	679	8	79	Senser	1070	1	57	Siegfried	117	1	97
Seemann	1074	9	10	Sepökh	505	3	96	Siegfried	419	3	16
Segebade	622	9	95	Seppich	907	9	11	Siegfried	793	3	58
Segebode	605	9	79	Serge	917	8	79	Siegfried	52	7	98
Segebode	605	9	79	Serlo	250	5	57	Siegfried	736	7	98
Seger	745	4	44	Serre	53	2	37	Sieghardt	768	1	38
Seger	198	7	20	Serturner	1078	4	44	Siegner	832	4	44
Segerer	745	9	17	Sessa	616	10	57	Siegwein	331	1	97
Segers	523	12	16	Sessler	1017	3	76	Siel, tom	529	5	57
Segmehl	231	3	37	Sessolzheim	623	6	58	Sielentz	32	9	96
Seher	36	6	36	Settegast	165	10	37	Siemers	51	9	96
Seher	821	13	31	Seublin	778	1	77	Siemsen	3	3	37
Sehler	695	9	79	Seubold	698	10	77	Sienen, von	363	4	45
Sehmer	1007	6	17	Seütz	423	1	77	Sierk	938	10	77
Seibert	339	11	35	Seuffer	1046	13	31	Siersleben	904	13	13
Seibotten	793	7	37	Seufferheld	17	3	37	Siess	239	4	45
Seidel	120	4	77	Seufferlein	927	1	38	Siess	1079	4	45
Seidel	46	6	58	Seuss	1024	2	55	Siess	346	12	39
Seidel	562	13	58	Seuter	147	1	57	Sieveking	68	3	16
Seidel	43	8	51	Seuter	147	2	55	Sieveking	517	10	38
Seidelmeier	90	4	44	Seuter	147	8	15	Sievers	601	5	76
Seidendorf	714	1	97	Seuter	932	9	35	Sievers	121	5	76
Seidenschuher	985	2	17	Severin	476	4	44	Sievers s. Sivers	72	4	7
Seidensticker	495	7	57	Severin	752	9	95	Sievert	596	9	57
Seidl	82	1	38	Severini	201	4	99	Sievert	687	13	25
Seidl	328	1	57	Seweloh	275	10	77	Siewersen	349	9	96
Seidler	194	6	17	Sewn, von	527	4	44	Sigbot	567	3	77
Seidlinger	208	9	10	Seyboldt	782	1	15	Sigel	141	3	16
Seidlitz	819	11	14	Seyboth	878	1	57	Sigersreuter	252	5	76
Seidner	931	4	77	Seybüchler	1007	10	37	Siggard	185	4	45
Seiferheld	17	13	41	Seyda	242	4	44	Sighart	366	6	79
Seifert	963	1	97	Seydell s. Sydell	829	6	17	Sigl	990	6	58
Seifert	307	13	49	Seydenschwanz	11	4	44	Signer	46	9	57
Seifert	1010	13	49	Seydl	515	1	15	Sigward	588	3	37
Seifert	887	14	30	Seydl	82	8	14	Sigwein	770	4	45
Seifert	1032	14	44	Seydler	109	8	79	Silberbortt	722	6	36
Seiffe	696	10	57	Seydlitz	202	12	39	Silbernagel	1055	2	96
Seifridus	1012	7	57	Seyer	22	7	20	Silbernagel	234	11	45
Seifried	119	3	76	Seyfardt	85	2	55	Silberrad	905	1	15
Seifried	189	7	37	Seyfferheld	16	1	15	Siligmüller	849	2	77
Seiler	710	10	14	Seyfriedt	193	1	97	Silm	602	3	16
Seiler	50	10	37	Seyfried	21	4	78	Simen	1061	4	78
Seiler	983	11	14	Seyfried	707	4	78	Simeringer	41	1	38
Seiler	109	12	39	Seyler	7	9	10	Simler	436	3	77
Seiler	76	3	76	Seyler	523	9	11	Simmerl	749	2	77
Seiler	661	3	76	Seyler	300	9	11	Simmerl	139	8	15
Seiler	85	9	10	Seyler	301	9	11	Simmers	353	9	96
Seiler	524	9	11	Seyler	1008	9	11	Simmersbach	870	8	79
Seiler	85	9	10	Seyler	1069	9	36	Simmet	721	1	97
Seiler	298	9	11	Seyler	851	9	36	Simold	305	2	77
Seiler	299	9	11	Seyler	710	3	77	Simon	723	3	16
Seiler Seyler	50	9	11	Seyler	743	10	37	Simon	723	4	78
Seipel	463	2	77	Seyler	710	9	11	Simon	368	5	57
Seipp	365	2	77	Seyler	523	11	14	Simon	901	6	58
Seippel	184	2	37	Seyler	710	9	11	Simon	806	7	98
Seitler	964	8	35	Seyler	226	11	45	Simon	51	12	16
Seitz	133	1	57	Seyler	723	9	11	Simon	745	12	39
Seitz	591	2	96	Seyler	226	12	39	Simon	1063	12	103
Seitz	577	3	58	Seyler	1037	9	11	Simon	50	13	41
Seitz	1035	3	58	Seyringk	966	4	77	Simon	782	14	22
Seitz	119	4	44	Seysser	503	6	36	Simon	1003	2	38
Seitz	23	6	36	Seytz	223	2	55	Simon	425	2	38
Seitz	133	8	14	Sibberen	671	10	57	Simon	406	2	56
Seitz	348	13	58	Sibenpöm	1066	3	96	Simonius	943	9	57
Seitz	1056	14	48	Siber	207	1	77	Simonius	943	11	46
Seitz	1067	1	77	Siber	742	4	44	Simons	284	4	78
Seiz	571	4	77	Siber	742	6	79	Simons	530	12	16
Selber	640	7	75	Siber	888	9	11	Sindersberger	253	1	57
Seldenboten	544	7	98	Siberer	113	4	44	Sing	465	6	36
Seldner	326	7	37	Sibeth	1016	4	78	Sing	537	7	75
Selfisch	125	3	16	Sibeth	755	11	45	Singer	153	7	37
Selig	813	9	95	Sibinck	59	9	96	Singer	695	8	91
Seliger	642	9	95	Sibler	755	9	11	Singer	278	9	36
Seligmann	828	3	37	Sibmer	460	1	38	Sinner	84	12	17
Sell	870	13	25	Sibrant	188	8	91	Sinnhuber	397	14	14
Sella	743	2	17	Sichardus	394	7	57	Sintz	567	2	96
Sellder	321	6	36	Sicherd	585	3	16	Sinzel	464	1	15
Sellmann	98	5	38	Sichla	909	10	95	Siricius	597	3	96
Sellmeier	931	14	31	Sickart	365	10	57	Siry	1023	10	38
Sello	191	8	51	Sick	1067	10	38	Sitter	963	1	77
Selmann	92	5	98	Sideler	787	8	93	Sittich	372	1	77
Selnecker	834	4	77	Sidelmann	802	8	93	Sittig	359	3	96
Seltzen	734	5	57	Sidelmann	706	3	58	Sittl	565	12	16
Seltzen	734	10	20	Sidelmann	150	7	37	Sittl	565	13	15
Seltzer	745	8	35	Siderich	812	11	14	Sitz	869	3	77
Selva	106	2	96	Sidler	53	3	96	Sivers s. Sievers	72	3	37
Selve	63	10	37	Sidow	961	13	13	Six	878	9	16
Selzemann	286	1	57	Siebeck	20	14	39	Sjats	933	10	78
Sembler	719	1	15	Siebel	1075	4	44	Skompski	548	11	14
Semler	730	2	77	Siebenbeutel	140	2	77	Skompski	548	11	35

Name	WBL	Bgl. Abtlg.	Siebm. Tf.	Name	WBL	Bgl. Abtlg.	Siebm. Tf.	Name	WBL	Bgl. Abtlg.	Siebm. Tf.
Slawik	967	12	17	Spall	218	12	103	Splieth	521	3	17
Slawik	415	13	49	Spalter	336	1	38	Spölin	500	6	17
Slebom	476	5	57	Spalter	334	10	58	Spöndli	693	3	77
Slebuesch	775	9	11	Spalting	910	3	77	Spöndli	694	3	77
Sleker	744	11	13	Spaney	883	9	36	Spörel	542	7	37
Slicker	559	4	45	Spaney	837	9	36	Spoerer	31	14	31
Sliem	241	4	45	Spanfelder	343	6	36	Spöri	808	3	77
Slüters	666	4	45	Spangenberg	617	3	97	Spöri	809	11	35
Slierpach s. Stierpach	12	3	97	Spangenberg	974	10	78	Spörl	444	1	57
Slutter	960	6	17	Spangenberg	1021	12	103	Spörl	538	4	45
Smalian	500	13	58	Spangenberger	88	1	15	Spörl	958	9	58
Smaller	720	3	97	Spanhauer	140	1	57	Spörnöder	227	8	100
Smeburg	713	10	95	Sparkuhl	964	6	58	Spörri	945	10	15
Smend	254	7	20	Sparnecker	1000	1	57	Spolich	189	10	78
Smend	254	8	79	Sparr	363	1	38	Sponfelder	269	2	17
Smid	396	5	38	Sparr	402	10	15	Sponn	1033	7	57
Smit gen. Dratzieher	449	7	37	Sparr	363	14	31	Sponrib	236	6	17
Smittermer	70	3	97	Spass	435	2	17	Spoor	417	1	39
Smollenski	25	12	17	Spass	435	2	56	Sporer	958	3	97
Smollenski	511	12	40	Spatz	435	12	17	Spornberger	677	11	15
Smydel	334	4	45	Spatz	876	2	38	Spreckelsen, von	825	5	38
Snauenberg	520	10	58	Spatz	866	2	17	Spreckelsen, van	501	3	97
Snellmann	822	13	35	Spatz	866	2	56	Spreng	192	3	77
Snethlage	453	9	96	Spaun	1033	8	15	Spreng	762	3	77
Sniegocki	654	10	14	Spechswinkel	199	12	40	Spreng	449	11	46
Snippe	788	9	96	Specht	364	6	58	Sprengel	668	11	14
Snippe	810	9	96	Speck	511	9	96	Sprengentguet	34	12	16
Snoilsky	968	2	56	Speckbötel	792	9	96	Spring	353	5	77
Socher	968	9	36	Speckbötel	803	9	96	Spring	764	6	58
Sochtl	894	6	17	Speckbötel	803	9	96	Spring	139	13	13
Socius	642	6	36	Specker	433	3	97	Spring	139	13	25
Sode, vom	534	6	36	Speckl	117	8	91	Springenzaun	254	4	46
Soehnlein	23	1	57	Specklin	117	3	97	Springer	293	1	57
Söhnlein	11	8	35	Specovius	696	10	15	Springer	301	6	17
Söldner	697	1	57	Spede	637	11	35	Springintgud	1	4	46
Söllner	988	13	13	Spede	814	11	35	Springkorn	260	5	77
Söltel	853	2	38	Speerli	766	7	75	Springorum	366	10	38
Söltner	78	10	57	Speicher	910	6	58	Sprintz	213	9	96
Söncke	300	11	35	Speichert	374	4	45	Spross	645	3	77
Söning	1069	1	15	Speidel	1066	1	15	Spruck	561	12	17
Sörgel	831	1	77	Speidel	493	2	38	Sprüngli	51	3	77
Soermanns	384	9	57	Speidel	29	3	97	Sprüngli	112	7	75
Soest	292	7	57	Speidel	732	9	58	Spüelvogel s. Spielvogel	984	13	13
Soeter	739	10	58	Speißegger	391	2	96	Spyr	356	3	77
Sohn	538	2	38	Spelt	317	3	97	Spyrer	552	5	57
Sohr	402	9	12	Spelt	317	2	17	Spyri	355	8	35
Sohst	946	4	45	Spelt	695	2	96	Staal	413	10	38
Sokolowski	611	9	96	Spelter	881	10	78	Stab	679	6	98
Solfleisch	1059	6	36	Speltz	930	2	38	Stabius	355	9	36
Solis	41	1	38	Spener	198	8	52	Stabrowski	653	9	58
Soll	42	4	45	Spengel	508	4	45	Stachel	780	5	57
Soll	42	10	95	Spengler	568	8	15	Stachel	780	10	20
Soltau	198	5	76	Spengler	224	10	38	Stachel	1065	13	14
Soltau	608	5	98	Spengler	315	14	48	Stachow	1023	10	95
Soltau	601	10	15	Spengler	946	1	15	Stad, am	68	3	77
Soltmann	954	8	79	Spengler	752	1	57	Stadell	223	6	18
Soltow	593	3	16	Sperber	134	3	97	Stadelmann	106	2	56
Soltow	685	4	45	Sperrfelt	1011	8	35	Staden	614	1	15
Som, van	800	5	38	Spet	695	8	93	Staden, von	664	9	58
Som, von	501	4	45	Speth	1025	1	15	Stadler	82	1	58
Sommer	41	1	97	Speth	775	6	98	Stadler	289	2	96
Sommer	657	9	45	Spethmann	624	10	58	Stadler	2	4	78
Sommer	569	9	57	Spickart	686	4	99	Stadler	34	9	12
Sommer	121	9	96	Spicker	485	5	38	Stadler	81	3	97
Sommerau	532	12	17	Spiecker	414	10	38	Stadler	788	3	77
Sommerfeld	529	3	16	Spiegelberg	87	12	103	Stadlin	262	7	75
Sommerfeld	41	7	20	Spiegelberg	87	13	13	Stadlman	111	9	36
Soncinus	236	6	36	Spiegelberger	88	10	15	Stadmann	615	1	97
Sonder	40	6	36	Spieker	604	9	58	Stadör	926	13	14
Sondermann-Hofmann	26	12	73	Spielberger	255	2	38	Stadtler	897	2	96
Sonkel	17	4	45	Spieler	412	2	17	Stadtmann	618	6	18
Sonneberg	485	3	16	Spielmann	909	1	39	Stadtmüller	231	1	15
Sonnemann	42	5	57	Spielmann	909	6	58	Stäbinger	685	3	77
Sonnenhol	41	11	45	Spielvogel	984	13	13	Städel	620	1	16
Sonnenmayer	108	4	45	Spier	314	8	15	Städel	619	3	37
Sonner	42	8	15	Spies	227	1	39	Städeli	50	7	75
Sonntag	41	3	97	Spies	700	6	58	Städler	648	3	58
Sonntag	1073	12	17	Spieß	118	11	46	Stäheli	641	3	77
Sorg	336	1	97	Spiess	701	12	103	Stähelin	179	10	78
Sorg	424	6	36	Spiess	312	2	17	Staehelin	179	11	46
Sorg	767	6	79	Spieß	1035	2	96	Staehle	99	12	41
Sorgenfrei	291	2	56	Spiller	731	7	75	Staehle	99	12	103
Sorger	643	3	58	Spiller	122	9	96	Stählin	264	1	16
Sossenheim	902	4	45	Spillmann	292	1	15	Stählin	145	13	32
Sotch	847	2	38	Spillmann	672	9	12	Stämmler	494	1	39
Sottil	918	2	96	Spillner	510	11	46	Stärl	409	4	78
Sottorf	775	12	103	Spilmann	434	8	15	Staffer	693	3	97
Souchay	358	2	38	Spilmann	11	10	15	Staffler	213	2	97
Sowcke	126	5	38	Spindler	1001	2	56	Stahel	461	8	79
Soy	1017	13	25	Spindler	996	8	15	Stahel	413	3	97
Spaan	1021	3	77	Spinner	731	7	98	Stahel	161	7	75
Spadenbeck	709	9	96	Spinter	732	8	92	Stahel	1052	9	12
Spänlein	499	2	96	Spiser	209	3	97	Stahell	462	6	18
Spänsberger	930	2	56	Spitler	689	6	58	Stahl	687	1	16
Spät	695	2	96	Spitta	623	6	58	Stahl	883	3	97
Spät	695	8	35	Spitta	621	9	58	Stahl	1027	4	78
Spät	650	13	1	Spitta	623	9	58	Stahl	1017	6	98
Späth	132	1	77	Spitta	623	11	14	Stahl	795	7	57
Späth	667	12	103	Spitta	621	11	14	Stahl	693	8	35
Spaether	650	14	31	Spittler	233	7	75	Stahl	799	9	79
Spahn	1033	1	38	Spitz	1009	14	7	Stahl	1027	12	103
Spahn	676	13	1	Spitzbart	975	14	7	Stahmer	494	5	77
Spahr	210	13	1	Spitzel	1059	1	15	Staiber	286	1	97
Spaiser	280	6	79	Spitzenberch	353	5	38	Staiger	793	8	93
Spaiser	815	8	93	Spitzenberch	352	5	38	Staiger	459	9	36
Spalatinus	514	6	36	Spitzer	686	1	97	Stain	23	1	16
Spalding	672	10	78	Spitzmacher	23	5	37	Stain	781	3	97
Spalding	898	12	103	Spitzweck	26	1	39	Stain	359	2	56
Spalding	820	3	77	Spleiss	51	4	78	Stain	323	2	17
Spalckhawer	825	3	17	Spleiss	234	10	78	Stain	320	2	97

Register

Name	WBL	Bgl. Abtlg.	Siebm. Tf.	Name	WBL	Bgl. Abtlg.	Siebm. Tf.	Name	WBL	Bgl. Abtlg.	Siebm. Tf.
Stainau	262	3	58	Steffan	687	8	52	Stellmacher	571	12	40
Stainberger	289	1	58	Steffanus	197	4	47	Stellwag	148	1	16
Staindecker	648	8	15	Steffen	82	6	18	Stelzmann	661	14	15
Stainer	1050	9	37	Steffen	636	7	20	Stemann	957	3	59
Stainer	999	2	77	Steffen	933	7	75	Stemann	957	10	38
Stainer	322	2	97	Steffen	719	10	95	Stemeli	32	3	98
Stainhauser	619	1	97	Steg	195	12	41	Stemmermann	19	7	37
Staininger	376	1	16	Stege, van	819	12	40	Stemmler	1038	2	78
Stainkeller	25	3	97	Stegemann	930	6	58	Stempel	679	2	97
Stainmüller	726	2	56	Stegemann	112	10	95	Stempel	728	9	37
Stainperger	326	4	46	Stegemann	114	10	95	Stemper	219	6	18
Stainwerfer	105	13	14	Stegemann	25	12	104	Stempfel	106	4	46
Stake	594	10	58	Stegemann	408	3	17	Stempfl	232	9	36
Stakemann	106	3	58	Steger	618	5	77	Stempher	300	2	56
Stam	457	7	37	Steger	724	3	98	Stemshorn	761	3	17
Stambach	545	5	99	Steger	460	9	36	Steneberg s. Hasse	899	9	79
Stamberg	495	4	99	Steger	724	9	58	Stendal	158	4	46
Stamberger	156	4	46	Stegmann	445	4	46	Stenderen von	323	4	46
Stamberger	494	12	41	Stegmann	689	11	35	Stengel	648	3	59
Staml	884	6	18	Stegmeier	833	13	14	Stengel	173	5	38
Stamler	498	6	18	Stegmüller	1065	3	58	Stengel	782	13	42
Stamm	473	4	99	Stehelin	265	1	78	Stenger	1012	1	78
Stamm	491	10	78	Stehelin	1010	8	15	Stenglin	847	7	20
Stamm	491	12	40	Stehler s. Strehler	782	7	98	Stenglin	212	4	46
Stammer	879	12	103	Stehlin	111	4	78	Stenglin	133	4	47
Stamminger	359	1	58	Stehlin	1021	9	36	Stenglin	212	6	79
Stammler	492	10	38	Stehnmann	126	5	77	Stenmann	517	9	97
Stammler	492	10	38	Steidel	12	1	16	Stepeck	78	3	98
Stampart	329	1	39	Steidlin	795	8	93	Stephan	637	1	78
Stampeel	174	3	97	Steier	882	3	58	Stephan	748	2	38
Stampeel	173	5	57	Steifensand	860	12	40	Stephan	74	7	58
Stampeel	173	5	57	Steiger	610	8	79	Stephan	786	8	15
Stampehl	172	3	98	Steiger	327	10	78	Stephan	786	8	15
Stampel	173	5	57	Steigertahl	78	6	37	Stephan	977	9	97
Stampf	58	3	77	Steigüber	677	13	14	Stephan	773	13	25
Standfest	629	12	17	Steimüllner s. Steinm.	724	4	46	Stephan	773	13	25
Standt s. Staudt	992	8	15	Stein	27	2	38	Stephani	140	4	47
Stanecke	441	3	17	Stein	579	3	58	Stern	933	1	16
Stang	492	1	16	Stein	51	4	46	Stern	59	2	56
Stang	462	2	77	Stein	867	6	18	Stern	933	9	37
Stange s. Schröder	314	5	56	Stein	407	6	18	Stern s. Stom	933	3	59
Stange s. Schröder	314	5	57	Stein	785	7	98	Sternecker	14	2	78
Stangen	411	6	98	Stein	322	8	36	Sternecker	77	1	16
Stangen	980	6	98	Stein	299	9	96	Sternecker	67	1	98
Stanger	937	1	77	Stein	737	10	58	Sterner	65	2	56
Stanglmayr	815	15	4	Stein	321	10	58	Stetter	102	9	37
Stanner	869	14	23	Stein	60	12	41	Stettner	168	1	16
Stapel	435	8	92	Stein	727	12	104	Stettner	252	7	37
Stapelfeld	689	11	91	Stein	1044	12	104	Stettner	348	7	98
Stapf	214	8	35	Stein	1036	3	98	Stettner	1060	2	56
Stapff	801	8	93	Stein	740	11	36	Stettner	365	2	97
Stapler	1038	2	56	Steinacher	324	7	98	Steub	859	7	38
Star	362	1	97	Steinau	75	7	98	Steub	285	12	41
Starck	238	10	95	Steinbauer	901	14	8	Steuber	344	4	47
Starcke	182	9	96	Steinbeis	23	11	35	Steuber	1025	12	104
Starcke	465	12	17	Steinberg	264	4	46	Steudel	974	14	39
Starcke	389	8	52	Steinberger	88	2	38	Steuer	906	8	36
Starenberger	374	4	46	Steinböck	868	2	97	Steuernagel	577	1	98
Stark	127	2	38	Steinborn	252	10	38	Steup	859	10	78
Stark	235	7	98	Steinbrüchel	762	3	77	Steurer	559	2	56
Stark	779	8	93	Steinbrüchel	644	9	58	Steurer	559	9	18
Starke	125	1	97	Steinbrück	555	13	42	Steurnagel	830	4	47
Starke	142	13	51	Steinbrügge	1020	12	104	Steus	41	4	99
Starke	965	14	39	Steinbusch	611	9	58	Stevelin	775	3	17
Starnberger	953	3	58	Steiner	930	4	78	Stever	586	12	41
Starosse	253	13	14	Steiner	826	6	18	Stever	586	12	104
Starzhauser	413	3	58	Steiner	717	9	79	Stever	987	12	104
Starzheimer	273	8	35	Steiner	33	11	46	Steyerthal	217	6	18
Statius	74	8	79	Steiner	329	12	36	Steyg	189	8	16
Stattmüller	237	10	38	Steinert	395	13	32	Steyger	324	12	42
Statthalter	1073	11	46	Steingötter	817	6	37	Steymer	165	6	18
Stattmiller	150	2	77	Steinhardt	909	12	104	Steyn	376	9	97
Stattmüller	231	7	57	Steinhart	667	14	39	Steyrnagel	1016	4	47
Staub	606	2	77	Steinhaus	1073	11	46	Steytz	944	6	37
Staub	808	3	77	Steinhausen	615	12	41	Sthamer	1051	4	47
Staub	812	10	94	Steinhauser	613	1	58	Sthoer	939	3	98
Stauber	286	1	16	Steinhauser	617	3	58	Stieber	234	1	16
Stauber	280	4	46	Steinheimer	875	8	52	Stieber	975	2	78
Stauber	1033	14	48	Steinheimer	873	1	78	Stiebler	726	9	37
Stauch	671	14	15	Steinheimer	401	1	16	Stiebler	736	9	58
Staud	910	4	46	Steininger	149	2	78	Stieblinger	454	2	17
Staudacher	473	1	16	Steininger	206	3	37	Stieglitz	366	1	98
Staudacher	782	1	77	Steinkamm	232	8	79	Stiehl	717	5	57
Staude	14	2	77	Steinkop	752	4	99	Stiehl	437	10	39
Staude	14	3	98	Steinkopff	245	5	77	Stiehler	80	9	97
Staudigl	344	2	97	Steinkopff	121	7	98	Stiell	794	9	79
Staudner	892	2	38	Steinle s. Gull	399	5	99	Stier	333	1	16
Staudt	1021	1	16	Steinlechner	993	1	98	Stier	882	2	97
Staudt	157	4	46	Steinmair	478	2	17	Stierlein	332	4	47
Staudt s. Standt	992	8	15	Steinmann	758	4	99	Stierlein	335	4	47
Stauff	977	4	46	Steinmayer	291	2	97	Stierlin	801	8	93
Stauff	977	7	37	Steinmeister	650	8	79	Stiermair	333	1	78
Stavenhagen	195	3	37	Steinmetz	737	2	38	Stierpach s. Slierpach	12	3	97
Stavenhagen	561	10	38	Steinmetz	894	6	18	Stieveleben	120	3	17
Stavenhager	367	9	79	Steinmetz	892	9	58	Stifft	626	7	98
Stebler	269	1	58	Steinmetz	164	5	38	Stigleder	183	1	98
Stecher	701	7	98	Steinmeyer	478	10	95	Stilke	394	9	12
Stechlin	332	5	57	Steinmeyger	1	13	35	Stilke	386	9	12
Steck	564	6	37	Steinmüller s. Steim.	724	4	46	Stilke	496	9	12
Steckler	694	9	58	Steinweg	988	5	57	Stilke	634	9	12
Steding	726	9	58	Steinweg	650	6	18	Still	99	1	78
Steding	701	7	58	Steinweg	347	3	17	Stillger	827	13	59
Steeb	148	6	18	Steinwender	28	12	41	Stimler	636	4	47
Steer	210	4	46	Steinwich	603	3	17	Stinauer	4	1	78
Steer	966	12	40	Steinwig	768	3	17	Stintzel	885	6	18
Steer	1053	12	40	Steir	498	10	38	Stipel	406	3	98
Steets	580	4	46	Steitz	574	2	38	Stirlin	782	8	94
Stefensperger	500	4	46	Steitz	1038	2	38	Stirmlin	897	6	58
Steffan	288	7	37	Steker	744	10	58	Stirn	334	1	58
Steffan	313	8	15	Stelling	478	5	77	Stirn	334	7	58

Name	WBL	Bgl. Siebm. Abtlg.	Tf.	Name	WBL	Bgl. Siebm. Abtlg.	Tf.	Name	WBL	Bgl. Siebm. Abtlg.	Tf.
Stisser	684	2	17	Storzer	259	2	39	Stroband	587	4	78
Stisser	549	3	17	Stosch	516	8	52	Strobandt	914	8	16
Stissner	38	3	98	Stoss	207	2	17	Strobel	915	2	97
Stitzl	391	1	39	Stoss	180	4	47	Strobel	260	5	77
Stock	268	1	78	Stote	786	9	97	Strobel	768	15	4
Stock	607	8	35	Stotebrügge	419	4	47	Strobl	448	2	57
Stock	492	10	95	Stotte s. Stolte	604	12	42	Strobl	599	2	57
Stockamer	2	1	58	Stotz	645	10	78	Strobl	111	4	48
Stockar	377	3	98	Stotz	254	13	42	Strobl	490	4	48
Stockar	377	9	79	Stoy	798	10	58	Strobl	397	7	38
Stocker	306	12	104	Stoy	22	2	39	Strobl	878	9	37
Stocker	468	5	57	Stoy	146	2	97	Strobl	1056	9	37
Stockers	468	9	20	Straaßer	536	7	76	Strobl	111	1	17
Stockfleth	1029	2	17	Strach	6	8	15	Strobl	226	1	58
Stockfleth	386	3	17	Strack	161	9	19	Strodl	206	2	18
Stockfleth	1029	3	37	Sträler	849	2	56	Ströbel	747	1	78
Stockhausen	506	2	78	Sträler	849	9	37	Ströbel	135	4	48
Stocker	218	9	12	Sträußl	576	14	39	Ströber	228	11	47
Stocker	377	9	58	Strahl	388	6	19	Ströber	1056	11	47
Stocking	243	1	78	Strahl	697	2	78	Strölein	674	1	79
Stockinger	1000	7	75	Strahl	700	2	97	Strölein s. Grölein	113	1	39
Stockinger	499	1	78	Straißer	579	2	56	Ströling	205	8	16
Stockinger	624	1	78	Stralen	699	3	17	Ströling	518	6	19
Stockner	491	6	18	Stralunger	699	2	18	Stroh	112	2	78
Stocks	969	9	97	Strang	410	1	98	Strohanner	896	4	48
Stöberl	421	1	58	Strasburg	20	8	52	Strohmeyer	139	1	17
Stöberlein	881	1	16	Strase	802	9	79	Strolitz	699	7	38
Stöberlein	881	6	18	Strass	13	4	78	Strolz	330	2	97
Stöberlein	881	7	58	Strass	793	7	58	Strom	843	5	57
Stöckel	830	1	98	Strass	213	8	36	Stromer	319	4	48
Stöckel	830	2	97	Strasser	14	1	17	Stromer	951	4	48
Stoeckel	802	10	58	Strasser	649	3	98	Stromer	6	5	99
Stoecker	779	10	58	Strasser	70	8	16	Stromeyer	185	9	97
Stöcker	572	10	58	Strasser	298	12	42	Stroßmann	792	2	57
Stöckert	671	14	32	Strasser	975	2	56	Stroüwli	606	3	78
Stöckey	542	11	15	Strasser	655	2	57	Strub	338	4	48
Stöckhl	495	3	98	Straßer	975	2	57	Strube	858	12	42
Stöckhle	206	1	98	Straßer	1024	2	57	Struck	494	13	25
Stöckl	1054	9	37	Strassfeld	1059	11	91	Struckmann	95	10	95
Stöckl	219	1	78	Strassguet	33	4	47	Strußnigg	454	13	14
Stöckl	461	1	78	Strassgut	287	1	17	Struth	193	10	15
Stöckle	691	1	98	Strasskircher	1073	1	78	Struve	442	3	17
Stöcklein	691	2	97	Strassner	25	10	78	Struve	534	3	17
Stöckli	691	3	78	Straub	505	7	98	Stryke	1008	4	78
Stöcklin	802	2	17	Straub	233	1	98	Strymacher	725	7	76
Stöcklin	240	6	79	Straub	396	2	17	Stubbe	495	3	17
Stöcklin	691	6	79	Straub	299	2	39	Stuben	704	4	48
Stoedter	425	5	77	Straub	298	1	39	Stubenweg	8	4	48
Stoeff	287	5	77	Straub	156	1	78	Stublinger	455	4	48
Stöffler	762	10	15	Straubenberger	396	6	19	Stublinger	455	7	38
Stöger	968	1	16	Straubinger	816	2	78	Stubmer	177	1	58
Stöger	555	9	18	Strauch	571	2	78	Stuckenschmidt	841	6	58
Stögmair	211	1	78	Strauch	576	3	38	Stucki	29	3	78
Stöhr	939	6	18	Strauch	1061	3	38	Stucki	760	10	39
Stör	1001	1	16	Strauch	656	11	36	Stud	518	5	58
Stör	498	2	17	Straus	396	1	78	Stude	954	10	78
Stoer	365	7	38	Strauss	396	1	17	Studer	502	3	98
Stoer	891	10	78	Strauss	396	2	97	Studer	881	6	19
Stoer	891	10	78	Strauss	396	3	17	Studer	784	6	19
Stör	421	12	42	Strauss	396	4	78	Studer	574	7	76
Störning	412	4	47	Strauss	199	9	58	Studer	86	10	15
Störtelberg	473	4	47	Strauß	918	7	38	Studer	654	11	35
Störz	1056	4	78	Strauss	397	10	15	Studer	38	11	35
Stössel	1009	14	8	Strebel	145	8	79	Studion	445	6	19
Stoesser	379	14	15	Streccius	289	10	78	Studler	326	3	78
Stofer	68	12	42	Strecker	585	6	37	Studmann	176	5	99
Stoffacher	874	3	98	Strecker	585	9	97	Studt	798	11	72
Stoffel	632	4	47	Strecker	717	6	37	Studtbeck	117	5	58
Stoffl	116	4	47	Strehle	258	2	18	Stübel	1079	9	97
Stoffler	1048	3	59	Strehler s. Stehler	782	7	98	Stüber	549	13	32
Stoffregen	720	10	78	Strehlin	135	1	58	Stück	728	9	97
Stohl	1011	14	23	Streich von	271	7	20	Stückelberg	760	7	76
Stohler	737	10	58	Streicher	764	1	17	Stückelberg	893	7	76
Stokelef	805	9	97	Streidl	834	2	39	Stückhs	157	2	18
Stokelef	930	9	97	Streiff	199	12	104	Stühlinger	743	4	48
Stoketo	90	4	47	Streit	942	3	17	Stüler	554	9	98
Stolberg	1028	1	98	Streit	177	7	38	Stürmer	246	8	36
Stoll	762	1	98	Streit	461	8	16	Stuermer	37	11	36
Stoll	761	3	17	Streit	255	9	97	Stürmer	804	12	105
Stoll	970	10	78	Streitberger	1050	4	47	Stürnlin	89	6	19
Stoll	683	14	15	Streitberger	112	4	48	Stürzel	228	1	17
Stoll	970	3	78	Streitberger	241	11	47	Stürzel	233	9	37
Stolle	233	5	57	Streitl	857	1	78	Stürzer	252	1	58
Stolle	1071	7	58	Streitmann	117	2	78	Stüver	390	1	79
Stolle	788	9	97	Streitt	532	6	19	Stuhr	430	3	17
Stolle	738	14	32	Streitt	243	1	39	Stuken	507	7	20
Stolle	900	14	39	Streitt	610	6	19	Stuler	9	4	48
Stoller	716	7	76	Streitter	349	1	78	Stultz	501	6	19
Stolp	192	7	58	Streitter	835	1	39	Stumm	170	1	58
Stolte s. Stotte	604	12	42	Streitwieser	987	2	18	Stumm	577	7	58
Stolterfoth	318	4	47	Streitwolf	281	14	15	Stumpf	346	1	39
Stoltley	796	10	58	Strell	673	13	59	Stumpf	729	12	43
Stoltz	402	5	99	Streng	33	2	18	Stumpf	498	2	78
Stoltzenberg	567	11	35	Stresow	581	6	58	Stumpf	491	3	78
Stolz	734	3	78	Stresow	581	9	97	Stumpf	676	10	39
Stolz	993	13	14	Stresow	880	9	97	Stumpf	499	12	43
Stom s. Stern	933	3	59	Streubel	601	14	8	Stumpff	1017	7	98
Storch	21	2	97	Streuff	358	4	99	Stuntz	73	4	48
Storck	426	7	98	Strichler	209	9	97	Stupanus	843	11	47
Storck	426	9	37	Strickler	571	7	98	Stupp	1002	13	59
Storck	396	10	78	Stridtholt	128	5	38	Sturm	563	6	58
Storck	395	12	42	Striegel	330	6	80	Sturm	769	7	38
Storck	808	12	42	Striegel	450	9	13	Sturm	791	7	76
Storckh	395	6	18	Striepe	581	8	52	Sturm	1003	10	96
Storcklin	1022	6	18	Strietzel	939	9	98	Sturm	792	3	78
Storer	877	10	78	Strigel	1078	3	98	Sturm	769	1	58
Stork	395	9	97	Strigell	78	6	19	Sturm	729	1	98
Storr	485	2	56	Strigell	449	6	19	Sturmb	1050	2	57
Storre	390	5	99	Strigler	148	14	40	Sturtz	161	6	19
Storre	410	10	58	Stripeus	582	4	48	Sturtz	869	9	37

Name	WBL	Bgl. Abtlg.	Siebm. Tf.	Name	WBL	Bgl. Abtlg.	Siebm. Tf.	Name	WBL	Bgl. Abtlg.	Siebm. Tf.
Sturtzenegger	314	10	39	Tamme	487	5	99	Teyssner	94	2	97
Sturtzkopf	526	6	37	Tampke	369	6	37	Thaden, von	920	10	15
Sturtzkopf	526	12	43	Tanke	183	10	58	Thain	955	7	38
Stutz	326	2	18	Tanner	94	4	49	Thaler	1065	1	17
Stutz	558	7	76	Tanner	473	3	78	Thaler	650	6	19
Stutzel	571	12	43	Tanner	486	3	78	Thalhammer	301	12	105
Suane	382	6	19	Tantzer	896	9	59	Thalhammer	648	15	4
Suchodolphus	652	9	58	Tapolet	357	7	76	Thanisch	804	9	98
Suckow	274	12	43	Tarnaw	471	8	93	Thanmüller	455	6	20
Sudeck	42	5	58	Tarnowski	918	14	8	Thayssen	214	7	76
Sudermann	18	2	39	Tartara	19	11	15	Theil	981	14	44
Sudermann	18	7	99	Taschner	447	4	49	Theilinger	986	3	78
Süchten	510	9	58	Taschner	995	4	49	Thein	943	1	17
Suenzelius	862	6	19	Taschü	813	2	78	Theis	181	7	99
Sünderhauf	240	14	23	Tastner	1004	2	57	Theissen	647	14	40
Suerborg	618	6	19	Tatsch	792	7	99	Thelen	820	7	99
Suermann	362	3	18	Tatsch	392	10	78	Theobald	822	1	39
Suespekh	549	4	78	Taubenmann	57	3	78	Theodor	55	1	79
Suess	1039	4	48	Taubenstein	1022	2	57	Theopold	160	9	13
Süss	462	7	38	Tauber	876	1	17	Therentianus	377	7	76
Süess	365	9	79	Tauber	409	2	78	These	529	1	98
Süß	394	13	41	Taubert	409	11	48	Thesmar	829	4	49
Sützer	33	5	38	Taubinger	363	6	19	Theurich	389	3	18
Süver	601	9	98	Taubmann	939	5	77	Thiel	255	6	20
Suevus	915	1	58	Taubner	406	2	78	Thiel	377	11	48
Suhl	263	4	48	Taurelius	336	1	17	Thielen	75	4	78
Suhr	596	10	59	Tausendschön	1009	9	37	Thielen	364	10	15
Suhr s. Sahr	126	9	13	Tauwel s. Hillebrecht	523	3	46	Thielke	507	3	38
Suhre	25	14	14	Taymer	1036	8	16	Thiell	183	4	79
Suhren	810	12	105	Tech	1007	13	42	Thiell	100	6	20
Sulczer	1053	2	57	Tech	1007	14	8	Thieme	904	14	15
Suler	59	3	98	Techow	568	8	16	Thienelt	880	15	4
Sulger	999	4	48	Techtermann	733	8	16	Thierbach	577	1	98
Sulger	57	8	16	Teck	644	3	78	Thierbach	5	7	58
Sulzbeck	26	3	58	Tedener	196	9	98	Thierfelder	684	15	4
Sulzberger	692	8	16	Tege	514	7	58	Thiergärtner	302	5	99
Sulzer	515	7	98	Tegen	66	6	59	Thiergärtner	624	12	105
Sulzer	521	10	15	Tegerseer	301	2	78	Thiermann	95	9	98
Sulzer	527	10	78	Tegetmeier	669	3	78	Thiess	298	4	79
Sulzer s. Dultzer	526	6	19	Tegge	519	5	39	Thiessen	606	13	59
Sumerer	671	7	38	Tegler	754	10	59	Thile	255	1	98
Sumermann	569	2	39	Tegtmeyer	1068	8	36	Thilenius	8	4	49
Sumerauer	358	3	98	Teibinger	999	9	38	Thilo	621	13	59
Sunderlin	317	4	48	Teichert	5	13	32	Thisen	931	4	99
Sundheim	1011	14	14	Teichler	381	3	78	Thode	495	3	18
Supper	1063	2	18	Teichmüller	661	5	58	Thode	671	5	39
Surland	594	3	18	Teichstett	256	8	16	Thöniker	863	3	38
Sury	533	5	58	Teilnkes	449	8	100	Tholaeus	546	12	44
Sury	746	11	36	Teissier	527	3	98	Tholde	740	2	78
Suse	2	5	38	Telge	495	8	80	Tholde	357	6	20
Suske	611	13	25	Telgmann	806	9	58	Thoma	972	15	4
Suter	279	2	57	Teller	691	8	17	Thomae	38	4	49
Suter	1047	6	59	Tellert	853	12	43	Thomae	568	4	49
Suter	477	9	13	Teltenhammer s. Feltenh.	264	2	57	Thomae	764	10	79
Suter	558	9	58	Teltz	987	10	59	Thomä	113	14	15
Sutor	225	9	37	Temminck	194	4	49	Thoman	272	6	79
Sutor-Wernich	1014	11	50	Tempelhoff	298	8	52	Thoman	327	7	38
Sutorius	1041	1	39	Tempelmann	61	4	49	Thoman	1069	1	98
Sutorius	1041	6	59	Tenchen	599	8	17	Thoman	973	3	78
Sutorius	1041	4	78	Tenck	696	2	78	Thomann	117	4	49
Sutter	448	7	38	Tenge	382	12	105	Thomann	974	10	39
Svajer	943	4	78	Tengler	704	1	58	Thomann	802	10	39
Swalb	767	4	48	Tenner	487	9	38	Thomas	192	3	18
Swart	166	6	59	Tenner	487	10	79	Thomas	731	12	71
Sweble	132	4	49	Tentscher s. Teutscher	1053	10	39	Thomas	330	6	59
Sweder	495	4	49	Tentzl	589	8	17	Thomas	934	10	79
Swol	520	9	58	Tentzler	178	3	78	Thomas	634	14	16
Syassen	739	9	98	Terberger	760	8	100	Thomaset	1029	3	99
Syassen	1013	12	18	Terlahn	32	9	98	Thomasius	115	3	99
Syassen	1013	12	43	Terlow	419	4	49	Thomsen	1073	11	48
Sydell	829	11	36	Terne	631	10	39	Thomsen	251	13	51
Sydell s. Seydell	829	6	17	Ternes	656	7	99	Thomsen	649	14	24
Sydella	555	3	98	Teschemacher	776	3	18	Thondoerfer	15	2	18
Sylburg	660	2	57	Teschemacher	76	10	79	Thorbeck	581	5	39
Sylvius	934	5	99	Tesdorpf	298	3	38	Thorer	622	3	78
Symers	54	5	39	Teske	170	10	59	Thormann	622	6	59
Symmer	905	8	16	Teske	1077	13	59	Thormann	622	8	36
Symmerl	138	2	18	Teslow	105	7	58	Thorwart	874	8	17
Symonis	464	4	49	Tesmer	11	4	49	Thost	384	10	39
Syntz	140	1	58	Tessalän	217	2	57	Thourot	336	13	35
Syroth	883	2	18	Tessalan	213	9	38	Thümen	519	4	50
Syroth	847	3	38	Tessin	353	3	18	Thümmel	649	12	44
Syvers	854	5	77	Tessin	353	9	59	Thümmel	649	14	8
Syz	827	10	39	Tessmar	793	8	36	Thümmler	992	12	105
Szeiring	873	8	52	Tessmar	907	9	59	Thum	688	6	59
				Tessmer	194	13	32	Thumas	47	6	20
Taaks	895	10	96	Tettelbach	385	4	49	Thumb	675	1	98
Tabbert	916	13	25	Tettelbach	382	6	37	Thumb	403	4	49
Tabor	911	3	98	Tettelbach	385	6	37	Thumb	110	4	50
Tabor	912	13	42	Tettenbacher	824	9	38	Thumb	694	6	79
Tabor	912	13	51	Tetzlaff	118	10	96	Thumberger	383	1	17
Tackmann	100	8	36	Tetzloff	629	11	15	Thumtaler	727	4	50
Täcker	19	3	78	Teuber	1060	7	99	Thumus	47	8	36
Taegener	600	9	79	Teuber	31	1	98	Thun	824	4	50
Täger	744	12	105	Teubner	370	7	38	Thurm	617	2	97
Täglichsbeck	521	8	36	Teuche	960	11	15	Thurmann	622	12	18
Täscher	776	3	78	Teuchnitz	678	9	98	Thurnes	1072	4	50
Täschner	821	13	59	Teucke	989	11	36	Thurneyssen	1072	2	39
Täuber	368	1	17	Teuerer	339	2	18	Thurneysser	1072	11	48
Täumer	1073	13	14	Teufelhart	302	4	49	Thurnknopf	959	2	18
Tafinger	836	1	17	Teuffel	232	2	39	Thurschius	444	6	20
Taglang	133	1	58	Teurel	271	11	15	Thut	555	11	36
Taig	307	2	97	Teurkauff	251	12	44	Thyrri	1035	6	59
Talkner	413	11	15	Teuscher	885	13	43	Thysius	241	6	20
Taler	6	8	16	Teutscher s. Tentscher	1053	10	39	Tibianus	774	5	39
Taler	996	8	36	Teutschlinder	463	10	59	Tide	583	5	39
Talhamer	691	4	49	Tewes	258	7	76	Tidemann	986	4	50
Tallmayr	107	8	16	Textor	152	2	39	Tidemann	443	5	77
Tamberg, von	900	12	105	Textor	539	6	19	Tiede	583	12	105
Tamm	948	4	49	Textor	731	10	96	Tiedemann	93	5	77

Name	WBL	Bgl. Siebm. Abtlg.	Tf.	Name	WBL	Bgl. Siebm. Abtlg.	Tf.	Name	WBL	Bgl. Siebm. Abtlg.	Tf.
Tiedemann	101	5	77	Treichel	512	10	96	Tunte	531	4	51
Tiefenauer	663	11	47	Trendlenburg	613	3	18	Tuntzen	864	8	17
Tiefenbach	577	6	59	Trendelenburg	949	10	96	Tura	69	3	79
Tiefenbrunn	131	5	77	Trentini	987	3	59	Turber	438	2	98
Tieffbrunn	627	5	77	Trescho	774	4	50	Turgke	246	4	51
Tieffenbach	599	4	50	Tretter	827	2	78	Turner	244	2	98
Tieffenbach	581	8	53	Treu	188	1	17	Turner	612	7	58
Tieffenthal	807	13	1	Treu	188	3	38	Turrian	298	13	14
Tiefstetter	292	6	99	Treubler	103	1	58	Turski	932	9	99
Tiele	535	6	20	Treudel	188	2	98	Tuschelius	121	6	37
Tielke	890	3	18	Treudel	694	2	98	Tutein	908	12	44
Tiemendorff	792	11	65	Treudel	694	5	99	Tutzer	117	2	98
Tiemer	665	13	14	Treuer	187	4	50	Twebom	478	5	39
Tierl	327	4	50	Treutler	388	10	79	Twernemann	645	9	99
Tiesler	852	12	44	Treutler	852	10	79	Twernemann	806	9	99
Tiessler	852	8	17	Trichtinger	783	7	99	Twestreng	578	3	18
Tietgens	484	5	99	Trichtler	873	9	38	Tybelius	373	11	48
Tietz	676	8	17	Trieb	963	9	38	Tyle	122	2	58
Tifer	713	10	15	Trier	740	2	57	Tymmermann	793	9	99
Tihoff	643	9	98	Trier	740	3	99	Tyrmann	77	2	58
Tilger	1066	2	18	Trier, von	765	10	39	Tytenkofer	51	9	38
Tilger	619	14	16	Triller	1039	3	99	Tzevena, de	22	4	51
Tiling	889	5	39	Triller	419	4	50				
Tillkes	468	14	32	Triller	1039	3	99	Ubbelohde	573	5	58
Tils	367	4	99	Trinkler	79	4	51	Udel	985	6	37
Timmermann	405	3	99	Trinkler	783	4	51	Udorff	623	5	78
Timmermann	247	4	50	Trippel	978	6	37	Übelacker	1032	1	17
Timmermann	97	5	99	Trippel	433	10	39	Ueberbau s. Ueberbach	279	8	17
Timmermann	312	5	99	Tripscher	720	11	15	Uerberfeld	354	8	79
Timmermann	95	10	96	Triselmann	741	9	98	Ueberlinger	261	6	37
Timmermann	267	4	50	Tritschler	12	4	79	Ueberreuter	179	8	17
Timmermann	185	10	96	Trittel	165	11	15	Überreyter	924	8	17
Timmerscheidt	544	9	13	Trittenpreis	376	1	99	Uebersetzig	1059	3	99
Tinne	66	12	44	Trittermann	819	8	36	Uekermann	937	8	100
Tischendorf	940	13	32	Trochtelfinger	827	2	18	Ühlinger	725	10	96
Tischer	408	1	98	Trodel	244	2	78	Üli	414	4	52
Tischer	408	9	13	Tröltzsch	594	4	51	Ueßler	301	5	39
Tison	332	6	20	Tröltzsch	596	14	24	Uffelmann	826	3	18
Titot	543	13	32	Tröndle	487	13	25	Uffsteiner	414	2	98
Tittel	855	1	99	Trösch	216	6	80	Uhde	874	2	58
Tittel	204	3	99	Trösch	709	13	35	Uhl	90	2	98
Tober	46	2	57	Trötscher	277	4	51	Uhl	1063	4	52
Tobler	86	7	99	Troffner	237	9	13	Uhl	84	6	59
Tochtermann	710	6	99	Troger	272	4	51	Uhl	90	7	58
Tockler	166	1	17	Troger	478	5	39	Uhle	1042	7	58
Tod	164	12	106	Trojanowski	46	10	96	Uhle	1042	9	13
Töbing	291	4	50	Troll	1068	11	49	Uhlherr	321	4	52
Töbing	476	5	77	Troost	1076	5	77	Uhlhorn	404	6	20
Töbing	477	8	36	Troschel	362	1	39	Uhlich	196	1	99
Tobing	577	4	50	Troschel	363	8	53	Uhlmann	4	13	25
Toegel	1080	13	14	Trost	261	5	77	Ul	94	6	37
Tödt	706	14	106	Trost	15	6	20	Uldokat	304	12	106
Tönig	118	3	78	Trost	938	7	20	Ulerich	64	7	38
Tönnsen	25	13	59	Trost	750	7	38	Ulhardt	403	4	52
Toepfer	510	9	98	Trost	1035	14	32	Ulhart	403	7	99
Töpffer	502	9	59	Trost	388	1	79	Ulherr	326	7	38
Toggenburg	288	7	99	Trost	395	1	17	Ulinger	792	3	79
Togweiler	15	7	76	Trostendorfer	1054	6	59	Ullmann	270	2	98
Toll	924	10	96	Troyer	206	4	51	Ullrich	907	5	39
Tolle	390	9	98	Trub	1027	1	39	Ullrich	377	11	36
Tolle	801	9	98	Truckh	612	8	17	Ullrich	1032	13	59
Tolle	813	9	98	Trüb	733	4	51	Ulmann	38	6	99
Tollner	959	4	50	Trüb	728	7	76	Ulmann	141	7	39
Tolsdorff	898	8	53	Trüb	736	7	76	Ulmer	422	1	58
Tommer	64	7	20	Trüber	629	4	51	Ulmer	183	3	99
Top	48	4	50	Trübsbach	520	9	98	Ulner	732	10	96
Topel	700	3	99	Trüller	996	2	18	Ulrich	383	1	79
Topff	564	3	79	Trümler	755	9	80	Ulrich	415	8	18
Topff	1026	9	13	Trüstedt	193	8	53	Ulrich	247	8	17
Torborch	609	12	106	Truitwein	162	2	18	Ulrich	261	6	99
Torkuhl	63	5	58	Trumer	379	1	17	Ulrich	382	4	52
Tornow	263	6	20	Trummer	336	1	17	Ulrich	598	3	59
Tornow	263	9	38	Trummer	906	5	58	Ulrich	366	4	52
Tosetti	988	4	99	Trumppenberger	137	4	51	Ulrich	690	5	58
Toss	328	2	18	Trunckel	279	4	51	Ulrich	875	5	58
Toss	328	2	57	Trunz	304	5	99	Ulrich	1046	5	58
Totzler	539	1	99	Trupenicht	928	4	51	Ulrich	875	5	99
Toücher	1006	3	79	Trustet	193	8	53	Ulrich	286	5	99
Trachsel	753	3	79	Trutmann	35	5	58	Ulrich	637	7	20
Trachsler	307	11	36	Trutmann	35	10	19	Ulrich	46	7	99
Trachsler	307	11	36	Truzettel	698	8	53	Ulrich	69	8	17
Tradel	211	2	98	Truzettel	934	10	96	Ulrich	401	8	18
Träber	735	13	59	Tschäppi	47	4	51	Ulrich	743	8	17
Träkhl	344	2	18	Tschertte	130	9	38	Ulrich	377	11	15
Trämmel	55	2	98	Tschirschnitz	576	9	13	Ulrich	682	12	106
Trainer	285	2	57	Tschugguel	873	2	98	Ulrich	678	12	106
Tramel	55	10	59	Tubenmann	57	7	76	Ulrich	82	3	99
Tramel	919	10	59	Tubinger	616	9	19	Ulrich	71	3	79
Trampe	410	7	20	Tucher	461	6	37	Ulrichen	690	5	20
Trapp	390	1	79	Tuchscherer	746	4	51	Ulrici	868	5	39
Trapp	362	2	57	Tuchscherer	707	9	98	Ulrici	223	9	99
Trappe	370	3	18	Tuchschmid	968	10	39	Ulsenheimer	83	2	78
Trappe	361	5	99	Tuchtfeld	69	1	99	Ulsenheimer	784	8	18
Trappendrey	405	8	17	Tuckermann	303	10	79	Ulstetter	766	7	39
Trappentreu	1040	1	39	Tücksen	42	9	99	Umbach	793	6	99
Tratz	348	3	99	Tüllinger	783	2	18	Umbach	391	8	18
Traub	593	9	38	Tümmler	908	12	73	Umbescheiden	739	4	99
Trautenweiler	331	4	50	Tünger	613	4	51	Umbscheiden	739	3	38
Trautmann	103	13	43	Türing	237	3	59	Umbscheiden	406	12	45
Trautner	842	1	17	Türschmann	95	13	59	Umpfenbach	421	2	39
Trautvetter	191	13	32	Tugginer	1071	7	76	Umpfenthal	1058	3	99
Traxl	120	2	98	Tulchinger	16	4	51	Umreuter	250	8	18
Trebbis	415	4	50	Tulipaner	1004	2	57	Umreuter	250	8	53
Trebl	1037	7	38	Tum	133	7	38	Unbehaw	550	7	39
Trechsel	692	4	50	Tumperger	388	4	51	Unbekannt	782	12	44
Trechsel gen. Grosskopf	159	8	17	Tumbmuet	691	4	51	Unbescheid	280	5	99
Trechßler	691	7	76	Tunder	760	3	99	Unbescheid	635	10	15
Treeck	820	11	48	Tuneysen	558	3	79	Unbescheiden	739	9	14
Treger	860	8	17	Tunner	86	5	78	Unbescheiden	779	9	14
Trehou	871	6	20	Tunner	628	5	78	Underrainer	125	8	18

Register 1141

Name	WBL	Bgl. Siebm. Abtlg. Tf.		Name	WBL	Bgl. Siebm. Abtlg. Tf.		Name	WBL	Bgl. Siebm. Abtlg. Tf.	
Underrichter	219	8	18	Veldner	363	2	98	Vischer	1053	9	39
Underweger	397	8	18	Veldner	1037	8	53	Vischer	426	10	79
Unfueg	55	8	36	Velhage	624	5	58	Vischer	711	5	86
Ungebauer	141	1	79	Velhauer	283	10	59	Vischer	448	11	49
Ungelays	288	4	52	Velme, von	409	11	47	Vischer	862	8	55
Ungelter	189	6	37	Velser	329	9	99	Vischer	423	13	35
Ungemuet	556	8	18	Velten	44	9	99	Vischer	416	8	54
Ungemuett	556	4	52	Veltmann	599	4	100	Vischer	425	5	86
Ungenehm	217	2	58	Ven, van der	247	9	99	Vischer	392	8	54
Unger	152	7	39	Vendenhammer	823	7	39	Vischer	426	4	8
Unger	701	7	99	Venediger	983	1	39	Vischer	426	8	54
Unger	146	8	18	Verbezius	920	6	37	Vischer	426	7	39
Ungerer	556	8	18	Verch	32	7	80	Vischer	427	8	54
Ungericht	866	3	79	Verden, von	924	4	52	Vischgrätel	517	4	53
Unholtz	100	7	76	Verdrieß	980	2	79	Viskulen	430	4	53
Unold	237	7	99	Verdroß	1057	2	98	Viskulen	430	4	53
Unold	93	10	59	Verdunk	868	1	99	Visl	551	10	40
Unselt	394	6	37	Vergawer	114	8	53	Visl	942	10	40
Unsin	448	8	18	Verger	821	5	78	Vitalis	180	1	99
Unsinn	271	5	78	Verhoven	66	6	59	Vitel	515	4	53
Unterhofer	1056	3	99	Verhoven	66	7	99	Vitner	231	2	98
Unterholzer	822	3	79	Verius	860	1	79	Vits	153	13	43
Unterstetter	155	4	52	Verken	273	4	100	Vittel	689	8	55
Untertriefalter	528	3	79	Verklayrer	454	2	98	Vittler	199	8	37
Unverfähr	411	10	96	Vermehr	208	3	99	Vitzdomb	200	8	55
Upchover	783	4	52	Vermehren	603	3	99	Vitzthamb	200	6	38
Uphagen	1075	9	59	Versmann	286	10	15	Vitztumb	971	4	53
Uplegher	591	4	52	Vesenbeck	104	9	38	Vleesch	165	3	18
Uppmann	698	12	106	Vessler	247	3	79	Vlitz	786	8	55
Urban	923	3	99	Vessler	699	4	53	Vlote	790	10	59
Urban	1009	14	32	Vetscher	294	4	79	Vockelius	360	9	99
Urbetz	517	2	39	Vette	650	9	99	Voelberg s. Heisters	368	4	100
Urmiller	724	14	24	Vetter	28	8	53	Voeg	950	6	59
Urner	337	7	99	Vetter	898	5	99	Vögele	999	8	55
Urspringer	241	3	79	Vetter	716	6	80	Vögeler	484	3	19
Usener	1018	2	39	Vetter	815	7	58	Vögeli	661	4	53
Usener	982	3	59	Vetter	238	8	53	Vögeli	369	7	100
Usener	1017	3	59	Vetter	156	1	59	Vögelin	367	6	80
Uslob	1011	8	18	Vetter	165	1	18	Voelberg	368	7	99
Ussermann	304	4	52	Vetters	976	6	38	Voelberg	311	7	99
Ussler	1	6	37	Vettiner	854	8	36	Völckel	966	10	97
Ussmair	67	1	59	Veygel	576	8	53	Völcker	869	5	78
Uster	5	7	99	Veyhel	977	8	54	Voelcker	533	9	99
Usteri	917	11	47	Veyhelin	576	2	19	Völckers	928	5	78
Usteri	52	3	79	Vezin	544	6	59	Völkel	675	13	15
Usteri	824	3	79	Vianden	861	4	100	Völker	584	1	18
Utenberg	527	4	52	Viatis	287	1	18	Völkerling	378	3	38
Utermann	601	13	59	Vibrans	176	8	18	Völkl	127	1	99
Utermölen	790	9	99	Vibrans	808	8	18	Völschow	124	10	97
Uterwedde	15	6	20	Vicelius	700	6	38	Völschow	124	10	97
Utesch	819	11	16	Vichhauser	204	8	54	Völschow	497	3	19
Uthof	484	3	18	Vichtinger	693	4	53	Voelschow	155	9	80
Utrecht	386	4	52	Vichtl	513	8	37	Völschow	586	10	97
Uttendorffer	362	8	18	Vick	60	2	58	Voerste	290	9	59
Uttenhoefer	21	2	98	Vickhy	552	6	38	Voess	774	4	54
Uttenhofer	285	2	19	Viebig	925	10	96	Voesz	277	10	40
Uttersy	785	7	39	Viechter	345	8	54	Vogel	405	2	79
Uttinger	780	4	52	Viehweider	333	8	54	Vogel	359	4	53
Utzberg	163	3	59	Vielrose	948	7	58	Vogel	361	4	53
Utzinger	52	7	76	Viereck	827	12	45	Vogel	375	4	53
Utzinger	547	8	18	Viereckh	1043	4	53	Vogel	378	1	59
				Vieregkl	231	4	53	Vogel	991	4	53
Vackmiller	711	2	19	Vierkotten	609	13	51	Vogel	1010	5	58
Vade	249	3	79	Vierling	378	3	99	Vogel	970	5	78
Vaerst	358	4	52	Vieth	585	3	18	Vogel	680	4	53
Vagelbusch	379	5	78	Viether	677	8	54	Vogel	723	4	53
Vaget	569	5	39	Vietor	326	10	79	Vogel	828	7	39
Vagius	678	8	36	Vietor	881	12	45	Vogel	367	8	55
Vahlkampf	477	14	40	Vietz	236	6	38	Vogel	454	8	55
Vahlkampf	507	14	40	Vigelius	538	6	38	Vogel	494	9	99
Vaius	823	1	39	Vigitill	393	4	79	Vogel	801	9	99
Vaius	823	9	14	Vigl	266	2	98	Vogel	240	10	39
Valck	373	8	100	Vilinger	893	8	54	Vogel	387	10	96
Valckenberg	364	8	79	Villiger	262	8	36	Vogel	979	12	45
Valentin	123	5	99	Villinger	691	8	37	Vogel	373	1	59
Valentiner	593	10	40	Vilmar	703	1	18	Vogel	373	1	59
Valkenburch	1043	8	19	Vilsmayer	526	8	54	Vogeler	485	5	39
Vall	912	2	58	Vilter	919	3	18	Vogeler	956	5	39
Vallencourt	976	1	99	Viltherus	871	8	37	Vogeler	408	6	59
Valwickl	375	8	19	Vincenz	883	8	54	Vogeler	484	7	39
Vanselow	668	9	99	Vindex	183	3	18	Vogelgesang	469	12	106
Varemwolt	805	4	52	Vinhagen	976	4	53	Vogelmann	464	1	59
Varenkamp	503	10	59	Virmond	1031	8	19	Vogelrieder	367	1	99
Varges	546	6	98	Virnich	49	4	100	Vogels	408	4	100
Vasant	640	4	52	Virnich	975	4	100	Vogelsang	358	3	38
Vasarius	982	4	99	Virnich	48	8	37	Vogelsang	365	4	79
Vaschang	876	1	18	Virnkorn	438	10	97	Vogelsanger	358	2	39
Vaschang	200	8	19	Visbeck	829	6	59	Voges	451	10	16
Vaschang	1063	8	19	Visch	415	8	54	Voges	979	10	97
Vasmer	502	3	18	Vischer	1066	1	79	Voges	673	12	106
Vassnaler	333	3	99	Vischer	150	2	58	Vogl	100	8	55
Vaternahm	970	10	59	Vischer	940	2	58	Vogl	203	1	59
Vatzin	121	3	59	Vischer	448	6	99	Vogl	418	8	55
Vay	305	3	59	Vischer	1026	6	99	Vogl	971	8	55
Vay	306	5	78	Vischer	779	6	100	Vogl	375	8	55
Vecke, von der	624	5	53	Vischer	712	6	99	Vogl	396	1	99
Vegesack	855	3	18	Vischer	421	7	39	Vogler	389	1	99
Vehelen, von	250	4	99	Vischer	761	7	39	Vogler	937	6	38
Vehmeyer	818	12	45	Vischer	280	7	58	Vogler	373	6	59
Veielmann	139	2	98	Vischer	709	8	54	Vogler	367	7	100
Veihel	221	8	53	Vischer	241	8	54	Vogler	60	8	55
Veihel	934	8	53	Vischer	546	8	54	Vogler	101	9	13
Veil	451	1	18	Vischer	1026	8	54	Vogler	365	12	45
Veirabent	339	8	53	Vischer	218	8	54	Voglmair	368	2	79
Veit	552	2	79	Vischer	448	8	54	Voglrecht	250	5	78
Veitt	340	4	52	Vischer	1029	8	54	Voglsanger	1012	2	58
Velckl	738	8	53	Vischer	135	8	55	Vogt	298	1	99
Velde, zum	481	3	18	Vischer	428	8	55	Vogt	1055	2	98
Velden	878	4	100	Vischer	218	9	39	Vogt	267	3	59
Velder	716	3	79	Vischer	431	8	55	Vogt	887	6	59

1142 Register

Name	WBL	Bgl. Siebm. Abtlg. Tf.	Name	WBL	Bgl. Siebm. Abtlg. Tf.	Name	WBL	Bgl. Siebm. Abtlg. Tf.
Vogt	979	6 59	Vüllers	851	13 15	Waidinger	1064	3 59
Vogt	778	7 58	Vüllers	851	13 25	Waitz	604	4 54
Vogt	787	8 80	Vytler	64	4 53	Waitz	604	10 97
Vogt	686	10 79				Waitzhofer	508	4 54
Vogt	652	14 16	Waad	784	12 45	Wal	712	12 46
Vogt	540	3 19	Waberer	210	7 39	Walant	653	4 54
Vogtherr	148	2 58	Wachau	393	1 40	Walbaum	609	6 60
Vogther	148	8 19	Wachau	866	10 97	Walbaum	1052	8 57
Vogtmann	157	1 18	Wachowski	303	10 60	Walbaum	52	9 99
Voigt	301	3 38	Wachs	1075	13 32	Walch	134	1 59
Voigt	636	3 38	Wachschlager	11	8 19	Walch	196	3 38
Voigt	63	4 53	Wachsmuth	196	14 48	Walch	714	6 38
Voigt	510	4 79	Wachtel	1036	8 56	Walch	527	8 57
Voigt	63	5 39	Wachter	155	5 78	Walch	71	8 57
Voigt	603	5 100	Wachtler	1056	2 79	Walch	250	9 59
Voigt	604	12 73	Wachtler	371	6 60	Walcher	809	7 100
Voigt	598	13 60	Wachtmann	357	12 45	Wald, vor dem	488	3 80
Voigtländer	1014	13 51	Wachtschild	662	9 99	Waldast	944	2 79
Voigtritter	1005	8 100	Wack	147	1 40	Waldbach	13	8 57
Voit s. Volt	7	2 79	Wackebusch	931	5 39	Walde, vom	479	11 49
Voitus	544	10 97	Wackenroder	579	8 56	Waldeck	647	12 46
Vojter	610	13 32	Wacker	78	1 79	Waldeisen	747	1 18
Volandt	846	7 39	Wacker	1065	3 59	Walden	666	12 107
Volbracht	86	8 19	Wacker	933	6 38	Waldenberger	473	3 19
Volbrecht	818	10 40	Wacker	536	8 56	Walder	820	3 79
Volck	806	9 59	Wacker	933	8 56	Walder	488	4 79
Volckart	679	7 39	Wacker	962	10 97	Walder	487	7 77
Volckert	59	6 59	Wacker	1017	10 97	Waldheim	163	10 97
Volckhamer	241	6 38	Wacker	415	13 51	Waldherr	478	1 18
Volckmann	905	10 16	Wacker	395	1 79	Waldherr	1028	8 57
Volckmann	703	10 59	Wackstein	783	9 59	Waldmann	94	4 54
Volckmar	946	12 106	Wadsack	389	6 20	Waldmann	1015	4 79
Volden	431	4 100	Wäber	46	4 54	Waldmann	126	9 60
Volenweider	1002	7 77	Wächsler	457	8 56	Waldmann	96	11 16
Volet	149	5 78	Wäldischwiler	425	4 54	Waldmann	94	1 79
Volger	932	4 53	Wädispuil	675	4 54	Waldmann	96	1 79
Volger	932	5 78	Waesberghe, van	210	9 60	Waldmüller	1013	5 78
Volgeraht	759	5 78	Wäsch	72	2 99	Waldner	360	2 99
Volhaupt	760	2 19	Wagenbauer	1077	6 60	Waldner	243	8 57
Volk s. Voyk	152	2 19	Wagenbreth	954	10 16	Waldner	478	9 38
Volkamer	266	4 54	Wagener	186	4 54	Waldpach	382	8 57
Volkardt	540	2 99	Wageningen	726	12 45	Waldschmidt	659	3 19
Volkart	662	7 100	Wagenmann	733	3 79	Waldschmidt	512	8 57
Volkart	662	8 19	Wagenmeir	839	6 60	Waldschmidt	510	10 97
Volkart	679	8 55	Wagenrieder	323	1 18	Waldt	1065	2 79
Volkenshagen	555	8 80	Wagenseil	833	2 99	Waldtmann	150	1 79
Volker	533	2 99	Wagenstarch	727	11 16	Waldtmann	94	6 80
Volker	1069	8 56	Wager	678	2 19	Waldtsberger	357	4 55
Volkhamer	464	8 55	Wager	236	4 54	Walen, von der	723	8 57
Volkmann	141	2 79	Wager	236	8 56	Walker	232	1 59
Volkmann	94	4 54	Wagner	780	3 59	Wall	62	1 99
Volkmanns	152	7 39	Wagner	954	4 54	Wallaser	1014	6 38
Volkolt	555	10 97	Wagner	1007	4 54	Wallasser	102	8 57
Voll	144	8 55	Wagner	345	4 54	Wallenburg	614	3 58
Volland	1077	13 51	Wagner	645	4 54	Waller	729	3 38
Volland	824	14 40	Wagner	1015	4 79	Wallich	520	5 58
Vollandt	204	1 39	Wagner	662	12 46	Wallier	1045	7 77
Vollandt	755	4 54	Wagner	788	6 100	Walliser	92	4 55
Vollandt	959	4 54	Wagner	1007	7 20	Wallner	423	4 55
Vollandt	846	4 54	Wagner	358	7 58	Wallnöfer	223	2 99
Vollbrecht	630	12 106	Wagner	793	7 58	Wallraf	407	14 32
Vollgnad	559	3 38	Wagner	868	7 58	Walluncke	353	9 80
Vollimhauß	335	1 99	Wagner	697	7 77	Walmerreutter	65	2 58
Vollmann	57	1 59	Wagner	818	8 19	Walnöfer	952	8 57
Vollmann	43	2 79	Wagner	186	8 37	Walpenhofer	145	8 57
Vollmar	248	6 38	Wagner	133	8 56	Walperstetten	915	8 57
Vollmer	353	5 77	Wagner	136	8 56	Walpurger	612	3 38
Vollmer	286	8 80	Wagner	433	8 56	Walrab	893	11 16
Vollmer	756	9 14	Wagner	225	8 56	Walrave	366	3 19
Vollmer	1005	14 16	Wagner	459	8 56	Walschborn	712	7 20
Vollmer	1005	14 24	Wagner	924	8 56	Walschleb	205	8 57
Volmar	825	4 79	Wagner	926	8 56	Walschpeck	866	8 58
Volmer	789	9 99	Wagner	864	8 57	Walsleben	763	10 79
Volt s. Voit	7	2 79	Wagner	929	8 57	Waltberger	1068	1 18
Voltz	89	6 38	Wagner	1065	8 57	Waltenheim	47	5 58
Voltz	714	8 56	Wagner	345	9 16	Waltenheim	47	10 18
Voltz	696	9 14	Wagner	385	10 40	Walter	245	1 18
Volz	31	1 18	Wagner	856	10 97	Walter	130	3 38
Volz	940	6 38	Wagner	726	12 46	Walter	838	5 100
Volz	596	9 59	Wagner	107	12 46	Walter	390	7 39
Voorthuysen, van	624	6 38	Wagner	727	13 43	Walter	784	8 19
Vorant	381	3 100	Wagner	816	14 16	Walter	790	10 21
Vorbrack	289	2 39	Wagner	750	14 16	Walter zu Loewenau	830	10 97
Vorbrugg	877	2 59	Wagner	209	14 24	Walther	122	2 79
Vorcher	545	8 56	Wagner	866	1 59	Walther	843	3 58
Vorholtzer	499	2 59	Wagner	314	1 59	Walther	989	4 55
Vormehren	464	5 78	Wagner	849	1 79	Walther	847	5 78
Vorner	398	6 38	Wagner	335	1 59	Walther	483	5 78
Vorsteher	1067	14 40	Wagner	903	1 59	Walther	720	6 99
Vorster	249	8 56	Wagner	601	2 99	Walther	170	8 58
Vorster	346	8 56	Wagner	246	3 79	Walther	219	8 58
Vorster	1060	12 106	Wagner	728	3 79	Walther	300	8 58
Vorsthover	17	4 54	Wagner	147	2 58	Walther	306	8 58
Vorthkamp	168	10 79	Wagner	866	2 58	Walther	324	8 58
Vorwalde, Meyer Zum	511	12 53	Wagner	726	2 58	Walther	404	8 58
Vorwerk	935	3 19	Wagner	727	2 58	Walther	329	10 60
Vorwerk	935	8 19	Wagner	817	2 79	Walther	245	10 79
Vorwerk	620	10 16	Wagner	231	3 100	Walther	653	10 98
Vos	1066	9 99	Wahl	706	1 99	Walther	681	12 107
Voss	503	3 19	Wahl	632	6 38	Walther	1028	1 59
Voss	351	5 58	Wahl	266	7 39	Walther	219	1 79
Voss	288	9 99	Wahl	1033	13 25	Walther	652	1 99
Voss	283	12 18	Wahler	397	8 57	Walther	52	3 60
Voss	198	8 56	Wahms	760	5 39	Waltl	473	1 59
Voß	451	13 15	Wahms	760	5 39	Waltmann	130	9 39
Voß, De	277	10 16	Wahn	619	5 39	Waltner	967	2 99
Vossen	915	8 47	Wahn	620	5 39	Waltrumb	1079	2 79
Vossiek	978	14 8	Waibl	108	2 99	Walttter	847	4 55
Voyk s. Volk	152	2 19	Waider	861	2 99	Waltter	219	10 60
Vreint	540	10 97	Waidhals	284	8 57	Wamosin	889	3 100

Register

Name	WBL	Bgl. Abtlg.	Siebm. Tf.	Name	WBL	Bgl. Abtlg.	Siebm. Tf.	Name	WBL	Bgl. Abtlg.	Siebm. Tf.
Wampel	208	2	79	Wecker	862	8	37	Weiler	16	2	99
Wanckel	638	12	46	Weckerling s. Weckherlin	630	10	80	Weiler	986	8	58
Wann	879	4	55	Weckherlin	289	1	59	Weiler	810	9	14
Wanner	799	6	100	Weckherlin	630	9	39	Weiler	636	10	60
Wanner	560	8	19	Weddingen	317	3	100	Weilhammer	138	1	18
Wanner	113	9	38	Weddings	692	4	55	Wein	45	4	100
Wanschka	339	2	39	Wedege	204	7	59	Weinberg	596	10	80
Wantsch	258	2	58	Wedekind	50	3	19	Weinberger	594	2	99
Wappäus	1068	10	16	Wedekind	50	7	59	Weinbuech	1004	1	19
Waraus	693	4	55	Wedekindt	835	4	55	Weinbüch	748	1	79
Wardenberg	415	3	19	Wedekindt	545	4	55	Weindl	924	1	18
Wardermann	987	5	78	Wedel	176	3	100	Weinert s. Meinert			
Warkentien	737	9	99	Wedel	317	12	46	Weinert	442	14	46
Warmböcke	470	3	80	Wedemann	715	4	55	Weingärtner	977	2	79
Warmers	485	6	38	Wedemeyer	497	8	37	Weingaertner	45	7	59
Warmuth	832	1	79	Wedemhoff	482	3	80	Weingärtner	1037	6	39
Warnaba	463	2	79	Wedig	519	4	55	Weingartner	596	3	59
Warnberger	403	1	59	Wedig	519	9	14	Weingartner	951	9	100
Warnecke	405	5	40	Wedigen	352	8	58	Weinhardt	137	1	79
Warnecke	979	5	40	Weeger	189	8	58	Weinhardt	1062	10	40
Warnecke	406	5	40	Wefers	880	12	107	Weinhart	272	5	78
Warnecke	875	5	40	Wege	442	13	51	Weinholtz	594	5	59
Warnecke	546	5	58	Weeger	952	13	15	Weinholtz	597	7	59
Warnecke	617	12	46	Wegehausen	758	12	47	Weinländer	1044	12	107
Warnecke	497	3	19	Wegele	727	9	59	Weinleb	596	11	17
Warnecke	921	3	19	Wegeler	31	11	36	Weinlein	593	1	40
Warnecke	616	3	19	Wegelin	86	4	56	Weinlich	594	5	79
Warnecke	940	3	19	Wegemann	1010	7	20	Weinmann	137	2	58
Warneken	778	9	99	Wegener	258	8	58	Weinmann	103	3	39
Warner	940	3	19	Wegener	608	9	99	Weinmann	146	8	37
Warpeck	584	4	55	Wegener	307	14	48	Weinmann	104	8	38
Warpeck	601	8	58	Weger	189	8	58	Weinmann	137	9	39
Wartenberg	87	11	49	Weghorst	698	4	56	Weinmann	775	10	15
Warth	613	13	26	Weghorst	350	5	100	Weinmann	104	1	80
Wattenbach	191	7	39	Wehrli	649	7	77	Weinmann	109	1	80
Watzelberger	817	6	38	Wegmacher	108	4	56	Weinmayr	324	1	18
Waybel	219	3	19	Wegmann	734	3	80	Weinmayr	139	2	19
Wayer	372	4	79	Wehrmann	397	10	16	Weinmeister	596	3	59
Webel	1040	10	80	Weibel	533	7	100	Weinold	594	6	99
Weber	545	3	38	Weichbrodt	478	12	47	Weinperger	458	2	19
Weber	55	3	100	Weichelt	149	8	37	Weinpruner	424	2	59
Weber	189	4	55	Weickersreuter	561	4	56	Weinreich	594	3	39
Weber	21	5	40	Weickhman	137	4	79	Weinrich	204	2	39
Weber	417	4	55	Weickmann	610	4	79	Weinzierl	577	1	99
Weber	51	5	100	Weickmann	1063	9	60	Weinzierl	651	2	19
Weber	440	4	55	Weickmann	1063	1	79	Weinzierl	597	4	56
Weber	563	5	40	Weickmann	690	3	39	Weinzierl	598	7	40
Weber	995	6	38	Weid	495	3	39	Weirach	1030	9	14
Weber	440	5	40	Weidacher	489	9	39	Weirich	459	4	56
Weber	1030	6	80	Weidacher	924	9	39	Weis	308	12	47
Weber	786	6	100	Weide	360	10	60	Weisbach	595	5	59
Weber	561	4	55	Weide, von der	490	11	49	Weise	146	3	59
Weber	1020	7	58	Weidemann	418	5	100	Weisland	414	1	40
Weber	55	7	100	Weidemann	490	13	1	Weisland	414	3	19
Weber	56	7	100	Weidenbruch	84	2	39	Weiss	215	1	60
Weber	689	8	20	Weidenfeld	279	4	100	Weiss	360	12	47
Weber	571	5	40	Weidenholzer	500	4	79	Weiss	536	3	39
Weber	115	8	37	Weidenkeller	468	11	16	Weiß	460	3	59
Weber	629	7	100	Weidenkeller	490	11	16	Weiss	966	2	19
Weber	923	5	40	Weidenkopf	468	2	58	Weiss	261	4	56
Weber	788	8	94	Weidenkopf	490	8	37	Weiss	853	7	39
Weber	1046	5	40	Weidenkopf	468	2	79	Weiss	263	4	56
Weber	83	8	100	Weidheltsch	284	4	56	Weiss	1052	5	100
Weber	1020	7	100	Weidig	505	2	79	Weiss	229	6	60
Weber	1020	7	58	Weidler	264	11	16	Weiß	540	1	60
Weber	730	10	79	Weidler	858	11	16	Weiß	445	7	59
Weber	731	10	97	Weidler	288	11	16	Weiss	28	7	77
Weber	541	11	36	Weidler	316	11	16	Weiss	233	8	37
Weber	737	11	49	Weidlich	388	1	99	Weiß	449	8	38
Weber	787	12	46	Weidlich	538	4	56	Weiß	163	8	58
Weber	1037	12	107	Weidlich	306	9	60	Weiß	112	9	39
Weber	169	13	60	Weidlicher	1007	4	56	Weiß	189	12	47
Weber	300	14	16	Weidmann	986	7	59	Weiß	842	14	24
Weber	21	14	40	Weidmann	490	7	77	Weiß	1006	15	4
Weber	535	1	59	Weidmann	504	7	77	Weiss	78	1	80
Weber	51	2	99	Weidmann	667	13	1	Weiss	454	1	60
Weber	304	3	19	Weidner	171	1	18	Weiß	658	2	39
Weber	604	3	19	Weidner	1014	8	20	Weiß	65	3	80
Weber	573	3	100	Weidschuch	774	1	99	Weiss	1053	2	80
Weber	560	2	19	Weidtinger	1070	2	79	Weiss	308	3	80
Weber	730	3	19	Weier	564	6	99	Weißbach	337	11	51
Weber	223	1	99	Weigel	348	4	56	Weissbach	731	13	51
Weberstaedt	1019	13	26	Weigel	942	4	56	Weisse	160	3	39
Webler	967	2	99	Weigel	967	6	60	Weissenbach, zum	429	3	100
Weccius	442	4	55	Weigel	140	4	56	Weissenberger	384	6	39
Weccius	966	8	37	Weigelius	372	3	100	Weissenborn	889	6	60
Wechsler	149	1	18	Weigergangk	607	6	39	Weißenborn	582	7	80
Wechsler	937	2	58	Weigert	368	9	100	Weissenhorn	305	1	18
Wechsler	937	8	58	Weigl	33	3	59	Weissenhorn	305	3	59
Wechter	395	1	40	Weihe	173	13	60	Weißermel	768	11	17
Weck	325	10	80	Weihenmaier	376	3	39	Weissgerber	809	8	20
Weckel	1044	8	58	Weihmann	723	12	107	Weisskircher	617	4	56
Weckell	1080	9	59	Weiland	1001	2	99	Weisskopf	320	4	56
Weckenesel	256	9	100	Weiland	1017	8	37	Weißkopf	977	9	14
Weckenesel	802	9	100	Weiland	995	9	39	Weissmann	580	1	18
				Weiler	434	1	79	Weissmann	580	3	39
								Weißmann	552	2	39
								Weißmann	1010	8	59
								Weissmann	8	8	38
								Weissmantel	315	11	17
								Weissmayr	212	9	39
								Weißner	572	2	80
								Weisspeckh	867	4	79
								Weiszflog	418	13	15
								Weitler	858	11	17
								Weitler	858	10	40
								Weitschacher	107	2	59
								Weitz	457	12	47
								Weitzel	700	8	59

Name	WBL	Bgl. Abtlg.	Siebm. Tf.	Name	WBL	Bgl. Abtlg.	Siebm. Tf.	Name	WBL	Bgl. Abtlg.	Siebm. Tf.
Weitzke	603	11	17	Werner	732	3	100	Wibel	721	3	39
Weixner	527	1	19	Werner	582	3	60	Wibel	721	1	40
Weizenbeck	1071	4	79	Werner	1079	2	59	Wibner	450	9	39
Welcker	736	6	80	Werner	488	2	80	Wibner	1053	2	59
Welcker	1004	8	37	Werner	791	3	60	Wichardes	503	9	100
Welcker	486	12	47	Wernher	560	10	98	Wichelhans	1060	3	20
Welhamer	837	1	80	Wernher	688	10	98	Wichers	961	14	32
Well	783	7	100	Wernich	477	11	50	Wichert	791	9	100
Welle	798	10	60	Wernich	923	11	50	Wichmann	845	3	39
Wellemberg	349	3	100	Wernich	923	11	50	Wichmann	844	4	57
Weller	411	1	19	Wernich	944	11	50	Wichmann	95	5	59
Weller	507	4	100	Wernich	944	11	50	Wichmann	112	5	59
Weller	803	7	79	Wernich	946	11	50	Wichmann	121	5	59
Welli	30	3	80	Wernich	1014	11	50	Wichmann	605	8	80
Welling	784	2	59	Wernich	1014	11	50	Wichmann	845	9	100
Wellser	573	6	39	Wernicke	165	7	59	Wichmann	853	10	60
Welper	726	10	60	Wernicke	80	11	72	Wichmann	92	11	49
Welper	726	10	80	Wernicke	900	12	108	Wichnand	61	9	100
Welsch	750	9	60	Wernickh	80	4	57	Wichura	279	11	17
Welsch	592	3	100	Wernitzer	877	2	59	Wick	159	4	57
Welsch	839	3	100	Wernle	24	7	40	Wickardt	349	2	59
Welse	2	2	19	Wernle	152	7	40	Wickart	673	10	98
Welser	340	2	59	Wernlin	261	4	57	Wickart	673	10	98
Welser	340	9	39	Wernlin	261	14	16	Wickauer	792	6	100
Welshuysen	991	9	60	Weron	83	4	57	Wickelberger	6	1	100
Weltenburger	686	2	19	Werta, von	733	7	40	Wickh	60	2	19
Welti	386	7	100	Werth, aus'm	392	4	80	Wickh	60	4	57
Welti	383	8	38	Werther	784	3	60	Wickl	844	4	57
Weltz	882	2	59	Wertsch	221	1	100	Wickl	844	7	40
Weltz	423	10	80	Werzinger	10	5	100	Wickmann	690	4	57
Weltz	424	10	80	Weselin	535	4	57	Widder	319	1	80
Weltz	424	10	80	Weselin	534	6	60	Widder	317	1	60
Welzel	2	3	60	Wesenbeck	981	1	19	Wide van der	490	11	49
Wencker	641	1	40	Wesenberg	190	9	14	Widemann	103	4	80
Wende	810	9	100	Wesener	444	1	19	Widemann	737	8	94
Wende	230	12	107	Wesent	334	3	20	Widemann	138	11	51
Wendelstein	614	1	80	Weser, von der	818	7	40	Widemann	103	7	77
Wendenschridt	942	2	59	Wessel	702	3	20	Widen, van der	484	5	59
Wendler	266	3	39	Wessel	352	4	57	Widenman	418	6	100
Wendler	995	3	39	Wesselhoeft	411	3	39	Widenman	318	6	100
Wendt	199	5	40	Wesslele	578	6	39	Widenman	138	6	80
Wendt	1006	5	40	Wesslin	572	6	60	Widenman	808	6	100
Weng	403	1	40	Westede	976	3	20	Widenmann	793	6	100
Weng	403	9	39	Westen, tho	975	5	40	Wider	317	4	57
Wengatz	433	9	100	Westen, to	618	5	40	Widerich	317	8	80
Wenig	667	1	19	Wester	469	13	26	Widerkehr	317	3	80
Wenig	63	2	59	Westerburger	24	10	60	Widershusen	803	9	100
Wenigel	344	13	43	Westerfeld	961	1	19	Widerstein	318	4	80
Wenker	638	9	14	Westerholt	574	5	59	Widholz	220	8	38
Wenkh	239	7	40	Westermair	1009	4	57	Widmann	145	7	59
Wenng	1031	3	39	Westermair	132	6	100	Widmann	697	3	39
Wennser	933	2	99	Westermann	529	3	20	Widmann	275	4	80
Wennser	933	3	100	Westermann	92	5	100	Widmann	965	14	32
Wenser	1013	11	17	Westermann	917	12	108	Widmann	454	1	60
Wenskus	1018	14	24	Westermann	1057	13	15	Widmann	598	1	100
Went	9	3	39	Westermayer	447	1	40	Widmann	697	2	80
Wenterich	548	10	60	Westermayr	448	1	60	Widmann	598	2	19
Wentzel	291	2	39	Westermayr	1061	2	59	Widmarkter	317	1	100
Wentzel	242	9	100	Westermor	99	4	80	Widmer	236	1	80
Wentzel	682	10	60	Westernacher	290	7	59	Widmer	213	3	80
Wentzel	494	11	51	Westette	976	9	80	Widmer	307	7	100
Wenz	1045	12	108	Westheim	242	1	80	Widmer	735	10	98
Wepeiss	334	2	19	Westhof	81	5	59	Widmoser	298	3	100
Werbe	765	8	20	Westing	312	11	17	Widner	455	12	108
Werber	722	3	80	Westken	237	4	57	Widow	474	3	20
Werckmeister	446	10	16	Westling	312	6	39	Widt	975	5	79
Werd, von	734	7	40	Westphal	199	4	57	Wiebe	669	8	38
Werdaläs	929	4	80	Westphal	253	9	60	Wiech	357	6	39
Werdenhagen	1018	6	39	Westphal	76	12	47	Wiechert	1020	12	108
Werder	560	3	80	Westphal	63	13	32	Wiechmann	845	12	48
Werder	969	4	56	Westphalen	251	4	57	Wiechmann	845	12	108
Werder	740	9	100	Westphalen	600	4	57	Wieck	606	11	49
Werdmüller	48	3	80	Weteschwyler	418	3	80	Wieckhoff s. Dieckhoff	483	10	43
Werenberg	115	5	79	Wethli	735	7	77	Wiedemann	94	1	60
Werenberg	376	5	79	Wetken	584	3	20	Wiedemann	566	3	60
Werenfels	562	5	59	Wette, de	70	8	38	Wiedemann	1049	10	40
Werherr	153	2	59	Wettel	755	9	60	Wiedemann	446	2	99
Weriker	666	7	77	Wetter	86	9	100	Wiedenmann	838	1	80
Werlemann	49	3	20	Wetter	695	10	16	Wiedenmann	103	14	24
Werlen, von	725	4	56	Wettern, von den	481	5	79	Wiedenroth	490	13	15
Werlhof	483	4	56	Wettmann	323	8	59	Wieder	405	8	38
Werlien	497	3	39	Wetzel	856	1	40	Wiederhofer	317	2	59
Werlitsch	286	2	59	Wetzel	848	12	108	Wiederhold	318	3	39
Werll	63	2	80	Wetzel	1012	13	60	Wiedersheim	317	13	60
Wermuthauser	164	1	100	Wetzel	1080	2	59	Wiedmann	7	1	19
Wern	836	4	56	Wetzelius	120	4	57	Wiedtmann	103	4	100
Wernberger	439	1	19	Wetzenhausen	222	6	39	Wiefel	990	8	38
Werneburg	473	11	51	Wetzis	787	4	57	Wiegelein	13	7	40
Wernecke	463	3	20	Wetzler	786	8	94	Wieger	113	1	60
Wernecke	337	10	16	Weydacher	914	1	19	Wiegner	126	1	100
Wernecke	528	3	20	Weydemann	490	8	59	Wiegner	125	6	39
Wernekink	1062	1	80	Weydemann	104	12	107	Wiehl	404	14	16
Werner	560	1	19	Weyder	516	2	80	Wieland	707	2	99
Werner	366	4	80	Weydmann	667	7	77	Wieland	239	5	40
Werner	176	5	100	Weydmann	56	10	98	Wieland	18	8	38
Werner	560	6	60	Weydt	998	8	59	Wieland	530	9	39
Werner	905	6	98	Weyer	632	1	40	Wieland	444	10	60
Werner	291	7	40	Weyersberg	304	6	39	Wieland	530	11	51
Werner	828	8	38	Weyersberg	304	6	60	Wieland	454	2	19
Werner	573	10	40	Weyersberg	671	13	43	Wielandt	444	1	40
Werner	578	10	98	Weyh	1078	8	59	Wielandt	375	5	40
Werner	920	11	17	Weyh	359	9	39	Wielius	368	6	39
Werner	395	11	51	Weyh	702	10	17	Wiemer	829	11	17
Werner	450	11	51	Weynert	843	10	60	Wienczkowsky	531	11	17
Werner	976	12	107	Weynmaister	886	1	40	Wiener	874	2	40
Werner	976	13	26	Weyrich	1035	10	17	Wiener	331	2	99
Werner	319	13	51	Weyrmann	286	1	100	Wienner	2	2	20
Werner	1033	13	43	Weyrowitz	195	5	59	Wierlspeck	505	4	57
Werner	583	13	60	Weyss	966	2	19	Wiert	454	4	80
Werner	828	2	19	Wibbeking	375	4	57	Wierth	218	8	59

Register

Name	WBL	Bgl. Abtlg.	Siebm. Tf.	Name	WBL	Bgl. Abtlg.	Siebm. Tf.	Name	WBL	Bgl. Abtlg.	Siebm. Tf.
Wiesbaden	913	11	51	Willing	1011	5	100	Wiser	854	1	60
Wiese	980	3	20	Willink	512	10	40	Wiser	46	4	58
Wiese	504	3	39	Willmann	560	10	80	Wiser	329	9	40
Wiese	862	5	59	Willmerding	170	12	108	Wiskemann	834	7	77
Wiesendanger	741	7	77	Willrich	680	13	60	Wiskott	65	10	80
Wiesenreiter	1007	1	100	Wills	403	2	20	Wislicenus	974	7	77
Wieser	345	1	100	Willutzky	784	9	14	Wismann	1037	8	80
Wieser	739	8	38	Willmertorf	196	12	108	Wiss	11	2	100
Wieser	838	2	40	Wilmerstorf	196	12	108	Wissell	893	6	40
Wieser	912	8	38	Wilms	666	7	100	Wisser	201	2	60
Wieseus	635	1	100	Wilms	1013	11	52	Wisshack	142	3	40
Wiesinger	1063	9	100	Wilms	1078	12	48	Wißhardt	770	2	20
Wiesinger	1063	13	26	Wilsam	94	7	40	Wißkirchen	626	13	16
Wiesmair	158	1	100	Wilsdorf	283	10	80	Wissler	436	8	39
Wießer	345	2	20	Wilterer	308	4	58	Wißler	436	8	39
Wiest	454	2	100	Wimmer	786	1	100	Wiszhar	176	4	58
Wiest	701	3	60	Wimpheling	219	6	39	Witbart	791	9	100
Wietfeldt	718	5	40	Winckel	595	3	20	Witick	431	5	60
Wietzendorf	709	4	80	Winckelmann	1001	11	52	Witt	803	12	109
Wigand	283	10	16	Winckhler	737	4	58	Witte	419	4	58
Wigbers	629	5	79	Winckhler	19	8	20	Witte	685	4	58
Wigeringk	722	4	80	Winckler	928	4	58	Witte	375	5	60
Wigershop	904	4	58	Winckler	909	4	58	Witte	554	5	79
Wiggerich	424	5	59	Winckler	16	12	73	Witte	293	5	79
Wigk	498	4	58	Wincler	830	4	58	Witte	758	5	79
Wiland	264	3	60	Windeberg, von	432	10	40	Witte	635	5	60
Wilbrandt	323	8	20	Windfelder	74	12	108	Witte	431	5	60
Wilbrandt	109	12	108	Windler	807	10	98	Witte	431	6	40
Wilbrandt	176	12	108	Wineken	174	8	38	Witte	184	8	59
Wilcken	97	8	38	Wingens	36	4	100	Witte	962	10	17
Wilcken	350	11	52	Wingert	594	11	52	Witte	385	11	53
Wilckens	91	3	40	Winhart	693	4	58	Witte	386	5	60
Wilckens	602	3	40	Winkelblech	407	9	14	Witteke	777	10	17
Wilckens	604	4	80	Winkelhofer	554	2	20	Wittekind	1046	10	17
Wilckens	896	4	80	Winkelhofer	550	10	98	Wittelspeck	827	6	99
Wilckens	94	5	79	Winkelmann	736	10	17	Wittenbach	13	7	59
Wild	11	5	59	Winkelmann	737	10	17	Witteneven	481	4	59
Wild	92	7	77	Winkelmann	737	10	17	Wittenwiler	327	5	79
Wild	551	11	36	Winkelmann	737	10	17	Wittern	885	12	109
Wild	3	2	100	Winkelmann	98	11	52	Wittgenstein	15	6	40
Wild	131	2	100	Winkhaus	907	13	15	Wittich	361	7	80
Wild	20	2	59	Winkler	1064	3	40	Wittich	564	6	100
Wild	156	5	59	Winkler	172	6	39	Wittig	998	7	60
Wild	309	2	20	Winkler	1071	8	39	Wittje	79	8	80
Wild	94	2	59	Winkler	81	8	39	Wittke	890	8	80
Wildberg	324	4	58	Winkler	542	9	14	Wittkop	952	11	18
Wilde	802	3	60	Winkler	1071	9	15	Wittmair	80	2	100
Wilde	309	5	100	Winkler	187	1	19	Wittmann	837	4	100
Wilde	478	8	59	Winkler	98	1	80	Wittneben	395	12	109
Wilde	322	8	80	Winkler	1075	2	60	Wittstruck	640	5	79
Wilde	44	10	40	Winkler	187	2	20	Wittwer	122	1	19
Wildeck	93	5	59	Winkler	860	2	59	Witzendorff	379	13	16
Wildefeur	1016	6	39	Winkler	1031	2	59	Witzenhusen	222	10	17
Wildegans	408	10	17	Winkler	1071	1	60	Witzenhusen	801	10	17
Wildeisen	98	1	60	Winkler	23	2	80	Witzl	391	2	20
Wildeisen	331	12	108	Winsawer	997	3	100	Witzmann	145	8	39
Wildenauer	929	14	40	Winter	331	4	58	Witzmann	577	8	39
Wildenberg	1056	13	15	Winter	265	5	60	Wlochatius	282	9	14
Wilder	95	1	19	Winter	115	7	59	Wöhning	821	8	20
Wilder	350	5	59	Winter	677	11	53	Wöhrl	316	15	4
Wildfanck	354	5	59	Winter	84	12	109	Wöhrlin	833	13	16
Wildhammer	982	2	59	Winter	809	13	51	Wöhrlin	883	1	60
Wildmayster	309	6	39	Winter	593	13	60	Wöhrlin	833	8	20
Wildperger	323	8	59	Winter	258	1	100	Woehrnitz	47	2	40
Wildvogel	218	5	79	Winter	115	2	40	Woele	93	3	60
Wiler	736	8	38	Winter	809	2	40	Wölfel	129	14	26
Wilhelm	110	1	40	Winter	547	1	40	Wölfel	314	2	100
Wilhelm	651	7	100	Winter	117	2	99	Wölfflin	282	2	60
Wilhelm	196	10	60	Winterberger	94	13	15	Wölfflim	282	11	53
Wilhelm	178	11	52	Winterfeld	942	13	15	Wöllner	727	14	32
Wilhelm	840	11	91	Winterfeld	942	13	26	Woeltgen	573	5	100
Wilhelmi	606	8	20	Winters	789	9	100	Wördenhoff	582	3	40
Wilhelmi	989	4	100	Winterstein	955	11	18	Wörfel	824	1	100
Wilhelmi	479	5	79	Wintersteiner	19	2	20	Wörlin	152	1	19
Wilhelmi	860	11	51	Winthen	722	4	58	Wörner	896	13	26
Wilhelmy	82	3	60	Wintzer/Winzer	597	14	8	Wörung	410	2	20
Wilhelmy	327	6	39	Wipacher	290	2	60	Wöttinger	363	4	59
Wilisch	973	8	59	Wipacher	318	9	40	Wohlfahrt	632	9	14
Wilke	577	12	48	Wipf	1047	7	77	Wohnau	868	2	80
Wilke	577	13	26	Wippermann	986	8	39	Woieck	737	12	109
Wilken	178	4	58	Wirde	753	6	39	Wolder	507	5	80
Wilkens	935	10	98	Wirder	157	2	20	Woldt	350	5	60
Wilkins	58	11	52	Wirre	1027	7	100	Wolers	480	5	40
Will	919	1	19	Wirrich	1027	2	40	Wolf	929	1	80
Will	79	9	60	Wirsch	35	6	60	Wolf	284	3	40
Will	1052	10	60	Wirsching	733	8	39	Wolf	284	5	60
Will	819	14	24	Wirsung	664	4	58	Wolf	279	7	40
Willburger	94	5	59	Wirt	726	8	59	Wolf	282	7	40
Wille	223	10	17	Wirtenberger	467	11	53	Wolf	799	7	40
Wille	934	11	17	Wirth	851	3	40	Wolf	866	8	20
Willebacher	252	1	60	Wirth	53	3	80	Wolf	859	9	40
Willebrandt	499	5	59	Wirth	205	8	59	Wolf	278	10	98
Willecke	20	14	40	Wirth	682	10	17	Wolf	277	11	53
Willemer	728	2	40	Wirth	640	10	80	Wolf	901	12	109
Willems	657	4	100	Wirth	854	11	18	Wolf	211	13	16
Willenberg	946	12	108	Wirth	909	11	18	Wolf	284	13	60
Willer	828	7	56	Wirth	1012	11	18	Wolf	955	14	8
Willer	914	2	80	Wirth	598	14	44	Wolf	1023	14	24
Willer	941	4	58	Wirtig	842	1	19	Wolf	841	14	24
Willer	911	5	59	Wirttemberg	785	2	20	Wolf	284	15	4
Willer	590	10	18	Wirtz	687	4	58	Wolf	277	10	17
Willer	1	12	49	Wirwatz	764	13	15	Wolf	277	3	60
Willers	96	5	60	Wirz	731	7	100	Wolff	276	5	79
Willers	95	5	40	Wischemann	799	10	17	Wolff	107	10	18
Willers	3	5	60	Wischemann	801	10	17	Wolff	277	5	79
William	1010	7	77	Wischer	1032	13	16	Wolff	277	13	51
Willich	660	7	40	Wischhaimer	683	4	58	Wolff	277	5	79
Willich	794	7	40	Wischhausen	619	8	39	Wolff	283	2	60
Willigken	948	3	60	Wiseker	964	8	39	Wolff	58	6	40
Willigmann	92	10	17	Wisenhauer	736	1	80	Wolff	827	6	60

Name	WBL	Bgl. Abtlg.	Siebm. Tf.	Name	WBL	Bgl. Abtlg.	Siebm. Tf.	Name	WBL	Bgl. Abtlg.	Siebm. Tf.
Wolff	747	6	100	Wurfbain	834	1	40	Zeerleder	173	10	98
Wolff	281	7	80	Wurfbein	834	3	40	Zeggers	586	5	100
Wolff	280	8	39	Wurl	1005	4	80	Zeggin	464	1	40
Wolff	827	8	39	Wurm	433	2	100	Zehedtner	104	8	40
Wolff	951	8	39	Wurr	215	1	100	Zehendtner	104	2	20
Wolff	447	8	60	Wurschenhofer	925	13	16	Zehentgraf	338	2	100
Wolff	919	9	15	Wurst	818	10	98	Zeher	575	8	40
Wolff	281	9	40	Wurster	35	1	20	Zehlius	973	11	53
Wolff	866	9	40	Wurster	33	3	40	Zehnder	696	10	19
Wolff	298	9	80	Wurster	337	14	16	Zehnen, von der	283	8	80
Wolff	282	9	100	Wurtzer	884	6	40	Zehrer	646	2	20
Wolff	278	11	18	Wust	275	1	60	Zeibig	45	1	100
Wolff	1045	12	73	Wutke	1046	7	60	Zeiderle	268	7	60
Wolff	278	14	48	Wuttig	355	13	60	Zeidler	998	1	20
Wolff	21	10	17	Wuschirn s. Lingler				Zeidler	140	2	20
Wolff	282	2	60		744	7	79	Zeidler	269	3	20
Wolff	280	1	80	Wydenbruch	525	11	52	Zeiger	581	5	60
Wolff	282	2	60	Wydelersen	165	11	52	Zeileisen	7	7	60
Wolff	168	1	80	Wydenmacher	676	4	59	Zeileisen	8	7	60
Wolff	422	3	80	Wydenmann	19	4	59	Zeiler	1027	2	80
Wolffaiger	473	1	60	Wyder	319	2	60	Zeiler	339	6	100
Wolffart	279	9	14	Wydler	201	7	78	Zeilfelder	262	7	60
Wolffart	682	1	19	Wydler	481	7	78	Zeilhofer	300	8	40
Wolfferts	279	5	100	Wye	375	5	80	Zeiller	8	6	40
Wolffhard	280	6	40	Wyl, von	46	4	59	Zeilmann	950	9	40
Wolffhardt	283	6	40	Wyl, von	48	7	78	Zeiner	937	13	43
Wolffhardt	964	6	40	Wyller	434	5	59	Zeiner	937	15	4
Wolffhardt	280	9	80	Wyneken	760	5	40	Zeinle	152	7	60
Wolffhardt	280	9	80	Wyneken	595	5	60	Zeisold	436	3	40
Wolffhardt	280	11	72	Wyrich	209	6	40	Zeiss	715	2	40
Wolffius	5	5	79	Wyrttener	63	5	60	Zeissig	367	14	40
Wolfflin	129	5	79	Wyssenbach	224	7	78	Zeissolf	812	8	40
Wolffrum	314	6	40	Wyss	551	4	59	Zeissolf	732	9	40
Wolffrumb	1022	4	59	Wyss	711	4	59	Zeiterlein	918	3	40
Wolfhard	283	3	60	Wyssling	355	4	59	Zeitler	392	8	40
Wolfhart s. Pellicanus	75	6	40	Wyszomirski	129	10	18	Zeitmann	125	2	40
Wolfhart	930	9	80	Wyszomirski	874	11	18	Zeitner	258	2	40
Wolfhart	644	9	80	Xander	305	14	24	Zeitreg	1038	1	20
Wolfinger	277	6	40	Xilander	433	8	39	Zeitz	97	5	100
Wolfram	859	13	16	Xylander	433	9	15	Zelger	334	11	53
Wolfshammer	281	1	19	Xylander	886	9	80	Zelger	335	11	53
Wolfstaig	279	2	40	Xylander	886	10	18	Zelgers	324	4	80
Wolgemut s. Lehenmann	449	7	28					Zell	80	9	40
Wolke	826	12	48	Ybel	613	4	80	Zelle	537	11	54
Wollenhaupt	884	12	109	Yberger	265	4	59	Zeller	530	3	40
Wollenweber	731	8	80	Ybl	932	4	80	Zeller	630	4	60
Woller	408	2	60	Yelen	441	2	60	Zeller	630	8	40
Wollersheim	618	4	100	Yelin	441	8	40	Zeller	717	2	60
Wollhase	342	3	20	Yrsch	60	3	40	Zeller	592	2	60
Wollin	815	10	17					Zelter	611	9	15
Wollmershausen	906	8	39	Zabler	918	1	20	Zeltner	630	1	20
Wollstein	283	12	18	Zabler	1048	5	100	Zemke	461	13	51
Wolmaier	716	2	20	Zacha	301	8	39	Zen	984	9	15
Wolpmann	632	5	60	Zacharias	554	2	100	Zenckh	97	6	40
Wolsching	933	1	60	Zacharias	879	2	40	Zendel	726	9	15
Wolterich	475	6	40	Zachenperger	585	2	60	Zendler	69	10	40
Wolters	632	4	59	Zacher	936	12	109	Zeneggen	986	2	60
Wolters	354	5	80	Zachow	535	13	43	Zenetti	894	1	60
Wonlich	634	7	77	Zaderus	246	4	59	Zenger	747	2	60
Wonstorp	599	3	40	Zäger	673	10	98	Zenger	747	6	40
Woothke	864	14	16	Zägkhler	883	8	40	Zenker	407	14	16
Wopfner	1073	5	80	Zäller	1001	3	80	Zenker	647	14	8
Wormit	1044	13	26	Zaemann	113	1	80	Zenndl	339	3	100
Wortmann	550	2	80	Zängerle	1066	2	40	Zennefels	610	6	40
Woytasch	906	6	40	Zagler	237	4	59	Zepff	714	6	60
Wreen	738	3	20	Zaglhamer	565	3	60	Zephelius	67	8	40
Wright	1036	10	40	Zahn	549	1	40	Zerbst	739	3	40
Wruck	939	5	80	Zahn	374	5	60	Zerf, von	783	9	40
Wucherer	153	5	100	Zahn	1066	9	60	Zernecke	195	6	40
Wucherer	151	7	60	Zai	788	5	60	Zernecke	195	9	60
Wülfer	314	1	19	Zaler	61	4	59	Zerreis	234	1	100
Wülfken	351	5	80	Zalewski	653	10	20	Zerreisen	665	6	60
Wülfing	278	7	60	Zaller	591	1	20	Zerres	10	2	100
Wülfing	278	7	60	Zallinger	499	2	80	Zersch	656	14	8
Wülker	1048	2	40	Zallinger	848	9	40	Zettel	72	1	20
Wülschen	418	4	59	Zan	213	4	80	Zettel	204	2	100
Wündorffer	286	13	16	Zander	547	3	40	Zetzler	75	2	60
Wuerdinger	14	2	80	Zander-Walz	1041	14	40	Zetzner	378	2	60
Würker	887	14	48	Zanders	29	7	79	Zetzner	540	8	40
Würzelberger	484	1	100	Zanders	975	10	40	Zeug	44	2	20
Wüst	180	1	20	Zanders	426	11	18	Zeuger	831	10	80
Wüst	21	4	59	Zandow	256	8	20	Zeugherr	830	7	100
Wüst	180	8	39	Zandt	90	12	49	Zeume	315	12	49
Wüst	275	9	40	Zang	189	4	59	Zeundl	492	4	60
Wüst	618	12	109	Zanger	1030	3	100	Zeuner	696	14	48
Wüstefeld	831	2	40	Zangmeister	157	4	59	Zeutner	569	2	80
Wüsthoff	624	5	60	Zangmeister	157	8	94	Zeyderle	919	8	40
Wulf	931	3	20	Zansebur	415	3	20	Zeygler	567	5	80
Wulfert	277	15	4	Zapalowski	357	10	20	Zeygler	567	10	19
Wulff	284	3	40	Zapf	693	2	100	Zeyll	97	9	60
Wulff	351	5	60	Zarnack	485	11	54	Zeyner	24	4	80
Wulffradt, von	961	7	100	Zarnack	943	11	54	Zeyringer	500	3	60
Wulfing	282	2	80	Zastrow	599	6	60	Zeyringer	1073	13	16
Wulflam	7	3	20	Zatzer	285	6	40	Zianelli	874	2	80
Wullenweber	887	9	60	Zatzer	289	7	60	Zibol	90	11	54
Wullenwever	847	3	40	Zaubzer	578	1	40	Zickh	874	2	80
Wullhöbt	160	4	59	Zauner	104	9	40	Ziebarth	475	12	49
Wulschleger	744	9	60	Zbinden	606	11	53	Ziebert	868	7	20
Wulst	200	10	18	Zech	879	3	60	Ziegel	784	9	15
Wund	759	9	15	Zech	692	8	40	Ziegenbein	713	12	109
Wunder	349	14	40	Zech	487	9	80	Ziegenweidt	327	4	100
Wunder	899	1	100	Zechenberger	585	11	18	Ziegler	738	3	80
Wunder	10	1	20	Zechner	575	3	60	Ziegler	410	5	80
Wunderer	158	7	40	Zechner	985	13	16	Ziegler	419	5	80
Wunderer	600	11	53	Zeckher	439	7	60	Ziegler	62	6	60
Wunderholler	818	1	60	Zeddies	25	10	98	Ziegler	562	5	80
Wunderlich	425	4	59	Zeder	1015	8	60	Ziegler	784	6	100
Wundram	1062	14	48	Zeeb	571	7	78	Ziegler	739	5	80
Wunsch	449	14	48	Zeeman	113	9	40	Ziegler	720	7	60
Wuppermann	448	10	18	Zeender	1049	3	80	Ziegler	82	8	20

Register

Name	WBL	Bgl. Siebm. Abtlg.	Tf.	Name	WBL	Bgl. Siebm. Abtlg.	Tf.	Name	WBL	Bgl. Siebm. Abtlg.	Tf.
Ziegler	19	8	59	Zink	305	9	40	Zollner	605	9	40
Ziegler	45	8	59	Zink	135	2	40	Zolner	568	7	60
Ziegler	738	8	60	Zink	194	3	40	Zorn	187	4	80
Ziegler	1029	8	60	Zinkeisen	772	10	60	Zorn	285	4	100
Ziegler	304	11	54	Zinkgräf	712	9	40	Zorn	208	6	60
Ziegler	454	12	109	Zinkgräf	712	12	49	Zorn	952	8	60
Ziegler	454	13	43	Zinner	616	7	60	Zorn	286	9	15
Ziegler	836	1	20	Zinner	137	2	40	Zostitz	142	4	60
Ziegler	207	2	100	Zinner	537	2	100	Zott	228	4	60
Ziegler	152	2	40	Zinser	1008	13	60	Zott	286	8	60
Ziegler	508	2	100	Zinsmeister	763	4	80	Zschetzsche	100	7	78
Ziegler	1042	1	60	Zinsstag	148	14	32	Zschocke	737	12	49
Ziegler	609	2	100	Zintgraff	947	10	20	Zschokke	964	12	49
Zieglhuber	965	2	60	Zipfel	399	1	20	Zubell	319	4	60
Ziegra	108	5	80	Zipper	922	2	60	Zuber	749	7	78
Ziegra	770	5	80	Zipperlen	64	10	80	Zubler	960	4	60
Ziegra	770	5	80	Zirbes	482	12	109	Zubler	734	7	78
Ziehme	702	7	20	Zirenberg	300	8	60	Zubrott	694	6	60
Zielfelder	6	2	80	Zirfus	460	4	60	Zubrott	988	6	60
Ziemer	978	11	18	Zirgle	113	4	60	Zügel	1079	14	26
Ziemermann	729	9	60	Zirk	21	2	60	Zügel s. Jügel	1079	13	26
Ziemssen	629	8	20	Zirn	226	4	60	Zülich	715	10	19
Zierer	565	3	60	Ziselsberger	251	15	4	Zülsdorf	697	10	20
Zierer	834	5	80	Zitelmann	109	8	40	Zündel	333	11	18
Ziering	611	13	60	Zitschy	606	4	60	Züntzel	1033	5	80
Zieringer	204	8	40	Zitzmann	487	2	40	Zuern	20	6	20
Zierlein	987	1	20	Zmidzinski	652	11	54	Züssel	745	5	80
Zierlein	987	3	100	Zobel	254	2	80	Zugenmayr	204	9	40
Ziesche	114	14	8	Zobel	354	3	40	Zuger	711	11	54
Zilcken	365	10	98	Zobel	982	4	60	Zugkheys	146	8	60
Zillesius	689	11	54	Zobel	983	8	20	Zulauf	714	13	1
Zillesius	785	11	54	Zobinger	345	8	60	Zuleger	852	10	19
Zillich	258	5	80	Zobinger	345	10	40	Zumerum	45	1	20
Zillich	863	5	80	Zobinger	215	2	20	Zundel	90	4	60
Zimens	126	12	109	Zöhran	574	12	49	Zundel	90	9	60
Zimmer	908	5	100	Zölchner	856	2	20	Zundel	90	9	80
Zimmer	917	5	100	Zölchner	865	7	60	Zunehmer	47	5	60
Zimmer	979	2	80	Zölffel	380	9	15	Zungzer	992	2	100
Zimmermann	16	1	100	Zölffel	379	13	16	Zurn	246	4	60
Zimmermann	1028	3	100	Zöller	623	3	20	Zusner	1065	1	20
Zimmermann	908	5	100	Zoeller	1043	11	54	Zwahlen	984	11	54
Zimmermann	224	4	60	Zöllner	982	4	60	Zwahlen	326	14	44
Zimmermann	933	4	60	Zöllner	818	2	60	Zweckh	455	8	60
Zimmermann	558	7	100	Zöllner	954	8	80	Zweckstetter	221	1	40
Zimmermann	175	8	40	Zöpfel	456	1	80	Zweifel	714	7	60
Zimmermann	475	8	40	Zöpfin	403	2	100	Zweifel	974	11	54
Zimmermann	642	4	60	Zöpfl	487	1	20	Zweifel	809	11	54
Zimmermann	656	7	100	Zöpfl	799	3	60	Zweifel	713	1	20
Zimmermann	805	8	60	Zöpfl	456	3	60	Zweifel	447	1	60
Zimmermann	812	8	60	Zörnlein	730	1	20	Zwerger	105	12	49
Zimmermann	894	8	60	Zösch	950	2	100	Zwierlein	513	6	20
Zimmermann	956	8	60	Zohren	689	2	40	Zwilchenbart	163	6	20
Zimmermann	491	8	60	Zollenkopf	964	12	18	Zwilchenbart	163	9	20
Zimmermann	656	10	19	Zoller	147	1	80	Zwingli	720	3	80
Zimmermann	718	11	54	Zoller	671	3	20	Zwinker	700	6	20
Zimmler	828	2	100	Zoller	884	4	60	Zwithorn	287	8	60
Zincke	305	12	109	Zoller	162	4	60	Zyaeus	997	1	80
Zingel	692	1	20	Zoller	597	4	60	Zynner	948	9	15
Zingel	516	9	18	Zoller	884	7	100	Zypen, van der	247	10	60
Zingg	764	7	78	Zoller	64	9	60	Zyplinger	670	1	20
Zingg	763	12	49	Zollinger	656	7	78	Zyrerrer	277	1	20
Zink	306	8	60	Zollinger	656	9	80	Zyth	850	5	40